当代中国心理科学文库
总主编　杨玉芳

"十三五"国家重点出版物出版规划项目

Nationality Psychology

民族心理学　　（上册）

张积家　等著

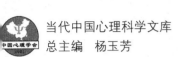华东师范大学出版社

总主编序言

　　《当代中国心理科学文库》(下文简称《文库》)的出版,是中国心理学界的一件有重要意义的事情。

　　《文库》编撰工作的启动,是由多方面因素促成的。应《中国科学院院刊》之邀,中国心理学会组织国内部分优秀专家,编撰了"心理学学科体系与方法论"专辑(2012)。专辑发表之后,受到学界同仁的高度认可,特别是青年学者和研究生的热烈欢迎。部分作者在欣喜之余,提出应以此为契机,编撰一套反映心理学学科前沿与应用成果的书系。华东师范大学出版社教育心理分社彭呈军社长闻讯,当即表示愿意负责这套书系的出版,建议将书系定名为"当代中国心理科学文库",邀请我作为《文库》的总主编。

　　中国心理学在近几十年获得快速发展。至今我国已经拥有三百多个心理学研究和教学机构,遍布全国各省市。研究内容几乎涵盖了心理学所有传统和新兴分支领域。在某些基础研究领域,已经达到或者接近国际领先水平;心理学应用研究也越来越彰显其在社会生活各个领域中的重要作用。学科建设和人才培养也都取得很大成就,出版发行了多套应用和基础心理学教材系列。尽管如此,中国心理学在整体上与国际水平还有相当的距离,它的发展依然任重道远。在这样的背景下,组织学界力量,编撰和出版一套心理科学系列丛书,反映中国心理学学科发展的概貌,是可能的,也是必要的。

　　要完成这项宏大的工作,中国心理学会的支持和学界各领域优秀学者的参与,是极为重要的前提和条件。为此,成立了《文库》编委会,其职责是在写作质量和关键节点上把关,对编撰过程进行督导。编委会首先确定了编撰工作的指导思想:《文库》应有别于普通教科书系列,着重反映当代心理科学的学科体系、方法论和发展趋势;反映近年来心理学基础研究领域的国际前沿和进展,以及应用研究领域的重要成果;反映和集成中国学者在不同领域所作的贡献。其目标是引领中国心理科学的发展,推动学科建设,促进人才培养;展示心理学在现代科学系统中的重要地位,及其在我国社会建设和经济发展中不可或缺的作用;为心理科学在中国的发展争取更好的社会文化环境和支撑条件。

根据这些考虑,确定书目的遴选原则是,尽可能涵盖当代心理科学的重要分支领域,特别是那些有重要科学价值的理论学派和前沿问题,以及富有成果的应用领域。作者应当是在科研和教学一线工作,在相关领域具有深厚学术造诣,学识广博、治学严谨的科研工作者和教师。以这样的标准选择书目和作者,我们的邀请获得多数学者的积极响应。当然也有个别重要领域,虽有学者已具备比较深厚的研究积累,但由于种种原因,他们未能参与《文库》的编撰工作。可以说这是一种缺憾。

编委会对编撰工作的学术水准提出了明确要求:首先是主题突出、特色鲜明,要求在写作计划确定之前,对已有的相关著作进行查询和阅读,比较其优缺点;在总体结构上体现系统规划和原创性思考。第二是系统性与前沿性,涵盖相关领域主要方面,包括重要理论和实验事实,强调资料的系统性和权威性;在把握核心问题和主要发展脉络的基础上,突出反映最新进展,指出前沿问题和发展趋势。第三是理论与方法学,在阐述理论的同时,介绍主要研究方法和实验范式,使理论与方法紧密结合、相得益彰。

编委会对于撰写风格没有作统一要求。这给了作者们自由选择和充分利用已有资源的空间。有的作者以专著形式,对自己多年的研究成果进行梳理和总结,系统阐述自己的理论创见,在自己的学术道路上立下了一个新的里程碑。有的作者则着重介绍和阐述某一新兴研究领域的重要概念、重要发现和理论体系,同时嵌入自己的一些独到贡献,犹如在读者面前展示了一条新的地平线。还有的作者组织了壮观的撰写队伍,围绕本领域的重要理论和实践问题,以手册(handbook)的形式组织编撰工作。这种全景式介绍,使其最终成为一部"鸿篇大作",成为本领域相关知识的完整信息来源,具有重要参考价值。尽管风格不一,但这些著作在总体上都体现了《文库》编撰的指导思想和要求。

在《文库》的编撰过程中,实行了"编撰工作会议"制度。会议有编委会成员、作者和出版社责任编辑出席,每半年召开一次。由作者报告著作的写作进度,提出在编撰中遇到的问题和困惑等,编委和其他作者会坦诚地给出评论和建议。会议中那些热烈讨论和激烈辩论的生动场面,那种既严谨又活泼的氛围,至今令人难以忘怀。编撰工作会议对保证著作的学术水准和工作进度起到了不可估量的作用。它同时又是一个学术论坛,使每一位与会者获益匪浅。可以说,《文库》的每一部著作,都在不同程度上凝结了集体的智慧和贡献。

《文库》的出版工作得到华东师范大学出版社的领导和编辑的极大支持。王焰社长曾亲临中国科学院心理研究所,表达对书系出版工作的关注。出版社决定将本《文库》作为今后几年的重点图书,争取得到国家和上海市级的支持;投入优秀编辑团队,将本文库做成中国心理学发展史上的一个里程碑。彭呈军分社长是责任编辑。他活跃机敏、富有经验,与作者保持良好的沟通和互动,从编辑技术角度进行指导和把关,帮助作者少走弯路。

在作者、编委和出版社责任编辑的共同努力下,《文库》已初见成果。从今年初开始,有一批作者陆续向出版社提交书稿。《文库》已逐步进入出版程序,相信不久将会在读者面前"集体亮相"。希望它能得到学界和社会的积极评价,并能经受时间的考验,在中国心理学学科发展进程中产生深刻而久远的影响。

杨玉芳

2015 年 10 月 8 日

目 录

第一编 民族心理学引论

第二编　民族意识论

第三编 民族认知论

第四编 民族语言论

第五编　民族动机论

第七编　民族交往与民族心理健康论

第一编 民族心理学引论

1 民族心理学的研究对象和任务

我们生活在一个复杂多变、色彩斑斓的世界里。在我们周围,不仅有千姿百态的自然界,人类本身也多姿多彩。例如,从种族来看,有蒙古人种(黄色人种)、高加索人种(白色人种)、尼格罗人种(黑色人种)、澳大利亚人种(棕色人种),等等;从民族来看,有日耳曼人、盎格鲁-撒克逊人、阿拉伯人、犹太人、吉普赛人,等等。即使在中国,也有汉族、藏族、蒙古族、维吾尔族和回族等 56 个民族。不同民族具有不同的历史与文化,具有不同的经济和社会发展水平,因而具有不同的心理特点。揭示不同民族的心理特点,是民族心理学研究的重要任务;了解与掌握不同民族的心理,是不同民族之间进行交往的前提。那么,什么是民族心理学? 民族心理学的研究对象是什么? 民族心理学的学科特点如何? 研究民族心理有什么意义? 让我们先从民族心理学的研究对象说起。

1.1 民族心理学的研究对象

每一门科学都有自己的研究对象。一门科学的研究对象是否清晰,是它成熟与否的标志。民族心理学是研究民族心理活动的发生、发展和变化规律的科学。简言之,民族心理学是研究民族心理现象及其规律的科学。那么,什么是民族呢?

1.1.1　民族的一般概念

"民族"是一个历史的范畴,也是一个非常复杂、颇具有争议的概念。民族学界长期认为,中文的"民族"一词不见于中国的古代文献,是近代由日本创造并传入中国的外来词。改革开放以后,一些研究者在中国古代文献中发现"民族"作为名词形式应用于宗族之属和华夷之别的一些例证,证明"民族"是古汉语固有名词。在近代中文文献中,现代意义的"民族"出现在 19 世纪 30 年代(郝时远,2004)。中文的"民族",对应于英文中的数个词,如"nation"、"people"、"race"、"ethnic group"、"ethnicity"等。在古汉语中,与"民族"类似的词有"民"、"族"、"种"、"类"、"部族"、"族类"等。在英语中,"nation"不仅指"国家"(state, country, commonwealth),也指"民族"(即 people, tribe, nationality)。当一个民族以追求独立自治、建立国家为目标时,"nation"亦可以被理解成"民族国家"(即 nation-state 或 national state)(江宜桦,1998)。

国外人类学家更多地使用"ethnic group"和"ethnicity"的概念,前者称为"族群",后者称为"族性"。Spickard(2004)认为,就任何文化而言,族群(ethnic group)成员由于共同的背景,共享某些信念、价值、风俗习惯及道德规范。他们由于文化特征的关系,认为自己与众不同,有别于其他族群。这些区别可能来自于语言、宗教、历史、地理位置、亲属关系或种族。族性(ethnicity)是指认同于一个由社会所认定的族群,并感觉自己是这个族群的一员,而且因为这种归属关系而被其他族群所排斥。Kottak(2012)指出,在一个社会和国家里,族性以文化相似性和差异性为基础。相似性体现在同一族群的成员之内,差异性体现在不同族群之间。族群必须与国内或其居住地内的其他族群共处。族群关系是最重要的群体关系之一。

与民族有关的另一概念是"race",可以译为"种族"或"人种"。它是指在体质形态上具有某些共同遗传特征的人群。"种族"的概念和划分都存在争议,在不同时代和不同文化中的含义也存在差异。20 世纪以前,人们普遍认为,人类可以划分为若干个共享遗传素质的种族——人类的亚种,如尼格罗人种、蒙古人种和高加索人种,等等。从 20 世纪 60 年代开始,人们开始质疑这种理解,转而以群体、特征线等概念来研究人类内部的差别。然而,采用何种特征(如肤色)或特征集合(肤色、身高、体形、脸部特征、牙齿、颅骨形状)来划分种族,却存在争议。人们很难说清楚将它们作为分类依据的理由:难道肤色比其他外显特征更重要吗?因此,20 世纪 90 年代以来,一些学者转而用世系而非特征来定义和划分种族,并认为种族应该理解为模糊集合、统计群体或广义的家族。

然而,遗传学研究表明,不同种族之间只有 6% 的基因差异,94% 的体质差异都存在于种族群体的范围之内。这意味着,种族内部的差异要大于种族间的差异。在相邻种族之间,他们的基因和表型(体质)重叠较高。无论不同群体在何时相遇,其在历史上已经混合在一起。遗传物质的持续共享,已经使人类成为一个单一的物种。这一看法为新近的科学发现进一步证实。2013 年,经过美国、英国、日本、法国、德国和中国 6 个国家科学家的共同努力,人类首次绘制完成人类基因序列图。令人意外的是,科学家发现,全球 60 多亿人口可能源自于一个母亲。全球人口分别繁衍自 36 个不同的、被称作"宗族母亲"的原始女人,所有这些宗族母亲又都是 15 万年前到 20 万年前非洲大陆上一个被命名为"线粒体夏娃"的女人的后代。现代欧洲人大多数是远亲,97% 的现代欧洲人都起源于 10 000 年前到 45 000 年前冰河时代的 7 个女人,这 7 个原始女人被称为"夏娃的 7 个女儿"。7 名原始女人通过线粒体 DNA 与现代欧洲人联系在一起。人类都是 10 万年前从非洲的少数原始部落迁移和进化而来。因此,在遗传学家眼里,民族只是一个社会概念,不是一个科学概念。

汉族就是一个很好的例子。汉族是一个民族而非种族。在历史上,汉族以炎黄子孙为主体,融合了许多少数民族。在中国历史上,许多少数民族,如匈奴、乌桓、柔然、突厥、回鹘、契丹、羯、鲜卑、党项、女真、鞑靼等,都部分或全部地融入了汉族。就连当代汉族人引为骄傲的唐朝,其皇族也有少数民族血统,如长孙皇后的祖先就是鲜卑族。一些学者认为,基于历史学和生物学的研究结果,任何对人类种族的定义都缺乏科学分类的严谨性和正确性。"种族"不是一个好的对人类分类的标准,至少不是一个具有生物学意义和遗传学意义的分类标准。种族的定义不准确,具有随意性和约定俗成的特征,随着文化视角的差异而变化;它不是一个反映某种本质属性的科学概念,而是一种社会建构,是文化现象而非生物现象。现存的种族概念也是西方式的,具有殖民主义色彩,它并不仅仅反映体质差异,更具有歧视性,因为它往往将优秀的文化/行为特征同主体民族(在北美和欧洲是白人,在我国是汉族)相联系,将负面和低劣的文化/行为特征同少数民族(在北美是黑人和印第安人,在我国是许多少数民族)相联系,反映一定社会关于不同人群的刻板印象。所以,在对人群划分时,人们一般不主张使用种族的概念。

斯大林(1912)在《马克思主义和民族问题》中给"民族"下过一个定义:"民族首先是一个共同体,是由人们组成的确定的共同体。这个共同体不是种族的,也不是部落的……民族是人们在历史上形成的一个有共同语言、共同地域、共同经济生活以及表现于共同文化上的共同心理素质的稳定的共同体……这些特征只要缺少一个,民族就不成其为民族。"这一定义被许多民族学学者奉为马克思主义关于民族定义的圭臬,对我国民族学界的影响经久不衰。根据这一定义,民族具备四个基本特征:共同语言、共同地域、共同经济生活和共同心理素质。这四个特征之间相互联系、相互影响、相互制约。这一定义特别强调民族产生和存在的物质条件,即共同地域和共同经济生活。斯大林指出:"只有经过长期不断的交往,经过人们世世代代的共同生活,民族才能形成起来。而长期的共同生活又非有共同的地域不可","还需要有内部的经济联系来把本民族中各部分结合为一个整体"。这一定义还强调民族在精神方面的特征。过去人们一直认为,斯大林关于民族的定义建立在辩证唯物主义和历史唯物主义基础之上,是对民族的科学说明。改革开放以后,研究者对这一定义提出了质疑,认为它过分绝对,在理论上和实践上都遇到了困境。

首先,斯大林提出的四个必要特征中三个(共同语言、共同地域、共同经济生活)并非是民族存在的必要条件,更非是民族存在的充要条件。例如,斯大林认为,具有共同语言是区分民族的重要的、稳定的和最显著的特征。实际上,各民族共用一种语言的现象十分普遍,如:苏格兰人、爱尔兰人、美利坚人是不同的民族,却都讲英语;我国的满族、回族、畲族基本上与汉族共用汉语。同一民族也有操不同语言的。例如,自称"勉"的瑶族同胞讲瑶语,自称"布努"的瑶族同胞讲苗语。这就使人们对"共同语言"作为民族的特征产生怀疑。戴庆夏(2000)认为,"同"、"异"关系存在于民族语言文字的各个方面。同一民族使用相同语言,这是"同";同一民族使用不同的语言,这是"异"。在新词术语选择上,有些语言采用同一来源的借词,这是"同";有的语言各自使用本语中固有的词,这是"异"。在文字上,不同民族有的使用相同的文字或文字形式(如中华民族和大和民族都使用汉字),有的使用不同的文字或文字形式。即使是在同一民族内部,有的只使用一种文字,有的使用几种不同文字。在我国历史上,许多民族仿照汉字创造了类似汉字的文字系统,如契丹文、西夏文、女真文、方块壮字、方块白文、方块哈尼字等,这些以汉字为基础创制的文字,形成了一个"仿汉字"文字系统,成为民族文化史上的奇葩,反映我国各民族之间在文化上的密切关系。仿照汉字创造文字的做法还影响到日本、朝鲜、越南等国,这些国家也以汉字为基础创造了适合自己语言特点的文字,如日制汉字、喃字和韩文汉字等。不同国家的人采取相同、相似的文字形式,这与邻近国度的人们之间的求同心理有一定关系。又以我国景颇族的语言为例:在景颇族内部,存在支系的差别,不同支系使用不同语言。在这些语言中,景颇语同载瓦语之间差别较大,景颇语属汉藏语系藏缅语族景颇语支,载瓦语属汉藏语系藏缅语族缅语支,二者的差异主要表现在词汇上,相互之间的同源词不足 1/3,一些常用基本词也不同源,同源词的语音对应很不严整。其次,在语音、语法上也存在着差异。国内外专家通过比较,几乎都认为景颇语和载瓦语是两种不同的语言。由于景颇语与载瓦语之间差别较大,使得原有的景颇文(创制于 19 世纪末,以拉丁字母为基础的拼音文字)难以适应说载瓦语的人们使用,客观上需要创制一种适应载瓦语特点的文字。但在景颇族内部,许多人出于统一的民族心理,不愿意承认景颇语和载瓦语是两种不同的语言,他们尽量强调景颇语与载瓦语的共性。这种心理与语言文字使用的客观规律不一致,而人们决定怎样认识景颇族的语言以及怎样解决他们的文字使用,只能遵循语言文字演变的客观规律。又如,对云南蒙古族使用的嘎卓语的归属认识,统一的民族心理也有强烈的反映。嘎卓语是云南蒙古族使用的语言,它不是蒙古语,而是属于藏缅语族彝语支的一种语言。云南蒙古族为什么使用彝语支的语言? 史料表明,1252 年,忽必烈率十万骑兵进攻云南,由于 1381 年明军击溃了忽必烈的军队,使得这部分蒙古族官兵在今通海一带定居下来,并与当地主要民族——彝族的女子通婚,以致出现了语言转用,由原来操用蒙古语转为操用彝语。后来,他们所操用的彝语经过了数百年演变,发展成为一种独立的语言——嘎卓语。但是,由于嘎卓人还清晰地知道其祖先是北方的蒙古族,因而与北方的蒙古族之间存在深厚的民族认同感。在这种认同感支配下,他们希望自己现在使用的语言也是蒙古语,不愿意承认自己操用的是一种接近彝语的语言。他们甚至用嘎卓语和蒙古语相同的"宾动型"语序以及某些词偶然的语音接近,来论证二者之间的同源关系。

斯大林认为,同一民族处于共同地域和环境中,形成共同文化和心理素质十分重要。然而,同一民族不在同一地域的也并非没有。在历史上,散居于世界各地的犹太民族就是一个既无共同地域也无共同国家的民族。而且,随着社会与经济发展,各民族之间大杂居、小聚居的现象日益普遍。例如,杂居于汉族中的各少数民族,以及杂居于少数民族中的汉族,并未因为地域变化而改变自己的民族认同;一些人长期移居国外,甚至已加入外国籍,仍念念不忘自己的民族。斯大林认为,共同经济生活是民族形成的重要物质生活基础,因而也是民族形成的条件。问题是,一旦民族形成后,共同经济生活就变得次要起来。且不说中华民族在整体上存在经济生活的差异,仅就汉族而言,就有东西南北经济生活的明显不同,社会主义的生产方式与资本主义的生产方式共处一体(如大陆与香港、澳门、台湾)。又如,生活在韩国、生活在中国和生活在朝鲜的朝鲜族人,其经济生活方式和经济水平有霄壤之别,他们仍然是同一民族。随着经济的全球化,不同民族的经济生活甚至时髦与流行也一起来(如中国的"哈韩族"),但这种情况并未对民族认同带来多大的影响。

其次,斯大林否定民族以种族作为基础,在实践中也行不通。如果是这样,犹太人就不能够称其为民族,那么,当犹太人在"二战"后建立以色列国时,又是不是民族? 又如,吉普塞人在全世界流荡,没有自己的国家,他们是不是民族? 还有,现在世界上有数千万海外华裔,他们的民族身份又是什么?

事实上,如果以静态、绝对的观点看,在斯大林关于民族的定义中,只有最后一个特征——"表现于共同文化上的共同心理素质"有资格成为民族的定义特征。这种表现在共同文化上的共同心理素质,即民族心理,也有学者称之为"民族精神"。因此,以发展、动态的眼光来看待民族就显得非常必要。李静(2005)认为,民族在发展的不同阶段其基本特征和内涵都会有所变化,斯大林关于民族的概念反映在民族形成及发展初期的本质特征。没有民族共同体的共同地域、共同语言、共同社会生活以及在此基础上形成的稳定的共同心理素质为基础,民族很难形成和发展。但是,随着社会发展及民族演进,构成民族的基本要素也在变化。物质性、经济性要素的作用在减弱,精神性、文化性要素的作用在凸显。杨建新(2002)指出:"随着民族的发展,尤其是在民族的发展和繁荣阶段,民族文化、民族意识开始起较大的作用。而在第三个阶段,即趋同和融化阶段,其基础不再是地域和社会,而主要是文化。一定程度上说,在这个阶段,民族共同体是一种超地域范围、超社会单位的共同体,文化在维系民族发展中起主要甚至是决定性的作用。"这一看法非常有见地。即就现实性而言,民族心理或民族精神是民族得以存在的最重要依据,因为现今世界上已经存在的民族早已过了形成和发展阶段,均处于比较成熟阶段。刘世理和樊葳葳(2003)指出:"民族,是一种文化形式,是时空组合的文化形态。一个民族的主要显示是民族灵魂和民族精神。"有这样一件轶事很能说明问题:2008年,美国华裔科学家钱永健获得了诺贝尔化学奖,国内媒体非常亢奋,齐呼:"钱学森的堂侄获了诺贝尔奖!"钱永健却回应说:"我不是中国科学家。我在美国长大,并一直在这里生活……但我希望奖项能鼓舞中国的学生和科学家。"可见,钱永健对中华民族并不认同,许多人为此亢奋也没有必要。

有一个术语叫"香蕉人",又叫 ABC (American Born Chinese),最初意指出生在美国的华人,现在泛指海外华人移民的第二代、第三代子女。他们虽然也是黑头发、黑眼睛、黄皮肤,但不识中文,他们说地道的英语,自小受美国文化、美国教育熏陶,思维方式、价值观已完全美国化了。"黄皮其外,白瓤其内"、"黄皮白心"、"夹缝中的人"、"中文盲"、"边缘化",是对他们的生动写照。"香蕉人"所以产生,与家庭教育有关。自他们出生时起,父母就希望孩子长大后能顺利融入美国社会,故此家庭重视孩子的西方化,有些父母英语好的,在家都不讲中文,他们要把孩子培养成彻头彻尾的美国人。也有的家长不想让孩子断了中国文化的根,在课余时还教孩子学中文,但效果通常很差。随着孩子和父母讲话时说英语的时候越来越多,讲汉语的时候越来越少,渐渐地汉语消失了,完全被英语所取代。对"香蕉人"而言,汉语只是他们父母的家乡话,他们更愿意讲英语。因此,到中学阶段,"香蕉人"就逐渐定型了。进入大学以后,问题来了,尽管他们的英语说得同美国人一样好,但在美国青年眼中,他们依然是外国人,因而难以建立起密切的朋友圈子。他们的朋友圈子多半也只局限于"香蕉人"之间。此时,香蕉人就会感到孤独——找不到归宿,经常会迷惑自己是谁,成为"夹缝中的人"。这个例子说明了民族心理的重要性。

目前,民族学界对民族的比较一致的看法是:民族是指一群基于历史、文化、语言、宗教、行为、生物特征而与其他群体有所区别的群体。民族具有客观特质,这些特质可能包括地域、语言、宗教、外貌特征或共同的祖先,也有主观特质,特别是人们对其民族性的认知和感情。这一定义比较科学,它既考虑到了民族的客观属性,又考虑到了主观特征在民族形成和识别中的作用,在客观特点方面既考虑了详尽内容,又保持了一定弹性,较多地体现了民族的文化本质,因而比较能够科学地概括和说明民族现象。

1.1.2　民族的基本属性

人以类聚是人类社会生活的自然法则,民族是类型之一。了解民族的基本属性,对理解民族的概念十分重要,对理解民族心理学的研究对象也大有裨益。

徐黎丽(2013)认为,民族是人类不同群体的生物性、文化性与建构性的三位统一体。换言之,民族具有生物性、文化性和建构性。

民族的生物性

生物性是指人类不同群体的血缘作用于地缘而产生的生物属性。血缘是人类群体保持与其他群体不同体质特征的生物基础。一般来说,人们之间亲属关系越近,血缘关系就越深,表现在体质特征上,就是族群在五官、毛发、体形等上相似,这是人类不同群体之间极容易区别的生物属性。地缘是人类不同血缘群体不得不顺应的自然环境因素的总和。地缘由纬度、海拔、气候、地形及其蕴藏的自然资源组成,它在人类起源和发展初期发挥的作用比对现代人类更大。人类族群的不同体质既是不同血缘关系发展的结果,也是不同血缘关系的人群与不同地缘相适应的结果。例如,人类对不同纬度适应会产生不同的体型和面型:居于高纬度的族群,体形相对高大;居于低纬度的族群,体形相对矮小。不同纬度地区因为气候不一样,也会对人类的体质特征产生巨大影响。例如,尼格罗人种生活在热带草原上,那里太阳辐射强烈,黑皮肤和浓密卷发能够对身体和头部起保护作用。黑色素能够吸收紫外线,可使皮肤不至于因过多紫外线照射而受损害。宽阔口形与厚唇以及宽大鼻腔,有助于冷却吸入的空气。欧罗巴人种形成于欧洲中部与北部,那里气候寒冷,云量多,日照弱,阳光中的紫外线不仅不会危害身体,反而能够刺激维生素D形成,那里的人们的皮肤、头发和眼睛的颜色都比较浅淡。他们鼻子高耸,鼻道狭长,使鼻腔粘膜面积增大,使冷空气被吸入肺部时变得温暖些。蒙古人种形成的气候环境既不像非洲那么炎热,也不像欧洲那么寒冷,因而形成了适中的人体特征。人的身高也受气候影响。生活在热带的人个子矮小,生活在寒带的人个子高大。在我国,一般说来,北方人高大,南方人矮小。这是由于南方气候炎热,能量消耗大,人的个头就相对小些;北方气候寒冷,能量消耗少,人的个头就相对高大(钱建伟,张海虹,2009)。不同纬度、海拔、气候、地形及其物产组成的地缘对人类的异化影响,最终会反映在人群的体质特征上,使得以血缘关系为纽带的人类群体的体质特征在长期的地缘作用下不断扩大,从而为民族形成奠定了生物基础。

民族的文化性

文化可以被理解为人类从自我群体中习得并创新的知识体系及价值观。无论如何定义文化,如将其理解为物质设备、语言、社会组织(马林诺夫斯基,1987),还是包括知识、信仰、艺术、道德、法律、习惯以及作为社会成员的人所获得的任何其他才能和习性的复合体(Haviland, 2006),抑或是使用各种符号来表达的一套世代相传的概念,人们凭借这些符号交流、延续并发展他们有关生活的知识和对待生活的态度(克利福德·格尔茨,1999),抑或是共享的理想、价值和信念,人们用它们来解释经验,生成行为(Haviland, 2006),都不能够排除文化起源于人类对幸福生活的追求。人类不同群体在顺应自然环境、组织自身群体并与周边群体结成不同类型关系时,逐渐形成了自成体系的生计方式、社会组织、语言文字、风俗习惯和宗教信仰,最终使文化成为人类不同群体在生活过程中积累起来的经验、智慧的象征符号及所代表的价值、理想和信念。由于人类不同群体面临的自然环境、社会环境及精神环境不同,他们所创造的文化从生计到信仰均呈现出不同的特征,在此基础上形成不同的价值、信念和理想。因此,文化是人类不同群体后天习得并随时代变化的属性。构成文化的主要因素有生计方式、社会制度、语言文字、风俗习惯及宗教信仰等。不同民族的祖先创造的文化均具有明显的特征。各种文化要素之间存在的不可分割的关系及其所构成文化的整体性更能使"此"民族区别于"彼"民族。

民族的建构性

建构性是对民族意向性的认识并付诸行动的结果。在当代,民族的生物性和文化性随着全球移民的加速不断削弱,民族成员会在外界刺激和自我意向性认同的驱使下建构自我民族认同,建构族群的地理、心理边界。在经济全球化的今天,建构性成为民族成员认同自我的手段。在当代,族群的客观特征在现代化的消解下逐渐淡化、瓦解与消失,但族群成员依靠历史记忆、族群传统知识积累的族群情感和认同却不会同步消失。马克思·韦伯(1978)指出:"族群是这样一些群体,要么由于体貌特征或习俗相近,或者由于两者兼有,要么由于殖民和移民的记忆,从而对共同血统抱有主观信仰;这种信仰,对于群体构建肯定具有重要意义,至于是否存在着客观的血缘关系则无关宏旨。"族群身份(ethnic membership)并不能够构成一个族群,它仅用来促进各种各样的族群的形成。与此同时,政治共同体激发共同的族性认同。通过建构民族认同而保留民族身份是现代民族求得生存的手段和工具。

建构性与民族在不同政体形式下从实体向虚拟的转化有关。古希腊人判定民族的标准主要是血缘以及语言、宗教、生活方式等文化属性(徐晓旭,2004)。随着人类对民族的关注,一些学者试图给民族下定义。19世纪的瑞士法学家布伦奇里认为:"民族者,民俗沿革所生之结果也。民族最要之特质有八:1.其始也同属一地;2.其始也同一血统;3.同其肢体形状;4.同其语言;5.同其文字;6.同其宗教;7.同其风俗;8.同其生计。由这八种因素相结合并传之子孙,久而久之,则成为民族。"意大利学者马齐认为:"民族是具有土地、起源、习惯、语言的统一,以及生命和社会意识共同一致的人类的自然社会。"由此可见,早期学者认为民族是生物性和文化性相结合的产物。随着人口大规模快速迁徙,对民族的认识更偏重于意识、心理和情感上的认同。马克思·韦伯(1978)认为:民族是一个自我宣称具有国家情感的共同体。蒂什科夫(2000)认为,民族仅仅是一个国家内公民的总和,是一种社会结构和"想象的共同体",它们在"人群获得对某种思想及其内涵的信仰过程中,逐渐变成现实",因而可以通过对人群施加心理和思想意识的影响来推进"民族建设",还可以由国家创办各类学校来灌输民族主义的思想意识。兹德拉沃梅洛夫(2000)认为,民族和民族自觉是一码事,因为民族自觉之所以存在,仅仅是由于其他民族存在自觉的缘故(解建群,2000)。中国学者对民族的定义也经历了物化、文化、建构三个阶段。纳日碧力戈1990年对民族的定义是:"民族是在特定历史的人文和地理条件下形成,以共同的血统意识和先祖意识为基础,以共同的语言、风俗或其他精神和物质要素组成系统特征的人们共同体。"1995年,他对民族的认识逐渐演化为"民族是在家族符号结构和家族符号资本的基础上形成的超族群政治—文化体"。因此,民族学研究者对民族的认识经历了从实体向虚拟的过渡,虚拟化为民族身份的建构提供便利条件。民族的建构性也为民族心理研究提供了广阔舞台。

1.1.3　民族心理的内涵与外延

民族心理学的研究对象是民族心理,对这一点,学者们并无争议。然而,什么是民族心理?民族心理包含哪些内容?学者们的看法并不一致。

民族心理的内涵

全国13所院校社会心理学编写组(1996)对民族心理的定义是:"民族心理是指构筑在一个民族经济地域基础之上并渗透着该民族文化传统、决定着该民族人们的性格和行为模式的共同的心理倾向和精神结构,也就是人们通常所说的民族性格和国民性。"

张世富(1996)认为,民族心理即民族群体心理,是指全民族成员在共同的社会物质生活条件下所产生的共同心理素质和心理状态。广义的民族群体心理就是整个民族共同体的共同心理,即民族精神、民族意识。

林耀华(1997)认为,民族心理表现为一个民族对客观事物的认识、情感、意志等方面的心理活动,是一种文化现象。

戴桂斌(1998)认为,民族心理是特定民族在长期历史发展过程中,由一系列共同的历史条件,特别是经济生活的影响而形成的民族心理素质和心理状态的总和。

佟宝山(2002)认为,民族心理是指一个民族特有的心理状态,即特有的民族感情、民族精神、民族意识,这三者代表民族共同的心理状态。

徐黎丽(2002)认为,民族心理是特定民族认识、情感等心理过程和能力、气质、性格等个性心理特征的综合体。

吕遂峰(2002)认为,民族心理是社会心理在民族特色上的体现,是各民族在长期历史发展中形成的性格、感情、爱好、习俗等精神素质的综合。

戴庆厦(2005)认为,民族心理是民族的社会、文化等特点在人们心理上的反映,包括民族自我意识、民族感情、民族特点等。

张进辅(2006)认为,民族心理是指特定民族集团影响下人们的社会行为以及他们内在的心理规律和特点。

阿荣(2010)认为,民族心理是一个民族的社会经济、历史文化、生活方式以及地理环境在该民族精神面貌上的反映,它通过社会文化、精神生活的各个层面来表现一个民族的兴趣、爱好、传统、气质等特征。

从以上定义中可以看出,学者们对民族心理的界定既有一致之处,也存在差异。共同之处表现在:(1)均认为民族心理具有反映性,民族心理反映民族共同体生活于其中的社会经济、生活方式、文化传统、风俗习惯、地理环境等客观现象。(2)均认为民族心理具有共同性。只有那些为全民族成员或绝大多数成员所共有的心理特点和行为模式方属于民族心理。(3)均认为民族心理具有特殊性。民族心理的特殊性是针对社会心理而言的。只有那些能够反映民族特点、反映民族所特有的精神面貌的心理特点和行为模式方属于民族心理。差异主要表现在对民族心理的看法不同:有人认为民族心理是民族成员身上所体现出的心理特征,有人认为民族心理是一种文化现象,有人认为民族心理就是民族精神、民族意识。在对民族心理的界定上,心理学家与民族学家、社会学家有不同理解。不同学科的人对同一对象的认识本来就有不同角度,多学科结合才能对研究对象作出科学的、全面的考证。在已有界定基础上,我们将民族心理定义为:民族心理是特定民族共同体成员在共同社会生活和文化传统影响下所形成的特定的心理状态、心理特征和行为方式的总和。

民族心理的外延

学者们对民族心理外延的看法分歧就更大。

首先,民族心理是广义的,还是狭义的? 广义的民族心理包括世界上主要民族的心理,如汉族、美利坚民族、英吉利民族、法兰西民族、德意志民族、俄罗斯民族、大和民族的心理。例如,本尼迪克特(R. Benedict, 1887—1948)的《菊花与刀》(*The Chrysanthenmum and the Sword*)就是专门研究日本民族心理的著作。菊花与刀意味着日本民族性格的双重性,菊花是日本皇室的标志,刀象征武士道精神,这两种最具有象征意义的事物反映日本文化和日本人性格的双重性:好斗而和善,尚武而爱美,野蛮而文雅,顺从而富于抗争。本尼迪克特运用文化人类学的方法分析日本的民族精神、文化基础、社会制度和日本人的性格特征,剖析上述因素对日本的政治、军事、文化和生活的历史发展和现实表现的作用,探求这些复杂现象和矛盾的形成原因。此书被认为是了解日本人的最佳读本,是研究日本的经典著作。狭义的民族心理主要指少数民族的心理,如1949年以后,我国民族学界和心理学界对民族心理的研究主要限定于对国内各少数民族心理的研究,即使涉及汉族,也常是作为参考标准和参考样本。

比较而言,广义的民族心理观具有更大的合理性。民族心理理应包含世界上主要民族的心理,将世界主要民族的心理排除在民族心理研究之外,缩小了民族心理研究的领域和范围,降低了民族心理研究的价值,不利于同世界上的主要民族打交道。例如,了解俄罗斯的民族心理特征和民族性格,无疑有助于同俄罗斯人交往,不被假象所迷惑。在历史上,俄国人给中华民族带来的苦难很多,侵占中国的土地最多。在国际交往中少一些感情色彩和意气用事,多一些理性思考和审时度势,无疑是国家之福、民众之福。

长期以来,汉族心理研究未被划入民族心理研究的范畴。而对汉民族特有心理(如祖先崇拜、面子心理、老乡心理、阿Q精神等)的研究应该被视为民族心理研究。在这一方面,民国时期的学者做过很好的工作。例如,费孝通在20世纪40年代出版的《乡土中国》,就是专门研究汉族文化心理的著作。在书中,他提出"差序格局"的概念,被社会学界广泛接受,至今仍然具有重要影响。20世纪50年代以后,港台地区一些心理学家也在汉族特有心理研究方面做了一些有益的工作。柏杨的《丑陋的中国人》也是研究汉族心理的著作,该书收集作者的数十篇杂文,主要内容是批判中国人的劣根性。作者将传统文化的种种弊端喻之为"酱缸文化",指出中国传统文化有一种滤过性疾病,子孙后辈永远受感染,且持续不断。该书1985年在台湾出版,当年即被评为年度畅销书,并有日文、德文、英文等译本问世。但是,该书的观点却颇有争议:既有如潮的好评,也有人认为存在偏见和倾向性。

在汉族心理研究方面,应该重视不同民系汉族心理的研究。"民系"又称为"次民族"(sub-nation)、"亚民族",是指一个民族内部的分支,分支内具有共同或同类的语言、文化、风俗,相互之间认同。20 世纪 30 年代,罗香林意识到,汉族等庞大的民族,会因为时代和环境的变迁逐渐分化,形成微有不同的亚文化群体。为描述这些亚文化群体,他首创了"民系"的术语。例如,就我国南方汉族而言,有说闽语的闽南、兴化(莆仙)、潮汕等民系,说客家话的客家民系,说粤语的广府、粤西、四邑、桂南等民系。他率先对客家民系进行研究,撰写了《客家研究导论》,科学地证明了"客家为汉族里头的一个支系",有力地批驳了将客家诬为"语言啁啾不甚开化"、"野蛮的部落,退化的人民"等论调,捍卫了客家人的社会地位。20 世纪 50 年代初,他又推出《客家源流考》,为客家研究奠定了坚实基础。还有人引申了"民系"的概念,用来指同属于同一地区有相互认同的人,不一定满足符合内部语言、文化、风俗相同的要求。例如,"老表"指江西人(赣民系)。这种引申的"民系"概念使用较少,一般称为"某某人",如"江浙人"、"东北人"等。因此,"民系"在用于汉族时,基本上只运用于广东、福建等省内各族群语言、文化、风俗等差异较大的地区。同一民系的人生活在相同或相近区域,有相同的区域认同。区域认同往往成为民系的名字,如潮州民系。在汉族诸民系中,客家是唯一一个不以地域命名的民系。对汉族人而言,炎黄认同是民族精神传统的标志物和代表物。类似的,对民系而言,同一民系的人往往对某一特定事物有强烈的认同感,认为这一事物代表了所属民系的某些特性和精神传统,如客家人的围屋。近年来,张海钟在研究汉族地域心理和老乡心理方面也做了很好的工作,他所著的《中国区域跨文化心理学:理论探索与实证研究》就是研究不同地域汉族人心理的。不同地域的汉族人的确有一些不同心理特点,但也存在偏见。例如,我国 20 世纪 90 年代出现的对东北人的偏见,称东北人为"东北虎",认为东北人有匪气,"胡同旮旯里边走,该出手时就出手";2000 年以后,出现对河南人的偏见,"十个河南九个骗,总部设在驻马店"。对这些负面的刻板印象,需要用科学研究的结果来加以驳斥和澄清。

其次,民族心理应包含哪些内容? 对这一问题,依旧是众说纷纭。可以分为几类:

(1) 两分法:认为民族心理由两大因素(或层次)构成,每一因素(或层次)又由许多子因素(子层次)构成。戴桂斌(1988)认为,民族心理由民族心理素质和民族心理状态组成,前者指民族性格、气质、能力等较为稳定的心理特征,后者指民族朴素的社会信念、价值观念、社会情趣等较不稳定的动态形成的心理状态。徐黎丽(2002)认为,民族心理包括民族心理过程和民族个性心理特征。民族心理是特定民族认识、情感、意志等心理过程和能力、气质、性格等个性心理特征的结合体。李天雪(2003)认为,民族心理分为两个层次:表层是民族成员较为一致的共同感觉、情感、情绪等;深层是民族性格,它是民族心理中稳定的部分,表现为特定的民族心理定势,包括审美观、价值观和思维行为方式等。

(2) 三分法：认为民族心理由三大因素(或层次、系统)构成，每一因素(或层次、系统)又由许多子因素组成。秦殿才(1988)认为，民族心理分为民族的心理素质、价值体系、思维方式。李尚凯(1991)认为，民族心理可以分为民族心理素质、民族心理状态和民族自我意识。民族心理素质包括民族认知、思维、气质、性格等；民族心理状态包括民族价值观念、情绪、情感、兴趣、爱好等；民族自我意识包括民族认同、自豪感、自信心等。李静(2003)认为，民族心理包括各民族的民族意识、认知结构、思维方式。张进辅(2006)认为，民族心理结构分为民族心理导向系统(民族价值观、民族意识、民族文化等)、民族心理动力系统(民族情感、民族意志、民族自我意识等)和民族心理功能系统(民族人格、民族能力、民族心理素质、民族心理健康等)三个相辅相成的系统。

(3) 多分法：认为民族心理由多个因素(层次)构成。戴庆渲(1990)认为，民族心理结构由四个层次、八个要素组成：第一层次是民族自识性以及同时产生的民族情感、民族意志；第二层次是民族思维方式；第三层次是民族个性心理特征，包括民族性格、民族能力、民族气质；第四层次是在价值观念指导下包括价值观在内的民族群体规范意识，如民族朴素的社会信念、道德观念、民族审美情趣等。张世富(2005)认为，民族心理包括民族认知、民族意识、民族情感、民族意志、民族性格、民族品德和民族气质等。

从以上表述中可以看出，虽然学者们对民族心理结构分类看法不同，但对民族心理结构构成要素的看法有趋同趋势，主要涉及因素包括民族心理素质、民族心理特征、民族心理状态、民族价值观念、民族情感意志、民族自我意识、民族心理过程、民族思维方式等。这些因素之间也有重叠和不一致之处。如戴桂斌(1988)所讲的民族心理素质，徐黎丽(2002)称之为民族心理特征；李尚凯(1991)所讲的民族心理素质中还包括思维与认知因素。

综合上述看法，借鉴张进辅(2006)的三系统观点，民族心理结构主要由三个系统构成：

(1) 导向—动力系统：这一系统包括张进辅(2006)分类中的民族心理导向系统和民族心理动力系统，包括民族价值观念、民族自我意识、民族需要、民族动机、民族情感、民族意志、民族信念等。这一系统从构成上看具有情意性，从功能上看具有动力性，它是民族生存与发展的动力源泉，也是民族生命力与民族凝聚力的表现。

(2) 加工—储存系统：这一系统包括民族认知结构、民族思维方式、民族语言与记忆、民族认知策略等。过去人们认为，不同民族之间在认知过程方面差别不大。近年来研究表明，即使是对颜色、空间与时间的知觉，不同民族之间也存在非常明显的差异(王娟，张积家，2012；张积家，谢书书，和秀梅，2008；谢书书，张积家，2010；宋宜琪,张积家,2016)。所以,对民族认知心理、民族语言心理的研究越来越多,并取得了明显成绩。

(3) 功能—显示系统:这一系统包括民族人格、民族智力、民族能力、民族心理素质、民族心理健康。这一系统为不同民族对环境适应提供了心理资源,同时也使不同民族的心理特点得到充分显现。

1.1.4　民族共同心理素质与民族心理

民族共同心理素质

由于斯大林在对民族定义中提到"民族共同心理素质",而且中国在改革开放后,许多学者也对这一概念也进行探讨。因此,搞清楚这一概念,对理解民族心理十分必要。

熊锡元(1983)认为,民族共同心理素质是一个民族的社会经济、历史传统、生活方式以及地理环境的特点在民族精神面貌上的反映。其特征为通过本民族的语言、文学艺术、社会风尚、生活风俗、宗教信仰以及对祖国和人民的热爱、对乡土的眷恋,表现出自己的爱好、兴趣、能力、气质、性格、情操和民族自豪感。民族共同心理素质是社会物质生活和文化生活条件综合作用于民族精神面貌的表现与结果;它和风俗习惯密切联系;它一旦形成,就具有极大的稳定性,但也会随着物质生活条件变化而变化。由于民族共同心理素质是最活跃、最有生命力,也将是最持久和最后消亡的因素,因此在民族识别中作用显著。

吴团英(1988)认为,民族共同心理素质是民族的共同心理特点。在外部关系上,它主要表现在物质文化与精神文化的民族形式中。在内部关系中,它主要寓于民族心理结构的心理过程和个性心理特征中。民族心理素质由民族情感、民族意志、民族性格、民族气质及民族自我意识等要素构成。一个民族在情感、意志、性格等方面的特点,就组成该民族心理素质上的特征。从动态角度看,民族共同心理素质具有相对的独立性、能动性、鲜明的排它性、较持久的稳定性。吴团英(1982)认为,由于民族共同心理素质是在共同语言、共同地域、共同经济生活基础之上产生,是对民族诸形成条件的综合反映,故而它是最具普遍性的特征,可以作为划分民族的主要标志。

顾学津(1984)认为,民族共同心理素质是一个民族特有的思想、感情、性格、气质等内心活动,是同一个民族的特质生活条件在思想文化上的反映,是一个民族形成过程中共同经历的历史在同一民族人们意识世界中的表现,属于精神范畴。它通过民族风俗、属性意识表现出来。它一旦形成,便具有稳定性和持久性,故而在民族识别中起着举足轻重的作用。

徐杰舜(1990)认为,在"共同心理素质"前应加上"文化"二字,以反映文化与心理素质的关系。共同文化心理素质是一个民族的社会经济、历史传统、生活方式及地理环境的特点在该民族精神面貌上的表现和反映。它通过民族的语言、文学艺术、社会风尚、风俗习惯、宗教信仰、体育游艺、道德情操以及对祖国、对民族、对人民的热爱，对乡土的眷恋等形式表现，反映出一个民族的爱好、兴趣、能力、气质、性格、情操、民族意识以及自豪感。它具有独立、全民、稳固的特性，内容包括风俗习惯、文学艺术、民族性格及民族自我意识。

何叔涛(1984)认为，民族共同心理素质包括两部分，即主要表现在民族文化上的民族特点与主要表现为民族自我意识的民族情感。民族自我意识只存在于与其他民族交往接触时和当感觉到自己与别的民族成员的差异以后。它与民族的关系密不可分。

苏联汉学家、民族学家刘克甫(1989)认为，应以民族自我意识来代替民族共同心理素质。民族自我意识是指一个民族的成员有意识地显示出来的民族自识性。

费孝通认为，"我们认为首先要认清这个要素的核心是民族共同心理素质。用一句比较容易的话来说，是同一民族的人感觉到大家是属于一个人们共同体的自己人的这种心理"。即"一个民族的共同心理，在不同时间、不同场合可以有深浅强弱的不同。为了加强团结，一个民族总是要设法巩固其共同心理，它总是要强调一些有别于其他民族的风俗习惯、生活方式上的特点，赋予强烈的感情，把它升华为代表这个民族的标志；还常常把从长期共同生活中创造出来喜闻乐见的风格加以渲染宣扬，提高成为民族形式，并且进行艺术加工，使人一望而知这是某某民族的东西，也就是所谓民族风格"。

从以上定义中可见，学者们对民族共同心理素质的稳定性、持久性、渐变性及其在民族识别中的作用给予充分肯定。但也有学者认为，斯大林对共同心理素质的论述在理论上极为模糊，要准确地把握一个民族的"共同心理素质"非常困难；在实践中我国民族识别工作者用"共同文化"代替"共同心理素质"，"共同心理素质"的标准已经名存实亡；20世纪80年代以来，我国民族理论界和民族心理学界学者分别用不同方法研究"共同心理素质"，至今仍然得不出确信结论。因此，"共同心理素质"不能够作为民族识别的标准(韩忠太，1996)。在民族共同心理素质的外延及内涵理解上，仍然存在较大分歧。在民族共同心理素质名称上，仍然有民族性格、民族感情、民族心理、民族精神、民族意识及民族自我意识等不同提法，尤其以后两种提法为多。

民族共同心理素质与民族心理的关系

"民族共同心理素质"与"民族心理"之间关系如何？学术界主要有四种看法：

(1)"民族心理"和"民族共同心理素质"是两个完全相同的概念。如在《中国大百科全书·民族卷》中，"民族心理"与"民族共同心理素质"的解释完全相同。这种看法可称之为"等同说"。另一些研究者认为，民族共同心理素质包含民族意识、民族情感、民族意志、民族气质、民族性格、民族能力等,这种看法可称之为"包容说"。不论"等同说"还是"包容说",都取消了"民族共同心理素质"与"民族心理"的界限。

(2)"民族共同心理素质"是"民族心理"的重要组成部分。持这种看法的研究者认为,民族心理现象非常广泛。从宏观看,它包括一个民族的共同心理、群体心理和个体心理;从微观看,它包含一个民族成员中表现出来的多种心理现象,如感觉、知觉、记忆、思维、想象、注意、情感、意志、气质、性格、能力、需要、动机、兴趣、信念、理想、世界观等。在这些民族心理现象中,只有那些为本民族成员所共有的心理特征,才能称之为"民族共同心理素质"。换言之,民族共同心理素质是一个民族作为一个群体所具有的典型的心理特征。例如,熊锡元(1994)在研究了汉族、回族、傣族、美利坚民族的共同心理素质后认为:汉民族具有坚韧不拔、兼收并蓄、中庸之道、小康思想、内向含蓄、封闭自守的心理特征;回族具有强烈的民族意识、开拓与进取精神、心理状态和宗教信仰与风俗习惯交织、保族卫国——在逆境中求生存的心理特征;傣族具有温文尔雅,重和睦、轻纷争的心理特征;美利坚民族具有富于进取、鄙视守成、勤奋工作、机会均等、平民精神、不尚等级、标新立异、旷达不羁、自恃自负、自我困惑等心理特征。郭大烈(1982)认为,纳西族具有"纳西若米"(纳西儿女)的民族自我意识,坚韧不拔的民族精神,深沉谨慎的民族性格,质朴厚重的民族道德,多神观念的民族信仰。蓝建宇(1988)认为,壮族具有头重脚轻的思想意识,沉重如山、卑弱怯懦的语言心理,虚无的文化、宗教心理,虚假繁复的生活心理。杨顺清(1993)认为,侗族共同心理素质的基本特征为:宽容和柔、趋静求稳的基本民族性格,尊崇古制、求和谐秩序的传统价值观,相互依赖、团结互助的强烈群体意识,直感心象、求静态平衡的原型思维模式。荣丽贞(1987)、萧景阳(1991)、苏世同(1991)、伊力合木·克力木(1989)分别研究了蒙古族、黎族、苗族、维吾尔族的共同心理素质。石国义(1998)论述了水族传统文化心理,崔英锦(1996)论证了朝鲜族文化心理特点。

(3)"民族心理"与"民族共同心理素质"是两个完全不同的概念。韩忠太(1999)认为,从内涵看,民族心理是一个民族的成员以先天的神经系统为基础,在后天的环境作用、教育影响、文化熏陶下,通过自己的主观努力,逐步形成并发展起来的各种心理现象的总和。民族共同心理素质除了具有民族心理的一般属性外,还具有"共同"和"素质"两个根本属性。"共同"是指不为个别人所具有,也不为某些人所具有,而为全民族成员普遍具有。"素质"一般限定为先天生理解剖尤其是神经系统方面的特性。从外延看,民族心理包含一个民族成员发生的各种心理现象。民族共同心理素质只包含一个民族全体成员普遍具有的共同的、稳定的心理特征。例如,居住在呼伦贝尔草原上的鄂温克牧民,几乎人人都具有大度、私有观念淡薄、能歌善舞、热情好客、粗犷勇猛、顽强等性格特点。在学科归属上,民族共同心理素质属于民族理论学范畴,民族心理属于民族心理学范畴。从研究课题看,民族共同心理素质是民族学研究工作者的理论问题,其研究具有宏观性;民族心理研究者以心理现象为单位,其研究具有微观性。从研究方法看,民族共同心理素质作为民族理论研究的一部分,没有专门的研究方法;民族心理的研究方法包括观察法、访谈法、问卷法、测验法、实验法、跨文化分析法等方法。从研究目的看,民族理论工作者研究民族共同心理素质,是为了解释斯大林有关民族的定义;民族心理研究者则研究民族心理的发生、发展、变化的规律。

(4)"民族心理"与"民族共同心理素质"既有区别又有联系,不能互相取代。徐黎丽(2002)认为,首先,民族心理与民族共同心理素质均为民族心理学的研究内容。由于民族心理是特定民族认识、情感、意志等心理过程和能力、气质、性格等个性心理特征的统一,民族共同心理素质是特定民族心理产生必不可少的神经系统和感觉器官等先天条件,因此,民族心理和民族共同心理素质均为民族心理学的研究内容,两者相互依存、相互作用,民族心理才能形成和发展。其次,民族心理是在民族共同心理素质基础上产生和发展的。民族共同心理素质是民族心理现象产生和发展的生理条件。没有以大脑为中心的神经系统的存在和身体内部和外部感觉器官的存在,任何民族的心理过程和个性心理特征都无法存在。民族共同心理素质是民族心理产生的物质条件,民族心理是民族共同心理素质不断完善的结果。第三,民族心理与民族共同心理素质的侧重点不同。尽管民族心理与民族共同心理素质均为民族心理学的研究内容,但民族心理主要研究民族心理过程中的认识过程、情感过程、意志过程和民族能力、气质、性格方面的差异,侧重于民族意识形态研究;民族共同心理素质是民族心理形成中必不可少的神经系统和感觉器官等先天条件,研究它们,是为了认识民族心理的起源、产生。民族共同心理素质研究侧重于研究民族心理产生的物质性条件。第四,民族心理和民族共同心理素质在研究方法上侧重点不同。不论是研究民族心理,还是研究民族共同心理素质,均需要具备民族学和普通心理学的基本知识。除此之外,还需具备社会学、政治学、经济学、伦理学、宗教学及其他社会科学的方法和内容。研究民族共同心理素质,重点要求具备生理学、遗传学、解剖学等学科的方法和内容。

从以上讨论看,"等同说"与"包容说"均将民族共同心理素质归于民族心理内涵中,韩忠太和徐黎丽则对民族心理和民族共同心理素质的内涵和外延进行区分。由此可见,学者们对民族心理与民族共同心理素质之间的关系还远未达成共识。争论的焦点之一在于对"素质"理解不同。民族理论研究者往往将"心理素质"理解为"心理特征",因而"民族共同心理素质"是"民族共同心理特征"的同义词,如果这样理解,主张民族共同心理素质是民族心理的重要组成部分的观点就具有较大的合理性,民族心理的外延远大于民族共同心理素质的外延。如果将"素质"理解为民族成员先天具有的生理条件,特别是神经系统与感官的特点,这种理解显然有违于斯大林与许多民族理论研究者的初衷与本义,同时也大大缩小了"民族共同心理素质"的内涵与外延。因此,笔者认为,在目前的学术语境下,将"民族共同心理素质"理解为"民族共同心理特征"是较为合适的。

1.2 民族心理学的学科性质

民族心理学是一门特殊的学科。这种特殊性既表现在它的对象特点上,也表现在它的学科特点上。在相当大程度上,是民族心理学的对象特点决定了民族心理学的学科特点。

1.2.1 民族心理学的对象特点

民族心理学的研究对象是民族心理及其规律。民族心理学的研究对象有什么特点呢?

研究对象的层次性

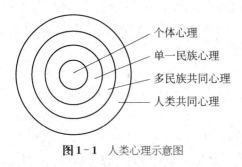

图 1 - 1　人类心理示意图

民族心理属于心理现象。然而,人类心理现象是分层次的。人类心理的最基础层次是个体心理,个体心理是差异心理学和人格心理学的研究对象。人类心理的最高层次的是人类共同心理,人类共同心理是普通心理学的研究对象。处于中间层次的是单一民族心理与多民族共同心理,单一民族心理与多民族共同心理是民族心理学的研究对象,见图 1 - 1。

单一民族心理与多民族共同心理是民族心理学的研究对象。当代世界上约有大小民族 2 000 多个。我国是一个多民族国家,有汉族和 55 个少数民族。根据 2010 年第六次人口普查的数据,全国总人口为 1 339 724 852 人,各民族的人口数见表 1 - 1。

表 1 - 1　我国各民族人口情况

民族	人口	占比(%)	民族	人口	占比(%)
汉族	1 220 844 520	91.510 0	满族	10 387 958	0.779 4
壮族	16 926 381	1.270 0	维吾尔族	10 069 346	0.755 5
回族	10 586 087	0.794 3	苗族	9 426 007	0.707 2

民族	人口	占比(%)	民族	人口	占比(%)
彝族	8 714 393	0.653 8	柯尔克孜族	186 708	0.014 0
土家族	8 353 912	0.626 8	景颇族	147 828	0.011 1
藏族	6 282 187	0.471 3	达斡尔族	131992	0.009 9
蒙古族	5 981 840	0.448 8	撒拉族	130 607	0.009 8
侗族	2 879 974	0.216 1	布朗族	119 639	0.009 0
布依族	2 870 034	0.215 3	毛南族	101 192	0.007 6
瑶族	2 796 003	0.209 8	塔吉克族	51 069	0.003 8
白族	1 933 510	0.145 1	普米族	42 861	0.003 2
朝鲜族	1 830 929	0.137 4	阿昌族	39 555	0.003 0
哈尼族	1 660 932	0.124 6	怒族	37 523	0.002 8
黎族	1 463 064	0.109 8	鄂温克族	30 875	0.002 3
哈萨克族	1 462 588	0.109 7	京族	28 199	0.002 1
傣族	1 261 311	0.094 6	基诺族	23 143	0.001 7
畲族	708 651	0.053 2	德昂族	20 556	0.001 5
傈僳族	702 839	0.052 7	保安族	20 074	0.001 5
东乡族	621 500	0.046 6	俄罗斯族	15 393	0.001 2
仡佬族	550 746	0.041 3	裕固族	14 378	0.001 1
拉祜族	485 966	0.036 5	乌孜别克族	10 569	0.000 8
佤族	429 709	0.032 2	门巴族	10 561	0.000 8
水族	411 847	0.030 9	鄂伦春族	8 659	0.000 6
纳西族	326 295	0.024 5	独龙族	6 930	0.000 5
羌族	309 576	0.023 2	赫哲族	5 354	0.000 4
未识别民族	640 101	0.048 0	高山族	4 009	0.000 3
土族	289 565	0.021 7	珞巴族	3 682	0.000 3
仫佬族	216 257	0.016 2	塔塔尔族	3 556	0.000 3
锡伯族	190 481	0.014 3	外国人入中国籍	1 448	0.000 1

不同民族有不同的生产生活方式、经济发展水平,有不同的婚姻家庭制度、宗教信仰、文化传统与民俗,因而也有不同的心理特征,差异不仅表现在社会需要、社会认知、社会行为与民族人格方面,而且表现在生理需要、基础认知、日常行为与民族气质方面。研究不同民族所特有的心理现象,是民族心理学的重要任务之一。

民族有广义与狭义之分。广义的民族泛指人们在历史上形成的、处于不同历史阶段的各种共同体,或者作为一个区域内所有民族的统称,如美洲民族、非洲民族、阿拉伯民族等,或者作为多民族国家内所有民族的总称,如中华民族、美利坚民族、英吉利民族等。"中华民族"是中国各民族的总称。"中华"一词,与"中国"、"华夏"相通,兼有族名、国名等多重含义。"中华民族"在历史上曾专指汉族,到近代,用于指称生活在中华大地上所有民族以及海外华人。中华民族起源于中国,在现今世界上,超过

200 多个国家和地区都有中华民族的分布。

中华民族是一个政治概念及国族概念。这一概念最早是由梁启超提出,现已成为中国近代民族主义及建立国族的重要概念。1902 年,梁启超在《论中国学术思想变迁之大势》一文中,正式提出"中华民族"的概念。20 世纪初,在梁启超、孙中山等人的话语中,"中华民族"经由了从最初的强调满汉之辨和排满,到梁启超的"变法必自平满汉之界始",再到孙中山的"五族共和——将汉族改为中华民族",终于使"中华民族"成为我国 56 个民族所组成的共同体的代称。但这一概念真正深入人心是抗日战争胜利后才最终完成。所以如此,主要有三点原因:一是全民族抗战使大多数中国人有了共同的历史命运与集体记忆,二是抗战使中华民族主义深入人心,三是战争造成的人员迁徙打破了原来的地域隔绝。中华民族还有两个"别称":"中华儿女"和"炎黄子孙"。这两个称呼同中有异。"中华儿女"的含义偏重于文化,是指共同接受中华文化的群体;"炎黄子孙"的含义偏重于血缘,即有共同的祖先的群体。二者比较,"中华儿女"比"炎黄子孙"更易得到中国 56 个民族的一致认同。

多民族国家的特点是不同民族同呼吸、共命运,不同民族有共同利益、共同愿景,不同民族世代居住在一起,虽然在历史上也有过矛盾、冲突甚至战争,但更多时候是和睦相处、和衷共济与和谐发展。中华民族发展到今天,已经达到各民族之间你中有我、我中有你、谁也离不开谁的地步,已经形成了一些共同心理特征,可以作为一个整体来研究。类似的例子还有美利坚民族、英吉利民族。研究多民族共同心理,也是民族心理学的重要任务之一。

在多民族国家中,不同民族之间存在着广泛的交往与互动,这种交往与互动过程形成了不同类型的民族关系,产生了一些特殊的民族心理现象,如民族团结、民族友谊、民族矛盾、民族冲突。研究多民族国家中不同民族之间交往与互动过程中的心理现象,也是民族心理学的重要任务之一。

研究对象的广泛性

民族心理学的研究对象是民族心理。由于我国有众多民族,一些民族内部有不同支系,不同民族与支系分布在广阔国土上。以少数民族为例,在我国,实行民族自治的少数民族人口占少数民族人口总数的 75%,民族自治地方行政区域面积达616.29 万平方公里,占全国总面积的 64.2%,主要分布在内蒙古、新疆、宁夏、广西、西藏、云南、贵州、青海、四川、甘肃、黑龙江、辽宁、吉林、湖南、湖北、海南、台湾等地。不同民族有不同的语言、历史、宗教、生产与生活方式、婚姻家庭制度、民俗和民族文化艺术,因而也有不同的民族心理。这种现状决定了民族心理学研究对象的广泛性。我国丰富的民族资源成为民族心理研究的宝库,为中国民族心理学工作者提供了广阔的研究空间、丰富的研究内容以及巨大的研究潜力,中国民族心理学理应为世界民族心理学的学科发展作出较大的贡献。

研究对象的综合性

民族心理现象既涉及民族,又涉及心理。民族是人类学、民族学的研究对象,民族研究属于人类学、民族学的范畴,心理是心理学的研究对象。这就决定了民族心理学的研究对象具有综合性特点。李静(2005)指出:"民族心理学的研究就是试图在民族学与心理学相交的切合点上,从深层次、内在因素方面以研究民族为目的,运用民族学、心理学的原理与方法,结合民族学、心理学的研究,探求民族在发展演变过程中的各种心理表现,揭示民族心理活动发生、发展的特质,诠释作为一个共同体的民族群体心理问题及民族心理与民族共同体其他因素之间的互动关系;通过对各个民族心理规律的揭示,对其心理模式的各个方面的研究,包括各民族的民族意识、认知结构、思维模式的研究,进而研究各民族相同或相异的心理模式及其发展演变。"

1.2.2 民族心理学的学科特点

民族心理学的对象特点决定了民族心理学的学科特点。民族心理学是一门集民族学和心理学为一体的综合性、边缘性学科。民族心理学是研究特定条件下民族心理活动的发生、发展和变化规律的心理学分支。它以普通心理学和社会心理学理论为基础,以社会学、人类学和民族学的材料为参照,不仅研究在特定民族集团影响下的人们的社会行为,还研究他们的心理特点和规律。具体研究涉及特定民族集团内人与人之间的相互关系和相互作用,以及民族集团与民族集团之间的相互影响与相互制约。民族心理学的学科特点从它与相邻学科的比较中可以清晰地显示出来。

民族心理学与相邻学科的联系与区别

民族心理学的相邻学科包括个体心理学、社会心理学、跨文化心理学、文化心理学、本土心理学、文化人类学、心理人类学。个体心理学、社会心理学、跨文化心理学、文化心理学、本土心理学是心理学的分支,文化人类学、心理人类学是人类学(民族学)的分支。民族心理学同上述学科之间既存在联系,也存在区别(胡平,张积家,2016)。

民族性意味着社会性。因此,要区分民族心理学与相关相邻学科之间的关系,就应该考察社会性的规模、内容、时空和侧重点。首先,从社会性规模看,个体心理学与民族心理学具有相邻相关性。个体心理学规模小,民族心理学规模大。其次,从社会性内容看,民族心理学与文化心理学及跨文化心理学有明显区别。民族与文化,常被相提并论,但它们之间还是存在复杂的关联。任何一个民族都会在生活、生产过程中不断地积累和记录各种知识、经验、事件和习俗,同时也会对这些知识和事件进行研究、分析,并整理成为理论体系,成为一个民族的重要文化遗产。因此,文化独特性是民族独立性的显著标志之一。文化作为社会存在的一种建构,对生活在该文化中人们的心理和行为产生重要影响。因此,民族心理学与文化心理学及跨文化心理学之间存在重叠而又相互区别的关系。再次,从社会性的时间和空间上,可以看到民族心理学与本土心理学的相邻相关性。任何一个民族都有其主要生活地域,特定民族的心理活动和心理特点受生活地域的生态环境影响。在历史上,农耕民族和游牧民族在不同生活区域有不同的生产方式和生活方式,形成了不同的族群人格。另一方面,任何一个区域均可能生活着很多民族,民族的混杂居住可能带来地域文化的丰富性,而复杂的地域文化又反过来会影响每一个生活在该地域的民族的心理。所以,民族心理学和以地域为范围的本土心理学之间也存在相邻相关性。最后,从社会性的侧重点看,民族心理学与文化人类学、心理人类学具有相邻相关性。文化人类学是人类学的分支,它通过研究人类各个民族创造的文化,来揭示文化的本质。文化人类学使用考古学、人种学、民俗学、语言学的方法、概念和资料,对世界上不同民族作出描述和分析。民族心理学与文化人类学的研究侧重点只有部分的重叠,而心理人类学的侧重点就更突出。心理人类学又称为文化与人格研究,它研究在社会系统中文化传统的传递、持续与变迁的心理过程,研究一个社会如何教育儿童学习、接受文化传统,研究一个社会的儿童养育方式如何影响人格的构成,研究基本人格如何趋向于文化典范、文化如何塑造人格等。近年来,心理人类学也重视研究文化与自我的关系(葛鲁嘉,周宁,1996)。民族心理学的侧重点比心理人类学更宽泛。民族心理学不仅研究人格、自我,还研究不同民族的心理动机、心理状态与心理过程。

民族心理学与跨文化心理学、文化心理学、本土心理学、文化人类学、心理人类学五个学科的研究对象重叠,都以群体心理作为研究对象,都关注具体的文化背景和社会情境影响下的群体心理。但是,这些学科的研究对象之间还是存在不同。

跨文化心理学关注不同文化群体的心理和行为之间的比较,探索在不同文化下相同或相似的一般心理过程和行为,研究不同文化下具有普适性的心理规律,比较各种文化中的特异部分。文化心理学关注在特定文化背景下的心理规律,注重不同文化群体的心理与行为的差异。本土心理学探讨以地域为特性的单一文化背景下心理与行为特征,关注在本土文化下具有文化特异性的民众的心理和行为,也对一般性的心理和行为作出本土化解释,提炼其在特定文化下的本土化涵义。文化人类学比较人类各个社会或部落的文化,借此找出人类文化的特殊性和通则性。文化人类学的研究对象大多是弱势族群和少数团体以及较为蛮荒的部落。民族学是文化人类学的分支。民族学研究各民族和各地区、社区的文化,比较其异同,分析这种异同的产生原因,认识这种异同存在的意义,以揭示人类文化的本质,探讨文化的起源和演变规律。心理人类学重在研究集团人格、人格的性别差异和影响人格形成的因素。作为一门融合了民族学和心理学的综合学科,民族心理学的研究对象与上述学科均有不同。民族心理学的研究对象具有多层次性和多情境性。民族心理学的研究对象既包含民族内部的群体和个体的心理过程，也包含同一区域不同民族之间的心理规律的一致性和差异性，甚至还包含不同地区同一民族的心理规律和心理特征。

民族心理学与其他五个学科具有相似的研究假设，都承认社会文化因素对个体心理和行为的作用，都认为社会性影响人的心理和行为。人的心理特性除了受生物特性影响外，也受所处的特定文化传统、生态环境和个人经历等因素影响。因此，这些学科都强调在特定社会文化背景下研究人类的心理和行为，但是，它们在研究的立足点上存在差异。

跨文化心理学强调人类心理和行为的普遍性，认为在跨文化条件下，存在人类的心理和行为的基本规律的一致性。因此，跨文化研究本质上是通过探究和整合不同文化下人的心理和行为规律，发现人类行为和心理过程的一般特性，构建更具有普适性的心理学体系。在跨文化心理学中，文化是作为影响人类心理行为的外在变量而存在的，它独立于个体，具有静态性和客观性，与人的行为之间存在因果关系(李炳全，2006)。文化心理学认为，人类的行为表现是自我存在的，文化与行为相互建构、不可分离。在文化心理学中，文化与人相伴随，是心理表征的内在变量。本土心理学从相对主义和文化多元论出发，认为各种文化是平等的，承认文化的多样性，更加突出文化的差异性。虽然随着研究成果积累，本土心理学主张通过整合多个单一文化而建立一种更高水平的普适心理学，但其研究重点依然植根于所在地域的文化环境之中，更加强调文化的独特性。文化人类学是对人类社会及其文化的研究，致力于描述、分析、诠释与解释人类社会与文化的相似性及相异性。文化人类学研究涉及文化的诸多方面，包括人们在风俗习惯、婚姻家庭、亲属制度、宗教信仰、政治经济制度、原始艺术等方面的共性与差异，心理和行为仅仅是其中一个方面。心理人类学与人类心理和行为关系更密切些。心理人类学研究不同文化背景下人的心理与行为发生、发展、变化的规律，它的直接来源是美国文化人类学中的文化与人格研究。与本土心理学类似，民族心理学强调相对主义和文化多元论，所不同的是，民族心理学的研究重点是不同民族(族群)在心理、行为方面的差异，特别强调心智、自我、身体及情绪等民族性。这表明，民族心理学并非研究一般的心理规律和普遍意义，而是具有特殊性与具体性的研究，同时，通过研究和揭示民族心理的产生和发展规律，以全面掌握人类心理活动的规律，丰富心理学的知识体系。民族心理学认为，人与所处的文化是无法剥离的，"文化内在于人并且与心理互相构成"，文化与行为之间是互相交融的关系。

在科学研究中，存在质化和量化的研究范式。范式(paradigm)是特定科学共同体从事科学活动所必须遵循的公认的模式，它包括共有的世界观、基本理论、范例、方法、手段、标准等与科学研究有关的所有东西。在科学研究范式背后，蕴含着研究者对研究问题的不同假定。民族心理学的研究范式和其他相邻学科不同,具有较强的综合性。跨文化心理学以人类行为和心理的普遍性与客观主义为前提,它沿袭的仍是心理学的自然科学范式,并且为了跨文化比较,大多使用量化研究方法,即通过跨文化收集的数量化资料,对心理现象进行客观研究,将所得结果作出统计推断。在研究立场上强调客位研究、异文化研究和控制研究,区分研究中的主体(研究者)和客体(被研究者),坚持价值中立,重视说明和预测,倾向于"去语境化"。文化心理学强调单一文化和跨文化分析,主张文化特殊性,研究范式更倾向于质化研究和解释性分析。它对研究中的主体和客体并不严格剥离,强调对文化的内在建构过程。本土心理学产生于对欧美主流心理学的客观主义倾向和缺乏文化敏感性的不满,强调植根于本土文化,主要使用现象学和质化研究范式,即在本土文化环境中,通过细致观察,采用背景化或情景性的研究工具,描述和解释人在特定文化下的心理和行为,对社会现象进行整体性探究,因而多使用归纳法分析资料和形成理论。但在具体研究中,由于研究者的立场不同,有研究者认同跨文化心理学的假定,强调文化普遍性,也有研究者采用量化研究范式。文化人类学采用主位研究范式,运用田野调查法与跨文化比较法进行研究。心理人类学的研究方法就更综合些,一些人采用主位研究范式,另一些人采用客位研究范式。民族心理学在开创之初就具有质化研究传统。发展至今,由于民族心理学是介于民族学和心理学的交叉学科,民族学强调质化范式下的宏观研究,心理学重视量化范式下的微观研究,民族心理学便采撷两家研究范式之长,既使用质化研究范式,也使用量化研究范式。随着研究深入,研究者开始提倡民族心理学的独特研究范式。如李静(2015)提出在场性的"田野实验法"就是结合田野调查法和心理实验法的研究方法。张积家(2016)提出,需要加强实验范式的民族心理研究。这些都说明了民族心理学研究的综合性。

民族心理学学科的独特性

与相邻学科比,民族心理学学科具有独特性。表现在:

(1)研究对象的纵向性。民族心理学的研究对象是民族心理,民族心理具有纵向性。民族心理研究要结合民族的历史,从发展角度来看待民族心理的形成过程与机制,而不仅仅聚焦于某一特定历史时期与地域的人们的心理特征与规律。它区别于本土心理学,不仅研究地域性对民族心理的影响,还研究民族心理特征中独特的习俗文化历史发展脉络及其存在的理由,因为对一个民族来说,历史是不可忘记的根。民族心理学通过研究不同地域的具有不同发展史的民族心理,帮助人们理解并接受不同民族之间的不同。

(2)研究内容的丰富性。民族的决定因素不仅仅体现在文化上,也体现在语言、经济等诸多因素上。因此,较之于文化心理学、跨文化心理学、本土心理学、文化人类学乃至心理人类学,民族心理学在对心理活动影响因素上具有更广泛的考虑。在信息化社会与全球化背景下,文化的传播与再生产变得更加频繁,文化的交流与融合也在加快进行。一个人可能会受到多种文化的共同影响,在不同文化情境下会有不同的思维方式与行为表现,与之相伴随的是语言和经济的变化与发展。因此,文化作为影响人的心理活动的重要因素,在当今社会背景下具有更多的不稳定性,民族作为包含文化在内的更广泛差异的概括性概念,具有更高的稳定性。同样地,民族也不同于种族,民族的概念更多地属于社会历史范畴,而不是基于基因的简单分类。因此,民族心理研究要更多地结合经济、历史与文化等诸多因素。

(3)研究视角的广阔性。民族心理学研究并不局限于某一特定的民族,而是在对特定民族心理特征充分了解基础上,在各民族之间进行充分比较,以期了解各民族在心理发展层面的共性与个性,并在此基础上探讨不同民族在交往过程中遇到的问题,并从理论层面探讨相应的解决方案。在民族心理学研究中,少数民族的心理与行为是重要内容,但主流民族(或主体民族)的心理与行为的研究也不容忽视。在民族比较中,民族心理学的基本假设并不伴随着民族进化论的观点,而是主张不同民族之间是平等的,应该相互欣赏与相互尊重。

(4)研究对现实的指导性。与其他学科比,民族心理学研究对现实具有更重要的指导作用。因此,民族心理学应该有更多的"接地气"的研究。在当前,中国的民族心理学研究的根本目的之一就是促进我国不同民族的和睦相处、和衷共济、和谐发展。例如,中国的许多少数民族都面临"汉化"的问题,即以儒家文化为代表的汉族文化作为一种强势文化,通过广播、电视与网络等方式影响各少数民族的生活方式与思维方式。这一方面是由于汉族的经济发展迅速,文化依附于经济生产力的先进性似乎也有了"先进"与"落后"之分,造成少数民族青少年对汉文化的追捧;另一方面也在于少数民族的某些习俗不能很好地与社会的主流价值相契合。伴随着主流媒体对青少年的潜移默化的影响,愿意了解与传承本民族的生活习惯、习俗与文化的少数民族青少年越来越少了。就此而言,文化心理学研究的"文化"太过于抽象,本土心理学在文化领域的研究几乎总是在儒、释、道之间兜圈子,关于少数民族文化与汉文化融合与冲突的研究比较少。民族心理学的研究成果对所研究的民族而言,最重要的意义就在于,通过民族心理学家的努力找出增强民族团结的纽带,进而促进民族文化的传承与发展。

1.2.3 民族心理学研究的主要内容

民族心理学的研究内容十分丰富。人类心理的各个方面都可以作为民族心理学的研究内容。人类心理就大的方面而言可以分为心理动机、心理过程和心理特征,民族心理寓于民族心理动机、民族心理过程与民族心理特征之中。这里概括几个主要研究方向。

民族意识

民族意识是民族心理的主要内容之一。意识是人脑以语言为基础对客观现实的主观、能动的反映,是人类高级的心理机能。人能够意识到客观世界的存在,也能意识到自己的存在,即人类具有自我意识。每一个民族的成员,在社会生活中,能够意识到自己属于哪一民族,能够对本民族的成员具有认同感;与此同时,能够意识到其他民族的成员与自己属于不同的族群,能够对其他民族成员的民族身份具有清醒的意识,就属于民族意识。民族意识是民族共同体构成的最重要的心理条件,也是一个民族区别于其他民族的标志之一。

民族意识是民族心理中最为核心的成分,是表征一个民族共同性的最显著的特征。民族自尊心、民族自豪感、民族凝聚力、民族归属感、民族崇拜等,都是民族意识的重要内容。民族意识的形成是该民族的自然的、社会的、政治的、经济的、伦理的、宗教的、哲学的思想整合的结果,又通过这些形态表现出来。随着民族的发展,到了民族的稳定、繁荣时期,民族意识又对民族发生重要影响,使它在民族的维系、表征和发展中起着越来越重要的作用。

民族需要与民族动机

需要与动机是人的心理活动的动力。需要是人类生存与发展所需要的事物在头脑中的反映。需要可以分为物质需要与精神需要,还可以分为自然需要与社会需要。马克思将人类的需要分为生存的需要、享受的需要和发展的需要。他同时又把人的需要分为第一需要与新的需要:第一需要即人的基本需要,这是人赖以生存的基础;新的需要就是人的心理和社会需要,就是创造的需要(张积家,陈栩茜,2004)。美国心理学家马斯洛将需要分为生理需要、安全需要、归属与爱的需要、尊重的需要与自我实现的需要(张积家,2015)。需要一旦被人意识到,就会转化为动机,如生理性动机、社会性动机,理想、信念和价值观等。动机是人活动的内部动力。民族需要是不同民族对生存环境、生活条件、生存方式的生理心理适应的结果。民族成员的归属需要是促使民族共同体产生的重要心理基础,在此基础上,产生族群内交往、族群内认同的动机。民族的自尊需要是增强民族凝聚力的重要心理因素,它使民族成员产生自觉维护民族利益的动机,产生为本民族的历史文化的自豪感与为民族的兴旺发达而不懈努力的责任感,驱动民族成员产生捍卫民族尊严、反抗外族侵略的行为。

民族语言文化心理

民族语言是一种社会文化现象。语言是人类的类本质。亚里士多德说:"人,是唯一用语言交流的动物。"我国有56个民族,除回族外,其他民族都有自己的语言,12个民族还有自己的文字。语言与民族、文化的关系非常密切。法国哲学家列维-斯特劳斯(C. Lévi-Strauss, 1908—2009)指出,语言是文化的一个产物,是文化的一个部分,是文化的一个条件。他说:"从历时性方面来看文化的条件,因为我们学习我们自己的文化大多是通过语言";"从理论性更强得多的观点来看,语言之所以可以说是文化的条件,是因为语言所赖以建立的条件同文化所赖以建立的条件是同一类型的:逻辑关系、对位、相关性,等等。……语言好像是为那些相应于文化的不同方面的更复杂的结构奠定了一种基础"。语言比文化更为基础。人类的文化活动和文化成果都建立在语言的基础上,由语言提供了基本成分和结构。文化对语言有依赖性,语言对文化有决定作用。一方面,语言本身就是文化,语言是文化总体的重要组成部分,另一方面,语言又是文化的载体,语言中包含丰富的文化内容。语言是人类认识文化、体现文化的符号系统。美国语言学家沃尔夫认为,语言影响认知,是思想的塑造者。这一看法被称为"语言关联性假设"。我们在国内外研究基础上,提出新的语言关联性理论:语言塑造大脑,语言影响认知,语言构建民族(张积家,2010)。

语言如何能够构建民族?德国语言学家洪堡特(W. von Humboldt, 1767—1835)指出,语言是世界观的体现,是民族精神的体现。语言是一个民族生存与发展的最重要的物质条件与精神条件之一,是凝聚一个民族的最有力的纽带。人类发展史表明,对一个民族而言,民族语言消失了,民族往往也不复存在。语言中凝结了一个民族的历史与文化,是民族文化最集中的体现。汉族就是一个靠语言与文化凝聚起来的民族。由于不同民族有不同语言,不同民族对世界亦有不同认知。在这个意义上,语言是世界观的体现。

正是在这个意义上,许多人类学家与心理语言学家均致力于民族语言研究。他们认为,研究一个民族,最方便也是最有效的途径之一,就是研究该民族的语言。研究一个民族的语言,就是在研究这个民族,就是在研究这个民族的文化、历史、宗教与习俗。语言中包含着多姿多彩的民族文化,折射出丰富厚重的民族文化心理,蕴藏着深刻持久的民族记忆。语言文化心理因而就成为民族心理研究的重要内容之一。

民族认知过程与民族认知结构

民族认知过程包括对不同民族的感知觉、记忆、思维、想象、决策、创造性的研究。民族认知结构包括对不同民族的概念结构、知识表征的研究。认知过程是人类全部心理活动的开端与基础,认知结构涉及人类的经验、思想与理论。人类借助于认知过程接受、加工、储存信息,并将其结果纳入已有的认知结构中。人在对外界刺激作出反应时,不可避免地要受到已有的认知结构影响。因此,生活在不同社会文化环境或民族群体中的人,具有不同的社会生活条件与社会生活经验,他们的认知过程和认知结构不可避免地要受其社会生活环境和社会生活经验的制约,从而表现出不同的特点。大量研究表明,不同民族之间在认知过程与认知结构方面存在十分明显的差异,这种差异不仅表现在社会认知方面而且表现在基础认知（包括颜色认知、空间认知、时间认知、数的认知）方面，还表现在思维方式方面（乔艳阳，张积家，2015）。例如，东西方民族的思维方式差异表现在下述方面：整体思维对分析思维，情境思维对分类学思维，辩证思维对逻辑思维，求善思维对求真思维。

民族交往与友谊心理

民族交往是社会交往的特殊形式，是民族之间接触和互动关系的总称。民族之间的交往伴随着民族共同体的产生、发展与变迁。我国多元民族、多元文化交汇的特征既对社会经济发展产生重要影响，也为民族间交往提供了广阔舞台。民族之间的交往与友谊，关系到民族关系的好坏，关系到民族团结的局面能否形成，关系到国家的稳定与长治久安。民族之间的交往与友谊对个体心理发展也有积极作用。近年来，西方学者关注不同民（种）族学生之间的友谊，发现跨民族友谊对儿童青少年的健康发展具有特殊功能。跨民族友谊能促进学生社交能力发展。在种族多元学校中，拥有外族朋友的学生比没有外族朋友的学生表现出更强的社交能力，具有更高的多元文化敏感性，他们对来自不同文化背景的人更能表示尊重和理解，更加具有与来自不同文化背景的人进行有效沟通的能力，更善于与来自不同文化背景的人合作共事。跨民族友谊也有助于改善学生的民族态度。因为根据奥尔波特的群际接触假说，不同群体成员之间的相互接触有助于改善其对外群体的态度并减少偏见。奥尔波特指出四种群际接触的最佳条件：平等地位，合作，共同目标，以及权威、法律或习俗的支持。跨民族友谊情境至少能满足前三个最佳接触条件。因此，跨民族友谊是一种理想群际接触形式。Graham 等人对美国加州的 19 所学校 6 000 多名初中生调查发现，与只拥有本族朋友的学生比，拥有外族朋友的学生在行为上对外族成员更亲近，并且对外种族的情感和认知评价更积极（陈晓晨，张积家，2016）。

在跨民族交际中，民族偏见（或称民族刻板印象）十分有害。民族偏见是不同民族在交往中，一个民族根据片面或错误的信息，对另一民族及其成员表现出的不公正的否定性态度（韩忠太，2001）。民族偏见的形成，或源于道听途说，或源于长辈的叙述，或源于初次交往时的不愉快经历，但无论如何，民族偏见在认识上都具有先入为主、以偏概全、不顾事实、不易改变的特点，都属于"一叶障目，不见泰山"。民族偏见是造成民族隔阂、产生民族冲突的重要心理原因。如何消除民族偏见？就要增进民族之间的交往、接触与友谊，民族心理学在这一方面大有用武之地。

民族人格

同一民族或民系的成员往往受相同文化影响，他们之间具有的共同心理特征，称为民族人格。民族人格是一种群体人格（group personality），有时也称为基本人格类型、国民性或民族性格。民族人格是一个民族在共同文化背景和特定历史条件下形成的对现实的稳定、共同的态度和习惯化了的行为方式。民族人格最能体现一个民族的成员在心理特征上的独特之处,在民族识别、民族交往、民族认同中具有不可忽视的作用。

民族亲属关系

不同民族有不同的亲属制度。在不同的亲属制度下,不同亲属之间有不同关系。亲属关系研究是人类学、民族学的传统、重点研究领域,被称为人类学的"王冠"。然而,民族心理学对不同民族的亲属关系研究却较少。在我国,不同民族亲属关系研究是在进入 21 世纪后才真正进入心理学家的视野(肖二平,张积家,2012),它理应成为民族心理研究的重要内容。

民族性别角色的社会化

社会化是指一个人在社会环境影响下掌握社会经验和行为规范成为社会的人,同时也积极地反作用于社会环境的双向过程。每一民族由于发展经历不同,所处生态环境不同,文化背景不同,宗教信仰不同,社会化的内容与过程也不同,使每一个民族的社会化体现出独特的民族性。不同民族有不同的性别角色文化。性别角色社会化,就是按照社会上规定的男女性别角色规范来支配自己的行为。不同民族对不同性别的人具有不同的性别角色期待,从大处讲如男尊女卑、男女平等、女尊男卑等。个体学习所属文化规定的性别角色的过程即为性别角色社会化。研究表明,在性别角色社会化过程中,有两个关键因素:一是父母及社会对不同性别儿童的区别对待;二是儿童对符合自己的性别角色模式的认同。不同民族儿童性别角色社会化的过程及影响因素是民族心理学研究的重要内容。

民族心理压力与民族心理健康

心理压力是对压力事件的反映。对少数民族而言,在与陌生文化的接触中,需要不断地作出自我调整,逐步适应新的生活方式。在文化适应过程中,个体可能面临较大的心理冲突。对个体而言,少数民族对压力的应对关系到少数民族群众的心理健康与和谐;对群体而言,少数民族的心理压力关系到民族地区的社会稳定。因此,在快速的社会变迁中,少数民族如何有效地应对心理压力,已成为影响少数民族个体心理健康及民族地区社会和谐的重要问题。民族心理压力与民族心理健康在当代也成为民族心理学的研究内容。

1.3 民族心理学研究的意义

1.3.1 民族心理学研究的理论意义

研究民族心理学是民族学与心理学学科发展的需要

人类发展史反复表明,共同和稳定的心理特征,既是区分民族的重要标志,也是维系民族的重要纽带,还是民族生存的最活跃动因。正是在这一意义上,列维-斯特劳斯(2006)指出:"民族学首先是一种心理学。"詹姆士·弗雷泽(1900)认为,民俗学与社会人类学的最终目的是说明和解释人类的心灵活动,而心理学是历史方法的当然皇后。华莱士指出:"这块科学园地的耕耘工作,有赖于人类学家与心理学家的共同携手合作。如果要了解人格形成的整个历程,不但对于那个社会的文化要有彻底的了解,同时也要知道由文化塑造和改变的个人心理历程。"(转引自:李富强,1996)李静(2009)认为,如果将民族看作是一个多层面实体,最外层是民族特有的、可见的物质层面,包括衣、食、住、行;第二个层面是民族特有的制度层面,包括政治、经济、社会、法律制度等;第三个层面是民族行为层面,包括语言、文字、符号、宗教、习俗、价值标准等;最核心的是民族特有的心理层面,包括民族意识、民族认知、民族想象、民族情感、民族社会化过程、民族人格等。在我国,经过民族学家的不断努力,对民族的外层与中层已经做了详尽的研究,取得了丰硕的成果,但对民族心理层面,民族学领域的研究比较薄弱。这与我国民族历史的悠久性、民族文化的厚重性、民族资源的丰富性不相称。在心理学领域,虽然社会心理学在改革开放后取得了长足的发展,但在广义的社会心理学内部,民族心理学还是一个十分孱弱的分支。尽管自20世纪90年代中期以来出版了一些民族心理研究著作,一些心理学家也对我国少数民族心理进行调查与研究,但大多是运用心理学理论与方法来研究民族,将普通心理学原理运用于民族研究,研究目的是为了验证某种心理学理论。而且,在心理学界,关注少数民族心理的学者较少,从事民族心理研究的学者多来自于少数民族地区,具有明显的地域性(蔡笑岳,罗列,何伯锋,2012)。研究成果数量较少,缺乏足够的影响力。研究者认为,目前的民族心理学存在学科归属或定位不明确、概念术语不统一、理论体系不完善、研究对象及范围不清晰、研究范式缺乏整合、研究者之间缺乏交流与合作等问题(韩忠太,2013;徐黎丽,2002),这些问题必须通过加强对民族心理学的理论和实证研究来解决。

研究民族心理学是理论创新的需要

研究民族心理,有利于丰富和完善已有的心理学理论。现今流行的心理学理论,大都产生于欧美国家。这些国家的民族面临的客观现实,如历史发展、地理环境、语言文字、风俗习惯、经济生活、宗教信仰等,与我国各民族面临的客观现实有较大区别,反映在民族心理上,也各有特点。民族心理研究可以检验现有的心理学理论,确定哪些心理现象是人类共有的,哪些心理现象是某一民族或某些民族特有的,不同民族特有的心理现象产生的原因又是什么,这样才能使现有的心理学理论不断丰富和完善,具有更好的普适性。研究民族心理,也有助于丰富民族学的理论。民族心理是民族诸特征中最重要的特征,也是民族诸特征中最活跃、最有生命力的特征。开展民族心理研究,对全面、科学地认识民族现象,促进现有民族理论的不断丰富与完善,也有不可忽视的作用(韩忠太,1984)。

对学科发展而言,是否具有成熟的理论是一个学科存在的前提。在我国民族心理学领域,还缺乏成熟的理论。时至今日,斯大林提出的"民族共同心理素质"的概念仍在使用,这一定义显然存在着待商榷之处。在当代,还存在众多的理论可供民族心理研究者借鉴,如维果茨基的社会文化历史理论,列昂节夫的活动理论,列维-斯特劳斯的结构主义人类学理论,沃尔夫的语言关联性假设,当代流行的社会建构理论、环境话语理论、具身认知理论等。在国内,费孝通的"差序格局"理论在描述中国人的人际关系方面也颇值得重视。新中国成立后,党和国家在民族领域有成功的政策与实践,这些政策与实践由于符合我国国情而受到各民族拥护,从民族心理学视角总结这些政策与实践,形成有中国特色的民族心理学理论,也是民族心理研究者的历史使命。理论构建不仅要形成宏观、具有中国特色的民族心理学的理论体系,还应构建对民族心理的某些特定方面的微观理论解释。

研究民族心理学是学科整合的需要

民族心理学既是民族学的分支,又是心理学的分支。在当今世界,学科之间的整合、学科发展中的交叉性创新是学科发展的趋势。民族心理学研究既涉及民族学,又涉及心理学,民族心理学欲取得长足的发展,就要整合民族学和心理学,就要整合民族学和心理学的研究者、研究内容、研究范式和研究方法,改变目前这两种训练的人互不沟通、各行其是、各说各话的局面。植凤英和张进辅(2007)讨论了民族心理学研究中质与量的整合途径,包括研究设计整合、研究立场整合与研究资料整合。在研究内容上,民族学家重视民族心理的宏观研究,心理学家重视民族心理的微观研究,正确方向应是宏观研究和微观研究的有机结合。在研究性质上,民族学家重视定性的质的研究,心理学家重视定量的量化研究,正确方向应是质的研究和量化研究相互补充。在研究方法上,民族学家主要使用实地调查法。实地调查法包含许多具体方法,如观察法、访谈法、问卷法、谱系调查法、自传调查法、跟踪调查法、文物文献搜集等。跨文化比较研究法、历史文献研究法和数理统计法也为民族学研究经常使用。心理学家常采用规范的研究方法,如心理测量法和实验法。近年来,认知神经科学方法(如 ERPs 和脑成像方法)、生理心理学方法也开始运用于民族心理研究。采用实验法和定量研究成为我国民族心理学的发展方向。张积家于 2016 年出版的《纳西族-摩梭人语言文化心理研究》就是运用实验法研究民族心理的有益尝试。因此,研究方法的整合势在必行。更为重要的是,民族心理学研究者应致力于构建具有中国特色的民族心理学学科体系。这种学科体系既兼具民族学与心理学的视野,又具有明晰的研究对象;既具有独特的理论体系与研究领域,又具有我国社会主义多民族国家的特色。

1.3.2　民族心理学研究的实践价值

民族心理学研究有助于民族间的相互了解,改善民族关系,形成民族团结的局面

民族关系是多民族国家中普遍存在的一种社会关系。它是在各民族交往过程中形成的,与民族地位、权力、利益、感情紧密相连的,涉及政治、经济、文化、军事等各个方面的双向互动关系。我国民族关系是崭新的社会主义民族关系(韩忠太,2001)。我国有 56 个民族,不同民族有不同的生产方式、生活方式,有不同的历史文化,有不同的宗教信仰,也有不同的心理特征。民族与民族之间关系好坏,相互尊重是基本前提。要达到相互尊重,首先要相互了解。费孝通在 80 华诞时,在"人的研究在中国——个人的经历"演讲中,总结出"各美其美,美人之美,美美与共,天下大同"的 16 字箴言。"各美其美"是指各个民族都有自己的价值标准,各自有一套自己认为是美的东西。这些东西在别的民族看来不一定美,甚至会觉得丑。然而,在民族接触初期,经常发生强迫别的民族改变原有价值标准来迁就自己的情形,因此,"各美其美"、能够容忍差异就是进步。只有在民族之间平等往来频繁之后,人们才开始发现别的民族觉得美的东西自己也觉得美,这就是"美人之美",这是更高一级的境界,是超脱了自己生活方式后才能得到的境界。这种境界的升华极其重要。再升华一步就是"美美与共"。即不仅能够容忍不同价值标准的存在,进而能够赞赏不同的价值标准,那么,离建立共同价值就不远了。"美美与共"是不同标准融合的结果,做到这一点就达到了古人所向往的"天下大同"了。在民族心理学研究中,应避免或破除"文化中心主义"和"文化沙文主义"。民族心理研究离不开对民族文化的探讨。文化本无优劣之分。每一民族的文化都是这一民族的前辈在长期历史发展中主动选择的结果。文化相对主义认为,文化是不同的认知方式、不同的知觉和理解世界的方式。文化深藏于人们头脑之中。只有"以当地人的观点",才能实现对文化的准确理解。所有文化都应受到平等的尊重,所有文化都是对现实的同等有效的解释(凯·米尔顿,2007)。在民族心理研究中,要注意克服"西方本位"和"汉族本位"的倾向,防止将西方人和汉族人对世界的理解和行动视为人类的规范,将其他理解和行动视为异端。列维-斯特劳斯认为:没有一个标准可以绝对地评判一种文化优于另一种文化。任何一种文化都存在合理性——一种在历史中表现为必然性的合理性,每一种文化都不能为另一种文化所取代。所有文化都对人类历史有所贡献。尽管各种文化对本身和别的文化所做的表述不同,有时甚至是对立的,却绝对不是互不了解的。它们在世界上非但不是孤立的,恰恰是相互合作的。任何文化,无论多么微不足道,都是人类共同财富的持有者(列维-斯特劳斯,2006)。民族心理学研究者应承认文化的多样性,主张每种文化都有存在价值,能够以欣赏的心态和肯定的眼光看待不同民族的文化,既不要颐指气使地对其他民族的文化指手划脚和说三道四,亦不要以"怜悯的心态"和"善良的心肠"企图让其他民族的文化尽快同主流文化达到融合和统一。应该以欣赏之心、淡定之心、包容之心、平等之心对待不同民族的文化,对待具有不同心理过程和心理特点的不同民族的人。并且,不同文化下各民族的心理特征只有通过民族心理研究才能被揭示,其他民族的人只有通过民族心理研究才能对其他民族的人有准确、深刻的了解。只有不同民族的人之间达到相互了解与欣赏,才能够形成和谐、友善、平等的民族关系,才能够形成民族团结的大好局面。

民族心理学研究有助于党和国家民族政策的制定

我国是一个多民族国家。少数民族在我国社会生活、经济发展与文化建设中起举足轻重的作用。实现中华民族伟大复兴的"中国梦",是中国 56 个民族的共同愿景,在这一过程中,一个民族也不能掉队,一个民族也不能少。要实现这一目标,实行正确、连续、稳定的民族政策是关键。民族政策是指国家和政党为调节民族关系、处理民族问题而采取的相关措施、规定等的总和。从世界范围看,民族政策的作用有积极和消极之分,前者如民族平等、民族团结和民族发展政策,后者如种族隔离、种族歧视政策。从内容看,有政策原则和政策措施之分。民族政策原则是指在民族工作全局中必须遵循的大政方针,民族政策措施是指为实现民族政策原则而采取的具体规定和办法。党和国家的民族政策,实际上是有关少数民族的政策。它是党和政府根据马克思主义的民族理论,结合我国多民族的基本国情和民族问题长期存在的客观实际制定的,本质是促进各民族平等团结、发展进步和共同繁荣。然而,随着历史的演进、人类的进步与民族的发展、社会的变迁,民族本身也在发生深刻变化。民族政策特别是民族政策措施也要随之发生一定的变化。但是,民族政策的制定与实施,必须符合各少数民族同胞的心愿,切合各少数民族同胞的心理,才能达到理想的效果。否则,就会出现"吃力不讨好"、"欲速则不达"的现象。民族心理的研究成果能为党和国家民族政策的制定与实施提供重要参考。

民族心理学研究有助于解决民族发展过程中面临的许多问题

我国正处在社会转型时期。对中国各民族而言,由于社会转型(如生产方式、生活方式的改变,文化传统变迁)引发的内心冲突与变化十分强烈。许多少数民族成员来到内地生活,生活适应、文化适应与心理适应成为必须面对的问题。由于经济发展的不平衡性与文化的差异性,少数民族同胞在升学、就业、升迁、择偶等方面往往处于弱势地位,难免会引起他们的心理冲击与心理震荡,从而产生许多心理问题。例如,少数民族的心理压力如何消除?跨民族交际应如何进行?少数民族学生的汉语学习困难如何解决?少数民族学生的理工科学习成绩如何提高?少数民族学生通过民族语言与汉语学习的知识如何整合?少数民族学生的双语教育如何开展?解决这些问题都需要民族心理学研究。

2　民族心理学史略

德国心理学家艾宾浩斯(H. Ebbinghaus, 1850—1909)说过,心理学有一个很长的过去,却只有一个短暂的历史。这句话用于民族心理学科,尤为合适。

2.1　民族心理学的历史渊源

2.1.1　民族心理学的哲学来源

心理学在哲学母腹中孕育,民族心理学也不例外。德国古典哲学对民族心理学的起源有重要影响,是民族心理学的哲学来源之一(韩忠太,2008)。

民族心理学的哲学源头最早可推及德国古典哲学家康德(I. Kant, 1724—

1804)。康德于1789年出版了《实用人类学》,认为实用的人类学知识只有当它包含了作为世界公民的人的知识才行。要扩大人类学知识,有两种手段,一是旅行,二是阅读游记,最重要的是必须与城乡同胞进行无拘束的交往,以首先取得这种知识。康德还对人类的个体、性别、民族、种族、种类等特性作了专门探讨,并比较了法兰西民族、英吉利民族、西班牙人、意大利人、德意志人的心理差异。这些研究开民族心理差异研究之先河。

德国其他一些哲学家也从心理学角度进行人类学研究。费黎斯(J. Fries, 1773—1843)1821年出版了《心理人类学》,从两方面探讨人类心理:一是探讨知觉、记忆和思维等认识过程;二是探讨大脑与心理的关系,并引用大量原始民族的风俗资料加以论证。"心理人类学"这一术语正式问世。黑格尔(G. W. F. Hegel, 1770—1831)在《历史哲学》中,通过对不同国家和地区的历史文化研究,揭示了中国人、印度人、希腊人、罗马人、日耳曼人的性格特征。赫尔巴特(J. F. Herbart, 1776—1841)在民族心理学发展中起了非常重要的作用。他认为,心理学不能仅研究孤立的个人。社会是由个体组成的整体,有特殊心理规律。心理学应该研究社会的、有文化的、代表人类历史最后阶段的人,但现阶段事实不能将人类的原始状态指示出来,必须依靠对蒙昧人和儿童的观察方能够对人类早期的心理和行为方式有进一步的认识。

民族学家魏茨(T. Waitz, 1821—1864)与巴斯蒂安(A. Bastian, 1826—1905)是最早涉足民族心理研究的学者。魏茨于1859年出版了《自然民族的人类学》,讨论自然民族风俗发展的心理规律,驳斥种族价值不平等的观念,认为人类学是解剖学、生理学和心理学多个知识领域的综合,研究"人类的心理、道德和智力特点"。巴斯蒂安出版了《人在历史中》、《对比较心理学的贡献》,提出"原始观念",认为原始观念是人类原有天性或人类共同心理。任何种族或民族都有共同心理,它是人类一切文化创造的渊源。原始观念在特殊地理环境和历史条件下,受其他地区、部落的文化影响,进一步形成民族观念。

哲学家拉扎鲁斯(M. Lazarus, 1824—1903)与语言学家斯坦达尔(H. Steinthal, 1823—1899)亦致力民族心理研究。1856年,拉扎鲁斯和斯坦达尔分别出版了《精神的生活》和《语言的起源》。1859年,他们共同创办了《民族心理学和语言学》杂志,专门发表民族心理和民族语言的文章。该杂志一直持续到1889年,共出版发行了20卷。他们认为,民族心理学是研究民族精神生活成因与规律的科学,可分为两部分:一是民族史的心理学,探讨一切民族共通的心理规律;二是心理学的人种学,探讨各民族特殊的心理规律。他们认为,民族心理学如果不把文化和社会的心理学总体贯穿于其中,就无法建立自己的体系。民族成员共有心理现象构成社会心理,社会心理有别于社会中的个人心理。"民族心理学"术语正式出现。但是,拉扎鲁斯和斯坦达尔的民族心理研究主要是思辨性的,解释也具有神秘性。

2.1.2 民族心理学的心理学来源

1879年,德国心理学家冯特(W. Wundt, 1832—1920)在莱比锡大学建立了世界上第一个心理学实验室,成为心理学正式从哲学中分离出来成为一门独立学科的标志,冯特也被誉为"科学心理学之父"。受德国学术界注重研究民族文化背景下心理的影响,在从事实验心理学研究同时,冯特亦积极从事民族心理研究。他认为,实验法对研究简单心理现象有重要作用,但对复杂心理现象无能为力。他认为,研究民族心理,只有采用人类学的方法才行。他认为,一个民族的语言、神话、风俗与该民族的心理联系十分紧密。语言与表象、思维等心理过程密切相关。神话是一个民族内部的恐惧、惊异、希望等心理过程的表现。风俗表达了社会对个人行为的要求以及个人如何对待这些要求。从1900年起到1920年,冯特对不同民族的语言、神话、风俗等问题进行研究,写成了10卷本《民族心理学》,并完成了《民族心理学纲要》和《民族心理诸问题》。冯特把实验心理学和民族心理学看得同等重要,并用大量时间和精力研究民族心理,为民族心理学的发展奠定了坚实基础。

英国策动心理学创始人麦独孤(W. McDougall, 1871—1938)对民族心理学发展也作出了重要贡献。1890—1894年,他随剑桥大学人类学探险队前往大洋洲托雷斯海峡列岛对原始民族进行考察,不久又单独赴婆罗洲研究当地土著民族心理。受进化论影响,麦独孤用本能解释行为,提出本能理论。他认为,本能是一种遗传的或先天的生物倾向,具有知觉、行为与情感成分。人类具有觅食、母爱、逃避、好奇、合群、争斗、性驱力、创造、服从、获取、支配、排斥等12种本能,这些本能以及它们的组合构成行为。本能使有机体驱向目标。每一种本能活动都有一定目的,都包含一个情绪内核,都有一定情绪相伴随,如逃避与畏惧相伴随,争斗与愤怒相伴随,母爱与温情相伴随,等等。他还用本能—情绪理论解释群体心理,认为合群本能产生人类社会,获得本能导致私有财产,模仿本能产生社会传统和风俗习惯,好斗本能引起战争。在《群体心理》中,他还以本能理论为基础讨论国民心理的发生、发展、变化。他认为,心理学需要研究统一体、机体完整性和潜力,这些实体不能通过研究孤立个体所能推论出来。物种和个体进化历程主要是社会的,每前进一步都由于个体和社会因素的交互作用:心灵生长随着它所处的社会的精神势力变化而变化,这些势力又是构成社会的各种个体心灵交互影响的产物。个人只是不全面的个体;这个系统表现为人类社会的形式。在历史发展中,这些势力的系统活动都为进化的历史条件决定,这些条件又为无数世代的精神活动的产物。

在法国,受社会学家孔德(A. Comte, 1798—1857)影响,心理学家喜欢用社会学观点看待心理,形成群体心理学派,代表人物是勒庞(G. Le Bon, 1841—1931)。在《民族进化的心理定律》中,他比较不同民族的心理后认为:"除了由于文化进步所生出之新的影响外,各民族之生活乃是被少数不变的心理上之因子所支配着。"

奥地利心理学家弗洛伊德(S. Freud, 1856—1939)也为民族心理学发展作出重要贡献。他运用俄狄普斯情结(Oedipus complex)、图腾与禁忌来解释人类社会的宗教、道德的起源。弗洛伊德的精神分析理论及其在人类学中的运用,震惊了人类学家,同时也使不少人类学家开始用精神分析观点来研究人类学问题。

在美国心理学界,不论机能主义,还是行为主义,都重视心理、行为与遗传、环境之间关系的研究,并把这种传统引入民族心理研究中。1931 年,高斯(T. R. Garth)出版了《种族心理学》,把人的心理特点看作是遗传与环境共同作用的产物。他认为,种族并非一成不变,总是有起有落。从血统遗传的观点看,人类实际上只有一个种族,即人类种族。种族心理学要确定种族间是否存在心理差异,种族之间心理是否是平等,只有通过科学测量才能获知。作为实验事实,种族在感觉、智力、颜色爱好、艺术欣赏等方面都不同程度地存在差异,但原因主要在于文化、教育及宗教的影响,不在于遗传。心理学对不同民族、不同文化背景下心理的研究不仅丰富和完善了心理学体系,也为民族心理学奠定了坚实的基础。

2.1.3 民族心理学的人类学来源

民族心理学的第三个来源是人类学。在人类学内部,在美国文化与人格研究兴起前,一些学者关注不同民族、不同文化背景下的心理现象,做了大量的研究。德国人类学家很早就开始研究不同文化下的民族心理。英国功能学派创始人马林诺夫斯基(B. Malinowski, 1884—1942)1908 年获得物理学和数学博士学位后,又到德国师从冯特。受冯特的民族心理学思想影响,并被人类学家弗雷泽(J. G. Frazer, 1854—1941)的《金枝》所吸引,决心从自然科学转向文化人类学研究。1913 年弗洛伊德的《图腾与禁忌》出版后,受其影响,马林诺夫斯基前往新几内亚特罗布里恩群岛进行田野调查,以验证弗洛伊德的俄狄普斯情结是否具有普遍意义。他发现,俄狄普斯情结并不具有普遍意义。特罗布里恩群岛的美拉西尼亚人仍保留着母权制,舅舅代替父亲执行社会规范,对姐妹的禁忌代替了禁止对母亲亲近的戒律。他认为,父权制社会的恋母情结有杀父娶母的被压抑欲望,在特罗布里恩群岛的母权社会里,则有杀舅舅娶姐妹的欲望。马林诺夫斯基的研究不仅丰富了精神分析理论,而且拓宽了文化人类学的研究领域。在马林诺夫斯基的《西太平洋上的航海者》《原始社会的性与压抑》《西北美拉尼亚原始人的性生活》《巫术、科学、宗教与神话》《文化论》等著述中,都可以看到精神分析理论对他的影响。他承认:"精神分析虽遭人唾骂,但我认为在科学上最有价值。应该使精神分析理论为人类学学者所重视。"

在法国,社会学派代表人物涂尔干(E. Durkheim, 1858—1917)用心理学观点分析人类社会问题。他用深层次的"集体意识"和"集体表象"分析社会现象,认为集体意识是"社会全体成员反复感知和作为一种制度固定下来的东西,是可以经验、实证的'社会事实'"。集体表象是"无穷无尽的协作的产物,这种协作不仅超越空间,而且也超越时间,大量的头脑把他们的观念和情感加以联系,结合和组织起来,以形成集体的表象,通过集体的表象,无数的世代积累起他们的经验和知识"。列维-布留尔(L. Lvy-Bruhl, 1857—1939)发展了涂尔干的"集体表象"的思想,认为每一社会都有集体表象。有什么样的社会结构,就有什么样的集体表象,就有什么样的思维方式。集体表象为社会集体的全部成员共有,在该集体中世代相传,在每一成员身上留下深刻烙印。同时,根据不同情况引起每一成员对有关事物产生尊敬、崇拜、恐惧等情感。原始思维与现代思维,不是思维形式不同而是思维模式不同。莫斯(M. Mauss, 1872—1950)主张,应用心理学方法研究集体表象和集体实践。心理学可使人"根据精确的、理智的与科学的术语理解这些事实,也就是解释它们,而不管它们究竟是什么⋯⋯这就是为什么涂尔干、埃斯皮纳斯以及我们这些曾经跟随这些大师学习的人,从没有停止过准备接受心理学进展的原因。因为唯有它为我们的研究提供了各种必要的概念、各种表示最为众多的事实并包含最清楚的、最关键的观念的有用词语。"莫斯的思想对列维-斯特劳斯揭示人类心理结构、找到人类心理构成的基本原则、建立人类心理的普遍真理的结构主义人类学产生积极影响。

在美国,进化论学派的代表人物摩尔根(L. H. Morgan, 1818—1881)和历史学派的代表人物博厄斯(F. Boas, 1858—1942)都肯定心理学在人类学研究中作用。摩尔根十分注意研究易洛魁部落印第安人表现出的心理特点,并用来说明人类进化具有共同途径。他认为:"人类的经验所遵循的途径大体上是一致的;在类似的情况下,人类的需求基本上是相同的;由于人类所有种族的大脑无不相同,因而心理法则的作用也是一致的。"博厄斯在创立历史学派过程中,始终把人类学与心理学结合在一起研究。在《原始人的心理》中,他把长期研究的心理问题汇集成册,系统阐述了他的心理学思想。他不仅对影响人类心理和行为的环境因素、生理因素、遗传因素进行全面分析,还对当时人类学界对原始人的心理研究表示极大不满。他认为:"许多人曾努力勾画原始人所具有的特殊的心理特征。⋯⋯他们的调查在描述原始人的特征方面是有价值的。但我们认为,他们之中没有任何一个在描述人心理特质时不受所处环境的制约⋯⋯这些研究者的观点表明:有关原始人种特征的心理学研究呈现一种混乱状态,其程度比解剖学研究还糟,而且种族与社会问题没有明确区分开来。"为此,博厄斯不仅自己十分重视应用心理学方法开展人类学研究,还极力使学生注重研究不同文化背景下人类特殊的心理和行为方式,并最终在美国形成文化与人格学派。文化与人格学派的一些著名人物,如本尼迪克特、米德(M. Mead, 1901—1978)等,都出自他的门下。人类学家对不同文化背景下的民族心理研究,拓宽了人类学的研究领域,使人类学研究摆脱了只关注表层文化的被动局面,使心理学界认识到文化在心理学研究中的地位和作用,为心理人类学的确立提供了内在动力。

2.1.4　民族心理学的语言学来源

民族心理学的第四个来源是语言学。在德国,一些哲学家与语言学家将语言同民族心理联系起来思考。赫尔德(J. G. Herder, 1744—1803)认为,人类在语言中思维,在语言中构筑科学,一定的语言与一定的思维方式相对应。语言与思维密不可分。民族语言与民族思想、民族文学与民族凝聚力紧密相关。他说:"语言界定了人类知识的边界并赋予其形态……因此,每一个民族都是以其思维的形式在言语,并且以其言语的形式在思维。"他认为,人类和自然的成长都依循相同的法则。历史是人类共通的有机演变,显示于各民族文化的发展中。各民族文化的发展,产生表现于艺术与文学的"民族精神"。"民族精神"不表示任何民族较其他民族优越,相反,所有文化平等且有其价值。历史规律由所处地区的状况及需要、所处时代及机会和人们的内在特征决定。时间、空间和民族特性决定历史的面貌。民族语言是构造、储存和表达民族思维的器物。赫尔巴特也认为,应该从民族心理角度认识语言,才能使语言获得其固有的本质。

德国语言学家洪堡特对民族心理学产生与发展影响很大。他认为,语言是人类的精神创造,"每一种语言里都包含着一种独特的世界观","民族的语言即民族的精神,民族的精神即民族的语言"。这一思想成为德国民族心理学兴起的重要学术背景。他的学生斯坦达尔进一步发挥"民族语言即民族精神"的思想。他提出:"语言并不属于个人,而是属于民族。"历史的主体是大众,大众的"整体精神"通过艺术、宗教、语言、神话与风俗等表现出来。个体意识是整体精神的产物。应该从心理方面去认识民族精神的本质,去解释语言现象。不但在研究个人言语时应依据个人的心理,在研究民族语言时更应该依据民族心理,以便最终建立语言类型与民族思维、精神文化类型之间的联系。他认为,既然语言是体现"民族精神"的最重要的特征,语言差异大都反映民族间的差异,就可以基于语言、宗教、神话和艺术研究探索民族的心路。

法国社会学家杜克海姆(E. Durkheim, 1858—1917)认为,语言是一种社会行为,社会学的研究对象不是个人心理,而是独立于个人之外的集体心理,如带有强制性的语言、道德、宗教等。斯坦达尔的学生保罗(H. Paul, 1846—1921)强调,"心理要素是包括语言在内的一切文化活动的最重要因素,所以心理学是一种包括语言学在内的更高层次的文化科学所依赖的首要基础"。19世纪70年代,在德国出现了青年语法学派。索绪尔(F. de Saussure, 1857—1913)评论说:"人们已不再把语言看作一个自我发展的有机体,而是语言集团集体的产物。"

语言学界对民族心理学影响较大的学者还有美国语言学家萨丕尔(E. Sapir, 1884—1939)与沃尔夫(B. L. Whorf, 1897—1941)。他们共同提出了语言关联性假设。萨丕尔认为,语言是社会现象,也是文化现象。他重点研究人类语言学,即结合操这种语言的民族(一般是土著民族)的民俗、文化、社会心理去研究语言,或者通过语言去研究这些民族的文化。他认为,人类的说话能力与生俱来,但如果离开社会,一个人就不会说话了。人类语言能力发挥和维持的必要条件是生活在一定社会环境里。因此,语言不是本能行为而是社会习俗。语言影响人类关于现实世界概念系统的形成。语言成分是"概念"的符号,语言模式决定思维模式。他说:"正像数学推理非借助一套适当的数学符号不能进行一样,没有语言,思维的产生和日常运用未必更能想象。"语言影响人类生活的各个方面,几乎深入到生活的骨髓,用各种眼光去分析、观察,语言都有价值。语言的影响深入到人类的各个角落,通过语言这把钥匙,就可以窥见人类的生活。他说:"人类并不仅仅生活在客观世界中,也不仅仅像一般人所理解的那样生活在社会活动中,而更大程度的是生活在语言之中,语言已经成为人类社会的表达媒介。……'现实世界'在很大程度上是无意识地建立在一个社团的语言习惯基础之上的……我们看到、听到以及用其他方式获得的体验,大都基于我们社会的语言习惯中预置的某种解释。"他的思想为学生沃尔夫所发展,提出了"语言相对论原则"。他说:"由此即引出了我所说的'语言相对论原则'。用通俗的语言来讲,就是使用明显不同的语法的人,会因其使用的语法不同而有不同的观察行为,对相似的外在观察行为也会有不同的评价;因此,作为观察者,他们是不对等的,也势必会产生某种不同的世界观。这种世界观是相互的、未经概括的。"对萨丕尔与沃尔夫的思想,后人作出如下的概括:语言决定认知,是思想的塑造者。这一假设包括两个部分:(1)语言决定非语言的认知过程。学习一种语言会改变一个人的思想方式。讲不同语言的人对世界有不同看法。这就是语言决定论。(2)被决定的认知过程对不同语言而言是不同的。不同语言有不同的决定认知的方式。不同语言的讲话者以不同方式思考。语言结构具有无限的多样性。一种语言系统中编定的范畴类别和区分定义为该语言所独有,与其他语言中编定的类别和区分定义不同。这就是语言关联性假设。

综上所述,在100多年间,哲学、心理学、人类学、语言学都对不同文化背景下的民族心理进行广泛探讨,取得不少成果,为民族心理学的建立奠定了坚实基础。

2.2 国外民族心理学思想简介

2.2.1 冯特的民族心理学思想

冯特试图建立一门以研究人类高级心理过程为主的民族心理学。冯持的民族心理学研究既受拉泽尔斯与斯坦达尔启示,更受黑格尔的历史演化论与达尔文的生物进化论影响。他决心冲破以往民族心理学研究中的思辨色彩与神秘倾向,建立科学的民族心理学。他认为,心理学除对个体心理的实验研究外,还要重视研究"人类心理发展的历史"。为此,他探索民族的语言、艺术、宗教,乃至婚姻与家庭、图腾制度、鬼神信仰、道德与法律、劳动与生产、战争与武器等人类文化的要素,认为这些要素虽然受自然条件和社会环境制约,实质上都是心理活动的表现。如果心理学仅限制在个体意识研究上,就不能全面理解人的心理并作出正确解释。他把心理研究与社会学、人类学、历史研究等结合起来。应当说,冯特对民族心理学的研究及其成果具有划时代意义。

民族心理学的学科性质

冯特认为,民族就是种族共同体。民族心理学研究人类心理发生、发展的来源。人类心理既有自然因素,又有社会因素,民族心理是社会因素的结果,是人类高级心理过程的体现,是人类的"文化成果"。民族心理学与个体心理学都是心理学的分支,二者区别在于:前者研究群体,后者研究个体;前者研究高级心理过程,后者研究简单心理过程。民族心理学可以弥补个体心理学的不足,使心理学的研究体系更完善。冯特认为,民族心理学的研究对象是群体心理。民族心理学主要研究特定条件下群体的一般心理特点。群体的一般心理特点与一切文化历史的产物密不可分。民族心理学的研究领域涉及"由共同的人类生活所创造的那些精神产品"。民族心理学分析各个历史时期的文化产物。在这些文化产物中,语言、神话、风俗与人类心理发展史关系最密切,也包括艺术、宗教、法律和各种社会组织。语言、神话、风俗不是由个体创造的,它们是民族心理学的基本要素。

民族心理学的研究方法

冯特认为,一个民族的语言、神话与风俗共同构成民族的心理结构。简单心理现象,可以个人为单位研究;复杂心理现象,因为与人类共同生活密切相关,研究方法就应不同。个体心理学研究多使用实验法,民族心理学研究多采用观察法,应注意观察不同民族的精神产物。他在《生理心理学纲要》中写道:"在实验法无能为力的地方,幸而还有另外一种对心理具有客观价值的辅助手段可资利用。这种辅助手段就是精神的集体生活的某些产物,这些产物可以使我们推断出一定的心理动机,属于这种产物的主要是语言、神话与风俗。"人的高级心理过程不可避免地与精神文化产品联系在一起。通过对精神文化产品的因果分析,就可以揭示人的高级心理活动。因此,因果分析法是冯特研究民族心理学的主要方法。它又分解为两种不同的研究方法:"分析的研究法"和"综合的研究方法"。在论述语言、神话、风俗时,冯特以"分析的研究法"来说明它们的发展状况,再以"综合的研究法"来研究这些现象作为整体的发展状况。

冯特认为实验法不适用于民族心理学研究的看法具有局限性。受冯特影响,实验研究至今仍未成为民族心理学研究的主流。事实上,心理学所以能取得今天的成就,实验法功不可没。实验法能够方便地操纵自变量,有效地控制无关变量,精准地测量因变量,因而可以作因果关系的推论。冯物认为民族心理研究不适合实验法的看法是片面的,也为大量的研究范例所证伪。心理学发展到今天,已经发展出许多能够运用于民族心理研究的实验范式,如认知心理学的反应时技术、认知神经科学的脑电与脑成像技术被大量地运用于民族心理学研究,并且取得了显著成绩。因此,民族心理学要提高研究的科学性与水平,采用实验法是必由之路(和秀梅,张积家,2013)。

民族心理学的研究任务

冯特认为,民族心理学的研究目标是探索人类心理发生史。民族心理学的主要任务是研究人类心理的起源、人类心理各发展阶段的特点,揭示人的高级心理过程产生、发展的规律。由于冯特特别强调人类心理发展史研究,所以有研究者称冯特的民族心理学为"发生心理学"。冯特的这一看法,极大地缩小了民族心理学的研究领域。

人类发展的阶段理论

冯特认为,民族心理发展分为四个阶段。

(1) 原始人阶段。对原始人的判断主要通过外表文化,如服饰、住所、食物、工具、武器等。原始人的婚姻有三个阶段:无婚姻或乱交,女性优势或母权婚姻,男人统治或父权婚姻。原始人的多偶婚姻有两种形式,一夫多妻与一妻多夫。原始人仍然过着类似牧群或游牧部落的生活,是一种无结构的部落社会。牧群是原始时代的特有现象。一个牧群就是一个人群。语言与思维使人群和兽群区别开来。

原始思维有两类观念:一类是观念储存库,它由感知提供给意识;一类起源于情感,它包括一切不能直接感知到的观念,是超感性的。原始人的神话由对巫术和魔鬼的信仰构成。巫术观念投射到艺术中。原始人的舞蹈发展到完美高度。舞蹈起初是巫术手段,由于能引起愉快,又以娱乐形式演出。原始人的智力和道德的发展并不平行,智能停留在非常低下水平。这并非由于他们心理能力低下,而是由于原始人需要有限,也由于长期的环境隔离。原始人坦率,诚实,不说谎,不盗窃,具有童年的纯真。这种道德态度归因于有限的需要。原始人在同周围民族相争时,道德表现却不同,他们表现出恐惧,然后是欺骗和恶意。

(2) 图腾崇拜阶段。图腾(totem)标志一个群体。一个群体中的亲密成员属于同一图腾,这个群体的一部分构成一个部落或氏族。部落有许多氏族,每一氏族又有几个图腾。图腾崇拜有不同形式。许多种族只有动物图腾,如鹰图腾、狼图腾等,也有种族选择植物为图腾。还有一种是无生命图腾,或称为图腾物,如石头或木头。这些物体具有从祖先那里传下来的魔力。图腾不仅是一个群体的名字,也是祖先的象征,后者带有神话色彩。个人图腾崇拜比部落图腾崇拜更普遍。与观念图腾崇拜相似的性图腾崇拜比部落图腾崇拜更普遍。在图腾文化的较高层次,人体结构受到日益细致的观察。图腾时代物灵表现的原始形式常使有魔力的石头及木块在部落从事祭祀时得到尊重和保存。图腾动物和图腾植物的特征取决于自身的特点,而物灵只是崇拜者心理活动的产物。在所有祭物中,物灵的地位最低,但在图腾时代后期成为神形象的前身,物灵崇拜也成为魔法与魔鬼崇拜。与图腾制有密切关系的是外婚制,即某一群体的成员与另一群体的成员通婚,不与本群体的人通婚。图腾外婚制是在习俗或法律上婚姻限制的最早形式。产生外婚制的原因是对亲属间婚姻的厌恶。原始婚姻可以概括为三个阶段,即掠夺婚姻、买卖婚姻和契约婚姻。图腾制度导致产生首领统治的正规制度。图腾制度具有紧密联系的社会组织。

图腾时代最突出的艺术是造型艺术。纹身在图腾文化起始时便达到完美的地步,一直到衣服出现,这种修饰方式才为服饰所代替。音乐舞蹈艺术在祭祀舞蹈中得到了发展。图腾舞蹈增加了面具。面具来自图腾,因而面具常变成神物。舞蹈有仪式舞蹈和狂热舞蹈。崇拜歌曲或祭祀歌曲受图腾仪式制约。劳动歌曲十分普遍,节奏和旋律由劳动决定。崇拜歌曲一般包括一个愿望,以有节奏的形式重复,劳动歌曲是劳动时人们表现出高涨情绪。民间神话故事是图腾时代的特征。它是一种散文叙事,用说话方式流传下来,常传遍广大地区,是文艺作品中最长久的一种,有些甚至流传到现在。

(3) 英雄时代。在这一时代,神以强有力的人的个性为模式创造,神在每一方面都被人形化了,他们作为更高等的人类,其品质尽管仅能够在人类中找到,却被夸张到无限的地步。在英雄时代初期,部落渐变成国家,政治秩序逐渐形成。这一时期的文化仍紧密地依赖于神话和宗教观念。无论在政治组织中,还是在神话和宗教中,都存在着民族大迁徙后各氏族文化融合的痕迹。有两件事在新文化中特别重要:一是农业,它形成了犁耕文化;二是繁殖家畜。财产分配、地区性组织和军事组织是政治社会中的决定因素。

这时的联合家庭使一夫一妻制出现于社会。联合家庭由同一祖先组成,由血缘关系构成。通常一个联合家庭包括三代:父辈、子辈及孙辈。父系血统取代了母系血统。父系统治的最初原因是因为男子在生理上具有优越性,后来因为同敌方部落战斗与处理平时事务都由男性首领指挥,促使男子成为统治权威。一夫一妻制家庭的出现成为政治组织的结果,它在氏族瓦解和建立政治社会的过渡中起调停作用。

阶级分化是政治社会发展的大事,原因有二:一是财产权变化,二是由于强悍的外来移民使本地人屈服。英雄时代突出表现为人物年代,不过,当人物日益突出时,自己感到拥有权力的个体之间不可避免地会产生冲突。此外,在努力消灭阶级差别时,还出现了权力平等的要求。于是,出现了两种现象:一是国家和司法系统发展;二是英雄品质特性在历史过程中所起作用发生变化。和平型英雄逐渐取代勇士型英雄。在英雄时代以后,平民时代开始了。

英雄时代是艺术的时代。英雄时代的艺术同祭神和赞颂人间英雄有联系。英雄时代包含整个艺术史中两个最重要的时期——宗教艺术起源时期和美学独立时期。在美学独立时期,艺术的影响伸展到人类生活的一切部门。言语艺术是最忠实地反映整个英雄时代特征的史诗。人类英雄在这里站在战斗行动的最前列。他的战斗和冒险以及对他的品质的赞赏式描述构成史诗的主题。

(4)人性发展时代。人性发展时代是科学的时代。一方面,“人性”指全人类;另一方面,“人性”具有价值属性。它涉及人际关系和民族间交往中所表现出的伦理特性。因此,“人性”包含双重含义:“人类”和“人类本性”。

集体意识

冯特认为,多数人在团体中生活时,个体意识并非独立,他们形成了集体意识。集体意识与个体意识不同,每个人的意识结合成为一个整体,指向一定的目的而统一起来。集体意识是源于集体生活的心理产物,如语言、神话和风俗。他认为,神话起源于民族精神中的“神话的表象”以及对这一表象的畏惧与希望的情绪。原始人认为天地万物都具有和自己同样的意识,这是原始人所特有的“拟人的统觉作用”。宗教起源于原始人对自然物的崇拜。原始人把自然物看作是对自己而来的力,是具备超人力的神,能够支配自己的命运,并对它们表现出热烈的崇拜,其表现手段为“礼拜”,它最初表现为个人的,后来扩散至整个民族。“风俗”是整个民族的“意志的规范”。民族经常以共同的动机来行动。风俗习惯的规范分为两类:一类是个人从对其他人的关系中产生的规范;一类是共同生活的规范。共同生活的规范是人类共同生活的条件,这一类规范往往采取法律或道德的形式。

语言心理

冯特认为,语言和思维密不可分。语言的差异暗示着思维的方向和形式的歧异。语言既不是人类的一种特殊的创造物,也不是人类尝试交流思想的结果,而是一种高度进化并得以习惯的自然形成物。这种自然形成物同动物的吼叫、聋哑人的手势、儿童学语时的发音类似，是一种同情绪表现有关的社会性姿势。语言是民族共通的东西，它形成了民族的结合，助长了民族的发展。要了解语言的发展必须从民族的发展中得到启示。人类语言同其他低级交流形式的区别在于它有思想内容。通过这些思想内容，语言能够为他人所理解，人们之间能够进行思想与情感的交流。语言具有重要功能。由于语言的交流作用，个体才能够组成群体，人类才能够发展出高级心理功能。语言也是理解个体心理与社会心理的窗口，离开语言就无法了解人类的心理发展。

总的来看，冯特是为了研究高级心理过程而研究民族心理学的。然而，他的民族心理学却很少同心理学有直接的联系，更多地与文化人类学有关，这难免有失偏颇。特别是认为实验法不适合民族心理学的看法，在很长历史时期内，妨碍了民族心理学的发展。还有学者认为，个体心理学是冯特心理学体系的世界Ⅰ，民族心理学是世界Ⅱ，这两部分一直彼此孤立着，最终也未能够综合到统一的体系中。冯特的民族心理学方法是间接的，难以深入到民族心理的内部，也难以在线地研究民族心理过程。但无论如何，作为民族心理学的创建者，他的研究对促进民族心理学的学科发展，促进民族学与心理学的交叉与融合有巨大的贡献。

2.2.2　弗洛伊德的民族心理学思想

弗洛伊德是奥地利的心理学家，精神分析学派的创始人，以无意识研究闻名于世。他有关民族心理的思想拓展了民族心理学的研究领域，丰富了民族心理学的研究内容。

人格理论

弗洛伊德将人的整个精神状态称为人格。人格由本我(Id)、自我(ego)与超我(super ego)构成，它们是人格的三个要素。三者之间既密切联系，又常相互冲突，造成人的心理失调与行为变异。人格受能量驱动，心理能量在人格结构中分布不同，人格也不同。不同年龄、不同民族、不同文化层次的人，人格也会有明显的差异。

本我代表本能，可以解释为人体的需要与欲求，处于人格结构底层，遵循快乐原则行事，特点是冲动、自私、放纵、好逸恶劳、非理性。它的唯一目的是寻求满足。自我代表理性，是个体与外界相互作用的产物，它遵循现实原则行事，在一般情况下尽量满足本我的要求。超我代表道德，处于人格结构最高层，它遵循道德原则行事。超我发源于自我，它既满足本我的一些合理要求，更遵守社会道德，管辖本我，抑制本我的不合理冲动，以免产生危害社会的行为。在三者之间，本我是基础，是一种遗传性状，自我、超我均从教育与社会熏陶中发展起来。三者各有特点，本我追求欲望满足，自我追求适应，超我表现社会文化与道德准则。三者和谐，心理就健康，人格就完美；

三者不和谐,心理就不健康,人格就有缺陷。

俄狄浦斯情结

弗洛伊德认为,人的一切心理活动都为一种力量支配,这种力量称为力比多(libido)。力比多驱使人去追求性满足,可以用它来解释人类的一切行为。一个非常重要的概念就是"俄狄浦斯情结"。"俄狄浦斯情结"又称为"恋母情结"。在希腊神话中,王子俄狄浦斯违反意愿,无意中杀死生父,娶母为妻。恋母情结是孩童的一种普遍心理倾向,以它为核心,产生家庭动力关系,并在人的个性发展起决定作用。男孩随着性欲产生,会对母亲和姊妹产生乱伦的想法,并嫉妒父亲。由于害怕被阉割,在成长中逐渐消除恋母情结,寻求另外的发泄对象。女孩在成长中,会产生恋父弑母的"厄勒克特拉情结"(Electra complex),最早的嫉妒对象是母亲,第一个爱恋对象是父亲,随着年龄增长,这一情结才逐渐消失。

弗洛伊德认为,原始民族是人类的青少年期,亦有"俄狄浦斯情结"。图腾崇拜和外婚皆与"俄狄浦斯情结"有关。外婚制是原始人禁止乱伦的产物。在一个由母亲、父亲、儿子组成的家庭中,儿子总是最先选择母亲作为"力比多"的对象,父亲成为"情敌"。他力图将敌视父亲的愿望、对母亲的情爱同人类早期的各个阶段联系起来。这样,俄狄浦斯情结不仅成为心理分析理论的基石,也为20世纪20年代以后民族心理学发展开启了研究思路。

图腾与禁忌

弗洛伊德发现,原始人的图腾崇拜与儿童的"俄狄浦斯情结"有惊人的相似之处。图腾制度有两个崇拜,一是不杀图腾,二是不与本图腾内的妇女性交,这与俄狄浦斯情结的两条罪恶——弑父娶母有一致性。原始人对图腾既崇拜又恐惧的矛盾心理与儿童对父亲怀有的矛盾心理一致。因此,可以从儿童个体心理发展中揭示出各种宗教、文化的起源。图腾崇拜是俄狄浦斯情结的象征和升华,图腾崇拜中的动物是父亲的替代物,在宗教发展中有"群体心灵",人们把这种心理过程以潜意识的沉淀物代代传递。禁忌(taboo)作为一种文化现象,在远古时代就已产生。禁忌也是人类经验和智慧的结晶,不仅在法律产生前对人们的行为起着不可低估的约束作用,直到今天仍然影响着各民族生活的诸方面。

他认为,禁忌代表了两种不同意义:它是崇高、神圣的,又是神秘、危险、禁止、不洁的。禁忌的产生是由于人们对某种事物产生某种不被允许的愿望。如首领、国王、祭司禁忌,是因为人们很想"杀害自己的国王和神职人员"。图腾动物在原始民族中间是父亲形象的替换者,"图腾体系可能是从俄狄浦斯情结的条件下产生的"。图腾发生的原因应从人的性本能中寻找。图腾观念源于恋母情结。最初的家庭由一个成年男性和几个妻子及一些尚未成年的子女组成。男孩一方面对母亲怀有性幻想,认父亲为情敌;另一方面,因为父亲的养育之恩,觉得有爱父亲的义务。在男孩情感中便出现"爱恶的混和"。为了减轻和克服内心冲突,他寻找父亲的替代物来发泄敌意和恐惧。因为小孩一般都有"动物恐惧症",男孩对父亲的敌意和恐惧就转移到所恐惧的动物身上。男孩长大后,由于迷恋母亲而被父亲赶出家门。于是,"那些被父亲驱逐的兄弟们聚合在一起,杀害并吞食了他们的父亲,此种家长统治的部落方式终于结束"。食用父亲的肉是因为"父亲无疑的是他儿子们所畏惧和羡慕的对象。因此,借着分食他的肉来加强他们对父亲的认同感,同时,每个人都经由此而分得了他的一部分能力"。由于兄弟们既恨父亲,又热爱和羡慕他,在杀死父亲后,虽然消除了心理上的恨,也产生懊悔的罪恶感,因而"死后的父亲被形容为比生前更加伟大"。于是,他们开始禁止杀食过去作为父亲替身的动物。这种动物后来便成为图腾,不准杀食图腾的禁忌便产生了。社会组织、道德限制和宗教等就从这种古代弑父中发展起来。兄弟们在杀害父亲之后,彼此间又会因为女人产生激烈竞争。每个人都希望像父亲一样拥有所有妇女。在此种争斗中,新的社会结构面临瓦解。因此,在经过许多危机之后,兄弟们为了和平地居住在一起,制定了禁止乱伦之法律,宣布放弃父亲的妻子,大家自愿放弃同一氏族的妇女,禁止在本族群内寻找妻子或丈夫,提倡到外氏族寻找婚配对象,这样便产生了图腾外婚制。实行图腾制的原始民族,几乎都规定,凡崇拜同一图腾的男女不能通婚,必定都是实行外婚的集团。

图腾崇拜是原始人的宗教观念,人人信仰,代代相传。外婚制一旦确立,偶有内婚者便被视为乱伦,要受到重罚。因此,原始人对内婚(乱伦)极度恐惧。由于这种恐惧心理的发展,产生了女婿回避岳母,堂兄妹之间不能接近,母子、父女不能独处家中的习俗,这些习俗均为了避免乱伦发生。为证明他的理论的正确性,他以飞枝群岛居民为例,该岛居民平常实行最严格的乱伦禁忌,但在祭奠狂欢节,亲属们却不受禁忌限制互相求爱,节庆一过,又恢复原来的禁忌关系。

民族群体及领袖

弗洛伊德认为,情绪联系(一种普遍意义的爱)是群体的本质。他以家庭关系作为其他群体关系的原型,作为解决各种群体中人际关系的基础。他认为,集体是个体的结合,它由群体内成员的情绪纽带联结而成。集体成员对领袖认同的情绪联系对集体成员的彼此关系具有重要影响,领袖与成员的情绪联系断裂会导致群体瓦解。领袖是具有自恋品质的人,他不依恋集体中的其他人,只爱自己,领袖自信,独立自主。由于他拥有集体其他成员不可企及的品质和能力,他成为集体理想的化身。然而,集体成员对领袖的认同不能只看作是对领袖的积极情感的投射,它也是防止对领袖抱有敌对情感的防御机制。由于领袖的强有力影响和集体成员对领袖的依赖,集体中的受暗示性增强,理性因素降低。"在领袖的感召下,集体成员就会像接受催眠的个体一样行事,相互之间还会产生暗示和感染现象。"领袖力量把一贯自然的民众、群体转变为一个人为的、有纪律的群体。领袖改变了文化,且赋予一个核心和超我。他说:"由于伟人们有所作为正是靠着他与那个父亲的相似性,所以,如果群体心理学中超我的角色降落到他的身上,人们也没有必要感到惊讶。"

弗洛伊德的精神分析理论,不仅在西方心理学中有重要地位,也是影响西方文化的重要思潮。弗洛姆写道:"弗洛伊德是一个真正的科学心理学的创始人,他所发现的潜意识过程以及性格特征的动力学本质,都是对人的科学的独特贡献,因为它业已改变了人的未来图景。"他冲破性的禁区,把性作为科学研究对象,提出了独特的理论,并运用该理论来解释原始民族的禁忌与图腾崇拜,是一种大胆的尝试与突破。他对原始民族的禁忌与图腾崇拜的阐释启发了众多的民族心理学家,激发了学者对各民族禁忌与图腾产生的心理根源或心理机制的研究兴趣。但弗洛伊德把本能与文化对立起来,把个人与社会对立起来,企图用生物学观点去说明各种文化现象和处理社会问题,未免过于偏激,在许多方面遭到了人们抨击。但他的理论激发了学者对民族心理研究的兴趣,带动了民族学与心理学交叉研究的深入,应充分肯定。

2.2.3 勒庞的民族心理学思想

古斯塔夫·勒庞是法国社会心理学家,群体心理学的创始人。他最著名的作品是《乌合之众:大众心理研究》,出版于 1895 年。

勒庞的心理群体理论

勒庞认为,当许多个人构成群体时,会产生集体心理,这种集体心理通过情绪的相互感染,使个人不由自主地丧失理性思考的能力,行为方式与独处时大相径庭,头脑变得简单化,人们会不加怀疑地接受群体的意见、想法和信念,盲目地模仿群体中其他人的行为和态度。"群体"是指在某些既定条件下,一群人表现出一些新特点,它非常不同于组成这一群体的个人的特点。聚集成群的人,感情和思想全都转到同一方向,自觉的个性消失了,形成一种集体心理。它是暂时的,然而它确实表现出一些非常明确的特点。这些聚集成群的人进入一种状态,成为一个心理群体,形成了一种独特存在,受群体精神统一律支配。

自觉的个性消失以及感情和思想转向一个不同的方向,是要变成群体的人首要表现出的特征。有时,在某种狂暴感情(譬如因为国家大事)的影响下,成千上万孤立的人也会获得一个心理群体的特征。此时,一个偶然事件就足以使他们闻风而动,聚集在一起,立刻获得群体行为特有的属性。虽然不可能看到整个民族聚在一起,但在某些影响作用下,它也会变成一个群体。心理群体一旦形成,会获得一些暂时然而又十分明确的普遍特征。因此,对心理群体不难分类。一个异质群体(由不同成分组成)会表现出一些与同质群体(由大体相同的成分,如宗派、等级或阶层组成)相同的特征。除了这些共同特征外,它们还有一些自身特点,使这两类群体有所区别。

勒庞认为,对群体心理,不容易作出精确的描述,因为它的组织不仅有种族和构成方式的不同,还因为支配群体的刺激的性质和强度有不同。一切精神结构都包含各种性格的可能性,环境突变会使这种可能性表现出来。这可以解释法国国民公会中最野蛮的成员为何原来都是些谦和的公民。在正常环境下,他们是一些平和的公证人或善良的官员。风暴过后,他们又恢复了平常的性格,成为安静守法的公民。在群体中,有一些心理特征与孤立的个人的心理特征并无不同,另一些则完全为群体所特有。群体心理学首先应该研究这些特征,以揭示它们的重要性。

他认为,一个心理群体表现出来的最惊人特点是:构成这个群体的个人不管是谁,无论他们的生活方式、职业、性格或智力相同还是不同,只要变成群体,便获得了一种集体心理,使他们的感情、思想和行为变得与独处时颇为不同。心理群体是由异质成分组成的暂时现象,当个人结合在一起时,会表现出一些新特点。在形成群体的人群中,并不存在着构成因素的总和或它们的平均值。群体表现出来的,是由于出现新特点而形成的一种组合。孤立的个人很清楚,当孤身一人时,"他不能焚烧宫殿或洗劫商店,即使受到这样做的诱惑,他也很容易抵制这种诱惑。但是在成为群体的一员时,他就会意识到人数赋予他的力量,这足以让他生出杀人抢劫的念头,并且会立刻屈从于这种诱惑。出乎意料的障碍会被狂暴地摧毁。人类的机体的确能够产生大量狂热的激情,因此可以说,愿望受阻的群体所形成的正常状态,也就是这种激奋状态"。

群体行为的另一重大心理特征是崇尚威势,迷信权威人物。在社会中,大多数人是处于中下层地位的群众,他们地位卑微,心理狭窄脆弱,对超出自身生活经验的一般问题不甚了解,不辨真伪,因而希望听从权威的意见。他们甚至不在乎讲话者"说什么",而在乎讲话者的地位,因为他们需要服从权威的指导。因而凡有大众迷信、偶像崇拜之处,群众必然利令智昏,匍匐在地,具有一种类似于宗教的极端情感与形式。就像原始初民需要神话,群众在潜意识中也需要一个具有神格的伟人。不管是拿破仑的凯旋,还是希特勒的讲演,都是"群众需要上帝,我们就造出一个上帝"的狂热荒谬之举。古往今来的君主枭雄、教主领袖,乃至市井中有号召力之人,都对群众的这种心理有准确的把握,他们无意间成为绝好的心理学家。这正是他们有统率号召力的原因。他说:"每个时代的群体杰出领袖,尤其是革命时期的领袖,大多才疏学浅,他们往往勇气超过才智。才智过多甚至会给领袖带来障碍,但正是这些才智有限的人给世界带来最大影响。"这种出身江湖、强人领袖成功夺取社稷重器的例子,遍布于世界各个国家和民族。这一类群众领袖的高明不仅在于擅长谋略权术,还在于擅用巧妙的宣传和演说把自己打扮神化成伟人救星、明主英雄，窃取国家、民族、真理、革命的名义煽动群众，让他们相信为其谋利，相信其幸福与快乐在于崇拜与服从之中，役使他们赴死就义，心甘情愿，在所不辞。

勒庞认为，群体一般只具有很普通的品质。这可以解释它为何不能完成需要很高智力的工作。涉及普遍利益的决定，是由杰出人士组成的议会做出的，但各行各业的专家并不比一群蠢人采纳的决定更高明。实际上，他们通常只能用每个普通个人与生俱来的平庸才智来处理工作。群体中累加在一起的只有愚蠢，而不是天生的智慧。如果"整个世界"指的是群体，那就根本不像人们常说的那样，整个世界比伏尔泰更聪明，倒不妨说伏尔泰比整个世界更聪明。因此，如果群体中的个人只是把他们共同分享的寻常品质集中在一起，只会带来平庸，而不会创造出一些新的特点。之所以如此，是因为个体大多聪明、理性、冷静，一旦陷入群体或成为群体一部分，就容易变得迷信、盲从、愚蠢、暴力。首先，群体不善于推理，却急于行动；其次，群体冲动、急躁，容易受暗示和轻信；第三，群体智慧低于个体智慧；第四，群体充满了原始的暴力和嗜血的欲望；第五，群体的道德水平十分低劣。一句话，一个聪明个体陷入群体就容易变成傻瓜。所谓乌合之众，就是聪明的人都有傻瓜的潜质。他说："一旦融入一个群体，你就会传染上他们的动作、习惯及思维方式，做出一些荒唐可笑但毫不自知的事情。"

群体心理产生的原因

组成一个群体的个人不同于孤立的个人，根源在于人的无意识。他说："群众等同于无意识集体。"无意识在有机体生活中和智力活动中发挥一种压倒性作用。在精神生活中，与无意识因素比，有意识因素只起很小的作用。人类的有意识行为，是主要受遗传影响的无意识深层心理结构的产物。在这个深层结构中，包含着世代相传的共同特征，它们构成一个种族先天的禀性。在行为的可说明的原因背后，还隐藏着未说明的原因。人类的大多数行为，都是无法观察的一些隐蔽动机作用的结果。

勒庞指出："群体慢慢杀死没有反抗能力的牺牲者，表现出一种十分懦弱的残忍。不过在哲学家看来，这种残忍，与几十个猎人聚集成群用猎犬杀死一只不幸的鹿时表现出的残忍，有着非常密切的关系。"人类具有伟大的同情心，也有虐待狂心理，尤其是作为群体存在时，这是人类漫长狩猎时代的心理遗存。集体无意识反映人类历史中的集体潜意识，当个人单独存在时，他力量孤单、弱小，他的恶性处在隐伏状态，一旦获得集体的后盾，就仿佛被灌注了神通，"在群体中间，傻瓜、低能儿和心怀妒忌的人，摆脱了自己卑微无能的感觉，会感觉到一种残忍、短暂但又巨大的力量"。这解释了群体何以干出最恶劣的极端无耻的勾当。

一般认为，人具有理性，理性的个人具有独立性，会作出独立的判断。那么，是什么原因导致众多理性的个人在群体中丧失了独立性,使理性被压倒,本能被释放,形成受群体心理支配的"乌合之众"? 主要原因有:

(1) 从众心理。个人与群体比,十分渺小。群体力量强大使人产生畏惧感。"在许多情况下,人们情愿放弃自己的观念而去迎合众人,认为'众人'不仅代表了力量,而且代表了真理。作为'真理'的意识形态如同掌控了群体心灵的魔法一样,使个人如同波浪里的水滴,失去了自我控制力,只能随着群体的波涛肆意汹涌。"、"人多势众"与"少数服从多数"的观念使得独立的个人丧失了独立判断能力,使个人淹没在群体里,成为原子化的个人。像苏格拉底那样,为了真理而不盲从,始终保持着独立性,甚至不惜献出生命的人是少有的。因此,群众便是正义,便是道德。数量上的优势使人们寻找到一种认同,为了强化这种认同,人们会模仿他人,从而获得一种集体安全感。因此,从众使人人云亦云,使个体丧失了独立性,整齐划一,成为统一体,这是乌合之众形成的主要原因。

(2) 传染现象与接受暗示。在群体中,个人之间相互联系,传染便普遍存在,使之极容易达成一致,"群体在相互传染之下,很容易接受暗示,犹如进入催眠状态,一切思想完全受催眠师左右,在某种暗示的影响下,个体会因为难以抗拒的冲动而产生某种思想或采取某种行动。"情绪具有传染性。中国俗语"一犬吠影,百犬吠声",说的就是这种现象。

(3) 法不责众。人们往往有"法不责众"的心理。个体在群体中存在着侥幸心理,认为犯了错误有大家担着,可以逃脱惩罚,所以极容易产生冲动、过激行为。在群体中,还极容易产生"搭便车现象",从而为个人的懒惰提供了空间。责任扩散、法不责众心理也是乌合之众产生的原因之一。近年来,一些群体事件所以发生,法不责众也是重要的心理机制。

(4) 群体无意识使人极容易服从权威,极容易受到领袖的煽动与蛊惑。个人在庞大官僚机器中失去了自我,认为只有无条件的服从才能够保持自身,因为反抗的代价要远远大于服从的代价。肤浅与无思使个人丧失了独立性,成为乌合之众的一员。德国人在"二战"时期、我国民众在"文化大革命"中的表现便是极好的例子。

民族的精神或种族的灵魂

勒庞认为,无意识构成了种族的先天禀性。在无意识方面,属于某个种族的个人之间十分相似,使他们彼此之间有所不同的主要是性格中那些有意识方面——教育的结果,但更多的是因为独特的遗传条件。人们在智力上差异最大,但他们却有非常相似的本能和情感。在属于情感领域的每一件事情上——宗教、政治、道德、爱憎等,最杰出人士很少能比凡夫俗子高明多少。从智力上看,伟大的数学家和鞋匠之间有天壤之别,但从性格看,他们之间差别甚微或根本没有差别。因为这些普遍的性格特征,受人类的无意识因素支配,一个种族中的大多数人在同等程度上具备这些特征。这些特征变成群体中的共同属性。在集体心理中,个人才智被削弱了,个性被削弱了。异质性被同质性吞没,无意识品质占了上风。

勒庞认为,"民族的精神"或"种族的灵魂"是社会生活的基础。一个民族、种族或一种文明都具有特殊的精神,即共同的感情、利益和思维方式。国家精神从人们心中无形的民族精神的非理性途径中产生,并且支配一切社会制度的形式。历史是民族或种族性格的产物,民族或种族性格是社会进步的主要力量。欧洲社会日益增长的特征是群众的聚合物。个体的意识个性淹没在群众心理中,群众心理诱发出情绪,意识形态通过情绪感染得到传播。一旦意识形态被广泛传播,就会渗透到群众中的个体心理层次,使个体丧失了批判力,从而影响他们的行为。群众的行为是一致性的、情绪性的和非理智性的。

勒庞将集体行为描述为一种根本上是基于情绪的、非理性的甚至是疯狂的行为,认为即使是理性个体,一旦融入群体中,也会变成非理性个体。这既引起了人们的广泛兴趣,也招致了大量批评。从方法看,勒庞的大多数观点都缺乏可靠的研究基础。但他对集体行为中情绪等非理性因素的强调以及对群体会抑制个人理性反思能力的观察,时至今日仍然具有启发意义。近代以来,勒庞的思想在中国具有广泛影响。1903 年,《新民丛报》连载梁启超的《国民心理学与教育之关系》一文,介绍勒庞的《群众心理》(*The Psychology Of Peoples*)。鲁迅 1919 年在《新青年》上发表《随感录三十八》,发挥了勒庞的观点。他写到:"中国人向来有点自大。——只可惜没有'个人的自大',都是'合群的爱国的自大'。这便是文化竞争失败之后,不能再见振拔改进的原因。'合群的自大','爱国的自大',是党同伐异,是对少数的天才宣战——至于对别国文明宣战,却尚在其次。他们自己毫无特别才能,可以夸示于人,所以把这国拿来做个影子;他们把国里的习惯制度抬得很高,赞美得了不得;他们的国粹,既然这样有荣光,他们自然也有荣光了! 倘若遇见攻击,他们也不必自去应战,因为这种蹲在影子里张目摇舌的人,数目极多,只须用 mob 的长技,一阵乱噪,便可制胜。"梁实秋在"五四"时期也说:"在这股洪流中没有人能保持冷静,此之谓群众心理……我深深感觉群众心理是很可怕的,组织的力量如果滥用也是很可怕的……人多势众的时候往往是不讲道理的。"这些论述显然是受勒庞的影响。

2.2.4 维果茨基的民族心理学思想

维果茨基(L. S. Vygotsky, 1896—1934)是苏联杰出的马克思主义心理学家,苏联心理学的奠基人之一。他与学生列昂节夫(A. N. Leontyev, 1903—1979)和鲁利亚(A. K. Luria, 1902—1977)等人建立了苏联影响最大的心理学派——社会文化历史学派。维果茨基虽然没有直接从事民族心理学研究,但他关于人类心理的文化历史发展论却有相当大的影响力,对民族心理学研究具有重要的指导意义。

文化历史发展论

维果茨基认为,心理发展有两种不同的过程:一是天然、自然的发展过程,这是心理的种系发展过程。动物心理发展完全受生物进化规律所制约。动物心理进化产生低级心理机能,如感觉、知觉、机械记忆、不随意注意以至形象思维、情绪等。这些心理机能最为古老,为动物和人所共有。二是文化历史发展过程,即心理的"人化"过程。自从猿进化到人的阶段以后,心理发展进入到一种新质阶段,产生了各种高级心理机能,如随意注意、逻辑记忆以及抽象思维等。这些高级心理机能仅为人所特有。文化历史发展过程不同于自然发展过程,它不受生物进化的规律制约,而受社会文化历史发展的规律制约。高级心理机能所以被称为"高级的",一是因为它们是"随意机能",当外界刺激物不存在或未发生较强作用时,人可以凭主观愿望和意志努力去寻找它、追求它,把它呈现在头脑中,并产生相应的反应;二是因为它们是"抽象机能"。即通过概括形成概念,并且运用概念来进行判断和推理。

人类高级心理机能的本质是言语思维。由于人类是社会化动物,言语对人与人之间的交往就必不可少。与此同时,人类通过言语这一工具改变着自己的心智,一切高级心理机能都以这种方式通过人与人的交往形成起来。词语具有意义,每一词语都代表客观世界的一部分。运用这一工具,客观世界就能够连贯地呈现在头脑中,人才能对它们进行运算(思考)。人类掌握了言语这一强有力的工具,形成了言语思维。动物行为尽管也表现出一定的工具性条件反射,但它们的工具却不是语言,这就使其心智仅停留在低级心理机能阶段,只具有低级的主动性。因此,语言促成人类掌握了通向文明的钥匙。

活动理论

人类心理是在活动中、在人与人之间的交往中发展起来的。意识是心理发展的高级阶段,是人所特有的高级心理机能。活动是意识的客观体现,意识是活动的内化形式。意识不是通过内省,而是通过同外部客观世界建构的联系获得,这种联系表现为意识和活动之间的相互影响和相互制约。活动决定意识的内容与形式,意识水平对活动又具有制约和能动的反作用,并由此引起了两者之间平衡关系的变化。与活动和意识的二元论不同,维果茨基既反对思维源于内部的唯心主义取向,又反对思维源于外部经验的行为主义取向,强调人的认知活动是由外向内的发展过程,个人通过参与社会活动将社会关系内化成高级心理机能,并以此建构起个体的内部经验和心理结构。这也是人所必不可少的社会化过程。

活动理论为维果茨基的学生列昂节夫所发展。他把活动定义为:被共同目的联合起来完成一定的社会职能的各种动作的总和。活动具有对象性、需要性、中介性。人类心理反映客观现实,但它并不像镜子一样,这是由于活动使主体和客体互相转化。活动在主客体转化中起了中介作用。因此,心理学既要研究内部活动(如思维、记忆等),也要研究外部活动。因为内部活动是在外部活动中发生、发展起来的。要科学地研究心理,只研究脑、感觉器官、外界对象作用的物理特点是不够的,必须研究活动。外部活动与内部活动的关系是:外部活动先于内部活动,内部活动源于外部活动。内部活动是外部活动的内化。活动的要素包括:(1)主体:参与社会活动寻求发展且有动机、意志和选择等能动性的个体或小组;(2)客体:活动的对象及驱动主体采取一系列行动所指向的目标;(3)工具:各种物理和文化心理工具的中介物;(4)具有共同目标的共同体;(5)活动群体成员各自的职责和任务分工;(6)活动群体共同遵守的制度和规范。人的行动是一个社会和个体互相影响的统一的动态的发展系统,人的高级心理机能就是在这一社会活动实践中发展起来的。

中介理论

人的实践活动以劳动工具为中介,高级心理机能以各种符号为工具。动物通过机体的自然器官适应自然,人的心理之所以高级是因为它以语言或符号作为工具、作为中介手段。语言是"精神生产"的特殊工具,可以称为"心理工具"。这种心理工具或中介手段是社会文化历史发展的产物。维果茨基的文化历史发展论由此得名。

维果茨基将高级心理过程视为中介活动的基本功能,并把中介分为三类:物质工具、心理工具及他人。物质工具对人的心理过程只有间接的影响,它通过集体协作、人际交往和符号标记推动认知和心理发展过程。以物质工具为中介的活动从原始到高级形式的发展标志了人类认知能力的历史进步。结果是,以物质工具为中介的活动在符号层面的发展产生一个新的、极其重要的中介——心理工具。与物质工具不同,心理工具直接中介于人的心理过程,表现于言语思维、记忆、逻辑功能等。心理活动的意义只有通过他人这一中介才能实现。"只有通过他人我们才能成为自身,这一法则适用于每一个心理功能和人格特征。"

内化理论

内化是外部世界和内在心理之间的桥梁。内化是指文化产物(如语言)具有心理功能的过程,或个体把交际活动中使用的符号转变成中介心理活动的心理产物的过程。人的高级心理机能发展要经历两个过程:首先是心理间机能,其次是心理内机能。人类思维根植于社会、历史、文化的以及物质的过程(包括大脑活动)并与它们紧密交织。内化是一种符号性活动,这一过程同时发生于社会实践和人脑或人的思维中。内化既是个人的过程,也是社会的过程。个人通过和社会互动参与活动、内化符号系统,实现同构新知识的目的。这样,具有社会性特征的符号系统经过交际语言转化成内部言语进入话语思维(verbal thinking),从而完成了内化过程。虽然个人知识建构过程和社会实践活动过程相对独立,但两者却相互联系、相互依赖,两者互动共同参与知识同构的内化、搭建、传承和转化这一心理发展的历史过程。

内化是通过对能力长者的言语进行完整或部分的模仿机制形成的。模仿并非是行为主义心理学的简单复制,其发展过程也不是一次性和线性的,而是具有选择性、在原有基础上主动性和创造性地进行思维嬗变的反复过程。内化与语言学习关系密切,内化的关键在于人类具有一种独特的学习和发展能力,即有意模仿他人活动的能力。模仿不是盲目重复别人的话,而是从同一文化的其他成员所说和所做的同一事件中创造出新东西。

个人和社会之间的关系是对立的统一:个人建构社会,又为社会建构。人的高级心理机能无时无刻不处于辩证变化发展过程中,活动是这一特征的外部表现,中介是变化的条件和手段,内化是变化过程的结果和新起点。这一过程循环往复,没有终结。因为人的认知发展规律决定了人类活动从内化到外化的循环过程,即人类必然会将主观见之于客观,以实现不断认识自然、建构社会的目的。

维果茨基的文化观及其发展

高级心理机能的发展遵循两条途径:一条是"自然的",另一条是"文化的"。两者交织成为人的发展的主流。高级心理机能只产生于人的社会互动中;人的活动呈现出中介性特征;语言和其他符号的重要性不仅在于它们的表征系统与思维及其他高级心理过程相关,还在于它们是行动的资源;符号中介不仅为个人目的服务,也是中介心理功能的重要工具。

维果茨基从心理和社会层面提出与之对应的两个重要工具:心理工具和文化工具。心理工具凭借概念、推理、感知、记忆、言语思维等手段与社会联系沟通并建构起人的高级心理机能,心理工具源于社会实践,通过符号中介为个体所掌握并转化为自我的活动。"符号根本上总是作为运用于社会目的的手段,首先是联系他人的手段,然后是影响自身的手段。"维果茨基将人的行动作为心理学的分析单位,把人的发展置于社会文化情景中,将文化工具当作个体参与、转化行动的资源,极大地拓展了心理学的研究领域。文化工具主要指语言,不但影响人的思维方式、价值观念,也影响人的情绪、意志和活动方式。语言作为心理发展的手段离不开社会活动,而人的活动只能发生于以语言和其他符号系统为中介的文化情景中。社会文化理论认为,语言使用归根结底是一种文化活动,语言通过传递文化达到表达思想和交际的目的,理解语言使用的这一特征是建构文化意义、文化语境,识别互动的语言文化差异的关键。文化既是社会活动资源,又被限定其内容和形式;既是语言的对象,又作为其使用和习得的情景;既作为社会活动和语言的建构材料,又作为这两者的制约因素存在。因此,文化与社会活动和语言构成了一种反思性的关系。

维果茨基没有直接论述个体认同,但社会文化理论的方法论却为理解个体认同构成的社会文化过程提供了概念和方法论。个体认同构成于行动形式,其中包含行动中使用的文化工具所体现出的复杂关系、行动的社会文化和制度背景以及行动要达到的目的。个体行动者在社会活动中以语言为中介,运用自身的文化资源对信念、观点、态度、行为等作出选择,在与他人的关系中塑造和调整自我认同并在此过程中形成世界观。总之,认同是个体为了完成某项行为在特定情况下从文化"工具箱"(tool kit)中作出的资源选择。个体认同对目标语言和目标文化的认知和适应还有赖于所在群体在新语境下的文化传承和转换能力,而不取决于自身文化和目标文化之间的"距离"。不同文化的内容和传递方法各不相同,重要的是如何通过强烈的文化认同感获得文化学习经验。文化差异和文化剥夺构成了认同的两极,具有文化主体意识的人比缺乏主体意识的人更具有文化转换能力。因为前者具备更强的修改潜力,能够更快地克服某些自身欠缺的认知功能。学习新文化有助于突破单一文化观的狭隘性,以便更从容地进入多元文化观的新视野。从维果茨基的语言文化观角度看,学习过程就是从文化实践到文化体验再到文化发展的跨文化过程。有学者认为,文化从乔姆斯基的语言能力到海姆斯的交际能力实现了一次重大跨越。交际能力虽然强调交际技能,却忽视了作为基础的文化资源。因此,需要再一次跨越,即从交际能力到文化能力的跨越。

维果茨基的理论也有局限性。例如,他把心理发展的两种过程对立起来,客观上导致轻视人脑在高级心理机能形成与发展中的作用,导致他对高级心理机能的生理机制研究采取轻视的态度。事实上,高级心理机能的产生与发展不仅受社会制约,也有其生理机制。他的"高级心理的发展没有伴随人的生物型的变化"的看法也被后来研究证伪。人类大脑具有功能可塑性与结构可塑性。语言塑造大脑。语言的使用不仅导致大脑功能区的变化,也导致脑皮层结构的变化。维果茨基虽然提出高级心理机能在人与周围人的交往与活动中形成,却未强调社会实践在高级心理机能形成与发展中的重大作用。高级心理机能与人的社会实践有极为重要的关系。人类心理不仅是社会生活实践的产物,而且是社会生活的前提。

2.2.5 马林诺夫斯基的民族心理学思想

马林诺夫斯基是英国人类学家,功能学派的创始人。1914 年,马林诺夫斯基参与对澳大利亚土著的考察。由于一战爆发,被迫滞留在澳大利亚和新几内亚长达四年之久。他利用充足的时间,对太平洋上的新几内亚,尤其是特罗布里恩群岛

(Trobriand)进行了多次田野调查,积累了丰富资料。其著作有《西太平洋上的航海者》(1922)、《原始社会的犯罪与习俗》(1927)、《原始社会的性与压抑》(1927)、《西北美拉尼西亚野蛮人的性生活》(1929)、《文明与自由》(1944)、《文化论》(1944)等。英国人类学家弗思(R. Firth)评价说:"当时的传统是,一个人类学家要么是个理论家,要么是个民族志学者,理论与材料两相脱离。马林诺夫斯基的贡献,不仅在于将二者结合在了一起,而且还表明了,如果没有理论为依托,材料将毫无意义,而有意识地将二者发生关联之后,它们都会获得新的意义。"马林诺夫斯基培养了大量的学生,其中包括我国著名社会学家费孝通。马林诺夫斯基深受生物学与心理学影响,特别是深受麦孤独与弗洛伊德的理论影响。

对弗洛伊德理论的验证

弗洛伊德提出"恋母情结",引起了马林诺夫斯基的强烈兴趣。1912年,他前往新几内亚特罗布里恩德群岛进行田野调查,研究处于母权制社会的梅兰内西亚人,以验证这一理论是否具有普遍的文化意义。1914年,他出版《野蛮社会的性与压抑》。他发现,梅兰内西亚人仍然保留着母权制,舅舅代替父亲执行社会规范的限制,对姐妹的禁忌代替了对母亲亲近的戒律。他说:"两种社会文化不同,组织不同,对于性的办法也不同。所以由这种办法产生出来的态度也不同。父系社会里掌权的是父亲,所以儿子对父亲一面是爱,一面是憎,有两面同值的心理;母系社会掌权的是母舅,所以外甥对母舅一面是爱,一面是憎,也有两面同值的心理。"他认为,俄狄普斯情结不能普遍地适用于人类各种社会、各种文化之中,只有那些在父权制家庭中长大的儿童才会面对那种内心冲突;在母系制家庭中长大的儿童,没有把父亲作为惩罚者,也就没必要去痛恨他,因此,在母系文化中不存在俄狄普斯情结。他说:"我们不妨说夫权社会的恋母情结有杀父娶母的被压抑的欲望;但在特罗布里恩德的母系社会,则有杀母舅而娶姊妹的欲望。"在特罗布里恩德的神话中,兄妹乱伦是主题。因此,情结由文化决定。文化类型不同,情结也不同。俄狄普斯情结只是夫权社会的特殊产品,并不具有普遍的文化意义。

功能主义的文化论

马林诺夫斯基认为,文化是就一群传统的器物、货品、技术、思想、习惯及价值而言的。文化包含如下方面:(1)物质设备,如器物、房屋、船只、武器等,它们是文化中最显明、最容易把握的方面,决定文化的水准和工作效率;(2)精神文化,包括知识和价值体系等;(3)语言,它是文化整体的一部分,但不是一个工具体系,而是一套发音的风俗及精神文化的一部分;(4)社会组织,它是物质设备与人体习惯的混合体,是集团行动的标准规矩。它靠外在的规则、法律、习惯等手段维系,这些手段的内在根据是个体的良心、情操等。

马林诺夫斯基从功能派的立场来理解文化。他认为,"文化是包括一套工具及一套风俗——人体的或心灵的习惯,他们都是直接地或间接地满足人类的需要。一切文化要素,一定都是在活动着,发生作用,而且是有效的。文化要素的动态性指示了人类学的重要工作就是在研究文化的功能。"即一个社会的所有文化,其实只是一组工具,其存在目的在于满足人类的生理和心理需求。

"功能"是马林诺夫斯基文化观的核心概念。他以木杖为例:在不同文化情景中,木杖有完全不同的功能,它可以撑船,可以助行,可以做武器。但是,在各项不同的用处中,它都进入了不同的文化布局。即,它所有不同用处,都包围着不同的思想,都得到不同的文化价值。又如,一个纯黑种血统的婴孩被带到法国,在那里长大,与他在本地长大的同胞双生兄弟,一定会判若两人。这是因为他们"社会嗣业"不同,学习不同的语言,养成不同的习惯、思想和信仰,被组合在不同社会组织中。这第二类差异造成个人所具的个性,其重要性远在种族差异之上。"一物品之成为文化的一部分,只是在人类活动中用得着它的地方,只是在它能满足人类需要的地方。"器物的文化同一性,不在其形式而在其功能。由于文化中真正永久、普遍、独立的要素是人类活动的有组织体系,亦即"社会制度"。因此,分析器物的文化同一性,需要将其放在社会制度的文化布局中,说明它所处的地位,解释它所具有的文化功能。只有认识了某物的所有功能,才能够获得它的全部知识。

印证功能论最好的例子是库拉圈(Kula ring)。这个存在于新几内亚东边的跨岛群交易圈同时以顺时钟和逆时钟方向进行两种物品交换,这两种物品却不具备实质功用,土著却冒着相当风险进行这种无限循环的交换。在外人看来,这种行为看似不可思议,但这种交换过程倚赖于彼此间的信任,信任的原动力是为了其他民生物资交换:由于各岛之间物资有限,彼此间依赖度深,库拉圈的交易过程得以建立彼此的相互信赖感,使其他顺带交易成为可能。他认为,所有文化项目像家庭、巫术等,都是为了满足社会上的个别需求如果腹、性欲、嬉戏、信仰等。所有文化项目彼此之间互相整合,不相互违背,所以整体文化应为平和而稳定。

"需要"是马林诺夫斯基文化观另一核心概念。通过需要,个体领悟到人类有机体、文化环境以及此二者与自然环境关系中的各种境况对群体与有机体生存充分而且必要。因此,一种需要构成一系列有所限定的事实。人类的习惯及其动机,习得的反应与组织的基础,都是为了满足生物体的基本需要。他从需要角度来解释功能,"功能可以被定义为通过适当的行为满足生理冲动的需要"。文化的存在就是为了满足个体的基本需要。需要具有不同等级,对不同需要具有相应的文化回应,见表2-1。

表 2 - 1 马林诺夫斯基的基本需要及其文化回应

序号	基本需要	文化回应	序号	基本需要	文化回应
1	新陈代谢	营养供给	5	运动	活动
2	繁衍	亲属关系	6	成长	训练
3	舒适	居所	7	健康	卫生
4	安全	保护			

马林诺夫斯基认为,需要具有等级性。需要分为三个层次:新陈代谢、舒适、安全属于基本需要(basic need),或称之为生物需要;经济、法律和教育体系,属于社会性的衍生需要(derived need);第三类是整合需要(integrative need),它涉及精神需要,如巫术、宗教、艺术等。生存、繁衍等基本需要产生基本文化回应,如种族绵延需要产生婚姻、亲属关系、氏族组织等文化体系。因为"种族的需要绵续,并不是靠单纯的生理冲动及生理作用而满足的,而是一套传统的规则和一套相关的物质文化的设备活动的结果"。基本文化回应又设置了新条件,诱发衍生需要与新的文化回应,构成新的文化迫力,由此形成新的文化体系。"因此,文化成为对各种需求做出回应的一张庞大复杂的行为之网"。马林诺夫斯基总结说:(1)每一种文化都必须满足生物系统的需要;(2)每一种文化成就都是人体功用性的进步,它直接或间接地满足了人体的需要,这些文化成就包括人工制品的使用和符号的应用。总之,马林诺夫斯基将文化视为实用的、适应性的、功能上具有整合性的。

文化迫力

马林诺夫斯基认为,人类的任何社会现象和文化现象,首先是为满足某种现实需要而存在。人的第一需要是生物需要。人与其他动物一样,要生存,要有两性交接及传种的制度,亦要时常防御自然、动物或他人带来的危险。这些人类需要形成了基本的"文化迫力"。人类基本的生物需要并不能直接地被满足,人必须依靠有组织的合作以及依靠经济的及道德的准则去间接地得到满足。人是社会性动物。人与动物的最大区别在于社会性。正是在社会性因素作用下,文化产生了次级或衍生的条件。一切社会中存在的各种用具、物品、社会团体、观念、技术、信仰、风俗习惯等均属这个范畴。它们间接地满足了人类需要,也维持人类的生存。马林诺夫斯基讲的"文化迫力"与人类的生物本能是两个不同概念。这种"迫力"就是一切社会团结,一切文化绵续和社区生存所必须满足的条件。个人动机乃是社区分子(个人)所进行的自觉的、直接的、有意识的行为冲动(本能)。社会正常秩序多以牺牲个人本能为代价,社会和个人在这一层面上发生了矛盾,此时,需要一种整合的力量去消解人与社会的矛盾,这样就产生了"思想及道德完整的综合迫力",它包括知识、巫术、宗教和艺术,也包括闲暇时的游戏和游艺。总之，马林诺夫斯基的"需要"是一个有层次、和谐的整体,文化为满足这些需要也在不同层次上发生作用,维持着社会与个人的和谐发展。

面对这样一个纷繁复杂、自成体系的文化系统,文化研究者如何去分析文化现象? 如何去理解文化怎样发生作用? 首先要将文化研究限定在一个可观察的"社区"内,从调查文化的四个方面(物质设备、精神方面之文化、社会组织和语言)入手,以社会制度作为文化分析的具体操作单位。文化的真正要素是社会制度,它具有永久性、普遍性及独立性,是人类活动的有组织系统。任何社会制度都针对一种根本的需要。任何社会制度都建筑在一套物质基础上,社会制度构成文化的真正组合成分,并通过文化的四个方面表现出来。

文化功能的实现

马林诺夫斯基认为,文化的功能就是满足人类的某种需要。费孝通认为,马林诺夫斯基认识的需要,是指"群体和个体生存的必要条件"。文化是一种"手段性的现实",为满足人类需要存在,其所取方式却远胜于一切对环境的直接适应。文化赋予人类一种生理器官以外的扩充,一种防御保卫的盔胄,一种躯体上原有设备所完全不能达到的在空间中移动及速率。文化是人类累积的创造物,它提高了个人效率的程度和动作的力量。生物需要是文化的最基本动力:提供食料和其他消费品的需要形成经济制度,提供社会成员生殖和抚育的需要形成家庭制度,提供社会秩序和安全的需要形成政法制度。总之,人类的第一层需要关乎自我生存,第二层需要关乎种族延续。社会实体被分为两个对立部分:一方是属于个人心理性质的文化,一方是属于集团的超个人性质的文化。这两者对应人类的两个最基本需要,存在内在张力。文化为了实现满足人类需要的功能,便在这样的内在张力中联系起个人与社会。

文化功能如何实现? 马林诺夫斯基指出文化功能实现的途径:

(1)家庭。家庭不只是生物团体的单位,它亦是一个经济、法律,有时是宗教的单位。多种功能聚于一制度并不偶然,人类多数的基本需要时常联结在一起,满足它们时最好是在同一集体中。家庭是个人获得生存保障并进行社会化的起点。文化在其中延续。"一家的文化特性与其屋内的物质设备是有密切的关联的。"家庭的物质设备包括居处、屋内布置、烹饪的器具、日常用品,以及房屋在地域上的分布,都极精巧地交织在家庭生活布局中,含有教育意味并能深刻地影响家庭、法律、经济及道德等各方面。为了使家庭稳固,文化又派生出一套以反对乱伦为基础的风俗。风俗直接限制人的自然生理冲动,进入意识中下达支配命令。换言之,风俗是一种依靠传统力量使社区分子遵守标准的行为方式,核心是教育。这种教育使得经过实践检验的生活经验得以被代代相传。

(2)教育。教育的意义在于训练后生如何应用工具及器物,如何接受传统习惯,如何使用社会权力及责任。父母培养儿女的经济态度、技术能力、道德及社会责任，又传给他们所有的财务、地位及职务。于是，家庭关系包含着财产、血统及地位继承的法律体系。

（3）巫术。巫术是最具体的文化功能实现形式。他说："人事中有一片广大的领域，非科学所能用武之地。不能消除疾病和腐朽，不能抵抗死亡，不能有效地增加人和环境的和谐，更不能确立人和人之间的良好关系。这领域就是用在科学支配之外……在这领域中欲发生一种具有实用目的的特殊仪式活动……这些动作(仪式、迷信)不但满足着个人机体的需要，而且具有一种重要的文化功能。"人们只有在不能完全控制处境及机会时才使用巫术。巫术或仪式可以消除不确定性，增强个人的安全感。巫术可以增加自信，发展道德习惯，使人对难题抱有积极应对的乐观信心与态度，即使处于危难关头，亦能保持人格的完整。巫术也是一种组织力量，把社会生活引入规律与秩序，可以发展先知先觉的能力，因为它常和权势联系，便成为任何社区中——特别是初民社区——的一大保守要素。"巫术体系"是全部落人民共同经营的事业里最有效的组织及统一力量。"标准的和传统的巫术并非他物，乃是一种制度。这种制度将人心加以安排、加以组织，并使它得到一种积极的解决方法，以对付知识及技能所不能解决的难题。"马林诺夫斯基也强调，巫术与宗教有区别：宗教创造一套价值，要直接地达到目的；巫术是一套动作，具有实用价值，是达到目的的工具。现代宗教中有许多仪式，甚至伦理，其实都可以归入巫术中。

（4）宗教。宗教也是文化功能的一种重要实现手段。它与人类基本需要有内在、间接的联系。宗教的需要出于人类文化的绵续。这种文化绵续的含义是：人类努力及人类关系必须打破鬼门关继续存在。在伦理方面，宗教是人类生活和行为的神圣化，于是变为最强有力的社会控制。宗教与人以强大的团结力，使人能支配命运，并克服人生的苦恼。宗教也深深地根植于人类的基本需要，以及这些需要在文化中得到满足的方法上。

（5）游戏和娱乐。婴儿的自由动作并不只是无意取闹而已，也包含着个体的生物需要：要求去操练四肢和肺部，这种操练包含最早期的训练。这些动作并非是完全自由的或仅为生理所决定的，每一文化对四肢活动的自由范围都有所规定。娱乐使人远离厌腻的工作，有闲暇的精神建设并创造。如艺术是产生强烈的情感经验的文化活动。

2.2.6　洪堡特的民族心理学思想

洪堡特是德国语言学家，代表作是《论人类语言结构的差异》(1829)。

洪堡特认为，语言是人类精神力量的主要表现形式。语言为人类所独有。语言的本质是人类精神。因此,不同语言都是人类精神的不同方式、不同程度自我显现的结果。语言是精神的创造活动,是"精神的不自主的流射"。在语言与精神的关系中,精神是第一性的,是语言的本源和归宿。"语言从精神出发,再反作用于精神。"语言介于人与世界之间。人类通过自己生成语言并使用语言去认知世界。语言记录人对世界的看法和存在于世的经验,加之又有自身的组织规律,于是,逐渐成为一种独立自主的力量,一个相对于使用者的客体,或者说,形成了一种独特的"世界观"。他说:"语言产生自人类的某种内在的需要,而不是仅仅出自人类维持共同交往的外部需要,语言发生的真正原因在于人类的本性之中。对于人类精神力量的发展,语言是必不可缺的;对于世界观的形成,语言也是必不可缺的,因为,个人只有使自己的思维与他人的、集体的思维建立起清晰明确的联系,才能形成对世界的看法。……语言是普遍的人类力量不断积极地从事活动的领域之一。换言之,精神力量力图把语言完善化的理想变为现实。"他还说:"每一个人,不管操什么语言,都可以被看作是一种特殊世界观的承担者。世界观的形成,要通过语言这一手段才能实现。……每一种语言中都会包含着一种独特的世界观。"

洪堡特指出,每一种语言都是这样一种"世界观",它源出于人,又反作用于人,制约人的思维和行动。"人用语言的世界把自己包围起来,以便接受和处理事物的世界。……人主要按照语言传递事物的方式生活……人从自身中造出语言,而通过同一种行为,他也把自己束缚在语言之中。每一种语言都在它所隶属的民族周围设下一道樊篱,一个人只有跨过另一种语言的樊篱进入其中,才有可能摆脱母语樊篱的约束。"学会一种外语,便是掌握了"属于某个人类群体的概念和想象方式的完整体系",意味着"在业已形成的世界观的领域里赢得一个新的立足点"。

洪堡特认为,语言具有创造性。语言不是产品,而是一种活动,是一种进行创造的力量、能量或创造行为本身,而不是其作用的结果。语言是这样一种创造,它所运用的规则、要素是确定的、有限的,而运作的范围、产品的数量、持续创造的可能性却是无限的。语言"无限地运用有限的手段"。乔姆斯基(N Chomsky)评论说:"我对他的努力深感兴趣,正是他明确提出了基于内在化规则系统的自由创造性这一概念。"

洪堡特论述了语言在民族生活中的作用。一个民族所在的生活环境、气候条件、宗教、社会建制、风俗习惯等,在一定程度上都可以跟这个民族脱离开来。语言却是一个民族无论如何不能舍弃的。语言是一个民族生存所必需的"呼吸",是它的灵魂所在。通过一种语言,一个人类群体才得以凝聚成一个民族,一个民族的特性只有在语言中才能被完整地铸刻下来。所以,要想了解一个民族的特性,若不从语言入手,必然徒劳无功。他说:"即使在纯语法研究的领域里,我们也决不能把语言与人、把人与大地隔绝开来。大地、人和语言,是一个不可分离的整体。"对民族之间比较,语言也提供非常有用的信息。这些思想在当时都是难能可贵的,对后世亦具有重大的影响。

洪堡特认为,各种语言的特性是其民族的特有财产,语言是民族最大的特征,民族差异主要表现在语言上。一个民族的语言与该民族的精神特性密不可分:语言随着民族的成长而发展,它是民族精神的外在表现,同时它又承载着民族的历史和文化。这就避免了将语言作为一个孤立对象去研究,而是将语言放到一个大背景中做系统动态的研究。民族语言与该民族的精神密不可分。民族语言与民族精神紧密联系、互相渗透。语言对精神的影响不可忽视。"语言是精神活动所必须的工具,也是精神活动持续进行所循的轨道。"语言作为一种思维工具,它能够在多大程度上达到精神活动的目标,必然对民族精神的发展产生影响,这种影响表现在两个方面:

(1) 语言作为精神活动的工具,其完善程度影响着民族精神的发展。

(2) 民族语言积淀了该民族长久以来的经验和思想,潜在地影响着民族的精神个性。

他还认为,人类的语言应该是统一的。语言是一种民族现象,各民族的语言在结构形式、意义内涵上有不同,一定的民族语言与一定的民族性和文化特征相联系。人类语言与民族语言是一般与个别或本质与现象的关系。他还提出语言(Sprache)这个词应该包含两种相互联系的涵义:一是指 Die Sprache(单数),即人类语言;二是指 Die Sprachen(复数),即具体的、个别的语言,民族语言。其区分类似于乔姆斯基对普遍语法与个别语法的区分。

2.2.7　心理人类学者的民族心理学思想

20 世纪前期,弗洛伊德的理论在美国学术界产生广泛影响。在人类学领域,较早接受弗洛伊德影响的有卡丁纳(A. Kardiner, 1891—1981)、林顿(R. Linton, 1893—1951)、本尼迪克特(R. Benediet, 1887—1948)、米德(M. Mead, 1901—1978)等。他们共同构成美国人类学领域中的"文化人格学派"。

卡丁纳的心理社会说

卡丁纳是精神病学家。1918 年赴维也纳向弗洛伊德求教,其后致力于文化与人格研究。他根据对马达加斯加的塔纳拉人、北美科曼奇人、印尼可洛尔岛人和美国波来韦尔人的观测,提出了心理社会说,认为文化对人格的形成和发展具有重要影响,受同样文化影响的人具有相同的心理倾向性。父母养育儿童的方式在人格发展中有重大作用,儿童早期母子之间的交互作用对世界观形成具有启示作用。卡丁纳相信,生命开始的头几年对个体人格形成非常重要。儿童养育的技术,如哺乳、排泄训练、性和其他训练都深深地影响着儿童。在一个特定社会中,这些都相当固定且标准化,虽然有一些个别差异。因此,在某个特定社会成长的儿童,会经历相同的童年经验,很容易以相同方式反应,从而发展出许多共同人格特质。

林顿的基本人格型理论

林顿是文化人格学派的主要代表人物,曾前往美洲、非洲、大洋洲实地考察,出版《人的研究》(1936)、《人格的文化背景》(1943)、《文化树》(1955)等著作。林顿提出"基本人格型"理论,用以说明不同社会文化背景下的人格差异以及在同一社会文化中受共同价值体系支配的人格形态。基本人格型是指一个社会成员共同的人格因素一起形成的紧密结合的综合结构。之所以会形成这样的综合结构,是由于受文化与社会因素影响。这种综合结构提供给社会成员以共同的价值观和理解方式,并使社会成员对相关价值情境作出一致的情感反应。林顿说:"任何一个社会的基本人格类型,是大部分的社会成员共同拥有的人格形貌,那是因为他们享有共同的童年期经验之结果。"这种观点属于童年期决定论。林顿的"基本人格型"类似于卡丁纳的"基本人格的结构"、杜波依丝(D. Bois,1868—1963)的"众数人格"、弗洛姆(E. Fromm,1900—1980)的"社会性格",即人们在相同社会文化背景下有基本相似的人格特征及行为模式。林顿还提出"身份人格"概念,"身份"包括性别、年龄、阶层、阶级等,用来说明在同一社会中不同身份群体具有的人格型。

本尼迪克特的文化模式论与国民性研究

本尼迪克特是美国著名文化人类学家、民族学家、诗人。1919 年进入哥伦比亚大学,师从美国文化人类学之父博厄斯,1923 年获博士学位,留校任教。1927 年研究印第安部落文化,写出《文化模式》一书。1940 年出版《种族:科学与政治》,批判种族歧视。第二次世界大战期间从事国民性研究,以对日本人国民性的研究——《菊花与刀》成就最大。本尼迪克特继承了博厄斯的观点:必须把个体理解为生活于他的文化中的个体;把文化理解为个体赋予其生命的文化。本尼迪克特与米德一起,形成博厄斯学派中一个支派,人们称之为心理学派、民族心理学派,又称之为文化心理学派、种族心理学派。

本尼迪克特认为,人类文化各有其不同价值与特征,呈现出多样性。文化模式是文化的支配力量,是给人们的各种行为以意义,并将各种行为统合于文化整体之中的法则。文化之所以具有一定模式,是因为各种文化有不同的主旋律即民族精神。人的行为受文化制约,在任何一种文化中,行为都只有一小部分得到发挥和重视,其他部分受到压抑。文化研究应把重点放在探索和把握各种行动和思考方式的内在联系上,即放在文化的整体结构上,重视文化对人格形成的影响。

本尼迪克特根据文化模式理论,运用文化人类学方法,研究日本人的国民性。她发现,日本人具有爱美又黩武、尚礼又好斗、喜新又顽固、服从又不驯等矛盾的民族性格。日本幼儿教养与成人教养的不连续性是产生双重或矛盾性格的原因。日本文化属于耻感文化,但与西方的耻感文化不同,其强制力在于外部社会而不在于人心。这本书影响很大,是文化人类学的经典之作。

米德的文化决定论、性别角色论、三喻文化与代沟理论

米德是美国人类学家,是美国现代人类学形成过程中最重要的学者之一。主要著作有《萨摩亚人的成年》、《三个原始部落与性别气质》、《文化与承诺——一项有关代沟问题的研究》等。曾任美国人类学会主席、美国自然史博物馆馆长,获总统自由勋章。1924年,米德结识了人类学一代宗师博厄斯和他的助手本尼迪克特,在他们的影响下投身于人类学研究。

米德通过对南太平洋岛屿的田野调查,得出青春期危机理论是特定文化的产物,并非所有社会的青少年在青春期都会出现心理危机。文化传统对儿童成长具有强大影响力。人格具有可塑性。儿童在成长过程中有一段时期可以接受与父辈不同的价值观,但可塑性有限,成人的规则将最终取胜。文化的力量异常强大,一个人不可能通过试图让学龄儿童接受其父母根本不能容忍的新行为模式来改变他们身处的社会。因此,有必要研究不同文化中各个成长阶段及各个阶段之间的关系。

米德考察文化对性别角色与性别特征的塑造功能。她认为,不同人类群体之间不同的心理活动与行为举止,不由他们的生理结构决定,而与他们的传统文化有关。人类的各种心理气质,如阳刚之气、似水柔情、母爱与英雄主义,都通过宗教、文学艺术和政治制度的推崇熔铸而成。男性气质与女性气质同生物因素无直接联系,从生物学角度考察两性的人格差异往往会得出错误假设。社会应发展既给两性带来满足感又不减弱其对自身性别的确定感的文化模式,充分发挥人性的潜能。应正视两性的生物局限,保留男性与女性的基本差异。

米德在《未来与文化》中提出"三喻文化论"。三喻文化即后喻文化、同喻文化与前喻文化。后喻文化指年长者向年幼者传授,年幼者向年长者学习的文化;同喻文化指同代人相互学习的文化;前喻文化指年幼者向年长者传授,年长者向年幼者学习的文化。如现今的年长者向年轻者学习网络技术、使用手机等。米德还对"代沟现象"提出自己的看法。人们往往把代沟产生的原因归咎于年青一代的反抗,米德却认为这是由于年老一代的落伍。在当今世界,文化传递方式发生变化,后喻文化成分减少,前喻文化成分增加,应虚心接受教益的是年长一代。年长一代如不想落伍于时代,只能努力向年轻人学习,因为年青一代代表未来。

20世纪60年代,在人类学领域,对文化与人格关系的研究有了迅速发展。人类学家开始用各种心理学方法研究不同文化背景下的行为,于是出现一个新的人类学分支——心理人类学。心理人类学与民族心理学在研究内容上有很大重叠。1961

年,美国人类学家哈洛韦尔(A. L. Hallowell, 1892—1974)首先采用心理测验法研究文化变化与人格变化的关系。1961年,美国华裔人类学家许烺光(F. L. K. Hsu, 1909—1999)出版《心理人类学——研究文化与人格的方法》。许烺光强调社会与文化因素对人类心理的影响,坚持以比较分析法从事大规模文明社会的研究,撰写了大量著作,如《文化人类学新论》、《中国人与美国人》、《宗族、种姓与社团》、《亲属关系与文化》、《文化与自我:亚洲人与西方人的视角》等。

总的来看,在20世纪60年代以后,人类学家越来越重视用心理学观点研究不同文化背景下的心理现象,心理学家越来越重视社会文化因素对心理活动的影响。于是,在世界范围内,逐步形成人类学家与心理学家在同一领域、从不同侧面竞相进行研究与探索的局面。然而,他们在研究方法与研究理念上仍然存在分歧。人类学家认为,人类行为只有用尽量不歪曲、不分割原有生活发展状态的手段,才能得到最好理解。人类学家追求"生活的真实"。心理学家却认为,实验是获得客观事实的手段与方法,"真实"只有通过实验才能发现,心理学家追求"科学的真实"。人类学与心理学两个学科如何有机结合,是民族心理学研究者面临的重要课题之一。

2.3 民族心理学在中国的产生与发展

2.3.1 梁启超的民族心理学思想

梁启超(1873—1929),字卓如,号任公,广东新会人。中国近代资产阶级改良派代表之一,近代著名的学者与教育家,是中国近代运用心理学知识分析社会现象的早期人物之一。

心理历史学

梁启超认为,社会心理在历史进程中具有重要作用。因此,应用心理去解释政治与历史。在他的史学著作中,经常出现"心理"、"国民心理"、"群众心理"等概念。他的社会心理思想主要集中在《中国历史研究法》一书中。梁启超认为,要研究历史,必须探求时代的社会心理状况以及重要历史人物的心理,历史轨迹的错综复杂是由于人类心理的变化多端。他提倡一种心理历史学研究法,认为民众意识在历史中的积极参与就是社会心理在历史中的鲜明表现。他说:"历史为人类心理所造成,而人心力之展,乃极自由而不可方物。"、"所谓民族心理或社会心理者,其物实为个人心理之扩大化合品,而复借个人之行动以为之表现。"、"凡史迹皆人类心理所构成,非深入心理之奥以洞察其动态,则真相未由见地也。"

梁启超还说:"治西洋史者,常以研究此类集团人格为第一义。"他主张研究伟大人物的心理,即"历史的人格者"。历史的主要趋势就是由首先出现的人格者慢慢向民众传播,形成群众的"人格者"。因此,抓住伟大人物的心理,就抓住了历史的全部本质。他还用心理去解释政治,认为"政治是国民心理的写照,无论何种形式的政治,均是国民心理积极的或消极的表现"。要"研究政治,最要紧的是研究国民心理;要改革政治,根本要改革国民心理"。这些思想反映当时一些知识分子对用心理学来解决中国政治或历史问题的厚望。

人格心理学思想

梁启超重视社会环境对人格形成的影响。他所讲的社会环境包括社会制度、社会文化与社会心理。他认为,中国人具有旁观、自私、柔弱、保守等弱点,主要原因是中国几千年的君主专制制度。"造成今日之国民者,则昔日之政术也。"封建统治者为保护一姓之私产,"愚其民,柔其民,涣其民","挫其气,窒其智,消其力,散其群,制其劲",采用驯之术、役之术、诇之术、监之术,使人失其本性,就彼范围。因此,劣根性表现在国民身上,孕育者仍在政府。他认为,造成中国私德堕落的首要原因便是"专制政府之陶铸"。因为生活在专制制度下,"苟欲进取,必以诈伪,苟欲百全,必以卑屈","主权者以悍鸷阴险之奇才,行操纵驯扰之妙术",使百炼钢化为绕指柔。二是社会文化。文化对人格的影响是通过个人的有意识模仿与无意识熏陶实现的。创造者在创造之后,会熏感别人,被熏感的人会将别人的创造吸入自己的"识"之中,成为他的"心能"的一部分。最后是社会心理,社会心理是"前此全国全社会既死之人,以不死者贻误子孙者"。它通过熏习实现其作用。

梁启超推崇管子的"仓廪实则知礼节,衣食足则知荣辱"和孟子的"民无恒产,斯无恒心。既无恒心,放僻邪侈,救死不赡,奚暇礼义"的思想,十分重视生计在人格形成中的作用。他说:"多数人民,必其于仰事俯蓄之外,而稍有所余裕,乃能自重而惜名誉,泛爱而好慈善,其脑筋有余力以从事于学问,以养其高尚之理想,其日力有余暇以计及于身外,以发其顾团体之精神。而不然者,朝饔甫毕,而忧夕餐,秋风未来,而泣无褐,虽有仁质,岂能自冻馁以念众生,虽有远虑,岂能舍现在而谋将来?……故贪鄙之性,偏狭之性,凉薄之性,虚伪之性,谄阿之性,暴弃之性,偷苟之性,强半由于生计憔悴造成,生计之关于民德,如是其切密也。"

梁启超重视地理环境对人格形成的影响。他认为,影响人格的地理环境因素有四。一曰温度。"夫酷热之时,使人精神昏沉,欲与天然力相争而不可得;严寒之时,使人精神憔悴,与天然力相抵太剧,而更无余力以及其他。"二曰物产。"热带人得衣食太易,而不思进取;寒带人得衣食太难,而不能进取。惟居温带者,有四时之变迁,有寒暑之代谢,苟非劳力,则不足以自给,苟能劳力,亦必得其报酬。"三曰海拔高度。高原人以畜牧为业,逐水草而居,忽聚忽散,缺乏凝聚力;平原之人,从事农业,生活稳定,易生凝聚力;山地之人,孤陋寡闻,易生保守心;濒海之人,活气较盛,富有进取心。

四曰交通。亚洲东南西北各成一小天地,交通不便,缺乏竞争,故"易生保守之恶风,抱惟我独尊之妄见"。中国"环蛮族而交通难",周围蛮夷,"其文明程度,无一不下我数等,一与相遇,如汤沃雪,纵横四顾,常觉上下天地惟我独尊之概,始尔自信,继而自大,终而自画"。他感慨说:"地理之关系于文明,更有大于人种矣!"在《近代学风之地理分布》序中,他说:"气候山川之特性,影响居民之性质;性质累代之蓄积发挥,衍为遗传;环境对'当时此地'之支配力,其伟大乃不可思议。"

梁启超十分重视学术思想与教育在人格形成中的作用。在《论进步》中,他认为封建的思想专制"使全国的思想界消沉极矣",给人格发展以极大摧残。因此,"必取数千年柔媚之学说,廓清而辞辟之",方能耳目一新。在《论私德》中,他将"学术匡救之无力"视为养成国民恶德之源泉。在"中国历代民德升降表"中,他将学术列为重要原因,指出东汉学术最盛,明代王学大兴,其民德也好于其他时代。在《论学术之势力左右世界》中,他将学术视为"天地间独一无二之大势力"。在《近代学风之地理分布》中,他指出学术思想与教育的影响要甚于地理环境,地理环境在数十年间变化不大,但学术与教育却可以在短时间内改变人的人格。

梁启超在人格研究中还采用了许多行之有效的方法。一为行为评定法。如在《新大陆游记》中,他比较中西人的走路方式与讲话方式:"西人行路,身无不直者,头无不昂者。吾中国一命而伛,再命而偻,三命而伏";"西人行路,脚步无不急者","中国人则雅步雍容,鸣琚佩玉";"西人数人同行如雁群,中国人数人同行如散鸭"。华人开会时,咳嗽声、喷嚏声、欠伸声、拭鼻涕声,"如连珠然,未尝断绝",西人虽数千人集会,却极肃穆无哗。"西人讲话,与一人讲,则使一人能闻之……与百人、千人、数千人讲,则使百人、千人、数千人能闻之。其发声之高下,皆应其度";"中国则数群人坐谈于室,声或如雷","聚数千演说于堂,声或如蚊"。"西人坐谈,甲语未闭,乙无傻言";"中国则一堂之中,声浪希乱,京师名士,以抢讲为方家"。这样事情,"斯事虽小,可以喻大也"。二为优缺点列举法。这是梁启超在研究民族人格时常用的方法。他认为,列举某个国家或民族的人的优缺点,最能反映一个民族的人格。他说:"凡一国之能立于世界,必有其国民之独具之特质……有宏大高尚完美,厘然异于群族者……"中国人的特点在于"勤、俭、信","冒险耐苦",诚实正直,不畏强暴等,缺点在于缺乏政治能力、组织能力,保守恋旧,冷漠旁观,缺乏公德,无国家思想,无市民资格,缺乏进取心与独立意识,缺乏独立精神与自由精神,夜郎自大,盲目排外,愚昧落后,浑浑噩噩等。梁启超对中国人的缺点与列举不无偏颇之处,但在当时对于唤醒民俗的觉醒与变革意识却有着振聋发聩的力量。

现在看来,梁启超对人格与民族人格的研究仍属于文化人类学范畴,他开启了中国人国民性研究,对后来研究起到开风气之先的引领作用,值得充分肯定。在他之后,对民族的人类学研究与心理学研究开始兴起,真正具有科学意义的民族心理学研究出现了。

2.3.2 费孝通的民族心理学思想

费孝通(1910—2005),著名社会学家、人类学家、民族学家,中国社会学与人类学的奠基人之一。早年师从马林诺夫斯基攻读博士学位,写下名著《江村经济》。他的民族心理学思想中,最著名的是他的"差序格局理论"与多元文化思想。

差序格局理论

费孝通使用社会结构分析法解剖中国传统社会。在《乡土中国》中,他提出"差序格局"与"团体格局"概念。差序格局旨在描述中国人亲疏远近的人际格局。他用一个比喻说明差序格局与团体格局的区别。西方社会以个人为本位,人与人之间关系像一捆柴,几根成一把,几把成一扎,几扎成一捆,条理清楚,成为团体状态。中国乡土社会以宗法群体为本位,人与人之间是以亲属关系为主轴的网络关系,是一种差序格局。在这种差序格局下,每个人都以自己为中心结成网络,就像把一块石头扔到湖水里,以这块石头(个人)为中心点,在四周由近及远形成了一圈又一圈的波纹,波纹远近可以表示社会关系的亲疏。

影响差序格局的因素主要有五:血缘、地缘、经济水平、政治地位、知识文化水平。圈子大小与上述因素大小强弱成正比。血缘组织越大,圈子越大,其属性规则以伦理辈分为基础。地缘越接近越容易形成差序圈子。经济水平好坏与政治地位高低是影响圈子形成的最重要因素,它象征权力支配的大小。文化知识是农村居民普遍缺乏又普遍渴求的。圈子形成可能是一种因素作用的结果,也可能是几种因素的综合作用。他认为,中国人可以为了个人利益而去牺牲国家利益。"中国官僚效忠的对象不是国家,也绝不是领袖,他只效忠给他官做的人。"在中国传统社会中,很少有或几乎没有割裂了血缘和家庭纽带而能真正实现独来独往的个人。在中国,夫贵妇荣,"一人得道,鸡犬升天"自古就存在,且非常普遍。在这一意义上,"差序格局"起到了一种"资源配置"作用。

差序格局的出现有其伦理基础。孔子说:"为政以德,譬如北辰,居其所,而众星拱之。"儒家强调"君子求诸己",主张以"己"为中心,克己复礼,推己及人,达到修身、齐家、治国、平天下的目的。乡土社会是礼治社会,缺乏流动性,人们似乎是粘在土地上,生于斯,长于斯,死于斯,加上重视经验,人们逐渐形成了一种崇高重老的思想,因而服从礼的教化。

这一理论为贾彦德所发展。贾彦德(1999)提出汉语亲属词分层理论,一层关系亲属是近亲属,包括父母、兄弟、姐妹、夫妻、子女。这些亲属之间发生直接的相互作用;二层关系亲属是经由某个一层关系亲属产生的亲属关系,如父母的兄弟姐妹、嫂子、姐夫、孙子、岳父等;三层关系亲属是经由某个两层关系亲属建立的亲属,如祖父母的兄弟姐妹,父母的兄弟姐妹的配偶,自己的表兄弟姐妹等。每一层内又分为配偶、生育、同胞、长幼4种关系。张积家等人2000年以来对亲属关系的实验研究表明,费孝通的差序格局理论与贾彦德的亲属关系分层理论具有合理性,亲属关系层数越小,亲属词的亲密度评定与亲属的典型性评定的分数就越高。

多元文化思想

1990年12月,在"人的研究在中国——个人的经历"演讲时,费孝通总结出"各美其美,美人之美,美美与共,天下大同"这一处理不同文化关系的16字箴言。

"各美其美"说明要尊重文化的多样性,首先要尊重自己的民族文化,培育好、发展好本民族文化。尊重文化多样性是发展本族文化的内在要求。每一民族的文化都有精华,在一个民族的历史与现实中,民族文化起维系社会生活、保持社会稳定的作用,是本民族生存与发展的精神根基,理应得到成员的尊重与认同。中华民族的成员应对中华文化的全部历史有所自觉,有清醒认识,有自知之明,有自信,有文化转型的自主能力与文化选择的自主地位。

"美人之美"就是要尊重其他民族的文化。承认文化的多样性,尊重不同民族文化,必须遵循世界各国文化一律平等的原则,要去除文化中心主义与文化沙文主义。在文化交流中,要尊重差异,容忍多样,理解个性,各种不同文化的人和睦相处,共同促进世界文化的繁荣。

"美美与共,天下大同",说明尊重文化多样性是实现世界文化繁荣的必然要求。文化是民族的,也是世界的。各民族文化都以其鲜明的民族特色丰富了世界文化,共同促进了人类文明的发展与繁荣。文化具有多样性,世界才能更丰富多彩,充满生机与活力。

2.3.3　我国民族心理学的发展脉胳

在我国,与个体心理学发展比,民族心理学发展一波三折,但还是不断向前推进。

中国民族心理学研究始于20世纪初。在理论建树方面,陈大齐发表《民族心理学的意义》(1919),李子光发表《论民族的意识》(1924),梁乙真发表《从心理学现实论民族气节》(1924),童润之发表《论民族意识》(1928),蒋舜年发表《中华民族的心理建设》(1936),吴江霖发表《社会心理学上的文化观点》(1947)。一批采用传统民族心理学方法的研究也相继出现。张耀翔发表《文学家之想象》(1922),分析我国古代文学家生平著作中视觉或听觉字样的多少以测验其富于何种想象。张耀翔发表《癖》(1923),分析中国古代名人传记(如刘伶好酒、陶渊明好菊、王羲之好鹅等),认为癖是嗜好之变态。张耀翔发表《国人之迷信》(1923),搜集我国民间迷信685条,如"鹊鸣吉"、"鸦鸣凶"等,从中分析迷信的起源和中国传统社会的心理状态。萧树堂发表《史籍迷信随笔》(1923),从《史记》《汉书》以及魏、晋、唐、宋、明等史书中搜集迷信若干条,分为纤纬、占梦经和征异三类,考察中国古代人民的社会心理。程俊英发表《诗人之注意及兴趣》(1922),分析李白、杜甫和白居易等150位诗人的2 075首诗,将诗题分类,认为诗人的注意纯出于自发,其自发注意即兴趣。欧阳湘和程俊英发表《杂色》(1923),搜集到古今书籍中颜色字463种,分类为红、黄、绿、青、蓝、紫、白、黑。陶德怡发表《善恶字汇》(1924),从《康熙字典》中搜集善(如仁、礼)、恶(如奢、淫)字汇882字,分门别类地研究,以考察中国人的善恶心理和行为优劣。在20世纪三四十年代,一批运用测验法的民族心理研究相继出现。童涧发表《中国民族的智力》(1929);章益发表《两个民族间伦理观念的比较研究》(1933);肖孝嵘发表《中国民族的心理基础》(1937)。总的看,1949年以前的中国民族心理学主要研究汉族的心理特点,属于广义的民族心理学。1949年以后,台湾和香港地区的心理学家仍坚持这一方向,如:李亦园与杨国枢(1990)对中国人性格的研究;杨国枢(1993)提出中国人的社会取向包括家族取向、关系取向、权威取向和他人取向;杨中芳在20世纪90年代初探讨中国人的自我、权威性格、集体主义与道德发展;黄国光发表《面子:中国人的权力游戏》(2010)、《中国人的社会心理》(1984),提出"人情与面子"的理论模式;何友辉从20世纪70年代起探讨了"面子"、"仁、义、忠、孝"、"缘分"、"怨"、"自我"等中国人重要且独特的心理与行为(何友辉,2007);杨国枢(1988)对中国人的孝道、文崇一(1988)对中国人的"报恩与复仇"心理进行分析。

中华人民共和国成立后,中国大陆民族学界与心理学界受苏联影响较大,且在"文革"前后一段时间内,心理学被取消。民族心理学研究处于停滞状态。改革开放后,民族心理学有了一定发展。在中国民族学界,在民族心理学的研究内容上,逐渐摆脱苏联民族心理学研究的影响,民族心理研究取得进展,具体表现在四个方面。(1)"民族共同心理素质"受到了普遍关注。许多学者对民族共同心理素质的内涵、外延进行了概括。(2)民族心理研究方兴未艾。随着研究发展,一些学者开始从不同角度研究民族心理。(3)个体民族心理研究兴起。对回族、蒙古族、傣族、维吾尔族、苗族、壮族、裕固族、水族、藏族、侗族、汉族的共同心理素质进行研究。如熊锡元(1986,1990)研究回族、傣族的共同心理素质;荣丽贞(1987)对蒙古族的祭祀风俗进行心理分析;苏世同(1991)和周兴茂(2000)论述苗族的主体心理结构和共同心理素质;石国义(1998)考察水族传统文化心理;银军(1992)讨论侗族共同心理素质。在个体民族心理素质研究基础上,沙莲香自20世纪90年代以来对中国人的国民性、中国的社会文化心理进行研究。(4)探讨影响民族心理的因素,如民族教育、民族传统文化、商品经济、民族关系、现代化等。

在心理学界,在改革开放后,民族心理学出现了繁荣,研究内容以少数民族心理为主,属于狭义的民族心理学研究居多。如左梦兰与魏银(1988)对汉族、傣族、景颇族儿童的概念形成做了比较研究;郑雪(1988)对海南岛黎汉中小学生智能发展差异性及根源做了跨文化研究;顾海根、岑国桢和李伯黍(1987,1991)在20世纪80至90年代对蒙古族、维吾尔族、壮族、苗族、土家族、彝族和藏族儿童的道德发展进行了比较研究;张世富从20世纪80年代起对云南西双版纳地区的克木人、基诺族、哈尼族和拉祜族青少年品格进行了长达20多年的比较研究;张增慧和林仲贤等人从20世纪80年代起对汉族、蒙古族、壮族、维吾尔族、白族、哈尼族、纳西族儿童的颜色命名进行了系列研究;傅金芝、韩忠太和杨新旗(1991),沙毓英和秦稚华(1995)探讨基诺族的性格特征,并与汉族比较;韩忠太和傅金芝(1992)出版《民族心理调查与研究——基诺族》;沙毓英(1996)从语言进化论角度研究摩梭人语言和思维;郑雪与陈中永(1995)考察认知操作与认知方式与生态文化的关系;郑雪(1996)比较汉族、黎族、回族、蒙古族与鄂温克族成人的认知方式;万明钢等人自20世纪90年代以来对民族认同、双语心理进行系列研究;杨东等人(2009)对汉族社区少数民族的文化疏离感进行研究;胡兴旺与蔡笑岳等人(2003)开展了西南少数民族的智力与文化适应的研究;许思安等人(2007)采用"大七"人格结构模型研究了汉族与纳西族的人格结构;尹可丽(2005)出版《傣族心理与行为研究》;张海钟等人(2010,2012)对中国区域文化心理与老乡心理进行系列研究;崔占玲和张积家(2009)研究藏—汉—英三语者的语码转换与语言联系模式;张积家与王娟(2016)考察摩梭初中生的人格特征与民族认同。

进入21世纪以后,采用实验法考察民族心理的研究逐年增多。张积家等人自21世纪初以来对汉族、纳西族、摩梭人、彝族、基诺族、白族、羌族、基诺族、傣族、傈僳族、普米族、蒙古族、朝鲜族、维吾尔族、日本人的颜色认知、空间认知、亲属关系认知、语言认知进行系列研究,揭示民族语言对民族认知的影响,其主要成果汇集在《纳西族—摩梭人语言文化心理研究》(2016)与《颜色词与颜色认知研究》(2017)两部著作中,为运用实验法研究民族心理提供了成功范例;周爱宝(2015)考察了回族大学生自我参照中的阿訇参照效应;姜淞秀与李杰等人(2013,2015)研究了蒙古族双语者的语言表征与加工特点;尹可丽等人(2016,2017)考察了景颇族初中生的民族社会化觉察及其特征,并研究了民族社会化经历对藏族青少年积极心理健康的影响。近年来,由于文化心理学和文化认知神经科学兴起,人们开始运用脑科学方法研究民族心理。如朱滢和韩世辉等人对中国人和西方人关于自我的认知神经差异进行了研究,Siok, Perfetti, Jin和Tan(2004)对中国儿童阅读障碍的文化根源进行了研究。

与此同时，一些深度的理论探讨也开始出现。李尚凯(1991)发表《论民族心理之研究》；韩忠太和傅金兰(1992)论述民族心理学的研究方法；孙玉兰(1990)出版了《民族心理学》；时蓉华和刘毅(1993)出版了《中国民族心理学概论》；张世富(1996)出版了《民族心理学》；徐黎丽(2002)发表了《关于民族心理学研究的几个问题》；植凤英和张进辅(1997)探讨了在民族心理学研究中如何实现质与量的整合；李静(2004)发表了《民族认知结构研究的心理学取向》；张世富(2005)发表了《民族心理的研究任务、内容与方法》；李静(2009)出版了《民族心理学》；李静(2010)出版《民族交往心理的跨文化研究》；张积家(2016)讨论了民族心理学研究中的十种关系；李静和温林煜(2016)从社会分类的视角分析了族群认同现象；姜永志与七十三(2016)探讨了中国民族心理研究本土化的方向与问题。

2.3.4　中国民族心理学的最新发展

虽然在改革开放后民族心理学有了较快发展，但与枝繁叶茂的个体心理学研究比，民族心理学研究无论是从规模看还是从成果看都显得十分薄弱。蒋强、孙时进与李成彦(2014)对2003—2012年发表在国内主要心理学期刊和民族学期刊上关于民族心理研究的185篇论文进行文献计量分析，发现：少数民族心理研究的论文总体数量少，以心理学的9种期刊为例，十年来发文不到总量的1%；研究领域广泛，研究对象几乎包括了我国境内所有少数民族；关注群体集中于大学生与中学生；研究方法以测量为主；研究思路以少数民族与汉族比较为主。存在问题是：研究方法单一，模仿国外研究和运用国外量表的研究居多，创新性研究较少；研究人员主要分布在西北、西南与华南地区，稳定的研究群体正在形成中。20世纪80年代中国社会心理学会成立了民族心理学专业委员会，但无论在中国人类学民族学研究会，还是在中国心理学会和中国民族学会，一直都未建立全国性的民族心理学研究组织，国内也缺乏民族心理研究机构。民族心理学研究在学术界和社会上，都未引起足够重视。

近年来，中国民族心理学有了快速发展。民族心理学有了专门的研究组织与研究机构：2014年11月，中国人类学民族学研究会心理人类学专业委员会正式成立；2014年12月，中国心理学会民族心理学专业委员会正式成立；2015年6月，教育部民族教育发展中心在中国人民大学设立"民族心理与教育重点研究基地"；2016年7月，国家民委在中国人民大学设立"民族语言文化心理重点研究基地"。学术期刊开始关注民族心理研究。2012年8月，《心理科学进展》发表张积家主持的"民族心理学专栏"；2015年7月，《中国社会科学报》设立由张积家主持的"民族心理学专栏"；2016年2月，《华南师范大学学报(社会科学版)》推出由张积家组织的"民族心理学专栏"。由民族学家与心理学家共同参与的一些学术研究会相继召开。几年间，民族心理学取得如此迅速发展,在学科史上并不多见。这表明,民族心理学作为一门学科,已经高调进入政府、研究者和民众的视野。

民族心理学之所以在近年内有了快速发展,是因为它遇到前所未有的历史机遇。恩格斯指出:"社会上一旦有技术上的需要,则这种需要会比十所大学更能把科学推向前进。"首先,党中央提出"中国梦"的执政理念为民族心理学的快速发展提供了重要契机。"中国梦"是中华民族近代以来的最伟大梦想,表现为国家富强,民族振兴,人民幸福。"中国梦"是 56 个民族的共同愿景。在实现"中国梦"过程中,"一个民族都不能少"、"不能让一个兄弟民族掉队"的重要理念深入人心。民族心理学研究民族集团的人们的社会行为、内在心理特点和规律,涉及特定民族集团内人与人之间的关系和相互作用,以及民族集团之间的相互影响与相互制约。在现阶段,我国民族心理学的任务就是了解民心、测查民愿、实现民志、增进民福。因为民族间的和睦相处、和衷共济、和谐发展均以相互理解、相互认同为基础,民族政策的制定、民族工作措施的采取必须切合少数民族同胞的心理。民族心理学在这方面有其他学科不可替代的作用。

其次,"一带一路"战略的实施为民族心理学的快速发展提供了重要推力。"一带一路"不仅是沿线国家、地区在经济和发展方面的合作与共赢战略,也是沿线不同文明、文化之间和谐对话和民心相通工程。实现"一带一路"建设的宏伟目标,"民心相通"是基础。"民心相通"是指沿线国家和地区人民对"一带一路"的理念和目标有相似认识,能够相互理解。"一带一路"涉及几十个国家、数十亿人口。不同国家间、族群间的社会发展水平、政治制度、意识形态和文化习俗千差万别,做到"民心相通"并非易事。中国民族心理学家应加强与"一带一路"沿线国家的心理学家的联系,为"一带一路"的"民心相通"工程提供科学理论和提出政策建议。我国幅员辽阔,周边接壤国家众多。在我国陆路边境,居住着跨界民族。跨界民族是分别在两个或多个现代国家中居住的同一民族。我国约有 30 个跨界民族,总人口约 6 600 万人。他们与"一带一路"沿线国家的同一民族在经济、文化、社会、宗教方面有千丝万缕的联系,是联系"一带一路"沿线国家的重要纽带。加强对跨界民族心理的研究,也为民族心理学的快速发展提供了巨大推力。

第三,改革开放后民族工作的新形势、新局面为民族心理学的快速发展提出新要求。改革开放以来,民族工作取得了巨大成就,各族人民在现代化建设中携手并进,物质生活和精神面貌都发生了翻天覆地的变化。但由于经济与社会发展的不平衡性,在现代化进程中,各民族在物质生活方面的差距也在拉大,不同文化间的冲突也在加剧,加之境内外某些势力的挑拨,在部分民族地区,民族团结局面遭到破坏,民族关系变得紧张。如何改善民族关系,维护民族团结,民族认同、中华民族认同、国家认同是关键。民族心理学研究在增强民族认同、维护民族团结方面能够发挥重要作用。

最后,民族心理学内部及相邻学科发展为民族心理学的快速发展提供了基础条件。改革开放以来,在心理学内部,对少数民族的共同心理素质、思维、语言、人格、品德、自我、民族认同的研究取得了丰硕的成果。本土心理学、文化心理学、跨文化心理学与文化认知心理学的兴起,使许多研究者更加关注本民族的心理,并采用实验法和认知神经科学的方法来研究。在心理学外部,文化人类学和心理人类学的发展也为民族心理学快速发展提供了助力。跨文化心理学关注不同文化群体的心理和行为比较,研究不同文化下具有普适性的心理规律。文化心理学关注特定文化背景下的心理规律,注重不同文化群体的心理与行为差异。本土心理学探讨以地域为特性的文化背景下的心理与行为。文化人类学关注人类文化的特殊性和通则性。心理人类学研究集团人格、人格的性别差异和影响人格形成的因素。民族心理学成为心理学与人类学两大学科群交叉聚合的领域。在这一领域中,多学科、多视角的研究者群英荟萃,质的研究方法与量的研究方法兼收并蓄,实证主义的科学观与解释学的文化观相得益彰,共同推进了我国民族心理学的快速发展。

2.3.5 民族心理学的发展趋势

民族心理学研究的发展趋势

(1) 民族心理学的理论与方法需要整合。从理论发展的角度看,民族心理学研究将会与个体心理学在更高层次的统一理论水平上整合。心理学能否形成统一理论,影响心理学在现代科学中的地位。无论民族差异如何显著,如果不能将独特的民族资料整合到主流心理学中,民族心理学作为一个研究领域,就难摆脱被边缘化的地位。要达到这一目标,就要寻找文化的深层结构。从发展趋势看,民族心理学如何与个体心理学区分和统一,还有很长的路要走。

(2) 民族心理学研究应对心理学的主流理论进行元理论分析。乐国安和纪海英(2007)认为,主流心理学理论是心理学的民族理论的形式化。这种观点在一定程度上反映民族心理学理论构建的重要性。民族心理研究还处于比较不同民族之间差异,探讨形成某个民族心理的文化和社会因素阶段。这些研究很重要,但还未形成民族心理学自身的理论脉络。民族心理学需要在民族的普适性和差异性之间找到平衡,这就需要对现有心理学理论进行民族视角的元理论分析,寻找民族的普适性。在具有普适性理论的基础上,确立丰富的差异性,这样的学科才能达到完整性和独立性。

(3) 民族心理学研究要进一步整合不同的研究模式,挖掘和形成独特的研究手段。民族心理学研究对象的多层次性和多情境性,决定它的研究方法也应是多样化的和综合性的。无论是质化研究方法还是量化研究方法,以及迅速发展的认知神经科学方法、多模态统计方法、大数据分析方法,都应该与民族心理学的研究问题相契合。在此基础上,还应该发展具有独特性的研究手段,尝试多种方法在特定情境下的结合。李静(2015)提出民族心理学研究的"田野实验法"。田野实验法是指在田野场景中研究民族心理,核心是参与观察与深度体验,以影响民族心理的主客观因素为自变量,以民族心理和行为为因变量。因其因果关系明显,故有实验法的特点。又由于研究变量在田野场景中发生,且不由实验者设定和操控,研究人员只是利用现成的条件,减少了人为操控,可以获得真实材料和较高的效度。一个村庄、一个社区或一个地域均是开放的实验室,生活与居住于其中的人为研究对象。田野实验法遵循"在一起"原则,研究者要同研究对象同吃、同住、同劳动,具有同理心。总的看,田野实验法是民族心理学研究方法整合的很好的努力。

民族心理学研究要处理好十种关系

张积家(2016)认为,民族心理学研究应处理好十种关系。一是民族学研究取向与心理学研究取向的关系。两种研究取向各有其价值,其研究者应该加强交流与沟通,去除长期存在的各说各话的局面。二是质的研究范式与量的研究范式的关系。两种研究范式应该相互补充,相互印证。三是实证主义的科学观与解释学的文化观的关系。在心理学领域,实证主义的科学观占优势;在人类学、民族学领域,盛行着解释学的文化观。一方面,人类心理以生理和生物的结构和过程为基础,因而不同民族的心理具有共性;另一方面,人类心理又高度依赖于所处的文化与情境。在研究中,既要坚持客观性,努力提高科学性、实证性,又要重视社会与文化对心理的影响,在提出研究假设和解释研究结果时,应该以该民族特有的历史与文化为基础。四是历史与现实的关系。民族共同心理特征在历史中形成。研究者要学会用历史的观点看问题。要理解一个民族为什么会有这样或那样的心理特征,就要了解这个民族的历史和文化,并设身处地地用这个民族成员的眼光去看世界,才能够真正地理解和把握该民族的心理特点,相互尊重和理解才有可能。五是传统文化继承与现代化发展的关系。民族心理研究要有利于少数民族民族文化的传承与保护,但少数民族同胞亦有追求现代化的权利。民族文化传承和保护与现代化有时会形成矛盾与冲突,如何化解这些矛盾与冲突是民族心理学家应该致力解决的问题。六是人类共同心理特征与民族特异心理特征的关系。作为类存在物,不同民族的人的心理具有共性,这种共性运用到具体民族时要受社会和文化制约。七是个体心理与群体心理的关系。民族心理学研究不同民族的心理规律与心理特点。然而,群体由个体组成,在研究民族的心理特点时,研究者接触的仍是一个个具体的个体。这些个体来自于不同群体,不可避免地会打上群体的烙印,他们是不同群体的个体,而不是中性的个体。八是内隐与外显的关系。民族心理学要研究不同民族对事物的态度,人的外显态度和内隐态度往往存在着很大差异,甚至相反。只有将外显态度与内隐态度结合起来,才能把握真实的态度。九是态度与行为的关系。态度不等同于行为。态度只是行为的准备状态,是否产生与态度一致的行为还取决于许多主客观因素。十是学术与政治的关系。在我国,民族研究从来就不仅仅是学术研究,它同时也是政治研究。民族心理学研究者要有明确的政治意识。无论何时,民族心理学研究都应做到"三个有利于":有利于学术发展,有利于民族团结,有利于国家稳定。民族心理学研究者要自觉地为社会主义祖国的伟大复兴作出贡献。

3　民族心理学的研究方法

民族心理学是一门新兴的、交叉性的学科。作为一门独立学科,民族心理学有特定的对象和任务,有不同于其他学科的研究方法。民族心理学既融合民族学和心理学的研究方法,又有独特的方法与方法论基础。

3.1　民族心理研究的方法论

方法论是指"关于研究过程的哲学,其中包括作为研究的基本原理的理论假设和价值观,还包括研究者用来解释资料、引出结论的标准或准则"(贝利,1986)。任何学科都有自己的研究方法。这些研究方法的综合,就形成了该学科的方法论。

对一门学科而言,方法论极为重要。一门学科的方法论不仅能够反映该学科与其他学科的联系与区别,而且决定了该学科的理论探索方向以及所能达到的广度与深度。正如巴甫洛夫(Иван Петрович Павлов, 1849—1936)所言:"科学是随着研究法所获得的成就而前进的。研究法每前进一步,我们就更提高一步,随之在我们面前也就开始了一个充满着种种新鲜事物的,更辽阔的远景。"科学史学家萨顿(G. Sarton, 1884—1956)也认为:"在科学领域,方法至为重要。一部科学史,在很大程度上就是一部工具史——无形的和有形的——由一系列人物创造出来,以解决他们所遇到的某些问题。每种工具和方法都是人类智慧的结晶。"

随着科学技术的不断发展,每一学科要解决的问题也变得更加复杂化和综合化,学科之间的交叉研究和合作研究变得越来越普遍。为了适应这些变化,研究者开展了学科方法论的研究,他们致力于更新的学科方法论,使之更加多元化和综合化。在民族心理学研究中,研究者也在不断地探讨和更新民族心理学研究的方法论。由于研究对象、任务和内容制约,民族心理学研究具有特殊性。在讨论民族心理学研究的方法论之前,首先要把握学科的研究特点,才能形成科学合理的方法论,找到正确而有效的研究方法。

3.1.1 民族心理研究的属性

民族性

民族心理是在特定民族集团影响下人们的社会行为以及他们内在的心理规律和心理特点,也是全民族成员在共同的社会物质生活条件下所产生的共同心理素质和心理状态(张世富,1996)。民族特有心理是民族心理学的研究对象,离开了一定的民族文化作为基础,就没有民族心理学。因而,民族性是民族心理研究的最主要、标志性的属性。

民族心理学不可避免地要打上民族的烙印。不同民族具有不同的社会经济、政治结构、婚姻家庭、风俗习惯、宗教信仰、文学艺术和思想意识。每一民族的成员通过家庭教育和学校教育、民族群体的交往活动、民族的社会化过程,受到来自本民族文化的直接或间接的影响。个体心理的形成和保持离不开民族群体的影响,个体心理也影响着由个体汇集而成的民族心理。民族心理的共性也就体现于个体心理之中。梁启超指出,文化对人的影响是通过个体的有意识模仿和无意识熏染实现的。创造者在创造之后,会熏感别人,而被熏感的人会将别人的创造吸入他的"识"之中,成为其心能之一部分。社会心理是"前此全国全社会既死之人,以不死者贻诸子孙也"。不仅人的有形肢体的特性可以遗传,就是无形之性也可以通过长期的心理积淀传给后人。如果离开民族群体、民族环境、民族文化去研究个体心理,就会与普通心理学相混淆。因此,民族心理研究必然从民族本身出发,探讨在民族文化作用下的心理现象及其所折射出的民族群体的发展历程。

心理性

有学者认为,民族心理学是以心理学理论为指导,以社会学、人类学、民族学的材料为参照,研究民族团体心理活动的发生、发展、变化的规律,揭示具体民族团体与民族个体相互影响的机制和特点的学科(孙玉兰,徐玉良,1990)。民族心理研究涉及人的心理的发生、发展的物质基础,涉及人的高级神经活动。如果只研究群体,只研究民族习俗及其文化背景而不研究个体心理,不研究心理机制,不研究反应过程,就不可能揭示人脑对客观现实的反映机制,就会与民族学、社会学、民俗学相混淆,失去作为一门独立学科而存在的价值与生命力。因此,民族心理研究必须从民族心理及其变化出发,以探究民族群体心理现象及其规律为目的,从而更加深刻地研究民族问题,揭示民族内隐的发展变化规律。

跨文化性

文化是人类社会普遍存在的现象。民族不论大小,都有其文化特点,即具有使该民族与其他民族区别开来的、独特的文化。人类的心理和行为并不仅仅由内部过程或机制决定,而是受文化制约。生活在不同文化背景下的民族,心理和行为存在共同性和特殊性。因此,跨文化性是民族心理研究的重要属性。运用民族学、人类学、心理学的知识和方法研究处于不同文化背景下的民族心理和行为,能够更加深入地探究影响民族心理发展变迁的原因。

民族心理研究的本质是针对民族心理所具有的文化特质的研究。民族心理研究不仅注重对单一民族心理的研究,更加注重对不同民族心理的横向比较。通过分析比较不同民族心理行为的普遍性和差异性,揭示文化在民族心理形成过程中的作用,发现不同民族文化折射的心理模式如何塑造该民族的人格和行为模式,是民族心理研究的目的。

3.1.2 民族心理学的方法论

科学的知识观认为,方法论在层次上由高到低可以分为哲学方法论,一般科学方法论和具体科学方法论三个层次。民族心理学的方法论体系同样具有三个层次。

民族心理学的哲学方法论

哲学方法论是指导人们认识世界和改造世界的最一般的方法论体系,是研究者进行科学研究的最根本的认识方法。对各门学科而言,唯物辩证法是最基本的哲学方法论。唯物辩证法特别强调实践的重要作用。哲学方法论形成一系列一般原则。

研究者在进行科学研究时,必须在方法论指导下,遵守科学研究的基本原则,采取科学的研究方法和态度,才能有效地保证研究结论的科学性。民族心理研究的一般原则主要有:

(1)实践性原则。民族心理研究必须以实践观点为指导,并在实践活动中考察民族心理的发生、发展和变化。民族心理研究的成果和结论也要回到实践中加以检验,以确定结论是否具有普遍意义。坚持实践性原则还必须考虑到民族心理研究结论的实践意义。马克思指出:"哲学家们只是用不同的方式解释世界,而问题在于改变世界"。事实上,一个民族的现代化有很多问题与民族心理有关。因此,民族心理研究可以为各种民族问题提出有效的措施,既有助于民族的繁荣发展,也有助于民族心理学的丰富和完善。

(2)客观性原则。民族心理现象是人对客观现实的主观、能动的反映。遵循客观性原则,意味着民族心理研究必须按照民族心理现象的本来面目来研究,不能将本民族的心理体验附加到客观事实上,必须如实地记录观察到的各种心理现象,做结论时也要格外谨慎,不要随意推论。民族心理研究不能只停留在对心理现象的描述,必须透过民族心理现象揭示民族心理活动的规律。如果民族心理研究只停留在对心理现象的描述,不揭示其规律性,就不能够达到科学的水平。

(3)系统性原则。民族心理是由各种民族心理活动组成的系统,与民族所处的自然环境和社会环境、民族个体的机体状况、民族的反应活动紧密联系,共同构成一个复杂而开放的系统。研究者应运用系统方法,从不同层次、不同侧面来分析民族心理现象之间的关系,确定具体民族心理现象产生的主客观原因。

(4)发展性原则。一切事物都处于不断的变化和发展之中。民族心理同样存在着发生、发展和变化的过程。研究者必须把民族心理现象放在发展状态中加以考察:不仅要考虑一个民族当下的心理特点,还应研究该民族几十年前,甚至几百年前的心理特点,还要根据现有的心理特点推测未来的心理特点。这样才能够揭示民族心理的发生、发展和变化的规律。

民族心理学的一般科学方法论

一般科学方法论是指某个知识领域采用的方法论原则的总和,是哲学方法论在特殊研究领域的表现,仅适用于特定学科的研究。学科的一般科学方法论能够将本学科与其他相关学科区别开来,更有针对性。民族心理学的方法论必须从跨文化研究的视角出发,融合民族学和心理学的方法论,形成独特的方法论。该方法论不仅能明确地反映民族心理学与民族学、心理学的联系和区别,而且从基础上决定民族心理学理论探索的方向及所能达到的理论深度。

不同学术领域具有共通性。因此,科学研究方法可以在不同学科里使用。心理学研究方法可以运用于民族学研究,利用科学方法的规律性与客观性来证实或分析民族学的研究成果。民族学研究方法同样可以为心理学研究借鉴。民族心理研究应该在民族学研究和心理学研究之间找到结合点,既使用自然科学方法,特别是实验法和测量法,又借鉴社会学和人类学的田野调查、观察、访谈、文献研究以及民俗研究等方法,以深层次和内在因素为目的,研究各民族相同或相异的心理特点及其发展变化,进而探求民族心理活动发生和发展的规律。

除了要综合使用民族学和心理学的传统方法外,跨文化研究也是民族心理研究的十分重要的一般方法论。每一民族都有特有的民族历史、生活环境、文化背景和宗教信仰,这就要求在运用各种方法和技术时,要把研究对象置于特定的文化背景中,通过比较产生于不同文化背景的心理模式,揭示文化在民族心理发展中的作用,建构更深刻的民族心理理论。

民族心理学的具体科学方法论

具体科学方法论就是常说的研究方法。例如,心理学的实验法和民族学的田野调查法。无论使用什么方法来研究,都不能违背哲学方法论和一般科学方法论的要求和原则。即,在使用一个具体方法进行民族心理研究时,要在一定的方法论指导下进行。具体研究方法要遵循民族心理学的方法论,而民族心理学的方法论是通过具体研究方法体现出来的。

3.1.3 民族心理学研究方法的多元化发展

民族心理学研究方法的历史发展进程

民族心理研究起步很早。在科学心理学建立之初,冯特就将心理学分为研究个体感知觉的个体心理学,以及研究群体社会风俗、神话、宗教信仰、艺术和语言等的民族心理学。在冯特的《民族心理学》问世后,很多心理学家都对民族心理产生浓厚兴趣,并通过大量研究得到很多有意义、有价值的成果。但是,随着民族心理学发展,民族心理研究的方法论在很长一段时间内都未脱离科学主义心理学的方法论。随着科学主义心理学方法论的数次更新和变化,民族心理学的方法论也被动地作出相应改变,并未发展出独立而成熟的方法论体系。

我国的民族心理研究方法存在同样问题。虽然民族心理学研究在民族学界和心理学界都得到一定发展,但直到 20 世纪后期,在研究方法上,民族学界和心理学界一直是各行其是。民族学中的民族心理研究主要采用实地调查法,即经过专门训练的民族学工作者亲自进入民族地区,通过直接观察、具体访问、居住体验等方式获取第一手的研究资料。它包括许多具体的调查方法,如观察与参与观察、个别访问、问卷法、谱系调查法、文物文献搜集法等。民族心理研究在我国心理学界始终是一个相对弱势的领域。在心理学界,民族心理研究采用的方法与其他心理学领域相同,都受到科学主义的影响,具有严格的研究程序:经过文献综述,形成研究假设;再根据研究假设对变量分类和操纵,选择被试;收集和整理数据和资料,利用数理统计方法得出结论。在具体研究中,一般采用调查法、测验法、实地考查法、历史研究法、地域比较法等非实验法。由于心理学针对民族心理的研究内容分散,很难从这些分散的研究成果中归纳总结出某一民族心理发展的普遍规律。民族学和心理学在具体研究方法上有许多相似之处,但由于双方很少交流与合作,导致出现了许多重复研究。

心理学研究者使用规范研究方法开展了一系列民族心理研究,并取得一定成绩。但由于方法论秉承近代自然科学的实证主义取向,心理学研究者将心理学视为物理学、化学那样的自然科学。心理学研究者关注可以被经验证实的客观心理现象,要么从内部寻找决定行为的因素,要么用直接的环境刺激来解释行为。文化被看作是一个一般性情境因素,可以忽略不计。这种排斥文化的方法论导致在具体研究中忽视研究者与研究对象的价值涉入问题,研究者采用的工具、方法以及理论都来自被称作主流文化的民族,这就将民族心理研究的主客体放在不平等的语境中。这种研究势必不能有效地揭示不同民族文化心理的本质和规律。

20 世纪后期,在哲学文化范式革命与后现代哲学共同推动下,心理学领域发生了文化变革。心理学的研究取向和研究范式开始反对一元文化的霸权,倡导研究的文化多元与文化公平。跨文化研究范式被引入心理学研究中,产生了新的心理学研究方向:跨文化心理学。在这一新兴研究领域中,文化是关注的重点。跨文化心理学的研究目标可分为三个层次:(1)在不同文化中检验已有心理学知识和理论的普遍性;(2)探索并研究其他文化,发现并解释主流文化中不存在的心理现象;(3)整合前两个目标得到的结果,汇集成具有更广阔基础、在更广泛文化中都有普适性的心理学。作为以文化为本质特征的民族心理研究,更是将跨文化研究方法论作为核心方法论,形成民族心理的跨文化研究潮流,使研究得到新的发展契机。

我国民族心理学研究方法的现状

我国的民族心理研究目前尚未形成科学和成熟的方法体系,在研究方法上存在以下问题:

(1) 质的研究与量的研究相互分离,研究方法单一。质的研究与量的研究是民族心理研究中两种基本范式。质的研究是指在自然情境下采用多种资料收集方法对社会现象进行整体探究,使用归纳法分析资料和形成理论,通过与研究对象互动对其行为和意义建构获得理解的活动。量的研究是采用实验、调查、测验、结构观察及已有的数量化资料,对心理现象进行客观研究,将所得结果作统计推断,使研究结果具有普适性的活动。长期以来,这两种研究范式相互对峙,互不借鉴,在一定程度上阻碍了我国民族心理研究水平的提高。我国民族心理研究使用最多的方法是经验性的、理性思辨的质的研究方法。虽然定量研究方法开始被广泛应用,但所使用的方法较为单一,主要是心理测量法,很少使用实验法。这可能是由于缺乏将实验法运用于民族心理研究的传统,因为冯特就认为实验法不适用于民族心理学研究。从国外民族心理学的发展看,不但人类学和社会学的方法被借鉴到研究中来,其他定量心理学方法也被应用到民族心理学研究中,并且形成了比较科学、成熟的方法体系。但是,我国民族心理研究并未很好地借鉴国外的研究方法和研究成果,从民族学和人类学研究方法中借鉴而来的田野调查法也未被广泛地使用(王昕亮,2004)。

(2) 定量研究的操作化缺陷。我国民族心理的定量研究大多使用已经成型的量表和问卷,大多数是国外量表修订后在中国的应用。有一些量表是将用于汉族人的量表和问卷翻译成少数民族语言后直接施测,这样做隐含了一个问题,即在不同文化中使用同样测量工具测得的结果是否等值。因此,采用相同的问卷法与测验法相对而言容易实施,但缺乏科学的严密性。虽然有研究者创造性地自编量表和问卷,但未对量表进行信效度检验,降低了研究水平。另外,由于少数民族的语言、文化及地域限制,使得民族心理研究取样困难。很多研究者以方便取样为主要原则选取研究对象,多以较易取样的大学生为对象。这就导致缺少对一般少数民族公众的研究,缩小了民族心理学的研究范围,研究结论具有一定的片面性。

(3) 定量研究流于现象的描述。虽然定量的心理测量法在民族心理研究中得到广泛应用,但多数研究只使用单一的量表,对某些民族的心理特征的状况进行描述性的考察和分析。有研究者统计分析了 1988—2010 年间中国民族心理研究使用的方法,发现民族心理研究最频繁使用的数据分析方法是描述统计,主要是对平均数、频数以及发生率进行一般性的描述统计和卡方检验(李霞,扈玉雪,孟维杰,2011)。即使有少数研究使用两个或以上的量表,但数据处理方式也仅限于相关分析和回归分析等,只能检验多个心理特征之间的相关关系,还未形成与定性方法相结合的、能够揭示民族心理规律和本质特征的方法体系。

(4) 跨文化的研究方法被简单化。随着跨文化心理学兴起,跨文化比较法在民族心理学中得到广泛应用。但是,跨文化研究方法被许多研究者简单化。一方面,由于跨文化研究的对象和变量的特殊性,在具体研究方法选择上存在很大局限性,更多地采用问卷法与测验法,追踪研究和横断研究使用得少。另一方面,跨文化研究的额外变量控制得过于简单。多数研究没有充分考虑研究中可能存在的额外变量,也未给额外变量以严格的控制,就导致研究结果受到额外变量和文化因素的共同影响,对研究结果的解释不能完全地将文化效应独立出来,很难显现文化的主效应。例如,如果没有控制被试的文化同质性,就会使被试的心理行为存在许多不同之处。这样会导致实验处理与文化背景发生混淆,无法确定研究结果究竟是由实验处理引起,还是由文化差异造成。这样的研究只能对结果进行可能性分析,不能够检验一种理论假设的正确性。

民族心理学研究方法发展的多元化——质与量的整合

民族心理学是集民族学和心理学为一体的综合性、交叉性的学科,其研究对象复杂多样,既包括对民族一般心理现象和规律的研究,也包括对社会心理层面的心理现象的探讨;既有客观、可量化的一面,也有主观、难量化的一面。因此,任何单一的研究范式都难以揭示民族心理现象的本质,民族心理学的研究方法必须多元化。在民族心理研究中,只有整合质的研究与量的研究,才能从不同侧面更好地符合民族心理的实际。

质的研究与量的研究是一对风格各异又互为补充的研究方法,表现在:质的研究能够对心理现象进行深入而细致的动态分析,对心理事件的整个脉络进行详细的动态描述,并且适合对不熟悉的、不同文化的心理现象进行探索性研究,以帮助建立明确的理论假设。但是,质的研究不适合对心理现象进行量化的因果关系和相关关系分析,不能进行概率推断和演绎,研究结果不具有普遍性和可推广性,难以发现某一心理现象的趋势性、群体性的变化特点以及心理现象之间的因果规律。量的研究适合于发现趋势性的心理特征,研究结果可以作概念推断和演绎,只要测量和数据处理符合科学统计的要求,推断就是正确的、具有代表性的、可以推广的。因此,能够对已有理论假设进行验证、修改和完善。但是,量的研究缺乏对总体中特殊个体的把握,难以了解研究对象的真实想法和心理状态,难以描述心理的动态过程及作用机制,无法揭示深层的心理过程和心理结构(植凤英,张进辅,2007)。

基于我国民族心理研究中质的研究与量的研究分离的现状,最迫切的任务就是建立质与量整合的研究体系。心理学研究实践表明,质与量的研究整合可以丰富研究结果,提高研究质量。根据国内外已有的研究结论和我国民族心理研究的现状,应该做好以下工作:

(1)整合研究立场。整合研究立场对实现质的研究与量的研究的有效整合起关键作用。整合研究立场是指在研究过程中,研究者应不时地反省自己的角色,调整好对研究对象的态度与立场(植凤英,张进辅,2007)。例如,在实地调查中,首先深入少数民族村寨,逐渐融入到少数民族的日常生活中,缩小与当地人的人际距离。在之后的访谈中,访谈对象才可能把研究者视为知心朋友,而不是将其视为窥探其心理秘密的外乡人。这样做有助于研究者对不熟悉的文化背景下心理过程进行探索性、定性的动态分析。在对少数民族心理事件进行大面积量化调查时,应该力图做到研究对象选取的随机化,问卷的指导语和调查内容的客观化和标准化,调查过程与研究对象保持适当的距离,避免使用语言或身体态势影响调查对象。

(2) 整合研究设计。整合研究设计与整合研究立场对应,是指研究者在同一个研究项目中混合使用两种不同方法,在不同层面对同一问题进行探讨。有三种选择:

① 顺序式设计。在一项研究中,先使用一种方法,再使用另一种方法。两种方法的使用顺序存在前后,两种方法在时序上可以往返循环使用。我国民族心理研究还处于起步阶段,很多研究需要使用顺序式设计,先使用质的研究进行探索,提出理论假设,再利用量的研究对理论假设进行验证。例如,梁丽萍(2004)在对中国人宗教认同心理研究中,在对多名宗教徒的质性访谈的基础上,开发出所需的宗教认同问卷,然后将问卷投入到大规模的量化调查。

② 平行设计。在一项研究中同时使用质的研究与量的研究,适用于大型的、研究对象人数较多的民族心理研究。平行设计的操作可以将课题研究成员分为量化研究和质性研究两个小组。量化研究小组负责在理论分析基础上进行问卷编制、大规模问卷调查和数据统计处理;质性研究小组负责选择少数民族个体进行个案访谈和行为观察,更加深入地揭示少数民族的心理特征。即使平行研究的结论出现差异,也可以将研究重点放在分歧上继续研究。

③ 交叉设计。在一项研究中,量的研究与质的研究交替进行。通常在研究开始时先采用一种方法,然后在继续使用这种方法同时使用另外一种方法。在研究中,一般先用质的研究建立理论假设,然后采用量的研究和质的研究进一步扩展理论,形成新的研究假设,再采用量的研究与质的研究验证假设和修改假设。这种设计适合于针对一项课题的深入扩展研究。例如,对尚未有人研究的民族心理现象,可以先采用实地考察的质的研究范式收集资料,编制出相关问卷,对少数民族群体进行大规模的问卷调查;再采取质的研究范式继续对某一民族村寨进行深入的田野考察,以期更加深入地揭示少数民族心理的现状及其形成的深层原因。在针对新发现的研究议题采用个案访谈和问卷调查相结合的方法进行深入调查。通过量与质的研究的交叉进行,可以逐步扩大研究范围,加深研究深度。交叉设计要求研究者能够同时熟练地使用量与质的研究方法。

(3) 研究资料分析的整合。同时存在质与量的民族心理研究会同时收集到不同类型资料,在分析资料时需要使用不同方法对结果进行分析和解释。资料的分析整理有几种整合方式:

① 针对不同研究结果采取相应分析方式。分析定量研究的数据应按照数理统计规则;分析定性研究结果需要以建构理论为基础对资料进行归纳、分析。如果不同方法得出的结果存在差异,可以将质与量的研究产生的不同结果并列对照,促使研究者进行更高层次的综合分析,提出综合层次更高的第三种解释。

② 对质的研究结果采取定量分析方法。例如,对质的研究获得的数据进行定量的探索性因素分析,可以揭示定性分析难以发现的心理现象的规律。

③ 用质的研究资料解释定量研究的结果。为了解释定量研究结果,可以对调查对象进行小范围的开放性访谈。访谈可能会发现造成某一心理现象的外部因素和内部机制。

综上所述,质与量的整合并不是两种方法的简单相加,而是在民族心理研究中渗透质的研究与量的研究的思想和方法。根据民族心理研究主题的特点和性质,决定是否需要质与量的整合,以何种方式整合,而不要陷入为了整合而整合的"方法中心主义"。

3.2 民族心理学的跨文化研究

跨文化研究也被称为比较研究。跨文化比较研究(cross-comparative studies)并不是一种具体研究方法,而是一种研究原则或研究范式(paradigm)。科学哲学家库恩(T. S. Kuhn, 1922—1996)认为,科学的变革乃是科学范式的转变,科学知识的发展总是在特定学科内展开。他将特定学科的科学家共同体所依赖的共有和共享的学科规范称之为"范式"。范式是科学共同体共有的东西。范式包含四个层面:符号概括、形而上学、价值和研究范例。把范式理论引入民族心理研究,民族心理研究的跨文化转向在某种程度上就是范式转变。在跨文化研究范式转变中,研究者从其他相关学科中可以学到很多有价值的东西,由此实现民族心理研究向跨文化方向的转变。

3.2.1 跨文化研究的起源

跨文化比较研究最先起源于人类学。1928 年,米德在萨摩亚群岛上进行青少年男女青春期心理特征的研究,在新几内亚进行 3 个原始部落的两性心理特征的比较。1935 年,本尼迪克特开展了文化模式研究,并同萨丕尔一起提出最早的文化构型论,认为文化如同个人,具有不同类型与特征。人类文化各有其不同的价值体系和特征,呈现出多样性。她说:"文化行为同样也是趋于整合的。一种文化就如一个人,是一种或多或少一贯的思想和行为的模式";"所有各种各样的行为,诸如谋生、择偶、战斗和神氏崇拜,都依据文化内部发展起来的无意识选择规范而被融合到了统一模式之中"。夸扣特尔人喜爱心醉神迷,追求个人荣誉、大胆、虚荣、傲慢,祖尼人追求安宁、恬静、适度、和谐,多布人则以阴险、嫉妒为美。这些不同文化模式,由不同的心理特点、集体无意识决定。各种文化特质通过整合成为协调一致的模式。她认为,文化模式是一个民族文化或一种文化的各个文化特质丛(内容)相互联系整合成为协调一致的系统(整体)的结构状态。文化模式是文化中的支配力量,是给人们的各种行为以意义,并将各种行为统合于文化整体之中的法则。文化之所以具有一定模式,是因为各种文化有其不同的主旋律即民族精神。因此,文化研究应把重点放在文化的整体结构上,重视文化对人格形成的影响。在大量研究基础上,米德等人提出了文化相对论,认为不同文化对人们行为所起作用不同,因而塑造出在不同文化中的人的不同行为特征。

科学技术的每一次重大发展都伴随着研究方法的重要改变,而研究方法论的每次发展又总是使人类对客观规律的认识更深一步。科学发展和体系形成是在新旧方法论的更迭和进化中实现的。文化相对论对心理学的哲学观和方法论都产生很大影响。文化相对论认为,人类的心理和行为除了受到生理本能及自然因素制约外,更重要的是受社会文化因素制约。文化与心理或行为是相互建构的关系,不是因果关系,不能把文化看作为一种变量。西方实证—科学主义心理学是站在西方文化和地域立场上的心理学,没有关注和理解文化现象,不能真正地理解人的心理和行为。因此,文化与心理无法分开,不能将文化与心理从整个研究语境中分离出来,只能在文化与心理所处的实际情境的整体中去描述、解释它们。任何研究都在一定文化语境中进行,使用跨文化研究方法,通过比较不同文化语境下的心理和行为,就可以对心理学的概念和理论进行比较检验,揭示文化因素对心理和行为的影响机制,验证研究结论的效度,更加全面地解释人的心理和行为。

20世纪30至40年代,一些心理学家对人类行为进行跨文化比较研究,开拓了跨文化心理学领域。20世纪60年代以来,跨文化心理学在基本理论、研究方法和成果等方面都取得很大发展,研究涉及心理学的大部分领域,扩展了心理学的理论概念和理论框架。1971年,一个跨文化的心理测量大会在伊斯坦布尔召开;1972年,国际跨文化心理学协会(IACCP)在中国香港成立;1973年,心理学年鉴第一次收录"心理学与文化"一章。这些事件标志着跨文化心理学正式创立(Kagitcibasi, 2002)。跨文化研究成为一个成熟研究领域,其研究内容涵盖了对智力、成就动机、认知发展、儿童社会文化等心理过程的跨文化比较,发现上述心理过程在不同文化中的相同或相异之处并进行解释。

3.2.2 民族心理学的跨文化研究方法论

民族心理学是一门比较学科。民族心理学家不只研究一个民族、一种文化,他们关心不同民族的心理受哪些因素影响,文化在民族心理发展过程中起到怎样的作用。人类学家怀特(L. White, 1900—1975)认为:"只有用比较的眼光看生活方式,跨越时间和空间的最远范围,才能区分哪些东西来源于人类本性,哪些东西来源于特定的人类群体和特定的时间空间。"例如,"守恒"的概念是指物体从一种形态转变为另一种形态时,它的物质含量没有改变。皮亚杰(J. Piaget, 1896—1980)以日内瓦儿童为对象发现,前运算阶段的儿童(2~7岁)还不能够掌握守恒原则,具体运算阶段的儿童(7~11岁)能排除干扰,对推论事实作出反应。跨文化研究者认为,皮亚杰忽视了社会文化和教育的作用,在不同文化背景下儿童思维发展方式存在差异。大量研究在不同文化中检验皮亚杰理论的普遍性。皮亚杰发现,日内瓦儿童在9~10岁可习得重量守恒。但研究发现,14岁的爱斯基摩儿童和非洲农村儿童也未全部掌握重量守恒。有些文化背景下的成年人在某些方面也不能作出具体运算反应。Jahoda(1983)认为,认知发展明显停顿反映皮亚杰研究内容的文化偏向,其研究内容主要涉及数理逻辑或物理关系,理解这些知识需要依赖现代工业社会儿童学习的科学知识。

跨文化比较研究在民族心理研究中有独特的方法论意义。Triandis(1983)将跨文化研究的重要意义总结为:(1)有助于在各民族中对现有心理学理论进行检验、修正和拓展;(2)有助于确定引起民族共同心理与行为的变量,更深入地探讨遗传、环境和社会生活条件对人的心理发展的影响;(3)提供更为广阔的自然实验基地,扩充和增加研究变量的范围,使之大大超过任一单一民族研究中得到的结论,有利于消除民族中心主义和狭隘的民族偏见。

鉴于跨文化研究对民族心理研究的重要作用,跨文化研究方法已经在国内外民族心理研究中得到广泛运用。然而,跨文化研究的质量参差不齐。要有效地进行民族心理的跨文化研究,在研究开展前期和研究过程中需要坚持跨文化研究的方法论原则。下面,将介绍跨文化研究方法论中几个值得注意的问题。

"文化"与"民族"概念的异同

由于对文化、民族和跨文化的概念理解不同,民族心理学家对跨文化研究范围的划分存在差异。跨文化研究强调两种或两种以上不同文化背景中个体或群体心理特征的比较研究。有些研究者将两种或两种以上民族之间的比较研究统称为跨文化研究。由此引出问题:不同民族比较是否一定是跨文化研究?"民族"和"文化"有何异同?能否笼统地将一切民族间比较研究都称之为跨文化研究?

民族和文化并不具有简单的直接对应关系。除了个别的、远离文明社会的部落民族具有纯粹的、完全与众不同的民族文化外,各民族由于在发展过程中文化的交往、渗透、融合,存在两个或多个民族共享同一或相似文化的现象。例如,中华民族并不仅指汉族,而是由五十六个民族组成的共同体;中华民族文化也是由汉文化和众多亚文化构成的多元文化共同体。另外,一个民族的文化具有相对意义,一种相对独立的文化又可以由多个民族共同享有。例如,与藏文化和汉文化比,伊斯兰文化具有其独特含义。在我国,伊斯兰文化包含回族、东乡族、保安族、撒拉族等多个民族,这种由多个民族共享同一种亚文化的现象称为"文化群"。

由于"文化"与"民族"在概念上的非对应关系,研究者在跨文化研究时就不能简单地按照民族差异来区分文化。如何才能将一种文化同另一种文化区别开来,从而将其确定为一种独立的文化? Triandis(1988)认为,区别一种独立的文化,最重要的是明确这一文化与其他文化之间的交往机会和交往的可能性,包括三个衡量指标:(1)语言,某一文化背景下的群体使用的语言,另一个群体中的人是否能理解;(2)时间,两个群体是否生活于同一历史时期;(3)地域,两个群体是否生活于世界上的同一地区。如果在三个方面中某一方面不同,就可以认为两个群体可能分属于两种不同文化。Triandis 的"不能把民族异同作为区别文化的标准"的观点已经被民族心理学家普遍认可。除了语言、时间和地域外,习俗也可以作为区别文化的重要因素。一种文化中独特的、约定俗成的生活方式,如衣、食、住、行、婚丧嫁娶等,这些习俗规定着该文化背景中个体和群体的行为方式,隐含着该文化的价值取向、态度体系(万明钢、童长江,1989)。

国内民族心理学的跨文化研究往往选取两个或多个民族进行比较,没有区分民族和文化,想当然地认为不同民族就有不同文化。然而,如果选取的两个民族的文化是相同或相近,或者两个民族同属于一种文化,再使用文化差异来解释研究发现就不适当。因此,在跨文化研究时,应该参照确定文化独立性的三个衡量指标对民族文化进行比较,选择具有显著文化差异的民族群体,再根据各自文化的特点提出研究假设并进行研究,才能够得出有价值的结论。

共同性和差异性

民族心理学的跨文化研究着重探讨不同文化之间人们的心理与行为的异同及其因果关系。这就带来一个难题:如何看待民族心理的共同性和差异性。一种观点认为,尽管不同文化中的群体的心理存在很多差别,但总体上看,人类的心理和行为的共同性远大于差异性。如果跨文化研究遵循这一观点,研究重心就会落在各种差异现象背后的共同性上。然而,究竟何为共同性? 共同性是不是暗含了西方中心论? 另一种观点认为,共同性就是普遍性,核心源于西方启蒙理性的普遍主义,本质上是西方中心论的另一种表述。跨越不同文化的普世价值或普适价值是否存在? 目前对这一问题还存在激烈争论。重要的是,民族心理的跨文化研究要关注的不是人类的普遍性和共同性,而是民族之间的差异性和地方性。

如何解决上述两种观点的矛盾? 跨文化心理学提出四条原则: (1)人们从己文化视角来看其他文化;(2)一些心理学原理是普遍的,另一些则具有文化的特殊性;(3)一些核心文化层面有助于对跨文化现象的理解和研究;(4)尽管跨文化研究者发现了许多文化差异,但不同文化中人们的共同性要多于差异性(Keith, 2010)。那么,

第三条原则提到的跨文化研究的核心层面在哪里？在跨文化研究中，一个共识是人类文化有表层和深层之分，前者是感官经验到的事物和现象，后者是深蕴在这些事物和现象后面的观念、价值和意识形态。如果跨文化研究只触及到社会和文化的表层，显然远远不够，必须揭示其深层才能够完整地把握不同文化之间的异同及其因果关系。四条原则构成一个相互关联的系统。第一条指出看待他文化不可避免的出发点，第二条指出心理学原理同时存在的两面性——共通性和特异性，第三条彰显跨文化研究的关键所在是文化的核心层，最后一条作为方法论的基点，指出跨文化研究对共同性的关注要甚于差异性。

作为跨文化研究的基本原则，上述四个原则有很大适用性。因此，在处理共同性与差异性关系时，跨文化研究不仅要注重发现不同文化背景下个体的心理差异，更应通过跨文化比较，挖掘深层文化差异对心理和行为的影响，确证广泛的跨文化价值或规律的共同性的存在。

主位研究和客位研究

跨文化研究不可避免地涉及研究对象与研究者之间的文化差异。在研究中，研究者和研究对象的互动关系不可避免地存在。根据研究者与研究对象之间的文化关系，跨文化研究可以分为主位(emic)研究和客位(etic)研究。

在主位研究中，研究者使用某一特定文化的方法、概念和行为解释，运用地方性标准和具有特殊文化意义的理论框架来分析本土文化内的心理问题。主位研究的研究者由某种文化内部熟知该文化的人承担，他只从该文化内部研究个体行为，不对其他文化进行概括。使用的方法、概念、理论架构及判定行为的标准只针对一种文化，不具有文化普遍性。主位研究的目的是尽可能让土著人讲话，由于是"从内部看文化"的研究，研究者和研究对象享有共同文化，作为研究者可以比较容易、透彻地理解当事人的思维习惯、行为意义和情感的表达方式，较之于"局外人"，他们更容易在与当地人对话中进入被研究者的情感领域、对被研究者的本土化概念和语言及其意义有更深刻的理解。因此，主位研究能够揭示出更多的异族调查者难以发现和领悟的文化现象及其内涵。主位研究的缺点是：如果研究者和研究对象过多地享有共同的东西，会在不知不觉中弱化他们之间的距离感，那些明显地表达或带有象征性的思想、价值和规范有可能被流逝掉，致使研究者对己文化中人们常有的行为习惯、语言、习俗等熟视无睹，对被研究者流露出来的本来具有的隐含意义失去敏感性，容易按照"想当然"的模式去处理和对待。

客位研究的研究者需要站在外部客观立场上对两种或尽可能多的文化进行研究。在文化上比较不同民族或文化群体的各种行为，比较的标准是绝对或普遍的，并对各种文化行为进行概括分析，以发现某种普遍性的存在。客位研究的优点是：由于是"从外部看文化"的研究,决定了研究者与被研究者分属于不同文化群体,二者有不同的价值观和行为习惯及倾向性。研究者在研究中可以与研究对象在心理和空间上保持一定距离,如此研究者往往更容易看到事物的整体结构,更容易看到整体和其他相关现象之间的关系,有助于更好地理解异文化。客位研究的局限性在于:客位研究的内部特性决定研究者很难根据被研究者的理解和解释进行意义建构,双方互不相同的理解往往会产生意义歧义,更重要的是,难以在互有分歧的意义中寻找出更具真实的意义来。

客位研究承继了科学主义的研究立场,从主客二分和决定论观点出发,强调价值中立。承袭主流心理学基本原则的跨文化心理学通常采用这一研究方略。主位研究实际上认为文化心理和行为与当地的社会、文化背景、地理环境和历史语境有密切关系,对它的研究应以此为出发点和归宿。这就在很大程度上突破了以往心理学研究尤其是客位研究的基本框架,提高心理学研究的真实性、有效性。鉴于主位研究和客位研究的优缺点以及跨文化研究的需要,整合主位研究与客位研究是民族心理学跨文化研究的发展方向。当然,把主位研究与客位研究有机结合并非易事,研究者需要根据研究取向和研究课题的性质要求来选择研究立场。因此,在研究中,研究者需要不时地反省自己,抛弃成见,注意倾听每一位访谈对象的心声,体验访谈对象的情感,注意从当地民族的文化习俗和价值理念去理解和看待所听到的和看到的。Berry 等人(2002)提出了整合主位研究和客位研究的方法,简括为下列步骤:(1)研究者首先研究自身文化中的特异性信息;(2)转向异质文化时先使用外加的共同性研究方法,进而发现异族文化中的特异性信息;(3)选出两种文化中属于特异性信息的项目进行比较;(4)由此得出异质文化中内隐的共同性信息并加以描述。

等值问题

跨文化研究面临的另一问题是等值问题。当对两种以上的文化比较时,必须做到文化等值。所谓文化等值,是指从不同文化中收集到的数据资料及处理方法具有文化的等值性。马尔塞拉提出四种等值类型:

(1) 功能等值。功能等值是指不同文化背景的人对同一问题作出的行为反映相同的心理功能,反之,功能不等值。行为表现与心理功能的一对多或多对一而非一对一的关系决定了功能等值的不确定性。比如,我国西南少数民族地区用巫术方法消除病人的紧张治疗心理疾病,功能上与心理医生等值;又比如,宗教在不同地区和不同文化背景下的地位和作用不同,表现出文化在功能上的非对等性。功能等值的确定是跨文化研究的基础,是不可忽视的前提。

(2) 概念等值。概念等值是指具有不同文化背景的人对同一概念具有共同的理解,反之,就是概念不对等性。比如,"学习困难儿童"一词,某些国家将其定义为弱智儿童,有些国家将其定义为智力正常但学业不良的儿童,这就是概念的不对等性。

(3) 语言等值。又称翻译等值。主要包括实验期间采用的调查表、访问、测验和训练中作比较用的口头和书面语言形式。语言等值要求语言翻译的准确性,即用某一种语言表达的概念能够用另一种语言准确、恰当地表现出来。一些跨文化心理学家提出,使用"反译"法可以做到语言等值,即在得到某一种语言的译本后,再把译本反译成原来语言,以确保前后两种语言等值。

(4) 测验等值。测验等值是指从不同文化获得的有关心理特征测验数据资料展现出一种可比较的模式。由于不能确定在不同文化下的测量在单位上是否一致,不能够将测得分数直接比较。在对目标变量进行跨文化比较前,需要考察这个变量的"测量对等性"。一些物理测量,例如长度和重量,可以比较容易建立测量对等性。但行为测量对等性的建立较为复杂。例如,来自两种文化背景下的儿童在同一个智力测验中得到了不同分数。如果不能确定两个数据之间的可比性,对两个儿童智力水平的比较就没有意义。研究者认为,测验必须满足三个要求,测验结果才能够用于比较:①测验在功能上等值,测验内容应该适合于各文化背景下的被试,被试样本要求要相同;②测验分数等值,在不同文化中,测验分数是在同样水平上测量同样事物;③某些测验由可以用作独立测量的项目组成,应对这些项目作出可行性分析,当每一项目满足分数等值要求时,就能够建立起项目等值。

检验项目等值的常用方法有三:①方差分析(ANOVA)。方差分析是将文化和量表总分作为自变量,条目上的分值作为因变量,进行方差分析。如果文化和总分的交互作用显著,即表示在不同文化之间条目分值与总分的关系模式不一致,代表这个条目存在着偏差。②项目反应理论(item response theory, IRT)。运用项目反应理论检验文化偏差可以采用两种方式:参数比较方式和模型比较方式。参数比较是分别计算各个文化下的参数(如区分度和难度),如果条目的区分度或难度在不同文化之间存在显著差异,则表示这个条目存在文化偏差;模型比较方法是检验设定参数为跨文化相等的模型与设定参数存在跨文化差异的模型之间在数据拟合上有否差异。③验证性因素分析(confirmatory factor analysis, CFA)。将不同文化看作不同样本,比较样本之间有关参数是否相同。例如,分析不同文化样本之间观测变量的方差协方差矩阵是否全等。如果全等,就表明这个测量具有完全的跨文化一致性。方差分析和项目反应理论从探查测量条目是否存在文化偏差角度来探讨测量对等性,验证性因素分析是从总体上探查测量在不同文化间对等性及对等性水平(梁觉,周帆,2010)。

因果关系验证

跨文化研究通常需要将文化作为自变量,考察文化对因变量的影响,并用文化来解释因变量的变异来分析文化效应(梁觉,周帆,2008)。由于对文化这一自变量无法通过随机分组来进行操纵,排除可能的混淆变量影响,跨文化研究常常只能被设计为准实验研究,其内在效度低于严格的实验研究,难以有力地证明文化与观测效应之间的因果关系。

(1) 跨文化研究中常见的因果关系推论偏差。在跨文化研究统计推论效度上常犯的错误是对显著性检验的忽视。一些研究仅从"观察"得出结论。例如,一些研究只观察到某个变量在两个文化群体中的平均值之间有差异,未作进一步的统计检验;还有一些研究观察到回归系数在一个文化样本中显著,在另一个文化样本中不显著,就认为变量间的相关关系在两个文化间存在显著差异,未进行回归系数差异显著性的检验。

影响跨文化研究推论效度的常见问题还包括样本选择性以及被试对研究使用的测量或操纵的反应方式存在文化差异。样本选择性是指所选取样本之间除文化差异外,还存在其他差异,使得这个差异和文化差异对结果的影响产生混淆。例如 Leung 等人(1998)发现,中国香港家长的威权教养方式与孩子学业成绩正相关,澳洲和美国的结果相反。进一步分析发现,中国香港家长的教育程度低于澳洲和美国,在澳洲和美国教育程度较低的家长群体中,也发现威权教养方式与孩子学业成绩的正相关。因此,中国香港家长和澳洲、美国家长的教养方式与学业成绩之间关系的差异不是由文化差异导致,而是由教育程度差异导致。除样本选择性外,被试反应方式的文化差异也可能影响研究推论的效度。例如,Hui 和 Triandis(1989)发现,拉丁裔美国人在回答问卷时倾向于一种两极化的反应方式。因此,有关拉丁裔美国人的跨文化研究结果差异可能是由于反应方式不同导致,而不是由于研究者假设的文化差异导致。

价值不对等也可能导致跨文化研究推论效度上的偏差。例如,概念定义不对等和概念操作定义不对等。首先,概念在文化之间的定义可能存在差异。例如,Sternberg(2004)发现,不同文化对智力的理解存在很大差异。与西方文化截然不同,在非洲一些文化中,服从被看作是智力高的表现(Serpell, 1993)。即使概念定义在不同文化中接近,其操作定义也可能存在很大偏差。如在中国文化中,人们将"粗鲁"的操作定义设计为打断别人谈话的频率,打断别人谈话的频率越高,"粗鲁"的程度越高。但在巴西文化中,插话是普遍的、可以接受的会谈方式。因此,针对中国文化的"粗鲁"的操作定义显然在巴西文化中不适用。最后,测量项目不对等、对研究材料和情境熟悉度不同、对研究情境的反应性差异以及实验者期望等,都可能削弱跨文化研究的推论效度。

(2) 跨文化研究中的汇聚方法及应用策略

Leung 和 van de Vijver(2008)提出可以加强跨文化研究结果对所论证关系的说服力的方法,即"汇聚"多方面证据的汇聚方法,有四种类型:

① 多重情景的汇聚(contextual consilience)。收集多个不同文化情景或文化群体的数据。例如,根据研究假设的某个文化维度,按照强弱顺序,抽取三个或三个以上的文化样本进行研究。如果研究结果也呈现出这样次序,该研究的结论就要高于仅抽取两个文化样本的结论的确信程度。

② 多重方法汇聚(methodological consilience)。使用多种方法,如调查、实验、纵向研究等,来验证某个研究假设,考察这些不同方法是否得到相同结论。近年来,实验人类学(experimental anthropology)为跨文化研究提供了新的研究范式。这种方法可以操纵一些变量来加强或减弱文化效应,从而推证因果关系。例如,使用"文化启动"(culture priming)范式,向被试呈现代表不同文化的刺激物,如国旗、文化名人等(Hong, et al., 2000)。研究者可以在个体水平上"操纵"文化,观察反应与操纵文化之间关系,推论文化与反应的因果关系。另外,引入所关注的文化维度变量作为协变量也是有效控制额外变量、提高推论效度的方法。如果控制这个变量后,文化效应不再显著,表明这个变量可能是文化效应的原因。

③ 多种预测汇聚(predictive consilience)。从该因果关系理论中推导出一些预期假设,如果这些假设都得到验证,就大大增强了对这个因果关系的确信程度。

④ 排他的汇聚(exclusive consilience)。除研究者论证的因果假设外,研究者提供证据排除其他多种替代性假设可以解释观测到的结果的可能性(梁觉,周帆,2010)。

3.2.3 传统跨文化民族心理研究的转向——文化进化论

进化论对人类思想产生深远影响,其影响力波及心理学、人类学等领域,也为跨文化民族心理研究提供了新视角。在文化进化领域,学者们从生物进化角度来理解文化发展,将文化定义为"影响个体行为的信息,这些信息是通过传授模仿或其他形式的社会传递从他者获得的"(Mesoudi, 2007)。

进化论将文化区分为唤起的文化和传播的文化。传统民族心理学的跨文化研究对唤起的文化关注更多,即那些因环境条件不同而产生的群体差异,侧重指代群体固有的文化特点。传播的文化是文化进化论创造性地提出的、新的文化类型。传播的文化是指各种表征和观念,它们起初至少存在于一个人身上,然后才通过观察和相互作用传递到其他人的心智中。传播的文化已成为文化进化研究者关注的核心内容。

在文化进化论影响下,民族心理学的跨文化研究重视探讨文化的传播或传递机制。这类研究假设在不同文化之间存在的差异源于其所面对环境的不同,或者群体内文化传递机制不同,并期望通过不同文化比较得出这种差异的真正原因。此种类型的跨文化研究既可以研究唤起文化的差异,又可以研究文化传递的机制。例如,通过对不同文化群体的比较可以揭示出人类是如何进化出不同的文化或亚文化的。Bettinger 和 Eerkens(1999)比较北美内华达和加利福尼亚地区的人在抛射技术上的表现,发现内华达人中个体间的抛射技术表现出较高程度的相似,加利福尼亚人群中的抛射技术却表现出较大的差异。这两个地区的人们在抛射技术上的差异是由于文化传递机制不同。内华达地区的人广泛地选择那些最成功的个体作为学习对象,导致群体成员使用相似的行为策略;加利福尼亚人群多采用向导式策略,即个体随机选择一个他人作为模仿对象,通过"尝试—错误"改进学到的行为策略,由于个体能力和经验的异质性,导致成员之间策略的多样性。

3.3 民族心理学的定性研究方法

民族心理学研究是跨文化研究。在具体研究中,研究者可以根据内容、对象以及任务选择使用不同的研究方法。目前,民族心理研究广泛使用的方法有很多种,大致可以分为两类:定性研究方法和定量研究方法。定性研究方法具有以下特征:

(1) 定性研究的理论基础是后实证主义、批判主义和建构主义,也受解释学、现象学和符号互动论影响。虽然这些流派观点各异,但与实证主义有本质的区别。定性研究将心理现象看作主体涉入的生活世界,绝对不同于物理世界。主体对客体认识是主体在与客体的互动关系中对客体的重新建构,两者是互为主体的关系。定性研究强调对心理现象的理解、阐释和发现,强调把社会现象放在自然状态中进行整体考察,原原本本地呈现事物的本来面貌。

(2) 定性研究必须在自然情境中进行,研究者即为研究工具。研究者深入现场,在自然情境中探索心理发生和发展时的社会环境及其他相关因素对心理的影响。定性研究通常不预设理论假设,而是采用归纳方式,自下而上地收集、分析资料和建立理论,并采用描述方法呈现研究发现。定性研究更多地采用开放式访谈、参与观察、实物分析、历史研究、行动研究等方法。

(3) 定性研究提倡主位研究,强调研究者与研究对象在互动中相互理解,要求研究者最大限度地缩小与研究对象之间的人际距离。研究者注重对自身角色的不断反思,通过对当事人进行深度访谈或观察,聆听研究对象的内心世界,力图深入研究对象的经验世界中去研究他们的所思所想,并把他们的所思所想展示出来。

(4) 定性研究的主要目的是通过研究者的亲身体验,对研究对象的个人经验和意义建构作出解释性的理解或领会。

(5) 定性研究收集描述性的资料,收集过程具有较大的开放性和不确定性,收集资料的方式和分析资料的框架都可以根据研究进程的需要调整。

民族心理既包括一个民族作为一个大群体所具有的典型心理特征,也包括该民族成员个体身上所体现的心理特征。对于复杂和多元化的人类社会与心理现象,定量研究常常无法深入探讨。定性研究能够对微观的、深层的、特殊的心理现象进行深入细致的描述与分析,能够了解复杂的深层的心理生活经验,对心理事件的整个脉络进行详细的动态描述;同时,定性研究适合于对陌生的、异文化的、不熟悉的心理现象进行探索性研究,为以后建立明确的理论假设打下基础。

在民族心理研究中,广泛应用的定性研究法多源自于民族学。这是因为相对于民族心理学,民族学是更成熟的学科,并且两门学科的研究内容和研究任务存在很多相似之处。将民族学的研究方法应用于民族心理学研究,不仅可以为民族心理学研究提供有价值的研究议题,还为民族心理学的研究结果提供更加丰富、生态化的解释。

3.3.1 田野调查法

田野调查法(feildwork),又称为"田野作业"、"现场调查"、"实地调查"。具体指经过专门训练的人类学者亲自进入某一社区,通过参与观察、深度访谈、住居体验等方式与被研究者经过一段长时间的了解,获取第一手资料的过程。田野调查的目的是要走进"他者的世界",在实际的异文化体验中,理解研究对象的社会与文化。

田野调查法的历史

田野调查法起源于人类学研究。人类学家流传着一个信仰:你必须将自己融入不熟悉的世界,才能更加了解自己的世界。因此,人类学的田野调查法强调"参与观察"和"深度访谈",研究者要长期居住在当地,和研究对象共同生活,共同经历事件的过程。最好能够运用当地的语言和研究对象交流,在情感上取得对方认同,才能获得真实信息,在此基础上建构理论。然而,早期人类学家并不情愿进行实地调查。因此,后人将早期人类学者称为"摇椅上的人类学家"。"田野调查"被戏称为人类学者的"成年礼"。第一位开展田野调查的人类学家是"美国人类学之父"博厄斯。19 世纪末,他在爱斯基摩腹地的巴福兰完成人类学史上的第一次田野调查。这次调查意义非常重大,使得田野调查成为人类学的基本研究方法。发展至今,田野调查已经不只是一种方法,已经成为人类学家以及人类学知识体系的基本构成部分(范正勇,2007)。

田野调查法被社会学、民族学以及民族心理学引入各自的研究领域,并在各个研究领域里起到了重要作用。在民族心理学的发展史上,具有开创意义的田野研究是马林诺斯基在大洋洲的特罗布里恩德群岛进行的,他开创了"参与观察"式的田野工作(马林诺斯基,2002)。"马林诺斯基革命"就是指他对田野调查法的创新,是田野工作发展中的一次变革和飞跃,奠定了现代田野工作的基石。

田野调查法的基本方法

每一个民族心理学学者在具体田野调查实践中所用的方法不尽相同,结合国内外的调查法研究,可以归纳出以下三个基本方法:

(1) 参与观察法。观察法是指研究者在自然情景下,直接观察被试的行为并予以记录,以便提供可用作分析的素材。民族心理学研究在使用观察法时要求研究者在一定程度上进入研究对象的社会生活。经典的民族学观察法要求观察者在调查地居住一年以上,学会使用当地人的语言,参与当地人的生活,观察当地人一年内各季节的活动。

参与观察者可分为四种类型:(1)局外的观察,这是比较客观、分离度最高、卷入度最低的方法;(2)观察者的参与,这样的参与不太多,但又能保持客观立场;(3)参与者的观察,多少已经参与进去,但还能观察,研究者让被观察者知晓自己的身份并征得同意后进行调查,可以使观察者和被观察者保持密切的互动关系;(4)完全的参与者,即观察者秘密地进行观察,被研究者不知其目的。这种观察可能涉及侵犯隐私权的问题,也会限制观察者,以致不能获得较深入的资料。观察者与被观察者的关系应发展到什么程度是不容易把握的问题:关系过分亲密可能影响观察者的客观性;关系疏远往往不能得到深入细致的资料。每一观察者的参与方式与时间长短也存在很大差异。例如,有的观察者与被观察者饮酒,以获取更多的材料;有的观察者与被观察群体生活在一起,一起劳动,共同进行日常活动。

参与观察不是无目的的观察,为了取得好的效果,应遵守以下原则:选择特定的观察内容,一次只选择一项或两项;明确规定所要观察内容的界限和标准;随时作详细的记录,如有条件应利用必要的设备和器材,如录像机或录音笔等。采用时间取样方式,每一次用较短时间,对同一类行为作多次观察。

参与观察也有不足。如调查者需要花费大量的时间,可能会给当地人生活带来一定影响。

(2) 深度访谈法。民族心理学者在进行田野调查时还需要进行深度访谈,即研究者与被研究者进行长久的、深层次的访问谈话,通过聊天形式获取所需资料。深度访谈可分为结构式访谈和非结构式访谈。结构式访谈以问卷方式进行,研究者事先设计好问卷,然后根据问卷向访谈对象提问。非结构访谈不限定访谈问题,研究者与访谈对象就某些问题自由交谈。当研究者对某一心理现象的意义进行深入了解时,需要对不同对象反复询问同一问题,让当地人解释他们的行为。另外,选好信息提供者即访谈对象并与之建立良好的关系是提高田野调查质量的关键。

(3) 调查法。调查法是根据某一特定要求,向被研究者了解某种心理活动的发生及其条件,从而了解这种心理活动。民族学常用的调查法有回访式调查和追踪式调查。回访式调查是指研究者重新回到以前调查过的地方进行回访调查。例如,费孝通及其学生多次对自己当年调查的江村进行回访调查。通过回访的前后对比,可以对知识失误进行订正,加强研究的真实性。追踪调查体现出对某个点调查的连续性,可以看到社会文化变迁中文化再造和知识再造的内容,是对文化的跨时空的观察和诠释。追踪调查不仅能够观察到研究问题随着时间变化所发生的变迁,而且能够弥补前人调查的缺陷。

田野调查法的具体步骤

瞿明安(2009)将田野调查的具体步骤总结为:

(1)准备阶段。在田野调查前,需要明确调查目的,拟定调查计划和调查提纲。调查提纲可以使收集材料更为全面、系统,避免遗漏重要问题。例如,马林诺夫斯基撰写的《文化表格》就是一个全面的民族调查表格,列举了文化的各种功能,包括经济、政治、教育、法律和秩序、巫术和宗教、艺术、民间知识。前人拟定的问题表格并不完全适合于每项调查,调查者需要结合调查目的和调查对象的具体情况拟定调查提纲。另外,选择某一民族地区在社会文化方面具有一定典型性和代表性的田野点也非常重要。准备阶段还需要准备照相机、录音笔、摄像机等器材。确定田野点后,可以通过不同渠道了解当地的地理环境、人口等一般情况,为开展田野调查作好充分准备。

(2)实地调查阶段。在正式调查时,需要根据调查提纲,用计划中的调查方法采集资料。

(3)整理分析阶段。应该在每天调查以后,做田野日记,并对所调查资料进行整理,及时发现尚未调查的内容,及时补充。在调查进行了一段时间后,应该离开田野点以拉开感情距离,便于客观的思考,进行资料整理。

(4)撰写调查报告阶段。调查报告不仅是调查资料的整理,还应该对这些材料进行分析,为了使田野材料具有科学的意义和价值,必须把田野材料置于广阔的视野中。

田野调查的不足

田野调查是人类学的基本研究方法,是人类学获取研究资料的最基本途径。但是,田野调查也存在某些不足:

(1)参与观察的局限性。参与观察是对无文字民族进行调查的最佳方式,通过他们的日常生活直接了解当地发生的事件,使获取资料更具有真实性。参与观察的局限性体现在三个方面。①观察者的中立性。马林诺斯基主张,参与观察应该在所调查地区居住至少一年时间,还需要学习当地的语言,了解当地的文化,完全投入当地人民的社会生产生活中去,才能收集足够的研究资料。埃文斯·普里查德(Evans-Pritchard,1902—1973)提出"中立性是参与观察的本质",正是这一点才将人类学家与传教士和殖民地行政官员区别开来。中立性观点要求人类学者不要干预,更不要牵涉到当地人的生活中去。②田野调查研究视角的单一性。田野调查通常是一个研究者从事的研究,一个人并非不能从事创造性的、有意义的研究,但研究往往需要从多方位研究角度与他人协作完成。③参与式观察法的工作效率不高,结论的正确性难以证明。参与观察者需要不断地向当地人提问,这可能引起当地人反感,难以证明观察者的结论是否正确。

(2) 调查者的主观意识影响调查效度。在田野调查中,需要观察者以文化体验的方式,以一种新的视角去体会当地人的文化和心理。在文化体验过程中,调查者遵从主位法原则。主位法并非简单地要求调查者把自己当成是当地人,而是需要调查者和当地人结合,尊重理解当地的文化和观念,不应该带着文化优越感去对待当地文化。为了达到客观调查的目的,研究者既要贴近研究对象,又不能和对象过于接近,要保持若即若离的关系。

(3) 文化相对论的极端走向。文化相对论认为,每一种文化都有其独创性和充分的价值,每一民族都有自己的尊严和价值观。各种文化之间没有优劣、高低之分,一切评价标准应该放在它所属的价值体系中进行。在 20 世纪 50 年代初,民族解放运动发展使得民族中心主义受到猛烈冲击,兴起了多元文化浪潮。文化相对论并不意味着无条件地放弃批评而赞成或接受某一特殊人群的所思所为,而是将文化行为放入具体的历史、环境和社会中加以评估。这就要求在田野调查中,研究者必须立足于当地实际,尊重不同民族的文化意识、地区的复杂性和独特性。

3.3.2 文献研究法

文献研究法是指通过文献资料的探讨和分析,运用相关理论对研究主题或研究对象得出认识和结论的一种方法或途径。民族学和民族心理学的文献研究与文献学意义上狭义的文献研究不同,文献学意义上的文献研究以特定的某部或某类文献为研究对象,探讨其源流和发展脉络,辨析其学术价值与运用范畴。民族学和民族心理学的文献研究法的研究对象是已经完成上述文献学研究过程的资料,即从文献学角度其定位已经较为明晰的文献资料。文献是研究前期准备工作的内容,是研究得以开展的基础。因此,文献研究应该得到足够重视。

文献的类型

民族心理学研究中常用的文献类型有:

(1) 古籍文献。主要指我国 1911 年之前写成的各类正史、笔记、小说、公文、诗文集等。这些古代典籍包含了古人的见解，从中可以了解古人的认知范围和认知模式，这些是无法从田野调查中获得的。

（2）地方志。编撰地方志是中华民族的优良传统。地方志修志者是"当时人述当时事"，因而对志书中所描述内容往往亲历亲见，可信度高。由于志书编撰体例要求，举凡山川地理、建制沿革、人物事迹、民间传说、宗家、教育和风土人情均可以在志书中找到相关记载。

（3）前人的研究成果。在所有文献类型中，前人的研究成果是最重要的一类。前人的研究成果可以帮助研究者在较短时间内了解已有研究的总体趋势和已达水平，把握前人研究中还有哪些问题没有解决，存在怎样的困难，从而确定研究的突破口，避免无价值的重复研究。

（4）民间文书。民间文书是指尚未正式整理出版的民间契约、宗谱和家谱、各种碑刻、民间艺人的手稿、经书、民间故事或传说的流传抄本等。这些文书是当地社会历史、宗族源流、经济状况、宗教文化的极具说服力的证明材料。

（5）音像制品。例如，由民族学专业工作者参与创作拍摄的影片，由专业电影人拍摄的民族题材的影视剧，以及由地方文化工作者组织拍摄的、反映当地文化的影视资料。

（6）民族文字资料。文献研究还包含民族文字写成的资料。目前，较为常见的少数民族古文字文献有藏文文献、西夏文文献、古彝文文献、东巴文文献、白文文献、傣文文献、契丹文文献、满文文献等。

文献研究与田野调查的关系

田野调查和文献研究并不矛盾，二者都是民族学的重要研究手段。在民族心理学研究中，研究主题一旦确定，文献搜集工作最先开始，查阅相关文献是必不可少的准备环节。通过对文献的收集、整理和分析，研究者获取必要理论知识，为研究工作提供坚实的理论支撑，并帮助研究者定位田野调查。在进入田野点后的深入考察阶段，根据田野调查反映出来的问题有针对性地细化文献分析的类型，补充有针对性的信息。田野调查可以获取无法从文献中得到的信息，验证来源于文献的信息的准确性和可信度。文献研究与田野调查工作浑然一体，不可分割。在某些特殊情况下，在田野调查无法进行时，研究者无法亲自莅临田野点勘察和访谈，也无法通过常规手段获得相关资讯，只有通过对既有文献的考辨与分析，以扎实精到的专业理论素养为基础来开展研究。

3.3.3　语言学分析法

20世纪以来，语言学在人文科学中逐渐成为带头学科。民族学和民族心理学的发展都受到语言学分析法的深刻影响。美国语言学家布龙菲尔德(L. Bloomfield, 1887—1949)指出:"语言学是人文学科中与文化人类学关系最密切的。"马学良和戴庆厦(1980)认为,可以从语言特点分析中观察民族特点,通过语言材料比较来揭示民族的特征和发展规律,还可以通过对语言现象的来源考证说明民族学和民族心理学的某些问题。

语言学分析法在民族学和民族心理学研究中的重要地位

民族学在产生阶段就与语言学结下不解之缘。语言学是民族学得以产生的必要前提之一。这是因为:(1)民族分类必须依据语言学的谱系方法,才能发现民族之间的亲缘关系。民族学和民族心理学研究需要借助于语言学分析法对民族分类。例如,1949年以后,面对中国分布广泛、关系复杂的多民族现象,民族学家运用民族与语言理论进行民族识别工作。经过30多年努力,最终确定了55个少数民族。(2)民族学家必须具有语言学训练才能顺利开展田野调查。在田野调查中,对民族语言分析是非常重要的研究工具。(3)对民族语言分析是研究亲属制度的重要工具。在进化论民族学研究中,摩尔根将语言学方法引入亲属制度研究,开创了通过语言研究婚姻家庭和亲属关系的先河。他的《人类家族的血亲和姻亲制度》和《古代社会》(1847/1997)都是在对亲属称谓语言分析基础上撰写的。博厄斯、马林诺夫斯基和英国人类学家拉德克利夫-布朗(A. Radcliffe-Brown, 1881—1955)都十分重视语言对社会文化的解释和表现作用。美国语言学家萨皮尔在《语言论》(1997)中专门阐述了语言与民族、文化之间的关系。

语言学分析法举例——语词分析法

语词分析法包括语义分析法和语境分析法。

(1)语义分析法

语义分析法是指通过词义来分析其中包含的民族历史文化及民族认知结构的变迁。它是在古典语言学理论基础上发展起来的。古典语言学坚信,民族语言是民族文化的最好载体。例如,通过对词汇分析,能够在一定程度上揭示某个地区或民族文化中的某些重要特征。以亲属称谓为例,在早期称谓制中,亲属内同一性别、辈分者共有同一称谓语;而在发展的称谓制中,不管血缘、姻缘亲疏,每个人都有一个专门称谓。因而,通过对某民族亲属称谓的语义分析,可以推测其婚姻制度的历史发展。对纳西族的称谓词的语义分析发现:"母亲"在纳西语中的语义包括生母和生母的直系、旁系姐妹;"儿子"和"女儿"在纳西语中的语义包括了自己的儿女和兄弟的儿女。这说明,在古代,纳西族存在过"亚血缘婚"。

沃尔夫将语义分析法推向到高峰。他通过语义分析发现,美洲的印第安语(Hopi)只用1个词"masaytaka"统称除鸟以外的一切能飞的东西,却用近20个词来表示各种各样的雪。英语则相反,表示能飞的东西的词语多不胜数,却仅用"snow"1个词来表示各种各样的雪。由此可见,语言与文化有紧密的关系(Carroll,1956)。

(2) 语境分析法

语境分析法是对语义分析法的补充和完善。语境分析法的逻辑假设是研究者可以掌握一个民族语词的基本含义,并通过对基本含义的分析而深入了解民族文化。但在实地调查时,如果研究者按照所掌握的基本含义去理解当地人的对话,肯定要犯错误。因为语词的意义不是直接包含在语词内部,语义必须在上下文中才可以得到理解。这里的"上下文"不仅包括当时对话的口头语言,还包括面部表情、姿势、身体活动。语词语义的理解必须结合所处的文化背景。只有将一个词语放入所属文化中,才能够准确地理解其意。

英国分析哲学家维特根斯坦(L. J. J. Wittgenstein, 1889—1951)是语境分析法的创始人。他提出独具特色的意义理论。他认为,词语的意义就是它在语言中的使用。他将语言比作游戏,非常别致且十分贴切。他认为,游戏是一种活动。它的种种要素根据一定规则而形成丰富多彩的不同组合,从而产生无穷无尽的魅力。语言也如此。语言的功能不在于指称和表述实在事物,而是一种在使用中逐渐形成的自主系统,它的基本要素——语词、规则和使用活动——构成一个不可分割的活的整体。以纸牌游戏为例,任何一张纸牌(如红桃 A),其意义并非固定不变,在不同游戏中可以有不同的意义和作用。语词也一样。例如,社会上存在许多生活"小圈子",不同的圈子都有自己的"行话",圈外人听不懂。因此,日常语言使用很难用正确和错误来评价。规范语言的词典不过是日常语言的比较稳定的记录而已。所以,语词就像是一张张不同的纸牌,可以在不同游戏中按照不同规则来使用,它们的意义就存在于不同的使用之中(维特根斯坦,2001)。英国语言哲学家奥斯汀(J. L. Austin, 1911—1960)也认为,话语的重心不在于传递信息,而在于行动。人在说话时,实施了三种行为: (1)表达性言语行为,指特定词语和结构传递的言语的基本、字面的意思;(2)施为性言语行为,即用词或句子完成某一功能;(3)成事性言语行为,即说话产生的结果或效应(Austin,1975)。美国语言哲学家塞尔(J. R. Searle, 1932—   )更是系统地提出了言语行为理论。他认为,说话即行事,意义等于某种行为。任何语句都有言外之力。言外之力即讲话者的交际意图。这些言外行为可以分为两类:(1)指令类:说话人试图使听话人去做某事,如命令、警告、威胁、建议、要求、邀请等;(2)表达类:说话人表露对现存事物状态的感情和态度,如感谢、祝贺、嘲笑、讽刺、厌恶、喜爱等(何莲珍,1996)。

语言学分析法虽然在民族心理学研究中有无法替代的地位,但还存在一定的局限。这是由于在运用语言学分析法时,民族学和民族心理学的研究者将语言看作文化的符号,是满足人们交际需要的工具以及人们记录历史的工具,忽视了语言的能动性。这可能导致研究忽视民族发展过程中的语言因素的必然性及其未来发展。

3.3.4 扎根理论

传统的定性研究重视对现象的描述和"移情"式理解,让当事人说话,从当事人的角度展现其生活世界。由于定性研究的方法没有一定范式,只能对资料进行简单描述,研究者往往只能凭借主观判断用总结归纳的方式得出结论,不能对资料进行深入挖掘而获取有内在价值的信息。同时,定性研究对理论的建构并不热衷,其理论建构的方法也显得不足。事实上,不论是定性研究还是定量研究,理论都可以为研究的开展提供依据,具有不可低估的价值与作用。针对定性研究中理论建构的弱化,近年来,在定性研究中兴起了一种新方法——扎根理论(ground theory)。它由社会学家格拉泽(B. Glaser, 1930—)和施特劳斯(A. L. Strauss, 1916—1996)在1967年提出,是一种对质性资料进行分析并进行理论建构的方法(凯西·卡麦兹,2009)。

扎根理论的方法论

由于扎根理论尚处于发展阶段,不同学者对扎根理论的方法论存在不同表述。目前,扎根理论的研究方法论主要有三个版本:

(1) 格拉泽和施特劳斯1967年在《扎根理论的发现》中指出:在基于数据的研究中发展理论,而不是从已有理论中演绎可验证的假设,是扎根理论的方法(卡麦兹,2005)。20年后,施特劳斯将扎根理论定义为:扎根理论是一种建立理论的方法,在自然环境下利用开放性访谈、文献分析、参与式观察等方法,对社会现象进行深入细致和长期的研究,广泛系统地收集资料,使资料达到饱和状态,然后对资料进行分类、编码,经过开放式编码与关联式编码形成命题链,再对命题链进行核心编码,发现影响中心命题的政治、经济、文化、历史等条件,在此基础上概括出理论命题,然后再回到资料或类似情景中接受检验,进一步修正与发展该理论。

(2) 施特劳斯与科宾(Corbin)的程序化版本。施特劳斯和科宾(1990)将扎根理论解释为一种用归纳方式对现象加以分析整理,最后得出结论的方法。使用扎根理论方法的研究者不是先有一个需要验证的理论,而是先有一个待研究的领域,然后通过系统化的资料收集与分析,进而萌生出概念和理论。资料的收集、分析与理论的发展彼此相关、彼此影响。

(3) 卡麦兹(Charmz)建构主义的扎根理论。卡麦兹认为,数据和分析都是社会建构的反映理论成果所承载的内容。研究过程是流动的、互动的和开发的。研究问题影响数据搜集的最初的方法论选择,研究者是所研究内容的一部分,和所研究内容不可分割。扎根理论的分析形成概念内容和研究方向,生成的分析可能导致采用多种数据搜集方法,并在多个场所进行探究。通过比较分析进行连续的抽象构成分析的核心,分析方向来自研究者与比较和生成性分析的互动,以及研究者对它们的解释,而不是来自外部的规定(白蓉,2014)。

根据三个版本的扎根理论方法论的共同点,在理解扎根理论时,可以把握如下要义:

(1)扎根理论是一种定性研究方法;

(2)扎根理论收集资料的方法主要是采取开放式访谈、文献分析、参与式观察等;

(3)扎根理论是一种自下而上建构理论的方法,而不是一种演绎推断;

(4)扎根理论是一种螺旋式的由现场到理论,再由理论到现场的循环往复过程;

(5)扎根理论一定要有经验证据支持,但其主要特点不在于其经验性,而在于它从经验事实中抽象出了新的概念和思想。

扎根理论的研究过程

(1)搜集丰富的数据。一般来说,在最初的资料收集中,要尽可能地占有详细的资料,对所观察到的任何细节都要予以关注。访谈是最主要的资料收集方法。资料的形式可以多种多样,既可以是口头资料,如访谈录音等,也可以是文字资料,如田野调查材料、临床个案记录、历史材料、组织报告、自传、服务日志等。在扎根理论中,资料收集与资料分析过程并不截然分离,它们是一个相互缠绕、相互影响的过程。研究者在资料分析过程中的自我反思的备忘录、已存文献、参与者的反馈以及其他观点都可以构成资料的一部分。

(2)在扎根理论指导下编码。编码是搜集数据和形成理论之间的关键环节。主要有两个阶段:①初始阶段:包括为每个词、每句话或段落命名,并通过解析早期数据来寻找能够指引后续数据搜集的分析性观念;②聚焦和选择阶段:使用最重要的或出现最频繁的初始代码对大部分数据分类、综合、整合和组织。

(3)撰写备忘录。撰写备忘录是数据搜集和论文写作之间的关键步骤。它鼓励研究者从研究过程早期就开始分析数据和代码,在不断撰写备忘录过程中,某些代码会凸显出来,以理论的形式出现。备忘录给研究者一个空间,让你能够进行数据与数据、数据与代码、数据的代码与其他代码、代码与类属以及类属和概念之间比较,并说明与这些比较有关的猜想。

(4)理论抽样、理论饱和与分类。理论抽样是指寻找更多的相关数据来发展生成的理论,主要目的是加工和完善构成生成理论的类属,通过抽样来发展类属的属性,直到没有新属性出现。当搜集的新数据不再能产生新的理论见解,也不再能揭示核心理论的新属性时,就发生了理论饱和。理论饱和是扎根理论方法追求的最终目标。分类为研究者提供一种产生和完善理论联结的方法。研究者可以通过分类对理论的类属进行整合,从而实现在抽象水平上对类属进行比较。

(5) 在扎根理论研究中重构理论。由于扎根理论的主要宗旨是构建理论,因此它特别强调研究者对理论保持高度的敏感。不论在设计阶段,还是材料收集和分析阶段,研究者都应该对当下生成的理论、前人的理论以及资料中呈现的理论保持敏感,注意捕捉新的建构理论的线索。在理论化过程中,研究者既要抓住基础,又要进行抽象,还要深入到经验之中。理论化的内容要切入研究核心,避免施加固有印象或不假思索的回答,而是要保持理论的开放性,不断地提出新的问题。

扎根理论方法在民族心理研究中的应用

扎根理论方法在民族心理学领域得到广泛应用。Hendry 等人(2007)使用扎根理论方法对威尔士地区少数民族群体的青少年文化认同进行研究。研究者通过作文竞赛、一系列焦点组访谈与个别访谈收集数据,并对数据进行一级编码、聚焦编码。研究者在编码数据中发现不同的、内在相关的认同的类属,包括从微观体系、地方到国家,以及从主流文化到国际化。青少年的文化认同超越了民族限制,更加倾向于全球化的视角。

Borrayo、Jenkins 和 Frugal(2003)使用扎根理论方法对美国墨西哥裔女性的社会经济状况、文化适应与健康信念的关系进行研究。对 5 位在文化适应程度和社会经济地位水平存在差异的被调查者进行焦点访谈。对访谈资料进行编码整理后发现,社会经济地位和文化适应程度较低的墨西哥裔女性更加倾向于传统的墨西哥人关于预防乳腺癌的健康信念。社会经济状况、文化适应与预防行为之间不存在相互关联。

Murty 和 Dinakaran(2003)使用扎根理论方法对移民美国后出生的成年子女的文化适应经历和认同的发展过程进行研究。研究对 8 名少数民族与 8 名非少数民族的参与者进行访谈。访谈主要讨论了他们的经历,内容涉及:他们是如何认同的;随着时间推移,他们的认同又如何改变;他们的约会经历,以及与文化认同相关的其他方面的经历;等等。研究者从收集到的数据中抽取出类属关键词。两组参与者均描述了对第三种文化的认同,这是第二代移民文化认同特有的现象(白蓉,2014)。

3.3.5 中国古代的定性研究法

中国古代有丰富的心理学思想,也积累了大量的定性研究法,兹列举如下:

外貌观察法

人的内在心理特征可以通过外貌表现出来。因此,观察不同族群的外貌,可以了解不同族群的心理。例如,孟子认为,品德是内在的心理品质,一旦形成,在外貌上会有所表现。他说:"君子所性,仁义礼智根于心,其生色也睟然,见于面,盎于背,施于四体,四体不言而喻。"(《告子上》)意思是君子的本性是仁义礼智深植心中,表现于外则神色润泽和顺,流露于面,充溢于背,遍及人的四肢,四肢动作不必言说就能使人了解。他认为:"存乎人者,其良于眸子。眸子不能掩其恶。胸中正,则眸子了焉;胸中不正,则眸子眊焉。听其言也,观其眸子;人焉廋哉!"(《离娄上》)也就是说,观察人没有比观察眼睛更好的地方了。他说,眼睛不能掩盖人内心的丑恶。人心胸正直,眼睛就明亮;心胸不正,眼睛就昏花。听其谈吐,观其眼神,人的内心又怎么隐藏得了? 梁启超亦指出:"人常欲语胸中之秘密……胸中之秘密,决不长隐伏于胸中,不显于口,则显于容貌。……盖人有四肢五官,皆所以显人心中之秘密,即肢官者,人心之间谍也,告白也,招牌也。述怀何必三寸之舌? 写情何必七寸之管? 乃至眼之一闪,颜之一动,手之一触,体之一运,无一非导隐念述幽怀之绝大文章也。"

言行评定法

通过观察评定人们的言行来了解其心理特点。例如,孔子说:"视其所以,观其所由,察其所安,人焉廋哉?"(《论语·为政》)孟子说:"故穷不失义,达不离道。……古之人,得志,泽加于民;不得志,修身见于世。穷则独善其身,达则兼济天下。"(《尽心上》)因此,观察人在得志与不得志时的表现就可以鉴定人的品德。他又说:"富贵不能淫,贫贱不能移,威武不能屈,此之为大丈夫。"(《滕文公下》)吕不韦在《吕氏春秋·论人》中提出"八观六验"的识人方法。"八观"为:"通则观其所礼,富则观其所养,听则观其所行,止则观其所好,习则观其所言,穷则观其所不受,贵则观其所进,贱则观其所不为。"即显贵时看其所行的宾礼,是否趾高气扬,蛮横无礼;富裕时看其所养的门人宾客,看他交什么样的人;听他们所言后看他做不做,如何做;业余时间看他追求崇尚什么;当他身处领导周围,有一定发言权时,看他是出好主意还是坏主意;穷困时看其是否不受非分之财;任要职时看其推荐什么样的人;贫贱时看其是否不为非义之事。"六验"为:"喜之以验其守,乐之以验其僻,怒之以验其节,惧之以验其持,哀之以验其人,苦之以验其志。"即,使之得意看是否忘形,使之高兴看是否不变操守,使之发怒看其能否自我约束,使之恐惧看其是否意志坚定,使之失败看其是否自制,使其处于艰苦环境,看其是否有大志。诸葛亮提出"识人七法"。他说:"知人之道有七焉。一曰间之以是非而观其志;二曰穷之以辞辨而观其变,三曰咨之以计谋而观其实,四曰告之以祸难而观其勇,五曰醉之以酒而观其性,六曰临之以利而观其廉,七曰期(约定之意)之以事而观其信。"

优缺点列举法

列举某个国家或民族的人们的优点和缺点,最能看出不同国家或民族个性的优劣。例如,日本人类文化学家高桥敷的《丑陋的日本人》(1970)和中国台湾作家柏杨

的《丑陋的中国人》(1984)引起轰动,他们采用的就是优缺点列举法。例如,柏杨说:
"脏、乱、吵,窝里斗! 三个中国人加在一起,就成了一头猪!"、"死不认错:为了掩饰
一个错,不得不用很大的努力再制造更多的错,来证明第一个错并不是错。"、"喜欢装
腔作势,记仇,缺乏包容性,中国人打一架可是三代都报不完的仇恨!"、"自傲、自卑,
就是没有自尊,缺乏独立思考能力,更恐惧独立思考。没有是非、没有标准,只会抽风
发飙。"这些论断虽然不免偏颇,却可以有振聋发聩之功效。

3.4 民族心理学的定量研究方法

定量研究在民族心理学研究中也占据重要地位。其中,量化的跨文化比较成为
民族心理学研究的主要方法。研究者通常按照心理学的要求,携带各种精心设计的
测量工具到不同民族中进行调查,然后根据不同民族的调查结果进行跨文化比较。
定量研究法具有以下特征:

(1) 定量研究以实证主义为基础,将心理现象看作是独立于研究者之外的客观
存在,认为心理研究必须采用客观方法。心理现象有客观规律,具有可重复性,研究
者只要遵循一定的方法规范,就可以将研究结果在更大范围内推广。为了追求研究
结果的精确性和可证实性,定量研究往往把研究对象分解成多个细小因素,找出其中
规律性的因果联系。

(2) 定量研究是在有目的地控制某些无关变量条件下,设计人为的实验情景,系
统地操纵自变量,以便发现变量之间关系的方法。能否成功地控制无关变量是定量
研究的关键。定量研究属于演绎逻辑,一般先有假设,假设是整个研究的核心与主
线。它不仅规定了研究的重点和方向,也决定了资料构成和分析框架。最后,通过数
理统计验证理论假设。

(3) 定量研究提倡客位研究,强调研究者与被研究者是一种主客关系,研究者需
要同被研究者保持距离,以避免主观价值涉入,把研究对象作为客体进行价值中立的
说明和控制。

(4) 定量研究具有强烈的证实倾向,研究目的是为了评估或验证预想模型、假设
或理论。

(5) 定量研究收集具有数量关系的资料,收集过程有严谨的结构性,即收集的项
目、观测的变量以及变量间的内在逻辑结构和分析框架都是通过事先设计并已确
定的。

由于民族心理学研究内容的特殊性,在研究方法上不可能完全照搬心理学中的
定量研究方法。民族心理研究更多的以文化变量来考察心理现象,以群体心理为单

位开展研究。因此,其研究方法必须具有现象直观性、整体性、普遍联系性和发展性等特点。下面介绍三种具体的、被广泛应用的定量研究法。

3.4.1 测验法

心理测验及其种类

测验法是通过标准化的测验工具测量被试心理差异的方法。通过观察人的有代表性行为,对贯穿在人的全部行为活动中的心理特点作出推论和数量化分析。测验主要借助量表进行。心理学经过100多年的发展,积累了一系列测验,为科学研究民族心理提供了有效的手段。

心理测验种类繁多,根据不同标准,可以作出不同分类。如根据测验对象,可以分为儿童测验、成人测验、老年测验等;根据测验内容,可以分为感觉测验、记忆测验、态度测验、气质测验、性格测验、能力测验等;根据测验方式,可以分为个别测验和团体测验;根据测验材料,可以分为文字测验和非文字测验。经过心理学家持续不断的努力,各种心理测验量表都已十分成熟,具有较高的信度与效度,可以作为心理测验的工具。常见量表有斯坦福—比奈智力量表、韦克斯勒智力测验量表、明尼苏达多相个性测验表、艾森克人格问卷、卡特尔16种个性因素测验、主题统觉测验、罗夏克墨迹测验等。这些量表经过我国心理学家修订或试用,已经形成了中国的常模。

在所有心理测量中,根据测验方法可以分为自陈测验和投射测验。自陈测验是让被试按照自己的意见,评价自己的人格特质,它的理论基础是人格特质论。自陈测验通常由一系列问题组成,一个问题陈述一种行为,要求被试按照真实情况回答。智力测验、能力测验、成就测验、兴趣测验、人格测验、动机测验、情感测验本质上均属于自陈测验。投射测验是以弗洛伊德的心理分析理论为依据发展起来的,强调人的行为由无意识的内驱力驱动,这些内驱力平日里受到压抑,不为个体所觉察,却深刻地影响着人的行为。在心理测验中,人们往往难以通过对问题的回答直接了解和把握一个人的内心世界,也难以通过一群人对问题的回答了解一个民族的群体人格。如果能够给被试一些模棱两可的问题,他们的无意识欲望就可能通过对这些问题的回答投射出来。因此,投射测验就是根据被试对测试刺激的反应,去分析、捕捉被试性格的特征,进而对其性格作出鉴定。投射测验在临床心理学中使用非常广泛。

在投射测验中,刺激材料是含糊的、模棱两可的,指导语也较短,被试的反应不受限制,允许自由发挥,使被试在不知不觉中流露出自己的动机、情结,表露出自己的人格。这种测验可以同时测量多种人格特质,研究者对被试的反应作出整体性解释。投射测验的缺点是计分困难,也缺乏方便有效的信度和效度标准。在国外,民族心理学家在田野里工作中更愿意使用投射测验。许多民族心理学家认为,与自陈测验不同,投射测验在运用时不受受测者的文化水平限制,不受文化背景限制,因而更适合于民族心理学研究。

心理测量在我国民族心理研究中运用的总体情况

心理测量是民族心理学最常用的定量研究方法。有研究者统计近二十年来民族心理研究中测量法的使用情况(李霞,扈玉雪,孟维杰,2011)。从内容看,主要涵盖人格心理、认知心理和健康心理方向。人格心理研究主要集中在智力、特殊能力及性格。智力是构成个人特质的重要因素,所以把它归在人格心理方面。此类量表在民族心理研究中主要用来考察文化对智力以及其他能力(如问题解决、创造力等)的影响;认知心理主要运用语言、记忆和学习能力等量表进行测验,语言是突出方面。语言是文化积淀的产物,语言对人的影响根深蒂固。就个人而言,语言获得也是跨文化研究的主题。健康心理是新的研究方向。此类研究主要运用压力和压力源量表考察心理治疗或压力管理的文化差异。从量表使用数量看,在所用测量工具中,使用频次最多的是自编量表和问卷,使用最多的单个量表是 SCL - 90 人格量表。有的研究使用两种或两种以上的工具。例如,同时使用镶嵌图形测验和学生性格量表来考察不同民族学生的认知方式与性格特质的关系(王春雷,张锋,2001)。有研究使用三个量表,如同时使用 SCL - 90、防御方式问卷(DSQ)和社会支持量表比较维—汉高中生的心理健康(母代斌,郭伟,侯笑梅,2002)。又如,同时使用中学生应激源量表、焦虑自评量表(SAS)和抑郁自评量表(SDS)调查少数民族初中学生的压力源(陈朝阳,陈树林,2001)。有研究最多同时使用四种量表,如同时使用自尊情感测试量表、独立意识测试量表、态度测试量表和自我接纳测试量表考察藏、回、汉族女大学生自我意识(马存芳,2002)。

投射测验在民族心理研究中的运用

(1) 罗夏克墨迹测验及其在民族心理研究中的运用

罗夏克墨迹测验(Rorschach Ink Blot Test)是由瑞士精神病学家罗夏克(H. Rorschach, 1884—1922)1921 年在临床上最早使用的。起初是用带有墨渍的图片测试病人,后来,从中选出 10 张图组成墨迹测验(图 3 - 1)。每张图的

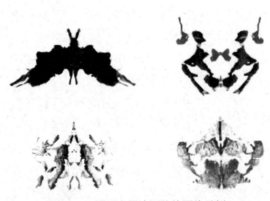

图 3 - 1　罗夏克墨迹测验的图片示例

墨迹形状不同,有 5 张是黑白的(1、4、5、6、7),各张的墨色深浅不一;另有 2 张是黑白的和鲜红的(2、3);其余 3 张是淡彩色的(8、9、10)。在每张图片中,墨迹都是形状对称的。

罗夏克在创立该测验的第二年就去世了,后继者们继续研究,各自发展了独特的罗夏克测验系统。这些不同系统除使用共同刺激物——10 张瑞士标准墨迹图版,保留了罗夏克最初的基本记分方法外,在测验实施、记分、解释上都不同,使得不同研究者得出不同结论,造成测验使用的混乱。为了解决测验存在的问题,Exner(1968)成立罗夏克基金会(后改为罗夏克工作组),开始临床和实验研究,并在 1974 年创立综合系统(Comprehensive System, CS)。目前,研究者已经为罗夏克墨迹测验的反应设计了一套容易理解的计分系统,使得在不同施测者之间可以比较(Exner, 1991, 1993)。

通常,在施测时,以一定顺序呈现墨渍图,让被试自由联想,并要求回答问题。例如,"你看到了什么?"、"这可能是什么东西?"、"这使你想起了什么?"等等。允许被试转动图片,从不同角度去看。主试从以下方面记分:①反应部位:被试是对整体部位还是对大局部、小局部、细节或者空白部分反应。②决定因素:被试以墨迹图中什么内容作为反应依据。③反应内容及意义:被试知觉到的具体内容及代表的意义。④反应的独创性:被试回答内容是多数人常有的还是特殊的。测验属个别测验。施测时主试除了记录被试的言语反应,还要注意被试的情绪表现和伴随动作。在罗克夏测验中,被试反应都给予记号化,然后对记号的反应加以量的分析、序列分析和内容分析,最后给出解释。

目前,在民族心理研究领域,已经出现一些运用罗夏克墨迹测验的成功例子。例如,杜宝娅(C. Dubois) 1938—1939 年在印度尼西亚阿罗岛上对居民所做的研究。她首先进行了 18 个月的田野工作,然后开始收集整理当地土著的自传及一些原始资料,并对岛上 37 人进行罗夏克墨迹测验。然后,她将生活史资料送给心理学家卡丁纳(Abram Kardiner, 1891—1981),同时将测验资料送给罗夏克墨迹测验专家Oberholzer 分析,两人并不知道对方的结论。结果表明,两个人对阿罗人人格的分析有许多一致之处。这种一致性使人们确信他们已经正确体认出阿罗人人格的某些一般趋势。透过这种方法,研究者的偏误以及主观印象被降至最低。斯蒂尔分析缅甸僧侣的罗夏克墨迹测验记录,发现他们的一些病态特征:①一种高度的"防御性";②进攻性的和口头上的欲望"病态地退化的"宣泄;③谨慎地避免"感情上的重负";④一种"疑病症的自我关心"和"自我集中精力";⑤潜在的同性恋;⑥对女仆形象或母亲形象的超常恐惧。斯蒂尔发现,关于缅甸僧人与缅甸俗人的罗夏克墨迹测验的记录是类似的。僧人同俗人的差别不是种类的,而是程度的。僧人比俗人有更多的同类问题。缅甸俗人感到压抑、沉思默想、具防御性、渴望女性、不信任其他人以及也许是潜在的同性恋。僧人更加如此。在其他方面,僧侣更少如此:他们更缺乏阳刚气,更少自信,更少努力以及更少冲动(参见李静,2009)。

(2) 主题统觉测验及其在民族心理研究中的运用

主题统觉测验(Thematic Apperception Test,TAT)是一种借助被试的想象活动来研究个体潜在人格结构和人格内容的投射性测评技术。由莫瑞(H. A. Murray, 1893—)与摩根(C. D. Morgan)1935年编制。与罗夏克墨迹测验更多地关注稳定的人格结构不同,TAT更关注被测者"此时此地"的心理活动。这种测验与看图说故事很相似。全套测验由30张模棱两可的图片组成,另有一张空白图片,图片的内容多为人物,少数是风景画(如图3-2),但是,每张图片中至少有一个人物在内。每次

图3-2 TAT测试图

给被试一张图片,要求被试根据图片自由地编一个故事。故事内容必须包括:①画面上发生了什么事情?②为什么会出现这种情境?③画面上的人正在想什么?④故事结局是什么?莫瑞认为,当被试面对模棱两可的图片编故事时,潜在的需要和动机会不自觉地被穿插在所编故事中,并借助于故事中的人物表现出来,即把自己的心理"投射"出来。因此,通过分析被试所编的故事,就可能对他的需要、动机和人格作出鉴定。

例如,当把图3-2呈现给一位21岁的男青年时,他讲了如下故事:

她正在收拾屋子以迎接某人的到来,她打开门,最后一遍扫视房间。也许她正在盼望儿子回家。她试图把所有的东西恢复到儿子出门时的模样。她的性格似乎十分专横,支配着儿子的生活,一旦儿子回来她不要继续控制他。这仅仅是她的控制的开始。她的儿子一定被她的专制态度所吓倒,将顺从地滑入她的井然有序的生活方式之中。他将按照母亲规定的单调的生活道路走下去。所有这一切都意味着她完全主宰着他的生活直至她死去。

虽然画面上只有一位妇女站在敞开的门口看着房间,但被试讲出的故事却暴露出他与母亲的关系。后来,事实证实了临床医生的解释,即故事的确反映了被试自己的问题(李静,2009)。

在民族心理研究领域,亨利最早对102个Hopi族(美国亚利桑那州东北部一个印第安人部落)儿童和104名Navajo人(北美州西南部印第安人,散居在美国的新墨

西哥州、亚利桑那州及犹他州）。儿童 TAT 施测的是印第安书画家的 12 幅线图。根据 TAT 结果，亨利发现在 Hopi 人中，母亲是主要的权威。在 Hopi 社会中，强调对情绪的控制，个人欲望是被忽略的。在团体利益下，个性被抑制了，伴随而来的是，个人也因此有焦虑感。在 Hopi 人中，常见说法是："我很想反抗，但是我知道不能。"这是一个以限制和非攻为先的社会，严谨的社会控制系统代表对两类状态的防卫：对心理统合及维持文化生存而感到的或真或幻的威胁，以及团体内部敌视状态的出现。

Hopi 儿童利用下列方式来缓解或消除焦虑：恶意中伤，间接地表露兄弟间的嫉妒感，小的犯罪行为如偷窥及破坏行为、逃课或离家出走以及残酷地对待动物。一些跨文化研究表明，主题统觉测试反映出一定文化群体所具有的内在人格。例如，许琅光（1963）用主题统觉测验对中、印、美三国大学生进行测验。结果显示，中国大学生利用景物所编造的故事都很短，对第一图片的主题大多只有一个，表示出中国大学生比较抑制、退缩、小心。中国与印度学生喜沉思、冥想而疏忽实际行动的倾向比较强。

主题统觉测验的一个变式是就某一事实编故事。例如，霍妮（Horner，1968）采用这种技术研究大学生的成就动机。结果发现，女性的成就动机异于男性，男性多希望成功，女性恐惧成功。张积家和陈俊（2002）将师范大学本科专业名称列入一张问卷，请文、理科各 40 名同学评定，选出大家公认的男生（或女生）最可能成功的专业，结果男生是激光，女生是现代文学。分别以"赵刚"和"刘玲"作为男、女主人公的名字。将男、女主人公与男、女最可能成功的专业匹配成四种问卷：女性—文学、女性—激光、男性—文学、男性—激光。测验题目如下：

赵刚（刘玲）是激光专业（现代文学专业）三年级学生。在期末考试中，他（她）的专业成绩高居全年级第一。请你按照个人想法，编一个故事，说明赵刚（刘玲）获得成功后的心理感受，以及以后可能产生的情形。假如赵刚（刘玲）结婚了，他（她）良好的专业水平对他（她）有何影响？

结果表明，大学生的成功恐惧有四种，分别与人际、家庭、学业和事业有关。虽然男生和女生由投射测验引发的成功恐惧无显著差异，但使用不同投射测验的被试的成功恐惧差异仍非常明显，其中，尤以女性—激光组为最。女性—激光组被试投射出更多的家庭、学业和事业恐惧。王洪礼、潘运和周玉林（2007）运用投射测验比较 977 名贵州汉族与少数民族中学生的成就动机与成功恐惧。结果表明：汉族与少数民族的中学生在成就动机上差异不显著，但重点中学的少数民族学生在避免失败动机上得分显著高于重点中学汉族学生；男、女中学生均存在成功恐惧；少数民族城市中学生的成功恐惧显著高于汉族城市中学生；少数民族中学生的事业恐惧显著高于汉族中学生。成就动机与成功恐惧无显著相关。王洪礼、潘运和胡寒春(2007)使用类似投射测验研究 12 种 447 名少数民族大学生的成功恐惧,发现少数民族大学生的成功恐惧主要与人际关系、家庭、学业和事业有关,性别未对成功恐惧产生显著影响,避免失败的动机与成功恐惧呈显著的负相关。

(3) 绘图分析法及其在民族心理研究中的运用

绘图分析法一般包括两类测验:一是"画人测验"(Draw-A-Person Test,简称 DAP),通常要求被试在一张白纸上画一个人,随便他怎样画主试不加干涉和指导;然后再请被试画一个与前一性别不同的人像,以两个人像作为计分和解释依据;二为"屋—树—人测验"(House-Tree-Person,简称 H-T-P)。要求被试随意绘制一座房屋、一棵树和一个人,被试还可以描述和解释所画图形及其背景。在民族心理研究领域,使用绘图测验所做的研究较有名的是杜宝娅和史密德瓦(T. Schmidl-Wachner)合作对阿罗岛人所做的研究。杜宝娅在阿罗岛上收集了 33 个男孩、22 个女孩的图画送给史密德瓦,后者对此作了分析。史密德瓦认为,由于线条的乏力以及线条的整齐,可以看出他们有一种孤独感。他们看来是一些能力不错的孩子,但彼此隔离,之间关系极其贫乏,这可以从每一个图形和其他的互不相干看出。自由的缺少,表示他们在与别人接触时没能带进感情。他们缺乏一种创新精神。

一般说来,绘图分析有助于跨文化研究。因为图画在田野工作中很容易收集到,不需花费多少时间,又无需仪器与设备,只要有纸、笔就可以了。

使用心理测量时应该注意的问题

由于各民族的文化背景不一致,现行测验中一些具体内容与我国少数民族的实际生活仍有一定距离。因此,采用未经修订的测验进行测验势必将影响测验的信度和效度。例如,韦克斯勒智力量表中的"知识"一项,美国 1955 年版中有"美国国旗是什么颜色"、"说出美国自 1900 年以来的 4 位总统的名字"。这一类题目对美国人来说非常容易回答,但显然不适合用于测试我国各民族的知识水平,因而我国修订版对这类题目作了删除。但从我国修订版看,仍然有一些题目不适合少数民族所处的文化背景。例如,在我国修订版中,"一年有多少个月"一题,按公历当然有 12 个月,但按彝族太阳历则有 10 个月;或者"一年有几季"一题,正确答案当然是春、夏、秋、冬四季,但在云南很多少数民族地区只有干、湿两季;同样,"端午节是哪一天",是农历五月初五,但很多少数民族根本不知道这一汉族传统节日。因此,对少数民族进行心理测验的量表还需要再修订。

测验结果的解释更应十分注意。在没有其他材料作综合分析情况下,轻易对一个民族的心理作出结论十分有害。跨文化研究测量的对等性是一个多样本比较问题,将不同文化作为不同样本进行比较,应该注意样本之间有关参数是否相同。保证跨文化研究中测量对等性的解决方法是采用验证性因素分析(confirmatory factor analysis)。因为有测量误差存在,研究者需要使用多个测验项目,此时,就会出现测验项目的质量问题,即效度检验。效度检验就要看一个项目是否与其所设计的因子有显著载荷,并与其不相干的因子无显著载荷。

3.4.2 实验法

实验法与民族心理研究

实验法是指严格地控制或创设一定的条件,人为地引起某种心理现象,从而对它进行研究的方法。正是由于实验法被引入心理学研究中,才使人们找到对心理现象进行客观研究的手段,极大地促进了心理学发展,使心理学在百余年内取得的成就远远超过以往所取得成就的总和。实验法能够方便地操纵自变量,有效地控制无关变量,精准地测量因变量,因而可以作因果关系推论。实验法也是民族心理研究的重要方法之一。

然而,将实验法运用于民族心理研究,一是缺乏传统,因为心理学创始人冯特认为实验法不适用于民族心理研究,二是无论是从历史发展看,还是从研究现状看,实验研究至今并未成为民族心理学研究的主流。但欲提高民族心理的研究水平,必须大力采用实验法,这种看法已为越来越多的研究者认同。万明钢等人(2012)认为,民族心理研究可以同时采取多种研究方法,将定性研究和定量研究结合起来。例如,将民族学的深度访谈法与心理学的实验法结合起来,将被试的内隐态度和外显态度综合起来进行研究,研究结果可以相互验证,从而得出准确结论,提高研究的推广效度。在国内,进入21世纪以后,张积家及其研究团队就大量采用实验法研究少数民族语言认知以及语言对少数民族的颜色认知、亲属关系认知、空间认知和时间认知的影响,取得了显著成绩(和秀梅,张积家,2013)。

文化启动

文化启动(culture priming)是一种适用于民族心理研究的实验法。文化启动是指如果一个情境中含有与文化内涵相关的因素,这种因素会作为一个刺激对个体的认知、情绪或是行为反应产生影响,使之发生方向或强度的改变。如果这种改变的方向与跨文化研究中已经证实的相一致,这种现象就叫作文化的同化效应;如果这种改变与跨文化研究中已经证实的相反,这种现象就叫作文化的异化效应。

(1) 文化启动的类型。文化启动的研究范式主要有文化符码启动和语言启动。

文化符码是指某种浓缩的文化标志,其指代、象征某文化所代表的精神、意志、内涵。文化符码启动范式是指通过文化符码(如自由女神等)的呈现,启动被试对某种文化的印象,然后要求被试通过书写、口头表达等方式深化对这一文化的理解。启动完成后,要求被试进行相应的任务,以考察文化启动对任务的影响。

语言启动是指通过直接呈现与文化有紧密联系的语言材料达到文化启动的效果。与文化符码启动比,语言启动的操作过程较为简单。语言启动通常采用两个语言版本的量表或任务,每种版本材料的语言表达方式需要与该语言相对应的文化表达习惯一致,并选取相匹配的双语者进行实验。例如,Ross(2002)为了考察文化对自我认识的影响,选取中—加双语者作为研究对象,采用语言启动范式,将分别符合中文和英文语言习惯的、对自我描述的句子作为启动材料,达到了较好的语言启动效应。

在国内,张积家、王娟、肖二平和和秀梅(2013)采用语言启动范式考察文化与情境对亲属词概念结构的影响,被试是汉族人与摩梭人。他们要求被试在理解亲属词的准确含义后,根据不同情境的指导语,按照自己的标准对亲属词分类,在规定时间内独立完成。在分类前,主试宣读指导语,被试根据指导语的描述进行想象,再根据想象的情境对亲属词分类。情境包括满月酒、结婚和吊唁。指导语采用与摩梭人和汉族人习俗相符的描述性语言。这种分类前的动作就属于文化启动。结果发现,被试在不同文化启动条件下对亲属词分类不同,亲属词概念结构的维度也不同。他们发现:(1)在不同情境下,摩梭人和汉族人对亲属词分类既有相同之处,又存在差异。两个民族都看重"亲属的亲密程度"和"辈分",但摩梭人还区分"照顾者/被照顾者",汉族人还考虑"性别"和"亲属关系的性质"。(2)摩梭人对亲属词分类体现了母系文化特征,重视舅舅和外甥在亲属关系中的地位和作用;汉族人对亲属词分类体现了汉文化特征,重视媳妇和孙辈在亲属关系中的地位和作用。(3)亲属概念具有核心特征与情境依赖特征。文化和情境通过概念特征的激活和分类标准的采择影响对亲属词分类。王娟、张积家、刘鸣和印丛(2011)采用反应时技术与眼动技术考察启动语言对熟练汉—英双语者场景知觉的影响。他们先在屏幕中央首先呈现红色"+"注视点500 ms,随即在注视点位置上呈现短语1 000 ms,短语消失后,呈现图片,要求被试又快又准地判断先呈现的短语与后呈现的图片在意义上是否一致,如果一致,就按下F键,如不一致,就按下J键。相同图片在实验中出现2次,但与之配对的语言不同。结果表明:(1)语言通过自身的特性和句式的特点影响汉—英双语者的场景知觉,启动语言不同,结果不同,表明语言类型对场景知觉产生影响;(2)第二语言熟练程度影响汉—英双语者的场景知觉;(3)与文化对场景知觉的影响比,语言的作用更为直接。王娟和张积家(2014)采用眼动技术考察启动语言对场景一致性判断的影响,要求汉—英双语者判断启动短语与图片场景的一致性。研究发现,启动语言影响汉—英双语者的场景知觉。(1)无论是英语短语启动,还是汉语短语启动,前景物体均能够更多更早地获得关注,这与英语短语和汉语短语的所指相同有关。(2)语言特性影响被试的眼动轨迹：在英语短语启动下，背景信息后置引导被试对背景进行额外的、快速的关注；在汉语短语启动下，被试的注视由前景区转至背景区的时间较晚且注视比例较小。(3)任务加工深度影响汉英双语者的场景知觉。

(2) 文化启动的机制。文化启动的作用机制是什么？主要有两种理论：

① 动态文化建构理论(dynamic constructivist theory)：该理论由 Hong 等人(2000)提出。他们认为通过暴露和参与文化实践，人们发展了一种对文化的认知表征。这一表征由一系列分散的文化知识构成，但存在一个与不同知识项目连接的核心概念。核心概念被激活后，与之相连的知识系统也被激活。因此，文化线索会引起与其相关的文化表征的自发激活(杨文博，2011)。

② 文化适应假说(cultural accommodation hypothesis)。该理论认为，文化线索的连续呈现创造了一种文化情境。在文化情境中，个体表现将受到与文化群体交流的倾向性影响。如果个体与文化群体交流的倾向性较强，个体就会按照文化群体的思考或行为方式进行反应；如果个体与这一文化群体交流的倾向性较弱，个体将不根据文化群体的思考与行为模式进行反应。

3.4.3 内容分析法

内容分析法是一种基于定性的定量研究方法，为开放式材料提供一种量化途径。一般通过对开放式材料进行编码、确定分析单元，计算分析单元出现的频数等步骤，把非定量信息转化为定量数据，使研究达到最大程度的系统性和客观性，能够增强研究的精确性和可信度。

以张积家等人对颜色词概念结构的系列研究为例，将 11 个基本颜色词按照随机顺序排列并打印在 A4 纸上，要求被试按照自己的标准对颜色词分类。自由分类的结果是一种开放式材料，通过对其编码，并采用多维标度法(Multi-Dimensional Scaling，MDS)和分层聚类法(Hierarchical Cluster)分析，剖析出对颜色概念分类的标准，揭示出颜色词的概念结构。多维标度法是一种探索性数据分析法。它利用客体的相似性数据，将相似性数据转换成距离数据，建立与客体集合对应的心理空间。衡量指标是压力值(Stress)和 RSQ 值。压力值表示观察距离与模型距离的一致性，是衡量空间结构与输入数据的拟合优度指标。压力值越小，拟合效果越好。一般来说，大于 0.2，不好；0.1～0.2，较好；0.05～0.10，好；0.025～0.05，非常好；0.00～0.025，完全适配。RSQ 是距离变异中可以由模型距离解释的百分比，越接近 1 越好(陈正昌，程炳林，陈新丰，2005；靖新巧，赵守盈，2008)。用多维标度法将研究数据转换成距离矩阵后，得到语义空间图和各个颜色词在不同维度上的坐标值，再根据坐标值作分层聚类分析，得到聚类分析树形图(Pollio, et al., 2005；揭水平，2009)。例如,王娟、张积家和林娜(2010)得到的纳日人(摩梭人)基本颜色词的语义空间如图3-3所示,聚类分析树形图如图3-4所示。

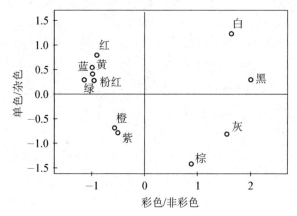

图3-3 130名纳日人11种基本颜色词的语义空间

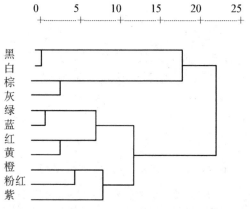

图3-4 130名纳日人11种基本颜色词聚类树形图

进入21世纪以后,张积家及其研究团队运用内容分析法对不同民族的空间词、亲属词、称呼语的概念结构进行了研究,积累了丰富的知识,证明内容分析法是民族心理研究的卓有成效的方法。此外,还有一些新型的定量研究方法(如计算机模拟法)和技术(眼动技术、ERP技术和脑功能成像技术)也被运用于民族心理研究。

总之,定量研究的长处恰是定性研究的短处,定性研究的优势恰是定量研究的不足,两种研究虽有歧异却并不排斥和矛盾。因此,对定性研究与定量研究进行整合可以达成两种研究范式的优势互补,实现民族心理学研究中微观与宏观、探索与验证、动态与静态、归纳与演绎、特殊与一般等多方面的结合,使民族心理研究质量更上一层楼。

第二编 民族意识论

4 民族意识

民族意识是民族学与人类学的重要概念,也是民族心理学的核心概念之一。民族意识的产生与民族发展史有关,对民族意识的探讨也成为近代民族学与人类学的核心问题之一。

4.1 民族意识的概念

4.1.1 民族意识的历史探源

民族意识(national consciousness)是一个内涵和外延都很丰富的概念。恩格斯(1844)首先提出了"民族意识"一词,却未给出明确的定义。"民族意识"在民族理论和一般社会科学研究以及书面、口头语言中普遍使用,但对这个概念的界定并不是特别明确。

在国内，"民族意识"一词为孙中山率先使用。1904 年 8 月 31 日，在《中国问题的真正解决》一文中，孙中山说："满州人立意由其管辖范围内将外国人排斥出去，并唆使中国人憎恨外国人，以免中国人因与外国人接触而受其启迪并唤醒自己的民族意识。"其后，国内政界、学者相继沿用，并进行探索。"民族意识"，亦称"民族自觉意识"、"民族自我意识"、"民族属性觉悟"、"民族自识性"、"民族归属感"等。

第一位定义民族意识的人是我国近代启蒙学者梁启超。梁启超在《中国历史上民族之研究》(1922)中指出："何谓民族意识？谓对他而自觉为我。"进而举例说明："'彼，日本人；我，中国人'：凡遇一他族而立刻有'我中国人'之一观念浮于其脑际者，此人即中华民族之一员也。"这里讲的民族意识，指的是中华民族意识。中华民族是"中国各民族的总称"，"是由许多民族共同体结合而成"。自帝国主义入侵中国后，"作为帝国主义的对立物，中华民族真正成为政治上的整体。"近年来，有人把中华民族视为"复合民族"，或"多民族集团"，或"民族共同体"。梁启超讲的"中华民族"是指中国各民族而言的，"中国人"是指中国各族人民即"中华国民"而言的。他指出："今中华国民，兼以汉满蒙回藏诸民族为构成分子。"可见，他所讲的民族意识是指整个中华民族的民族意识。然而，梁氏的民族意识定义亦适用于单一民族。孙中山说："我们汉人，就是小孩子，见着满人也是认得，总不会把他当作汉人。"这是汉族的民族意识。中外学者对梁氏的民族意识定义给予高度评价。熊锡元(1989)认为，"对'民族意识'的解释，言简意赅，莫过于梁氏这一界定。"在当代，费孝通(1989)认为，民族有不同层次：第一层是中华民族统一体；第二层是中华民族统一体的各民族，即组成中华民族的 56 个民族；第三层是组成中华民族统一体的各个民族内部各具特点的部分，现在称作各种"人"。可见，民族是一个多层次、多内涵的复杂概念，相应地，民族意识也是一个多层次、内涵丰富的概念。

民族意识是民族理论研究的重要领域。20 世纪 80 年代前，这一领域一度成为无人问津的禁区。十一届三中全会以后，学术界"百家争鸣"的氛围开始形成，民族意识研究开始起步。老一辈的学者以熊锡元为代表，从 1989 年起，他先后发表《民族意识初探》等 5 篇论文，探讨了民族意识的定义、内涵以及民族意识与祖国意识、民族心理、民族主义的关系。金炳镐亦着力把民族意识理论研究纳入完整的民族理论学科体系中，于 1988 年首次提出并论述了民族认同意识和民族分界意识。民族认同意识即民族自我归属心理。每一民族的成员都自觉他们属于一个民族。民族认同意识以一定的民族共同特征、特点作为标准，民族成员对民族整体有认同感，民族这一成员和那一成员之间也有认同心理。民族认同意识是维系民族成员之间情感联系的精神纽带。在民族认同意识作用下，民族产生了向心力、内聚力以及民族成员之间或民族不同部分、地区之间的互助性。民族认同意识能使遥远相隔的民族成员在相遇时一见如故,对相隔异地的本民族部属时常挂念。民族分界意识就是民族自我区别心理。一个民族的成员遇到另一民族的成员时,他们自觉到属于不同民族。民族分界意识以民族特征、特点为基础和标准,遇异时就产生相异感、区别感。民族分界意识同民族认同意识一样,是自然存在的意识现象。民族认同意识和民族分界意识是对应的客观存在,都是民族意识的一部分。既然存在民族,对内必然会产生认同意识,对外必然会产生分界意识。民族分界意识并无消极、积极之分。如果社会上没有民族分界意识,也就没有民族认同意识,也就没有民族。没有民族分界就成为大同世界了。从这一意义上说,民族分界意识对保持民族特性有一定作用。他的这一观点引起了学术界较大的关注、反响和认同。20世纪90年代,民族意识成为民族理论界研究的热点,发表了上百篇论文,初步探讨了民族意识的实质、结构和层次,民族意识的表现形式、特征,民族意识的社会功能与调控机制。有学者还研究了民族意识的发展趋势及其规律,探讨了与民族意识相关的概念,如民族心理、民族共同心理素质、民族感情、民族情绪、地区意识、中华民族意识,等等。这些研究取得了丰富的、有价值的成果。

4.1.2　民族意识内涵的发展与争论

在《中国大百科全书·民族卷》中,"民族意识"与"民族共同心理素质"被看作有同样的涵义。其实,二者并不等同。费孝通(1950)认为,民族意识是"同一民族的人感到大家是属于一个人们共同体的自己人的这种心理"。由此可见,民族意识只能作为民族共同心理素质的一部分,而不是全部。民族共同心理素质是指民族在长期历史发展中形成的心理状态,一个民族的共同心理素质是指民族在长期历史发展中形成的心理特点和心理状态,是一个民族的社会经济、历史传统、生活方式以及地理环境的特点在民族精神面貌上的反映,并通过其语言、文化、艺术、社会风尚、生活习俗、宗教信仰以及对祖国、人民的热爱和对乡土的眷恋等形式,表现出对本民族的爱好、兴趣、能力、气质、性格、情操和自豪感。因此,民族共同心理素质的涵义比民族意识要丰富得多。熊锡元(1987)说:民族意识与民族共同心理素质"二者内涵与外延不一样,'民族意识'是'共同心理素质'的组成部分、一个重要表现方面,含义比'共同心理素质'窄,即'共同心理素质'包括'民族意识','民族意识'不能代替'共同心理素质'"。

关于民族意识的内容,在20世纪90年代已经展开过争鸣。金炳镐(1991)指出:民族意识是"综合反映和认识民族生存、交往和发展及其特点的一种社会意识。这里包括对自身民族特征、特点、历史及传统的反映和认识,即民族属性认识;对自身民族与其他民族交往的环境、条件及状况的反映和认识,即民族交往认识;对自身民族生存和发展条件的反映和认识,即民族发展认识",其"实质是对自身民族生存、交往、发展的地位、待遇和权利、利益的享有和保护"。2007 年,他把民族意识的内容分为三个层次: (1)民族属性意识,包括民族自我归属意识、民族认同意识和民族分界意识;(2)民族交往意识,包括民族平等意识、民族自尊或优越意识、民族自卑意识;(3)民族发展意识,包括民族自我发展意识、民族自立发展意识等。杨志强(1992)把民族意识归纳为六个层次,即自我性(或属性)意识、自主性意识、发展性意识、族籍性意识、宗教性意识、爱国主义思想意识。吴治清(1997)认为,民族意识的具体内容表现为六点,即族籍意识、族员意识、民族语言意识、民族地域和环境意识、民族文化意识、民族生存发展意识。

虽然不同研究者对民族意识给出不同界定,但很多定义只是措辞和表述的差异,从内涵上看,可以将较被认可的定义大致划分为几种类型:

(1) 民族意识是反映民族生存、交往和发展的社会意识。熊锡元(1989)认为,民族意识的涵义包括以下两点:"第一,它是人们对自己归属于某个民族共同体的意识。第二,在于不同民族交往的关系中,人们对本民族生存、发展、权利、荣辱、得失、安危、厉害等等的认识、关切与维护。"金炳镐(1991)认为,民族意识是综合反映和认识民族生存、交往和发展及其特点的社会意识。吴治清(1993)认为,民族意识是一个民族的民族性社会意识。这几种定义的落脚点都在民族的社会意识上。

(2) 民族意识是民族认同意识和民族分界意识。费孝通(1989)认为,民族意识是"同一民族的人感到大家是属于一个人们共同体的自己人的这种心理"。崔英锦(1995)认为,民族意识是民族成员对于自己从属于这一民族的意识,是对民族的特点以及与其他民族区别的意识。这种观点更加具体地指出了民族意识是民族成员认同本民族和区分其他民族的意识。

(3) 民族意识就是民族自我意识。顾肇基(1993)认为,民族意识是指民族群体的自我意识,或者说一个民族对自我环境、自我生活、自我与非我的关系的意识。徐杰舜(1991)认为,民族自我意识即民族意识,是一个民族对于自己以及对自己与周围关系的意识。这种观点更多地注重了民族群体中个体成员对民族的自我意识。

还有人把民族意识同民族自我意识区别开来,认为民族意识的外延大于民族自我意识。民族意识不仅包括民族自我意识,还包括"民族非我意识"。然而,"民族非我意识"是一个涵义不清、令人费解的概念。民族意识本来就是指民族群体的自我意识,或者说一个民族对于自我环境、自我生活、自我与非我的关系的意识。民族意识、民族自我意识和民族主体意识,这三个概念的涵义完全相同,只是说法不同罢了。从表面上看,民族自我意识似乎与"非我"无关,但人的自我意识正是在同非我的交往和比较中产生的,它不可能不涉及非我。因为自我与非我是相对的东西,不涉及非我,就不可能有自我。马克思和恩格斯认为,意识本来就是"对周围的可感知的环境的一种意识,是对个人以外的其他人和其他物的狭隘联系的一种意识"。民族意识也如此,它只能是对自己环境、对自己民族与其他民族联系的意识。即,一个民族只有在意识到他民族存在时,意识到"自我"与"非我"——即自己民族与别的民族的联系时,才可能产生民族意识。既然民族意识的内容是民族联系,那么,在民族自我意识中就必然要涉及和包括"民族非我",因为在任何意识中如果没有"非我",也就没有自我。再者,民族自我意识与民族分界意识也联系在一起,二者是同一问题的两个方面。没有民族分界意识,就没有民族自我意识。所以,在民族自我意识中,必然包含有民族分界意识,包含有区分己民族和他民族界限的意识,包含有认识本民族与他民族不同特点的意识。这一切都属于民族意识或民族自我意识,或民族主体意识。

4.1.3　民族意识与民族心理

意识是人的心理发展到一定阶段的产物,是人的心理发展水平的综合反映。虽然人一出生甚至在胎儿期就已经具有心理活动,但意识的产生却是后天才有的。儿童的意识是他能够把自身和外界客观事物(其他人或物)区别开来时才形成的。婴幼儿的心理活动在开始阶段是"物我不分,人我不分",心理活动还处在被动适应外界客观世界的状态。当他们的心理活动发展到产生意识后,则发生了质的变化,由被动适应到主动适应,能够自觉能动地反映外界客观事物,这种反映具有选择性和评价性,目的也更清晰明确。同时,意识的产生使人和动物在心理活动方面有了质的区别。从这一意义上说,意识属于人的高级心理活动,它是人的各种心理活动(尤其是思维)发展到一定水平阶段(状态)的必然产物。当然,人的思维从具体形象思维到抽象逻辑思维是一个连续不断的发展过程。随着人的思维发展,意识也在不断发展,意识水平也在不断提高。一旦离开了思维的发展,就不可能有人的意识的产生和发展。所以说,思维是人的意识的核心内容,思维的发展水平标志着人的意识的发展水平。

由此可见,民族意识必然反映民族心理的发展水平,是对以民族思维为核心的民族心理发展的一种综合反映。同时,民族意识还是民族之间在共同心理素质上的重要差别之一。民族意识既表现为民族成员的个体意识,也表现为民族成员的共同意识。其中,个体意识是共同意识存在的基础,共同意识制约着个体意识的发展变化,二者相互依存、相互作用。民族个体意识反映了民族成员个人的心理发展水平,在它的产生和发展过程中又必然受到民族共同意识的影响和制约,使民族成员的心理活动和行为具有本民族的特点。民族共同意识是在民族个体意识基础上抽象概括而形成的具有稳定性的民族心理活动特点。它为每一民族成员所具有,表现在每一民族成员身上又千差万别。民族意识的产生发展离不开民族心理的发展,民族意识又反过来对民族心理的发展起着重要的影响和调节作用,它们之间有着非常复杂又密切的联系。

心理学认为,意识分为两种,一种是对自己的心理及行为的意识(即自我意识),一种是对他人及其他外界事物的意识(即非我意识,又称客体意识)。自我意识反映了人对自我心理活动和行为的认识和评价,客体意识反映了人对他人及其他外界事物的认识和评价。推而广之,民族意识也可以划分为民族自我意识和民族客体意识。前者反映了民族成员对民族自身心理活动特点、行为的认识和评价,是民族意识的核心内容,直接反映了民族意识的发展水平;后者反映了本民族对其他民族(或事物)及其相互关系的认识和评价,它是形成民族自我意识的重要心理基础,影响着民族自我意识的发展和形成。民族自我意识与民族客体意识紧密联系,在发展变化过程中,它们相互影响、相互作用、相互促进、共同发展,形成了良好的民族意识并促进民族意识心理结构的不断发展完善,进而推动着民族的发展和进步。

4.2 民族意识的结构

4.2.1 民族意识产生的前提和基础

一般说来,只要有民族存在,就会产生民族意识。但这不等于说,民族存在和民族意识同时出现。历史唯物主义承认存在决定意识,也承认意识落后于存在。比如,在人类刚刚产生、还没有同自然界区分开来、没有把自然界视为自己活动的客体时,人并没有自我意识或主体意识。自我意识只有在同非我的联系和区分中才可能产生;主体意识只有在同客体的联系和区分中才可能产生。所以,人类的自我意识,落后于人类的存在。人类只有在活动过程中,把自我同自然界区分开来,把主体与客体区分开来时,才可能意识到自身的存在,才可能产生自我意识、主体意识。民族意识也如此,它的产生固然要以民族的存在为前提,但有民族存在,不一定立刻就有民族意识。民族也是在自身的活动中,在同其他民族的交往过程中,才意识到自身的存在。当一个民族还处在自在阶段,还没有同其他民族发生联系,或者虽然有了联系,却没有同其他民族区别开来,没有从区别中认识到自身的特殊性,就不会产生民族意识。所以,有人认为民族意识是该民族同其他民族共存、交往和比较中自我反馈的产物,如果没有与其他民族的比较,没有产生反馈,很难取得对自己民族的认识。这说明,民族和民族意识的产生并不同步。一个民族,只有在同其他民族交往、比较和区分过程中,才可能发现自己的民族的特殊性和特殊利益,才可能产生民族意识。

所以,民族意识的产生需要具备一定的条件,这些条件是:(1)不同民族的并存,或者说民族差别的存在;(2)民族之间的联系与交往;(3)特殊的民族生活条件和生活方式;(4)本民族的共同利益;(5)本民族生存和发展的共同要求。所有这些,就是民族意识产生的前提和主客观条件。民族意识就是此基础上逐步形成和发展的。最初只是在感情上意识到本民族与他民族的区别,以及本民族的特征;然后在交往过程中逐渐认识本民族的利益,以及本民族与其他民族的矛盾关系;最后逐渐认识本民族生存发展的条件和客观规律。民族意识的形成和发展过程,就是由浅层次向深层次转化的过程。推动这一发展过程的,归根到底是民族的共同利益,特别是经济利益。因为经济利益是民族生存和发展的关键。如果各个民族不存在利益上的矛盾和对立,民族意识就不可能产生,即使产生了也会逐渐枯萎(顾肇基,1993)

4.2.2 民族意识的分层和分类

民族意识既然是民族存在的反映,它的内容就是民族的全部状况,即民族存在的历史和现状,民族生存和发展的环境和条件。具体讲,民族意识的内容,大体有以下几方面:

(1) 关于本民族不同于他民族的特点的意识,以及由此而产生的民族认同、民族归属、民族分界等意识;

(2) 关于本民族成员共同生活的意识,以及由此而产生的民族共同心理和民族感情;

(3) 关于本民族所处社会环境和社会地位的意识,以及由此而产生的民族自尊、民族自卑、民族平等意识;

(4) 关于本民族与他民族交往过程中利害关系和矛盾关系的意识,以及由此而产生的民族利己主义、民族排他主义、民族对立、民族团结、民族融合等意识;

(5) 关于本民族的生存和发展的环境、条件、方向、道路和规律性的意识,以及由此而产生的自我发展、自主发展和协同发展等意识。

鉴于民族意识内涵的复杂性,人们对民族意识分为多个层次和类型。

(1) 民族意识有感性层与理性层。

齐径轩(1991)认为,从认知角度看,民族意识可以分为感性层和理性层。感性层即民族意识的感性表现,这是最初的、表层的民族意识,是民族意识的外在形式。它包括民族感觉、民族情感和民族情绪等,这一层次的民族意识属于民族心理的范畴。当关系到某一民族生存发展及利益关系的刺激发生时,民族成员的感觉即民族感觉,在此基础上产生的喜怒哀乐、憎恨厌恶以及振奋与消沉即民族情感或民族情绪。例如,在国际或族际比赛中,不同民族的人们随着比赛的进行会产生不同的感觉、情感和情绪。在日常生活中,人们不自觉的民族自我意识、民族认同意识和民族分界意识等也属此列。理性层的民族意识如关于本民族的探讨以及与此类似的理论。民族理论也是一种民族自我意识。民族理论是民族成员对民族本身的认识,是对民族本质和规律的把握,更有系统性,是一种更高级、更深层的民族自我意识。

(2) 民族意识可以分为中性层、评价层和进取层。

齐经轩(1991)认为,从民族意识的具体内容来看,可以分为中性层、评价层、进取层。中性层是最基本层次,其他层次都是它的延伸或具体化。中性层包括:①民族自我族属意识;②民族自我认同意识,主要是对本民族的历史、文化、语言、风俗习惯以及对本民族同胞的认同;③民族分界意识;④民族自知意识。一般地,人们都希望能对本民族的历史、地理和文化有所了解,在了解的基础上,会不自觉地产生一些自然心态,如大民族不怕同化,从容不迫的大民族心态,小民族、落后民族以及海岛民族等的紧张戒惧心态。评价层包括:①民族自尊、自信、自豪意识;②民族平等意识;③民族自夸、自傲、自大意识;④民族霸权意识,也即民族沙文主义;⑤民族自我虚无主义,包括自我丑化、自我否定观念等。进取层包括:①促进本民族发展的各种愿望、要求;②对本民族各方面状况进行深刻的探讨,为民族发展做思想和知识准备;③民族精神。民族精神主要指一个民族全部历史和文化积淀下来的、促进民族发展的、积极的、优秀的思想意识和精神品质,属于道德规范和价值规范的范畴。它包括:反映自然、民族和社会历史发展规律的要求,反映民族大众要求、代表民族根本利益和发展方向的与其社会发展阶段相适应的、一定水平的理性精神;包括一个民族全部优秀的道德品质、健康充沛的民族感情,坚韧顽强、锐意发展的意志品质,自尊、自信、自豪、自爱和自强的自我价值观以及朴素的平等团结互助的民族族际观等,是能够正确认识民族自身、维系民族生存、促进民族发展的主观因素,有巨大的感召力和凝聚力。民族精神也被称为"民族魂",它是民族的精髓和生命所在,是民族的巨大精神力量。

4.2.3 民族意识的心理结构

一种观点认为,民族意识可以划分为民族自我意识和民族客体意识。

雷永生(1999)认为,民族意识的心理结构包括四个层次:(1)民族认识,包括对本民族和其他民族各自特点和相互关系的认识,它是民族意识的基础。(2)民族自我观念和客体观念、民族认同或归属感、民族自我心理防御等,它是民族认识的直接结果,反映民族认识的水平程度、深度、全面性和正确性等,是民族意识的进一步深化。(3)民族自尊心、自信心和民族自豪感,它是民族认识的外部表现形式,是维系民族内部团结的重要手段,也是民族意识的较高层次。(4)民族义务感、责任心和民族平等互助、团结合作,民族平等参与意识等,它是民族认识在一定社会历史发展阶段的升华和提高,也是现代民族意识的重要组成内容,是民族意识的最高层次。由此可见,民族意识是以民族认识为基础,以民族情感为主要内容和表现形式,以促进民族发展进步为最高准则的多层次的心理结构。

4.2.4 民族意识的功能

民族意识既有积极功能,也有消极功能。民族意识的积极功能表现在:

(1) 促进民族发展。民族是具有"共同心理素质"的稳定的共同体。民族意识是一个民族生存和发展的心理基础,维持着民族文化的生产和再生产,塑造着一代又一代民族成员,使其保持本民族的品性。一旦一个民族丧失了民族意识,这个民族就不复存在了。民族意识凝聚一个民族,整合民族的潜力,为本民族的发展提供了强大的精神支撑。

(2) 整合民族利益。民族社会是一个多元社会,随着城市化进程的推进,社会结构的异质性不断增强,不同民族成员和民族团体的利益相互冲突,个人利益与民族利益、团体利益与民族利益的区别,就是局部利益和全局利益、眼前利益和长远利益的区别。民族利益涉及民族生存与发展的需要获得满足。民族意识能够认识和发掘本民族的正当利益,并适当运用民族意识唤醒、刺激并团结民族同胞行动起来,促进国家通过法律或行政手段来保护民族利益。在中国,虽然国家采取法律、经济、行政等手段,着力消除历史遗留下来的民族歧视和民族隔阂,禁止对任何民族的歧视和压迫行为。但在一定范围内,民族歧视行为仍然存在,忽视民族合法权益的现象依然存在。这是民族分裂主义、狭隘民族主义在作祟。显然,民族分裂主义与狭隘民族主义不符合中华民族的整体利益和长远利益。民族意识整合不同团体的利益,维护社会稳定。

(3) 推动经济发展。在民族意识中,自尊和自强的意识越强,该民族的凝聚力就越强,从而形成强大的、不屈不挠的抗争力,从而发展和增强本民族的经济实力,改变本民族的贫穷落后面貌。后发展国家现代化成功经验表明,民族主义作为一种意识形态,支持和促进了这些国家的经济发展。改革开放30年来,我国东部沿海某些城市已达到发达国家水平,各少数民族地区也不甘落后,民族地区的经济发展也日新月异。

民族意识的消极功能主要体现在:

(1) 诱发民族冲突。民族意识有强弱之分,强民族意识一般表现为民族成员有高度的民族认同,对本民族利益高度关切,民族感情十分敏感。在这样状态下,民族冲突发生概率与频率都较高。在多民族国家内,民族意识的"外溢"往往导致国内民族关系恶化,破坏民族团结,破坏国家统一;如果发生在国家之间,会导致国家关系恶化,引发国际争端或民族战争(熊坤新,严庆,2006)。当然,民族意识并不必然诱发民族冲突。一方面,弱民族意识与民族冲突之间联系不大。这是因为在弱民族意识下,民族成员缺少对民族的高度关切,对民族利益甚至生存都采取漠不关心的态度,自然不会因为民族原因而与其他民族产生矛盾。应该指出,虽然强民族意识会诱发民族冲突,但并不是说民族意识越弱越好,民族意识过于淡化会威胁到整个民族生存,意味着民族将走向衰亡。另一方面强民族意识只有在一定条件下才会形成民族冲突,即只有在民族之间处于较高程度的不平等状态时,强民族意识才容易诱发民族冲突。

(2) 导致政局动荡。在任何国家里,政治稳定是发展的必要前提。只有政治稳定,社会才能有序有效地运行,才能合理地分配社会资源,维护社会公平与正义。在多民族国家里,过度强化的民族意识导致极端民族主义和民族分离主义。尤其是在历史上发生过严重民族冲突的国家,民族意识强化更可能导致政局动荡。例如,在巴尔干地区,从 20 世纪 80 年代末至今,由于民族之间的历史仇恨、宗教信仰冲突、经济摩擦等长期存在,在民族主义浪潮影响下,阿尔巴尼亚族、马其顿族等少数民族的民族意识不断增强,民族分离主义意愿不断高涨,最终导致南斯拉夫解体、塞黑分家以及科索沃战争。一般来讲,民族意识在民族冲突中往往具有负功能,起到推波助澜的作用。在民族意识作用下,民族矛盾往往被激化,表现为影响范围扩大、问题程度加深、冲突不断升级等,导致政局动荡不安。

(3) 导致经济停滞或倒退。民族意识和民族经济发展之间是辩证关系,二者之间不是单方向作用,而是相互影响、相互作用。一般而言,民族意识能够促进经济发展,但过强的民族意识容易造成狭隘民族主义和民族分裂主义抬头,如果一个民族被狭隘利益蒙蔽,不愿意与其他民族发生经济交往,自绝于世,这个民族就很难发展经济,会导致经济停滞,甚至倒退。在全球化的今天,一个民族不可能拥有生存和发展的所有资源。民族发展必须互通有无,生产要素应该自由流动,才能提高使用效率。这样,才能激发民族的经济活力。适度的民族意识是民族生存和发展的精神动力和智力支持。民族意识过强或过弱都不利于民族的发展,过强导致民族分裂主义或狭隘民族主义盛行,不利于社会稳定,更谈不上民族的发展。

4.3 民族意识与公民意识、国家意识的关系

准确把握民族意识的内涵,还应该明确民族意识与国家意识、公民意识的区别与联系。

4.3.1 民族意识与公民意识的关系

公民意识既是一种社会现象,是社会意识形态形式之一,受社会意识的发展规律

制约;公民意识又是一种个体心理现象,受个体心理发展规律制约。什么是公民意识? 公民意识的静态结构和动力特征如何?

公民意识的定义与静态结构

公民意识是公民对自己在国家和社会中的地位、权利和责任的自觉意识。作为政治和文化的重要组成部分,它集中体现了公民对社会政治系统以及各种政治问题的态度、倾向、情感和价值观(金炳镐,2014)。它具有丰富内涵。谢邦宇(1988)指出,社会主义的公民意识包括权利与义务相统一的观念、民主意识和法律意识。吴铎(1988)指出,公民意识是"公民对于公民地位以及由这种地位而应具有的思想观念的认识",包括道德意识、权利意识、义务意识、平等意识、法制意识和参与意识等。胡弘弘(2005)指出:公民意识由一系列基本观念组成,有自身内存逻辑联系的层次结构。公民意识的核心内涵是公民的身份意识,即意识到自己的公民角色,而非市民、百姓、国民、臣民、人民、群众的角色。公民意识的具体内涵包括权利意识即参与意识和监督意识,以及义务意识即责任意识和法律意识,延伸内涵包括平等意识、独立人格、公共精神、自主理性等。公民意识是由国家最基本的政治制度、经济制度、文化制度决定和派生的,体现了公民对自己的最基本社会身份的认同。公民意识是影响公民是否积极担当公民身份的晴雨表,它直接指引着公民个人参与社会关系的行为,覆盖和影响着全体公民,因此具有普适性、指导性、有效性和作用力。很明显,上述观点均从内容层面来界定公民意识的内涵和结构。

另一些学者从心理学角度来描绘公民意识的结构。张积家等人(1994)指出,公民意识的结构是一个多层次、多侧面和多维度的整体。它既具有静态结构,又具有动力特征。公民意识的结构是层次结构,可以分为四层,每一层都由许多因素构成:

(1) 遗传素质层。它处于公民意识结构的底层,包括从父母那里继承下来的解剖生理特点(主要是大脑的结构和特点),与生俱有的需要(基本的生理需要和最初的社会性需要,如社会性微笑与人面偏爱等),气质特征等。公民意识不是凭空产生的,它的形成要以人的先天素质为基础。当一个婴儿从母腹中呱呱坠地时,他的心理就不是洛克所讲的"白板",而是莱布尼兹所讲的具有一定"纹理"的大理石。研究表明,人的社会性情感可以遗传,而社会性情感是品德形成的心理基础,是最早的"内因"。公民意识的形成也如此。马克思(1960)指出:"人们之所以有历史,是他们必须生产自己的生活,而且是用一定方式来进行的。这和人们的意识一样,也是受他们的肉体组织所制约的。"人的遗传素质为人的意识(包括公民意识)发展提供了自然基础和物质前提。例如,大脑的特点会影响智力,智力将影响人对公民知识的掌握和公民认识的形成。人与生俱有的社会性需要是公民意识形成的最初动力和心理基础。人的气质特征也会对公民品质形成的难易产生影响。

(2) 人格特征层。处于公民意识的第二层,是公民意识形成的重要心理基础,包括智力、需要、信念、世界观、人生观、理想和性格等,其形成受环境和教育的影响较大。

(3) 心理过程层。它处于公民意识的第三层,包括公民认识、公民情感和公民意向,是公民意识表层的直接心理基础与构成成分。其中,公民认识是指公民对公民地位以及由这种地位规定的思想观念的认识。公民情感是公民在实现和履行权利和义务时产生的情绪体验,包括公民的权利感、义务感、尊严感、正义感、同情心、爱国主义情感、集体主义情感、参与感和良心等。公民意向是公民力图使自己的行为符合公民行为准则的愿望和要求,是产生公民行为的直接动力。

(4) 内容结构层。它是公民意识的表层,包括道德意识、民主意识、权利意识、义务意识、法律意识、参与意识等。公民意识的静态结构可以用图4-1表示。

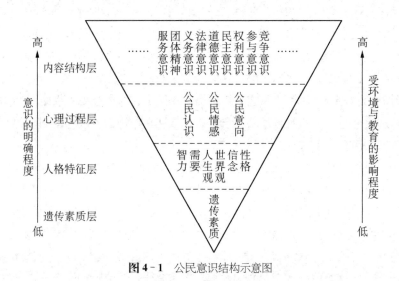

图4-1 公民意识结构示意图

公民意识的倒锥体结构表明各个层次的因素在公民意识结构中的地位和对公民行为的影响作用的大小。自下而上,意识程度越来越明确,受环境影响也越来越大。各个层次之间也不是绝缘的,而是存在相互影响和相互作用,所以用虚线分开。

公民意识的动力性质

张积家等人(1994)认为,公民意识不仅具有静态结构,还具有动力性质,表现在:

(1) 相互联系性。公民意识的结构并非各个层次因素的简单堆积,而是存在内在联系。从纵的方向看,深层因素是表层因素的基础,表层因素对深层因素有制约作用。从横的方向看,每一层次的因素之间也相互联系,如公民认识、公民情感和公民意向是相互联系的。

（2）发展性。公民意识是逐步形成的。公民意识的结构也处在不断发展变化中。公民意识的各个层次也不是同时形成,而是在儿童成长的不同年龄阶段的不同发展任务中逐渐形成。

（3）情境性。一个人的公民意识的结构是相对稳定的,但这并不是说它在任何情况下都以一种一成不变的模式表现出来,而是在不同情境下有不同结合,在不同场合下着重显示它不同的侧面。鲁迅的"横眉冷对千夫指,俯首甘为孺子牛"是对这种情况的生动写照。公民意识的变异性,不仅不说明公民意识的分裂,恰好说明了人的意识的丰富性与统一性。

（4）可塑性。公民意识作为公民的精神面貌的反映,它既在主客观因素相互作用下形成,也在主客观因素相互作用下改变。客观环境变化是公民意识发生变化的重要因素,但个体的自我调节也是公民意识改造的有力因素。孔子说:"为仁由己,而由人乎哉?"如果一个人意识到公民意识结构中与社会要求不相适应因素,并通过长期不懈的努力去逐步地加以改造,就可以使自己的公民意识不断得到升华。这种人即使处在逆境中或处在不良社会风气影响下,也能保持自己的良知,不自暴自弃或随波逐流,出污泥而不染。

民族意识与公民意识的关系

对民族意识与公民意识的关系,刘仕国和陆延荣(2000)指出,在现代社会中,每一个人都具有国家和民族双重属性,既是国家的公民,又是民族的成员。就民族与国家的关系而言,一个民族可能居于一个国家,也可能分居于几个国家,民族成员的国家属性是第一位的。即,民族成员首先是属于所居住国家的,是该国的公民,其次才是各民族集团的成员。就国家与民族的关系而言,国家可以由单一民族构成(这在世界上占少数),也可以由多民族构成(这在世界上占大多数)。现代国家绝大多数是多民族国家,其公民是由不同民族属性的社会成员构成,各民族成员与国家之间存在不可分割的政治、法律联系。对这种联系,用"公民"的概念概括真实而又科学。在以国家为社会基本组成单位的现代社会,社会成员的最基本身份(第一身份)是公民身份。公民是具有法律人格的国家主体,是在政治上具有权利平等、人格独立的社会成员。公民身份与统一国家的一体性相关联,居第一位;民族身份反映多民族统一国家社会成员民族结构的多元化,更多地体现在文化上,居第二位。总之,在多民族国家中,每一个社会成员的国家属性居首要地位,民族属性居从属地位;前者具有政治法律内涵,后者主要是文化内涵。在现代国家中,所有成员不论属于哪一民族,首先都是这个国家的公民。"公民永远是第一身份。"因此,民族意识与公民意识的关系是和谐的统一。在统一的多民族国家里,公民意识的一体化与民族意识的多元化属于不同层次:前者代表统一的国家意志,后者反映民族结构及文化的多元性。我国是统一的多民族国家,国家的统一不仅表现为主权独立和领土完整,还体现为国内各民族在根本利益一致基础上的团结和凝聚。国内各民族的民族意识增强,不仅代表着民族的发展程度,还反映出各民族维护祖国统一和共同繁荣发展的利益的一致性。

4.3.2　民族意识与国家意识的关系

民族意识与国家意识的关系

国家意识主要指民族成员的国家意识,主要体现为个体或群体在心理上认为自己属于某一国家,意识到自己具有该国成员的身份资格。现代国家发展大体上经历了两个阶段:早期追求"一个民族,一个国家"的民族国家,如孙中山早期的民族主义思想鲜明地体现在"驱逐鞑虏,恢复中华"上;"二战"以后,摆脱了"民族"的束缚,进入了"后民族"即"公民国家"阶段,新中国成立初期,国家建构呈现明显的"阶级国家"的特色,近年来则呈现明显的"民族国家"的建构趋势(明浩,2010)。

杨虎德(2011)指出,民族意识不完全等同于国家意识。在极端的情况下,民族意识有可能超越国家意识,对国家的和谐稳定造成消极影响。但二者又是统一的。在现代社会,每一个体一定属于某个民族,同时也属于某个国家,民族认同意识与国家认同意识共存于个体的观念和意识中,有机地统一在一起。在一般情况下,国家意识作为一种共性和共同利益的理性认知以及由此产生的同胞情感,居于每个民族个体的首位。民族意识与国家意识之间的关系并不是简单的负相关,并不是民族意识强必然导致国家意识弱。杨虎德以"国家认同与民族认同"为主题,在青海藏区进行过多次深入访谈和问卷调查,发现进入新世纪后,少数民族同胞的民族意识有不断增强趋势,但对伟大祖国同样持有朴素、深厚的感情。其他一些学者在新疆、云南等地调查,也得到了类似的结论。

大学生的民族意识与国家意识

2011年9月3日,陈理接受了《中国民族报》记者的专访。陈理等人对9所高校的汉族、蒙古族、维吾尔族、藏族、朝鲜族、壮族、苗族和回族8个民族的10 268名在校大学生进行抽样调查后发现,在校大学生总体而言具有较高的国家意识和民族意识,国家意识占据首位。不同民族大学生的国家意识水平存在差异,但都保持了较高的国家认同感。少数民族大学生的身份认同呈现多元结构,在民族意识与国家意识之间既存在差异,又有一致性。

调查显示,无论是汉族还是少数民族大学生,绝大多数受访者对涉及国民身份认同的概念的排序依次为国家、民族、所在地区(地域性认同)和家庭。"国家"和"民族"始终排在前两位。这表明,在校大学生具有较高的国家意识和民族意识。不同民族的受访者表现出显著差异。情况大致分为三类:一是壮族、苗族、回族和汉族的大学生的国家意识居对自我身份认知和判断的第一位;二是朝鲜族大学生的国家意识高于民族意识,两者呈现出"均衡化"的共生状态;三是蒙古族、维吾尔族和藏族大学生在国家意识与民族意识的共生结构中,优先考虑自己的民族身份。以"国家自豪感"和"民族自豪感"两个指标为例,国家意识从高到低排列的顺序为苗族、汉族、壮族、回族、朝鲜族、维吾尔族、藏族和蒙古族。

陈理认为,民族意识和国家意识的差异既有深厚的文化根源,也是社会结构性差异的观念性反映。对汉族、回族和不包括藏族在内的西南少数民族大学生而言,成长环境和教育背景使他们更加认同国家的主流文化,这也是这些民族的历史文化传统所致。对维吾尔族、藏族和蒙古族大学生而言,本民族文化与国家主流文化之间客观上存在一定差异,在地域分布、人口规模、生活方式、历史文化传统等方面都具有深厚复杂的背景。比如,这些民族发端于草原游牧文明,拥有发达的民族语言系统以及宗教文化传统,受儒家文化影响相对较弱。朝鲜族是一个跨境民族,临近我国朝鲜族地区的是两个以朝鲜人为主体的主权国家,特别是近年来中国朝鲜族发生的大规模国际性人口流动,对朝鲜族大学生的身份认同产生了较大影响。不同民族之间的社会结构性差异对大学生的身份认同也产生了深刻影响。一旦社会分工、经济地位、就业情况通过带有民族色彩的方式表现出来,不仅在一定程度上造成民族间的不平等,更可能加大民族之间的对立和抵触情绪,进而通过家庭与社会环境影响到在校大学生的身份认同。研究发现,认同感既来源于学校教育,更来源于日常生活。维吾尔族和回族的大学生表现出较高的宗教认同感,说明伊斯兰教对穆斯林群体日常生活的重要性。朝鲜族和维吾尔族大学生表现出较高的家庭认同感。朝鲜族大学生还表现出较高的个体自我认同感和主体自觉意识。

陈理等人发现,民族意识与国家意识并不构成必然的矛盾和对立。我国是一个多民族国家,众多少数民族生活在边疆地区,一部分属于跨境民族,在文化上具有多样性。由于各种原因,很多人在潜意识里认为民族意识与国家意识必然是矛盾的和对立的。但调查表明,尽管对一些特定少数民族来说民族意识和国家意识之间存在差异,但两者首先是一种共生关系,并非是绝对对立的两极。较强的民族意识与较强的国家意识并行不悖。大多数少数民族大学生都有很高的国家自豪感和民族自豪感,这是国家观教育的客观基础。

陈理认为,少数民族并非是一个整体性的群体,在身份认同上,不同少数民族存在明显差异。在社会舆论层面,少数民族通常被视为一个整体性的社会群体。但调查表明,这种"整体性"并不存在。比如,西南地区少数民族与北方民族存在显著差异。因此,针对少数民族的国家观、公民观教育,需要作出不同类型分析,切勿用同样方式开展思想政治教育。对壮族、苗族大学生而言,其民族意识明显低于国家意识,不需要专门开展国家观、民族观的教育，一味强调民族特性可能产生适得其反的效果。对维吾尔族、藏族和蒙古族大学生，要深入分析其民族意识强的历史成因与现实要素，对症下药，提升他们的国家意识。总之，引导大学生正确看待民族意识、增强国家意识应是教育工作的重心。首先，在舆论宣传上应该强调民族意识与国家意识的兼容性。其次，应该在核心价值观上强调公民意识和国家意识教育，不过分渲染民族因素。公民教育要紧密结合少数民族传统文化的精髓，爱国主义教育要密切联系少数民族的历史教育和中华民族悠久的历史知识教育，使少数民族群众了解熟悉我国作为多民族国家悠久辉煌的历史，并认识到这段历史也是我国各个民族共同创造、共同分享的经历，从而将民族意识与国家意识、公民身份认同协调统一起来。第三，应该尊重并引导少数民族的民族意识，创新民族团结教育方式。民族团结教育不应只是一种知识性课程，应更强调其实践性，即通过行为影响观念。要通过各种喜闻乐见的活动增进各民族大学生彼此间的交流与理解，让他们在日常生活中成为好朋友、好同学，彼此尊重，团结互助。应该鼓励汉族学生学习少数民族语言，鼓励少数民族学生学习中国传统文化，增强对中华民族传统文化交融性、多样性的全方位认识，增进彼此的理解、信任与支持。最后，应提高双语教学质量，培养各民族大学生正确的民族观和国家观。语言是传承各民族文化的载体，也是形塑民族意识与国家意识的工具。在民族地区实行双语教学和双语教育体制，是贯彻和实施民族语言政策的一项切实工作。这一工作既能保障少数民族的受教育权利，又能保护和传承少数民族的传统文化，还能培养和建立正确的民族观、国家观。调查显示，授课用语为单一少数民族语或汉语的少数民族大学生的民族意识较强，授课用语为双语的少数民族大学生的国家意识较强。各民族大学生对双语教育模式给予较高的认同度，但对我国现行民族语言政策的实施效果评价较低，尤其对政策落实中存在的问题或实施不力等抱怨比较集中。因此，需要大力倡导双语教学，让包括民族地区的汉族学生在内的各民族大学生都能掌握比较高的双语水平，切实落实好双语教育政策。

4.4 社会现代化与民族意识的变迁

4.4.1 民族意识的社会特性

齐文礼(1996)认为，民族意识作为意识形态是民族存在在民族成员头脑中的反映，有其固有社会特性。从社会实践看，现阶段我国民族意识的特性主要表现：

（1）长期性。民族是一个历史范畴，有产生、发展和消亡过程。马克思主义认为，在阶级、国家消亡后，民族才会消亡，要经历一个很长的历史阶段。民族意识作为民族存在的客观反映，也将长期存在。

(2)复杂性。民族意识属于意识形态范畴,它的范围很广,反映在政治、文化、宗教、民族关系各方面,在不同时期、不同条件下又会有不同反映,是一种复杂的社会现象。

(3)稳定性。上下几千年,人类社会形态经过多次变迁,朝代更迭,政府替换,社会经济面貌发生了根本变化,但民族意识内涵却很少变化,远远落后于客观存在,具有相对的稳定性。

(4)波动性。民族意识强度不是一个恒定的量。在不同历史时期,在不同条件下,每一个民族面临的重大课题不一样。在一定时期内,当某一民族的注意力指向和集中到某个方面时,便形成一个敏感点。当这个重大课题解决后,民族的注意力指向又转移到另一个敏感点。这种转移说明,民族意识的强度和指向不是固定不变的,是可变动的。

(5)双重性。主要反映在两方面:一是既有个性,又有共性。我国有 56 个民族,每一民族都有自身的、特殊的利益要求,这属于民族意识的个性。但是,在长期的历史发展中,各个民族经过相互交往和思想道德规范、法律规范,又形成了共同理想,有了共同的奋斗目标,这属于民族意识的共性。二是既有积极因素,又有消极因素。民族意识的社会作用从积极方面看有利于争取和维护本民族的正当权利,有利于促进本民族的发展与进步,有利于继承和发展民族优秀的文化传统,有利于发扬光大各族人民的爱国主义精神。民族意识中的利己性、保守性、排他性对民族关系的发展以至本民族的发展、进步又有一定的消极作用。

(6)可塑性。民族意识既是相对稳定的,又是可塑的。随着改革开放深入,社会经济发展,民族交往增多,物质文化生活水平提高,民族意识的利己性、保守性、排他性会逐渐淡化和克服,各民族意识的共性和积极因素会得到强化和发扬,这对集中各族人民的意志,强化各族人民的凝聚力,同心同德地去推动改革开放和现代化建设,十分有利。但是,在国际国内大的社会环境变化中,民族意识的指向与波动表现得又很敏感。民族意识是客观世界的反映,随着客观环境的发展变化,它也在变化,可塑性很大。

4.4.2 民族意识产生演变的一般规律

民族意识具有很强的生命力和稳定性,有些民族的许多特征都消失了,甚至连自己的语言都消失了,但民族意识仍然存在,并成为维系本民族的重要因素。尽管如此,民族意识从总体上看是在走向融合并导致民族消亡,从而民族意识也会最终消失。但这将是一个相当长的循序渐进、经无数量变积累才能达到质的飞跃的历史过程。

张学礼(1991)认为,民族意识属于历史范畴,有其产生、演变及消亡的过程和客观规律。认识这一规律,须从以下两个方面分析:

(1) 从纵向看,民族意识变化的主要特点是,强度大小不断起伏,形成由弱到强、由强到弱的波动,总的趋势为"负斜率",最后趋于消失。那么,在什么情况下民族意识会逐渐增强出现"波峰"呢? 一般来说,有如下情形: ①一个国家,无论是单一民族,还是多民族,当其遇到外来侵略、压迫、亡国危险时,民族意识必然会增强。②一国之内,当大民族、强民族侵犯弱小民族的正当权利和利益时,后者的民族意识就会高涨。在社会主义国家,从理论上讲,不应该存在民族压迫、民族歧视,但民族政策的严重失误同样会造成少数民族的不同程度的不满,导致少数民族民族意识的高涨。③一个民族当其文化素质普遍很低时,社会知觉较迟钝,相应的民族权利、民族社会地位、民族利益、民族自主意识都较淡薄;随着全民族文化素质普遍提高,相应的民族权利、民族地位、民族利益、自主意识等随之增强,民族意识也会随之高涨。④正面的鼓励和诱导会造成民族意识高涨。新中国成立后,民族识别,民族区域自治,尊重少数民族语言文字、风俗习惯、宗教信仰的政策,在招工招干、参军升学、入党提干等方面的优惠和照顾政策,对少数民族民族自信心提高的鼓励等,都对我国少数民族民族意识的提高起了助长和促进作用。⑤情感刺激也能在一个时期内导致民族意识高涨。这种情况又可分成两种:一是某些突发事件处理不及时,或处置失当,被居心不良的人利用,进行恶意煽动,一旦形成情感互动,互相激发,就会造成群情激愤、不能自已的局面,甚至暴发群体越规行为。其二,在一定条件下,有人利用群众的宗教感情、民族感情,打起保护宗教、维护民族利益的幌子进行长期蛊惑宣传,如得不到及时制止,也能形成一定气候。⑥来自外部的影响也会造成民族意识高涨。这里也有两种情况。一是民族解放运动的胜利,对其他殖民地、半殖民地民族的民族意识是一种激发,对资本主义国家处于被压迫地位的民族也是一种鼓励。其二,在多民族国家的边疆地区,或者由于是跨界民族,或者与境外民族有民族亲缘关系,或者有相同的宗教信仰,这些民族在境外民族影响下,随着民族意识增强,容易产生分离意识,在一定条件下,也可能酿成民族分裂活动。

在什么情况下民族意识会趋于减弱而出现"波谷"呢? 主要有以下三种情况:①在两国之间,政治、经济关系原来不合理,经过斗争或革命,受屈辱一方获得胜利,这时它所面临的主要问题已经转移,原来问题已经消失,至少已降为次要问题,与先前相比,民族意识会相对减弱。②在一国之内,或因为社会革命,或因为政治格局全面变化,民族之间的旧日的矛盾冲突得到缓解,原来有压抑感的民族得到了心理满足,民族意识随之减弱。③民族同化造成的民族意识淡化以至民族意识的完全丧失。无论是强制同化还是自然同化都会造成这种结果。特别是自然同化,由于"文化优势法则"的作用,甚至连不少征服者最终也自觉自愿地认同于被征服者的文化传统。正如马克思和恩格斯所指出的:"民族大迁移后的时期中到处都可以见到的一件事实,即奴隶成了主人,征服者很快就学会了被征服民族的语言,接受了他们的教育和风俗。"其结果必然造成原有民族意识的淡化,甚至消失。

(2) 从横向看,不仅不同国度里民族意识不同,就是一个国家不同民族的民族意识也各不相同。民族意识的不同主要表现在两方面:一是不同民族意识的质的规定性不同,二是不同民族意识有强弱程度差别。关于民族意识的质的不同不难理解。需要特别注意的是,民族意识之间的差别是绝对的,这种差别的大小是相对的。民族作为人的群体,由于不仅有不同的语言文字、地域、风俗、信仰、种族特征,还有各自的政治主张和经济利益,这就从客观上决定了不同民族的民族意识存在质的差别。这种差别有绝对意义。不同民族的民族意识差别的大小又各不相同。大致情况是:有亲缘关系的民族之间民族意识差别小,有共同信仰的民族之间民族意识差别小,有长期密切交往的民族之间民族意识差别小,同一地区或相距越近的民族之间民族意识差别小,有共同政治主张的民族之间民族意识差别小,有共同经济利益的民族之间民族意识差别小,有共同前途命运的民族之间民族意识差别小,否则,它们之间的民族意识差别相对就大(张学礼,1991)。

4.4.3 社会现代化对民族意识的影响

王希恩(1998)认为,社会主义市场经济的开放效应使各民族的交往空前广泛和深入,由此推动各民族的自我认同普遍增强,进而影响到民族意识的发展和变化。

改革开放以来,市场经济大潮风起云涌。求发展、谋生存就必须走出封闭的天地,到市场经济的潮流中去交往、去竞争。于是,一批又一批民族地区的人跨出家门,到外地去务工、经商或以其他方式谋求新的生活。第四次全国人口普查的资料表明,从 1982 年到 1990 年,少数民族迁入各省、直辖市的市、县、镇的有 2 206 190 人,近几年来,少数民族到沿海和内地发达地区务工经商的也达到数百万人之多。全国的630 个城市中都有少数民族人口居住和流动,大、中城市更为突出。在北京的 1 080万人口中,少数民族有 41 万,56 个民族齐全,流动人口 20 多万,与 1980 年第三次人口普查数字比较,汉族人口增加了 16.8%,少数民族人口增长了 28.3%。其他大城市也有相当数量的少数民族。例如,天津总人口有 879 万,少数民族在 20 万以上;上海总人口 1 300 万,少数民族有 6 万;武汉总人口 690 万,少数民族有 3.7 万。在广东,少数民族成分已达 52 个,人口 35.04 万。其中,深圳有少数民族常住人口 1 万多人。在深圳、东莞、珠海等地,仅来自贵州毕节的打工妹就有 13 万人之多。除经商打工外,由于地区发展差距,民族地区的一些少数民族妇女也通过婚嫁方式走出原居地。例如,江苏省州市 1985 年只有 7 个少数民族成分,48 人;1990 年第四次人口普查时,已有少数民族成分 17 个,186 人;1995 年又达到 21 个少数民族成分,576 人。在后五年迁入的少数民族人口中,通过婚嫁途径迁入的妇女就占 92.9%。即使自己不走出去,别人也会走进来。在大批少数民族走出封闭的同时,民族地区丰饶的自然和人文资源也引来了大批外来"淘金者"和创业者。新疆从 1984 年开始,内地经商人员逐年增加,来自江苏、浙江、四川、陕西和甘肃的客商遍布天山南北;甘肃、青海、四川等地的汉族和回族的商人和施工队伍也从 80 年代开始大量进入西藏。此外,随着改革开放深入,相当数量的内地投资和外资也进入民族地区。由于这些地区各种工矿企业、服务业、旅游业的兴起,各类外地外族人员在这里或久居,或逗留。为了促进民族地区的尽快发展和干部队伍素质提高,根据中央的部署和安排,民族地区和内地发达地区的干部易地挂职锻炼、内地省市向民族地区进行对口支援等也从不同方面促进了各民族之间的相互交流。

在市场经济作用下,各民族的相互封闭状态已难以保持。于是,在开放了的社会面前,原本封闭的人们开始比较强烈地感受到我族与他族的不同,有了比较鲜明的我族与他族的分别,原本模糊的民族认同开始清晰或者强烈了。走出家门的少数民族群众常聚族而居、聚族为业,处于散居状态的少数民族往往在各地建立起了增进联系和感情的同乡会、联谊会或类似团体。对自己族称的确认是民族认同的基本标志。随着民族认同不断增强,各族人民不但普遍明确了自己的族属,一些民族也开始关注自己的族称。80 年代后期,"毛难族"改称为"毛南族","崩龙族"改称为"德昂族"。进入 90 年代以后,又有一些学者对本民族的族称提出更改要求。如"水族"作为族称易与水生动物混淆,一些水族学者要求将其改为"水家族"。在各民族因认同而内聚性不断增强的同时,常与此相伴的对外排拒性也不时出现在民族交往中。民族认同增强也带来了族际纠纷增多。此外,少数民族对自己民族的历史和文化也普遍表现出兴趣,一些有损少数民族形象的艺术作品和宣传材料常遭到少数民族干部和群众的强烈反对。

王希恩(1998)认为,社会主义市场经济的开放性使各族人民的中华民族意识大大加强。我国多民族统一国家的状况决定在各族人民认同自己基本民族的同时,共同认同于中华民族,社会主义市场经济不但增强了各民族的民族意识,也大大增强了各族人民共有的中华民族意识。王希恩(1995)在甘肃作过一次有关民族问题的调查证明了这一点。因为各个民族的民族意识通常由他们中的先进部分或文化素质较高的人群表现出来的。甘肃是我国少数民族聚居较多的省份,在全国少数民族分布区域中,其所属民族的文化素质居中等水平,因此,甘肃各民族成员对中华民族的认同状况有较大代表性。我国各族人民对中华民族的认同是基于各民族人民对多民族统一国家和中国历史文化的共同创造,基于相互之间具有的不可分割的一体性联系。而社会主义市场经济进一步强化了这种认同,有两方面的原因:

(1)社会主义市场经济在更大范围内增强了各族人民的一体性联系。市场经济的开放性在促使一些民族自我认同发生和增强的同时,大大加强了各民族人民的相互联系。无论是民族地区的人们向沿海和内地流动,还是其他地区的人们向民族地区的进入,无论是国家和发达地区向民族地区的投资、产业转移、对口支援,还是不同地区之间的互惠合作和交流,客观上都大大促进了民族之间的交融。这种交融既是文化上的,又是心理认同上的。

(2)市场经济要求的广泛国际交流和带来的综合国力提高增进了中华民族的自我认同。社会主义市场经济的开放是全方位的,它不但深入到国内各地区,也向整个国际社会敞开大门。改革开放以来,中国人和外国人、中国文化和外国文化,从来没有像现在这样发生着如此广泛的接触和碰撞。和国内各民族对本民族认同感的发生和增强一样,中国各族人民因与国外交往增多而更为清晰地对自己作为中华民族的成员发生认同。如果说,曾几何时,中国人在与外国人交往时表现出的常是带有自卑感的消极民族意识,随着我国经济的迅速发展和国际地位显著提高,中国人的民族意识正在明显地向积极方面转化。积极的民族意识要以国家和民族本身的兴盛为基础,而国家和民族的振兴又必然带来积极民族意识的增进。当今中国人民中华民族意识的增强正是这种情形的必然反映。

社会主义市场经济在促进中华民族意识增强的同时,国内层次的民族意识也在某些方面或某些地方显现出消褪趋势。例如,基诺族是改革开放以来少数民族获得很大发展的典型,但由于各民族共性文化增多,有人预测,表现基诺族特征的民族传统文化将在二三十年内全部消失,并发现"改革开放不久基诺族中就出现了族籍迷失现象,民族认同危机已相当严重"。在基诺族成员当中,甚至出现了"基诺族不久就没有了"的慨叹。基诺族的情况有一定代表性。在社会交往中不难发现,一些民族成员确实更关心自身和整个社会的问题,并不在意自己和他人的族属和其他民族问题。从历史发展的方向看,这种情况也确实反映出随着民族之间共性增多,民族的界限终将被冲破,民族意识将最终消失。但就我国民族过程的整体状况来说,目前还远不是民族特征和民族意识走向完全消失的时期,相反,我国正处于各民族不断追求发展繁荣,民族意识处于高涨时期。民族界限消失和民族消亡是一个长期过程,在民族共同体没有得到充分发育成熟之前,这个过程必然和民族本身的发展和民族意识的增强同步而行。这看似矛盾,却符合民族过程的规律,是历史辩证法的展现(王希恩,1998)。

5 民族认同与民族自尊

民族之所以能够产生与发展,很重要的原因就是民族自识性与民族自尊性。每一民族成员对本民族都有一种不可替代的感情,对本民族的文化、风俗习惯、语言、文字、艺术等方面有一种倾向性的认识和态度体验。在民族自识性中,民族认同是重要方面。在民族态度体验方面,民族自尊是重要方面。

5.1　民族认同

5.1.1　民族认同的概念

"认同"(identity 或 identification)最早属于哲学研究的范畴。根据词源学资料，"认同"一词在历史上的意义较完整地保留在其衍生的释义词组"the same"中，当它转变为英语的"identity"时，常用于表示某些事物是相同的、一致的，或者就是它本身。在现代心理学中，最早对"认同"下定义的是弗洛伊德，他认为"认同是个人与他人、群体或模仿人物在感情上、心理上趋同的过程"(陈国验，1990)。埃里克森(E. H. Erikson, 1902—1994)提出"自我同一性"的概念，认为自我同一性是一种发展的结构，有时它指一个人对其个体身份的自觉意识，有时它指个体对其性格连续统一体的无意识追求，有时它指自我综合的无言操作，有时则指对某个群体的理想和特征的内心趋同。现代意义上的认同研究一般区分两种水平的认同——个体认同和群体认同，这一区分是对埃里克森"自我同一性"和"集体同一性"的沿袭。

民族作为特定的人类共同体，其成员聚集、生活于其中，必然会产生一种认同，相互之间产生本民族成员较其他人对自己来说更为亲切的情感，以及亲善友好的态度，认知本民族成员为同民族的骨肉同胞。民族认同是心理学、社会学、人类学等多学科研究的主题，加之本身的复杂性，因而难以有一个统一的界定。Phinney 是民族认同的重要研究者。她认为，民族认同是一个复杂的结构，包括对民族的归属感和承诺、对民族的积极评价以及对民族活动的行动卷入。Carla(1998)等人认为，民族认同是指个体对本民族的信念、态度以及对民族身份的承认。王亚鹏(2002)认为，在群体认识、群体态度、群体行为和群体归属感四个基本要素中，态度最为关键。就态度而言，民族认同有两种基本的模式：积极的民族认同和消极的民族认同。积极的民族认同是指民族成员积极、自豪地看待自己的民族，并且为身为民族的一员而自豪。表现在行为上，积极的民族认同会使民族成员积极地维护本民族的利益，以一种充满优越感的姿态看待本民族的语言、文化、宗教和习俗。积极的民族认同使民族成员具有强烈的内聚性，同时，也会对外群体成员表现出一定的排斥性和抗拒性。这种认同模式在强势民族中表现得比较突出；相反，具有消极民族认同的个体以一种悲观、颓伤的心态看待本民族的一切，对本民族的语言、文化、宗教、习俗等充满自卑，甚至以自己身为所属民族的一员而感到耻辱，因而产生一种认同的污名感(stigma)。这种消极的民族认同运作的结果表现在行为上就是有些民族成员不愿暴露自己的民族身份。这种认同模式在弱势民族的一些成员中有所表现。积极认同和消极认同的分水岭在于前者是积极的、主动的、自愿的，后者是消极的、被动的、非自愿的。Cross(1999)认为,民族认同是一个动态的过程,随着时间和情境发生变化,在不断探索的过程中实现。Kristel 和 Aunevalk(2001)将民族认同定义为是个体对群体的依恋,是个体对自己所属群体的态度和文化习惯的结合体。民族认同还常被看作是社会认同中的民族成分。Tajfel(1981)将民族认同定义为:一个人的自我概念的组成部分,这一部分涉及他是某个社会群体(民族)的成员身份的知识,以及与这种成员身份相关联的情感和价值意义。

国内民族学的多数学者都将民族认同放在民族意识范畴中。费孝通强调,"同一民族的人感觉到大家是属于一个共同体的自己人的这种心理",就是民族认同。金炳镐(1998)指出,民族认同属于民族意识第一层次,即属性意识(民族自我归属意识、民族认同意识和民族分界意识)中的一部分。王建民(1991)认为,民族认同是民族成员相互之间包含着感情和态度的一种特殊认知,是将他人认知为与自我同一群体成员的认识。高永久(2005)认为,民族心理认同是该民族群体成员普遍具有的对本民族归属感和感情依附的稳定的心理特征;孙九霞(2004)将民族认同界定为民族成员对自我身份归属的认知以及在心理上的依附感。张诗亚(2005)指出,所谓民族认同实际上便是找准独特的民族精神,这种独特的精神就民族来说就如同一个人的独特性,侧重于民族认同的情感支持功能。万明钢和王亚鹏(2004)将民族认同定义为:民族成员在民族互动和民族交往过程中基于对自己民族身份的反观和思考而形成的对自民族(内群体)和他民族(外群体)的态度、信念、归属感和行为卷入,以及其对民族文化、民族语言和民族历史等的认同。民族认同是一个包含认知、情感、态度及行为的动态过程,是个体对本民族文化表示接纳和认同态度的体现。

总之,不同领域研究者对民族认同的关注点不同。一些学者强调归属感、共享的价值和态度;一些学者重视对民族文化的接纳,比如语言、行为、价值观、民族历史知识;还有些学者提出个人在发展民族意识方面的主动作用。

5.1.2 民族认同的结构

关于民族认同的构成成分,研究者大都沿袭 Phinney 的观点。Phinney(1992)提出,民族认同包含四种成分:(1)民族自我认定(ethnic self-identification);(2)归属感(sense of belonging);(3)对民族群体的积极或消极的态度(positive and negative attitudes toward one's ethnic group);(4)民族卷入(ethnic involvement)。

民族自我认定也称为民族自我定义或民族自我归类,是指一个人所使用的民族标签。与自我认定相关的问题是,不正确归类是否同一个消极的自我概念有关(Cross,1978)。民族自我认定是民族认同的重要出发点,但大多数研究仅是让被试填写其民族成分作为自己民族分组的依据。

归属感是指个体对所属民族群体的强烈从属和依恋情感。对此成分,研究者通常采用"我的命运和未来是同我自己的民族群体联系在一起的"、"我感到对我自己的群体有一种巨大的依恋"等问题来确定。这种归属感也可以通过与他群体比较来看,即与他群体排斥或分离的经验,如"你觉得自己与其他民族成员有多大差别"等。

对民族群体的积极或消极的态度是指个体对自己所属民族的情感成分,包括积极态度(积极情感)和消极态度(消极情感)。积极态度是指对个体所属民族感到骄傲、快乐、满意、满足,比如"我骄傲我是自己民族的一员"或"提到自己的民族,你的自豪感程度有多强"。消极态度是指对本民族的负性情感,表现在对本民族的不满意、自卑感或者希望隐藏一个人的民族身份等。

民族卷入是指参与个体所属民族群体的社会生活和文化实践。研究者常采用的民族参与指标是语言、友谊、社会组织等。例如,考察成人让自己孩子学习本民族语言的愿望等。

除此之外,还有研究者从不同角度提出民族认同的构成成分。Ting-Toomey 等人(2000)抽取四个维度:民族归属感、边缘化(处在民族认同的边缘)、族群间的互动和依恋。Aune 和 Kristel(2001)通过实证研究将民族认同划分为两个相关维度:民族自豪感和归属感、民族区分(与他民族不同的感受)。Karlsen 和 Nazroo(2002)抽取了民族认同的五个维度:国家、民族、传统性、民族参与性、承认属于某个民族而非其他民族。这一看法考虑到了个体的双重民族身份,即本民族身份和国家身份。万明钢和王亚鹏(2004)认为,民族认同的构成成分包括主流文化认同(对主流文化的认同)、消极民族认同(对民族的消极信念和看法)和积极民族认同(对民族的积极信念和看法)。秦向荣(2005)认为,民族认同包括四个维度:认知成分(即对自己民族身份的知悉,及对民族客观知识的了解)、评价成分(即对民族身份的积极评价,以及民族身份对自身的重要性)、情感成分(即对民族的依恋和归属感,从心理上把自己当作是该民族的一员)、行为成分(包括为了维护该民族身份和民族文化与利益而表现出的一些典型行为和行为倾向)。

5.1.3 民族认同与国家认同

早在 20 世纪 70 年代,国家认同的概念就出现在政治学领域。伴随着苏联解体、东欧剧变而引发的第三次民族主义浪潮,传统的国家认同受到强烈冲击,国家认同的重要性随之日益彰显。国家认同是随着人出生时被赋予的公民身份而具备认同前提的,它是指一个国家的公民对自己祖国的历史文化传统、道德价值取向、理想信仰信念、国家政治主权等的认同。国家认同实质上是一个人、一个民族对自己所属国家的身份的确认,自觉地将自己或自己民族的利益归属于国家,形成捍卫国家主权和整体国家利益的主体意识。因此,国家认同是一种重要的公民意识,是维系一个国家存在和发展的纽带,人们只有确认了自己的公民身份,了解了自己与国家间的密切联系,将个体归属于国家,才会关心国家利益,主动地在国家利益受到侵害时挺身而出,自愿地在国家文化受到歧视时为国家的发展承担起责任。

民族认同与国家认同的差异性和冲突性

民族认同与国家认同之间既存在诸多的一致性,也存在一定的冲突。民族认同与国家认同的差异主要表现在:

(1)认同客体不同。民族认同的客体是民族。2005年,中央民族工作会议对"民族"的概念进行了新的界定:"民族是在一定的历史发展阶段形成的稳定的人们共同体。一般来说,民族在历史渊源、生产方式、语言、文化、风俗习惯以及心理认同等方面具有共同特征。"国家认同的客体是国家。当在一个固定领土范围内居住着人民(经常是同一民族或具有共同的认同感),而在人民中又行使着一个合法的政治权力时,便存在国家。

(2)认同基础不同。民族认同强调血缘和文化传统的重要性,它是在血缘和文化传统基础上建立起来的。民族凝聚力通过生物遗传和社会特性等民族共同的基本特质获得。由于人类属于固定的民族共同体,加之遗传进化和血缘关系,使得民族联系具有逻辑和时间上的优先权,具有既定且强有力的社会约束力量。这种源于血统的强烈认同感和团结一致的态度,既可以有利于社会和谐与国家政权稳定,也可能妨碍甚至破坏国家的建设进程、主权稳定。

国家认同更多地建立在以宪法为核心的公民身份基础上,是确认自己对国家归属的内心感受,是一种具有抽象性、哲学性的思考。国家认同是指个体或民族对所属政治共同体的确认以及个人对意欲归属的政治共同体的期待。国家对不同公民来讲具有不同意义,或者是民族国家,或者是文化国家,也可能是政治国家。公民认同国家的标准也分为三类:血缘关系、历史文化传统、社会政治经济体制。国家认同相应地可以在三个角度进行探讨:民族认同、文化认同与政治认同。从这个意义上说,国家认同内在地包含着民族认同。

民族认同与国家认同之间的差异导致两者之间存在一定的冲突,这种冲突可以从如下几方面来认识:(1)从国家角度看,国家整合通常要求放弃民族性,弱化民族文化。这些因素恰恰是引发民族国家内部危机的重要原因。每一民族都有自己独特的权利要求,实现这些权利要求往往需要国家推行差异政策,对少数民族实行制度上和法律上的倾斜。如果要求得不到满足,少数民族就会产生被弃感或受歧视感,结果是强化民族认同,促进民族主义产生,进而破坏国家认同感的生成。(2)从民族角度看,在一个多民族国家内部,每一民族都有自己独特的利益诉求。民族利益指向的更多的是那些具有拥挤性或排他性的准公共物品,不可避免地会引发族际之间纷争,使国家认同出现危机。(3)从经济角度讲,经济利益不平等,客观上容易使少数民族滋生不满情绪,从而导致国家认同的弱化。(4)从现代化的角度看,两种认同的冲突更多地伴随着现代化进程。对多民族国家而言,现代化不仅导致不同民族之间接触机会增加,族际间发生冲突的机会也比以往有所增加,从而导致其内部民族的分离倾向。

民族认同与国家认同的一致性

国家认同和民族认同相互依存,存在着一种互为前提的关系。国家以民族为基础,民族以国家为存在形式。在国家这一"政治共同体"与"我群意识"之间,存在着一种微妙的辩证关系。每一个人都属于某一特定的民族,在现代民族国家中,每一个人也一定属于这一国家。从认同的心理特性看,认同具有多重性,民族认同和国家认同统一存在于个人意识中,它们之间不是必然的矛盾和对抗关系,而是相互依存的(钱雪梅,2006)。从认同特点看,民族认同先于国家认同,是国家认同的基础和前提。

国家认同认可与保护民族认同。民族的价值追求一定是国家,国家以民族为基础,民族以国家为存在形式,获得国家形式的民族(nation)才具有现代意义。对国家认同而言,多元文化主义强调血缘、文化传统特征等因素。这些因素具有强大的纽带作用,极大地缩小了各民族之间的心理距离,增强了亲和力。为了寻求现实的利益保障,民族认同往往需要通过国家认同来巩固。国家认同为民族认同构建了安全地域和心理边界。

正确对待民族认同与国家认同的一致性与差异性

在多民族国家中,生活在这一国家中的公民往往拥有多重身份。其中,最为重要的便是民族身份与公民身份。身份不同,决定了归属感和认同感的不同。在单一民族国家中,由于民族界限同国家界限一致,民族认同与国家认同是统一的,具有同一性。在多民族国家中,族群认同和国家认同总是交织在一起,它们一个能够动员人民的力量,另一个能够控制国家机构,两者之间互动,影响着国家的向心力与凝聚力。当这两种认同达到协调与平衡、互为补充时,国家就变得强大而有力量,其作用会得到充分实现;一旦两种认同的共生关系被弱化,甚至发生冲突时,就会催生出离心力极强的狭隘民族主义,国家也会随之陷入危机。在现代世界中,任何一个国家的成功,都离不开这两种认同的共生关系。

在正视多民族国家中民族认同与国家认同的差异性、矛盾性的基础上,正确处理民族认同与国家认同的关系,使得国内少数民族在其原有民族认同的基础上,形成并维持民族的国家认同,是现代国家寻求统一和发展的必由之路。我国是由56个民族共同组成的多民族国家,如何处理好民族认同与国家认同的关系,对维护国家稳定,构建社会主义和谐社会,实现各民族的共同繁荣和社会主义现代化建设的宏伟目标,具有重大现实意义和深远历史意义。新中国成立后,我国推行了一系列促进各民族共同发展的民族政策,有力推动了少数民族地区经济、社会、文化各方面的发展,极大地提高了各民族人民的国家认同意识。当前,我国各民族认同与国家认同的关系处于历史上最好的时期。调查表明,新中国成立后,维吾尔族的国家认同意识上升很快(李晓霞,2009)。相关研究也表明,我国回族青少年(梁进龙等人,2010)和维吾尔族青少年(王嘉毅,常宝宁,2009)的民族认同和国家认同呈现积极的正相关。但也要清晰地认识到,各民族以及地区之间的发展还存在明显差距。一些境外势力试图通过民族、宗教等途径削弱我国各少数民族对国家的认同感,有意地将一些暴力事件国际化、政治化,制造民族矛盾,这些都是构建国家认同的负面因素。同时,我国少数民族大都居住在祖国的边疆,与多个国家接壤,存在着众多的跨界民族,如果不加强国家主体文化在边疆少数民族地区的建设,夯实国家认同的文化基础和经济基础,满足各民族的合理需求,必将成为构建国家认同的巨大阻力(郑晓云,2011)。

5.1.4 民族认同与文化适应

文化是一个民族的标志,也是一个民族存在和发展的根基。如果没有了自己的文化,民族就不存在了。每个民族都创造了自己的文化,又反过来塑造着民族成员,一个人从出生便暴露于自己的民族文化之中,受其熏陶和教育,形成对自己民族文化的认同。文化认同在心理上表现为个体对所属文化以及文化群体产生归属感,进而在行为上表现为对这种文化所包含的价值体系、精神结构进行不断地内化、保持与发展(栗志刚,2010)。这种共同的文化背景,使每个人集合为"民族"。文化认同是民族认同的前提和基础。

不同民族成员在接触中,必然产生文化(或民族)的"认同"和"认异"。这就存在着一个如何处理母体文化和客体文化的问题,即文化适应。文化适应是指来自不同文化背景的社会成员通过相互接触,在心理上和文化上发生变化的过程(Berry,2003)。我国是一个多民族国家,实行"民族平等"、"区域自治"、"少数民族优惠"等一系列政策来保障各民族共同发展。改革开放有力地推动了各民族的经济、文化和教育的发展,经济活动、就业和求学等使人口流动日益频繁,各民族之间接触和交流日益增多。语言、宗教、习俗、文化的差异,使得不同民族成员在接触中民族身份凸显出来。对少数民族成员来说,作为一个亚文化群体,他们进入到主流群体社会中,面对强势的主流文化,还存在着一个文化适应的过程。

文化适应是西方社会心理学研究的热点,产生了众多的文化适应理论模型,其中,以 Berry 的双维跨文化适应模型应用最为广泛(孙进,2010)。Berry 认为,文化适应过程实际上对发生相互接触的两个不同文化都会产生影响,只不过对主流文化影响小些而已。因此,他的双维度模型将文化适应研究推到一个更加全面、细致、深入的阶段。他提出保持传统文化和身份的倾向性和维持与其他文化群体关系的倾向性两个维度,两个维度相互独立,即对某种文化的高度认同并不意味着对其他文化的认同就低。根据文化适应个体在这两个维度上的不同表现,有 4 种不同的文化适应策略:

(1) 整合(integration)。文化适应中的个体既重视保持原有文化,也强调与其他群体进行日常交往。

(2) 同化(assimilation)。个体不愿保持他们的原有文化认同,却与其他文化群体频繁互动。

(3) 分离(separation)。个体重视自己的原有文化基础,希望避免与其他群体进行交流。

(4) 边缘化(marginalization)。个体既不能保持原来文化,又不被其他群体文化接受。

主流文化群体和非主流文化群体之间交流也会出现四种策略:

(1) 主流文化群体实行熔炉策略,非主流文化群体采取同化策略;

(2) 主流文化群体实行种族隔离策略,非主流文化群体采取分离策略;

(3) 主流文化群体实行排外策略,非主流文化群体采取边缘化策略;

(4) 主流文化群体实行多元文化主义策略,非主流文化群体采取整合策略(图5-1)。

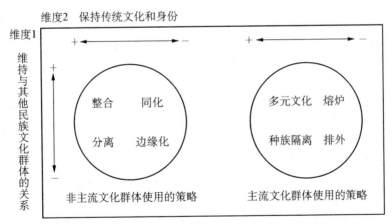

图 5-1 民族文化群体和主流文化群体的文化适应策略

当前,我国社会快速发展,民族之间接触交流的频率增多。少数民族成员进入主流群体后,面对强势的主流文化,存在着对母体文化和主流文化的认同和适应。万明钢等人(2002,2004)最早对藏族大学生的民族认同与文化适应做实证研究。他们发现,藏族大学生的民族认同包括消极的民族认同、积极的民族认同等方面,藏族同主流民族大学生对本民族文化和主流文化持有不同态度,从而在文化适应中主要采取整合、同化和分离策略。喇维新(2003)以回族大学生为被试,发现绝大多数回族大学生认为保持回族文化有重要意义,同时也认为回族文化存在着不同程度的淡化,大部分学生认为学习汉文化和保留回族文化同样重要。

在文化适应中,适应者在心理上也会产生一系列变化,如心理疏离感、压力、抑郁等。所以,民族认同、文化适应和心理健康的关系引起研究者的高度关注。有关研究发现,具有顺从和沉没式民族认同态度的个体心理健康水平较差。Helen 和 Roderick(2000)以美国黑人大学生为被试,利用民族认同量表,聚类离析出五种民族认同态度:不一致内化、积极内化、卷入式内化、分离性的民族认同和潜伏式的民族认同。这五种态度与心理健康的相关研究发现,与不一致内化的群体比,卷入式内化的群体不但心理不安感较轻,而且一般心理症状(人际不敏感和精神症状等)也较轻,心理不安感显著低于具有分离性民族认同态度的个体。那些具有积极内化态度的群体其偏执性观念也比不一致内化的群体为轻。Drew 等人(1997)发现,由于移民在进入新文化背景后,一般会出现文化冲突和文化休克现象,那些有较高民族认同的移民,由于这种民族认同能为他们提供一种外部社会支持,因而心理不安感较轻。喇维新(2003)发现,回族大学生的民族认同与其心理健康水平之间存在显著相关,民族认同积极组的心理健康水平显著高于民族认同消极组。史慧颖(2007)发现,西南民族地区少数民族本民族认同和民族冲突情境下的行为反应倾向有密切关系,认同程度和个人消极行为、社会消极行为呈显著的负相关,与社会积极行为和个人积极行为呈显著的正相关。少数民族大学生的民族认同与心理健康水平有显著相关,人际关系敏感和强迫症与被试总的民族认同相关(董雪梅,2010)。总之,民族认同和心理健康的关系是当前民族认同研究中一个方兴未艾的热点。

5.1.5 民族认同与民族偏见

偏见是一种态度,由三种成分组成:(1)情感或情绪成分,代表与态度有关的情绪类型,如生气、热情等,也表示态度的极端程度,如轻微不安,极端敌意;(2)认知成分,涉及构成态度的信念与思路,主要指刻板印象;(3)与动作有关的行为成分,指歧视——对特定团体成员的不公平,负面或伤害的行为,只因为他们是那个团体的成员。

在全球多元文化交织的格局下,少数民族常被主流社会视为弱势群体,他们的民族文化也常被归属为主流文化背景下的弱势文化,从而使许多少数民族成员的民族认同产生了分化。部分少数民族成员为了摆脱社会经济地位低、教育程度低及就业率低的阴影,表现出强烈的学习主流文化的动机,积极学习主流文化中强势民族的语言、习俗及生活方式,并努力把自己造就成为主流文化下强势群体中的一员。这样一来,这个群体的成员有可能对自己的母体文化产生偏见。另一些人则强烈地认同其母体文化,排斥其他民族文化。这个群体的成员一般都生活在文化交流及域外团体接触较少的地区,或生活在宗教意识、宗教氛围浓厚的地区,在对自己民族文化的强烈认同下,排斥其他民族文化,常带有民族偏见。还有人以逃避、消极、悲观的态度对待文化适应,不仅表现出对本民族的消极认同,在社会适应方面也显示出较强的自卑情绪,这个群体的成员大多因自尊需要对本民族及主流文化的民族产生偏见,以维护自己的"文化观念立场"。

我国是一个多民族国家,在改革开放过程中,少数民族聚居的西北地区,民族认同和民族偏见影响着整个社会的稳定与发展。因此,在建设和谐社会背景下,对民族认同、民族偏见及二者之间的关系展开深入研究,非常必要。

5.1.6 民族认同与语言态度

语言与民族相伴而生,伴随着民族一起成长。语言文字是民族文化的重要组成部分,也被视为民族固有的特点。共同的语言把人们紧密地联系在一起,形成了文化归属和民族认同,进而形成了民族国家。作为民族成员自我认同的重要因素,语言是他们传递文化的一种方式和途径,是维系民族认同的基础之一。自从人类社会形成民族以后,民族语言就成为保持民族一体感和认同感的标志(陈新仁,2008)。因此,语言认同和民族认同之间存在着复杂的关系,民族认同最直接的体现方式就是语言认同,一个人的民族认同系统中存在着民族语言认同这一层面。

语言态度

在双语和多语(包括双方言和多方言)社会中,由于社会或民族认同、情感、目的和动机、行为倾向等因素影响,人们会对一种语言或文字的社会价值形成一定的认识或作出一定的评价,这种认识和评价通常称为语言态度。语言态度是一种十分复杂的社会心理现象,它由认知、感情、行为倾向等因素组成,可以从不同的角度进行分析。语言态度又是一个难以截然分开的整体,不同因素彼此存在着难解难分的联系。语言使用是一种社会行为,语言态度必然对语言使用者的语言能力和语言行为产生深刻的影响。具体而言,它对人们的语言习得、语言选择、语言使用、语言发展起着重要的调节作用(王远新,2002)。语言态度在人的社会化过程中形成,在人与人的社会交往中产生。它受社会发展的差异、文化背景、人口数量、年龄、性别、职业、团体的聚合与松散、文化程度、城市和乡村等社会综合因素影响(张伟,1988)。

民族认同对语言态度的影响

语言是民族形成的第一要素。共同的语言形成了民族的认同感和排他性。在民族的诸多特征中,语言作为非地域性特征,是最稳定、变化最慢的一个。地域的改变,经济类型的转换,甚至文化的变迁,一般都不会引起语言的迅速改变。比如,犹太民族早年曾在长达2000多年的时间里散居于世界各地,但其民族成员却在如此漫长时间里不约而同地保持着以希伯来语为核心的民族语,对该语言持有肯定积极的语言态度,并以此为保存民族认同感的重要手段(邓佑玲,2000)。

20世纪90年代,陈松岑以新加坡华人为对象,了解语言态度、语言使用和语言能力的关系。研究表明,语言态度是人类语言生活中的重要组成部分,常常通过语言使用来体现;语言使用又给语言能力大小以决定性的影响,语言能力转而影响人们使用语言的频率,通过使用语言的效果,不知不觉地改变着人们的语言态度。萧国政等人(2000)也以新加坡华人为对象,调查新加坡华族的语言价值观、常用语选择,探讨社会因素和语言使用现状的关系,发现汉语和英语双用已经成为超流行的趋势,汉语单用情况集中在本族群的情感性交际中。王远新通过对畲族、裕固族等少数民族的语言态度调查,认为少数民族的语言态度具有以下特征:(1)对本民族语有浓厚感情,对本民族的其他支系语言、方言以及本民族使用的另一种语言有明确的认同感;(2)对学习和使用汉语文以及兼用汉语文持肯定态度,愿意主动学习;(3)对汉语、中文持肯定态度。杨玉(2013)发现,云南少数民族大学生对普通话、本民族语和英语的地位、功能以及发展前途等都持有较为肯定的看法和态度,但程度不一,普通话程度最高,本民族语次之,英语最低,性别、年级、民族都影响语言态度。云南少数民族大学生本民族认同和对本民族的语言态度之间存在显著的正相关,与本民族语水平也呈显著的正相关。

民族认同与第二语言学习

语言态度是影响第二语言学习的重要情感因素之一。双语学习者的语言态度主要体现在对待母语和对待第二语言的态度上。Beebe和Giles(1984)发现,当学生们意识到学习第二语言学习可能是对其本族语言和文化的背叛时,他们就不太可能熟练地掌握第二语言,更不会融入到新文化中去。Cheryl(1993)发现,对父母态度的信赖、对学习本族语重要性的认识和综合动机会极大地影响学习者的学习。Salim(1998)发现,以色列的阿拉伯语学习者对学习阿拉伯语态度十分消极,但对课堂情境却相当关注,后者几乎可以成为他们学习阿拉伯语好坏的预测工具。即使社会环境常与政治挂钩,但学生们受到教师和课堂环境的影响却远大于社会政治因素给他们带来的冲击。Felix(2002)调查 109 名在法国出生的第二代葡萄牙移民,发现他们社会适应性越差,法语能力就越低,维护本国文化的意识就越强,文化同化压力在他们身上就体现得越显著,对其进程的满意度就越差。牢固的民族认同对接受和学习其他语言文化至关重要(Smadar,2004)。如果家庭、学校和社会对儿童的民族价值观的教育相互冲突,儿童民族认同所经历的任何变化都会影响他们的自尊心。一旦自尊心受挫,必定影响他们学习英语语言及其他学科技能的能力。倪传斌等(2004)调查留学生的汉语语言态度,发现留学生的汉语语言态度包括两个要素:情感因素和地位因素。留学生对待汉语的态度与主观愿望之间出现了分离。影响留学生汉语语言态度的背景因素是华裔背景、所属国家或地区的地理分布、来华前的汉语学习时间、学历、年龄和性别,没有影响的是职业背景和汉语水平。留学生经历可以改变他们的汉语语言态度,但语言态度与汉语的学习动机水平无明显的相关关系。

有研究者从英语学习的角度分析语言与民族认同的关系。高一虹等(2003)调查分析英语学习、英语动机强度和自我认同变化的关系,发现英语学习者的自我认同整合似有螺旋式发展的特征。对英语学习投入少的学习者具有完整的、唯一的母语和母语文化认同,随着目的语提高,削减性变化开始出现,随着努力程度进一步提高,学习者便可能在新的层面上将不同的文化交际模式、价值观念统一起来或分别用于不同情境,因此分裂减少,整合增加。任育新(2008)通过调查问卷考察中国大学英语学习者的文化身份,分析文化身份与英语水平之间的关系。结果表明,中国大学英语学习者具有双重文化身份,即汉语文化身份和英语文化身份,但二者在认同程度上并不等同,学习者对母语文化具有更强烈的认同感,具有较强的母语文化身份意识。同时,学习者的外语水平越高,越有可能认同目的语文化,目的语文化的身份就越凸显。外语教育也影响文化认同。陈新仁(2009)调查了解不同语种、不同文化教育背景下中国学习者母语文化和外语文化的认同,发现当代大学生在总体上母语文化认同超过外语文化认同,但总平均分不高,说明外语教育的确影响大学生的母语文化认同。杨茜和高立群(2010)集中考察了维吾尔族中学生民族认同的发展状况及与汉语学习之间的关系,发现民族认同的不同方面对第二语言学习的影响不同。第二语言学习受学习者语言态度和文化态度影响。在维吾尔族学生的民族认同中,语言态度的发展最顺利,也最积极,它对学生的第二语言学习的解释力也最大。由此可见,影响学生的语言态度可以显著地促进民族学生的第二语言学习。

5.2　民族认同的理论基础

世界范围内的移民热潮和多元文化蓬勃发展推动民族认同研究的发展。这一领域往往受到各种各样的思潮或政治运动影响,但从总体上看,民族认同研究以 Tajfel 等人的社会认同理论(social identity theory)和 Erikson 的认同发展理论(theory of identity development)为基础。

5.2.1　社会认同理论

社会认同理论的起源与发展

最早认识到社会认同重要性的是心理学家勒温(K. Lewin, 1890—1947)。他认为,"个体为了维持健康,需要一种牢固的群体认同意识"。这一观点后来被 Tajfel 和 Turner(1986)进一步发展,提出了社会认同理论。该理论认为,个体通过社会分类,对自己群体产生认同,并产生内群体偏好和外群体偏见。个体通过实现或维持积极的社会认同(social identity)来提高自尊,积极的自尊来源于内群体与相关的外群体的有利比较。后来,Turner(1987)又提出了自我归类理论(self-categorization theory),认为人们会自动地将事物分门别类,在对他人分类时会自动地区分内群体和外群体。当人们进行分类时,会将自我也纳入这一类别中,将符合内群体的特征赋予自我,这是一个自我定型的过程。个体通过分类,往往将有利的资源分配给内群体成员。社会认同理论强调对群体的归属感以及作为群体成员的态度和感情,主张群体认同是自我概念的一部分。

社会认同理论的一个典型应用是用来分析处于较低地位的少数群体或一些不利群体的社会心理。根据社会认同理论,处于不利社会地位的群体很可能会对各自群体形成一个不满意的社会认同,这种认同会使群体成员采用相应的应对策略,这些策略包括个体层面和群体层面的策略。个体策略主要是社会流动,群体策略主要有社会创造和社会改变。

社会认同的基本过程

社会认同由社会比较(social comparison)、社会归类(social-categorization)和社会认同(social identification)三个过程组成。社会比较指个体评估自己所属群体和其他群体之间的优劣、地位等,归类是个体将自己归为某一群体,认同是指认为自己拥有该群体的普遍特征。

通过社会比较,个体将知觉对象分成两类:与自己相似的个体和与自己不相似的个体。将与自己相似的个体归为内群体(in-group),并贴上内群体标签;将与自己不相似的个体归为外群体(out-group),并贴上外群体标签。一旦个体对不同知觉对象贴上内群体或外群体的标签,归类也就完成了。这种在社会比较基础上形成的归类对个体后继的信息加工和行为态度有十分重要的影响。个体将自己知觉为内群体的一员,将外群体知觉为与内群体相差很大的群体。在此基础上,他们往往会偏袒内群体,并对外群体成员形成消极的刻板印象和偏见。

民族认同属于一种社会认同。按照社会认同理论的假设,个体的民族认同越强越容易产生消极的民族间态度。那么,个体的民族认同发展会不会带来消极影响?社会心理学家对此的看法存在分歧。Negy等人(2003)发现,美国在校大学生的民族认同感与民族中心主义有显著相关,即对本民族认同高的人更多表现出外群体歧视。Sidanius等人(2004)发现,民族身份意识增加了民族认同感,增加了民族间偏见及对民族群体间矛盾的知觉。过去的大多数研究证明个体对内群体认同与内群体偏好有显著的一致关系(Tarrant,2002)。但是,Tarrant(2004)认为,并没有足够证据支持内群体认同与对外群体的消极态度有一致的联系,而且社会认同理论主要来自于实验研究的证据,很难将其推广到真实群体。近些年,随着各种民族认同研究兴起,研究者对民族认同对民族间态度的消极影响不断提出质疑,认为民族歧视、偏见等消极的民族间态度并不一定与民族认同有必然联系,有更多的研究者倾向于民族认同与民族间态度的正向关系。

5.2.2 认同发展理论

认同发展理论的基本观点

社会心理学领域的民族认同研究往往是以社会认同理论为理论基础,发展心理学的民族认同研究则主要基于认同发展理论。在埃里克森的理论体系中,认同的发展始终是他所关注的重心。他在弗洛伊德认同概念基础上提出"自我同一性"概念,认为认同形成于探索和投入过程中,认同出现在青春期,并最终导致在一些重要认同方面作出一种投入或决定。埃里克森以历史发展、临床诊断、文化背景、社会进步以及人类学调查等方面搜集的大量资料作为依据,在历史情境中通过探讨个体的生物、心理与社会认知的相互作用来理解认同,其开创性工作为族群认同研究奠定了坚实基础。

根据埃里克森的观点,认同形成是青少年时期个体不断探索和承诺的结果。通过探索和承诺,个体就可以在以后重要的认同领域中作出决策。他强调,个体认同发展的最终目的是获得认同的达成。如果个体认同的发展出现问题,就会引起认同混乱或认同危机。一些诸如青少年犯罪的社会问题,就是因为认同混乱或认同危机导致的。Newman(2005)认为,民族认同是随着时间发展由不成熟逐渐走向成熟的,成熟的民族认同是持有更开放和更积极的民族态度。民族认同发展观的相关研究表明,民族认同是一个发展的过程,具有发展的阶段性,各阶段的任务不同,成熟的民族认同并不具有排他性,而是对本民族和他族均能确认和接纳。

认同发展理论的更新

Marcia(1966)借用了埃里克森理论中的两个重要关键标准——探索和投入。探索是指个体努力学习或获得关于族群的历史、行为规范、信念,以及作为族群成员的意义。探索涉及个人努力,如:通过与人谈话、阅读了解民族的情况,参与文化事件等。投入是指个体清晰地意识到归属于一个族群,并对族群伴随着积极的态度和自豪感,即使意识到群体的一些问题(如歧视),对族群仍有一种舒服的情感体验。他采用结构访谈方式,根据青少年对职业、宗教意识形态、性别以及政治价值的探究和确定程度,将青少年的认同划分为四种状态:

(1) 认同获得(identity achievement):指经历了一段可能性选择的探索并呈现出相对固定的承诺;

(2) 认同延缓(moratorium):指正处于可能选择的探索过程中并积极考虑各种可能的选择,但没有达到最后的承诺;

(3) 认同早闭(identity foreclosure):指从未经历同一性危机(探索)就对一定的目标、价值观和信念作出了承诺;

(4) 认同混乱(identity diffusion):指没有探索,也没有固定的承诺。

认同形成的方向大致是从认同混乱向认同获得的状态发展。那些在认同方面既没有探索也没有投入的青少年处于认同混乱状态,作出投入而还没有经历探索的则处于认同早闭状态,正在探索而没有投入则处于认同延缓状态,经历了探索并作出投入的则处于认同获得状态。虽然 Marcia 对埃里克森的认同发展理论进一步操作化,但研究主要集中在个体认同,没有对族群认同发展进行研究。

Phinney(2007)在 Marcia 自我认同发展模型基础上,结合前人研究,提出了民族认同发展模型,根据探索和承诺对民族认同的发展阶段进行了划分,见表 5-1。

表 5-1 Phinney 的民族认同发展模型

民族认同的阶段	
认同分散(diffuse)	缺乏探索和承诺:个体对他们民族身份表现出很少的兴趣和理解,很少甚至完全不去努力了解更多,几乎没有对民族群体的积极的归属感
认同排斥(foreclosed)	承诺但是没有探索:个体表达对群体的自豪感和归属感,但是对自己的民族身份的意义几乎很少去探索或者询问,他们看法反映出父母或者其他权威人物的观点
认同的延缓(moratorium)	探索但是没有承诺:个体努力去了解和理解他们的民族身份,但是对自己民族归属感是模糊和矛盾的
认同的成熟(achieved)	既探索也承诺:个体考虑过并努力去理解自己的民族群体的意义,并在这种理解的基础上对自己的民族有清晰的归属感

5.3 民族认同形成的阶段

早期有关民族认同的研究可以追溯到 Clark 等人(1940)对黑人儿童的种族认同和对白人玩偶的偏爱选择的研究。在这之后,少数民族个体的民族认同研究进一步开展起来。

5.3.1 Phinney 的三阶段民族认同发展模型

Phinney, Lochner 和 Murphy(1990)扩展了埃里克森早期提出的认同发展框架,提出适用于少数民族青少年的民族认同发展模型。他们认为,民族认同发展经过三个阶段,最终个体克服了消极的民族认同,在多元文化背景中获得了一种积极的民族认同。

第一阶段:弥散的民族认同阶段。那些不能积极探索民族问题,又不承认自己民族身份的个体处于这一阶段。这一阶段的个体对本民族问题很少关注,也缺乏兴趣。个体经常按照父母的观念或主流文化的价值观及态度看待自己的民族。这种弥散的民族认同使个体处于接受或内化消息的刻板印象及信念的危机边缘。这一阶段的青少年心理调适能力较差,他们在自我控制、各种社会关系分量表上得分较低,自尊水平也较低。

第二阶段:民族意识觉醒阶段。这一阶段的青少年民族意识逐渐崛起,他们意识到一味模仿主流文化的价值观对自身发展没有帮助。崛起的民族意识产生两个相反相承的结果:他们开始积极地关注本民族发展,同时逐渐停止对主流文化的一味追求和认同。这一过程不仅是认知过程,而且是反省性的元认知过程。在这一过程中,个体面临着强烈的情绪紧张度。

第三阶段:个体接受了自己文化和身份的双重不利地位,同时也达到民族认同的最高阶段。个体对自己身份和民族文化的认同不是表面的外部认同,他们把自己对自己母文化的积极态度内化和整合进自己的认知结构中。这种内化和整合的结果使个体产生一种民族自豪感和民族归属感,同时也提升了他们的民族自信心。Phinnery 和 Allpuria 认为,个体所达成的这种积极的民族认同是个体抵制偏见和歧视消极影响的缓冲器。

Phinney 等人认为,个体在经历这三个阶段时,对本民族认同会趋于积极与整合,民族偏见也随着民族认同的发展慢慢消减。该理论的独特之处是很好地陈述与解释年龄、民族认同及民族偏见的关系,为研究民族认同与民族偏见奠定了基础。

5.3.2 Cross 的黑人民族认同发展模型

Cross(1971)将非裔美国人从自我憎恨到自爱之间划分为五个阶段：(1)接触身份；(2)遭遇；(3)沉没浮现；(4)内化；(5)责任内化。Cross(1991)认为，个体在接触身份阶段的种族意识还没有建立，他们不会对种族群体关系给予过多的思考。他们的群体自尊可能是积极的或消极的，但他们很少去探索。遭遇阶段像是一种外伤事件，这种关键性遭遇也可以从许多小的和消极的有启发性事件中获得。经历过遭遇后，个体决定成为"黑人"，探索成为"黑人"意味着什么，把他或她完全沉没于"黑人"的每件事情中。之后，个体进入内化阶段，他们为作为一个黑人感到骄傲，获得积极的群体自尊，对他们的种族愿意承担责任。

5.3.3 Helms 的民族认同发展模型

从黑人民族认同发展模型提出至今，民族认同研究持续了四十多年。这期间，Helms 相继提出了白人的民族认同发展模型和更具有包容性的适合于所有有色人种的民族认同发展模型。她认为，这种扩展是有一定基础：首先，所有有色人种都会分享一些共同经验；其次，不管是哪一民族的个体，都会抵制或拒绝消极的民族刻板印象。即，所有有色人种认同发展都包括"对内化了的社会种族刻板印象的克服以及对消极的自我概念与我族概念的克服"。

Helms 的有色人种认同发展模型深受 Cross 的黑人认同发展模型和 Atkinson，Morten，及 Sue 的少数民族认同发展模型影响。她认为，有色人种认同发展模型按照认同变化的逻辑顺序，由五种身份(statuses)组成。第一种身份是顺从(conformity)，它类似于接触身份。第二种身份是不一致(dissonance)，处于这一身份的个体在有关自己民族问题上表现得模棱两可又略显混乱，在自我概念上也显得模棱两可。第三种身份是沉没—浮现(immersion-emersion)，处在这一身份的个体沉浸在内群体的文化圈中，对外群体有一些消极行为反应。第四种身份是内化(internalization)，此时个体能够积极地看待本民族文化，同时也能客观地对外群体成员作出反应。最后一种身份是综合意识(integrative awareness)的出现，处于这一身份的个体能够对受压迫群体产生移情心理。

Helms 提出的民族认同发展模型，受认识发生论的影响，其主线围绕着顺从、适应与内化展开论述个体在应对环境时所表现出的五种不同身份，这五种身份各自以前一种为条件发展而来，具有内在的逻辑性(李忠，石文典，2008)。

5.4 民族认同的研究方法

由于民族认同的概念界定不一，结构也不相同，所以，民族认同的研究方法较多，但主要以问卷法为主,此外还有实验法、投射法、访谈法、社会距离测量法、形容词排序、实际国家或民族知识测量等。这些方法都不够完善,内容不够全面,存在着同一方法偏差问题。

5.4.1 问卷法

问卷法因为方便、简洁、客观、样本大等优点,成为民族认同研究领域中使用最多的方法。其中,较为经典的问卷当属 Phinney(1992)编制的包括 14 个项目的民族认同测量量表(Multi-group Ethnic Identity Measure, MEIM)。该量表用以测量民族认同的三个方面:(1)归属感与对本民族群体的态度(5 个项目,如"我对本民族及其取得的成就感到非常自豪");(2)民族行为与习俗(2 个项目,如"我参加本族群的文化习俗活动,如特殊食物、音乐或风俗");(3)基于探索和承诺的民族认同获得(7 个项目,如"我花时间想要对本民族更了解,比如本民族的历史、传统和风俗",与"我非常了解本民族及其对自己的意义")。该问卷采用四点量表记分,选择从"非常同意"到"非常不同意",把 14 题得分相加取平均数即为民族认同得分,得分从 1 分到 4 分,表示从极低民族认同到极高民族认同。量表测量的三个方面虽然在概念上分离,但可以作为一个单独变量分析,标志着对本族群的积极情感、参与性和忠诚。

后来,Phinney 删除了其中 2 个项目并稍微修改,现在的量表包括 12 个项目,包含两个因素:个体对自己民族身份意义的探索(5 个项目,如"我花时间想要对本民族更了解,比如本民族的历史、传统和风俗")和个体对本族群的肯定、归属感(7 个项目,如"我很高兴成为自己族群的一员")。民族认同探索是一个发展的、认知的因素,对本族群的肯定、归属和承诺是情感因素。MEIM 被认为是使用范围较广和很有效的民族认同测量量表(Umana-Taylor, 2003; Umana-Taylor et al., 2006)。

Umana-Taylor(2004)等人认为,Phinney 的 MEIM 只测量了民族认同发展的部分成分,其得分是单一的测量分数,即高得分意味着个人的投入和探索,同时伴随着积极的情感态度,而 Erikson 和 Phinney 的理论都没有假定民族投入需要积极的感情来建立认同。鉴于此,Umana-Taylor(2004)编制了民族认同测量工具(EIE)。EIE 是 17 个项目的自陈量表,评估青少年民族认同的三个维度:探索(exploration,7 个项目),解决(resolution,4 个项目)和肯定(affirmation,6 个项目)。探索是指青少年参与那些能够教导他们的族群活动;解决测量个体的族群性,意味着的使命感;肯定代表青少年已经发展出的对群体身份积极感受的程度。通过分析各分量表的得分高低,可以将个体置于可能存在的四个阶段,即混乱、早闭、延缓、获得,每一个阶段有积极或消极的确认。这个量表借鉴了 MEIM 的优势和弥补其局限性,作为一个多维构想具有充分的信度和效度。

此外,比较常用的量表有 Helms 编制的黑人民族认同量表(BRIAS)、Parham 等人编制的民族认同态度量表(BRIAS)、Helms 和 Carter 编制的白人民族认同态度量表(WRIAS)。三个量表都采用五点计分,但前两个量表以 Cross 的民族认同发展阶段模型为理论指导编制,白人民族认同态度量表以 Helms 提出的白人民族认同五阶段模型为理论指导编制。虽然 WRIAS 的理论基础与 BRIAS 及 BRIAS 不同,但基本假设却一样,即个体通过自我反省和自我整合等痛苦的元认知过程,最终克服了消极的民族认同态度,达成积极的民族认同态度。

5.4.2　实验法

用实验法研究民族认同,一般是从类化着手,将群体分化为内群体和外群体,通过实验操作,来了解群体成员对内群体和外群体的态度。运用实验法研究民族认同的优点是一方面它可以探讨因果关系,另一方面,由于它一般是在外群体参照框架下研究民族认同,因而还可以了解群体成员对本民族、其他少数民族和强势民族的认同态度。例如,Sachdev 等(1984,1985)通过实验发现高权力群体对低权力群体的歧视行为。Arbona 等(1999)通过对黑人儿童和拉丁裔儿童的实验,发现本民族认同能预测黑人儿童对斗殴的态度,民族认同越高的儿童越容易采取友好行为。

实验法由于变量控制严格、因果关系清晰,有助于揭示心理现象的本质,因此受到高度推崇。但由于民族认同涉及的社会问题的复杂性,用此方法展开民族认同的研究还不多。

5.4.3　投射法

投射法是指通过考察对象对某种刺激材料的反应,对更深层的心理动机进行探究。Clark 和 Clark(1950)的黑人自恨(Black self-hatred)研究采用的就是投射法。他们调查 3～7 岁黑人儿童的颜色喜好(color preferences),要求儿童在一幅画上涂上同他们自己皮肤一样的颜色或者他们想成为玩伴的孩子的皮肤颜色,发现黑人儿童一般都能正确地认识到自己是黑人,同时也发现存在于黑人儿童的白人导向(喜欢与白人有关的事物)现象。后来,他们又做了洋娃娃偏好(doll preference)研究。让儿童通过用白洋娃娃或黑洋娃娃来回答问题,比如,给我一个好娃娃,给我一个坏娃娃,给我一个有好颜色的娃娃,给我一个像你的娃娃。通过这些投射测验,Clark 和 Clark 得出结论:黑人儿童可以正确地进行自我认定,但他们对白皮肤存在明显偏好,对自己的皮肤颜色存在消极态度。该研究对后来的民族认同、社会认同研究都产生了深远影响。

投射法由于测验目的的隐匿性,可以比较有效地排除被试在问卷法中可能出现的作假现象(黄希庭,1991)。而且,投射测验对个体的内隐行为特别敏感,能够引起被试广泛而多向的主观反应(Petot, 2000)。投射测验还特别适合于跨文化研究,可以有效地降低言语理解偏差。这些优点表明它特别适合于民族认同研究。不过,投射测验评分易受主观因素影响、分数不易量化等缺陷,也限制了它的使用。因此,将投射法和问卷法等结合起来效果更为理想。

5.4.4 田野调查法

田野调查法,又称为实地调查法,或田野工作法,是实地观察各民族社会的方法,是所有从事各种民族问题研究的人十分重视的方法(李静,2005)。民族学工作者认为,只有通过田野工作,才能获得研究的第一手资料,验证有关假设(林耀华,1997)。金烨(2004)在研究中国朝鲜族双重身份认同时就采用该方法。

一般来说,民族认同研究领域所采用的研究策略更具有社会学或文化人类学的特点。具有社会学性质的民族认同研究一般从民族成员对本民族语言、文化、宗教、习俗的态度出发,运用大量问卷调查,来了解民族成员对具有民族象征意义的固化物的外显态度,了解民族成员对自己民族身份的看法和态度。具有文化人类学性质的民族认同研究一般从个案研究着手,通过神话、历史传记、实物收集等方式,并辅以民族志方法,来了解和研究民族认同,这种研究策略具有典型的质化研究特点。

5.5 民族自尊

5.5.1 自尊

自尊的定义

自尊(self-esteem)最初源于拉丁语"aestimare",是指个体对自身价值的估计。《现代汉语词典》对自尊的解释是:"尊重自己,不向别人卑躬屈节,也不容许别人歧视、侮辱。"在社会科学中,自尊是指人们对自己的价值、优点以及重要性在情感上的总体评价。詹姆斯(W. James, 1890)最早对自尊作出界定,认为自尊是个体对自我价值的感受(self-feeling),由实际成就与潜在能力的比值决定,并提出了著名的公式:自尊 = 成功/抱负。Roesnberg(1965)认为,自尊是指知觉到的个体的现实自我状态和理想自我状态之间的差异。Marsh(1993)认为,自尊是一个知觉到的现实自我的特征和自我评价标准之间的比较结果。荆其诚(1991)认为,自尊是个人自我感觉的一种方式,一种胜任愉快值得受人敬重的自我概念。林崇德(1995)认为,自尊是自我意识中具有评价意义的成分,是与自尊需要相联系的、对自我的态度体验,是衡量心理健康的指标。

自尊研究从詹姆斯(A. Maslow, 1908—1970)开始,随后受人本主义思潮影响。马斯洛强调自尊需要,认为自尊是自我实现的重要条件。Bills 和 Mclean(1951)提出差距理论,认为自尊取决于真实自我和理想自我之间的差距,真实自我是自我中成功的、已实现的部分,理想自我是期望达到的部分,两者差距越大,自尊感就越低。20世纪 60 年代,随着认知心理学成为心理学的主流,自尊步入了全面研究阶段。众多学者提出了自尊结构模型,并编制了自尊量表。研究者从认知与情绪的角度拓展研究范围,揭示了低自尊与抑郁情绪的联系。Harter 等人(1986)对自我知觉和自尊的研究揭示了自尊决定因素(即在重要领域中能力和社会支持)的改变会使自尊产生变化。Greenwald 等人于 1995 年提出内隐社会认知概念后,内隐自尊(Implicit self-esteem)成为内隐社会认知的重要内容,人们对自尊的理解从意识层面渐渐深入到无意识层面。

民族认同与自尊的关系

民族认同与自尊的关系,理论上来自于社会认同理论。根据社会认同理论,只有成为一个群体的成员能够给个人提供一种有助于促成正面自我概念的归属感,自尊才受到个体群体身份或者社会认同影响。当所属民族是主流群体贬低的群体,低自尊状态成为这个群体的特质,该民族成员面临对这个群体的否定民族认同,会导致低自尊。Phinney 等人(1997)在对美国三个不同少数民族群体的青少年研究中发现:对本民族认同都与自尊呈显著正相关;国家认同与自尊正相关。人们部分地根据自己所属的群体或群体种类来定义自我,并且更倾向于用有利方面评价自己所属群体来提高自我形象。因此,即使所处民族群体不利于个体的自我评价,但国家认同会提高个体的自我评价。Phinney(1999)认为,民族认同是群体认同的一种类型,对少数民族群体自我概念非常重要。民族认同可以预测自尊高低,对本民族高认同可能伴随着高自尊。崔淼和黄雪娜(2011)以宁夏回族自治区 77 名回族中学生为对象,考察回族青少年的民族认同、国家认同与自尊的关系,发现回族青少年民族认同与国家认同之间存在显著差异,对国家认同程度大于对本民族认同。国家认同可以很好地正向预测自尊中的自我喜欢维度。

5.5.2　民族自尊

民族自尊(ethnic/national esteem)决定一个民族如何看待自己在世界民族中存在的意义与价值,决定国民如何看待自己民族的历史文化和现实际遇,过去和现在,未来与发展,也决定这个民族与其他民族交往的心态。一个民族不能决定其他民族对自己的态度,却可以决定自己对自己的态度。每一个体在群体自我层面上都有追求自尊的需要。与群体自我相对应的是集体自尊,与民族自我相对应的是民族自尊。

民族自尊的定义

由于西方文化重视个人自我,因而大多心理学家较为关注个人自尊(personal self-esteem),对民族自尊却没有一个明确的定义,大多采用"集体自尊"(collective self-esteem)的概念,意指与集体认同(社会认同)相对应的自尊。社会认同理论认为,个人自尊与集体自尊是相关的,因为它们在自我概念中有一般或分享的核心,即它们都形成了总体价值感或整体积极的自我概念。民族自尊与个人自尊的相关取决于民族自尊的重要性和对个人自尊的效应大小。

社会认同理论认为,集体自尊"来自知道自己在社会群体中的成员身份并重视成员身份、对成员身份有强烈情感依恋的自我概念层面"(Tajfel,1981)。Porter 和 Washington(1979,1993)认为,群体自尊关注个体作为一个民族或种族一员的成员感。陈安福(1987)认为,民族自尊心和民族自豪感是爱国主义情感形成的第二层次,引导学生的自尊心与集体、国家民族的荣誉与尊严联系起来,就可发展成集体荣誉感与民族自尊感。人格、国格不可辱,是个人的道德自尊心、国家自尊感的表现。黎红(2001)认为,民族自尊是对民族自身价值的自我肯定,是对自己国格的自我尊重。

民族自信、民族自尊和民族自豪

首先,从心理机制上说,三者都是民族自我意识和自我评价的主观表现形式。但是,民族自豪感和民族自尊心同时指向三个时间维度——民族的过去、现在和未来,而民族自信心仅指向一个时间维度——民族的未来。

其次,三者包含的心理成分截然不同。民族自豪感和民族自信心带有更多的认知成分,民族自尊心带有更深刻的情感成分。民族自豪感和民族自信心是建立在肯定的民族认知基础上的积极情感,民族自尊心是建立在对民族全面认知(包括肯定与否定认知)基础上的积极情感。

此外,民族自豪感更倾向于荣誉感,民族自尊心更倾向于尊严感。在这三种民族情感中,民族自尊心还是一种积极的行为动机,直接指向具体的行为模式。

民族自尊的结构

顾海根和段惠芬(1996),顾海根和梅仲荪(1999)将民族自尊置于爱国情感框架中。爱国情感包含三个维度:情感维度、对象维度和发展维度。民族自尊只有后两个维度。对象维度指民族自尊指向的实体,涉及祖国的自然实体、祖国的人文实体和国家的经济与政治实体。发展维度指民族自尊形成的发展水平有一个由感性到理性、由具体到抽象、由他律到自律、由前习俗水平到习俗水平和原则水平的发展过程。

Breekler 等人(1986)建立了集体自尊量表,指出自我有三个动机层面:公共、私人和集体。个体试图在每一个层面建立自我价值。尽管个体对其为社会群体成员的评价有多积极是集体自尊的一个方面,对社会行为调节也很重要,但这些评价并未抓住集体认同的本质。社会认同既包括自己对内群体的评价也包括他人对内群体的评价。此外,个体只有在主观上认同内群体,群体才有助于形成个体的自我概念。Luhtanen 和 Crocker(1992)汲取社会认同理论的精华并接纳了成员集体自尊结构,建立了通用的集体自尊量表。量表结构包括四个部分。成员集体自尊(membership collective self-esteem),意指个体对成为社会群体成员的积极或价值评价,它是集体自尊结构中最为个人化的因素。另外三个因素与社会认同理论直接相关,考虑到有助于形成积极集体认同的、对社会群体的自评和知觉到的他评两个方面。私人集体自尊(private collective self-esteem)是指个体对内群体的好坏评价(自评),公共集体自尊(public collective self-esteem)是指个体知觉到的他人对个体内群体的评价(知觉到的他评)。认同重要性(identity collective self-esteem)用来评价个体的社会群体成员身份对个体自我概念的重要性。

邹琼(2005)探讨了青少年民族自尊的维度及其发展,发现民族自尊是一个多维心理结构,包括四个维度:自我评价—情感、公共评价—情感、共同命运感和民族身份重要性。四个维度之间存在中等程度相关。初二、高二和大二的学生都有积极正向的民族自尊。

5.6 民族认同研究的发展

5.6.1 现存问题

研究样本单一,缺乏比较研究

从研究取样看,研究者往往只选取某个少数民族为样本进行研究,被试大都为学生,以单一民族为被试的研究所造成的结果是结论的外部效度低,难以有效地推广,不能得出普遍性的结论。未来研究可同时采取多民族被试,进行比较研究,找出共同点,发现差异性。

研究方法有待多样化

在现阶段,民族学、社会学和人类学对民族认同的研究主要采用社会调查、田野考察、深度访谈等定性方法,心理学领域内主要采取测验法。未来研究可以同时采取多种研究方法,定性研究和定量研究相结合。此外,随着科学技术的发展,社会认知研究已经进入了认知神经心理学时代。心理学家采用事件相关电位(ERP)、脑磁图(MEG)、功能性磁共振成象(fMRI)方法,发现了大量与社会认知有关的神经结构(邵志芳,高旭辰,2009)。民族认同是一种重要的社会认知,在建构过程中涉及诸多社会认知(如刻板印象、偏见)现象,也可以采用上述现代化手段进行研究。贾磊(2010)采用 ERP 技术对民族刻板印象的内隐激活与外显运用两者加工过程的认知神经机制进行了分析,发现两者的神经加工机制不同。

不够重视本土化研究

我国是一个多民族统一国家,实行民族平等政策和少数民族区域自治制度,推行各种优惠政策来促进少数民族地区教育、经济和文化的发展。民族之间在语言、宗教信仰方面具有重要差异,尤其是大多数少数民族都有自己民族的宗教信仰,这与国外的社会背景(尤其是移民国家)有很大不同。此外,在我国快速发展和社会转型期间,民族之间的人口流动主要表现为大量少数民族成员进入主流群体社会中。尤其在教育方面,国家设立了众多的民族院校,在非民族院校又设立了"民族班"、"预科班"将少数民族学生单独集中进行教育。这种独特的社会背景和制度,对我国各民族的民族认同的影响还有待于进一步的探讨。

5.6.2 研究展望

加强南北合作与交流

民族认同本身具有民族性、跨文化性和区域性特点。由于我国少数民族人口分布的地区差异,研究对象也有差异。例如,西北地区的研究对象主要集中在藏族、回族、东乡族、维吾尔族等民族,西南地区的研究对象主要有壮族、彝族、水族、苗族等民族,研究结果也存在着不一致之处。未来研究应加强南北研究机构与人员的合作与交流,对一些共性问题进行合作研究,通过比较来发现影响民族认同的因素,这对中国民族认同研究具有重要意义。

采用多样研究方法和手段

民族认同研究大都采取测验法,对数据分析主要运用频数统计、因素分析、相关分析和回归分析等,涉及的变量一般都较少,不利于解释变量之间的关系,影响因果关系推断。因为民族认同具有跨文化性,不同民族具有不同的文化、宗教信仰和习俗,同一变量关系可能在不同民族中有差异。未来研究应该尽量同时选取多个相关变量,采用高级统计方法,对变量关系在文化或者民族水平上进行比较。

多学科融合

民族认同是在一定历史情境中建构的,它也随着情境而变化。影响民族认同的因素既有社会和政治的因素,也有心理因素。这种复杂性决定了民族认同研究需要多学科(如民族学、社会学、政治学、心理学等)的视角,在研究内容和方法上相互借鉴,开展深入全面的民族认同研究。

6　民族文化与民族意识

6.1　文化的概念与类型

6.1.1　什么是文化

　　"文化"是哲学、社会学、人类学、政治学等多学科研究的对象,对这一概念的定义也五花八门。在国际上,法国、英国和美国的学者在指称"文化"时一般用"civilization",德国学者用"culture"。翻译时,把前者译作"文明",把后者译作"文化"。这体现了对文化的两种不同理解:法国、英国和美国的学者代表西方文化研究中的实证主义传统,把文化理解为既定事实的各种形态的总和,即把文化理解为人类创造的物质成果和精神成果的总和;德国学者代表西方文化研究中的思辨传统,把文化理解为一种人类生活的样式。这两种对文化的理解各有千秋,也各有偏颇。文化是结果和样式的统一,是人类创造出来的物质成果和精神成果的总和,也是人类认识和改造自身、社会和自然的特殊的实践活动方式。

那么，什么是文化？文化的内涵是什么？事实上，文化是人类在社会历史发展中不断创造、总结、积累下来的物质财富与精神财富的总和。文化是历史现象，是历史发展的体现。不论人们承认与否，文化从客观上存在一种极其强烈的、割不断的历史传统的性质。文化的历史传统虽然在长期历史传承中可以使其性质逐渐得到改变，但这种改变需要蔚成一种社会风气，在很长的历史发展过程中才能实现。文化传统的历史性改变是长期的、潜移默化的过程，人们对它们往往并不在意。但是，文化传统的性质一经改变，哪怕是部分改变，就将对人类的社会生活产生巨大的影响（曲辰，2006）。不论何种文化，其本质的、深刻的内涵是哲学，是价值观、人生观、世界观、生存思想与方法的体现。

在学术史上，第一个界定文化的学者是人类学鼻祖泰勒（E. B. Tylor, 1832—1917）。他认为，文化是复杂的整体，包括知识、信仰、艺术、道德、法律、风俗以及其他作为社会一分子所习得的才能与习惯，是人类为使自己适应其环境和改善其生活方式的努力的总成绩。美国社会学家波普诺（David Popenoe, 1987）则从抽象定义角度对文化作了如下定义：一个群体或社会共同具有的价值观和意义体系，它包括这些价值观和意义在物质形态上的具体化，人们通过观察和接受其他成员的教育而学到其所在社会的文化。文化的要素有三：符号、定义和价值观。文化促进人类社会发展，促进人体生物进化，成为人类环境中的一种力量（瞿明安，2009）。

按照马克思主义的文化观，文化是人类在社会实践过程中创造出来的一切东西。劳动同时创造了人类和文化。人类和文化从一开始就相生相伴。德国人类学家蓝德曼（Michael landmann, 1913— ）提出了"人是文化的存在"、"人是历史的存在"、"人是传统的存在"、"人是社会的存在"的论题，主张"没有自然的人，甚至连最早的人也是生存于文化之中"。文化不仅与人类同时诞生，还与人类一起成长和发展。文化由人类社会的延续得到传承、更新和发展，人类也通过文化的积累而进步。文化逐渐成为人类生存的第二个"自然环境"。人类社会从早期的氏族、部落到现代的民族国家，都从文化记忆中获取其存在的合法性。他甚至认为，"我们受文化因素的强大支配远远超过了受遗传因素的支配"，"我们必须是文化的存在。……放弃文化只是放弃我们自己"。英国人类学家盖尔纳（E. Gellner, 1983）亦主张"用共同的文化来界定民族"。

文化的范围甚为广泛，有哲学、宗教、科学、技术、文学、艺术、教育、风俗等，是包含多层次、多方面内容的统一体。张岱年和程宜山（2006）认为，文化包含三个层次：第一个层次是思想、意识、观念等，在思想意识中，最重要的莫过于价值观念和思维方式；第二个层次是文物，即表现文化的实物，它既包括像哲学著作、文学艺术作品一类的"物",也包括科学技术物化形态的"物",即人工改造过的物质;第三个层次是制度、风俗,是思想观念所凝结成的制度、法律、规章等。

6.1.2 文化类型

文化类型的理论

文化类型是指各种文化形态体系中最有特色、最能体现一种文化本质属性的特征,而不是指它的全部特征的总和。文化类型是对文化进行分类的术语,是人们在特定地理环境和长期历史生活中形成的文化形态特征。《简明不列颠百科全书》将文化类型界定为:"在文化分类中,一种以经过选择并互相起作用的各特征或各组特征为主要内容的结构。"在一定民族或一定区域中,人们生活的自然环境相同,社会发展水平相似,他们的物质文化、社会制度文化和精神文化在主要方面相同,便形成一个文化类型。

在文化学史上,德国学者斯宾格勒(O. A. Spengler, 1880—1936)在《西方的没落》、英国学者汤因比(A. J. Toynbee, 1889—1975)在《历史研究》中先后对文化类型进行过理论研究。他们都是在世界文明史这一大背景里对不同文化形态予以别类定型,提出了别类的基本单位和定型的基本标准。

斯宾格勒把世界文明史划分为希腊(古典)、阿拉伯、西方、印度、中国、埃及、巴比伦、墨西哥等八个部分,它们是独立的、已经发展完成的文化形态;俄罗斯是尚未完成的一部分。他认为,别类的基本单位既不是"种族",也不是语言符号,而是作为基本象征符号的"文化民族"。他把文化民族作为分类的基本单位,世界文明史的"分割"以此为基础。所以,他把希腊(古典)、西方、中国都作为文化民族看待。他认为,定型的基本标准已经内涵于"文化民族"的概念中,因为文化民族本身就是一个灵魂的单位。

斯宾格勒认为,每一种文化都有特定符号作为象征。古典文化的象征符号是希腊神话中的太阳神阿波罗,所以又称为阿波罗文化;西方文化的象征符号是德国神话中一个不惜用灵魂向魔鬼换取享乐的魔术师浮士德,所以又叫浮士德文化。文化具有同时代性和独特性。各个不同文化经历了相同的发展过程,因而不存在时间先后,所有文化都是同时代的和等价的,不同文化的人和事完全可以具有相同的意义。但每一种文化又具有独特的个性。例如,古典文化注重现在,不问过去和将来;西方文化不满足于现在,追求自我完善和无限。因此,每一种文化的人只能站在自己的文化中看待一切,从而决定了不同文化之间的了解和沟通是不可能的。文化交流只是表象,相互隔绝才是本质。文化就像人的一生,遵循生、壮、老、死的周期性规律,每一种文化都经历了春、夏、秋、冬四个发展阶段,也称为前文化时期、文化早期、文化晚期和文明时期。在前文化时期,人类尚处于原始状态,国家和政治还没有出现,代表者是农民;一旦有了民族和封建制度,就进入了文化早期,城市开始诞生,代表者是贵族和僧侣;到文化晚期,城市的力量日益壮大,并同乡村力量展开斗争,代表者是中产阶级;当城市彻底战胜乡村,出现了大城市和行省时,文明时期就到来了,这时诸侯林立,列强纷争,战争频繁,因此又叫战国时期,代表者是下层群众。列强纷争的结果是导致了凯撒主义,即一种极端的个人权力,出现了大一统的帝国。然后城市遭到毁灭,历史又重新回到前文化时期的原始状态。他认为,文化的这种有机性和宿命性是与生俱有的,任何一种文化都逃脱不了灭亡的命运,西方文化也不能例外。西方文化于公元 900 年诞生后一直沿着上升路线向前发展,依次经历了春、夏、秋、冬各个阶段。但 1789 年法国革命后,西方文化便进入它的冬天,即濒临死亡的文明阶段,表现在哲学上是伦理学代替了形而上学,表现在艺术上是原有创作风格的丧失,表现在精神上是怀疑主义和无神论流行,表现在道德上是金钱崇拜、为富不仁,表现在政治上是武力代替民主,帝国主义逐渐出现,战争危险增加,最终造成各国之间的混战。在混战中,将有一个独裁者脱颖而出,克敌制胜,建立一个世界性的帝国。斯宾格勒学说的最有价值之处在于他对西方传统历史观念的冲击和批判,否定了欧洲中心论,以多个文化的发展代替了单一文化的发展,以文化的有机生长代替了社会的阶段演进;以文化自我中心代替了欧洲中心,体现了西方文化从近代走向现代,从一元走向多元的历史趋势。

汤因比(A. J. Toynbee, 1889—1975)是英国著名的历史学家。全面反映他的历史观点并使他成名的著作是《历史研究》,这部书被誉为 20 世纪最伟大的历史著作之一。汤因比指出,以往的历史研究的一大缺陷,就是把民族国家作为历史研究的一般范围,从而大大限制了历史学家的眼界。事实上,欧洲没有一个民族国家能够独立地说明自身的历史问题。因此,应该把历史现象放到更大的范围内加以比较和考察,这种更大的范围就是文明。文明是具有一定时间和空间联系的某一群人,可以同时包括几个同样类型的国家。文明又包含政治、经济、文化,文化构成一个文明社会的精髓。文明具有两个特点:(1)都经历了起源、生长、衰落、解体和死亡五个发展阶段;(2)文明和文明之间有一定历史继承性,或称"亲属关系",就像几代人生命的延续,每一文明或是"母体",或是"子体",或既是母体又是子体。但是,这种文明之间的历史继承性并不排斥它们之间的可比性。首先,从时间上看,文明社会最多只不过三代,历史进入文明阶段也不过刚超过 6000 年,而人类历史至少已有 30 万年,文明的历史长度只占整个人类史长度的 2%。因此,在哲学意义上,所有文明社会都是同时代的。其次,从价值上看,与原始社会比,所有文明社会都取得了巨大成就;但同理想标准比,这些成就又都微不足道。因此,所有文明社会在哲学上又是等价的。汤因比把

6000 年的人类史划分为 21 个成熟的文明：埃及、苏美尔、米诺斯、古代中国、安第斯、玛雅、赫梯、巴比伦、古代印度、希腊、伊朗、叙利亚、阿拉伯、中国、印度、朝鲜、西方、拜占庭、俄罗斯、墨西哥、育加丹。其中，前 6 个是直接从原始社会产生的第一代文明，后 15 个是从第一代文明派生出来的亲属文明，还有 5 个中途夭折停滞的文明，即玻里尼西亚、爱斯基摩、游牧、斯巴达和奥斯曼。要揭示文明的起源，首先要了解原始社会与文明社会的本质区别，这一本质区别就是模仿方向的不同。在原始社会，人们模仿的对象是已故的祖先，传统习惯占统治地位，社会停滞不前。在文明社会，人们模仿的对象是富有创造性的人物，传统习惯被打破，社会处于不断变化与生长中。文明起源的性质就是从静止状态到活动状态的过渡。这种过渡所以能够实现，既不是由于种族，也不是由于地理，而是由于人类面对某种困难挑战进行了成功应战。对第一代文明来说，挑战主要来自自然环境；对第二、三代亲属文明来说，挑战主要来自人为环境，即垂死文明的挣扎，只有克服了这种挣扎，新文明才能诞生。但是，这种挑战必须适度：挑战太大，应战就不能成功；挑战太小，又不足以刺激人们起来应战。文明的起源还必须具备有创造能力的少数人，他们是应战的先行者和领导者，然后大多数人加以模仿。缺少这个条件，文明不会出现。文明出现后并不一定都能发展起来，有些也可能陷入停滞，文明的生长必须具备四个条件：(1)挑战和应战的不断循环往复；(2)挑战与应战的场所逐渐从外部转向内部；(3)社会内部自决能力(对内部挑战进行应战的能力)增强；(4)少数杰出人物的退隐与复出。总之，少数人创造，对一系列挑战进行应战；多数人模仿，使整个社会保持一致：这就是文明起源和生长的一般规律。但是，文明的生长并非是无止境的，只要应战敌不过挑战，文明就可能在其生长的任何一点上衰落下来。文明衰落的实质主要在于少数创造者丧失了创造力，多数模仿者撤销了模仿行为，以及作为一个整体的社会失去了统一。总之，是社会自决能力的丧失。文明衰落的结果，就是社会有机体的分裂，社会分成少数统治者、内部无产者和外部无产者三部分。他们分别是原来的少数创造者，多数模仿者和文明社会周围对于文明社会充满敌意的蛮族军事集团。

汤因比认为，随着社会解体，旧母体文明便开始向新子体文明过渡，这一过渡经历四个阶段：(1)列强纷争，战乱不已；(2)统一国家时期，特点是一个强大势力削平群雄，建立大一统帝国，带来了暂时的和平和繁荣；(3)间歇时期，特点是宗教思想产生并在社会上迅速蔓延；(4)统一教会时期，特点是一个强大宗教组织出现，国家却摇摇欲坠，最后蛮族军事集团冲破了原有军事分界线，摧毁统一国家，新的文明开始了，以统一教会为代表的新社会又具备了对挑战进行成功应战的能力。但是，文明衰落后，不一定马上导致旧文明死亡和新文明诞生，中间可能出现千年甚至数千年的僵化状态。比如，埃及文明衰落于公元前 16 世纪，其解体和死亡要到公元 5 世纪，中间经过了 2000 年。苏美尔文明和印度文明也分别僵化了 1000 年和 800 年。现代中国文明在公元 9 世纪唐朝灭亡后就开始了衰落和解体过程,先是五代十国的混乱时期,接着出现宋代统一国家,但蒙古入侵使这个过程中断,社会没有进入间歇时期,而是处于僵化状态,这种僵化状态一直持续到今天仍然没有结束。汤因比显然是想用这种文明僵化理论补充他的四阶段理论,使其能够自圆其说。

总之,在对文明起源解释上,挑战与应战理论注意到人和环境的相互关系,注意到在社会发展过程中主体的能动作用。这一理论也有缺陷:一是过分强调杰出人物的作用;二是忽视了挑战应战中物质因素的存在。汤因比注重道德的进步和人类自身的完善,有一定合理性。但他夸大了宗教在历史上的重要性。在晚年,他指出,仅用一个西欧模式并不能说明一切问题,还应再加上一个中国模式或犹太模式。在对西方前途解释上,他认为西方文明虽然发展到顶点,但还没有理由说它已经走向死亡。西方将来的命运如何,取决于西方人能否面对挑战进行成功的应战,能否解决西方文明生存的各种问题。

20 世纪初期,我国展开了一场声势浩大的中西文化比较运动。从文化类型学视角看,梁漱溟的《东西文化及其哲学》最有代表性。在该书中,梁漱溟选择的中国、印度、西方三大文化形态,具有明显的别类基本单位的含义。他把"意欲"作为定型的基本标准,认为西方以意欲向前为根本精神,中国以意欲持中为根本精神,印度以意欲向后为根本精神。这些观点无疑在一定程度上推动了当时的文化讨论,但他对文化类型与文化模式的相互区别缺乏自觉意识,又对往后的文化讨论带来负面影响。

在 20 世纪 30 年代,冯友兰提出文化类型说。这一学说的提出与全盘西化与中国本位文化论争密切相关。如果说梁漱溟的文化类型观主要表现在具体运用方面,冯友兰在 1940 年出版的《新事论》更充满理性思辨色彩,显得较为全面。冯友兰认为,西洋文明是优越的,并不在于它是西洋的,而是因为它是某一类的;中国文明在近百年内总是吃亏挨打,也不是因为它是中国的,而是因为它是某一类的。无论中国文化还是西洋文明,无疑都是特殊的文化;如果不将它们归于某一类中,就无法相互学习。这就引申出定型的基本标准问题。他认为,定型的基本标准是一种"共相","共相"即众所周知的"社会性质"。只有以此为标准,才能进行文化的别类定型。西洋文明在社会性质上是"生产社会化"的,中国文明是"生产家庭化"的。他还从文化发展角度提出"类型转进说",即通过产业经济发展,使中国文明从生产家庭化转进到生产社会化,从古代形态转进到现代形态。"类型转进说"建立在对全盘西化论、部分西化论和东方保守主义批判基础上,这就蕴含着一种为后人常常忽略的逻辑,即文化类型与文化模式有一定区别,深言之,即社会性质与民族精神不可以相互等同。

文化类型的分类

文化类型是由于自然环境和生存方式差异,以及观念、信仰、兴趣、行为、习惯、智力发展方向和心理性格不同而形成的具有相似文化特征或文化素质的地理或者行业单元。由于文化因素及其分布、组合和发展在地域内存在复杂的相似性和差异性,划分文化类型也缺乏统一的分类标准。

根据生产方式的差异及其发展阶段,可以将文化分为游牧文化、农业文化和工业文化。游牧文化是驰骋奔波竞争的文化;农业文化是安居乐业过日子的文化,体现出自给自足、安定保守的文化特征;工业文化是趋于流动、进取和机敏型的文化。相对于游牧文化、农业文化和工业文化的划分,中国文化是三种文化并存的文化。

Hammerly(1982)把文化分为信息文化、行为文化和成就文化。信息文化是指一般受教育本族语者掌握的关于社会、地理、历史等知识;行为文化是指人的生活方式、实际行为、态度、价值等,它们是成功交际的最重要因素;成就文化指艺术和文学成就,是传统的文化概念。从文化内部结构看,可以将文化区分为物态文化、制度文化、行为文化、心态文化。物态文化是人类物质生产活动方式和产品的总和,是可以触知的有物质实体的文化事物;制度文化是人类在社会实践中组建的各种社会行为规范;行为文化是人际交往中约定俗成的以礼俗、民俗、风俗等形态表现出来的行为模式;心态文化是人在社会意识活动中孕育出来的价值观念、审美情趣、思维方式等,相当于精神文化、社会意识等概念,这是文化的核心。

有些人类学家将文化分为三个层次:(1)高级文化(high culture),包括哲学、文学、艺术、宗教等;(2)大众文化(popular culture),指习俗、仪式以及包括衣食住行、人际关系各方面的生活方式;(3)深层文化(deep culture),主要指价值观的美丑定义、时间取向、生活节奏、解决问题的方式以及与性别、阶层、职业、亲属关系相关的个人角色。高级文化和大众文化均植根于深层文化,深层文化的概念又以习俗或生活方式反映在大众文化中,以艺术形式或文学主题反映在高级文化中。按照这些划分,中国文化正处于各种文化齐头并进的时代(瞿明安,2009)。中国传统文化可以分为雅文化和俗文化。中国雅文化亦可以称为士大夫文化或精英文化。"雅"是"正"的意思,是从《诗经》的"雅诗"中套用过来的。士大夫文化是少数人的文化,它既有统治阶层的思想意识,也反映民族共同文化、共同心理的要素。士大夫一般都受过系统文化教育,较好地继承了历史文化传统,其思想文化系统、精致、深刻,书生气浓,文化思想趋于保守,而且有浓厚的空想色彩。在人生价值上,他们奉"重义轻利"、"崇德贱力";俗文化亦称为通俗文化或大众文化。俗文化流行于没有接受过系统文化教育的广大民众之中,包括农民文化和市民文化。中国传统俗文化渊源流长,最早可以追溯到《诗经》中的"风诗"。"风"是"声调"的意思,国风就是地方声调、地方土乐,多为民歌,产生于黄河中下游以及汉水流域一带,共有十五国风。绝大部分风诗都反映劳动与生活,清新自然。传统俗文化通常将"富贵利达"视为最高价值,民众心中最崇敬的人物不是仁智合一的圣贤,而是努力过人、侠肝义胆的"好汉"。在俗文化中,常贯穿一些"路见不平,拔刀相助"的仗义思想。在传统上,人们认为释经阐道的诗文是雅文化或正统文化,认为不本经传、作意好奇的小说是卑下的,称为"传奇",是俗文学或市民文化。中国传统俗文化的流行者,是一般民众,他们识字不多,甚至是文盲,其思想文化零碎、朴野、肤浅,但有丰富的人生阅历、劳动生产经验,故有新活、实在、形象、生动的特征。

还有学者从经济与生态角度来划分文化类型。20世纪50年代,苏联民族学家托尔斯托夫、列文和切博克萨罗夫提出"经济文化类型",认为它指"一定的经济与文化特点的综合体,它在历史上形成于处在相似的社会经济发展水平并居住在同样自然地理条件下的不同民族中"。后来,又对原概念进行反思,认为经济文化类型是"历史上形成的对经济与文化相互联系特点的综合,它反映出区域内(州内、地区内)经济、文化与生态及社会政治发展水平"。经济文化类型构建的条件主要有二:(1)自然地理条件;(2)社会经济发展水平。首先,具备相同的自然地理条件是必要条件,是划分经济文化类型的主要依据;其次,所处地理条件决定社会经济发展水平;再次,当居住的自然地理条件和在此基础上形成的社会经济发展水平都类似时,构成趋同的文化特征,包括物质文化和精神文化,如此,就成为同一经济文化类型。

经济文化类型理论对我国民族学研究有十分重要的影响。1956—1958年,切博克萨罗夫到中央民族学院讲学。期间,林耀华与他共同撰写了《中国经济文化类型》一文,全面地运用经济文化类型理论来研究中国民族问题。在之后的20多年时间里,由于多方面原因,国内这方面研究没有取得任何进展,直到80年代中期,张海洋开始继续此项研究。20年来,我国学者通过实际调查和理论思考,对经济文化类型进行了发展性研究。目前,国内关于这一理论最具代表性的论著是林耀华的《民族学通论》,认为经济文化类型是指"居住在相似的生态环境之下,并操持相同生计方式的各民族在历史上形成的具有共同经济和文化特点的综合体"。其中,用"相似的生态环境"取代"相似的自然地理条件",用"相同生计方式"替换了"近似的社会发展水平"。然而,有学者对此定义的修改提出了质疑,认为生态环境扩大了外延,生计方式缩小了对象内涵,不能真正反映出地理环境与经济文化的耦合关系。

林耀华等人对文化类型的划分,有以下方面和序列:(1)生态基础;(2)生计方式(包括人类的生产生活活动及物质文化);(3)社会组织形式及各种典章制度;(4)意识形态(包括行为准则、道德规范、宗教信仰和思想观念等)。他们把中国经济文化类型分三个类型组,每一组又包括许多类型。(1)采集渔猎经济类型组。这一类型组以渔猎兼采集为主要生计方式,直接攫取野生植物。包括两个类型,即以鄂伦春族为代表的山林狩猎型和以赫哲族为代表的河谷渔捞型。(2)畜牧经济文化类型组。它分布在从东北到西北到西南的半月型畜牧带;畜牧生计是这一类型组的人们对干旱和高寒地区生态环境的适应形式。这里的居住、饮食、服饰等都具有畜牧文化特点。这一类型组又可分四种类型,即以鄂温克族为代表的苔原畜牧型(以驯鹿为主,信奉萨满教),以蒙古族为代表的戈壁草原游牧型(畜养马、羊和骆驼,住蒙古包,信奉藏传佛教),以哈萨克为典型的盆地草原游牧型(以牧为主,兼营农业,住毡房,信奉伊斯兰教),以藏族为典型的高山草场畜牧型(以畜养牦牛为主,住平顶碉房,饮酥油茶,信奉喇嘛教)。(3)农耕经济文化类型组。又分为:①山林刀耕火种型,主要集中在横断山脉南段,包括门巴族、珞巴族、独龙族、怒族、佤族、德昂族、景颇族、基诺族及部分傈僳族、苗族、瑶族、布依族、高山族等民族,生态环境保护与人民生计之间存在尖锐矛盾;②山地耕牧型,包括羌族、纳西族、彝族、白族、普米族、拉祜族等,多在山区经营旱作,并有牛、羊、猪、鸡等禽畜,宗教信仰复杂;③山地耕猎型,包括苗族、瑶族、仡佬族、畲族、土家族等民族,种植水稻、玉米等作物,住干栏式房屋,多信仰盘古与盘瓠,盛行祖先崇拜;④丘陵稻作型,包括傣族、壮族、布依族、水族、毛南族、黎族等,住干栏式建筑,信仰多神;⑤绿洲耕牧型,包括维吾尔族、乌兹别克族、塔塔尔族、保安族、东乡族、撒拉族等,在干旱地区的绿洲上种植小麦、玉米、瓜果等,肉、奶、皮革、毛等畜产品在生活中居重要地位,信奉伊斯兰教;⑥平原集约农耕型,分布地域广阔,包括各大平原和四川盆地,包括汉族、维吾尔族、回族、蒙古族等,儒家思想浓重。

还有学者将中国古代农业文化分为四种类型。(1)平原农耕文化:自然环境特点是土地平坦、肥沃,气候温和,有灌溉条件或可以进行雨养旱作农业的平原地区,栽培作物是主要活动,也有一定数量的牧业、林业、畜牧业和手工业。特点是农业和手工业结合在一起,在村落中宗法关系和政治关系交织在一起,重视封建的纲常伦理。在农耕区,农民是主体,土地是不动产,农民既不能像游牧民族那样流动,也不能像商业民族那样冒险,只能生活在土地上,过着稳定、程式化的日出而作、日落而息的生活。稳定而艰苦的农耕生活使农民养成浓重的乡土观念、防御意识和守成心理。农耕文化是中国农业文化的主要组成部分,是中国古代传统文化的根蒂。(2)草原畜牧文化:分布在干旱开阔的边远荒漠草原地带,主要是少数民族居住地区。在秦汉时期,北方草原的少数民族如匈奴、东胡、楼烦、乌孙,西域各族与东北各族在畜牧生产中创造了畜牧文化。畜牧文化区以牲畜的饲养和放牧为主,食肉乳、衣毛皮、住穹庐,逐水草而居,过着流动性的半定居生活。马在畜牧民族生活中具有重要作用,交通、围猎、战争,主要靠马。从民族性格上看,游牧民族粗犷、强悍,英勇善战。(3)山林采猎文化:主要分布在山区,山区耕地少,但野生动物和矿产资源丰富。山林居民如猎户、樵夫除种植小块耕地外,主要依靠采集、狩猎、砍柴、烧炭和零星的开矿过活。山区交通不便,封闭孤立,自给性强。在初冬,山民要举行大规模围猎活动。采猎活动有风险,故而猎人们对自然有敬畏心理,自然崇拜、图腾崇拜的观念很深。(4)江湖渔业文化:在江河湖海地区,渔民以渔业为生,水里来,水里去,生活流动性大。渔业的特殊生产方式形成特殊的生活方式,特有的习惯、禁忌和信仰等。海上捕捞风险大,渔民对海神有虔诚的信仰和敬畏。上述四种文化构成中国古代农业文化的四大类型。四种文化类型的分布不均衡,平原农耕文化是中国农业文化的主流、正宗,决定中国农业文化的性质,有很强的稳定性与同化力,对中国传统文化产生深刻影响。

学术界一般认为,农耕与游牧是古代中国的两大经济文化类型(贺卫光,2003)。即使在大的经济文化类型内部,又可以分为几个子类型。例如,贺卫光(2001)根据生态环境类型和高牧业经济的地位将中国古代游牧文化分为5个类型:蒙古高原游牧文化,青藏高原型游牧文化,黄土高原上游游牧文化,西域山地河谷型游牧文化,西域绿州半农半牧型文化。这些不同的文化类型塑造了生活于其中的人们的心理与行为。

6.1.3 文化模式

文化模式是社会学与文化人类学研究的课题之一。文化模式分为特殊文化模式和普遍文化模式。特殊文化模式是指各民族或国家具有的独特文化体系。它是由各种文化特质、文化集丛有机结合构成的有特色的文化体系。各民族或国家之间有不同文化,即文化模式不同。每一种文化模式内部有自己的一致性,否则各种文化特质、文化集丛便不可能结合在一起形成独具特色的文化模式。形成这种一致性的原因是统一的社会价值标准,也有人认为是一个社会中的人共有的潜在意愿。普遍文化模式是指一切文化都由各个不同部分组成,这种文化构造适用于任何一个民族的文化。威斯勒尔(Clark Wissler,1923)认为,普遍文化模式包括以下九个部分:(1)语言;(2)物质特质;(3)美术;(4)神话与科学知识;(5)宗教习惯;(6)家庭与社会体制;(7)财产;(8)政府;(9)战争。300年来,不同学科如人类学、考古学、管理学、心理学、教育学、民俗学、社会学等领域的学者根据不同指标,划分出不同功能的文化模式,形成千差万别的理论。

在文化学史上,对"文化模式"做过集中研究的是本尼迪克特(Ruth Benedict,1887—1948)。她认为,人类的文化各有其不同的价值体系和特征,呈现出多样性。文化模式是文化中的支配力量,是给人们的各种行为以意义,并将各种行为统合于文化整体之中的法则。文化模式是指诸文化特征相互协调一致的组合状态和构成方式。虽然每一种文化在表面上都千姿百态和变化万千,但它们在本质上都时刻在整合为一种"统一文化形态"。文化之所以具有一定模式,是因为各种文化有其不同主旋律,即民族精神。民族精神是一个民族带有历史性和行动一致性的价值秩序,是一种文化主旋律。人类文化由各自不同的价值秩序制约,呈现出多样性,从文化内部统一多样性的东西,是该文化的主旋律。因而"文化统一形态"就是被民族精神从内部统一、整合而成的首尾一贯的文化状态。文化模式与文化统一形态意义相近,文化主旋律与民族精神的意义相近。人们的行为受文化制约。文化研究应该把重点放在探索和把握各种行动和思考方式的内在联系上,即放在文化的整体结构上,重视文化对人格形成的影响。本尼迪克特的理论对文化人类学领域产生了深刻影响。

本尼迪克特的理论思考有以下三方面。(1)坚持文化相对主义,肯定每一种民族文化都因民族精神的内在整合而具有文化统一形态或文化模式,反对类型学论者主观随意地把它们"还原"到某一个先验的框架或理念中。(2)在基本方法上,更倾向于英美传统。她认为,德国式的类型论传统不足取。(3)在哲学价值论上,由表层的文化相对主义拓进到深层的民族精神,将文化相对主义置之于民族精神的坚实基础上,把一种文化的制度与风俗当作人们主观态度的表现来对待,旨在探索文化的深层结构与价值观念(张海钟,冯媛媛,2010)。

在学术界,一种观点认为,本尼迪克特的文化模式论就是文化类型论。金克木(1987)在《读书》杂志中介绍本尼迪克特时,就将"pattern of culture"译为"文化类型"。另一种观点持相反意见。例如,绫部恒雄(1988)在《文化模式论》引用玛格丽特·米德(1958)为《文化模式》新版所写序言的观点为佐证,强调本尼迪克特反对文化类型论,坚持文化模式论。

根据民族文化性格,可以区分出酒神文化和日神文化。尼采(F. W. Nietzsche,1844—1900)在《悲剧的诞生》中,用古希腊神话中的日神(阿波罗)和酒神(狄奥尼索斯)的象征精神说明悲剧和艺术的起源。本尼迪克特在《文化模式》中发挥了尼采的观点,分析了"日神型"和"酒神型"两种民族文化性格。两种类型的区别在于:日神是乐观之神,光明之神;酒神是忧患之神,带有深度的悲剧性情绪。日神强调德行、礼仪规范,酒神感情冲动,打破规范;日神要求信奉者适度、中和、安分,酒神不拘礼法,具有冒险精神(胡伟希,1999;王雯露,2008)。她在《菊花与刀》中还将日本文化定义为耻感文化,将美国文化定义为罪感文化。根据日神(阿波罗)文化和酒神(狄奥尼索斯)文化的文化性格划分,中国文化应属于"日神型"的文化性格。

在20世纪30年代,费孝通对中国乡土文化进行了田野工作,出版了《乡土中国》。其中,他引用 Oswald Spengler 在《西方陆沉论》中区分出的两种文化模式:一种叫阿波罗式,一种叫浮士德式。阿波罗式文化在感情定向上表现为认定宇宙有一个本来的秩序,这个秩序超于人力的创造,人不过是去接受它,安于其位;浮士德式的感情定向认定冲突是生命价值的基础,生命的意义在于障碍克服,失去障碍,生命就失去意义。中国文化整体上是阿波罗文化。但到现当代,城市文化崛起,更多地表现为浮士德精神,阿波罗文化退居到乡土社会。因此,乡土社会是阿波罗式的,城市社会是浮士德式的(费孝通,1985)。现当代中国文化的心理学考察表明,这种区分仍然适用于都市文化与乡村文化。人们还可以依据都市和村落的生活方式区分出都市文化和村落文化。一般来说,村落文化是一种开放式文化。家与家之间的历史被人为地传载下来。祖先的历史是无法隐瞒的历史,比如年龄、姐妹几人、性别等,都可以在人们脑海里刻下很深的印记,个人没有自己的隐私。开放的城市文化却由于种种障碍的阻隔,仿佛是厚厚的障蔽,把人紧紧地裹起来。个人的隐私被保护起来,人与人之间却因为不了解缘故,一般也不会轻易来往,所谓"老死不相往来"(王沪宁,1990)。

6.1.4 文化与民族意识的关系

文化是一个民族的灵魂,它体现在社会生活的各个方面。文化对一个民族的发展至关重要。人是文化的创造者,文化是人的塑造者。这种塑造是心灵和精神的塑造,"文化不仅表现一个民族的外在风貌,而且是它内在的'灵魂'。一个民族的成员的思维方式与行为方式,都受其文化模式的制约"(熊锡元,1991)。

文化是民族国家认同的核心基石。民族文化特别是民族传统对民族国家的生存和发展具有重要意义。在全球化飞速发展的今天,当经济和领土意义上的民族国家受到跨国公司的强大冲击时,越来越多的国家认识到自觉捍卫民族文化的重要性。这就涉及文化自觉。"文化自觉"是费孝通提出的概念,它指的是"生活在一定文化中的人对其文化有自知之明,并对其发展历程和未来有充分的认识。文化自觉就是在全球范围内提倡'和而不同'的文化观的一种具体体现"(费孝通,2001)。有自知之明是为了加强文化转型的自主能力,取得适应新环境、新时代文化选择的自主地位。有无文化自觉,能否做到文化自觉,对回应全球化至关重要。要实现文化自觉,增强民族意识至关重要。

民族性作为文化的基本特征,是一个民族的风俗习惯、审美方式、思想观念、语言思维等物质的和心理的结构在文化中的综合体现,就是一个民族的"自我意识"。每一个民族都是一个独特的"我",但并非任何民族都有一个清醒的"自我"。在全球化浪潮中,有的民族文化沦落为其他文化的附庸,很重要的一点就是在精神上丧失了自我。贺麟(1996)强调,应该确立文化的自我意识,"假如自己没有个性,没有一种精神,没有卓然可以自立之处,学习西洋文化便作西化的奴隶"。一种文化丧失了个性,就等于丧失了生命力,一个民族若在精神上丧失了"自我",必然是不知不觉地跟着西方文化随波逐流,最后一步步走向文化殖民。因而,文化的个性与独立,是一个民族、一个国家的立身之本;消泯了一种文化的特性与形态,就丧失了这种文化在人类社会中存在的地位与价值。正如汤因比(1986)所言,文明的生长与发展在于自己的独特与自决力,一种文明如果失落了个性,形成一种"模仿的机械性",追求"划一"而丧失"自决能力",那就只能趋向衰落。

民族自我意识意味着在与"他者"的比照中,强调自我的特殊性,借以肯定自我。列维-斯特劳斯强调,所有文化都要保存自己的独特性。文化的特殊性即"文化的自我"是历史地形成的。一个民族的"自我"只有借助于"世界历史"之镜才能得到真正的认识。中华民族所以历经几千年而不衰,全在于民族文化具有其独特的价值及继承性。中华文化在世界上早已是一种无须论证而客观存在的民族标识、一种文化价值。一种文化走向世界、加入全球化趋势的前提,恰恰是肯定自己,强调自己的优势,而不是相反。没有对全球的充分理解和把握,就很难形成关于"我"在世界的存在及其价值的自觉意识。民族传统文化是每个国家和民族的生命体现,否定传统文化就是否定民族的生命。任何国家和民族都凭借它的独特性和内聚力立于世界民族之林,丧失独特性,就意味着丧失内聚力,就丧失了存在的合法性。如果放弃了文化传统,一味崇尚大国、强国的文化,就只能成为它的附庸。

在人的多重性认同中,文化认同的生命力最顽强。任何社会群体的形成,都源于社会个体的文化认同,源于一种大家共同认可的价值观、一个共同追求的理想目标。每一种文化代表自成一体的独特的和不可替代的价值观念,因为每一个民族的传统和表达形式是证明其在世界上的存在的最有效手段(欧文·拉兹洛,2001)。文化认同是民族共同体最稳固而长久的黏合剂,是民族国家得以存续和发展的保障。一个没有共同信仰的社会根本无法存在,正如熊十力所说:"亡国族者必先亡其文化。"一个国家的文化主权所认同的文化观念来自于民族传统,它不排斥外来文明,而是要求对外来文化观念的吸收立足于对本民族国家的诠释,并有利于本民族的文化发展。在一个文化多元与政治民主化的时代,能够整合社会价值体系、维系共同信仰的只能是浸透着历史理性的民族文化。因而,认同民族文化,就是对民族共同体合法性的认同,就是对自我身份的认同,就是对自身生存价值的认同。

一个民族如果失去了对民族文化的认同就失去了民族之根,而在全球化条件下的文化互动,给发展中国家带来的最大危机就是文化的"认同危机"。亨廷顿用"文化上的精神分裂症"来形容那些文化上无所依归的民族的精神状态。从文化上的精神分裂走向民族心理的分裂,将是一个国家、一个民族发展的最大悲哀。要走出这种困境,必须从自我反省开始。若在文化上不能自觉发现问题,盲目沉浸在表层化的发展上,就不会有真正的危机意识,也就不会有所改进;没有改进,就不会由被动变为主动。

文化越是民族的,就越有价值,就越能走向世界,为全人类所共有。中华文化所以能够自立于世界文化之林,为各国人民所仰慕,根本原因之一就是具有浓厚而深刻的民族性。在 21 世纪文化多元并存的情况下,从文化发展联系到信息化进程、国际政治、民族利益等方面,文化具有越来越强烈的国际化色彩,因而必须给民族文化一个恰当的定位。这就要求文化发展策略要有全球性的视野和竞争意识。文化战争夺和捍卫的并非仅仅是纯文化,实质上是民族的经济和政治利益。既然民族利益是一种客观存在,就无须讳言文化的民族意识。在这种情况下,越发要增强文化的民族意识,建设自己的主体文化。有了主体文化,才能确定文化的边界,才能有文化防线可守,也才能在世界文化之林占据一席之地,才能经得起外来文化的撞击和整合,真正实现全球文化交流中的文化自觉(赵秋梧,2007)。

6.2 文化冲突与民族意识

6.2.1 全球经济一体化带来更多的文化冲突

"冲突"(conflict)的含义是矛盾着的两种事物相互对立、相互斗争的表面化。不同事物之间的相互对抗、碰撞等都属于这一范畴。文化的冲突在人类历史上并不罕见。不同国家、不同地区、不同民族之间的文化碰撞古已有之。在西方,在公元前 63 年,罗马帝国攻占耶路撒冷,灭亡了巴勒斯坦的犹太国家,从那时起,罗马文化和犹太文化发生了长达几个世纪的冲突。在中国,从公元 1 世纪开始,佛教开始传入中国,佛教文化同中国传统文化也发生冲突,延续了很长的时间。近代中国自鸦片战争以来,传统文化受到西方文化的强烈冲击,在中国近代史上产生了重要影响。随着全球化过程加快,世界上文化的冲突程度和规模都将是前所未有的。

亨廷顿(1993)在《外交》杂志上发表了一篇长文,题为《文明的冲突》。他认为,世界已经进入到一个新阶段,冲突的根源不再侧重于意识形态或经济,而主要来自于不同族群的文化。冲突将发生在不同文化群体之间,主要是发生在"西方文化"和"非西方文化"(如儒家文化、伊斯兰文化等)之间。亨廷顿对文明的定义是:文明是一个文化实体,是人类最高的文化集团和最广泛的文化特征。一种文明可以包括若干个民族国家(如基督教文明、伊斯兰文明),也可能只是某单一民族的国家(如日本文明)。每一种文明都有自己的文化背景和文化特征。亨廷顿所讲的文明冲突,归根结底是一种文化冲突。他认为,世界未来的格局将取决于世界八大文明的作用,即西方文明、儒家文明、日本文明、伊斯兰文明、印度文明、斯拉夫—东正教文明、拉美文明、非洲文明。相邻的文明集团将不断地发生暴力冲突,争夺对领土的控制权。所有文明群体都竞相争夺经济的控制权和对国际组织的控制权,推广自己的政治和宗教的价值观,扩大自己文化的影响。因此,文明的冲突将不可避免。

亨廷顿关于文明冲突的观点提出于 1993 年。彼时,全球化程度远不及现在高,全球化步伐也没有今天快。当今世界的文化冲突,比人类历史上任何时候都更广泛和尖锐。西方基督教文化与中国传统文化的碰撞也达到空前的地步。伊斯兰教文化与基督教文化也在发生着激烈的冲突。文化冲突的加剧主要源于整个世界的全球化进程加快。根本原因在于随着世界各个地区、各个民族、各个国家的政治、经济和文化的接触增多和交流频繁,不同文化的差异和特征凸现出来,不同文化的价值观发生猛烈的撞击,由此引起文化的冲突。

全球化的发展,在经济上呈现出一体化趋向,在文化上表现为多元化局面。文化上所以呈现多元化,是因为各个国家、各个民族、各个地区的人们都有自己传统的价值观,他们在对待公民与国家的关系、个人与群体的关系、家庭与社会的关系、家庭内部成员之间的关系上有着根深蒂固的观点;由于这些观点存在着较大的差异,它们在接触和交往中也就不可避免地产生冲突。随着世界经济一体化进程加快,西方发达国家试图把自己的价值观强加给其他国家,在此过程中,必然会受到其他国家价值观的抵触,由此也会引发文化的碰撞。世界各国在经济上可以有共同的运行机制和活动规则,在价值观上则很难达成统一的认识和标准。经济一体化进程越快,各国在价值观上差异也越明显,文化冲突就在所难免。所以,世界经济一体化与全球文化多元化是对立的统一,两者共处在全球化过程中,互相依存,又朝着不同的方向运动,在经济上趋于一体,在文化上趋向于多元(张友谊,2001)。

6.2.2 文化冲突是人类文化史上的普遍现象

文化的产生是以人的生命体验和生存经验为基础。不同生存环境的刺激和作用,造成人们对自身及世界有不同感受与看法,处在相同生存环境里的人又会形成许多共同的感受和经验。在封闭的生存环境里,这些共同的东西是产生部落或村落文化的基础。随着历史的发展,部落或村落之间人们的各种联系不断增多,封闭状态逐渐被打破。人们带着在所处环境里形成的感受、认识、习惯互相交往,必然要产生冲突和摩擦。所以,文化冲突是由文化的"先天性"或者本性决定的,是文化在不断发展中不可避免的现象。

文化的地域性与区域性、群体性与民族性,决定着文化发展过程中的差异性与不平衡性,造成文化发展中的冲突与交融。文化发展过程似乎是不断抽象的过程,从部落文化上升到世界文化,正是通过文化的不断冲突与交融来实现。所以,文化冲突是文化不断发展的表现,没有文化冲突,人类文化就会死水一潭,人类就不会趋于共同的价值目标。

古希腊文化被誉为人类的童年文化。古希腊文化的形成就是希腊岛上各城邦之间的政治、经济、文化经过几百年冲突,同时与古埃及、古巴比伦、地中海沿岸各国家的外来文化不断冲突的结果。各种文化元素通过在迈锡尼和特里克两岛的冲突交融形成了爱琴海文化,最终形成了辉煌灿烂的希腊文化。其中,古埃及的几何学、星象学和古巴比伦的医学、代数等,对希腊文化的形成起着不可低估的作用。

我国在春秋战国时期,各诸侯国之间的政治军事冲突同时也是文化冲突。经过战乱和学术争鸣,出现了政治上七雄争霸、文化上九家争位的局面,为中国封建文化的形成奠定了基础。但这种文化的内在冲突并未完结,它贯穿中华民族文化发展的始终。除了这种冲突外,中华民族文化是在几次民族大融合,即国内各民族文化之间的冲突、交融中进一步形成和发展的。后来,佛教文化和基督教文化浸入,与中华民族文化发生了强烈冲突,也或多或少地使中华民族文化的成分发生了变化。

历史上出现的宗教战争,更是典型的文化冲突。宗教本身就是一种文化,宗教的冲突和交融形成包括中国道教在内的世界四大宗教,四大宗教之间和各宗教内部派系之间的冲突从未停息过。在现代社会,随着科学技术的发展和交通工具、通讯工具的发达,人类的联系与交往日益频繁和加深,文化冲突现象更是无处不在。

6.2.3　文化冲突与民族意识的关系

文化冲突往往会给个人和民族造成心理乃至生理上的痛苦,尤其是战乱带来的文化冲突。但文化冲突是一种客观现象,谁都无法回避。文化冲突促进各民族文化的发展,使人类不断取得进步。从哲学的高度看,文化冲突的正面作用远大于负面作用。

惧怕外来文化、对文化冲突中出现的各种问题诚惶诚恐的民族,其文化一定是虚弱封闭的。犹太民族分散在世界各地,其文化与一些民族的文化尤其是与法西斯文化发生了剧烈冲突,但犹太民族从来没有对其他文化的“恐惧症”,而是在不断的文化冲突中吸取各种营养。犹太文化的生命力是强大的,开放型的,内聚力极强,创造力也极强,出现了爱因斯坦、马克思、弗洛依德等人类思想的巨人。

日本大和民族的文化虽然属于东方文化圈,但日本人有着强烈的岛国意识和生存意识,具有很强的协作精神和攻击愿望。日本民族的生存能力强,是因为他们的文化兼容性大。为我所用,善于学习,是日本文化的最显著特点。明治维新时期和“二战”后的外来文化的入侵,使日本文化得到很大的改造,今天的日本民族既不是过去的日本民族,也不是西方或其他民族的同化物,该民族以崭新的面貌出现,使日本成为世界上的一流国家。

在中华民族历史上,也发生过两次外来文化入侵,但民族心理保守、封闭,使得两次冲突的结果是中华民族都未能获得较大的进步。中华民族文化不仅没有犹太文化和日本文化的优点，而且排他性很强。一些学者认为，中华民族文化曾经造就过灿烂辉煌的农业文明，但由于清政府的闭关锁国造成近代以来的落后，万里长城同时也是保守、封闭、排他文化的象征。改革开放以来，中华民族文化与外来文化的冲突日渐加深，有人对此造成的传统道德失落、价值迷乱、信仰真空等现象表示担忧。这种失落和迷乱是必然的，是旧的文化系统受到外来文化冲击后必然出现的系统紊乱。只有旧的封闭系统被打破，新的开放系统才能形成。因而，从哲学的高度看，这种紊乱是文化正处在进步状态的表现，是旧的有序状态到无序状态再到新的有序状态的一个必然阶段。

6.3 文化融合与民族意识

6.3.1 文化融合论

在全球化进程中，各种不同文化之间既有冲突，又有融合。在不同文化碰撞中，不同文化之间的融合不仅可能，也有一定的必然性。不少学者过分强调全球化进程中的文化冲突，对文化融合有所忽视。事实上，只强调文化融合、忽视文化冲突固然不对，但只强调文化冲突、忽视文化融合同样也是错误的。只有坚持辩证统一的观点，才能得出正确结论。

"融合"（merge）的含义是两种或多种不同的事物统一于一体，整合、贯通、协调、交融、会通等都属于这一范畴。不同的学者对文化融合的理解不同。汤一介以中国文化对印度佛教文化的吸收为例，论证不同文化之间是以融合为主导的。他指出："在人类以往的历史上，并不缺乏由于文化（例如宗教）的原因引起国家与国家、民族与民族、地域与地域之间的冲突。但是，我们从历史发展的总体上看，在不同国家、民族和地域之间的文化发展则是以相互吸收与融合为主导。"（方克立，1999）也有学者指出，不能把融合等同于趋同，那种建立一种"普世文明"的想法实际上不可能。张汝伦认为，从人类文明史上看，基督教与犹太教、儒家与佛教，互相之间都有吸收和融合，但并不是趋同，也不是融入。随着人们交流的日益频繁和传播手段的日益先进，不同文化的融合正以前所未有的规模在发展（王缉思，1995）。

同样是主张文化融合论的学者，对文化融合的理解也不一样。一种观点认为，文化融合是文化在发展中逐渐趋同，最后建立起一种"普世文明"，即建立起一个全世界的人类都能接受的道德规范和价值观。第二种观点认为，文化融合是一种文化融入到另一种文化中去，是一种文化被另外一种文化吞并掉。第三种观点认为，文化融合是两种或多种文化的互相吸收；在经济一体化日益发展的今天，文化的发展不是呈现趋同倾向,而是愈来愈趋向于多元化。

对文化融合的理解应该持辩证统一的观点。既不能把文化融合简单地理解为合成一体或同一化,也不能把它理解为一方吃掉、吞并另一方,应该把它看作是对立的统一,是双方在相互对立、斗争、冲突中的相互协调、一致、吸收。基于这种理解,文化融合是完全可能的。因为在全球化不断发展进程中,各个国家、各个民族、各个地区的交流与合作越来越频繁,它们之间的文化的接触和交往也越来越多,通过文化间的比较,人们可以认识到各种文化的利弊得失,吸收其他文化的优点,克服己文化的缺陷,发展本民族的文化。

文化融合在人类历史长河中普遍存在。从人类文明史上看,各个国家、各个民族、各个地区的文化在形成和发展中,彼此冲突、碰撞,同时也相互汲取、会通。西方文化就是由多种文化交汇、融合的产物。作为西方文化核心内容的基督教,就是亚洲、非洲和欧洲三大洲几种文化的融通、交汇和整合的产物。作为东亚文化的重要组成部分的儒家学说,在形成和发展中也综合、会通了儒、释、道百家文化的思想,成为一种丰富的文化体系。日本文化是成功地融合其他文化的范例。日本是一个文化认同感很强的民族,它十分注意发扬、保存自己的文化传统,同时也注意接受其他文化中的优点。它融合了儒家文化、佛教文化和西方文化的一些方面,尤其是日本明治维新以后所提倡的"文明开化"的风气,在学习、吸收西方先进文化过程中起了重要的启蒙作用。日本在吸收、融合其他文化的同时,保持和发扬了自己的传统文化。

文化融合有时会经历一个漫长的过程,需要几个世纪才能初见端倪。比如,儒家文化与佛教文化的冲突与融合,便是经历了后汉、魏晋、隋唐,一直到北宋和南宋时期,才基本完成,历时千年之久。然而,在全球化进程不断加快的今天,文化融合花费的时间比历史上任何时期都短。因为现代科学技术的发展为文化融合提供了有利条件,人类文明已经达到更高的阶段,对待文化更加理智和聪慧。文化融合在当代有加速的趋向。中国文化与西方文化的直接交流,虽然古已有之,在近代呈加速之势。1840 年鸦片战争以后,西方文化在中国传播加快,中西文化交流频繁,中国一些有识之士开始认识到西方文化中有许多值得中国文化吸收、借鉴的东西,中国文化应当融会、贯通西方文化的长处;同时也认识到中国文化也有缺陷,只有吸收西方文化中优秀的东西,才能克己之短。

6.3.2　文化冲突与文化融合的辩证关系

文化冲突虽然以对相异文化模式的排斥为主,却也不可避免地包含融合。文化融合虽然以吸收为主,也不可避免地包含着排斥。因为,任何一种文化模式都由诸多成分组合而成,这种成分的复杂性同人类生活具有共性与特殊性的特点相结合,注定了文化冲突与文化融合的交叉联系。由于人类生活具有共性,彻底的文化排斥不可能;又由于人类生活具有特殊性,因此不加排斥的全盘吸收也不可能。割裂排斥与吸收的辩证关系,单纯地追求排斥或吸收,都是错误的。文化冲突与文化融合有两种最基本的形式:(1)不同民族之间的文化冲突与融合;(2)同一民族在不同历史时期创造的文化模式间的冲突与融合。对这两种冲突与融合形式的考察,将有助于理解文化冲突与文化融合的关系。

在远古时代,山脉、沙漠、海洋将人们分割于不同区域。神话般地描述代替了对山那边、海那边情况的真切了解。在汉唐时期,中国人将印度视为一块极乐的"西天"仙境。16、17世纪的欧洲人更是将中国描述为富于田园诗的乐园。正是以山脉、沙漠、海洋乃至河流的阻隔为基本前提,生活于不同区域的人们创造了各自的包含丰富文化内涵的文学、艺术、宗教、天文学等,形成了不同的风俗、习惯,构成了一个又一个民族共同体。文化差异是一个民族区别于其他民族的基本标志之一。民族与民族之间的冲突与融合,本质上表现为文化的冲突与融合。在民族冲突的历程中,其他成分很快地消失于历史舞台,积淀下的是文化融合的痕迹,是重组成的文化模式。

在民族与民族之间的文化冲突、融合中,主动者与被动者均在文化上受到影响。17、18世纪,欧洲大规模地向美洲移民,既极大地改变了美洲土著民族的一系列文化因素,又使移民的旧有文化受到土著民族的影响而改观,这种影响也远涉重洋投射于移民国家、民族的原初生活区域。同样,在中国近代史上,列强对中国入侵,使中国传统科学、宗教、社会心理结构发生巨大变化,也使入侵者的文化结构,如风俗、习惯等发生变化。大量研究中国与其他国家在中国近代史阶段交往的著作,记载、分析了这种双重变化。

任何一个特定文化模式都有一种闭锁机制,或称为自保机制。在对外文化交往中,当外来文化越具有侵略性时,这种闭锁机制反映得越明显。对这种闭锁机制的片面责难是非历史的、非科学的。闭锁机制是妨碍民族文化长足进展的因素之一,但它不能长久地阻止民族文化发展。这一方面是因为民族之间的文化交流随着生产力提高日益在深度与广度上展开;另一方面是因为民族文化发展与民族发展同步,民族生存、发展的需要对民族文化的发展提出了历史性的要求,当一个民族意识到旧有文化阻碍了民族的生存、发展时,会几经痛苦而步入选取新文化因素的道路。

在不同民族文化之间,存在一个文化水平差。民族之间的文化交流是一个高水平文化流入低水平文化中去的过程。不同民族文化所处的流入与被流入的位置不是一成不变,而是随着历史发展而变化。以埃及文化与西欧文化为例,在古代,埃及处于高文化水平地位,是一个文化流入的民族、区域,西欧处于低文化水平地位,是一个文化被流入区域;但近代以来,西欧文化奇迹般地壮大起来,与埃及文化颠倒了位置。

当然,这并不排除在高与低的对峙中,某些相对地处于低水平的文化模式中也有高于对方的相应文化因素的部分。

文化冲突与文化融合的另一个基本形式是侧重于时间序列展开,是历史与现实的冲突与融合,也是新旧文化的冲突与融合。每一个民族、国家在文化发展历程的每一个阶段都有一个区别于其他阶段的文化主题,这种文化主题的差异使不同阶段的人们的社会心理结构、科学知识水平呈现出一定差别。因为存在文化差别,特别是心理结构落差,后来者在思考前人的文化命题、文化成果时,必然被卷入新旧文化的冲突中。即使是生活于同一时代,不同辈份的人们之间也会产生文化冲突。因为,老年人所达到的文化水平对青年人来讲仅仅是创造新文化因素的起点。尽管许多老年人期望青年人能够超越自己,一旦青年人以老年人所创造的文化成果为起点迈步时,却常会在老年人中间激起不理解情绪;青年人对老年人所创造的文化成果在理解上的偏差,又加剧了代与代之间的文化冲突。

一切新文化都从旧文化的母体脱胎出来。没有旧文化就无从谈新文化建设。十月革命时期,波格丹诺夫等人声称要同一切旧文化彻底决裂。在"无产阶级文化协会"第一次代表会议上,针对要彻底抛弃一切旧文化来建造无产阶级文化的错误主张,列宁指出这是彻头彻尾的空想。他告诫青年:"只有正确地了解人类全部发展过程中所创造的文化,只有对这种文化加以改造,才能建设无产阶级文化。"无产阶级文化不是从天上掉下来的,也不是那些自命为无产阶级文化专家的人杜撰出来的,"而是一切旧有文化合乎规律的发展"。

文化冲突与文化融合表达的是文化的对外交流与新旧文化之间的联系及过程。它们在民族文化乃至世界总体文化发展中起重要作用。一切特定文化模式的创造者,无不在创造能力方面受到局限,这种局限性既来自特定群体的生理限制,也来自与文化相关的政治、经济等发展水平的限制。生理条件注定了任何一个特定群体都不可能经历人类文化发展的一个又一个相互联系的阶段,不可能占有人类文化的总体成果。特定群体所处的自然、社会,也只能为他们提供创造一种特定文化模式的可能性。文化冲突与文化融合将生活于不同区域、不同时代的人们连为一体,在一定程度上弥补特定群体的创造力不足,它使特定群体在文化创造中跨越所处的有限时空进入一个浩渺无穷的文化时空中,增长了人们的创造力。

6.3.3　民族融合与文化融合

民族融合往往从文化之间的部分或局部融合开始。民族融合与文化融合的关系不是单向的,而是双向的,是相辅相成的。正如民族文化与民族发展并驾齐驱一样,民族融合与文化融合往往也是同步的。文化融合往往导致民族融合,民族融合促进文化融合。在这种互动过程中,自然而然地加速了民族融合的进程。不过,也必须分清部分融合与整体融合的区别和联系。民族不可能一次性地完全融合,它从局部融合开始,逐渐过渡到整体融合,是一个渐变到突变的过程。局部融合通常以同化的形式表现出来。民族同化有两种:一种是自然同化,另一种是强制同化。自然同化是自然淘汰的结果,它是自然融合中不可分割的有机组成部分,是整个量变过程中的部分质变。把民族同化这一复杂的社会现象仅看成强制的结果未免过于简单化。当然,并不否认强制对民族同化起的作用。

从历史发展来看,民族同化有复杂的内因和外因。战争、迁徙、贸易、杂居、通婚是民族同化的五大原因,也是文化流动的五大渠道。文化流动除了这五大巨型渠道外,还有许多微渠道。五大原因是民族同化过程中起决定作用的因素,它们之间也不是孤立的,常是以一种综合力量的方式在起作用,是互相渗透、交互作用的因果链条。由战争而迁徙,又由迁徙而杂居,最后由杂居而通婚,由通婚而同化。同样,战争为贸易者打开了道路,贸易不顺利也可以导致战争。当然,有时这几种因素同时起作用,有时其中一部分因素起作用。不同历史发展阶段和不同社会背景之下起作用的方式往往也有不同。无论如何,这些因素都是民族同化和文化同化的外因。外因只能通过内因起作用。如果文化本身没有强烈的同化力和生命力,任何外部的人为刺激都是徒劳的。民族同化力的内因归根结底在于该民族文化内部。文化同化力之强弱由生产力发展水平高低决定,越是在先进生产力基础上建立起来的文化,越有强烈的同化力。

民族的自然同化是由历史发展的客观规律决定的,不以人们的意志为转移。任何民族都希望保存自己独特的文化与独立的生活方式。世界上没有一个民族会自愿放弃自己的文化而心甘情愿地被别人同化。但历史是残酷的,规律更无情。民族同化是否对每个民族来说都是一件痛苦的事?回答是否定的。每一次大的自然同化都是历史发展的一大进步,它是民族和文化大融合的必经之路。人类的历史实践表明,民族只有先进与落后之分,绝没有优劣之分。何况这种文化上的先进与落后也是由于历史环境差异造成的。

一切民族都留恋自己的母体文化。有人把这种对母体文化的爱恋之情比喻为个人生活史上的初恋,因为这种心理和情绪"将顽固地深留在它心灵的深处和意识的底层"。但是,任何民族都不能感情用事,否则反而毁掉民族的发展前途,那时再对临死文化进行抢救往往无效。最好的预防措施就是适当地敞开民族文化的门窗,让外部文化的新鲜空气吹进屋里。因为"单个民族的创造力总相对有限,一个民族若不从广泛的来源不拘一格地吸取养分,难以造就一代宏伟壮观的文化"。所有的文化都不完美。正因为不完美才需要不断地吸收外来文化的营养来充实自己。当然,必须有选择地吸取,不能盲目地接受。民族和文化是一个永恒发展的整体。停止不前的民族不存在。既不分化也不融合的文化也不存在。

　　文化融合是民族融合的唯一可靠标志。一旦民族文化的核心部分完全消失,就意味着这个民族已经完全溶化了。民族文化具有表层结构和深层结构。文化表层结构的变化不会轻易地改变一个民族的命运,最有决定性意义的是文化的深层结构,即文化核心部分的变化。这一核心部分发生质变相当困难,一旦发生质变就意味着这一文化已经不是原来那种文化了。因为这一部分是民族性赖以形成的核心,核心的部分如被改变,会整个打破原来的心理习惯和生活秩序。这样一来,民族与文化之间多年的"爱情"就会以悲剧的结局而告终。正是从这个意义上,钱穆(2012)提出:"没有中国民族,便没有中国文化,但亦可说,没有中国文化,也就没有了此刻的中国人";"若要关心国家民族之较大体,则只有从文化上关心"。

　　至于有没有世界文化,至今仍众说纷纭。总的来说,大部分人对世界文化前景抱有乐观态度。有人认为,现代科学已经使世界交通经济物产化成一家。目前的联合国,只要继续进步,也可以使世界政治渐向调合融合的路上走。有人认为,世界文化的理想在长远历史中可能会实现,但也只限于一些能被普遍接受的部分。还有人认为,文化发展是不同地区的文化、不同民族的文化不断融合的过程。这是历史发展的客观规律,任何人都不能违背历史的法则。

6.3.4　中国历史上的民族文化大融合

　　位于黄河中下游的中原地区是华夏文明的摇篮和发祥地,中华民族的主体民族——汉族在中原地区形成,有众多少数民族从东北、西北进入中原地区并建立了政权,后来又融入汉族。少数民族与汉族之间既有刀光剑影、桴鼓相攻的一面,也有经济文化交流、互通婚姻,最后融合为一体的一面。研究中原地区历史上的民族融合与同化,是了解中国历史上民族融合与同化的窗口。中原地区是一个以汉族为核心的民族熔炉,许多少数民族被中原地区的汉人融合而成为汉人,从传说中的炎、黄二帝以迄明清,民族融合同化的时间之长,被融合的民族之多,融合的情况多样、复杂,均非其他地区所能比拟。

先秦时期

　　这是中华民族的孕育时代,也是中华民族历史上第一次大迁徙、大融合时代。炎、黄二帝是传说时代的英雄人物,是远古两大部落集团的领袖,活动区域主要是黄河中下游的中原地区。黄帝打败炎帝,两族便进一步融合。郑州大河村遗址是仰韶文化中晚期遗址,从出土的陶器看,不但有典型的仰韶文化,还有东部大汶口文化及南方屈家岭文化的因素,表明这一时期已经实现了中原文化与东夷文化、南方苗蛮文化的融合,华夏民族文化初露端倪。

夏、商、周三代的来源各不相同，夏部族是黄帝的后裔，居住在中原地区河洛一带，公元前2100年前后建立了夏王朝，标志着我国历史进入了文明时代，华夏族的名称也随之产生。游牧起家的商族本是东夷人，几经迁徙到达河南东部。最初活动于渭水流域的周族，原是西戎的一支羌人，灭商后势力扩大到黄河中下游的中原地区。中原地区是夏、商、周三代的政治、经济、文化中心。这一时期在中原地区与夏人、殷人、周人错杂而居的还有蛮、戎、夷、狄等少数民族，如东周都城洛阳附近便有陆浑之戎、伊雒之戎。到战国时期，中原地区的一部分少数民族消失于史乘之中，表明他们已经与华夏族融合，成为新的华夏族。这个华夏族是由黄河中下游的炎黄集团及部分东夷集团为主体形成的。其中，除了夏人、殷人、周人的血统，还有一部分少数民族成分，是多民族融合的共同体。中华民族的主体民族——汉族，是在华夏族基础上从汉代开始形成，它的血统里融合了许多少数民族的血液。汉族的形成是中华民族的一个重要里程碑，在多元一体格局中产生了一个强有力的凝聚核心。

夏、商、周三代族别不同，发祥地各异，但都尊奉黄帝为共同祖先。直到魏晋以降，南下建立政权的北方少数民族还尊奉黄帝、夏禹为祖先。尽管考古发现与文献记载已经证明华夏民族并非来源于一个祖先，但千百年来人们一直把炎、黄二帝作为中华民族的始兴与统一的象征，不管走到哪里，都自称是炎黄子孙。这种发端于远古而历久弥新的观念，成为不同地域的人们所共有的民族意识。

魏晋南北朝时期

这一时期是民族大杂居、大融合的一个比较明显的时期。在历史上，民族融合往往伴随着野蛮民族的征服开始。北方少数民族纷至沓来，在黄河流域建立了政权。大迁徙造成中原地区胡汉杂居的局面。规模最大、影响最深的是北魏孝文帝迁都洛阳。他实行的一系列改革鲜卑旧俗的措施，目的在于巩固北魏政权，客观上促进了鲜卑族同中原汉族的融合，鲜卑族的优秀文化也被中原汉族文化吸收，如他们管理畜牧业的技能便在中原地区得到广泛传播。民族融合是一个互相渗透的过程，少数民族的汉化与汉族的胡化同时进行。从三国、两晋至南北朝的三个半世纪中，进入中原的一批少数民族的社会发展已基本上与汉族一致，经济、文化、语言、服饰、姓氏、习俗乃至宗教信仰上的差异逐渐消除，经过杂居与通婚，在血统上也融为一体。至北魏后期，匈奴、羯、氐、羌等少数民族已不见于史册，柔然、吐谷浑、敕勒等也与汉族逐渐融合，至隋朝统一黄河流域，从北方迁入中原的少数民族差不多都被汉族同化了，连鲜卑族也最终完成了汉化。河南浚县等地尚有匈奴赫连氏的后裔，但除了姓氏以外，已经没有匈奴族的任何特征了。

唐五代时期

这一时期，又有许多少数民族被中原地区的汉人融合，成为汉族。唐代洛阳是北方交换的中心,"商胡贩客,日奔塞下",西北方少数民族及中亚、日本、朝鲜半岛的外国人长住洛阳,多种民族文化融汇交合,使唐代成为中华文化发展的一个高峰。五代时期,中原地区先后建立后梁、后唐、后汉、后晋、后周五个王朝,其中后唐、后汉、后晋分别是沙陀人李存勖、刘知远、石敬瑭建立的。沙陀源于突厥,这些王朝的建立标志着沙陀突厥势力正式登上中原地区的政治舞台,使西北和东北的大批少数民族进入中原地区。这三个少数民族建立的王朝都仿照中原地区的传统模式建立,由沙陀人与汉族上层贵族联合统治,军队也如此。在婚姻上没有禁忌,沙陀皇帝的后妃多为汉族,百姓中汉族与少数民族的通婚就更普遍,再加上五代时盛行的义养风气,沙陀皇帝往往选拔汉人中骁勇善战者为假子、义儿,结成政治集团,这在客观上加速了各民族的融合。

宋辽金元时期

长达四个多世纪的宋辽金元时期是中原地区民族融合的又一重要时期。河南的蒙古、维族、回族以及女真、契丹、西夏人在这一时期进入。北宋与辽、金、西夏诸国并存,使轺相接,络绎于途,不少契丹、女真、西夏人来到开封。契丹人大批进入中原是在金国灭亡北宋以后,金国统治者"虑中州怀二三之意,始置屯田军,非止女真,契丹、奚家亦有之。自本部徙居中土,与百姓杂处,计其户口给以官田,使自播种,以充口食"(《大金国志·屯田》)。至元代中叶,契丹人已经被元朝政府视同于汉人。陶宗仪在《南封辍耕录》中所列汉人八种就有契丹人。元代后期,"契丹"之名便逐渐消失了。女真人内迁从金太宗至金末,一直没有停止,特别是金宣宗因受蒙古人压迫迁都汴京,内迁的女真人更多,约占女真人总数的一半。他们与汉人错杂而居,互为婚姻,改用汉姓,提倡儒学,女真人的民族特色逐渐丧失。元代统治者将女真人、汉人、契丹人同列为第三等级,政治待遇相同,这在客观上消除了女真人与汉人的民族畛域,促使女真人更加汉化。迨至元末,中原地区的女真人已完全融入汉族中了。

蒙古人、色目人因戍守而进入中原。元朝统一全国后,因幅员辽阔,需屯兵驻守,便"以蒙古、探马赤军镇戍河洛、山东,据天下腹心",这项措施使得大批蒙古、色目军士离开故土,迁入中原各地,驻戍之兵,皆错居民间,"与民杂耕,横亘中原"。元朝统治者本想对汉人、南人实行军事监视,不料却导致了他们的汉化,河南濮阳的西夏遗民在家谱中说:"时北方人初至,犹射猎为俗,后渐知耕垦,播殖如华人。"前至元年间,全国农业地区普遍成立"社",政府命蒙古、探马赤军人一体入社,劝课农桑,入社后与汉人关系更为密切,甚至互相通婚。至元末明初,经过长期杂居交往,蒙古、维、回、西夏遗民等色目人与汉人已达到相忘相化,不易识别程度。朱元璋即位伊始,便下诏禁止胡服、胡姓、胡语,留在中原的蒙古、维、回、西夏遗民为避免歧视多改汉姓。改姓这一举动不同程度地加速着新的民族同化,许多少数民族变成了汉人,扩大了汉族的外延。

历史上中原地区民族融合的事实证明,少数民族对中原地区发达的经济、文化认同是形成中华民族凝聚力的至关重要因素。汉族理所当然地成为凝聚力的核心,也证明了马克思"野蛮的征服者总是被那些他们所征服的民族的较高文明所征服"的论断。

6.3.5　民族意识与文化融合的关系

民族意识是民族文化的重要部分。一个民族虽然兼容了外来民族文化成分,其民族意识也总是潜在于每一民族成员的思想中,表现形式和内容也多种多样,而且时隐时现。如果引导得当,民族意识可以成为民族发展的动力。在我国少数民族中,藏族是民族意识和民族文化比较独特的民族之一。在此,以藏族为例来说明文化融合与民族意识的关系。

藏族强烈的民族意识,并不妨碍他们吸收外族文化。独特的藏文化,有不少部分是在吸收外族文化后,在青藏高原藏族人民生活实践中逐渐发展起来的。例如,藏传佛教的发展就属于这种情况。藏族最初信仰苯教,公元585年,松赞干布娶尼泊尔赤尊公主,赤尊公主随身带去一些佛像和佛经,松赞干布为她修建了大昭寺供奉,这是佛教首次进入吐蕃。公元603年,松赞干布派吞米桑布札等16名青年赴印度学习文字和佛经。公元641年,文成公主下嫁松赞干布,文成公主也带去一些佛像和佛经,松赞干布为她修建了小昭寺供奉,接着又选派一些贵族子弟赴长安学习。印度佛教和中原佛教从此相继向吐蕃涌去。藏医体系是在原始藏医基础上,兼容中医和部分印度医学遗产而成。藏历也含有不少汉历的内容。总之,藏族吸收外族文化是多方面的,包括衣食。例如,西藏官吏把头发换成一髻,戴金翘白纱帽,系唐代进士的头饰;拉萨妇女夏天穿的紧身无袖藏袍、长袖衬衫和围裙,乃是唐代汉族妇女的衣服式样;茶叶以及以茶为饮料,也是始于松赞干布时代。一方面,藏族具有极强烈的内聚力和民族意识;另一方面,藏族又极能消化假借来的文化,并使之具有藏族特点。像这样文化兼容的胜利,在我国少数民族中尚属罕见(欧潮泉,1993)。

第三编 民族认知论

7 民族认知的形成与发展

不同民族生活在不同的地理环境中,有着不同的民族文化。长期的历史发展使不同民族对事物形成了不同的认知。

7.1 民族认知与民族文化

7.1.1 心理学层面的认知

认知活动是人的全部心理活动的开端和基础。认知是一个非常复杂的过程。认知指人认识客观事物的过程,是即时对信息进行加工处理的过程,是人由表及里,由现象到本质地反映客观事物特征与内在联系的心理活动。不同心理学家对认知作出了不同界定。Scheerer(1963)将认知看作是表征内在和外在事件的一个主要中介过程,是"在刺激源和行为矫正之间充当主要中介作用的对现象的组织形式"。Festinger(1957)将认知定义为个人对自身、自己的行为和环境所知道的东西,并用知识来表示它们。Neisser(1967)将认知看作是感觉输入的转换、简化、储存、恢复和运用的所有过程。他还认为,认知活动涵盖的范围非常广泛,信息的检测、模式识别、注意、记忆、学习策略、知识表征、概念形成、问题解决、言语、认知发展等均包括于其中。现代认知心理学吸收了信息论和控制论的思想,并借用通信工程师描述信息通道的概念来描述人的认识过程。人的认知过程被看成信息通道输入、编码、译码、存储、提取、输出信息的过程。总体上看,无论心理学家对认知的定义有何差别,其共同点均表明,认知既包括感觉、知觉等最基本的心理活动,也包括思维、想象等较高级、复杂的心理活动,这些心理活动都是对客观现实的反映,也是建立在一定心理结构和先前经验的基础之上的。

人类依靠认知认识外部世界,依靠认知有选择地接受周围世界的信息,对客观世界的各类刺激作出反应。因此,地处不同自然生态环境,具有不同社会生活条件和经验,生活在不同社会文化或民族群体中的人,其认知定会受其生活环境和生活经验的制约,从而表现出独特的认识特点(李静,2004)。

7.1.2 民族认知与民族文化的关系

认知与文化的关系,一直是文化心理学家、民族心理学家和文化人类学家关注的重要问题。探究认知与文化关系,有助于发现不同民族、不同文化成员的心理与行为的发展特征,揭示文化和认知相互作用的机制,有助于更清晰地理解民族文化和民族认知。民族文化是各民族在其历史发展过程中创造和发展起来的具有本民族特点的文化。

民族认知与民族文化关系密切。民族文化是在特定民族群体生活环境中形成,并为该民族成员所共有的生存方式的总和。一个民族之所以成为民族,最根本的莫过于形成本民族独特的文化,"这些特点体现在文化的物质和精神的各个层面上,从而形成各自相对稳定的物质生产方式、生活方式、行为规范、社会组织、生活习惯、语言和思维方式以及价值观念等,正是这些相对稳定的文化特点,才塑造了各有区别的民族"(林耀华,1997)。民族文化一经形成就具有相对稳定性,以有形或无形的形式或力量影响着民族成员,体现在他们的认知、思维和行为上,也体现在民族的物质产物和精神产物上。这些各具特色的文化以各种方式在民族中传承,形成民族传统与习俗。

人们任何一种活动都是文化的产物。因此,生活在不同社会文化或不同民族群体中的人,其认知必然受到生活环境、生活条件、生活经验制约,表现出独具特点的认知结构与组织。民族独特的生活造就了独特的认知结构,使其成为民族文化的重要内容;民族认知结构又以独特方式对民族文化形成与发展产生重要影响,促进文化重构,使民族文化带有深刻的民族烙印。在民族文化的历史发展中,无不受到民族认知结构的影响;长期形成的民族文化及文化模式又作用于民族认知及其结构,使得民族认知结构的发展更具有民族性与文化性。因此,文化的差异性包含认知结构的民族性,认知结构的民族性又促进文化的特色化发展与动态建构(李静,2004)。

7.2 影响民族认知形成的因素

人类认知结构具有稳定性,但在复杂多变的客观环境面前,人类认知能力又受有限性的局限和制约。民族心理研究往往从人类一般认知结构出发,探讨各民族认知结构的异同,还要探讨导致这些结构的历史、文化原因。这些历史与文化的原因就是影响民族认知结构形成的因素。

7.2.1 地理环境因素

地理环境是孕育、滋养文化的土壤。孔子说:"知者乐水,仁者乐山。"文化的形成离不开特定的地理环境。地理环境通过生产活动影响民族的经济生活。任何生产活动都是人类有目的地利用自然的过程,地理环境以其自然要素的不同组合影响人类生产活动的地域分工。平原宜农,山地宜林,草地宜牧,河湖宜渔。文化地理学认为,"凡超越本能,人类有意识地作用于自然界和人类社会的一切活动及其产品,都属于文化。"不同的地理环境、不同的生产与生活方式,会造就不同民族对事物的认知模式(罗春祥,2006)。一个民族的生息繁衍都有其特定的地理环境,而地理环境总会给人们的社会生活和文化打下深刻的烙印。居住地的自然环境在某种程度上制约与影响着民族认知及其结构,影响着民族认识客观事物时对对象特征的取舍及取舍方式(李静,2004)。

中国云南地区具有多样的地形、气候和物产,加上多样的地表分割,构成云南民族文化生成的地理背景。这种垂直变化、复杂多样的地形、地貌格局不仅为类型多样、立体分布的气候、植被、土壤、物产格局奠定了基础,也深刻影响了各民族的生产生活方式,从而对文化产生潜移默化的作用(车文辉,2003)。来自云南省宁蒗地区的傈僳族、普米族和摩梭人高中生之所以具有不同的基本颜色词概念结构,是因为由地理环境影响的经济生产模式发挥了重要作用。傈僳族、普米族和摩梭人生活的地理环境迥然不同,生产方式和生活方式亦有显著差异。摩梭人聚居在泸沽湖畔,那里依山傍水,土地肥沃,多种经济方式并存,当地居民多以耕作为主,以捕鱼、狩猎为辅。因此,与傈僳族和普米族比,摩梭人的物质生活水平相对较高。摩梭人自古聚居在泸沽湖畔及周围地区,对泸沽湖有着极深的依恋之情,泸沽湖地区清澈见底的湖水与湛蓝的天空是摩梭人生活的主色调,因此,纯净的蓝色成为他们钟爱的颜色。摩梭人信奉达巴教,达巴教崇尚自然,对自然持有特殊的敬仰之情,这种原始自然崇拜,促使摩梭人对生活环境中的自然色产生偏好。沙毓英(1995)发现,在摩梭人语言中,颜色词有用现象描绘代替词语的现象。例如,用鹦鹉表示绿色,粉红色则描述为像桃花一样的颜色。这种借物呈色现象反映出摩梭人对绿树红花等环境色的特殊偏好。

傈僳族因为长期的森林生产模式形成对光线的明暗程度的敏感。傈僳族主要分布在云南省内的金沙江、澜沧江、怒江两岸的高山峡谷地带,部分支系散居在金沙江、澜沧江两岸的河谷山坡台地上,是典型的山地民族(李智环,2010)。高黎贡山为傈僳人提供了狩猎和采集的场所。凭借高黎贡山丰厚的资源,狩猎和采集成为傈僳族重要的生产模式。明代《景泰云南图经志书》卷四载:"有名栗粟者,亦罗罗之别种也,居山林,无室屋,不事产业,常带药箭弓弩,猎取禽兽,其妇人则掘取草木之根以给日食,岁输官者,唯皮张耳。"(高志英,2007)傈僳族虽然现在已进入农耕经济阶段,但由于多居住于山区或半山区,生产力水平低,尚处于广种薄收阶段。除农耕时节外,傈僳人都劳作于森林,男狩猎,女采集(艾怀森,1999)。每年4月至8月为采集野菜的季节,8月至12月为狩猎的季节。在枝叶繁茂、光线暗淡的密林中,唯有敏锐地感知光线明暗,才能避免意外伤害,成功捕获猎物并采集到食物,获得生存和繁衍。久而久之,为了适应森林中的劳作,傈僳人养成了对光线明暗的敏感,形成区分亮色与暗色的习惯。人类进化都要经过漫长的、以狩猎和采集为主的原始社会阶段。这一历史阶段虽然离人们已经遥远,但在狩猎和采集中产生的一系列人类行为、心理及文化模式仍旧影响着人们(艾怀森,1999),进而影响他们的颜色认知模式。由于在山地生活,蓝天、绿林构成了傈僳族的重要生活背景,因而出现了由蓝色和绿色组成的"背景色"的类;由于生活在花朵盛开的森林中,又从事采集活动,于是就出现了"花朵、水果色"的类,这说明了地理环境和生活方式对人类认知的影响。

普米人多生活在半山缓坡地带。与傈僳族比,农业耕作是普米人更主要的生产方式。因此,土地对普米人具有重要生存意义。云南素有"红土高原"之称。普米族生活的地区往往地多人少,在长期生活实践中,普米人积累了丰富的耕作经验,对赖以生存的土地也产生了特殊偏爱。常年在红土地上谋生的普米人自然而然地会对大自然恩赐的土地的颜色产生偏爱,而红土地的颜色正是接近红色或粉红色,红色和粉红色就被赋予了特殊的价值。

在傈僳族高中生基本颜色词分类中,未出现与普米族和摩梭人类似的"单色/杂色"维度。这既与不同民族对颜色的抽象有关,也与傈僳族的色彩观念有关。从对颜色抽象看,"亮色"和"暗色"是对颜色明度认知的结果。明度高的颜色是亮色,明度低的颜色是暗色。按照亮度划分颜色,主要源自光线的作用。在光线暗淡的区域,区分亮色和暗色是最为基础也是最为有效的认知模式。在原始茂密的森林中,若想要迅捷、准确地获取猎物,唯有快速区分出目标物的"亮色/暗色"特征。这体现了傈僳人适应森林经济模式产生的颜色认知特点。

Berry(1967)指出,一定的生态环境导致一定的文化形态,一定的生态和文化形态共同塑造人,使其产生一定的行为方式,这种行为方式进而使人更好地适应那种生态和文化,甚至影响和改变他们。对居住地自然环境的适应是民族生存的基础,因而居住地的自然环境特质对民族认知结构的取向有不同忽视的制约作用。同时,世代居住的环境也赋予各个民族以相应的、独特的认知方式认识客观世界。

7.2.2 生产方式因素

一定的生态环境决定了一定的生产方式,一定的生产方式又影响人的认知。Linnell 等人(1977)对比生活在草原和移居城市的辛巴族人的注意及工作记忆,发现城市辛巴族人的工作记忆能力更好,但在空间注意中却表现出去中心化加工特征,而留守草原的辛巴族人仍能更多地关注目标。Uskul 等人(2008)发现,强调依存型社会取向的农夫和渔夫比强调独立型社会取向的猎人更强调基于关系分类,而猎人更强调基于规则分类。Talhelm(2014)提出"大半理论",认为中国南北方人由于不同的农作物种植史,导致不同的思维方式。北方人种植小麦,南方人种植水稻。与来自种植小麦区的人相比,来自水稻种植区的人表现出更加整体的思维方式。

7.2.3 传统习俗因素

民族传统习俗作为社会环境的重要部分,以有形或无形的力量对本民族成员的认知发生重要影响。服饰是一种综合性的文化现象,能够反映出一个民族对颜色的选择和偏好,最能体现人们的心理意识。不同民族对服饰的喜好存在显著差异。从服饰着装亦能看出普米人对红色和粉红色的偏好。普米女子下身穿百褶楠裙,裙脚边加一道红线。传说这道红线指明了祖先迁移的路线,人死后需要沿着路线去寻找自己的归宿。红色与粉红色多为年轻女性服饰的颜色,未婚女子留发辫时,会将一根红线置于发辫中表示未婚。显然,红色被赋予了特殊含义,红色与粉红色就成为普米人钟爱的颜色。摩梭人具有靓色偏爱,这也体现在摩梭妇女的服饰上。摩梭女子喜着红、蓝、紫色上衣,并用彩色布条镶边,系浅蓝和白色衬里的双层白褶裙,束红、黄腰带。与纳西人以穿青色衣裤为相宜装束比,摩梭人的服饰明显表现出他们对靓色的喜好。彝族自古尚黑,自称黑族、黑人,民族服装多为黑色,至今还保留着许多以黑为贵的风俗(赵寅松,2003)。彝族在历史上有黑彝、白彝之分,黑彝是贵族,白彝是平民和奴隶,有明显的黑尊白卑的意义(杨福泉,1991)。白族尚白,自称为白子白女,称自己的语言为白无,民族服装喜用白色(白庚胜,2001)。白色对白族来说,象征着纯洁、美好、忠贞、善良,说一个人白心白肝,意为这个人心地善良,有美好品德(陈萍,1999)。在纳西族文化中,从字面上解释,纳即黑,西即人,这似乎透露出纳西族曾经有过尚黑的历史。但是,在纳西族的东巴经典"黑白之战"中,讲述了白部族战胜黑部族,正义战胜邪恶的神话故事,明确表达出白象征光明,黑象征黑暗之意(李例芬,1991)。这种复杂的文化也使得纳西族对黑和白的态度混沌不明。

7.2.4 宗教信仰因素

宗教信仰在一定程度上影响民族认知结构的形成与取向。宗教的一种最巨大的力量,即道德因素。它即使没有正式地表现在戒律上,至少也表现在舆论上,按照这种传统,某些行为才被看作是善的或恶的,正确或错误的。

从"普米"名称的由来看,普米人自称为"白人",这缘于普米族自古就有的白色为善的习俗。普米族崇尚白色与普米族的图腾崇拜和原始宗教信仰有极为密切关系。普米族的图腾为白额虎,普米人视属虎之年为吉年,属虎之日为吉日(张泽洪,2006)。纳西族尚黑。11 至 13 世纪时,藏传佛教噶玛噶举派(白教)传入纳西族地区,纳西人受白教影响转而尚白,导致纳西人对黑白产生复杂的态度(杨杰宏,2004)。藏传佛教格鲁派(黄教)在泸沽湖地区已与达巴教并驾齐驱,黄教的象征色——黄色深入人心,摩梭人对这种艳丽颜色有深深的敬畏之情。由此带来的是对黄色的敬畏,而没有黑、白的冲突。因此,在纳西人颜色词语义空间中,黑和白很难聚成一类,摩梭人则很自然地将两种非彩色组合在一起。这表明,不同民系由于受自身的语言和文化影响,可能优先注意到颜色的不同属性,并将这些属性作为分类的依据。乔艳阳等人(2017)亦发现,宗教和经济对景颇族学生的思维方式具有重要影响。他们选取信仰基督教和信仰传统宗教的景颇族被试进行自我膨胀、赏罚陌生人和分类测试,发现经济状况好的信仰基督教的景颇族被试表现出更明显的自我膨胀性,在分类测试上表现出更明显的分析型思维倾向。

从以上介绍中可以看出,不同民族有不同的认知结构和特点,影响民族认知结构和特点的因素又在方方面面,民族生存地的自然生态状况、民俗以及宗教因素对民族认知结构产生很大影响;同时,已经形成的民族认知结构又对民族群体进一步适应环境及其习俗和宗教产生影响。民族认知与民族文化的影响是相互的。

7.3 民族文化影响民族认知

跨文化的研究表明,民族文化影响民族认知,且文化会在不同层面上影响民族认知。研究者相继在颜色知觉、空间和时间表达、数字表达、语法性、可数名词与物质名词、亲属词认知、反事实推理、社会知觉和判断、典型性判断等领域发现了文化影响认知的证据。本章主要讨论民族文化影响场景知觉、面孔知觉、时间知觉、思维类型和社会认知。

7.3.1 民族文化影响场景知觉

跨文化研究者采用眼动、脑电和 fMRI 技术考察了东西方个体在知觉、语义组织、记忆和推理等认知过程的差异,发现东方人优先地关注背景信息,西方人优先地关注目标物体(Nisbett & Miyamoto, 2005; Chua, Boland, & Nisbett, 2005);在场景加工时,西方人更多地注视前景物体,他们善于分析物体的特性,倾向于将物体归入一定范畴;东方人更多地关注背景,他们善于整体思维,更多地基于关系和相似性作出判断(Nisbett et al, 2001; Nisbett, 2003)。东方人根据人物功能关系分组(如根据母子关系将母亲和孩子组合在一起),西方人根据人物的身体特征分组(如将女人与男人组合,因为都是成年人)(Chiu, 1972; Ji, Zhang, & Nisbett, 2004)。当目标物的背景信息发生改变时,东方人能够再认编码过的目标物的数量显著减少,西方人对目标物的再认受背景影响的程度较小(Masuda & Nisbett, 2001)。对东西方的老年人和青年人的适应性学习研究表明,东方老年人在目标物加工区表现出适应缺失,在背景加工区表现出正常的适应性(Goh et al, 2007)。总的来看,东方人更多地采用整体思维和场依存型的认知方式,西方人更多地采用分析思维和场独立型的认知方式。上述证据都可以表明,文化确实会影响到认知。

但是,近年来,在场景知觉研究领域,"文化效应"(culture effect)也受到挑战。Rayner 等人(2007)通过阅读、脸孔加工、场景知觉等 6 种任务,发现美国被试与中国被试注视背景和前景的平均时长没有显著差异。他们认为,文化对场景知觉的影响没有那么强烈,不同文化群体之间的眼动差异应该更多地归结为语言经验的作用,而非文化效应。Evans, Rotello, Li 和 Rayner(2009)重复了 Chua 等(2005)的研究,发现美国人与中国人对前景的注视均多于对背景的注视,对前景的注视时间均长于对背景的注视时间。两种文化的个体在场景知觉和记忆中所使用的策略也相同。Rayner, Castelhano 和 Yang(2009)要求中国被试和美国被试注视特异场景,发现在各项眼动指标上,中国被试和美国被试均未产生显著差异。

虽然有研究发现"文化影响认知"确实存在,但是,对文化影响认知的机制却很难说清楚。语言是文化的载体,语言在文化世界的建构、传承和交流方面发挥着难以替代的作用。王娟等人(2011,2014)采用眼动技术考察启动语言对场景一致性判断的影响,要求汉—英双语者判断启动短语与图片场景的一致性。研究发现,启动语言影响汉—英双语者的场景知觉。无论是英语短语启动,还是汉语短语启动,前景物体均能更多更早地获得关注,这与英语短语和汉语短语的所指相同有关。语言特性影响被试的眼动轨迹:在英语短语启动下,背景信息后置引导被试对背景进行了额外的、快速的关注;在汉语短语启动下,被试的注视由前景区转至背景区的时间较晚且注视比例较小;任务加工深度影响汉—英双语者的场景知觉。由此可见,场景知觉存在文化差异这一观点仍还需后续研究验证。

7.3.2 民族文化影响面孔知觉

文化还影响面孔知觉。"本族效应"就是明证。本族效应是指个体对本族面孔比对异族面孔有更好的识别与再认成绩。心理学家从经验和关联性角度解释其产生机制,并形成了三种理论模型。

(1) 感知经验模型。该模型认为个体加工本族面孔和异族面孔的经验是决定本族效应的重要因素。个体与本族人接触多,处理本族面孔经验丰富,导致对本族面孔的识别与再认水平好。Kely 等人(2005)让 3 个月、6 个月和 9 个月的白人婴儿辨别本族面孔和异族(非洲、中东和中国)面孔,发现 3 个月的婴儿可以辨别所有面孔,6 个月的婴儿可以识别白人面孔和中国人面孔,9 个月的婴儿只能够识别本族面孔。在中国婴儿身上得到同样结果。这说明,在人生第一年,由于婴儿与本族人接触多,积累了加工本族面孔的经验,能识别的面孔范围逐渐从所有人种缩小到本族人,形成本族效应。本族效应在 6 个月大时萌芽,在 9 个月大时形成。可塑性研究也证明感知经验在本族效应产生中的作用。当个体与异族互动增多时,本族效应减弱。Michele 等人(2006)让 6 个月的白人婴儿观看有中国人面孔的画册。三个月后,他们保留了辨别中国人面孔的能力。未接受训练的婴儿不能辨别中国人面孔。研究发现,自幼被欧洲白人收养的韩国人,成年后更善于识别白人面孔,说明加工异族面孔的训练甚至可以反转本族效应。

(2) 社会认知模型。该模型认为对异族面孔再认差,是因为社会分类使仔细加工异族面孔的动机减弱。Hugenberg(2010)发现,当要求关注面孔的个体特征时,本族效应消失了。动机差异可能源于个体与本族人、异族人的关联性差异。对个体来说,识别本族人的面孔意义更大。在加工异族面孔时,个体主要关注分类特征,较少关注个别特征,个体化特征编码减弱,因而更难以区分异族面孔。Bernstein 等人(2007)通过告诉被试呈现面孔的背景颜色代表该面孔是来自本校还是来自他校,发现被试对本校面孔再认更好。这说明,校际间也存在本群体效应。

(3) 分类—个体化模型。该模型认为本族效应既源于经验,也源于动机。Young(2012)等人发现,如果在呈现白人面孔前先呈现黑人面孔,会降低白人对白人面孔的再认,说明异族面孔激活的社会分类影响对本族面孔加工,降低了对本族面孔的再认。一般来说,本族面孔对个体来说重要,异族面孔不重要。但情景线索会改变面孔的重要性,从而改变个体对分类特征或个体化特征的选择性注意。如当某个异族面孔是新老板的面孔时,会让异族面孔身份变得重要。个体化经验差别影响面孔编码。与异族面孔比,个体对本族面孔有更多的个体化加工经验。然而,如果个体对异族面孔有较多经验,加工异族面孔时,会更加关注个体化特征。

本族效应不利于对异族个体的认知,但本族效应产生机制的理论对民族交往有启示。在民族交往中,与外民族交往经验多的个体在识别外民族面孔时会表现得更好。因此,促进各民族之间的交往与沟通,面孔识别的本族效应会越来越少。学校教育中的混合编班,不同民族混居,到不同国家和不同民族地区去学习、访问、旅游等,都会增加对外民族面孔的感知经验,提高个体对外民族面孔个体化加工的能力,有效地减少本族效应发生。另外,当动机增强后,个体获知异族身份的重要性,就能对异族面孔进行精细的个体化加工。因此,增强对异族面孔加工准确性的一个重要途径就是增强民族交往的动机。而增强动机的方式之一就是加强个体与外群体的关联性教育。

7.3.3 民族文化影响时间知觉

民族文化影响民族的时间知觉体现在民族的时间隐喻上。隐喻认知具有民族性。具有不同生活经验和语言的民族有不同的时间隐喻。民族文化观念影响时间隐喻的表征方式。

在时间隐喻中,空间概念运用十分丰富。如将空间中物体的运动方向映射于时间,形成两种不同的时间隐喻系统:"自我移动"和"时间移动"。前者指自我沿着固定时间轴移动,从现在走向未来;后者指将时间看作是一条河流,时间经过静止的"自我",从未来流向过去。在英语文化中,人们重视理性,喜欢探索未知世界。这种意识促使人们面向未来,受此价值观影响,英美民族更多地采取"自我移动"隐喻。在汉文化中,受"子在川上曰:逝者如斯夫,不舍昼夜"和"大江东去,浪淘尽,千古风流人物"影响,人们将时间视为流水,故多采用"时间移动"隐喻。人们将空间中的方位关系映射于时间概念,形成方位隐喻。在"自我移动"和"时间移动"系统中,观察者均背向过去,面向未来。这种把空间中前后方位概念映射到时间的隐喻即为"过去—身后,未来—面前"隐喻。Miles 等人(2010)研究安第斯山脉 Aymara 人的语言,发现他们在谈论时间时把过去放在前面,把未来放在后面。对艾马拉人的身体语言研究也表明,艾马拉人在谈论过去时间时会做出身体向前的动作,在谈论未来时间时会做出身体向后的动作。Juanam(2014)发现,摩洛哥人在思考时间时也选择面朝过去,虽然在摩洛哥人使用的阿拉伯语中涉及时间的表述面朝未来,但在测试时间隐喻的自我朝向时,大部分摩洛哥人选择了朝向过去。一些土著人习惯将"东"与过去的时间相联系,将"西"与"未来"的时间相联系(Borodisky & Gaby, 2010)。巴布亚新几内亚人用向下的手势表示过去的时间,用向上的手势表示未来的时间(Núñez et al., 2012)。玛雅人在时间描述时用指向地面的手势表示现在,用指向天空的手势代表过去和未来(Le Guen & Balam, 2012),而中国人却习惯用"上"代表过去,用"下"代表未来。对汉语讲话者时间隐喻的自我朝向调查表明,56%的人选择面朝未来,44%的人选择面朝过去。这与英语讲话者一致的"面朝未来"的自我朝向不同,虽然多数汉语讲话者在表征时间时选择"面朝未来"的自我朝向,但还有部分人选择"面朝过去"的自我朝向。这与中国人尊重传统、重视历史,强调彰往考来、借古鉴今有关(汪新筱、张积家,2016)。

各民族的时间隐喻认知受具身经验影响。研究者发现,自左向右书写和阅读的民族具有"左/过去,右/将来"的时间隐喻;自右向左书写和阅读的希伯来民族具有"左/将来,右/过去"的时间隐喻(Fuhrman & Boraditsky, 2010; Tversky et al., 1991)。这表明,民族之间阅读和书写的经验差异导致对时间有不同的隐喻认知。我国是一个多民族国家,在漫长历史演进过程中,各民族的生存环境和生活经验形成色彩纷呈的民族心理和民族语言,造就不同的时间隐喻体系。如蒙古族人把草青一次看作是一年。为了测定白天时间,蒙古族把一日分为五个时段,即早晨阳光照耀在西山顶上时、午前太阳在高空时、正午太阳在天顶时、下午太阳下垂到天边时、傍晚太阳在东山顶时。这说明,蒙古族人独特的具身经验导致他们对时间有独特的表达方式。

不同民族将对时间的具身经验复写到语言中。即便生活环境变化了,当代人已不具备这一具身经验,在语言中保存下来的时间隐喻仍然会对讲话者的认知产生影响。以汉族为例,古代的阅读和书写方向是自上而下的,这促使汉语讲话者形成了用"上"和"下"描述时间关系的表达方式。虽然现代汉语讲话者的竖直方向的阅读和书写经验已非常少,但在汉语书面语中仍有36%的时间隐喻是竖直方向的。英语也用竖直方向术语表征时间,但很少。汉族人对时间具有空间循环隐喻,而使用英语的民族无此隐喻,英语强调时间的直线运动(宋宜琪,2014)。研究发现,在汉族人的头脑中,四季时间成圆环状排列(宋宜琪,2014)。国外学者发现,英语民族对循环时间采用自左向右的水平空间表征。汉族人对年龄长幼有"体积隐喻",如"我的年龄比你大,你的年龄比我小"。研究发现,汉—英双语者仅在汉语条件下存在年龄大小与球体大小的对应关系,在英语条件下没有,这证明语言影响讲话者的时间隐喻表征。汉族人对时间具有"珍珠项链"隐喻。汉语名词不区分可数和不可数,英语有区分。汉—英双语者在汉语条件下将"很多天"和"很多时间"均表征为由部分组成的、可分的实体;在英语条件下,汉—英双语者将"days"(可数)表征为由部分组成的、可分的实体,将"time"(不可数)表征为不可分的连续实体。显然,对汉族人而言,时间可分,像珍珠项链一样,一段一段的。可见,语言中"可数/不可数"的语法区分也影响着人们对时间的隐喻认知方式(宋宜琪,张积家,2016)(宋宜琪,2014)。

7.3.4 民族文化影响思维类型

民族文化影响思维类型。俞珏(2005)认为,中西方文化的差异导致其思维模式迥然不同,汉民族重直觉悟性思维,英语民族重逻辑理性思维。不同的思维模式深刻地影响着各自的语言。中国最古老的《周易》采取意象表达方式,"立象以尽意",它属于悟性思维。西方人认为整个知识和文化的基础是理性思维,如亚里士多德强调实事求是的科学精神,文艺复兴为理性思维和自然科学的发展铺平了道路,启蒙运动颂扬逻辑和理性。由于这些历史和文化的原因,西方偏逻辑的理性思维模式逐步确立。中西方两种截然不同的思维模式对各自的语言有深刻而持久的影响。西方人注重语言的逻辑和语法,语言以形式化和逻辑性为特征。中国传统文化不注重发展语言的逻辑功能和形式化特征,导致中国语言文字无冠词、无格位变化、无动词时态、少用或不用连接媒介。汉字重直觉、重整体,英文重形音对应规则。在句子结构上,英语重形合,汉语重意合。

在我国,近代以来少有重大科技成果产生,中国人获诺贝尔奖的数量与国家大小、国力强弱极不相称,我国少数民族学生理科学习困难突出,学习成绩差,高考时普遍放弃理科而选文科,存在明显的"理工科问题",在很大程度上均与民族的传统思维类型有关。学习与发展自然科学需要科学思维。目前,学术界对科学思维还缺乏一致的界定,但可以肯定,自然科学从西方兴起,科学思维应是西方在自然科学发展中形成的卓有成效的思维方式。

张积家(2017)认为,可以从思维分类来把握科学思维的特征:(1)根据任务性质和内容可以分为动作思维、形象思维和逻辑思维。科学思维以逻辑思维为主。(2)根据思维的进程可以分为直觉思维和分析思维。科学思维以分析思维为主。(3)根据概念联系的方式可以分为分类学思维与情境思维。分类学思维是根据事物之间的相似性,进行抽象概括,按上下级归类,形成不同层次的类别关系。情境思维包括三种。①主题关联思维。主题关联是事物之间外部的、彼此相关或互补的关系。如狗与项圈有空间关联;粉笔与黑板有功能关联;宴会和账单有时间关联。②基于情景的SF联想思维。情景指事件图式。"填充槽"(slot-filler)即可以由物件填充的事件之槽。如"午餐"槽里可填充馒头、米饭、肉、菜、面条等。在具体事件中起同样作用的事物具有SF联系。③ad hoc思维。ad hoc意思是"特别的"、"专门的"、"为此时此地某一特定目的"。根据特定情境的需要,为解决某个具体问题即时形成的概念联系就是 ad hoc 联系。科学思维以分类学思维为主。(4)根据意向性可以分为求真思维(批判性思维)与求善思维(意向思维)。求真思维排除主体的主观意志和价值倾向,排除对象的伦理内涵,以对象的本真为审视点,对已有认识或观念进行周密且有批判性的思考。其优点是:(1)尊重事物的本然性;(2)立足对象本身,符合逻辑规律;(3)求真求实。求善思维以主体的主观意志、价值倾向为出发点,以对象的伦理内涵为审视点,追寻对象的善性。求善思维反映人类的美好愿望,但有明显缺点:(1)偏离事物的本真;(2)容易形成消极行为模式;(3)容易混淆事物的是非;(4)容易忽略事物的主流;(5)容易混淆动机与效果的关系。显然,求真思维是科学的思维方式,求善思维是伦理的思维方式。

受科学发展顺序(西方自然科学发展在前,人文科学发展在后;中国人文科学发展在前,自然科学发展滞后)、哲学发展形态(西方哲学主张天人分离,以分析方法为主;中国哲学主张天人合一,以综合方法为主;西方哲学重本体论、认识论,中国哲学重人性论、文化传统;西方文化有利于形成自由、独立的思想风格,中国文化有利于培养自我约束的内敛式行为和思维风格。受此影响,西方人的逻辑思维、分析思维、分类学思维、求真思维发达,中国人的形象思维、整体思维、情境思维与求善思维的特点明显。中国人的思维特点不利于学习与从事自然科学,导致在自然科学领域原创性、颠覆性的科学发现少,具有国际影响的科学理论少的局面。与汉族相比,少数民族同胞的独特性更明显。列维·布留尔在《原始思维》中论述了原始思维的非逻辑性、神秘性和互渗性。许多少数民族信奉原始宗教,万物有灵是重要特点。我们曾经问摩梭人:"如果你有一所房子,你给儿子还是给外甥?"许多摩梭同胞拒绝作出选择。他们说:"为什么不是两所房子? 那样就可以每人给一所房子。"这是典型的求善思维。科学思维欠发达不是一无是处,形象思维、整体思维、情境思维与求善思维或许有利于人文科学的学习与发展,但对自然科学学习肯定不利。因此,发展自然科学、解决少数民族学生的"理工科问题",培养和改造民族的思维方式非常必要。

7.3.5　民族文化影响工作记忆

工作记忆是人类认识过程的核心(Baddley,2003),它包括视空间画板、语音环路、中央执行系统和情景缓冲器4个部分,不仅涉及对信息的即时回忆,还与信息的保存和加工有关。其中,视空间工作记忆与空间定向、空间运动、心理想象和绘画等各种复杂的活动有关。王婷和张积家等人(2017)的研究表明,民族所处的生态环境、生产方式及其文化影响其成员的视空间记忆能力。

鄂伦春族是我国的一个森林民族,世代生活在大兴安岭的森林中,以狩猎和采集为其传统的生产方式。研究者采用鄂伦春族和汉族的高中生为被试,采用简短存储任务和复杂广度任务,并引入材料复杂性变量,考察鄂伦春族与汉族的视空间工作能力的差异。结果表明,鄂伦春学生在四个视空间工作记忆任务上的表现均显著好于汉族学生,材料呈现的结构、数量和路径均不影响鄂伦春学生的视空间记忆的优势。所以如此,与森林环境、狩猎的生产方式和文化有直接关系。即,生态环境与生产方式的需要塑造了不同民族的认知能力。

7.3.6 民族文化影响社会认知

民族文化对民族认知的影响不仅体现在知觉层面,还体现在更为高级的社会认知层面。社会建构主义强调,知识建构与社会文化环境密不可分。认知发生在社会文化环境中,文化是人类的本质(韩明,2011)。人类理解世界的方式,使用的概念和类别、术语和语言,都是文化的、历史的(叶浩生,2003)。张积家等人(2014)以摩梭人和汉族的高中生为对象,采用自由分类法,考察在满月酒、结婚和吊唁情境下的亲属词概念结构。研究发现,与汉族人相比,摩梭人对亲属词分类的最明显的特点体现在以下五个方面。(1)舅舅在满月酒与结婚情境与直系长辈分在一类,体现了舅舅在摩梭家庭中的特殊地位,是摩梭亲属制特点的集中反映。在摩梭家庭中,核心是母亲与儿女(外甥和外甥女)的纵线关系和兄弟姐妹的横线关系(周华山,2001)。父亲不与子女同住,父亲的角色由舅舅来充当。舅舅要做家里的重活。春节、葬礼等重要礼仪场合由舅舅来主持。舅舅是外甥最亲近的男子,男人要掌握的生产技术由舅舅来传授。在成人礼中,少年男子的穿裤子仪式由舅舅来主持。孩子十分尊重舅舅。在摩梭谚语中亦有"天上雷公大,地上母舅大"的表达。外甥具有赡养舅舅的义务(康文姣,2008)。然而,与亲密的舅甥关系相比,摩梭人的父子关系却非常疏远,虽然不至于"知母不知父",却"知父、认父而不亲父"。虽然如此,由于父亲在成年礼、春节、满月酒与葬礼等重要事件中仍扮演不可少的角色,加之受汉文化影响,一夫一妻制家庭增多,仍然在走婚的家庭中父子关系也日趋亲密,父亲就被划分到与舅舅同一类中。(2)外甥在吊唁情境单独聚类,是摩梭母系制的集中体现。在摩梭家庭中,财产属于全体家庭成员所共有,后代只能以母系血统成员的身份来继承财产。母亲死后由子女、姨侄和姨侄女来继承,舅舅死后由外甥和外甥女来继承。外甥是摩梭家庭的男性继承人。外甥单独聚类也与摩梭人独特的丧葬习俗有关。摩梭人的葬礼从筹办到执行,全由家庭中的男性成员负责,"孝子"不是儿子而是外甥。摩梭文化视女人为生命之源,必须尽量地远离死亡的时空,因而外甥女就不可能和外甥聚类在一起。(3)孙辈亲属在结婚和吊唁情境未和直系亲属分在一起,也和母系制有关。摩梭家庭男性成员的子女生活在母亲的家庭中,是母系家庭的成员,因而对己身而言,亲密程度自然低。在摩梭人眼中,孙辈亲属和其他性质的同辈亲属和子辈亲属是类似的。(4)在满月酒情境,摩梭人亲属词概念结构中出现"照顾者/被照顾者"维度,体现了摩梭人的尊老爱幼传统。摩梭人以尊老爱幼为美德。平时无论待客或吃饭、闲坐,长者坐尊位;有好吃的,先孝敬老人,然后是小孩;对待老人和儿童,无论亲疏远近,均能够很好地对待和照顾,决不因亲属关系远近而厚此薄彼。(5)在摩梭亲属词概念结构中未出现"姻亲/非姻亲"维度,在分类中未出现"姻亲"的类,与摩梭人的婚姻制度有关。摩梭人的婚姻制度既不是男娶女为妻,也不是女娶男为夫,而是一种特殊的走访制度,俗称"走婚"。爱情是建立走访关系的唯一条件。走访制的最大特点是走访和家庭分离:建立走访关系的男女各自在母系家庭中劳动和消费,属于两个不同的经济和社会单位,男方晚上到女方家住宿,次日清晨返回到自己家中,从事生产和劳动。对结成走访关系的双方(摩梭语称为"阿注")而言,走访制具有非独占性和非义务性的特点。非独占性是指双方只是一种性生活关系,在任何情况下都有选择自由,完全以感情联系为基础,结合自愿,解除自由。男女双方不组成家庭,不共同生活,较少承担义务和责任。因此,即使一对摩梭"夫妻"已共同生活数十年,并且有了孩子,也不能将他们的关系与"一夫一妻"的婚姻划等号。由于没有婚姻概念,因此,姻亲对摩梭人而言没有心理现实性。

汉族的亲属制度具有明显的父系特征。汉族从夏代起转入父权制,重视血缘关系。张积家等(2004)考察汉族人在无情境引导下的亲属词概念结构,发现"亲属的亲密程度"和"姻亲/非姻亲"维度。汉文化在亲属关系上主张"亲疏有别":血缘越近,爱就越浓厚。"亲属的亲密程度"是汉族人对血缘关系远近不同的亲属的反映。汉族人也重视姻缘,重视母族和妻族。但妻族(姻亲)虽然重要,毕竟与个体无血缘关系,属于"外戚",与有血缘关系的"内亲"终究不同。所以,汉文化在亲属关系上讲求"内外有别"。"姻亲/非姻亲"维度正是这种传统观念的反映。"亲属的亲密程度"是汉族人对亲属词分类的重要标准,这尤其体现在满月酒和吊唁的情境中。媳妇在吊唁情境与近亲属、直系祖辈分在一起,体现汉族亲属制度的重要特征。汉族女子出嫁后,无论从法律上还是从观念上都被娘家视为"婆家人",被婆家视为"自家人",在亲属关系中处于一种非常特殊的地位。在历史上,汉族人对医术、技艺等都有"传媳不传女"的习俗。俗语中也有"女儿外向,死了外葬"的说法。汉族人在吊唁情境将媳妇与近亲属和直系亲属分成一类,与汉族葬礼习俗有关。因为媳妇属于自家人,女儿属于外戚,在许多地方,汉族人至今还保持着媳妇在吊唁和送葬的队伍中次序先于女儿的习俗。在吊唁情境,汉族人对亲属词分类的首要标准是"亲属的亲密程度",体现出汉族人对血统关系的重视。孙子和孙女构成一类,显示汉族人对父系血统延续的重视。"孙"是一会意字。《说文》:"从子从系。系,续也,言顺续先祖之后也。"《礼记》:"孙谓祖后者。"即孙是祖辈血统的延续。虽然就与祖辈的遗传关系而言,外孙、外孙女与孙子、孙女相似,但由于他们不属于父系家庭传人,于是就被分在"叔伯亲、表亲、养亲和姻亲的晚辈亲属"的类中。汉族人在历史上长期实行嫡长子继承制,受其影响,汉族人在吊唁情境更强调孙辈作用。例如,按照汉族的传统礼制,在老人去世后,如果长子先于老人去世了,扛幡和捧、摔丧盆的任务就由长孙完成;送葬时,长孙要走在叔父们前面。这些文化传统决定了在吊唁情境出现"孙子和孙女"的类。"辈分"和"性别"在汉族无情境引导的亲属词分类中作用有限,这是因为在汉族传统文化中,辈分主要用来协调同宗男性的地位尊卑和服从关系。在汉族男性名字中,一般都有辈分标记,女性或无名,有名也无辈分标记。因此,当与异性相处时,辈分的作用就不像与同性相处时那样明显。这反映了汉族男女的社会地位的不同。汉族女性的社会地位相对低下。在封建社会,要求妇女"三从","母以子贵"的现象也屡见不鲜。因此,"辈分"和"性别"在汉语亲属词组织中虽然有一定作用,其重要性却不及"亲属的亲密程度"和"姻亲/非姻亲"。当接触到亲属或亲属词时,个体首先激活的是亲密度和亲属关系性质(姻亲/非姻亲)的信息,只有与异辈一同性别的人打交道时,辈分的作用才凸显出来。汉语亲属词特性也是重要影响因素。汉语亲属词属于说明式。对每一亲属采用基本称谓来说明,或将基本称谓结合起来说明,使每一亲属与己身关系不同,反映个体之间的亲属关系。但在结婚情境,"辈分"却成为首要维度,"性别"成为第二维度。在吊唁情境,"辈分"成为第二维度。这显然与汉族的婚礼文化和丧葬文化有关。汉族人重视婚礼。由于宾客中不仅有亲属,还有同宗、乡亲和朋友,在一个大的社交范围内,"辈分"的作用就凸现出来。这是因为在汉族传统伦理中,"地位有异"处于核心地位,"亲疏有别"、"长幼有序"、"重男轻女"等都是"地位有异"的不同表现形式,"长幼有序"又处于举足轻重的地位。出于维系社会生活的稳定有序的需要,汉文化不仅重视"亲亲",也重视"尊尊"。在结婚情境重视"辈分",也体现出汉文化的修饰性:参加婚礼的人数众多,如果以"亲属的亲密程度"区别对待,会使远亲、同宗和朋友感受到冷落。此时,按照辈分来划分亲属,将不同辈分的宾客按照长幼尊卑顺序安排在不同席位上,既符合汉文化传统,又增加了婚礼的喜庆成分和联谊功能。在吊唁情境,由于强调家族延续,"亲亲"又成为第一目的,"亲属的亲密程度"又成为首要维度,同时,由于吊唁顺序和送葬队伍排列的需要,仍然需要考虑亲属辈分。"性别"在结婚情境成为汉语亲属词组织的第二维度,原因有二:(1)与男女对烟酒的不同需要有关。在座位安排中,汉族人一般将男性与女性分席而坐。(2)与汉族人的"男尊女卑"的文化传统有关。在旧中国和现在农村地区,汉族女性一般不与男宾客同席吃饭。如果安排女性和男宾客同席吃饭,是对她的特殊尊重。同男人一起吃饭的女性一般是社会地位很高的人,此时,她的女性身份不再受人注意。这可以称之为女性的

"去性别化"。因此,在结婚情境中,按照性别将亲属词分类符合汉族的婚宴文化传统。

　　摩梭人和汉族人在三种情境下的亲属词分类差异彰显了两种文化的质的差异。摩梭人和汉族人在三种情境的亲属词分类不同,还取决于三种礼仪对摩梭人和汉族人的不同意义。两个民族在不同情境的分类彰显了两种文化的质的差异。在满月酒情境,摩梭人重视"辈分"和"照顾者/被照顾者",汉族重视"亲属关系的性质"和"亲属的亲密程度"。在摩梭家庭中,男女通过"走婚"生育后代,满月酒就是"事实婚姻",双方家人与村民公开确认了关系,孩子的身份就被确定,双方的家屋确立了互助关系,有明显的性约束(周华山,2001)。因此,满月酒为走婚男女家庭的密切联系提供了条件,亲属关系也因为这一事件得到调整,"照顾者/被照顾者"的维度得以体现;添丁进口使重视血统的摩梭人产生了辈分意识,"辈分"维度便得以体现。"亲属关系的性质"是指因血缘、婚姻的综合作用聚合形成的亲属类别。汉族的满月酒意义也十分重要。汉族人将满月酒视为迎接新生命到来的仪式。在仪式中,与孩子有不同关系的亲属得到区分。新生命的诞生象征着小家庭形成,促使核心家庭的类的形成。在传统上,摩梭人不结婚,也不请人喝喜酒。摩梭老人认为,满月酒可以等同为结婚喜酒(周华山,2001)。所以,摩梭人在满月酒情境中也未将"亲属的亲密程度"作为分类标准。随着民族文化交融加强,摩梭人的阿注婚姻也在自我修正与更新,形成母系、父系与双系家庭并存的局面(詹承绪等,2006)。走婚、结婚和同居多种婚姻形式并存,每种婚姻形式对应于不同婚俗。虽然采用有摩梭特点的指导语引导被试进入结婚情境,但摩梭人对亲属词的分类仍然根深蒂固地受传统文化影响。在结婚情境,摩梭人按照"辈分"和"照顾者/被照顾者"将亲属词归类,未形成姻亲的类,说明摩梭人的走访制的确不同于主流社会的婚姻。阿注关系的确立以感情为基础,"结婚"对摩梭男女的社会地位及家庭的影响不像对汉族人那样重大。走访制使婚姻(走婚)与家庭(母系家屋)分离,走婚关系的确立无关乎两个家庭,也不涉及个人的身份和地位的转变。在结婚情境,汉族人重视辈分关系,也未形成姻亲的类。汉族人将结婚看作终身大事。婚姻不只是夫妻的结合,更是结合了联姻的两个家庭的社会关系。张永健(1994)认为,家庭存在于以婚姻关系为基础、以血缘关系为纽带的亲属网络中,婚礼是形成和体现亲属关系的主要礼仪。对汉族女性而言,结婚仪式伴随着社会身份和亲属关系的变化。因为无论从法律上还是从观念上都被娘家视为"婆家人",被婆家视为"自家人"。而实际上,无论是娘家人还是婆家人都与自己密切相关,因此,对血统的重视不曾减弱,对夫家的感情却日益俱增。结婚仪式意味着血亲与姻亲的融合而非分离。在这种情境下,亲属概念的"血亲/姻亲"的特征就被抑制了,辈分关系得到凸显。在吊唁情境,摩梭人和汉族人对亲属词分类的维度相同,但维度的相对重要性不同。摩梭人对亲属词分类以"辈分"为主,汉族人以"亲属的亲密程度"为主。在具体分类上,摩梭人将外甥单独聚类,汉族人却将核心家庭成员聚为一类,将孙子与孙女单独聚类。汉族亲属制度的基本蓝本是"九族五服正服图",该图有两个维度,一是辈分,有高祖、曾祖、祖父、父亲、己身、子、孙、曾孙、玄孙共九族;二是从己身外推五层,如己身、兄弟、堂兄弟、再从兄弟、族兄弟。每一人都在亲属关系网络中占有一席之地。在传统汉族葬礼上,亲属要根据"五服"制度着装。不同的丧服表明生者与死者的血缘关系的远近和辈分高低。不同丧服的质料不同,穿着时间也不同,体现出亲属关系的亲疏和尊卑。因此,在吊唁情境,"亲属的亲密程度"和"辈分"的维度就得以体现。汉族亲属制中蕴含的亲属结构符合传统农业社会的"差序格局"。它体现出一种同心圆式的社会关系:从"己"开始,犹如一枚石子投入水中,波纹一圈一圈地向外推,越推越远,越远越薄,几个以己为中心的同心圆相互交错,形成一张错综复杂的亲属关系网络(费孝通,1985)。在摩梭社会中,同样具有赡养老人、为老人吊孝的义务和制度,但是,这一义务的承担者由儿子转为外甥。舅舅步入晚年后,由外甥来照顾。外甥在葬礼中的作用极为重要,与其在摩梭文化的特殊地位一致。在摩梭社会中,同样遵循着愈近愈亲、渐远渐疏的亲属关系原则,但男性家庭成员的子女不在其列。

摩梭人和汉族人对亲属词分类的稳定性差异还与两个民族的文化传递模式有关。近年来,一些学者尝试用生物进化角度看待文化发展,将文化定义为"影响个体行为的信息,这些信息是通过传授、模仿或其他形式的社会传递从他者获得的"(辛自强、刘国芳,2012)。文化可以被区分为唤起的文化和传播的文化(巴斯,2007)。唤起的文化是指因环境条件不同产生的群体差异,侧重于指代群体固有的文化特点;传播的文化是指各种表征和观念,它们起初至少存在于一个人身上,然后通过观察和相互作用传递到其他人的心智中。米德(1987)依照文化的传递方式,将文化划分前喻文化、并喻文化和后喻文化。前喻文化是指晚辈向长辈学习,并喻文化是指晚辈和长辈的学习都发生在同辈人之间,后喻文化是指长辈反过来向晚辈学习。在人生礼仪情境下,激活的文化信息主要属于唤起的文化。摩梭人有语言无文字,受自然地理环境影响,长期生活在文化封闭状态中,文化(包括亲属制度)就其传递方式而言基本上属于前喻文化。前喻文化有稳定性和一致性,不会因情境变化发生太大改变,因而在不同情境下亲属词分类的标准保持相对稳定。汉族人拥有发达的语言和文字,汉文化在历史上就处在与不同异族文化不断的冲突和融合中。因此,汉文化就其传播方式而言属于前喻文化、并喻文化和后喻文化并存。在当代,汉族家庭走向小型化,核心家庭(成员仅包括父母与子女)占优势;婚礼出现多元化,形式上有中式、西式、中西结合式之分;葬礼日趋简化,由厚葬向薄葬转变。三种文化传递方式并存导致汉族人在文化传承上出现复杂性,文化的情境性增强了,汉族人在不同情境下对亲属词分类就体现出更多差异。改革开放以来,摩梭人的文化传递方式也开始向前喻文化、并喻文化和后喻文化并存的方向转变。摩梭儿童在学校中使用汉语,难免受汉文化沉浸;旅游开发使泸沽湖地区的生态环境发生变化,游客涌入泸沽湖,将不同文化元素带入摩梭人的生活中;大批摩梭青年走出泸沽湖,在异地学习、生活,也学习了不同文化,并将这些文化反馈给自己的族群。因此,文化观念也出现多元化。这种变化主观地反映在摩梭人对亲属词分类中,最明显的变化就是在满月酒情境和结婚情境中,爷爷、奶奶、爸爸这些父系亲属被分在"直系长辈与舅舅"的类中,而在摩梭人的传统观念中,这些亲属本来不属于家庭成员,孩子对这些亲属既不明确,也不亲近。这种变化属于并喻文化的范畴。可以预言,随着泸沽湖旅游资源开发和现代化进程加速,摩梭人的母系文化会经受越来越严峻的挑战。

8　民族颜色认知

人类生活在一个色彩缤纷的世界里。不同民族具有不同的颜色文化。这从不同民族的服饰中就可以看得很清楚。只要你来到少数民族地区,会立即为少数民族同胞的绚丽多彩的服饰颜色吸引,无论是白族姑娘头上代表"风花雪月"的头饰,还是维吾尔民族妇女精制秀美的花帽,还是蒙古族妇女艳丽多姿的蒙古袍,少数民族同胞对色彩的运用都达到精美绝伦又迥然不同的地步。这一切都源于不同民族对颜色的不同认知和偏好。不同民族如何认知颜色? 不同民族的颜色认知有何特点? 不同民族的颜色认知特点又是怎样形成?

8.1 颜色心理概述

8.1.1 颜色的基本特性

颜色是光波作用于人眼而引起的视觉经验。广义的颜色包括彩色(红、黄、绿、蓝等)和非彩色(白、黑和灰)。狭义的颜色仅指彩色。彩色从长波到短波顺序是:红色(700 nm),橙色(620 nm),黄色(580 nm),绿色(510 nm),蓝色(470 nm),紫色(420 nm)。人眼还能在相邻两种颜色的过渡区域看到各种中间的颜色,如粉红色、黄绿色等,还有一些难以命名的彩色。

光波具有波长、光强和纯杂程度等属性。相应地,颜色具有色调、明度和饱和度的属性。

(1) 色调(hue)。色调指色的相貌与名称,就是红、橙、黄、绿、蓝、紫等颜色。对光源而言,色调主要取决于占优势的波长。占优势的波长不同,色调不同。对物体表面而言,色调取决于物体表面对不同波长的光的选择性反射。如果在反射光中长波占优势,物体就呈红色或橙色;如果在反射光中短波占优势,物体就呈蓝色或绿色。

图 8-1 色环

基本色调关系可以用色环(图8-1)表示。色环是不同颜色依其在光谱上的排列次序环绕成的圆环。在色环上,90度角内的颜色称作同类色,也叫近邻色或姐妹色。90度角外的颜色称为对比色。色环上相对的颜色叫补色(complementary color),也叫相反色,如红与绿,黄与蓝,补色混合产生灰色。

(2) 明度(brightness)。即对颜色明暗程度的感觉。色调相同的颜色,明度可能不同。如淡绿色和墨绿色都是绿色,但前者显得亮,后者显得暗。明度主要由光的强度和物体表面的反射系数决定。光线越强,颜色越亮,最后接近于白色;光线越弱,颜色越暗,最后趋近于黑色。当照射到物体表面的光强恒定时,物体表面的反射系数越大,明度就越大;反之,就越小。黑纸的反射率只有4%,白纸的反射率达80%,在同样照度下,后者比前者亮得多。

(3) 饱和度(saturation)。指某种颜色的纯杂或鲜明程度。纯的颜色都是高度饱和的,如鲜红色、鲜绿色等。混杂上白色、灰色或其他颜色,是不饱和的颜色,如酱紫、粉红和黄褐等。完全不饱和的颜色根本没有色调,如黑、白和各种灰色。

颜色的三个特性及其关系可用三度空间的颜色锥体(color solid)说明(图 8-2)。垂直轴代表明度,上端是白色,下端是黑色,中间是各种程度的灰色。圆周代表各种色调。圆周到中轴的垂直距离代表饱和度的变化,与中轴垂直距离越长,饱和度越大。从图 8-2 中可见,在中等明度时,颜色饱和度最大。在此基础上,无论何种色调,随着明度增加,饱和度越来越小,最后趋近于白色;在中等明度基础上,随着明度减少,饱和度越来越小,最后趋近于黑色。非彩色只有明度差异,没有色调与饱和度的变化。

图 8-2 颜色锥体

8.1.2 颜色的光谱系统

颜色如何组织? 在中国古代,流行"五色说"。五色,是指青、黄、赤(红)、白、黑。这种分类包括一个由黑、白组成的亮度系列和一个由青、赤、黄组成的色调序列。理论上,这五种颜色可以调出其他所有颜色。中国古代以此五者为正色,而由五色掺和而成的其他颜色被称为间色,如紫、绿、蓝等。在古人眼里,正色被视为正统,间色被视为旁系。中国古代流行"五行说",五行指水、火、木、土、金。五行学说以木、火、土、金、水五种元素作为构成宇宙万物及其现象发生无限变化的基础,五行参和,在天上代表木、火、土、金、水五个星辰的变化,对人而言是仁、义、礼、智、信五常,地分东、南、西、北、中五方,色分青、赤、白、黑、黄五色。故古天文中有四象:东方苍龙之象(东方属木,青色),南方朱雀之象(南方属火,红色),西方白虎之象(西方属金,白色),北方玄武之象(北方属水,黑色),帝王作为最高统治者,位于中央,中央代表黄色,黄色代表皇帝,成为一种崇高颜色。董仲舒说:"五行莫贵于土,五色莫贵于黄。"(《春秋繁露·五行对》)。

1810 年,Phillip Otto Runge 开发了一种球形的 3D 颜色模型(Color Sphere),这种模型基于色调(hue)和黑、白。19 世纪 60 年代,Maxwell 探索三种基色(原色)的关系,认识到三种基色相加产生的色调不能覆盖整个感知色调的色域,使用相减混色产生的色调却可以。1861 年,Maxwell 根据三基色混色的理论,制成世界上第一张彩色照片。Maxwell 的工作可被认为是现代色度学的基础。

1898年，美国艺术家阿尔伯特·孟塞尔（Albert H. Munsell，1858—1918）创制出孟塞尔颜色系统（Munsell Color System）。这一系统是色度学里透过明度、色调及色度描述颜色的方法。早期几个色彩体系将颜色放在各种不同的三维颜色固体，但孟塞尔是第一个把色调、明度和色度分离成为感知均匀和独立的尺度，第一个系统地在三维空间中表达颜色的关系。孟塞尔系统目前仍然是最广泛使用的系统。

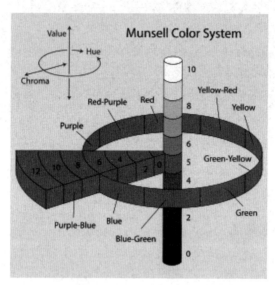

图 8‑3　孟塞尔颜色系统

孟塞尔颜色立体模型像个双锥体，中央轴代表无彩色，即中性色的明度等级。从底部的黑色过渡到顶部的白色共分成 11 个在感觉上等距离的灰度等级，称为孟塞尔明度值。某一特定颜色与中央轴的水平距离代表饱和度。称为孟塞尔彩度，它表示具有相同明度值的颜色离开中性色的程度。中央轴上的中性色的彩度为 0，离开中央轴越远，彩度数值越大。由中央轴向水平方向投射的角代表色调。

1931 年，国际照明委员会（International Commission on Illumination，CIE）定义了标准颜色体系，规定所有的激励值应该为正值，并且都应该使用 x 和 y 两个颜色坐标表示所有可见颜色。现在的 CIE 色度图（CIE chromaticity diagram）就是用 xy 平面表示的马蹄形曲线，它为大多数定量的颜色度量方法奠定了基础。

8.1.3　颜色的心理感应

颜色感应（color reaction）是指人在感知颜色时在心理上附带产生的感觉或情感的反应。人对不同的颜色刺激，不仅能够根据物理特征辨认它们，还会产生其他的感觉或情感反应。例如,红、橙、黄等类似于太阳和烈火的颜色,能给人以温暖的感觉,因而被称为暖色(warm color);蓝、青、绿等颜色,能引起寒冷的感觉,因而被称为冷色(cool color)。红、橙、黄等颜色给人以向前方突出的感觉,能产生接近感,因而被称为近色(closed color);蓝、青、绿等颜色给人以向远方伸延的感觉,能产生深远感,因而被称为远色(distant color)。色调浓淡也能引起人远近、轻重的感觉。深色调使人感到近些,沉重些;淡色调使人感到远些,轻松些。绘画上的"近树浓抹,远山轻描"就是利用了这种心理效应。

颜色不仅能够引起人们非颜色的感觉,还与人的情绪密切联系。苏联心理学家鲁宾斯坦对颜色与情绪的关系进行过研究,认为颜色具有下述效应:

红色:积极而富于联想。

黄色:温暖而愉快,能够激发情感,使人愿意行动,付出力量。

蔚蓝色:安详,产生温情,使人安静。

绿色:安详,使人心情舒畅,十分富于联想。

紫色:能够不同程度地吸引人或使人疏远,充满活力,但在某些情况下却引起忧郁感。

黑色:使人难受,引起悲伤,产生沉重感。

白色:使人疲乏。

8.2 颜色词与颜色认知关系的理论

色彩是一种光现象,人对色彩的感觉叫色觉。色觉是一种复杂的物理—心理现象。光谱是一个连续体,各种颜色之间没有明确的界限,语言对光谱进行切分和命名就产生颜色词。颜色词反映人对颜色的认知。颜色词与颜色认知的关系是语言影响认知的重要研究领域。不同语言对光谱的自然切分能够深刻地反映语言与思维的关系,为语言与认知的研究提供证据(张金生,2004)。长期以来,基于颜色的语言与认知关系的探讨在哲学、人类学、心理学、语言学等诸多领域受到关注。从哲学思辨到实证考察再到神经心理学研究,对这一问题的探讨一直伴随着经久不息的争论。

对颜色词和颜色认知的关系存在着两种截然不同的观点——普遍进化理论和语言相对论。普遍进化理论主张,颜色认知独立于语言和文化。颜色认知以人类先天普遍存在的视觉系统和颜色本身的物理特性为基础,是一种人类共有的认知能力,不受语言和文化影响;语言相对论主张,语言和文化影响人的颜色认知,语言和文化的差异引起颜色认知差异。不是思维决定语言,而是语言塑造思维,思维随着语言的规约发生变化(Reiger & Kay, 2009)。

颜色词的普遍进化理论与语言相对论的争论蕴含两个关键的问题：(1)颜色命名的跨语言差异是任意的吗？(2)颜色词的跨语言差异能引起颜色知觉或颜色认知的差异吗？(Kay & Regier, 2006,2009,2010)语言相对论认为,不同语言中颜色词的数量和语义界限并不相同,颜色词能够自由任意地切分光谱,不同语言使用者的颜色认知过程和特点有明显差异。如此一来,人们所感知到的颜色就是经过本民族语言过滤后的颜色。普遍进化理论认为,在所有语言中,颜色认知系统的进化过程和发展方向大致相同,它决定了语言中基本颜色词的规模和类属(张金生,2004)。同时,人类认知具有共性,语言必须反映普遍的存在,因而基本颜色词也具有普遍的语义特征和认知意义。颜色词独立于颜色认知(Regier & Kay, 2009)。

8.2.1 普遍进化理论

普遍进化理论认为,颜色词和颜色认知相互独立。虽然不同语言对颜色称谓不同,但由于人眼的生理构造相同,对光谱的感受也大致相同。颜色知觉主要受光波的物理属性和人眼的生物特性影响,不受语言中颜色词的多少影响。普遍进化理论的最有力证据是 Berlin 和 Kay(1969)提出的颜色词的普遍结构。他们对 23 种语言中的颜色词进行大规模调查,发现在不同语言中的颜色词具有共性。每种语言中都有少量的基本颜色词,它们由一个词素组成,并且不可能被包含在另一种颜色之内。不同语言的基本颜色词的数目不同,却存在一种普遍的结构：每种语言都从黑、白、红、黄、绿、蓝、棕、紫、粉红、橙和灰 11 个词中抽取基本颜色词。英语有 11 个基本颜色词,现代汉语的基本颜色词的数目与种类与英语相当。他们发现,当一种语言中只有 2 个颜色词时,常会是黑与白；有 3 个颜色词时,第 3 个词会是红；如果有 4 个颜色词,第 4 个词会是黄、绿、蓝当中的一个；最后是粉红、紫、橙和灰。基本颜色词具有普遍的认知意义,它们是其他颜色概念的语义原型。Heider 和 Olivier(1972)发现,语言中只有两个颜色词的 Dani 族人的颜色认知和颜色记忆与英语讲话者并无显著差异。此后,普遍进化理论就成为颜色词与颜色认知关系的主流观点。

研究者陆续发现一些证据,表明颜色认知是人类的普遍的、固有的能力。Boynton 和 Olson 等人(1990)让大学生命名 424 种颜色,发现被试在使用基本颜色词时更为一致,反应时更短。Davies 等人(1992)发现,Setswana 语有 6 个基本颜色词,包括黑、白、红、grue(蓝和绿)、棕、黄,除无分离的蓝和绿外,基本颜色词与 Berlin 和 Kay 的等级一致。Kay 和 McDaniel(1978)研究了颜色知觉的生理基础,发现主要的色调在功能上可作为颜色类别的原型,有红、绿、黄、蓝 4 个基本颜色类别,次级颜色类别(如橙)由基本颜色类别结合形成。110 个非工业化国家颜色命名的数据显示,语言中颜色词的最佳样例与英语中的白、黑、红、绿、黄、蓝等颜色原型吻合,不同语言中的颜色词的最佳样例一致(Regier, Kay & Richard, 2005)。Catherwood, Crassini和Freiberg(1989)发现,4个月的婴儿当"蓝—绿"、"绿—黄"和"黄—红"交替时,表现出习惯和偏好的转变,说明颜色类别存在着边界。Franklin, Pilling和Davies(2005)发现,婴儿和成人的颜色类别反应相同。Kay和Regier(2007)发现,颜色命名具有跨语言的一致性。Soja(1994)认为,尽管在不同民族语言中颜色词的数目不同,但颜色分类是人类共有的认知能力。颜色并非为物体所固有,而是人类的视觉器官与外界事物相互作用的结果。颜色词取向与人眼的生理构造和生存环境密切相关。由于人类的视觉器官和生存环境大体上一致,因而在不同语言中,表示颜色基本范畴的词具有一致性。这些研究支持颜色词和颜色认知的普遍进化理论的观点。

Lucy(1997)对Berlin和Kay(1969)焦点色观点提出质疑。后续的研究者采用计算方法在"世界颜色调查"(WCS)体系基础上论证。研究者要求110种语言中的24名单语者对他们口头语言的颜色术语进行评定。每名被试需要对WCS体系中的每个颜色块进行命名,并指出代表他们语言中颜色词的最佳样例。基于对上述结果的质性分析,研究者(Kay, Berlin & Merrifield, 1991; Kay & Maffi, 1999; Kay, Berlin, Maffi & Merrifield, 1997)得出的结论是:颜色命名与颜色词的进化具有一致的普遍发展趋势。Kay和Regier(2003)首先在类别的矩心位置处表示出WCS体系内110种语言的颜色类别,然后计算每个类别到语言间最近类别的距离,并将这些距离连续相加,产生类别的跨语言离差距离。跨语言离差距离的数值越大,语言间分散的类别就越多;数值越小,语言间聚集的类别就越多。研究者采用蒙特卡洛模拟法(Monte Carlo stimulation)将观察到的分散值与计算产生的机遇水平处的离差分布进行比较。结果发现,原始的WCS矩心离差值低于随机旋转100次后的最小数据集。这意味着在颜色空间中,颜色类别聚集在一起的比例要大于机遇水平,从而客观地证实了颜色命名的普遍性。同时,Regier, Kay和Cook(2005)将所有语言的被试给出的最佳颜色词的样例进行聚合,并绘制出等高线图,如图8-4所示。黑色的点表示由Berlin和Kay所提供的英语中红、黄、绿、蓝的最佳样例。由图8-4可见,

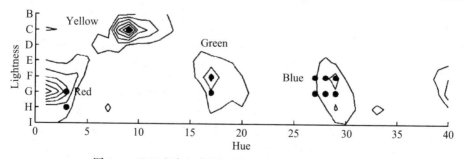

图8-4 WCS颜色词中的最佳样例与英语的最佳样例相比

WCS的分布显然十分接近英语的表述,表明最佳样例是由普遍存在的力量决定的。

但是,并非所有语言都符合颜色命名的普遍趋势。Kay 和 Regier(2007)对 Berinmo 语(一个保持石器时代特点的原始部落语言)重新分析发现,Berinmo 语的颜色类别界限更靠近 WCS 语言的类别界限,即 Berinmo 语的人类别边界主要是由语言学的规则决定的,并且与英语之间存在显著差异。总之,无论们采用类别矩心(Kay & Regier, 2003)、最佳样例(Regier, Kay & Cook, 2005)还是类别界限(Kay & Regier, 2007)的研究范式,颜色命名的普遍趋势均在世界语言内得到证实。与此同时,主张颜色命名的语言相对论观点的人也在不断地提出反对论据。例如。Roberson 和 Davidoff(2005)所发现的焦点色并非在认知上具有普遍优势。但无论怎样,从总体上看,颜色命名更支持普遍进化理论的观点。

8.2.2 语言关联性假设

19 世纪以前,学术界普遍认为,颜色词具有语言相对性的特征和语义文化决定论的倾向(杨永林,2003)。Gladstone(1858)和 Geiger(1880)提出,基本颜色词的多寡能够反映语言系统的概括能力和抽象水平,古代书面语言中的颜色词系统没有现代的颜色词系统分化得精确;欧洲社会与其他未开化社会的颜色词系统之间也存在颜色感知和颜色表达的显著差异。直到 19 世纪末叶,Magnus 在世界各地进行问卷调查时发现,自然语言色彩语码系统的演变在某种程度上反映出语言学普遍规律的结论,语言相对论的观点才受到挑战。

语言关联性假设主张,颜色词影响颜色认知。颜色的物理特性客观地反映在连续光谱上,不同语言却有不同的分类。这是语言任意切分连续光谱的结果。颜色词的使用是形成颜色类别的唯一通路(Davidoff, 2006)。语言关联性假设是在对普遍进化理论的质疑中获得了颜色词影响颜色认知的大量证据,并逐渐成为关于颜色词与颜色认知关系的主流观点。语言关联性假设对普遍进化理论的质疑主要表现在4个方面:

(1) Heider 等人(1972)对实验结果的处理和报告存在问题。Roberson, Davies 和 Davidoff(2000)采用与 Heider 等人相同的实验范式,让英语母语者和 Berinmo 语母语者完成颜色分类和颜色记忆任务,发现被试对颜色分类和颜色记忆的差异与两种语言的差异显著相关。Roberson 和 Davidoff(2000)认为,Heider 等人对实验结果的统计和报告混淆了差异维度,他们只选择了两种被试相同的结果进行了分析。

(2) 对蓝、绿的认知差异的考察结果。为了进一步证明英语和 Berinmo 语的颜色词对讲话者的颜色认知的影响,Roberson 和 Davidoff(2000)缩小考查范围,选择了蓝和绿这两个在 Munsell 颜色制中最大的颜色类别为实验材料。在 Berinmo 语中,"蓝"和"绿"用同一个颜色词表达。结果发现,Berinmo 语母语者倾向于把蓝色卡片和绿色卡片归为一类,英语母语者却倾向于把它们分为两类。这说明,Berinmo 语母语者更难以区分出蓝和绿的边界。Davies(1998)比较英语、俄语和 Setswana 语母语者的颜色分类差异。Setswana 语用"botala"一个词表达"蓝"和"绿",英语用"blue"和"green"两个词,俄语中有"sinij"、"goluboj"和"zelenyj"三个词,不但区分蓝和绿,还区分暗蓝和亮蓝。实验发现,Setswana 语母语者倾向于把蓝色块和绿色块分在同一组,俄语母语者却倾向于把暗蓝色块和亮蓝色块分成两组;俄语母语者比英语母语者对蓝色产生了更大的 Stroop 干扰效应,表明他们对蓝色具有更大的区分性。Winawer 等人(2007)发现,当颜色块属于亮蓝和暗蓝类别时,俄语母语者能够快速分类,英语母语者的分类显著慢。Davidoff 和 Roberson(2004)观察纳米比亚 Himba 语儿童的颜色词习得。海军蓝(navy blue)在英语中与纯蓝相似,在 Himba 语中却和黑相似。在色谱上,海军蓝在知觉上与紫更接近。在习得颜色词之前,英语儿童和 Himba 语儿童在颜色分类和记忆中并无显著差异。在开始接触颜色词的第一年和第二年里,英语儿童和 Himba 语儿童都易混淆海军蓝色块和紫色块,也倾向于把这两种颜色块归为一类。到了第三年,当儿童们分别学习了各自语言中的海军蓝、纯蓝、黑、紫 4 个颜色词后,颜色记忆和颜色分类的错误都发生了变化。英语儿童多把海军蓝色块和纯蓝色块混淆,Himba 语儿童多把海军蓝色块和黑色块混淆。按照普遍进化理论,无论哪种语言的儿童都应该最易混淆知觉上相似的海军蓝色块和紫色块,而结果却并非如此。

(3) 物种比较研究。为了反驳语言关联性假设在蓝、绿类别认知中的证据,一些学者采用婴儿和灵长类动物为被试,证明颜色知觉是灵长类动物先天存在的普遍能力。Franklin 和 Davies(2004)让 4 个月的婴儿习惯化绿色刺激后,同时呈现蓝、绿刺激,发现婴儿对蓝色刺激表现出去习惯化。语言反馈亦能够加快和细化儿童对颜色词的学习(O'Hanlon & Roberson, 2006)。语言学习、颜色偏好和儿童的颜色认知发展相互联系,知觉本身并不能孤立地决定儿童的颜色词获得(Pitchford & Mullen, 2005)。Matsuno, Awai 和 Atsuzawa(2004)训练一只猩猩将"绿"类别标签贴在墨绿色卡片上,再给猩猩呈现淡绿色和淡黄色的卡片,发现猩猩给淡绿色卡片贴上"绿"标签,而不给淡黄色卡片贴上"绿"标签。针对这些研究,主张语言关联性假设的学者提出不同看法。他们认为,就算颜色知觉具有先天的生理基础,也不排除它被后天经验改变的可能性。颜色类别可以因为与语言和文化类别相同被强化,也可以因为与语言和文化类别不同被削弱(Werker & Tee, 1984)。Fagot 等人(2006)考查狒狒和人类在蓝、绿区分任务中是否存在差异。按照普遍进化理论,应该无显著差异。结果却表明,人类区分蓝和绿的分界十分鲜明,却没有一只狒狒能够区分蓝和绿。

(4) 神经心理学证据。De Renzi 等人(1972)要求被试将彩色羊毛线分堆,发现表达性失语症患者无法进行正常分类。颜色的知觉力、准确性和理解力都健全的失语症患者在颜色知觉分类任务中表现出无能(Roberson, Davidoff & Braisby, 1999)。尽管主张语言关联性假设的学者能证明语言影响颜色认知,却难以回答语言对颜色认知的影响是直接效应还是间接效应的问题,因为多数实验都包含记忆成分。Pilling 和 Davies(2004)指出,在记忆颜色阶段,被试有可能先将颜色转换为颜色词,在再认阶段再通过匹配记忆里的颜色词和目标颜色名称来完成任务。当实验中的颜色刺激大量可命名时,这种效应就更加显著,这被称为"直接语言效应"(direct language effects)。如果直接语言效应是语言影响颜色认知的唯一途径,那么,颜色的类别知觉与语言之间就应是相互独立的,语言不过是一种策略,影响力是暂时的,并未从根本上改变颜色知觉。Özgen 和 Davies(2002)认为,语言和文化可以塑造颜色的知觉表征,形成一个曲形的颜色知觉空间,将人引向语言和文化所定义的颜色类别分界。即使没有语言策略参与,颜色知觉的类别效应也会出现,这被称为"间接语言效应"(indirect language effects)。Özgen 和 Davies(2003)设计了一系列实验,如让颜色刺激和干扰刺激同时呈现,减少被试运用语言策略记忆的可能,发现颜色认知的类别效应依然存在。但是,Özgen 和 Davies(2003)的实验仍然无法完全摆脱语言策略问题。只要实验中的颜色块可命名,就很难说明语言从根本上影响了人的颜色知觉。这样,颜色词与颜色认知的关系又回到普遍进化理论上。主张普遍进化理论的学者再次强调,人类颜色知觉是先天固有的,颜色词不会影响人对颜色的类别知觉(Franklin et al. , 2005)。

因此,普遍进化理论和语言关联性假设并未对颜色词和颜色认知的关系作出清晰的定论。所以如此,是由于两种理论都存在一定的缺陷。普遍进化理论强调物理刺激和视觉器官的重要性,忽视语言和文化对颜色认知的影响;语言关联性假设强调语言和文化在颜色认知中的作用,对物理刺激和视觉器官在颜色认知中的作用估计不足。为了撷取两种理论之长,弥补两种理论之不足,折衷理论就应运而生。

8.2.3　折衷理论

折衷理论认为,颜色认知包含物理、知觉和文化成分,它既是生物事件,也是文化事件(Schirillo & Wake, 2001)。折衷理论得到了一些实验证据的支持。Berlin 等人(1969)让不同文化的被试将颜色片分组,发现组间边界有很大的变异,这可能由文化差异造成;但如果让被试在颜色片组中找出最佳样例,基本颜色词的原型又有普遍性。Davies 和 Corbett(1997)让英、俄和 Setswana 语被试按照相似性将 65 种颜色分类。结果表明,三组被试的分类既相似,又存在着差异。Setswana 语被试比英语、俄语被试更多地将"蓝"和"绿"分在一起,俄语被试却未比英语被试更多地将"深蓝"和

"浅蓝"分开。Setswana 语被试在分类的一致性、分类数目上也与俄语、英语被试不同。这些结构差异反映了语言在颜色类别的凸显性和可利用性上的差异。他们的研究结果在总体上支持普遍进化理论，同时又表明，普遍进化理论并不适用于所有语言的颜色词分类(Davies & Corbett, 1998)。Jameson 和 Alvara(2003)对英语被试和越南语被试的研究表明，颜色认知既与颜色特性有关，也与颜色词有关。颜色认知和颜色词的关系远比现有理论预言的更为复杂。Roberson 等人(2005)发现，在有相似颜色类别的语言中，文化差异造成了不同的颜色知觉。Roberson 等人(2005)让不同文化的人自由分类颜色，发现被试基于知觉相似性来分类，但语言中有大量基本颜色词(5～12 个)的人更易于采用基本颜色词来分类。折衷理论既强调颜色的物理特性和人眼的生理特性在颜色认知中的作用，又重视语言和文化在颜色认知中的功能，把颜色认知看作是感觉刺激和非感觉刺激的相互作用，因而具有较大的合理性，能够解释更多的经验事实，成为近年来关于颜色词和颜色认知关系的流行观点。然而，折衷理论也有不足，它只是提出物理、生理、语言和文化对颜色认知的影响，却未回答各种因素如何起作用。而且，众多的因素交织在一起，给人以一种纠缠不清的感觉。事实上，颜色词的形成和发展与人类的色彩认知能力发展密切联系。例如，讲汉语和讲英语的民族，色彩认知能力发展均经历了辨色、指色和描色阶段。人脑首先对色彩进行初步的认知加工，试图从色彩连续体中分辨出焦点色，然后对已经分辨的焦点色进行细分，或者确定色彩的性状特征(李建东、董粤章、李旭, 2007)。婴儿出生时就已经具备辨别各种颜色的能力，但是，随着年龄的增长，颜色词的学习改变了颜色认知，逐渐获得了与本民族语言相适应的颜色类别。研究表明，颜色分类可以通过学习获得，人还可以学会区分不同亮度的颜色(Özgen & Davies, 1998)。因此，颜色认知还具有认知和学习的成分。

8.3 不同民族儿童的颜色命名和颜色偏好研究

通过研究不同民族儿童的颜色命名和颜色偏好，可以发现不同民族儿童颜色认知的一致性和差异，探讨影响颜色认知的种族的、认知的、文化的因素。

8.3.1 不同民族儿童颜色命名研究

林仲贤等人从 1982 年开始，先后对汉族、蒙古族、壮族、维吾尔族、白族和哈尼族儿童的颜色命名进行系列研究，发现不同民族儿童对颜色的正确命名随着年龄增长而逐步提高。同时，不同民族的儿童对颜色的命名也存在一定差异。综合 3～6 岁儿童颜色命名的准确率可知，汉族儿童的正确命名率最高，达到 75.7%，蒙古族次之，为

74.9%,哈尼族为 59.8%,壮族为 57.8%,维吾尔族为 42.9%。不同民族儿童对颜色命名结果见表 8-1。

表 8-1 不同民族的儿童对颜色命名的研究

民　族	命 名 顺 序	研究者及发表年限
汉族(3～6 岁)	红、白、黑、黄、绿、蓝、橙、紫	林仲贤,张增慧,韩布新,傅金芝,2001
蒙古族(3～6 岁)	黑、白、黄、绿、红、蓝、紫、橙	
壮族(3～6 岁)	红、黑、白、黄、绿、蓝、橙、紫	
维吾尔族(3～6 岁)	红、黑、白、绿、蓝、黄、紫、橙	
白族(3～6 岁)	黑、白、红、黄、绿、蓝、紫、橙	
哈尼族(3～6 岁)	黑、白、红、黄、绿、蓝、紫、橙	
纳西族(3～6 岁)	黑、白、红、绿、蓝、黄、橙、紫	和秀梅,张积家,2009
汉族(3～6 岁)	白、黑、红、黄、绿、蓝、粉红、紫、橙、灰、棕	张积家,陈月琴,谢晓兰,2005
汉族(3～6 岁)	黑、红、白、绿、黄、蓝、紫、粉红、橙、灰、棕	彭小红,谢花萍,2011
汉族(2.5～4 岁)	红、黄、绿、蓝、橙、紫	吴慧迪,王惠萍,刘瑛,王丹,2012
北京地区(4～5 岁)	红、白、黑、绿、黄、蓝、紫、橙	林仲贤,张增慧,陈美珍,1995
香港地区(4～5 岁)	白、黑、绿、蓝、红、黄、紫、橙	林仲贤,张增慧,陈美珍,1995
城郊儿童(3～6 岁)	红、黑、白、绿、黄、蓝、橙、紫	张增慧,林仲贤,1990

对 3～6 岁不同民族儿童基本颜色命名研究表明,儿童对颜色的正确命名难易程度不同,但总的发展趋势一致:先是黑、红、白,然后是黄和绿,再后是蓝,最后是紫、橙、粉红、灰和棕(Lin,1984;张增慧,林仲贤,1982;林仲贤,张增慧,韩布新,傅金芝,2001)。由此可见,影响颜色命名的第一位因素是颜色的物理属性与人眼的生理结构。人类对颜色的认知首先来自颜色知觉,颜色知觉又来自物理刺激和视觉器官的生理激活支持。汉族人对基本颜色和基本颜色词的认知基本一致,反映汉族人具有共同的颜色词和相似的生活环境。认知水平对儿童的颜色认知能力发展至关重要。4 个月的婴儿就能分辨红、蓝、绿、黄 4 种颜色,颜色命名能力的发展则要经历较长时间。林仲贤等人对我国儿童颜色命名的研究显示,1.5 岁幼儿还不能正确命名任何颜色,2 岁的幼儿中 40%能对一种或两种颜色正确命名,2.5 岁的儿童中约有 80%能对少数几种颜色命名,但正确率较低(只有 25%),3～6 岁的儿童对基本颜色命名的正确率随着年龄增长提高。颜色命名能力与语言能力发展密切相关。

8.3.2 不同民族儿童颜色偏好研究

我国心理学家还对不同民族的儿童的颜色偏好进行研究。综合来看,1.5 岁幼儿中只有少数幼儿对红色作出反应,其余幼儿不能表现出颜色偏好。到 2 岁和 2.5 岁时,幼儿基本上能表现出颜色爱好。总体看来,儿童对红色、黄色等较鲜艳的颜色比较喜爱,对较暗的颜色如紫色、黑色等则不喜爱。将不同民族的儿童对颜色偏爱的研究结果进行汇总,见表8-2。

表8-2 不同民族儿童的颜色偏爱研究

民族	颜色偏好次序	研究者及发表年限
汉族	红、黄、绿、橙、蓝、白、黑、紫	张增慧,林仲贤,茅于燕,1984
	红、蓝、绿、黄	陈立,汪安生,1965
	红、粉红、橙、浅绿、黄、紫、蓝、天蓝、白、黑、深绿、棕	李文馥,1995
	红、黄、橙、紫、绿、白、黄、黑	张增慧,林仲贤,1990
	红、黄、橙、蓝、紫、绿	刘少英,葛列众,朱瑶,2004
维吾尔族	橙、黄、紫、红、绿、蓝、白、黑	张增慧,林仲贤,孙秀如,1988
壮族	红、黄、绿、橙、白、紫、蓝、黑	张增慧,林仲贤,1990
朝鲜族	黄、红、橙、绿、紫、蓝、白、黑	张增慧,林仲贤,孙秀如,1988

8.4 不同民族个体的颜色词概念结构

探讨不同民族对颜色认知的共性与差异的另一途径是考察不同民族个体的颜色词概念结构。颜色词,又称为颜色称谓,是语言中表征颜色概念的词。颜色概念在个体头脑中的组织,称为颜色词的概念结构。

张积家等人采用自然分类法对国内不同民族的颜色词的语义组织和概念结构进行系列研究。他们采用黑、白、红、蓝、绿、黄、橙、紫、棕、粉红和灰11种基本颜色词为材料,将11种基本颜色词打印在问卷上,随机排列,要求被试按照自己的想法将基本颜色词分类,采用多维标度法和聚类分析法进行分析。研究涉及的民族包括汉族(张积家,林新英,2005)、彝族、白族、纳西族(张启睿,和秀梅,张积家,2007)、摩梭人(王娟,张积家,林娜,2010)、日本人(黄喜珊等,2011),也包括傈僳族、普米族(王娟等,2013)蒙古族(张积家,方燕红,2013)和鄂伦春族(杨群,张积家,2013)、藏族(魏晓波,张积家,2014)。将不同民族颜色词语义空间的维度及颜色词的分类结果进行总结,如表8-3所示。

表8-3 10个民族的颜色词概念词的比较

被试	语义空间维度	颜 色 词 分 类
汉族	(1)非彩色/彩色; (2)暖色/冷色	(1)非彩色:黑、白、灰和棕;(2)冷色:紫、蓝和绿;(3)暖色:红、橙、黄和粉红

被试	语义空间维度	颜 色 词 分 类
彝族	(1)非彩色/彩色； (2)暖色/冷色	(1)暗色：黑、灰和棕；(2)冷色：蓝、绿和紫；(3)暖色：红、黄、橙和粉红；(4)白
白族	(1)非彩色/彩色； (2)暖色/冷色	(1)暗色：黑、灰和棕；(2)暖色：红、黄和橙；(3)冷色：蓝和绿；(4)民族偏爱：白、紫和粉红
纳西族	(1)非彩色/彩色； (2)杂色/单色	(1)暗色：黑与灰；(2)杂色：棕、橙和粉红；(3)尊贵色：红和紫；(4)双义色：黄、绿与蓝；(5)白
摩梭人	(1)非彩色/彩色； (2)杂色/单色	(1)非彩色：黑和白；(2)鲜艳色：红、黄、蓝和绿；(3)暗杂色：棕和灰；(4)靓杂色：橙、粉红和紫
日本人	(1)亮色/暗色； (2)冷色/暖色	(1)暖色：红、橙、黄和粉红；(2)白；(3)暗色：黑、灰和棕；(4)冷色：绿、蓝和紫
傈僳族	(1)非彩色/彩色； (2)亮色/暗色	(1)非彩色：黑和白；(2)暗杂色：棕和灰；(3)花朵、水果色：橙、黄、红、粉红和紫；(4)背景色：绿和蓝
普米族	(1)非彩色/彩色； (2)杂色/单色	(1)非彩色：黑与白；(2)暗杂色：棕与灰。(3)红粉色：红与粉红。(4)彩色：橙、黄、绿、蓝和紫
蒙古族	(1)亮色/暗色； (2)背景色/前景色	(1)暗色：黑、灰、棕和紫；(2)背景色：白、蓝和绿；(3)亮色：红、橙、黄和粉红
鄂伦春族	(1)非彩色/彩色； (2)杂色/单色	(1)单色：红、黄、绿和蓝；(2)杂色：棕、灰、橙、紫和粉红；(3)非彩色：黑和白
藏族	(1)非彩色/彩色； (2)杂色/单色	(1)无彩色；(2)冷色；(3)红与粉红；(4)橙与黄；(5)紫与棕

8.4.1　汉族人的颜色词概念结构

张积家和林新英(2005)最早对汉族大学生基本颜色词的概念结构进行研究。结果发现，在汉族大学生基本颜色词的语义空间中，有"彩色/非彩色"和"冷色/暖色"两个维度。这说明，汉语大学生对基本颜色词的认知基本一致。这种一致既反映了人类颜色认知的共性，也反映汉族大学生有共同的颜色词和相似的生活环境。但是，汉族大学生对基本颜色词的分类也存在专业差异。不同专业学生对棕色的分类就不一致。美术系学生将棕色理解为处于冷色和暖色之间的彩色，物理系和中文系学生却将它视为一种非彩色。美术系学生对棕色的分类更为科学，分类的集中趋势更明显，说明颜色范畴对颜色认知影响更大。这显然是由于美术系学生具有更多的色彩知识所致。中文系学生对白色的理解也表现出专业特点。他们将白色理解为接近于彩色的非彩色，赋予白色更多的心理意义，更具有浪漫色彩。因此，人对颜色和颜色词的认知具有明显的学习成分。这一结果具有重要的理论意义和实践价值。在理论上，它揭示了人们头脑中基本颜色词组织及影响因素；在实践上，它启示人们，在运用颜色和颜色词时要考虑到它们的心理意义和效果。大学生群体与美术系被试、物理系被试和中文系被试的 11 个基本颜色词的语义空间如图 8 - 5 至图 8 - 8 所示。

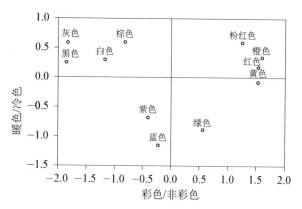

图 8 - 5 大学生被试 11 个基本颜色词的语义空间图

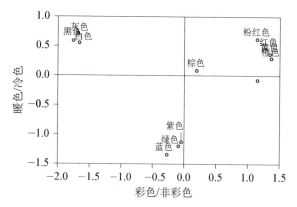

图 8 - 6 美术系被试 11 个基本颜色词的语义空间图

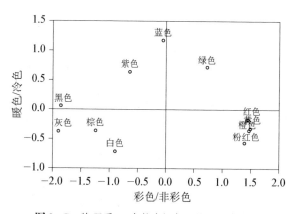

图 8 - 7 物理系 11 个基本颜色词的语义空间图

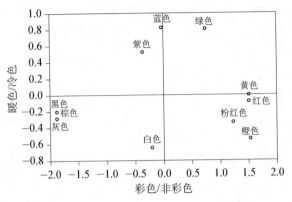

图 8-8 中文系被试 11 个基本颜色词的语义空间图

8.4.2 彝族人的颜色词概念结构

在我国云南省,居住着众多的民族。他们使用不同的语言,在长期的历史发展中创造了独特的文化,同时又深受汉文化影响。在楚雄,居住着彝族同胞。彝族是我国人数较多的少数民族,人口有 657 万。彝族历史悠久,彝语属于汉藏语系藏缅语族。据考察,彝族自古尚黑,对黑色特别喜爱。明清两代,黑色更成为彝族贵族的专用色。彝人自称是"黑族"、"黑人"。川西凉山彝族自称"诺苏",贵州彝族自称"糯苏",云南彝族自称"纳苏"、"尼苏"、"湟苏"等。"诺"、"糯"、"纳"、"尼"、"湟"在彝语里是"黑"的意思,"苏"是"人"的意思,两者合起来就是"黑族"或"黑人"的意思。彝族居住过的地方往往也留下"黑"的名字。如金沙江彝语称"若矣",是"黑水"之意;怒江之"怒"即"诺",也是"黑水"之意。彝族办丧事,用黑头巾、黑毡衣等物送葬。彝族至今还盛行在婚礼上将迎亲的人抹成黑脸的习惯,以求吉祥。在新中国成立前,彝族人甚至认为自己的骨头也是黑的,认为只有"黑骨头"才是贵族,才有资格当头领。彝族传统服装的特点是男子全身皆黑,黑衣、黑裤、戴黑包头,女子则以黑、青、蓝等深色布料为底色,再镶以各种花边。以前,彝族同胞在新房建成后,要把它熏黑以后才进去居住。在尚黑同时,彝族厌白。如过去彝族内部分为黑彝和白彝,黑彝是贵族,白彝是平民,有明显的黑尊白卑的意义。所以,在彝族大学生基本颜色词的分类中,"黑色"与"白色"被分成不同的类。"黑色"与"灰色"、"棕色"聚成一类,组成"暗色"类,"白色"则单独成为一类。彝族大学生将"黑色"与"灰色"、"棕色"聚成一类还与彝族的语言有关。在彝语中,往往将各种暗色混用混称。彝语将"黑"、"青"、"蓝"、"绿"等深色概称为"纳",即"黑"。张启睿等人(2007)对彝族人基本颜色词的概念结构进行研究。被试是彝族大学生。彝族人基本颜色词的语义空间见图 8-9。从图 8-9 可见,彝族人颜色词语义空间的基本维度是:(1)"彩色/非彩色";(2)"暖色/冷色"。11 个基本颜色词被分为 4 类:(1)暗色:包括黑色、灰色和棕色;(2)冷色:包括蓝色、绿色和紫色;(3)暖色:包括红色、黄色、橙色和粉红色;(4)白色。

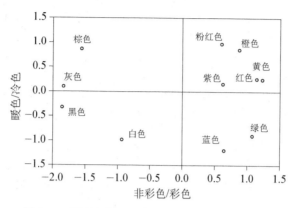

图 8-9 彝族大学生 11 个基本颜色词的语义空间图

8.4.3 白族人的颜色词概念结构

在云南大理,集中居住着白族同胞。白族共有 160 万人。白语属于汉藏语系藏缅语族彝语支。白族用汉字的音和义再加上一些新造的字来记录白语,称为"白文"。白族人自称是"白子白女",是"白人",称自己的语言为"白无",即白语。金沙江支流龙川江,因白族先民曾分布于此流域,古称"白水"。进而又称这一带的白族人为"白水蛮"。现代白族青年人仍然喜欢穿着白色。白族男子的包头、女子的帽箍,男女的上衣甚至裤子都喜用白色。民居也以白色为基调。白族除尚白以外,在历史上也崇尚红、紫,红和紫在白族文化中是尊贵色。通过民族服装的颜色格调,白族的颜色崇拜表现得淋漓尽致。以白为底,饰以彩色花边。女子多用粉红色、紫色为花边颜色。鹤庆的白族妇女热天穿粉红、紫红,新娘长衣也常用粉红、桃红、大红等缎料制成。服饰上常绣上牡丹、桃花、梅花图案,这些花的颜色是粉红色的,白衣彩饰,精美绝伦。这种颜色崇拜和服饰颜色搭配习惯在不知不觉中影响了白族人的颜色词分类。因此,白族人便将白与紫和粉红分成一类,构成了一类特殊的颜色。由于白族同胞特别喜爱这些颜色,因此将它们称之为"民族偏爱色"。张启睿等人(2007)对白族人的基本颜色词的概念结构进行研究。被试是白族大学生。白族人基本颜色词的语义空间见图 8-10。从图 8-10 可见,白族人颜色词语义空间的基本维度是:(1)"彩色/非彩色";(2)"暖色/冷色"。11 个基本颜色词被分为 4 类:(1)暗色:包括黑色、灰色和

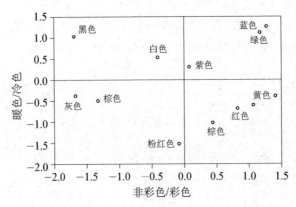

图 8‑10 白族大学生 11 个基本颜色词的语义空间图

棕色;(2)暖色:包括红色、黄色和橙色;(3)冷色:包括蓝色和绿色;(4)民族偏爱色:包括白色、紫色和粉红色。

8.4.4 纳西族人的颜色词概念结构

纳西族大学生的颜色词分类表现出纷繁复杂的特征。纳西族对各种色彩有不同的感情,或肯定,或否定,或肯定与否定兼有之,或既不肯定也不否定。对黑色,纳西族态度复杂。"黑"可以指种族,如纳西人自称"纳","纳"即"黑","黑"即"大"。纳西族人也用"黑"来称谓高山大川。"纳"还可以指"美"或"精",如美酒称"日纳",精肉(瘦肉)称"矢纳"。"黑"也可以表示否定。如纳西文字中有黑色素字,多与鬼与邪恶有关。现代纳西人崇白,表现在修辞中将一切好的事物(如神及与神有关的事物、好人及与好人有关的事物)都归之于白色,凡一切坏的事物(如鬼及与鬼有关的事物、坏人及与坏人有关的事物)都归之于黑色。黑白观念也就有了光明与黑暗、善与恶、美与丑的内涵。对纳西先民到底尚白还是尚黑,学术界有不同看法。有学者认为,纳西族是古羌人的后裔,而古羌人尚白。但也有学者认为,一个自古尚白的民族不可能以黑色作为衣装主色。一个民族的色彩崇拜与服色应该统一。古羌人分尚白集团和尚黑集团,纳西族是尚黑集团的后裔,在唐代还被汉族史书称为"乌蛮"。后来,纳西族受白教影响开始尚白。

纳西族还喜爱灰色。在纳西语中,"灰"与"巧妙"同音同义。有学者认为,纳西族视灰色为"巧妙",可能既与纳西族的色彩变迁史有关,又与纳西族的色彩审美习惯有关。在从尚黑向尚白转变中,"灰"作为含有黑与白两种色素的色彩起到过重要中介作用,成为仅次于"黑"、"白"的被崇拜的色彩。而且,美就是和谐。"灰色"将"黑色"

与"白色"巧妙地组合在一起,所形成的是阴与阳的完美和谐。所以,在纳西族大学生基本颜色词的分类中,"灰色"与"黑色"便聚在一起。在纳西语中,"黄色"具有两义性。"黄"与"黄金"在纳西语中是同一个词。但"黄色"也有贬义。在纳西语中,"黄"与"死亡"同音,还与"黄色"(下流、色情)同音同义。纳西族称情歌为"时本",本义为"黄调"。他们视谈情说爱为一种与性联系在一起的"黄色"行为。"黄"因此也就成了一种不光彩的色调。所以,在纳西族大学生的分类中,"黄色"与"红色"和"橙色"就分离开来。"绿"在纳西语中也有两义性。"绿"既是生命的代表色,也是无赖色。在纳西语中,"抛含"(绿脸)是"不要脸"的意思。与"绿"不同,"蓝"在纳西语中是一种成功的色彩。纳西语的"蓝"既有蓝色含义,也有成功的意思。但在纳西语中,虽然已经存在"绿"与"蓝"的区别性概念,但在语言运用中,"绿"与"蓝"混用十分普遍。如"蓝天"在纳西语中称"木含",意为"绿天",而不称"木波",即"蓝天"。不仅蓝与绿混用,"青色"、"碧色"与"蓝色"更是同指一色,难以区分,造成"绿色"与"青色"、"蓝色"混用现象,如"青天"与"蓝天"相同,故而"青天"以"绿天"称之,"青山"以"绿山"称之,"清水"以"绿水"称之。这种混用造成"绿"与"蓝"在纳西族基本颜色词语义空间中距离很近,同时也造成具有成功意义的/蓝"与两义性的"绿"与"黄"聚集在一起的现象。受汉文化影响,纳西族崇拜"红"。"紫"在纳西文化中也是一种令人向往和渴望的尊贵色。纳西族大学生将"红色"与"紫色"分在一起,显示对它们的偏爱。张启睿等(2007)对纳西族人的基本颜色词的概念结构进行研究。被试是纳西族大学生。纳西族人基本颜色词的语义空间见图8-11。从图8-11可见,纳西族人的基本颜色词的语义空间有两个维度:(1)"彩色/非彩色";(2)"杂色/单色"。11个基本颜色词被分为5类:(1)暗色:包括黑色与灰色;(2)杂色:包括棕色、橙色和粉红色;(3)尊贵色:包括红色和紫色;(4)双义色:包括黄色、绿色与蓝色;(5)白色。

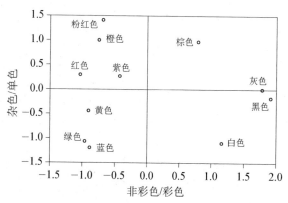

图8-11 纳西族大学生11个基本颜色词的语义空间图

与汉族、彝族、白族不同,在纳西族大学生基本颜色词分类中,没有出现"暖色/冷色"的类,反而出现了"杂色/单色"的类。所以如此,既与不同民族对颜色的不同抽象有关,也与纳西族的颜色观念有关,还与语言有关。从对颜色抽象看,"杂色"和"单色"是对颜色饱和度认知的结果,饱和的颜色都是单色调的,不饱和的颜色都是间色调的或混杂色调的。"暖色"和"冷色"是对颜色感应抽象的结果。在汉族大学生基本颜色词分类中,"暖色"和"冷色"的聚类很明显,这种聚类在5岁汉族儿童的基本颜色分类中就已出现(张积家,陈月琴,谢小兰,2005),说明"暖色/冷色"是汉民族对颜色的抽象。但在彝族、白族和纳西族大学生基本颜色词分类中,"暖色"与"冷色"的聚类都不是很明显。即使在彝族和白族的基本颜色词的语义空间中,维度2可以作为"暖色/冷色"命名,事实上,也有"杂色/单色"的倾向。这说明,"暖色/冷色"维度并非是人类标记颜色的普遍维度。不同民族由于受语言和文化影响,有可能优先注意到颜色的不同属性,并将它们作为分类依据。据考察,在纳西语中,有11个基本颜色名,经常出现的有"黑色"、"白色"、"红色"、"绿色"、"蓝色"、"灰色"、"杂色"8个颜色词。与Berlin和Kay的图式比,纳西语缺少"橙"、"棕"、"粉红"三个颜色词,却多出一个"杂色"色名。所以,在纳西族大学生基本颜色词分类中,由于受"杂色"色名影响,就将"橙色"、"棕色"和"粉红色"分在了一起。在纳西语中,"杂色"是指多种色彩的混合体。由于纳西语言中有"杂色"一词,所以在纳西族大学生的基本颜色词分类中,"杂色/单色"维度就凸显出来。

8.4.5 纳日人(摩梭人)的颜色词概念结构

纳日人,自称NAZI,聚居在川滇边境泸沽湖畔及其周围地区。纳日人包括云南地区被划为东部方言区的纳西族、四川境内被划为蒙古族而自称为纳日或纳的族群。根据民族史学家的研究,纳日人的先民是先秦时期游牧于河湟一代的一支古氐羌人,战国时期陆续南迁,到西汉时已逐渐定居在金沙江两岸,并与当地居民"叟人"融合。这支羌人以养牦牛为主,因此汉代史书称其为"牦牛羌"或"牦牛夷";晋代称"摩沙夷","摩"来自牦牛羌的"牦","沙"来自"叟人"的"叟","夷"即"人"。唐代后写作"么些","么些"二字,又写作"么梭"、"摩娑"、"摩些"、"摩西"等等。凡此种种,都是不同文献对同一民族族称的同音异字标记。这支南迁羌人在到达今甘孜州地区后就主要分成两条不同路线,一支从今甘孜州南部直接进入丽江一带,成了今日的纳西人;另一支从今甘孜州南部向东进入今凉山州,再转入其南部并定居于川滇边境,成了今日的纳日人。还有另外几条迁徙路线形成纳西族的其他支系。在国家进行民族识别和确认时,"纳西"就代替古文献中的"么些"(摩梭),成为"纳西人"、"纳日人"、"露鲁支系"、"摆西支系"、"玛丽玛莎支系"的共同族称。由于历史习惯和本民族意愿,纳日人在今日被称作"摩梭",尤其在主流的书籍资料和媒体话语中,"摩梭"处处可见,因此人们只知"摩梭"而不知"纳日"。用本族的总称,这本无不当之处,但如果"摩梭"仅被用作纳西东部方言区纳日支系的名称,就有混淆总称与支系之嫌,甚至会造成民族研究工作的混乱。"纳日"既为自称,尊从"名从其主"的原则,随永宁纳西人的称谓使用"纳日"一词。

王娟等人对纳日人基本颜色词的概念结构进行研究,被试是纳日高中生。纳日高中生对 11 个基本颜色词的分类结果见图 8 - 12 和图 8 - 13。从图 8 - 12 可见,纳日人基本颜色词的语义空间包括"彩色/非彩色"与"单色/杂色"维度。从图 8 - 13 可见,11 个基本颜色词被分成两大类四个子类。两大类是非彩色和彩色,非彩色包括:(1)非彩色:包括黑和白;(2)暗杂色:包括棕和灰。彩色包括:(1)单色:包括红色、黄色、绿色和蓝色;(2)靓杂色:包括橙色、粉红色和紫色。

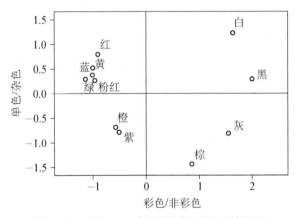

图 8 - 12　纳日人 11 个基本颜色词的语义空间图

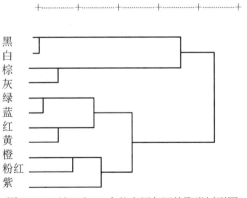

图 8 - 13　纳日人 11 个基本颜色词的聚类树形图

从分类结果和事后访谈发现,纳日人将喜欢的颜色——红、黄、绿和蓝聚集在一起;橙、紫和粉红是他们经常使用和看到的颜色,对棕和灰持否定态度,对黑和白有褒有贬。从语义空间的维度看,纳日人与纳西人对颜色概念结构的分类标准完全一致。张启睿等人研究表明,在纳西语言中有"杂色",而无"棕"、"橙"和"粉红",因而纳西人就将"棕"、"橙"和"粉红"聚在一起。访谈发现,纳日语言中并无"杂色"名称,而且"棕"、"橙"和"粉红"也有各自对应词汇。但这并不能表明在纳日语言发展中,"杂色"名称从未出现和使用过。根据对两种语言考证研究,纳日语和纳西语虽然存在差异,但同源词仍占据半数以上,句子部件包括主语、谓语、宾语大多一致性地倒置使用。这些遗留印记告诉人们纳日人与纳西人的祖先曾经讲述着同一种语言,使用同一种文字。但是长期的历史变迁和地理闭塞促使他们发展了自己的语言。

"杂色/单色"维度是纳西人、纳日人共同拥有的颜色认知维度,这与他们同宗共祖的历史族源密不可分。在杂色类别中,"棕"和"灰"形成"暗杂色"类,也是纳日人的"冷落色","橙"、"粉红"和"紫"构成"靓杂色"类;在单色类别中,"黑"和"白"形成非彩色类,"红"、"黄"、"绿"和"蓝"聚成鲜艳"单色"类。这表明,纳日人除了具备同纳西人一致的"单色/杂色"分类外,还存在"靓色"偏爱。不管单色系还是杂色系,纳日人均表现出了对鲜艳颜色的喜好。

研究表明,在颜色词分类中,纳日人既关注颜色的饱和度("单色/杂色"),还关注颜色的靓丽度,并将此作为分类依据。"靓色"偏好是纳日人重要的颜色认知特点。诸多因素影响这一标准形成。John Berry 提出"生态文化与行为的理论模式",认为"一定的生态环境导致一定的文化形态,而一定的生态和文化形态共同塑造于人,使其产生一定的行为方式。这种行为方式进而使人更好地适应那种生态和文化,甚至影响和改变他们。"纳日人自古聚居在川滇边境泸沽湖畔及其周围地区。湖区特殊的地理环境和优美绮丽、纯净无暇的景色影响着世世代代的纳日人。清澈湛蓝、波光潋滟的湖水与蓝天白云交相呼应,形成水天一色的奇景。纯净的蓝色成为纳日人生活环境中的主色调。纳日人对泸沽湖有极深的依恋之情,亲切地称其为"母湖",蓝色也成为纳日人钟爱的颜色。纳日人本土宗教"达巴教"崇尚自然,对自然有特殊敬仰之情,达巴经的大部分内容涉及大自然,赞颂的神不外乎有形的天空、太阳、月亮、星辰、山、水、树等。这种原始自然崇拜,促使纳日人对生活环境中的自然色产生偏好。沙毓英(1996)研究纳日人的概念发展,发现纳日人的词汇呈现出用现象描绘代替相应词语的现象。纳日人的颜色词也呈现这一特点。比如,用鹦鹉表示绿色,粉红色则描述为像桃花一样的颜色。这种借物呈色的现象反映出纳日人对绿树、红花、蓝天、白云等环境色的特殊偏好。此外,藏传佛教格鲁派(黄教)在此地获得发展,至今已与达巴教并驾齐驱,其象征色黄色已深入人心,纳日人对这种艳丽的颜色有深深的敬畏感。

服饰往往能反映出一个民族对颜色的选择和偏好。纳日女子喜着红、蓝、紫色上衣,并用彩色布条镶边,系浅蓝和白色衬里的双层白褶裙。裙上用五色丝线绣边,裙长可及足背。她们还喜欢束红、黄腰带,穿青布绣花鞋。贵族女子多穿红、黄、灰色的绸缎和毛呢之类的衣裳。纳日女子的头饰兼有藏、纳的特色:将掺杂着牦牛尾长毛的头发,结成粗大的假辫盘于头顶,再在假辫外缠绕蓝、黑色丝线,并将丝线后垂至腰部。在大辫盘头上还会戴一朵红花。纳日人古朴艳丽的穿着与青山绿水交相辉映,构成一幅美丽的画卷。相比较"纳西标谋通"(纳西语,意为纳西人以穿青色衣裤为相宜)装束,纳日人明显地表现出对靓色的喜好。

8.4.6 傈僳族人的颜色词概念结构

王娟等人(2013)对傈僳族基本颜色词的概念结构进行考察。被试是傈僳族的高中生。结果如图 8 - 14 和图 8 - 15 所示。

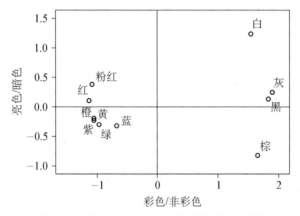

图 8 - 14 傈僳人 11 个基本颜色词的语义空间图

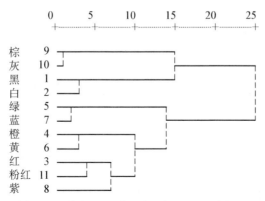

图 8 - 15 傈僳人 11 个基本颜色词的聚类树形图

从图 8 - 14 和图 8 - 15 可见,傈僳族高中生基本颜色词的语义空间包括两个维度:(1)"彩色/非彩色";(2)"亮色/暗色"。11 个基本颜色词被分为 2 个大类 4 个子类。4 个子类分别是:(1)非彩色:黑和白;(2)暗杂色:棕和灰;(3)花朵、水果色:橙、黄、红、粉红和紫;(4)背景色:绿和蓝。"彩色/非彩色"是汉族,彝族、白族和纳西族、纳日人等族群共享的基本颜色词语义空间的维度,也是傈僳族和普米族高中生基本颜色词语义空间的维度。这种没有民族和种群差异的分类维度彰显了人类颜色认知的普遍性。傈僳族高中生基本颜色词的语义空间中出现"亮色/暗色"维度,体现了傈僳人颜色认知的独特性。傈僳族颜色词概念结构产生的原因,主要受地理环境与生活方式的影响,这一点在在第七章中已经有涉及,此处就不再赘述。

从颜色蕴含情感的角度看,傈僳人对基本颜色词分类也体现一定的情感色彩。红色是傈僳人最喜欢的颜色,代表好运、吉利、吉祥、热情和激情;傈僳人对黑、白有复杂的情感。无论男女,衣服都常以黑、白作为底色,认为黑白相配极为美观。但在传统禁忌习俗上,又对黑、白、灰十分忌讳,认为它们象征不幸、晦气和不吉利。在傈僳族高中生基本颜色词的语义空间中,红色与粉红色代表了积极情感,黑色、白色和灰色均包含了傈僳人的双重情感。这表明,傈僳人对颜色的认知具有明度和情感的双重认知模式。

8.4.7 普米族人的颜色词概念结构

王娟等(2013)对普米族基本颜色词的概念结构进行考察。被试是普米族的高中生。结果如图 8 - 16 和图 8 - 17 所示。

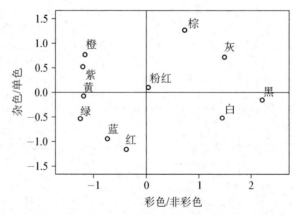

图 8 - 16 普米人 11 个基本颜色词的语义空间图

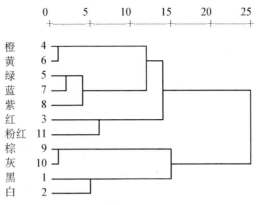

图 8 - 17 普米人 11 个基本颜色词的聚类树形图

从图 8 - 16 和图 8 - 17 可见,普米族高中生基本颜色词的语义空间包括两个维度:(1)"彩色/非彩色";(2)"单色/杂色"。11 种基本颜色词被分为 4 个子类:(1)非彩色:黑与白;(2)暗杂色:棕与灰;(3)红粉色:红与粉红;(4)彩色:橙、黄、绿、蓝和紫。与纳日人的基本颜色词概念结构比,普米人的基本颜色词聚类并未形成"杂色"类,而是将红与粉红单独聚类,其余彩色形成一个子类。这与普米人的生产模式有重要联系。这一点在第七章已有介绍。

普米人自称为"白人(拍米)",这缘于普米族自古就有的白色为善的习俗。普米族的图腾为白额虎。但在普米族高中生基本颜色词概念结构中,却没有体现出对白色的特殊情感。这可能与被试的年龄、文化融合以及教育影响等有很大关系。普米族服饰颜色虽以白色为美,现在却多用黑、白、红等多种颜色。这种对白色偏爱的外显性缺失不利于普米族高中生将"白"加工为特殊颜色,而是像其他民族一样,将白和黑聚集在一起,体现出文化变迁对人类认知的潜移默化的影响。

8.4.8　鄂伦春族人的颜色词概念结构

杨群和张积家(2014)考察鄂伦春族人基本颜色词的概念结构。被试是 67 名鄂伦春族成人。结果如图 8 - 18 和图 8 - 19 所示。

从图 8 - 18 和图 8 - 19 可见,鄂伦春族人基本颜色词的语义空间有两个维度:(1)单色/杂色,横轴从左至右,左边是单色,右边是杂色;(2)彩色/非彩色,纵轴从上到下,上边是彩色,下边是非彩色。由图 2 可知,鄂伦春人将 11 个基本颜色词分为 2 大类 3 个子类,两大类为:基本颜色和杂色。3 个子类是:(1)非彩色,包括黑和白;(2)单色,包括红、黄、蓝和绿;(3)杂色,包括灰、橙、紫、棕和粉红。

影响鄂伦春族人对基本颜色词分类的首要因素是语言的发展和进化。在鄂伦春

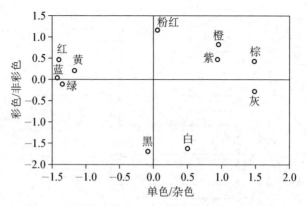

图 8-18 鄂伦春族人 11 个基本颜色词的语义空间图

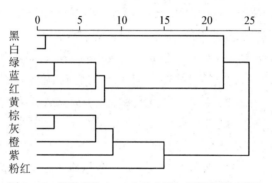

图 8-19 鄂伦春族人 11 个基本颜色词的聚类树形图

语中,最常使用的颜色词就是黑、白、红、黄、蓝、绿,颇有点类似于中国古代的"五色说"。根据已有资料,在鄂伦春语颜色词的发展中,"棕"与"橙"是近几十年在原始社会直接过渡到社会主义时逐渐产生的,而且,现有文字资料也不能证明"棕"和"橙"在鄂伦春语中存在过。"紫"和"粉红"等颜色在鄂伦春族的文化和环境中较少出现,这些颜色词在鄂伦春语中出现的时间也较晚。访谈表明,虽然"粉红"在鄂伦春文化中不具有特殊性,但人们却认为它既不同于"红"、"黄"等单色,也不同于"橙"、"紫"等杂色。据《鄂伦春语汉语对照表》可知,在鄂伦春语中有"粉色"和"紫红",却未明确提到"粉红"。因此,"粉红"是在民族杂居与融合过程中逐渐吸收其他民族语言中的元素而形成的。在对颜色词分类时,被试对语言中经常出现的"黑"、"白"、"黄"、"红"、"绿"、"蓝"熟悉,容易唤起相应的颜色表象,自然就容易地将它们分类在一起;对"粉红"、"紫"、"橙"、"灰"、"棕"不熟悉,不容易唤起相应的颜色表象,因此也容易将它们分类在一起。因此,和纳西人和纳日人由于对颜色饱和度的重视因而在颜色词概念结构中出现"单色/杂色"维度、在颜色词分类中出现"杂色"的类不同(饱和的颜色都是单色调的,不饱和的颜色都是间色或混杂色调的),鄂伦春族人在颜色词概念结构中出现"单色/杂色"维度、在颜色分类中出现"杂色"的类的主要原因是属于"杂色"类的颜色词在鄂伦春族人的语言中出现得晚的缘故。

文化亦影响鄂伦春族人的颜色认知。在鄂伦春族人的民间艺术与绘画中,白、黑、红、黄和绿是使用较多的颜色。作为一个狩猎民族,鄂伦春人在20世纪五六十年代仍然食肉、衣皮、以树皮为屋,服装多由兽皮制成。随着民族融合的发展,不同颜色的布匹源源不断地涌入鄂伦春族人的聚居地,鄂伦春族人表现出对色彩鲜明的单色的喜爱,并开始将其作为民族服装的主色:青年女子的民族服装以红色为主要基调,展现出青春的朝气与活力;成年男子的民族服装则以黄色为主色,彰显力量与激情;为了显示内敛与沉稳,中老年的人民族服装的颜色则以蓝色为主。

宗教是文化的重要成分。宗教亦影响鄂伦春族人的颜色认知。鄂伦春族人信仰萨满教,这是一种比较原始的信仰,包括多神崇拜、熊祭、祖先崇拜及其他神灵崇拜。其中,最古老的崇拜对象是具体的自然力,是经常与人类生活息息相关的自然现象,如天体、山河、水石、风雨、火和动植物等。鄂伦春族人格外崇拜太阳、火和熊。鄂伦春族人将太阳称作"得勒钦",正月初一祭太阳,认为太阳给其温暖、光明,是进行狩猎和生活的根本保证。火神崇拜是原始宗教信仰的内容之一,鄂伦春族人对火怀有敬畏之心,并设有不少禁忌。1953年鄂伦春族人下山定居前仍是原始社会,沿袭了母系氏族社会的众多习俗,由女性担当保护火种的重任。因此,鄂伦春族人将火神想象成为老太太,并备受尊敬。所以,象征太阳与火的红色也备受鄂伦春族人喜爱。熊是鄂伦春族人最尊敬的动物,他们不直接称熊,而是尊称为"阿哈马",即"舅舅"之意,这是母系氏族社会对男性长者的尊称,甚至比父称古老。由于特别崇拜熊,鄂伦春族人甚至相信熊的鼻子、爪子也有灵性,并将其挂在摇车上,作为辟邪灵物。鄂伦春族人信萨满教,尊敬萨满(从事原始宗教活动的人)。每个萨满都有自己的帽子、衣服和法具,神帽被称为"奔波里",用木或铁制成框架,以黑色皮子或布为底,包成帽子形状。神衣则用黑布或狍皮制成,边缘绣成红色。在原始宗教中,使用黑色来增加其神秘感,并促进个体产生敬畏。因此,长期以来,鄂伦春族人对萨满服中黑色的认知就完全不同于对其他色彩的认知。

自然环境和生活方式也影响鄂伦春族人的颜色认知。鄂伦春族人居住在大小兴安岭一带,该地区以丰富的白桦林资源和皑皑白雪而著称。长期居住于此,鄂伦春族人对白色产生了浓厚的感情,"白"在鄂伦春语中也就具有了特殊的意义和地位。千百年来,鄂伦春族人与伟岸挺拔的白桦树有着深厚的感情和特殊的交流方式,他们将"白"看作是白桦树纯洁和美好的象征。大小兴安岭一带冬季漫长,全年无霜期为

85～95 天,土地、树木长期覆盖着皑皑白雪,稳定雪盖期为 130～150 天。在漫漫冬季中,"白"是陪伴鄂伦春族人最为长久的颜色。鄂伦春族人以狩猎为生,除了各种动物的皮、肉外,动物奶汁是他们的主要饮品,特别是白色的驯鹿奶,给予鄂伦春族人以力量与智慧,不仅为鄂伦春族人提供了物质生活上的保证,也促进了他们在精神世界中的无限遐想,并以此创作出了丰富多彩的文学作品。被白雪覆盖的神秘黑土地更是与鄂伦春族人有着千丝万缕的联系。自然环境和生活方式对鄂伦春族人的颜色认知产生了潜移默化的影响。因此,在语义空间图中,虽然"黑"与"白"都是非彩色,但二者相近却不重合,表明它们在鄂伦春族人的心目中各自有其独特的心理表征。

总之,语言普遍论和语言相对论都无法圆满地解释鄂伦春族人的颜色认知。虽然颜色知觉具有先天的生理基础,也不能排除语言和文化所带来的知觉变化。折衷观点可能更有说服力。在对颜色词分类时,鄂伦春族人受到语言发展、民族融合、宗教文化、自然环境和经济生活方式的影响,证明一个民族的语言、文化、自然环境和生活方式对人的认知具有塑造作用。

8.4.9 蒙古族人的颜色词概念结构

张付海等人(2016)考察蒙古族人颜色词的概念结构,被试是 250 名蒙古族大学生,结果见图 8-20 和图 8-21。

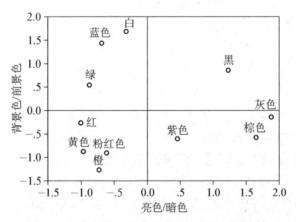

图 8-20 蒙古族人 11 个基本颜色词的语义空间图

从图 8-20 可见,蒙古族人基本颜色词的语义空间有两个维度:(1)亮色/暗色:横轴从左到右,左边是暗色,右边是亮色;(2)背景色/前景色:纵轴从上到下,上边(白、绿、蓝)是背景色,下边是前景色。11 个基本颜色词被分为 2 大类 4 个子类,2 大类为亮色和暗色,4 个子类为:(1)背景色:包括白色、蓝色和绿色;(2)暗色:包括灰

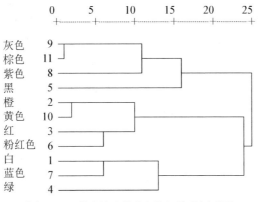

图 8‑21 蒙古族人基本颜色词聚类树形图

色、棕色、紫色;(3)黑色;(4)暖色:包括黄色、橙色、红色、粉红色。

所以出现了这种分类,与蒙古族特殊的生存环境、文化有关。蒙古族生活在光线充足、一望无际的大草原上,每天所闻所见,都是"天苍苍,野茫茫,风吹草低见牛羊"的景象,天是蓝色的,地是绿色的,天上的白云和地上的羊群都是白色的,蓝色、绿色、白色构成蒙古族同胞每天的生活场景。蒙古族也有特殊的颜色文化,对颜色有特殊的喜好和忌讳。蒙古人喜爱的颜色有白、蓝、黄和红,其中,白和蓝是古代蒙古人最喜欢的颜色。来过草原的人们都会感受到,草原上的蓝天和白云非常美,茵茵绿草和洁白的羊群与蓝天白云交相呼应,呈现出和谐的自然美。蒙古族人生活在大自然中,五彩缤纷的世界造就了蒙古人多彩的生活。在蒙古人的生活,"白"、"蓝"、"红"、"绿"、"黑"是最基本的颜色,每种颜色在蒙古人的生活中都有不同的地位。

白色在蒙古语称"查干",是蒙古族人最崇拜的颜色。白色象征着真实、纯洁、正直和美好,属于吉祥颜色。《蒙古秘史》中说:"建九游之白纛,奉成吉思汗以罕号焉。因为蒙古人以九为吉数,以白色为纯洁。"在蒙古族人的生活中,处处喜欢用白色:牧民们住的蒙古包是白色的,穿的蒙古袍是白色的,遇到尊贵客人时献的哈达是白色的,均有纯洁之意。蒙古人招待客人,也必先敬献白食(奶食品),逢年过节,喜庆筵宴,也要端出一盘洁白的奶食品,让客人品尝。在节日和喜庆时,蒙古族人都要着白色服装,互相赠送白色礼品。有人出门远行,也要用白色奶食品祝福,用奶汁向行人所走的方向洒奠,祝福行人一路平安。由此可见蒙古族人对白色的喜爱。

黑色在蒙古语中称"哈日",在蒙古人眼中是不吉利的颜色,标志着秽气,或代表着丧事。与喜爱白色不同,蒙古人忌讳黑色,认为黑色代表着贫穷、不幸、威胁、背叛、嫉妒、黑暗、暴虐,总之是不祥的象征。由于白与黑在蒙古族人眼中的地位迥然不同,蒙古族同胞尚白厌黑,因此,由白色代表的亮与由黑色代表的暗的亮度系列就成为蒙古族人颜色词组织的第一个维度。

蓝色(青色)在蒙古语中称"呼和"。蒙古族人也很喜欢蓝色(青色)。罗布桑却丹在《蒙古风俗鉴》中说:"论年光,青色为兴旺,黄色为丧亡,白色为伊始,黑色为终结。因此蒙古人把青、白两色作为头等重要的色彩来使用。"蓝色是天空的颜色,象征着永恒、坚贞和忠诚,蒙古族人把蓝色视为自然界中永恒的、美好的色彩,希望自己的民族像蓝天一样永存和繁荣昌盛。蓝色亦是代表蒙古民族的色彩。蒙古族祖先在建立国家时,就给国家取名为"蓝色的蒙古国",用蓝色织物做国旗,把首都称做"青城",把帝王宫殿称做"青宫",把史册称做"青册",都是蒙古族人把蓝色作为永恒象征的反映。在蒙古族的装饰图案和服饰中,用蓝色较多,身着蓝色服装的男女老少给美丽的草原增添了庄重气息。蒙古族人亦常用蓝色点缀生活,很多蒙古族人将蒙古包顶部画上蓝色的云彩或吉祥的图案。蒙古族的人名、地名也很喜欢称"呼和"即"青"。例如,在兴安地区的蒙古族人中,取名"呼和"或名字中加入"呼和"的十分普遍。"呼和浩特"即青城之意。在文学作品和口语中,蒙古人在形容自然风光优美或赞扬东西质地优良、令人喜爱的时候,也常使用蓝颜色。

红色在蒙古语中称为"乌兰",象征着幸福、胜利和亲热。蒙古族人崇拜火。对草原民族来说,火是日常生活中重要的一部分。蒙古族人喜欢熊熊燃烧的篝火和蒙古包里的炉火,认为烧得越旺越好,预示着世世代代繁盛红火。因而,红色便成为燃烧着的火焰的象征,看到红色就会联想到火和太阳,火和太阳赐给人们温暖和光明,特别受到蒙古族人尊重。蒙古族人亦把红色作为本民族的标志。例如,红太阳是古代蒙古国家的象征。蒙古族人在服装、帽缨上的装饰品以及马鞍子都为红色,箱子着红底色绘制彩色图案,毡制门帘、驼鞍、绣花毡、摔跤服等都用红布贴花图案装饰。蒙古姑娘在头上系着红色的头巾象征着青春与艳美。在蒙古族的信仰中,将寺院的立柱、佛桌以及蒙古包中供奉的佛龛都设置为红色,所以红色也是庄重、吉利的色彩。蒙古族人亦常用"红"来命名,如乌兰浩特即为"红城"之意。兴安地区的蒙古族人也常以"乌兰"命名。

黄色和绿色也为蒙古族人所喜爱,但不如蓝色和白色较为看重。在蒙古族服饰中,绿色和黄色也占有一定比重。黄色是代表高贵的颜色。在蒙古族人信仰的喇嘛教中,达官和喇嘛都身着黄色衣服,男人腰上可以系黄色腰带。元明清以来,蒙古族民间美术中多用金银色勾边,召庙中的建筑彩画使用金银色亦极多,给人们以富丽堂皇的感觉。

8.4.10 藏族人的颜色词概念结构

魏晓波和张积家(2014)年考察藏族大学生的基本颜色词概念结构,被试是142

名藏族大学生。结果见图8-22和图8-23。从图8-22和图8-23可见,藏族人基本颜色词的语义空间有两个维度:(1)非彩色/彩色:横轴从左到右,左边是非彩色,右边是彩色;(2)杂色/单色:纵轴从上到下,上边是单色(蓝色、绿色、黄色、红色),下边是杂色(橙色、紫色、粉红色、棕色、灰色)。11个基本颜色词被分为2大类5个子类,2大类为非彩色和彩色,5个子类为:(1)白色;(2)暗色:包括灰色和黑色;(3)冷色:包括绿与蓝;(4)靓杂色:包括紫色与棕色;(5)宗教专用色:包括红色、粉红色、黄色、橙色。

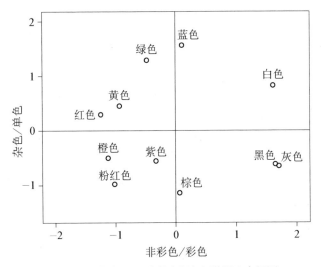

图8-22 藏族人11个基本颜色词的语义空间图

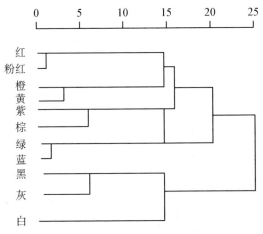

图8-23 藏族人11个基本颜色词的聚类树形图

藏族人的基本颜色词概念结构既受藏族人的生活环境影响,也受藏族人的文化特别是宗教影响。在藏区,建筑物的主要颜色是红、黄、白,红与黄是宗教专用色,只有寺庙、高僧寓所才能用黄色,民宅、村居的墙壁以白色粉饰。在藏族原始宗教"苯教"中,宇宙被分"神、人、鬼"三个世界,为了避免鬼的侵犯,人们会在面部涂上赭红色颜料。随着时代的发展,红色不再涂在脸上,却在建筑物中保留下来。不过,对它的用法还是有严格的规定,主要用于宫殿、寺庙的护法神殿、供奉灵塔的殿堂及个别重要殿堂的外墙面上,以示威严。红色还象征着勇敢。因此,供奉历代达赖灵塔的布达拉宫红宫、格鲁派祖师宗喀巴的灵堂均涂红,是古代贵人和勇士墓上涂红做法之延续。

藏族人对黄色异常敬重。与汉族人在古代时黄色是皇家专用色类似。在藏区,黄色是活佛袭用的颜色。活佛穿黄色长袍,坐在铺黄垫子的太师椅上,外出时可以乘坐黄缎八抬大轿,卧室从屋顶至四壁,均用黄缎帖面,上下左右,金光灿烂。一般民众很少穿着或使用黄色。在藏族建筑中,黄色和红色的墙面建筑往往交相辉映,这些黄色墙面建筑主要是寺庙的殿堂或修行室。在西藏建筑群中,黄色墙面的建筑地位最高。在布达拉宫西侧黄色墙面建筑里,就有为达赖祝寿的修行室。各寺庙中最重要的殿堂,也有将墙面涂黄之习惯。

由于红色和黄色在藏族文化中属于宗教专用色,所以,红色及其相近色粉红色、黄色及其相近色橙色就构成"宗教专用色"的子类。蓝色与绿色作为蓝天与绿地的代表,构成背景颜色。

在藏族大学生基本颜色词分类中,白色成为一个单独的子类。这与藏族人对白色的喜爱有关。在藏族人心中,白色最美、最崇高。"白"在藏语中称为"尕鲁",意为合理、正确、忠诚、纯洁以及大吉大利。在藏语中,思想高尚称为"伞巴尕鲁",心地善良称为"森母尕鲁"。藏语有谚云:"即使砍头,流出的血也是白的。"即用流出的血是白的强调自己清白无辜,可见藏族人赋予"白"以崇高的境界。

由于藏民尚白,所以,在藏区,白色无处不在。藏民穿的藏装,最里面一件,一般都是白色的;藏民喜欢戴白色帽子,外穿一件白色羊皮袄;藏民喜欢喝白色牛奶,吃白色的酥油和糌粑,住白色帐篷,铺白色毡毯,连骑马都喜欢挑白色的骏马;在草原上,白色的羊群、白色的经幡和白色的玛尼石堆,与远处的雪山相辉映,构成一道独特的白色风景线。白色也深入到牧区藏民生活中。白色在藏民心中是交运和喜庆的象征。藏民办喜事时,喜欢用白色:新郎新娘除了骑白色骏马外,洞房也刷成白色;贵宾临门,主客双方互赠白色哈达;姑娘出嫁之日,如遇到瑞雪纷扬、山披银装的天气,则视为吉兆。在祈福仪式中,人们手捏炒面不停地撒向天空,白粉飘落一片,以示吉祥。在藏历新年清早,人们用掺了牛奶的水洗脸,水被称为"曲尕鲁",意为"白水"。据说,在新年第一天用白水洗脸,可以得一年的好运。在寺庙里,大喇嘛出远门时,也要在门口用白粉撒出吉祥图案。邻里友人有添丁之喜,所送礼物是塞满白色羊毛的细瓷碗。新楼落成之后,恭贺乔迁之喜,通常是送上一大碗白色细盐或白色大米。总之,从古至今,藏族人都把白色看成是吉祥、纯洁、高尚、理想、胜利、昌盛的象征。在藏族民歌中,也常用雪山比喻高贵,以乳汁表达诚挚。

藏族人崇白有悠久的历史。在公元 7 世纪佛教进入藏区前,藏区盛行原始宗教——"苯教"。苯教僧侣身穿白衣,戴白色缀青边的高帽。苯教虽然后来为佛教取代,但尚白的习俗却延续下来。佛教传入青藏高原后,吸收古印度尚白的传统,更加强化了藏族对白色的崇拜。这种对白色的崇拜也被民间所接受。藏民以白色象征正义、善良、高尚、纯洁、祥和、喜庆,黑色代表邪恶和灾难。这种对白色的认知和崇拜在藏族社会中表现很广泛:代表珠穆朗玛峰的女神全身白色,骑白狮;格萨尔王头戴白盔、身着白甲;诸山神的化身为白人、白牛、白狮等。在人们心中,凡与白色有关的神山圣水、仙人巨兽都是体贴人、拯救人的神灵,白色作为神的标志具有奇异无比的力量。随着藏传佛教在藏区的兴盛,白塔随处可见,这一切都时刻提醒着佛教徒对白色的热爱、喜欢和崇敬。

藏族人喜欢白色更与藏族自古以来就生活在雪域高原有关。高原上有众多的雪山,气候寒冷,雪山上的积雪终年不化,白色的雪就成为藏民族的终身伴侣。雪花落地溶解以后,化作涓涓细流灌溉着大地,滋润着万物。仰望蓝色的天空,朵朵白云从天上飘过,使人产生一种吉祥和神秘之感。在藏民生活中,白色的东西还有很多,如羊群、牛奶、皎月。天长地久,白色就在藏民心灵深处扎下了根,藏民逐渐产生了喜欢白色、崇尚白色的意识。由此可见,任何一种色彩的美都是客观的,而人对色彩美的欣赏则是相对的、有条件的。一个民族对某种色彩所产生的感受,归根结底,源自于这个民族的生存环境和生活实践。

藏民族所以喜欢白色,还与一个世代相传的传说有关:在很早以前,我国西南有一座雪山,山上住着一个团结和睦的部落。在一次战争中,这个部落遭到了敌人的围困,正当生死存亡之际,一支身着白装、骑着白马的骑兵队伍,犹如从天而降赶到现场,杀得敌寇落荒而逃。部落人民得救以后才发现,这支"白衣神军"竟是不久前部落外出狩猎的13 对青年男女。为了报恩白衣骑士,白色就成为了这个部落人们最喜欢的颜色了,白色也就成为吉祥如意的象征。后来,藏民族成为了这个部落的后裔。千百年来,藏民族把这种崇尚白色的故事,借着丰富而颇有人情味的神话描述,委婉动听地表达出来,一代一代地相传至今。

8.4.11 日本人的颜色词概念结构

中日两国是一衣带水的邻邦。两国的文化有许多相似之处,又存在重要差异。

研究日本人的基本颜色词概念结构,对了解文化对颜色认知的影响具有启发意义。黄喜珊等人(2011)考察了日本人基本颜色词的概念结构。结果见图 8-24 和图 8-25。

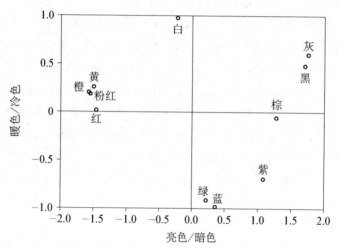

图 8-24 日本人 11 个基本颜色词的语义空间图

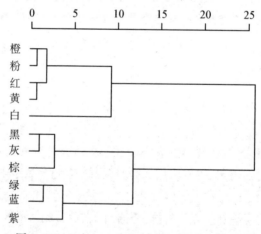

图 8-25 日本人 11 个基本颜色词的聚类树形图

从图 8-24 和图 8-25 可见,日本人对基本颜色词分类的首要标准是明度(亮色/暗色),其次是颜色的心理感应,即颜色的联觉或通感(暖色/冷色)。这一点在对分类标准的调查中也得到证实。11 个基本颜色词被分成 2 大类 4 个子类,2 大类是亮色和暗色,4 个子类是:(1)暖色:包括红、橙、黄和粉红;(2)白;(3)暗色:包括黑、灰和棕;(4)冷色:包括绿、蓝和紫。

佐竹昭广(1955)的四色说认为,"赤"、"白"、"黑"、"青"是日本人原始色彩感觉中的基本色,分别与"明"、"显"、"暗"、"漠"相关联,表示光的明与暗、清晰和模糊两种物理现象。其中,"赤"来自"明"(日语读音均为"あか")。古代日语的红、绯、赤、朱、赤橙、粉红均用"赤"表达。"黑"(くろ)来自"暗"(くら),包括从黑茶色到纯黑色。"青"在日语中包括的颜色非常广泛,从青、绿、蓝至灰,到所有不属于赤、黑、白之外的颜色。"白"既表示纯粹与洁白颜色,也表示自然本色和未经加工的原本色彩。日本大学生对基本颜色词分类以明度为第一维度,支持佐竹以光线明暗作为划分基本颜色类型的见解,而且从语义空间图和聚类树形图可见,日本大学生对基本颜色词分类后聚成的四个子类刚好与"赤"(暖色:红、橙、黄和粉红)、"白"、"黑"(狭义的暗色:灰、黑、棕)、"青"(冷色:绿、蓝、紫)的四色说有惊人重合。

日本大学生对基本颜色词分类重视明度,以及对"白"的特殊认知,可以通过日本传统文化的太阳崇拜以及白色情结得到解释。大和民族的太阳崇拜首先表现在日本国名和国旗的设计上。"日本"即"日出之国",指太阳升起的地方,该词大约出现于公元7世纪(唐友东,2005)。日本国旗被称为"日之丸"或"日章丸",意即太阳的圆圈,正中央的红太阳象征着太阳神创造了日本的国土和万物生灵。从《古事记》《日本书纪》看,日本民族原始色彩感的四种基本色,正是源于对太阳神的信仰,基于对太阳光的感觉而形成。太阳光有明与暗、显与晕两组明显对立的颜色,构成四种基本颜色词的来源,即明对赤、暗对黑、显对白、晕对青。这使得日本大学生对基本颜色词分类时将明度作为首要分类标准。日本大学生将白色视为暖色和亮色,视为一个独特的颜色类型,还折射出日本传统文化对白色的尊重和偏爱。白色代表太阳的光芒,太阳崇拜自然导致日本人崇尚白色的心理。日本人自古认为,白色象征纯洁、神秘和吉祥:白色是通灵的颜色,意味着好事情即将发生;白色纯洁无染,在神圣场合或重要仪式必须使用白色;白色象征更高的级别和品位。对白色的这些认知推动日本人做出白色崇拜行为,这些行为又加深了日本人的白色情结。如国旗以白为底色,进贡给神的东西皆白,天神常借助白色动物出现。奈良时代的《衣服令》中规定天子应着白绔、白带。室町时代规定只有公家、武家能够穿白色小内衣。在神前结婚仪式中,新娘头裹白帽,身穿纯白礼服,称为"白无垢",新郎着黑色礼服,胸前系一朵白花。女儿出嫁之日须在娘家门口挂白灯笼祈祷婚后的幸福。歌舞伎中白脸属于正面人物。"白"在日语中还表示未经加工过的自然原本色彩。日本人亲和自然、以自然为美的审美观使他们认为自然的东西是最好的,"白"的东西最有灵性。研究也表明日本留学生对"白"的积极情绪联想词占联想到的情绪倾向词的92.7%,显著高于其他国家的留学生(李丛,2009)。

8.4.12 不同民族颜色词概念结构的对比

不同民族对 11 种基本颜色词的分类结果既存在共性,又存在差异。尽管在研究中并未以本民族语言形式呈现材料(某些民族亦无本民族文字),但从分类的结果看,被试对汉语形式颜色词加工仍然显著出本民族文化的影响,各民族被试对颜色分类呈现出显著差异。从语义空间维度看,汉族、彝族和白族的颜色词语义空间维度相同,均存在着"非彩色/彩色"和"暖色/冷色"维度。纳西族、纳日人、普米族、鄂伦春族、藏族的语义空间维度相同,均存在着"非彩色/彩色"和"杂色/单色"维度。日本人、蒙古族、傈僳族均有"亮色/暗色"维度。这些共有的特征说明,不同民族对基本颜色词的认知具有相似性,这种相似性反映人类颜色认知的共性,即人类的视觉器官相同,部分民族的生存环境相似,不同民族的文化相互影响,因此,对基本颜色也有相似的认知。从这一角度来看,普遍进化理论有合理之处。但从颜色词的分类来看,各民族又存在着显著差异,这是文化、语言和环境等因素综合作用的结果。

颜色文化是民族文化的重要组成部分。在长期的历史发展中,文化、语言、生活环境等因素对民族的影响通过多种途径保留并积淀下来,颜色喜好是体现民族文化的一个窗口。一个民族特有的颜色观念,能够影响颜色概念在头脑中的组织。自古以来,彝族、白族和纳西族对"黑"和"白"具有鲜明的态度,服饰文化和语言的影响也导致三个民族基本颜色词具体分类的差异。彝族、白族、藏族的颜色词分类中均没有出现"非彩色"的类,只出现了"暗色类",是因为这三个民族对黑与白的偏爱与厌恶使"黑"与"白"不可能分类在一起。纳西族语言中有"杂色"名,促使纳西族被试注意到颜色的饱和度。汉族被试采用"暖色/冷色"的聚类维度,体现了汉民族富于联想,重视颜色的心理感应。彝族和白族受汉文化影响,因此颜色词概念结构的维度正由"杂色/单色"向"暖色/冷色"转变。纳日人对基本颜色词的分类体现出他们原始靓色的偏爱,这不仅受到纳日人的宗教信仰、语言特色和生活习俗影响,还受到地理环境和文化变迁影响。日本人对基本颜色词分类体现日本人的太阳崇拜和白色崇拜,因而会产生"亮色/暗色"的维度和单独的白色子类。藏族人对白色的单独分类也体现了藏族对白色的喜爱。蒙古族产生"亮色/暗色"维度则与其草原生活环境有关。傈僳人产生"亮色/暗色"维度则缘于傈僳人长期以狩猎采集为生的森林劳作方式,同时出现"花朵、水果色"和"背景色"的子类,反映了他们对光线的敏感。普米人以农耕为基本的生产方式,对"红土高原"的依赖促使普米人形成了红粉色的偏爱。

综上所述,不同民族的人们对自然色彩的认识有相同之处,但是,由于民族之间存在历史、文化、语言、宗教和生活方式差异,颜色词与不同民族的信仰习俗、价值观念等结合以后,也将产生不同的文化义。受这些因素影响,不同民族可能会优先注意到颜色的不同属性,并将这一属性作为分类依据。在不同文化背景之下,颜色词的概念组织将表现出不同的民族文化心理。不同民族对不同颜色具有不同态度。这些研究支持语言相对论的观点。

8.5 不同民族大学生的颜色词联想

颜色词除了具有指称颜色的基本义外,还具有联想义。联想义是指人在使用颜色词时联想到的现实生活经验所产生的情绪反应。颜色词的联想义反映主体的反映特征。由于不同民族的经济、文化和地理环境不同,颜色词与不同民族的信仰、习俗和价值观结合后,会产生不同的含义,反映不同民族和社会记录颜色的独特经验。因此,可以从颜色词的联想义入手,探讨语言与认知及文化的关系。

8.5.1 汉族大学生的颜色词联想

张积家、梁文韬和黄庆清(2006)采用 11 个基本颜色词考察汉族人的颜色词联想,被试是 377 名大学生。他们让 184 名大学生对 11 种基本颜色词自由填写联想词,得到 732 个词。然后,由 5 名心理学工作者讨论将同义词合并,保留频率高和频率虽低却涉及重要维度的词。再将从相关研究得到的颜色联想词加进来,进一步合并,得到 440 个词,每一个颜色词有 40 个联想词,构成施测词表。以班级为单位集体施测。评定采用 7 点量表,7 代表词最容易联想到,1 代表词最不容易联想到。184 名大学生对 11 种基本颜色联想频率最高的 10 个词见表 8 - 4。联想频率指联想到该词的人数占总人数的百分比。377 名大学生对 11 种基本颜色的联想词评分最高的 10 个词见表 8 - 5。

表 8 - 4　184 名大学生对 11 种基本颜色的联想词

颜色词					联　想　词					
黑色	联想词	冷酷	恐惧	神秘	黑暗	深沉	严肃	稳重	压抑	凄凉	冷静
	频率(%)	44.02	38.04	32.61	22.83	22.28	21.28	21.20	20.65	20.11	13.59
白色	联想词	纯洁	干净	清纯	单调	单纯	恐怖	天真	安静	高贵	空虚
	频率(%)	72.28	33.70	21.20	15.22	13.59	13.59	13.04	10.33	8.15	7.61
红色	联想词	热情	热烈	活泼	喜庆	灿烂	鲜艳	奔放	激情	血腥	朝气
	频率(%)	77.17	39.96	29.89	25.00	21.74	21.74	21.20	17.93	15.22	13.04
橙色	联想词	甜蜜	活力	耀眼	活泼	鲜艳	温暖	热情	健康	酸味	美味
	频率(%)	27.17	23.37	20.65	20.11	16.85	11.41	9.24	9.24	9.24	8.70
黄色	联想词	灿烂	鲜艳	高贵	醒目	色情	温暖	可爱	温馨	热情	淡雅
	频率(%)	25.00	16.85	15.76	15.22	13.59	13.04	11.96	11.41	10.87	10.33

颜色词		联 想 词								
绿色	联想词	活力	自然	希望	清新	舒服	和平	活泼	清爽	青春	健康
	频率(%)	98.91	26.09	26.09	21.20	20.65	19.02	14.67	13.04	12.50	9.78
蓝色	联想词	开阔	宁静	忧郁	深沉	纯洁	舒服	稳重	晴朗	自由	浪漫
	频率(%)	47.83	35.87	28.26	16.30	14.13	12.50	10.87	10.33	9.78	7.07
紫色	联想词	高贵	神秘	高雅	浪漫	缥缈	大方	另类	成熟	梦幻	温馨
	频率(%)	54.35	30.98	30.43	23.37	9.78	9.78	7.07	5.98	4.89	4.89
棕色	联想词	庄严	陈旧	稳重	成熟	古典	健康	沉重	老实	深沉	宁静
	频率(%)	23.91	21.20	14.13	12.50	9.78	9.78	8.70	6.52	5.44	5.43
灰色	联想词	暗淡	沉闷	沮丧	阴沉	压抑	忧郁	迷惘	萧条	朴素	无奈
	频率(%)	29.89	29.89	14.13	11.96	10.33	9.78	7.07	6.52	5.43	5.43
粉红	联想词	可爱	清纯	活泼	浪漫	温馨	幼稚	天真	温柔	靓丽	梦幻
	频率(%)	55.43	25.54	25.00	24.46	20.65	17.39	16.30	15.22	15.22	11.96

表 8-5　377 名大学生对 11 种颜色联想词的评分顺序比较

顺序 颜色词	联 想 词									
	1	2	3	4	5	6	7	8	9	10
黑色	黑暗	神秘	阴沉	庄重	深沉	恐惧	死亡	恐怖	冷酷	严肃
白色	纯洁	干净	清纯	简单	神圣	朴素	和平	清爽	舒服	无瑕
红色	奔放	热烈	刺激	鲜艳	喜庆	热情	吉祥	艳丽	温暖	欢乐
橙色	灿烂	欢欣	奔放	活力	青春	激情	醒目	可爱	健康	快乐
黄色	丰收	辉煌	富有	灿烂	明亮	醒目	权威	希望	快乐	活泼
绿色	环保	自然	新鲜	清新	希望	健康	舒适	和平	活力	青春
蓝色	蔚蓝	宁静	博大	晴朗	典雅	理性	舒服	开阔	冷静	悠闲
紫色	高贵	浪漫	恐怖	内敛	神秘	端庄	缥缈	性感	暧昧	顺利
棕色	古典	古朴	稳重	深沉	沧桑	古老	怀旧	踏实	典雅	灰暗
灰色	暗淡	沉闷	低调	失落	阴沉	消极	悲伤	萧条	忧郁	沉重
粉红色	浪漫	可爱	美好	靓丽	温暖	甜蜜	活泼	梦幻	甜的	温馨

大学生对 11 种基本颜色联想的因素结构见表 8-6、表 8-7 和表 8-8。

表 8-6　黑、白、灰联想词的因素结构

颜色	因素	因 素 内 容	解释变异 (%)	因素重要性 (%)	项目重要性 (%)
黑色	F1	(1)凄凉,恐怖,厚重,死亡,暗淡,肮脏;(2)孤独, 伤心,恐惧,绝望,倒霉;(3)阴险,邪恶,狡诈	11.96	27.24	1.95
	F2	(1)黑暗,阴沉,神秘,庄重,寒冷;(2)冷酷,深沉	9.47	22.18	3.17

颜色	因素	因 素 内 容	解释变异 （%）	因素重要性 （%）	项目重要性 （%）
	F3	(1)倒退,萧条,压抑;(2)悲哀,伤感,空虚,顽固	8.91	20.27	2.89
	F4	(1)高贵,端庄;(2)成熟,稳重,性感	6.84	15.57	3.15
	F5	(1)严肃,正义,冷静,沉默;(2)宁静,静谧,优雅	6.46	14.74	2.11
白色	F1	(1)冷淡,恐怖,虚无,贫乏,寒冷;(2)单调,悲伤;(3)低贱,阴险,反动	12.04	27.01	2.70
	F2	(1)可爱,明快,善良,大方,舒服,美好,天真,真诚,高尚;(2)清澈,安静,朴素,平淡	11.55	25.99	1.86
	F3	高贵,清纯,和平,纯洁,干净,清爽,神圣,简单	9.59	21.58	2.70
	F4	梦幻,飘逸	5.68	12.78	6.38
	F5	虔诚,脆弱,斯文,无瑕,明亮	5.60	12.60	2.52
灰色	F1	萧条,消极,迷惘,失望,孤独,冷漠,深沉,无奈,忧郁,沉重	12.25	25.48	2.55
	F2	单调,古板,低调,暗淡,沉闷,阴沉,倒霉,失落	8.73	18.31	2.29
	F3	平静,冷静,平淡,朴素,平凡,单纯	7.40	15.49	2.58
	F4	(1)陈旧,模糊,遥远;(2)颓废,沮丧,悲伤,苦涩,绝望	7.35	15.43	1.98
	F5	暧昧,无聊,肮脏,中庸,温和	6.30	13.21	2.64
	F6	成熟,稳重,谦让	5.66	11.88	3.96

表 8-7 红、黄、绿、蓝联想词的因素结构

颜色	因素	因 素 内 容	解释变异 （%）	因素重要性 （%）	项目重要性 （%）
红色	F1	(1)热烈,奔放,刺激,欢乐,艳丽,鲜艳,喜庆,吉祥,高兴,成功;(2)热情,泼辣	14.85	32.42	2.70
	F2	(1)灿烂,温暖,希望,甜蜜,美丽;(2)青春,活泼,英勇,先进	10.46	22.84	2.28
	F3	(1)神圣,顺利,浪漫,高贵;(2)大方,俗气,成熟,勇敢	9.45	20.63	2.58
	F4	(1)愤怒,紧张;(2)危险,血腥,革命,残酷;(3)活力,性感	7.44	16.24	2.04
	F5	效忠,狂热,忠诚	3.61	7.89	2.63
黄色	F1	(1)凋零,堕落,懦弱,贫穷,肮脏,丑陋,庸俗;(2)幼稚,不安,失落	13.16	28.48	2.85
	F2	(1)年轻,可爱,活泼,醒目,清新,靓丽,健康;(2)快乐,轻快,平静,温馨,温暖	11.83	25.60	2.13
	F3	(1)传统,高贵,自然,安祥,悠闲,淡雅;(2)成熟,聪明	8.41	18.19	2.27
	F4	辉煌,丰收,富有,权威,热情	6.15	13.31	2.66
	F5	灿烂,神圣,豪放,明亮,希望	5.66	12.25	2.45

颜色	因素	因素内容	解释变异(%)	因素重要性(%)	项目重要性(%)
绿色	F1	(1)自然,清爽,宁静,清新,新鲜,和平,希望;(2)舒适,环保,健康,舒服	14.20	28.45	2.59
	F2	(1)鲜艳,安全,优雅,开放;(2)严肃,羡慕,嫉妒;(3)坚强,幼稚	9.59	19.24	2.14
	F3	(1)理想,和睦,自由;(2)愉快,满足	7.70	15.43	3.09
	F4	(1)恬静,闲逸,温馨,纯洁;(2)友善,亲切	6.97	13.96	2.32
	F5	活泼,青春,活力,可爱,和谐	6.02	12.06	2.41
	F6	开朗,成长,轻松,豁达	5.43	10.88	2.72
蓝色	F1	开阔,喜悦,理性,自由,纯洁,凉爽,浪漫,清纯,柔软	9.17	19.93	2.26
	F2	冷静,纯净,淡泊,宁静,温馨,典雅,舒服	8.70	18.91	2.70
	F3	(1)内省,忠诚,镇定;(2)安全,冷清,科学	8.44	18.34	3.05
	F4	和谐,蔚蓝,悠闲,博大,遥远,晴朗	7.31	16.02	2.67
	F5	权威,成熟,满足,稳重,严肃	6.32	13.74	2.74
	F6	(1)高贵,神秘,忧郁,冷漠;(2)深沉,僵化,保守	6.07	13.45	1.92

表8-8　橙、紫、棕、粉红联想词的因素结构

颜色	因素	因素内容	解释变异(%)	因素重要性(%)	项目重要性(%)
橙色	F1	(1)健康,激情,耀眼,快乐,活力,灿烂,醒目,明朗,鲜艳,清新;(2)阳刚,乐观	12.41	27.77	2.32
	F2	(1)张扬,温暖,生动,炽热,热烈,酸的,明亮;(2)活泼,热情	9.35	20.94	2.33
	F3	悠闲,流动,温和,温馨,舒适,成熟,凉爽,丰富,温情	9.33	20.88	2.32
	F4	(1)甜蜜,轻快,奔放,欢欣,青春;(2)亲切,可爱	9.05	20.26	2.89
	F5	美味,浪漫,时尚	4.51	10.09	3.36
紫色	F1	(1)无奈,退让,朦胧,迷乱,嫉妒,病态,另类,梦幻;(2)高傲,权力,忠诚,优雅	11.40	25.67	2.14
	F2	(1)高贵,端庄,性感,浪漫;(2)神秘,恐怖,诱惑	7.16	16.12	2.31
	F3	(1)沉思,独特,镇定;(2)宁静,柔和,温馨	7.10	15.99	2.66
	F4	(1)慎重,大方,含蓄;(2)庄严,冷酷,缥缈	7.07	15.92	2.65
	F5	冷淡,成熟,忧郁,冷静,暧昧,庸俗	6.75	15.19	2.53
	F6	顺利,内敛,稀有	4.93	11.01	3.67
棕色	F1	(1)冷静,灰暗,怀旧,沉重;(2)老实,踏实,执着,公正,耐性,随和,成熟,温柔,坚韧	10.48	24.96	1.92
	F2	(1)腐朽,苦涩,肮脏,狂乱,晦涩,土气;(2)厌烦,消沉,忧郁;(3)古板	10.45	24.84	2.48
	F3	(1)甜蜜,温暖,美味;(2)健康,强壮	8.29	19.73	3.94

颜色	因素	因 素 内 容	解释变异 (%)	因素重要性 (%)	项目重要性 (%)
	F4	(1)高雅,古典,典雅,陈旧,平淡,宁静,庄严; (2)深沉,稳重	6.88	16.39	1.82
	F5	古老,古朴,沧桑	5.89	14.05	4.68
粉红色	F1	(1)纯真,开朗,可爱,单纯,青春,快乐;(2)舒适, 甜的	11.27	26.00	3.25
	F2	(1)浪漫,激情,温暖,甜蜜,美好,靓丽,温馨,幸 福,梦幻,温柔,纯洁,热情;(2)活泼,善良	9.53	22.07	1.58
	F3	(1)庸俗,性感,娇艳,妩媚;(2)诱人,暧昧,迷醉	8.39	19.43	2.78
	F4	清爽,典雅,宁静,飘逸,细腻	7.66	17.97	3.59
	F5	娇小,娴淑,和蔼,稚嫩,天真,清纯	6.34	14.70	2.45

相关分析表明,不同性别大学生的评定相当一致,$0.723 \leqslant r_R \geqslant 0.925$,$p = 0.000$,但在440个词中有91个词的评定差异显著,约占1/5。不同专业学生的评定也十分一致,$0.734 \leqslant r_R \geqslant 0.885$,$p = 0.000$。

总的来看,汉语基本颜色词的联想义不是单向的、同质的,而是有着复杂的结构。联想词有感觉、情绪和人格特质三个维度。每种颜色的联想词都可以兼有几种维度;互补的颜色,可以有相同的维度;色彩相近的颜色,也可以有不同的维度。联想词有两种类型:(1)正价联想词,表征积极的联想意义;(2)负价联想词,表征消极的联想意义。联想义的复杂性与颜色词与联想词之间的联想机制有关。不同的维度反映不同的联想机制。(1)颜色词通过颜色心理感应与感觉词形成联系。人在认知颜色词时,会产生颜色意象和联觉,从而与感觉词形成联系。(2)颜色词通过感觉情调与情绪词形成联系。在感觉情调的作用下,人产生相应的情绪,进而激活情绪词。(3)颜色词通过联觉激活汉语人格特质词(常含有感觉词素,如热情、阴险、冷酷、稳重、轻浮等)中的感觉词素,进而同汉语人格特质词产生联系。颜色词的联想方式主要有两种:一是具象联想,即由颜色词联想到具体事物和特征;二是抽象联想,即由颜色词联想到抽象意义。颜色词联想不仅具有生理、心理和语言机制,还有社会文化机制。汉语颜色词联想体现出汉文化特点。汉语颜色词的词义具有整体直觉感悟的特点。例如,红使人联想到火,这是它的整体直觉义;联想到太阳,产生温暖、热烈、欢乐等文化附加义;联想到战火,产生鲜血、勇敢、忠诚、革命、血腥等文化附加义;联想到红灯,产生危险、色情等文化附加义。汉民族擅长具象思维和类比思维,因而颜色词的联想词就非常丰富;汉民族还擅长辩证思维,因而颜色词的联想词也就褒贬同在。

8.5.2　日本大学生的颜色词联想

颜色词的联想意义是一个民族的集体无意识和该民族的文化积累共同创生的产物。汉语和日语中均有丰富的颜色词。这些颜色词承载了中国和日本各自的文化。中日同处东亚文化圈，在文化渊源上相互影响。自古以来，中国文化对日本文化影响极大。日语书面语言中的汉字和假名，直接受惠于中国文化；在近代，日本文化又反过来又对中国文化产生较大的影响。这就决定了日本与中国在文化和语言上有许多相似性。但是，两国在历史、政治、经济、宗教等方面又存在着巨大的差别。黄喜珊等人(2013)以191名日本大学生为对象，考察日本大学生对黑、白、红、黄、紫、粉红6种基本颜色词自由联想，并与中国大学生比较，把握颜色词在不同民族语言中承载的特定文化信息。

他们统计出日本大学生对6种基本颜色词联想频率最高的10个词，并与张积家等人(2006)对中国大学生的研究结果比较，发现中日大学生对6种基本颜色词的联想异中有同。例如，对黑色，两国大学生均联想到黑暗、恐怖、稳重、压抑。这与黑色的色调有关，也与中国和日本的丧葬仪式均穿着黑衣服有关。两国大学生均赋予白色很"纯"的评价。但中国大学生对白色还有空虚、恐怖的联想。日本大学生对白色表现出独特偏好。红色与红太阳、血液等密切联系，两国大学生均联想到热情和温暖，以及血腥和攻击。但中国大学生有四分之一想到喜庆。两国大学生均由黄色联想到明亮、灿烂等，但中国大学生还由黄联想到高贵和色情。日本大学生多由黄色联想到危险。中国大学生由紫色联想到高贵、大方等，但对日本大学生来说，紫色充斥着负面联想，尤其是关于性和妖怪等。两国大学生均由粉红色联想到可爱和温柔，但日本大学生还联想到爱情和色情。

他们还考察了6种基本颜色联想词的因素结构。结果见表8-9和表8-10。

表 8-9　日本大学生黑、白、红联想词的因素结构

颜色	因素	因　素　内　容	解释变异 (%)	因素重要性 (%)	项目重要性 (%)
黑色	F1	不安,坏人,死亡,失望,地狱,沉重,破坏,恶魔,孤独	15.35	24.30	2.70
	F2	抑郁,坚强,成熟,窄小,帅气	9.65	15.27	3.05
	F3	肮脏,朴素,永远	8.91	14.10	4.70
	F4	安静,安定,简单	6.84	10.83	3.61
	F5	黑暗,夜晚,血液	6.46	10.22	3.41
	F6	丧服,葬礼	6.43	10.18	5.09
	F7	魅力,不可思议,顽固	5.61	8.88	2.96
	F8	高级,明确	5.48	8.67	4.34

颜色	因素	因 素 内 容	解释变异 (%)	因素重要性 (%)	项目重要性 (%)
	F9	宇宙,深远	3.37	5.33	2.67
白色	F1	纯白,纯粹,天使,干净,简单,清纯,新娘,崭新,漂亮	13.75	20.26	2.25
	F2	天空,冷酷,成熟,愉快,稳重,开始	12.78	18.83	3.14
	F3	温柔,柔和,安心,轻盈,蓬松,模糊	10.90	16.08	2.68
	F4	直率,单纯,婴儿	7.28	10.74	3.58
	F5	明亮,清秀,美丽,眩目	6.86	10.11	2.53
	F6	无聊,稀薄,遥远	6.75	9.95	3.32
	F7	空白,虚无,广阔	5.59	8.24	2.75
	F8	清爽,寒冷	3.95	5.82	2.91
红色	F1	生气,危险,战斗,兴奋,攻击,斗志,激烈,显眼,胜利	18.37	29.01	3.22
	F2	温暖,温和,温馨,热情,热烈	12.98	20.50	4.10
	F3	精神,眩眼,明亮,活泼	12.23	19.31	4.83
	F4	恐怖,严厉,泼辣,信号	10.22	16.14	3.23
	F5	心脏,爱情,斗牛,女性	9.53	15.05	3.76

表 8 - 10　日本大学生紫、黄、粉红联想词的因素结构

颜色	因素	因 素 内 容	解释变异 (%)	因素重要性 (%)	项目重要性 (%)
紫色	F1	挫折,色情,性,下流,成人,诱惑	11.83	18.49	3.08
	F2	恐怖,坏人,不安,迷失,怪异,疾病	11.24	17.57	2.93
	F3	神秘,冷酷,漂亮,稳重,娇艳,浪漫	8.52	13.32	2.22
	F4	个性,高贵,华丽	6.87	10.74	3.58
	F5	和风,可疑,谜团	6.51	10.18	3.39
	F6	微妙,不完整,梦想	6.24	9.75	3.25
	F7	美味,深沉	5.15	8.05	4.03
	F8	古老,雅致	4.12	6.44	3.22
	F9	歌舞伎街,不可思议	3.50	5.47	2.74
黄色	F6	微妙,不完整,梦想	6.24	9.75	3.25
	F7	美味,深沉	5.15	8.05	4.03
	F8	古老,雅致	4.12	6.44	3.22
	F9	歌舞伎街,不可思议	3.50	5.47	2.74
	F5	激烈,泼辣,挑战	7.91	12.58	4.19
	F6	眩眼,希望,未来	7.00	11.13	3.71
	F7	乐园,欢喜	5.99	9.53	4.77
粉红色	F1	精神,明亮,天真,快乐,年轻,华丽,儿童	12.99	18.85	2.69
	F2	下流,色情,情人旅店,猥亵,希尔顿	12.37	17.95	3.59
	F3	恋爱,女孩,心脏,爱情,公主,幸福	11.19	16.24	2.71

颜色	因素	因 素 内 容	解释变异 （%）	因素重要性 （%）	项目重要性 （%）
	F4	母性,温暖,幼小,新鲜,婴儿,平静	8.80	12.77	2.13
	F5	柔软,温柔,安心	8.25	11.97	3.99
	F6	模糊,甜蜜,轻盈	6.09	8.84	2.95
	F7	春天,宇宙,脸颊	5.88	8.53	2.84

他们还考察中日大学生基本颜色词联想词的异同。结果发现,从联想词的性质看,两国大学生对颜色词联想均表现出兼顾正反两方面的辩证思维特点。从维度看,日本大学生对基本颜色词的联想词亦有感觉、情绪和人格特质的维度,但相对而言,日本大学生的联想以感觉和具象联想为主。中国大学生的联想较多涉及人格特质和抽象层面。所以如此,从客观原因看,日本大学生由颜色词联想到许多自然事物,与日本的地理环境有关。日本四季分明:春天百花盛开,夏天遍野翠绿,秋天枫叶火红,冬天白雪皑皑。生活在这样氛围中,再加上日本人对自然怀有敬畏和亲和心理,看到颜色词时日本大学生自然会想到很多自然事物。中国大学生中不少人是广东籍,自然环境随季节变化不大,在颜色认知中自然事物的储存相对缺乏。从主体因素看,日本大学生较少联想到人格特质词,与日语的暧昧性、日本民族的性格乃至审美意识有关。日本人习惯通过婉转和暧昧的方式达到沟通目的,人格评价在人际交往中属于敏感话题,日本人在社会生活中尽量避免用到这一类语言。从审美角度看,日本人认为美的东西是朦胧的,说话越委婉境界越高。日语中对人格的消极性评价词少,反映在对颜色词联想上,就是日本大学生的颜色联想词中人格特质词比中国大学生少很多。

中日大学生对红色、白色、紫色、黄色和粉红色的联想存在重要区别。中日大学生对红色均产生热情、热烈和血腥、恐怖等联想,但中国大学生对红色联想表现出独有的经典情结:奔放、欢乐、吉祥、喜庆是首类联想词,高贵、大方、革命、效忠只有在中国大学生联想词中可以找到。这是因为红色在中国人心中具有尊贵正统的政治地位、辟邪除秽的民俗魔力、吉庆祥瑞的喜庆色彩。而近代以来,日本受西方文化影响大,红色在西方文化中带有暴力色彩,加上日本民族在传统审美意识中多以素色、无色为美,且红色在日本色彩序列中位居最末,是大凶之色,故日本大学生对红色的联想还多了危险和攻击等词。日本大学生对白色的联想词全为正价,中国大学生却多由白色联想到负价词。日本传统文化对白色充满尊重和偏爱。日本人自古认为,白色通灵,象征更高级别和品位,在审美上也认为未经雕琢的"白"最美。日本大学生有白色情结。"白"在汉文化中虽有光明、纯洁等义,但"白"与主凶杀的白虎星联系在一起,基本是禁忌词,在汉语中还代表奸诈、反动、愚昧等义。所以中国大学生对白色联想词的首要因素为负价。中日大学生对黄色的联想也有区别。一方面,在中国古代五大正色中,黄色被视为"中央之色",象征皇权和社稷,也象征生长万物的土地。中国大学生由黄色联想到高贵、成熟、富有和权威。另一方面,在中国大学生对黄色的联想结构中,第一个因素却是负价。这与"黄"字的语源及外国文化传入有关。从语源看,"黄"的造字符含有表示女性的"▽"符号,包含"性"的义素,由此引申为"色情"。到19世纪90年代,"黄色新闻"一词由外来文化传入并很快由媚俗之意演变成"下流新闻"。而黄色在日本文化中只是普通色,没有什么特殊的褒义和贬义,所以日本大学生对黄色的联想仅为危险和警告。这是由黄色在各种色彩中亮度最高,常用来作为警戒色有关。在日本,台风、地震、海啸等自然灾害出现频繁,各种灾害和安全标识遍布各个角落,黄色(红色亦如是)的警告意义已经深入人心。

中日两国大学生对粉红色的联想表现出有趣区别。与中国大学生比,日本大学生对粉红色的负面联想更多。这主要是由于在日本文化中用桃子(粉红色)象征女性的生殖能力,这演变为借助粉红色表达与性有关的信息。在日语中,"ピンク"代表色情,像"ピンク映画"、"ピンク雑誌"、"桃色遊戯"。中日两国大学生均由紫色联想到高贵,这是由于紫色在两国传统文化中均居特殊地位。在唐朝,三品以上官员服紫。日本古代律令制中用紫色冠冕代表最高级别官吏,日语中"紫の雲"表示皇后,"紫の庭"表示皇宫庭院。与粉红色一样,日本大学生也由紫色联想到色情和性。这可能与日本人对性的态度及其社会发达的色情行业有关。日本人认为"性"是自然的一部分,用口头语言或书面语言表达性是平常的。加上日本色情行业非常发达,据有关资料统计,与色情有关的妓院、书刊、电视节目和AV影视等产业每年为日本实现5000多亿日元的利润。随处可见的色情信息对日本青少年心理带来了负面影响。近年来,日本社会的援助交际现象便是其产物之一。

总之,对中日大学生颜色词联想的比较表明,文化对颜色词认知有不可忽视的影响。讲不同语言、有不同文化传统的人,对颜色词认知存在明显差异。在跨语言交际和跨文化交际时还应注意这些不同认知。在采用红色、白色、紫色、粉红色和黄色等五种颜色时,应该充分考虑中日两国民族的不同认知。

8.6　民族语言、文化与颜色知觉

语言是一个民族生存和发展的最重要的社会现实。不同的民族在地理环境、社会环境和文化传统上的差异,十分集中地体现在语言上。不同民族的祖先根据自己对所处环境的认知创造了不同语言。语言的产生能否对使用这种语言的人的认知产生影响？具体到颜色词,使用不同语言的个体是否存在颜色知觉的差异？

8.6.1 来自颜色知觉的行为证据

Kay 和 Kempton(1984)要求英语被试和 Tarahumara 语(一种印第安人语言)被试对蓝和绿之间的第三种颜色进行加工,判断其与蓝接近还是与绿接近。英语讲话者对蓝/绿边界颜色的判断表现出颜色类别的知觉效应,Tarahumara 语讲话者没有,这与 Tarahumara 语只用一个颜色词表示蓝和绿的语言区分特征相对应。这些结构差异反映语言在颜色类别的凸显性和可利用性上的差异。Roberson、Davies 和 Davidoff(2000)、Roberson 等人(2005)让英语被试、Berinmo 语(一个保持石器时代特点的原始部落的语言)被试和 Himba 语(Bantu 语的一种)被试完成颜色命名和颜色记忆任务。Berinmo 语和 Himba 语颜色词的类别界限不同于英语。研究并未发现 Berinmo 语被试和 Himba 语被试在命名与记忆的优势。相反,发现了颜色的"类别知觉效应",即语言中颜色类别的边界能够预测认知的变化,来自同一语言类别的颜色比来自不同类别的颜色表现出更多相似,被试对颜色分类和记忆的差异与语言的差异有显著正相关。Winawer 等人(2007)再次考察俄语被试和英语被试对亮蓝色和暗蓝色的区分。结果表明,俄语被试完成任务时具有显著优势。这些研究陆续得到更多的、更严密的实验研究支持(如 Özgen & Davies, 2002; Roberson & Davidoff, 2000)。

纳西族和汉族对蓝和绿的认知比较

张积家、刘丽虹、陈曦与和秀梅(2008)采用相似性判断、分类学习和颜色再认记忆三种任务考察汉族和纳西族被试对蓝、绿颜色块加工的差异。在纳西语中,虽然存在着分离的"绿"和"蓝",但纳西族同胞常将"绿"与"蓝"混用,凡是讲到"蓝"的地方均用"绿"。在实验 1 中,他们采用 8 组颜色块,每组颜色刺激都分布在蓝—绿边界周围。在不同的颜色块组中,三个色块相差的程度不同。呈现时,两个更相似的颜色块分布在计算机屏幕左边和右边的机会相等。三个颜色块同时呈现,要求被试判断处于左右两边的哪一个刺激同中央的颜色刺激更像。判断结束进行 5 点量表的确信度评定。实验 2 是颜色分类任务。先给被试呈现样本刺激(分别属于蓝或绿),然后给被试呈现一系列分布在蓝—绿边界的刺激,要求被试分类属于哪一组样本刺激。实验 3 是颜色再认任务。先在计算机屏幕上呈现颜色刺激,5 s 后消失,30 ms 后再呈现两个比较刺激。被试通过按键表明哪一个比较刺激同目标刺激匹配。结果见表 8 - 11 至表 8 - 13。

表 8-11　汉族和纳西族被试颜色相似性判断的结果

反应指标	汉族		纳西族	
	M	SD	M	SD
平均反应时(ms)	1116	419	1182	573
平均确信程度	4.42	0.89	4.20	1.21
平均得分	0.33	0.94	0.23	0.97

表 8-12　汉族和纳西族被试颜色分类结果

反应指标	汉族		纳西族	
	M	SD	M	SD
平均反应时(ms)	549	265	719	454
平均得分	0.89	0.94	0.67	0.70

表 8-13　汉族和纳西族被试颜色再认结果

反应指标	汉族		纳西族	
	M	SD	M	SD
平均反应时(ms)	812	260	969	375
平均得分	0.29	0.95	0.21	0.97

整个研究表明,汉族被试和纳西族被试对"蓝"和"绿"的辨别能力和记忆能力存在显著差异:在汉语颜色词中,存在"蓝—绿"区分,汉族被试因而能够更好地辨别和记忆"蓝"和"绿";而在纳西语颜色词中,"蓝"和"绿"不分或者混用,纳西族被试因而对"蓝"和"绿"的辨别能力和记忆能力均差。虽然纳西族同胞都能够讲汉语,是纳西语—汉语双语者,但并不太在意区分"蓝"和"绿",对"蓝"和"绿"的边界不敏感,较难产生区别性的知觉;"蓝"与"绿"两种颜色在纳西族头脑中的概念表征有较大的重叠,从而不利于对"蓝"与"绿"的记忆。

文化差异影响彝、白、纳西和汉族大学生对黑白的认知

谢书书、张积家、和秀梅、林娜和肖二平(2008)采用颜色相似性判断任务和再认判断任务分别考察彝族、白族、纳西族和汉族大学生对不同光亮度的黑色和白色的认知。结果见图 8-26 至图 8-29。

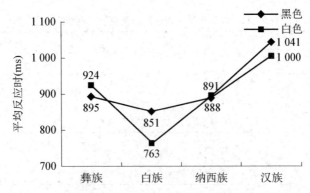

图 8 - 26　不同民族被试对不同光亮度的白色和黑色区分的平均反应时(ms)

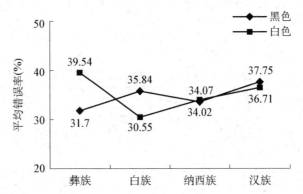

图 8 - 27　不同民族被试对不同光亮度的白色和黑色区分的平均错误率(%)

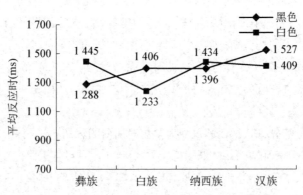

图 8 - 28　不同民族被试对不同光亮度的白色和黑色再认的平均反应时(ms)

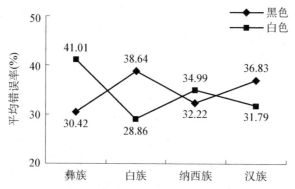

图 8 - 29　不同民族被试对不同光亮度的白色和黑色再认的
平均错误率(%)

结果表明,彝族大学生对黑色的区分度和再认速度显著快于对白色,错误率也比白色低;白族大学生对白色的区分度和再认速度显著快于对黑色,错误率也比黑色低;纳西族大学生对黑色和白色的区分度、再认速度和错误率的差异不显著;汉族大学生对黑与白的区分与再认均差于其他三个民族,但倾向于更快更准确地区分和再认白色。4 个民族被试对不同光亮度的黑、白色块的区分、再认差异与四个民族之间的黑、白文化差异相匹配:彝族人"尚黑厌白",所以区分黑色快,错误率亦低,再认黑色快,错误率亦低;白族人"尚白厌黑",所以区分白色快,错误率亦低,再认白色快,错误率亦低;纳西族人"尚白不厌黑",对黑与白持错综复杂的态度,所以纳西族被试区分和再认黑色与白色的反应时和错误率差异不显著;汉族人对黑与白均持否定态度,所以,无论是区分还是再认,汉族人对黑色与白色的反应时比其他民族长,错误率亦比其他民族高。这种认知与文化的差异匹配证明了语言和文化影响颜色认知的直接效应。即,不同语言和文化塑造了不同的颜色认知空间,进而造成了颜色认知差异。而且,由于语言与文化不仅影响 4 个民族的被试对黑与白的再认,也影响 4 个民族的被试对黑与白的知觉。

8.6.2　来自儿童颜色词习得的证据

儿童在习得颜色词前后的颜色认知,为普遍进化理论和语言相对论的争论提供了进一步的证据。Franklin, Drivonikou, Bevis, Davies, Kay 和 Regier(2008)考察婴儿和成人在视觉搜索中的表现。在同样的实验范式下,不会讲话的婴儿表现出左视野颜色类别知觉优势,成人表现出右视野颜色类别知觉优势。类别效应由婴儿时期的左视野(右脑)转移至成人时期的右视野(左脑)。为了更为精确地考察这一问题,Franklin, Wright 和 Davies(2009)考察 2～5 岁婴幼儿的颜色类别效应。根据有、无习得"蓝"和"绿",将儿童分为未习得语言组和已习得语言组。在视觉搜索任务中,未习得语言组儿童均表现出显著的左视野颜色类别知觉效应;已习得语言组的表现类似于成年人,在右视野表现出类别知觉效应。可以确定,成人的颜色类别知觉的左半球优势归因于左半球颜色词加工的影响。这表明,当获得语言中区分颜色类别边界的词语后,儿童颜色类别知觉的右半球优势会转向左半球。魏晓言和陈宝国(2011)认为,前言语阶段儿童在右视野未表现出颜色类别知觉效应,习得语言后出现这种效应,这在一定程度上支持语言相对论;另一方面,前言语阶段儿童左侧视野发现颜色类别知觉效应,语言相对论仍然无法解释。因此,有关婴幼儿颜色类别知觉效应以及该效应为什么由左视野转向右视野等问题仍然需要进一步研究。无论如何,习得语言前存在的类别知觉效应的右脑偏侧化已经被语言作用永久地消除了(Regier&Kay,2009)。颜色类别知觉的偏侧化现象随着颜色词获得而变化,这为语言影响大脑功能组织提供了新证据(Franklin 等人,2008)。

8.6.3 来自认知神经科学的证据

近年来,研究者利用 ERP 和 fMRI 技术对颜色词和颜色认知的关系进行探讨。Liu 等人(2009)采用视觉搜索任务考察类别内和类别间颜色刺激产生的 N2 波差异,发现在左半球,类别间颜色比类别内颜色引发更负的 N2 波。左半球语言加工优势促使左、右半球的 N2 波幅产生差异,这为语言影响颜色的类别知觉提供了神经生理学证据。Siok 等人(2009)利用 fMRI 技术发现,与类别内颜色比,类别间颜色区分在左半球产生更快更强的激活,当颜色呈现在右视野时,这一结果更明显。研究还发现,呈现在右视野的类别间颜色的激活程度比类别内颜色强烈,且脑部区域 V2/3 激活的加强与左后颞顶部的语言区域的激活一致,表明语言起着自上而下的控制作用,同时也调节着视觉皮质激活。Tan 等人(2008)发现,与难以命名的颜色块的知觉区分比,容易命名的颜色知觉辨认引起左侧颞上回后部和顶下小叶的更强激活,这两个区域均与词汇加工有关。这表明,颜色知觉有语言加工区卷入。Gilbert 等人(2006)对脑裂病人研究发现,在蓝—绿颜色搜索时,左、右视野的颜色类别知觉完全不同。在右视野,类别间判断显著快于类别内判断;在左视野,类别内和类别间判断的反应时无显著差异。Gilbert 等人(2008)研究另一例脑裂病人,采用非颜色刺激(猫—狗轮廓图命名任务),发现与上述类似的结果。这些研究表明,语言的类别知觉效应主要发生在左半球,这种现象并不仅局限于颜色认知领域。

近年来,研究者运用 ERP 技术探讨语言对颜色知觉的影响是否可以发生在无意识、前注意水平上以及语言对知觉早期加工阶段的影响。Thierry 等人(2009)发现,在颜色范畴知觉中,语言可以影响人们自动、低水平和无意识知觉。在 ERP 实验中,使用深蓝和浅蓝、深绿和浅绿的圆形和正方形为刺激。一组是希腊语被试,在希腊语中,深蓝和浅蓝分别对应 ble 和 ghalazio 两个词,深绿和浅绿只有一个词 prasno;另一组是英语被试,英语中所有蓝色称为 blue,所有绿色称为 green。他们使用经典的 Oddball 范式,目标刺激是正方形,要求被试只要看到正方形就按键反应,圆形刺激被分为标准刺激和偏差刺激,探测两种颜色的偏差刺激引发的视觉失匹配负波 (vMMN)在语言间是否存在差异。视觉失匹配负波反映一种前注意、自动化的加工,大约出现在目标刺激出现后的 200 ms 左右。结果发现,在两组被试和两种颜色中,偏差刺激都引起 vMMN 效应,但这种效应在两组被试间出现了交互作用,即在希腊被试中表现出更大的偏差效应。统计检验表明,英语被试和希腊被试,绿色偏差刺激引起的 vMMN 效应在两组被试中没有差异,蓝色偏差刺激引发的 vMMN 效应在希腊语被试中比英语被试中大,因为希腊语中深蓝和浅蓝对应于不同的术语。该研究首次考察语言因素对颜色范畴知觉无意识的影响,说明语言对颜色知觉的影响可以发生在无意识、前注意水平上。Holmes 等人(2009)也利用 ERP 技术探讨颜色范畴知觉。他们采用视觉 Oddball 范式,标准刺激和偏差刺激要么来自同一范畴,要么来自不同范畴。结果发现,当偏差刺激来自不同范畴时,其 P1 和 N1 成分的潜伏期要比范畴内偏差刺激的潜伏期短;且范畴间刺激比范畴内刺激引发的 P2 和 P3 的波幅更大。P1 和 N1 是 ERP 的早期成分,反映早期知觉加工;P2 和 P3 是较晚成分,反映晚期知觉加工。语言标识很早就影响到颜色的范畴知觉。以上结果为语言影响颜色知觉提供了证据。

8.7　颜色词与颜色认知关系的相互作用理论

综合国内外的已有研究,在已有颜色词与颜色认知关系理论基础上,适当吸收知觉加工理论和连结主义的观点,张积家等人(2012)提出了颜色词与颜色认知的相互作用理论,认为颜色认知既涉及自下而上的数据驱动加工,又涉及自上而下的概念驱动加工。影响颜色认知的因素有物理、生理、认知、智力、语言和文化六个因素,这六个因素分为三个层次:(1)物理—生理水平,在这一层次上起作用的是颜色的物理属性和人眼的生理特性;(2)认知—智力水平,在这一层次上起作用的是认知和智力;(3)社会—文化水平,包括不同社会的颜色文化,如颜色偏爱、颜色和颜色词的联想意义等。颜色的物理特性和人眼的生理特性是颜色认知的物质基础,它们使不同地域、不同民族的人们的颜色认知有某种一致性;语言和文化是理解颜色意义的前提,纷繁复杂的语言和文化使人类颜色认知表现出差异;认知过程和智力水平是颜色认知的关键。认知过程不同,智力水平不同,使得同一语言和文化背景下人们的颜色认知出

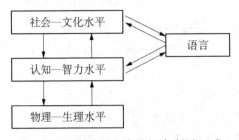

图8-30 颜色词和颜色认知关系的相互作用模型

现差异。三个层次、六个因素的相互作用决定了人对颜色的认知。这其中,语言的影响涉及认知—智力水平和社会—文化水平两个层次。颜色词既是一个民族颜色文化的重要组成部分,又引导儿童重视本民族文化所重视的颜色知觉的边界,从而形成了与本民族的颜色文化相一致的颜色认知方式。如图8-30所示。

在这一模型中,自下而上的加工和自上而下的加工相互作用,感觉信息和非感觉信息相互融合,决定不同个体和人群的独特的颜色认知。如果某一层次的加工出现了故障,其他层次会作出相应的补偿。例如,盲人由于视觉器官缺陷,不能感知颜色,颜色认知将完全由认知—智力水平和社会—文化水平决定。张积家等人(2008)表明,盲童虽然看不到颜色,却有颜色概念。盲童的颜色词概念结构有"非彩色/彩色"维度和"背景色/前景色"维度。语言与文化直接决定盲童的基本颜色词分类和基本颜色词的概念结构。对智障儿童而言,虽然能感知颜色刺激,也生活在正常社会文化环境中,但由于智力缺陷,颜色认知也与正常人不同。当他们不能通过思维概括颜色时,语言为他们提供分类标准。例如,张积家等人(2007)发现,在中、高年级智障儿童的基本颜色词语义空间中,存在"互补色/非互补色"维度,这一维度在汉族大学生对83个颜色词分类中,是继"非彩色/彩色"、"暖色/冷色"之后的第三位维度。所以如此,是由于语言的影响。由于在语言中"黑"与"白"、"红"与"绿"等常联用,如"黑白颠倒"、"黑白混淆"、"大红大绿"、"灯红酒绿",因此,在智障儿童由于智力低下无法形成分类标准时,语言为他们提供了分类标准。当他们将经常连用的"黑"与"白"、"红"与"绿"等分为一类后,其余颜色就构成非彩色的类。聋人的视觉正常,文化环境也和健听人一致,但由于听不到语言,使用手语,他们对颜色认知也与健听人不同。党玉晓等人(2008)发现,聋童对基本颜色和基本颜色词的概念组织不同于健听儿童。聋童对基本颜色和基本颜色词的分类体现了视觉的重要作用,也体现了语言的影响。对视觉器官正常、智力正常的人而言,由于受语言和文化影响,因而有和他们的语言和文化相一致的颜色认知方式。汉语言和汉文化决定汉族人对颜色心理感应的重视,同时也决定他们对颜色词的独特联想方式;纳西族、摩梭人、普米族和藏族的语言和文化决定他们对颜色饱和度的重视;蒙古族、傈僳族和日本民族的语言和文化决定了他们对颜色亮度的重视。

颜色词和颜色认知的相互作用理论不仅有大量的实验结果为证据,还具有坚实的理论基础。

(1) 马克思的感觉社会化理论。马克思认为,人的感官和身体已经在社会中得到了改造,是社会的产物。"不言而喻,人的眼睛和原始的、非人的眼睛得到的享受不同,人的耳朵和原始的耳朵得到的享受不同","社会人的感觉不同于非社会的人的感觉";"只是由于人的本质的客观地展开的丰富性,主体的、人的感性的丰富性,如有音乐感的耳朵、能感受形式美的眼睛,总之,那些能成为人的享受的感觉,即确证自己是人的本质力量的感觉,才一部分发展起来,一部分产生出来"。所以,"五官感觉的形成是以往全部世界历史的产物"。马克思认为,"个人是社会存在物";"他的生命表现即使不采取共同的、同其他人一起完成的生命表现这种直接形式,也是社会生活表现和确证"。由于人们的社会地位不同,从事的社会活动不同,因此,同一事物对不同的人就具有不同的意义。马克思指出:"从主体方面看:只有音乐才能激起人的音乐感;对于没有音乐感的耳朵说来,最美的音乐也毫无意义。"、"忧心忡忡的穷人甚至对最美丽的景色都没有什么感觉,贩卖矿物的商人只看到矿物的商业价值,而看不到矿物的美和特性;他没有矿物学的感觉。"(马克思,1979)这些论述同样适用于颜色词与颜色认知的关系。

(2) 知觉加工的相互作用理论。这一理论认为,自下而上的加工和自上而下的加工共同决定知觉。自下而上的加工是指加工由外部的刺激信息开始的,强调感觉信息在知觉中的作用;自上而下的加工是指加工从知识经验开始的,个体运用知识经验来解释刺激信息。在知觉中,非感觉的信息越多,知识经验越多,个体往往以自上而下的加工为主;非感觉的信息少、感觉的信息多时,个体往往以自下而上的加工为主(张积家,2004)。颜色知觉过程是:光波作用于人的视觉器官,网膜上神经细胞受到光刺激后产生神经冲动,冲动沿传入神经传至大脑视觉中枢,视觉中枢对神经信号分析后形成色调、明暗和饱和度的知觉。同时,知识经验指导人对颜色属性进行分析,知识经验不同的人会产生不同分析结果。人在颜色知觉基础上获得颜色概念,并用不同标准对颜色分类。这样,连续的物理光谱就被知觉为不连续的颜色类别。盲童获得的颜色感觉刺激少,颜色概念所起的作用就大。弱智儿童的知识经验少,颜色的物理属性就在认知中得到凸显。

(3) 联结主义的理论。联结主义认为,人类加工信息的结构是由结点和结点联结的神经网络。在神经网络中,处于最低层的是输入节点,负责处理各种刺激信息;处于最高层的是输出节点,负责产生各种反应;处于中间的是内隐节点,负责对信息的内部加工,是神经网络的核心。在神经网络内部,在不同层次之间和同一层次的相邻结点之间存在着复杂的相互联系。颜色认知也有类似的特点。在颜色认知中,不同水平之间和不同因素之间存在复杂的相互作用,这种相互作用表现为它们之间的相互影响和相互代偿。颜色词作为颜色认知神经网络中重要的内隐结点,对其他结点产生广泛而深刻的影响。

(4) 语言相似性理论。一些学者主张,语言符号是象似的(inconicity)。语言符号的能指与所指之间具有一种自然的联系,两者结合是可以论证的,是有理可据的。语言结构直接映照人的概念结构。Peirce 指出:"每种语言的句法,借助约定俗成的规则,都具有合乎逻辑的象似性。"(参见:沈家煊,1993)Lévi-Strauss(1958)指出:"从先于经验的角度看,语言符号是任意的;从后于经验的角度看,它不再是任意的。"认知语言学认为,语言能力是人类认知能力的一部分,语言结构来自于身体经验,并依据身体经验而具有意义(文旭,2001)。既然语言与经验之间存在可以论证的关系,不同语言反映不同民族的特殊的经验结构,在语言产生后,学习某种语言就等于形成讲这种语言的民族的世界观和精神世界,语言就影响了学习者的经验结构。语言是人类的遗传密码。人类的类本质基因是以语言方式遗传下去的。一方面,人类智慧的结晶以语言的形式组织起来,另一方面,语言又以自身的编码形式规范着人的思想内容和思想方法(季国清,1998)。儿童掌握颜色词的过程就是掌握一个民族看待颜色的方式,自然就会影响他们对颜色的认知,包括对颜色的知觉、记忆、分类和语义联想。

(5) 知觉的类别效应。知觉的类别效应常被用来证明语言对认知的影响。概念学习是人类的高级加工方式,知觉是低级加工方式。知觉描述和概念表征之间是双向关系。一对刺激如果来自于同一类别,就难以辨别;如果来自不同类别,则容易辨别。不同的事物如果被贴上相同的标签,会导致人们随后以等同态度来对待它们。Goldstone(1994)发现,分类学习会导致人对与分类有关的维度敏感化。当与分类相关的维度发生变化时,会更容易觉察到。人们在获得类别后,会有意无意地缩小或忽略类别内成员的差异,扩大类别间成员的差异。在颜色认知中,也存在知觉类别效应。颜色词获得可以看作是类别学习的过程。不同语言中的颜色词对连续光谱的切分不同,连续的物理刺激就被知觉为数目较少的非连续的类别。相对于光谱上的客观的物理距离而言,人对来自不同颜色类别的刺激比对来自于同一颜色类别的刺激所觉察到的差异更大。颜色的语言标签使人对本民族语言中具有的颜色边界更加敏感,辨别力更强;对本民族语言中没有的颜色边界不够敏感,辨别力较差。因此,语言学习(特别是颜色词的学习)改变了人对颜色的认知。

9　民族亲属关系认知

人类学发端于对亲属关系的关注,亲属关系被视为人类学的"王冠"(蔡华,2008)。恩格斯(1884)指出:"亲属关系在一切蒙昧民族和野蛮民族的社会制度中起着决定作用……父母、子女、兄弟、姊妹等称谓,并不是简单的荣誉称号,而是一种负有完全确定的、异常郑重的相互义务的称呼,这些义务的总和便构成这些民族的社会制度的实质部分。"人出生后,离不开亲属的精心呵护,亲属关系是个体首属的社会关系。亲属关系认知是个体社会认知的重要内容,亲属关系认知发展是个体社会化的重要组成部分,在个体心理发展中有重要地位。然而,由于不同民族的亲属制度不同,每一民族的个体对亲属关系认知也存在差异。

9.1　亲属关系的理论

9.1.1　亲属类型理论

最早的亲属关系理论当属于亲属类型理论。由于人类个体的亲属众多。如何对亲属分类?这既是一个理论问题,也是一个实践问题。针对不同类型的亲属,人们可以采取不同的态度。这在人的社会生活中具有十分重要的现实意义。

中国古代的亲属类型说

在中国古代,对亲属词分类主要有"三党说"和"九族说"。

(1) 三党说。《尔雅》是中国最早的解释词义的著作,产生于秦汉时期,是儒家经典之一。在"释亲"中,将我国古代亲属关系分为宗族、母党、妻党,称为"三党"。党,旧时指亲属。"宗族"即父系亲属,"母党"指母系亲属,"妻党"指妻系亲属。

(2) 九族说。九族说有古文说和今文说。古文说的代表人物有孔安国、马融和郑玄。认为九族仅限于父宗,包括上自高祖下至玄孙的九代直系亲属。古文说构成宗法伦理的基础。唐、宋以后,古文说在国家法律中获得正式确认,明、清两代律令规定,九族专指父宗。在《三字经》中,亦将亲属分为九族:"高曾祖,父而身。身而子,子而孙。自子孙,至玄曾。乃九族,人之伦。"即高祖、曾祖、祖父、父亲、己身、子、孙、曾孙、玄孙。

今文说的代表人物为许慎。认为九族包括父族四、母族三、妻族二。父族四:指自己一族,出嫁的姑母及其儿子,出嫁的姐妹及外甥,出嫁的女儿及外孙。母族三:指外祖父一家,外祖母的娘家,姨母及其儿子。妻族二:指岳父一家,岳母的娘家。今文说满足了封建统治者利用血缘姻亲关系实现对社会最大限度控制的需要。封建统治者在赏赐、惩罚、屠杀时利用九族的今文说。例如,明成祖朱棣诛方孝孺"十族",就是在"九族"基础上加上学生一族,连坐被杀者达八百七十三人,其他外亲之发配充军者高达千余人,时称"瓜蔓抄"。

人类学的亲属类型说

人类亲属分类的最基本原则是从生物学事实出发。一个人的亲属可以分为两大类。(1)血亲。由出生决定,亲属之间具有血缘关系。如父母、兄弟、姐妹、祖父母、祖父母所有的子女以及这些子女的子女。(2)姻亲。由婚姻产生,包括一个人的配偶及其一切亲戚。如果将血亲和姻亲中的一切亲属都加起来,一个人的亲属将非常多。

所以,在任何社会中,人们都没必要将这些亲属各自使用一个称呼,而是把亲属分成若干类,每一类用一个称呼去概括。因此,所有的亲属称谓制度在不同程度上都具有类分的性质(童恩正,1998)。

美国人类学家克罗伯(A. L. Kroeber,1876—1960)系统地提出了划分亲属关系的八项原则。(1)辈分:不同辈分的亲属采用不同称呼。(2)年龄:对不同年龄的同一类亲属采用不同称呼。(3)直系旁系有别:直系亲属指直接的先人和后裔,旁系亲属是指两者之间没有直接关系,通过一个中介亲属发生关系。(4)性别:用不同称呼来区别不同性别的亲属,如父和母,弟和妹。(5)称呼者本身的性别:对同一被称呼者,因称呼者的性别不同采用不同称呼。(6)中介亲属的性别:由于中介亲属的性别不同,通过他(或她)发生关系的亲属的称呼也不同。如汉族人将父亲兄弟的子女称为"堂兄弟姐妹",将父姊妹的子女称为"姑表兄弟姐妹",将母亲兄弟的子女称为"舅表兄弟姐妹",将母亲姐妹的子女称为"姨表兄弟姐妹"。(7)婚姻:对姻亲给予与血亲不同的称呼,如汉族人女婿称妻子的父亲为"岳父",称妻子的母亲为"岳母",媳妇称丈夫的父亲为"公爹",称丈夫的母亲为"婆母"。(8)亲属关系人的存殁:汉族人称逝去的亲属时在亲属名称前加上"先"。

一百多年来,人类学中出现了不同亲属词分类法。主要有:

二分法。摩尔根(L. H. Morgan,1818—1881)将亲属称谓制度分为两种类型。(1)类别式:将亲属称谓区分为若干范畴,不计亲疏远近,凡属于同一范畴的人使用同一亲属称谓,反映群体与群体之间的亲属关系。(2)说明式:对亲属或用基本称谓来说明,或将基本称谓结合起来说明,使每个人与自身的亲属关系各不相同,反映个体与个体之间的亲属关系。

四分法。美国考古学家和人类学家罗维(H. R. Lowie,1883—1957)将亲属称谓分为四种类型。(1)世辈型:把旁系亲属称谓依照辈分全部纳入直系亲属称谓中,如父之同辈谓之父,母之同辈谓之母。(2)二分合并型:把旁系亲属称谓一分为二,与父母同性别的纳入直系亲属称谓中,如父之兄弟与父同称为"父",母之姐妹与母同称为"母";与父母异性别的纳入旁系亲属称谓中,如父之姐妹或母之兄弟与父或母称谓不同。(3)二分旁系型:将旁系亲属称谓一分为二,但都和直系亲属称谓有区别,如汉族人将父之兄弟称为"伯"、"叔",将父之姐妹称为"姑",将母之兄弟称为"舅",将母之姐妹称为"姨"。(4)直系型:把直系亲属称谓和旁系亲属称谓分别异称,但旁系的同辈亲属称谓不复区别。如美国人的父母之称仅限于生己者,父母之兄弟与父母同辈异系,一律称为"uncle",父母之姐妹与父母同辈异系,一律称为"aunt"。

六分法。美国人类学家默多克(G. P. Murdock,1897—1985)通过对世界范围内的多种文化比较,归纳出六种亲属称谓制度,较多地得到各国学者的承认。每一类都

以使用该制度的某一民族来命名:

① 奥玛哈式:因为北美奥玛哈(Omaha)印第安人部落而得名,与父系继嗣的社会相联系。将亲属分成父系和母系,仅注意父方亲属的代际区别,忽视母方亲属的代际区别。在母系亲属中,母、母之姐妹、母之兄弟之女使用同一称呼,母系亲属中任何一辈的男性成员称呼也一样。父方亲属集团是个体所在集团,亲属之间关系密切,不同辈分的人对待个体的态度亦不同。父亲对个体负有保护、教养责任,个体对父辈服从、尊敬;同辈兄弟之间具有很深情谊。母方亲属与个体不属于同一集团,关系疏远,因而无区分的必要。

② 克罗式:因为北美克罗(Crow)另一印第安人部落得名,是奥玛哈亲属制的镜像反映,反映母系继嗣制度。注意母方亲属的代际区别,母方亲属绝不混淆辈分,母和母之姐妹称谓相同,母亲姐妹的子女也是自己的兄弟姐妹;忽视父方亲属的代际区别,父方亲属不分辈分,父、父之兄弟、父之姐妹之子的称谓相同。

③ 易洛魁式:因北美易洛魁(Iroquois)印第安部落而得名。区分父系和母系,但称谓不同——对父母辈亲属称谓分别与奥玛哈式和克罗式相同;在同辈亲属中,区分交表亲(父亲姐妹的儿女和母亲兄弟的儿女与个体是交表兄弟姐妹)与平表亲(父亲兄弟的儿女与母亲姐妹的儿女与个体是平表兄弟姐妹),平表亲比交表亲更重要。

④ 夏威夷式:流行于夏威夷(Hawaii)和其他操马来—波利尼西亚语言的地区。这是最简单、使用亲属词最少的亲属称谓制。只有两种分类标准:辈分和性别。同辈分、同性别的亲属使用同一称谓。在父母辈中,所有男性亲属称谓同于生父,所有女性亲属称谓同于生母,所有表兄弟姐妹或叔伯兄弟姐妹的称呼都与亲兄弟姐妹相同。在这种社会中,一个人可以自行选择父方或母方以决定其隶属关系,也可同时同双方发生关系。父母任何一方的亲属对个体而言有同等重要性。与此同时,这一制度又将核心家庭成员与其他血亲混淆起来,核心家庭地位不显著,淹没于大亲属集团之中。

⑤ 爱斯基摩式:主要流行于北美北部的爱斯基摩(Eskimo)部落以及美国和许多商业化社会中,这种称谓制度明确区分核心家庭亲属与其他亲属:在核心家庭内部,亲属称谓是描述性的,父母、兄弟、姐妹、子女各有专名;在核心家庭以外,亲属称谓是概括的,父方亲属与母方亲属并无区别,只存在辈分和性别区分。核心家庭占有突出地位,亲属关系以个人为中心,关系远近取决于感情联系或经济原因。例如,在英语中,"uncle"适用于父母双方的兄弟以及父母双方姐妹的配偶,"aunt"适用于父母双方的姐妹以及父母双方的兄弟的配偶,"cousin"包括所有"uncle"和"aunt"的子女,不分男女,不分平表、交表、堂亲。

⑥ 苏丹式:流行于从中东的苏丹(Sudanese)到中国的区域,有高度描述性,对不

同亲属赋以不同称谓。采用这种称谓制度的社会都有复杂的政治体制、高度的阶级分化和职业分工(童恩正,1998)。

9.1.2 社会进化理论

美国人类学家摩尔根是亲属制度研究的开创者。他通过问卷和田野调查,研究北美印第安人的亲属制度,于1871年发表了《人类家族的血亲和姻亲制度》,对亲属关系作出精辟的论述,探讨了原始社会的婚姻制度和亲属关系,发现了人类早期的社会组织原则及普遍发展规律。在此基础上,摩尔根于1877年完成他最负盛名的著作——《古代社会》。摩尔根描述了古代社会的生活面貌,揭示了古代文明的演进进程,以唯物史观阐述了原始社会的发展规律。摩尔根从四个方面探讨人类起源:(1)发明和发现;(2)政治观念;(3)家族制度;(4)财产观念。《古代社会》既是一部内容翔实的历史学著作,又是一部见解独到的人类学著作,对社会历史发展和学术研究产生重要影响,对人类学、法学、历史学、社会学等领域的发展都有指导意义。

摩尔根通过研究印第安人和其他地区的部落及希腊、罗马等古代民族史,阐述人类从蒙昧时代经过野蛮时代到文明时代的发展过程,揭示氏族的本质及氏族制度存在的普遍性,证明母系制先于父系制而存在,提出了社会进化理论。他认为,人类的各种主要制度都起源于蒙昧社会,发展于野蛮社会,成熟于文明社会。他将亲属制度、婚姻制度和家庭形态纳入一个层次分明的进化序列,即"血婚制家族→伙婚制家族→偶婚制家族→父权制家族→专偶制家族",并由此形成与之对应的亲属制度。其中,偶婚制和父权制属于过渡形态,血婚制、伙婚制和专偶制最为重要。摩尔根(1995/1877)指出:"这三种亲属制度,一一衔接,体现了家族从血婚制到专偶制的全部发展过程。"一定的婚姻家庭形式决定一定的亲属制度,一定的亲属制度是一定的婚姻家庭形式的记录和反映。家庭是积极能动的因素,亲属制度却是被动的,只有家庭发生急剧变化时,它们才会发生大的变化。"当家庭继续发展的时候,亲属制度却僵化起来:当后者以习惯的方式继续存在的时候,家庭却已经超过它了。"(恩格斯,1972)

亲属制度与婚姻法则相联系,基于婚姻,这是摩尔根的社会进化理论的基本观点。他依据对大量调查资料分析研究的结果,提出有三种亲属制度顺序相承:马来亚式亲属制说明血缘家庭存在,土兰尼亚式亲属制与普那路亚或群婚家庭相适应,雅利安式亲属制是一夫一妻制家庭的产物。亲属关系分为两种:一种由血缘关系而产生,称为血亲,又分直系和旁系;一种由婚姻关系产生,称为姻亲。无论是血亲还是姻亲,都有父方和母方的亲属。

亲属关系分类制度是摩尔根的最大发现与贡献。他将亲属称谓制度分为类别式和说明式。类别式亲属制度将亲属称谓区分为若干范畴,不加以说明,不计亲疏远近,凡属于同一范畴的人使用同一亲属称谓,反映群体与群体之间的亲属关系;说明式亲属制度对亲属或者用基本称谓来说明,或者将基本称谓结合起来说明,使每个人与自身的亲属关系都各不相同,反映个体与个体之间的亲属关系。他认为,家族表现为一种能动的要素,随着社会从低级阶段向高级阶段的发展而发展。

学术界对摩尔根的社会进化理论有不同看法。罗维(1957)指出,类别式和说明式的划分不属于同一逻辑范畴。有研究者指出,摩尔根将包含有父系亲属称谓和姻亲称谓的马来亚式亲属称谓制视为最早的亲属称谓制,显然是错误的。蔡华(2008)批判摩尔根将亲属称谓、亲属制度和家庭制度这三种不同事物视为同一种东西,并指出摩尔根将罗马人的亲属称谓当作"科学的",存在民族中心主义倾向。摩尔根的《古代社会》受到马克思和恩格斯的高度评价。恩格斯在马克思《摩尔根〈古代社会〉一书摘要》基础上写成《家庭、私有制和国家起源》,指出:"在论述社会的原始状况方面,现在有一本像达尔文学说对于生物学那样具有决定意义的书,这本书当然也是被马克思发现的,这就是摩尔根的《古代社会》。……摩尔根在他自己的研究领域内独立地重新发现了马克思的唯物主义历史观,并且最后还对现代社会提出了直接的共产主义的要求。"

9.1.3　单系血统理论

结构功能主义是当代最有影响的社会学理论之一。英国人类学家拉德克里夫-布朗(A. R. Radcliff-Brown, 1881—1955)是结构功能主义的代表。结构功能主义认为,社会是一个均衡、有序、整合的系统,系统中每一部分都对系统的生存、均衡和整合发挥必不可少的作用。任何社会系统在满足基本生存需要过程中都分化出经济、政治、法律和亲属子系统。亲属子系统保证社会价值观的稳定与传递。整个社会系统及各个子系统的运行是协调的,协调运行表现为社会状况的主流。亲属制度等于原始部落的社会结构,亲属关系形成的基础是家庭,在核心家庭基础上形成的世系群是人际关系的一种形式。

拉德克里夫-布朗强调社会结构。社会结构是整体社会中各个基本组成部分之间较为稳定的关系或构成方式。在任何人类社会中观察到的社会现象,不是个体本身产生的立即结果,而是个体透过社会结构产生的结果。他从结构—功能论出发,将自然科学方法运用到人类文化研究中,提出亲属关系的理论框架,认为亲属结构必须从生物学意义上建立起来的单个家庭的最简单结构开始,把家庭看作是由一个男人(父亲、丈夫)、一个女人(母亲、妻子)和他们的孩子组成的基本单位。亲属关系以夫妻关系为基础,任何社会的亲属关系网络都可以简单地归结为夫妻之间的"二元关系"所建立的基本家庭的延伸。

拉德克里夫-布朗认为,基本家庭创造了三类社会关系:单亲(父或母)和孩子的关系,一对父母的孩子们之间的关系,丈夫和妻子的关系。通过与己身处于同代或不同代的一个共同血亲或者一个共同姻亲,源于两个基本家庭之间的联系的这些关系构成不同范围。"所有社会都为了某些社会目的而承认这类亲属关系中的某些部分:实际上,社会把一些权利和义务或者一些不同的行为模式与这些亲属关系联系在一起。在做出这样的认定之后,这些关系构成了我称之为亲属制度,或者更完整地说,血亲和姻亲制度的东西。"他认为,亲属关系是一种东西,权利和义务或者行为方式是另一种东西。在基本家庭的三类关系排序中,他把首要地位赋予单亲和孩子之间的关系。单亲与孩子之间的关系处于全部亲属关系的源头。

拉德克里夫-布朗的结构—功能主义方法有三个基本概念:社会结构、社会过程和社会功能。社会关系网络的绵延构成社会结构。社会结构的存在和延续实际上是由人类各种行动和互动构成的社会过程。社会制度是指一个特定社会生活方式中已确立的行为规范,按照这种行为规范,人们做出各种行为和活动,从而形成社会结构。制度与结构关系是双重的,制度为社会结构的构成关系提供规范,规范因结构关系被确立。社会人类学观察的对象既不是"社会",也不是"文化",而是过程。社会生活方式有一个变化过程,这种过程有一定规律,社会人类学就是对原始民族社会生活方式进行比较研究。"功能"一词用来指社会结构与社会过程之间的相互联系。社会结构的延续通过社会过程来实现,社会过程则通过社会功能的发挥来实现。

拉德克里夫-布朗认为,大多数原始社会的特点是:亲属关系是原始社会最主要和最根本的社会关系,人与人之间的行为主要在亲属关系基础上加以规范,这种规范实现的方式是:对不同类型的亲属关系加以固定的行为模式。他还提出一个重要概念——社会体系,这一概念指在某一特定社会生活方式中,各种特征之间存在相互关联和相互依赖的关系。社会体系主要是"亲属体系",是指在一特定社会中人们产生的某种行动和互动,"体系"的意义在于:在分析一种习俗时,"首先要揭示的是,作为一个组成部分,这个习俗在体系中所处的位置","这些相互关联的习俗并不是独立的制度,而是一个体系的组成部分;对这个体系的一部分进行解释是不会令人满意的,除非这种解释与对整个体系的分析相一致"。可见,"体系"这一概念指的是一种用于分析和研究的工具。

拉德克里夫-布朗把舅甥关系置于亲属关系的整体框架中,因而能够从一个更宏大的视野中发现与舅甥关系戚戚相关的另一重要事实——姑侄关系。他发现姑侄关系的相关特征,并与舅甥关系对比:在舅父有重要作用的地方,姑母也有同样作用,尽管作用方式不同。容许外甥与舅父取闹的习俗似乎普遍伴随着一种对姑母的特别尊敬和服从。这一发现至关重要：如果说容许外甥与舅父取闹的习俗是母权制的残留，那就意味着对姑母的特别尊敬和服从则是父权制的残留，这是自相矛盾的。

他认为，母权制社会和父权制社会的区别不是绝对的，而是相对的。即使最牢固的父权制社会中，母系亲属也受到一定的重视；在非常牢固的母权制社会中，父系亲属在个人生活中总有一定重要性。这是原始社会的基本结构。因此，适应这个结构的延续，必须分别建立成员对父系亲属和母系亲属的行为模式，这种行为模式又有差别。这种行为模式的固化即构成制度性规范，或上升为仪式性的制度安排。特兰斯凯地区（土著居民）的女孩结婚时父亲给予的"阿卜化加"牛，巴佩迪人在女孩结婚时从所收牲畜中取一头畜交给其舅父，或巴聪加人和西波尼西人中外甥干预献祭仪式等，均是这种行为模式的制度化（或仪式性）安排。通过这种安排，一个人与母系亲属的特殊社会关系得到表达，这种社会结构就得到延续。

9.1.4 亲属结构理论

列维-斯特劳斯（Claude Lévi-Strauss，1908—2009）是法国著名人类学家、哲学家，结构主义人类学的创始人。他采用结构主义方法，将亲属关系视作为一个结构。在《关于亲属关系的原子的思考》中，他写道："一个真正最根本的亲属关系的结构——即一个亲属关系的原子，假如可以这样叫的话——是由一个丈夫、一个妻子、一个子女和丈夫从中娶到妻子的那个群体的一个代表所构成的。"这里，"丈夫从中娶到妻子的那个群体的一个代表"即舅舅。即，父亲、母亲、舅舅和孩子是亲属结构中的四个基本要素，任何社会的亲属关系都由这四个基本要素形成。亲属结构包括与这四个基本要素对应的四种亲属关系：夫妻关系、兄弟姐妹关系、父母和子女的关系、舅舅和外甥的关系。这四种关系形成一个"四方系统的关系网络"。亲属关系系统中呈现的各种亲属关系，如姑侄、叔伯、表兄弟姐妹和堂兄弟姐妹关系等，都由最基本的"亲属原子结构"演化而来。

亲属结构的基本要素之间的四种关系实质上是由血缘关系、继嗣关系和姻缘关系相互交错地运作保障的。血缘关系具有自然和社会双重性质。亲属结构是以最自然的血缘关系为基础建立的社会基本关系网络，从血缘关系出发，产生一系列由简单到复杂的社会规范制度体系。因此，单纯生物学血缘关系并不能构成人类的亲属关系，还必须吸收具有社会意义的关系网络，即继嗣关系和姻缘关系，才能够确保人类社会的亲属关系以文化的特质存在并维持下去。这三种内在关系贯穿于一切亲属关系之中。但是，由这些关系所连接的各项，可以依据亲属原子结构各项的不同距离，发生进一步的复杂变化。人类只有通过这三种内在关系及其相互联系，才能形成活生生的亲属关系网络，使亲属关系能够一代一代地传承下去，从而保证社会的持续再生产。

在亲属的"四方系统的关系网络"中，又可进一步区分出两大系列亲属现象：第一系列是由不同称呼语词所表达的亲属关系语词系统；第二系列是由亲属的相互态度所构成的亲属关系态度系统。不能将亲属关系单纯地归结为所能观察到的有形的人际关系，亲属关系包括语言使用领域和人们思想感情及态度中的人际关系。

列维-斯特劳斯认为，亲属关系不仅需要靠生物学关系来维持，而且需要靠语言的反复使用加以巩固。结构人类学把语言当成社会和文化的基础因素，把语言中呈现的固定结构当成社会和文化基本结构的原型。没有语言称呼系统的传承及其连续的沟通过程，就不会使建立起来的亲属关系巩固下来。各种社会关系都要靠语言沟通中的相互确认和共识，才能在社会生活中维持下来。因此，亲属之间的相互语词称呼，构成实际亲属关系的重要组成部分。所有使用亲属关系语词系统的个体或群体，由于语词所表达和指谓的特定关系，行为受到语词规定的约束。"亲属语词不仅是某种社会学的存在，而且也是说话的因素。"使用这些语词就等于"做"这些语词所规定的关系规则。个体在使用这些亲属关系语词时，实质上也隐含着实行由亲属关系所要求的不同态度，如尊敬或亲近、权利或义务、亲情或敌意等。这些蕴含在语词意义中的亲属之间不同态度的因素，包含着比语词称呼关系更重要的心理、情感和社会关系因素，它们在保障亲属关系的维持和运作上，起着更重要的作用，使亲属群体具有一定的凝聚力、稳固性和均衡性，关系到亲属关系的维持和运作。语言使用构成复杂的社会关系和文化创造活动的基础。列维-斯特劳斯的这些看法同恩格斯的亲属称谓不是简单的荣誉称号，而是一种负有完全确定的、异常郑重的相互义务的称呼的观点一致，也同维特根斯坦（L. J. J. Wittgenstein, 1889—1954）的"语词意义就是它在语言中的使用"，奥斯汀（J. Austin, 1911—1960）的"话语的重心不在于传递信息而在于行动"和塞尔（J. R. Searle, 1932—2001）的"说话即行事"、"意义等于某种行为"的观点一致，反映了20世纪中期以后现代西方哲学的时代精神。

列维-斯特劳斯对心理学有特殊偏爱。他认为，为了分析亲属之间的态度系统在亲属关系中所起的调节作用，必须进一步区分两个不同层次的态度系列。第一层次是扩散开的、非结晶化和非制度化的态度，这是语词系统在亲属之间的心理层面的反映或变形；第二层次的态度系列总是伴随或补充第一层次的态度系列，构成由各种禁忌所审核的结晶化和被规定了的制度以及由各种固定化仪式所表达的规则。第二层次的态度系列远非单纯的亲属语词称呼关系的直接反映，而是更深刻的亲属关系因素在社会生活中的沉淀，在克服和解决由语词称呼关系建立的亲属关系网络的各种矛盾上起着非常重要的调节作用。

人类的创造活动具有普遍性和持续性，在各种创造活动中蕴含着稳固的思想创作模式。任何社会关系的产生及运作，都在一定思想模式的基础上进行。社会关系的产生和运作也离不开同一社会中人类的基本实践,离不开同一社会中的基本沟通结构及其语言基础。人类社会的建构以两性关系建构及其再生产为基础。因此,列维-斯特劳斯首先研究原始人的亲属关系形成过程及其基本结构。

他认为:"女人的交换和食物的交换都是保障和表现社会集团彼此交换的手段。"、"我们在婚姻规则的起源之处找到的总是交换制度……交换,始终是交换,它显现为婚姻制度所有形态的根本和共同的基础。"亲属制度的基本结构导源于社会集团之间的彼此嫁女,即互惠性的"交换女人"。在人类社会中,本着禁止近亲繁殖的原则,人类婚姻被视为围绕女性的一种交换体系,包含着本集团向外集团输送女性,同时外集团也向本集团返还女性这一互惠的原理。列维-斯特劳斯进一步区分了两种交换模式:限定性交换和一般性交换。限定性交换指两个集团之间直接交换女性;一般性交换指一个集团获得女性,另一个集团赠予女性,通常表现为三个或多个社会集团之间进行的女人交换。例如,ABCD四个集团构成联姻关系,A集团的女人全部嫁到D集团,D到C,C到B,B到A,由此形成一个闭合回路,妇女在其中按固定的方向流动(Michael,1986;王铭铭,2004)。在人类社会中,亲属结构得以存在和维持下去的最基本条件是男人之间进行女人交换的可能性;而男人之间的女人交换,绝不像动物中的雌雄关系那样简单,要严格地受社会规范制约。即,男人之间的女人交换,不只是两性之间的性交关系,不只是为了满足两性之间的本能性欲,而是一种有社会和文化条件限制的人际关系,是一种具有社会文化意义并履行社会义务的行为。

他认为,婚姻交换的前提是乱伦禁忌。"禁止乱伦不仅源自纯文化,也并非源自纯自然,亦非自然与文化二者的综合。因此,它是从自然迈向文化的基本步骤。"亲属关系使人类逐渐远离自然,并真正地同动物区分开来,形成了独特的社会生活和文化体系。当人类从自然向文化过渡时,人类不同于动物的地方在于人与人之间的关系不像动物那样没有任何社会规范的制约。人际关系的第一类最原始和最基础的社会规范,便是在两性关系领域中奠定的亲属关系规范。亲属基本原子结构的最原始和不可化约的性质,归根结底是乱伦禁忌普遍作用的直接结果。亲属结构中舅甥关系以及乱伦禁忌的普遍性调节作用,正是为了保障亲属基本关系的存在和再生产,保障一个男人能够从另一个男人所提供的女儿或姐妹中获取女人,保障男人之间的女人交换得以存在和维持,使整个社会关系不断地进行再生产。

列维-斯特劳斯以结构语言学为基础对乱伦禁忌作了结构性解释。他把乱伦禁忌视为人类的普遍规则,视为文化与自然相区别的最小限度条件。基于结构语言学的意义,他将亲属关系看成一种语法结构,认为乱伦禁忌是指在人类社会中,男人只能从别的男人那里得到女人,后者以女儿或姐妹的形式将女人让渡给前者。乱伦禁忌规定了男人之间进行女人交换的条件:不允许在同一家族、同一种族、同一部落中进行女人交换,即不允许在同一血缘关系中发生男女之间的性交关系;如果违反了此规定,就会遭受整个家族、种族和部落的惩罚和制裁。这一规定所以重要,是因为它累积了人类世代相传的珍贵经验,是用血的教训换来的。乱伦禁忌同舅甥关系相辅相成。舅甥关系是为了保障同一部落的男人能够源源不断地从与之毫无血缘关系的另一个部落(即舅舅的部落)中得到新一代的女人。从舅舅所属部落得到女人,实际上就保证了乱伦禁忌实行的可能性。通过乱伦禁忌的制定和监督,亲属关系的再生产才能顺利进行。因此,乱伦禁忌与其说是禁止与母亲、姐妹或女儿通婚的法则,不如说是反映人们将母亲、姐妹或女儿交给他人的法则。乱伦禁忌的实质是男子最大限度地延长自己及其妻子之间亲属关系的愿望,这造成了社会的不断进步。

列维-斯特劳斯把一切文化创造活动都放在人与自然、社会与文化的关系中分析。他认为,原始人在神话中表达的信息是以二元对立的方式表现出来的,最有意义的是介于二元对立之间的中间环节,即"中介"因素。二元对立如果没有适当的中介,就无法和谐地构成一个稳定的文化产品和文化形式。二元对立及其中介可以具体表现为各种各样的自然和文化因素。他(1964/2007)在《生食与熟食》中写道:"烹调活动是天与地、生与死、自然与社会之间的中介。"各种不同的饮食文化之间,通过不同烹调方式作为中介而相互区别,构成不同的"饮食三角结构":烧烤食物与生食之间的中介是火;滚煮食物与生食之间的中介是水和容器;熏制食物与生食之间的中介是空气。各种中介或是自然界的物品,或是文化产品和文化手段。自然和文化的成分及其呈现程度,决定了文化产品在从自然向文化过渡中所保持的距离;而二元对立因素及其中介的距离,又因不同文化及其创作过程有所区别。任何文化产品和文化创造活动都以二元对立及其中介的区别而产生出千百万种形形色色的变形,从而使人类文化呈现出多种多样的形式。

列维-斯特劳斯采用二元对立思想来分析亲属关系。他认为,亲属关系的对立,与其说是两种女性的对立,不如说是男性对女性所持有的两种关系的对立。如被让渡的女性(姐妹或女儿)与被获得的女性(妻子)之间的对立,是血族女性和姻族女性的对立。获得的集团必须还礼,出让的集团可以提出要求,这种互惠性结构是从这一原始对立中建构起来的。四种基本亲属关系也服从二元对立原则:夫妻关系与兄弟姐妹关系对立,父子关系与舅甥关系对立。如果夫妻关系好,兄弟姐妹关系就相对较差;如果父子关系亲密,舅甥关系就相对疏远;反之亦然。同样,如果兄弟姐妹之间存在着一种极其严格的克制,夫妻关系则缺乏克制;父子关系与舅甥关系是建立在男人之间的,在一种情况下以严厉为特征,在另一种情况下则不严厉,或者以相互依赖或独立为特征。孩子对待舅舅和父亲的态度也是对立的:在父子关系亲密无间的群体里,舅甥关系严谨不苟;如果父亲是家庭的权威,舅舅就会受到无拘无束的对待。

9.2 不同民族亲属词的概念结构研究

概念结构,亦即概念的心理表征,涉及概念由哪些因素构成以及这些因素间的相互关系(张积家,2004)。概念结构的研究始于 1956 年。研究者认为,人们能够辨别事物之间的差异,并倾向于将有相似属性的事物划分为一类(Bruner, Goodnow & Austin, 1956)。分类行为能够减少环境的复杂性,使人们将周围的事物条理化,帮助人们有效地识别周围客体,减少不必要的学习;还有助于人们决定采取什么样的行动。研究表明,人头脑中概念组织和词的分类学组织有较大的差异(Collins & Loftus, 1975)。亲属词反映人们的分类愿望(Daniel, 1992),一旦形成,就成为一种社会现实,对亲属关系认知产生重要影响。

进入 21 世纪以后,研究者开始关注亲属词的概念结构。自由分类法在探索亲属词概念结构上得到了广泛的应用。张积家等人运用自由分类法对汉族大学生和儿童、纳西族、摩梭人、傣族、彝族、白族、维吾尔族、羌族和基诺族等少数民族的亲属词概念结构进行了系列研究,发现在不同的民族文化背景之下,亲属词的概念结构体现出不同的特点,结果见表 9-1。

表 9-1 不同民族的亲属词概念结构比较

被试	亲属词概念结构维度	亲属词分类
汉族 (2004)	(1) 亲属的亲密程度; (2) 姻亲/非姻亲	(1)近亲;(2)二层关系直系亲属;(3)养亲;(4)表亲和叔伯亲; (5)姻亲
纳西族 (2004)	(1) 同辈/异辈; (2) 照顾者/被照顾者	(1)父母;(2)与父母同辈的长辈;(3)兄弟姐妹;(4)同辈的姻亲兄弟姐妹;(5)媳妇与女婿;(6)祖父母、子孙、旁系或姻亲子侄
摩梭人 (2010)	(1) 亲属的亲密程度; (2) 辈分大小	(1)近亲、直系亲属祖辈及舅舅;(2)岳父母、继父母、夫妻、养亲及直系亲属孙辈;(3)表亲和叔伯亲同辈和晚辈、姻亲晚辈;(4)同辈和晚辈姻亲;(5)表亲和叔伯亲长辈
傣族 (2010)	(1) 婚前的亲密程度; (2) 婚后的亲密程度	(1)婚前核心家庭成员;(2)婚后核心家庭成员;(3)表亲与叔伯亲长辈及同辈;(4)孙辈以及旁系或姻亲子侄;(5)同辈姻亲兄弟姐妹
彝族 (2012)	(1) 亲属关系性质; (2) 性别	(1)直系亲属及男性叔伯亲和养子;(2)男性姻亲及养亲长辈;(3)其他女性亲属
白族 (2012)	(1) 性别; (2) 姻亲/非姻亲	(1)女性亲属;(2)男性亲属
维吾尔族 (2014)	(1) 近亲/非近亲; (2) 性别	(1)男性近亲;(2)女性近亲;(3)男性非近亲;(4)女性非近亲
羌族 (2014)	(1) 亲属的亲密程度; (2) 同辈/异辈	(1)近亲属和两层关系直系亲属;(2)非近亲同辈;(3)非近亲长辈;(4)非近亲晚辈
基诺族 (2013)	(1) 亲属的亲密程度; (2) 照顾者/被照顾者	(1)核心家庭成员;(2)较亲密的长辈;(3)较亲密的同辈和子孙辈;(4)关系较远的亲属

9.2.1 汉族亲属词的概念结构

张积家和陈俊(2001)用因素分析法研究汉族大学生的亲属词概念结构。500名汉族大学生对138个亲属词进行亲密程度评定,然后对结果进行因素分析。结果表明,被试对亲属词亲密程度的评定主要受"亲属关系层数"和"感情因素"影响。汉语亲属词被分为5类:(1)远亲;(2)姻亲;(3)表亲和叔伯亲;(4)近亲;(5)养亲。每一类亲属词都有一些语义特征,如亲属关系的层数和性质,但并非每个亲属词都有独立的心理表征。

张积家和陈俊(2004)运用自然分类法考察汉族大学生对62个常用汉语亲属词的概念结构,发现汉语亲属词的语义空间有两个维度:(1)亲属的亲密程度;(2)姻亲/非姻亲。62个亲属词聚成5类:(1)近亲;(2)两层关系的直系亲属;(3)养亲;(4)表亲和叔伯亲;(5)姻亲。汉语亲属词的语义空间图见图9-1。

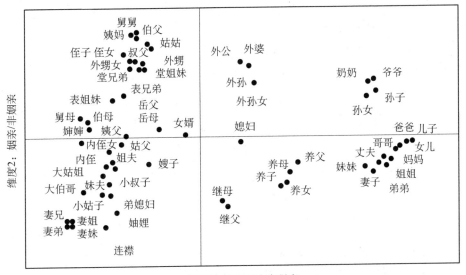

图9-1 汉语亲属词语义空间图

张积家和李斐(2007)考察汉族儿童亲属词概念结构的发展。结果表明,随着年龄的增长,儿童亲属词概念结构的维度也逐渐发生变化:小学低年级学生出现了"性别"和"辈分"维度,小学高年级学生出现了"辈分"和"成人/儿童"维度,初中生出现了"亲属的亲密程度"维度,高二学生出现了"姻亲/非姻亲"维度。亲属词概念结构受儿童性别和生活经验影响,个体亲属概念结构的发展和人类的亲属概念结构进化有类似之处。

9.2.2　纳西族亲属词的概念结构

　　纳西族是我国的少数民族之一,分布在滇川藏交界地区,绝大部分在丽江,以独特的象形文字和丰富多彩的家庭婚姻制度闻名于世。Prunner(1977)通过分析纳西象形文字手稿中的亲属词发现,纳西族父方亲属关系构成"骨",母方亲属关系形成"肉",体现了纳西族独具特色的民族文化。张积家与和秀梅(2004)考察了纳西族大学生的亲属词概念结构,结果见图9-2。

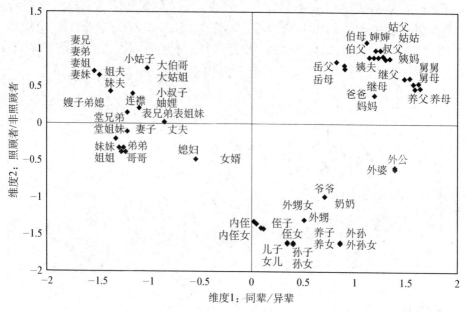

图9-2　纳西族亲属词语义空间图

　　纳西族大学生把62个亲属词聚为6类:(1)父母;(2)与父母同辈的长辈;(3)兄弟姐妹;(4)同辈的姻亲兄弟姐妹;(5)媳妇和女婿;(6)祖父母、子孙、旁系或姻亲子侄。从语义空间看,主要包括两个维度:"同辈/异辈"和"照顾者/被照顾者"。横轴左边是与个体同辈的亲属,右边是个体的长辈和晚辈;纵轴从上到下,分别为能够从事生产劳动、照顾别人的亲属和被赡养和照顾的亲属。

　　虽然汉族和纳西族的大学生进行分类的材料和方法完全相同,却得出了不同的结果。与汉族亲属词的概念结构比,在纳西族亲属词概念结构中,并未出现近亲、养亲、表亲和叔伯亲的聚类,而是按照不同辈分分散在不同的类中;姻亲也没有独立聚类,而是在同辈亲属中区分为兄弟姐妹和同辈的姻亲兄弟姐妹。汉族和纳西族的亲属词概念结构差异是由不同民族文化引起的:不同的民族文化中有不同的亲属制度,不同民族的语言中也有不同亲属称谓系统。亲属制度和亲属称谓系统通过语言标记来影响亲属词概念结构。汉语对亲属词标记亲属关系的性质,如父系与母系,直系与旁系,姻亲与非姻亲等,表现在亲属词概念结构中则是"亲属的亲密程度"维度;汉族不仅重视血缘,还重视姻缘,重视母族和妻族,汉族亲属词概念结构中的"姻亲/非姻亲"维度反映了这一点。与汉语不同,纳西语标记亲属词的辈分,纳西语根据亲属辈分不同将亲属词分成不同的类别,这一特点使得具有相同词汇形式的亲属词更容易被分在一起,辈分是纳西族亲属词概念组织的主要维度,体现了纳西人的辈分意识。

9.2.3　摩梭人亲属词的概念结构

摩梭人是中国西南的一个母系群体,因其独特的母系家庭和婚姻模式著称于世,摩梭人的亲属称谓制与众不同。摩梭人与纳西族是同源异流的两个民系,在漫长的历史变迁中,摩梭人和纳西族在语言文字、宗教信仰、民俗民风等各方面均产生了很大的差异。肖二平等人(2010)采用自由分类法探讨摩梭人亲属词的概念结构,发现摩梭人与纳西族的亲属词概念结构并不一致。在摩梭人的亲属词概念结构中,"亲属的亲密程度"维度与汉族相同,"辈分大小"维度与纳西族相似。为了避免汉语对实验造成的潜在影响,肖二平等人(2010)要求被试对以摩梭语音译形式呈现基本亲属称谓进行自由分类。结果发现,汉语形式和摩梭语音译形式的分类结果一致,均出现了"亲属的亲密程度"和"辈分大小"维度。摩梭人的汉语亲属词的语义空间图见图9-3,摩梭语音译形式基本亲属称谓的语义空间图见图9-4。

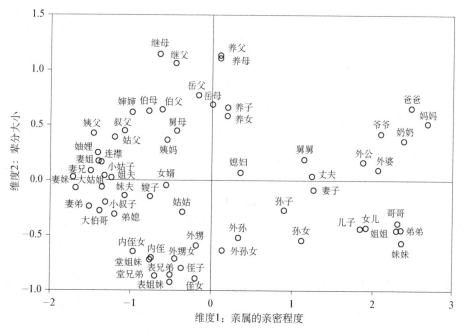

图9-3　摩梭人汉语亲属词语义空间图

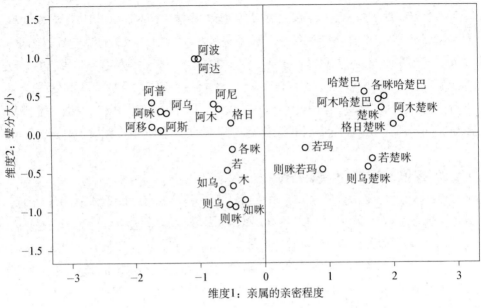

图 9-4 摩梭人语音译形式基本亲属称谓语义空间图

摩梭人亲属词的语义空间有两个维度:(1)亲属的亲密程度,横轴由右至左,亲属的亲密程度越来越低;(2)辈分大小:纵轴上部是个体的长辈及同辈,下部是个体的晚辈。"亲属的亲密程度"维度反映亲属之间的血统关系和感情联系。摩梭家庭的血统按母系来计算。在摩梭人心中,母系血亲是最重要的亲属。摩梭母系家庭成员由一个始祖母及其姐妹的后裔组成,每一代人都是家庭中上一代女性成员的子女,男性成员的子女属于其阿注的家庭。摩梭人的传统观念认为,母亲及其兄弟姐妹、兄弟姐妹、姨兄弟姐妹等母系成员才是最亲的人;对生父,除了少数感情深厚、关系特别亲密的以外,大多数关系冷漠,既无联系的必要,更不承担供养义务。姻亲是嫁娶的产物。摩梭人没有嫁娶,因此也就不存在姻亲。摩梭人亲属词分类的这一特点反映了摩梭人的婚姻制度和母系家庭特性。在摩梭人的亲属概念组织中,辈分是主要维度,这与摩梭人的语言和文化有关。摩梭亲属称谓中存在辈分标记,对同一辈分的人使用同一称谓,这种语言上的特点促使摩梭人在亲属词分类时更容易反映辈分的作用。

基本亲属关系在摩梭母系社会中也有独特的体现。摩梭人的父子关系和舅甥关系既不同于汉族,也与纳西族有异。与汉族和纳西族相比,在摩梭人对汉语形式亲属词分类中,"舅舅"的地位尤为特殊。舅舅在汉族亲属词分类中属于表亲;在纳西族亲属词分类中,舅舅与父母同辈的其他长辈亲属聚在一起;摩梭人却将舅舅与直系亲属聚为一类。一方面,这与独特的摩梭母系家庭结构有关。在摩梭母系家庭中,舅舅享有男性的崇高荣誉和地位。摩梭人以"辈分"作为亲属称谓制度的基本单位,"舅舅"

并不限于母亲的兄弟们,更泛化为"父辈"的称谓,包括母亲的阿注、自己的生父、母亲姐妹的阿注等(彭兆荣,1997)。另一方面,"舅舅"还与同个体共同生活,属于同一经济体。在摩梭家庭中,父亲的角色由舅舅来充当。舅舅有义务抚养姐妹的子女,在一些重要的场合主持礼仪。摩梭人将舅舅与直系亲属聚为一类,是摩梭母系家庭结构的生动体现。

9.2.4　傣族亲属词的概念结构

　　傣族是云南省南部跨境而居的少数民族,主要聚居于云南省西双版纳自治州、德宏傣族景颇族自治州以及孟连、金平等县。傣族以水稻种植为主,有自己的语言、文字及生活方式,全民信仰南传上座部佛教,有独特的文化风俗和人文环境。张江华(2002)发现,傣族的亲属称谓有如下特点:(1)傣族将相对年龄作为亲属分类的重要标志,尤其反映在自我这一代。兄弟姐妹先区分同胞与自我的相对年龄,再区分被称谓者的性别。(2)自我的下二代与旁系的下一代称谓相同,即辈分斜行,孙子与侄子同一个称谓。傣族的亲属称谓特别重视核心家庭,这种独特的亲属称谓影响傣族对亲属关系的认知。

　　张积家等(2010)对傣族亲属词的概念结构进行研究,语义空间图见图9-5。

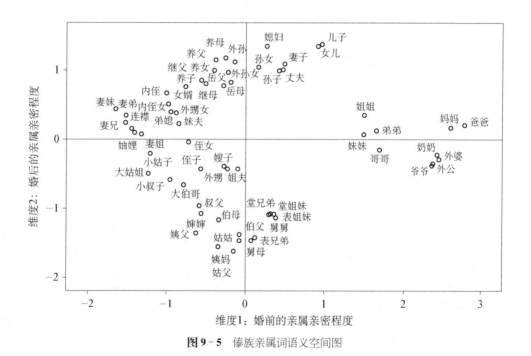

图9-5　傣族亲属词语义空间图

傣族人亲属词的语义空间包括两个维度:(1)婚前的亲属亲密程度,横轴由右至左,右边的亲属在婚前亲密度高,越往左亲密程度越低;(2)婚后的亲属亲密程度,纵轴从上到下,上边的亲属在婚后亲密度高,越往下亲密程度越低。将傣族和汉族、纳西族亲属词的语义空间比较,存在以下区别:(1)傣族亲属词语义空间中未出现"姻亲/非姻亲"维度,也未出现"同辈/异辈"维度和"照顾者/被照顾者"维度;(2)傣族亲属词语义空间的两个维度都属于亲属的亲密程度,只不过一个是婚前,一个是婚后。傣族亲属词分类也与汉族和纳西族不同。(1)近亲、养亲、表亲和叔伯亲、二层关系亲属、照顾者/被照顾者在傣族亲属词语义空间中都未聚成独立的类,而是根据婚前/婚后分散在不同类中;除同辈姻亲外,不同辈分的人也没有聚成不同的类。(2)姻亲在傣族亲属词语义空间中也未聚成独立的类,只是在婚后的核心家庭与非核心家庭中有了一定程度的区分。傣族亲属词的概念结构真实反映了傣族亲属称谓的特点:(1)反映傣族对核心家庭的重视;(2)反映傣族对婚姻关系的重视;(3)反映傣族淡漠的辈分和性别意识;(4)反映傣族对亲属共同生活的重视。总之,傣族亲属词的概念结构既受亲属词特性影响,还受傣族的家庭婚姻制度、生产生活方式影响。

9.2.5　彝族亲属词的概念结构

尽管纳西族、摩梭人、彝族和白族都与古羌人有渊源,且居住地毗邻,交往也颇频繁,但亲属词的概念结构却不尽相同。彝族广泛分布在中国西南地区。云南省宁蒗彝族自治县(俗称小凉山)是彝族的主要聚居地之一。彝语属于汉藏语系藏缅语族彝语支。彝族尚黑,以黑色代表"大"、"等级"和"尊严"。现代彝族家庭以核心家庭为主,通行一夫一妻制(也存在丈夫去世后转房的习俗)、包括未婚子女在内的父权制小家庭。儿子结婚后即分家,无累世而居的习惯。彝族的婚姻遵循同族内婚、等级内婚、家支外婚的原则,并存在包办婚姻、转房制、抢婚等习俗。彝族社会存在着森严的等级观念和男尊女卑的性别态度,影响着彝族社会的婚姻嫁娶,也影响着彝族人的亲属关系。

王娟等人(2012)发现,彝族亲属词的语义空间图见9-6。

彝族人亲属词的语义空间有两个维度。(1)亲属关系的性质:横轴由右至左,亲属关系的性质在不断发生变化,分别是血亲、叔伯亲和表亲、养亲和姻亲。这种变化既包含有亲属的亲密程度变化的信息,也包含有亲属关系性质变化的信息。右侧的亲属亲密程度高,左侧的亲属亲密程度低;右侧的亲属多为血亲,左侧的亲属多为姻亲。(2)性别:纵轴由上到下,上方是男性亲属,下方是女性亲属。这说明,在彝族人的头脑中,层级分明地存在着"血亲"、"表亲和叔伯亲"、"养亲"和"姻亲"的概念,"性别"也是彝族人亲属词分类的重要标准,从而形成直系亲属及男性叔伯亲和养子、男

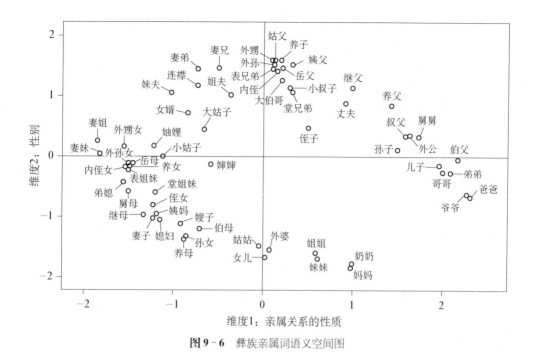

图9-6 彝族亲属词语义空间图

性姻亲及养亲长辈、其他女性亲属三个大类,体现了彝族传统文化中的等级制度和男尊女卑的性别观念。

9.2.6 白族亲属词的概念结构

白族自称"白子"、"白尼"、"白伙",意为"白人",主要居住在云南省大理白族自治州,在怒江、澜沧江以及其他地区也有分布。白语属于汉藏语系藏缅语族彝语支,使用汉字的音和义,再加一些新造字记录白语,称为"白文"。白族尚白,在日常习惯及服饰上都有所体现。白族自古以来就存在许多母性文化的证据,它以一夫一妻制的中小型家庭为主体,人伦关系比较单一。在当代,受妇女文化水平提高、生育政策和现代化发展的影响,白族的家庭规模变得更小,"小家庭"结构比汉族家庭更为平等和民主,妇女的地位相对较高。

王娟等人(2012)发现,白族亲属词的语义空间见图9-7。

白族人的亲属词语义空间有两个维度:(1)性别,横轴由左至右,左边是男性亲属,右边是女性亲属;(2)亲属关系的性质,纵轴由上到下,上方是近亲属,下方是非近亲属。62个亲属词被分成女性亲属和男性亲属两大类,在男性亲属和女性亲属的内部,又分为近亲属、非近亲属和养亲,而且基于性别保持高度对称的分布,体现了白族

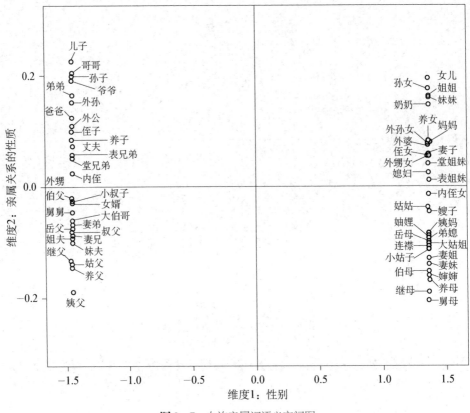

图 9-7 白族亲属词语义空间图

"崇阴尚母"的母系文化。

　　白族与彝族的亲属词概念结构均包含"亲属关系的性质"和"性别"维度。然而，白族以"性别"作为第一维度，以"亲属关系的性质"作为第二维度，彝族则相反。这说明，与彝族社会相比，白族更加重视性别因素。与彝族"男尊女卑"的性别观念不同，白族亲属词语义空间出现男女分化是出于对女性的尊重。白族人的女神信仰历史久远，同时，大理地区的农耕方式属于坝区生产，便于妇女从事农业劳动。历史和现实的原因融汇在一起，使白族人的母性文化得到了长期保持。母系文化传统调和着父系亲属制度，二者共同作用形成白族人独特的性别文化传统。正是由于白族对女性的重视，才使得性别成为白族区分亲属关系的重要维度。白族人的亲属词语义空间的另一维度是"亲属关系的性质"。在白族人看来，唯有婚姻关系确立，才使得个体的生存环境和交际圈发生重要变化。因此，"亲属关系的性质"成为白族人组织亲属关系的另一维度。

9.2.7 维吾尔族亲属词的概念结构

维吾尔族是我国的重要民族之一,居住于天山以南的塔里木盆和地以北的准噶尔盆地边缘的绿洲地带。维吾尔族是一个多源民族,族源主要有两支:一支是来自蒙古高原的游牧民族回纥人,另一支是新疆南部绿洲的土著居民。回纥西迁时,绿洲的土著居民融入回纥人中。维吾尔族在长期的发展中,融合了众多的北方和西北的氏族。近代维吾尔族家庭以男性为中心,重视夫权和父权,家庭形式属于由核心家庭发展起来的扩展家庭,成员由父、母、媳、孙构成;在多子家庭中,年长的儿子在结婚后与父母分家,最小的儿子留在父母身边照顾老人;独子结婚后不分家。传统的家庭形式是一夫一妻制,但在新中国成立前,在社会上层存在着重婚、多妻的现象。和秀梅、马若蕾和张积家(2014)考察了维吾尔族亲属词概念结构的语义空间,如图9-8所示。

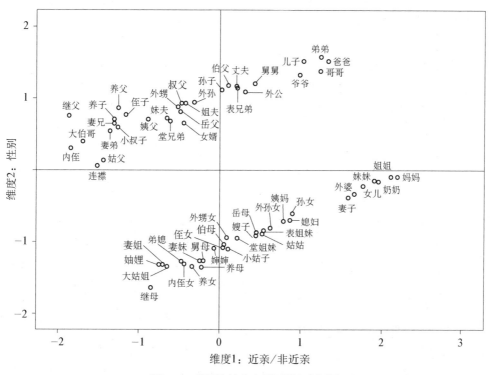

图9-8 维吾尔族人亲属词语义空间图

维吾尔语亲属词的语义空间有两个维度:(1)近亲/非近亲,横轴由左至右,左边是近亲属,右边是非近亲属;(2)性别,纵轴由上到下,上方是男性亲属,下方是女性亲属。62个亲属词被分成2大类4个子类。2大类是:(1)近亲;(2)非近亲。4个子类是：(1)男性近亲;(2)女性近亲;(3)男性非近亲;(4)女性非近亲。结合维吾尔语亲属词的结构特征,可以发现维吾尔语亲属词概念组织的三个特点:(1)重视核心家庭,不重视区分父系和母系;(2)重视性别,不重视辈分;(3)重视年龄差距。

维吾尔族人重视核心家庭、不区分父系和母系的特点,可以从对维吾尔语亲属词的收集和分类中得到证明。维吾尔语与汉语的亲属称谓有很大差异。维吾尔语的亲属称谓的数量比汉语亲属称谓少,也简单、笼统,无堂、表之分,也不区分父系和母系。沙吾提·帕万对比汉语和维吾尔语的亲属词,发现汉语有 59 个亲属词,维吾尔语有 35 个。维吾尔语亲属词属于类别式,父系亲属和母系亲属的界限不分明,有时辈分和长幼也不分明。例如,在维吾尔语中,"爷爷"、"外公"同称为"bowa","奶奶"、"外婆"同称为"moma";"哥哥"、"堂哥"、"表哥"同称为"aka","姐姐"、"堂姐"、"表姐"同称为"acha","弟弟"、"堂弟"、"表弟"同称为"uka","妹妹"、"堂妹"、"表妹"同称为"singil"。在维吾尔语中,"伯伯"称为"chong ata",即在"ata"(爸爸)前面加上"chong"(大),"叔叔"称为"kishik ata",即在"ata"(爸爸)前面加上"kishik"(小)。在维吾尔语中,"舅舅"称为"taga"。

与汉族不同,维吾尔族人"无姓氏宗谱。父兄诸舅,皆哥呼之。弟侄甥婿,皆弟呼之"。维吾尔语的亲属称谓,一般在三代之内,三代以上或三代以下就没有直接称谓了。三辈以上或三辈以下的称谓,在口语中多不用。称谓上辈分等级不严密,主要以年龄大小为依据。由于维吾尔族家庭以男子为中心,因此,亲属称谓主要以男子直系亲属为主。父方旁系亲属称谓构成是在直系亲属称谓之前加大(chong)和小(kishik)的限定词。母方亲属无专门称谓,一般用父方亲属称谓称呼之,仅"舅父"有特定称谓,其余均与父方亲属同。"三世以内,伯叔兄弟,概知尊敬。三世以外,即无伦序,为以年齿分坐次,以定尊卑。"维吾尔族在日常生活中三辈以外的称谓多不用,比自己年龄大的男性一般称为"aka",比自己年龄大的女性一般称为"acha";比自己年龄小的男性一般称为"uka",比自己小的女性一般称为"singil"。由此可见,维吾尔语亲属词"重视年龄差距",正是维吾尔族的社会生活的真实映照。

9.2.8 羌族亲属词的概念结构

羌族自称尔玛,是中国西南的一个古老民族,聚居在四川藏族羌族自治州的北川县和平武县等地,人口约有 32 万人。羌语属于汉藏语系藏缅语族羌语支。由于长期被崇山峻岭分割,加之融入了部分土著,汉语成为各羌部交流的主要工具。羌是中华民族的起源始祖之一。羌,是古代中原部落对西部游牧民族的泛称。华夏族以夏、商、姬、姜四大族氏为主,融合其他一些民族形成。夏、姬、姜属于古羌,商为东夷。在远古时期,西羌、东夷主政中华,西羌占绝大多数。习惯上称中华民族为炎黄子孙,汉族始族是黄帝,羌人始族是炎帝。后来,炎帝部落的大部分与黄帝部落融合,成为华夏族,另一部分西行或南下,与土著居民融合,成为汉藏语系中其他民族的先民。羌族是古羌支中保留羌族族称及传统文化的一支,与汉、藏、彝、白、纳西、摩梭、哈尼、傈僳、普米、景颇、拉祜等民族为兄弟民族。羌族家庭经历了从血缘婚到母系制再到父系制的变迁。一般家庭均直系亲属同居,成员以父母和子女两代居多,多不超过祖孙三代,平均三至五口人。男性在家庭中处于支配地位,妇女也有一定影响。母舅的权利大,拥有与父系家庭权威分庭抗礼的地位。张瑞芯、李惠娟和张积家(2014)考察羌族亲属词的概念结构,语义空间图见图9-9。

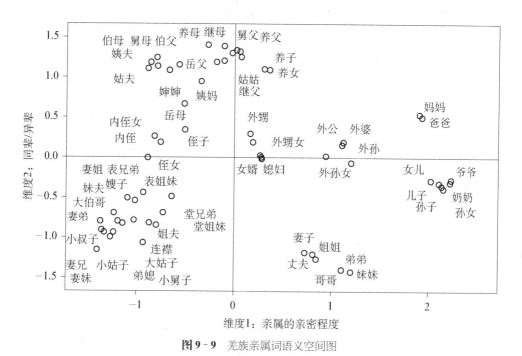

图9-9 羌族亲属词语义空间图

羌族亲属词的语义空间有两个维度:(1)亲属的亲密程度,横轴由右至左,亲属的亲密程度越来越低;(2)同辈/异辈:纵轴由上到下,上面的亲属是长辈和晚辈,下面的亲属是同辈。亲属词聚成2大类4个子类。2大类为近亲属和两层关系直系亲属与非近亲属。4个子类分别是:(1)近亲属和两层关系直系亲属;(2)非近亲同辈;(3)非近亲长辈;(4)非近亲晚辈。羌族常用亲属词有三个特点。(1)重视核心家庭。核心家庭亲属有专属亲属词,非核心家庭亲属则多个亲属共享一个亲属词。(2)重视长辈亲属,不重视晚辈亲属。长辈亲属有对应亲属词,晚辈亲属没有对应的亲属词,只采用描述性的介绍。(3)重视母舅亲,不重视母系的其他血亲。

在羌族亲属词概念结构中出现"亲属的亲密程度"维度与羌族的居住环境、生产生活方式和血统观念有关。羌族聚居于青藏高原东部,那里山脉重重,地势陡峭。羌寨建在半山上,羌族也被称为"云朵中的民族"。受聚居环境影响,羌族以农业为主,一般由三五十户聚居成寨子,大部分村落处于农耕社会。小农经济制约了羌村的家庭规模,小块土地经营,有限的劳动力需要,使小家庭更有生命力。羌族社会具有乡土社会的差序格局。亲属关系以父系血缘为主线,母系血缘关系,特别是母舅的至高权威,对羌族社会关系起着平衡和监督作用。家门亲和母舅亲是羌族人最重要的亲情关系。家门是指沿着父系血缘的主线,走出家庭向外扩伸,三代左右的亲属,即同爷爷或同祖爷的后代,是从二三代之外的家庭中分裂出来的若干小家庭。家门是家庭的扩大和分裂,是紧裹着家庭的第一层亲属圈。家门之间在生活中接触和交流很多。在农忙时节,同一家门的人们集体劳动,逐家做工,不计报酬。平时遇到杀猪、做生、请满月酒、修房屋等小型活动,也多由家门亲属之间互相帮助来实现。因此,生产和生活上的互动促使同一家门的人相互团结,亲情常在。

在羌族亲属词概念结构中,辈分的作用尤为突出,这与羌族的语言和文化有关。在羌族亲属词中,存在着辈分标记。羌族对长辈亲属均有对应的称呼,对同辈亲属一律以兄弟姐妹相称,不区分堂表亲、姻亲与非姻亲,对晚辈亲属很少有对应的称呼,只是描述性地介绍相互之间的关系。羌族人重视长辈和不重视晚辈,反映了羌族的传统文化。羌族人敬老,为了表达对老人的尊敬和感谢,羌族用"孝道"约束每一个人。在羌族村落中,每家要在正月初八、初九请春酒,宴请长辈和寨中老人。羌族老人在60岁时,家人要给老人做生。做生不仅标榜了孝道,还有祈祷免灾的巫术功能。做生是老人的"退休"典礼,宣告老人的辛苦抚育期的结束,开始安度晚年。然而,羌文化中却很少有爱幼的习俗。这可能是因为过去羌村的婴儿死亡率高,使羌族人对婴儿的健康成长不抱太高奢望,直到孩子四五岁时,过了出痘关,家长才将孩子带到每年八月初一的山神会上,由村中德高望重的老人或端公,庄重地为孩子在脖子上栓五色线,接纳孩子为村中的新成员,孩子的身份才获得了正式承认。

在羌族亲属词概念结构中,未出现亲属关系的性质维度;在亲属词分类中,也未出现姻亲、表亲与叔伯亲、养亲等反映亲属关系性质的类。除了将近亲和两层关系直系亲属聚成一类外,其余各种性质的亲属均按照辈分分布于不同的类中。所以如此,有如下原因:(1)羌族比汉族更具有父系制特征。羌族家庭习惯法以维护父权、族权为重要内容。父权包括:①管教权。父亲的意志不容违抗,父亲的权威不容置疑。②财产权。父亲是家庭财产唯一的合法掌管者。③主婚权。父母意志是子女婚姻的合法依据。羌族一般以族姓为活动单位,聚族而居。合族公推一人为族长,族长行使族权,包括建立宗祠、置办族产、订立家谱、制定族规。族长的地位高、权力大,凡家族内部的事均有权过问,其训诫族人必须遵行。(2)羌族女性的社会地位低下。羌族多采取从夫居婚姻,买卖婚又是从夫居婚姻的主要方式。男方用聘金、彩礼支付给女方,逢年过节或女方举办大事时,男方还要赠送礼品或出力相帮。由于女子是用钱财换来的,所以地位低下,人格被忽视,也无财产处置权,新中国成立前甚至没有姓名权,要改从夫姓,要严守贞操,从一而终。由于父权、夫权的缘故,羌族人对姻亲没有敏感性。(3)羌族人重孝道,对养育自己的养父、养母、继父、继母视同生父、生母,对养亲也有较高亲密度,因而无区分的必要。(4)羌族人的兄弟姐妹在核心家庭中一起生活,长大后各自组成家庭。但同辈亲属之间接触和交流仍然很多,无论是农忙时的集体劳动,还是平时的互帮互助,都增进了同辈亲属之间的关系,模糊了同辈亲属之间的具体区分。羌族传统家庭形式是一夫一妻制,丈夫主宰家庭内外事务,盛行包办、买卖婚姻。姑舅表优先婚,兄死弟娶其嫂,弟死兄纳弟妇。羌族重视父系血缘,重视核心家庭,对父系血缘以外的亲属关系的性质不敏感,只按辈分进行区分,于是在亲属词概念结构中就有了"亲属的亲密程度"和"辈分"维度。

"舅"是母亲的兄弟。"舅权"用来描述母系社会中男子对姐妹的孩子拥有的权威,有时也用于描述在某些社会中舅舅对外甥的溺爱。舅权在羌族亲属关系中地位十分重要。在羌族谚语中,有"天上的星宿,地上的母舅"的说法。羌族人在描述舅舅的法力时,有"风都吹不尽,牛都拉不动,舅舅就得行"的表达。舅舅有时指母亲的兄弟,有时指母系血缘关系的亲属,即为舅家的人。因此,"舅舅"既是个人,又是集团。舅舅去世才后,并不意味着舅权的消失,母族的人仍是舅权的代表。按照"一代亲,二代表,三代四代认不着"的原则,羌族的舅权只追溯至第二代。第一代为小母舅,即舅舅;第二代为大母舅,即舅爷,奶奶的兄弟。羌族人认为,"亲不过小母舅,大不过大母舅"。事实上,大母舅徒有其名,小母舅最亲也最有权。舅权首先表现为对外甥的监护。舅舅有管教外甥的义务,在外甥违反社会规则时,舅舅要义不容辞地担负起责任。舅权还表现在诸如析产、承继等大事,必须征得母舅的允诺,并请他来主持。母舅不仅是决定者,也是监督者。羌族的新郎、新娘要舅父为他们披上红绸,才能拜堂成亲。在羌族亲属词语义空间中,舅舅与父系直系亲属离得最近,说明舅舅的重要性。

9.2.9 基诺族亲属词的概念结构

基诺族是我国正式确认的最后一个单一民族,生活在云南省西双版纳州景洪县。"基诺"是自称,"基"是舅父之意,"诺"指后代,"基诺"可译为"舅舅的后代"或"尊敬舅舅的民族"。在基诺族的亲属称谓中,"男女同性称谓"(即,除父辈称呼外,对同辈男性与女性的称呼完全相同)。基诺族的社会发展是飞跃式的,由"原始公社末期"一步飞跃到"社会主义社会"。基诺族有语言无文字,自新中国成立后建立第一所基诺族学校开始,就使用汉语教材,使用汉语授课。基诺族的社会变迁方式和语言特点是否会影响基诺族人亲属词的概念结构？崔占玲、刘烨和张积家(2013)考察基诺族中学生亲属词的概念结构,结果见图9-10。

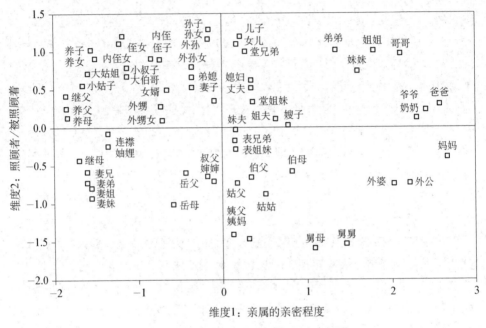

图9-10 基诺族中学生亲属词语义空间图

基诺族中学生将亲属词聚成4类:(1)核心家庭成员;(2)较亲密的长辈;(3)较亲密的同辈和子孙辈;(4)关系较远的亲属。基诺族亲属词的语义空间有两个维度:(1)亲属的亲密程度,横轴表示由左到右,亲属的亲密程度逐渐增高;(2)照顾者/被照顾者,纵轴由上到下,照顾他人的程度逐渐增强。基诺族亲属词的概念结构既与独特的婚姻与亲属制度有关,也与基诺族的跨越式发展有关。

人类经历过的五种不同的婚姻形态,血缘婚是第一阶段。一些学者认为,基诺族至今仍然保存着母系制的血缘婚遗风(杜玉婷,1982)。据考证,在新中国成立前,基诺社会尚处于原始社会末期农村公社发展阶段,虽然不再以血缘氏族聚居为特征,但血缘婚遗迹依然存在。例如,到20世纪50年代,巴朵寨——基诺族的第二个最古老寨子,仍然沿袭血缘氏族的内婚制。目前,基诺族实行一夫一妻制,但仍然保留着对偶婚和群婚的残余,甚至在一些村寨还存在着血缘婚习俗。例如,亚诺寨认"干爹"(在形式上改变氏族以回避氏族内婚的规定,进而同氏族男女便可以"合法"结婚)、夫妇单独埋葬(意即生时与氏族外者结婚,死后与氏族内恋人再结为夫妻)等习俗。基诺族独有的感人肺腑的口碑文学"巴什"情歌至今仍备受青睐。"巴"即"情爱","什"即"同氏族","巴什"是"同氏族的爱情"。"巴什"情歌是以血缘婚为背景,赞美血缘婚,同情同氏族青年男女相爱却不能结婚的悲剧性长诗。"巴什"情歌在基诺族受到特别珍视。即使在今天,在全寨送旧迎新的盛大仪式中,仍然由知名歌手或村寨长老带领大家合唱"巴什"情歌。基诺族婚礼中的泼水仪式(与新娘同居过的巴什,在新郎家的楼梯口上,对新娘泼污水,以便给女友留下难以磨灭的印记)、隆重的成年礼及由此而来的"巴少体则"(基诺语,意即"亲爱的通婚的班辈",该组织具有血缘群婚的性质)组织,都说明基诺族在久远的过去存在过血缘婚制度。

血缘婚是以同胞兄弟和姐妹之间结婚为基础的婚姻制度。兄妹成婚是人类早期血缘婚姻的一种指代。在这种婚姻制度中,婚姻集团按辈分来划分,同辈男女互为兄弟姐妹,也互为夫妻。在亲属关系方面,血缘婚的双方既无父方与母方之分,也无夫方与妻方之分。就男方而言,岳父即"舅",岳母即"姑";就女方而言,公爹即"舅",婆母即"姑"。彼此既是姻亲,也是非姻亲。因此,直系与旁系亲属关系模糊。存在过血缘婚的民族,其亲属词概念结构中便不可能出现"直系/旁系"维度,也不会存在"血亲/姻亲"维度。

基诺族亲属词不区分性别,与基诺族的马来亚式亲属制度有关。马来亚式亲属制度是非常古老的一种制度,与血缘婚对应。在这种制度中,血缘关系只有五种,无性别之分(杜玉婷,1982)。第一类亲属关系是"我"。在基诺族语中,"我"不仅包括"我"自己,也包括我的兄弟姊妹及其所有远近、堂表兄弟姊妹;第二类亲属关系是"我的父母",包括我的父母、父母的兄弟姐妹及堂表兄弟姊妹;第三类是"我的祖父母",包括我的祖父母和外祖父母,及其兄弟姊妹和堂表兄弟姊妹;第四类是"儿女类",包括我的儿女及其堂表兄弟姊妹;第五类是"孙子女类",包括我的孙子、孙女及堂表兄弟姊妹的孙子、孙女。这样,任何人的一切可能亲属都被纳入到这五类亲属中,每个人都用相同称谓称呼与之处于同一类的任何其他人。

基诺族的亲属称谓独具特色,最突出特点是"男女同性称谓"。对己辈(包括兄弟姐妹及一切远近堂表兄弟姊妹、兄弟之妻、妻之丈夫)统称"车绕",对孙辈(包括孙子、孙女、外孙、外孙女及其他一切同辈亲属中的孙子、孙女)统称"里绕",对子女辈(包括儿子、女儿、侄子、侄女、儿媳、女婿)统称"饶古",对祖父母辈,男性通称"阿普",女性通称"阿姒"。只有父母辈的亲属称谓区分性别:父、母亲的称谓分别是"阿布"、"阿嬷"。而与父母同辈的其他亲属不区分性别,只区分长幼,较父母年长者统称"阿俄",年幼者统称"阿科"。

基诺族亲属词语义空间的第二个维度是"照顾者/被照顾者"。这与基诺族质朴的传统文化有关。基诺族世袭生活在森林深处,几乎与世隔绝。他们彼此之间团结友爱,民风淳朴善良,崇尚尊老爱幼、父慈子孝。这些传统习俗,即使在基诺族飞跃发展中,仍然被保留下来。亲属的亲密程度成为基诺族亲属词概念结构的分类维度,是受汉文化影响。因为在血缘婚姻家庭中,亲属的亲密程度没有明显区分。基诺族是"直接过渡"的跨越式发展(王连芳,1986),汉文化对基诺族影响非常大。在基诺族语中,词汇多是具体概念,句法结构简单,无法表达复杂的思想。基诺族无本民族文字,在基诺族成立第一所学校时,就全部使用汉文编写的教材,教学模式也与汉族相同。因此,基诺族后代自接受学校教育始,便完全置身于汉文化的熏陶中,伴随着受教育程度的提高,思维模式慢慢体现出汉文化的特点。韩忠太等人(1995)发现,与中、老年的基诺人不同,基诺族青少年的心理特点与汉族青少年更相似。在汉文化的潜移默化影响下,基诺族中学生熟悉了汉语亲属称谓。基诺族亲属词概念结构中出现亲属亲密程度维度就不足为奇。基诺族亲属词语义空间中凸显亲密程度的维度,也映射出社会形态急剧变化的影响。基诺族的社会形态不仅是"直接过渡",还是"飞速过渡",是在很短时间内完成的过渡与转变。"直接过渡"是一种在"他文化"主导下完成的潜移默化的整体性的文化突变。这种突变是对已有生存方式的挑战,并可能导致已有文化体系的解体。在基诺族亲属词概念组织中出现亲密程度的维度,也在一定程度上映射出了社会剧烈转型对基诺族文化和思维方式的影响。

9.2.10 影响亲属词概念结构的因素

人头脑中的亲属词概念结构受许多因素影响。

亲属的亲密程度

亲属的亲密程度首先反映的是亲属之间的血缘关系,主要取决于亲缘关系系数(kinship relation coefficient),即有共同祖先的两个个体中基因相似的比例(Hamilton,1964)。个体之间基因相似的比例越高,亲密程度就越高。亲属的亲密程度还反映亲属之间的交往频率的差异(荆其诚,1990)。如姻亲与个体并无血缘关系,但交往频率高,彼此间也会亲密无间。可见,亲属的亲密程度是血缘关系和感情联系的综合体。亲属的亲密程度这一维度出现在汉族、摩梭人、傣族、羌族、基诺族的亲属词概念结构中,是影响这些民族亲属关系认知的重要因素。维吾尔族亲属词语义空间中的"近亲/非近亲"维度,与"亲属的亲密程度"维度类似。

汉族是典型的父系社会,非常重视血缘关系。正如马克思(1889/1965)所说:"导向一夫一妻制的动力是财富的增加和想把财富转交给子女,即合法的继承人,由婚配的对偶而生的真正的后裔。"在父系社会中,男性成为家庭的核心,与自己有血缘关系的子女成为财产的继承人,亲属的亲密程度成为决定财产继承人最重要的指标。汉族传统文化一直主张"亲疏有别"：血缘越近,爱就越浓厚;亲属的亲密程度越高,在语义空间图中距离就越近(张积家,陈俊,2004)。摩梭人和纳西族同源异流,但在亲属词概念结构上,却出现了与汉族相同的"亲属的亲密程度"维度。在摩梭人的心中,母系血亲总是第一位的亲属。摩梭人从小与具有共同母系血缘的成员(如母亲、舅舅)一起生活,亲密程度最高;而生父及其他父系亲属,虽然也有共同的血缘关系,除了少数感情深厚者外,大多关系冷漠,亲密程度不高。随着现代摩梭社会一夫一妻制父系家庭的出现,与个体没有血缘关系的姻亲也逐渐开始与个体频繁地交往,感情联系日益亲密。因此,在摩梭人对亲属词的分类中,舅舅与直系亲属聚为一类,是最亲密的亲属,体现了摩梭人母系家庭结构的特点。同时,"亲属的亲密程度"维度也体现了摩梭社会存在私有制,具有父系社会的特征,这一结果为确定摩梭母系制的性质提供了有力证据(肖二平等,2010)。傣族亲属词概念结构的两个维度(婚前亲属亲密程度和婚后亲属亲密程度)反映了傣族婚姻家庭和亲属关系的特点。婚前核心家庭成员与个体生活的时间长,彼此之间关系亲密。同一亲属在婚前婚后对个体的亲密程度会发生变化,如在婚前核心家庭中,爸爸、妈妈、爷爷、奶奶、外公、外婆、哥哥、姐姐、弟弟、妹妹是最为亲近的亲属;在婚后的核心家庭中,丈夫、妻子、儿子、女儿、岳母、岳父、媳妇、女婿是最亲近的亲属。这一特点体现了傣族对亲属共同生活的重视(张积家等,2010)。在维吾尔族亲属词语义空间中出现了"近亲/非近亲"维度,与维吾尔族重视核心家庭有关。羌族有着与汉族类似的父系亲属制,非常重视同一家门之间的亲属关系,因而也出现了亲密程度的维度。至于基诺族出现亲属的亲密程度维度,则体现了血缘婚的遗迹与汉文化的双重影响。

亲属关系的性质

根据亲属关系的性质或发生原因,可以将亲属分为配偶、血亲和姻亲三大类。配偶是男女双方因结婚而形成的亲属关系,血亲是相互之间具有血缘关系的亲属,姻亲是以婚姻为中介而形成的亲属关系。这是当代婚姻家庭法的基本分类,在立法和法律适用上具有重要意义(马忆南,2002)。姻亲是亲属概念中的重要子类,亲属关系的性质(姻亲/非姻亲)维度在汉族、彝族和白族的亲属词概念结构中尤为重要。

中国传统文化重视姻亲在亲属关系中的重要地位。《周易》中说:"有天地然后有万物,有万物然后有男女,有男女然后有夫妇,有夫妇然后有父子,有父子然后有君臣,有君臣然后有上下,有上下然后理义有所错。"对个体而言,姻亲既具有选择性,又具有继承性,选择与继承交替进行。上一辈人选择的姻亲关系为下一代人继承,人类正是通过这种选择与继承的相互转化而繁衍不息。然而,在汉族传统文化中还讲求"内外有别"。姻亲虽然重要,但毕竟与个体无血缘关系,属于"外戚"。这是因为姻亲与血亲不同,不具有稳定性,如果婚姻关系破裂,姻亲关系也就随之消失。在汉语亲属词概念结构中,"姻亲/非姻亲"维度体现了亲属关系的性质的影响。彝族也重视"亲属关系的性质",在彝族人头脑中,层级分明地存在着"血亲"、"表亲和叔伯亲"、"姻亲"等概念。彝族先民创设了独特的父系世系群——"家支",成为彝族先民血缘群体利益关系的重要协调者。彝族社会有两大突出特点,一是等级结构,二是家支组织,它们像经纬线,结成了一张相对稳定的政治结构网(廖林燕,2011)。因此,森严的等级制度促使亲属关系具有清晰界限。白族以一夫一妻制的中小型家庭为主体,人伦关系比较单一。受妇女文化水平提高、生育政策和现代化发展的影响,白族的家庭规模变得更小,这种"小家庭"结构较汉族更为平等和民主,妇女的地位相对较高(彭兆荣,1997)。在白族人看来,对女性的重视使他们对血亲、叔伯亲与表亲的态度没有显著区别,而姻亲则不然。唯有婚姻关系确立,才使得个体的生存环境和交际圈发生重要变化。

辈分

辈分是语言学家采用语义成分分析法首先从亲属词中分离出来的语义成分。辈分在亲属词语义组织中具有重要作用。然而,汉族人的亲属词概念组织并不与分类学和语义学的组织严格一致。汉族传统观念非常重视"论资排辈"。例如,儒家思想中处理亲属关系的核心伦理就是"亲亲尊尊"。《礼记·大传》中说:"亲亲也,尊尊也,长长也,男女有别,此其不可得与民变革者也。"辈分在汉族亲属关系处理中虽然重要,却不敌"亲属的亲密程度"和"姻亲/非姻亲"。因为在汉族亲属关系中,毕竟"亲亲"(包括血亲和姻亲)是第一位的,"尊尊"和"长长"(辈分的体现)是第二位的。当"亲亲"与"尊尊"冲突时,要服从"亲亲"。在汉族传统文化中,辈分主要用来协调同性别的人之间的关系,尤其是协调男性地位尊卑和服从关系的主要依据。在封建汉族家庭中,有嫡庶之分,有长幼之别,有直系亲属和旁系亲属的区别。因此,汉族被试只有在与异辈一同性别的亲属打交道时,辈分的作用才突显出来;在与异性别的亲属交往时,由于在父系社会中男尊女卑,辈分不起决定作用(张积家,陈俊,2004)。

与汉族不同,纳西族和摩梭人的亲属词概念结构中,辈分的作用尤为突出,这与民族语言和民族文化有关。首先,在纳西语和摩梭语的亲属词中均有辈分标记。和发源(1995)总结了东巴古籍中出现的亲属词,并按照亲属的辈分归纳出21个纳西族基本亲属称谓,发现同一亲属称谓适用于同一类别成员。纳西族亲属词概念结构中"同辈/异辈"的维度正是对这种亲属词标记和分类的反映。摩梭语亲属词中也存在辈分标记。在和发源(1995)整理的27个摩梭基本亲属称谓中,对于同一辈分的人使用同一称谓,如母亲、母亲的姐妹、母亲的兄弟的女阿注,一律称为"阿咪";母亲的兄弟、母亲及其姐妹的男阿注,一律称为"阿乌"。同辈的亲属,又区分长幼,如长于母亲者称"阿咪直"(大妈妈),幼于母亲者称"阿咪吉"(小妈妈)(詹承绪等,2006)。语言标记的特点促使纳西人和摩梭人在亲属词分类时更容易反映辈分的作用。其次,在纳西和摩梭的传统文化中,长期受藏传佛教及本土宗教影响,形成了一种以人为本的独特的民族精神。纳西人以尊老爱幼、父慈子孝、婆媳和睦为美德,平时无论待客、吃饭或闲坐,长者坐尊位,有好吃的也是先孝敬老人。在纳西族的乡规民约中,有"不敬长者要受处罚"的条款。同样,在摩梭传统文化中,追求和谐是精髓,尊敬长者是摩梭人最基本的价值观,体现在日常生活的方方面面。例如,火塘座位必须辈分分明,尊位一定留给长者,不能乱坐;吃饭要先递给年长者;家里有重大活动一定要先征求年长者的意见等(周华山,2001)。

辈分也是羌族人亲属词概念组织的重要维度。所以如此,既与羌族亲属词的结构特点(存在辈分标记)有关,也与羌族人的敬老传统有关。

性别

与辈分一样,性别在亲属词语义组织中也是一个重要因素。受中国传统封建思想影响,汉族女性的地位相对低下。在封建社会中,讲究"男女有别",男性名字多有辈分标记,女性多无名字,即使有名字,名字中也无辈分标记;还要求妇女"三从":"幼从父兄,嫁从夫,夫死从子"(《礼记·婚义》)。新中国成立后,汉族女性的地位有所提高,但名字中仍不一定有辈分标记。当与异性相处时,辈分的作用就不像在与同性相处时那么明显。因此,在自由分类中,性别并不是影响汉族亲属词概念结构的重要维度,但在配对语义决定中,辈分和性别影响被试对异辈同性别的亲属关系认知,对其他类型的亲属关系认知无显著影响(张积家,陈俊,2004)。

在众多少数民族中,存在不同的性别角色分工。彝族、白族和维吾尔族的民族文化更重视性别因素,在亲属词概念结构中出现"性别"维度。彝族广泛分布在中国西南地区,大、小凉山是彝族的主要聚居地。由于封闭的地理环境和历史原因,直至新中国成立前夕,彝族社会仍然保留奴隶制度,存在着"男尊女卑"的性别态度,影响着彝族的婚姻嫁娶和亲属关系。在彝族社会中,无论在宗教、社会决策领域,还是在私人领域中,都存在着"男性占主导地位,女性处从属地位"的原则。彝族传统的毕摩教"强化女性与生育有关的家庭角色,弱化其在公共领域中的社会角色"(徐睿,2007)。这一类现象虽然在改革开放后有所缓解,但彝族人在亲属词分类中仍将男性亲属和女性亲属截然分开,区别对待,表明在彝族人心中,"男尊女卑"的性别态度仍相当牢固。

白族主要分布于云南大理白族自治州,女神信仰历史久远。大理的农耕方式属于坝区生产,便于妇女从事农业劳动。历史和现实的因素融汇在一起,使白族的母性文化得到长期保持。何志魁(2009)认为,白族母性文化是摩梭母系文化的延伸和变迁,云南各民族的性别文化是以滇西北的摩梭人为代表的母系制,到大理地区以白族为代表的"重男不轻女"的文化格局,再到滇中和东部地区渐渐形成以汉族为主体的"重男轻女"的倾向。白族的母性文化特征在民间文学、神话传说、风俗习惯、宗教传统等方面都有体现。现代白族的家庭结构以一夫一妻制的核心家庭和主干家庭为主,具有家庭规模小、人数少、人际关系简单等特点,母亲在家庭生活中起重要作用。白族婚姻还保留了大量从妻居的习俗。女家凡是缺乏子嗣的(少数有子也招赘),可以为女儿招夫婿,以继承宗业。男子入赘到女家后,一般要随女方姓,子女也跟女方姓(张锡禄,1984)。正是出于对女性的尊重,"性别"才成为白族亲属词概念结构的重要组织维度。

至于在维吾尔族亲属词概念结构中出现"性别"维度,原因与彝族类似,与男性中心,重视夫权、父权的家庭形式和"男尊女卑"的性别歧视有关。古代回纥人的婚姻制度主要是一夫一妻制,但也存在着一夫多妻、收继婚制或转房制,即父死子继后母或兄死弟继嫂的制度。维吾尔族信奉伊斯兰教后,《古兰经》的婚姻观念起着至关重要的作用。《古兰经》说:"你们可以择娶你们爱悦的女人,各娶两妻、三妻、四妻。"因此,在一般情况下,贵族、地主、富裕人家的婚姻形式属于一夫多妻制,贫民实行一夫一妻制。在新中国成立前,在维吾尔族婚姻中,存在明显的早婚、包办婚姻、夫妻双方年龄差距过大等特点。这些婚姻制度充分体现了以男性为中心,重视夫权、父权的家庭形式。所以,亲属概念结构就具有"重视性别"的特点。

婚姻制度与经济生活方式

不同民族往往有不同的婚姻制度与经济生活方式,它们也影响亲属词的概念结构。例如,摩梭人有非常独特的婚姻制度,它既不同于主流父系社会男娶女为妻的婚姻制度,也不同于母系社会女娶男为夫的婚姻制度,而是一种特殊的走访制度,俗称"走婚"。这种走访制度甚至使"婚姻"的概念在摩梭人的社会生活中成为多余。走访制的最大特点在于走访和家庭分离:建立走访关系的男女各自在母系家庭中劳动和消费,属于两个不同的经济单位,男方晚上到女方家住宿,次日清晨返回自己家中,与母系家庭的成员一起生产与生活。在传统摩梭家庭中,男不娶,女不嫁,终生生活在母亲家屋中。摩梭人一般不分家,几代人共同居住,形成以母系血缘为纽带的大家庭,成员包括外婆及其兄弟姐妹、母亲及其兄弟姐妹、自己(女性)及兄弟姐妹、子女及姐妹们的子女。传统摩梭家屋只有祖母(外婆)、母亲、舅舅等母系的成员,无父系成员。女人的身份不是妻子或媳妇,而是母亲或姐妹;男人的身份不是丈夫或父,而是舅舅或兄弟;无父亲、妻子、丈夫、女婿、媳妇等角色,也无父子、父女、夫妻、婆媳、翁婿等父系亲属关系,有利于家庭内部的和睦共处。摩梭人把家庭成员之间和睦相处作为最重要的价值观,因而有很高的亲密度,舅舅也同直系亲属分在同一类。

傣族亲属词语义空间的两个维度都属于亲密程度,区别只在于婚前和婚后。它意味着:婚姻关系在傣族亲属关系中有举足轻重的地位。这主要是由于傣族同胞在婚后的从妻居习俗。由于实行从妻居,傣族男青年在婚前和婚后就隶属于不同的家庭,成为新家庭成员,加入到一个新的经济和情感共同体中。婚姻成为人生的界标,将傣族男青年的婚前生活与婚后生活严格区分开来。亲属关系在结婚后需要重新组织(张积家等,2010)。维吾尔族的亲属词分类也受婚姻制度影响,由于在历史上存在着一夫多妻、收继婚制或转房制,导致女性的社会地位低。基诺族的亲属词分类也受婚姻制度影响。基诺族在历史上实行过血缘婚,直到 20 世纪 50 年代还存在局部的血缘氏族的内婚制。基诺族具有马来亚式的亲属制度。在这种制度中,血缘关系只有五种,且无性别之分。因此,在基诺族亲属词概念结构中,亲属之间只有亲密程度之分,没有亲属关系的性质、性别、辈分的区别(崔占玲等,2012)。

维吾尔族的祖先回纥人以游牧为主要生活方式,逐水草而居,居住地随季节变化不断迁徙,很少三代、四代人同堂。因此,即使有叔、伯所生的兄弟姐妹,但并不同堂吃住,就不可能产生堂兄弟、堂姐妹之类的称谓。因此,维吾尔族人重视核心家庭,不区分父系和母系,反映了维吾尔族的文化。在维吾尔语的亲属词概念结构中,没有出现辈分、亲属关系的性质(姻亲/非姻亲)维度,在亲属词分类中也就未出现姻亲、表亲和叔伯亲、养亲的类别。与汉族人不同,在维吾尔族人的"近亲"中不包括直系孙辈。这也与维吾尔族的家庭制度有关。由于儿子长大后就与父母分家,孙辈亲属不与祖父母一起生活,也就不属于核心家庭成员。"舅舅"在维吾尔语亲属词中有专称("taga"),且被视为近亲属,反映维吾尔族人在历史上有过母系社会。由于存在收继婚制(父死子继后母),所以维吾尔人的辈分意识就非常淡漠了。

文化观念及其变迁

不同民族亲属词的概念结构亦受文化观念及其变迁影响。在纳西族和基诺族的亲属词概念结构中,均有"照顾者/被照顾者"维度,就是受文化观念影响的结果。在漫长的历史变迁中,纳西族人把儒、道、佛、藏传教的精华融于本民族的东巴教,形成了一种以人为本的独特民族精神,即"天然的人道主义"。纳西人重视家庭的和睦、稳定,对待儿童和老人,无论亲疏远近,均能很好地对待和照顾,决不因为亲属关系远近而厚此薄彼。基诺族人世代生活在森林深处,几乎与世隔绝。他们彼此之间团结友爱,民风淳朴善良,崇尚尊老爱幼、父慈子孝。这些传统习俗,仍然被保留并延续至今。少数民族亲属词概念结构亦可能受急速的文化变迁影响。例如,父亲并不生活在摩梭家庭中,摩梭人在传统上虽然不是不知父,但不亲父却是事实。由于泸沽湖地区的旅游开发和汉文化冲击,一夫一妻制家庭增多,摩梭人便将父亲、爷爷、奶奶划在"近亲、直系亲属祖辈和舅舅"一类中。基诺族亲属词概念结构中出现"亲属的亲密程度"维度也是受急速的、直接的文化变迁影响的结果。

宗教

不同民族有不同宗教。宗教亦影响亲属词的概念组织。纳西族的原始宗教是东巴教,这是一种世俗化了的宗教,信奉万物有灵,存在自然崇拜、祖先崇拜、多神崇拜,强调人与自然的和谐相处,是东巴教的主要特征。东巴教教义的核心为"和合",即"和谐",主张人与自然和合、人与人和合、人与社会和合、身心和合、家庭和合、民族和合、社会和合。东巴教主张不同民族之间是兄弟,人与动物之间也是兄弟,充满原始共产主义的精神。正是在这种精神影响下,在纳西族亲属词概念结构中才出现"照顾者/被照顾者"的维度。

维吾尔族在亲属词分类中"重视性别,不重视辈分"的特点,也与维吾尔族的宗教信仰有密切联系。维吾尔族在历史上信仰过萨满教、祆教、道教、摩尼教、景教、佛教等,公元 10 世纪后,改信伊斯兰教。伊斯兰教文化对维吾尔族影响大。在伊斯兰文化中,崇尚人无论长幼,一律平等,都是兄弟姐妹,没有严格的长幼尊卑观念,因而就无区别"长幼有序"的称谓。因此,维吾尔语亲属词"不重视辈分"的特点,反映了维吾尔族的伊斯兰教文化:凡信仰伊斯兰教的人皆为真主的孩子,彼此都应该以兄弟姐妹相称。

情境

大量研究表明,情境影响人对事物的分类。解释理论认为,概念结构包括两个部分:(1)由概念的情境独立的特征组成、反映类别本质的核心部分,这些特征或属于事物的诊断性特征(如鸟类的"有羽毛"),或与人类有典型的互动(如咖啡是"可以喝的"),能够在任意情境下激活概念;(2)由概念的情境依赖的特征组成、在特定情境下影响类别成员身份的非本质部分,这些特征仅在特定情境下进入工作记忆获得激活(Barsalou, 1982; Medin & Shoben, 1988)。张积家、陈俊和莫雷(2006)提出的社会概念分类的权变模型认为,分类受三方面因素影响:事物特征、知识经验和分类情境。分类情境包括分类的宏观情境和微观情境。微观情境是指分类时的具体情境,如物理情境和语境。宏观情境主要指一个国家或民族的主体思想,它概括了一定时期人们对事物的看法。张积家、王娟、肖二平与和秀梅(2013)研究表明,人生礼仪情境(满月酒、婚礼和葬礼)对汉族人和摩梭人的亲属分类产生了重要影响。在三种不同的人生礼仪情境下,汉族人和摩梭人对亲属词分类不同,亲属词语义空间的维度不同。

年龄

个体的心理发展是社会化的过程。随着年龄增长,个体对亲属关系认知也在深化,亲属词概念结构也在不断变化,最终形成本民族成人对亲属关系的认知。张积家和李斐(2007)对汉族儿童亲属词概念结构发展的研究证实了这一点。

9.3 语言对亲属关系认知的影响

语言是社会的镜子。语言不仅反映一个民族现实社会的特点,也反映该民族社会历史的特点,体现语言和文化的关系。语言是文化的重要组成部分。语言既是思维的载体,也是文化的载体。语言理解实际上是一种文化移植过程。列维-斯特劳斯认为,亲属关系不仅需要靠生物学关系来维持,而且需要靠语言的反复使用加以巩固。亲属称谓规定了人们在社会中的行为和态度规范,同时包含个人在社会中拥有的权利和责任。对同一亲属,讲不同语言的人会有不同态度,这些蕴含在语词意义中的亲属之间不同态度的因素,在保障亲属关系维持和运作上起着更为重要的作用,使亲属群体具有凝聚力、稳固性和均衡性。

9.3.1 亲属词影响亲属关系认知的机制

亲属词影响亲属关系认知的机制主要有三:

(1) 通过语言标记影响认知。在语言中,某些成分比其他的成分更基本、更常见,被称为有标记的(理查兹,2000)。语言标记的存在使某些认知途径、过程和策略更容易被选择。不同民族的语言对亲属关系作不同区分,有不同标记。例如,纳西语和摩梭语的亲属词标记亲属辈分,同一亲属称谓适用于同一辈分亲属,体现在纳西族和摩梭人的亲属词概念结构上,辈分大小就成为主要维度。

(2) 通过知觉类别效应影响认知。知觉类别效应(perception categorical effects)是通过某种机制将连续的物理维度(如密度、频率)划分为不连续的区域。概念影响知觉。如果一对刺激来自同一类别,就难以区分;如果来自不同类别,则易于辨别。不同的事物如被贴上相同的标签,人们更容易等同地对待它们。Goldstone(1994)认为,分类学习会导致人们对分类的维度敏感化,类别一旦被划分,类别内会产生紧缩效应,缩小或忽略类别内成员的差异;类别间会产生扩展效应,扩大类别间成员的差异。不同语言对亲属区分不同,会使人们对本民族语言中的分类维度更敏感,对本民族语言中没有的分类维度不敏感。例如,摩梭语亲属词以母系亲属称谓为主,父系血亲及姻亲的称谓数量很少,大多用母系亲属称谓的叙述式的方式表达(詹承绪等,2006)。因此,摩梭人对"姻亲/非姻亲"维度就不敏感。

(3) 通过理论和语境影响认知。解释理论认为,人们根据自己关于客观世界的看法或者理论来组织概念,创造某个概念并非是提出一堆独立的特征,而是提出关于某个事物结果的理论,是理论使得特征变得相关(张积家,2004)。人们以理论或对本质属性的信念来称呼或归类物体,特征关系只是理论的副产品,理论构成概念的本质(Medin et al. , 1997)。文化语境可以提供概念里特征之间的连接和类别里概念之间的连接,使概念和类别联系起来是人们关于目标的知识。个体以事物特征和知识经验相结合的方式建构分类系统。不同民族之间亲属词概念结构的差异,归根结底是由于文化差异、语言差异、思维差异等多方面因素综合作用的结果,语言起着中介作用。

9.3.2 民族语言影响民族亲属关系认知

对语言和认知的关系,存在语言普遍论(linguistic universalism)和语言相对论(linguistic relativism)的争论。语言普遍论认为,思维是普遍的,人们可以跨越语言和文化的障碍进行交流,语言差异不影响思维的一致性;语言相对论认为,文化通过语言影响思维,影响人们对经验的分类,语言差异导致思维差异。Wholf 在 Sapir 关于语言关联性思想基础上提出"语言相对论原则",认为语言决定非语言的认知过程,学习一种语言会改变一个人的思想方式;不同语言有不同的决定认知的方式。语言结构具有无限多样性,一种语言系统中编定的类别和区分定义为该语言所独有,与其他语言系统中编定的类别和区分定义不同(Carrol, 1956)。这就是语言关联性假设。语言关联性假设一经提出,就遭到了研究者的质疑,直到 20 世纪 80 年代以后,来自认知心理学和认知神经科学的研究,给语言关联性假设提供了大量的证据,语言与认知的关系再次成为研究的热点。

语言的最典型的特征是可整合性:一旦人们掌握了词义和把词组合成句子的规则,就可以进行各种各样的整合以创造出新的意义表征。因此,语言使人形成整体表征,从而超越了核心知识系统的缺陷。人类和动物都有"几何模块",也都有表征事物其他特性的模块,但它们之间是独立的,只有借助于语言,才能把这些来自不同系统的信息整合起来(Hermer, Spelke & Katsnelson, 1999)。正是由于语言为人们提供了整合知识的工具,在认知过程中起到中介作用,所以语言必然对人的心理过程产生重要影响。

综观不同民族亲属词分类的结果,可以看出民族语言对亲属关系认知的影响主要表现在以下方面:

(1)民族语言影响亲属关系认知方式。不同民族在语言表征上的差异会限制人们以不同方式组织信息。如在亲属词表征上,"妈妈的姐妹"在汉语中谓之"姨",在摩梭语中却与妈妈共享一个称呼"阿咪",在英语中则与爸爸的姐妹等一律称为"aunt"。同一个亲属在不同语言中有不同称呼,这些称呼使用有特定社会背景,因此使用不同语言的人进行认知加工时的具体模式必然存在差异。

(2)民族语言影响亲属关系认知途径和过程。某些语言中语词的多样性和任意性表明,在不同语言中存在着不同程度的语义缺乏现象。例如,在摩梭语亲属称谓中,凡与父亲同辈分的男性亲属(姨父、姑父、岳父、舅父等)的称谓是统一的,一律称"阿乌",与汉语多样化、精细化的表达方式比,摩梭语高度概括的语言特点使得摩梭人在进行语义提取时与汉族不同的认知途径,从而体现出认知过程的差异。

(3)民族语言影响亲属关系认知策略。不同语言有不同的词汇形式和语法结构,这会导致语言使用者在加工语言时使用不同策略。在摩梭语中,凡属带"咪"的亲属词一般都是女性亲属,如"阿咪"(妈妈)、"各咪"(妹妹)、"则咪"(甥女)、"如咪"(孙女)等,这种语言特点容易在记忆表征中凸显出来,使摩梭人在加工亲属词过程中特别注意这一特点,容易采取相应的认知策略。

(4)民族语言亲属关系影响认知过程的难易。讲不同语言的人在进行某些认知过程时会有难易区别。如不同民族语言对亲属词区分性不同,这种差异势必影响人对亲属关系认知的难易程度。

(5)民族语言影响亲属关系的认知结果。不同语言中的范畴和原型会影响人们对事物的加工、编码和储存,会使讲不同语言的人使用不同语言时得到不同的认知结果。在摩梭语亲属称谓中,"阿乌"(舅舅)的称谓内涵具有独特意义,舅舅在摩梭母系家庭中的重要地位也使之在亲属范畴中具有不可替代的作用。因此,摩梭人对舅甥关系的认知必定会产生不同于其他民族对舅甥关系的认知结果。

语言是一个民族生存和发展最重要的社会现实。不同民族在地理环境、社会环境和文化传统上的差异,集中体现在语言上。不同民族的祖先根据自己对所处环境的认知创造了不同的语言。语言一旦产生,就对使用这种语言的人的认知产生了巨大影响,使他们在认知过程和心理特点上具有自身的特点,以区别于使用其他语言的人。因此,语言构成了民族共同心理形成的基础。不同民族的语言和文化影响了人们对亲属词的认知表征,从而形成不同的亲属关系概念结构。语言和文化虽然不是思维的决定因素,却影响人们的思维方式和认知方式。所以,讲不同语言的人在亲属关系认知上也必然存在差异,从而支持 Sapir-Wholf 假设。揭示民族语言对民族亲属关系认知的影响,不仅有助于促进不同民族、不同文化的人之间的相互理解,而且有助于构建具有中国特色的民族,为民族心理学的理论构建提供了重要资料。

9.4 差序格局、空间隐喻与亲属关系认知

9.4.1 差序格局

费孝通在 1947 年出版的《乡土中国》一书中,首次提出"差序格局"概念。差序格局是对中国传统社会中的社会结构和人际关系的理论概括,十分契合中国社会人际

关系的本质。中国传统社会是以血缘关系和地缘关系为基础形成的人际关系网络，在这种人际关系模式下形成的差序格局有如下特点：

（1）差序格局以"己"为中心，体现自我主义。"差序格局"的社会结构"好像把一块石头丢在水面上所发生一圈圈推出去的波纹，每个人都是他社会影响所推出去的圈子的中心"。"在差序格局中，社会关系是逐渐从一个一个人推出去的，是私人联系的增加，社会范围是一根根私人联系所构成的网络。"网络富有伸缩性，关系范围有限度。圈子所及范围是自己人，圈子以外是外人，个体对待圈内人和圈外人的态度不同。圈子中心是一个"己"，这个"己"是自我主义的。在中国传统社会中，"己"是一种关系体，"己"的成长过程也是人伦教化过程。"己"从属于家庭，不仅包括自己，还包括家中某些人。"家"是人的社会化的重要媒介，也是最能够伸缩自如的概念，"家里的"可以指自己的妻儿老小，"家门"可以延伸到叔伯侄子等一大批人，"自家人"更可以把任何亲热的人物包罗到"家"这个体系内。"家"的概念像一个圆圈，圈住了自己以及与自己有亲密关系的人。"以己为中心"的差序格局，实际上是以家族血缘关系为中心；在此基础上形成的人际关系，具有排他性。在人际交往中，关系越靠近家族血缘关系——"己"的中心，就越容易被人们接纳，就越容易形成合作、亲密的人际关系；越是远离"己"的中心，就越容易被人们排斥，就会形成疏淡的人际关系。

（2）差序格局体现了儒家的伦理模式。费孝通说："我们儒家最考究的是人伦，伦是什么呢？我的解释就是从自己推出去的，和自己发生社会关系的那一些人里，所发生的一轮轮波纹的差序"。儒家讲的"伦"正是个人间的"等差格局"。儒家伦理的差序格局通过"亲亲"、"爱有差等"来体现。在儒家看来，"亲亲"是人道之始，维持人类的生存繁衍及由此产生的血缘伦常，为人类文明之起点；人与人之间无论是血缘家庭关系，还是社会政治关系，都有亲疏贵贱的伦次等差，否则就会陷于混乱。"爱有差等"承认人与人之间不平等关系的存在，由于血缘关系不同，人们无法要求每个人都做到爱人之父如己之父，爱人之子如己之子。要达到人际之间的良好关系及其社会的和谐，只能从己出发，"为仁由己"，"己所不欲，勿施于人"（《论语·颜渊》）。他说："孔子最注重的就是水纹波浪向外扩张的推字。他先承认一个己，推己及人的己，对于这个己，得加以克服于礼，克己就是修身。顺着这个同心圆的伦常，就可以向外推了"，"从己到家，从家到国，由国到天下，是一条通路"。儒家伦理的"差序格局"还通过君臣、父子、夫妇、兄弟、朋友等"五伦"表现出来。儒家讲的五伦，概括了历史上人们之间最基本、最重要的五种关系。在五伦中，家庭成员之间的自然关系居主要位置，君臣和朋友关系在实质上也就是父子和兄弟关系的延伸。在儒家看来，只要能够先理解三种家庭成员关系，就可以将其引申到所有人际关系中去，其中父子代表一切纵向关系，兄弟表示所有横向关系，夫妻意味着两性间的、男女之间的关系。若能够处理好这些关系,就可以学得社会上的君臣和朋友关系,然后又能从整体上明白自己在社会网络中的位置并且遵从它的秩序,这样,天下就得到治理。

(3) 差序格局体现了社会稀缺资源的配置模式。在自给自足的自然经济条件下,家庭是社会唯一的基本组织,是一个集生产、生活、消费、教育、事业、情感和社会保障为一体的多功能的社会组织。家庭或家族垄断了个体几乎所有的、重要的社会稀缺资源。社会稀缺资源或社会资源不仅包括体现为土地、货币和财产等的物质资源,还包括地位、名望、机会、荣誉、权力和心理满足等各种精神资源。在中国古代社会,以父权为核心的家长权力是极大的,家长握有管教家属,统理财产,组织生产和生活,决定子女婚姻状况等权力。享有家长身份者必须是家庭中的最尊长者,家庭的权力授予和家庭财产分配均严格遵循于血缘的等差秩序。在中国古代,每个家庭成员的身份地位主要取决于辈份,按"祖—父—己—子—孙"等辈行将亲属加以排列,在同辈中按亲疏远近各有顺序名位。婚姻关系也按照差序格局模式配置。在中国传统社会,血缘关系和地缘关系所以能够占重要地位,根本原因就在于社会中那些最重要的资源正是按着这两个基础,特别是血缘基础来分配的。权力、身份、地位和财产是按照血缘关系来继承,生产和消费以家庭来进行,合作形式是以血缘为基础的家族和以地缘为基础的邻里,交换是以地缘为基础实现的。正是在这种基础上形成了血缘关系和地缘关系的权威性,形成了个人对血缘关系和地缘关系的依赖和效忠(孙立平,1996)。

9.4.2 空间隐喻

隐喻(metaphor)是第二代认知科学的重要概念。传统语言学将隐喻视为一种修辞现象,实质上,隐喻是一种认知方式,是人类感知和形成概念的工具(林荔凡,2009)。隐喻是人们把类比相似性联想从一个认知域映射到另一个认知域的过程。Lakoff 和 Johnson(1980)认为,隐喻是深层的认知机制,它从具体、有形、简单的始源域概念向抽象、无形、复杂的目标域概念映射,有助于用熟悉概念来理解抽象概念。隐喻包含始源域(source domain)和目标域(target domain)。始源域是人们熟悉的、直接体验的认知域,目标域是抽象的、较难感知理解的认知域。隐喻就是将始源域的图式结构映射到目标域上,用一件事去理解另一件事。例如,"儿童是祖国未来的花朵","花朵"是始源域,"儿童"是目标域,用"花朵"来类比"儿童"更能够体现儿童的希望与朝气。隐喻体现的是人类基本的认知思维。

具身认知理论强调身体、经验和环境在认知中的作用(叶浩生,2010;李其维,2008;殷融,2012)。隐喻是概念系统组织的基础(束定芳,2001),具有体验性。概念隐喻理论认为,人类的类别、概念、推理和心智基于身体经验而形成,基本形式依赖于对身体部位、空间关系、力量运动等的感知(王洪刚,2005;王寅,2008)。隐喻通过意象图式来表征抽象概念。

根据始源域不同,隐喻可以分为空间隐喻、实体隐喻和结构隐喻。空间关系是人类首先产生且最熟悉的概念。空间关系是主体从身体与外界事物的接触中能够直接感受到的关系,是概念系统的核心。从空间认知角度讲,人把空间关系投射到非空间概念上,如数量、时间、状态、等级、范畴、行动方向上时,就形成空间隐喻。从语言层面讲,空间隐喻是使用表示空间方位、维度的词语来表达其他概念的语言;从认知层面讲,空间隐喻是以空间概念为始源域,向其他认知域或目标域进行映射进而获得引申和抽象意义的认知过程(Lakoff & Johnson, 1980)。具体说,空间隐喻是参照上—下、左—右、前—后、内—外、深—浅、长—短、宽—窄、远—近、大—小、虚—实等空间概念构建起来的一系列隐喻性概念,把一些空间关系和性状投射到非空间关系和性状上,使人们能够借助空间概念来理解抽象概念。因此,空间隐喻是最基本、最重要的隐喻。Lakoff 和 Johnson(1980)指出:"我们的大部分基本概念都由空间隐喻构成。空间隐喻并不是任意的,它深深植根于我们空间的和文化的经验之中……"

空间隐喻是一种意象图式隐喻(image schema metaphor),它作用于概念形成和范畴化过程。Lakoff 对意象图式的定义是"相对简单的、在我们的日常身体体验中不断重复和出现的结构,如容器、途径、联系、外力、平衡,或如某种空间方位或关系,上—下、前—后、部分—整体、中心—边缘"。空间隐喻为人形成丰富的意象提供了轮廓性结构,并且意象图式有自己的内在逻辑。当一个意象图式结构通过隐喻被映射到一个非空间概念上时,它的内在逻辑在映射过程中被保留成为非空间目标概念的抽象逻辑。因此,人们可以运用空间概念来思考和理解非空间概念。意向图式的形成是空间隐喻化认知的基础,是隐喻投射的先决条件。空间隐喻通过两个阶段形成:在第一阶段,人们基于空间体验形成空间概念;在第二阶段,人们展示或构建作为始源域的空间域和作为目标域的非空间域的联系,即心理相似性。

在实证研究基础上,人们总结出 3 种空间隐喻原型:(1)方位隐喻,用上—下、前—后、左—右等空间概念表征具有积极效价或消极效价的概念;(2)距离隐喻,用空间距离概念来表征时间、亲密度、相似度等;(3)容器隐喻,用空间容器来表征是否属于某一类别(殷融,苏得权,叶浩生,2013)。空间隐喻在人对世界认知中具有重要作用(徐慧,2011,2012)。上—下、内—外、前—后、左—右等空间方位概念,映射时间、数量、社会文化、状态等抽象概念(王炤,2011;张继文,2010)。

研究发现,道德、褒贬、情感和社会地位等抽象概念与上—下、左—右、内—外等空间概念的对应关系具有心理现实性。道德概念激活了垂直空间信息:道德词呈现在上方反应快,不道德词呈现在下方反应快(Meier & Robinson, 2004; Meier,

Sellbom & Wygant, 2007；Casasanto, 2009；Hill & Lapsley, 2009；王锃,鲁忠义,2013）。褒贬词加工激活上下意象图式,褒贬义表征具有垂直方位属性（Meier, Hauser, Robinson, Friesen & Schjeldahl, 2007；吴念阳,刘慧敏,徐凝婷,2009；张积家,何本炫,陈栩茜,2011）。社会地位高、权势高的词呈现在上方加工得更快,社会地位低、权势低的词呈现在下方加工得更快（Schubert, 2005；Giessner & Schubert, 2007；许晓迪,2010）。Zanolie 等人（2012）发现,加工高权势词会加快对上方字母的识别,加工低权势词会加快对下方字母的识别。Dehaene, Bossini 和 Giraux（1993）发现,数字大小和左一右空间位置之间存在对应关系,对较小数字按左键反应更快,对较大数字按右键反应更快,这就是"空间—数字反应编码联合效应"（Calabria & Rossetti, 2005；Fischer, 2001；Fischer et al. , 2003；Schwarz & Keus, 2004）。Kranjec 和 McDonough（2011）发现,人们倾向于将具有先前属性的物体或事件投射于身体左边,将具有后来属性的物体或事件投射于身体右边。Boroditsky, Fuhrman 和 McCormick（2011）发现,物体形状改变激活了隐含的时间顺序,被试倾向于将较早时间投射在身体左边,将较晚时间投射在身体右边。这种现象在汉族人身上同样存在（张积家,宋宜琪,2012；宋宜琪,张积家,2014）。

Lakoff 和 Johnson（1980）将空间隐喻的特征归结为几点：（1）大多数基本概念都是通过一个或数个空间隐喻建构起来的；（2）每一个空间隐喻之间存在整体的、协调一致的系统性；（3）空间隐喻不是随意产生的,它植根于人们的物理和文化经验；（4）在很多情况下,空间化已成为一个概念的一部分,以至于离开空间隐喻人们很难想象通过其他隐喻来构建该概念；（5）物理和文化经验为空间隐喻产生提供了很多可能性,具体哪些待选的空间隐喻被挑选出来,哪些又成为重要的空间隐喻,各种文化是不同的。即,人类认知具有普遍性,也受语言和文化影响。语言以认知为基础,从感知自身运动和空间环境开始。空间隐喻反映人们关于世界的经验,存在着普遍性与差异性。德国语言学家洪堡特（W. von Humboldt, 1767—1835）指出：一个民族的精神就是他们的语言。身体体验是语言表达的认知理据。不同民族对同一事物的相似经验决定语言表达的相似性,对同一事物的不同体验导致语言表达的多样性。例如,作为人类重要的视觉经验和运动经验,阅读方向和书写方向影响空间意象图式形成。具有相反的书写方向和阅读方向的人群,亦具有相反的空间意象图式。Fuhrman 和 Boroditsky（2007）发现,从左向右阅读和书写的英语母语者倾向于用左边表示过去,用右边表示将来；从右向左阅读和书写的希伯来母语者倾向于用右边表示过去,用左边表示将来。Chan 和 Bergen（2005）发现,中国大陆被试（从左向右阅读和书写）同台湾被试（从右向左阅读和书写）的时间左右意象图式相反,前者多采取"左/过去,右/将来"的意象图式,后者多采取"左/将来,右/过去"的意象图式。

Boroditsky(2001),刘丽虹和张积家(2009)发现,英语母语者常对时间作水平方向隐喻,汉语母语者常对时间作竖直方向隐喻。这表明,虽然空间隐喻在讲不同语言的人身上都存在,但隐喻方式却存在文化差异。

9.4.3 亲属词的空间隐喻研究

亲属词蕴含着丰富的遗传、婚姻、社会和文化的信息。列维-斯特劳斯(1958/2006)认为,个体在使用亲属词时,也隐含着实行由亲属关系要求的不同态度,如尊敬或亲近、权利或义务、亲情或敌意等。这些蕴含在语词意义中的亲属间不同态度的因素,包含比语词称呼更为重要的心理、情感和社会因素。例如,亲属称谓系统中的辈分概念,就蕴含着深刻的心理、情感和社会态度。高辈分亲属词隐含着权威、强势、社会等级高、令人敬重等态度,低辈分亲属词隐含着微小、弱势、社会等级低、需要照顾等态度。中国数千年来的礼制依靠宗族群体和亲缘网络来维系。中国传统社会就是一个宗法社会。宗法制度利用天然的人伦关系中的亲疏远近、尊卑长幼来确定家庭或家庭内部成员的地位和财富的差别,最直接的体现就是父权家长制度。俗言道:百善孝为先。以"孝"字为例,将字体解构,老在上,子在下,意味着父亲在上儿子在下,父尊子卑,长幼有序,晚辈对长辈的孝顺。

因此,辈分概念就能同高与低的垂直空间关系建立起隐喻关系,具有上下意象图式。如果真的如此,个体对亲属词加工就应该存在上下空间隐喻一致性效应:高辈分亲属词呈现在屏幕上方反应更快,低辈分亲属词呈现在屏幕下方反应更快。不仅如此,亲属词还包含有年龄大小含义,如果按照"左/过去,右/将来","重要事物在左,不重要事物在右"的空间隐喻,个体对亲属词加工也可能存在左右空间隐喻一致性效应:年长亲属词呈现在屏幕左边反应更快,年幼亲属词呈现在屏幕右边反应更快。

人伦是人类最自然的本性。费孝通指出:"其实我们传统社会结构里最基本的概念,人与人往来所构成的网络中的纲纪,就是一个差序,也就是伦。"贾彦德(1999)分析63个汉语亲属词,他的做法是:(1)将亲属关系分层,一层关系亲属是近亲,即和个体直接发生联系的亲属,如父母、兄弟、姐妹、夫妻、子女;二层关系亲属指经由某个一层关系亲属和自己间接联系的亲属,如祖父母、伯、叔、姑、外祖父母、舅、姨、公婆、大伯子、小叔子、大姑子、小姑子、岳父母、内兄、内弟、大姨子、小姨子、嫂子、弟媳、姐夫、妹夫、女婿、儿媳、侄儿、侄女、外甥、外甥女、孙子、孙女、外孙、外孙女;三层关系亲属指经由某个二层关系亲属和自己发生联系的亲属,如伯母、婶母、姑父、舅母、姨父、堂兄弟、堂姐妹、表兄弟、表姐妹、侄媳妇、侄女婿、孙媳妇、孙女婿、亲家公、亲家母。(2)在每层亲属中,又分配偶、生育、同胞、长幼四种关系。(3)再分对象性别。丁力(2000)将汉语实体亲属语素分为四级:一级亲属语素同个体构成直系关系,如父、母、夫、妻、子、女;二级亲属语素同个体构成旁系关系,且与个体的男性直系构成直系关系,如爷、兄、弟、姐、妹;三级亲属语素同个体也构成旁系关系,但与二级亲属语素的男性直系构成直系关系,如叔、伯、姑、侄、嫂;四级亲属语素同个体具有亲戚关系,如姨、舅、婿、甥。亲属之间的人伦关系是否符合空间隐喻? 业已出现了一些研究。

上下意象图式对羌族亲属词认知的影响

李惠娟、张积家和张瑞芯(2014)考察"上下意象图式"对羌族高中生认知隐含辈分关系的亲属词的影响,并通过空间识别任务检验亲属词的辈分概念加工能否自动地激活空间意象图式,引导空间注意朝向与空间意象图式一致的位置。

实验1(a)考察上下意象图式对羌族亲属词语义决定的影响。采用28个亲属词,按照辈分高低分为2组,每组14个亲属词。高辈分亲属词包括爷爷、奶奶、外公、外婆、爸爸、妈妈、岳父、岳母、舅舅、舅母、伯父、伯母、叔父、婶婶;低辈分亲属词包括儿子、儿媳、女儿、女婿、侄子、侄女、外甥、外甥女、内侄、内侄女、孙子、孙女、外孙、外孙女。高、低辈分亲属词的熟悉度差异不显著。采用2(亲属词的辈分:高/低)×2(刺激的呈现位置:上/下)两因素设计。刺激呈现位置是指亲属词呈现在计算机屏幕中线靠上(75%处)或靠下(25%处)位置。首先在屏幕中央呈现红色"＋"注视点300 ms,空屏200 ms,然后在屏幕上方(75%处)或下方(25%处)随机呈现词,要求判断所呈现的词是否是亲属词。结果表明:低辈分亲属词的反应时显著长于高辈分亲属词,错误率亦高;低辈分亲属词呈现在屏幕下方反应更快,高辈分亲属词呈现在屏幕上方反应更快;低辈分亲属词呈现在屏幕上方错误率更高,高辈分亲属词呈现在屏幕上方和下方的错误率差异不显著。这说明,刺激呈现的垂直空间位置影响对隐含辈分关系的亲属词认知,当亲属词呈现的上下位置与亲属词的辈分高低关系一致时,被试反应更快。

亲属词判断属于语义决定任务,涉及语义加工的程度深。真假词判断涉及语义加工程度浅。在浅的语义加工任务中,是否也存在亲属词隐含的辈分关系与刺激的呈现位置的隐喻一致性效应? 如果存在,就为空间意象图式影响亲属词认知提供了更有力的证据。实验1(b)探讨上下意象图式对羌族亲属词词汇判断的影响。设计与材料与实验1(a)同,填充材料为36个假词。要求判断所呈现的词语是否是真词。结果表明:低辈分亲属词的反应时显著长于高辈分亲属词;低辈分亲属词呈现在屏幕下方反应更快,高辈分亲属词呈现在屏幕上方反应更快;低辈分亲属词的错误率显著高于高辈分亲属词。

因此,实验1表明,无论是亲属词判断任务,还是真假词判断任务,被试对亲属词加工都受刺激呈现的空间位置影响:当亲属词隐含的辈分关系与呈现位置代表的上下意象图式一致时,加工速度更快;当亲属词隐含的辈分关系与刺激呈现位置代表的上下意象图式不一致时,加工速度更慢。即存在亲属词隐含的辈分关系与呈现位置的隐喻一致性效应。

实验 2 考察上下意象图式对羌族高中生空间注意的影响。在辈分概念加工中,上下意象图式激活是自动的,还是由于使用策略? 他们参照 Meier 和 Robinson (2004)的范式,引入空间注意指标。材料是实验 1(a)中的亲属词。采用 2(亲属词的辈分:高/低)×2(字母的呈现位置:上/下)两因素设计。亲属词辈分分为两个水平:高辈分和低辈分。字母呈现位置也分为两个水平:呈现在屏幕水平居中的顶部(75%处)和底部(25%处)。刺激随机呈现。反应按键组成是在标准键盘基础上经过调整形成。选择处于同一水平位置的 A、D、F、J、K 5 个键并进行标记,J 键和 K 键分别记为"P"键和"Q"键。首先在屏幕中央呈现红色"+"注视点 500 ms,随后在屏幕中央随机呈现一个代表辈分比己身高或低的亲属词,要求用左手又快又准地对亲属词作出辈分大小判断:辈分比己身大,按下 D 键;辈分比己身小,按下 F 键。被试判断后,系统自动记录判断结果。200 ms 空屏后,在屏幕水平居中顶部或底部呈现字母 p 或 q,要求用右手又快又准地判断呈现的是 p 还是 q,如是 p 就按 P 键,如是 q 就按 Q 键。被试判断后,系统自动记录判断结果。500 ms 空屏后,进入下一次试验。p 和 q 在屏幕上下位置呈现的机会相等。正式实验分为两个区间,实验材料在每个区间中各出现一次。实验材料和目标字母在区间之间平衡,每一亲属词在一致条件下和不一致条件下各出现一次。结果表明:亲属词的辈分关系对字母判断具有重要影响:先呈现低辈分亲属词时,字母呈现在屏幕下方反应快;先呈现高辈分亲属词时,字母呈现在屏幕上方反应快。

实验 2 分离了亲属词判断与刺激呈现空间位置的信息。即使被试意识到亲属词的辈分与上下空间位置的隐喻关系,也不能使他们对目标字母的识别更精确。结果发现,被试在加工亲属词辈分概念时,空间注意能自动转移到与上下意象图式一致的方向,从而促进对在一致位置的目标字母的识别。这说明,亲属词加工激活隐喻的目标域(辈分高、低)会影响到随后对始源域(垂直方向)的加工,证明亲属词的辈分的确是通过隐喻映射机制采用垂直空间关系来理解的,证明抽象概念的理解基于感觉运动的加工,符合概念隐喻理论的预言。

作者对实验结果进行了讨论:首先,实验 1 表明,呈现的空间位置影响对亲属词辈分概念加工,反应模式与亲属词隐含的辈分关系之间存在"隐喻一致性效应"。这与前人对情感、褒贬、道德、权势和社会等级领域的发现一致(Bergen et al.,2007;Casasanto & Boroditsky,2008;Giessner & Schubert,2007;Meier & Robinson,2004;Meier et al.,2007;Schubert,2005;吴念阳等,2009;Zanolie et al.,2012;张积家等,2011)。这一结果支持思维的隐喻性具有跨文化稳定性的观点。羌族亲属词辈分概念加工引发身体感觉运动变化,支持具身认知的观点。具身认知观点认为,概念通过身体对世界的感知经验形成,并且只有通过它们才能被理解。概念表征是神经表征,是主体经验客体时的知觉、运动及内省体验。主体以身体经验记录方式储存概念知识,也以具身模拟方式提取概念知识。感觉运动系统在很大程度上也是概念加工系统,身体在概念系统形成中占据不可替代的中心地位(Lakoff & Johnson, 1999;叶浩生,2011;殷融,曲方炳,叶浩生,2012;殷融,苏得权,叶浩生,2013)。在概念加工中,身体经验被激活,并引发感觉运动系统的活动(Barsalou, 2009)。认知神经科学研究证明,阅读有关身体动作的词汇时,控制相关身体动作的脑皮层会迅速激活(Boulenger et al., 2006; Pulvermüller, 2005)。Willems, Hagoort 和 Casasanto (2010)利用功能磁共振成像技术发现,对动作概念表征同运动经验之间具有密切关系;个体阅读与嗅觉有关词汇时,掌管嗅觉的梨形皮层反应频率增加(González et al., 2006);个体对颜色加工会激活后侧颞皮质的左梭状回,对颜色概念判断也会激活这一脑区(Simmons et al., 2007);加工实物概念会激活相关的知觉系统(Goldberg, Perfetti & Schneider, 2006)。行为研究发现,个体在知觉概念时,倾向于表现出与概念内容符合的行为(Zwaan & Taylor, 2006)。个体对物品觉知会自动启动与抓握或使用此物品相关的动作(Bub, Masson & Cree, 2008)。Estes 等人(2008)发现,在概念加工中,个体以具身模拟形式对概念暗含的空间方位信息进行理解。Pecher 等人(2010)以动物概念为材料也发现与 Bub 等人(2008)相似的结果。这些研究说明,在概念加工中,个体会无意识地表现出与概念有关的动作,而动作本身就是理解过程。主体以具身模拟形式加工概念。Lakoff 和 Johnson(1999)认为,抽象概念加工依赖于人的感知觉运动经验。通过隐喻的架构机制,人们将一个与知觉运动系统关联的具体概念结构映射到一个无法以身体经验知觉的抽象概念领域,与具体概念相关的感知觉经验便成为抽象概念表征的必不可少的一部分,因而具有体验性。很多抽象概念加工研究都证实概念隐喻理论的预言。例如,人们使用"热情"、"冷淡"等词汇来形容对待他人的态度,这种抽象概念的原型来自于人们在直接体验基础上所形成的温度概念——"热"和"冷"(叶浩生,2010)。人们将基本空间经验与抽象概念发生关联,如将"上"定义为好,将"下"定义为差,从而建构出"提拔"、"降职"、"赞扬"、"贬低"等抽象概念(Bergen et al., 2007; Casasanto, 2009; Giessner & Schubert, 2007; Meier et al., 2007)。知觉或动作操作还可以影响个体对价值、权利等抽象概念的认知与判断。Jostmann, Lakens 和 Schubert(2009)发现,对抽象概念"价值"的加工受物理重量影响;Schubert, Waldzus 和 Giessner(2009)发现,被试对特定群体的社会权利判断受呈现该群体时所用字体大小的影响。道德领域研究发现,对道德概念思维同样会受身体经验影响。Sherman 和 Clore(2009)证实,"白"与"黑"

是道德贞洁与道德玷污的象征符号（Gámez, Díaz & Marrero, 2011；Lee & Schwarz, 2010；Liljenquist, Zhong & Galinsky, 2010；Zhong, Strejcek & Sivanathan, 2010）。实验2发现，被试识别与亲属词辈分概念暗含方向一致的字母时，反应更快，说明亲属辈分关系会自动激活头脑中的上下意象图式，从而影响个体的视空间注意。当加工亲属词时，会启动被试对方位关系的具身模拟，将注意自动转移到与意象图式一致的方向，促进对一致方向位置的目标字母的识别。

其次，羌族亲属词辈分加工中的"隐喻一致性效应"体现了具身认知的特征。Lakoff 和 Johnson（1999）指出，人类认知源自于大脑、身体和身体经验的本性；认知结构来自于具身细节。身体投射说明身体如何塑造概念结构：大脑具有结构，可以把感觉运动区的激活模式投射到高级皮层区，形成初级隐喻。这种投射允许在推论基础上形成抽象概念。Wilson（2002）区分了在线具身（embodied online）和离线具身（embodied offline）。在线具身是指认知直接发生在真实环境中。在线具身在高水平认知中起核心作用。离线具身是指当认知脱离了真实环境时，认知操作仍然受在线认知时得到编码的感觉运动信息影响。亲属词的辈分判断属于离线认知范畴。要理解其加工过程必须返回到真实环境中，考察垂直空间和亲属辈分的映射关系。根据身体投射理论，所有空间关系最初都以身体为参照，各种空间关系反复作用于人类身体，形成了丰富的记忆意象，随后又形成了更具有抽象性的意象图式，进一步又使经验结构抽象成概念结构。在中国，以己身为参照点，高辈分亲属一般都高大或者处于空间上方，低辈分亲属一般都低矮或者处于空间下方。家族祠堂中的灵牌摆放、家谱中的名字排列以及在日常生活中的座位安排等，均加强了这种空间意象图式。对高辈分亲属，人们采用目光向上的感觉运动方式；对低辈分亲属，人们采用目光向下的感觉运动方式。这些特定空间信息和身体运动状态与对不同辈分亲属的态度之间建立映射，成为亲属概念表征的基础成分，进入表征抽象概念的通道—特异系统。在实验1中，尽管亲属词判断属于离线认知，同样受到在线加工时编码的身体运动信息影响。当高辈分亲属词在屏幕上方呈现，低辈分亲属词在屏幕下方呈现时，向上和向下的头动和眼跳信息激活了对特定辈分亲属态度的身体运动状态，促进了对亲属词加工。在实验2中，虽然亲属词只在屏幕中央呈现，但被试对亲属词辈分判断仍然受在线加工时编码的身体运动状态影响，激发了对方位关系的具身模拟，促进对一致方向位置的目标字母的识别。这说明，对亲属词辈分概念加工体现了具身认知的特征。

最后，羌族对亲属词的辈分认知亦受羌族的社会文化影响。实验1（a）和实验1（b）发现，对高辈分亲属词的反应时比对低辈分的亲属词短，错误率亦低。这与羌族社会中对不同辈分亲属的不同态度有关。在羌族民俗中，"敬老"是重要内容。为表达对老人的尊敬和感谢，羌族用"孝道"来约束每一个人。羌族人的社会生活的各个方面,处处体现出对长者和老人的尊重。婚丧节日聚饮咂酒时,都由年长者先致开坛词,说吉利话,随即开坛先饮,然后依长幼次序饮酒,虽寨首、团总、乡保长亦不得在长者先。老人进屋时,屋内人要起立相迎让座。宴席由老人坐上位,待老人坐定后,其他人才能入座。如路遇老人,必须侧身让路;骑马时遇到老人,要主动下马行礼。在群众性歌舞时,一般也由老人领唱领舞。然而,在羌族文化中,却少有爱幼的习俗。这样,羌族人在对待老人与儿童的态度方面就存在不对称——尊老而不明显地爱幼。羌族对高辈分亲属词的反应快于对低辈分的亲属词,与在羌族社会中存在的在"尊老爱幼"方面的态度不对称有关。

文化影响亲属词语义加工中的空间隐喻——来自汉族人和摩梭人的证据

和秀梅等人(2015)采用亲属词判断任务,比较汉族人和摩梭人在亲属词语义加工中的"上下"、"左右"、"内外"空间隐喻,揭示文化对亲属词的空间隐喻的影响。

(1) 汉族人和摩梭人在亲属词语义加工的上下空间隐喻比较

实验1考察汉族人和摩梭人在亲属词辈分概念加工是否存在上下空间隐喻一致性效应。被试是汉族人和摩梭人各30名,文化程度为初中及以上,摩梭人能熟练运用汉语交流和阅读(下同)。采用2(亲属词辈分:高/低)×2(刺激呈现位置:上/下)×2(被试类型:摩梭人/汉族人)三因素混合设计。实验材料是28个亲属词:14个高辈分亲属词,包括爸爸、妈妈、岳父、岳母、舅舅、舅母、伯父、伯母、叔父、婶婶、爷爷、奶奶、外公、外婆;14个低辈分亲属词,包括儿子、媳妇、女婿、女儿、内侄、内侄女、孙子、孙女、外孙、外孙女、外甥、外甥女、侄子、侄女。首先在屏幕中央呈现红色"+"注视点300 ms,空屏200 ms,然后在屏幕上方(75％处)或下方(25％处)随机呈现目标词,要求被试判断词是否是亲属词。结果如图9-11和图9-12所示。

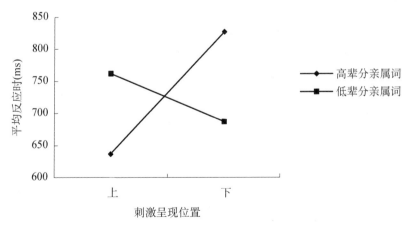

图9-11 汉族人对不同辈分亲属词的平均反应时(ms)

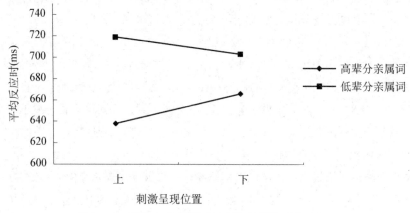

图 9-12 摩梭人对不同辈分亲属词的平均反应时(ms)

分析表明,汉族人对呈现在上方的高辈分亲属词反应时显著短于呈现在下方的高辈分亲属词,二者相差 190 ms;对呈现在下方的低辈分亲属词反应时显著短于呈现在上方的低辈分亲属词,二者相差 75 ms。高辈分亲属词的空间隐喻一致性效应大于低辈分亲属词。摩梭人对高辈分亲属词反应时显著短于对低辈分亲属词。摩梭人对呈现在上方的高辈分亲属词反应时显著短于呈现在下方的高辈分亲属词,二者相差 28 ms;对呈现在上方的低辈分亲属词反应时显著长于呈现在下方的高辈分亲属词,二者相差 29 ms。摩梭人的高辈分亲属词与低辈分亲属词的空间隐喻一致性效应相当。

因此,实验 1 表明,汉族人和摩梭人对高、低辈分的亲属词均出现了空间隐喻一致性效应,具有明显的空间方位与辈分意识的映射,说明亲属词辈分的上下空间隐喻具有跨文化一致性。但比较而言,两民族的亲属词辈分隐喻还是各有特点:汉族人的亲属词辈分的空间隐喻一致性效应更大,摩梭人的亲属词辈分的空间隐喻一致性效应相对小。而且,无论高辈分亲属词呈现在上方还是下方,摩梭人对它们的反应时均短,这体现了摩梭文化的独特性。

(2) 汉族人和摩梭人亲属词语义加工的左右空间隐喻比较

实验 2 考察汉族人和摩梭人的亲属词长幼概念是否具有左右空间隐喻一致性效应。采用 2(亲属词类型:平辈年长亲属词/平辈年幼亲属词)×2(刺激呈现位置:左/右)×2(被试类型:摩梭人/汉族人)三因素混合设计。实验材料是 24 个亲属词:12 个平辈年长亲属词,包括哥哥、嫂子、姐姐、姐夫、表哥、表姐、堂哥、堂姐、妻兄、妻姐、大伯哥、大姑姐;12 个平辈年幼亲属词,包括弟弟、弟媳、妹妹、妹夫、表弟、表妹、堂弟、堂妹、妻弟、妻妹、小叔子、小姑子。两组被试对年长与年幼亲属词的熟悉性评定差异均不显著。首先在计算机屏幕中央呈现红色"＋"注视点 300 ms,空屏 200 ms,然后在屏幕左方(75％处)或右方(25％处)随机呈现词汇,要求被试判断词是否是亲属词。结果见图 9 - 13 和图 9 - 14。

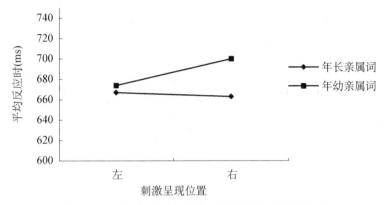

图 9 - 13 汉族人对年长、年幼亲属词的平均反应时(ms)

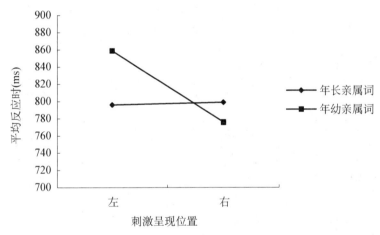

图 9 - 14 摩梭人对年长、年幼亲属词的平均反应时(ms)

分析表明,摩梭人的反应时显著长于汉族人。年幼亲属词呈现在右边时摩梭人的反应时比呈现在左边时显著短。摩梭人的反应时长于汉族人与摩梭人对汉语亲属词的熟悉性有关。摩梭人没有婚姻。在摩梭语中,也无与姻亲有关的词汇;摩梭家庭中没有父系亲属,他们对堂哥、堂姐、堂弟、堂妹也不熟悉。长幼亲属词呈现的左右空间位置不影响汉族人对亲属词的语义加工,说明汉族人对平辈亲属词不存在"左/年长,右/年幼"的时间空间联系。摩梭人对呈现在右边的年幼亲属词判断时间显著短于呈现对左边的亲属词,部分地符合"左/年长,右/年幼"的时间空间隐喻。

(3)汉族人和摩梭人亲属词语义加工的内外空间隐喻比较

Lakoff(1987)概括出"容器、始源—路径—目标、连接、部分—整体、中心—边缘、上一下、前一后"七类空间意象图式。"容器图式"基于内—外关系,即在人们的空间概念中,存在一个用来界定内外边界的模板。张积家、谢书书与和秀梅(2008)在研究汉族大学生和纳西族大学生的空间词的相似性分类时发现,被试将"内"、"外"、"里面"、"外面"、"中间"、"旁边"等归为一类,体现了拓扑性质中"内外关系",反映出在概念系统中存在界定边界的模板。

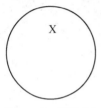

Johnson(1987)用圆圈表示有边界的容器,圆圈内是实体。如图9-15,X表示实体,圆圈表示具有边界的容器。

容器图式的规则是:(1)实体要么在容器里面,要么在容器外面;(2)包容关系具有传递性:如果一个容器在另一个容器内,第一个容器里的实体也在另一个容器内。将容器图式与亲属关系联系起来,就产生了平常所说的"圈内人"和"圈外人",血缘关系和感情联系反映的亲属关系的亲疏远近也可以表征为"圆圈内/圆圈外"的意象图式,亲属要么在"圆圈"里,要么在"圆圈"外;即使均在圆圈内,被包容的实体也有一个相对固定的位置——即,考查的亲属是在处在圆圈的中心,还是处在圆圈的边缘。

图9-15 容器图式

实验3考察在汉族人和摩梭人的亲属词加工中是否存在对父系亲属词和母系亲属词的内外空间隐喻。实验预期是:汉族是父系社会,父系亲属是"内",母系亲属是"外";摩梭人是母系社会,母系亲属是"内",父系亲属是"外"。两个民族在亲属词的语义加工中会呈现相反的空间隐喻。采用2(亲属词类型:父系/母系)×3(刺激呈现位置:圆圈中心/圆圈边缘/圆圈外)×2(被试类型:摩梭人/汉族人)三因素混合设计。材料是26个亲属词:13个母系亲属词,包括外公、外婆、妈妈、舅舅、舅妈、姨妈、姨夫、内侄、内侄女、外甥、外甥女、外孙、外孙女;13个父系亲属词,包括爷爷、奶奶、爸爸、伯父、伯母、叔父、婶婶、儿子、媳妇、侄子、侄女、孙子、孙女。两组被试对父系亲属词与母系亲属词的熟悉性评定差异均不显著。首先在屏幕中央呈现红色"+"注视点500 ms,空屏500 ms,然后,在屏幕中央呈现目标刺激。目标词呈现方式分为3种:(1)在圆圈内;(2)在圆圈边缘;(3)在圆圈外。为避免注意焦点转移的影响,目标词始终处在屏幕中央呈现,圆圈随机出现在屏幕的上、下、左、右、中心处。目标词和圆圈的位置有9种可能,词在圆圈内的中心、偏上、偏下、偏左、偏右处和圆圈外的上、下、左、右处(图9-16)。字体为黑色,大小为40磅,背景为白色。刺激随机呈现,要求判断目标刺激是否是亲属词。结果见图9-17至图9-20。

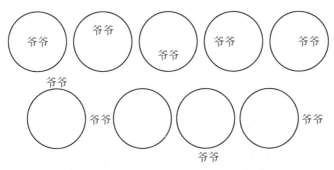

图 9-16 目标词与圆圈的 9 种位置关系

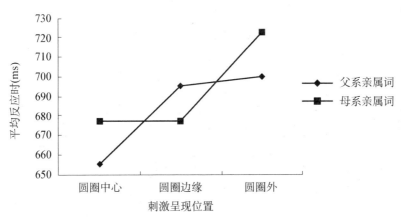

图 9-17 汉族人对父母系亲属词的平均反应时

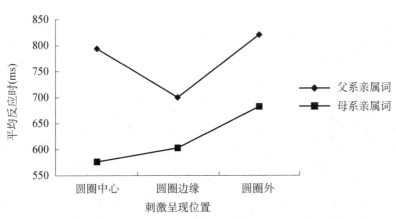

图 9-18 摩梭人对父母系亲属词的平均反应时

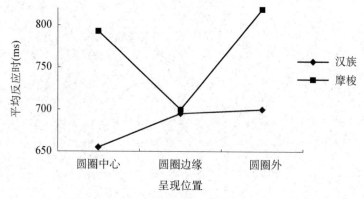

图 9 - 19 两民族被试对父系亲属词的反应时比较

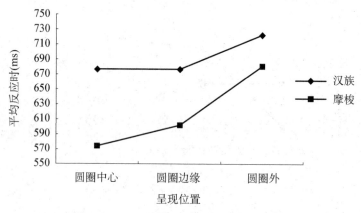

图 9 - 20 两民族对母系亲属词的反应时比较

分析表明,摩梭人对母系亲属词的反应时显著短于对父系亲属词,汉族人对父系亲属词与母系亲属词反应时差异不显著。对父系亲属词,在圆圈中心呈现时,汉族人反应时显著短于摩梭人,二者相差 138 ms;在圆圈边缘呈现时,汉族人和摩梭人的反应时差异不显著;在圆圈外呈现时,汉族人反应时显著长于摩梭人,二者相差 119 ms。在三种呈现条件下,汉族人对父系亲属词反应时差异不大,只有 45 ms,摩梭人的反应时随着呈现位置变化而变化,在圆圈中心呈现时反应时最长,在圆圈边缘呈现时反应时变短,在圆圈外呈现时反应时最长。这说明,摩梭人对父系亲属词的语义加工受呈现位置影响比汉族人大。对母系亲属词,摩梭人在所有条件下反应时均显著短于汉族人,但在圆圈中心呈现时与汉族人的反应时差异(103 ms)最大,在圆圈边缘和圆圈外呈现时差异变小(75 ms 和 42 ms)。

实验 3 表明，无论亲属词的呈现位置如何变化，摩梭人对母系亲属词加工均显著快于对父系亲属词，汉族人对母系亲属词和父系亲属词的加工无显著差异。汉族人对父系亲属词加工比摩梭人迅速。这说明，汉族人和摩梭人对父系/母系亲属词存在内外空间隐喻差异。这些差异与两个民族不同的亲属制度和文化图式有关。

3 个实验表明，汉族人和摩梭人在亲属词语义加工中均存在"上下"、"左右"、"内外"空间隐喻，反映了人类认知的共性；但汉族人和摩梭人的空间隐喻亦存在十分明显的差异，显示了民族文化对认知的影响。

汉族人和摩梭人对亲属词辈分的上下空间隐喻呈现出跨文化稳定性，体现了文化图式的重合。Bedir(1992)提出文化图式(culture schema)的概念。文化图式即文化背景知识。文化图式是文化在人头脑中的表现形式，包括思维方式、价值观念、宗教信仰、民俗、生活方式、社会制度等内容构成的信息体系(吕佩臣，2013)，可以用来感知和理解人类社会中的各种文化现象(刘明东，2003)。文化环境对文化图式形成起决定性作用。在跨文化交流中，不同民族的文化图式存在异同，表现为文化图式的重合、差异和缺省。文化图式的重合即人类共有的生物特性和社会特性使得不同民族之间或多或少存在共同的文化习惯和思维形式，在文化形成中，有时会有相同的文化认知基础(谢建平，2001)。这些重合的文化图式能帮助双方感知对方的思维模式、情感反应以及认知途径，实现成功的跨文化交流。

汉族具有悠久的历史，亲属称谓讲究"明谦敬，明亲疏，明内外，亲疏有别，长幼有序"。汉族亲属制度的基本蓝本是"九族五服正服图"。该图有两个维度：一是辈分，有高祖、曾祖、祖父、父亲、己身、子、孙、曾孙、玄孙共九族；二是从"己身"外推五层，如己身、兄弟、堂兄弟、再从兄弟、族兄弟。汉族传统观念非常重视辈分(张积家，陈俊，2004)。在汉语称呼语概念结构中，辈分也是重要维度(张积家，陈俊，2007)。在摩梭人的亲属词概念结构中，也存在辈分维度(肖二平等，2010)。摩梭亲属称谓制以"辈分"为基本单位，亲属词中有辈分标记，对同一辈分的人使用同一称谓。实验 1 表明，汉族人和摩梭人的亲属词辈分的上下空间隐喻一致，反映了汉族人和摩梭人亲属词的上下空间隐喻认知的共同性。

汉族人和摩梭人的亲属词上下空间隐喻一致性效应也存在差异。汉族人的亲属词上下空间隐喻一致性效应更加典型。汉语亲属词虽无辈分标记，却有典型的上下空间隐喻一致性效应，这与汉文化中存在强烈的"孝道"意识有关。汉族人重孝道，认为孝的本质是尊敬父母。与对长辈的尊敬比，汉族人对晚辈不够尊重，强调"父为子纲"，强调子女对长辈的服从。这两方面的合力造就了汉族人典型的亲属词的上下空间隐喻一致性效应。摩梭亲属词虽然有辈分标记，但摩梭人比汉族人更敬长，有敬老传统，导致摩梭人对高辈分亲属词更敏感，即使它们在下方出现，反应也显著快于低辈分亲属词,削弱了上下空间隐喻一致性效应。

汉族人和摩梭人对亲属词的左右空间隐喻体现了文化图式的差异。"文化图式的差异"是指在认知发展中,不同民族的生活地域、自然环境、宗教信仰、生活方式的差异,对人的情感、思想、行为的表达打上了鲜明的文化印记,形成了具有独特文化特质的图式认知结构(汪碧颖、欧阳俊林,2009)。文化图式的差异导致沟通双方按照自己的习惯理解话语,带来语言表达和理解上的信息不平衡。体验认知(embodied cognition)认为,概念形成根植于普遍的躯体经验(Gibbs, 2006; Lakoff & Johnson, 1999)。人类通过自身与环境的互动,首先认识空间和自我,然后以空间概念和身体部位为出发点,获取有关抽象概念知识。因此,感觉运动经验是概念表征的基础(Lakoff & Johnson, 1980; Barsalou, 1999)。左右空间隐喻最先在数字领域得到关注(Dehaene, Bossini & Giraux, 1993)。左与右也映射时间先后(顾艳艳,张志杰,2012; Santiago, Lupiáñez, Pérez & Funes, 2007; Torralbo, Santiago & Lupiáñez, 2006)。邓远洪(2009)通过语料分析发现:(1)"左—右"的概念隐喻意义为:数量多为右,数量少为左;地位重要为右,地位次要为左;时间多为右,时间少为左;理想状态为右,不理想状态为左。(2)"左—右"概念隐喻的意义既对称,又不对称。(3)"左—右"的特殊结构决定其隐喻映射不能完全由概念隐喻理论来阐述,而概念整合理论是最好的补充。

实验2表明,左右空间位置不影响汉族人对同辈的长、幼亲属词加工。摩梭人对呈现在右的年幼亲属词的判断显著快于对呈现在左的亲属词;摩梭人对年长亲属词、年幼亲属词判断都显著慢于汉族人。"左—右"概念隐喻意义的不对称,与汉族人和摩梭人的亲属关系和社会文化图式差异有密切联系。汉族人对平辈亲属词加工不存在左右空间隐喻,既与汉文化传统有关,也与生长环境有关。在文化传统上,一方面,汉族人有敬长传统,如《礼记·大传》中说"亲亲也,尊尊也,长长也,男女有别,此其不可得与民变革者也"。汉族人讲究"孝悌","孝"针对父母,"悌"针对兄长。贾谊《道术》中说:"弟爱兄谓之悌。"另一方面,汉族家庭长期实行嫡长子继承制,即王位和财产必须由嫡长子继承,嫡长子是嫡妻(正妻)所生的长子。在封建汉族家庭中,有嫡庶之分,有长幼之别,对直系亲属和旁系亲属区别对待,长孙在家庭中地位高于他的叔叔(张积家,陈俊,2004)。这又削弱了兄对弟的社会地位优势,因为长子不一定是嫡子。此外,30多年的计划生育,使当代中国主流家庭结构以独生子女家庭居多,独生子女没有兄弟姐妹,缺乏与兄弟姐妹相处的具身经验和环境,这就进一步淡化了"长幼有序"的传统观念。传统与现实的合力导致汉族人对平辈亲属词加工时左右空间隐喻一致性效应消失。与近代汉族人的家庭小型化、独生子女化不同,摩梭家庭都是大家庭,"祖母"(外祖母)、母亲、母亲的姐妹(摩梭人也称之为母亲)、舅舅生活在一起,子女对母亲及其姐妹无亲疏之别,对母亲姐妹所生子女亦视为亲兄弟姐妹(詹承绪等,2006)。摩梭人有爱幼传统,对待儿童,无论亲疏远近,均能很好地对待和照顾,决不因亲属关系远近而厚此薄彼。在摩梭人眼中,弟弟妹妹年纪小,是需要关心和照顾的对象,"爱幼"的文化图式更强烈。因此,当平辈年幼亲属词在右边呈现时摩梭人的语义加工更迅速,存在部分的左右空间隐喻。

汉族人和摩梭人的亲属词内外空间隐喻的差异体现了亲属制度和家屋文化的作用。Johnson(1987)认为,意象图式是人们与外界交互作用过程中反复出现的、赋予经验一致性结构的动态性模式。Lakoff(1987)将意象图式形成过程表述为:感觉→知觉→表象→意象图式。人们在感知觉基础上形成表象,通过对各种表象的抽象和概括,形成意象图式。空间隐喻作为意象图式在概念形成中起非常重要的作用(徐慧,2011,2012)。在不同民族语言中,"内外"空间关系经常用来描述和理解人际关系。因为人们在心理上会将事物分成内外两部分:在人际交往中,与个体距离近的、关系好的都属于内部的,值得信赖;与个体疏远、关系不好的都被划到外部,称为"别人"、"外人",是信不过的,在心理上需要提防(张继文,2010)。

然而,人类概念系统也有因情境变化的特性。情境既包括物理环境,也包括文化语境(Lakoff, 1987)。不同民族有不同的语言和文化,因而不同民族的亲属概念的空间隐喻亦不同。受传统文化影响,汉族人对某些非父系亲属冠之以"外"字标记,如"外公"、"外婆"、"外甥"、"外甥女"、"外孙"、"外孙女";对另一些非父系亲属冠之以"表"字标记,如"表哥"、"表弟"、"表姐"、"表妹"。"表",外也,说明感情疏远。华北习语:"一表三千里。"粤语有谚曰:"一代亲,两代表,三代咀藐藐。"然而,汉族家庭分工讲求"男主外,女主内",故称妻子为"内子"、"内人",亦称妻子的弟弟为"内弟",称妻子的侄子为"内侄"。这样,在汉语亲属词中,就出现了内外标记的不一致。另一方面,汉族虽是父系社会,但随着现代社会男女平等的观念深入人心,汉族人以父系亲属为重的理念淡化了。20世纪70年代以来,由于家庭的小型化和独生子女化,几代同堂的汉族父系大家庭逐渐消失了,在某种程度上,个体同妻系亲属、子女同母系亲属的关系不亚于甚至好于同父系亲属的关系。汉族人对父系、母系亲属词的判断无显著差异的原因也在于此。

汉族人和摩梭人对母系、父系亲属词的内外空间隐喻的差异,也与摩梭人独特的"亲属制度"以及汉族人的"文化图式的缺省"相关。"文化图式的缺省"是一种语言所蕴涵的文化在另一种语言文化中根本不存在,双方有一方不具备另一方的图式,使一方在大脑中无法建立相对应的文化图式(刘明东,2003)。文化图式的缺省会导致沟通的一方在认知推断过程中,无法找到或激活相关的文化图式。摩梭人走访制(走婚)的最大特点是走访和家庭分离:建立走访关系的男女双方各自在母系家庭中劳动和消费,属于两个不同的经济单位。男方晚上到女方家住宿,次日清晨返回自己家中,与母系家庭成员一起生产与生活,形成了特殊的亲属制度:配偶双方各居母家,子女属于女方,血统按照母系来计算,财产按照母系来继承。姐妹所生子女与母亲及其兄弟姐妹、外婆等母系家庭成员共同生活,对母亲及其姐妹无亲疏之别,对母亲姐妹所生的子女视为亲兄弟姐妹(詹承绪等,2006)。所有的家庭成员都是同一母系血缘的亲人,家庭核心是母亲与儿女(外甥和外甥女)的纵线关系和兄弟姐妹的横线关系,无父系血缘成员,无翁婿、婆媳、姑嫂、叔侄关系。父亲不与子女同住,舅舅抚养和教育姐妹的孩子,外甥赡养年老的舅舅,舅甥关系亲密而父子关系疏远。摩梭妇女在家庭中和社会上享有崇高的地位(肖二平等,2010)。

传统的家庭伦理建立在男权、父权和夫权的权利结构中,摩梭文化恰恰崇尚女权、母权和舅权,摩梭人对母系亲属的判断要比汉族人更快,母系亲属处于"圆圈"的中心位置,父系亲属处在"圆圈"内的边缘位置。摩梭人独特的婚姻家庭模式使亲属关系的空间隐喻投射和汉族人有不同。在传统摩梭家庭中,成员都是同一母系血缘的亲人,兄弟姐妹的感情远比夫妻间的感情重要。摩梭孩子出生后,由母系家庭的长辈共同抚养,父亲的角色由舅舅充当,长辈有抚养教育晚辈的义务与责任,晚辈有赡养母亲、舅舅、姨妈的义务与责任。摩梭孩子的父亲充当了他所在的家屋内其姊妹的舅舅,有责任和义务去供养和教养别人的子女。舅权巩固了摩梭母系家族的存在。整个研究表明,人们在生活所获得的经验如感知环境、身体移动、生活方式等在头脑中形成了基本概念结构,这些基本概念结构在抽象的认知域之间组织思维,文化差异导致了思维差异,因而在空间隐喻的容器图式上表现出民族差异。

10　民族认知方式

民族认知的差异十分明显地表现在民族认知方式上。20 世纪 70 年代以来,认知方式的研究取得了很大进展,成为认知研究与人格研究的交汇点。民族心理学家对不同民族的认知方式进行研究,取得了重要的进展。

10.1　认知方式概述

10.1.1　认知方式的内涵

认知方式(cognitive style),也称为认知风格或认知模式,与众多的心理学概念类似,是被广泛应用而对其认识却很不统一的概念。

最早界定认知方式的是 Witkin 和 Goodenough。1977 年,他们把认知方式看作"个体在知觉和智力活动中表现出来的特征性的自我一致的机能模式"。Riding(1997)认为,认知方式是个体偏好的和习惯的组织信息和表征信息的方法。

Sternberg 和 Grigorenko(1995)认为,认知方式是运用智力的方式。

在我国,人们将认知方式看作"人们对信息和经验进行组织和加工时所表现出来的个别差异,是个人在感知、记忆和思维过程中经常采取的、习惯化的态度和风格"(张厚粲,郑日昌,1982)。

10.1.2　认知方式的类型

不同学者对认知方式作出种类繁多的分类。Messick(1984)区分出 19 种认知方式;Riding 等人(1991)认为认知方式有 30 多种;Armstrong(1999)识别出 54 种认知方式。如场依存—场独立、慎思—冲动、跳跃—渐进、发散—辐合、言语—形象、复杂认知—简约认知、具体认知—抽象认知、冒险—谨慎、整体式—分析式,等等。

Sternberg 和 Grigorenko(1997)将众多的认知方式类型加以总结,提出可以从认知、人格、活动三种基本取向对认知方式进行归类:(1)以认知为中心的观点侧重于基本认知过程的方式特点,如"场依存型—场独立型"、"冲动型—思虑型";(2)以人格为中心的观点侧重于认知方式在人格中的作用,主要以 Jung(1923)的心理类型论和Gregorc(1982)的能量模型为代表;(3)以活动为中心的观点动态地认识认知方式进行过程,把认知方式看成是活动调节器。如从学习方式或教学方式来研究认知方式,前者指学生在学习过程中喜欢采用的学习方式,即学生对学习方法的定向或偏爱,后者指教师在教学活动中采取的方法的习惯模式。较有代表性的分类包括:Ko1b(1978)从"聚合型—发散型"和"顺应型—同化型"两个维度将学习方式分成 4 类;Lippitt 和 White(1952)根据教师教育指导态度的不同,将教学方式分为权威型、放任型和民主型;Henso 和 Borthwick(1984)将教学方式分为 6 类,即任务导向型、合作计划型、儿童中心型、学习中心型、学科中心型和情绪兴奋型等。张积家(2009)根据教师在课堂上与学生互动的多少,将教师的教学风格分为"以教师为中心型"和"以学生为中心型"。以教师为中心型的教师的讲课充满激情,言语表达富有感染力,始终处于教学活动的中心,学生只起配合作用;以学生为中心的教师的讲课言简意赅,循循善诱,更注意发挥学生的主动性。他还根据教师擅长的教学方式,将教师的教学风格分为"演绎型"与"归纳型"。演绎型的教师先给学生明确的概念和原理,然后再用具体事例来说明;归纳型的教师先给学生呈现事例,让学生自己从事例中归纳出概念和原理。演绎型的教师更能够旁征博引,深入浅出,更适合于课堂讲授和接受性学习;归纳型的教师讲课更富有启发性,更适合于学生进行发现式学习和探究式学习。根据教师在呈现学习材料时是重视整体,从全局着眼,高屋建瓴,还是重视局部,按照局部之间的逻辑顺序,层层递进,最后达到对整体的认知,可以将教师的教学风格分为

"整体型"和"系列型"。现将有代表性的认知方式分类介绍如下。

内外倾的认知风格

瑞士精神分析心理学家荣格(C. G. Jung，1875—1961)将人格划分为内倾和外倾两大类。内倾的人，心理活动指向内部世界，以自我为中心，注重内心体验，喜欢安静，富于幻想，看待事物以主观因素为准则。外倾的人，往往喜好交往，为人活泼、开朗，受客观现实所支配，具有良好的适应性。荣格认为，每个人都有内倾和外倾的倾向，只不过是某一种特征在个人行为和有意识思维中占主导地位，而与此相对的特征处于无意识层面。荣格认为，个体选择某种特定看法，或注重这种看法的某一方面，都部分地反映了他的个性。后来，荣格在内倾—外倾维度基础上，增加感觉—直觉、思维—情感、知觉—判断维度，构成了四维八极的理论，八极的基本个性特征包括：

外倾型 vs. 内倾型

倾向于对外部世界的客体作出反应——倾向于在内部世界里沉思

积极活动——偏好内省

经验先于理解——理解先于行动

从外界获得心理能量——从精神世界获得心理能量

采用尝试—错误的工作方式——采用持久稳固的工作方式

偏好新异刺激——偏好静态的外部环境

感觉型 vs. 直觉型

着眼于现实——着眼于未来

重视现实性和常情——重视想象力和独创力

关注具体性和特殊性，善于细节描述——关注普遍性和象征性，使用隐喻和类比

循序渐进的工作方式——跳跃性的工作方式

看重常规，相信确定有形的事物——不拘常规，相信灵感和推断

倾向于观察具体事件——倾向于把握事件的全局

偏好已知事物——偏好新的思想观念

思维型 vs. 情感型

退后思考，对问题进行非个人因素的分析——超前思考，考虑行为对他人的影响

公正，坚定，怀疑——温和，同情，体贴

倾向于分析性和逻辑性的工作方式——倾向于和自己的情感一致的工作方式

行为简洁、经济、带有批判性——行为期望他人认同

奉行清晰一致的客观原则——奉行清晰一致的主观价值观

判断型 vs. 直觉型

行为有组织性和系统性——行为保持开放性

时间观念严谨,认真对待最后期限——时间观念宽松,经常变动最后期限

看重工作结果——看重工作过程

倾向于解决问题——倾向于使问题带有弹性

认真完成预设目标——在获取新信息的过程中不断改变目标

四维八极构成 16 种心理类型:(1)内倾感觉思维判断(ISTJ);(2)内倾感觉情感判断(ISFJ);(3)内倾直觉情感判断(INFJ);(4)内倾直觉思维判断(INTJ);(5)内倾感觉思维知觉(ISTP);(6)内倾感觉情感知觉(ISFP);(7)内倾直觉情感知觉(INFP);(8)内倾直觉思维知觉(INTP);(9)外倾感觉思维知觉(ESTP);(10)外倾感觉情感知觉(ESFP);(11)外倾直觉情感知觉(ENFP);(12)外倾直觉思维知觉(ENTP);(13)外倾感觉思维判断(ESTJ);(14)外倾感觉情感判断(ESFJ);(15)外倾直觉情感判断(ENFJ);(16)外倾知觉思维判断(ENTJ)。其中,I 表示内倾,E 表示外倾,S 表示感觉,N 表示直觉,T 表示思维,F 表示情感,J 表示判断,P 表示知觉。

冲动型—沉思型的认知方式

Kagan(1964)提出冲动型—沉思型(Reflectivity-Impulsivity)的认知方式,认为当面临需要提供不同解决方案的问题情境时,沉思型个体习惯于在作出决策前先进行酝酿、思考,并对各种选择方案作出评价。冲动型个体相反,他们往往反应冲动,在抉择时显得草率、缺乏细致考虑,因而往往在最终的问题解决中常常出错。

研究者发现,可以将学习者分为 4 种类型:(1)认知沉思型:在作出反应前深思熟虑,认真思考所有可能的选择,犯错误相对少;(2)认知冲动型:对各种可能的选择作出简单回顾后,迅速作出决定,往往出现较多错误;(3)迅捷型:能够迅速作出反应,而且犯错误较少;(4)缓慢型:反应较为缓慢,而且犯错误较多。

对这一认知方式维度的测定通常采用匹配相似图形测验(Matching Familiar Figures Test)。该测验包含 12 张标准图片,每张图片下有 8 个选项,其中,只有一个选项与标准图片完全匹配。要求被试指出与标准图片相匹配的选项。研究者对被试的反应类型进行观察,同时记录他们的反应时。那些能够迅速作出选择但出现错误较多的人被认为是认知冲动型;那些经过深思熟虑才作出反应,准确率高但反应较慢的人被认为是认知沉思型。

场依存型—场独立型的认知方式

"场依存型—场独立型"是 Witkin 和 Goodenough(1977)按照对外界环境(场)的依赖程度提出的分类方式。他认为,具有场依存型风格的个体,知觉客观事物时倾向于以外在参照作为信息加工的依据,更倾向于从整体的角度来看待事物;具有场独立型风格的个体,在认知活动中较少受环境因素的影响和干扰,更多地是利用自己的内在参照与判断,倾向于从分析的角度来看待事物。Witkin 通过编制的镶嵌图形测验

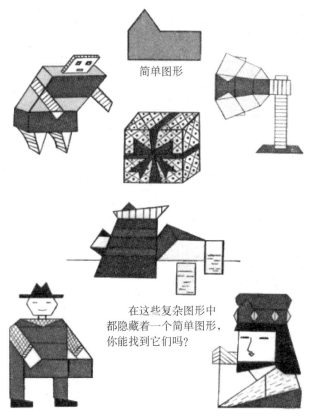

图 10‑1 镶嵌图形测验

(Embedded Figures Test，EFT)测量该认知方式。如图10‑1所示,镶嵌图形测验要求被试能够在复杂的整体图形中找出并描出小部分隐蔽于其中的图形。测验分数反映被试克服隐蔽的知觉能力,即空间改组能力。因此,那些能够相当准确并迅速地发现镶嵌图形的被试,其认知方式属于场独立性强者,比较困难的被试则属于场依存性强者。

在早期,Witkin将场独立性、场依存性看作是一种认知能力,即从复杂整体中区分出部分的能力。场独立型认知方式意味着个体能够不依靠外界线索和环境的作用,根据自身的内在标准和线索来认知事物;场依存型恰恰相反。后来,他发现,场独立型、场依存型还反映个体的人格特点。他发现,典型的场独立型个体的独立性强,心理更加成熟,善于自我接纳,主动地应付环境,以理智思维作为防御机制,明了自己的内部经验;典型的场依存型个体的心理不成熟,信赖性强,内部经验不协调,被动,倾向于以压抑和否定作为防御机制。不难看出,场独立型、依存型其实是一种人格特质。正因为如此,隐蔽图形测验实质上是通过测量个体的认知特点来解释和评估个体的人格特性。该认知方式有以下特征:(1)它们是过程变量,不是内容变量。场依存型表示一个人在认知过程中倾向于以外在参照作为信息加工的依据,场独立型表示一个人倾向于利用内在参照作为信息加工的依据。(2)普遍性,即场依存型—场独立型体现在广泛的认知操作中。(3)稳定性,即人们在场依存型—场独立型维度中的位置是稳定的,不因时间而发生变化。(4)中性,即场依存型—场独立型没有好坏高低之分。

Gregorc 的能量模型

Gregorc(1982)的能量模型有两个基本维度:对空间的利用和对时间的利用。"对空间的利用"是指获取和表达信息的知觉类型,它可以分成具体型和抽象型两种。"对时间的利用"是指排列事物的两种不同方式:一种是有序的,另一种是随机的。在此基础上,他将人分为四种类型:(1)具体—有序型,这种人注重事实和具体事物,通过感知来验证其假设;(2)抽象—有序型,这种人偏爱逻辑分析,并且通过预先设置的方案来验证假设;(3)具体—随机型,这种人偏好直觉思维,验证想法时只依靠个人经验,很少采纳外在证据;(4)抽象—随机型,这种人注重自身感受和情绪体验,以主观因素作为验证假设的标准。

10.1.3 认知方式的理论构想

心理分化理论

Witkint(1962)提出心理分化理论,认为分化是有机体系统的主要形态特征之一,分化小的系统处于比较同质的状态,分化大的系统处于比较异质的状态。分化大的系统表现出较大的自我与非我的分裂,分化小的系统在自我与他人之间表现出较大的连续性。分化大的系统也在心理机能上表现出较大的分裂,即认知、情感和意志等机能活动是比较特殊化的和各司其职的。Witkint(1979)进一步完善了该假设,提出分化的三个层次。最高层次是分化。在分化概念下,是三个主要的分化指标或表现:"自我—非我的分裂"、"心理机能的分裂"和"神经生理机能的分裂"。这些指标处于第二层次。在第二层次概念下,又分为若干次一级概念。其中,"自我—非我的分裂"是指作为个人意识、情感和需要核心的自我与外界环境及他人分离开来,从而使自我有一定的自主性。自我—非我的分化程度有高低之分,分化程度高的人倾向于场独立型认知方式,分化程度低的人倾向于场依存型认知方式。"心理机能的分裂"的程度可以通过对冲动的、有组织的控制和特殊化的防卫两个方面表现出来。得益于神经生理学的发展,"神经生理机能的分裂"的理念得到了支持。研究表明,与场依存性的人比,场独立性的人表现出较大的脑机能特殊化。

认知方式的两家族模型

Riding 等人(1998,2000)回顾以往提出的 30 多种认知方式类型理论,采用因素分析法揭示,已有认知方式类型可以归结为两个基本认知风格维度:整体—分析(Wholist-Analytic)维度和言语—表象(Verbal-Imagery)维度。整体—分析维度与个体在组织信息中倾向从整体上把握还是倾向于从局部把握相联系;言语—表象维度与个体在思维过程中表征信息时是倾向于以言语形式还是倾向于以表象的形式相联系。

在此基础上,Riding 等人(1997)进一步建构以认知方式为核心的认知控制模型(图 10-2)。

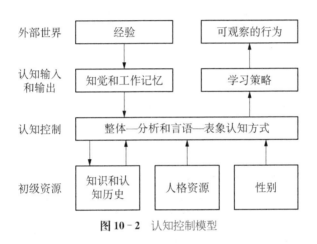

图 10-2 认知控制模型

如图 10-2 所示,认知控制模型的最底层是由个体的经验和知识、人格资源以及性别等构成的初级资源。第二个层面是由"整体—分析"和"言语—表象"维度的认知方式构成的认知控制。它在个体内部状态和外部世界的交互作用界面上起着重要的组织和表征作用。第三个层面是"认知输入和输出":在输入水平上,个体的知觉和工作记忆加工系统起重要分析作用;在输出水平上,体现为不同个体的学习策略。整个模型的核心是个体的认知方式。

思维方式的心理性自我管理理论

Sternberg(1997)认为,思维方式是个体运用智力(或能力)的方式。他提出的心理性自我管理理论(theory of mental self-government),以外界政府的管理为隐喻,按管理的功能(function)、形式(form)、水平(level)、范围(scope)和倾向(leaning)把思维方式分为 5 个维度,共包括 13 种方式。第一个维度是管理的功能,包括立法型、执法型、判决型三种思维方式。立法型方式(legislative style)的人喜欢从事要求运用创造性策略来解决问题的操作任务;执法型方式(executive style)的人更多地关注在某种目标导向下对任务的贯彻执行;判决型方式(judicial style)的人更多地关心评价别人活动的结果。第二个维度是管理的形式,包括君主型、等级型、独裁型和无政府型四种思维方式。君主型方式(monarchic style)的人在从事任务操作时一次只集中在一件事情上;等级型方式(hierarchical style)的人倾向于把注意分配在几件优先解决的任务上;独裁型方式(oligarchic style)的人也喜欢在同一时间内达成多种目标,但不喜欢区分优先次序;无政府型方式(anarchic style)的人喜欢从事那些很有弹性的工作,这些工作对他做什么、在哪儿做、什么时候做以及怎样做都没有刻意要求。第三个维度是管理的水平,包括全局型和局部型两种思维方式。全局型方式(global style)的人更多地注意把握问题的整体情况;局部型方式(local style)的人喜欢从事具体细节工作。第四个维度是管理的范围,包括对内型和对外型两种思维方式。对内型方式(internal style)的人喜欢从事允许他独立完成的工作任务;对外型方式(external style)的人喜欢从事那些给他提供发展人际关系机会的工作任务。第五个维度是管理的倾向,包括自由型和保守型两种思维方式。自由型方式(liberal style)的人喜欢从事那些涉及创新或模棱两可的工作任务;保守型方式(conservative style)的人喜欢在任务操作中坚持既有的规则和程序。

"认知操作确定认知方式"的理论

郑雪(1994)提出认知操作确定认知方式的理论,认为比认知方式更基础的概念是认知操作。因此,可以通过认知操作来确定认知方式。最重要也是最基础的认知操作是分析与综合。分析与综合不是截然分开的,而是相互渗透和相互作用。任何认知活动都需要分析和综合两种认知操作参与,只不过不同认知活动中两种操作占的比例不同。把分析和综合认知操作当作两个维度,并结合起来构成一个坐标,就可以确定四种认知方式的基本类型,即分析型、综合型、分析综合均强型和分析综合均弱型(如图10-3)。

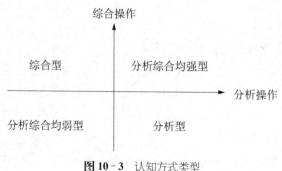

图10-3 认知方式类型

根据认知操作的速度和准确性,可以把认知方式确定为快准型、慢准型、快不准型和慢不准型。根据认知活动定向于时间还是空间,可以把认知方式确定为时间空间认知均强型、时间认知型、空间认知型和时间空间认知均弱型。根据认知材料的具体性和抽象性,可以确定具体认知抽象认知均强型、具体认知型、抽象认知型和具体认知抽象认知均弱型。这种分类也可称为双维度模型。在确定认知方式类型基础上,郑雪对认知方式作了重新阐释。他认为,认知方式是个体以不同认知操作对不同性质的认知材料进行信息加工时所表现出来的相对优势,是人类个体处理不同认知材料的认知活动特征。

10.2 不同民族的认知方式比较

从 80 年代初开始,我国心理学工作者开展了以认知方式为核心的研究。跨文化研究始于 20 世纪 90 年代,研究重点是探究场依存型—场独立型的认知方式是否具有跨文化一致性,认知方式与其他变量的关系等。

10.2.1 认知方式的发展规律是分化还是整合?

场依存型—场独立型认知方式的发展规律如何? Witkin 认为,认知方式发展需遵循心理分化规律。他认为,分化是有机体系统的主要形态特征之一,心理结构的形成是一个逐步分化的过程。Witkin 等人对此展开了大量跟踪研究。根据研究结果,他们认为,认知方式的关键期在 15 岁:15 岁以前,美国人的认知方式的场独立性一直在增强;15 岁以后,开始减慢,并在 17 岁到 24 岁之间形成一个平台期,在成人阶段,又有一种向场依存性回归的趋势(颜延等,1997)。据此,Witkin 提出,在成年之前,个体认知方式的发展是由相对的场依存到相对的场独立,而且在人生初期发展得较快,青春期以后将趋于稳定,随着时间推移,个体在场依存型—场独立型维度连续体上所处的位置相对稳定(李寿欣等,1994)。

在我国学者做的研究中,有支持该结论的,也有提出不同看法的。支持的研究如赵作荣(2006)对新疆维吾尔族青少年的心理健康素质状况进行评估,在认知风格维度上,并未发现性别差异,而不同年龄阶段的认知风格得分差异显著;小学生更偏向于场依存型认知方式,初中生更偏向于场独立型认知方式。对此提出质疑的,以郑雪、陈中永等学者为代表。郑雪和陈中永(1994)提出,心理结构形成既是逐步分化的过程,也是不断整合的过程。场依存型和场独立型不一定是完全对立的两种认知方式,它们之间存在着统一性。他们在其多民族(汉族、黎族、蒙古族、鄂温克族、回族)认知方式的跨文化研究中证实这一观点。杨伊生(2008)发现,在认知决策上,初一学生得分显著高于其他年级学生(得分越高,越倾向于场景决策;得分越低,越倾向于自我决策);在整体上,蒙古族青少年的认知风格发展呈起伏式下降态势。陶格斯(2008)支持郑雪、陈中永的观点。他发现,在高二之前,蒙、汉被试的认知方式均呈现出由场依存性活动方式向场独立性活动方式的发展趋势,这证实了 Witkin 的观点;高二之后到大学高年级,蒙、汉被试均呈现出较高的场独立性,未出现如 Witkin 等人研究中出现的向场依存性回归的趋势。陶格斯提出,也许高二是心理系统从分化向整合趋势发展的一个转折期,认知方式发展存在从分化走向整合的可能。因此,也许不能从完全对立的角度来看待场依存型—场独立型认知方式的发展,必须考虑在心理系统的变化发展中,两者之间可能存在着相互对立,又相互依存、相互促进的辩证关系。

10.2.2 认知方式是否存在性别差异?

Witkin 等人认为,青春期以后的成年人在认知方式发展上存在明显的性别差异。然而,我国的研究结果却存在着明显的分歧。

支持 Witkin 的国内研究列举如下:张卫东(1995)研究汉族大学生的认知方式发现,男性大学生在总体上比女性大学生具有较强的场独立性。刘瑞琦、达红旗、达瓦(2011)对西藏大学的本科生进行认知风格研究,发现藏族大学生的认知风格总体上属于场依存型,认知风格在性别上存在显著差异,女生的场独立性明显高于男生。

也有研究持相反的结论,认为认知方式在青春期前后时期均不存在性别差异。这包括:侯公林等人(1997)的研究,傅金芝等人(1999)对汉族、白族、回族、傣族、彝族、哈尼族、纳西族、摩梭族、傈僳族大学生的比较研究,王春雷(2000)对汉族和哈尼族中小学生认知方式的研究,陶格斯(2008)对蒙族学生与汉族学生的研究。他们的共同结果是:无论是中小学生还是大学生,我国学生的认知方式在性别上均未表现出显著差异。

傅金芝、周文、李鹏和冯涛(1999)采用认知风格镶嵌图形测验,检验文理两种不同专业 224 名大学生的认知风格。结果发现,从男女大学生认知风格得分看,在性别上不存在显著性差异,但男生的场独立性略高于女生。

王春雷(2000)针对 11~17 岁的汉族学生与哈尼族学生,关于认知方式的发展及其与性格特质的相互关系做了跨文化研究,发现性别因素对学生认知方式的发展不具有显著的影响。

为何差异如此之大?纵观这些研究,他们均采用镶嵌图形测验作为测量认知方式的工具。这是一种信息加工测验,该方法是让被试完成一定类型的认知作业,根据被试的完成情况来确定认知方式。其中,最常用的是知觉测验,它要求被测验人员在一个复杂图形中找出并描画出隐藏在其中的一个指定的简单图形。这种测验是为了了解人们认知方式的场独立型—依存型维度而设计的纸笔测验。大量研究表明,场独立型个体在该测验中能够较快地从一个有组织的场中寻找到指定对象,场依存型个体不容易完成这一任务(张利燕,2004)。目前,被我国学者广为使用的《镶嵌图形测验》已经由北京师范大学心理学系修订。然而,该测验是根据西方人的文化背景和思维方式设计的,虽然经过中国心理学者修订,并未改变图形反映的实质内容。可见,关于认知方式的性别差异,东西方的研究结果大相径庭的原因之一也许是测量工具造成的。

有学者为了规避《镶嵌图形测验》影响,采用自编问卷方式探讨认知方式中是否存在性别差异。例如,为系统了解蒙古族青少年认知风格的整体状况并建立常模,杨伊生、李向阳(2008)采用自编问卷对内蒙古的蒙古族青少年进行大样本测试,发现男性青少年更倾向于独立型的认知风格,女性青少年更倾向于合作型和稳定型的认知风格。这一结果可以从蒙古族的传统家庭教养方式中找到解释:蒙古族女性在文化中有很高的地位和责任,导致她们更多地考虑环境因素,形成了场依存型的认知风格;蒙古族男性往往被要求英勇善战,他们更多地表现出独立和冒险的认知风格特征。

10.2.3　认知方式是否存在民族差异?

在多项跨文化研究中,均发现不同民族的认知方式存在着明显差异。

早期的研究来自 1991 年对藏族、维吾尔族、回族大学生的认知方式所进行的跨文化分析。结果显示,藏族大学生与回族大学生在认知方式上差异显著;维吾尔族大学生与回族大学生在认知方式上差异显著。比较而言,回族大学生更倾向于场独立型,藏族大学生居中,维吾尔族大学生更倾向于场依存型。

陶明远(1994)运用镶嵌图形测验测试藏族儿童的场独立性与场依存性。他对藏族 30 名 11 岁儿童进行测试,并以测试结果与我国常模比较。30 名 11 岁藏族儿童镶嵌图形测验的平均分数(13.09)低于我国修订 11 岁儿童常模平均分数(16.18),差异非常显著。这说明,大多数藏族儿童的认知方式偏重于场依存型。

陈中永和郑雪(1995)采用"认知操作、认知方式与生态文化关系的理论模式"和统一的研究方法,对 8 种不同生产方式的五个民族(汉族、黎族、蒙古族、鄂温克族、回族)的认知方式进行研究。结果表示:(1)海南地区的黎族与汉族的镶嵌图形检验成绩较低,倾向于场依存的认知方式;(2)在空间认知操作上,海南地区的黎族与汉族表现较差;(3)在时间认知操作上,海南地区的黎族与汉族表现居中,比蒙古族表现好,在认知方式上明显倾向于时间认知型(相对的是空间认知型);(4)在具体认知和抽象认知测验上,海南地区的黎族与汉族的得分均低于其他组,在认知方式上倾向于具体认知型;(5)在分析操作和综合操作测验上,海南地区的黎族与汉族表现均较差,并趋向于综合型认知方式;(6)在认知操作的准确性和速度上,海南地区的黎族与汉族表现较差,海南地区以精耕为主要生产方式的汉族被试倾向于准确型的认知方式,以粗耕为主要生产方式的黎族和以渔业为主要生产方式的汉族的认知操作准确性和速度较平衡,没有明确偏向准确型和速度型的认知方式。

杨劲生和原献学(1995)发现,海南地的区黎、汉中学生除认知速度外,在认知风格的另外四个特质上差异均不显著。具体来说,在认知风格方面,黎、汉中学生反映事物均较客观全面,能如实反映情况,在思考问题、完成作业时倾向独立自主,能够进行概括,但现象描述、形象性记忆和联想仍然占重要地位,对事物认识不敏锐,理解和记忆的速度不快。傅金芝等人(1999)发现,汉族大学生更偏向场独立型,少数民族大学生更偏向场依存型。王春雷(2000)发现,作为都市文化代表的昆明被试和作为乡村文化代表的红河被试在认知方式发展的速度和水平上差异显著,昆明被试的场独立性高于红河被试;生活于同一自然背景的汉族被试与哈尼族被试认知方式的发展同样差异显著,红河汉族被试的场独立性显著高于红河哈尼族学生。陶格斯(2008)发现,大学二年级的蒙族学生与汉族学生存在明显的认知方式差异,汉族学生更倾向于场独立型。

贾德梅、徐光静和李洪生(2010)面向新疆地区少数民族大学生的大样本的跨民族认知风格研究显示,新疆地区少数民族大学生认知风格发展处于较好水平,具体而言:维吾尔族的认知决策显著高于回族;在其他维度上,民族之间差异不显著。认知决策得分越高越偏向于场景决策,分数越低越偏向于自我决策。维吾尔族大学生属于场景型认知风格的个体,场景型喜欢按给定的结构、程序和规则做事情,不是特别喜欢创造,所以他们很高兴去做他人要求他们去做的事情。这说明,不同文化背景影响少数民族大学生的认知风格。

10.2.4 认知方式与其他变量关系如何?

在认知方式与其他变量关系的研究中,认知方式与智力、人格的关系最为引人注目。

张卫东(1996)在场依存性与 Y - G 人格测评研究中,兼顾特质论和类型论的人格研究方法,对 1526 名大学生,通过 Y - G 人格测评,同时从 12 种人格特质和 15 种人格类型对场依存型—场独立型认知方式与人格特征的相互关系进一步研究。结果表明,在人格特质方面,场依存者比场独立者有更强的社会外向性、社交活动主导性和乐天性;场独立者具有较强的神经质倾向。人格类型的研究角度证明,内、外向性格与场依存型—场独立型基本上分属两个不同的人格维度。

王春雷等(2000)使用镶嵌图形测验和学生性格量表(11～18岁)对昆明、红河11～17岁汉族、哈尼族学生948人调查发现,学生的认知方式与性格特质是两种不同的人格维度,但认知方式与性格结构却有一定联系。

吴永波、董国珍和傅金芝(2002)探究怒族、景颇族、傈僳族学生的认知方式发展与创造力关系。结果表明,傈僳族学生的认知方式偏向于场独立型,怒族和景颇族的认知方式偏向于场依存型。三个民族的认知方式与其创造力之间存在着非常显著的正相关,场独立型组比场依存型组的创造力水平更高。

陈姝娟和周爱保(2006)比较了藏、回、汉族中小学生的认知方式及其与视错觉的关系。结果发现,不同民族、不同居住环境、不同年龄的个体的认知方式差异显著。藏族儿童、生活在草原上的儿童、低年级儿童倾向于场依存型;汉族和回族儿童、生活在城市和山村的儿童倾向于场独立型。认知方式影响错觉量:场独立型者的错觉量小,场依存型者的错觉量大。陶格斯(2008)分析了蒙族与汉族学生的认知方式与人格特质的相关性,发现认知方式仅与个别人格特质相关。

李冰(2012)在中南民族大学2011级非英语专业新生中选取100名来自中国东部、中部和西部的大学生进行调查。采用Reid(1984)的认知方式与学习风格问卷(Perceptual Learning Style Preference Questionnaire)作为测量工具。结果显示,地域母体文化差异与认知方式差异存在一定联系。在东部地区和中部较发达地区成长和生活的大学生群体,受外来文化影响较早,他们独立、果断的性格特点使其在语言习得方面表现出较强的独立性。他们善于抽象思考,富有冒险精神,能够主动寻找表现自己的机会,在五六十人的大班英语课堂学习中具有一定优势。成长于中国西部地区的大学生群体在很大程度上受到中国传统文化牵制,竞争意识淡漠,多虑敏感,过于在意周围环境对自身的反映和态度,过于尊重和依赖教师和教材,这是场依存型学习者的典型表现。尤其是当他们来到一个风俗信仰迥异、行为规范不同的新文化环境中,在追求真、善、美的同时,会产生极度的焦虑和极强的自尊,即使在不能很好地理解老师的意思时,也不愿意主动地与教师交流。可是,对学习风格为场依存型的西部地区大学生而言,一旦失去与人交往的学习环境时,极度自尊迅速会转变为极度自卑,他们会将其归咎于自身英语水平差,进而排斥目的语的心理暗示逐渐增强。西部地区本土文化与目的语的西方文化的距离对语言习得的负迁移在传统英语课堂越发凸显出来。

陆兰青等人(2011)研究表明,随着化学问题解决难度增大,场独立型学生比场依存型学生的优势更加显著。究其原因,就在于解决问题能力强的学生头脑中长时记忆里储存的是一类问题的共同特征。

这些研究不仅侧重探索认知方式在不同民族中所体现的独特性,而且探究了认知方式与其他变量相关关系的跨文化一致性。

10.2.5 认知方式研究对教育的启发

认知方式与教师的教学风格之间存在彼此是否匹配的问题。如果教师采取的教学风格、教育策略和指导方法能够与学生的认知风格相适应,将更大程度地促进学生发展;反之,有可能阻碍其发展。研究表明,当教师的认知风格与学生的认知风格完全匹配时,学生的学习适应最好(这里的适应指学习成绩、学习态度、师生关系等);师生认知风格类型不适配的学生组,学习适应较差;师生认知风格部分适配组学生适应居中。万明钢(2002)研究表明,师生认知方式的相互匹配对双语儿童的汉语成绩有显著影响。当场独立型的教师与场独立型的学生匹配时,对双语儿童数学成绩也有显著影响;场依存型的教师对学生数学成绩的影响不太明显。这说明,师生认知方式的相互作用对学生学业成绩的影响与学科性质、任务有显著关系。但是,如何在教学实践中实现该适配性? Yates(2000)认为,尽管认知风格的适配性十分重要,但在实际教育中不可能去调整指导计划和课程以适应所有学生的认知风格,在现实教育中也不可能按认知风格给学生进行分类教学。不仅如此,从实践角度看,学生所表现出来的个体差异也不仅仅是认知风格一种,因此,认知风格的个体差异也不可能在教育计划制定上得到特殊考虑。他建议:教师可以考虑在教学中充分利用对时间的控制来调整彼此适配性。不同认知风格的学生在解决特定任务时所需的时间有差异。比如,一个分析型的儿童可能并非不能反映整体,但这需要时间和鼓励,尤其是在编码阶段。此外,还可以考虑从物质环境的创设着手,满足不同认知风格个体的需求。比如,在幼儿园环境创设方面,可以尝试设置不同的功能区。对场依存型幼儿容易受外界刺激干扰,注意容易分散,因此,活动室里安静活动区与喧闹活动区要分开,以减少无关刺激对幼儿的影响。对场独立型幼儿,活动室里应提供适当的私密空间,以满足其独自活动的需要。另外,创设温馨、和谐的心理社会环境对场依存幼儿特别重要,他们对周围的人更为敏感,对人的面部表情更为关注,教师在与他们交往时更应注意保持愉快稳定的情绪。

10.3 影响不同民族认知方式的因素

10.3.1 遗传因素的影响

认知方式的发展主要受遗传因素影响。Riding, Rayner 和 Banner(1999)对家庭背景与认知风格之间的关系进行考察,对象是两所学校的 432 名 12 岁儿童,家庭背景由老师根据学生家长对孩子提供的支持按从高到低五个等级进行评估,分析家庭背景与认知风格的关系。结果表明,学生的家庭背景与其认知风格之间没有明显关系。据此,他们认为,认知风格具有先天性,有先天遗传的基础。

10.3.2 环境因素的影响

在个体成长中,环境起重要作用。在传统观念中,环境是一个广义的概念,它不仅包括胎儿环境、家庭和学校等微观环境,还包括生态环境、生产经济活动、社会结构、文化传统等宏观环境。那么,如何分析环境因素对个体认知方式形成作用,并由此解读民族之间认知方式的差异?纵观多年的研究报告,学者们更倾向于从宏观社会环境因素、发展的小生境、民族文化因素、生态文化因素等方面去探求原因。

宏观社会环境因素

宏观社会环境因素的影响主要指社会结构的紧密度、社会化进程的自由度、经济发展水平、宗教信仰等对个体认知方式发展的影响。有学者指出,个体如果在社会结构松弛、社会化过程倾向自主性的文化环境中成长,认知方式的发展就更容易向场独立型倾斜。换言之,若个体生活在社会结构紧密、社会化过程倾向于服从的文化环境中,个体的认知或信息加工将更多地依赖于外在参照,就更有利于形成场依存型的认知方式。在傅金芝等人(1999)的研究中,偏向场独立型的汉族大学生,正是多来自经济文化教育相对发达的昆明、玉溪、曲靖、大理等地;偏向场依存型的少数民族大学生,遍及云南省各地,经济文化教育发展不平衡,有的地区相对落后,特别来自版纳、思茅、景洪、红河等地区的少数民族大学生。又如,在王春雷(2000)的研究中,作为都市文化代表的昆明被试和作为乡村文化代表的红河被试在认知方式发展的速度和水平上存在显著差异,前者的场独立型明显高于后者。可见,信息交流的紧密度、开放度,经济发展的发达度差异,导致了认知方式发展倾向性的不同。乔艳阳、张积家和李子健(2017)发现,经济状况好的信仰基督教的景颇族被试在分类测试上表现出更明显的独立型的自我构念和分析型思维方式的特点。究其原因,与经济条件好的信仰基督教的被试有更多机会参与基督教宗教活动,因此更好地掌握了基督教文化有关。

发展的小生境

Super 和 Harkness(1986)提出"发展的小生境"理论,并在此后研究中验证"发展的小生境"对个体或文化群体的生活、生存的影响。这一理论强调,就每一独立个体而言,并非受到传统意义上的环境作用,而是受到对个体的生活、生存、发展产生直接作用的具体环境因素影响,即微观环境因素的影响。个体的所有发展都发生在特定文化背景中。"发展的小生境"是一个系统,该系统由涵盖了影响个体发展的三大文化环境子系统组成。这些子系统共同作用于个体,它们对个体的身心发展、成熟起着包围、促进、滋养、约束等作用。这些子系统之间既彼此协调、互动、共同作用，又是一个开放式的系统，每一子系统均与更加广泛的外界环境联系。三个子系统分别是：

（1）儿童生活的自然环境和社会环境。人既有生物性，也有社会性。"发展的小生境"从人的两大特性出发，考察环境对个体的作用。一方面，人作为生命有机体，必然和自然环境发生联系，因为自然界是个体生存的先决条件。然而，就自然环境而言，范围极大，作为对个体认知方式形成发生作用的环境因素，范围却有限。"发展的小生境"中的自然环境指的正是个体所生活的具体自然生态环境。例如，刘瑞琦等人(2011)在对藏族大学生认知风格倾向于场依存型进行成因分析时指出，自然环境是重要因素。西藏的自然特点是空气稀薄，气压低，高寒缺氧。在此情况下，人容易疲劳，恢复体力需时长，学习效果有限。又因为交通不便，地广人稀，环境封闭，与外界交流少，人们对环境依存性高。这是导致藏族学生偏向场依存型认知风格的自然原因。另一方面，人作为一个有别于其他动物的有机体，是在一定社会环境中生活的。在宏观社会环境中，社会是个非常宏大的世界，它有着颇为复杂的结构、内容。但如果从微观来说，社会作用于人的具体影响程度、方式、内容等却因人而异。因此，真正对个体直接发生作用的社会环境，也如同自然环境一样，有一定的范围。这就是Supe和Harkness所指出的，对个体直接发生作用的社会环境，它促使个体在与他人互动中，获得自己所需要的东西，从而塑造出独特的行为方式、认知范式等。

杨伊生(2008)关于蒙古族青少年认知方式的研究揭示，农牧区来源的青少年更倾向于场景决策、整体加工、独立和稳定的处理问题方式，城市来源的学生更倾向于自我、灵活、局部、合作和相对冒险的处理问题方式。这和农牧区蒙古族人民习惯的游牧生活方式有关。相对而言，农牧区无论是学校教育环境，还是社会文化环境和家庭养育环境都不如城市，这些环境因素折射在其认知方式差异上。这就是个体因其成长的微观社会环境因素所带来的认知方式的差异性。

（2）由文化决定的抚养和教育儿童的习惯做法。家庭是儿童最主要的生活环境，是儿童最早的受教育场所，是儿童接触社会的第一场所，是他们认识社会准则和建立行为规范的第一课堂。在家庭里，父母对儿童的身心成长起着举足轻重的作用。研究显示，父母如何抚养儿童，如何对其进行初期教育，将直接影响儿童的智力、认知甚至个性发展。这些抚养方式和初期教育方式又深受本土文化影响，它们反映了不同社会的习俗和规范对儿童成长的影响。例如，中国南方妇女由于下田或上山劳动把婴儿捆在背上到处颠簸，北方妇女由于生活比较清闲把婴儿抱在怀里和蹲在家里。这种不同的携儿方式，不仅决定了母子身体接触的类型和频繁程度，还会影响母子相互作用的方式、儿童感觉运动的发展，甚至独立性或依赖性的发展(郑雪，1994)。魏勇刚和陈世联(2009)在调查中发现，纳西族儿童民族文化认知途径的主要来源是其家人、教师和媒体，其中，父母的影响比重最大。

（3）父母的心理特征。"父母的心理特征"主要指父母的教育水平、信念和价值观影响亲子关系和相互作用以及育儿方式，从而影响儿童心理发展。在国外，有学者把父母的这些心理特点都统称为"养育风格"（Baumrind, 1967）。父母养育风格带来的是特定家庭情绪气氛，其养育的态度、信念、价值观、行为就在这个情绪气氛中表达出来，儿童就将在这种情绪气氛中成长。大量研究表明，父母的养育风格影响儿童发展的诸多方面，包括学习动机、学业成绩、推理能力、情绪、心理健康、价值观、认知方式等。阿拉腾巴特尔（2012）研究表明，牧区蒙古族中学生相对于城镇的蒙古族中学生，对蒙古族传统体育文化价值的认知度普遍较高，这与其父母的习惯有关，即牧区父母接触蒙古族传统体育文化活动较多，更接近蒙古族生活的"原生态"，因而对其子女产生了潜移默化的影响。

民族文化因素

民族文化在概念上有广义和狭义之分。广义的民族文化是指包括语言、文字、历史、宗教、道德、教育、歌谣、服饰、习俗、价值观、理想等构成的比较复杂的模式的表征。它既代表一种社会形态，也是一种文化模式的象征。狭义的民族文化是指在某一特定的民族群体的生活中形成，为该民族成员所共有的生存方式的总和，其中包括价值观、知识、信仰、艺术、法律、风俗习惯、时尚、生活态度、行为准则以及相应的物质表现形式。人类学家认为，共同的文化和由此长期沉淀而形成的民族性格，是一个民族重要而基本的特征；民族性格深受社会、经济、文化传统、生活方式及地理环境影响（时榕华，刘毅，1993）。可见，民族文化与民族心理关系十分密切。刘瑞琦等人（2011）指出，在藏族文化中，藏传佛教是藏族传统文化的主体；藏民族文化中有着重来世，轻现实，重群体，轻个体，听命依附意识强等文化倾向。这对藏族学生场依存型认知风格的形成产生了潜移默化的作用。

此外，不同文化模式可以造就不同的民族心理；文化的沉淀是民族心理产生、发展的源泉，文化的变迁对民族心理的深度整合产生重要作用。因此，民族之间认知方式的差异，正是由民族之间的文化差异造成的。王春雷（2000）发现，生活于同一自然背景的汉族被试与哈尼族被试的认知方式发展同样存在显著差异，红河汉族学生的场独立性显著高于红河哈尼族学生，反映出民族文化对个体认知方式发展的影响。又如，李继利（2002）比较发现，藏族大学生在认知方面明显优于汉族和回族大学生，回族大学生明显优于汉族大学生，再次肯定了不同社会文化背景对成长在其中的个体的认知方式的影响作用。

生态文化因素

加拿大学者 Berry 经过十几年的理论探索和实验研究，提出"生态文化与行为的理论模式"(the model of ecology-culture-behavior)。该理论强调：生态压力是文化与行为的原推动力和模塑因素；生态变量限制、强迫、滋养文化形式，文化形式转而模塑人的行为。即"一定的生态环境导致一定的文化形态，而一定的生态和文化形态共同塑造人，使其产生一定的行为方式。这种行为方式进而使人更好地适应那种生态和文化，甚至影响和改变它们。这里生态、文化和行为三者的关系没有决定性和必然性的含义，而只有制约性和偶然性的意义，也就是说一定的生态和文化塑造一定的行为方式是很可能的，但不是必然的"。该理论模式如图10-4所示。

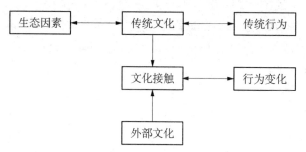

图10-4 生态、文化与行为的理论模式

由图10-4可知，Berry的理论模式分两大方面六个部分：第一个方面包括了生态因素、传统文化和传统行为等三个部分；第二个方面包括了外部文化、文化接触和行为变化等三个部分。在此模式中，"生态因素"包括气温、雨量、季节气候变化、地形、地貌、矿产、土壤以及动植物资源等生存环境因素。"传统文化"包括家庭和社会组织结构、生产资料所有制和产品分配形式、劳动分工、政治制度、育儿方式和社会化模式、宗教、语言和文学艺术、生活方式和各种意识形态等。"传统行为"包括一个民族的认知或智力特点、情感和意志等特征以及自我意识、价值观和各种态度等。"外部文化"指一个群体自身文化之外的一切文化。"文化接触"指群体自身的传统文化与"外部文化"的接触和交往。"行为变化"是指在文化接触和文化融入的过程中个体心理和行为发生的所有变化。

为了证实自己的理论构想，Berry开展了一项国际性的大型跨文化心理学研究，即"人类生态与认知方式"研究。Berry通过对生态环境和生存策略的评估来分析生态因素；文化因素主要考察养育方式和社会化以及与社会化密切相关的文化因素，如家庭结构、角色分化、社会阶层等；行为部分主要考察认知方式和心理分化的问题。该研究于1964年开始，持续了十余年，研究了美洲、大洋洲、非洲、欧洲等地21个不同文化群体的被试。研究结果支持了Berry的理论模式，说明场依存型—场独立型的认知方式确有生态文化的根源。

10.3.3 我国不同民族的生态文化背景

纵观我国民族认知方式研究所涉及的多个民族,其生态文化因素均具有各自的独特性。

汉族的生态文化背景

汉族发源于黄河流域中下游,这里气候温润,土地肥沃,适合农耕。依傍河流发展起来的汉族与自然适应的结果是形成了以农业为主的生产方式。以农业为主要生产方式的汉族,逐渐形成了因农立国、以农为本等农耕文明、农耕文化。又如,在长期生产实践中,汉族人创造了水利灌溉和精耕细作等农业技术,使用犁、耙、锄、镰等传统农具,能够根据不同区域的实际需要而变化所使用的农具(在稻作农耕区,大型农具还包括了风车、晒席等,以水牛作为主要的耕畜;在黄河流域以北,则以黄牛、马和骡作为耕畜),等等。这些都是在生产生活实践中形成的农耕文化的具体内容。再如,"日出而作,日入而息"、"男耕女织"正是古代农业文明的真实写照,也是对东方自给自足小农经济的典型刻画。正是这种农耕经济社会安居乐业的生活,汉族先民也逐渐形成了以民为本的观念。这体现在汉族先民对人与自然的关系的思考之中。

身处两河流域中的汉族先民,很早就认识到人类自身存在与自然有密切关系。人类在大自然中生长、活动,既受到自然恩赐,也免不了遭受自然灾害的威胁,人类命运因而和自然紧密地结合在一起。汉族先民开始思考人与自然的关系。汉族先民认为,万物起源在于"天",作为"万物之灵"的人,所效法和取则的对象在于"自然"。基于这种思考,汉族先民逐渐形成了人与自然和谐统一的"天人合一"的观念,即天、地、人三才合一的思想。三才之道的核心在人,这种对人道的重视,正是农耕文明民本思想的具体体现。如孟子最先指出:"民为贵,社稷次之,君为轻。"这种贵民思想正是民(农)乐国(君)泰的政治意志的体现。

汉族先民为了生存,除了要解决人与自然的关系,还要建立一套维持社会秩序的行为规范以调和人们内部的关系。在天人观影响下,伦理意识开始萌芽,逐渐形成了相应的伦理模式。其中,"孝"成为中国古代最基本的伦理原则。这与汉族的农耕经济有密切关系。在农业生产方式极其落后的古代,人们能够获得的粮食需要经历高强度的生产劳动过程,而且往往产量很难维持温饱。这时,对一些已到老年的汉族先民而言,自身体力已经无法让他们维持生存。因此,就产生了他的子孙侍奉和供养他们的迫切需要。在这样情况下,"孝"也就产生了,并且逐渐为统治阶级所认同、提倡。以"孝"为先,这在《吕览·孝行篇》和儒家后学的"十义"中表现得淋漓尽致。《吕览·孝行篇》以反证的方式,把天下几乎所有"不轨"行为都归到"不孝"的结果中:"身者父母之遗体也,行父母之遗体,敢不敬乎? 居敬不庄,非孝也;事君不忠,非孝也;莅官不敬,非孝也;朋友不笃,非孝也;战阵无勇,非孝也。"、"十义"又称"人义",其内涵是:"何谓人义? 父慈,子孝,兄良,弟弟,夫义,妇听,长惠,幼顺,君仁,臣忠,十者谓之人义。"

在重"孝"的汉族传统社会里,家族观念根深蒂固。汉族亲属关系以父系为中心,家系传承是父传子,男性一线承沿而下,无论是家族财产还是姓氏继承,甚至死后地位的确定,都仅及于家庭中的男性后代;家族命脉传承是男性子孙的责任。这种观念,直接影响家庭中父母对子女的教养方式:为了让子孙有这种家族传承的使命感,父母自然会比较重视对男性后代在延续家族方面的训练;至于女性后代,由于她们并不能直接传承家族命脉,父母对她们在延续自身家族方面的训练就不太重视,一般只要求她们在家中料理家务。这也就是后来俗称的"男主外,女主内"。由于我国实行严格的计划生育政策,在汉族中独生子女家庭也相对较多。多数家庭是由父母子女两代人组成的核心家庭,这使得传统宗族关系及其社会制约性大大减弱,甚至消失。家庭内部要求子女服从的压力也大大减小,子女的独立自主性得到增强,因此,在社会化倾向上,从过去的传统倾向即强调服从性逐渐向现代的倾向即自主性转化,在社会化措施上,也趋于宽容,甚至娇宠。

据2000年人口统计,汉族约占全国总人口的91.53%。汉族分布于全国各地:最早,汉族发源于黄河流域中下游,由于战乱、迁移及各民族相互交往等多方面的原因,到南宋时,淮河以南汉族人口超过北方的格局即已完成;发展至20世纪50年代,除西藏外,所有各边疆省区都已有相当数量的汉族分布;随着现代工商业的发展,汉族的人口日益向大中城市集中,由此逐渐形成了汉族在长江、珠江、黄河、淮河、辽河、松花江等诸大河中下游集中分布,同时辐射深入到边疆各地的分布格局。

汉语是世界上最古老的语言之一,据推测,汉语至少已有一万年以上的历史。现代汉语有七大方言,即北方方言、吴方言、湘方言、赣方言、客家方言、闽方言、粤方言;方言之间很难进行交流。因此,为了便于交流,现代汉语已形成标准语,即普通话。事实上,分布广泛的汉族之间所以能够互相交流、彼此认同,汉字的因素不容忽视。汉字是从商周甲骨文和金文演变而来,在我国使用非常广泛。

壮族的生态文化背景

壮族主要分布在岭南地区。那里气候温暖,属于亚热带气候,年平均温度在20摄氏度左右,冬无严寒,夏无酷暑,左江、右江、柳江、桂江、浔江等多条河流纵横交汇,盆地、丘陵、山地相互交错,林木繁盛。光照充足,雨量充沛,年平均降雨量达1500毫升,多集中在6~9月份。岭南地区土层肥厚,十分利于农作物和其他经济作物的生长。在岭南,生长着许多野生稻。壮族先民通过对野生稻谷的不断接触和观察,加深了对野生稻的生长周期及特性的认识,开始了稻谷种植。随着种植经验的积累和种植面积的扩大,稻作农业在经济生活中所占比重越来越大,进而发展成为壮族先民的主要生产方式,这是壮族先民认识自然、顺应自然规律和开发利用自然资源的结果。稻作农业的产生和发展,引起壮族古代社会和文化的重大变化:人们开始过上定居生活,傍水依田而居,发明了与稻作生产相适应的新型生产工具——大石铲;制陶业和家畜饲养业开始出现;还创造了与稻作农业相关的语言、文学艺术(如干栏文化、铜鼓文化、花山文化、师公文化)等。从此,开创了具有鲜明地方民族特色的以"那文化"为核心的壮族传统文化。稻作作为壮族"那文化"的载体与表征,内涵包括稻种、生产工具、加工工具、灌溉设施、肥料等物质性文化;稻种选择或培育、播种、耕种、灌溉、施肥管理、收割、储藏、加工等行为性文化;生产习俗、禁忌、祝祀及对天象、土地、雷雨、江河诸自然物的崇拜及安土重迁、重农轻商等观念性文化,同时还外延及与之相适应的居住形式、饮食习惯、岁时节日、语言词汇等方面。由于对稻作农业的依赖,而现实中大自然既给人们生活提供了丰富资源,也时常给人们带来各种灾害,这种利与害的共存使壮族先民很早就去思考如何才能避害趋吉,如何看待人与自然的关系。随着对大自然的认识不断加深,壮民族逐步形成了自身的宇宙观和自然生态观,即以天为公、地为母、人为本的宇宙观,天地人相亲和相互依存的生态观。这种主张人与自然和谐相处的观点对壮族人民的社会生活产生深刻影响。这不仅体现在壮族人民保护水资源、树木资源等生态资源的种种村规民约和行动中,还体现在其家庭观念中。

壮族的家族观念重。这既表现在家族成员间的互助、家族祠堂的设立、每个家族有共同的祖坟、公有族田等方面,还表现在壮族的家庭教养中。壮族非常重视兄弟姐妹团结、夫妻恩爱、父慈子孝。在壮族家庭里,男女的社会角色不同。传统壮族家庭是一夫一妻制的父系小家庭,同姓不同宗可以通婚。绝大多数孩子教育在家庭中进行。父亲是一家之主,享有家庭经济和其他事务的决定权,包括管理家庭经济、生活,安排家庭的劳动生产,全权支配家庭财产等。除父权外,舅权在壮族家庭生活中扮演十分重要的角色。谚语说:"天上雷公大,地下舅公大"、"娘亲舅大"。在日常生活中,若外甥遇到舅舅,必须垂手伺立,听从吩咐。舅舅对外甥可以发号施令,专断行事,父亲不能有任何不满的表示。如果父亲对孩子的指令与舅舅的发生冲突,孩子必须先体现外甥的亲属关系,迁就舅舅。妇女处于从属地位,她们不但需要承担较多家务,还要承担繁重的田间劳动;家庭财产由儿子继承,女儿无继承权。

壮族是我国仅次于汉族的第二大民族。壮族有自己的语言,属汉藏语系壮侗语族壮傣语支,分南北两个方言区。壮族起源之初并没有文字,但随着壮族与汉族交往的逐步深入,到唐代,部分地区的壮族先民利用汉字的形、音、义的规律,模仿汉族"六书"造字法,创制出一种与壮语语音相一致的"方块壮字",俗称"土俗字"。然而,由于壮族未形成本民族统一的政权机构和区域,这些方块壮字只能记载各地方言,使用汉字借音也就各异,最后没能形成统一的规范文字。时至今日,壮语和壮字的使用已经不普及了。由于文字落后,壮族的历史文化流传只能靠原始的口传身教。这直接体现在其家庭教养中,父母或长辈以童谣、谚语、故事等形式传承民族文化。

蒙古族的生态文化背景

蒙古族分布于我国北方蒙古高原地区,由于地理位置、地形、海拔等因素影响,气候属温带极端大陆性干旱类型,冬寒且长,夏热而短暂。内陆位置和不同地形是影响蒙古高原降水量少且分布不均的主要原因,高原年降水量60~300毫米,西北部山地稍多,可达300~500毫米,南部戈壁的降水量多在100毫米以下。在高原地形和气候影响下,水系主要为内陆流域,且多内陆湖泊。因此,整个蒙古高原的自然景观主要为温带草原和温带荒漠景观。这里自然灾害频繁,尤其是暴风雪造成的"白灾"和干旱造成的"黑灾"时常发生。在气候、海拔、降水等多种因素共同作用、综合影响下,蒙古高原形成了地表结构相对封闭、相对单调,自然条件恶劣,生态环境相对脆弱,人畜承载力相对偏低等独特的地理环境特点。这些特点对蒙古传统文化的形成、发展乃至定型都产生重要影响。在与自然界共同前进、长期适应的过程中,蒙族人民逐渐形成"天人观",即与大自然和谐相处,认为人之与天地同,万物之形虽异,其情一体也。因此,人与自然的关系首先是朋友,不是敌人,应与自然万物浑然一体,和谐相处;将"天人合一"与"战胜自然"的观点结合起来,这是"理之当然、势之必至",这就是"天人合一"思想的基本精神。

与恶劣气候、高原地貌等生态环境相适应,蒙族人形成了畜牧业、半农半牧的主要生产方式。这种游牧经济文化类型的传统生产方式是在天然草场上大群牧放牲畜,过去是"逐水草而居",现在已发展为定居轮牧,分冬营地和夏营地,按季节移场放牧。这种独特生产方式最终成为我国富有特色的三大经济文化之一,即草原游牧文化,它与农耕文化一样,有悠久的历史和独特的内容,体现出鲜明的地域特色和独特的民族特色。最突出的特征在于与大自然融为一体,充分利用自然和环境,来延续游牧人的生存,游牧民族的生产、生活和习俗中处处体现出与自然生态环境的融洽、和谐、一体。蒙古族最基本的牧业生产单位是家庭,主要经营牛、羊、马、骆驼,牛、羊为最基本畜种;每个家庭一般主营一个畜种,兼营其他畜种;因经营畜种不同,草场大小、特点也不一样,家庭之间距离有远有近;因季节不同,所选择的草场、地理位置也不一样。可见,蒙古族的牧业基本上是一种以家庭为单位分散经营的、自给自足的自然经济。

蒙古族主要分布在内蒙古自治区,其他北方各省甚至南方各省也有分布,形成"大杂居、小聚居"特点。内蒙古地处蒙古高原,阴山在其中部,北部是戈壁和草原,南部有黄河弯曲流过,形成了著名的河套平原以及鄂尔多斯草原;兴安岭纵贯东部,以西是美丽富饶的呼伦贝尔大草原。可见,在内蒙古自治区里,草原、绿洲、戈壁、沙漠并存,地形甚为复杂。

深受"天人观"的影响,蒙古族逐渐形成了自己的道德价值观,其中最基本、最重要的是"孝",这与汉族颇为相近,但其内涵有所区别。在古代蒙古社会,"孝"不仅是家庭、家族内伦理关系的基础,也是整个社会伦理关系的支柱,是维持社会基本关系和整个社会秩序稳定的重要基础。在游牧民族的社会制度中,为了血缘关系强化,共同祖先的观念极其重要。因此,拜祭祖先是当时一项包括宗教和伦理双重内容的仪礼。在《蒙古秘史》中,尤其是在有关训诲或谚语中,不断强调尊重祖先与长辈以及孝敬父母及长者的重要。如成吉思汗宣称:"人假如有点孝顺之心,天必知晓。"他还强调,"凡一个民族,子不遵父教,弟不聆兄言,夫不信妻贞,妻不顺夫意,公公不赞许儿媳,儿媳不尊敬公公,长者不保护幼者,幼者不接受长者的教训",那么这个民族的伦理纲常就会乱套,民族必定要灭亡。他坚信"能治家者,即能治国"。这在蒙古族家庭习俗中可见一斑。例如,在蒙古族家庭中,媳妇在公婆、大伯以及丈夫面前不能随便就坐,当他们起立时,也要站起来;媳妇不能呼唤公、婆、大伯和丈夫名字。但游牧民族的"孝",其感情的成分如爱、恩慈以及顺服,是胜过理论与礼仪的成分,这一点是与汉族儒家的"孝"所不同的地方。

在蒙古族家庭中,男女的社会角色明显不同。蒙古族的家庭结构是一夫一妻制的父系小家庭。在家庭中,由于男子在主要生产领域起重要作用,因此占有支配地位;妇女地位较低。对妇女,特别是年轻媳妇,有各种禁忌。在蒙古家庭中,妇女劳动非常繁重。在家庭中男女分工是:男子主要从事放牧和农业劳动;妇女从事家务劳动。但由于几乎每家都有一人至几人男子当喇嘛,劳动力显得严重不足。因此,妇女不得不从事一部分放牧工作和农业劳动。从社会结构角度看,蒙古族相对松散,因为天然放牧有其致命的脆弱性,即随着牧草的荣枯,牲畜出现"夏肥、秋壮、冬瘦、春死"的规律;这种生产的特点使得牧民特别重视食物的贮存;牧民的社会化倾向于服从性。

蒙古族有自己的语言和文字。蒙古语属于阿尔泰语系蒙古族语,语言使用区域比较广泛,包括蒙古国,中国的内蒙古自治区、辽宁、吉林、黑龙江等蒙古族聚居的地区。在历史上,蒙古族使用过多种文字,早期蒙古文与回鹘文字很相似,因此被称作回鹘式蒙古文;到公元17世纪,回鹘式蒙古文发展为两支,其中一支就是现行通行于我国的蒙古文,又称老蒙文。

纳西族的生态文化背景

纳西族聚居在云南省西北部,处于滇、藏、川交界的横断山区,那里有云岭、雪山,有金沙江、澜沧江,彼此交错纵横,形成高原、盆地与河川峡谷的复杂地形,平均海拔在 2700 米以上。自然资源非常雄厚。但是,对纳西族先民来说,在历史上可直接开发利用的资源较为贫乏。因此,在对自然缺乏认识情况下,他们对自然界发生的许多现象都无法理解和解释,既敬畏和恐惧自然,又渴望能像自然那样拥有无比的力量。因此,纳西先民们把富有生命力、机灵、勇猛的熊、猴、虎、青蛙作为自己的图腾,把自然万物看作是人类的兄弟姊妹,逐渐形成了"天人合一"、人与自然平等和谐相处以及崇尚强大和自然美的思想观念,这是纳西族精神文化的基础所在。

滇、藏、川交界横断山区的气候具有寒、温、亚热带三类特征,雨量充沛,给纳西族造就了宜农、宜牧、宜林的自然优势。纳西族顺应自然优势,形成了以农业为主的生产方式,逐渐发展出与之相适应的耕作技术、水利灌溉设施、各类生产工具等。纳西族主要聚居在云南丽江纳西族自治县,其余散布在云南省的中甸、维西、永胜、贡山、兰坪和四川的盐源、盐边、木里等县。

纳西族很早就形成了"天人合一"的观念,他们把人与自然和谐发展作为约束民族行为的道德准则。一方面,体现在纳西族人的日常行为中,如人们自觉地不在河流上游洗东西,不杀害水里的蛇与青蛙,不采摘未成熟的果实。另一方面,也体现在其家庭伦理观中。纳西族的观念中非常崇尚家庭和睦。在纳西族中,如果父母、子女双全的人,这被视为是有福气;若有三四代人组成的大家庭就能备受族人的赞誉;婆媳相和、夫妻恩爱的家庭在当地备受推崇,而争吵好斗、蛮横无理的家庭成员,通常都会受到家庭和社会的谴责。

在纳西族社会中,男女的社会角色明显不同,各自体现的价值和地位也有差异。表现在:纳西族的绝大部分地区很早就实行了一夫一妻制的父系家庭,这种家庭一般由祖父母、父母、子女三代人组成的居多。在纳西族父系制家庭中,男子地位高,女子地位低,重大事情及对外事务由男性家长决定,家庭财产由男子继承,女儿没有继承权;但舅父在家庭中享有较特殊地位;家庭经济由理家的妇女管理,妇女在家庭中除承担养儿育女及繁重的家庭劳务外,还担负栽插撒播、砍柴割草、饲养家禽牲畜等农活,虽然她们一般都有经济支配权,但地位低下;"三从四德"是妇女的道德准则,孩子很小就担起家务担子,一切得听家长安排(包括择偶),当了媳妇就得听公婆和丈夫安排,而且有很多约束,如不得与异性交往,不能上桌吃饭,不得与公爹面对面讲话。对男性而言,由于家庭中由女性操持家务,因此在从事生产生活方面的能力相对较弱,使得这些"受宠"的男子(尤其是丽江古城内经济较好的家庭)大多把心思转向文化艺术的审美和创造,比其他民族的男子有更多时间来学习琴棋书画,相对脱离世俗的油盐柴米,悠然自得。

纳西族有自己的语言和文字。纳西语属于汉藏语系藏缅语族彝语支。纳西文字原有四种文字,即东巴文、哥巴文、沅可文和玛萨文,但时至今日,相对而言,四种文字中唯独东巴文保留较为完整。目前,许多纳西族人只会说纳西语,对东巴文字却已相当陌生了。

郑雪等人通过量化生态环境与认知操作方式,证明汉、黎、蒙古、鄂温克、回族认知方式差异源自于生态文化因素。例如,陈中永和郑雪(1995)指出,认知操作和认知方式与生态环境和生存策略有密切联系,社会结构的紧密性和社会化倾向对个体认知操作和认知方式起一定制约作用,学校教育、信息媒介等现代化影响因素对个体认知操作和认知方式的变化和发展有重要促进作用。杨劲生、原献学(1995)指出,在氏族制经济基础上,黎族生活方式世代相袭,产生了文化遗传,使黎族人形成了单向直觉思维的认知方式,但由于近现代黎、汉民族交往更加频繁,黎、汉文化相互影响,造成了黎、汉在认知风格上趋向一致。李锦平(1997)指出,苗族人主要关心地上的动植物,他们甚至没有星座、恒星等天体概念;在认知广度上,他们对山区认识较为深透,对平原地区认识非常粗疏,对海洋认识更为肤浅。这是由于苗族主要生活在内陆山区导致。王庆(2007)对西藏三个藏族村寨共135位年龄在18岁以上的藏族成年人进行认知风格测查。结果显示,藏族成年人的总体认知风格倾向于“场独立”,并且女性的独立性强于男性。何以如此?王庆认为,整个青藏高原海拔较高,对外交通相对隔绝,加之气候高寒,地旷人稀,在这样生态环境下,无论是从事农业、畜牧还是从事多种经营的农牧综合型生产方式,都必须具备较强的独立空间判断能力和较高水平的心理分化能力。因为在这种生态环境中,可以供人们参照的外在信息相对较少。在茫茫大草原上,一望无际,人们很难寻找到外在可供参照的物体,更多的只能够以自己独立的感知经验来辨别方向、时间、食物、水源等生存要素。人们更多地依靠直觉和已有感知经验来感知事物,久而久之,生活在这里的人们就形成了以场独立型为主要倾向的认知风格。陶格斯(2008)在分析了蒙族学生与汉族学生的认知方式中发现,城市汉族被试组的认知方式明显高于农村汉族被试组,也支持了郑雪等人的观点。

11 民族智力

智力(intelligence)是心理学中的核心概念之一。智力研究既具有重要的理论意义,也有强烈的实践需求。因此,民族智力就成为民族心理学家关注的重要问题之一。

11.1 智力的概念和结构

11.1.1 传统智力观

什么是"智力"?不同学者有着自己独特的见解:在西方,传统智力观的代表是比奈(A. Binet, 1857—1911)、推孟(L. M. Terman, 1877—1956)及布朗(F. G. Brown)的观点。比奈(1905)认为,智力是正确的判断、透彻的理解、适当的推理能力;推孟(1914)认为,智力与抽象思维能力成正比;布朗(1983)认为,智力是学习能力、保持知识、推理和应付新情境的能力。在后续研究者中布鲁纳(J. S. Bruner, 1915—   )把智力看作是获得知识、保持知识以及将知识转化的能力;Woodrow(1921)把智力理解为"获得能力的能力";Dearbor(1921)强调智力是从经验中学习或获益的能力;Gates(1956)认为,智力是关于学习能力的综合能力;Colvin(1921)强调智力是学会调节自身以适应环境的能力。可见,西方学者更多地把智力理解为在不同种类的活动中表现出来的一般能力,如观察力、记忆力、想象力、创造力、抽象概括力等。在组成智力的因素中,思维力是核心。正常的智力是从事任何一种实践活动的基本条件。

东方文化对智力有独特的理解。在中国,"智力"一词由"智"发展而来,"智"在先秦已广泛应用,但"智力"在战国后期才出现。在古代,"智力"内涵以"智"为核心。有学者根据《孟子》、《灵枢》、《子华子》、《黄帝内经》、《国语》等著作总结出我国古代对"智"和"智力"的理解:"智"是心理活动的重要范畴,居于心理过程的最高层次;"智力"是"智"的力化,通过机体活动表现出来,只有在对外在事物认识与处理过程中,才表现出智的力量。智若不能力化则是潜智;只有智转化为力,才产生巨大的作用与力量,成为改造自然、社会与完善自身的原动力(曹德泓,艾鸿涛,1992)。

孔子虽然没有给智力下定义,却多次提出"智者"应有的特征。孔子认为,智者就是能够正确认识客观事物和自己的人。孔子说:"知者乐水,仁者乐山;知者动,仁者静;知者乐,仁者寿"(《论语·雍也》);"知之为知之,不知为不知,是知也"(《论语·为政》);"知者不惑,仁者不忧,勇者不惧"(《论语·子罕》)。老子说:"知者不言,言者不知。"(《道德经·第五十六章》)意思是说智者不是说教者,而是通过自我修养,言行一致,豁达大度,以取得人们的尊崇。荀子说:"所以知之在人者,谓之知;知有所合,谓之智。智所以能之在人者,谓之能;能有所合,谓之能。"(《荀子·正名》)即人所固有的认知能力叫作"知",人的认知与客观事物吻合叫作"智",人固有的运用能力叫作

"能"。荀子一方面区别智力与能力：人用以改造客观事物的本领叫作能力,人们用固有能力与客观事物相接触,相符合,叫作智力或智能;智力与能力又相互联系,智力是人们认识和改造客观事物的能力的总和。没有知识,能力就无从谈起智力(田光辉,1989)。

由此可见,中、西方文化背景下的"智力"概念虽然有许多共同点,但中国文化背景下的"智力"概念有许多独特的释义。智力最终表现为对环境的适应力。社会文化、生态环境发生变化,人对其适应的能力也会随之变化,智力的概念具有文化的普遍性和相对性的特征。智力不仅仅是心理学术语,在公众中也普遍存在,在日常生活中也经常使用,Sternberg称之为"智力的内隐概念",即公众对什么是智力的常识性理解。智力的内隐概念反映社会不同阶层、不同知识经验的公众对智力的看法。一个社会或一个民族中公众普遍认同的智力特征在某种程度上反映了这个社会的文化、生态环境对人的适应能力的基本要求。我国民族众多,各民族的文化具有很大差异,因此,不仅中国与西方在对智力的定义上存在差异,中国各民族的智力观也各有特点。不同民族的人们对智力的看法和对智力的应用也受文化影响。智力作为认知特性,与个体所处的环境密切联系。我国学者曾经对部分少数民族进行过智力观念的跨文化研究,这些研究结果显示了不同文化背景下智力观的普遍性和相对性。

11.1.2　现代智力观

西方的传统智力观以因素分析法为主要研究手段,属于智力测验范式。随着认知加工取向逐渐成为心理学研究的热点,对智力的解释也发生了较大的变化,朝着认知加工范式和认知神经范式转变,近年来更朝着生态文化的范式演变。例如,加德纳(H. Gardner, 1943—　)于20世纪80年代提出了多元智力理论,认为智力是一种个体逐步形成与特定内容相适应的思维方式的潜力。斯腾伯格(R. Sternberg, 1985)提出了三元智力理论,认为一个完备的智力理论必须说明智力的三个方面,即智力的内在成分,这些智力成分与经验的关系,以及这些智力成分的外部作用。Das等人(1990)提出了智力的PASS模型,侧重于从认知加工的角度描述智力活动的内部结构和心理过程。Peterson(1921)认为,智力是一种生物学机制,它使得一组复杂刺激的效应得以汇聚,并在行为中赋予个体某种联合效应。Garlick(2002)提出智力的神经可塑性模型,认为个体的智力由于大脑神经的可塑性而得到发展。生态文化范式的智力研究强调智力发展的外部环境,重视分析现实情境中的智力活动,力求从智力活动与环境要求和压力的相互作用中去揭示智力的本质。由此可见,关于"智力"内涵的研究趋势是将因素分析方法、认知加工研究法、认知神经科学研究法与跨文化研究法结合起来。

11.2 智力理论

"智力"的结构如何? 它与经验、生态环境的关系怎样? 20 世纪初以来,出现了许多智力理论。这些理论可以分为三大类:智力测验取向的智力理论,认知加工取向的智力理论和生态文化取向的智力理论。

11.2.1 智力测验取向的智力理论

智力测验取向的智力理论基于这样的假设:人的智力存在着差异,这种差异可以用特定的工具来测量;智力由一些基本因素构成,通过因素分析可以探查出智力的结构。

单因素论

Galton、Binet、Terman 等人主张,智力是一种总的能力,可以用智力年龄(Mental age, MA)或智商(intelligence quotient, IQ)来表示个体的智力水平高低。

两因素论

Spearman(1904)认为,智力由普遍因素和特殊因素构成。前者称为 G 因素,为不同智力活动所共有;后者称为 S 因素,是特殊智力活动必备的因素。人类的大多数活动的完成均需要 G 因素和 S 因素的结合。G 因素是智力结构的基础和关键。

群因素论

Thurstone(1938)认为,智力包括 7 种彼此独立的能力,即语词理解(V)、语词流畅(W)、推理能力(R)、计数能力(N)、机械记忆能力(M)、空间能力(S)和知觉速度(P)。

三维结构模型

Guilford(1959)把智力分为三个维度:操作、内容和产品,把这些维度比作立方体的长、宽、高,就形成了三维结构理论,如图 11 - 1 所示。

第一个维度是操作。操作是心智活动或过程,即个体对信息的处理,包括 5 种因素:认知、记忆、发散思维、聚合思维和评价。第二个维度是内容,即信息材料的类型,共有 5 个因

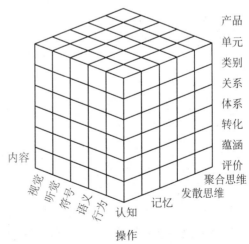

图 11 - 1 Guilford 的能力三维结构模型

素：视觉、听觉、符号、语义和行为。第三个维度是产品，即智力活动的结果，共有 6 个因素：单元、类别、关系、体系、转化和蕴涵。智力总共有 150(5×5×6) 种因素组成，每一种因素都是独特的能力。与之类似，Eysenck(1953) 认为，智力由心理过程（推理、记忆、知觉）、材料（语词、数字、空间）和品质（速度和质量）三个维度构成。

层次理论

Vernon 在 20 世纪 60 年代提出，智力按层次组织，最高层次是一般因素；第二层次是言语—教育能力和操作与机械能力两个大因素群；第三层是小因素群，如言语—教育能力又可分为言语因素、数量因素等；最基础层次是特殊因素。该理论是 Spearman 理论的深化。

11.2.2 认知加工取向的智力理论

认知加工取向的智力理论不是试图用因素去解释智力，而是试图了解人类智力的性质和人们如何进行思维。Dodd(1980) 指出，认知包括功能、过程和结构。认知就是为了达到一定目的在一定心理结构中进行信息加工的过程。

认知成分理论

Neisser(1967) 认为，智力包括感觉输入受到转换、简约、加工、存储、提取和使用的全部过程。Reed(1982) 认为，智力由一系列心理过程或机能组成，包括模式识别、注意、记忆、感觉、表象、言语、问题解决和决策等。Carroll(1981) 认为，智力由监控、注意、理解、知觉综合、编码、比较、共同表征形式、共同表征检索、转化和反应执行 10 种认知成分构成。

智力二元论

Cattell(1965) 提出，智力可以分为"易变的智力"和"已经形成的智力"，前者称为"流体智力"(fluid intelligence)，后者称为"晶体智力"(crystallized intelligence)。这两种智力在人的一生中有不同发展趋势，它们与先天秉赋、社会文化有不同关系。晶体智力是指获得语言和数学知识的能力，它通过文化经验获得，主要取决于后天学习，如语言的词汇量和数学能力等。智力测验主要针对晶体智力。晶体智力虽然源于经验，却不等同于学业成就，它表现为个体的学识水平。晶体智力在人的一生中一直在发展，只是到了 25 岁以后，发展速度渐近平缓，并保持至个体晚年。流体智力是指人在信息加工和问题解决中表现出来的能力。如对关系的认识，类比推理和演绎推理的能力，抽象概括能力等。它主要决定于个人的先天禀赋，较少受文化和知识的影响。流体智力的发展与年龄有密切关系。在儿童和青少年时期发展较快，20 岁以后达到顶峰，30 岁以后随着年龄的增长而降低。由于流体智力受教育和文化的影响较小，因此，在编制适用于不同文化的测验时，多以流体智力为目标，以此作为不同文化者智力比较的基础。

智力三元论

Sternberg(1981)认为,智力成分,成分与经验的关系,以及成分的外部作用构成了完整的智力内涵,由这三个方面衍生了成分性智力(componential intelligence)、情境性智力(contextual intelligence)和经验性智力(experiencedtial intelligence)。

成分性智力是指个体在解决问题过程中对信息有效处理的能力,包括三种成分及相应的三种过程,即元成分、操作成分和知识获得成分。元成分(元认知)是用于计划、控制和决策的高级执行过程,如确定问题性质,选择解题步骤,调整解题思路,分配心理资源等;操作成分表现在任务的执行过程中,是指接受刺激,将信息保持在短时记忆中,比较,负责执行元成分的决策;知识获得成分是指获取和保存新信息的过程,负责接受新刺激,作出判断与反应,对新信息编码与存储。在智力成分中,元成分起核心作用,它决定人们解决问题时使用的策略。成分性智力揭示智力活动的内部机制。根据这种理论编制的测验,能够测量出人们是怎样解决问题的,因而对深入了解能力的实质,促进能力的训练与培养,具有重要意义。情境性智力是指个体获得与情境拟合的能力。在日常生活中,智力表现为有目的地适应环境、塑造环境和选择新环境的能力,这些能力统称作情境智力。一般来说,个体总是努力适应他所处的环境,力图在个体及其环境之间达到一种和谐。当和谐程度低于个体满意度时,就是不适应。当个体在一种情境中感到不适应或不愿适应时,会选择能够达到的另一种和谐环境。此时,人们会重新塑造环境以提高个体与环境的和谐,而不只是适应现存环境。经验性智力是指个体修改经验从而达到目标的能力。包括两种能力:一种是处理新任务和新环境时所要求的能力;另一种是信息加工过程自动化的能力。应对新异性的能力和自动化的能力是完成复杂任务时两个紧密相连的方面。当个体初次遇到某任务或某情境时,应对新异性的能力就开始了,在多次实践后,人们积累了经验,自动化的能力才开始起作用。

真智力理论

Perkins(1995)提出"真"智力理论,认为智力由神经智力(neural intelligence)、经验智力(experiential intelligence)和反思智力(reflective intelligence)构成。神经智力是指在神经系统的速度和效率方面的相对固定的能力,主要从生理层面强调脑神经基础对智力的影响。遗传差异决定个体间神经特质功能的差异。一个人所以比其他人更聪明,可能是因为他的神经系统功能更强,神经网络传递更迅速、更准确。神经智力可类比 Catell 的流体智力。经验智力是指在过去生活中获得的特殊知识和技能。通过在某个特定领域与活动中的长期学习与训练,可以有效地促进经验智力的发展。经验智力可以类比 Catell 的晶体智力。反思智力是指用于解决问题,在学习和完成挑战智力任务时所用的策略,所持的态度,以及对心理活动进行管理和自我监控的能力,类似于元认知和认知监控方面的内容。他认为,人很难改变神经智力,却可以通过增加知识和学习更好的思维方式变得更聪明。这一理论对教育实践的价值不言而喻。为了充分使用先天的智力,人必须具有好的元认知技能,包括对思维和问题解决过程进行管理的能力,如将问题分解为几个部分,建立目标和子目标,监控和调整等。Hunt(1995)认为,学习元认知技能是使人变得更聪明的可靠途径。

11.2.3 神经效能和神经结构理论

为了解释智力差异的原因,有的心理学家提出人类智力的神经效能理论,认为与智力水平低的个体比,智力水平高的个体完成相同任务时使用的神经网络或神经细胞更少,消耗的葡萄糖更少,表现出更高的神经效能。Haier(1992)测量 8 位被试完成瑞文高级推理测验时大脑的葡萄糖代谢率,发现瑞文测验成绩与几个脑区的葡萄糖代谢率都呈显著负相关。他提出:"智力不是大脑如何工作的结果,而是大脑如何有效率工作的结果,这种效率可能源于充分激活与当前任务相关的脑区,同时抑制与当前无关的脑区的激活。"Jausovec(2000)使用 ERP 技术分析高智力者和普通智力者完成简单听觉和视觉 oddball 任务时诱发的脑电,证明高智力者在完成任务时激活的脑区更少,但激活的脑区都与当前任务相关,激活强度越大,认知加工效能就越高。

认知神经科学家还关注智力的脑结构。Duncan(2000)提出"单一结构"理论。他利用 PET 技术研究 Spearman 的 G 因素的神经机制,发现与 G 因素高度相关的任务并未激活多个脑区,只激活了单侧或双侧的外侧前额叶皮质。这说明"普遍智力"可能产生于额叶的一个特定系统,这个系统在控制不同形式活动中发挥重要作用,这为智力是单一结构系统提供了证据。Gray(2004)认为,较高级的认知功能(如智力)可能是一个"功能模块",它可能会激活多个脑区,而不是单一脑区。但是,这些被激活的多个脑区可能处在同一网络中。

11.2.4 PASS 模型

Naglieri 和 Das(1988,1990)提出 PASS 模型,PASS 是指"计划—注意—同时性加工—继时性加工"(Planning-Arousal-Simultaneous-Successive, PASS)。它包括三层认知系统和四种认知过程。其中,注意系统又称注意—唤醒(arousal)系统,它是整个系统的基础;同时性加工和继时性加工统称为信息加工系统,处于中间层次;计划系统处于最高层次。三个系统协调合作,保证一切智力活动的运行。PASS 模型建立在鲁利亚三个机能系统学说的基础上(见图 11-2)。三个机能系统之间具有动态联系,第一机能单元和第三机能单元关系非常密切,计划过程需要充分的唤醒状态,以使注意能够集中,进而促使计划产生。编码和计划过程也密不可分,因为在现实生活中的任务往往能以不同方式进行编码,个体如何加工信息也是计划的功能,所以同时性或继时性加工要受到计划功能的影响。

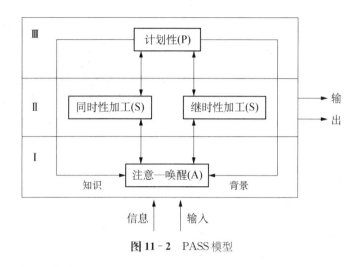

图 11 - 2　PASS 模型

11.2.5　生态文化取向的智力理论

智力多元论

智力多元论(multiple-intelligence theory)由加德纳(H. Gardner, 1983)提出。他通过对脑损伤病人和智力特殊群体的研究,认为人类神经系统经过 100 多万年的演变,已经形成了互不相干的多种智力。大脑损伤可能降低一种能力,而其他智力却不受影响。那些被称为"白痴学者"的人,通常在智力测试中得分很低,却在某一方面(如计算、绘画和音乐能力)特别优秀,表现出一种不可思议的智力。传统智力理论过分偏重语言能力、数理逻辑能力,而智力应是在某种文化环境的价值标准下,个体用以解决问题和生产创造所需要的能力。因此,每个人解决问题的能力都是多元的:有人擅长语言表达,有人运动能力发达,有人音乐感强,有人喜欢思辨。智力是一组能力的综合。他提出 8 种常见的智力:

(1) 言语智力(linguistic intelligence)。包括说话、阅读和书写的能力。大脑皮层的言语运动区与这种智力有关。

(2) 数理—逻辑智力(logical-mathematical intelligence)。包括数字运算与逻辑思考的能力。如做数学题或进行逻辑推理。大脑左半球与这种智力有关。

(3) 空间智力(spatial intelligence)。包括认识环境、辨别方向的能力,比如查阅地图,在城市中和森林中定向。大脑右半球与这种智力有关。大脑右后部受损的病人会丧失辨认方向的能力,这种人容易迷路。

(4) 音乐智力(music intelligence)。包括对声音的辨别与韵律表达的能力,如演奏乐器和创作乐曲。对音乐的感知和创作由大脑右半球控制。右脑损伤会造成"失歌症"。

(5) 身体运动智力(bodily kinesthetic intelligence)。包括支配肢体完成精细操作的能力,如从事球类运动、体操表演和舞蹈。这方面能力由大脑皮层运动区控制。

(6) 社交智力(interpersonal intelligence)。包括与人交往、和睦相处的能力,如理解别人的行为、动机和情绪,表达自己,协调人与人之间关系。大脑额叶对社交能力有重要影响。额叶受损伤会引起人的性格变化,人变得缺乏责任心和耐心,从而影响人际关系。

(7) 自知智力(intrapersonal intelligence)。包括认识自己并选择自己的生活方向。研究表明,大脑额叶对自知智力也起重要作用。

(8) 自然智力(naturalist intelligence)。又称博物学家的智力,主要用于理解自然界中的各种模式,能够让人对不同生物进行归类。

Gardner(1998)还假设了另外两种智力:

(9) 精神信仰智力(spirit belief intelligence)。进行抽象思考,并将自己置于精神性思考框架之中的能力。如思考宗教问题、信仰问题的能力。

(10) 存在智力(existing intelligence)。这是"思考关于生命、死亡和存在等重大问题"的能力。它能够让人们思考宇宙的结构、存在的目的、死亡的意义之类的问题,并让人们应对深刻的情感体验。

成功智力理论

Sternberg(1996)提出成功智力理论。他认为,成功意味着个体在生活中实现了自己的目标,目标就是个体通过努力能够最终达成的人生理想。成功智力就是用以达成人生主要目标、对现实生活产生重要影响的智力。成功智力包括如下成分:

(1) 分析性智力(analytical intelligence)。也叫逻辑推理能力。包括分析问题和找到正确答案的能力。这种能力可以通过智力测验来评估,测验呈现的是定义明确、只有一个正确答案的问题。这种智力与学业成绩关系密切。

(2) 实践性智力(practical intelligence)。是处理意义不确定、有多种解决方法的日常任务所需要的智力。这种智力有时也叫"街头智慧"。这种智力在家庭和工作中也非常有用。

(3) 创造性智力(creative intelligence)。表现为对新情境的适应性反应以及新观念的产生。

Sternberg 认为,传统智力测验评估的是学业智力,这种智力能够预测学业成绩,却难以预测职业成就。那些具有敏锐实践性智力的人,他们在学校里可能卓而不群,也可能表现平平。大量案例表明,那些创造力很强的人,在学校里表现却很一般。

情绪智力理论

Mayer 和 Salovey(1990)提出情绪智力理论,认为情绪智力由情绪评估和表达能力、情绪调节能力和情绪运用能力组成。1997 年,他们将情绪智力的结构发展为 4个维度:(1)情绪知觉、评价和表达的能力;(2)情绪对思维的促进能力;(3)理解、分析情绪,运用情绪知识的能力;(4)对情绪自我调节的能力。也就是说,情绪智力是认识情绪意义和它们关系的能力、利用知识推理和解决问题的能力以及使用情绪促进认知活动的能力。情绪智力是横跨认知系统和情绪系统的操作,这种操作通常是以整体方式进行的。

如何评价情绪智力? 情商(Emotional Intelligence Quotient,简称 EQ)的概念应运而生。它代表一个人的情绪智力的指数。Bar-on(1988)编制了第一份测量 EQ 的问卷(EQ-i)。让 EQ 走出学术圈子,成为人们的日常用语,是 Goleman 的《情绪智力》的贡献。Goleman(1995)认为,情商是个体的重要生存能力,是一种发掘情感潜能、运用情感能力影响生活各个层面和人生未来的关键品质。在个体成功的要素中,智力是重要的,但更重要的是情感。一个人的 EQ 对他的职场表现有非常重要的影响。一个针对全美前 500 强企业员工所做的调查发现,不论哪种产业,一个人的 IQ 和 EQ对他在工作上成功的贡献为 1∶2。也就是说,对工作成就而言,EQ 的影响是 IQ 的两倍,职位愈高,EQ 对工作表现的影响愈大。

智力的生物生态学理论

Ceci(1990)提出智力发展的生物生态学理论(the bioecological theory)。他认为,智力是一组多侧面的能力,这些能力是领域特异的,依赖于领域知识以及对这些知识的高度整合和概括。智力是天生潜力、环境、内部动机的作用和函数。

智力具有复杂性。个体的认知活动可以灵活有效,也可以复杂低效,这受个体已有知识结构影响,是领域特异的。这可以解释为什么有些个体在某些领域里智力发展得很好,在另一些领域里智力却很弱。智力具有环境适应性。即在特定领域中,每种认知潜能除了具有相应生物学基础外,其发展又与环境密切相连,并且是一种动态、获得的能力。这意味着不同环境下的智力完全可以通过截然不同的方式表示出来。智力是一种由多种情境所培养的天生潜能,其发展是否成功取决于生物潜能和环境力量的相互作用。

该理论认为,先天是指生物潜能,后天是指生态。生物潜能不仅包含遗传素质,还包括储存、扫描、提取信息等受生物学影响的认知潜能。生态不仅指物理环境、社会文化,还包括最近过程(proximal processes)和远端资源(distal resources)。最近过程包括发展中的儿童与周围环境中其他的人、物体、活动和符号之间的持久性的、互补性的相互作用,这些积极的相互作用可以使儿童形成更复杂的智力活动形式。因此,适宜的最近过程是智力发展的引擎,是将基因型转变为表现型的机制。远端资源包括影响最近过程的方式和质量的个人环境方面。许多稳定的远端资源(像书与邻里关系)更有利于最近过程。

动机可以驱动个体运用自身潜能和环境优势,通过更为精心的信息编码、提取,更为细致的策略选择和运用等微观认知操作方式,产生更有效的认知活动。因此,动机影响个体的智力发展,动机应整合到智力发展过程中。

11.2.6 关于智力本质的认识与思考

蔡笑岳(2012)在详细考察了中外有关智力的理论后,提出对智力本质的看法:

(1)智力的机能性质是认知的。认知活动是通过人脑进行并运用智慧的活动。智力是认知系统的机能表现,智力活动过程就是认知过程,智力活动对象就是认知对象,智力活动结果就是认知结果。智力保证着人对客观世界的认识与对自身主观世界的理解。

(2)智力的本质特征是个体品质的。智力虽然体现在认知中,但智力并不是认知过程,而是人在认知中表现出来的特性和差异。这些特性和差异体现个人在认知方面的品质特点,智力是这种品质特点的概括和有机集合。智力是人类在一定文化背景和环境适应中,在个体认知活动中积累、沉淀下来的稳定心理品质,表现为人有效进行认知活动时相对稳定的状态。

(3)智力的效能特征是工具性的。智力是一种工具性的认知系统。智力是在个体与环境相互作用时,通过直接操作认知对象来认识事物,通过直接操作问题以达到对问题的认识与解决。智力差异直接决定认知任务的完成和认知加工的效果。

(4)智力的心理能量是潜在的。智力既是一种实际能力,也是一种潜在能力。智力的心理能量是发展变化的。潜在智力可以转化为现实智力,教育、训练、实践活动在转化过程中发挥重要作用。

(5)智力的表现是多形多征的。人的各种活动都包含了智力因素,都表征着智力。

(6)智力的核心成分是元认知的。智力不同于一般认知。它能够对认知活动的进程和操作给予再认知。元认知是智力的核心。在智力活动中,元认知起着中央执行系统的作用。

应当承认,这些看法是十分精辟的。

11.3 智力与种族

种族的智力差别,不仅是一个科学问题,也是一个十分敏感的社会问题。甚至在几十年前,包括科学家在内的欧洲人对他们与非洲人有共同祖先的说法还十分反感。现在,科学家和民众都倾向于缩小人类的种族差异,特别是在智力领域。人类学、遗传学和心理学研究均表明,不同种族在心理特征及行为上存在广泛的差异,智力差异是人们关注最多、最感兴趣的领域。

11.3.1 不同人种的脑与智力的关系

所有人都相信智力是人脑的功能。中国人说某人聪明时也常说"他(她)的脑瓜(筋)好"。因此,对不同种族的脑与智力关系的研究在近年来受到了重视。一些研究者致力于对比不同人种的大脑的体积,另一些研究者试图在脑结构和智力之间建立起联系。

Rushton(1995)指出,由于智商测验对黑人、白人和东方人在学校成绩和工作成就上有同样的预测作用,以及在"无文化束缚"测验和标准智商测验上显示出同样的人种差异,因此,比较智商和人种是可行的。他指出,在脑大小和智商测验上,不同人种之间存在差异。平均而言,脑最大与智商最高的是东方人;黑人的脑最小,智商也最低;白人介乎中间。Rushton 等人(1996)对 381 名成人做的 8 个磁共振(MRI)研究,发现脑大小与智商的总相关为 0.44。各人种的脑容量不同。到成年期,东方人从比白人的大脑容量平均多出 1 立方英寸(16.4 立方厘米),白人又比黑人多出 5 立方英寸(约 82 立方厘米)。MRI 研究发现,1 立方英寸的大脑可以容纳数百万个细胞和数亿个神经连接,容量大的脑拥有更多的神经细胞和神经纤维,加工信息的速度更快。因此,脑的大小有助于解释不同人种的智力差异。

测量人脑的大小有磁共振成像、验尸时秤脑重、测量头骨、测量生者的头部 4 种方法。1994 年的一项 MRI 研究显示,非洲黑人和西部印第安人的脑普遍比白人小。在 19 世纪,Broca 发现,东方人的脑比白人大且重,白人比黑人的脑大且重。白人的脑表面有较多皱褶,负责自我控制与计划的前叶也大。20 世纪数个关于验尸秤脑重的研究表明,白人的脑比黑人平均重 100 多克。头骨大小的测量表明,黑人的头骨小于白人约 5 立方英寸(约 82 立方厘米)。对生者头部测量也遵循"东方人>白人>黑人"的模式。有人根据四种测量脑大小方法得出不同人种的脑大小的平均值。在调整了身体大小以后,东方人的脑大小是 1364 立方厘米,白人的脑大小为 1347 立方厘米,黑人的脑大小为 1267 立方厘米。不同样本、不同测量方法得到的结果都指向一个平均模式"东方人＞白人＞黑人",这被称为人种相异的三特性模式。目前看来,这已经成为一个不争的事实。Rushton 认为,在众多研究指向身体大小不影响脑大小情况下,不同人种的智商符合三特性模式。这样看来,或许不同人种的脑大小差异确实可以说明为什么不同人种在智商及文化成就方面存在差异。

11.3.2 人种差异与大脑认知功能的差异

反应时研究

Salthouse(1985)提出"加工速度理论",认为信息加工速度是许多认知操作得以实现的重要因素,是认知能力差异的主要来源。信息加工速度体现为三个方面:感觉运动速度、知觉速度和认知速度。感觉运动速度反映对刺激作出简单反应的能力,知觉速度反映对刺激迅速作出知觉判断的能力,认知速度涉及高级认知活动,如记忆速度。大量研究表明,反应时与智商(IQ)之间有显著的甚至很高的相关,范围为－0.02～－0.90 之间,双生子研究得到的平均相关系数为－0.51。反应时可以作为一种最简单的文化公平认知测量。Lynn(2002)总结了 1989—1991 年对 1000 多名东亚人(中国香港和日本)、黑人(南非)、白人(英国和爱尔兰)的 9 岁儿童进行的研究。在研究中,渐进推理测验作为非言语智力测验与简单、选择、单数出列(odd-man-out)三种反应时任务一起施测。研究发现:东亚儿童的 IQ 最高,反应时最快,反应时变异最小;英国和爱尔兰的儿童居中;南非黑人儿童的 IQ 最低,反应时最慢,反应时变异最大。

美国的研究也发现,在反应时任务中,人们的平均分数表现出相同的模式:东亚人比白人反应快,白人比黑人反应快。Rushton 等人考察 400 多名 9～12 岁儿童从长时记忆中提取 10 以下(从 1 到 9)阿拉伯数字的过度学习加法、减法或乘法所需的时间,然后进行数学验证测验,发现反应时与瑞文推理测验分数呈显著的负相关。黑人的反应时显著长于白人,白人的反应时显著长于东亚儿童(Rushton & Jensen, 2005)。

G 因素研究

智力包括一系列水平不同的因素,G 因素处于最高点。心理学家认为,G 因素是智力测验的最主要内容,可以通过 G 因素反映不同人种的差异。斯安尔曼(C. E. Spearman, 1927)认为,平均黑—白群体的智商差异在那些因 G 而著名的测验中十分显著。Jensen(1980)称之为"Spearman 假设",并开发了相关向量法来检测它。这种方法认为,在一套认知测验中,标准黑—白平均差异与它们各自的 G 负荷有显著的正相关。测验中负荷的 G 越多,黑—白群体差异就越大。Jensen(1998)对近 4.5 万名黑人和 24.5 万白人进行的 149 个心理测验得出的 17 套资料总结后发现,G 负荷预测了平均黑—白群体差异的大小($r=0.62$，$p<0.05$)。Peoples(1995)在3岁儿童完成的斯坦福-比奈量表的8个子测验中发现，G负荷与平均黑—白群体差异的等级相关为$r=0.71$，$p<0.05$。Niborg和Jensen(2000)分析美国军队的4462名男性的资料，使用不同方法抽取19个不同认知测验中的G因素，发现人种差异与测验的G负荷的平均相关为0.81。他们得出结论说，Spearman关于平均黑—白群体的G因素假设是"一个经实证而确定的事实"。

Nagoshi等人(1984)对日本、中国和欧洲血统的两代美国人进行了15个认知测验研究，证实东亚—白人的测量差异是由于G负荷的作用。测验的G负荷越多，平均东亚—白人群体差异就越大。Lynn和Owen(1994)对南非1056名白人、1063名印第安人和1093名16岁黑人高中生施以初级能力倾向测验，发现在非洲人(平均智商为70)和白人之间有两个标准差，在白人和印第安人(平均智商为85)之间有一个标准差。他们测查Spearman假设并发现，非洲人—白人差异与从非洲人样本中抽取的G因素的相关为0.62($p<0.05$)，但与从白人样本中抽取的G因素的相关只有0.23，未发现白人—印第安人在G因素上的差异。Rushton(2001)对南非154名高中生对WISC-R10个子测验数据分析发现，非洲—白人差异主要体现在G因素上。Rushton和Jensen(2003)对津巴布韦204名12~14岁非洲人在WISC-R上的数据和美国人的标准样本比较表明，群体间人种变异的77%可归于G因素。Rushton(2002,2003)发现，标准和高级渐进推理测验聚集在G因素上项目越多，对非洲—东部印第安人—白人之间的差异大小预测得越好。这些研究表明，G负荷表明了跨文化的普遍性。

反应时测验也被用于证实Spearman假设。Jensen(1993)对820名9~12岁儿童的12个反应时变量中的G因素进行抽取，发现G负荷与平均黑—白反应时任务差异的相关为0.70~0.81。Jensen(1994)发现，与白人比，从东亚人较快的反应时测量中抽取的G因素平均较高。

异族收养子研究

这种研究可以让人们看到不同人种之间的智力差异。韩国和越南的儿童被白人收养的研究表明，许多被确诊为营养不良的婴儿长大后的智商比收养它们的国家的常模高出10个IQ值或者更多。相比之下，白人中产阶级家庭收养的黑人儿童和混血儿童(黑人—白人混血儿)比同一家庭中的白人手足或相似家庭收养的白人儿童拥有较低的平均智商分数。

Weinberg等人(1975)进行了一项很著名的收养跨种族研究。他们对265名7岁儿童进行测验。白人亲生子(非收养)的智商为117；亲生父母是白人的收养儿童的平均智商为112；亲生父母是黑人与白人的混血儿的平均智商为109；亲生父母是黑人的收养儿童平均智商为 97。1986 年,他们对其中 196 名儿童进行测量,他们当时17 岁。从四个方面对儿童的认知操作进行独立评价:(1)智商测验;(2)总平均绩点;(3)基于学校成绩的年级名次;(4)由教育权威人士施测的 4 个学科特殊能力倾向测验。结果表明,非收养儿童的平均智商为 109,平均绩点为 3.0,年级名次在第 64 个百分位,能力倾向分数在第 69 个百分位;白人亲生父母的收养儿童平均智商为 106,平均绩点为 2.8,年级名次在第 54 个百分位,能力倾向分数在第 59 个百分位;亲生父母是黑人和白人的混血儿的平均智商为 99,平均绩点为 2.2,年级名次在第 40 个百分位,能力倾向分数在第 53 个百分位;亲生父母为黑人的收养儿童的平均智商为89,平均绩点为 2.1,年级名次在第 36 个百分位,能力倾向分数在第 42 个百分位。

混血儿研究

Shuey(1966)对以皮肤颜色作为混血程度的研究回顾时发现,在 16 个研究中,皮肤颜色较浅的黑人比皮肤颜色较深的黑人平均智商较高,尽管这种相关程度很低(r=0.10)。Chakraborty 等人(1992)认为,如果美国黑人约有 20%的白人血统,平均智商将达到 85,这比撒哈拉以南非洲人的平均为 70 的智商要高出 15 个 IQ 值。Owen(1992)发现,南非有色混血人口的平均智商也为 85,介于非洲人平均智商 70 和白人平均智商 100 之间。

虽然上述研究在一定程度上说明了种族因素对智力的影响,但许多结果的含义也模棱两可。例如,收养者不仅在种族上不同,在其他方面(如环境和所受教育)上也存在差异。所以,要十分审慎地看待上述研究结果。

11.4　智力与文化

智力与社会文化的关系是令人十分感兴趣的问题。维果茨基(Vygotsky,1986—1934)说过:"要理解高度复杂的人类意识形态,就必须超越人类的生物性。必须要寻找意识活动的根源……它不在人脑的沟回里,也不在精神的深处,而在生活的外在条件。首先,这意味着要在社会生活的外部过程、人类生存的社会和历史形式中寻找根源。"随着研究的深入,心理学家越来越意识到社会文化对智力、智力发展及智力特征的制约。

11.4.1　智力是一个社会概念

与其他心理学概念不同,智力的概念具有社会性。人类智力总是在一定社会文化背景下产生的。从智力产生的那一天起,它就是社会意识的产物。布鲁纳(1977)指出,人们对于理智和思维过程的看法有着深刻的文化和意识形态根源。人类对智力的理解反映了一定阶级或阶层的社会政治需要。在存在阶级压迫和民族压迫的社会里,智力是社会意识形态的载体。在近代,智力往往成为帝国主义国家对内实行种族压迫、对外实行殖民主义的理论依据。

许多学者都看到了智力概念的社会性。Magne 等人(2004)论证说,智力只能够理解为一种社会表达,其功能是给复杂的社会存在找到合理依据。如果智力存在,它便是某一特定文化的历史产物。智力的内涵因文化不同而不同,即使在同一文化中,对不同年龄的孩子,智力的涵义也会随着时间的推移而改变。对个人而言,它不会随着社会阅历积累而变化。Sternberg(1997)也认为,智力是创造出来的,与其说它什么也不是,不如说它是各种成分的复杂混合物,这种创造物是社会性的。他感叹说:"从本体论的意义上看,智力与知觉、学习和问题解决等认识过程不具有完全的可比性,当然也不是一点也没有。试图将智力与认知或其他什么划等号的理论没有认识到智力的概念具有约定的性质。"

11.4.2 智力与文化关系的理论

缺陷理论

早期的欧洲人研究非欧洲人的智力时,一个基本假设是:非欧洲人在人种上是劣等的,他们在智力上存在某种先天缺陷。法国学者列维-布留尔(L. Lvy-Bruhl,1857—1939)认为,非洲人的思维特征是"前逻辑的"(pre-logical)。他们不能理解矛盾的二元逻辑,不能够区分梦境和现实。在图腾崇拜的社会里,人们认同一个特定动物作为共同祖先,缺乏对个体同一性的清晰认识,认识不到个体的存在,区分不清个体与群体的关系。他们具有群体的表征,主要表现在图腾崇拜、祭祀活动、神秘的宗教等方面,它独立于个体而存在。原始人的心理活动很少有个体差异,不仅在智力或认知活动中是如此,在情绪与动机方面也如此。这种神秘的、不可思议的群体表征使得原始人不可能像欧洲人一样精确、理性地把握事情的本质。

文化进化论

自从 1859 年达尔文(C. R. Darwin, 1809—1882)发表《物种起源》以后,摩尔根和泰勒(E. B. Tylor, 1832—1917)不久便提出文化进化论。他们将人类社会划分为从野蛮社会、原始社会到文明社会等一系列阶段,断言所有社会群体都遵循同样的进化模式,不同社会在进化中处于不同阶段。文化进化论对思维发展研究产生了重要影响。在考察个体的思维发展时,许多人自觉不自觉地带有文化进化论倾向。例如,将思维发展视为直线发展的过程,把个体从出生到成年的发展视为从原始到文明的发展,认为个体发生重现或复演种系发生。霍尔(G. S. Hall, 1844—1924)更是把欧洲以外的人类视为"人类种族的童年"。在近代,文化进化论的观点往往为殖民主义者和种族主义者利用,他们利用文化进化论来论证欧洲人对野蛮人和原始人、白种人对有色人种统治的合理性。

人类心理统一性理论

博厄斯认为,人类无论其种族和社会形态如何,心理的发生、发展都遵循着共同的规律,心理差异并不表明他们本性的差别。当代在智力方面进行的大部分跨文化研究,都证明了这一理论的正确性。Scribner 等人分析了跨文化心理学和人类学近30 年来的重要文献,发现这些研究涉及的种族群体,都具有记忆、概括、概念形成、逻辑推理的能力。人类不同种族在认知能力上的差别,主要是在特定文化背景中更专注于特殊认知操作造成的(参见:万明钢,2001)。

人类学理论

一些学者致力于研究文化背景对智力发展的影响。他们认为,文化因素规定人在什么年龄该学习什么。因此,不同文化环境导致不同形式的能力发展,是文化而不是其他因素影响智力的本质。他们否认在不同文化之间存在普遍性,只寻求特定文化系统中的行为概念,尤其是智力概念。他们主张,应该寻求认知能力的本土概念,重要的是要理解个体所处环境如何使智力定型。Berry 和 Olrvine(1986)描述了影响智力的四种环境:最高一级是生态学环境,包括人类活动背景提供的所有永久的特征,它们是人们生活的自然的文化栖息地;第二种是经验性环境,即在生态环境下周期性发生的经验形式,是个体学习和成长的背景,如结婚、生儿育女、养家糊口等,绝大多数的跨文化研究都在经验性环境中进行;第三种是在上述两种环境之下的操作性环境,这种环境是一种情境,环境中的一些条件影响了特定时间、特定地点所发生的特定行为;最后一级是实验环境,这种情境是由人为了引发特定反应或测验分数而设置的具有一些特点的情境。

条件性比较学派认为,激进的文化相对论没有考虑文化是相互影响的事实。Michael 和 Cole(1971)假设,学习是环境特定的。他们不否认各种文化之间有行为共性存在,但认为这种共性是次级现象,文化的经验组织起主要作用。即,在文化背景中任一经验都与特定任务操作相联系。不存在能够调整经历和行为的中心过程或一般能力。学习被看成是基本事件。超常个体就是那些能够成功地获得以文化为背景的知识和技能的人。可以通过一些条件性比较来了解不同文化是如何组织一个人的经历并影响一些简单行为,如写作、阅读或计算等。

社会学理论

社会学理论虽然也关心文化的影响,但不关心一种文化中的智力如何不同于另一文化中的智力,而关心在某一文化中的社会化如何影响智力发展。研究者也考察跨文化的社会化,但兴趣在社会化过程本身。

维果茨基是社会学理论的代表,他提出内化(internalization)和最近发展区(the zone of proximal development)的概念。维果茨基认为,智力开始于社会环境,是从外部指向内部的过程即内化过程。内化就是指对一个外部操作的内部重建过程。人们先观察周围环境中以特定方式进行的动作,然后将这些动作内化成自己的一部分。例如,人们通过观察父母如何教育自己来学习将来如何教育孩子。在绝大多数情况下,人不会因为一个简单动作的模仿而发生内化。内化是一个连续过程。有些活动虽已内化,但它与其他内在活动建立联系仍然需要时间。有些功能或许永远保留着外部标志。社会性和历史性发展的活动内化使人类区别于动物。最近发展区是指从由独立的问题解决所确定的实际发展水平到由教师指导下的问题解决所确定的可能发展水平之间的一段距离或一个范围。潜在的发展水平可以在教师或家长指导下达到,也可以在同更有能力的同伴一起游戏中达到。

Feuerstein 是另一位对智力持社会学观点的人。他的基本假定是"智力是可变的"。另一个关键概念是"间接的经验学习"。Feuerstein(1980)认为,间接的经验学习既可以通过诸如父母之类特定人物的干预,也可以通过一般的文化传播发生。有一些孩子受到了不合适文化影响,于是就获得了不合适的间接经验。

文化缺失假设试图解释种族和社会阶层的智力差异根源。它认为,贫困条件下的社会是一个无组织的、混乱的社会。这样的社会作为影响儿童发展的环境,在各方面都是不足的、缺失的或负面的。文化缺失的最普遍根源是儿童的抚养方式。贫困家庭的儿童缺乏足够的父母关怀,孩子和成年人缺少有规律的相互作用,他们不能够从父母那里获得生活的指导,也没有积极或消极的强化。在贫困儿童的语言环境中,只存在一些简单符号和语言规则,导致这些儿童的语言能力缺失,不足以应付或处理复杂的环境。在贫困文化群体中,儿童的游戏比较简单,缺少想象力和策略,不利于儿童发展。他们的家庭充满了攻击和噪音,狭小的环境和贫困的物质条件使得儿童在用延迟强化或言语强化替代物质强化方面发生困难,这些都是儿童发展中智力刺激的缺失。文化缺失的最根本原因是经济贫困或经济条件缺失,但如果仅仅认为贫困文化是一种劣质文化,就掩盖了造成社会经济不平等或文化缺失的原因。贫困文化影响智力发展,智力低下又导致文化和经济贫困,他们又把低劣的基因传给后代。因此,文化缺失论是一种典型的把文化缺失假设和生物决定论联系起来的理论,在20世纪60年代在西方颇为流行。为了遏止这样的恶性循环,一些学者提出对文化缺失群体进行早期干预或补偿教育计划。

生态文化与行为的理论

Berry(1976)提出生态文化与行为的理论模式。其基本假设是:"生态力量是文化与行为的原推动力和模塑因素。生态变量限制、强迫和滋养文化形式,而文化形式转而塑造行为。"该理论包括两大方面六个部分。第一个方面用来说明生态文化如何塑造传统行为,第二个方面说明在外部文化影响下,通过文化接触和文化融入导致传统行为改变,见图11-3。

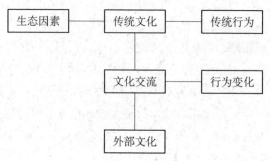

图11-3 生态文化与行为的理论模式

第一个方面包括生态因素、传统文化和传统行为。人类生态是指人类有机体与其生存环境的相互联系、相互制约和相互作用的总和。主要有气温、雨量、季节气候变化、地形、地貌、矿产、土壤以及动植物资源等生存环境因素,由生产环境制约的生产方式和食物存储等经济可能性,以及由生存环境因素和经济可能性制约的居住模式和人口规模及分布。气候和资源等生存环境因素制约着经济可能性,进而制约着人口密度和居住模式,从而对个体的心理特征产生影响。该理论认为,生态、文化和行为的关系是相互联系、相互制约、相互作用的。从控制论观点看,生态和文化变量是输入变量,行为是输出变量,行为又通过反馈作用于生态和文化。即,一定的生态环境导致一定的文化形态,而一定的文化形态塑造人,使人产生一定的行为方式,这种行为方式进而使人更好地适应生态和文化,甚至影响或改变它们。生态、文化、行为之间的关系没有决定性或必然性的含义,只有制约性和或然性的意义。即一定的生态和文化塑造一定的行为模式是可能的,而不是必然的。

第二个方面包括外部文化、文化交流和行为变化。外部文化主要是指相对于某个群体的传统文化和外来的现代文化,尤其是现代西方文化。文化交流是指群体自身的传统文化与外来文化的接触和交往。行为变化是指在文化交流和文化融入过程中个体的心理和行为所发生的所有变化。传统文化与现代文化的接触和交流导致文化融入过程,这一过程使人的心理和行为发生了种种变化,这些变化又使人适应或不适应变化了的生态与文化。

生态文化与行为的理论不是一个专门针对智力的理论,而是针对更为概括的行为,但它同样适用于智力与生态、文化的关系。例如,电子计算机和互联网普及,改变了人类的生态环境和传统文化,一些传统的智力行为(如写信、阅读、谈话)发生改变,一些传统的智力行为(如珠算)消失了,一些新的智力行为(操纵电脑、上网、视频聊天等)随之出现,必将对人类的智力发展产生深远的影响。

11.4.3 不同文化对智力的不同理解——智力的内隐观

以往关于不同种族智力差异的研究都基于两种假设:(1)人类的不同群体都以相同方式来理解智力;(2)在不同文化群体中,智力都能够被有效地测量。基于这些假设,一些心理学家认为,智力测验所测到的是天生的能力,这种能力在不同的个体和群体之间只有量的不同,没有质的差别。事实却并非如此。

跨文化心理学通过比较不同文化群体的心理和行为,揭示人类行为的共同性和差异性。近三十年来,许多心理学家都强调对智力进行跨文化研究。比较突出的是关于智力的内隐概念研究。智力的内隐概念是指不同个体或群体对智力的独特理解,它阐述和表达了人们认识和评估自己与他人的智力的方式。

例如,在中国古代,不同学派对智力有不同理解。孔子常谈到"智",并从多方面来解释:(1)认识上的不惑状态,如"知者不惑";(2)实事求是的认识态度,如"知之为知之,不知为不知,是知也";(3)对人的识别能力,如樊迟问智,子曰"知人";(4)思维的敏捷性和灵活性,如"智者乐水";(4)学习和接受知识的能力。孟子认为,"智"是人对外界事物及规律的认识与掌握,人如果能够认识事物的规律并按规律行事,就是智的表现。荀子将人生来具有的认知能力叫作"智"。墨子认为,智力是人生来就有的感知能力。老子认为"智"是对"道"的直觉把握,有时也指对人的正确认识,如"知人者智",等等。

跨文化心理学更重视对不同文化的人群关于智力的内隐概念的实证研究。

在20世纪70年代,Laya等考察非洲尼日尔的Sunhai人对lakkal(可译为智力)概念的理解,发现lakkal意味着人知道许多事情并有做这些事情的技能。具有lakkal的人是一个遵循社会规则的本分人。Sunhai人认为,lakkal是上帝的礼物,人生来就有,在7岁前看不出来。当孩子能够数到10时,lakkal就出现了,儿童就能够理解许多事物,有良好的记忆力,能够自发或迅速地去做社会期待的事情;他尊重老人,遵守社会规则。因此,lakkal有两方面含义:一方面涉及能力和技能;另一方面涉及社会能力和德性。Wober研究乌干达Baganda人的智力概念,Baganda人的智力概念除表示聪明程度外,还包括冷静、坚定、谨慎和友好的特征。Mundy-Castle分析非洲人对智力的认知、社会维度的理解,认为在西方社会中认知维度受重视,它涉及对客体的操作和对环境的控制。社会维度在非洲传统文化和教育中被认为十分重要。在非洲许多部族中,认知和社会是整合或相互协调的。人们认为,学校中传授的知识和技能并不是智力的一部分,只有当把这些知识、技能运用于服务社会群体而不是为个人获取利益时,才成为智力的一部分。

Gill 等人(1980)要求马来西亚人和澳大利亚人对智力概念作出定义,并描述哪些行为表明具有高的智力或者缺乏智力。两个不同文化群体对智力的描述有很高的一致性。但相对说来,澳大利亚人更强调阅读、表达和写作,马来西亚人更侧重于表达、社会交往和生活技能。Keats(1984)询问中国人和澳大利亚人有关聪明人的特征。结果显示,两种文化群体对创造性、新颖性、问题解决的技能、知识的掌握水平等给予同样重视,但中国人较多地选择模仿力、观察力和细心精确的思维,澳大利亚人更重视沟通和言语技能。中国人认为聪明者应该坚韧、努力、果断和有社会责任感,澳大利亚人强调信心、乐观和社会关系的有效性。

Yang 和 Sternberg(1997)研究了我国台湾人的智力概念,发现有关智力的 5 个因素:(1)一般认知因素,与 G 因素非常类似;(2)人与人之间的智力;(3)个人内心的智力;(4)智力的自我主张;(5)智力的自我退避。Das(1994)也研究东方的智力观点。他指出,在佛教或印度教的哲学理论中,智力不仅包括觉醒、注意、识别、理解,还包括决心、心理努力等,除一般的智力要素外,还包括感觉和意识,这些都与西方传统的智力概念有区别。

Klein 在 20 世纪 70 年代多次研究危地马拉农村的 Ladino 人。在 Ladino 人的语言中,listo 与英语的 intelligence 相似,意味着生气勃勃、机灵、足智多谋等。具有 listo 的孩子有能力表现自己、记忆力良好、独立性强、身体健康。Klein 让年轻农村妇女判断她们熟悉儿童的 listo,同时对这些儿童施以不同测验,发现 listo 与隐蔽图形测验以及短时记忆测验有显著相关,与言语能力测验无相关。Klein 等另一部落中进行相似的研究,在男孩样本中,listo 分别与隐蔽图形测验和词汇测验有显著相关,与短时记忆测验无相关;在女孩样本中,listo 与以上所有心理测验都有显著的相关。

Dassen 等人(1985)研究非洲撒哈拉地区的 Baoule 人。在 Baoule 语中,nlouèle 与英语的 intelligence 同义。nlouèle 包括许多不同的内容,最常提到的是 Otikpa,意为助人为乐。如果孩子自愿地提供服务或承担家务和农活,这个孩子就被认为聪明。Baoule 成年人在评价孩子的 Otikpa 时常讲:"他帮父母干活而不去和同伴玩,在父母并未要求的情况下主动地做家务、主动地照顾弟妹。"Serpell 等人在非洲几十个种族群体中进行了类似的调查,结果也证明,助人为乐或利他行为是这些文化群体的智力概念的重要内容。

11.4.4 文化智力的概念

心理学家关注对智力的跨文化考察,却很少关注个体在文化适应时的差异。随着经济的全球化和国家间、民族间、种族间交往的扩大、频繁和深入,有人提出了文化智力(culture intelligence)的概念。

Early 和 Ang(2003)认为,文化智力是在新文化背景下处理信息、作出判断并采取相应措施以有效地适应新文化的能力。文化智力是使个体能够正确解释陌生个体行为表现的内部因素。这种适应多元文化的能力根源于加德纳的多元智力理论。Thomas 和 Inkson(2006)认为,文化智力是由文化知识、对跨文化情境的敏感性和全部应对行为技能组成的适应跨文化的能力和潜能。Early 等人(2006)认为,文化智力既包括内容又包括过程,它能让个体理解并适当面对多元文化情境,是一种不受个人文化背景影响的普遍能力结构,能够应对具体的文化情境。Peterson(2004)从操作化角度来解释文化智力,认为文化智力是从业者为了更好地改善工作环境,与来自不同文化的客户、合作伙伴以及同事保持融洽的合作关系的能力,包括语言能力、空间能力、情感能力以及人际关系能力。

因此,文化智力就是个体与来自不同文化的人打交道时所表现出来的适应新文化的能力。文化智力不等同于跨文化适应或跨文化效能,其范畴更为广泛。文化智力是基于个体差异的分类变量,它只反映个体适应跨文化背景的能力,并且可以通过干预培养来提高。周恩来与基辛格都是具有很高水平的文化智力的人。他们擅长同各种不同文化背景的人打交道,在国际上有很多朋友。文化智力也不等同于沟通行为,它比沟通行为更为广泛。一个具有高水平文化智力的人,具有能够欣赏文化多元性的心态,他们谦虚、宽容、友善、和蔼可亲与彬彬有礼。文化智力的行为要素也不指特定的行为方式,而是指具备广泛的言语与非言语的行为技能,使人可以根据文化背景表现出适当的行为。平时所说的"到什么山上唱什么歌"、"入乡随俗",就与文化智力有关。与一般智力一样,文化智力只是反映人们跨文化适应的预测指标,不是在某一文化环境下人们实际的互动结果。高文化智力的人会更快更好地适应新文化情境,而在某个特定文化情境中表现良好的人未必有高水平的文化智力。

11.4.5　文化智力的结构

文化智力由哪些成分组成? 文化智力的结构怎样? 随着对文化智力研究的深入,这些问题就进入了研究者的视野。

Early 和 Ang(2003)认为,文化智力是一种普遍的能力,而不仅仅限于从一种文化向另一种文化过渡。文化智力有三个维度。(1)认知性,指智力的认知加工,即认识和领悟不同文化的能力,包括宣告式、程序性、类推性、模式认知、外部扫描和自我觉醒。(2)动机性,指个体融入其他文化中去的愿望和自我效能感,包括效能感、坚持、目标、增强价值质疑和综合能力。第二语言习得的研究表明,要真正学好一门外语,学习者必须具有某种程度的"假洋鬼子"心态,学习者必须具有融入所学语言的文化群体中去的愿望。(3)行为性,指个体调整行为采取与文化相适应的有效行为的能力,包括技能、惯例和规则、习惯、获取新知识的能力。Early(2004)又对文化智力的三维结构作了形象性描述:(1)头脑(head),指面对新文化情境的事件时的思考;(2)心(heart),指有无采取行动的动机,对自己的能力有无信心和勇气;(3)身体(body),指能不能作出得体的、有效的反应。

Thomas(2006)认为,文化智力包括知识、警觉和行为。知识是指对相关文化背景知识的了解和对跨文化交流原则的掌握。例如,不能够随便地询问欧美人的工资和欧美女人的年龄。警觉是指在基本意识层面,持续地关注自身所处的内部环境和外部环境。例如,我们常说人不要太自我,别拿自己不当外人。行为是指基于知识和警觉,选择合适的行为来适应特定的文化环境。在三个维度之间,警觉是连接知识与行为的桥梁。如果只有对不同文化的知识储备却不警觉,将找不到与环境匹配的知识,从而导致错误行为。

Tan(2004)认为,文化智力包含三个要素:(1)以特殊方式思考与解决问题;(2)充满活力并持之以恒;(3)以某种方式行动。三个要素构成了一个整体:首先是对新文化感兴趣,能够认识到不同文化的差异;然后产生融入新文化的自信,并且被这种自信激励;最后根据环境调整行为来适应新文化。Tan认为,行为性在文化智力中最为关键,如果不把知识和动机付诸行动,文化智力是没有意义的。

Ang和Early(2007)提出文化智力的四因素模型,认为文化智力包括四种因素。(1)元认知性文化智力:个体在与来自不同文化背景的人交往时所具备的意识和知觉,是个体获得和理解文化知识的过程,包括关于文化的个体知识和个体控制。与此相关的能力包括计划、监控、修正对不同国家或群体文化习惯的知识模型。高元认知文化智力的人有战略思考能力,他们倾向于思考与来自不同文化背景的人交往时的规则以及相互作用,努力使跨文化背景的模糊性变得清晰,他们会不断反思自己的文化假设,不断调整文化知识以适应跨文化交流的需要。例如,一个具有高元认知性文化智力的西方商人在同他的亚洲生意伙伴开会时,能够清醒地意识到该什么时候发言、怎样发言才适合亚洲文化,能够观察到对方的沟通风格并敏感地意识到双方的沟通状况,同时思考采取合适的行为和语言来与对方交流。(2)认知性文化智力:关于文化的基本知识和知识结构,是个体对不同环境下的特殊规范、实践和习俗的熟悉程度。高认知性文化智力的人往往基于对新文化中的经济、法律和社会系统的理解,来寻找与不同文化背景的人的相通之处和不同之处。(3)动机性文化智力:个体将注意力和精力集中于学习如何应对那些具有不同文化特点的情景的能力,是个体适应不同文化的驱动力和兴趣点。高动机性文化智力的人发自内心地关注跨文化情景,并且自信能够有效地适应不同文化。(4)行为性文化智力：与来自不同文化的人打交道时能够正确使用语言行为和非语言行为的能力。具有高行为性文化智力的人可以调整他们的行为，通过得体的语言、音调、肢体语言和面部表情，在不同文化情境中表现出合适的行为。

在我国，蔡笑岳和刘学义(2011)提出文化智力的五因素模型，包括元认知性文化智力、认知性文化智力、动机性文化智力、行为性文化智力和开放性认知倾向特征。该模型强调认知能力、认知风格和人格特质相互依赖。

11.4.6 文化智力与智力、人格

文化智力与一般智力

文化智力与一般智力(general intelligence)既相似又不同。文化智力与一般智力都是能力，而非习惯性行为。一般说来，具有高水平文化智力的人一定具有高水平的一般智力，但具有高水平一般智力的人却不一定具有高水平的文化智力。也有人认为，文化智力是一般智力在特定情境下的具体体现。一般智力关注认知能力而不关注特定情境类型，包括文化转换情境，也不包括智力的动机和行为层面。文化智力与一般智力的关键区别是：它不受文化制约，它是与不同文化情境有关的一般能力体系，它更关注个体识别新环境并作出有效应对的能力。

文化智力与情绪智力

可以把文化智力视为情绪智力的特定化。Early(2004)认为，文化智力与情绪智力有关，但它填补了情绪智力的空白。情绪智力较少考虑文化背景，没有考虑到由文化差异导致的个体之间在信念上和价值观上的不同。文化智力更能考虑到这些差异背后的文化内容。文化智力与情绪智力之间也有交叉，文化智力本身就含有情绪智力的成分。如果没有一定的情绪分析与控制的能力，人就不可能根据收集到的文化背景信息采取积极有效的措施来应对不同的文化情境。可以说，高情绪智力虽然不是高文化智力的决定因素，却是高文化智力的基本前提。拥有高情绪智力的人不一定拥有高文化智力，但如无好的情绪智力，肯定就没有好的文化智力。高文化智力具有对文化差异的敏感性，可以减少人际交往中由于文化差异而出现的冲突。

文化智力与人格

文化智力是人采取有效行动以应对不同文化背景的能力。人格是人在不同时间与情境下所表现出来的稳定的和一贯的特征与风格。它们分别属于智力和人格的范畴。由于某些人格特征会影响人们对特定行为和经验的选择，所以一些人格特征与文化智力有一定关系。

Ang, Dyne 和 Koh(2006)发现，文化智力的四个维度与大五人格的各个特征之

间存在复杂的关系。文化智力的四个维度都受经验开放性(openness to experience)影响。元认知性文化智力还受责任意识(conscientiousnesss)影响。责任意识强的人会花时间和精力来计划、质疑新文化中的假设,思考文化倾向,考虑文化规范,检查和调节思维模式,他们更倾向于坚持思考,努力使跨文化环境的模糊性变得条理、清晰。认知性文化智力受外倾性(extravertsion)影响。外倾性高的人愿意与来自不同文化的人交往,他们对新事物保持好奇心,对新文化中经济、法律、社会系统的理解比较深刻。动机性文化智力受情绪稳定性(emotional stability)影响。情绪稳定的人更可能尝试新事物,愿意置身于新奇环境中,并且不出现大的情绪波动。行为性文化智力受随和性(agreealeness)影响。随和性主要关注人际能力。高随和性的人具有友好、热情、礼貌以及品质好的特征,在进行跨文化交往时,他们在语言与非语言行为方面有更强的灵活性,更有可能避免和降低文化冲突。

11.4.7　文化智力的测量

文化智力概念的提出,将对跨文化适应能力的评估提高到新阶段。对文化智力的测量可以有两种方式:心理测量与情境测验。

Early 和 Mosakowski(2004)根据文化智力的三维结构(认知、动机和行为)理论开发了一份评估量表,共有 12 个题目,每个要素有 4 个题目。例如,分别测量认知、动机和行为的题目有:"在和来自陌生文化背景的打交道时,我会问自己希望得到什么";"我确信自己能够像朋友一样对待来自不同文化背景的人";"我很容易改变肢体语言(如目光接触和身体姿势),以适应来自另一文化背景的人"。量表采用 Likert 五分等级量表进行评价,从 1 分到 5 分分别代表"完全不同意、不同意、中立、同意、完全同意"。

Ang 和 Early(2007)根据文化智力四因素模型开发了文化智力量表。元认知性文化智力包括 4 道题目,如"我很清楚自己与不同文化背景的人交往时所运用的文化知识";认知性文化智力包括 6 道题目,如"我很清楚自己与不同文化背景的人交往时所运用的法律和经济体系";动机性文化智力包括 5 道题目,如"我喜欢与来自不同文化的人交往";行为性文化智力包括 5 道题目,如"我能够根据跨文化交往的需要而改变自己的语言形式(如口音、语调)"。

刘学义和蔡笑岳(2011)修订了 Ang 和 Early(2007)的文化智力量表。量表包括元认知性文化智力、认知性文化智力、动机性文化智力、行为性文化智力、开放性认知倾向 5 个维度,共 30 个题目。修订后的量表的 Cronbacha 信度系数为 0.904,分半信度为 0.743,验证性因素分析表明模型拟合良好,表明量表可以作为测定文化智力的有效工具。

情境测验的方法包括评价中心(assessment center)和临床评估(clinical assessment)。用评价中心方法来测量文化智力就是综合采用多种测评技术,把被试置于一系列模拟的跨文化情境中,让他们完成规定任务,从被试在完成任务中的表现来考察是否胜任某项拟委任的工作,预测其各项能力或潜能,使用的技术有公文筐作业、无领导小组讨论、角色扮演、案例分析、管理滑稽戏等。使用临床评估技术一般需要通过多种渠道来获得相关信息,如通过对其步态、面部表情、说话声调等各方面进行观察,形成初步印象或初始假设,然后再经过访谈、调查、观察等方法来验证。

11.4.8 文化智力的类型

Ang 和 Early(2007)将人的文化智力分为六种类型:

外乡人(The Provincal)

对不同的文化体系感到陌生,在面对不同文化时自信心不足,欠缺适应环境及与人交往的技巧,表现为在新文化情境中茫然不知所措,效率很低,很难融入不同文化中。

分析家(The Analyst)

通过系统学习,能够较快地解读和应对陌生文化体系,能够系统而灵活地学习新文化,并进行理性分析,行动上自觉地以对不同文化体系的系统理解为指导。

直觉者(The Natural)

这种人会直觉地应对文化差异,有解读不同文化的天赋,但他们对不同文化的认识来自直觉,缺乏系统理解,他们很少需要临时学习应对文化差异的策略,能够观察对方,凭直觉决定该如何去做。

大使(The Ambassador)

这种人有很好的自信与感染力,能够很好地与人沟通,行动有说明力。

模仿者(The Mimic)

这种人善于观察对方的行为风格,并自然地加以模仿,善于把握文化体系的表现形式,努力适应对方的风格,具有很强的模仿能力和控制能力。

变色龙(The Chameleon)

这种人通晓不同的文化体系,具有很好的领悟力,能够与他人积极高效地合作,顺利地融入到不同文化中去,自信、积极、有持续的热情,能够较好地综合运用为当地人接受的沟通技巧和作为外来者的独特视角。"变色龙"是非常难得的管理人才,他们通晓不同的文化体系,能够与他人积极高效地合作。

11.4.9 文化智力的培养

文化智力既然是一种能力,就可以通过后天的教育与培养而提高。培养与提高人的文化智力,对中国这样一个对外实行开放,内部多民族、多文化并存的国家而言,就显得十分必要和重要。在民族矛盾增多、民族冲突加剧的当代,就显得更为迫切。

Early 和 Mosakowski(2004)认为,提高文化智力有如下方法:(1)个人首先评估自己的文化智力的优势和不足;(2)针对自己的跨文化智力的弱项和不足,选择合适的培训内容;(3)组织个人资源,提高自己的人际支持度;(4)进入需要面对的文化环境,评估自己提高的技能结构,再决定下一步的培训计划。

Thomas(2006)认为,文化智力的开发可以分为五个阶段。(1)对外部刺激作出反应。在这一阶段,个体没有感觉到文化差异存在,他们按照习惯的行为方式行事。(2)认知新文化规范。他们开始具有学习的动机,经验和警觉程度使个体开始注意到新文化的差异,并开始寻求简单的原则来指导行为。(3)深刻理解文化差异。在头脑中形成一定的规范和规则,在不同文化环境下开始注意自己的行为是否合适。(4)在自己的行为中选择性地吸收新文化规范。个体可以自然地选择合适行为,在与其他文化的个体交往时感到轻松自如。(5)积极主动地表现出适宜行为,可以凭直觉来选择恰当行为。

Triandis(2006)认为,提高文化智力最重要的是在没有足够信息时,不要急于作出判断,要多注意情境,还要有意识地克服民族优越感,增加自己和新文化中人们的同质性,不要以为己文化的方式是唯一正确的方式,要学会看待世界上不同文化的方式。

11.5 我国不同民族智力的研究

跨文化心理学不仅对有明显文化差异的不同国家、不同种族之间进行比较,还对同一国家内的不同亚文化群体进行比较。我国自古就是一个多民族国家,汉族与少数民族在文化上既有相似点和共同联系,又存在着明显的差异。这种民族文化的共同性、差异性、多元性和复杂性为跨文化心理研究提供了有利条件。跨文化心理学研究在我国有悠久历史,我国对智力的跨文化研究开始于 20 世纪 70 年代末 80 年代初,并取得了显著的成绩。

11.5.1 对民族智力观的普遍性与相对性探究
民族智力观的普遍性
蔡笑岳和姜利琼(1995)对西南地区汉、苗、藏、傣、彝五个民族的高中二年级和小学六年级学生研究发现,不同民族、不同年龄的学生智力观念具有一定的一致性。在五个民族、两个年龄阶段的学生认为最能描绘智力的 15 个词中,8 个是相同的。例如,藏、傣、彝三个民族的学生都认为"自信"是最能描绘智力的 15 个相关特征之一。此外,在智力相关特征重要性排序中,被试对智力重要特征的看法无显著差异;在对智力本质特征的认识方面,不同民族、年龄的被试的看法也表现出一致性。万明钢、李奈和邢强(1997)对甘肃地区的汉、藏、东乡族中学生研究发现,三个民族的中学生对智力重要特征的理解有普遍性,他们所描述的智力的重要特征,部分与现代西方主流心理学关于智力的理解接近。

学者们认为,不同民族在智力观上存在跨文化一致性,是因为:(1)不同民族的人虽然生活在不同地域,自然条件不同,所受传统文化影响不同,但各民族有基本相同的认识事物准则,有相同的身心发展规律;(2)民族文化在很大程度上可以沟通和转变。研究发现,高年级儿童比低年级儿童的智力观的民族差异少(蔡笑岳,姜利琼,1995;左梦兰,1987)。造成这种智力观念年龄差异的一个重要原因是民族文化之间的交流与转变。在我国,汉文化在中华民族文化中居主导地位,任何民族的个体随着年龄增加,接受教育增加,与汉文化的接触也增多,接受汉文化的影响也增加,这就可能导致较深入的文化转变现象,从而影响对智力的认识,出现智力观念的趋同性和一致性。

民族智力观的相对性

文化对智力的影响是显著的,处于不同文化环境的不同民族的人的智力观念也有差异。例如,处于东北的游牧、狩猎的少数民族会看重聪明人的工作能力,不看重思维能力,这与少数民族所处的生态环境和生存策略不无关系,无论放牧还是打猎,都是劳动者直接作用于劳动对象,所以,一个人是否"聪明"就是看他是否能干,即工作能力强弱(丁道勤,2002)。

万明钢等人(1997)发现,不同民族的中学生在智力特征的重要性排序上不同,在有些项目上存在显著差异。例如,汉族学生将"逻辑思维能力"、"分析问题能力"等智力本质特征排在第一、二位,选项中多为智力的本质特征;藏族、东乡族学生将"有上大学的愿望"、"信仰宗教"等智力非本质特征排在前列。蔡笑岳等人(1995)也发现,各民族被试对某些智力重要特征的认识有显著差异,表现在对勤奋、富于创造、知识丰富、爱思考、想象丰富、抓住问题要点等智力重要特征的排序上。对大部分智力本质特征,即智力的遗传或习得、智力的现实性与潜在性的认识有显著的民族差异。

万明钢等人(1997)发现,藏族、东乡族学生将"汉语表达能力"列为智力的重要特征,而汉族学生不会把该项特征列为智力重要特征。随着社会经济文化的发展,不同民族之间交往机会增加,商业和贸易活动要求少数民族必须掌握汉语,汉语水平在某种程度上影响他们经济活动的成败,许多少数民族会认为"汉语表达能力"是智力或聪明人的一个重要特征。

个体的智力观受社会文化、教育程度、年龄、性别等因素影响,文化因素被学者们认为是影响智力观的主要因素。从社会文化的角度看,不同民族的智力观中均包含一些反映他们独特的社会文化的内容,是个体适应环境应具备的心理特征。正是因为民族智力观的相对性,在进行民族智力的跨文化研究时要特别注意各民族智力观的不同,这样研究才更科学,结果才更能反映各民族智力的特点和本质。

11.5.2 民族智力水平的差异性

智力水平差异概述

智力的水平差异主要用智商(IQ)来表示。研究表明,智力是随着年龄的增长而发展变化的。在同龄人口中,人的智力水平不同,有的智力高,有的则低;在不同年龄阶段,智力水平也存在很大差异,有一个智力水平不断增长到稳定最后又逐渐衰退的过程,而且不同的智力因素,发展速度也不相同。一般而言,智力发展有以下几条基本规律:

(1) 智力在同龄人口中呈正态分布。如果用斯坦福-比奈(Stanford-Binet)智力量表来测量某一地区全部人口的智商,那么,智商在 100 ± 16 范围内的人占全部人口的 68.2%;智商在 100 ± 32 范围内的人占全部人口的 95.4%;智商高于 132 和低于 68 的人只占全部人口的极少数。即,智商分布是两头小、中间大。

(2) 在人的一生中,智力的发展水平随年龄发展而变化,而不是匀速直线地前进。出生后的前 5 年智力发展最迅速,5~12 岁发展速度仍有较大的增长,12~20 岁智力缓慢上升,到 20 岁左右智力达到高峰,这一高峰期一直持续到 34 岁左右。然后直到 60 岁,智力开始缓慢下降。各种具体能力的发展有其年龄特殊性。Miles 等人(1980)研究发现:知觉能力发展最早,在 10 岁就达到高峰,高峰期持续到 17 岁,从 23 岁便开始衰退;记忆力发展次之,14 岁左右达到高峰期,持续到 29 岁,从 40 岁开始衰退;再次是动作和反应速度,18 岁达到高峰期,持续到 29 岁,从 40 岁开始衰退;最后是思维能力,在 14 岁左右达到高峰期的为 72%,有的 18 岁达到高峰期,持续到 49 岁,从 60 岁开始衰退。

(3) 人的智力表现早晚各不相同。有人在儿童期就显露出非凡的智力和特殊能力,有人表现较晚。"人才早慧"的代表,诸如唐代诗人王勃、白居易,德国大诗人歌德;"大器晚成"的代表,诸如画家齐白石,生物学家达尔文、摩尔根,物理学家爱因斯坦等。一般说来,对大部分人来说,智力突出表现的年龄阶段是中年。

(4) 智力类型的差异。同一种智力在不同人身上会有不同表现,构成各种不同的智力类型。如用韦氏儿童智力量表测量不同年龄的儿童,虽然智商分数相同,但个体之间差异明显。有的言语智商显著高于操作智商,有的则相反,有的在言语和操作方面水平均等。

(5) 智力的性别差异。总体而言,男女之间在智力上的差别总体平衡而部分不平衡,男女两性在不同智力类型上各有优势。在感知方面,女性感知一般优于男性,但空间知觉能力不如男性,女性更容易产生各种错觉和幻觉。在注意方面,女性注意稳定性优于男性,但注意转移品质不如男性。女性较之男性更容易在实践活动中获得较高的注意分配性。男性的注意多定向于物,女性注意多定向于人。在记忆方面,女性擅长形象记忆、情绪记忆和运动记忆,但逻辑记忆不如男性。女性长于机械记忆,男性长于意义记忆。在思维方面,女性更多地偏向形象思维,男性偏向抽象逻辑思维。无论是思维的深刻性,还是思维的灵活性、独创性和敏捷性,男性均优于女性。在想象方面,在有意想象发展上,女性更容易带有形象性特点,男性更容易带有抽象性特点。在创造想象中,男性水平明显高于女性。

不同民族间智力水平的差异分析

我国学者尝试用不同测量工具比较不同民族的智力水平,有两种截然不同的结论。

(1) 不同民族的智力水平不存在显著差异。例如,陈代刚和余清(1988)使用瑞文推理测验对广西柳州市壮族、汉族的12岁以上居民进行智力测验发现,虽然经济、文化较为落后的柳州市居民的智力水平低于全国城市的平均水平,但壮、汉族被试之间的智力水平不存在显著差异。同样,在较为发达的广西南宁市和凭祥市,使用相同测验对壮、汉族被试的研究也得到与陈代刚等人的研究类似的结果(梁海淇,黄家章,1988;赵铁,关德荫,1988)。谭荣波(1996)使用瑞文测验联合型(CRT)对广西龙胜各族自治县的初二学生研究发现,侗族、瑶族、苗族、壮族的初二年级学生,其智力水平与全国同年龄学生相同。玉山(2008)使用瑞文推理测验对内蒙古自治区的汉族、蒙古族、达斡尔族、鄂温克族的12~16岁在校生进行智力测验,发现四个民族被试的智力水平除在个别年龄组有差异外,其余年龄组均未发现显著差异。李璧(2003)使用绘人智能测验对贵州的苗族、水族、仡佬族、布依族儿童进行测验,发现少数民族儿童智力等级均与汉族儿童不同,少数民族低智商儿童少于汉族儿童,但各少数民族儿童的智商均与汉族儿童无明显差异。

(2) 不同民族的智力水平存在显著差异。王洪艳、徐翔和李刚(2001)使用韦氏学龄儿童智力量表对黑龙江省黑河市的鄂伦春族、达斡尔族、满族和朝鲜族的学龄儿童进行智商测定,发现四个民族的智商水平存在差异。傅悦和傅金芝(2004)使用儿童智力测验量表对基诺族、哈尼族、布朗族的小学五、六年级学生以及初一年级学生进行智商评定,发现用全国常模做参照,三个民族的三个年级的学生的智商略低,但随着年级升高其智商有明显的上升趋势。牡丹(2006)使用儿童心理综合量表对内蒙古呼和浩特地区 4～9 岁蒙古族和汉族儿童心理发展进行比较究,发现蒙、汉族儿童智力总分存在显著差异,蒙古族儿童智力发展优于汉族儿童。吴万森和钱福永(1991)采用瑞文推理测验对鄂伦春族 8～14 岁儿童测查发现,鄂伦春族学龄儿童的智力发展与同龄的汉族儿童比总体偏低,而瑞文推理测验要求的思维操作是从直接观察到间接抽象推理的渐进过程。王洪艳(2001)采用韦氏儿童智力量表对爱辉区三个少数民族乡的鄂伦春族、达斡尔族、满族和朝鲜族四个少数民族的学龄儿童测查发现,四个民族的学龄儿童的综合评定智商由高到低分别是满族、达斡尔族、朝鲜族和鄂伦春族。

不同民族智力发展的年龄趋势

玉山(2008)对汉族、蒙古族、达斡尔族以及鄂温克族的 12～16 岁青少年智力发展的比较中发现,四个民族青少年的智力成绩曲线都成平滑上升状,各年龄组变化起伏不大。三个少数民族的起点(即 12 岁年龄组的智力测验成绩)比汉族青少年和全国城市常模低。另外,各民族青少年的智力发展不存在性别差异。

季慎英等(1995)对 15245 名新疆各地的来自维吾尔族、汉族、哈萨克族、回族、蒙古族、柯尔克孜族和锡伯族等七个民族的 5～16 岁在校儿童进行智力发展的比较研究,发现各民族间儿童智力发展规律的七个共同性:(1)发展的总趋势;(2)发展速度的顺序;(3)非直线曲线形态;(4)呈现快速期;(5)早期起点的关键性;(6)有地区与层次差异性;(7)多数民族无性别差异。该研究也发现四个民族智力发展的独特性:(1)智力发展普遍起点低,在新疆七民族儿童中,锡伯族 5 岁儿童智商起点最高,但仍然低于全国城市常模水平;(2)智力发展快速期晚而短,一般比汉族儿童晚 1 年,维吾尔族、哈萨克族、蒙古族和柯尔克孜族儿童平均晚 4 至 5 年,且快速期儿童智商飞越幅度较低;(3)智力发展进程断续、曲折、缓慢,按正常规律出现高原停滞现象本应是25 岁左右,而新疆七民族儿童智力发展进程中普遍出现停止、徘徊、倒退现象,而且其停滞期出现过早(回族 6 岁、锡伯族 8 岁、蒙古族 11 岁、汉族 14 岁)且次数较多(2～3 次)、时期较长(4～6 年);(4)新疆七民族儿童团体智商素质普遍呈下降趋势。季慎英等人另外一个针对新疆 7～16 岁哈萨克族儿童的智力素质的研究也得到了相同结果(季慎英,拜开西,欧阳志,1993)。

季慎英等还分析了影响新疆七民族儿童智力发展的主要原因:

(1)地理、经济、文化环境不利。新疆地处边陲,幅员辽阔,各族人民生活在干旱、半干旱和草原、高寒地区。无论生活在何种自然环境,均有一定自然屏障相隔,形成了相对封闭的环境,使各民族地理历史、经济发展、思维方式、价值取向、传统习俗、信息交流等方面都有较大文化差异。新疆少数民族与汉族儿童之间、少数民族儿童之间的智力发展水平有显著差异,同时,由于生活环境不同,同一民族儿童的智力发展,在总体上也有显著的地区和层次差异,这些都说明儿童所处的地理、经济、文化背景状况对智力发展有制约作用。

(2) 胎儿期和婴儿期的营养障碍。少数民族的膳食结构单调,农牧区主食主要是馕(一种烤制成的面饼),佐以奶茶或清茶,缺少绿色蔬菜和豆类食物,食物中铁含量低,茶碱又影响食物中铁的吸收和利用。妇女生育多,母体铁耗竭量大,使胎儿供铁相对不足;哺乳期长造成婴儿缺铁性贫血患病率高,使智力发育指数降低,注意力、记忆力、思维力的调节产生障碍。新疆是亚洲缺碘最严重的地区之一,水和食物含碘量很低,该地区的少数民族无食用含碘元素海产品的习惯,致使受缺碘威胁而影响儿童智力发育比例也较大。

(3) 早期教育薄弱。新疆少数民族入幼儿园教育的儿童只占2.9%,早期教育基本依靠家庭进行。子女早期素质与父母文化程度成正比。新疆哈萨克族、蒙古族、柯尔克孜族城镇儿童的母亲平均有40~60%是文盲、半文盲或只有小学文化程度。家长的低教育水平导致科学育儿知识贫乏、视野闭塞、对子女期望不高等,从而导致少数民族婴幼儿早期教育出现空白。

(4) 学校教育质量偏低。新疆七民族儿童早期智力发展的基础差,后期学校教育也存在问题。教师自身智力素质偏低造成恶性循环,用瑞文智力测验调查716名各科教师,发现平均智商只有95,还有临界、弱智水平的占15.5%。师资文化业务素质不高,平均有一半以上中小学教师学历不合格。教育管理不善和偏颇,学校简单、粗放、低效的管理机制是造成民族教育质量差及智力发展水平低的重要原因。汉族、回族、锡伯族学校虽然管理较严,但以片面追求分数为目标,办学思想偏颇,同样导致智力发展问题。

(5) 语言条件限制。本民族母语学习不容忽视,但仅掌握母语必将影响更多的课外阅读和通过电视广播获取更多信息,从而影响智力发展。

(6) 社会实践活动环境较差。儿童智力发展离不开社会实践活动,活动是儿童智慧的源泉,丰富多彩的活动与社会交往机会都是促进儿童智力发展不可或缺的外部优化教育条件。可是,新疆少数民族地区,尤其是边疆县城在上述这些活动条件方面均较差,这影响了各族儿童的智力发展。

11.5.3 不同民族情绪智力比较

宛蓉(2012)使用情绪智力量表(EIS)对贵州6所高校的、来自不同少数民族以及汉族学生进行调查,发现汉族和少数民族大学生的情绪智力没有显著差异。贵州是少数民族较多的省份,在传统认识中,少数民族地区是落后地区,经济、文化和教育都较落后,会影响学生的各方面发展,会导致少数民族情绪智力发展不如汉族学生,但该研究却发现两者的情绪智力发展差异不显著。这也许是因为各少数民族都有自己的优秀传统文化,少数民族同胞热情好客。例如,贵州的苗族和布依族每年都有自己的节日,在节日里,他们载歌载舞,尽情欢唱,相互交流,他们从小生活在这种家庭环境中,受到熏陶,善于与人交流,善于感知他人的情感和表达自己的情感。正是因为传统文化的优秀因素和他们学习汉族道德文化的优秀成果促进了少数民族大学生各个方面的发展,当然也包括了情绪智力发展。

钱珊(2013)对少数民族大学生与汉族大学生进行调查,分析英语学习动机强度与情绪智力的关系,发现情绪智力与动机强度密切相关,汉族学生的相关性比少数民族更高。这一结果表明,情绪智力是影响学习的重要因素之一,在日常教学中要注意学生的情绪智力发展。汉族学生与少数名族学生的差异提醒在教学中应将不同民族学生区分开来进行不同的情绪智力培养,提高他们的学习动机强度和学习成绩。

应对效能(coping efficacy)是个体对自己应对环境需要能力作出的主观评价。研究显示:(1)较强的应对效能促使个体采取积极有效的应对方式,使用有效的应对方式又提高个体的应对效能;(2)应对效能对心理健康有重要影响;(3)伴随预期结果的应对会导致个体应对效能提高,伴随消极结果的应对则导致个体应对效能降低。

李小红和王彤(2013)采用情绪智力问卷和应对效能问卷对西南少数民族地区的大学生调查发现,情绪智力与应对效能有显著相关,少数民族大学生和汉族大学生在情绪智力上存在显著差异,但在应对效能上差异不显著。这可能是由于少数民族与汉族在生活、学习、工作等方面的融合度越来越高,所以,在总体上,无论汉族学生还是少数民族学生,在面对应激情境时对自己的应对能力的评价并无显著差异。

11.6 影响不同民族智力测验公平性的因素

11.6.1 民族智力测验的常用工具

冯特指出,人的心理既有自然因素,又有社会因素。民族心理是社会因素的结果,是高级心理过程的体现,是人类的"文化成果";人的高级心理过程不可避免地同语言、神话、风俗习惯等社会产物联系在一起,并从中得到反映。由于研究对象和研究内容制约,民族心理学有自己的研究属性:民族性、心理性和跨文化性。民族性是民族心理学研究的本质属性;跨文化性是民族心理学研究的必然。在民族智力研究中也必须体现出研究的民族性和跨文化性,而跨文化研究也成为民族智力研究的理想研究方法。

跨文化研究也称为比较研究。民族心理学的学科特点要求研究者必须对民族心理现象进行跨文化的比较研究。由于民族成分的多元性、多结构性以及发展历史的差异性,就要进行研究方法的跨越。每一个民族都有自己独特的民族发展历史、社会生活环境、文化背景、宗教信仰以及生物学差异。在研究民族智力时,跨文化比较就具有方法论的特殊意义。

　　我国民族分布的地域特点、结构特点与民族发展的历史特点,决定了中国各民族在其历史发展演变中具有不同于世界其他民族的、具有典型特征的心理表现,其民族智力特点也与西方世界有所不同,这些都需要在研究民族智力时既要运用西方心理学理论进行验证性研究,又要根据我国民族心理发展的特点创建适合多民族的跨文化研究的理论和方法。

　　智力是人类社会存在和发展的生长点。研究智力的最终目的是为了促进智力开发。由于智力是影响个体未来工作和生活的重要因素,因此,在我国各民族间进行跨文化的智力研究对提高现代教育质量和提高全民族素质都极其重要。

　　随着人类学和跨文化心理学研究深入,学者们已经明确地认识到社会文化对智力、智力发展以及智力特征的制约性。社会文化就其本质而言是一种生态文化,重视社会文化与生存环境中的文化成分对智力形成与发展的影响,使智力研究中出现了生态文化研究取向。早期智力的跨文化研究主要集中在三方面:一是认知技能和认知风格,西方跨文化心理学家通过对不同原始部落调查发现,生存环境影响个体的社会化过程,会选择性地提高成功适应所必需的某些技能,因而生活形态不同的部落成员认知特长不同;二是平均智商差异,在这方面,美国心理学家做了大量的研究;三是关于认知发展差异,主要是对皮亚杰发生认识论的验证。这些研究表明,不同文化背景下儿童的智力水平及智力发展具有一定差异性。

　　我国是一个多民族国家,从国内现有的跨文化比较研究看,各民族智力发展存在较大的差异,在我国进行跨文化智力研究对促进各民族共同繁荣、提高中华民族的整体素质十分必要。然而,尽管自科学心理学创立以来有大量的智力研究,但这些研究大多是在主流文化背景下进行的,因而难以适应少数民族和亚文化群体的实际需要。我国跨文化研究在智力研究方面的数量还比较少,质量也有待于提高,不少研究还停留在对智力理论的验证,或是用智力测验对不同民族的智力水平进行简单的比较。

　　民族心理学研究是跨文化、跨学科、跨时空的研究。学者会根据不同的研究目的、研究内容及研究对象采用不同的研究方法。广泛应用的民族心理研究法有田野调查法、心理测验法以及民俗与艺术分析法等。在民族智力研究中,最常用也是最主要的研究方法是心理测验法。在民族智力研究中,最常使用的心理测验工具是瑞文推理测验(Raven's Progressive Matrices)以及韦氏成人智力测验(Wechsler Adult

Intelligence Scale，WAIS)。

瑞文推理测验

瑞文推理测验，简称瑞文测验，原名"渐进矩阵"，是英国心理学家瑞文(J. C. Raven)于 1938 年设计的一种非文字智力测验，因其使用方便，至今仍为国际心理学界、教育界和医学界使用。瑞文测验作为一种非文字智力测验，既可以个别施测，也可以团体施测。在理论上，它被认为是测量一般智力因素(G 因素)的有效工具，主要测量 G 因素中的推理能力，即个体作出理性判断的能力。瑞文测验较少受个体的知识水平或受教育程度影响，努力做到公平，被誉为是"不同文化背景都适用的智力测验"。因此，民族心理学家特别喜欢采用瑞文测验作为研究工具。

瑞文测验由一系列多重选择项目组成，每一项目都代表一个以矩阵形式进行的知觉类推。所有的项目都遵循一个共同的基本原则：在每个项目中，一些有效关系将这个矩阵每行的子项目联系起来，另一些有效关系将这个矩阵每列的子项目联系起来。每个矩阵都以这样一种方式呈现：矩阵的右下方缺失一块。被试必须从 6~8 个备选答案中选择出最符合每一个矩阵的整体结构的图片填补上去。在所有测验项目中，测验项目顺序均按照由易到难排列，共有两种题目形式：一是从一个完整图形中挖掉一块，另一种是在一个 2×2 或 3×3 的图形矩阵中缺少一个图形，要求被试从给出的几个备选图案中选出一个能够完成图形或符合一定的结构排列规律的图案。

瑞文标准推理测验(Standard Progressive Matrices，SPM)，也称为 1938 年型。SPM 共由 60 张黑白图案组成，按逐步增加难度顺序分成 A、B、C、D、E 五组，每组的解题思路基本一致，各组间的题型略有不同，每组在智慧活动要求上各有不同。总的来说，矩阵结构越来越复杂，从一个层次到多个层次演变，所要求的思维操作也是从直接观察到间接抽象推理的渐进过程。A 组主要测知觉辨别力、图形比较和图形想象力；B 组主要测类同、比较和图形组合能力；C 组主要测比较、推理和图形组合能力；D 组主要测系列关系、图形组合、比拟能力；E 组主要测互换、交错等抽象推理能力。每一组包含一张填入主题图。12 个题目，按难度逐渐递增的方式排列。每个题目都有一个主题图，每个主题图都缺少一小部分，主题图下面有 6~8 张小图片，其中一张小图片若填补在主题图的缺失部分，可使整个图合理与完整。测验要求被试根据主题图内图形间的某种关系，从小图片中选出最合适的。

这五组的渐进矩阵的构图说明其中的数列关系越来越隐蔽，因素越来越多，解决它们需要依靠越来越间接的抽象概括能力，只有对其中的演变规则分析并把握得越清晰，推理判断才会越有把握。国内外的研究证明，小于 8 岁的儿童一般只能解决 A、B 组及少数 C、D 组的测试项目，到 11 岁左右，类比推理能力逐渐发展了，才能掌

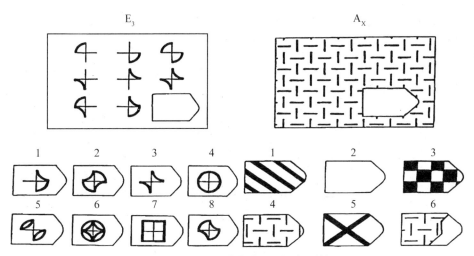

图 11-4 两种形式的瑞文测验试题举例

握 C、D、E 组的问题。根据瑞文 1965 年发表的常模资料,标准推理测验总得分在 14 岁时达到最大值,此后 10 年保持相对稳定,随后每隔 5 年以均匀速度下降。

SPM 施测无严格时限,一般可用 40 分钟左右完成。测验指导语简单,只要把第一组的第一题向被试讲清楚即可,被试理解后,就可以不需要再指导从头做到尾了。SPM 评分很简单,采取两级评分,答对 1 题得 1 分,答错 0 分。测验后可以对照答案计算出原始分数,然后根据常模资料确定被试的百分等级,再将其换算成智商分数。在测验结果解释上,采用离差智商方法。目前,国内有两种主要的瑞文测验修订本。其一为张厚粲主持修订的标准型中国城市修订本,该修订本基本上保留原测验的项目形式,指导语变化不大。其二为李丹等修订的瑞文测验联合型,该测验的包括 6 个系列 72 个项目,每个系列 12 题;前 3 系列为彩色,后 3 系列为黑白,在修订中还建立了中国城市儿童智商常模和中国农村儿童智商常模。

一般认为,瑞文测验能够有效测出被试的一般智力因素(G 因素),具有跨文化、跨年龄组和跨不同智力水平的广泛适用性,测试灵活方便。瑞文测验使语言和文化的影响作用减到最少。举例来说,一般拉丁裔和非洲裔美国人在韦氏量表和比奈量表中比高加索人低 15 分,而在瑞文测验中却只有 7~8 分的差别。正因为这一优点,瑞文测验备受我国研究民族智力的心理学家们青睐。

韦氏成人智力测验

韦克斯勒智力测验,简称韦氏智力测验,是由纽约市贝勒维精神病院医生韦克斯勒(D. Wechsler)于 1955 年编制,是应用最广泛的个体智力测验,也是研究民族智力的工具之一。

1981 年,在龚耀先主持下,经全国 56 个单位共同协作,完成了韦氏智力测验的中国修订本——中国修订版韦氏成人智力量表(WAIS-RC)。WAIS-RC 由 11 个分测验构成,其中知识、领悟、算术、相似性、数字广度和词汇等 6 个分测验属于言语测验,数字符号、图画填充、木块图、图片排列和图形拼凑等 5 个分测验属于操作测验。WAIS-RC 与原版本有不同,词汇分测验的内容全部更换,其他一些分测验也更换或修改了部分项目。为了适应不同需要,WAIS-RC 分别制订了农村和城市两个版本,二者测验项目相同,但顺序不完全一致。

韦氏智力量表具有复杂的结构,不但有言语分测验,还有操作分测验,可以同时提供言语智商(VIQ)、操作智商(PIQ)和总智商(FIQ)三个智商分数和多个分测验分数,能够较好地反映一个人智力的全貌和测量各种智力因素。另外,韦氏智力量表临床应用较多,积累了大量的资料,已经成为重要的、应用广泛的心理测验之一。

WAIS-RC 的 11 个分量表情况如下:

(1) 知识:共 29 题,涉及知识面广,但非专业性内容。如:"钟表有什么用?"

(2) 领悟:共 14 题,要求回答在某种情境下的最佳生活方式,对日常成语的解释,或某件事说明什么。如:"为什么不要和坏人交朋友?"

(3) 算术:共 14 题,要求用心算解答一些小学文化水平人就能完成的应用题。如:"8 个人在 6 天内可以完成的工作,若半天内必须完成,应找多少人来做?"

(4) 相似性:共有 13 对名词,要求说出每对词在什么地方相似,如"斧头—锯子"。

(5) 数字广度:要求被试顺背或倒背数字。顺背最多有 12 位数字,倒背最多 10 位数。二者分数之和为总分。

(6) 词汇:共有 40 个词汇,要求解释词义。

(7) 数字符号:从 1~9 的每个数字分别对应于一个特殊符号,要求根据这种对应方式迅速在每个数字下面的空格内填上相应的符号。

(8) 木块图:10 张几何图案卡片,要求用 4 块或 9 块红白两色的立方体积木照样摆出来。

(9) 图画填充:21 张图片,每张图画都有一处缺笔,要求指出该部分并说出名称。

(10) 图片排列:8 组随机排列的图片,每组内各张图片的内容有内在联系,要求在规定时间内排列成一个有意义的故事。

(11) 图形拼凑:给被试提供 4 套切割成若干块的图形板,主试先将每套拼板都打乱,要求被试拼出一个完整的图形。

11.6.2 影响民族智力测验公平性的因素

智力测验作为一种手段用于测量智力水平,其有效性、公正性等问题一直以来备受各界质疑,用于测量民族间或种族间的智力差异就更如此。Neisser(1996)指出,智力测验存在文化偏见,主要表现为结果偏见、预测偏见和抽样偏见。结果偏见反映在少数群体较低的平均分上;预测偏见是指在预测教育情境中的未来成绩时出现偏见。如研究发现,在学生 IQ 得分相同情况下,中国与日本的小学生比美国小学生掌握更多的数学知识,产生这种差异的原因有对正规文化教育的态度、真正用于数学学习的时间以及学习的组织方式。抽样偏见是指标准化智力测验中包含的知识与能力样本可能更偏向于优势文化认为有价值的各种技能风格。研究者一致认为,关于智力的偏见影响民族智力测验的公平性。

对"智力"理解的文化差异性

对什么是智力,文化差异体现在三个方面。(1)在专家之间,对该概念争论不休。专家之间的分歧,带来一个值得思考的问题:现有的智力测验,测到的究竟是单一能力还是能力综合体? 在测验中,是否囊括了不在智力范畴的内容? (2)来自专家与普通人群的理解性差异。由于智力测验是来自专家对该领域问题思考的结果,普通人是否对该理念有一致看法? 比如,在赞比亚一个村落,由村落成年人挑选出的"聪明"孩子在传统智力测验上得分并不高。这表明,心理学家和村民关于智力的观念并不相同(董艳,2006)。(3)在普通人群内部,对智力概念理解也存在差异。这是区域文化背景差异带来的对同一观念理解不同。比如,Wober(1980)通过对乌干达不同部落和部落内部普通民众对智力概念的理解,发现部落内外之间对智力概念理解很不同。例如,Baganda 部落的人将智力看作是持久性、坚硬和冷淡无情;Batoro 部落的人则将智力认为是软弱、服从和顺从。Serpell(1990)发现,赞比亚东部郊区 Chewa 居住地的成人判断智力的标准和西方人对智力的理解没有关系。由此可见,如果把同一份量表用在不同民族被试身上,是否会因为民族文化差异而出现理解偏差? 把来自西方学者研究的成果直接沿用在东方民族被试身上,是否也存在质的差异?

关于智力测验的内容

一份测验是否公平,关键在于该测验涉及的知识经验对每个被试是否相同。对知识经验问题,涉及一个综合了诸多社会历史渊源的、生态文化发展的大情境。在该情境中,囊括了与基因、遗传、种族有关的经济、生态、文化、教育资源、政治等一系列问题。李长虹和蔡笑岳(2009)认为:(1)由于文化、教育等社会因素影响,智力测验会不可避免地带上文化痕迹,公正性难以保证;(2)即使当下倡导所谓的文化平等,抵制种族歧视,由于文化种族因素的影响是通过个体主观内化后反应出来的,即使在各种社会因素完全相同前提下,不同个体接受文化影响的程度也不同;(3)人们关于智力的判断深受自我观念影响。

由此可见,智力测验的选材,其内容构成对测验的公平性颇为重要。因此,在智力测验内容构成方面,为了凸显每个人都有均等机会,测验编制者是否可以考虑尽量选用非学术性知识来构建测验,即避免系统化教育对测验结果的影响,而选用弥散性的文化传递所传播的知识作为素材?

关于智力测验的施测手段

如今,大部分流行的智力测验以纸笔测验为主。这对那些不擅长书面表达,或识字量不够的被试,纸笔测验结果也许与其真实智力水平相距甚远。因此,一方面可以考虑发展本土化的测量工具,充分考虑被试的实际情况而使用不同的施测手段;另一方面可考虑发展非言语的测量工具。比如,可以考虑应用"斯-欧非言语智力测验",该测验在 1943 年由 Snijders-Oomen 编制,经多次修订后出现多个版本,目前应用最广、最新和最具代表性的是 SON - R5.5 - 17 和 SON - R6 - 40 两个版本。前者包含归类、拼板、隐蔽图形、连线、情境、类比和故事 7 个分测验,考察 5.5 岁至 17 岁人群的抽象推理、具体推理、空间、知觉四种能力。后者由类比、拼板、归类和连线 4 个分测验组成,测查 6 岁至 40 岁人群的智力。研究表明,该测验内部一致性信度、概化系数和效度均达到心理测量学的要求。该测验有言语指导和非言语指导两套指导语,施测使用了适应性程序,并给被试反馈,具有认知诊断功能,适用于测量正常群体和特殊群体的智力,也可用于研究文化因素对智力的影响和智力测验的公平性。

11.7 影响不同民族智力发展的因素

心理发展历来就有遗传决定和环境决定的争论,对影响智力发展的因素也有同样争论。不过,持绝对遗传决定观点或绝对环境决定观点已经听不到了。学者们关注的焦点正发生变化,从遗传因素还是环境因素决定智力发展,转向遗传和环境对智力的发展各起什么样的作用、起多大作用以及它们在智力发展中如何相互影响、相互作用。目前的研究成果是:遗传因素决定了智力发展可能的范围或限度,环境决定了在遗传基础上智力发展的具体程度。根据遗传因素和环境因素造成的智力上的差异,学者们计算了在智力发展上遗传因素作用的大小。在许多国家,包括在我国某些地区,用这种方法对遗传因素作用所作的估计,数值大约在 0.35~0.65 之间。这说明,遗传因素对智力发展影响并不很大。研究还表明,遗传潜势不同的人在不同环境中,智力发展有不同情况。遗传潜势好的人智力发展可塑范围大,环境影响也大。例如,在较差环境条件下,他们的智商发展可能只有 50~60;而在良好环境条件下,他们的智商可能发展到 180 左右。遗传潜势差的人,他们的遗传条件限制了他们的智力发展的可能,环境能够起到的作用也就比较小。那么,遗传和环境如何影响民族智力的发展?

11.7.1 遗传因素

遗传是生物所具有的形态结构和生理特性相对稳定地传给后代的现象。遗传通过遗传物质的载体——细胞内的染色体来实现。染色体上的遗传因子叫基因,基因决定性状遗传。影响智力发展的遗传因素,主要指的是一个人的素质,或叫天赋,即一个人生来具有的解剖生理特点,包括他的感觉器官、运动器官以及神经系统构造和机能的特点。素质是智力发展的自然基础和前提。

11.7.2 文化因素

智力发展水平是否有民族差异?为什么有的研究持肯定态度,有的研究却得出相反的结论?研究中得到民族之间在智力水平上无显著差异的结果,首先是因为虽然参与研究的被试来自不同民族,但他们可能来自同一地区,处在相同的文化背景中;其次是因为虽然不同民族有独特的民族语言和文字,但许多少数民族群众在日常生活、工作和学习中都不使用自己的民族语言和文字,而是使用汉语和汉字;再者,随着我国的经济发展,许多少数民族的生活地区已不再被隔绝,他们与汉族的杂居、交往不断扩大,文化环境差异日益缩小,民族之间相互通婚的现象也日益普遍。由于文化环境接近,智力成长获得的机会均等,即使智力潜能有一定的遗传性,并且表现在个体智力潜能的差距上,这一差异也不会表现为民族间的显著差异。研究得到民族间智力水平存在显著差异的结果,是因为在研究中,被试来自民族聚居地,且该地区较为封闭和独立,具有独特的地理环境和文化环境。蔡笑岳和丁念友(1997)专门研究了西南民族杂居地和聚居地的藏族、彝族、傣族、苗族的8~15岁儿童的智力状况,发现民族杂居地的儿童的智力测验平均成绩比少数民族聚居地儿童高。牡丹(2006)认为,在杂居地区,少数民族儿童比汉族儿童智力水平高的原因是,少数民族不仅拥有自己独特的语言文化和风俗习惯,还学习和吸收了优秀的汉文化精华,其文化环境更为丰富,更有助于智力的提升。

智力是通过文化形成的。我国的研究也表明,文化不仅影响到不同民族对智力观念的理解,而且是直接造成智力差异的重要原因。杂居地的少数民族居民生活在与汉民族或其他少数民族联系紧密的地区,经济、文化、教育都比相对封闭的聚居地繁荣。在日常生活中,杂居地少数民族儿童、青少年使用汉语,而不像聚居地的少数民族儿童、青少年在家庭中多使用各少数民族语言。另外,文化的繁荣程度、环境、教育丰富程度的不同对智力的影响程度也不同。心理学家认为,遗传决定人的智力发展水平的波动范围,即智力域,后天社会环境决定其达到域限的某个水平。如果社会文化教育条件优越,就有可能达到其智力域的顶端;如果社会文化教育条件较差,智力水平只能停留在智力域的中下位置。所以,如果社会文化条件不能构成显著差异,则杂居地和聚居地儿童、青少年的智力成绩就构不成显著差异。

11.7.3 家庭因素

家庭因素是影响智力发展的又一重要因素。儿童的智力水平,与母亲的产前、产中、产后状态都有密切关系。比如,产前出现来自染色体突变、代谢性异常而带来的遗传性疾病,母亲怀孕期间患病和服用药物,都会对胎儿造成严重损害,直接影响其智力水平。在产程中,如果出现窒息缺氧,或早产或低体重儿,有可能造成儿童智力低下。在产后,如果出现新生儿溶血病、头颅受伤、脑部疾病、缺碘、大脑中微量元素不足、环境不良、营养不良等,均有可能导致智力落后。父母的教养方式影响儿童的智力开发。如有的父母选择随其自然式的教养方式,他们的孩子将基本按照常态发展规律而发展;有的家长重视早期教育,甚至在胎儿期开始关注智力开发,那么有可能其儿童会有种种"早慧"现象。

11.7.4 学校因素

心理学家和教育学家一致认为,学校教育是影响个体智力发展的重要因素之一。教育是儿童青少年智力发展的重要外因,它使心理发展的可能性变为现实性,并使心理发展显示出特定形式的个别差异。国外的研究表明,正规的学校教育可以改变个体的心理能力,包括那些在智力测验中所测得的各种能力。学校教育对个体智力的影响在于,它使个体获得了语言文字能力,促使个体能够参与依赖文字的活动。学校教育还使学生掌握根据事物的性质进行分类的技能和利用信息的策略。现代学校课程大多传授物理、化学、生物等各门科学知识,这些课程传授不仅使学生获得了科学知识,最重要的是使他们形成了客观主义的科学态度,掌握了演绎推理和归纳推理的科学方法和科学思维。此外,从智力开发的模式看,既包括训练模式,也包括教学模式,这充分说明了智力开发与学校教育有着密切联系。

在我国,由于历史原因,民族地区的经济发展较缓慢,使民族教育发展受到很大限制。大部分少数民族地区的教育明显落后于汉族地区和城市是一个不争的现实。关于少数民族教育落后的原因主要有两种解释:

(1) 文化缺失理论。该理论认为贫穷是造成少数民族教育失败的根源。首先,贫穷环境造成了儿童文化缺失和智力发展不足,智力发展不足会影响到儿童对知识获取,从而加剧了智力缺陷的恶性循环。其次,教育投入严重不足必将影响到教育质量、办学条件和师资,这些都进一步抑制了儿童智力发展。Neisser(1996)认为,学校教育要对儿童智力产生积极影响,必须要有最起码的条件。比如,在美国,一些贫困学校的儿童所学知识极少,以至于他们的智力平均水平远远低于国家每年公布的标准。文化缺失理论常被教育界人士奉为定论,也为某些少数民族所信奉。受到这种解释的启发,人们采用一定的政策和干预措施来改善"文化剥夺"群体的处境,以补偿其智力发展的不足。但贫穷并非是教育和智力落后的全部理由,由贫穷引发的许多因素,只有在极端情况下才会对儿童智力发展产生不好的影响。因此,如果认为少数民族教育和智力落后仅仅是由于经济因素,会给民族教育带来严重后果。首先,教师和学生会放弃对学校活动的努力;其次,根据文化缺失理论制定的补救措施和干预政策并不能从根本上改变少数民族的贫困状况,也无法使亚文化群体接受主流文化的标准;最后,补救措施造成的依赖心理也可能永远持续下去,造成"智力缺陷的恶性循环"。

(2) 文化差异理论。该理论认为少数民族教育落后的原因在于少数民族学生的观点、规范、价值和行为与学校文化不一致。当一种文化同另一种文化不一致时,就会存在潜在的冲突。就价值观而言,由于不同民族不同的社会生活文化传统,加之种族和地域环境的限制和约束,往往会形成一定的价值观念,这种价值观念必然会影响到儿童的价值判断。此外,教育者对学生文化的误解,语言的隔阂,教师和教学过程的社会组织问题,甚至更大的社会政治问题,都可能使冲突加剧而导致学校教育的失败。文化矛盾的结果使许多少数民族儿童与他们正在接受的教育过程和结果疏远开来。Howard认为,少数民族儿童在学校中表现出一种也许并非完全无意识地保持自己文化特性和尊严的企图。文化差异理论也认为,文化缺失理论夸大了种族之间的智力差异。因为智力测验主要评价在现代技术社会文化中起作用的某种认知技能,这些技能在某种程度上已经渗透到现代城市人的日常生活中,但在其他非技术传统社会中,往往会要求另外一些不同的认知技能和策略,这些技能和策略被他们所在文化高度评价,同时该文化又为这些认知技能和策略的发展提供了相应机会。这已经被大量的跨文化比较研究所证实。因此,跨文化心理学普遍认为,主流心理学关于智力的理论及定义并不具有跨文化的普遍性,将这些理论和方法用于非主流群体时,得到的是强加的普遍性,这种做法对少数民族不利,其结果就得出了少数民族群体文化缺失的结论。

尽管许多研究发现了经济、社会因素对教育和个体智力发展的重要性,但仅仅考虑这些因素不利于民族教育和民族智力的发展,因为不同民族不仅社会发展的起点不同,而且宗教信仰、思维方式、风俗习惯、价值观念也有显著的差异,这种差异使得各少数民族不仅是在不同的社会经济发展水平上,也是在不同文化心理背景上来接受现代学校教育的。因此,要促进少数民族儿童的智力发展,加强正规学校教育对儿童智力发展的影响力,除了增加经济投入外,还应设法使少数民族儿童与学校文化更好地协调一致,这样才能将跨文化的智力开发与学校教育有机地结合起来(胡兴旺,2003)。

综上所述,学校不仅教给儿童掌握知识和技能,而且还要培养儿童的能力和健全的人格。外界条件是通过儿童的活动才发生作用的。因此,儿童的人格、意志品质、对知识的兴趣以及主观努力,都会影响其自身能力的发展。发达的社会经济条件和丰富的社会文化生活,是智力发展的肥沃土壤,和谐的家庭氛围是智力发展的基石,教育则是智力发展的关键。如何做得更好? 学者们纷纷出谋划策:

(1) 鼓励开放型社会思维方式。人的智力总是受两方面条件约束:一是脑结构,二是后天的训练和培养。后天的训练和培养在很大程度上取决于社会思维方式和结构的作用。因此,一定要重视社会思维方式对民族智力的影响,尽快地研究出一套适合我国国情的智力开发方案。社会思维方式对民族智力的影响有两个方面:

① 影响思维效率。思维效率是指在单位时间内所获得的思维成果的多少。在相同的时间内,一个思维效率高的人要比别人多思考一倍乃至几倍的问题。如果一个民族只有极少数人具有高效率的思维能力,绝大部分人的思维效率不高,则说明该民族的思维效率不高。实际上,一个人的思维效率的高低,不仅取决于所受教育的多少,还取决于思维方式。例如,有的人喜欢死记硬背,表面上看似记住了许多东西,但过一段时间就全忘了,又要重新学习,这种人的思维效率很低,在记忆过程中几乎是不加分析和思索的;有的人学习方法很灵活,一个公式、一个定理,首先弄清楚它们的来龙去脉,掌握它的推导方法,从表面上看,他们记的东西并不多,但用起来则得心应手,这种人的思维效率很高,就在于他们在学习过程中充分利用了自己的思维能力。

② 影响思维质量。思维质量直接关系到人对客观事物认识的正确与否。许多人在实践活动中总是有所差错,这就是因为他们的思维质量不高。因此,思维质量对日常生活、工作、学习尤为重要,因为关系我们做事情的正确与否。

由于几千年的封建文化影响,我国各民族在今天依然广泛地流行着使用某些保守的思维方式。这种思维方式严重地影响了教育和智力的开发。因此,应在全国范围内大力提倡开放型思维,鼓励采用开放型思维方法思考问题,从根本上改变人民的思维方式的基本结构(高冼,1985)。

(2) 培养学生的科学思维方式。少数民族学生普遍存在着理科学习困难、高考时弃理选文的现象,从而导致少数民族人才培养专业结构不合理、少数民族学生就业困难、少数民族科技人才缺乏的现象。究其原因,与学生科学思维缺乏有关。因为理科学习的内容主要是数学与自然科学知识,学习数学与自然科学知识离不开科学思维。

何谓科学思维？张积家(2017)认为,科学思维是在科学活动中行之有效的思维方式。科学思维有如下特征:

① 科学思维一定是分类学思维,而不是情境思维。分类学思维是根据事物的相似性进行抽象概括,按上下级归类,形成不同层次的类别关系。情境思维是指根据事物的外部的、彼此相关的或互补的关系来思考。

② 科学思维一定是分析思维,而不是整体思维。

③ 科学思维一定是逻辑思维,而不是辩证思维。

④ 科学思维一定是求真思维,而不是求善思维。求真思维排除主体的主观意念和价值取向,排除对象的伦理内涵,以对象本真为审视点,对已有认识和观念进行周密且有批判性的思考。求善思维反映思维者的良好愿望,易混淆事物是非,易忽略事物主流,易混淆动机与效果的关系。

受科学发展顺序、哲学发展形态、文化传统的影响,中国人的情境思维、辩证思维、整体思维、求善思维特点明显,这不利于科学的学习与发现、创造,应设法克服。

(3) 培养具有多元文化的教师队伍。有学者提出,缺少多元文化的教师也是导致少数民族教育落后的原因之一。因此,要提倡多元文化教师的培养。长期以来,民族教育作为普通教育的一个部分,忽视了其民族性。在教师教育上,适应多元化教育的教师教育理论和实践尚属空白。教师要有多元文化的素质结构,以应对民族社会日益凸显的文化多样性。为了更好地促使职前教师把握他们将要任教学校的文化多样性,认识教师在面对贫穷、民族认同、民族意识和民族文化心理等问题时担当的角色,必须将教师教育和多元文化教育结合起来。关注多元文化形态中个体文化背景、民族心理和民族意识等特点,将培养不同民族创新精神和内源性发展动力视为己任的多元文化教师,与多民族社会基本要素的密切结合与交流互动,不仅为个体发展和族群发展奠定基础,也为民族地区多元文化课程建设提供了汲取获得教育资源的途径(倪胜利,2010)。

(4) 因材施教,提升学生的学习动机。多项研究表明,来自少数民族地区的学生极易产生自卑、焦虑、沮丧的消极心理,学校应对他们因材施教,实行特殊的教育和管理方法,调整他们的学习心态,关心他们的心理问题,提高少数民族学生的智力素质。

少数民族学生,特别是来自农、牧、山区和经济、教育、科技落后地区的许多学生,在学习方面压力大,自卑感强。有的少数民族学生认为自己学习不好,加上没有什么特长,担心会被老师和同学所忽视,从而不敢和其他人交往,对自己没有信心,因此也常感到烦恼和忧虑。有的少数民族学生则因经济问题而产生自卑且影响了学习。

学生一旦在某方面产生了强烈的自卑感,极容易将自我封闭,远离同学、远离集体,怕遭到拒绝,怕看到他人歧视的眼光。少数民族出现自卑的学习心态的主要原因有以下两个：

① 知识基础差。少数民族学生与其他学生，尤其是大城市学生比，他们所受的教育质量以及经济条件、汉语能力较差，由此产生的自卑感很容易形成一种消极的自我暗示，使他们的自我认知、自我评价产生偏差，在交往活动中把自己限制在一个小的圈子内，阻碍了他们对新知识的学习、理解和吸收，导致智力素质难以提升。

② 缺乏现代竞争观念。少数民族学生受环境与宗教影响，大多不喜欢争名逐利，有些同学把主动学习、考取好成绩视为自我表现和对同学不敬的行为，有些同学在讨论课上不愿意主动发言是因为不愿意否定他人，不愿对他人不敬。

面对少数民族学生的自卑的学习心态，要对他们因材施教，不仅要为少数民族制定符合他们自身水平和特点的教学内容、教学方法和教学时间，还要注重培养少数民族学生奋进、自立、自信的现代学习理念，教师还应采取符合少数民族心理特点的方法进行日常管理。只有做到这些，才有可能提升少数民族学生的学习成绩和学习能力，进而提高民族智力素质(孙玉兰，2004)。

（5）开展跨文化心理训练。学校教育对智力发展十分重要，但少数民族的文化传统与现代正规学校教育有差异。如何解决少数民族儿童与正规学校教育的文化冲突以更好地发挥学校教育对智力发展的作用？国外研究表明，文化适应训练，又称为跨文化心理训练，这种短程课程可以帮助将在其他文化中生活和学习的人。其目的通常是鼓励参加者了解和体验另一种文化，以便他们在实际遇到这种文化时能够减少压力，有效地学习和生活。设计和实施这种训练的主要设想是：①在跨文化中存在大量共性，从而使从一类人中得来的知识可以为另一类人做准备；②在训练中能够传达信息和经验，使受训者向另一种文化的转移更为容易；③这些课程可以有效地替代学习民族交往的其他手段(胡兴旺，2003)。

文化适应训练通过减少少数民族文化与学校教育文化的冲突，增强学校教育对少数民族儿童的帮助，进而影响民族智力。另外一些训练可以更直接地影响民族智力。例如，向祖强利用数学教学，以教师指导下的言语监控进行元认知训练的方式，对西部民族地区的布依族、苗族、黎族和汉族初中学生进行跨文化教学研究，发现元认知训练不仅对汉族学生有用，对少数民族学生也非常有效，元认知训练促进了不同民族学生的学业成绩提高(向祖强，2004)。

第四编 民族语言论

12　民族语言认知

12.1 色彩纷呈的民族语言

语言是人类最重要的交际工具,是文化的载体,是划分民族的主要依据。民族语言心理研究是民族心理研究的重要组成部分,也是了解一个民族的重要途径。中国各民族文化在长期历史发展中形成了多元统一格局,这在语言文字上表现得尤为突出。"统一"体现在全国通用的现代汉语普通话和规范汉字;"多元"体现在多种多样的少数民族的语言和文字。根据1988年《中国大百科全书·语言文字卷》记录,中国有55个少数民族,使用80多种语言。在那之后,民族语文工作者又陆续发现了数十种语言。目前,已经识别的少数民族语言有120多种,民族文字有28种(戴庆厦,2009)。

中国少数民族语言文字研究开始于20世纪的30—40年代,在20世纪80年代后发展迅速。从1930年起,就有学者发表民族语文研究的专著,如赵元任的《广西瑶歌记音》、李方桂的《广西凌云瑶语》、马学良的《湘黔夷语汇掇拾》、罗常培的《贡山俅语初探》、张琨的《苗瑶语声调问题》等(罗安源等,2009)。20世纪50年代初,国家启动了大规模民族语言使用情况调查,先后有多批语言学者赴各少数民族地区进行民族语言普查。20世纪80年代以后,大批学者运用新的技术、方法和理论开展少数民族语文研究。方向有二:一是针对少数民族语言的研究,即研究语素、词汇、语音、语法等符号系统;二是针对少数民族语言的使用及意义进行调查,涉及许多学科,如心理学、美学、史学、哲学、计算机科学等。

12.1.1 中国少数民族语言概况

由于一些少数民族的语言存在支系,因此,学术界对我国少数民族语言的总数说法不一,有人认为是72种,有人认为是82种,有人认为超过100种。1988年《中国大百科全书·语言文字卷》将中国境内的语言分为汉藏、阿尔泰、南亚、南岛和印欧等五个语系。

中国少数民族语言的系属分类

在中国境内,汉藏语系包括汉语、藏缅语族、壮侗语族和苗瑶语族,包括支系共有70多种语言。汉语包括官话、晋语、吴语、徽语、赣语、湘语、闽语、粤语、平话(主要使用于广西南、北各地和湖南与广西毗连的的十多个县)和客家话等方言区;藏缅语族包括藏语支(如藏语、门巴语、仓洛语等)、羌语支(如羌语、普米语、嘉戎语等)、缅彝语支(如阿昌语、仙岛语、傈僳语、拉祜语等)、景颇语支(如景颇语、独龙语、阿侬语等);壮侗语族包括壮傣语支(如壮语、傣语、布依语等)、侗水语支(如侗语、水语、仫佬语等)、黎语支(如黎语和村语)、仡央语支(如仡佬语、木老语、布央语等)等;苗瑶语族包括苗语支(如苗语、巴那语、布努语等)和瑶语支(如勉语和畲语)。戴庆厦(2009)对汉藏语系的基本特征描述如下:

汉藏语系诸语言以单音节词居多,但嘉戎语、景颇语等有较多的多音节单纯词(词根);大多数语言的音节都有固定的声调,主要用来区别词汇意义,有的还表达某些语法意义,但有的语言声调还处于萌芽阶段;汉藏语的元音有松紧或长短的区分,前者以藏缅语居多,后者在壮侗语中较为普遍;人们相信汉藏语具有复辅音声音,因为许多语言还保留有这一特征。在语法方面,大多数汉藏语都有量词,但在功能和分布上并不平衡;语序和虚词是汉藏语表达语法意义的重要手段。

在中国境内,阿尔泰语系包括突厥、蒙古和满—通古斯三个语族,包括支系共有20多种语言。突厥语族包括东匈语支(如柯尔克孜语、西部裕固语等)和西匈语支(如维吾尔语、撒拉语、乌兹别克语等);蒙古语族包括蒙古语、达斡尔语、东乡语、东部裕固语、土族语和保安语等;满—通古斯语族包括满语支(如满语、锡伯语、赫哲语)和通古斯语支(如鄂温克语和鄂伦春语)。南岛语系在中国境内主要是台湾高山族诸语言。戴庆厦(2009)对南岛语系所包括的语支描述如下:

中国境内的南岛语主要是台湾高山族使用的语言,属于南岛语系的印度尼西亚语族,又可分为台湾语支和菲律宾巴丹语支,台湾语支下又有三个分支(有时也称为语组)。具体分类为:(1)台湾语支:包括3个分支的14种语言,泰耶尔分支(泰耶尔语、赛德语、巴则海语等)、邹语分支(邹语、沙阿鲁阿语、卡那卡那布语等)、排湾分支(排湾语、阿美语、布农语等);(2)巴丹语支的雅美语;(3)海南省三亚市回辉乡和回新乡的部分回族说的回辉语,一般认为属于印度尼西亚语族占语支。

在中国境内,南亚语系主要包括孟高棉语族和越芒语族。孟高棉语族如佤语、德昂语、布朗语等,越芒语族如京语和俫语等。中国境内使用印欧语系语言的是塔吉克族和俄罗斯族,塔吉克语属于印度—伊朗语族,俄语属于斯拉夫语族。除了上述五大语系外,还有一些语言,如朝鲜语,学术界仍未界定其所属的语族或语支,一般划为语系未定的孤立语言(罗安源等,2009)。部分学者主张朝鲜语属于阿尔泰语系,但朝鲜语与阿尔泰语系语言之间的同源词非常少。另一种观点认为,朝鲜语与日语共属于一个新语系,朝鲜语的语法与日语的语法有惊人的相似,两者在历史上又同受过汉语影响,但朝鲜语与日语之间缺乏同源词。55 个少数民族的语言系属分类见表 12-1。

表 12-1 中国少数民族主要语言的系属分类概况

语系	民族	所属地区	所使用语言	语族	所属语支
汉藏语系	藏族	西藏、青海、四川、甘肃、云南	藏语	藏缅语族	藏语支
		四川川北	白马语		藏语支
		四川部分地区	嘉戎语、木雅语、尔龚语、尔苏语、纳木依语、史兴语、扎坝语、贵琼语、拉坞语、却域语		羌语支
	门巴族	西藏自治区	门巴语、仓洛语		藏语支
	羌族	四川阿坝藏族羌族自治州、贵州、陕西、甘肃	羌语		羌语支
	普米族	云南怒江州、丽江市	普米语		羌语支
	阿昌族	云南、贵州	阿昌语、仙岛语		缅彝语支缅语组
	傈僳族	云南、贵州	阿昌语、仙岛语		缅彝语支彝语组
	拉祜族	云南思茅、临沧地	拉祜语		缅彝语支彝语组
	基诺族	云南西双版纳基诺乡	基诺语		缅彝语支彝语组
	纳西族	云南丽江市、玉龙纳西族自治县	纳西语		缅彝语支彝语组
	彝族	云南楚雄、红河、石林、江城彝族自治区;四川凉山彝族自治州	彝语、末昂语		缅彝语支彝语组
	哈尼族	云南红河哈尼族彝族自治州	哈尼语、桑孔语		缅彝语支彝语组
	怒族	云南怒江州泸水县、福贡县、兰坪县	怒苏语、柔若语		缅彝语支彝语组
		云南怒江州福贡县	阿侬语		景颇语支
	土家族	湖南湘西、湖北恩施	土家语		缅彝语支
	白族	云南大理白族自治州	白语		缅彝语支

语系	民族	所属地区	所使用语言	语族	所属语支
汉藏语系	景颇族	云南傣族景颇族自治州	景颇语	藏缅语族	景颇语支
		云南部分地区	载瓦语、浪速语、波拉语、勒期语		缅彝语支缅语组
	独龙族	云南怒江贡山独龙族怒族自治县	独龙语		景颇语支
	珞巴族	西藏山南、林芝等地	珞巴语		景颇语支
	壮族	广西柳州、来宾、龙胜、河池等地;广东部分地区	壮语	壮侗语族	壮傣语支
		云南富宁县、广南县等地	布央语		仡央语支
	傣族	云南各傣族自治州县等地	傣语		壮傣语支
	布依族	贵州黔西南、黔南布依族苗族自治州	布依语		壮傣语支
		贵州镇宁、关岭	莫语		侗水语支
	侗族	贵州、湖南、广西交界处;湖北恩施;江苏、广东、浙江	侗语		侗水语支
	水族	贵州南部及东南部地区的三都水族自治县;广西、云南、江西	水语		侗水语支
	仫佬族	广西罗城仫佬族自治县	仫佬语		侗水语支
	毛南族	云贵高原毛南山、九万大山;广西环江县	毛南语		侗水语支
	瑶族	广西金秀瑶族自治县	拉珈语		侗水语支
	黎族	海南琼中县、白沙县	黎语		黎语支
	仡佬族	贵州务川、道真、贵阳、六盘水、遵义等地	仡佬语		仡央语支
		贵州铜仁、毕节、安顺	木老语		仡央语支
	苗族	贵州、湖南、云南、重庆等地各苗族自治州县	苗语、巴那语	苗瑶语族	苗语支
	瑶族	广西、湖南、云南、广东、贵州、江西等省多县市	勉语		瑶语支
		广西恭城、全州;广东连南、阳山;湖南宜章	布努语、巴哼语、炯奈语		苗语支
	畲族	福建福州、三明、漳州等地;浙江温州、丽水	畲语		瑶语支
	回族	宁夏;新疆、青海、甘肃、陕西	汉语	汉语	

语系	民族	所属地区	所使用语言	语族	所属语支
阿尔泰语系	柯尔克孜族	新疆克孜勒苏柯尔克孜;伊犁、塔城	柯尔克孜语	突厥语族	东匈语支
	裕固族	甘肃南裕固族自治县西部、大河区和明花区	西部裕固语		东匈语支
	维吾尔族	新疆喀什、和田、阿克苏	维吾尔语		西匈语支
	撒拉族	青海循化撒拉族自治县、化隆回族自治县黄河谷地	撒拉语		西匈语支
	乌孜别克族	新疆伊宁、塔城、乌鲁木齐、喀什、莎车、叶城	乌孜别克语、土尔克语		西匈语支
	哈萨克族	新疆伊犁哈萨克自治州、阿勒泰	哈萨克语		西匈语支
	塔塔尔族	新疆境内,伊宁、塔城、乌鲁木齐	塔塔尔语		西匈语支
	蒙古族	内蒙古、东北、新疆等地	蒙古语	蒙古语族	
	达斡尔族	内蒙古莫力达瓦达斡尔自治旗、鄂温克族自治旗、扎兰屯市、阿荣旗	达斡尔语		
	东乡族	甘肃临夏东乡族自治县	东乡语		
	裕固族	甘肃肃南县康乐区、皇城区的北滩乡和东滩乡	东部裕固语		
	土族	青海互助土族自治县、民和回族土族自治县、大通回族土族自治县	土族语		
	保安族	甘肃积石山保安族东乡族撒拉族自治县等地	保安语		
	满族	辽宁、河北、天津、北京、吉林等地的满族自治县	满语（目前基本使用汉语）	满—通古斯语族	满语支
	锡伯族	辽宁、吉林、新疆伊犁地区等地的锡伯族自治县	锡伯语		满语支
	赫哲族	黑龙江同江县、饶河县、抚顺县	赫哲语		满语支
	鄂温克族	黑龙江讷河市、内蒙古自治区	鄂温克语		通古斯语支
	鄂伦春族	内蒙古鄂伦春自治旗等地;黑龙江塔河、呼玛	鄂伦春语		通古斯语支

语系	民族	所属地区	所使用语言	语族	所属语支
南岛语系	高山族	台湾中部山区和东部沿海纵谷平原	泰耶尔语、赛德语、巴则海语	印度尼西亚语族	台湾语支泰耶尔分支
		台湾中部山区和东部沿海纵谷平原等地	邹语、沙阿鲁阿语、卡那卡那布语		台湾语支邹语分支
		台湾屏东县的三地、雾台、筏湾、玛家、来义等地	排湾语、阿美语、布农语、赛夏语、卑南语、邵语等		台湾语支排湾分支
南亚语系	佤族	云南沧源、西盟、澜沧等地	佤语	孟高棉语族	佤—德昂语支
	德昂族	云南潞西县、镇康县等地	德昂语		佤—德昂语支
	布朗族	云南保山施甸县、昌宁县、西双版纳、思茅等地	布朗语		佤—德昂语支
	京族	广西防城港市东兴市江平镇	京语	越芒语族	越芒语支
印欧语系	塔吉克族	新疆塔什库尔干塔吉克自治县	塔吉克语	伊朗语族	
	俄罗斯族	新疆西北部、黑龙江北部、内蒙古东北部呼伦贝尔市等地	俄罗斯语	斯拉夫语族	
未界定	朝鲜族	吉林延边朝鲜族自治州等地	朝鲜语		

中国少数民族语言研究概况

我国少数民族语言研究主要包括以下方面：

（1）语言发展历史研究。包括谱系分类研究和词源研究。以汉藏语系为例，如马学良的《汉藏语概论》（2003）、邢公畹的《汉藏语系研究和中国考古学》（1996）、孙宏开的《藏语在藏缅语族语言研究中的历史地位》（1998）和《汉藏语言系属分类之争及其源流》（1999）等。

（2）语言理论研究。包括语音、语法、词汇特征以及语言关系研究。以汉藏语系研究为例：①语音研究涉及声调、辅音和元音，如袁家骅的《汉藏语声调的起源和演变》（1981）、瞿霭堂的《汉藏语言声调起源研究中的几个理论问题》（1999）、郭锦桴的《汉藏语声调的特色》（2012）、孙宏开的《原始汉藏语辅音系统中的一些问题》（1999，2001）、戴庆厦的《我国藏缅语族松紧元音来源初探》（1979）等；②语法研究涉及语法结构、语法形式和虚词，如孙宏开的《论藏缅语语法结构类型的历史演变》（1992）、戴宗杰的《汉藏语动词重叠式的形式—意义匹配格局》（2013）、宋金兰的《汉藏语是非句语法形式的历史演变》（1995）、多拉的《藏语语义理解中功能性虚词研究》（2011）、蒋颖的《汉藏语名量词起源的类型学分析》(2007);③词汇研究包括词义、词源和构词法以及词典编撰,如徐世璇的《汉藏语言的派生构词方式分析》(1999)、戴庆厦和孙艳的《四音格词在汉藏语研究中的价值》(2003);④语言关系主要是同语系语言间比较以及双语,如宋金兰的《汉语和藏缅语住所词的同源关系》(1994)、孙顺的《汉藏同源词音义对应问题研究》(2008)、洪波的《汉藏系语言类别词的比较研究》(2012)。

(3) 研究方法探讨。以汉藏语系为例,如瞿霭堂和劲松的《汉藏语言研究的理论和方法》(2000)、马学良的《汉藏语系研究的理论和方法问题》(1996)等。少数民族语言数字化研究从 20 世纪 90 年代开始兴起,涉及少数民族语言的计算机输入与识别、语料库建立以及多种少数民族语言语料库的设计与实现等。例如,孙宏开和郑玉玲的《计算机多语种语料库的设计和实现》(1990)、高定国等的《计算机识别藏语虚词的方法研究》(2014)等。

(4) 少数民族语言的社会学研究。包括民族语言保护与传承、民族语言与民族认同、民族语言与文化之间的关系等。例如,陈卫亚和王军的《从社会学相关理论看我国少数民族语言传承之必要性及政策调整》(2013)、王琼的《民族主义的话语形式与民族认同的重构》(2005)、刘宝俊的《民族语言与文化生态》(1996)。

(5) 少数民族语言的心理学研究。包括对少数民族双语教育的研究、少数民族语言态度研究、少数民族语言认知机制研究。例如,关辛秋的《中国少数民族双语教育实验调查与思考》(1995)、戴庆厦的《民族心理与少数民族语言文字应用》(2000)、王远新的《论我国少数民族语言态度的几个问题》(1999)、崔占玲和王德强的《少数民族双语者的语言表征和语言联系》(2012)。关于少数民族语言影响民族心理的研究,将在第 12 章介绍。

12.1.2 中国少数民族文字概况

我国少数民族的文字类型丰富,历史悠久,堪称文化瑰宝。在 55 个少数民族中,除回族和满族使用汉字外,其他民族有些只拥有本民族古文字,目前已不通用;有些民族古文字和新修订文字并存,但古文字不通用;有些民族并无与语言一致的本民族文字。由于有的民族有多种文字,且有古文字和新修订文字之分,因此学界对我国少数民族文字总数的说法不一。罗安源等人认为,在 55 个少数民族中,有 29 个民族拥有与自己语言名称相一致的文字;由于有的民族使用多种文字,所以现行少数民族文字共有 54 种(罗安源等,2009)。戴庆厦(2009)认为,中国古代各民族在不同历史时期创造和使用的文字,总数在 30 种以上,根据文字形式可将各民族文字分为 4 类:图画—象形文字、音节文字、字母文字和汉字系民族文字。下面,根据这种分类方法简述这 4 类文字形式中有代表性的文字。

图画一象形文字

(1) 东巴文。纳西族是我国一个拥有 30 余万人口的少数民族,主要分布在滇、川、藏省区交界处横断山脉与金沙江"N"字大湾一带地区,即云南的丽江、宁蒗、永胜、中甸、德钦、鹤庆、剑川、兰坪、贡山,四川的盐边、盐源、木里、巴塘、攀枝花,以及西藏自治区的芒康、察隅等地。丽江纳西族自治州聚居着大约三分之二以上的纳西族人口,是纳西族居住最集中的地区(和少英,2000)。纳西东巴文是主要用于书写宗教经书的古老文字,对应语言是纳西族西部方言。东巴文古语叫"森究鲁究",意为"留在木石上的印迹",由于掌握并使用这种文字的人多为东巴教的经师和祭司,便将这种文字称为"东巴文"(木丽春,2005)。现有影响较大的纳西东巴文字典主要有:方国瑜的《纳西象形文字谱》,李霖灿的《纳西族象形标音文字字典》,法国学者 Bacot 的《么些研究》,美国学者 Rock 的《纳西英语百科辞典》(宋光淑,2004)。记载入册的纳西东巴文字共有 2200 多个。纳西东巴文字的字形类似于原始图画记事文字,与古埃及的圣书字、巴比伦的楔形文字和古汉字有类似的字形特点,都是随物赋形,形肖且复杂(图 12-1)。但东巴文在造字法上却与表意文字类似。例如,东巴文合体字中存在表类标音的部件。因此,东巴文是文字发展史的一个宝贵的活化石,至今仍然为纳西族的东巴使用,代代流传,保留有大量珍贵的东巴文经书文献(见图 12-2)。

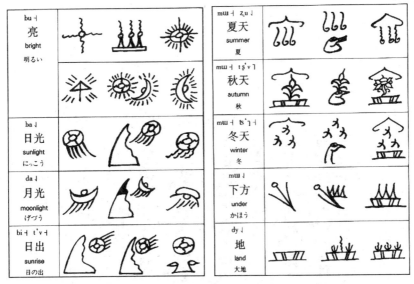

图 12-1 东巴文字范例

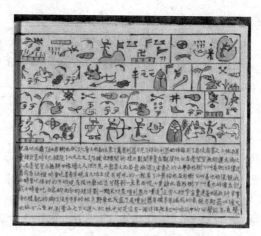

图 12 - 2 东巴经手抄本《创世纪》

从 19 世纪中叶外国传教士对东巴文关注至今,学者们从语言学、民族学、心理学、哲学、历史学、社会学、艺术学、考古学各方面对东巴文进行了多学科、多层次研究(木仕华,1999)。1999 年,在丽江市召开了"国际东巴文化学术研讨会",东巴文研究已成为国内外学者共同关注的焦点(木仕华,2000)。对东巴文研究主要包括四个方面。一是东巴文的性质及造字法研究。由于东巴文的字形与图画文字相似,构字却与表意文字相似,东巴文的性质引起了激烈争论。二是东巴文辞典编撰与东巴经翻译。三是东巴文语料库建立及计算机编码与识别。四是东巴文与其他文字的比较研究。近年来,关于东巴文认知机制的研究也在兴起。

(2) 沙巴文。尔苏人生活在四川凉山州、甘孜州和雅安等地的山区,有人将其划分为藏族,有人将其归为彝族。沙巴文是尔苏人的祭师"沙巴"使用的一种图画—象形文字,约有 200 个左右的单字(见图 12 - 3),常用红、黑、白、蓝、黄、绿等在文字上添

图 12 - 3 沙巴文范例

色以表达一定意义。例如,红色代表火,白色代表金,绿色代表木,蓝色代表水,黄色代表土。这种以色呈义的方式较少见,对研究人类文字起源与发展具有重要意义。沙巴文无固定的笔顺和书写格式,单字与尔苏语并非一一对应,往往一个字读两个音节或三个音节,甚至要用一段话才能解释清楚。目前,沙巴文研究主要包括对沙巴文性质的探讨,对其字素的研究,对沙巴文在文学、历史和艺术上的作用和地位进行评价,以及沙巴文与其他文字的比较等。

音节文字

音节文字是表音文字(或拼音文字)的一种,是一套代表用以构成词的音节和音拍的书写符号,一般一个音节对应于一个字符(葛本仪,2002)。音节文字与音素文字合称为表音文字,与记录语素的表意文字(或意音文字)有较大差异。音节文字与音素文字不同:音节文字记录音节,音素文字记录音素;前者为方块排列,后者为线性排列。在我国少数民族文字中,有代表性的音节文字有哥巴文、新规范彝文和朝鲜文等。

(1) 哥巴文。哥巴文是纳西族的另一种文字,发音为"哥巴特额",意为"弟子、徒弟"。哥巴文是继"森究鲁究"之后,由东巴弟子创制的文字,有"以东巴文为师"的意思。哥巴文的创制时间比东巴文晚,数量少,写法读音尚未统一,各地东巴各创新字,且互不流通(李霖灿,2001)。目前总结的哥巴文构字方法主要有四种:一是选用东巴文中笔画简单的字;二是对东巴文中某些字略加变化或简化;三是选用一些笔画简单的汉字,只取其义不取其音,或略变其形,保留音或义;四是表意造字法。关于哥巴文研究较少,主要是集中在造字法、字符体系以及与其他文字的比较研究上。图 12-4为一段哥巴文谚语及其汉语翻译。

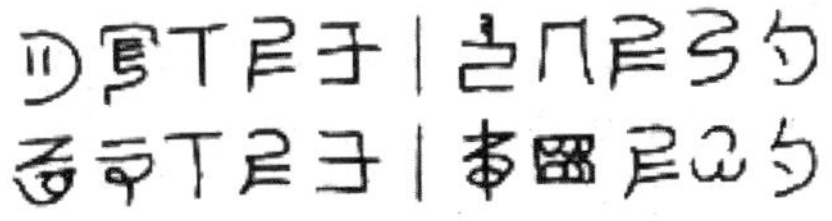

标音和直译:

dʑi³³ mbe¹³ tʂo⁵⁵ mʌ³³ mbɯ³¹ | tʂhu³³ xʌʑ³³ mʌ³³
衣　单　连接　不　裂开,　冬　风　不

se³¹ gu³¹
凉　了。

ku³³mo³¹ tʂo⁵⁵ mʌ³³ mbɯ³³ | zo³¹ xɯ³¹ mʌ³³ igu³¹
帽子　连接　不　裂开,　夏　雨　不　怕了。

意译:

单衣不裂缝,冬风不冷了。

帽子不裂缝,夏雨不怕了。

图 12-4　哥巴文谚语及其汉语翻译

(2) 新规范彝文。彝族古文字称为爨(cuàn)文,又称"韪文"、"倮倮文"、"夷文",是彝族在秦汉时创制的古文字,造字法包括象形、指事、会意、假借等,属表意文字。爨文资料较多来自石刻碑铭,内容涉及文、史、哲、医、宗教。丁文江于 1936 年出版的《爨文丛刻》,约 10 万字,是我国刊行的最丰富的爨文资料汇编。1982 年,中央民族学院约请各地彝文专家,在马学良主持下,编辑《爨文丛刻》增订版(见图 12 - 5),资料增至 30 万字,并纠正了原版的一些误译(任继愈,1990)。20 世纪 70—80 年代,民族语文工作者开始对传统彝文进行规范和改造,规范的现代彝文主要是凉山规范彝文和云南规范彝文,使用较广。新规范彝文加入大量表音符号,尤其是凉山规范彝文,完全属于音节文字,已被 Unicode 收录(见图 12 - 6)。云南规范彝文属于意音文字。

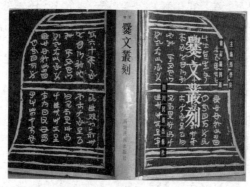

图 12 - 5 《爨文丛刻》增订版

图 12 - 6 凉山规范彝文范例

(3) 朝鲜谚文与现代朝鲜文。谚文是朝鲜半岛和我国朝鲜族使用的与朝鲜语一致的民族文字,也称为"训民正音"、"韩文"、"音文"等。谚文创制于 15 世纪,在李氏朝鲜王朝第四代君主世宗倡导下,由一批学者完成。在谚文产生前,朝鲜人使用汉字。1895 年,谚文与汉字的混合体成为朝鲜的官方文字形式。之后,随着汉字减少使用,国内外朝鲜族基本只使用谚文。谚文为音节文字,最初有 28 个基础字母,包括

11 个元音和 17 个辅音。随着朝鲜语音韵结构变化，有 4 个音消失，余下 24 个基础字母组合成现代朝鲜语的 40 个字母，包括 21 个元音和 19 个辅音(见表 12－2)，任意元音和辅音可以单独成字或组合成字。组字时以音节为单位，部件按"从左到右，自上而下"的基本原则。关于朝鲜谚文和现代朝鲜文的研究不多，主要是比较研究，包括对朝鲜文、汉字、日语假名等文字比较。对谚文和现代朝鲜文的语料库建立和计算机识别研究也较热门。

表 12－2　现代朝鲜文基础字母(元音＋辅音)

ㅏ	ㅐ	ㅑ	ㅒ	ㅓ	ㅔ	ㅕ	ㅖ	ㅗ	ㅘ	ㅙ
a	ae	ya	yae	eo	e	yeo	ye	o	wa	wae
a	ae	ya	yae	ŏ	e	yŏ	ye	o	wa	wae
[a]	[æ]	[ja]	[jæ]	[ʌ]	[e]	[jʌ]	[je]	[o]	[wa]	[wæ]

ㅚ	ㅛ	ㅜ	ㅝ	ㅞ	ㅟ	ㅠ	ㅡ	ㅢ	ㅣ
oe	yo	u	wo	we	wi	yu	eu	ui	i
oe	yo	u	wŏ	we	wi	yu	ŭ	ŭi	i
[we]	[jo]	[u]	[wʌ]	[we]	[wi]	[ju]	[ɨ]	[ɨi]	[i]

ㄱ	ㄲ	ㄴ	ㄷ	ㄸ	ㄹ	ㅁ	ㅂ	ㅃ
기역	쌍기역	니은	디귿	쌍디귿	리을	미음	비읍	쌍비읍
giyeok	ssang giyeok	nieun	digeut	ssang digeut	rieul	mieum	bieup	ssang bieup
g, k	kk	n	d, t	tt	l	m	b, p	pp
k, g	kk	n	t, d	tt	l, r	m	p, b	pp
[k/g]	[k*]	[n]	[t/d]	[t*]	[l/r]	[m]	[p/b]	[p*]

ㅅ	ㅆ	ㅇ	ㅈ	ㅉ	ㅊ	ㅋ	ㅌ	ㅍ	ㅎ
시옷	쌍시옷	이응	지읒	쌍지읒	치읓	키읔	티읕	피읖	히읗
shiot	ssang shiot	ieung	jieut	ssang jieut	chieut	kiuek	tieut	pieup	hieut
s	ss	ng	j	jj	ch	k	t	p	h
s	ss	-ng	ch, j	tch	ch'	k'	t'	p'	h
[s]	[s*]	[Ø/-ŋ]	[t͡ɕ/dʑ]	[t͡ɕ*]	[t͡ɕʰ]	[kʰ]	[tʰ]	[pʰ]	[h]

字母文字(音素文字)

字母文字也叫音素文字，是表音文字的一种，是以音素为单位的文字，用记录音素的字母直接拼写单词。多数字母文字采取线形拼写，如拉丁字母、基里尔字母、希腊字母等。我国少数民族文字中较典型的字母文字有维吾尔族文字、蒙古文和藏文。

(1) 维吾尔族(以下简称维族)古文字与新文字。维族古文字有三种：突厥文

(6—10 世纪)、回鹘文(9—13 世纪)和察合台文(13—19 世纪)。三种古文字均为字母文字。突厥文又称鄂尔浑—叶尼塞文或突厥卢尼克文,通行于 6—10 世纪的鄂尔浑河流域、叶尼塞河流域以及今中国新疆、甘肃境内,对应的是突厥汗国(公元 552—744 年)和高昌王国(公元 460—640 年)的突厥语,隶属于阿拉美字母系统文字。突厥文字母数约为 38~40 个,前元音和后元音均用 4 个字母表示,8 个辅音由两套字母表示。一般从左往右、从下往上书写,字母不连写,词与词之间用":"分开(图12-7)。现存突厥文文献多为碑铭和写本,如《厥特勤碑》、《毗伽可汗碑》、《九姓回鹘可汗碑》。

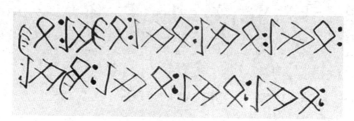

图 12-7 突厥文范例(8 世纪的突厥碑文拓本)

回鹘文又称回纥文、畏兀儿文,通行于 9—13 世纪的吐鲁番盆地至中亚楚河流域,隶属于阿拉美字母系统文字。回鹘文使用 18 个辅音及 5 个元音字母来拼写字词,字词之间留空白以隔开,字母在词头、词中和词末有不同形状,由上至下拼写成列,列与列由左至右排(见图 12-8)。现存回鹘文文献主要为宗教经典、医学著作、文学作品、公文、契约和碑铭等。

图 12-8 回鹘文范例

察合台文始于察合台汗国,通行于 13—19 世纪的新疆和中亚地区,隶属于阿拉伯字母系统文字。察合台文共有 32 个字母, 28 个借自阿拉伯字母, 4 个借自波斯字母。书写时, 元音往往省略不写, 字母分词首、词中、词末、单独等形式, 从右向左横书。除字母外, 还有辅助符号(图 12-9)。现存察合台文主要为记录古代突厥民族的文献, 已有《乐师传》、《尼扎里卡诗集》、《世事记》等文献。关于察合台文的研究主要为历史文献收集、翻译和介绍。

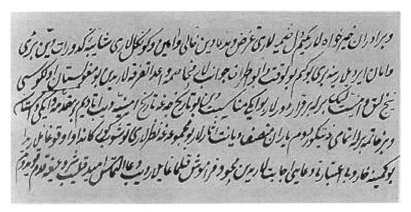

图 12-9　察合台文范例

　　维族文字于 1956 年开始以拉丁字母为基础的新文字方案, 于 1964 年推行, 70、80 年代均有修订。现代维吾尔文有 8 个元音字母, 24 个辅音字母, 自右向左横写。每个字母按出现在词首、词中、词末位置有不同形式, 32 个字母有 126 种写法。有的字母只有单式和末式, 有的字母所带符号除作独立形式和词首形式标志外, 还起隔音作用。维吾尔新文字推行后, 并未收到预期效果, 尚缺乏基础。目前, 维族仍以使用老文字为主。

　　(2) 传统蒙文与现行蒙文。传统蒙文也称回鹘式蒙古文、畏吾体蒙文, 是公元 13 世纪蒙古族在回鹘字母基础上创造的民族文字。传统蒙文的拼写规则和行款都与回鹘文相似, 但字母表未有直接的文献记载。学者从文献中总结出传统蒙文约有 19 个字母, 包括 5 个元音和 14 个辅音。每个字母根据词里位置不同, 写法略有变化, 分为词首、词中和词末 3 种变体。由上至下拼写成列, 列与列由左至右排(见图 12-10)。现存回鹘式蒙古文文献主要为碑铭、写本、刻本、印文等, 如《也松格碑》等。17 世纪后, 回鹘式蒙古文发展成为两支, 一支是通行于蒙古族大部分地区的现行蒙古文, 一支是卫拉特方言区使用的托式文。1946 年, 蒙古人民共和国以斯拉夫字母为基础创制了西里尔蒙古文, 也称新蒙文, 主要通行于蒙古国。中国蒙古族一直使用回鹘式蒙古文。

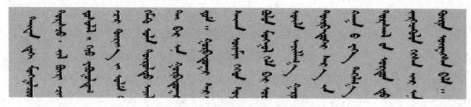

图 12 - 10　传统蒙文范例

(3) 藏文。藏文是藏族使用的文字,通行于中国境内藏族地区、尼泊尔、不丹、印度和巴基斯坦等地。藏文自公元 7 世纪创制以来,经过三次大规模的厘定和规范(8—9 世纪初叶、9 世纪中叶、11 世纪初叶),一直使用至今,历史之悠久在国内仅次于汉字。藏文是典型的拼音文字,由辅音字母、元音符号和标点符号 3 个部分组成(见图 12 - 11),共有 30 个辅音字母,4 个元音符号和 5 个反写字母。

ད་ཕོ་བོ་ལྡོང་ལ་ཆེ་དྲུག་ཡོད་[8]	穆布董的长者六系是:
སྟོད་ན་སྦྲ་ཚབ་འབྲིང་ཡས་གཉིས་	上部是巴曹和郑叶,
བར་ན་རོ་འཛེ་རག་ཤེ་གཉིས་	中部是若曾和冉西,
སྨད་ན་མི་ཉག་གྱི་ཐན་གཉིས།	下部是弭药和吉坦。
ཆེ་དྲུག་མཚན་ན་བཙུན་དྲུག་དེ་	长者六系之后是尊者六系,
བི་རི་འ་མདོ་དང་གླིང་པ་གཉིས་	他们是白利安多和岭巴,
རོ་འཛེ་ལ་ཕྱེ་པ་དང་མདའ་པ་གཉིས་	若曾分为上下两部,
གྱི་ཐན་ལ་རྒྱས་བསྡུས་ཆེ་ཆུང་གཉིས་	吉坦分为大小两支,
དེ་ཆེ་བཙུན་སྤྲེལ་མ་བཅུ་གཉིས་ཡིན།	这叫长尊混合十二支。

图 12 - 11　藏文范例及汉语翻译

藏文字形结构以一个字母为核心,其余字母以此为基础前后附加和上下叠写,核心字母叫"基字",附加字母以加在基字的部分得名,如"前加字"、"后加字"、"上加字"、"下加字"等。基字可以为 1 个辅音字母,也可以为多个辅音字母,30 个辅音字母均可作为基字。元音符号作为各部位的加字。藏文由左向右书写,有"有头字"和"无头字"两种字体,前者用于印刷、雕刻等正规文书,后者用于手写。藏文研究较之其他少数民族文字研究更为完善和丰富,主要包括:(1)藏文信息处理技术,包括藏文文献的数据化、基于不同安装系统的藏文识别、藏文语料库的建立和完善等;(2)藏文语言学研究,包括对藏文字符的分类排序研究、藏文音节模型的建立等;(3)藏文古文献研究,包括对藏文古文献的翻译整理、对藏文古文献价值的探讨;(4)比较研究,对藏文与其他文字的异同进行比较和探究。

汉字系民族文字

(1) 方块壮字与新壮文。方块壮字又称古壮字、土俗字,是由壮族一些受汉文化教育的文人借助于汉字或汉字偏旁部首创造的,迄今已经有千年以上的历史(见图12-12)。

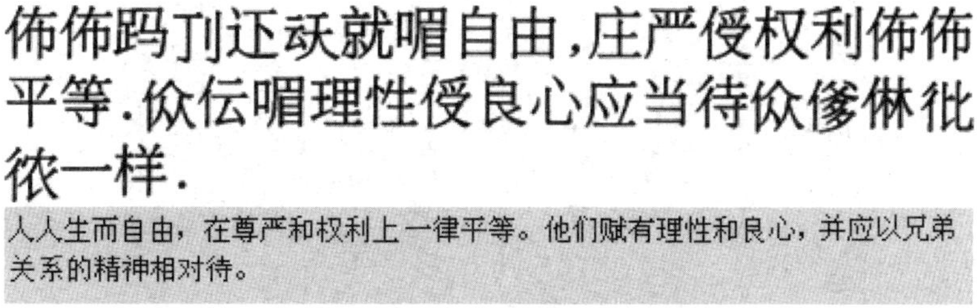

佈佈驷刂还跃就唱自由,庄严侵权利佈佈平等.侬伝唱理性侵良心应当待侬儌倂仳侬一样.

人人生而自由,在尊严和权利上一律平等。他们赋有理性和良心,并应以兄弟关系的精神相对待。

图12-12 方块壮字范例及汉语翻译

《古壮字字典》收载了4900个古壮字正体字和1万多个异体字。古壮字造字法可归结为借、仿、创的结合。借,就是借汉字或汉字偏旁部首;仿,就是仿汉字六书构字法;创,就是新创文字。由于壮族各地的古壮字字形不一,未形成统一规范,笔画繁杂,许多方块壮字是由两个以上繁难汉字组合而成,书写不易。因此,随着汉字的简化,古壮字也逐渐简化,形成了新壮文。新壮文修订于20世纪80年代,将特殊字符用两个拉丁字母来标示,并将一些少用字母当作标调符号使用,因此,新壮文也称拉丁壮文,目前推广效果不如预期。壮文研究比较薄弱,主要关注壮文教育、壮文改革、壮文构字法和壮文信息化等问题。

(2) 水书。又称"反书"、"鬼书",是水族民间流传使用的古文字,可以追溯至夏商时期。古时,水书主要作为巫术用字,在流传和使用方面强调"秘传"性质。水族是一个崇尚鬼神的民族,水书作为各种鬼怪魂灵和避邪驱鬼方法的关键,在水族具有十分重要的地位,制约着水族人民丧葬、祭祀、婚嫁、出行、节令、生产的事项。现存水书文献以宗教类为多,但记录内容丰富,包括宗教、占卜、天文、地理、历法、农事、征伐、民俗、伦理等大量信息。水书形状类似甲骨文和金文,有些字是汉字的反写、倒写或改变字形而成,还有部分是水族原始宗教的密码符号。从右到左直行竖写,无标点符号(见图12-13)。目前收集的水书约有400多个字,加上各地的异体字约有1780个字。水书已被纳入"中国档案文献遗产名录",水书研究主要集中在保护传承、档案整理和构字法比较上。

以上介绍的少数民族文字只是各种类型文字中的典型。我国少数民族文字丰富

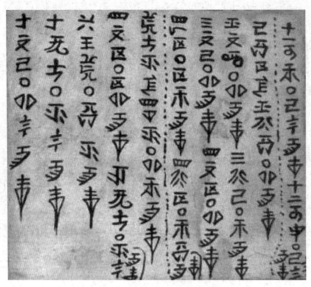

图 12 - 13 水书范例

且类型多样，难以一一列举。每种文字都有着历史的渊源，各种文字之间又有很深的
文化关联。我国少数民族文字总体概况如表 12 - 3 所示。

表 12 - 3 中国少数民族文字概况

民族	文 字
纳西族	东巴文；哥巴文；玛丽萨文；新纳西文
彝族	沙巴文；彝文；新规范彝文
朝鲜族	谚文；现代朝鲜文
维族	突厥文；回鹘文；察合台文；维吾尔新文字
蒙古族	回鹘式蒙古文；新蒙文
藏族	藏文
壮族	方块壮字；新壮文
水族	水书
白族	老白文；新白语拼音
苗族	老苗文；新黔东苗文；新湘西苗文；新川黔滇苗文；新滇东北苗文
瑶族	方块瑶文；新门方言文字；新勉方言文字
布依族	方块布依字；新布依文
哈尼族	新哈雅文；新碧卡文
侗族	侗字
土家族	新土家语拼音
哈萨克族	哈萨克老文字；哈萨克新文字
傣族	老傣仂文；新傣仂文；老傣那文；新傣那文；傣绷文；金平傣文

民族	文字
黎族	新黎文
傈僳族	老傈僳文;新傈僳文
佤族	撒拉文;新佤文
景颇族	景颇文;新载瓦文
柯尔克孜族	柯尔克孜文
土族	新土文
羌族	新羌语拼音
锡伯族	锡伯文
俄罗斯族	俄文
独龙族	新独龙语拼音
基诺族	新基诺拼音

12.2 东巴文认知研究

12.2.1 东巴文的认知特点

东巴文是我国珍贵的文化遗产,被称为文字的"活化石"。国内外学者从不同角度研究,已经发现东巴文在诸多领域的学术价值。近年来,对东巴文的语言心理学研究也逐渐兴起。

通过实验考察东巴文的认知特点

东巴文的独特性在于:字形类似于原始图画记事文字,与古埃及的圣书字、巴比伦的楔形文字和古汉字有类似的字形特点,都是随物赋形,形肖且复杂;在造字法上与汉字有许多相似之处。例如,东巴文合体字中存在表类、标音的部件,类似于汉字中的形声字。这种集图画、象形、表意于一体的文字,其加工过程与何者更为接近?

谢书书和张积家等(2007)在分析了汉字和图画的加工特点后指出,如果东巴文在文字发展上靠近原始图画文字阶段的话,东巴文加工应该更接近于图画加工,应该更服从格式塔图形组织原则,具有较强的知觉整体性。那么,东巴文加工就应该更具有整体加工的特点,就会有熟悉性、具体性、典型性和复杂度的效应。在考察东巴文的局部认知时,就应该出现较强的知觉整体性、心理切分度较低等情况。类别符号和注音符号应对整字加工完全起不到义符和声符的作用。并且,在对图画、东巴文和汉字词命名和分类比较中,东巴文在两种任务中的加工应与图画更接近。反之,如果东巴文在文字发展上靠近表意文字阶段,东巴文加工应该更接近于汉字加工,应该具有类似于汉字词加工中的整体与部分的关系。东巴文识别不仅应该具有整体加工的熟悉性、具体性、典型性和复杂度的效应,还应该具有局部加工的部件数、部件结构方式的效应。东巴文的类别符号和注音符号也应该具有类似于汉字的义符和声符的作用。在对图画、东巴文和汉字词命名和分类比较中,东巴文在两种任务中的加工应该与汉字词更为接近。

谢书书和张积家等(2014)以16名东巴为被试,考察东巴文的认知特点。主要包括:(1)考察熟悉度、具体性、典型性、复杂度对东巴文认知的影响;(2)考察东巴文合体字(由两个或两个以上独体字组成的东巴文)局部加工的特点及与整字加工的关系,考察类别符号和注音符号对整字加工的影响;(3)比较图画、东巴文和汉字在命名和分类任务中的加工,确认东巴文在两类任务中的表现是与图画更为接近,还是与汉字更为接近。实验结果如下:

(1) 对东巴文的整体属性在认知中作用的考察发现:在东巴文认知中存在熟悉性效应,认知熟悉的东巴文显著快于认知不熟悉的东巴文;存在具体性效应,认知具体的东巴文显著快于认知抽象的东巴文;存在典型性效应,认知表达典型成员的东巴文显著快于认知表达不典型成员的东巴文;存在一定程度的复杂度效应,判断低复杂的东巴文的错误率显著高于判断高复杂的东巴文的错误率。原因是,在低熟悉时,复杂度越低,构字越简单,东巴文越难以辨认,错误率更高;复杂度高的东巴文能提供更多的辨认线索,激活更多的联结,通过部件猜测整字意义的可能性更大。这说明,东巴文加工具有与汉字和图画一致的整体属性。

(2) 对东巴文局部属性在认知中作用的考察发现:认知高熟悉的东巴文时存在部件数效应,但不存在结构方式效应。类符对东巴文认知有一定促进作用,但促进作用不像汉字义符那样明显。因为启动效应在总体上不显著,且类符不仅启动了与类符一致的字,还启动了与类符无关的字,只不过对与类符一致的字的启动效应更大一些。在对假字的反应中,与汉字认知不同,类符并未对假字识别起到显著的干扰作用。这表明,东巴文类符还不是真正的类似于义符之类的类别符号,在相当大的程度上,它只是图画的一部分,和其他部件结合产生一个整体的意义,类似于汉字的会意字(如"男"),起不到表类别的作用。东巴文类符所以对与类符无关的字也具有启动作用,主要是因为图形知觉的启动作用而已。这说明,东巴文的类别符号还未完全义符化。对东巴文注音符号的考察发现,有、无注音符号的东巴文在语音提取和语义提取中都未出现显著差异,但基于语音的任务反应速度快于基于语义的任务,正确率也高。这说明,注音符号有助于读者提取语音信息。但注音符号并未像声旁一样对整字发音有显著影响。因此,东巴文的注音符号并未抽象成为类似于汉字声旁的部件。对东巴文合体字及其类别符号和注音符号的研究表明,东巴文的认知特点与图画较接近。但是,东巴文合体字的部分和整体的关系既与图画的图义关系不同,也与汉字的部分与整体的关系不同。

(3) 无论是命名中还是分类,对东巴文独体字和东巴文合体字的反应都与对图画的反应没有显著差异。这再一次证明,东巴文加工在性质上与图画加工更为接近。对东巴文合体字的命名速度比独体字和图片都慢,表明对由独体字组成的东巴文合体字的加工必须经过每个部件的独立加工之后,再提取整字的意义和读音。东巴文独体字比合体字更接近一幅完整的图画,东巴文合体字更像是多幅图画以一定关系组合在一起的整体。

东巴文认知特点对其性质的启示

以上结果为东巴文性质研究提供了佐证。语言学家根据世界各国的文字演变情况,把文字发展规律概括为:文字画→图画文字→象形文字→表意文字(或意音文字,以下均称"表意文字")→拼音文字(施效人,1965a,1965b)。东巴文形似图画文字,在造字法上却与表意文字有许多相似之处。汉字造字法主要有象形、指事、会意、形声、假借和转注,即"六书"。其中,形声字占绝大多数。东巴文亦由象形字、会意字、转意字、假借字和"形声字"组成(李静生,2003)。其中,象形字占多数。东巴文的"形声字"是指带类别符号、带注音符号或两者都带的合体字,它们是否属于严格意义上的形声字还有待考查。鉴于东巴文的独特性,学者们对其性质产生了不同的看法。

在东巴文研究早期,学者们倾向于用"象形文字"来定位东巴文,对东巴文中不属于象形文字的部分不作解释或解释得比较含糊。主要研究者如方国瑜和李霖灿等人。方国瑜和林超民(1982)根据东巴文的造字特点,把东巴文概括为 10 类:(1)依类象形;(2)显著特征;(3)变易本形;(4)标识事态;(5)附益他文;(6)比类合意;(7)一字数义;(8)一义数字;(9)形声相益;(10)依声托事。但他并未对东巴文中象形字以外的字进行解释。李霖灿(2001)综合考虑东巴文的特点,认为东巴文处于由图画向文字过渡的阶段,并将其定位为"象形文字"。

20 世纪 80、90 年代,学术界对东巴文性质的争论更加激烈,研究焦点集中在对东巴文中"形声字"的讨论上。学者们认为,如果东巴文中的"形声字"与汉字形声字如出一辙,就说明东巴文已经跨入表意文字阶段。在这一时期,主要有三种观点。(1)认为东巴文已经进入表意文字的初级阶段。王元鹿(1987)比较东巴文与汉古文字形声字,指出:"因为这两种文字的记词方式中既有记意成分,又有记音成分,所以它们都属意音文字。而且,这两种文字在它们各自的创制和发展道路上是互相独立、互不影响的。"(2)认为东巴文处于象形文字靠近原始图画文字的发展阶段。和志武(1981)、喻遂生(1990,1992)在对比东巴文与原始图画文字和表意文字、东巴文与甲骨文之后认为,与表意文字比,东巴文有原始性,属于一种过渡性的古文字。不应该扩大东巴文中形声字的范围。(3)认为东巴文处于象形文字靠近表意文字的发展阶段。周有光(1994)指出,东巴文是多成分、多层次的文字,在6000年的人类文字史上,是晚期产品,但属于早期的"形意文字"类型。

近年来,对东巴文性质研究呈现出多学科细化趋势。史燕君(2001)依据以形声字声符表音化程度和形符类化程度来判断形声字发展程度的原则,将东巴文"形声字"进行阶段性分类,发现东巴文"形声字"处于低级发展阶段的居多。东巴文是一种由图画文字向象形文字过渡、语段文字向音节文字过渡的古老文字。戈阿干(1997)分析东巴文的书写规律,指出东巴文貌似繁冗神秘,其实有着固定的笔画程序,这一书写程序类似于汉字的偏旁部首。甘露(2005)归纳出不同时代东巴经文中的假借字,发现早期和晚期的东巴经文的字词对应关系、假借数量和比例都有明显区别,说明东巴文在不同时期的发展和变化。

语言心理学研究为东巴文性质问题提供了新证据。根据实验所发现的东巴文认知特点,谢书书(2008)认为,东巴文认知更接近于图画认知。但是,东巴文合体字不像图画知觉那样,整体性很强、完全符合整体优先性假设,而是必须经过部件加工才能够通达整字的语义和语音。因此,与其说东巴文合体字是一个字,不如称其为一个词。东巴文整字实际上是由多个单语素字拼合而成的多语素词。即,东巴文独体字的加工类似于图画加工,具有知觉整体性;东巴文合体字加工相当于多个靠近图画性质的独体字的整合。因此,东巴文在性质上是处于靠近图画文字阶段的一种正在初步转型的语段文字。这种文字性质导致东巴文字在加工上既与图画相似,又存在明显的不同。

12.2.2 东巴文形、音、义的激活进程

在字词识别研究中,研究者对字词形音义激活的进程一直有不同的看法。语音转录理论主张,字词识别要走"形→音→义"通道;直通假设主张,字词识别要走"形→义"通道;双通道理论认为,在字词识别中,"形→音→义"和"形→义"两条通道并存,究竟采取哪一通道,取决于实验材料和实验任务。三种理论都有一定实验证据支持。已有研究主要以拼音文字(如英文)和汉字作为实验材料。英文是拼音文字,存在拼写—语音的对应规则,词义提取难以排除语音的作用。汉字是表意文字,以形声字为主体,形旁表意使得形声字的语义可以直接由形通达(陈宝国,王立新,彭聃龄,2003;陈宝国,彭聃龄,2001;陈新葵,张积家,2008;方燕红,张积家,2009;张积家,陈新葵,2005;张积家,方燕红,陈新葵,2006;张积家,彭聃龄,1993;张积家,彭聃龄,张厚粲,1991;张积家,张厚粲,彭聃龄,1990)。但与此同时,声旁同样在形声字词义提取中具有重要作用(陈曦,张积家,2004;舒华,张厚粲,1987;杨晖,彭聃龄,Perfetti,谭力海,2000;张厚粲,舒华,1989;张亚旭,周晓林,舒华,邢红兵,2003)。若以比汉字更为表

意而不标音的文字为材料,就更能够说明问题。东巴文在认知上与图画更接近,其注音符号不同于汉字声旁,并未对东巴文的整字发音起到显著作用。因此,研究东巴文的形、音、义激活进程,可以为词义通达的理论提供新的证据。

张积家、和秀梅和陈曦(2007)采用色词干扰范式及其变式,以红("")、绿("")、黄("")、白("")为材料,对东巴文识别中形音义激活进行了考察。SOA 是启动刺激与目标刺激之间的时间间隔。结果发现,当 SOA = 100 ms 时,只出现字形信息的激活;当 SOA = 200 ms 时,只出现字义信息的激活,字形信息的激活减弱或消退;当 SOA = 400 ms 时,只有语义信息仍然处于激活状态,字音信息的激活始终未达到显著水平。谢书书(2008)采用注音符号启动—命名和注音符号启动—真假字判断范式,考察东巴文在语音任务和语义任务中是否出现差异。结果表明,东巴文的注音符号并未显著地影响东巴文整字认知,被试在两种任务中的反应未出现显著差异。谢书书(2008)采用启动命名范式考察在语音启动和语义启动下东巴文目标字的激活,发现在语音启动时,被试对目标字的反应时和错误率在三种 SOA 条件下同无关字比均无显著差异。这说明,东巴文的语音无论在哪一种 SOA 条件下都未能得到显著的激活。在语义启动下,SOA = 200 ms 时,出现启动字对目标字的显著促进作用,说明东巴文的语义在 200 ms 时就已激活。这两个研究都表明,语音激活并非是东巴文识别的必要条件。即,东巴文认知不需要走"形→音→义"通路,而是走"形→义"通路,符合直通假设。语音激活并非是识别所有文字的必要条件。张积家等(2007)还发现,与汉字研究结果不同,东巴文颜色字的语义激活时间较晚。在英文和汉字研究中,语义启动在 SOA = 100 ms 或在更早些就可以探测到,东巴文语义启动在 SOA = 200 ms 时才显著,在 SOA = 400 ms 时仍然处于激活状态。所以如此,与东巴文颜色字的特点有关。东巴文的颜色字既不是抽象符号,也不是直接示形。颜色不能直接地通过形状显示。所以,纳西先民在创制东巴文颜色字时走了另一道路——通过联想创制颜色词。东巴文""(红),"本火字,火为红色";东巴文""(绿),"本玉字,玉为绿色",李霖灿认为此字由绿松石转化而来;东巴文""(黄),"本金字,金为黄色也";东巴文""(白),原作"",是形声字,从乳解声,后简作""。李霖灿认为,此字原作"解开"讲,象解线形,常借音作"白",可加于其他字上,使之具有白色属性。这四个颜色字的构字原理并不相同,但都要经过联想才能提取语义,这就使东巴文颜色字的语义激活比其他文字的语义激活发生得晚些。

东巴文认知中形、音、义激活进程研究为词汇通达理论提供了新证据。文字的加工通路和激活顺序受多种因素影响。实验材料和任务均会导致词汇通达时形、音、义激活进程差异。例如,如果采用语义任务,汉语阅读者在词汇通达时倾向于采用"形→义"通路;如果采用语音任务,汉语阅读者在词汇通达时倾向于采用"形→音→义"通路。更重要的是,东巴文形、音、义激活进程的研究表明,无论是语音任务还是语义任务,东巴文词义提取都走"形→义"通路。这说明,词汇通达路径的选择受文字类型的影响,语音并非是所有文字词义通达的必经阶段。

12.2.3 东巴文与图画、甲骨文、汉字以及英文词的认知比较

文字的产生和发展具有历史性和民族性。一些文字已经随着历史发展消亡或即将消亡,另一些文字仍然保持巨大的生命力。不同历史时期、不同民族的文字性质不同,人类加工它们的方式和策略也有差异。人类对不同历史时期、不同民族的文字的认知,能够折射出文字的本质特征。比较文字的外形特征和表意特性能够反映出文字的共性和差异,比较对文字的命名与分类能够反映文字加工的过程和机制,揭示出形态各异的符号的特性和具有普适性的语言认知规律,为探寻文字的发展和演变过程提供心理学证据。

英文、汉字和图画是人们熟悉的符号体系。文字起源于图画。英文属于拼音文字,汉字属于意音文字。甲骨文是中国古代文字中时代最早、体系完整的文字,主要指殷商和西周时期先民刻在龟甲或兽骨上的文字。英文、汉字、甲骨文、东巴文和图画在文字发展史上处于不同阶段,它们的排序正好体现了在文字发展过程中由图画到拼音文字的发展过程,考察它们在知觉加工、语义加工以及命名与分类中的表现具有重要理论意义。它们在加工过程中的差异能够为心理表征理论提供较为连续的和系统的证据。

谢书书(2008)采用命名任务和分类任务比较图画、东巴文和汉字的加工过程。结果发现,无论是在命名任务中,还是在分类任务中,对东巴文字的反应速度和准确率都与图画无显著差异。在命名任务中,对汉字词的反应速度快于对东巴文和图画,错误率也低;在分类任务中,对图画、东巴文字和汉字词的分类则未出现显著差异。张积家、王娟和刘鸣(2011)采用知觉相似度判断、语义一致性判断、命名和分类任务考察图画、东巴文、甲骨文、汉字词和英文词在知觉加工和语言加工中的特点。结果出现了知觉任务和语义任务的分离。在知觉任务中,东巴文与图画的相似度最高,甲骨文与图画的相似度次之,东巴文与甲骨文的相似度再次之。东巴文与图画的知觉相似度最高,说明它是靠近图画文字的形意文字,这与谢书书(2008)的研究结果一致。甲骨文与汉字的相似度高于东巴文和汉字的相似度,说明甲骨文在文字发展阶段上更接近于意音文字。英文与其他符号相似度最低,说明外形特征影响对符号的

知觉相似度判断,说明英文是与其他类型符号绝然不同的符号体系。这种不同不仅源于外形不相似,也源于符号记录语言的方式:其他类型的符号表意,英文词表音。对不同类型符号的知觉相似度判断的顺序与文字演化的顺序一致,即图画→早期形意文字(东巴文)→晚期形意文字(甲骨文)→意音文字(汉字)→表音文字(英文)。这反映了文字发展与进化的一般趋势:文字的形象性在逐步削弱,符号性在逐渐加强。在语义任务中,对与汉字词、图画搭配的符号对加工快,对与东巴文、甲骨文搭配的符号对加工慢。在命名和分类任务中,对英文词、汉字词的命名快于分类,对甲骨文、东巴文和图画的分类快于命名。但是,无论是命名还是分类,对汉字词和图画的反应总是快于对甲骨文和东巴文的反应。

东巴文与图画、甲骨文、汉字和英文词的认知比较结果为心理表征理论提供了全新的证据。心理表征理论的主要假说有:(1)独立编码假说,包括言语编码说(verbal code hypothesis)和形象编码说(pictorial code hypothesis)。言语编码说认为,图画表征和字词表征都以言语形式贮存;形象编码说认为,图画表征和字词表征都以视觉图像形式贮存。(2)双重编码假说(dual code hypothesis)。Paivio(1983)认为,在人脑中存在两种信息编码和贮存的系统:言语系统和表象系统。言语系统负责处理语言信息和抽象概念,表象系统负责处理知觉信息及具体的物体或事件。(3)共同抽象码假设(common abstract code hypothesis)。认为图片和字词的心理表征共用一种抽象码。(4)词汇假设(lexical hypothesis)。认为语义系统和词汇系统彼此独立,图片知觉和物体之间的密切功能联系有利于图片优先通达抽象语义网络,字词加工时须先经由词汇系统再达语义系统(方燕红,张积家,2009)。

根据东巴文与图画、甲骨文、汉字和英文词的认知比较结果,张积家等人(2011)认为,不同材料的认知差异受众多因素影响,符号的外形特征、区别性特征、记录语言的方式和熟悉性都影响实验结果。无论哪种符号加工,都体现了词汇网络和语义网络的不同作用。英文词命名仅在词汇网络内就可以完成,英文词分类则需要先进入词汇网络,再进入语义网络。汉字词命名仅在词汇网络内便能完成,汉字词分类需要经过亚词汇通路,即借助义符为中介进行语义激活,或经过词汇通路,即由形至义,或由形转音至义。图画分类是图形→概念→类别的过程,只涉及语义网络加工;图画命名则需要经过语义网络向词汇网络扩散才能够完成。东巴文和甲骨文的加工类似于图画,它们的命名都需要先经过语义网络后进入词汇网络,它们的分类只涉及语义网络。

12.2.4 对东巴文认知性质的眼动研究

和秀梅与张积家(2014)认为,虽然对东巴文认知性质的研究取得了一定的成绩,仍有继续研究的必要。(1)已有研究采用行为研究范式考察东巴文的认知性质。与行为研究比,眼动技术具有生态效度高、时间精度和空间分辨率高、数据丰富的优点。(2)已有研究较多关注东巴文的总体性质,未比较东巴文独体字和东巴文合体字的认知差异。(3)文字具有记录、记载和交流功能。如果个体不掌握某种现代文字,该文字对他而言就是一些无意义图像。东巴文具有极强的象形性,对不掌握东巴文的个体而言,东巴文就是一幅简单图画;对掌握东巴文的个体而言,东巴文就是一个字或一个词。以往研究均采用熟悉东巴文的被试。比较掌握与不掌握东巴文的个体对东巴文的认知差异,更能揭示出这种早期文字的性质。

学过和未学过东巴文的汉族本科生各 30 名参加实验。采用 2(被试类型: 未学组、学习组)×6(刺激类型: 东巴文合体字、东巴文独体字、合体字对应图片、独体字对应图片、合体字对应汉字、独体字对应汉字)两因素设计。因变量为分类的反应时、错误率和眼动指标(注视点个数、注视时长和眼跳幅度)。材料是 40 个东巴文独体字(20 个表生物,20 个表非生物),40 个东巴文合体字(20 个表生物,20 个表非生物),80 幅与东巴文对应的图片,80 个与东巴文对应的汉字。控制图片和汉字的熟悉性、东巴文和图片的典型性、东巴文的复杂度,控制学习组对东巴文合体字和独体字的熟悉性。使用 SMI(Hi-Speed)快速眼动仪,实时计算出眼的水平和垂直运动的时间、位移距离、速度及瞳孔直径、注视位置。学习组在实验前三天学习东巴文和对应图片,学习到对东巴文能快速命名的程度;被试对东巴文、图片的命名正确率达到 100% 才参加正式实验。告知被试尽快、尽量准确地判断符号代表的事物是生物还是非生物。计算机自动记录从刺激呈现到被试反应的反应时、错误率和眼动情况。

结果表明,东巴文合体字的反应时长于其他符号,错误率亦高;东巴文独体字的反应时长于图片和汉字,错误率亦高;合体字对应图片的反应时长于独体字对应图片和独体字对应汉字,错误率亦高;合体字对应汉字的反应时长于独体字对应图片和独体字对应汉字,独体字对应图片的反应时长于独体字对应汉字。东巴文合体字的总注视点多于其他符号;东巴文独体字的总注视点多于图片和汉字;合体字对应图片的总注视点多于独体字对应图片和独体字对应汉字;独体字对应图片的总注视点多于独体字对应汉字;合体字对应汉字的总注视点多于独体字对应汉字。东巴文合体字的总注视时长长于其他符号;东巴文独体字的总注视时长长于图片和汉字;合体字对应图片的总注视时长长于独体字对应图片和独体字对应汉字;合体字对应汉字的总注视时长长于独体字对应图片和独体对应汉字。东巴文合体字的总眼跳幅度大于东巴文独体字、图片和汉字;东巴文独体字的总眼跳幅度大于图片和汉字。

学习组对东巴文合体字的反应时长于未学组,错误率更低。学习组对东巴文合体字的总注视点多于未学组,总注视时长长于未学组。学习组比未学组对东巴文独体字的错误率更低。作者对结果进行了如下讨论。

关于东巴文合体字的性质

对东巴文合体字的分类最困难。东巴文合体字是由两个以上的象形字符组合而成的词或词组(李静生,2003)。如"🪝"(桥)由"〰"(水)和"╱"(棍)组成。东巴文合体字有类似汉字部件的义符和音符。例如,"𝌆"(舅),从"𝌆"(人),eggv["🐝"(熊)]声;"🏠"(村),从"🏠"(屋),co["🦘"(跳)]声;"🫀"(肝),从"∞"(肝),ser["🌿"(柴)]声。周有光(1994)根据《纳西象形文字谱》统计,东巴文有象形字1076字(47%),会意字(包括指示字)761字(33%),形声字(包括假借字)437字(19%),形声字的数量与甲骨文的形声字数量(20%)接近。在东巴文形声字中,常用部首有40余个,如"▭▭▭"(土)、"〰"(水)、"〰"(火)、"△"(山)、"⊕"(日)、"🌙"(月)、"🌲"(树)、"🐦"(鸟)、"𝌆"(女)、"𝌆"(人)、"🌿"(祖)、"🥣"(碗)、"🫀"(心)等。因此,周有光(1997)将东巴文归入形意文字范畴,认为东巴文"代表超越文字画水平的形意文字",是人类文字史上形意文字向意音文字发展的稀有例证。和志武(1981)认为:"纳西象形文字作为一种古老的民族文字,不是仍属于原始图画记事发展阶段的图画字,而是以象形符号为基础,发展了标音符号,附加符号来代表语言的一种独立的文字符号体系。"王元鹿(1988)也认为,纳西东巴文是兼备表意、表音成分的文字,是一种"意音文字"。

由于东巴文合体字是更为严格意义上的意音文字,因而在对东巴文合体字分类时,加工就接近汉字分类,也要先进入词汇网络,通过部件、整词等加工层次,再进入概念网络,激活概念结点和类别结点。那么,与图片分类比,加工环节就多,激活路径就长,分类就困难,这既会反映在反应时和错误率上,也会反映在眼动指标上。虽然东巴文合体字也有表类的义符,但由于任务是区分生命物与非生命物,生命物和非生命物均有不止一个义符,被试对东巴文义符还不熟悉,因此,即使有从词汇网络到语义网络的以义符为中介的通路,也不会对分类有多大帮助。然而,对这一原因也不能估计过高。因为被试中既有学过东巴文的,也有未学过的,即使是学过东巴文的被试,学习的也只是东巴文合体字的汉译名称;即使分类时能利用东巴文合体字的义符,也无法利用东巴文合体字的声符。然而,无论是学习组,还是未学组,对东巴文合体字的加工难度均大于对其他符号。这说明,对东巴文合体字分类困难还有其他原因,最可能的就是东巴文合体字的结构复杂性。东巴文合体字毕竟是由两个或两个以上的部件组成的,与东巴文独体字比,对东巴文合体字加工在词汇网络中就多了一个部件层次。因此,结构复杂亦是东巴文合体字比其他符号分类困难的重要原因。东巴文合体字分类的加工模式表明,东巴文合体字是比东巴文独体字更为复杂的文字,个体对东巴文合体字的加工类似于对汉字合体字的加工。东巴文合体字是接近汉字的意音文字。

关于东巴文独体字的性质

对东巴文独体字的分类易于东巴文合体字,难以对图片和汉字。这说明,东巴文独体字在性质上既不同于东巴文合体字,又与图片和汉字有异。

东巴文独体字是由一个象形字符表示一个字(李静生,2003)。它以动物、人物和植物为主,还有一些表示地理方位、思维意识等抽象文字。例如,"⌖"(象)、"⌖"(树)、"⌖"(云)、"⌖"(手)、"⌖"(脚)、"⌖"(麻雀);"⌖"(虎)、"⌖"(锄)、"⌖"(雨)等(方国瑜,1995)。对东巴文独体字,学者们比较一致地认为属于象形文字(傅懋勣,1982;方国瑜,1995;李霖灿,2001;周有光,1994)。象形是在对客观事物长期观察的基础上,取其最有代表性的特征描摹之以为符号,本质是对客观事物的典型化、抽象化和符号化。就象形手法而言,王元鹿(1988)认为,东巴文在造象形字时使用的手段包括"依类象形"、"显著特征"和"变易本形"三种。方国瑜(1981/1995)依据古汉字"六书"(象形、指事、会意、形声、假借、转注)理论提出 10 种东巴文造字法,即"十书",其中包括依类象形、显著特征、变易本形,再加上标识事态和比类合意,均属于象形造字法。

象形字与图画有渊源关系。象形字源于图画,又异于图画。图画是对"形"的描绘,象形字是对"形"的抽象。"象"不同于"形","象"经过主观抽象化过程,高于"形";画形体繁复,象形字简约;凡是象形字均能用图画方法摹写,不能用画图方法描摹者不属于象形字。张有也说:"象形者象其物形,随体诘屈而画其迹者也。"图画描绘客观事物讲求细致逼真,惟妙惟肖;象形字是书写符号,对事物反映靠得是抓住物象的最典型特征的轮廓,运用"随体诘屈"的线条加以勾画使之能见形知物。象形字并非都是对实物的忠实摹写,有一些只是对意象的表达。黄亚平(2010)借用"写实"和"写意"两个绘画术语区别象形字的构型表达。在一种文字体系内部,既存在对实物写实的象形字,又存在对实物写意的象形字。据田玲(2007)统计,在东巴文的 597 个象形字中,写实型有 417 个,占 72.69%,写意型有 163 个,占 27.31%。因此,东巴文象形字以写实型为主,以写意型性为辅。东巴文象形字颇具图画意味,是一种临摹式的表达方式。

虽然东巴文独体字的写实性很强,字形与实物接近,但与用图画描写出的事物全形还是有明显差异。东巴文独体字的象形有如下特点:(1)以部分替代整体。图画是对物体全身的描写,东巴文独体字只描写事物的局部特征。例如,东巴文独体字的动物或鸟类由全身描写简化到只写出动物或鸟类的头形,如"⌖"(猪)、"⌖"(鹿)、"⌖"(鹰)、"⌖"(公鸡)。(2)只给出事物的轮廓,如"⌖"(头)、"⌖"

（男人）、"▽"（凿）、"👀"（眼）、"乀"（路）。（3）只给出事物的显著特征，如"⼌⼌⼌"（田）、"⼮⼮⼮"（暴雨）、"天"（奴隶）、"⚘"（雪）、"∫"（玛瑙）。对比之下，图画具有较强的知觉整体性。

正因为东巴文独体字与图画有较大的相似，一些学者认为，东巴文独体字只是一种图画文字。董作宾认为："……象形文字本是一种较为原始的文字，严格的说起来，与其说它是文字，不如说它是图画，它实在只是介于文字与图画之间的绘画文字。"李静生（1983）认为，若汉字发展到甲骨文，经历了文字图画—图画文字—表音象形文字诸阶段的话，东巴文还只处于图画文字阶段。在东巴文中，不仅有黑色字素，还将红、黄、蓝、白、绿等颜色涂染在图画文字上。由此可知，在东巴文中有过一段发达的彩色记事图画文字时期（和品正，2003）。因此，东巴文独体字不是简单的图画，而是一种图画文字。

对东巴文合体字和东巴文独体字的分类特点分析表明，对东巴文的性质不能一概而论。一种多成分、多层次的观点更加符合东巴文的实际。周有光（1994）认为，纳西文字是一种多成分、多层次的文字。纳西文字中有四种成分，属于两个类型层次：（1）形意文字（东巴"图画文字"）；（2）音节文字（东巴"象形文字"、哥巴文等）。纳西文字是"形意文字"和"意音文字"的中间环节。他认为，人类文字史研究重在找寻"形意文字"和"意音文字"的中间环节，纳西文字正好就是这种中间环节。行为和眼动研究表明，东巴文的分类加工既不同于图画，也不同于汉字，对东巴文合体字分类也不同于对东巴文独体字分类，为层次理论提供了证据。研究还表明，东巴文独体字是一种靠近图画文字的象形文字，由于东巴文合体字的义符与音符都由象形符号组成，所以，东巴文合体字是一种具有象形文字特点的意音文字。因此，就整体而言，东巴文的确是正处在由形意文字向意音文字转化阶段的文字。

关于学习组与未学组对东巴文加工的差异

与未学组比，学习组对东巴文合体字的反应时更长，错误率更低，注视点更多，注视时间更长；学习组比未学组对东巴文独体字的错误率更低。之所以如此，与文字功能有关。文字是人类记录语言的符号系统。任何文字，如果不能记录语言，必将趋于消亡。对不掌握文字的语音、语义的人而言，任何文字都是一些象形或抽象的线条。学习组学过东巴文，对他们而言，对东巴文既知晓语义，也掌握"语音"，虽然掌握的只是东巴文的汉译语音。当东巴文词形出现时，学习组"语音"和语义均会自动激活，激活沿着词汇网络通路依次激活部件和整字，再进入概念网络，激活对应的概念结点和类别结点，从而完成分类；未学组未学习过东巴文，词形不能够激活"语音"和语义，只能猜测它们的语义来分类，或根据词形的区别性特征分类。未学组只需要提取词形中生命物或无生命物的信息,就可以完成分类。因此,不需要词汇网络加工,对东巴文合体字分类的反应时便短,错误率却增加了。学习组虽然也可以采取未学组的策略,但由于在字词加工中"语音"和语义的自动激活,占用了认知资源,从而延长了反应时,却降低了错误率。与东巴文合体字比,东巴文独体字与图片的相似性更大,被试仅根据字形的区别性特征就可以分类,所以,学习组与未学组在诸多反应指标上就没有显著差异,但未学组的错误率仍显著高于学习组。这说明,学习仍然对东巴文独体字分类产生影响,进而说明对东巴文独体字的认知加工不同于对图片。事后访谈表明,学习组被试在看到东巴文词形时,会不自觉地想一下这是一个什么字,虽然任务并不要求这样做。

比较学习组与未学组对符号的眼动轨迹,可以观察到学习对不同符号加工的影响。

未学组　　　学习组　　　未学组　　　学习组

图 12 - 14　学习组和未学组对东巴文合体字、东巴文
独体字的眼动轨迹比较

从图 12 - 14 可见,未学组对东巴文合体字的注视点少,眼动轨迹简单,较少注意东巴文合体字的义符或声符;学习组对东巴文合体字的注视点多,眼动轨迹复杂,更多地关注东巴文合体字的义符或声符。学习组和未学组对东巴文独体字的眼动轨迹却较一致。学习对东巴文合体字分类影响大,对东巴文独体字分类影响小。这进一步说明学习组对东巴文合体字分类经历了部件加工过程,提取东巴文合体字的语义需要经历由部件到整词最后到概念网络的加工路径。对东巴文独体字的分类是通过直接通达概念网络的概念结点和类别结点。

12.2.5　东巴文黑色素字认知研究对知觉表征和语义表征关系的启示

就符号体态而言,东巴文属于一种早期文字。符号体态是文字的表现形式,体现了文字的发展阶段和性质。早期文字的体态似画非画,在随意率性中追求表意的直接明了。早期文字的体态特征源于图画。图画文字因为最能表现内容而且易记,因而率先闯入文字的舞台。图画文字可以望文生义,它们描摹细腻。图画文字大多停留在象形阶段。早期文字的图画性的另一表现就是涂色。涂色是原始图画的惯用方式。涂色在许多早期文字中都有表现。例如,在尔苏人使用的沙巴文中,就大量地运用色彩表意。文字愈原始,涂色现象愈明显。例如,沙巴文字用六种颜色涂色,阿兹特克文字用四种颜色涂色。东巴文处在由图画文字向表意文字过渡阶段,虽然有表义和注音的符号,但符号还具有象形性质,象形是东巴文的主要造字法,涂色也有使用(刘悦,2008a,2008b)。

在东巴文中,有一类特殊字符,称为"黑色素字"。黑色素字字符作黑色,即在字上增加一个黑色符号,有2种添加形式:(1)加一个黑点;(2)全体涂黑。黑色素字的词义感情色彩分为中性和贬义:中性表示颜色,即涂上黑色符号的字可以标识其颜色,如"⛰"(黑石)、"◺"(黑石岩)、"👁"(晚上);贬义的主要表示"鬼"、"毒"、"恶"、"苦"、"坏"、"下流"、"凶"等义,如"▲"(坏)、"🌿"(毒草)、"🏺"(毒酒)、"🧍"(男奴隶)等。虽然在东巴文中黑色素字的比例不大,但涂色造字法仍在使用。这一现象本身就具有重要价值:颜色属于知觉特征。黑色素字既可以表物体颜色,又可以表感情色彩;表物体颜色属于自表,即用知觉属性表示知觉特征;表词汇感情色彩属于表它,即用知觉属性表示语义特征。无论自表还是表它,依赖的都是文字的知觉特征,这与现有的其他文字根本不同。因此,无论是从独特性看,还是从文字发展史和文字认知研究的价值看,东巴文黑色素字都是不可多得的素材。

继Schacter(1990)提出知觉表征系统(Perceptual Representation System, PRS)的概念后,许多证据都表明PRS的存在。Schacter和Buckner(1998)认为,PRS是多重记忆系统中的一种,负责从知觉层面对刺激进行辨识和加工。近年来,知觉表征系统和语义表征系统的关系存在着争论。Casale和Ashby(2008)提出:PRS是否是单纯的知觉记忆系统? PRS能否独立运行而不受其他系统影响? 虽然已有研究证明知觉表征和语义表征存在于语言认知中,并证实知觉表征对语义表征有影响,但仍然存在问题:(1)在行为和认知神经科学研究中,要探究PRS的影响,首先必须找到类别内有相似性的知觉区别特征,如形状、颜色等。但是,在排除人工因素的前提下,要找出早已抽象为符号的英文词或汉字词的知觉区别特征比较困难。因此,已有对语言认知中知觉表征和语义表征关系的研究都采用图—词匹配范式,通过变换与字词概念相同的图片的形态特征,来考察PRS的作用。但是,图—词概念匹配过程涉及一致与不一致,转换本身也能引起PRS作用变化。如果能找到一种文字,本身就具备形状、颜色等知觉区别特征,又具有类似字词的功能,那么,考察文字的知觉区别特征对语言认知的影响就十分有说服力。(2)PRS的作用是否只是由于任务诱导出来的策略,而不是语言认知的必经阶段? 如果PRS的作用依赖于特定任务,或随着任务不同出现较大变异,PRS在语言认知中就只有有限的作用。东巴文黑色素字作为带有颜色又具备字词功能的特殊文字,正好符合考察PRS作用的最佳材料。

谢书书和张积家(2011)根据 Casale 和 Ashby(2008)总结的实验逻辑,假定黑色素字为类别 A,非黑色素字为类别 B。类别 A 成员存在"黑色"这个相似度很高的知觉区别特征,类别 B 没有。如果 PRS 确实存在,在类别 A 中的 PRS 激活就应显著大于在类别 B 中的 PRS 激活。如果 PRS 确实影响词的语义提取,将会观察到在两个类别中出现显著的反应差异。研究设置了命名和词义感情色彩判断两种任务来考察不同的认知过程。被试是熟悉东巴文的东巴。结果显示,东巴被试对黑色素字词义感情色彩的判断慢于对非黑色素字,错误率也高;东巴被试命名黑色素字的错误率高于命名非黑色素字;东巴被试判断黑色素字的词义感情色彩慢于命名黑色素字;东巴对贬义词和非贬义词的反应趋势不同,加工贬义词比加工非贬义词困难。

由此,谢书书和张积家(2011)认为,PRS 确实存在,但并非独立运行。在语言理解中,知觉表征和语义表征并存,但二者并不共享同一机制。东巴文黑色素字和非黑色素字的认知反映知觉表征在语言认知中的作用,反映在字词认知中知觉表征和语义表征的复杂关系,反映任务对知觉表征系统在字词认知中作用的影响。当被试完成词义感情色彩判断时,黑色素字类别由于具有"黑色"这一知觉区别特征,类别内成员相似性高,PRS 作用就凸显出来。与此同时,语义表征也激活了,两者形成竞争,引起反应延迟和错误率增加。非黑色素字由于类别内成员相似性低,PRS 作用弱,语义表征直接引导被试作出判断;当被试完成命名时,由于任务并不要求注意字词的知觉特征,对黑色素字和非黑色素字的反应就较少受 PRS 影响。这表明,PRS 对语言认知的影响并非普遍,它只是对某些具有明显知觉区别特征的语言材料的加工起作用,这种作用的强度随着任务的编码操作要求而变化。因此,它在语言认知中的作用远不能同语义加工系统的作用相提并论。

12.2.6 东巴文在幼儿和智障儿童汉字学习中的作用

外显学习条件下结合东巴文学习汉字对幼儿对汉字字形记忆的影响

幼儿汉字学习一直是学术界、教育工作者和儿童家长普遍关心的问题。梁志燊、李辉和吴云霞(1997)认为,幼儿具有"整体模式识别"的认读机制,偏好复杂、对称的刺激物和轮廓密度大的图形,这与汉字的结构特点有自然适应关系。李静(2006)提出,汉字的"手思维"、"意向思维"、"泛灵论"和"我向思维"的特性与幼儿思维的直观行动性、具体形象性、"泛灵论"以及"自我中心"等特性有极大共鸣,但探寻儿童汉字学习的有效途径仍是亟待解决的问题。任何学习都是内隐学习和外显学习的结合(郭秀艳,2004)。汉字正字法规则的学习也不例外。汉字正字法规则包括构件位置的规则与构件功能的规则(Ho et al.,2004)。儿童对汉字构件位置的敏感度属于正字法意识范畴。声旁可以作为读音线索,形旁可以作为语义线索,声旁规则和形旁规则都属于汉字正字法规则范畴。无论采取哪种学习方式，儿童对汉字正字法规则的学习都要经历一个漫长的、随着学习汉字增多而逐渐实现的过程。Ho 和 Bryant (1997)认为，在汉字学习中，儿童最初机械记忆汉字的字形与语音、语义之间的联结，阅读处于表意符阶段，记忆负担重。随着学习汉字数目增多，儿童会发现声旁可以作为整字的读音线索，阅读过渡到语音阶段，识字能力会有较大的提高。当儿童意识到声旁可作为读音线索、形旁可作为语义线索时，就利用形—音、形—义规则编码新学习汉字，记忆负担便大大减轻了。对汉字正字法规则不敏感的儿童仍然倾向于采用表意符方式联结字形与语素，会阻碍识字量提高。由于智力发展和知识经验限制，幼儿往往不能意识到汉字的正字法规则。如果在学习汉字前，就让幼儿掌握一定的汉字结构知识，汉字字形学习能力就会有较大提高。如何使幼儿掌握汉字的正字法规则？受幼儿认知能力限制，成人不可能在教幼儿学习汉字前就介绍十分抽象的汉字正字法知识。所以，图文结合法便成为幼儿汉字学习最普遍的策略。这种呈现方式能使儿童迅速地产生语音、语义与字形的联系，经过反复认读建立联结。然而，图画究竟对文字加工和保持起多大的作用？还缺乏可靠的研究。图画和汉字毕竟是两种不同类型的刺激：图画内容具体形象，细节详细逼真；汉字虽有很好的表意性，某些汉字甚至象形，但已经具有很大的概括性，字形与表征事物相去甚远。将图画作为汉字学习的辅助材料，只能强化字形与概念的联结，对字形掌握不会有多大的帮助。因此，最好能有一种材料，它在概括性上高于图画，又和图画有一定联系；既有利于幼儿学习汉字字形，又能使幼儿产生浓厚兴趣和正字法意识。以这种材料作为汉字字形学习的中介，无疑会取得好的学习效果。东巴文符合上述要求，它可能成为一种良好的幼儿汉字字形学习的中介。

王娟等人(2011)采用任务分离范式考察在外显学习条件下，只学习汉字、结合图画学习汉字、结合东巴文学习汉字 3 种方式对幼儿汉字字形记忆的影响。实验 1 在外显学习的条件下，采用再认任务考察学习方式对幼儿汉字字形外显记忆的影响，分为学习、干扰、即时测试和延迟测试 4 个阶段。80 名幼儿被分配进汉字组、东巴文组、东巴文—汉字组和图画—汉字组。结果表明，无论是即时测试还是延迟测试，东巴文—汉字组的再认成绩均好于图画—汉字组和汉字组；即时测试成绩好于延迟测试。实验 2 同样在外显学习的条件下，采用偏好判断考察学习方式对汉字字形内隐记忆的影响。结果表明，无论是即时测试还是延时测试，东巴文—汉字组的内隐启动量均显著大于其他各组；即时测试与延迟测试的内隐启动量无显著差异。整个研究表明，东巴文对幼儿的汉字字形记忆有明显的促进作用。

内隐学习条件下结合东巴文学习汉字对幼儿对汉字字形记忆的影响

人类学习包括外显学习和内隐学习。外显学习是有意识、言语化、有选择、类似于复杂的问题解决过程。内隐学习是个体在与环境接触中获得经验并因之改变行为的学习,是无意识的自动获得过程(郭秀艳,崔光成,2002;郭秀艳,2004)。当迅速呈现刺激而无准确反馈时,外显学习难以把握变量间不显著的共变规则,内隐学习却能有效地完成任务(Livesey, Harris & Harris, 2009; Sehneider et al. , 2010)。对母语及二语语音规则习得(虞乱,刘爱伦,2006)、人物特征识别(杨治良,叶阁蔚,1993)、汉字及汉语学习(侯伟康,奏启庚,1996)、人工语法学习(郭秀艳,杨治良,2004)的研究表明,内隐学习有更好的适宜性。在内隐学习中,不同学习方式对幼儿的汉字字形记忆有无影响?

王娟等人(2013)采用分离范式考察在内隐学习中只学汉字、结合图画学习汉字、结合东巴文学习汉字对幼儿汉字学习的影响。实验1考察不同学习方式对幼儿汉字字形外显记忆的影响。采用4(学习方式:汉字组、东巴文组、东巴文—汉字组、图片—汉字组)×2(测试方式:即时、延时)×2(词类:动词、名词)三因素混合设计。材料包括:(1)40个汉字,名词、动词各20个;(2)40个东巴文,意义与汉字一致;(3)40幅图片,意义与汉字对应。将汉字东巴文和图画的线条修改为红、黄和绿三个系列,每种材料同种颜色数量均衡,并排呈现的东巴文—汉字和图片—汉字颜色相同。红、黄、绿材料的出现顺序为随机排列。实验分为学习、干扰、即时测试和延时测试4个阶段,幼儿单独学习并接受测试。在学习阶段,在J、K、L字母键上分别贴上红、黄、绿颜色块,要求判断刺激颜色并作快速按键反应。图片—汉字组和东巴文—汉字组的刺激分为左右两侧呈现,图片或东巴文和汉字呈现在计算机屏幕的左、右侧的机会均等。指导语为:小朋友,请你玩一个颜色判断游戏,屏幕上出现的汉字(符号)都有颜色,你看到汉字(符号)后要尽快判断出颜色,并在键盘上找到对应的颜色键,又快又准地按下去。在干扰阶段,幼儿观看动画视频3分钟。即时测试即采用再认方式进行测试,在"F"和"J"键上标注"☺"和"☹"符号,要求幼儿将两手食指分别放在F和J键上。指导语为:"小朋友,现在给你看一些汉字(符号),有些符号刚才出现过,有些刚才未出现过。如果汉字(符号)你刚才看到过,快速按一下'☺'键;如果没见过,快速按一下'☹'键。"延时测试在即时测试后第三天进行,方式同即时测试。结果表明,东巴文—汉字组的再认成绩显著好于其他组,其他各组的成绩差异不显著。即时测试成绩好于延时测试。因此,实验1表明,东巴文对汉字字形记忆的促进作用显著,这种效应能够保持。

实验2考察不同学习方式对幼儿汉字字形内隐记忆的影响。被试仍是80名幼儿。实验设计同实验1。除了在测验阶段采用偏好判断任务外,其他程序同实验1。指导语为:"小朋友,现在要你看一些汉字(符号),请判断是否喜欢它们。如果喜欢,快速地按一下'☺'键;如果不喜欢,快速地按一下'☹'键。"延时测试程序同即时测试。结果表明,汉字组的内隐启动量最大,其次是东巴文—汉字组和图片—汉字组,东巴文组的内隐启动量最小。东巴文—汉字组的启动作用大于图片—汉字组。即时测试的启动作用大于延时测试。汉字组的启动作用大于其他各组,说明单纯学习汉字有明显的内隐记忆优势。东巴文—汉字组的启动作用大于图片—汉字组,说明东巴文比图片能够更好地促进汉字学习。

东巴文—汉字组和图片—汉字组的颜色判断伴随着符号和图画加工,言语和表象同时激活,因而出现记忆的码的相加效应,记忆痕迹更加深刻和牢固。单独呈现汉字仅有言语码激活。东巴文—汉字组出现保持优势,是因为东巴文是靠近图画文字的正在初步转型的语段文字,既有图画的形象性和表意性,又符合汉字构造规律。汉字与东巴文在造字法、象形字/会意字的轮廓特征、形声字的义符标记上均相似。在颜色判断时,东巴文和汉字相互作用,产生内隐的、概括的表征单元,并以显著特征形式储存在内隐知识体系中,汉字加工会因为东巴文的迁移作用而加强。东巴文是一种新异符号类型,能唤起幼儿兴趣,获取更多的加工资源。图片—汉字组与汉字组的再认率差异不显著,是因为图片与汉字不存在外形结构和轮廓相似,难以产生迁移。东巴文和汉字是线条简洁的二维图形,意义相近的事物在字形特征上相似。关键线索不突出使东巴文与汉字只能获得浅层次加工,幼儿辨别字形将十分困难。因而,东巴文组和汉字组的记忆成绩要差于东巴文—汉字组和图片—汉字组。

在外显测试和内隐测试中,学习效果出现了分离。东巴文对汉字字形学习的促进作用体现在外显测试中。汉字组的内隐测试效果最好。迁移适当加工理论认为,记忆取决于编码与提取之间的关系。若二者相似,会发生迁移;否则,就不能迁移。内隐测验依赖于学习与测验时的知觉匹配度(Roediger,2003)。汉字组和东巴文组的加工材料一致,但根据知觉特异性假说,在内隐加工中,特异性特质没有优势(Weldon & Coyote,1996)。受提取与编码一致性和知觉特异性的双重影响,汉字组的内隐测试效果最好。受东巴文新异性影响,东巴文—汉字组生成更多的内隐结构单元,内隐记忆成绩也好于图片—汉字组。

综合两个研究的结果,可以认为,无论是外显学习还是内隐学习,东巴文都能促进幼儿对汉字字形的学习与记忆。这说明,东巴文可以成为促进幼儿汉字学习的工具。这既有利于祖国优秀文化遗产的保护,又能够充分利用东巴文潜在的认知价值。

另外,许姗姗等人(2014)采用任务分离范式考察在外显学习条件下,东巴文和甲骨文对汉字字形记忆的影响,同样是在有意教学条件下学习,通过再认任务和偏好判断任务考察东巴文和甲骨文的汉字字形的外显记忆和内隐记忆的影响。结果表明,东巴文与甲骨文对幼儿汉字字形记忆的促进作用相当。许姗姗等人认为,象形文字能够促进幼儿对汉字字形的记忆,借助于象形文字促进幼儿的汉字字形学习,符合幼儿汉字学习的"外部语言符号—汉字表象思维—内部心理语言—外部口语表达"的加工机制。

外显学习条件下结合东巴文学习汉字对智障儿童汉字学习的影响

张积家、林娜和章玉祉(2014)采用任务分离范式,考察在外显学习条件下,只学习汉字、结合图画学习汉字、结合东巴文学习汉字对智障儿童汉字学习的作用。结果发现,在外显的再认任务中,东巴文—汉字组和图片—汉字组的再认成绩优于汉字组,东巴文—汉字组和图片—汉字组的再认成绩差异不显著,即时再认成绩显著优于延时再认成绩。在内隐偏好判断任务中,东巴文—汉字组的内隐启动量显著大于图片—汉字组和汉字组,图片—汉字组和汉字组的内隐启动量差异不显著,即时启动量和延时启动量的差异不显著。整个研究表明,以东巴文作为媒介可以有效地促进智障儿童的汉字学习。这既与智障儿童的认知特点有关,也与东巴文的独特性质有关。

张积家等人(2014)认为,结合东巴文学习汉字所以能够有效地提高智障儿童汉字学习的效果,是因为这种学习方式较好地契合了智障儿童的认知特点。首先,对智障儿童而言,东巴文是他们从未接触过的新异刺激,可以有效地捕获智障儿童的兴趣和注意,促进智障儿童对东巴文及与东巴文相联结的汉字的加工。同时,在记忆提取阶段,东巴文又可以作为一种额外记忆提取线索来帮助汉字提取。因此,与单独呈现汉字的方式比,东巴文—汉字组在记忆加工和提取方面都有优势。其次,东巴文作为一种独特的象形符号,其形象性又符合智障儿童依赖具体形象思维的认知特点。因此,相对于单独呈现抽象汉字的教学方式,智障儿童更容易也更乐于接受东巴文和汉字联合呈现的方式。东巴文所以比图片更能促进汉字记忆,是因为东巴文和汉字有更大相似性。东巴文和汉字的造字法十分相似,如东巴文的依类象形、标识事态、附益他文、形声相益、依声托事等造字法,分别对应于汉字的象形、指事、转注、形声和假借。在认知特点上,东巴文和汉字也有许多相似之处。由于东巴文和汉字在表意性、构造及布局的相似性远大于图片和汉字,因此,两者之间产生正向迁移,东巴文相对于图片就更能促进智障儿童对汉字的记忆。

综上所述,东巴文认知研究不仅为文字发展研究提供了新证据,又有助于解决语言认知的一些重大理论问题,而且在实践领域大有用武之地。在今后的东巴文认知研究中,应该更深入地发挥其特点和优势。例如,采用认知神经科学方法,比较东巴文和其他不同类型文字的脑机制,也可以将东巴文认知研究的方法推广到其他少数民族语言文字认知研究中,丰富我国少数民族语言文字的实证研究,使其系列化。这样做,既可以加深对少数民族语言文字的认识,又能够为心理语言学发展增添新的资料。

12.3　水书的构造和认知

水族源自于古代"百越"族系,原住在中原一带,经过多次举族迁徙,南迁黔桂,现主要生活在贵州黔南、黔东南地区,包括贵州三都、荔波、榕江、丹寨及广西南丹、宜山等县,人口约为40万。贵州省三都水族自治县是全国唯一的水族自治县(农建萍、陈鹏,2010;刘凌,2014;饶文谊、梁光华,2009)。水书是水族的古文字,被水族民众称为"泐睢"。"泐",读"lè",源于古汉语,本义为铭刻、刻写,后来演化为书写、刻写之义;"睢",读"suǐ",为水族自称,因发祥于中原水流域而得名(农建萍、陈鹏,2010)。水书只用于巫师(称"水书先生")内部,是记录卜巫内容的手写抄本,内容同汉族通书、道教文化有较深渊源,也与水族日常生活密切相关。水族在诸如婚姻、丧葬、营建、出行、过节、农事等活动中都要依照水书条文卜巫而行,对应于这些活动,水书的种类主要有:择吉凶日子本(用于婚丧、出行以及社会活动时选择年月日时)、开山动土方位本(用于埋葬、开垦、建房奠基时选择方位)、农事时象本(用于农事耕种)、遁掌本(以星宿十二宫掐指测算吉凶祸福)、散读本(多为启蒙阅读)和碑刻本(用于墓志)(陈昌槐,1991)。也有按其作用或使用范围将其分为白书和黑书。白书为普通水书,没有隐语,用于占卜出行、婚嫁、丧葬、动土之类;黑书为秘传水书,多使用隐语,用于放鬼、拒鬼、收鬼等巫术。水书先生多用白书,较少使用黑书(曾晓渝、孙易,2004)。刘凌(2014)总结水书的特点如下:

> 文字总数不多,多异体字,书写极不规范,只用于吉凶占卜,不能记录日常生活语言,也不能完整记录水族语言。水字中既有汉语借字,也有自造字。由于巫术需要,水字对汉字的借用是非系统的、局部改造式的,同其他南方系仿汉字式文字截然不同,具有很高的文字学研究价值。

12.3.1　水书造字法研究

根据《水书常用字典》(2007)所录,已经发现且可以识读的水书文字(下文简称水字),连同异体字,共有1780字左右。水书属于象形文字,其形状类似甲骨文和金文,由点、横、竖、撇、捺、钩、挑、折、弘构成,字形复杂,造字方法多样且不系统。蒙景村(2005)认为,水书造字方法主要包括象形、指事、会意、假借以及象形、会意、指事三者的结合,还有汉字的反写或倒写等。从造字法看,水书类型主要有:(1)象形字,所占比重超过30%,都以其实体体现,抓住实物特征,用简单线条来表示(详见图

12-15），主要涵盖动物、植物、物质现象、用具、人体器官等类别。（2）指事字，多为表方位的字，或指某一现象，约占水字的 20%。如"上"写作"Ⅶ"，"下"写作"Ⅷ"，"破"写作"✿"。（3）会意字，以两个以上符号或单字合在一起造字，约占水字的 30%。如"星"写作"✹"，指星光在大地上空闪耀，"井"写作"Ⅲ"，指示井口，并有流水。（4）假借字，借用已有字来表示某个同音字。如，"男"和"南"均写作"男"。（5）象形、会意与指事结合造字。如，"祭祀"写作"✉"，其中"Ⅱ"是桌子，"◻◯◯◻"是祭品，倒过来看，就是桌子上放着祭品。（6）汉字反写或倒写，水书中多数干支和数目字是汉字的倒写或反写，如，"丑"写作"正"，"子"写作"Ⅶ"。

云	ɜ	花	◡
坡	丰	目	∘ ∘
鸟	✒	子	(l)
羊	☷	钟	٩
螺蛳	◎	耙	雨
虫	∽∿	巫师	✿

图 12 - 15 水书象形字范例

邓章应（2005）基于造字的先后顺序，将水书分为初造字和新造字。初造字为民族自造字，理据多为"近取诸身，远取诸物"，主要分为自然、动物、植物、人体、人物、房屋、器具、食物、宗教、假想物等。初造字大多只是勾勒轮廓而已，象形程度比东巴文等古文字较低，既有独体象形，也有合体象形，字形不整齐统一，而是显得随意。新造字是在已有字基础上构造新字，所参照的字有他族文字，也有本族的初造字。参照机制包括：（1）参照他族字形，音义全借。如"甲"写作"Ｙ"，"乙"写作"乙"。（2）参照他族字形，借义不借音。如"犬"写作"戈"，读作[ma⁴⁴]。（3）参照他族字形，借音，可以看作假借字。如"南"写作"男"，读[na：n³³]。（4）参照本族基字形音，表另外词义。如"心宿"写作"⦵"，"⦵"本为"日"的意思。有些新造字的字形在参照字（基字）的基础上有所变化，变化类型主要有：（1）改变方位，包括上下倒置（如基字"ጸ"表前进，新造字"ধ"表后退）、左右反置（如基字为"己"，新造字为"Ƽ"，意义相同）、倾斜（如基字"Π"表复苏，新造字"Ⴔ"表逝去）、横置（如基字为"九"，新造字为"Ⴂ"，意义相同）和笔画方位变化（如基字为"门"，新造字为"ধ"，意义相同）；（2）基字加不成字部件，包括加点（如"(l)"为子，"Φ"为孙，加点别别）、加边框（如"ধ"

为水,"𝕚"为塘,在水外边加上边框)、基字减损笔画(如"田"写作"⊠","当田"写作"⊠")、加颜色别义(如"⊞⊞"表买卖,写作红字时表"买",写作黑字时表"卖";再如,"〇〇"为眼睛,"●●"为瞎眼);(3)参照数字合成,例如,"重丧"写作"⊞⊞",由两个棺材"⊞"合成,"阴"写作"◖◗",由两个月亮"◖◗"合成。邓章应(2005)认为,水书符号体态古拙,尚有颜色表义、别义和方位表义、别义等原始文字特征的遗留,可以说是一种比较原始的杂糅文字系统,其发展阶段介于尔苏沙巴文和纳西东巴文之间。

水书造字法研究是水书认知研究的基础,只有在了解水书构字特点,及其在构字上与汉字和其他象形文字的异同点之后,才能正确地定位这种材料,并将其与汉字认知和其他文字或图画的认知进行比较。

12.3.2　水书文字编码研究

目前,水书研究已经涉及民族社会学、人类学、语言学、哲学、宗教学等领域,发展成为一门涵盖多学科的学问(蒙耀远,2011)。除了对其构字法、保护传承和档案整理等方面的传统研究外,利用现代信息手段剖析水字也有了较大进展。通过编码理论对水书进行分解,既可以加深对水字的了解,也为少数民族文字库提供不可多得的宝贵资料。

基于字形的水书文字编码研究

水字为形、音、义三位一体,主要"以形表义"。由于音节较多,发音较难,使用读音来实现水字的有序性比较困难。因此,水字编码研究以字形研究为主。已有水字键盘输入法基于字形特征,包括形码输入法、水—汉字映射编码输入法和笔形输入法。董芳、周石匀和王崇刚(2006)认为,笔画是组成水字的最重要因素。他们将水字的基本笔画分为 6 种:横(提)、竖(竖钩)、撇、点(捺)、横折和竖折。将水字按下列原则拆分:(1)间隙拆分。若存在间隙,便可依据间隙,将水字拆分为部件。(2)基本笔画结构不拆。基本笔画结构指由两个以上笔画,按基本笔画结构构成的部件不能拆分。(3)部件不拆。指已列入部件清单的部件不能拆分。在拆分水字时,按书写顺序进行拆分,且要取少优先。根据上述原则,可以将 400 多个水字拆分为 6 种基本笔画与 14 类部件的组合。按照常规书写笔画顺序——先左后右,先上后下,先横后竖,先撇后捺,先内后外的顺序进行取码。在键盘上,水字的 6 种基本笔画分别对应 G(横)、H(竖)、T(撇)、Y(点)、N(横折)、L(竖折)的字母按键,14 类部件也根据形态特点进行分类并归入配置的字母按键(详见图 12 - 16)。这样,可以通过按键对应的部件组合进行选择,实现水书的可视化输入。

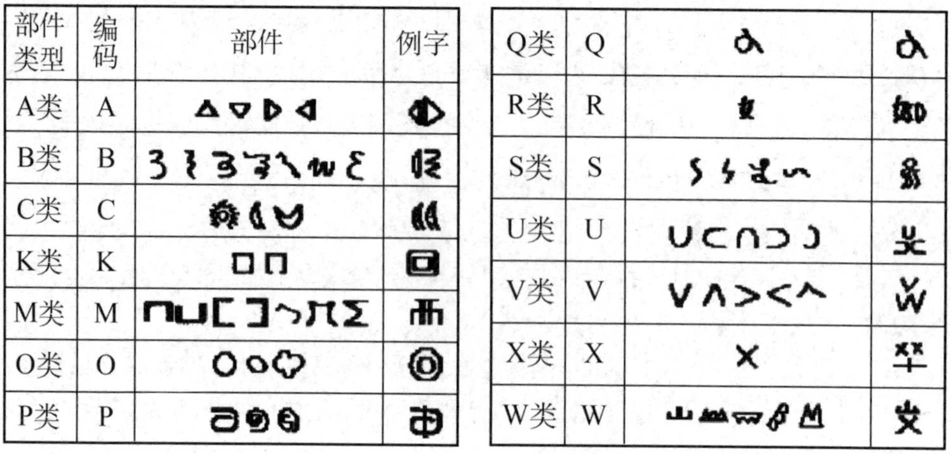

图 12 - 16 水书 14 类部件

董芳(2006,2008)指出,上述以部件模式对水字编码的方式,存在重码,且只能解决水书中部分合体结构的字,对独体字和不具部件规模的合体字不好归属,尤其是形体复杂的水字。因此,可以按照水字内容归类,以类别码来实现水书的可视化输入。由四位编码组成,第一码位为水字的类别码,区分正体水字码(0)和异体水字码(1);第二码位为属性码,区分水字的内容属性,包括星宿鬼神属性码(0)、天地属性码(1)、禽兽属性码(2)、鱼虫植物属性码(3)、房屋器具食物属性码(4)、人体人事属性码(5)、季节时辰属性码(6)、方位形状属性码(7)、数名属性码(8)和行为属性码(9);第三、四位编码为十六进制顺序码,指明水字在各属性中的摆放顺序位置。用类属码可以标明正体水字和异体水字,这对于异体字较多的水字来说,特别适合。十六进制的码位设置使软件可容纳字数达5120字,远远超出水字总数。用类属码录入水字无需拆分水字,记忆量小,十分方便。

杨撼岳、陈笑蓉和郑高山(2011)指出,董芳等的形码输入法没有对图形文字编码,而韦双周、韦双波利用简体汉字的五笔编码和拼音码,根据汉字语义对意义相同的水字进行直接提取的水—汉字映射编码输入法,在不知道水字语义情况下,给输入带来不便。杨撼岳等(2011)提出一种基于笔形的输入编码方案,将水字分成7种基本笔画:横、竖、撇、捺、点(实心圆点)、折(两笔相接成角)、曲(一笔连续写成的复杂曲线)(详见表12-4),7种基本笔画大致有离散、连接、分叉和包围4种组合关系(详见表12-5)。通过大量统计,将7种基本笔画按几何图形特征和不同组合关系,细分或重组成21种笔形(详见表12-6)。对水字编码时,可以根据这21种笔形,按照左上角、右上角、左下角、右下角的取角顺序取码,组合为目标字。笔形输入法的笔画种类数量较少,记忆量小,且避开了定义字根的困难,较为易学易用。

表 12-4　笔形输入法定义的水字基本笔画

名称	横	竖	撇	捺	点	折	曲
基本形式	一	丨	丿	乀	·	L 刁 ㇈	㇏〇 ᗆ

表 12-5　笔形输入法定义的 4 种组合关系

笔画间组合	示　例
离散	
连接	
交叉	
包围	

表 12-6　笔形输入法定义的 21 种基本笔形

键位归并方法	键元	笔形名	笔形	键位归并方法	键元	笔形名	笔形
形托法	A	三角		形托法	Y	丫	
	C	左右凸			Z	右角	
	F	插		音托法	D	点	
	I	竖			E	异	
	L	左角			H	横	
	O	圆			N	捺	
	T	箭头			P	撇	
	U	上下凸		易于敲击原则	B	四边形	
	V	上下角			K	大离聚	
	W	波			S	小离聚	
	X	叉					

水书字形编码研究与水书认知研究的关系

首先,水字字形编码研究对水书认知加工机制研究具有重要启示。(1)水字字形编码研究为水字的整体和局部加工机制研究提供思路。水字字形编码研究多以拆分水字为初加工模式,即以特征分析为加工取向。但水字是象形字,有许多与图画类似的特点,水字加工应该呈现出更强的知觉整体性。可以以水字字形编码研究中较为成熟的输入法对水字拆分为依据,考察在水字认知加工过程中,整体加工与局部加工的关系。(2)水字字形编码方式研究为水字形、音、义激活通路研究提供思路。水字字形系统较为简单和原始。东巴文词义提取走"形→义"通路,同为古文字,有强大语音系统的水书是否也走"形→义"通路? (3)水字字形编码研究中的笔形输入法研究,将水字基本笔画以不同知觉组织原则进行组合(按照左上角、右上角、左下角、右下角的取角顺序进行取码),这为水字认知中知觉表征系统和语义加工系统的关系研究提供思路。若水字拆分不以语义为主导,而以知觉形状为主导,那么,在水字认知过程中,知觉表征系统将起重要作用。如若水字编码方式以知觉形状为主导,那么,知觉表征系统在水字认知中的作用也许可以与语义加工系统相媲美。

其次,水书认知研究能够检验水字字形编码的研究成果。基于字形的水书输入法以自下而上的加工方式为基本思路。输入时,先拆分笔画和部件,再形成整字。董芳(2008)提出的类属码输入法,以水字语义类别为输入依据,属于自上而下的加工方式。这两类不同输入法,哪一种更符合认知经济原则? 可以通过水书认知研究进行检验。符合水书认知加工特点的输入法一定会更加快捷高效。

综上所述,水书作为又一独特的古文字,它的象形性和文字功能都是其他文字不可替代的。目前,对水书的研究有限。未来研究应拓展水书的研究领域,实现学科交叉,挖掘水书在认知神经科学、美学、社会学等领域的价值。充分的研究便是最好的保护和传承,应该让水书这一瑰宝在国际学术舞台上大放异彩。

12.4 不同类型的象形字与图画的认知加工比较

12.4.1 象形字的类型及特点

象形是最原始的造字法。指事、会意、形声、转注、假借等均在象形字基础上,通过拼合、减省或增删象征性的符号而成(周有光,1996)。从文字发展史看,古代象形字既是形声字的"母亲",又是拼音文字的"祖先"。象形字源于图画,经过几千年演变,很多象形字体随着历史发展不复存在,但伴随着象形字发展的人类思维发展却不会随着历史发展而消失。比较不同类型象形字的异同,可以为造字心理考察提供证据。比较不同类型的象形字的外形特征和表意能力,能够反映出象形字在表形和表意上的异同;比较不同类型的象形字的分类与命名,能够反映出象形字的认知加工过程,揭示出不同类型象形字的特性和具有普适性的语言认知规律,为探索在象形字创造和发展中人类心理的发展变化提供证据。

象形字是通过描画具体事物的轮廓或外形特征而创造出来的文字。象形字的基本特征是:用简练线条描摹事物的形貌特征,构成具体形符,具有整体性、直观性和具体性。最早界定象形字的是许慎,他在《说文解字》中指出:"象形者,画成其物,随体诘诎,日月是也。"在象形字中,存在三种构形。(1)全体象形,即以整个字符再现客观实物,形体不能再切分。字形集中描绘事物之轮廓,或点染其特征部位,构形线条不容随意增减。虽然如此,由于创造全体象形的视角不同,或取象于实物正面,或取象于实物侧面或反面,因而构形亦千姿百态。(2)半体象形,即以字的部分再现事物形象,形体也不宜再切分。在半体象形字中,总有一个部件直接描绘客观事物的形状,而它本身又不能单独成字,可称之为象形符号。(3)微体象形,即整个字符中只有一个线条象形,其余形体代表相关事物,整个象形字只以微末部分直接表义。在这一类象形字中,所示事物虽然也具体,但形体无法直接描绘,甚至无形可象,只好依附于相关事物以显示,其象形符号已萎缩成横、竖、点等笔画,置于相关事物的相应部位上(赵伯义,2002)。汉字是世界上硕果仅存的古老文字之一,属于表意文字的词素音节文字。经过几千年演变,汉字经历了甲骨文、金文、篆书、隶书、楷书、草书、行书等阶段至今,其象形字不再象形,更具有符号特征。甲骨文是中国最早的成体系文字,也是中国最古的成熟文字,是汉字象形字的早期形式。在《甲骨文字典》收录的形、音、义俱明的 878 个字中,有 312 个象形字。东巴文是兼备表意成分和表音成分的图画象形文字,形态比甲骨文还原始,属于文字起源的早期形态(张积家等人,2007)。在东巴文中,有 1076 个象形字,占总字数的 47%。水书象形字是世界上又一存活的象形文字,在翟宜疆(2009)收集的 1049 个(含异体字)水书字符中,水书自源字占 58.6%,象形字占水书自源字的 63.7%。东巴文和水书的象形字直到今天仍然保留原始形态,且仍被使用。总之,汉字、甲骨文、东巴文、水书的象形字是最典型的象形字,以这些象形字为对象,能够觅寻出文字发展的规律,揭示出在历史活动中人类需要的发展和变化。

汉字、东巴文、甲骨文和水书的象形字之间存在共性。(1)从取象角度看,都分为人与人体、人造物、动物、植物和自然物。取象于人与人体的象形字包括人及人体的组成部分;人造物指由于人的行为出现的产物,如饮食器具类、宫室类、刑具武器工具类、舆服乐器类和杂物类;动物类包括各类动物及动物机体的组成部分;植物类包含花草树木及各类农作物;自然物包括同人的日常生活密切相关的日月山川、天文地理等。(2)构形方式相似,既有整体象形,又有局部象形,以整体象形为主。整体象形是指勾勒事物的整体轮廓,局部象形是指勾勒事物最具特征的部分。(3)都是在图画文字基础上模仿事物形状来表示字义的符号,属于表形文字,具有字形和字义的高象似性。(4)都有"二次约定"现象。"二次约定"是指在符号与符号之间的有理据约定,主要立足于意义解释以及在此基础上的创新,是一种相对的、关系型的概念,不但存在于同一符号系统内部或者其子系统之间,也存在于不同符号系统之间(黄亚平,2007)。4种类型的象形字也存在差异。(1)文字形成的年代和用途不同。甲骨文产生于商代后期,是王室用于占卜记事而刻(或写)在龟甲和兽骨上的文字。东巴文创始于唐代,是由纳西族东巴(祭司)掌握并用来撰写经典的文字。水书约产生于唐代,是由精通汉字的水族知识分子在水族传统文化基础上,吸收汉族道教文化并结合水族宗教文化需求创造出来的,主要用来记载水族的天文、地理、宗教、民俗、伦理、哲学等文化信息。汉字定名于汉朝,隶书的形成标志古文字的终结和今文字的开始。自此之后,汉字象形字又经过楷化和简化。(2)处于文字发展的不同阶段。图画是文字发展的起点,东巴文象形字和水书象形字属于文字的童年,甲骨文已经到了少年时代,汉字象形字进入文字发展的成年期。(3)在形体上存在差异。汉字是由笔画构成的方形符号;甲骨文是用刀刻在较硬的兽骨上,笔画较细,方笔居多;东巴文的字形有浓厚的图画味道,但每个图形有其固定的概念、线条、笔法和读音;水书的字形和东巴文类似,有浓厚的图画味道,一般抓住事物的典型特征,用简单构图来表示。(4)在取向和构形上存在差异。汉字象形字多为写意式描摹,线条简洁概括,抽象符号化倾向更浓(苏影,2010);甲骨文象形字以"写意"为主,强调字形与事物的"神似",是一种意象性的表达方式(孟华,2004);东巴文象形字运用范围广,以"写实"为主,强调对事物的精确描摹,是一种临摹式的表达方式(田玲,2007);水书象形字多用来描述动物,数量有限,也以"写实"为主,但描画得比较笨拙(翟宜疆,2009;董元玲,2011)。

12.4.2 象形字与图画的认知加工比较

张积家和李惠娟(2014)采用知觉相似性判断、语义一致性比较、分类和命名四种任务比较汉字象形字、甲骨文象形字、东巴文象形字、水书象形字和图画的认知加工。

实验1(a)表明,汉字、甲骨文、东巴文、水书和图画两两之间的知觉相似度由高到低依次是:东巴文—图画>水书—图画>水书—东巴文>东巴文—甲骨文>水书—甲骨文>甲骨文—图画>汉字—甲骨文>汉字—水书>汉字—图画>汉字—东巴文。比较表明,从知觉特征看,水书和东巴文与图画最相似,东巴文和水书相似度也很高,东巴文、水书、图画与甲骨文配对时的相似程度相当,都高于与汉字配对时的相似度。这说明东巴文、水书的象形性很高,其次是甲骨文,汉字的象形性最低。甲骨文与汉字的知觉相似度高于东巴文、水书和图画与汉字的相似度,说明甲骨文与汉字更接近,这与甲骨文是汉字的初期形式的事实一致。与汉字配对的符号的知觉相似度都处在中等或中等以下水平,东巴文、水书和甲骨文与图画配对的知觉相似程度都较高,说明四种象形字的相似性程度与文字演化的顺序一致。

实验1(b)表明,对不同类型符号对的语义一致性比较的反应时依次为:汉字—图画<汉字—东巴文<汉字—水书<东巴文—图画<甲骨文—图画<水书—图画<汉字—甲骨文<水书—甲骨文<东巴文—水书<东巴文—甲骨文。对不同类型符号对的语义一致性比较的错误率由低到高依次为:东巴文—图画<汉字—图画<汉字—水书<汉字—东巴文<甲骨文—图画<水书—图画<汉字—甲骨文<水书—甲骨文<东巴文—水书<东巴文—甲骨文。综合来看,当符号与汉字配对时反应时较短,与图画配对时反应时也短,汉字和图画配对时反应时最短。但是,东巴文、水书和甲骨文配对时反应时较长,与甲骨文配对时反应时最长。所以如此,是因为汉字是母语文字,图画直接表示事物,被试对汉字和图画很熟悉,对两者的语义通达速度最快。东巴文、水书和甲骨文都与汉字配对学习,所以,与汉字配对时反应时短于三者之间配对时;但三者的外形特征和区别性特征存在差异,因此与汉字配对以及三者之间配对时反应时又都存在差异。东巴文与汉字配对时反应时最短,与甲骨文配对时反应时最长,水书与东巴文配对的反应时长于与甲骨文配对。错误率的总趋势是:与图画结合的符号对的错误率最低,其次是与汉字结合的符号对,与甲骨文结合的符号对错误率最高。这说明,甲骨文的语义通达最困难,其次是水书和东巴文,对汉字和图画的语义通达速度最快。

实验2表明,5种符号的命名反应时差异显著,由快到慢依次为汉字、图画、水书、东巴文和甲骨文。多重比较发现,水书和东巴文的反应时差异不显著,均显著长于汉字和图画,均显著短于甲骨文,汉字的反应时显著短于其他符号,甲骨文的反应时显著长于其他符号。5种符号的命名错误率差异显著,由低到高依次为汉字、图画、水书、东巴文和甲骨文。比较发现,水书和东巴文的错误率差异不显著,$p >$ 0.05,均高于汉字和图画,均低于甲骨文,汉字的错误率低于其他符号,甲骨文的错误率高于其他符号。反应时与错误率的趋势一致。

12.4.3 象形字认知加工机制分析
符号象似性与知觉相似度

Peirce(1976)提出的符号象似性原则认为,语言符号的能指和所指之间的关系并非任意,而是有理可据。符号形成是由具体临摹到抽象指称的过程。图像象似性是指符号与对象共有某些简单属性,它们之间存在直接模仿关系,符形与对象的象似性表现为外部形体、状态、颜色、姿势等物理属性上的类同。象似性原则为4种象形字和图画的比较提供了新视角。不同类型的象形字都在图画基础上形成,都有象似性特征,只是在具象上存在差异。象似性特征影响符号的知觉相似度。根据图像象似性原则,符号的能指和所指之间存在直接模仿关系。不同类型的象形字和图画都从外形特征上模仿所指事物,所以符号的外形特征之间也有相似性。两种符号在外形特征上越是接近,知觉相似度就越高。东巴文、水书与图画的知觉相似度最高,说明三者共享的物理特征最多;甲骨文与东巴文、水书、图画配对比较的知觉相似度高于与汉字配对的知觉相似度,说明甲骨文在外部形体上更接近于东巴文、水书和图画;汉字与东巴文、水书和图画的知觉相似度都较低,说明汉字的抽象性最高,对事物模仿最简单。甲骨文是汉字的早期形式,对事物的模仿性较高,东巴文和水书对事物的模仿最直接,最接近于图画。象形文字演变的顺序符合符号象似性的发展规律,即图画→早期形意文字(东巴文、水书)→晚期形意文字(甲骨文)→意音文字(汉字)。因此,可以通过符号的知觉相似性判断来探讨不同类型符号之间的关系。

符号的外形特征和区别性特征影响符号的认知加工

首先,符号的外形特征影响知觉相似性判断。外形特征越接近,符号之间的知觉相似度就越高。东巴文、水书与图画的外形特征最相似,三者之间配对时的知觉相似度最高。甲骨文的外形特征也接近图画,但比东巴文、水书抽象,因此甲骨文与图画、东巴文和水书配对时的知觉相似度较低。汉字在外形上最抽象,构形最简单,汉字与甲骨文配对时的知觉相似度略高于中等水平,与其他符号配对时知觉相似性程度最低。符号的外形特征也影响命名。对汉字命名仅需要词汇识别,汉字外形虽抽象,但简单易记,又是母语,因此命名最快。在甲骨文、东巴文、水书和图画命名中,语音编码和发音过程一致,概念激活过程不同。图画直接描摹事物外形,东巴文和水书的外形具体,与图画接近,甲骨文对事物外形的临摹更加抽象且复杂、不规则。由于外形越是具体形象,概念激活就越快,因此,4种符号的命名速度由低到高依次是: 图画<东巴文和水书<甲骨文。

区别性特征影响符号之间的语义一致性判断。两种符号的区别性特征越复杂,语义一致性判断就越困难。汉字的区别性特征最弱,与汉字配对时,受汉字区别性特征影响最小,且被试借助于汉字学习其他符号,因此与汉字配对时反应时最短。图画直接表达语义,区别性特征最明显,与其他符号共享的区别性特征最多,与图画配对的反应时也较短。甲骨文、东巴文和水书的区别性特征都较明显,但却从不同角度来描画事物,它们之间配对时比较难以区分,因此三者之间配对时反应时最长。

分类亦受符号的区别性特征影响。符号的区别性特征越明显,分类愈容易。在5种类型符号中,图画的区别性特征最明显,东巴文和水书的区别性特征次之,甲骨文的区别性特征模糊,汉字的区别性特征最弱。因此,对图画分类应最快,对东巴和水书的分类次之,对甲骨文分类较慢,对汉字分类应最慢。但汉字和图画的分类速度无差异,这显然与被试对汉字熟悉有关。对东巴文分类速度显著快于对水书分类,是因为东巴文象形字多描摹写实,少抽象概括,大部分都"依类象形",是对具体事物的临摹。水书象形字也有"依类象形"的特点,但主要出现在动物类中,不及东巴文象形字丰富成熟(翟宜疆,2009;董元玲,2011)。甲骨文象形字以"写意"手法为主,强调字形与事物的"神似",东巴文和水书的象形字以"写实"手法为主,强调事物的精确描摹,分类反应也困难。

在历史活动中的人类需要是象形字创造和发展的动力

文字是语言的载体。任何文字都是在历史活动中为了满足人类记录语言的需要而创造出来的。象形字是人类为了满足记录语言和交流的需要,对语言指称的客观事物的体态与特征的象形性摹拟。由于象形字的创造,才使得远古的人们能以书面形式准确记录语言,并自成系统,具有自我说明功能,能够超越时空的局限,实现广泛、充分地记述、表达、交流的目的(嵇山,1996)。由于各种类型的象形字创造和发展的自然条件和社会条件不同,人们为了满足需要创造出来的象形字的字形以及各自的发展道路也不同。

甲骨文是中国最早的成体系文字,是商代王室用于占卜记事而创造的文字。书写载体局限于龟甲、兽骨,由于刻刀有锐有钝,骨质有细有粗,有硬有软,使甲骨文的笔画多少粗细不一,形体结构大小不一。在字形结构上,象形字只占一部分,却是其他字形构造的基础。甲骨文象形字的表形和表意的能力都很低,认知加工困难,难以满足日益增长的书面记录语言的需要,必然被更简化更丰富的文字取代。

象形性是汉字的规定性(嵇山,1996)。汉字在象形字基础上又出现了指事、会意、形声等字形结构,字体也经历了甲骨文、金文、篆书、隶书、楷书、草书、行书等阶段,至今仍未完全定型。由于汉字的外形简单、抽象、容易书写和辨认,表意能力强,因此,与其他三种象形文字比,汉字是最成熟的文字,认知加工过程更为简明。

东巴文是纳西族祭司东巴使用的文字,其创制是随着纳西族先民的生产和生活需要而产生,从最初刻画在木石上的单一或少量的记号图像,发展到大量的、约定俗成的相对固定的图像符号,到能够应用更多图像符号记载复杂事件,直到能够书写记载长篇著作,经历了漫长的发展时期。东巴经记录在由一种木本植物皮所制的厚棉纸上,书写工具有用锅烟灰拌胆汁制成的墨以及自制的竹笔,字形带有浓厚的图画味道。东巴文象形字的表形功能和表意功能都较强,所以方便使用,能够满足当地人民生活和交流的需要。因此,虽然东巴文经历了一千多年的历史演变,在东巴文构字法中出现更多的局部象形和用颜色标音的象形字,但象形字仍然保持有强大的生命力,至今仍在沿用。从东巴文象形文字脱化而来的还有一种标音文字——"哥巴文",东巴运用这种文字撰写了两百多册经书。这种文字笔画简单,一字一音,比东巴文进了一步。它多数由东巴文脱胎、缩减、演变而来,部分借鉴了汉字。

水书是水族的文字,由水书先生代代相传,主要记载水族的天文、地理、宗教、民俗、伦理、哲学等文化信息。水书在水族人需要的基础上被创造出来。水族人崇拜鬼神,认为无论是祖先的亡灵、动物、植物,还是自然物和自然现象,包括山、石、洞、水、风、雨、雷、电等,都是某种"鬼"或"神"的附体,水书就是为了记录各种鬼怪魂灵、各种禁忌事项及各种避邪驱鬼方法而创造出来的。水书的流传主要靠水书先生手抄和口传。因此,虽然随着水书发展出现了一些局部象形现象,但水书仍然保留原始的书写状态。研究发现,水书象形字的表形功能和表意功能与东巴文相似,都较强,两种象形字都沿用至今。但是,水书象形字数量有限,为了满足水族人民生活的需要,在水书构字中又新增了仿汉字。

4 种象形字的认知性质符合文字的生存假设

达尔文(1859)拿语言与生物作类比,认为语言可以像生物一样加以分类。占优势的语言或方言会传播得更远,居劣势的语言会被取代以至于灭绝;甚至在一种语言内部,词与词、规则与规则之间也在不断地进行生存竞争。"某些为人喜爱的字词能够在生存竞争中存活或保全下来,这就是自然选择。"(达尔文,1871)穆勒(Muller,1823—1900)和施莱歇尔(Schleicher,1821—1868)也用"生存竞争"来描述语言文字的发展和变化,将语言文字在生存竞争中淘汰、存活或保全称为"文字的生存假设"。知觉相似性判断、语义一致性比较、命名与分类这 4 种认知加工任务可以从不同角度反映符号的生存竞争能力的差异。

知觉相似性判断能够反映符号的表形能力。4 种象形字的表形能力由高到低依次是东巴文、水书、甲骨文、汉字。语义一致性比较能够反映符号的表意能力。4 种类型象形字的语义通达性由高到低依次是汉字、东巴文、水书、甲骨文。命名是提取事物概念并激活事物名称的过程,对符号的外形特征敏感。由于用普通话命名,被试对汉字反应最快,对其他 3 种象形字命名由快到慢的顺序依次是东巴文、水书、甲骨文,由此可以推论 3 种象形字的外形具体性顺序依次是东巴文、水书、甲骨文。分类是语义决定过程,反映符号的区别性特征。3 种早期象形字的分类反应时由快到慢依次是东巴文、水书、甲骨文,因此,3 种早期象形字的区别性特征由高到低依次是东巴文、水书、甲骨文。

总之,综合多个实验的结果可知,汉字的表形功能最低,但是,简单规范的书写方式和迅速有效的表意功能,赋予汉字以很强的生存竞争力,因此一直沿用至今。只不过单纯由象形构字难以满足悠久的历史文化传承和数亿人民的生产和生活需要,受自然选择和生存竞争影响,汉字象形字已不完全象形了,而且出现大量的会意字、指事字和形声字,并逐渐以形声字为主。甲骨文的表形和表意的功能最低,符号的具体性和区别性都低于东巴文和水书,说明甲骨文的生存竞争能力相对最低,因此在商代灭亡后就随之消亡。东巴文的表形功能和表意功能仅次于汉字,也具有较强的生存竞争力,因此,自唐代创制以来一直沿用至今,且象形手法越来越成熟。水书文字是由精通汉语和汉字的水族知识分子吸收道教文化并结合水族宗教文化的实际需求创造的,与甲骨文不同(韦宗林,2006)。水书的表形和表意的功能都比甲骨文高,但略低于东巴文,具有一定的生存竞争力,因此也存活至今。综合考虑 4 种象形字的数量、构形特点和实验结果,可以认为,4 种象形文字的表形能力由高到低依次是东巴文、水书、甲骨文和汉字,4 种象形文字的表意能力由高到低依次是汉字、东巴文、水书和甲骨文,这符合符号的象似性原则,即符号形成是一个由具体临摹到抽象指称的过程,符合文字的自然选择和生存竞争假说。

12.5 维吾尔语认知研究

维族约有 983 万人口,是我国突厥语民族中历史悠久、经济文化发达、人口最多的民族(戴庆厦,2009)。主要居住在新疆维吾尔自治区天山以南的喀什、和田一带和阿克苏、库尔勒地区,还有部分散居在天山以北的乌鲁木齐、伊犁等地。现代维吾尔语(下文简称维语)共有 32 个字母,包括 8 个元音和 24 个辅音。舌位和谐严整,唇状和谐松弛;构词和构形附加成分丰富;名词和动词均有多种语法范畴;词组和句子有严格的词序;词汇中还存在相当数量的汉语、阿拉伯语、波斯语和俄语的借词。维语文字经历了突厥文、回鹘文和察合台文三个时代,均为字母文字。维语历史悠久,语言独特,是众多学科争相研究的宝贵材料。目前,关于维语的研究涵盖了语言学、社会学、人类学、美学、考古学、宗教学等领域。近年来,出现了对维语认知机制的研究。

12.5.1 维吾尔语的特点及认知机制

力提甫·托乎提(2012)指出,维语与世界上任何语言一样,共享一定数量的元音和辅音,共享一定语类(词类),共享复制、移位、删除等语法规则,采用"合并"作为语言基本组织形式,语法规则有递归性。维语与其他语言一样,遵循认知经济的原则。维语在语素、词序、句子结构及某些特殊词类的表达和使用上亦有独特性。

维吾尔语语素与词汇认知

语素是语言中表达意义的最小单位。高莉琴和阿不都许库尔艾山(1986)指出,维语语素分为 3 种:自由语素、粘着语素和正在虚化的语素。自由语素是能单独成词的语素,包括实词和虚词。粘着语素是不能单独使用的,必须同别的语素组合成词,或是附着在词干之后表示语法意义的语素。粘着语素主要有语缀(包含前缀 4 个,后缀 60 多个)、语尾(接在词或短语末尾,表名词的格、数,形容词的级,动词的时、式、体、态等)、情态语素(mu、qu、ku、yu 等接在词、短语或句子后面表语气)、正在虚化的语素(类语缀和类语尾)。正在虚化的语素是指除了典型的语缀和语尾外,还有一些在单说的时候是词,在一定组合中又完全或部分地失去词汇意义,起着语缀或语尾作用的语素。在这些语素中,起语缀作用的叫类语缀,起语尾作用的叫类语尾。

维语的词汇十分丰富,构词法有特色,属于粘着型语言,派生构词法是最主要的构词法,即通过词本身的形态变化来创造新词。派生构词法除加缀、重叠、减缀外,还有较少见的零派生构词法,即由原词派生出一个与原词词形相同、有意义联系但词性不同的词。零派生构词形式主要包括:形容词派生出名词,形容词派生出副词,名词派生出形容词和量词,动词派生出量词(柳元丰,2005)。这种特殊构词方式对维语认知会造成一定的影响。除派生词外,维语中还有大量的对偶词,即由两个成分平等的独立词素连接而成的词汇。陈明(2013)指出,维语对偶词中包含的词序反映维族的认知特点。(1)维语对偶词的词序反映维族的时间认知顺序。例如,hajat-mamat(生死)、ɛtɛ-aχʃam(朝夕)、ilgiri-kejin(先后)、bahar wɛ kyz(春秋)等体现了维族对自然现象的时间认知顺序。(2)维语对偶词的词序反映维族的空间认知顺序。例如,qelin-nepizlik(厚薄)、ata-bala(父子)、aka-uka(兄弟)等体现大小认知顺序,egiz-pɛs(高低)、qaʃ-køz(眉眼)、asman-zemin(天地)等体现从上到下的垂直认知顺序,aldi-kɛjni(前后)、burni-quliʁi(鼻耳)、aldiʁa maŋmaq wɛ kɛjnigɛ janmaq(进退)等体现先前再后的水平认知顺序,itʃi-teʃi(内外)、kiriʃ-tʃiqiʃ(进出)体现由里到外的位置认知顺序。(3)维语对偶词的词序还反映维族的文化观念。例如,qomandan wɛ dʒaŋtʃi(将士)、oqutqutʃi-oquʁutʃilar(师生)、ɛr-ajal(男女)等体现维族文化中的尊卑顺序,hɛq-nahɛq(是非)、pajda-zijan(利害)、jeŋiʃ-jeŋiliʃ(胜败)等体现优劣认知顺序,at-kala(牲畜)、qan-tɛr(血汗)、dʒoza-bɛndiŋ(桌椅)等体现主次认知顺序。维语词汇表达中反映的认知顺序与汉族并无明显的差异。但陈明(2013)指出,维语中有些表达较为特殊,如,kiriʃ-tʃiqiʃ(进出)和 kirdi-tʃiqti(出出进进)并存,aldi-kɛjni(前后)和 arqa-aldi(后前)通用,这看似自相矛盾,实则是受语音制约的影响。

合璧词是指由两种不同的语言成分构成的新词或新的固定词组。合璧词是维语吸收外来语的重要手段。李燕萍(2013)从《维吾尔语详解词典》的 5 万个词条中筛选出 6000 多个合璧词分析,发现维语合璧词可以分为派生词(5350 个)、复合词(297 个)、对偶词(278 个)、重叠词(23 个)和凝固词(15 个)5 种。复合合璧词有突出的认知理据。维语复合合璧词用意合方式把来自两种不同语言的语素按照一定构词规律组合在一起,合成新词,表达新的意义。外来语素主要来源于阿拉伯语和波斯语,少量来自汉语和俄语。维语复合合璧词的构建体现了范畴化、隐喻、转喻等认知模式。(1)用修饰语+基本层次范畴词的组合来表达下位范畴词,体现了概念的范畴化。例如,qoŋʁuraqgyl(桔梗)是一个维波合璧词:"qoŋʁuraq"意义是"铃铛,钟",表明概念属性;"gyl"来源于波斯语,属于基本层次范畴词,表示种子类植物的有性繁殖器官,包括各种颜色和香味的花瓣、花萼、花托、花蕊等。"qoŋʁuraqgyl"整词可直译为"形如悬钟的花",是典型的通过描述属性的维语词和表基本范畴的波斯语词的组合所构成的复合合璧词。这一类复合合璧词能够直接反映维族范畴化的概念结构。(2)用不同范畴词汇语义的互相映射构成新词,反映维语认知的隐喻机制。例如,tɛswiqonaq(薏米)是一个阿维合璧词,由阿拉伯语词"tɛswi"(念珠)和维语词"qonaq"(高粱)构成。整词语义借用"念珠"隐喻薏米仁表面的乳白色,借用"高粱"隐喻薏米的植株形态,概念由宗教领域映射到农作物领域,反映维族不同概念范畴中语义相关概念间的扩散和激活。(3)同一概念体系下不同词类的组合,体现维语认知的转喻机制。例如,通过形态、颜色、气味等特征来转喻整体(维波合璧词:sujuq 稀的 + aʃ饭 = sujuqaʃ汤饭),通过材料、物质来转喻事物整体(波维合璧词:taxta 木板 + myxyk 猫 = taxtamyxyk 捕鼠夹),用部分转喻整体(维波合璧词:tikɛn 刺 + gyl 花 = tikɛngyl 仙人掌),用事物发生处转喻事物(维波合璧词:qol 手 + tʃiraʁ 灯 = qoltʃiraʁ 手电筒)等。这种转喻方式反映维族概念结构中同一范畴下不同结点的扩散和激活。复合合璧词是不同语言文化融合的最佳见证(李燕萍,2013)。通过对复合合璧词的分析,不但可以研究维语的认知机制,还可以研究语言对民族概念结构的影响。

维吾尔语特定词类认知研究

维语中某些词语的表达尤其能够反映维族的文化认知特征,这些词语往往集中于某些特定词类,对这些特定词类的研究是维语认知研究的重要组成部分。

动物词汇常被赋予比喻义和象征义。在不同文化中,动物词汇的文化内涵有相同之处,亦有不同。动物词汇反映不同民族的文化认知。卡依沙尔·艾合买提和开塞·阿布力米提(2012)总结汉语和维语的动物词汇的比喻义和象征义的异同,分析汉族和维族不同的文化认知。汉语和维语的动物词汇隐喻差异有两种。(1)动物相同,文化内涵相反。"龙"在汉族为吉祥如意的象征,有至高无上的地位,汉族以"龙的传人"而自豪;在维吾尔族文化中,"ɛdʒdiha"(龙,恶魔)是邪恶和恐怖的象征,是一种狰狞的怪兽。"喜鹊"在汉文化中被视为好运和吉利的象征;在维族文化中,"si iz an"(喜鹊)具有贬义,指一种坏鸟,还指喋喋不休的人。(2)动物相同,在一种语言有文化内涵,在另一种文化中没有。例如,汉族以鹤、龟象征长寿,以鸳鸯比喻恩爱,以鸿鹄比喻志向高远,在维语中,这些动物词汇只代表动物本体,并无引申义;"tøgɛ"(骆驼)在维族文化中喻指高、大、踏实等义,汉语中却无此类引申。维族和汉族也有许多文化内涵相同的动物词汇:汉族的"虎"和维族的"ʃir"(狮)均指百兽之王,象征力量、勇猛和威严;再如,"qa a"(乌鸦)在汉维两族文化中均为不祥之鸟,表示不吉利、倒霉。汉维两族在动物词汇表达及文化内涵上的差异,导致两个民族对动物本身认知的差异。

味觉词是维语词汇与其他民族差异较大一类词,体现了维族独特的味觉概念结构。彭凤(2008)总结维语中的味觉词主要有以下5组:(1)atøiq(辣、苦、酸)和tatlwq(甜);(2)tɛm(味道、滋味),tɛmlik(有滋味的、香的)和tɛmsiz(无味道的、不香的);(3)mɛzzɛ(味道)、mɛzzilik(美味的)和mɛzzisiz(无味的);(4)tuz(盐)、tuzluq(有盐的、咸的)和tuzsiz(无盐的、淡的);(5)maj(油类总称)和majlwq(油腻的)。不难发现,维族味觉词有如下特点:首先,"atøiq"一词可表"辣"、"苦"、"酸",这似乎与味觉的生理功能矛盾。在维族饮食文化中,"辣"是重要元素,维族人对辣味有共同而清晰的概念。维族人对"苦"的感受也与其他民族相同,感觉是难吃的。那为什么会把觉得好吃的"辣"、"酸"与觉得难吃的"苦"用同一个词来描述?彭凤(2008)指出,这与维族思维方式形成的味觉词汇体系初期的敏感依赖有关。她认为,维族地区盛产瓜果,成熟的瓜果味甜,不成熟的瓜果表现为苦或酸,因此,苦和酸作为甜的对立面,在维族人的概念结构中属于同一概念。辣椒是外来物产,"辣椒"是一个外借词汇,在接触初期,辣味被作为与可口的味觉相对立的味觉感受,纳入了酸和苦的概念中,与甜对立。这样,苦、酸、辣作为甜的对立面,概念界限逐渐模糊,便没有形成各自独立的语言符号。彭凤(2008)认为,这与维吾尔民族习惯对立统一地把握事物概念的思维方式有关,这一思维方式还体现在其他几组味觉词汇中。上述几组味觉词中的形容词大多可分为两大阵营,均由实词加词缀"lik"、"lwq"、"luq"、"lyk"等表示"有"某种属性,加上词缀"siz"表示"无"某种属性。这种对立的语义结构,反映维族人独特的思维方式。维语味觉词汇是语言与知觉关系研究的宝贵素材。如果语言确实影响知觉,甚至塑造知觉,那么,维族人在语言上对"苦"、"辣"、"酸"三种味道不分,会影响对三种味道的知觉敏感度。

人体词是指称人体各器官部位的词。在维语中,人体词较多,隐喻拓展或扩大指称范围的现象较为丰富,对维语人体词的隐喻研究也能反映维族人对应的概念结构。斯迪克江·伊布拉音(2013)指出,维语人体词包括七大语义场:bash(头部)、boj(躯体)、put-qollar(四肢)、ichki ezalar(脏腑)、qan(血液)、chach-tyk(毛发)、jinsiyeza(生殖器)。在每一语义场中,人体词除本义外,还有丰富的隐喻,主要包括以下5类:(1)人体词隐喻动物的相关器官,如 ademning beshi(人头)—qoyning beshi(羊头);(2)人体词隐喻非生物的相关部位,如 ademning aghzi(人嘴)—miltiq aghzi(枪口);(3)人体词隐喻空间方位,如 ademning ayighi(人脚)—kentning ayighi(村子尽头);

(4)人体词隐喻时间界限,如,boyi egiz adem(高个子人)—yil boyi(一整年);(5)人体词隐喻某种性质特征,如 ademning kozi(人眼)—siniptiki oqughuchilarning kozi(班里学生的眼睛,即班上的尖子)。斯迪克江·伊布拉音(2013)认为,上述5种隐喻与本义的距离各不相同,由人体自身出发,引申到外界事物,再引申到空间、时间和性质,符合"人类中心说"。这种不同距离的隐喻投射,体现了以人体词为中心的语义空间,本义结点向隐喻义结点的扩散和激活,恰恰反映了跨语义范畴的概念连结。既然已经发现了人体词语义场由近至远层次投射的一般规律,便可依此进一步研究维族人的概念结构。

维吾尔语句子认知研究

句子可以根据不同原则作不同分类。根据说话目的可以把句子分为陈述句、祈使句、疑问句等;根据结构,可以把句子分为简单句和复杂句;如果从语义而非句法角度对简单句进行划分,可以分为作用句、效应句、过程句、转移句、状态句、关系句和判断句等7种类型(刘秀明,潘艳兰,2010)。维语的转移句存在动词后置情况。刘秀明和潘艳兰(2010)详细分析了维语中转移句的类型指出,如果用 T 表示转移动词,TA 表示转移的作用者,TB 表示转移内容的接受者,TC 表示转移内容,在一般转移句中就存在4种句式。(1)TA + TB + TC + T。例如,men(我)saŋa(你)bir xuʃ xɛwɛr(一个好消息)elip kɛldim(带来)(我给你带来一个好消息)。(2)TA + TC + TB + T。例如,sen(你)ʒaw abkar liqni(责任)baʃ qilarya(别人)ittiriʃkɛ bolmajsɛn(不要转嫁)(你不要把责任转嫁给别人)。(3)TC + TB + TA + T。例如,bu xɛtni(这封信)uniŋya(他)mɛn(我)tapʃurup bɛrɛj(转给)(这封信由我转给他)。(4)TA + TC + T。例如,ular(他们)qoʃunni(队伍)øtkidi(转移)(他们把队伍转移了)。动词后置同样出现在一般接受句、传输句、交换句和替代句中。

何雨芯(2013)指出,转移动词通常置于句尾,是整个句子的谓语成分,有时用单个动词表示,有时用复合动词表示。复合动词较为特殊,是以"p 副动词 + 助动词"形式,副动词表示基本语义,助动词变化形态,为副动词所指的动作增添附加意义,使表达更加生动。按照 Talmy 位移事件框架理论,将主体、背景、路径和位移作为转移句的四要素,维语转移句的谓语动词可以同时表达路径和位移动作,应属于动词框架语言。但由于维语常使用复合动词表达转移过程,与典型动词框架语言稍有区别,因此,维语应是特殊的动词框架语言。

维语转移句的认知模式反映维族人对句子深层结构的认知。显然,维语句子的核心串与汉语有显著差异,这是否影响维族人句子及篇章理解的认知过程? 在从表层结构到深层结构转化中,每种语言都要经历字词加工、句法分析和语义表征等过程。每个过程的加工是序列的还是平行的还是相互作用的,一直是心理语言学争论的焦点。如果句子加工中字词语义提取是序列加工,维语句子中动词后置,会导致维族人对整句语义表征中动作表征的延后;如果是平行加工,维族人的动作语义提取将与其他民族无显著差异。可以利用维语这一特殊句子表达形态,考察不同民族语言加工过程的差异。

12.5.2 维吾尔族儿童发展性阅读障碍研究

阅读障碍(dyslexia)是学龄儿童中常见的学习障碍,临床上分为获得性阅读障碍和发展性阅读障碍。获得性阅读障碍是指先天或后天的脑损伤及相应视听觉障碍造成的阅读困难;发展性阅读障碍(Developmental Dyslexia,下文简称 DD)是指智力正常儿童在发展过程中没有明显的神经或器质性损伤,阅读水平却显著落后于其相应智力水平或生理年龄的现象(马利军,2005)。心理学研究主要针对发展性阅读障碍。已有研究表明,不同民族由于语言和文化差异,DD 发病率存在显著差异。例如,英语国家 DD 发病率高达 5%～10%,汉语儿童 DD 发病率为 3%～5%,不同语言的神经心理加工机制是 DD 发病率差异的主要原因(左彭湘,李增春,谷强等,2014)。维语为拼音文字,汉语为表意文字,对这两个民族的 DD 流行病学及阅读特征比较分析,可以为各民族儿童 DD 的干预与改善提供科学依据。

左彭湘等人(2014)采用儿童学习障碍筛查量表(修订版)、儿童汉语阅读障碍量表、儿童维语阅读障碍量表和中国—韦氏智力量表测量 605 名三～五年级的维族学生和 576 名三～五年级的新疆汉族学生,发现维族儿童和汉族儿童的智力发育并无显著差异,但维族儿童的 DD 筛查阳性率显著高于汉族儿童,维族儿童 DD 筛查阳性率为 7.94%,汉族儿童 DD 筛查阳性率为 4.69%。维族儿童的口语障碍、书面表达障碍、注意力障碍和视知觉障碍都显著高于汉族儿童。所以如此,与维语和汉语的语言特征有关。维语为拼音文字,在识别中对词音激活比对词义激活早,占主导作用的是语音处理系统;汉语为意音文字,可以直接通过字形提取语义。维族儿童是维—汉双语者,头脑中的语言区比汉语单语者的语言区更复杂,涉及更多脑区,存在更复杂的神经机制。维—汉双语者的汉语语义加工模式与汉语单语者也不完全相同,这些都是维语儿童 DD 检出率更高的原因。

维—汉双语儿童发展性阅读障碍的影响因素

维—汉双语儿童的阅读障碍受哪些因素影响? 刘琴(2009)研究维—汉双语儿童的汉语阅读障碍。根据语言编码缺失理论,第二语言的阅读障碍与母语的语音编码、正字法加工技能和语义编码等语言加工能力密切相关。通过测查 46 名维族汉语阅读障碍儿童的汉语语音意识、正字法意识、语素意识和快速命名能力,发现这些儿童的双语语音意识、快速命名、语素意识发展均落后于对照组,上述技能均可以预测维一汉儿童的汉语阅读水平。刘琴(2009)认为,母语的语音意识、语素意识首先影响汉语语言加工技能,进而影响汉语阅读水平。韩娟(2012)比较维一汉双语儿童中汉语单语阅读障碍儿童(单独存在汉语阅读障碍的儿童)和维、汉双语阅读障碍儿童(维语和汉语均存在阅读障碍的儿童),发现二者的继时性加工和同时性加工认知过程存在差异。通过科西组块任务(非言语类任务)和字母回忆广度任务(言语类任务),考察单语阅读障碍和双语阅读障碍儿童的继时性认知加工过程的关键特征,发现双语阅读障碍儿童在非言语类继时性加工任务中落后于汉语单语阅读障碍的儿童,但两个障碍组在言语类继时性加工任务中差异不显著(详见表12-7)。采用形状设计任务(非言语类任务)和图形空间判断任务(言语类任务),考察单语阅读障碍和双语阅读障碍儿童的同时性认知加工过程的关键特征,发现两个障碍组之间不存在显著差异(详见表12-8)。相关和回归分析表明,继时性认知加工能力可以预测维一汉双语儿童的维语阅读和汉语阅读能力;同时性认知加工能力对汉语阅读能力起到预测作用,对维语阅读没有直接影响。韩娟认为,继时性加工作为一种形态上非特殊的远端认知加工过程,能超越语音编码,对儿童的维语阅读和汉语阅读发展都起非常重要的作用;同时性加工只能预测维一汉双语儿童的汉语阅读,对维语阅读无直接影响,是因为文字表现形态不同所起作用也不同的缘故。

表12-7 维族阅读障碍儿童和正常儿童继时性实验得分

任务类型	汉障组($n=35$)		双障组($n=38$)		对照组($n=27$)		F
	M	SD	M	SD	M	SD	
继时性加工任务	41.17	17.99	30.85	13.97	65.92	18.19	31.314***
科西组块任务	26.31	13.37	19.21	10.87	38.44	13.26	16.329***
字母回忆广度任务	14.85	8.72	11.64	8.41	27.48	9.48	24.761***

表12-8 维族阅读障碍儿童和正常儿童同时性实验得分

任务类型	汉障组($n=35$)		双障组($n=38$)		对照组($n=27$)		F
	M	SD	M	SD	M	SD	
同时性加工任务	57.11	35.35	58.57	30.36	91.37	29.03	10.414***
形状设计任务	33.51	27.55	38.57	27.57	55.22	22.42	5.53**
图形空间判断任务	23.60	20.02	20.00	11.59	36.14	18.17	6.704**

维一汉双语儿童发展性阅读障碍的干预

如何对维一汉双语儿童的阅读障碍进行干预? 英语发展性阅读障碍研究者根据

阅读障碍的成因,将 DD 干预方案定为三种取向:(1)语言取向,认为障碍发生在语言学层次,尤其是语音障碍;(2)非语言取向,认为障碍有更基本的视听知觉障碍,尤其是听觉时间加工障碍;(3)二者兼有之(王正科,孙乐勇,简洁,孟祥芝,2007)。维语作为拼音文字,语音意识落后也是维语儿童阅读障碍的主要原因。但与英语的低透明性不同,维语是一种完全透明的拼音文字,字形和字音在音位水平上有完全一致的对应关系。买合甫来提·坎吉和刘翔平(2011)指出,音位意识落后是维—汉双语儿童阅读障碍的核心缺陷。目前,关于维—汉双语儿童阅读障碍的干预方案主要基于语言取向,主要针对语音障碍,通过设计一系列阅读训练程序,来训练障碍者的语音意识,尤其音位意识。古丽格娜·艾塔洪(2012)采用形—音联接训练和重复阅读训练对 40 名不同水平的维语阅读障碍儿童进行干预。形—音联接训练是通过用声音和图片形式呈现字母和字母组合,要求学生进行组合、分开或语音操作,从而进行阅读和拼写。重复阅读训练是让学生朗读一篇短且有意义的文章,直到阅读正确性和阅读速度达到指定的目标水平。在干预训练前,先对被试的音位意识、音节意识、语素意识等语言加工技能和单词阅读、短文阅读、阅读理解等阅读能力进行前测。在为期两周、每周 5 天、每天 40 分钟的干预后,再测验被试的语言加工技能和阅读能力。比较前、后测的结果发现,形—音联接训练对维语一般阅读障碍儿童的亚词汇水平的解码能力有较好的促进作用,重复阅读训练对维语严重阅读障碍儿童的词汇水平的解码能力有较好的促进作用。两种训练共同进行效果好于单一训练。比较而言,形—音联接训练能改善阅读障碍儿童的语言理解能力,重复阅读训练则更偏向提高言语流畅性。目前,关于维族阅读障碍儿童的干预研究甚少,且未针对单独存在汉语阅读障碍的儿童和维汉双语均存在阅读障碍的儿童进行干预方案的细分。

12.5.3 维吾尔语的认知神经科学研究

近年来,维族语言功能区的磁共振功能成像研究(fMRI)逐渐成为维语研究的重要方向,内容主要包括维文脑功能区研究和维族多语者大脑语言功能区研究。维文脑功能区研究以维语母语者为被试,考察维文语义加工的脑功能区、维语文字处理脑区的特异性、维文加工的优势半球等;维族多语者功能区研究以维—汉或维—英双语者为被试,比较双语者加工母语和加工第二语言时的脑区激活差异,比较维—汉双语者加工汉字时与汉语母语者的差异。

维语为母语者在加工维文时,大脑语言功能区有何特点?姜梅(2011)给 32 名健康维语母语者视觉呈现维文单音节实词,要求作维文词义联想,同时进行磁共振功能成像,发现多个脑区参与维文语义加工,左侧顶上下小叶(BA7/40)、左侧楔前叶(BA19)、右侧颞上回(BA38)、右侧舌回(BA18)、双侧额中回(BA9)、额下回(BA47/

46)、中央前回(BA4)、双侧梭状回(BA19)、双侧颞中回(BA36)、枕中回(BA19)及部分小脑均有激活。研究还发现,维语母语者在加工维文时左半球激活体积明显大于右半球,说明维语属于左半球优势语言。

以维语为母语的维—汉双语者的大脑语言功能区有何特点?主要从两个方面考察:(1)比较维—汉双语者加工汉字与加工维文的脑区激活差异;(2)比较维—汉双语者加工汉字与汉语母语者加工汉字的脑区激活差异。姜梅(2011)考察以维语为母语、汉语为第二语言的维—汉双语者加工维文和加工汉字的大脑语言功能激活区和激活体积,发现早期维—汉双语者(6岁以前学习汉语)加工维文和加工汉字时大部分激活区域是重叠的,但加工维文时激活的左侧颞中回(BA36)和右侧颞上回(BA38)在加工汉字时未见有激活,加工汉字时激活的双侧额上回(BA6)、右侧额内侧回(BA6)和右侧顶上下小叶(BA7/40)在加工维文时未见有明显激活。晚期维—汉双语者(9岁后学习汉语)在加工维文和加工汉字时大部分激活区域是重叠的,但加工维文时激活的双侧颞中回(BA36)和右侧舌回(BA18)在加工汉字时未见有激活,加工汉字时激活的双侧额内侧回(BA6)和左侧枕下回(BA18)在加工维文时未见有激活。两种语言的左半球的激活体积均大于右半球。姜梅(2011)认为,维—汉双语者加工维文与汉字有部分激活区重叠,也有各自的特异激活区。加工汉字时在额叶和顶叶的激活范围比加工维文更为弥散。学习汉语的年龄对语义加工相关脑区的激活范围有一定影响,但对激活体积无影响,关键还是熟练程度引起的差异。两种语言的偏侧化程度未见有差异。王云玲(2012)同样要求维—汉双语者对视觉呈现的维文单音节实词和单个汉字进行词义联想,发现:无论维—汉双语者的汉语学习时间早晚,在加工维文和加工汉字时的大脑激活区域大部分一致,但有特异激活区;加工两种语言的优势半球均为左半球,偏侧化程度未见有显著差异。

维—汉双语者与汉语母语者在加工汉字时的脑区激活有何差异?朱丽娜(2010)利用fMRI考察维—汉双语者在进行汉字词义联想时与汉语单语者大脑激活区域的差异,发现维—汉双语者与汉语单语者处理汉字的脑激活范围基本一致,在左侧额中回(BA6/9)、左侧额下回(BA44/47)、左侧颞中回(BA21)、左顶下小叶(BA40)和右枕中回(BA18/19)有共同的显著激活,但维—汉双语者比汉语单语者还显著激活右侧额中回(BA9)、右侧额下回(BA44)、右楔前叶(BA19)、右顶上下小叶(BA7/40)、左枕中回(BA18/19)、右梭状回(BA37)以及右舌回(BA18)。维—汉双语者处理第二语言汉字时的脑激活范围与汉语单语者基本一致,但维—汉双语者的功能区激活程度大于汉语单语者。维—汉双语者处理汉字的优势半球也为左半球,但维—汉双语者加工汉字时需要更多的右半球参与。席艳玲、姜春晖、张俊然等人(2013)比较维—汉双语者加工维文与汉语母语者加工汉字的脑激活差异,发现维文和汉字语义辨别和动词产生激活脑区不完全相同,左侧扣带回在维文语义加工中更多地参与语音加工,汉字加工比维文加工需要更多的右半球参与。

以维语为母语的多语者大脑语言功能区有何特点? 王云玲(2012)比较以维语为母语,以汉语和英语为第二、第三语言的维族多语者在对维文单音节实词、单个汉字及单个英文单词进行词义联想时的脑区激活差异。结果表明,三种语言任务共同激活的脑区有: 双侧额中回(BA9)、额下回(BA47/46)、中央前回(BA4)、双侧颞中回(BA21/36)、左侧顶上下小叶(BA7/40)、双侧梭状回(BA19)、双侧枕中回(BA19)。执行维语任务时左侧颞上回(BA36)有显著激活,执行汉语任务时左侧额上回(BA6)、左侧角回(BA39)及右侧顶上下小叶(BA7/40)有显著激活,执行英语任务时双侧的额内侧回(BA9/32)、左侧角回(BA39)有显著激活。执行三种语言任务时左半球激活体积大于右半球。三种语言任务的脑激活区大部分一致,也有特异激活区,优势半球均为左半球,偏侧化程度未见显著差异。王云玲、贾琳、汤伟军等人(2011)对维—英双语者加工维文和英文的大脑语言功能区激活差异研究发现,两种语言均有共同的脑激活区,在加工英文时脑激活区的激活强度及范围大于加工维文,大脑偏侧化程度无显著差异。

综上所述,维族在语言表达上颇具特色。维文作为拼音文字与英语等线形文字有相似之处,而长期与汉文化接触,又使其兼具汉语的部分特性,是十分宝贵的语言和文字研究素材。若能从维语认知研究中发现维语具备英语和汉语均无法替代的作用,将对维语的发扬和传承有重大意义。

12.6 蒙古语认知研究

蒙古语作为一种跨国语言,发展比其他语言更复杂。全世界约有 1000 万蒙古人,主要分布于中国、蒙古和俄罗斯。三个国家的蒙古语发展各具特色,逐步形成了各自的现代文学语言形式。国际蒙古语界把世界蒙古语划分为西部的卫拉特—卡尔梅克方言区、中部的喀尔喀—内蒙古牧业方言区、东部的科尔沁—喀喇沁半农半牧方言区和北部的巴尔虎—布利亚特方言区(曹道巴特尔,2005)。中国是世界上蒙古族人口最多的国家,有近 600 万人,分布于内蒙古、辽宁、吉林、黑龙江、新疆、青海、河北、甘肃等 8 个省、自治区。内蒙古的蒙古人主要使用喀尔喀—内蒙古牧业方言,东北地区的蒙古人主要使用科尔沁—喀喇沁半农半牧方言,使用卫拉特—卡尔梅克方言和巴尔虎—布利亚特方言的中国蒙古人较少,主要集中在新疆、甘肃、青海等地。各地蒙古语的变迁反映了蒙古人在服饰、饮食、住所、生产等物质文化和社会、宗教、法律、婚姻、人名姓氏、亲属制度等制度文化的变迁。研究蒙古语认知特点和机制,可以进一步说明语言文化的同构性。

蒙古语属于阿尔泰语系,蒙古文先后经历了多次变迁,主要有传统蒙文、托忒蒙文和西里尔蒙古文(也称为斯拉夫蒙古文)。传统蒙文通行于我国内蒙古自治区,托忒蒙文通行于新疆蒙古族地区,西里尔蒙文通行于蒙古人民共和国(金良,散旦玛,玉英,2012)。传统蒙古文字(下文简称蒙文)由 31 个蒙文字母(7 个元音、24 个辅音)组成。蒙文虽是拼音文字,但与英文、俄文等拼音文字存在差异。例如,蒙文是由上至下连写的,且在词的不同位置上用不同书写形式,还存在"形同实不同"的字母。研究蒙文编码时,应该充分考虑到这些因素。

12.6.1　蒙古语词汇认知研究

蒙古语词在语音、语法和语义上均有独特之处。侯友等人(2012)采用快速掩蔽启动范式、Go/No-go 范式和事件相关电位(ERP)技术,探讨蒙古语词汇识别过程中语音自动激活的时程及语音信息的激活和表征对语义通达的作用。他们要求蒙古被试不论是在启动位置还是目标位置,只要看到动物词汇就按键反应,采用 64 导的脑电记录分析系统进行记录和分析。结果发现:(1)在短 SOA 条件下,同音启动在头皮前部的额区诱发明显 P150 成分;在长 SOA 条件下,同音启动在额区和中央区诱发明显的 P200 成分。由于前额叶主要与语音分析相关,结合前人研究结果,侯友等人(2012)认为,在蒙古语词汇识别中语音信息能在词汇加工 150～200 ms 内自动激活。由于蒙古语词汇的形音之间存在严格的对应规则,所以语音与正字法整合的冲突小,语音激活相对早。在额区发现的 P150 成分和 P200 属于同一成分,反映蒙古语词汇加工早期前词汇水平语音自动激活的加工过程。(2)与无关启动比,同音启动诱发的N400 成分波幅更正,在长 SOA 条件下分布的脑区更大。由于 N400 成分主要反映语义加工进程,体现了蒙古语语音在语义通达中的重要作用,在快速启动范式中,语音表征信息迅速激活,同音词语语音表征信息的激活导致与此相联系的同音词或基本词根的正字法和语义表征信息的激活。当目标词与启动词语音相同时,词汇水平加工和整合能迅速完成,进而促进语义加工。即,蒙古语语音信息早于语义信息激活并能促进语义信息加工。

12.6.2　游牧文化与蒙古语词汇认知

蒙古语中反映游牧文化的畜牧业词语数量大、使用频率高、语义内涵极为独特和丰富,是蒙古语词汇认知研究的热点。丁石庆(2010)指出,蒙古语畜牧业词语反映了游牧民族的文化维度及认知范畴,主要体现在:

(1)蒙古语畜牧业词语数量大,对草原生物表达得极为细腻,予以详细分类和命名。蒙古语畜牧业词汇比农业、狩猎业等行业的词汇丰富得多,既涉及一般畜牧业生产技术、各种牲畜名称和衣食住行等物质文化领域,也渗透于游牧民族的制度文化及精神文化领域。蒙古语畜牧业词汇有很强的原生性,均源于蒙古人的生产和生活,基本没有外来语借词,且自成体系,在语义结构上形成独具特色的网络层次体系,具有独立的语义场和丰富的语义范畴。以家畜名称为例,语义范畴可分为年龄、性别、毛色、形体、步法、怀胎与否、阉割与否等,有的还分一般称、俗称、雅称和小称等不同类型。例如,"马"的各种称呼如表 12 - 9 所示。

表 12 - 9　"马"在蒙古语中的各种称呼

词义	书面蒙古语	蒙古语
马的统称	morin	mɔrj
种马	ajir a	adʒrag
骟马	a ta	agt
骒马	gegüü	guu
(白色)马	ac a cn	tʃagaan
(灰色)马	sa aral	saaral
(青色)马	bor	bɔr
(黑色)马	qara	xar
(赤色)马	jegerde	dʒ rd
(粟色)马	küreng	xur
(银鬃)马	eabidar	tʃabjdar
(枣骝)马	keger	x r
(红沙)马	bu urul	b rul
(黄骠)马	qoŋ or	xɔu ɔr
(浅黄)马	ala	alag
马驹	unag	unuCun(卫拉特方言)
二岁马	daag	daaC(卫拉特方言)
三岁公马		yræe(卫拉特方言)
三岁母马		
四岁马	xidʒaala	
四岁公马		
四岁母马		
五岁马	sɔjɔɔlɔ	tuulu(卫拉特方言)

(2) 以畜牧业词汇为核心词的隐喻和象征语义。畜牧业词汇除表本义外,还被广泛地隐喻或象征相关语义。在蒙古语中,存在许多根据五种牲畜的形体特征或形体的某一结构特征创造出来的词语。从形体特征来说,一般以"牛"表达粗大而笨拙的事物,以"马"表达高大灵敏的事物,以"骆驼"表达高大笨拙的事物,以"羊"表达形

体小且不敏捷的事物,以"小羊羔"表达小巧玲珑的事物。在蒙语中,常以五畜形体的某一部分结构来表达特征相似的植物,如翠菊(种牛尾)、苦参(牛犊草)、柳叶菜(羊羔耳朵)等。蒙古人还习惯用五畜的不同形体来区分同一物体的不同类型。例如,蒿草有马蒿、羊蒿、羊羔蒿、牛唾液蒿和山羊蒿五种类型,蜂有牛土蜂、马土蜂和羊蜂三种类型,瓶子有牛瓶、马瓶、山羊瓶、羊羔瓶、种牛瓶和骆驼瓶六种类型。蒙古人还以牲畜来形容或比喻人的行为动作、形象和性格。例如,以"儿马目"形容非常愤怒的状态,以"种牛角"形容爱惹是非的人,以"马尾马"比喻听话的人,以"野性马"比喻东跑西颠的人,以"小羊步子"形容走路快,以"骆驼步子"形容走路慢。丁石庆(2010)认为,蒙古人对赖以生存的自然生态环境极为关注,相关语言细微深刻。在蒙古语中,对各种生物赋予美好的象征意义,体现了蒙古人将与人类共存的各种生物均视为朋友,将人类和环境融为一体。在研究蒙古语畜牧词汇的同时,能够领略蒙古人的文化观念和思维特征。

12.6.3 蒙古语的时间词与时间认知

蒙古语的时间词很有特色,反映蒙古族对时间认知,体现具身认知的思想:世上每一民族对民族文化的认知由其生态环境决定,受经济类型制约。

欧军(1995)考察了蒙古族的时间词与时间观念,发现《蒙古秘史》的编年按十二生肖进行,生肖年后面是季节,如"狗儿年秋"、"猪儿年春"。编年史展示了古代蒙古族的时间观念,表现了游牧生产方式和生产力发展水平。蒙古语的时间词有:

(1)年。蒙古先民从事畜牧业,最熟悉、最关心莫过于畜群赖以生存的天然草场,青草每年春天发芽、秋天枯死,这种周而复始的现象,深深烙在游牧民族的观念中,久而久之便形成"年"的时间观念。蒙古人把草青一次看作是一年。宋代赵琪撰《蒙鞑备录》记载:"其俗每以草青为一岁。人有问其岁则曰几草矣,亦尝问彼生月日,笑而答曰,初不知之,亦不能记其春与秋也。"可见,蒙古族对"年"的时间观念是长期观察自然植被变化的结果。

从游牧生活需要出发,蒙古族把一年分为12个时间段(每季3个月)。随季节和气候转移,依靠天然的水源和牧草游收,"春季居山,冬近则归平原",很早就出现比较固定的冬夏牧场,并能依据季节的特性,合理使用冬夏牧场。随之便产生了诸如"向夏季游牧地前进的时间"、"住在夏季游牧驻地的时间"、"离开夏季游牧驻地的时间"等时间观念。

蒙古人认为,可以联系牲畜行为的生理外貌特征和牲畜活动内涵划分时间,如"产仔阶段"、"脱毛阶段"、"上膘阶段"、"交配阶段"。还可以通过动物的毛色变化和生理习性变化来判断季节更替,推断出所处时间。例如,根据土拨鼠生活的周期来测定时间。这种记时方法把一年分为七个主要季节：①当土拨鼠从冬眠状态醒过来时；②当土拨鼠的毛色变白时；③当土拨鼠脱毛时；④当土拨鼠积蓄脂肪时；⑤当土拨鼠的皮毛长到一定长度时；⑥当土拨鼠搜集作巢穴的干草时；⑦当土拨鼠进入地下冬眠时。

（2）月。古代蒙古族的"月"的概念形成也是观察自然界、动植物变化的结果，最明显的莫过于月亮的盈亏变化、母畜的怀孕时间、植被的生长周期和恶劣多变的气候。蒙古族进一步总结出每月从事生产生活的内容，每个月份都有特殊的称谓，如分享月或白月（正月）、水草月（二月）、乳牛月（三月）、青翠月（四月）、打猎月（五月）、日光月（六月）、红色月（七月）、完全月（八月）、今羊月（九月）、杀牲月（十月）、吃食月（十一月）、蔚蓝月（十二月）。

（3）日。游牧民族自古就有日出而作、日落而息的习惯。为测定白天的时间，蒙古族把一日分为五个时段或七个时段：比如，早晨的阳光照耀在西山顶上时；午前的太阳在高空时；正午的太阳在天顶时；下午的太阳下垂到天边时；傍晚的太阳在东山顶时。还有一些测定白天时间的方法，如借助于阳光射进蒙古包天窗的位置，阳光在天边的位置，阳光对自然景物的照明度以及阳光在蒙古包里所处的地点，如太阳照在蒙古包天窗圆木圈时，太阳照在佛龛时，太阳照在床头时，太阳照在蒙古包的地面时，太阳照在蒙古包厨房部位的哈那上时，等等。这种富有民族特点的时间划分，反映了古代蒙古族对一日的理解十分精细，具体区别为早晨、上午、中午、下午、傍晚、黄昏、夜间等。

此外，古代蒙古族在长期游牧生活中总结出一套特殊方法来表达更短的时间观念。常用的表示短暂时间的口语有："安装蒙古包的时间"（略多于 1 小时）、"挤羊奶的时间"（约 10 分钟）、"烧开一锅茶的时间"（8～10 分钟）、"吸一袋烟的工夫"（3～5分钟）、"备马鞍的工夫"（2～4 分钟）、"喝一顿茶的工夫"（30 分钟）。

综上所述，蒙古语作为游牧文化的代表语言，在语言认知领域占有一席之地。蒙文作为历史悠久又经历多次修订的拼音文字，颇具有独特性。因此，蒙古语无论在字素认知研究、词汇认知研究，还是在语言与认知的关系研究中，都是难得的宝贵语料，应该深入进行蒙古语认知研究，以发挥蒙古语的最大价值。

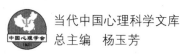

当代中国心理科学文库 　　　　　"十三五"国家重点出版物出版规划项目

总主编　杨玉芳

Nationality Psychology

民族心理学 　　　（下册）

张积家　等著

华东师范大学出版社

13 民族语言对民族心理的影响

不同民族有不同的语言。语言是人一出生就必须面对的最重要的社会现实之一。人生活在语言中。语言对人的心理具有重要影响。

13.1 语言在民族心理形成中的作用

研究民族语言对民族心理的影响,本质上是探讨语言与认知、情感、意志、人格等心理现象的关系。目前,研究集中在民族语言与民族认知的关系上,包括探讨语言对感知觉、记忆、注意、思维的影响,已取得了丰硕的研究成果。研究表明,语言在民族心理形成中起着不可替代的作用。

13.1.1　语言关联性假设

语言与认知的关系从古希腊至今一直存在着争论,主要有三种理论取向:语言与认知无关;语言与认知等同;语言与认知关系密切。前两种理论取向在长期争论和大量事实面前逐渐失去了支撑,最后一种理论取向不断发展,衍生出更为详细的不同观点。虽然人们都认为语言与认知相互独立且关系紧密,但有学者认为认知决定语言,有学者强调语言对认知的作用。20 世纪以后,随着西方哲学的"语言转向"(linguistic turn),语言逐渐受到了重视。大量实证研究都表明了语言对认知的重要作用。

语言关联性假设以美国语言学家 Whorf 提出的"语言相对论原则"为基础,逐渐发展成的一个系统的理论。Whorf 认为,使用不同语言的人,会有不同的行为,对相似的外在行为也会有不同评价,相应地,会产生不同的世界观。后人对 Whorf 的观点进行概括:语言决定认知,是思想的塑造者。这一假设包括两个部分。(1)语言决定非语言的认知过程。学习一种语言会改变一个人的思想方式。讲不同语言的人对世界有不同看法。这就是语言决定论(linguistic determinism)。(2)被决定的认知过程对不同语言是不同的。不同语言有不同的决定认知的方式。不同语言的讲话者以不同方式思考。语言结构具有无限的多样性,一种语言中范畴类别和区分定义为该语言所独有,与其他语言中的范畴类别和区分定义不同。这就是语言关联性假设(language relativity)(张积家,2010)。Whorf 为他的理论提供了词汇和语法方面的证据。他指出,词汇区分度是指不同语言在某一领域内词汇的数目。当一种语言在某一领域有更多的区别性的词,讲这种语言的文化在此领域就有更细微的概念。例如,在英语中,描述雪的只有 snow 一个词,而爱斯基摩人却有不同的词来称呼正在下的雪、在地上的雪、像冰块的雪、正在融化的雪和风吹起来的雪等,爱斯基摩人的"雪"的概念一定会比英语讲话者复杂和丰富。又如,中文的烹饪词汇比英文丰富得多,包括炒、炝、炊、煮、煎、爆、炸、焓、滚、汆、焯、煸、涮、焗、焗、焖、炆、烩、炖、蒸、炖、扣、煲、熬、靠、煨、焐、烘、煸、溜、扒、羹、攒、烫、烧、卤、酱、浸、风、腊、烟、熏、糟、醉、甄、冻、飞水、冰浸、拔丝、挂霜、椒盐、油泡、走油、火焰、串烧、铁板、桑拿、煎封、凉拌、鱼生、竹筒、蜜汁、火锅、酥炸、蛋煎、软煎、窝贴、窝塌等近 50 种,而英语只有 cook(烹调)、boil(煮)、stew(炖)、roast(烤)、fry(煎)数个词。在语法方面,Whorf 指出,不同语言对时间的强调、使用词序或形态表达意义的程度、对形状和物质的重视程度均不同,这些差异反映不同语言讲话者的思维差异。在 20 世纪 50 至 60 年代,语言关联性假设得到了某些证据的支持。Brown 和 Lenneberg(1954)表明,英语颜色词的编码能力

(codobility)与颜色再认能力正相关。Brown将编码能力定义为言语长度。这表明，语言在一定程度上影响认知。Berlin和Kay(1969)发现，每种语言都有少量基本颜色词，它们由一个词素组成，不可能被包含在另一种颜色内，不同语言的颜色词数目不同，对颜色区分也不同。

但颜色认知研究很快就提供了反驳语言决定论的证据。Berlin和Kay(1969)表明，虽然不同语言的颜色词数目不同，却存在着一个基本的顺序：如果一种语言只有两个颜色词，常会是黑与白；如果有三个颜色词，那会有红。每种语言都从黑、白、红、黄、绿、蓝、棕、粉红、紫、橙、灰11个颜色名称中抽取基本颜色词，因此存在着一种普遍的结构。Heider(1972)表明，新几内亚的Dani人只有两个颜色词——mili(黑)和mola(白)，但颜色认知和英语讲话者没有差异。Carroll等人(1977)对Navaho语和英语讲话者形状知觉的研究也不支持语言决定论。在Navaho语中，拿物体的动词形式随形状变化，这种语法区分应导致Navaho语儿童更早地学会按形状区分物体。虽然Navaho语儿童的确比英语儿童更早地按形状区分物体，但波士顿郊区的英语儿童同样早地按形状区分物体(张积家,刘丽虹,谭力海,2005)。

语言决定论在20世纪被大多数心理学家拒绝的原因是：(1)Whorf强调认知结构，同当时的行为主义传统相抵触；(2)Whorf强调相对主义，同Chomsky的理性主义相冲突；(3)当时的心理学家普遍认为概念先于语言。不同文化的概念在核心特征上恒定，没有跨文化差异。语言决定论的最严重问题是对语言缺乏历史观。社会及其文化决定语言，而不是相反。马克思和恩格斯认为："语言是一种实践的、既为别人而存在并仅仅因此也为我自己存在的、现实的意识"，语言是"由于和他人交往的迫切需要才产生的"(马克思,恩格斯,1974)。恩格斯(1974)指出："语言是从劳动中并和劳动一起产生出来的。""这些正在形成中的人，已经到了彼此间有些什么非说不可的地步了。需要产生了自己的器官：猿类不发达的喉头，由于音调的抑扬顿挫的不断加多，缓慢地然而肯定地得到改造，而口部的器官也逐渐学会了发出一个个清晰的音节。"语言决定论与社会实践不符。如果语言决定思维，讲不同语言的民族将无法交际。由语言对比提出语言决定论也证据不足。Whorf讨论了许多语言区别，却未提供语言影响认知的真实证据。

虽然语言决定论受到了批评，却在沉寂了数十年以后，再次成为学术界关注的热点。这一复兴得益于以下几方面的进展。(1)研究者分析不同语言的语义系统，发现不同语言在描绘世界时存在差异。(2)出现了一系列与Whorf假设有关的探讨。如Miller等(1987)证实语言的数字系统对代数学习的影响；Hunt和Agnoli(1991)发表《Whorf假设：一种认知心理学的观点》的论文；Lucy(1992)发表分类语法认知效应的研究。(3)研究从颜色认知转到空间认知。人们发现，空间关系具有更大的跨语言变异性。Levinson(1996)对空间关系术语对空间认知影响的研究产生了很大反响。Gumperz和Levinson(1996)出版了《重新思考语言关联性》。这一切汇聚到一起,使语言决定论再度成为关注焦点。

一般认为,要验证语言关联性假设,必须清楚界定三个术语。(1)什么是"语言差异"? 这项工作可以通过两条途径完成:一是比较对某一特定概念区分有标记的语言和无标记的语言;二是比较两种以不同方式标记同一区分的语言。(2)什么是"思维差异"? 人们对思想的习惯模式感兴趣。Lucy(1996)将"习惯的思想模式"定义为对待物体和事件,将它们分类,记住和反思它们的惯常方式。(3)"语言决定思维"到底意味什么? 人们将Whorf假设区分为三个层次:强式,语言决定思维;弱式,语言影响知觉;最弱式,语言影响记忆。人们最难接受的是强式,对弱式则有许多人认同。除了指导思想转变外,语言关联性假设的研究还得益于认知心理学和认知神经科学的方法。使用这两类方法,人们积累了大量的证据。

13.1.2 新的语言关联性理论

张积家(2010)指出,随着新的事实和证据不断涌现,语言关联性假设需要进一步扩展和精细化。首先,新的理论需要对Whorf原有理论框架进行扩展。受时代的限制,Whorf只考虑了语言与认知的关系,未涉及语言与认知共同的神经基础——脑。心理是脑的机能。既然语言影响大脑,那么语言影响认知就不言而喻。因此,新的理论必须考虑语言、认知、脑三者之间的关系,将理论的二元建构转换为三元建构。这样,既可以使语言关联性假设建立在更坚实的科学基础之上,也有助于更好地理解语言与认知的关系。第二,新的理论必须精细语言对认知的影响。语言影响认知的哪些方面? 语言如何影响认知? 第三,新的理论必须具有系统论和动力论的特点,必须体现语言、认知、脑三者之间相互依存和相互作用。张积家(2010)用一个三角形来说明语言、认知和脑的关系(图13-1)。

图13-1 语言、认知、脑三者关系图

在这个三角形结构中,语言、认知、脑分别处于三角形的端点上,它们之间的联系是双向的。脑是语言和认知共同的神经基础。人脑具有语言区;语言和认知又通过功能可塑性和结构可塑性影响脑的进化和发育。语言塑造大脑,不仅影响脑的功能,而且影响脑的结构。而经过语言塑造的大脑反过来又会进一步影响认知和语言。语言和认知之间的关系也是双向的。认知影响语言,语言又是认知的中介和工具。由于认知对语言的影响一直为人们重视,因此主要说明语言对认知的影响。

语言对认知的影响主要包括下述方面:

（1）语言影响认知方式，即习惯的思考模式。颜色词、空间词、语法性、可数名词与物质名词、时间表达方式、亲属词等对认知的影响属于此类。

（2）语言影响认知的途径和过程。语言的数字系统影响代数学习、有义符的汉字和名称中有属类标记的概念的语义提取有不同的途径和过程属于此类。

（3）语言影响认知策略。不同语言有不同的词汇形式和语法结构，导致使用者在加工语言时使用不同策略。英语强调拼写—声音转换规则使人重视词的拼写形式和音素结构，词的曲折变化更容易使被试形成"注意词的词尾"策略。中文词的方块结构和单音节特性使人更多地以整体方式储存词的字形和语音，在进行语义加工时更多地关注词的义符，在进行语音加工时更多地关注声旁。

（4）语言影响认知过程的难易，像反事实推理和算数学习显示的那样，讲不同语言的人在进行某些认知过程时会有难易的区别。又如，不同语言对亲属词的区分不同，这种差异势必影响人对亲属关系认知的难易。

（5）语言影响认知结果。语言中的范畴和原型会影响人对事物的加工、编码和储存，使讲不同语言的人或双语者使用不同语言时得到不同的认知结果。

语言影响认知的方式有六种：

（1）通过语言标记影响认知。语言标记的存在使某些认知途径、过程和策略更容易被选择，如在可数名词和物质名词研究中显示的那样。

（2）通过范畴和原型影响认知。语言中的范畴和原型给认知结果编码施加了限制，如在亲属词认知中显示的那样。Carmickael（1932）表明，人对刺激图形的记忆会朝着所给予的名称的方向变化。

（3）通过参考框架、图形—背景、部分凸显等方式影响认知。如空间术语为空间认知提供了参考框架。在表达时空关系时，汉语采用"自我移动策略"（moving-ego），主体趋向对象，先经历大客体，再经历小客体；英语采用"客体移动策略（moving-object），主体不动，小客体从包容它的大客体中向主体移动。汉语确定空间关系时先背景，后图形，所以有"江心岛"、"眉中痣"之类的表达。英语是先图形，后背景。汉语量词体现了语言描述的部分凸显。如大象论"头"（凸显象头大），家里人论"口"（凸显家的营养功能），绳子论"条"（凸显长度）等。使用这些量词比使用"个"，认知效果不同。

（4）通过知觉类别效应影响认知。知觉类别效应（perception categorical effects）是通过某种机制将连续的物理维度划分为不连续区域（Livingston，Andrews & Harnad，1998）。概念影响知觉，如果一对刺激来自同一类别，就难以区分；如果来自不同类别，就容易辨别。不同的事物如果被贴上相同的标签，人就容易等同地对待它们。分类学习会导致人们对分类维度敏感化。类别一旦被划分，类别内会产生紧缩效应,缩小或忽略类别内成员的差异;类别间会产生扩展效应,扩大类别间成员的差异。不同民族的语言对类别的区分不同,会使人对本民族语言中的分类维度更敏感,对本民族语言中没有的分类维度不敏感(Goldstone,1994)。例如,摩梭语亲属词以母系亲属称谓为主,父系血亲及姻亲称谓很少,大多用母系亲属称谓的叙述式方式表达(詹承绪等,2006)。因此,摩梭人对"姻亲/非姻亲"这一区分就不敏感。

(5) 通过理论和语境影响认知。解释理论认为,人根据自己关于客观世界的看法或理论来组织概念,创造某个概念并非是提出一堆独立的特征,而是提出关于某个事物的理论,是理论使得特征变得相关。人们以理论或对本质属性的信念来称呼或归类物体,特征关系只是理论的副产品,理论构成了概念的本质(Medin, Lynch, Coley & Arans, 1997)。文化语境可以提供概念里特征之间的连接和类别里概念之间的连接,使概念和类别联系起来是人们关于目标的知识。个体以事物特征和知识经验结合的方式建构分类系统。不同民族的亲属词概念结构的差异,归根结底是文化差异、语言差异、思维差异多方面因素综合作用的结果。

(6) 通过隐喻和语言象似性影响认知。不同语言对抽象事物的隐喻方式不同,如中国人经常用"吃"、"食物"来隐喻一些抽象的事物,如"大锅饭"、"铁饭碗"、"吃不消"、"不吃那一套"、"他为刀俎,我为鱼肉"等,这会影响人对事物的认知。

结合新近的研究成果,张积家(2010)对语言关联性假设进行了修正。修正后的语言关联性假设可以概括为三句话:语言塑造大脑,语言影响认知,语言构建民族。先看语言塑造大脑。人脑是进化的产物。认知神经科学研究表明,语言可以通过功能可塑性和结构可塑性对人脑的发育产生影响。不同民族的人使用不同语言,他们大脑中语言区的形态和功能不同。再看语言影响认知。语言影响人对语言的加工,语言还影响人的非语言认知操作,讲不同语言的人的非语言认知往往具有不同模式。最后看语言构建民族。语言是一个民族生存和发展的最重要的社会现实。不同民族在地理环境、社会环境和文化传统上的差异,十分集中地体现在语言上。不同民族的祖先根据对所处环境的认知创造了不同语言。语言一旦产生,就具有本体的地位,就会对使用这种语言的人的认知产生巨大影响,使他们在认知过程和心理特点上与使用其他语言的人有明显差异。因此,语言构成民族共同心理的基础。例如,从历史角度看,汉民族在历史上融合了许多少数民族,民族融合的方式之一就是使用汉语这种共同语。中国的少数民族同胞由于语言与汉族不同,心理上也有不同于汉族的特点,这不仅表现在对社会事物的看法上,也表现在颜色认知、空间认知和时间认知等一些基础心理过程上。揭示这些由语言造成的认知差异,无疑有助于不同民族的人相互理解,能够大大提高人们的跨语言交际和跨文化交际的能力。

13.1.3 民族语言和文化影响民族认知

语言学家罗常培指出,语言不能离文化而存在,语言和文化可以决定人们的生活组织。在《语言与文化》中,他从六个方面论证了语言和文化的关系:从语词的语源和变迁看过去文化的遗迹;从造词心理看民族的文化程度;从借字看文化的接触;从地名看民族迁徙的踪迹;从姓氏和别号看民族来源和宗教信仰;从亲属称谓看婚姻制度(罗常培,2009)。语言是文化的载体,文化差异通过语言来体现。脑是语言理解与产生的神经基础,任何语言行为的发生都基于大脑的神经组织。语言、文化、脑与认知的关系密不可分。研究表明,语言和文化主要通过影响大脑结构和功能进而影响认知。

语言和文化引起大脑结构和功能的变化

Laki 等人(2004)比较了讲汉语普通话、英语和西班牙语的被试接收性语言功能的脑组织。结果显示,西班牙语被试和英语被试在语言加工中表现出明显的左半球单侧化,汉语被试在语言加工中左、右半球不平衡的程度明显降低,汉语被试的右脑颞顶部更多地参与生理激活。解剖学证据表明,讲英语的白人和讲汉语的亚洲人在前额叶、颞叶和顶叶结构存在差异,差异的根源可以用在语言习得中形成的神经可塑性来解释(Ochunov et al.,2003)。

研究表明,阅读和写作会对成年后的脑结构有影响,特别是最基本的听说与阅读之间的神经网络连接。Peterson 等人表明,虽然脑成像研究证实负责语言加工的解剖区域已经确定(如 Broca 区,Wemick 区等),但区域之间的交互模式有差别。对有文化和无文化的个体而言,在完成同样言语任务时,上述语言加工区之间的交互作用有差别。PET 扫描表明,真词重复时两类被试没有差异,假词重复时两类被试的大脑语言区的交互作用存在差异。这一差异主要与 Broca 区和前顶骨皮层的连接以及 Broca 区和 Wemick 区之间脑岛(insula)中后部有关(Ersson et al.,2000)。研究发现,没有文化的妇女的胼胝体比有文化妇女的胼胝体要薄(Castro et al.,1999)。Peterson 等人(2001)还发现,学习语言能够调节语言的视—觉系统,大脑结构由读写能力来调节。读写能力和正规学校训练不仅对语言相关的技能有影响,还对个体认知有影响。正规学校教育影响二维乃至三维的视觉命名技能。脑成像研究表明,有文化和无文化的人的脑结构特异化存在差异,接受正规学校教育的人有专门司职该任务的皮层区。

Christian 等(2003)对比专职音乐家、业余音乐家(经常接触乐器但弹奏水平不够专业)和普通人的脑结构,发现他们的运动区、听觉区和视觉区的灰质分布模式不同;同普通人比,从事音乐的人的大脑颞前回的灰质量较大。音乐家演奏乐器的过程就是将视觉刺激转化为动作的过程,这类活动使得前额和颞下皮层的功能性活动增加并产生单向对应映射关系。音乐训练还导致小脑结构差异,熟练者比不熟练者的运动、视觉、听觉空间阈限降低。接受音乐训练的人在角回区左侧灰质量更大,在前顶骨区可以融合来自多个感觉道的信息,并通过与前运动皮层相互之间的密切联系为实施运动提供指导,这两个功能对音乐演奏有极重要的作用。Draganski 等(2004)运用磁共振成像扫描练习过魔术的人的大脑,发现负责加工和储存复杂视觉动作的大脑区域发生短暂和选择性的结构变化,表明大脑的宏观结构依刺激而改变。

加工不同语言的脑区不同

研究非拼音文字对了解语言系统组织的普遍性和特殊性非常重要。汉字的特殊性在于它的语音、形态和语义系统。Perfetti 等人(2002)认为,在所有文字中,词素作为意义和形式的单元可以直接在文字系统中得以体现是汉语的独特之处。大量研究表明,相对于阅读英文,阅读汉字包含了更多右脑区域。这表明,右脑中前区协调并整合密集的视觉空间分析(Tan et al.,2000;Tan et al.,2001;Li et al.,2004)。汉语的名词和动词的结构有特殊性。当汉语被试看到双音节名词、动词和词性含糊的词并完成词汇决定任务时,汉语的名词和动词都会激活大脑左、右半球的很大一片重叠区域。这表明,语言类型和语言特征影响语法分类的神经表征。汉语语法的特征对阅读表征、加工和习得产生影响。McBride 等(2004)比较多伦多和中国香港、西安三地的幼儿园和一年级儿童的音节和单个音素的启动效应。结果发现,掌握不同正字法的儿童语音意识发展既受语言也受书写体系(简体—繁体)影响。在西安和香港的儿童中,音节敏感性在汉语阅读中有较强的预测作用,但在英文阅读中有较强预测作用的因素在汉语阅读中却不发挥作用。香港和西安儿童的差异表明,拼音有助于提高音节敏感度。最近一项研究表明,阅读汉字的能力和儿童的写作技巧联系密切,语音敏感对拼音文字加工发挥更大作用(Tan et al.,2005)。研究者提出,在汉语阅读发展过程中,语素的形成受到两个因素影响:一是正字法意识,它有助于提高视觉表征、语音和语义联系的有效性;二是建立运动程序,这个程序导致汉字的长时运动记忆的形成。

日文和韩文都由语素和音素两类书写体构成。研究日文和韩文两类书写体加工可以揭示表意文字和表音文字的加工差异。Nakamura 等人(2005)发现,日文语素和音素书写体的单词共用一个视觉枕颞激活区,对 kanji(语素)书写体的使用稍稍偏向中央和右侧激活,对 Kana(音素)是范围更大的枕部激活。在另一项研究中,研究者比较两种书写体词汇在大脑两半球词编码和表征的不平衡性的异同,发现右眼(左脑)对 Kana 加工具有优势,对 Kanji 加工没有发现单侧化优势。Kana 形式的字投射到左眼或右眼时引发启动效应。Kanji 形式的字投射到左眼时产生的启动效应虽然在时间上有迟缓,却更强烈,说明右脑参与加工更多。在 Cho 和 Chen(2005)对韩语两类书写体研究中,要求被试对只对一种书写体或两种书写体混合的在上下文中出现的单词命名或语义分类,发现对 Hangul(音素)文字,语义分类时词频效应比命名时显著,书写体配对效应只在命名中出现。如果不考虑任务,较强的词频效应出现在 Hanja(语素)书写体中,书写体配对效应只出现在分类中。这表明,加工两种书写体时运用的策略由任务和书写体性质决定。

MeChelli 等(2004)发现,学习第二语言增加左脑顶下皮层的灰质密度,结构重组程度由语言熟练水平和习得年龄决定。在一项研究中,被试是本土讲英语的人,年龄和受教育水平类似:25 个被试几乎没有接触过第二语言;另外 25 个被试 5 岁前学过另一种欧洲语言,5 岁后还有规律地练习第二语言;33 个晚期双语者在 10~15 岁之间开始学习另一种欧洲语言,并且有规律地练习了 5 年。结果发现,比起晚期双语者,早期双语者左脑顶下皮层的灰质密度更大,右脑也有类似的趋势。早期双语者比晚期双语者的神经生理变化更显著,即第二语言越熟练,获得年龄越低,变化越明显。在另一研究中,22 个讲意大利语的人在 2~34 岁时学习过英语,实验包括英语阅读、写作、话语理解和口语测试。结果表明,第二语言熟练程度和习得年龄与左脑顶下皮层的灰质密度有很大的相关。Ullman(2001)认为,晚期第二语言获得者不可能依赖大脑对母语的加工机制去加工第二语言,第二语言加工的认知机制和皮层结构与母语不同。晚期双语者第二语言的语法知识是外显的,母语的语法是内隐的;词汇知识在两种语言中都是外显的。由于内隐知识和外显知识受不同的神经系统调节(内隐知识由左侧额叶—基底核通路负责;外显知识由左侧颞叶语言区负责),晚期获得第二语言引发的脑结构变化和母语不同。Kim 等人(1997)对婴儿期开始接触第二语言的双语者和在刚进入成年期接触第二语言的晚期双语者进行 fMRI 研究。材料由 10 种语言组成,既有拼音文字,又有非拼音文字。结果表明,当较晚学习第二语言时,第一语言和第二语言激活的方位在 Broca 区有空间差异。上述研究表明,语言和文化通过影响大脑的结构和功能影响认知。近年来,关于中国少数民族在颜色认知、空间认知、时间认知、亲属词认知等方面的研究不断地验证了语言的重要作用。民族语言在民族认知、民族思维和人格等方面均起了很大作用。民族语言对颜色认知和亲属词认知的影响在第七章和第八章已经介绍,下面介绍民族语言对空间认知、时间认知、思维和人格的影响。

13.2　语言对空间认知的影响

空间认知是指对空间信息的表征,是大小、形状、方位和空间关系的理解等空间概念在人脑中的反映。对空间关系认知是空间认知的重要组成部分。空间词是表征空间关系的词汇,空间词对空间认知的影响,是近年来语言与认知关系研究的热点。

13.2.1　语言影响空间参考框架选择

空间参考框架长久以来被认为是人们头脑中的内在概念,根植于认知神经系统。Levinson(1996)调查了大量语言,发现在不同语言中描述空间位置和空间关系时所依据的参考框架可归纳为三种。(1)绝对参考框架(absolute frame of reference)。这种参考框架的坐标系固定不变,无论环境中事物或视角如何改变,方位词代表的方向是固定的。在使用绝对参考框架进行空间定位时,周围环境在个体头脑中形成一幅浓缩地图,坐标以太阳和地球磁场为参照。需要描述的物体位于背景的方位轴线上,坐标原点位于背景上。在向他人描述物体的空间位置时,使用绝对参考框架的人会用"东"、"西"、"南"、"北"之类的术语。由于绝对参考框架的坐标以太阳和地球磁场为参照,即使使用者到了一个陌生环境,也能正确指出坐标轴所指方位。(2)相对参考框架(relative frame of reference)。这种参考框架的坐标点位于观察者的视觉点上,以视觉点为中心,以观察者自身为参照物,形成一个"前"、"后"、"左"、"右"两两相对的坐标轴,或将背景中的某一方向定为"前",然后顺时针转动,形成"右"、"后"、"左"等方位。视觉点、观察物和背景形成三维空间关系。在这种参考框架中,由于坐标系统所指方向并不固定,随视觉点变化,因而被称为相对参考框架。在向他人描述物体的空间位置时,使用相对参考框架的人会使用"前"、"后"、"左"、"右"之类的术语。(3)固定参考框架(intrinsic frame of reference)。坐标点固定在背景物上。定位时,观察者指定某一背景物为坐标点,从该点出发,设置不同方位,观察物在这些方位引出的射线上。在使用这种参考框架时,方向定位主要取决于观察物与背景物的关系,即使观察者的位置发生变化,只要观察物与背景物关系不变,方向定位也不变。如"树在房子前面",但如果观察物与背景物的关系发生转变,如将房子倒转,方向定位就随之改变,此时"树在房子前面"就变成"树在房子后边"了。固定参考框架或采用绝对空间术语,或采用相对空间术语,但它总是以背景物之间的关系为参照。

在众多语言中,在三种参考框架中用的较多的是绝对和相对两种。在描述空间位置时,有些语言只使用一种参考框架,有些语言用两种或三种,但重点使用其中一种。根据不同参考框架的特征,Levinson(1996,2002)设计了一系列旋转实验(旋转观者或背景),考察使用不同参考框架的人在非语言空间认知作业上的差异。他首先考察荷兰语和 Tzeltal 语(一种玛雅语言,为南美洲某些印第安部落的人使用)被试操作的异同。荷兰语主要用相对空间术语(前、后、左、右等)来表达事物的空间关系。Tzeltal 语用绝对参考框架来表示之,"北"称"downhill","南"称"uphill"。在 Tzeltal语中,除非两个物体连在一起,在其他情境中都使用绝对参考框架。

Levinson 让被试坐在桌前,前面放一个箭头,箭头指向左方或右方。接着,让他们旋转180度到另一桌前,桌上放两个箭头,分别指向左、右两个方向,让他们选择哪一个是刚才看到的(如图13-2)。荷兰语被试都使用相对参考框架,以自身为参照,刚才箭头指右,现在还选择指右的;Tzeltal 被试使用绝对参考框架,刚才箭头指北,现在还选择指北的。这表明,同样的空间认知任务,由于参考框架不同,反应也不同。Levinson 认为,所以如此,是由于两种语言的参考框架的影响。Peterson 等人(1998)通过物体排列记忆任务,同样对荷兰语和 Tzeltal 语被试进行实验,结果与 Levinson 一致。

刺激呈现时　　被试旋转180度后　　完成任务时

图13-2　Levinson 旋转实验场景图

在汉语中,也有两类不同的空间关系术语。一类是以太阳和地球磁场为参照的绝对参考框架术语,如东、西、南、北;一类是以观察者自身为参照的相对参考框架术语,如前、后、左、右。人们观察到,南方人和北方人对这两种空间关系术语的使用习惯程度不同。如问路时,南方人通常会告诉你"向左走"、"向右走";北方人会告诉你"向南走"、"向北走"。刘丽虹、张积家和王惠萍(2005)采用 Levinson 开创的旋转观察者范式,考察中国南方和北方的大学生的空间参考框架的差异,发现南方大学生和北方大学生在非语言空间操作任务上使用的参考框架存在显著差异。南方大学生更多地使用以观察者为中心的相对参考框架,北方大学生更多地使用以太阳升落和地球磁场为参照的绝对参考框架。这种参考框架使用的差异与他们习惯的空间术语一致。这说明,空间术语使用习惯确实影响空间认知。张积家和刘丽虹(2007)改变实验条件,考察在有空间语言线索提示下南、北方被试空间认知的差异。结果表明,当给予空间语言线索提示时,南、北方被试都更多地以所提示的空间参考框架定向,但同样的语言线索提示对南、北方被试影响不同。北方被试在绝对空间术语提示下的绝对反应倾向比南方被试强,南方被试在相对空间术语提示下的相对反应倾向比北方被试强。但北方被试在相对空间术语提示下,相对反应倾向有明显提高;南方被试在绝对空间术语提示下,绝对反应倾向与北方被试比,还有显著差异。这意味着,习惯以绝对参考框架定向的人,当要求以相对参考框架定向时,转变要比习惯以相对参考框架定向的人用绝对参考框架定向容易。张积家等人(2007)还考察非定向的习惯空间术语(如"南下北上")对空间认知的影响,发现"南下北上"的术语影响汉语讲话者的空间认知。

谢书书和张积家(2009)考察汉族大学生和纳西族大学生的空间参考框架。纳西语在"东"、"南"、"西"、"北"的语言表达中均自带界标,如"东"(图)由"太阳"(图)和"出现"(图)组成,读音亦发"日出"之音(mi me tu),指太阳升起的地方;"西"(图)由"太阳"(图)下面加一小圈,表示太阳落下的地方,读音发"日落"之音(mi me gu);"南"(图)和"北"(图)组合起来就是"水"(图),有两种发音,其中一种就是读作"水头"(muzi gu)和"水尾"(muzi me)。这种自带界标的空间关系描述方式可能对纳西人对空间参考框架的选择有显著影响。谢书书和张积家(2009)采用动物排列任务和摸箭头任务,考察纳西族大学生和云南汉族大学生对空间参考框架的选择差异。动物排列任务是在被试面前的桌子上自东向西排列三个小动物。然后,把它们调转180度排列。两次排列唯一不同的是小动物头的朝向相反。让被试描述两次排放的小动物的情况。如果被试的描述是第一次小动物头朝东,第二次头朝西,那么该被试的语言表达方式属于绝对参考框架;如果被试的描述是第一次小动物头朝左,第二次头朝右,那么该被试的语言表达方式就属于相对参考框架。统计分析纳西族大学生和汉族大学生在两种任务中的数据发现,纳西族大学生比汉族大学生在判断物体空间位置时更多地使用绝对参考框架,云南的汉族大学生在判断物体空间位置时使用绝对和相对参考框架差异不显著,这与他们描述空间关系时习惯使用的术语一致。

上述实验均证明了空间词对空间参考框架选择的影响十分显著。对物体位置判断,不同语言描述会引起不同的参考框架选择。对空间位置使用不同参考框架的语言描述需要进行不同的认知测算。相对参考框架要求认知系统把参照物分为"前、后、左、右"等几个主要部分,便于描述参照;绝对参考框架要求人们随时随地对背景方位、对太阳和地球磁场保持清醒。空间语言的习惯运用就是人们习惯利用各自不同的语言结构来表征认知空间,这种长期的表征会影响人们对空间的组织和编码方式。

13.2.2 语言空间影响认知空间

张积家、谢书书和和秀梅(2008)认为,空间可以分为物理空间、认知空间和语言空间。物理空间是客观存在的,不以人的意识为转移;认知空间是人对物理空间的认知;语言空间是人利用各自不同的语言结构表征出来的认知空间。毋庸置疑,认知空间和语言空间以物理空间为基础。但认知空间与语言空间之间是何种关系？拥有不同语言和文化的民族是否在认知空间上也存在显著差异？

Hawkes(1977)指出，空间是一个连续体，没有固定、不可改变的划分界限，每一种语言都根据自身的结构来划分空间。现象学分析认为，个体对空间词分析反映了人的空间体验的本质。地理学家 Yi Fu Tuan(1977)在《空间与位置》一书中，根据物体的空间存在形式，归纳出空间认知中最基本的 35 个词，有 17 个词对，其中 1 个是由 3 个空间词组成的词组。Pollio 等人(2005)让英语被试对这 35 个空间词对作相似性分类，并阐述分类理由。结果发现，英语被试将空间关系划分为 4 个主题：(1)障碍与通道；(2)距离与方向；(3)容量与边界；(4)垂直维度。这 4 个主题都以自身体验为关注点，为事物提供了描述性图式，空间认知主题明确反映在词的分类和方位隐喻上。

张积家、谢书书、和秀梅(2008)以纳西族和汉族大学生为被试，要求他们对上述 17 对空间词作相似性分类，采用多维标度法和分层聚类法进行分析。结果发现，汉族大学生的空间认知围绕着 4 个主题：(1)三维方位；(2)边界；(3)空间饱和程度；(4)视觉距离。汉族大学生的空间词概念结构有两个维度：(1)方位/状态；(2)以观察者为参照/以物为参照。纳西族大学生的空间认知围绕着 5 个主题：(1)垂直方位；(2)水平方位；(3)边界；(4)空间饱和度；(5)视觉距离。纳西族大学生的空间词概念结构也有两个维度：(1)水平/垂直；(2)状态/方位。汉族大学生和纳西族大学生一致的 4 个空间认知主题反映了他们的空间体验。"三维方位"与牛顿空间概念中投影性质的空间方位吻合；"边界"符合拓扑性质的空间方位；"空间饱和度"反映了人在空间认知中对限制性和自由性的体验；"视觉距离"反映空间关系中的抽象距离。汉族大学生和纳西族大学生的空间概念结构差异为：汉族大学生有"以物为参照/以观察者自身为参照"维度，纳西族大学生有"垂直/水平"维度。这与两个民族的语言和文化息息相关。在汉语及汉文化中，常通过"物参照"和"自身参照"转换来表达空间关系。中国古代诗歌在描写情景时，擅长使用"聚敛定焦"、"生发扩散"、"身移心动"、"游目周览"、"俯观仰察"、"物我交融"等手法。这种表达方式主要受汉文化中"心物关系"的哲学观影响。中国文化对"心"的研究在每一个历史时期中都占有重要地位。尽管到了近代以后，"心"范畴出现转型，被定为精神活动，"物"被区分出来，但"心"仍然被放在比"物"更重要的位置上。汉语和汉文化对"心"的重视和对"心"和"物"的区分不断地强化汉族人在观察和描述事物时对"自身参照"和"物参照"的关注。纳西族大学生对垂直方位和水平方位的区分源自于纳西族语言和文化中对垂直轴向的独特认知。Mick Han 根据对纳西族宇宙观和社会关系的调查指出，纳西人的空间轴向模型由一根垂直轴线(上、下、高、低)和两根水平轴线(东、西、南、北)来限定，垂直轴处于优先地位。垂直方位的独特首先体现在纳西语中,纳西语以太阳升落来判定东方和西方,对南北的标识却有三种:(1)将北方表达为补河源头,南方表达为补河下游;(2)将北方称为"禾古洛",即禾地方的上方,南方称为"依赤蒙",即下方低地;(3)将北方称为"格履",意为往上看,南方称为"蒙履",意为往下看。不管哪种标识,都包含有北高南低、北上南下的垂直轴向含义。纳西族重视垂直方位还源自于纳西族先民的宇宙观和社会关系。纳西先民认为,人类生存于大地之上,上为天,下为地。纳西族居住在天地中央,奉天为父,奉地为母。垂直轴向也体现在纳西东巴壁画中,神路图中所描绘的天堂、人间和地狱有明确的顶、中、底划分,展示一个典型的三界垂直空间关系。纳西文化对天、地、人三者的描述体现了典型的垂直轴向。这种文化的长期熏陶对纳西人空间词概念结构和空间认知主题产生了重要影响。

张积家等(2008)指出了物理空间、认知空间和语言空间的关系,见图 13-3。

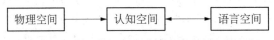

图 13-3 物理空间、认知空间和语言空间的关系

图 13-3 表明,语言空间和认知空间以物理空间为基础,认知空间与语言空间之间存在相互作用,认知空间影响语言空间的结构表征,语言空间又对认知空间建构起重要作用。不同的语言和文化影响人的空间认知表征,从而形成了不同的空间认知主题和空间词概念结构。

空间词之所以影响空间认知,一个重要原因是空间词表达空间关系,提高了人们匹配空间关系的能力。Loewenstein 和 Gentner(1998)用实验证实了空间词对空间关系匹配能力的影响。他们要求孩子在另一个柜子里找到主试放置某物体的位置。柜子有上、中、下三个位置,实验者让孩子看到他把带星星的卡片放到三个位置中的一个,然后要求孩子在另外一柜子里指出卡片的位置。实验的关键处理是,放置卡片时是否加上说明放置位置的句子。在一种条件下,实验者说的句子里有表达空间关系的"on"、"in"、"under"等词,如"I'm putting this on the box"。在另一种条件下,实验者只说"I'm putting it here"。然后,要求儿童到另一个柜子里指出卡片放在哪里。结果发现,3 岁孩子在两种条件下的表现有明显不同。当有明确表示空间关系的词出现时,孩子表现得好。空间词能够引导儿童对事件的编码并与空间位置关系相匹配。空间词所以影响空间认知,还因为空间词为人们提供了整合知识的工具。实验表明,动物有不业于人类的空间认知能力,但动物在某些空间认知能力上有不可逾越的缺陷。人所以比动物更聪明,是因为人拥有自然语言这一有力工具,它允许人对有缺陷的核心知识系统进行整合。Biegler 和 Morris(1993)表明,小白鼠能够找到房间里某个角落的食物(如房间东北角),或者找到房间里靠近某一参照物的食物(如靠近白色圆桶的位置),却不能顺利找到"在圆桶的东北角"的食物。小白鼠不能整合"房间东北角"和"圆桶的"这两个信息。研究者在2岁孩子身上也发现了同样的现象。当要求孩子重新定向时,如果没有可以利用的形状信息存在(如在圆桶形房间里),孩子也出现了定向失败。这种情况在成人身上不会出现,因为成人掌握空间语言这一有力的工具。Hermer-Vazquez等人(2001)推论,假如成人的定向能力是因为掌握空间语言,那么,干扰被试产生空间语言,定向能力会受到干扰。他们要求成人在完成空间定向任务时复述词,或复述需要花费同样注意和记忆资源的节奏。结果发现,在第一种条件下,被试的表现与儿童和小白鼠没有什么两样;在第二种条件下,被试的成绩要好得多。这表明,运用空间语言是人类能够灵活定向的主要原因。研究者认为,语言的最典型特征就是可整合性:一旦人掌握了词义和把词组合成句子的规则,就可以进行各种各样的整合,以创造出新的意义表征。语言使人形成整体表征,从而超越了核心知识系统的缺陷。人类和动物都有"几何模块",也都有表征事物其他特性的模块,但它们之间是独立的。只有借助于语言,才能把这些来自不同系统的信息整合起来。因此,语言和文化的确影响人的思考模式,影响人的认知结果。

13.3　语言对时间认知的影响

时间认知是个体对客观事物和事件的连续性和顺序性的知觉,包括分辨时间、确认时间、估计时间和预测时间(彭聃龄,2004)。时间研究始于物理学,物理学界定时间的特性,发现时间具有单向性、不可逆性、直线性、不间断性、无止境性和均匀性,为其他学科的时间研究奠定了基础。此后,哲学和语言学成为时间研究的两大学科。哲学探讨时间的本质,语言学研究两方面问题:一是时间的物理特性在语言中的表征;二是对时间认知过程和规律作出解释(姜宏,赵爱国,2013)。时间认知与时间表达是何种关系? 对时间描述不同的民族,时间认知是否也不同? 目前,语言对时间认知影响的研究主要集中在时间隐喻上。

隐喻是人类观察世界、认识世界的认知模式,是指将熟悉的、具体的、已知的概念映现(mapping)或投射(projection)于抽象的、无形的概念上,形成隐喻性表征(刘丽虹,张积家,2009)。作为重要的语言现象,时间隐喻承载着浓重的文化信息。由于时间的抽象性,人们在认识和表述时间时需要借助于熟悉的、具体的、有形的概念。因此,有学者认为,时间表征本质上就是隐喻性的。概念隐喻包括本体隐喻、结构隐喻和方位隐喻等。本体隐喻是将抽象概念比喻成具体事物;结构隐喻将一种概念的结构与另一种未知概念相重叠;方位隐喻是将抽象概念与空间方位建立关联(王述文,陈程,2011)。时间隐喻由于大量运用方位隐喻(空间隐喻),因此对时间隐喻研究主要是对时间—空间隐喻(简称"时空隐喻")研究。大量研究表明,不同民族在时空隐喻上存在差异,这种差异反映了不同民族的时间认知特点。

13.3.1　时空隐喻的产生及相互关系

时空隐喻是指将空间范畴和空间关系投射到时间范畴和时间关系上。大量表示时间的词都来自空间概念,时间范畴和空间范畴之间有系统的对应。例如,在许多语言里,表示"立刻"这一时间概念的词都与空间概念有关。在古汉语中,"即"的意思为"接近";在现代汉语中,"马上"显示了骑在马上即将出发的图景;在拉丁语中,"illico"是从"inloco"(在适当位置)派生而来;法语"immédiate"是由"im"(没有)和"medius"(中间)组成,这一词在 1382 年开始用于指空间,1602 年才用来表示时间。英语的"On the spot"以及法语的"Sur le champ",字面意思都为"当场"。日语的"suguni"和"tadachini"的构成成分"sugu"和"tadashii"都含"直接"的意思。如果查阅《牛津英语辞典》,还会发现许多词表示时间的用法要比表示空间的用法整整晚了一个世纪以上。词源证据说明,在表达时间概念之前,一般必须有相应的空间概念,时间概念是基于空间概念发展起来的(周榕,2001)。Michon 等人(1988)认为,空间是时间的表征模式,时间表达主要通过空间隐喻来实现。Glucksberg 等人(1992)认为:"人类语言的一个普遍特性,甚至说,人类思维的一个普遍特性,是系统地使用空间概念和词汇来喻指时间概念。"Alverson 等人(1994)对英语、汉语、印度语和塞索托语分析后发现,人类的时间经验源于对空间的体验。Gentner 等人(2002)也认为,语言中表示时间的部分通常用空间隐喻来表述。这些证据和观点都从语言学角度证明了时间概念对空间的依赖。

时间空间隐喻如何产生? 目前,主要有三种观点。(1)隐喻建构观(metaphorical structuring view),又称为隐喻映射理论(metaphoric mapping theory),认为空间表征是时间表征的源头,由隐喻唤起的空间图式将为时间中事件组织提供相关的信息。(2)结构平行理论(theory of structural parallelism),由于空间和时间内在的相似性,在两个领域中各自有着平行的顺序系统。这样,由于表征在结构上相似,两个具有相同抽象性的概念领域就获得了相同的语言标签。因此,相同系列的词可能被用于这两个领域,而不是一个被另一个所建构。(3)结构映射观(structure-mapping view),认为隐喻首先要发现已有的共同结构。一旦时间、空间领域内的表征结构相联合,对基础系统(空间)的进一步推论就可以映射到目标领域(时间)中去。目前,来自心理学和语言学的研究更支持第一种观点,即隐喻建构观。根据隐喻建构观,由隐喻唤起的空间图式将为时间图式提供必要的相关信息。

　　时间图式和空间图式的相互关系究竟如何？根据空间图式对时间图式的效力强弱，有两种不同的观点：(1)强式观点，认为时间概念总是需要通过对空间图式的即时启动才能够获得，在思考时间时，空间图式总是会被激活；(2)弱式观点，认为随着空间隐喻的频繁使用，一种独立表征已经在时间领域中建立起来，考虑时间时就不再需要访问空间图式(刘丽虹，张积家，2009)。研究表明，尽管新隐喻还是要作为即时隐喻映射来加工，但传统或经常使用的隐喻趋向于将其意义在本体域中存储下来。如果隐喻性映射经常发生在两个领域之间，将使这种映射最终存储于本体域中，以避免以后处理同样映射时出现资源或时间的浪费。

　　刘丽虹和张积家(2009)通过两个行为实验检验了上述假设。实验1采用启动—句子判断范式考察空间关系加工是否对时间关系问题解决具有启动效应。启动句分为三类：空间问题句、时间问题句和与时空均无关的事件问题句。结果发现，空间问题句和时间问题句都对时间关系问题解决有显著的启动效应，这说明空间图式确实能促进时间关系的加工。但是，空间图式对时间图式的效力强弱如何？空间图式和时间图式之间是双向联系还是单向联系？如果时间加工一定要通达空间图式，那么，它就会占用空间加工资源，从而影响其他空间任务的加工速度；如果时间加工通达空间图式，时间加工应该也能启动空间关系加工。如果情况是这样，就说明空间图式和时间图式之间是双向联系，就支持强式的隐喻构念观；如果不是这样，就说明空间图式和时间图式之间是单向联系。它们的关系就符合弱式的隐喻构念观，即人们只是在生活早期利用空间图式。刘丽虹和张积家(2009)在实验2中考查了不同分心任务对图形位置记忆任务的影响。分心任务分为三类：时间关系描述任务、数字大小比较任务、事物位置关系判断任务。结果发现，时间关系描述任务和数字大小比较任务对图形位置记忆任务的干扰都不显著。这说明，空间图式和时间图式的相互关系具有不对称性：空间图式对时间加工有明显促进作用，但时间加工并不一定要借助于空间图式实现。他们又进一步采用时间问题启动—空间位置判断范式，考查时间问题对空间关系是否具有启动效应。结果发现，时间加工对空间加工并不具有启动作用。这说明，空间图式和时间图式之间的关系是单向而非双向的。这一结果支持隐喻建构观的弱式观点。刘丽虹和张积家(2009)认为，时间加工和空间加工使用的不是同一套图式表征。最初的时间观念借助于空间关系建构起来，以后随着频繁使用，在空间域和时间域中经常发生隐喻性映射，这种映射最终就存储于时间域中，以避免今后处理同样映射时出现资源浪费。最终，时间和空间各自拥有相对独立的加工图式。

13.3.2 时空隐喻建构的影响因素

研究表明,时间隐喻图式建构主要受人们的语言习惯影响,书写方式是重要影响因素之一。Santiago,Lupiáñez,Pérez 和 Funes(2007)发现,即使在任何语言中均不存在以"左—右"来标识时间的做法,但人们对时间先后顺序的判断依然受字词出现位置(左或右)影响:先发生的事件存在"左"隐喻,后发生的时间存在"右"隐喻。Fuhrman 和 Boroditsky(2007)发现,对于"左—右"隐喻,英语被试和希伯来语被试之间存在显著差异。如果要求对先出现事件按左键反应,英语被试反应更快;如果要求对先出现事件按右键反应,英语被试反应较慢。希伯来语被试的操作刚好相反。因为英语的书写习惯是从左至右,希伯来语的书写习惯反之。可见,时间隐喻图式是基于一定语言习惯产生的。时间隐喻建构还受感觉通道影响。Ouellet,Santiago,Israeli 和 Gabay(2009)采用听觉方式给西班牙语被试和希伯来语被试呈现表征过去时间或未来时间的词,发现西班牙语被试用左手对表示过去时间的词反应更快,用右手对表示未来时间的词反应更快,希伯来语被试的操作模式则相反。

时间的空间信息除了具有"前—后"、"左—右"、"上—下"之分,还有"远—近"、"长—短"、"宽—窄(紧)"、"高—低(矮)"之别。Zäch 和 Brugger(2008)通过闭眼想象任务(估计 15s 和 30s 所花的时间长度)、抄写及意外回忆任务(抄写和回忆竖直方向线段的长短)来考察时间长短与空间长度特征之间的关系。结果发现,对时间长短的估计与对空间长度的估计的趋势相似。当伴随以小表象想象时,被试对时间估计得比实际时间短;当伴随以大表象想象时,被试对时间估计得比实际时间长。研究者认为,人们加工时间的过程和加工空间的过程相似。Casasanto 和 Boroditsky(2008)认为,时间长度所以与空间长度有关,是由于人们的语言习惯所致。人们利用具体事件的出现和消失来表征时间的开始和结束,事件的起始和结束之间的时间间隔经常以"远—近"、"长—短"、"宽—窄(紧)"来标识。例如,"长的假期"、"短暂的会面"、"时间很宽松"、"时间很紧迫"等。因而,时间表达会伴随以相应的空间表征。陈栩茜和张积家(2011)通过操纵时间量词的空间特征(拉伸字形的长短、宽窄或高矮),考察发生隐喻的客体本身的空间特征是否对时间隐喻的加工产生影响。

在实验 1 中,他们选择代表不同时间长度的 4 个时间量词(年、月、分、秒)和 4 个填充材料(牛、马、兔、鼠)作为材料,保持字的高度,按照 200% 和 400% 进行水平方向拉长(材料范例见图 13-4)。要求被试判断屏幕中出现的两个词是否为时间量词,如是时间量词,要求被试判断两个时间量词代表的时间哪个更短。结果发现,当目标词对字长不一致时,

正常*　　　200%拉伸　　　　400%拉伸

图 13-4　实验 1 材料范例

加工隐喻不一致词对(如拉伸200％的"年"和拉伸400％的"秒")比加工隐喻一致词对(如拉伸200％的"秒"和拉伸400％的"年")困难。这显然是由于时间量词的隐喻意义与空间长度不一致对时间量词的语义加工产生了干扰。这说明,发生隐喻的客体本身的空间特征确实对时间隐喻加工产生影响。陈栩茜和张积家(2011)认为,目标词对在水平方向上被拉伸,字体之间存在"长—短"(或"宽—窄")差异,这与人们日常对时间的"长"、"短"、"宽"、"紧"的表述相符。人们在描述时间流动时常说"走进历史的长河",表现出时间流动的水平方向特性。但是,对目标词对还可以作竖直方向的拉伸,竖直方向与日常人们对时间流动方向的表述不符。如果实验1的结果确实源于时间的"长—短"(或"宽—窄")隐喻的影响,那么,在对目标词对作竖直方向上的拉伸时,应出现与实验1不同的结果。在实验2中,他们对材料进行了竖直方向的字体拉伸(材料范例见图13-5),程序同实验1。结果发现,字体拉高虽然增加了时间量词语义加工的难度,但字高与隐喻不一致条件下并未出现显著困难。这说明,竖直方向的空间特征并未对时间隐喻的加工产生显著影响。

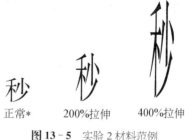

图 13-5 实验 2 材料范例

正常*　　　200％拉伸　　　400％拉伸

为了排除由于字形改变造成的语义加工困难,研究者又进行了实验3,他们改变了字词背景长度,考察在正常字体情况下,时间隐喻与空间长度特征的关系对时间量词语义加工的影响(材料范例见图13-6)。结果发现,隐喻一致、背景长度一致条件的反应优势再度出现;当背景长度不一致时,隐喻一致(如背景较短的"秒"和背景较长的"年")的语义加工的促进作用再度出现。这一结果与实验1的结果一起,证明了时间量词的语义加工受字体长度(或背景长度)和语义的共同影响。

二倍背景框　　　　三倍背景框

图 13-6 实验 3 材料范例

陈栩茜和张积家(2011)根据上述结果指出,汉语被试在获取时间的长度特征时,更多地使用水平方向的隐喻图式。这一结果显示,时间隐喻图式受讲话者的语言习惯影响,具有多义和可变的特征。由于人与抽象概念之间无法形成直接的相互作用,在理解和储存抽象概念过程中,语言与感觉经验的关系就起着至关重要的作用。语言与知觉经验紧密相连:语言的意义源自于人对真实世界的经验,抽象概念可以通过源于客观世界的知觉经验来获得。人利用来自客观世界的知觉经验,结合相应的语言表达,来认知时间。于是,时间和空间往往就共享同一语言描述。

13.3.3 不同民族或群体的时空隐喻差异

不同民族或群体的时空隐喻差异,也证明语言对时间认知的影响。英汉时空隐喻差异研究为此提供了强有力的证据。Evans(2003)在《时间的结构:语言、意义和时间认知》一书中提出时间认知模型,包括三种时间认知模式:(1)时间在动模式;(2)自我在动模式;(3)时间序列模式。在时间在动模式中,观察者的位置固定,观察者在时间之外,将时间视为独立的流动实体(图13-7);在自我在动模式中,时间被视为不动的背景,观察者在以时间为背景的时间轴上移动(图13-8);在时间序列模式中,不存在观察者,只有一系列的时间事件按照发生的先后顺序排列在时间轴上,时间主要是"较早"和"较晚"的区分(图13-9)。

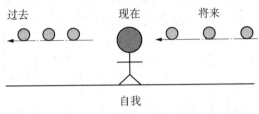

图 13-7 时间在动模式

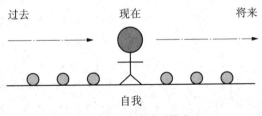

图 13-8 自我在动模式

图 13-9 时间序列模式

这几种时间认知模式可以共存于同一种语言中,其中必有一种占主导地位。以何种时间认知方式为主导,反映了语言表达与时间认知的关系。研究表明,英语讲话者对时间的认知和表达以"时间在动模式"为主,汉语讲话者以"自我在动模式"为主。这种差异首先体现在时间配列原则上:英语一般是把时间的小范围成分放在大范围成分之前,汉语相反。方霁(2000)认为,英语讲话者在进行时间认知时,使用"时间在动模式",观察者的位置固定,能流动的只有作为目标客体的时间,这种"移动客体"(moving-object)策略使目标客体首先经历局部,再从包容它的大的客体中向观察者走去,时间配列原则是由小及大;汉语讲话者在进行时间认知时,使用"自我在动模式",首先到达包容度最强的大客体,进而接近小客体,时间配列原则是由大及小。方霁(2000)认为,所以如此,与英汉两种文化的哲学背景差异相关。英民族的思维习惯重理性,理性的特点是距离意识,其哲学前提是只有保持物我之间的距离,才能够对"物"进行冷静的分析。这与"时间在动模式"十分吻合。汉民族的思维习惯重悟性,重意合。悟性的特点是具有参与意识、融入意识,如儒家提倡的"入世"的人生态度,道家、释家虽然提倡"出世",却是将自己融入大自然、"天人合一"的出世,主旨还是融入意识。这种重自我的意识形态与"自我在动"的时间认知模式高度一致。可见,语言与文化与时间认知模式密切相关。

英汉两种语言使用者在时间方向性表述上也存在差异:英语母语者倾向于以水平空间图式表述时间;汉语母语者不仅使用水平空间图式,而且更多地使用垂直空间图式来表述时间。英语讲话者判断包含时间先后顺序的句子时受水平启动事件影响,汉语讲话者受垂直启动事件影响(Boroditsky, 2001;刘丽虹,张积家,2009b)。蓝纯(1999)认为,汉语母语者垂直方向的时间隐喻与中国人的祖先崇拜、族谱排序和由高往低的"似水流年"观念有关。董革非(2014)指出,汉语受佛教影响,英语受基督教影响,古汉语采用竖直书写方向,英文采用横向书写方向,这些都是汉语讲话者以竖直空间图式的时间隐喻为主导的原因。在其他语言中,也发现了时空隐喻方向性描述的差异。研究发现,讲不同语言的人使用的"左—右"时间隐喻不一致。Nachshon(1981)给英语、希伯来语和阿拉伯语的被试按水平方向呈现刺激,英语被试倾向于按照从左向右的顺序来回忆刺激,希伯来语被试和阿拉伯语被试倾向于按照从右向左的顺序来回忆刺激。Fuhrman 和 Boroditsky(2007)比较英语被试(从左向右地阅读和书写)和希伯来语被试(从右向左地阅读和书写)的时间的左右意象图式,发现:英语被试倾向于用左边表示过去,用右边表示将来;希伯来语被试倾向于用右边表示过去,用左边表示将来。书写和阅读的方向也影响时间的左右意象图式。Chan 和 Bergen(2005)发现,中国大陆被试(从左向右地阅读和书写)的时间左右意象图式同台湾被试(从右向左地阅读和书写)的时间左右意象图式相反,大陆被试更多地采取"左/过去,右/将来"的意向图式,台湾被试更多地采取"左/将来,右/过去"的意向图式。阅读和书写,作为人们熟悉的身体经验,将具体的空间经验与阅读、书写内容的时间联系,使空间和时间产生类比关系,人们就运用这种类比关系来理解和表征时间。

第二代认知科学强调认知的情境性(李其维,2008；Thompson & Varela, 2001),主张文化影响思维。王瑞明、张清平和邹艳荣(2010)指出,知觉符号表征受人的知识背景影响。因此,人们可以从相同角度认识空间、物体和事件,也可以从不同角度来认识它们的不同特征和不同成分,并进行词汇化(王寅,2005)。神经科学研究(Zwaan, 2004；Hauk, Johnsrude & Pulvermüller, 2004)和行为研究(Glenberg & Kaschak, 2002；Stanfield & Zwaan, 2001；Zwaan et al., 2002；Zwaan & Yaxley, 2003a, 2003b；Kelter, Kaup & Claus, 2004)均证明语言理解具有与知觉过程相似的性质。对失用症(Apraxia)病人研究表明,人类对概念加工并不总是需要激活知觉运动体验,知觉经验并不是人类认知能力的唯一基础(Mahon & Caramazza, 2005；Negri et al., 2007)。概念双加工理论(dual-processing theory)认为,在概念加工中,既有身体、知觉与运动的作用,也有符号加工。语义信息可以帮助个体迅速完成一些加工程度浅的概念任务,在不需要对概念进行深入思考情况下,语义信息会在概念加工中起主导作用；在需要对概念进行深度加工情况下,个体关于特定概念的相应的身体经验会自动激活,以获得关于概念的完整信息(Mahon & Caramazza, 2008)。宋宜琪和张积家(2014)指出,阅读和书写方向不仅将身体的空间经验映射于与人类自身息息相关的时间概念,而且影响人们认识整个世界的顺序。即使在认知与人类自身无关的概念时(如物体之间的时间关系),人们依旧会将通过身体获得的具体空间经验映射于抽象的物体之间的时间概念,这种由"我"及"物"的认知方式体现了人类认知的具身性。语言影响时间的空间表征,进而影响时间认知。

13.4 语言对民族思维的影响

思维是人脑对客观现实概括的、间接的反映,主要包括概念、推理、问题解决等内容。沈有鼎(1980)指出:"中国语言的特性制约着人类共同具有的思维规律和形式在中国语言中所取得的表现方式的特质,这又不可避免地影响到逻辑学在中国的发展,使其在表达方面上具有一定的民族形式。"语言影响制约人的思维模式,从而使得不同民族之间所产生的思维模式不同(王克喜,2007)。语言对民族思维的影响,主要体现在民族思维的形式与内容和语言表达高度一致,以及不同民族之间思维差异与语言差异的同步性。

13.4.1 汉语影响汉族思维

语言发展影响思维方式变化,语言符号不断引导思维行进,并使思维内容确定下来。思维的发展、思维方式的变化与进步,在很大程度上取决于符号系统的效能(魏博辉,2013)。汉语对汉族思维的影响是最具说服力的证据之一。

汉语与汉族的思维特点

汉语和汉文化有几千年的悠久历史,在不断变更的自然环境和社会环境中,汉族人形成了独特的思维方式,主要包括整体思维、意合思维、辩证思维和具象思维。

整体思维是指把世界看成是一个由许多子系统构成的有组织的系统,每个子系统又由不同的部分组成(李春桂、郭初建,2007)。汉族的整体思维在汉语和汉文化中都有体现。首先体现在语序上。汉语对地址的描述总是从大地点到小地点,如省、县、区、街道,对时间描述也是按照年、月、日先大后小的顺序,取人名时也是先氏族宗姓再到自己的名字。这说明,整体大意象在汉语中居先,局部小意象次之。在语法上,汉语传统的析句观念是以大观小,从篇章看句子,对语法要求不太严格。中国古代语言学研究并不以语法为重点,直到《马氏文通》出现(1898)后,中国才有了真正意义上的语法研究(冯碧瑛,2010)。之后,受西方分析型语法影响,才逐渐重视语法和句法分析。第三,汉语文章体裁也反映汉族的整体思维。唐诗宋词和散文均以整体形美为美,在整体上把握大意,不求严密逻辑,讲究"形散而神不散"。这种重文风、重整体自然感的特点与西方讲究的逻辑性和准确性形成鲜明对比。第四,汉语中的诸多概念具有不可离析性,无法准确细分为小概念,而是对大概念想象,不断延伸出新理解,具有很强的整体性和伸缩性。如"一词多义"现象。第四,汉文化中"求大同存小异"的儒家中庸之道,以伦理为中心,重全局观,是汉族整体思维的最好体现。在这种传统哲学观影响下,汉族注重群体和社会性,尤其关注交际中人与人之间的关系,思维倾向于综合和概括。

意合思维与整体思维密切相关,与理性和逻辑思维对立,是一种隐含规律却又难以分析的思维形式。汉语是以意合为主的语言,似分似合,彼此相象,又各不相同(连淑能,1993)。这种"可意会不可言传"的言语表达和理解方式对汉族思维有显著影响。首先,从语言形态来看,汉语属于非形态语,词形、语序缺乏变化,句子的词法、句法和语义信息主要不是通过形态变化表现,而是以意统形,通过语言环境和语言的内在关系联系在一起,语法呈隐性(高颖婷,2010)。汉语的语法结构常要从上下文意思中推导出来,明示的语法在汉语中所占比例极少。汉族人在言语表达时常具有模糊性,比如最常见的"意思意思"就包含了丰富意思,给人以想象的空间。其次,汉族文学风格讲究灵活、弹性和发散性。中国古典诗歌是最好的体现。诗句中常见错综(把一个词或词组拆开)和倒置(把通常词序颠倒)的手法,忽略严谨结构,只求表现力和趣味性。诗歌在节奏上讲究格律、押韵,在音调上讲究平仄相济,以增强语言的抑扬顿挫,从而生成优美、和谐的美感效果(叶晗,2001)。不求逻辑,无法准确分析,却能意会、贯通,并且通过直觉就能隐约感受其中的意脉。这无一不体现了汉族人的意合思维。第三,汉民族的意合思维与汉族文化密切相关。汉族先民对天的认识一开始就赋予浓厚的神话色彩,这种文化背景也使汉族人的思维充满主观随意的感性色彩。例如,冯友兰(1980)认为,在中国文字中,"天"这个词至少有五种意义:一是"物质之天",是指日常所见的苍苍者,与地相对,即天空;二是"主宰之天"或"意志之天",即宗教中有人格、有意志的"至上神";三是"命运之天",即"运气";四是"自然之天",即唯物主义者所谓的自然;五是"义理之天"或"道德之天",即理学家所描绘的宇宙的道德法则。这种感性色彩还与中国主体文化对"心"的研究息息相关。中国主体文化对"心"的研究大致经历了象、因、实、虚四个阶段。(1)先秦初建时期,心被认为是人体器官的主宰,《说文》以人心"在身之中",为"土藏"(五行中"土"居中)。这样心被引申为会思虑的器官,从而把人与兽分开,这是"心"研究发展的"象"阶段,也是人的自我觉醒的开始。(2)汉唐发展时期,由于政治等原因,"心"被与"天"结合起来,达到天地合德,日月同明。再加上佛教的昌盛,以心为本体,认为佛在心中,心即法,故曰"因"阶段。(3)宋元明清时期,学派林立,氛围自由,思想家们融合儒、释、道,为理学产生提供了基础,出现心与理的两学和心、理、气三学。虽然还是以心包天地万物,但为心物区分奠定基础。(4)近代以后,心范畴出现了转型,被界定为精神活动,物被区分出来(张立文,1996)。尽管如此,心仍然被放在比物更重要的位置。中国文学受其影响,语言策略和语言内在线索基本建立在感应论的基础上,交汇于"情志",这与西方文学中的反映论有很大的差别。反映在思维方式上,便是汉族重意合的特点。

辩证思维是指以变化发展的观点认识事物,是与逻辑思维相对的一种思维方式。在逻辑思维中,事物"非此即彼"、"非真即假",在辩证思维中,事物可以在同一时间里"亦此亦彼"、"亦真亦假"。汉民族在古代就形成"物生有两"、"二气感应"、"刚柔相摩"、"一阴一阳谓之道"等朴素辩证思想。在古代哲学中,万物都具有"交感"性质,相互对立而又相互渗透,互存互补,相辅相成。无论是男女、日月,还是天地、阴阳,都在浑然一体中往复变化(陈洁,2001)。汉语的对偶、平仄、双关等修辞手法与汉民族"阴阳相生,辩证统一"的思维模式十分一致。例如,对偶的修辞手法在古文、散文和小说中使用就体现了这种辩证思维。"约而能张,幽而能明,弱而能强,柔而能刚","有生有死","有寒有暖","有始有终","以兰对竹","以山对水","以歌对舞",这种语言使用的对称和平衡无一不体现辩证思维。汉字结构与书写也讲究对称,以平衡为美。从广义上说,绝大多数汉字在结构上是平衡对称或局部对称的。陈传锋和董小玉(2003)按照几何学的对称意义对通用汉字进行结构对称性的细分,发现在《现代汉语通用字表》的 7000 个通用汉字中,有严格意义的结构对称汉字 612 个,占通用汉字总数的 8.47%。其中,包括上下部件结构对称汉字,如"吕"、"多";左右部件结构对称汉字,如"比"、"林";内外部件结构对称汉字,如"回";部分部件结构对称汉字,如

"丽"、"丛";部件多层重叠结构对称汉字,如"鑫";结构对称独体字,如"田"、"中"等。汉字书写更是强调均衡对称。汉字书法以"用笔"和"结字"闻名于世,两千多年的书法历史,无论篆书、隶书、草书、行书、楷书,都对形态、结构和墨色组合十分讲究。其中,点画结构和墨色组合之美在汉字书法中尤其强调比例原则和均衡原则,虽然重意趣,却必守章法。这里的章法指的就是结构的黄金分割比和墨色组合渐变的均衡性。在行云流水间变幻莫测,很好地诠释了"亦此亦彼"、"亦真亦假"的辩证思维。

具象思维与抽象思维相对立,是指通过"观物取象"来了解事物,强调感受性和体验性,强调表象。汉族习惯用具象使概念生动可感而有所依托,喜欢观察个别具体事物,不习惯观察事物之间的秩序与关系以建立抽象法则(李春桂、郭初建,2007)。汉语的具象性对汉族思维有显著影响。首先,汉字造字建立在象形基础上。汉字象形字形象、逼真、直观性强,由象表意,由象知意。"视而可识,察而见意",能够"望文生义"(叶晗,2001)。汉字象形字强调对知觉的描摹,其精细程度令人叹服。在殷墟卜辞中,就有对不同类型的雨作细致的划分,足见先民对个别形象的认识与描述的精细性。这种观察事物的精微形态和表达的琐碎形式反复刺激着汉民族思维中的形象化特质,形成浓郁的具象思维习惯(王平文,1995)。其次,在汉语中存在大量的"比喻类词语",体现了汉族人的具象思维。"比喻类词语"是指以比喻修辞法所造的词语,它们是固化的语言单位,一般不能从结构上分析出本体、喻体和喻词,而常以喻体直接指代本体。例如,"仙人掌"、"背黑锅"、"草木皆兵"等。吴礼权(2008)在《现代汉语词典》(修订本)中抽取天文地理类、人体类、动物类、日常用具类和植物类词语共1664个,其中930个词语为比喻造词,约占总数的56%。无论从整体看还是从局部看,比喻类词语在抽查词中所占比例都很高。吴礼权(2008)分析汉语颜色词汇,发现在抽取的205个颜色词中,有比喻类词汇120个,占59%,例如,"斑白"、"茶青"、"葱绿"、"姜黄"、"藕色"、"桃红"等。这极好地表明了汉民族的具象思维。第三,汉语的抽象词汇往往也交织着具象性。例如,"矛盾"、"狐疑"、"吹牛"、"举棋不定"等。即便是抽象的含义,也通过具体的形象表达出来。形容词更具有形象性,如"沉甸甸"、"轻飘飘"、"甜丝丝"、"胀鼓鼓"等。"甜丝丝"的"丝丝"能让人快速联想到蜂蜜拉出的长长的甜丝,十分具体地激活味觉。"沉甸甸"的"甸甸"使人产生重量感,具有"比物取象"的功能(李春桂、郭初建,2007)。第四,"借物抒情"的写作特色是汉族具象思维的最好体现。汉族人写文时尤其喜欢运用具体事物来表达抽象情感。早在古代,诗人在作诗时就用具象方式来捕捉事物形态,抒发内心情感。比如,"枯藤老树昏鸦,小桥流水人家,古道西风瘦马。夕阳西下,断肠人在天涯"。虽然没有一句直抒胸臆,但"枯藤老树"、"昏鸦"、"小桥流水"、"人家"、"古道西风"、"瘦马"、"夕阳"、"断肠人"、"天涯"这些具象的精心排列,使得悲凄寂寥的心情直逼而来,具有十分强烈的表现力和感染力(陈洁,2001)。汉语对客观事物的重视,求象逼真、以象取胜的审美心理和叙事风格,都体现了汉民族的具象思维特点。

总之,汉语言和文化重整体、重写意、重变化、重具体形象,这与汉民族思维的整体性、意合性、辩证性和具象性特征有千丝万缕的关系。汉民族的思维受汉语言和文化极大影响。

汉语影响汉族思维的认知研究

汉语具有独特的语义特征,这些特征对汉族的思维有显著影响。认知心理学采用实证方法考察汉语对汉族思维的影响,取得了一定的成果。

量词是汉语颇具特色的词类之一,是汉语中用来表示事物或动作的数量单位的词,通常放在数词、指示代词后面,名词前面,或直接放在动词后面。量词具有粘附性,不能单独充当句子成分,与数词、指示代词等组成量词短语。个体量词是名量词的下属概念,相对于集合量词而言,表示人和事物的单位词,如"条"、"只"、"张"、"块"、"片"、"粒"等。世界各地的语言并非都有个体量词(分类词),因此,个体量词具有独特性,这种独特性还表现在其独特语义特征上。首先,个体量词的使用突出了个体名词的个体性和可数性。在现代汉语中,不可数名词往往也与个体量词搭配,如"一块肉"、"一股风"。一些抽象名词如"感情"、"意见"、"措施"也与个体量词搭配。个体量词使用为这些不可数事物赋予了个体性和可数性的语义特征。其次,个体量词分类性并不严格以分类学范畴为标准,具有较大的随意性和习惯性。例如,虽然平时用"根"或"支"来形容书写工具,但当遇到"三角形的荧光记号笔"时,被试大多用"个"来形容(Kuo, Jenny Yichun, 2001)。这说明,汉族常根据经验所得的个体事物的外在形状作为分类依据,而不以事物的本质属性为分类依据(戴昭铭,1996)。第三,个体量词还具有形象性,主要运用相似性、相关性和相联性方法,来描述物体的形象特征。这使得个体量词的功能不仅限于表量或计量,还有很强的语用和修辞功能,可以准确、形象地描绘出事物的形态和特点,将抽象事物和情感表达得具体生动。个体量词的这些特点,与汉民族的思维特征密切相关。刘红艳(2007)考察了个体量词对概念结构的影响。在实验1中,通过语义相似性判断和自由分类,考察个体量词的认知功能。实验1(a)以汉族大学生为被试,考察个体量词对语义相似性判断的影响。结果发现,被试在进行语义相似性判断时,所用的标准非常灵活。当语言形式标签凸显(如量词呈现)时,被试首选语言形式作为语义判断线索。量词呈现词对的语义相似性比量词不呈现词对的语义相似性高;但当语言形式标签不凸显(如量词不呈现)时,他们将提取深层次的语义线索(如语义范畴)作为语义相似性判断的标准。实验1(b)以汉族小学生和初中生为被试,采用自由分类任务考察个体量词对概念组织的影响,发现在量词呈现、量词共享条件下,被试都以量词为线索组织概念;在量词呈现、量词非共享条件下,被试以词语的语义范畴为线索组织概念;当量词不呈现、量词共享时,被试的概念组织模糊;当量词不呈现、量词非共享时,被试以词语语义范畴为线索组织概念。因此,个体量词影响汉族被试对语义相似性的判断及概念组织。实验2以汉族大学生为被试,采用图词干扰范式和启动范式,考察个体量词的词汇通达机制。结果发现,个体量词的词条选择是间接的,由名词提供的信息决定。整个研究说明,个体量词独特的语义特征,确实影响汉族人的概念组织和语义提取。

汉语概念的语言表达方式有不同于拼音语言的特点,许多概念名称中有上属标记。如一周内各天的名称都含"星期"字样,月份名称都含"月"的字样。张积家、张厚粲和彭聃龄的研究(1990)表明,汉字的字形特征——有、无标上属的义符对范畴语义的提取有重要作用。当义符与词的上属一致时,会加速范畴语义的提取;当义符与词的上属不一致时,对范畴语义的提取有阻碍作用。既然义符能对概念的范畴语义的提取有影响,那么概念名称中的上属标记也有可能影响概念范畴语义的提取。张积家、陈俊(2001)采用词的快速分类任务和句子证实任务,考察汉语的表达方式对科学概念语义提取的影响。实验材料分为有上属标记的科学概念词语(如,"等边三角形"含有"三角形"这一上属概念标记)和无上属标记的科学概念词语(如,"等腰梯形"不含"四边形"这一上属概念标记)。结果发现,无论在快速分类还是句子语义证实中,被试对有上属标记概念的反应都较快较确,说明汉语概念的表达方式对语义提取时间有重要影响。张积家、陈俊(2002)采用图、词快速分类方法,研究汉语言表达方式对自然概念语义提取的影响。结果表明,在词语快速分类中,概念名称中有上属标记同样有利于自然概念的语义提取。并且,词的熟悉性和概念距其上属的语义距离对自然概念语义提取有重要影响。两个研究表明,汉语概念表达中的上属标记显著影响汉族人对科学概念和自然概念的语义提取。

"性"是先民以人类性别为参照认知事物的结果。先民比照人类男女的特征来观察事物,将它们归为不同的性别。"语法性"反映人类的原始思维和认识水平,是原始观念、原始思维习惯在语言上的遗留。不同语言对自然物的性别编码有很大不同,语法性在其中扮演重要的角色。语法性区分反映了人们所看到世界的不同。语法性划分影响人对事物的分类,影响人对事物名称的记忆,影响人对事物相似性的评定,是人们思维中性别编码的重要影响因素。汉语并不存在语法性。但是,汉文化具有阴阳对立的传统。中国古代哲学强调事物都有阴阳两个方面,并以阴阳对立和变化解释自然界和人类社会的各种现象。例如,天为阳,地为阴;日为阳,月为阴;男为阳,女为阴。在中国古代哲学中,凡具有旺盛、萌动、强壮、外向、突起、明亮、燥热、亢进、高、奇、功能性的事物,均属阳;凡具有宁静、抑制、柔和、内向、包容、晦暗、湿冷、减退、低、弱、物质性的事物,均属阴(冯友兰,2000)。这种浓郁的阴阳文化不仅反映在日常生活和语言文字里,也渗透到汉族人的意识中。张积家、刘丽虹和曾丹(2005)采用拟人化配声任务和对形容词进行性别倾向评定的方法,研究汉族小学生对无性别事物的性别编码。在实验1中,呈现无性别事物的图片,要求小学生为图片配男声或女声;在实验2中,给小学生呈现一份形容词词表,要求小学生对表中的形容词的性别倾向进行7点量表评定。结果发现,小学生对无性别事物存在性别编码倾向,而且相当稳定。总体趋势一致,存在一定的年级差异和性别差异。随着年级增长,性别编码意识越来越强。与男生比,女生性别编码的倾向更强。张积家等(2005)认为,虽然汉语不存在语法性,但汉文化中存在阴阳原型,事物与阴阳原型的类比导致事物与原型相似性增加,这种相似性会在记忆表征中有突出地位,从而影响人们对事物特征的认知。从这个意义上说,汉文化确实影响了汉民族思维中的性别编码认知。

综上所述,汉语和汉文化对汉民族的思维方式有很大影响,汉民族思维的整体性、意合性、辩证性和具象性均与汉语言和文化息息相关。汉语言和文化还影响着汉民族思维中概念的组织、概念的结构和概念的语义提取,在概念形成过程中起着举足轻重的作用。

13.4.2　不同民族的语言差异与思维差异的同步性

民族语言对民族思维的影响,还体现在不同民族的语言差异和思维差异的同步性上。使用不同语言的民族,拥有不同的文化,其思维差异和语言与文化的差异具有高度一致性。这并非巧合,而是语言和文化影响思维的最好证明。

汉、英民族的语言、文化差异及思维差异

汉民族与英民族的语言、文化差异和思维差异是最被津津乐道的差异。一是由于汉民族与英民族皆组成了文化大国,二是由于汉、英差异十分显著,因而极具研究价值。汉民族的思维特征是整体性、意合性、辩证性和具象性。英民族的思维特征是个体性、分析性、逻辑性和抽象性。汉、英两个民族的思维差异在其语言和文化上有清晰的体现。

首先,汉民族的整体思维和英民族的个体思维与两种文化的差异息息相关,且反映在两种语言的语序差异上。苏铃又、全克林(2012)指出,汉族人重视整体,崇尚和谐,与中国传统文化的“万物一体,天人合一”的观念密不可分。汉族人把世间万物都看作是不可分割的、相互依存的、相互制约的有机整体。英美文化以理性主义和人文主义为指导思想,强调逻辑、思辨,拥有系统的哲理性。它们以人为中心,强调人的价值,倡导个人主义。汉、英两民族的思维差异在语言中的最好体现是语序不同。汉语语序是从整体到个体,从整体到部分,强调整体平衡;英语语序从局部到整体,由小到大,由近到远,强调结构程式。例如,汉语表达时间是按年、月、日的顺序,表

达地域概念是按国、省、市、县、乡的顺序。英语对同类概念的表达顺序与汉语正好相反。

其次,汉民族的意合性思维和英民族的分析性思维在语言上也有明确体现。连淑能(1993)指出,汉语和英语最重要的区别是意合与形合的差异。"所谓的意合,指的是词语或分句之间不用语言形式手段连接,句中的语法意义和逻辑关系通过词语或分句的含义表达;而所谓的形合,指的是句中的词语或分句之间用语言形式手段(如关联词)连接起来,表达语法意义和逻辑关系。"(引自黄慧君,2005)汉语重悟性,不以严谨形式分析,而是凭借主观直觉,语言简约且朦胧,具有模糊性。英语重结构完整,以形显义,可分析性强。因此,在英语中,不仅有大量的连接手段和形式,且种类繁多(黄慧君,2005)。薛莉芳(2003)指出,汉语语言表现形式受意念引导,看上去概念、判断、推理不严密,句子松散,句子间的逻辑关系从外表不易看出,其句式结构呈流散铺排式。例如,"西湖如明镜,千峰凝翠,洞壑幽深,风光绮丽",这段话句式结构没有规律,但意境优美。英语注重运用各种具体连接手段以达到语法形式的完整,其句子结构严密,层次井然有序,句式结构呈主从扣接式,句法功能一看便知。例如,若将上例的汉语翻译成英语,就应先对汉语进行逻辑梳理。译文为:"The West Lake is like a mirror, embellished all around with green hills and deep caves of enchanting beauty"。译文的结构完整,形式逻辑强,但失去了幽远的意境。汉语的模糊、含蓄、隐性的语言特点,与英语的求确、直率、显性的语言特点,正是两个民族意合思维和分析思维差异的最好体现。

第三,语言与文化对汉民族的辩证思维和英民族的逻辑思维亦具有深远影响。汉民族的辩证思维和英民族的逻辑思维与中国的人情文化和西方的契约文化密不可分。翁义明(2013)指出,受几千年以儒家伦理学为核心的中国传统文化影响,汉民族的人际关系模式是情感和伦理型的人际关系模式,与之相应,中国社会便形成了一种基于关系的社会。这种"人情文化"使得汉族人在判断是非或处理人际关系时多从伦理道德出发,常出现亦真亦假、亦此亦彼的情况,这便是汉民族辩证思维的文化背景。西方哲学崇尚理性主义,其个人与个人、个人与社会之间的关系通过制定法律、法规来加以建立和规范,是一种"契约文化"。这种依托于法理公约和法制关系的文化对英民族"非此即彼"、"非真即假"的逻辑思维有极大影响。常雁(2001)认为,汉民族"亦此亦彼"的思维方式呈螺旋式和波浪式,英民族"非此即彼"的思维方式呈直线式。这种思维差异在两种语言的篇章结构中有明确的体现。汉语在语篇安排时,一般不直接从主题入手进行论证,而是从多种间接的角度来阐述中心论点,通过众多的例据,绕着圈子触及重点。英语通常是开门见山,阐述主题,通过演绎逻辑,把大前提分解成若干个小前提,围绕着已经确定的中心论点,进行层层论证。

第四,具象思维和抽象思维也是汉、英两个民族思维的主要差异之一。汉、英两种语言的词汇系统体现了这一差异。汉民族重具体,在汉语中常通过概念具体的词语,以物表感,状物言志。例如,"暗箭难防"、"哭笑不得"。英民族重抽象,常使用含义概括、指称笼统的抽象名词来表达复杂的理性概念。例如,When your mother sees your trousers, you'll be in for it. (要是你妈妈看见你的裤子破了,你准得吃苦头)。"be in for it"这一抽象词组,就用来表达"吃苦头"的抽象概念(薛莉芳,2003)。汉字造字取向于物,英文字母取向于音。前者直观、具体,观形知义,其造字法以形为主,后者抽象,以"词干+词缀"法为主,能读出其音却不知其义(杨剑波,2004)。例如,汉语的"森林"包含五个"木",十分具体和生动。英语的"forest(森林)"与"tree(树)"从形态上看不出有任何相关。总之,汉、英民族的思维差异在其语言和文化上都有高度的同步性,足以表明语言和文化与思维密不可分。

汉俄民族语言与文化的差异及思维差异

汉俄民族语言、文化与思维的差异是语言影响思维跨文化研究的又一热点。俄罗斯文化有着不同于东、西方文化的特殊性。在俄罗斯的历史发展中,随着多次领土扩张,俄罗斯获得了欧亚大片领土,这使得俄罗斯文化呈现出双重性和矛盾性:既有以拉丁文化为主的西部东正教为体现的欧洲文化,又有以蒙古—鞑靼人为中介的东亚文化(王莉,2014)。这种文化背景使得俄罗斯人的思维具有个人主义和集体主义共存的双重性。与汉民族的整体性思维不同,俄民族的思维中具有个体性,这在两个民族的姓名中可以反映出来。汉民族先整体后个体,代表家族整体的姓氏在前,个人名字在后。俄罗斯人一般是个人名字在先,之后才是父名、家族姓氏。日期和地址写法,汉民族从大到小,俄民族从小到大(汪成慧,2010)。赵秋野和黄天德(2013)采用自由联想实验分析俄语中 свой-чужой(自己的—别人的)的语言意识内容和结构,发现以 свой(自己的)为刺激词时,搜集到反应词516个,联想到 нужой(别人的)次数为50次,占总和的9.7%;当以 чужой(别人的)为刺激词时,搜集到反应词105个,联想到 свой(自己的)的次数为8次,占总和的7.60%。这说明,俄罗斯人的语言意识对 свой(自己的)的联想更积极。但俄语中 свой 与"朋友"的相关词甚多,俄罗斯人认为"自己的"即是"我的"、"我们的",所以在其中亦包含着集体概念,具有双重性。

薛梅和崔慧颖(2013)指出,俄语单词中词素之间在形态上遵循语音规则的紧密结合,构词法主要依据形态结构法则,主要受语法结构支配,体现出俄罗斯民族严谨的理性思维和逻辑思维。另一方面,俄语中广泛使用无主语结构的无人称句,这种无人称句源自于古代俄罗斯人对自然现象的认识不清,表示由于某种不可知的神秘力量而导致的自然现象,体现了俄罗斯人对大自然的敬畏。俄语中名词有性,无论动物名词还是非动物名词都有阳性、阴性和中性之分。俄罗斯人赋予自然界万物以生命特征,认为万物皆有灵性。薛梅等(2013)指出,这反映了俄罗斯民族对大自然万物的爱,表现出感性思维的一面。俄民族这种个体与整体结合、理性与感性并存的思维模式与汉民族有较大差异,这种差异在语言上均有一致的反映。

汉维与汉壮的语言与文化差异及思维差异

维吾尔族是颇具代表性的少数民族之一,具有独特的语言和思维方式。汉族与维族的语言与文化差异对思维的影响也引起研究者关注。汉族的思维方式偏具体、形象、主观,维族的思维方式偏抽象、逻辑、客观。彭凤、靳焱和韩涛(2013)通过汉维词汇系统差异来印证上述观点。首先,在汉语中,常以细腻的主观感受来细化同一本质的形容词,例如,"愤慨"、"愤怒"、"激愤"都表示"愤"的本质意义,却各有侧重。"愤慨"侧重于表达不平产生的愤怒,"激愤"侧重于表达愤怒的动态过程。维语只用一个词汇"ʁæjæplæn"来表达"愤怒",不作细致区分,只反映概念的本质。

再如,在汉语中,"高雅"、"文雅"、"雅致"分别侧重于表达对高低贵贱的价值评价、对高知识高修养的评价、对物态的描绘;在维语中,只用一个词汇"latabæt"来表达"雅"。这说明:汉语重视主观体验,在词汇应用上体现出主观性和感性思维;维语重抽象本质和客观形态,只用一个语言形式来表达概念的本质。彭凤等(2013)指出,在维语中,词干语素大量存在,它们是名副其实的象征符号,与其他感性经验概念的词汇形式少有联系。这些符号相互区别,孤立存在于整个词汇体系中,象征性地表达着维吾尔族先民对本质唯一的认识。这充分地体现了维吾尔族的抽象逻辑思维。

汉族与壮族的语言与思维的差异也出现类似趋势。壮族重客体意识,汉族重主体意识,这种差异在语言上有一致反映。潘其旭(2000)指出,在表领属关系词语中,汉语一般从自身出发,先强调主体,再阐述客体。壮语先描述客体,再表明主体。例如,汉语描述为"我的果",状语则描述为"ma:k⁷ kau¹"(果我的)。在表两者之间交往的词语中,汉语一般是先"来"后"去",以我为主,例如,"有来有往"、"你来我往"。壮语则是先"去"后"来",例如,"pei⁶ no:ŋ² pai¹ ta:u⁶"(兄弟去来)。在表说话人跟别人合称时,汉语是先己后人,强调主体,例如,"我和他"。壮语是先人后己,强调客体,例如,"te¹ va⁴ kau¹"(他和我)。潘其旭(2000)还指出,汉壮的方位隐喻差异体现了汉族的横向思维和壮族的纵向思维。汉语习惯以东西横向为轴来构词,例如,"东奔西走"、"东躲西藏"、"东拉西扯"等。壮语习惯以纵向为轴来构词,例如,"tut⁷ khuɯn³ tut⁷ loŋ²"(奔上奔下)、"nei¹ khuɯn³ nei¹ loŋ²"(跑上跑下)。

综上所述,无论是汉语对汉民族思维的影响,还是不同民族之间语言和思维差异的同步性,都说明了语言对民族思维的重要影响。人们运用既成的语言系统去认识对象,这个既成的语言系统必然要影响人们的思维样式(王克喜,2007)。词在不同语言系统中的表现形式不同,必然影响运用这些词的概念过程、推理过程和问题解决过程。

13.5　语言对民族人格的影响

语言和文字被包括在广义的民族文化里，与历史、宗教、道德、教育、歌谣、服饰、习俗、价值观、理想等构成一种社会形态，是一种复杂模式的表征。语言与文字在文化中占据重要地位。语言的历史和文化的历史相辅而行，语言不能离文化而存在，文化也无法脱离语言。语言与文化影响着民族人格的形成。人类学家认为，共同的文化和由此长期沉淀而形成的民族性格，是一个民族重要而基本的特征(许思安,郑雪,2012)。

13.5.1　汉民族的人格结构与其文化特点

许思安、郑雪和张积家(2006)采用自由分类法探析汉族的人格结构。结果表明，汉族拥有"积极/消极"、"性格/气质"和"外倾/内倾"三种人格结构维度。其中，"性格/气质"维度体现了汉民族人格结构的独特性，这与汉族重视评价的传统思想密不可分。具体表现在两方面：

(1) "性格/气质"维度体现了东西方观察人的视角差异。在心理学中，性格与气质都是构成人格的主要组成部分，前者反映人对现实的稳定的态度和习惯化了的行为方式，后者展现人生来就有的典型的、稳定的心理活动的动力特征。性格更侧重于体现与社会相关的人格特征，有浓重的社会评价色彩；气质更强调先天生理特点的影响，人的气质类型并无好坏之分。以"性格/气质"来划分人格特质，体现了汉民族看待"人"的独特视角。汉族的传统思想认为，人是社会人，人性主要是社会性，是人的道德性和人的类的规定性。如孟子认为，人性不是人的饮食男女之类的生理本能，人所以为人，在于人有先天的道德观念。如果将人性理解为人的生理本能，那岂不是"犬之性犹牛之性，牛之性犹人之性"(《告子上》)。汉族重视人的社会性，因此在分类中，就把体现人的社会性的"性格"与体现人的自然性的"气质"予以明确的划分。与汉族不同，西方民族更多地从"自然人"角度考察"人"，更重视人具有的生物性。

(2) 人格结构的"性格/气质"维度体现了汉族传统哲学思想的延伸。早在北宋，张载就提出性的二元论，认为人性中包含天地之性和气质之性。张载认为，天地之性善，气质之性有两重性，有善与不善的区分。人的差异由气质之性造成。气质之性与遗传有关，与后天的教育与学习也有关。他提出"学以变化气质"的命题，认为学习就在于变化人的气质之性，摒除其粗恶的部分，发展真正的人性。朱熹继承并发展了张载的思想，将人性分为天理之性和气质之性。他提出："道即性，性即道，固只是一物","仁义礼智,性之四德也","人之有生,性与气合而已"。他强调人伦道德是性的内涵,人是性气结合的产物,是道与气共同作用的结果。在近代,康有为也认为,人性可以分为"德性"和"气质之性"。气质之性虽无善恶之分,但有粗精之别,其粗处必须加以改造,方能适合社会生活需要。他说:"凡人发于气质,必有偏处","以气质言之,太过,不及,不中者也"。人必须变化自己的气质,才能够产生高尚情操和完美个性。与现代心理学的气质概念比,我国古代的气质概念相对宽泛,它不仅包含人的气质特征,还包括人的感官欲求、动机、情绪方面的特点。由此可见,汉民族早就从道德属性与自然属性的区分来评价人。汉族人格结构中的"性格/气质"维度正是这种传统思想的自然体现。

许思安等(2006)的研究中还发现,汉族被试把"淳朴、温和、诚实、随和、自制力强、脾气好、优雅、善解人意、宽宏大量、温文儒雅、成熟"等11个词聚类为一类,命名为"中和的人格特征"。这也可在中国传统文化中找到根源。"中"与"和"是中国传统哲学的重要概念,"中"是不偏不倚、无过不及的意思,"和"指和谐;"中和"是我国古代理想人格理论化、哲学化的表述;"致中和"是我国古代心理教育的目标。最早用中和的概念来描述人格的是《易经》:"圣人感人心而天下和平";"与天地相似,故不违;知周乎万物而道济天下,故不过;旁行而不流,乐知天命,故不忧"。而把"中"与"和"合在一起,明确提出"中和"概念,并把它作为理想人格的是《中庸》。《中庸》指出,"喜怒哀乐之未发,谓之中;发而皆中节,谓之和","致中和,天地位焉,万物育焉"。即喜怒哀乐这些情绪存在于人内心时能够做到不偏不倚,就可以称为"中";表达这些情绪能够做到合乎节度,达到和谐,就可以称为"和"。天地若能达到中和,万物就能各得其所;人若能达到中和,就能形成完美人格。《黄帝内经》也按照阴阳学说把人分为五种类型,其中"阴阳和平"型的人具有"举止稳重、临危不惧、遇喜不狂、位尊不傲、位卑不自卑"等人格特点。根据这些观点,反观"淳朴、温和、诚实、随和、自制力强、脾气好、优雅、善解人意、宽宏大量、温文儒雅、成熟"等词汇,它们正是描述了一种理想人格。"中和"的思想在我国源远流长,因此也反映在汉族人的人格结构中,这体现了语言和文化对汉族人格形成和人格认知的重要影响。

13.5.2 汉民族对儒家君子理想人格的认知

许思安和张积家(2010)研究了汉族人对儒家君子理想人格的认知。他们摘录了"四书"中描述"君子"的语句,将其合并转译后,整理为114个描述君子人格的词语。要求汉族大学生按照自己的理解,对这些词语符合"君子"理想人格的程度评分。结果发现,汉族大学生将君子的人格结构划分为四个因子:社会性、践行性、中和性和统合性。汉族大学生的"君子"理想人格结构与中国传统文化和语言有高度的一致性。

社会性因子,体现了对君子社会行为的道德要求,包括"仁义道德"和"德智兼备"两个子因子。社会性因子突出了人的社会性,体现了东西方看待人的视角差异。西方学者更多地强调自我在健全人格中的价值与作用。社会性因子体现了儒家文化对人的社会性的重视,凸显了中国传统文化的要义:人是社会人,人性主要是人的社会性,是人的道德性和类的规定性。孟子认为,人性不是饮食男女之类的生理本能。人之所以为人,在于人有先天的道德观念,即有仁、义、礼、智的善端。在社会性因子中,"仁义道德"子因子体现了仁与义的统合。孔子认为,君子就是有高尚道德品质的人。对人的评价,标准不是政治地位的贵贱,而是道德品质的高低。"德智兼备"子因子体现了仁与智的统合。成人之美、仁民爱物、见义勇为、身体力行、谦让、与人为善、德才兼备体现了仁,温文尔雅、不耻下问、从善如流、遵纪守法、慎独、有文采、博学体现了智。这一子因子反映儒家主张的德智兼备、将仁义道德与知识文化统一起来的理想人格。汉族大学生对君子理想人格的认知深受中国传统文化影响,非常重视人的道德品质。孔子说:"有德者必有言,有言者不必有德。仁者必有勇,勇者不必有仁。"又说"苟志于仁矣,无恶也",即真决心努力于仁,就不会做坏事。子路问孔子:"君子尚勇乎?"孔子说:"君子义以为上,君子有勇而无义为乱,小人有勇而无义为盗。"品德是勇敢的前提。人的德行好,自然会有良好的人际关系。所以,孔子说:"德不孤,必有邻。"这些都体现了语言和文化对汉族人格认知的渗透作用。

践行因子,反映了君子对待他人和自身的不同要求,体现了仁与礼的统合,包括"待人之道"和"克己之道"。待人之道体现了君子对人际关系和谐的重视,克己之道反映了君子对自身的严格要求。汉族大学生对君子践行人格品质的认知也源自于儒家文化的影响。孔子说:"仁远乎哉? 我欲仁,斯仁至矣。"又说:"为人由己,而由人乎哉?"、"刚毅木讷近仁"也有强调践行之意。康有为认为,刚者无欲,毅者果敢,木者朴行,讷者慎言。四者皆能力行,故近仁。孔子说:"君子耻其言而过其行",君子"不患人之不己知,患其不能也","志士仁人无求生以害人,有杀身以成仁",都是强调践行重要。在《论语》中,有许多关于践行的论述。例如,君子注重言行:"入则孝,出则悌,谨而信,泛爱众,而亲仁。行有余力,则以学文";君子"敏于事而慎于言";"君子欲讷于言而敏于行";"巧言、令色、足恭,左丘明耻之,丘亦耻之"。

中和因子,是君子人格的关键特征,体现了仁与性的统合,包括"和谐处世"和"刚柔并济"。它源于中国传统哲学的两个重要概念——"中"与"和"。"中"是"中庸"。孔子说:"中庸之为德也,其至矣乎! 民鲜久矣。"、"中庸"就是不偏不倚、无过无不及。朱熹说:"中者,无过无不及之名也。庸,平常也,天下之定理。唯其平常,故万古常行而不可废,如五谷之食,布帛之衣。"将"中"与"和"合在一起,构成了中国古代理想人格的理论化、哲学化表述,"致中和"就成为人格培养的目标。显然,汉族人对君子理想人格的认知与语言和文化有一致性。

统合因子,反映了君子的理智、情绪和意志的统合。孔子主张,人应该"兴于诗,立于礼,成于乐"。又说:"人而不仁,于礼何? 人而不仁,如乐何?"外在形式的礼乐应该以内在的情感为依据,否则只是空壳和仪表而已,这是心理与行为的统和。孔子又说:"吾道一以贯之。"曾子对这句话的理解是:"夫子之道,忠恕而已。"这是思想观念的统合。孔子提倡"见贤思齐焉,见不贤而内自省也","思齐"和"内省"都是统合的功夫。孔子又说:"不仁者不可以久处约,不可以长处乐。仁者安仁,知者利仁。"即不仁的人不能长期坚持在困苦环境中,不能长期居处在安乐环境中。仁爱的人会自然地实行仁,聪明的人会敏锐地实行仁。这是心理与环境的统合。诸如种种,均体现了语言和文化与人格认知的高度吻合,说明了语言与文化对民族人格具有重要的影响。

13.5.3 神巫文化和文学对民族人格的影响

神巫文化指的是神话、巫术等原始先民在社会实践中创造的观念、故事和活动等文化。由于社会生产力水平低下,认识水平不足,原始先民对自然界有着天然的敬畏之心和恐惧之情,对自然现象既好奇又无法作出科学的解释。因此,他们将自然现象发生的原因归结为某种神秘力量操纵的结果,推想出能够解释一切的神巫故事,并匹配一系列的神巫活动(张赛,2008)。研究表明,神巫文化对民族历史文化发展具有深远影响,这种影响成为原始先民早期人格形成的文化基因之一,时至今日仍然影响着人们的思维习惯和行为方式。谢多勇(2013)分析了岭南神巫文化对珠江流域的民族人格心理的影响,指出《布洛陀经诗》是反映珠江流域民族神巫文化精神的最大载体。随着史诗在民间的口传心授,神巫文化如影随形地影响珠江流域民族的人格,突出表现为珠江流域民族性格中知足、随遇而安、乐天知命、敬天畏神、信巫好鬼等特点。谢多勇(2013)指出,只要走进民间,便能够深刻地感受到神巫文化和文学对珠江流域民族群体性格的影响,人们的为人处事、待人接物,以及饮食、丧葬、节日礼仪无处不渗透着神巫文化。对大自然的崇拜、对灵魂的崇拜,以及各种巫术的普及,均为群体无意识的表现。

丹珍(2001)也指出,《格萨尔王传》作为神巫文化的精神载体,在其传承过程中,与藏民族的人格心理形成了双向的互动关系。《格萨尔王传》作为藏族古代社会的百科全书,包含着浓厚的神巫文化色彩,主要表现为自然崇拜、鬼神崇拜、诅咒巫术等内容。由于是民间代代口传心授的史诗,《格萨尔王传》对藏民族有根深蒂固的影响,影响着藏族人民的信仰、习俗、爱好、是非观、道德观、历史观,甚至可以称得上是藏民族人格心理的写照。与此同时,不同时代的藏族人民根据自己的情感、信仰和兴趣对故事人物和情节进行了部分修改,使格萨尔王的故事在流传的过程中直接地反映了当时藏民族的思维习惯和行为方式,二者随着历史的变迁,互相影响、互相吸收、互相推动,密不可分。

民族人格与民族语言和文化的一致性表明,文化以语言为载体,对民族人格的形成和发展具有重要影响。不同民族之间人格特点的差异与其民族语言差异也具有同步性。

14 双语与双言心理

人类生活在一个相互交流的世界里。为了方便交际,一个民族的成员除了需要掌握本民族的语言外,还需要掌握其他民族的语言。在许多民族语言中,不同地区的人们往往需要掌握该民族语言的不同变体。这就形成了双语者与双言者。对双语与双言的研究,近年来也成为民族心理学研究的重要内容。

14.1 双语与双言概述

语言对人类社会的生存与发展起着至关重要的作用。人是会说话的动物。语言使人与动物区别开来,使人际之间的沟通与交流成为可能。在人类发展的任何阶段,语言都起着决定作用。当世界以部落形式组织时,每一部落的人只拥有一种语言;当世界以国家或民族的形式组织时,不同国家或不同民族的人拥有不同语言;当世界走向全球化、成为地球村时,一个人可以拥有多个国家或多个民族的语言。随着生产力发展,技术不断革新,各个国家之间交流越来越多,语言作为交流工具,也不可避免地要踏上全球化进程。因此,双语、三语乃至多语的现象就越来越为人们所熟悉。社会学家、语言学家、心理学家以及语言教学工作者都对双语乃至多语现象有浓厚兴趣。

14.1.1 双语和双语者

双语的定义和意义随着情境不同有很大不同。Bloomfield(1933)将双语定义为两种语言都能够像母语一样熟练;Weinriench(1953)认为,双语是能够用两种语言完成有意义的话语。目前,普遍接受的定义是:双语(bilingualism)是指经常有规则地使用两种语言。Grosjean(1992)指出:"双语者(bilingual)是指在日常生活中能流利的使用两种语言的人。"成为双语者,有不同的途径或方法:有人是因为生活在双语地区(如北威尔士地区的人说威尔士语和英语,加拿大人说法语和英语);有人是因为他们在家中使用的语言不同于在学校或工作中使用的语言;还有人成为双语者是因为殖民化的原因。

按照惯例,首先学习的语言被称作第一语言(first language, L1),然后学习的语言被称作第二语言(second language, L2)。但这不是理想的命名法,因为有时 L1 和 L2 是同时习得的,并且在有些情况下,L1 在说话者的后来生活中成为次要语言,L2 反而成为主要语言。因此,根据不同标准可以将双语者分为不同类型。例如,根据第二语言的相对熟练水平,可以分为熟练双语者(proficient bilingual)和非熟练双语者(non-proficient bilingual)。根据双语者两种语言获得的相对时间,可以分为早期双语者(early bilingual)和晚期双语者(late bilingual)。前者是指 6～7 岁之前获得第二语言,后者是指 6～7 岁之后获得第二语言。双语者的后一种语言习得也被称作第二语言习得(second language acquisition, SLA)。

Weinreich(1953)根据两种语言习得方式,将双语词汇分为三种类型(如图14-1)。(1)复合双语(compound bilingualism),双语者两种语言的两个词汇系统直接与一个共有的概念系统相联系。只有在儿童早期两种语言拥有同等重要性时,才会出现这种情况。(2)并列双语(co-ordinate bilingualism),双语者两种语言的两个词汇系统分别与不同的概念系统相联系。当第二语言的学习环境不如复合双语时,就会出现并列双语。(3)从属双语(subordinate bilingualism),双语者的第二语言的词汇通过它们在第一语言中的翻译对等词(translation equivalent)与概念系统间接联系。在这情况下,L2 发展完全依赖于 L1。

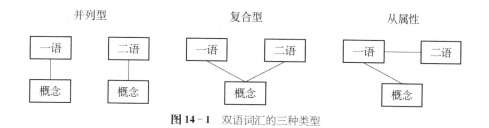

图 14 - 1 双语词汇的三种类型

14.1.2 双言和双言者

中国是一个多民族、多族群汇集的国家。不同的民族有不同的语言。即使在同一民族内部,不同地区、不同族群往往有不同的方言。汉语是世界上方言最复杂的语言之一。在汉语共同体的内部,就有北方、吴、湘、赣、客、闽、粤七大方言。方言和方言之间在字形、语音、词汇和语法上差异甚大,有的方言之间更是言语不通。为了能够交际,人们便创造了一种汉语共同语——普通话,同时操方言和普通话的人在我国非常众多。

目前,对双言(diglossia 或 bidialects)的界定,语言学界仍未达成一致的意见。双语和双言,既相互区别,又有一定的联系。双言与双语既相似又不同。一般说来,双语是指两种语言有不同的口头语言和书面语言,双言是指两种语言有不同的口头语言和基本一致的书面语言。对双言者而言,同一文字符号往往具有两种不同的语音表征。双言者一般在入学前在生活情境中获得了方言,入学以后开始学习与掌握标准语(陈俊,林少惠,张积家,2011)。然而,在一般的双语研究中,人们并未严格地区分双语与双言。Ferguson(1959)认为,在许多语言社团中,一些人在不同情况下使用同一种语言的两种或两种以上的变体,就是双言。双言是一种稳定的语言状况。其中,除了有这种语言的基本方言(可能包括一种标准变体和几种区域性的标准变体)外,还有一种非常不同的、高度规范的(往往是语法更为复杂的)变体。如汉语的文言与白话。什维策尔(1987)也区分双语与双言,认为双言是同一语言的两种变体,包括标准语和方言,或者两种不同方言在同一语言集团内部并存的现象。

那么,同时操普通话和方言是属于"双语"还是属于"双言"? 一种观点认为,应该属于双言;另一种观点认为,应该属于双语;折中的观点认为,双语和双言虽然属于语言范畴的不同层级,但对于个人或语言集团来说,却有着错综复杂的关系。陈恩泉(1996,2000,2004)提出"双语双方言"的概念。但"双语双方言"是一个模糊的概念,它既可以指多语多方言,也可以指多语或多方言交叉使用的现象。虽然汉语的方言与普通话之间在发音及使用上存在诸多差异,但从总体上看,"双言"的概念仍然强调普通话和方言的共性大于个性。事实上,将普通话和方言并用视为双言可能更加合适。因为双语主要是指讲话者使用两种不同的语言,语言差异是矛盾的主要方面;双言主要是指讲话者使用同一语言的两种不同变体,方言与标准语的共性是矛盾的主要方面。在汉语共同体的内部,方言与标准语都使用汉字作为书面语。方言与普通话的大多数词汇书写形式相同,大量词汇发音不同,语法基本一致。方言和普通话的使用情境不同:普通话作为标准语多用于正式场合,方言多用于非正式场合。如此一来,既能够讲方言又能够讲普通话的人就可以视为双言者。这种双言者在当今的汉语讲话者当中具有相当大的比例。

14.1.3 双语研究的核心问题

心理词典(mental lexicon)是指词汇知识在记忆中的组织。心理词典理论旨在揭示词汇在人脑中的存储方式以及从心理词典中提取所需词汇的方式。双语心理词典是一个比较独特的领域。对于一个掌握两种语言的人来说,第二语言的知识如何表征?如果单语者已经有了一个高度有序、自动化程度很高的心理词典,那么,掌握两种语言是否意味着又增加了一个心理词典?或者是将第二语言融入到已有的心理词典之中?这是双语认知研究的一个重要问题,也是第二语言教学的一个重要议题(高震寰,2007)。目前,关于双语者的心理词典,已经出现了数个模型。

"共同存储"(shared storage)模型

受乔姆斯基(A. N. Chomsky 1928—　)普遍语法理论的影响,人们认为,人类关于世界的知识具有普遍性,能够用一种语言进行描写的经验也可以用另一种语言来描写。在此基础上,Koler(1963)提出了共同存储模型,认为双语者从两个语言通道获得的语言信息各有其进行信息编码、句法和词汇分析以及信息输出组织的单独系统,两者彼此联系,可以互相转译,但两个通道的语言信息有共同的意义表征,共同贮存于一个单一的语义系统中(图14-2)。这种观点得到一些研究者支持。例如,神经病学家认为,双语者的每种语言都受大脑皮层的相同区域支配(巴哈第,2003)。理论语言学也认为,人类只有单一的语言能力,所有语言的脑功能区都相同(Penfild,1965)。扩展系统假说(the extended system hypothesis)主张,各种语言的脑功能区没有区别。所有语言都从属于相同皮质或语言区(如 Broca 区和 Wernicke 区)。

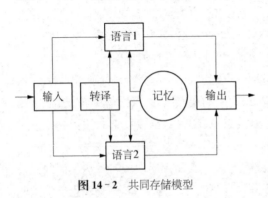

图14-2　共同存储模型

双语者的语言系统只是包含更多的音素、语素和句法规则。两种语言是同一系统的不同编码,它们的活动方式一致,好像同一语言的两个不同变体。这种理论预言,当神经损伤导致患者出现语言障碍时,双语者的所有语言都将呈现出相同的障碍方式。

"独立存储"(separate storage)模型

该模型认为,既然人类的经验可以由语言来编码,那么,由不同语言编码和存贮的经验就必须通过不同语言通道才能够被提取,两个通道的语言信息有不同的记忆表征(图 14-3)。

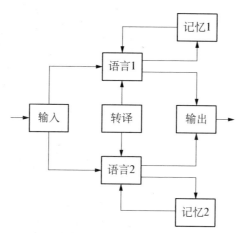

图 14-3 独立存储模型

修正的层级模型(the revised hierarchical model)

Kroll 和 Stewart(1994)提出的修正层级模型是近年来较为流行的模型之一。该模型综合了单词联想模型和概念中介模型的内容,强调两种语言之间的词汇联系的不对称性以及两种语言中词汇与概念联系强度的不对称性,因此,又被称为非对称模型(the asymmetry model)。

该模型认为,在双语者的记忆中,词汇联系和概念联系都处于活跃状态,但这些联系的强度随着 L2 的熟练程度和 L1 对 L2 的相对优势而变化。如图 14-4 所示,L1 的词形表征比 L2 的词形表征要大,因为模型假定对大多数双语者而言,即使是那些相对熟练的双语者,L1 单词也比 L2 单词多。从 L2 到 L1 方向的词汇联系比 L1 到 L2 方向的词汇联系强,因为第二语言学习者首先获得 L2 新词的翻译词。然而,L1 的词形和概念表征之间的联系强于 L2 词形表征和概念

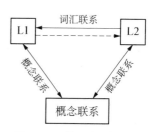

图 14-4 修正的层级模型

之间的联系。当一个人在儿童早期以后获得 L2,L1 的词汇和概念之间已经有了很强的联系。在 L2 学习的早期阶段,L2 单词主要通过与 L1 的词汇联系通达到概念系统。当 L2 的熟练程度提高后,也能获得直接的概念联系。然而,在概念联系获得后,词汇联系并未消失,仍然保留作为可行的联系。因此,修正的层级模型是随着 L2 的熟练程度的变化而变化的动态联系模型(崔占玲,张积家,2009)。

词汇/概念分布式模型(the distributed lexical/concept model)

该模型认为,双语者有两个心理词典(lexicon),它们同时与词汇表征(例如,在图形命名任务中的语音表征)和概念表征相联系(如图 14 - 5)。语言内重复启动效应是由于它促进了词目(lemma)、词汇特征(lexical feature)、概念特征(conceptual feature)之间联系的建立,从一种语言到另一种语言的激活必须经概念联系的中介,再传递到另一语言的词目层,最后才能激活词汇,因而词汇层的重复启动效应只会出现在语言内,不会出现在语言间(孙兵,刘鸣,2003)。语言内启动效应大于语言间启动效应是因为在图形命名中语言内启动涉及概念和语音两种重叠,语言间的重复启动只能够通过概念联系产生。实际上,此模型是在“修正的层级模型”基础上的进一步发展,它更加明确了两种语言之间的关系和联系方式,使模型更加具有说服力。

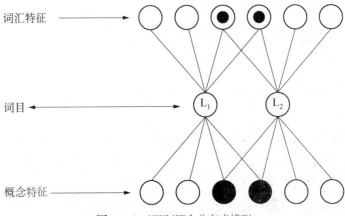

图 14 - 5　词汇/概念分布式模型

意义模型(the sense model)

修正的层级模型主要关注在双语记忆表征中词汇与概念之间的联系会因第二语言熟练水平不同而不同。词汇/概念分布式模型主要探讨不同类型的词汇共享的概念节点不同。Finkbeiner 等人(2004)在系列掩蔽翻译启动实验基础上提出双语表征的意义模型(如图 14 - 6)。这一模型关注两种语言中词汇意义量的差异造成记忆表征的差异。

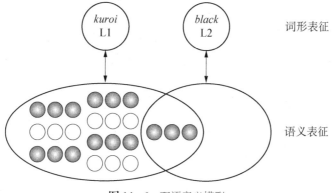

图 14 - 6 双语意义模型

意义模型有三个前提：(1)语言中大量的词是多义词，即一个词有多个相关语义，而多义词的词义在语义表征系统中是独立储存的(Rodd, Gaskell & Marslen-Wilson, 2002; Klepousniotou, 2002)；(2)L2 词汇虽然有多个词义，但与 L1 词汇比，人们掌握和熟练运用的要少得多；(3)L1 与 L2 对译词有各自独立的词形表征和共同的语义概念表征。意义模型认为，词汇意义不仅仅指语言各自特有的和共享的意义，还包括因语言的惯用法形成的不同的概念特征集。例如，"black"在英语中有黑色、郁闷、晦气、庄重等 21 个意思；日语翻译对等词"kuroi"除了有与"black"共享的"黑色"意思外，还包括坏人、犯罪的人等意思。在一般情况下，双语者的第一语言通常是优势语言，第二语言通常是弱势语言。因此，对翻译对等词来说，被试对 L1 词汇的意义掌握得相对多，对 L2 词汇的意义掌握得相对少，因而表现出概念表征的非对称性。

Finkbeiner 等人提出的意义模型非常有意义，它能够成功地解释跨语言翻译启动效应的对称性和非对称性。它将不同启动效应上升到双语语义表征的差异层面，是双语记忆表征研究的一大进步和发展。然而，将双语启动效应仅仅归结为词汇对应的概念特征量的不平衡，不考虑两种语言的差异所造成的词汇形式——概念意义的连接强度差异，这一点还有待改进。

14.2　中—英双语者与中—日双语者的语言心理研究

语言是人们认知现实、进行思维、交流信息、沟通情感的工具。每一种语言都在特定的社会历史环境中产生和发展起来，反映使用该语言的国家在不同时期所特有的文化。汉语和英语分别是世界上使用人数最多和最广泛的两种语言，其语言符号的外形特征、区别性特征、记录语言的方式等都存在差异。

　　汉语是汉民族的语言,也是世界上最古老的语言之一,是至今仍然通用的使用时间最长的语言。汉语属于汉藏语系的分析语,有声调。汉语的文字系统——汉字是一种意音文字。汉字词是用表意构件兼及示音和记号构件构成单字以记录汉语语素和音节的平面方块型符号系统(李运富,张素凤,2006)。它们通过笔画和部件在空间上的位置变化形成,线条简洁却信息丰富,具有一定的表音和表意功能,具有知觉整体性、平面型及结构非线性的特点(张积家,崔占玲,2008)。通过感知汉字,读者能够"见形知类"或"见形知义"。

　　汉语是一种孤立语,不同于印欧语系的很多有曲折变化的语言,汉语词汇只有一种形式,没有诸如复数、词性、词格、时态等曲折变化。汉语语素的绝大部分是单音节的(如"手"、"洗"、"民"、"失")。语素和语素可以组合成词(如"马+路→马路")。有的语素本身就是词(如"手"、"洗"),有的语素本身不是词,只能与别的语素一起组成复合词(如"玳→玳瑁")。在现代汉语里,双音节词占的比重最大。大部分双音词都按照复合方式构成。有些语素虽然在现代汉语里不能作为一个词单独使用,但在借用古汉语词句时,也偶尔作为词来使用。

　　英语属于印欧语系中日耳曼语族下的西日耳曼语支,是由古代从北欧斯堪的纳维亚半岛及欧洲大陆移民大不列颠群岛的盎格鲁-撒克逊和朱特人所说的语言演变而来。英文属于拼音文字,通过字母或字母组合的线性排列以及顺序变化形成单词,属于线性结构,普遍存在着形—音对应规则(grapheme-phoneme correspondence rules, GPC),字母或字母组合与音位相对应,汉字的构件或构件组合却无此功能(Perfetti et al., 2007)。英语词汇的构成主要有派生(devrivation)、屈折(inflection)、复合(compound)、转换(conversion)、混合(blending)和缩略(acronym)等。此外,英语的词序比汉语灵活,但相对固定;虚词很多,使用也更频繁。现代英语运用形态变化形式(hereditary inflection)、相对固定的词序和丰富的虚词来表达语法关系,属于综合—分析语。

　　日语是一种主要为日本列岛上和族使用的语言,是日本的官方语言和最常用的语言。日语属于黏着语,通过在词语上粘贴语法成分来构成句子,称为活用,其间的结合并不紧密、不改变原来词汇的含义,只表语法功能。汉语和日语之间具有亲缘关系。在古代,日本民族有口头语言,却无书面文字。公元3世纪,汉字和汉语词汇陆续传入日本。经过四五百年的学习、使用和探索,日本人创造出一套比较完善的汉字利用法,大体上可以分为两大类:(1)直接沿用汉字的音、形、义,如"山河"、"森林"等;(2)利用汉字的形、义表达日语中固有的词,如"犬"(いぬ)、"猫"(ねこ)等(杨越,2006)。因此,日语中使用的文字有4种:(1)汉字(Kanji);(2)平假名(hirakana);

(3)片假名(katakana);(4)英文大写字母。在近代,日语和汉语之间又出现语言倒流现象。日语中的汉语词开始对中国语言文字产生重要影响。自明治维新以来,日本在学习欧洲近代文明过程中,翻译了大量的政治、经济、科技、哲学等著作,利用汉字创造了大量新词。在 20 世纪初,众多中国留学生东渡日本,又将日译的西方文化术语及自创的反映日本独特文化的新词介绍到中国,掀起了一场空前的吸收日语外来词的运动。这些词汇借用情况非常复杂:有利用汉字音译的专业术语,如"瓦斯"和"米";有意译词汇,如"哲学"和"美学";有"电话"、"分子"、"公民"等具体词汇;也有"市场"、"义务"、"政策"、"民主"等抽象词汇。目前,人们熟悉的汉语词汇,许多都从日本传来。《汉语外来语词典》就收录了 800 多个(李虹,2004;万玲华,2005)。

以汉语为母语的讲话者,在习得英语或日语为第二语言后,心理词典会有什么变化? 另外,语言既是交际工具,又是思维工具,甚至就是思维本身。萨丕尔(1921)认为,语言影响人类关于现实世界概念系统的形成,语言的模式决定思维的模式。双语者使用的语言不同,对世界的认知就存在差异。即,以汉语为母语的讲话者在习得了另一种语言之后,语言差异是否会影响到语言和语言之外的认知领域? 这些都是心理语言学家亟欲回答的问题。

14.2.1 中—英双语者语码切换研究

双语者的语码切换机制是双语研究的重要问题。语码切换(language switching)是指双语者从一种语言转换到另一种语言的现象。一般说来,当双语者从正在使用的语言转换为另一种语言时,反应时会变长,错误率会增加,这被称为语码切换代价(language switching cost)。当切换发生在熟练程度不同两种语言之间时,切换代价大小会因为切换方向不同而不同,这被称为语码切换代价的不对称性(switching cost dissymmetry)。那么,在言语加工中,为什么存在语码切换代价和切换代价的不对称性? 语码切换代价产生的原因是什么?

目前,关于语码切换代价的来源,主要有两种观点。(1)语码切换代价源于心理词典的字词识别系统内。之所以存在语码切换代价,是由于相对于正在使用的语言而言,将要使用的语言处于相对不利的表征地位。在语码切换时,一方面需要抑制正在使用语言的激活状态,同时还要解除对将要使用语言的抑制,并使该语言恢复到激活状态。当前使用语言的持续激活还会同将要使用语言的激活竞争,将要使用语言的持续抑制也会产生负启动效应,导致切换系列的加工速度慢于无切换系列,从而产生语码切换代价。(2)语码切换代价源于心理词典的字词识别系统之外(Thomas & Allport, 2000)。语码切换实际上是任务策略转换。切换代价不是语言系统独有的特征,而是完成直觉上相冲突的任务转换时不可避免的特征。因为每一种语言都有独特的任务策略与之对应,语码切换实际上是任务策略转换。由于正在使用语言的任务策略处于激活状态,其他任务策略处于抑制状态。因此,在语码切换发生时,一方面需要抑制与当前正在使用的语言匹配的任务策略,同时还需要将新的任务策略从抑制状态恢复到激活状态,当前使用的语言策略的持续激活和将要使用语言策略的持续抑制都会对切换发生产生一定的负启动效应,导致语码切换代价的产生。

以往对语码切换及其代价来源的考察主要围绕拼音文字的特定特征展开。由于采用的特定特征是基于不同语言的字母或字母组合,而且没有任何意义,这种正字法特征效应是基于特定语言的字母水平的。那么,当语言的特定特征具有语义信息时(如英文词的后缀"－man"、"－woman"等),这些特征是否影响语码切换及其代价?而且,以往研究主要以拼音文字之间的语码切换为主,对表意文字的语码切换关注较少。汉字是表意文字,以形声字为主体。形声字由一个义符和一个音符构成。义符表义,音符表声。以往研究发现,义符作为汉字的结构特征,既可以对汉字词的类别语义提取起促进作用,如"姑";也可以对汉字词的类别语义提取起干扰作用,如"婿"。因而,崔占玲和张积家(2010)以汉字义符和英文词后缀为对象,考察汉—英双语者语码切换的机制及切换代价的来源。结果发现,有、无类别标记对汉字词或英文词加工都有显著影响,但对语码切换代价的影响却不显著。这表明,在亚词汇水平上,特定语言的语义特征对语码切换没有显著影响。这意味着,语码切换不是发生在心理词典内,而是发生在心理词典外,进一步证明了语码切换与任务转换的实质相同的观点。

崔占玲和张积家(2010)在研究基础上总结了语码切换代价的来源,主要包括三个方面。(1)与两种语言表征的激活竞争有关。即某种语言的表征会对另一语言的加工具有抑制作用。在无切换系列中,被试的任务明确,只存在一种语言表征的激活;在切换系列中,由于非当前任务语言正处于激活状态,对当前任务语言表征的干扰会更强,从而延长了切换系列的反应时,表现出切换代价。(2)与对两种任务语言表征的抑制有关。这可以用抑制控制理论(the IC model)的两个假设来解释。假设1是激活后的抑制,即将要抑制的语言是与当前反应无关而且处于激活状态的语言;假设2是解除抑制需要额外的加工时间。而且,对某种语言的抑制会对在随后加工中激活该语言有影响。因此,从抑制后再激活的心理词典中检索出当前任务语言的信息会更加困难。由于任务语言的心理表征存在交替的激活与抑制,因此就产生语码切换代价。(3)与特定语言的正字法特征有关。相对于不具有特定语言的正字法特征的材料而言,具有特定语言的正字法特征的材料的语码切换代价会更小。

无论如何,操纵特定语言的特征(包括正字法特征和语义特征)已经成为探究语码切换代价来源的途径。通过操纵这些语言特征,观察它们对语码切换代价的影响,对揭示语码切换代价的来源大有裨益。沿袭这一思路,张积家和王悦(2012)认为,词汇水平的语码切换任务简单,对讲话者的语言能力要求较低。已有研究对"心理词典"往往也作了狭义的理解,多关注心理词典中词汇的词形、词义和发音的知识。事实上,心理词典还包含有词汇的语法知识和句法知识。如果将实验材料扩展到比词汇更大的语言单位(短语或句子),将研究焦点从"心理词典"扩展到"语言表征系统",就更有利于确定语码切换代价的来源。

因此,张积家和王悦(2012)以熟练汉—英双语者为被试,采用命名图片的言语产生任务,考察汉、英空间方所短语(如"笼中鸟"/"bird in the cage")表达差异和表量短语("一头牛"/"a cow";"一份报纸"/"a copy of newspaper")对应水平上语码切换的机制及切换代价的来源。结果表明,汉语与英语表示空间方所的短语的差异和表示量的短语的对应与否影响语码切换过程,但对两种语言的切换代价影响不显著,表明语码切换代价未受特定语言的语法特征影响,支持熟练双语者的语码切换代价源于语言表征系统之外。此外,熟练汉—英双语者在短语水平上表现出典型的语码切换代价的不对称性:切换至熟练语言的代价比切换至非熟练语言的代价大。该研究验证了三个假设:(1)验证了"语码切换代价与两种语言的语言表征的激活竞争有关"的假设。在无切换条件下,被试只需要激活一种语言的短语表征;在切换条件下,非当前任务语言正处于激活状态,会干扰当前任务语言的短语表征,反应时会变长,错误率也会增加。尽管汉语和英语的空间方所表达的差异十分明显,也无论汉语短语和英语短语的量的表达方式是否对应,被试在汉语命名和英语命名中均存在语码切换代价。(2)验证了"语码切换代价与对两种任务语言的语言表征的抑制有关"的假设。在切换条件下,即将要抑制的语言是与当前反应无关而且处于激活状态的语言,抑制该语言的短语表征需要额外时间;将要激活的语言在之前被抑制,解除抑制也同样需要额外的时间。无论是抑制过程还是解除抑制的过程,需要的时间都与讲话者的语言熟练程度有关。由于任务语言的短语表征存在着交替的激活与抑制,因此就导致了语码切换代价的产生。(3)验证了"语码切换代价来源于语言表征系统之外"的假设。因为切换代价无论是来源于语言表征的激活竞争还是来源于抑制控制,如果两种语言的语法特征有相似之处,两种语言的竞争就会减弱,对两种语言的抑制也会减弱,切换代价因此就会小。然而,研究结果却表明,在短语水平上,特定语言语法特征对语码切换代价没有显著影响。王悦和张积家(2013)以熟练汉—英双语者为被试,考察了在短语理解上语码切换机制及切换代价的来源。结果表明,汉语与英语在表量上的差异对语码切换代价影响不显著,语码切换代价不受特定语言的语法或句法特征影响;熟练汉—英双语者在短语水平上表现出语码切换代价的不对称性,在言语理解中,切换至非熟练语言的代价要大于切换至熟练语言的代价。

14.2.2 中—英双语者语义饱和效应研究

人们都有过这样的感受:当长时间地注视某个词或大声地多次读一个词之后,会感到熟悉的词不熟悉了,甚至怀疑其拼写是否正确。但是,如果将视线移开,在一段时间之后再去注视那词,陌生感又消失了。不仅对语言材料可以发生这种现象,一张熟人的照片、一个熟悉的地点,看久了以后都可能觉得陌生起来。这种现象被称作Jamais Vu(法语词,意为"旧事如新"),即见到熟悉的事物或文字时却一时什么都回忆不起来的感觉。随后,研究者采用客观方法研究,并将它定义为语义饱和效应(semantic satiation effect),即口头重复、长时间注视或重复书写某一单词,会导致该词的意义缺失或衰减。过度地暴露某一单词会出现短暂性的意义提取困难这一效应是否真的涉及词汇语义的丧失? 它发生在词汇加工的哪一阶段? 对这些问题,有三种不同看法:

(1) 语义加工阶段说。根据激活扩散模型(Collins & Loftus, 1975),概念以结点的形式表征,不同的结点之间相互连接形成网络。当启动词呈现时,对应的概念结点就被激活,激活通过内在的连接扩散到相连接的结点。如果一个概念结点经过饱和处理后变得疲劳,疲劳就会传递给相连接的结点,使语义启动效应减弱甚至反转(Smith, 1984; Pynte, 1991),此时就会产生饱和效应。

(2) 知觉加工衰减说。语义饱和效应只是由于个体对刺激的知觉表征衰退的缘故,或者是由于前语义适应的缘故,即前语义信息(听觉信息或视觉信息)随着刺激的重复呈现而衰减,导致输入到语义分析层的信息被衰减了。Frenck-Mestre 和 Pynte(1997)未发现 N400 振幅差异随着饱和处理逐渐减小,即饱和效应与语义加工无关。

(3) 知觉表征—语义联接阶段假说。语义饱和效应既不是发生在知觉加工阶段,也不是发生在语义加工阶段,而是发生在知觉表征和语义加工的联接阶段,是一种"联接饱和"。Tian 和 Huber(2013)使用脑磁图和动态因果模型研究发现,视觉词形区(负责词形加工)与左侧颞中回(负责语义加工)的神经联接随着饱和处理而减弱。

对语义饱和效应的探讨多数基于母语加工,甚少关注第二语言加工。语义饱和效应是否为母语阅读所独有? 张积家、刘翔和王悦(2014)提出,在研究语义饱和效应的经典范式中,启动词(类别词)和目标词(样例词)属于同一语言,阅读者在语言内会体验到语义缺失,若启动词和目标词属于不同语言,双语者是否会出现语言间的语义饱和效应? 如果启动词属于一种语言,目标词属于另一种语言,在对启动词饱和处理后,如果引起对目标词加工困难,就说明在语言间也存在语义饱和现象,证明饱和效应发生在语义加工阶段;如果对启动词的饱和处理未影响目标词加工,就说明饱和效应发生在知觉加工和语义加工的联接阶段,因为启动词和目标词分别属于不同语言,它们虽然有语义关联却有不同的词形。

他们采用语义启动范式和类别判断任务发现,汉—英双语者在母语语义加工中表现出稳定的饱和效应,在第二语言语义加工中未出现语义饱和效应。先呈现第一语言的启动词,在多次重复后,语义结点达到饱和状态,如果继续呈现第一语言的目标词,会影响其意义通达;呈现第二语言的目标词,不会影响其意义通达。即,由第一语言词汇—概念通道引起的语义结点疲劳,不仅不会扩散至第二语言的词汇—概念通道,反而有促进第二语言词汇加工的作用。先呈现第二语言的启动词,在多次重复后,语义结点将持续保持激活状态,相当于语义充实过程,继续呈现第二语言的目标词,会促进其意义通达;若呈现第一语言的目标词,对熟练双语者影响甚小,对不熟练双语者会表现出促进其意义通达的效果。

汉—英双语者的语义饱和效应的模式对语义饱和效应的发生阶段具有重要启示。它表明,语义饱和效应既未发生在词形加工阶段,也未发生在语义加工阶段,而是发生在字形和语义联接的阶段。因为汉—英双语者在第一语言之内出现稳定的语义饱和效应,而在第二语言之内并未出现语义饱和效应,这是由于第二语言的词形与语义的联结较弱;在跨语言情境下亦未出现语义饱和效应,这是因为一种语言词汇的语义结点达到饱和状态,并未影响其他语言的词汇结点的语义通达。当一种语言的启动词的词形到共同语义的通路被多次使用后,出现了疲劳,而另一语言的词形到语义的通路却未被使用,当这种语言的目标词出现时,由于其词形到语义的联结通路未被使用,就不会出现疲劳,饱和效应也就无从产生。

14.2.3　双语心理词典研究的新进展

基于词形层面的研究

语言在表达意义时具有任意性。同一概念可以由不同符号系统来表达。然而,就某些语言而言,它们使用的一些符号具有共同来源。例如,许多英语词和法语词都源于拉丁语和希腊语。对特定的两种语言而言,同源词(cognate words)是指由于具有共同来源而在词形上或语音上重叠水平较高的翻译对等词,非同源词(non-cognate words)是指由于不具有共同来源而在词形上或语音上重叠水平较低的翻译对等词(Voga& Grainge, 2007)。因此,在不同语言之间,存在着相似性大小的差异。语言相似性因而成为影响语义表征的重要因素。

汉语词和日语词往往具有共同来源,许多词汇的词形相同或相似。中—日同形词(Chinese-Japanese homographs)是指汉语和日语的翻译对等词由于历史原因拥有共同词根而在词形上具有高水平重叠。这些词包括：（1）书写结构与汉字相同或者只有很小的差别；（2）属于未简化的汉字（如"評論"、"饅頭"）；（3）在汉语中没有，却可以引起联想的词（如"価格"、"弁当"）（曹珺红，2005）。因此，当汉语和日语的翻译对等词在词形上较少重叠时，就被称为中—日非同形词（Chinese-Japanese non-homographs）。这些词的结构与汉字词之间差别较大，如"あに"（哥哥）、"パン"（面包）。王悦和张积家（2014）采用不熟练中—日双语者，以中文与日文的同形词和非同形词为材料，考察翻译方向、词汇拼写形式和加工任务对隐蔽翻译启动效应的影响。研究发现，词汇拼写形式对不熟练中—日双语者两种语言的隐蔽翻译启动效应具有重要影响，即表现出拼写形式依赖效应。加工任务对隐蔽翻译启动效应也具有重要影响，这种影响同字词拼写特征之间存在交互作用：当中文词和日文词同形时，中文词启动日文词和日文词启动中文词出现对称的启动效应；当中文词和日文词不同形时，中文词启动日文词和日文词启动中文词出现不对称的启动效应。这种不对称性与加工任务有关：在词汇决定任务中，中文词对日文词的启动效应显著大于日文词对中文词的启动效应；在语义决定任务中，两个方向的启动效应没有显著差异。这些因素使得不熟练中—日双语者对同形词和非同形词的反应不尽相同。同形词具有加工优势，但这种优势受任务类型影响。综合来看，不熟练中—日双语者的语言表征既不完全地符合概念中介模型，也不单纯地符合修正的层级模型，而是属于一种非常特殊的情形。对中—日同形词而言（如图 14-7a 所示），由于词形结构相同或相似，语义表征共享，词形相同或词形之间具有较高水平的重叠，彼此之间联系紧密，可以相互激活，同时中、日同形词各自也都可以直接通达到共享的概念系统，因而出现对称的启动效应。对中—日非同形词而言（如图 14-7b 所示），信息激活的途径会依据其

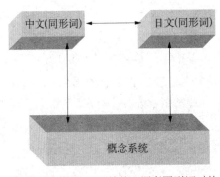

图 14-7a 中—日不熟练双语者同形词对的表征模型

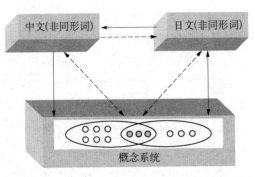

图 14-7b 中—日不熟练双语者非同形词对的表征模型

注：⟷ 表示语义卷入程度浅时的激活路径
⟵ 表示语义卷入程度深时的激活路径

任务要求不同(语义卷入程度不同)而不同。词汇决定使被试重视词形的作用,语义分类任务更突显语义的作用,因而前者符合修正层级模型的预测,后者倾向于意义模型的观点。总之,鉴于不同任务的语义卷入程度不同,被试会灵活地采取相应的反应方式。

基于语义层面的研究

在双语者的两种语言中,有相当一部分词汇是多义的或者是歧义的(polysemy or ambiguous),即在一种语言里的词汇具有多个不同含义,这些含义又对应于不同的翻译对等词(例如,英文中"bank"的两个含义分别对应于中文中的"银行"和"河岸")。即使当一个词只对应于一个翻译对等词时,它们之间的含义也并非一一对应。研究者发现,双语者加工非翻译歧义词对(translation-unambiguous pairs)显著快于加工翻译歧义词对(translation-unambiguous pairs)。而且,随着双语者的第二语言(L2)熟练程度提高,翻译歧义词对反应慢的趋势就更加明显。Laxén 和 Lavaur(2010)运用分布式概念表征模型(the distributed conceptual feature model,简称DCFM)对研究结果进行解释。该模型认为,对特定语言中的多义词而言,当翻译对等词不止一个时,其不同意义是以相同方式被激活。因此,主要翻译对等词在翻译中会优先地得到激活,因为它们与目标词共享的结点比次要翻译对等词要多。

迄今为止,关于语言间的多义词认知的结论都基于拼音文字的研究结果,未涉及表意文字。拼音文字之间存在同源关系,两种语言之间差异相对较小。例如,对英语—西班牙语双语者而言,两种语言中多义词的词形相似、义项数相近,有时甚至是同源词。表意文字与拼音文字的多义词却相差甚远,两种文字系统的多义词在词形、词义和句法上差异较大。为了检验基于拼音文字研究得出的结论能否推广到拼音文字与表意文字之间,以及句法特征的不同是否会影响双语者语言的加工,王悦和张积家(2013)以中、英文的多义词为材料,采用跨语言隐蔽启动范式,考察在无语境条件下熟练中—英双语者对多义词的早期识别。结果表明,熟练中—英双语者表现出显著的隐蔽翻译启动效应,当目标词是主要翻译对等词时,启动效应更显著。翻译对等词的性质、多义词的义项联系程度以及是否是词类歧义词都影响熟练中、英双语者对中、英多义词的早期加工。更为重要的是,在无语境条件下,词类信息在意义通达早期就已经激活,并且同语义信息之间存在交互作用。结合DCFM模型关于翻译歧义现象的解释,王悦等人将DCFM模型扩展到语法层面,使之能够描绘语法层面和词汇层面的交互作用。图14-8和图14-9描绘了非词类歧义词在义项联系紧密和义项联系松散时的情况。多义词及其翻译对等词属于同一词类,共享词性结点。例如,"先生"与它的英语翻译对等词"sir"与"husband"都是名词,在词序、用法以及句子中的成分基本相同。无论是语义联系紧密还是语义联系松散,非词类歧义词的句法

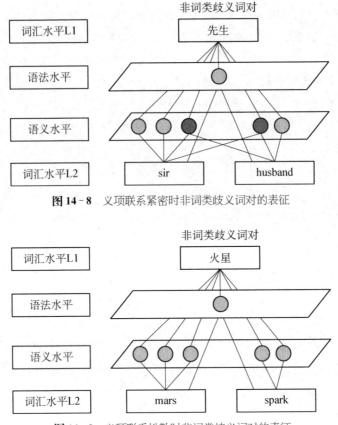

图 14 - 8 义项联系紧密时非词类歧义词对的表征

图 14 - 9 义项联系松散时非词类歧义词对的表征

信息和词汇信息均被平行地激活,两者之间没有相互影响。因而,语义联系效应得以完全地实现。

图14 - 10和图14 - 11描绘了词类歧义词在义项联系紧密和义项联系松散时的情况。多义词及其翻译对等词不属于同一词类,每个翻译对等词与目标词共享一定的句法结点,但二者之间没有共享的句法结点。例如,"进口"与它的英语翻译对等词"entrance"和"import"。一般来说,"entrance"的词性为名词,在句子中充当主语或宾语;"import"的词性为动词,在句子中一般作谓语。句法表征的重叠水平低,导致句法层面的激活竞争强,而且参与到语义信息的竞争之中。词类歧义词的语法信息和词汇信息相互影响,使得语义联系紧密时,激活竞争更大,出现语义干扰效应。

修正的层级模型认为,双语者的第一、二语言相互独立,两种语言共享一个语义记忆。然而,O'Gorman(1996)采用词汇联想任务,让香港成人英语学习者先听一个英语词或汉语词,然后写出最先想到的一个词。结果表明,不同语言有不同的存储和

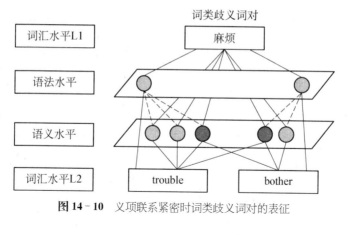

图 14 - 10　义项联系紧密时词类歧义词对的表征

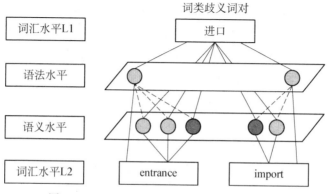

图 14 - 11　义项联系松散时词类歧义词对的表征

提取系统。就词汇之间的概念联系而言,分类学联系和主题关联联系是人们研究最为深入的两种类型。

　　分类学联系概念是指基于概念成员间相似性而形成层次性表征的概念系统。在这个系统中,基本水平概念(如"桌子"、"猪"和"鹦鹉"等),其语言形式简单,比起其他层次上的概念有较高的跨文化一致性。分类学联系概念的一个重要特征是典型性,高典型的概念容易提取,容易判断其所属类别。主题关联联系是事物在空间、功能等方面互补的显而易见的联系。一个事物能够迅速引起对之有主题关联联系的另一个事物的联想。在人的概念组织中,多种联系并存。受年龄、语言等因素的影响,对于不同人群而言,不同类型的概念联系的相对重要性有异。分类学联系的发展受教育的影响极大,而主题关联联系的发展则主要基于人的生活经历。由此,不难提出一个问题,双语者在一种语言形式下对不同类型概念联系与另一种语言形式下的情形相同吗?李德高、李俊敏和袁登伟(2010)以非英语专业一年级大学生为对象,通过控制主题关联和分类学联系,使用记忆和自由回忆任务及迫选判断任务,发现虽然在汉语条件下被试对主题关联和分类学联系的敏感性程度不相上下,但在英语条件下,他们对分类学联系的意识相对主题关联联系较强。具体地说,对第二语言能力较低的双语者来说,修正的层级模型所指的共享语义记忆应该是类似分类学联系概念的普遍性知识,难以囊括主题关联联系概念这样的文化专门性知识。

基于固定表达的研究

对中—英双语者而言,如何处理两种语言之间的差异不仅仅局限于词汇层面,在更高级别的语言单位中,如惯用语,双语者是如何理解两种语言中的固定表达?惯用语(idiom)是高度惯例性的表达,是口语中表达整体意义的短小定型的习惯用语,通常以三字格为主,如"背黑锅"、"出风头"等。

惯用语的比喻义不能由对词素的句法加工和语义分析获得。非建构的观点认为,惯用语是具有语义整体性和结构稳定性的固定词组,通常作为一个完整的意义单位运用,是一种无理据的死隐喻。建构的观点认为,惯用语理解是主动的认知建构过程。在理解中,成分词素的意义对整词的比喻义的通达发挥着重要作用。语义分解性(decomposability)是否影响惯用语理解是区分两类观点的重要指标。语义分解性是指惯用语的成分单词对整词意义理解的贡献。依据有无贡献,可以将惯用语分为语义可分解的惯用语和语义不可分解的惯用语。

惯用语理解并不仅仅依赖语义分解性,还需要借助于个体的概念系统和百科知识。文化知识在惯用语理解中发挥重要作用,语义分解性的作用必然受个体的文化知识制约。母语讲话者会利用已有概念原型和百科知识来理解惯用语,致使语义分解性在惯用语理解中不能独立发挥作用。孙尔鸿、马利军、张积家和杜凯(2014)认为,以往研究常局限于一种语言之内,由于语言受文化影响,文化知识会影响语义分解性的作用。因此,他们通过考察不同语言的惯用语理解,分离知识经验的影响,证实语义分解性的真实性,为语言符号的象似性提供证据。通过操纵熟悉性和语义可分解性,他们考察了中—英双语者对汉语惯用语和英语惯用语的理解。结果发现,语义分解性影响中—英双语者对汉语惯用语和英语惯用语的理解,语义可分解的惯用语的理解速度快,错误率低。语义可分解型惯用语,字面义对整词意义的贡献大,两者之间语义距离近,加工所需要的认知努力少。语义不可分解型惯用语,字面义与比喻义无关,对字面义的理解无助于比喻义的通达,两者之间的语义距离远,加工需要的认知资源多。此外,个体对语义不可分解的惯用语的理解更加依赖于文化知识。惯用语的理解和使用由概念知识驱动。对不同语言的不熟悉的惯用语,被试对汉语惯用语的理解成绩较好,对逐字翻译的英语惯用语的理解成绩较差。这表明,语言使用者自身的生活经验和文化习俗会对惯用语理解产生重要作用。同时,相对于语义可分解的惯用语,语义不可分解的惯用语常是具体生活事件的抽象化,惯用语的特异化程度高,而且主要体现在惯用语的外部表现形式——词汇表征上。因此,文化知识的作用主要影响对语义不可分解型惯用语的理解。

14.2.4 双语经验对其他认知能力的影响

在众多的双语研究中,近年来的一个重要方向是探讨双语对认知的影响。例如,双语者进行某一语言活动时是否需要抑制另一语言,双语儿童是否比单语儿童有更加出色的元语言认知,双语者与单语者在中央执行功能上是否有差异,等等。从以往研究看,双语(包括多语)学习经验对认知的影响具有两面性:一方面,双语掌握过程对某些认知过程存在消极影响;另一方面,双语经验对一些重要认知功能存在积极影响。

双语对场景认知的影响

语言、文化与思维的关系备受人们关注。萨丕尔-沃尔夫(Sapir-Whorf)假设认为,语言影响认知并在颜色分类、空间推理、时间比较等领域发现了反对普遍理论的证据。场景知觉是检验文化效应的重要手段。研究表明,西方人关注前景,善于分析物体的特性,倾向于将物体归入类别;东方人关注背景,善于整体思维,并基于关系和相似性作出判断(Nisbett & Miyamoto, 2005;Chua, Boland & Nisbett, 2005)。使用不同的语言,人类的认知加工会出现分化。

汉语词与英语词在外形特征、区别性特征及符号记录语言的方式上存在差异。在不同语言词汇引导下,双语者的场景知觉是否存在差异? 眼动是研究阅读场景知觉及视觉搜索等信息加工的良好手段和研究范式。王娟、张积家、刘鸣和印丛(2011)以汉—英双语者为被试,探讨他们在喜欢度评定任务中汉语词和英语词引导下的场景知觉,记录被试在注视场景图片时的眼动轨迹。实验逻辑是:如果汉—英双语者在汉语词和英语词引导下产生了不同的场景知觉,那么,文化效应至少可以部分地归结为语言的作用;如果汉—英双语者在汉语词和英语词引导下的场景知觉没有显著差异,那么文化对场景知觉的影响即使存在也只能归结为其他因素的作用。结果发现,在英语短语启动下,被试对图片的总注视次数、对背景区的注视次数显著多,对背景区的注视时间显著长;在汉语短语启动下,被试对前景区的注视次数显著多,对前景区的注视时长以及平均注视时间显著长。研究表明,语言对场景知觉有影响。这种影响体现在四个方面。(1)尽管汉语和英语的短语表达方式存在差异,但不影响言语理解,被试对场景图片的加工都体现为优先关注前景。汉语和英语是不同语言。从认知角度看,二者的语序安排各有侧重。汉语遵循"自然语序"(即"时间顺序")原则,即按照人如何感知时间顺序中的情状安排语序;英语遵循"焦点凸显"原则,即按照说话者的兴趣与表达焦点安排语序(徐行言,2004)。虽然从言语表达上看汉语和英语大相径庭,但从言语理解角度看,二者却殊途同归,都强调短语中前景物体的重要性,因而前景物体都获得了优先关注。(2)汉语和英语的语言特性差异影响加工重心选择。(3)汉语短式短语和长式短语的差异影响加工资源分配。与汉语短式短语比,汉语长式短语的信息复杂度增加,意义表达更明确,句式变化导致理解重心前移,被试会抽取部分资源用于背景加工,极大地削弱了对前景的加工力度,对前景不一致场景的加工速度就显著变慢。(4)语言熟练程度影响被试的整合加工能力。

在场景知觉中,除了启动语言类型会影响被试的眼动轨迹外,还有一个不容忽视的因素——任务加工深度。喜欢度评定任务会引导被试关注图片场景中感兴趣的区域或目标,图文一致性判断会引导被试对图片进行精确的意义加工。因此,任务加工深度不同,眼动特点也存在差异。为了明确这一因素的影响,王娟和张积家(2014)要求汉—英双语者判断启动短语与图片场景的一致性。研究发现,启动语言影响汉—英双语者的场景知觉。(1)无论是英语短语启动,还是汉语短语启动,前景物体均更多更早地获得关注,这与英语短语和汉语短语的所指相同有关。(2)语言特性影响被试的眼动轨迹:在英语短语启动下,背景信息后置引导被试对背景进行了额外的、快速的关注;在汉语短语启动下,被试的注视由前景区转至背景区的时间较晚且注视比例较小。(3)任务加工深度影响汉英双语者的场景知觉。

近年来,在场景知觉研究领域,也有研究者对文化效应提出了质疑。Rayner, Li, Williams, Cave 和 Well(2007)通过阅读、脸孔加工、场景知觉等 6 种任务,发现美国被试与中国被试注视背景和前景的平均时长没有显著差异。他们认为,文化对场景知觉的影响没有那么强烈,不同文化群体之间的眼动差异应该更多地归结为语言经验的作用,而非文化效应。Evans, Rotello, Li 和 Rayner(2009)重复了 Chua 等人(2005)的研究,发现美国人与中国人对前景的注视均多于对背景的注视,对前景的注视时间均长于对背景的注视时间。两种文化的个体在场景知觉和记忆中使用的策略也相同。Rayner, Castelhano 和 Yang(2009)要求中国被试和美国被试注视特异的场景,发现在各项眼动指标上,中国被试和美国被试均未产生显著的差异。由此可见,场景知觉的文化差异仍然存在着争议。

对时间认知的影响

在探知世界进程中,当遇到抽象或难以言表的概念、观点或体验时,人们往往借助熟悉概念来描述新的事物。这种把熟悉的、已知的、具体的范畴的概念映射到抽象概念的隐喻性表征,是人类认知和思维的基础之一。时间的抽象性决定了它要通过隐喻方式被人理解,而空间概念是人们在理解和感知时间时最常用的,这就是时间的空间隐喻。研究者通过对英语、汉语、印度语和塞索托语分析后发现,人类的时间经验源于对空间的体验。

　　尽管在不同语言中都存在时间的空间隐喻,但在借用空间词汇来表达时间时还存在差异。例如,在英语中,时间多用"前"(ahead of)、"后"(behind)等空间术语,即人们把时间发生的时间顺序看作是一条水平直线上的空间关系。在汉语中,除了常见的"前"、"后"隐喻之外还经常对时间作竖直方向的隐喻,如"上个月/下个月"。Boroditsky(2000,2010)发现,汉、英两种语言表达习惯的差异导致不同空间关系对时间的启动有不同。对英语母语者而言,由于经常对时间作水平方向的隐喻,所以水平启动的效果大于竖直启动;对汉语母语者而言,由于经常作竖直方向的隐喻,所以竖直的启动效果大于水平启动。刘丽虹和张积家(2009)沿袭 Boroditsky(2000)的实验范式,发现即使是英语较为熟练的汉—英双语者,仍然表现出较强的汉语表示时间的特性,即水平和竖直两种空间关系都对汉语被试有促进作用,但竖直空间关系的促进效果更强。用汉、英两种实验材料得出的结果相同。据此,他们认为,汉语母语者更倾向于对时间作竖直方向的隐喻,人们对时间加工受到本民族语言对事物规定特性的限制。不同民族的祖先根据自己对世界的认知创建了不同语言,语言一旦产生,就会对使用这种语言的人的认知产生巨大的影响,使他们在认知过程和心理特点上与使用其他语言的人具有明显的差异。因此,语言构成了民族共同心理形成的基础。

对中央执行功能的影响

　　中央执行功能主要包括同时协调不同任务的操作,变换操作策略,抑制与当前操作无关的信息,在长时记忆里保持信息和对信息进行操作处理等。很多研究表明,双语经验在中央调控的多个子功能上表现出促进作用。

　　大量研究发现,双语者比单语者在中央执行功能上有更出色的抑制无关信息的能力。Luo, Luk 和 Bialystok(2010)要求 6 岁双语儿童和单语儿童完成总体—局部测试(global-local test)。在这个测试中,刺激物为局部特征和总体特征可变化的视觉刺激,如一个由小字母 a 构成的大字母 F,被试根据指导语对总体特征或局部特征反应。在控制语言能力和短时记忆能力基础上,双语儿童表现出更快的处理冲突信息、抑制与任务无关的干扰信息的能力。

　　双语对中央执行功能的促进作用还表现在变换操作策略和注意分配上。例如,对大学生研究发现,双语者比单语者能更有效地在心理操作上进行任务转换(task switching)(Prior & MacWhinney, 2010)。

　　双语者的中央执行优势还体现在工作记忆的容量上。工作记忆容量在相当程度上取决于中央执行功能对记忆材料所使用的组织策略,适当组织可以扩大工作记忆的容量。因此,双语者优越的中央执行功能有助于他们使用合适的组织策略,从而获得更大的工作记忆容量。例如,数字长度记忆能力相当的双语者和单语者被要求按照指示的顺序去记忆一组随机方式呈现的物体的空间位置,双语者表现出更优秀的正确回忆成绩,说明在工作记忆容量相等的情况下,双语者比单语者更善于组织刺激材料。此外,双语对中央执行的影响始于儿童早期,这一影响在高龄被试上同样具有优势。

对创造力的影响

创造力是成功完成某种创造性活动所必需的心理品质。双语与创造力的关系如何? 早在20世纪初,人们认为双语对儿童的智力发展具有消极作用:双语儿童经常用一种语言思考而说另一种语言,在心理上会变得不确定和混乱,甚至迟钝。但是,也有相反的意见。双语儿童的思考结构比较复杂,能够刺激儿童的思考能力高度发展。双语儿童在流畅性、独创性和精致性上胜过单语儿童。双语水平对发散思维能力有显著的预测作用。研究显示,两者具有正相关。倪传斌(2012)梳理了影响双语者创造力的因素,包括二语水平、习得二语的年龄、二语的接触量、教学内容和个体特征等。研究发现,二语水平是影响双语者的创造力的决定性因素。高水平双语者在思维流畅性、想象力和语言流畅性上的得分均显著高于单语者和低水平的双语者。双语者的二语水平越高,创造力就越强。习得二语年龄早的双语者在创造性问题解决能力上比二语习得晚的双语者和单语者强。旅居海外的时间与创造力明显相关。旅居海外的时间越长,创造力的得分越高,主要表现在灵活性更好、理解内在关联和克服功能固着的能力更强,解决问题的方法更多。在教学内容方面,将文化进行对比的教学内容可以提升学生的创造力,这种提升具有延时效应。多元文化的经历、心理开放性与创造力存在明显相关。心理开放性越优秀的被试如果接触多元文化的经历越丰富,创造力得分就越高。在个性方面,研究发现,个性封闭的被试,创造力就低。因此,开朗的个体可以通过增加二语接触量来提升创造力。张晖和张积家(2011)采用创造力态度量表考察英语专业和非英语专业生的创造力态度及其发展,发现英语专业学生在创造力态度总分以及在"对自己观念的信心"、"对于新奇的欢欣"、"理论和审美倾向"、"对刺激性表达的接受"、"向往新颖与奇迹"等方面的得分均显著高于非英语专业学生,这种差距有随着年级增加而扩大的趋势,表明双语水平和双语经验对大学生的创造力态度具有重要影响。

14.3　民族语言—汉语—英语三语者语言心理研究

目前,双语研究已经取得长足的发展。但是,对掌握三种语言的三语者研究还相对较少。我国是一个多民族、多语言国家。在56个民族中,29个民族仍然使用与本民族语言相一致的文字。不同的语言和文字有不同的认知过程。我国少数民族学生在掌握本民族语言的同时，一般还学习汉语(L2)和英语(L3)，他们都是三语者。近年来，研究者开始关注我国少数民族三语者的语言认知特点。

我国少数民族学生获得三种语言的一般顺序是：本民族语言是母语(L1)，从出生时起，个体就生活在母语氛围中；汉语是第二语言(L2)，从幼儿园或小学开始接触汉语，小学阶段普遍用双语教学(本民族语言和汉语)方式授课，汉语学习的媒介语是民族语言语；第三语言是英语(L3)，从中学开始学习英语，英语学习的媒介语是汉语。三语者在语言的获得与使用上与双语者不仅存在量的差异，也存在质的差异(崔占玲，王德强，2012)。少数民族学生的双语或三语的认知特点如何？自 21 世纪初开始，研究者围绕少数民族三语者的语言心理展开了一系列研究，取得了一些重要的研究成果。研究者最初关注少数民族双语者的心理词典是独立存储还是共同存储。近年来，关注少数民族学生不同语言的表征和联系方式。

14.3.1 少数民族三语者的语言表征和联系方式

对母语为蒙古语的三语者的研究

蒙古语是古老的民族语言之一，属于阿尔泰语系蒙古语族，属于黏着语(如图 14-12)。蒙古语有严格的元音和谐律；在形态学方面以词根或词干为基础，后接附加成分派生新词和进行词形变化；句子中的语序有一定规律。通常主语在前，谓语在后，修饰语在被修饰语之前，谓语在宾语之后。

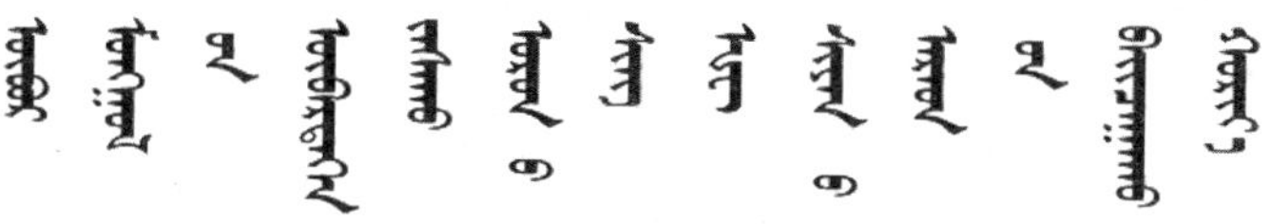

图 14-12 蒙古文范例(图片来源：网络)

白乙拉和李慧惠(2006)采用语义启动词汇判断范式，考察同一语言内和不同语言间的语义启动效应。结果发现，英语熟练程度不同的蒙—汉—英三语者存在英语语言内启动效应。而且，蒙—英以及汉—英之间存在跨语言语义启动效应。他们还发现了跨语言启动的不对称性，蒙—英以及汉—英的启动量显著大于英—汉以及英—蒙的启动量。这些语言间启动效应证实了蒙—汉—英三语者三种语言的语义是共同存储的。李杰、侯友、王凤梅和姜淞秀(2013)采用跨语言长时重复启动范式探讨非熟练蒙—英双语者的词汇与概念表征的特点。被试需要完成学习和测验两个阶段的不同任务。在学习阶段，被试完成语义判断任务，目的是让目标语言的词汇通达共同语义表征；在测验阶段，被试完成真假字词判断任务，目的是考察学习阶段所呈现的语言的词汇在语义通达中激活了哪些语言的词汇表征。如果学习阶段的语义通达激活了测验阶段对应词的词汇表征,那么,在测验阶段,对相应词的反应会更快更准,据此可推断这两种语言之间有联系。他们选取 165 名非熟练蒙—英双语者为被试,操纵语言条件和学习条件,因变量为任务判断的反应时和正确率。结果发现,词汇判断任务中未产生跨语言长时重复启动效应,表明非熟练蒙—英双语者的词汇表征是分离的;语义判断任务中产生了跨语言重复启动效应,表明非熟练蒙—英双语者的概念表征是共享的。在概念判断任务中,语言内启动对称,说明语言内启动发生在词汇水平;语言间启动效应不非对称,英—蒙条件产生了跨语言长时重复启动效应,蒙—英条件未产生跨语言的长时重复启动效应。实验结果支持了修正的层级模型。

张学敏(2008)采用 Stroop 色词测验的变式——图文干扰测验考察蒙—汉—英三语者的语言表征。蒙—汉—英三语者用蒙古语和汉语命名图画时所受到干扰无显著差异,说明被试的汉语熟练程度与母语蒙古语基本相当。但命名蒙古语干扰和汉语干扰的图画时干扰效应更大,且干扰为蒙古语时干扰效应大于干扰为汉语时,存在语言内和语言间的干扰现象,说明蒙—汉—英三语者有蒙古语、汉语两个心理词典。此外,蒙古语与英语之间也存在干扰效应,证明存在蒙古语和英语两个词典。由此,研究者得出蒙—汉—英三语者存在蒙、汉、英三个心理词典的结论。

近年来,人们发现,双语者词汇与共享语义表征联结的非对称也存在于空间词汇加工中。研究者一般采用空间词不对称判断与 Simon 判断混合范式证实该现象。此范式要求被试对屏幕中央的空间词“左”和“右”作出与语义相反的按键(“左”按右键,“右”按左键);在 Simon 判断中,要求被试对随机呈现在屏幕左或右的红绿色圆的颜色相应左右按键,忽视圆呈现的位置。单独完成 Simon 任务时,无关空间信息(刺激呈现的物理位置)与反应键位置一致时比不一致时反应更快更准,即出现 Simon 效应;当 Simon 任务与空间词不对称判断混合时,Simon 效应表现为消失或反转(刺激与反应位置不一致时反应更快更准)。早期研究采用该范式以英语单语者为被试,发现 Simon 效应消失或反转(Proctor, Marble & Vu, 2000; Proctor & Vu, 2002)。Notebaert, Moor, Gevers 和 Harptsuiker(2007)采用该范式以荷兰语—法语双语者为被试,发现一语空间词判断造成 Simon 效应反转,二语条件下仍表现为 Simon 效应,表明双语者词汇与物理位置空间信息存在共享语义表征,且一语词汇和共享表征的联结强于二语。Vu, Ngo 和 Minakata(2010)采用相同范式以二语为常用语的西班牙语—英语双语者和越南语—英语双语者为被试,发现二语空间词不对称判断造成 Simon 效应反转,一语条件下仍为 Simon 效应,在肯定双语者不同空间信息存在共享语义表征基础上,提出随着常用语二语熟练度和使用频率增加,之前以一语为强联结的模式会转变为二语与共享表征的联结更强。然而,已有研究仅开展了非平衡双语者和二语为优势语的双语者的研究,未采用此范式考察平衡双语者(两语言熟练水平相当)两种语言与语义表征的联结特点。杜瑞霞、李杰、七十三和侯友(2014)采取该范式考察了平衡双语者的一语和二语词汇与共享语义表征的联结特点。实验1以平衡蒙—汉双语者为被试,发现Simon效应所受影响在蒙、汉语言间无差异。实验2以蒙—汉—英三语者为被试,发现Simon效应所受影响在汉语—英语间、蒙语—英语间有差异。这表明,平衡双语者的词汇空间信息与物理位置空间信息存在共享语义表征,语言熟练程度影响一语和二语与共享表征的联结强度,从而验证了修正的层级模型。

对母语为维吾尔语的三语者的研究

维吾尔语,简称维语,属于阿尔泰语系突厥语族。维吾尔族人在公务活动、社会交际、广播影视、新闻出版、文学艺术、民族教育、科技等各个领域都普遍使用该种语言(如图14-13)。现在中国境内官方的维吾尔文是以阿拉伯字母书写的,同时以拉丁字母为基础的拉丁维吾尔文作为补充。维语是一种拼音式文字,采用阿拉伯字母,是从右向左书写的。维语构词和构形附加成分很丰富。词汇中除有突厥语族诸语言的共同词外,还有相当数量的阿拉伯语和波斯语的借词。现在使用阿拉伯字母的维吾尔文,名词有数、从属人称、格等语法范畴;动词有态、肯定否定、语气、时、人称、数、形动词、动名词、副动词等语法范畴。词组和句子有严格的词序:主语在谓语之前,限定语在中心词之前。

خاگجوُ بىرلەشمە بانكىسى

图14-13　维吾尔文范例(图片来源:网络)

鲜红林(2006)采用双语Stroop范式中的色词命名任务考察维—汉双语者的语言表征,发现发现在色词命名中,维—汉双语者的语言内干扰效应显著大于语言间干扰效应,维语的语言内干扰效应比汉语小,这表明,维—汉双语者拥有维语和汉语两个心理词典。维—汉双语者的两种语言的不相似性和第二语言汉语的熟练程度影响其语言联系模式。随着汉语水平提高,维—汉双语者的词汇加工策略发生变化,语言联系模式也会随着改变。盛瑞鑫等(2007)采用跨语言启动条件下的词汇判断范式,考察熟练维—汉双语者汉语语义的通达机制,发现无论是维语启动还是汉语启动,无论启动维语还是启动汉语,无论启动词与目标词之间是联系关系还是翻译关系,都存在显著的启动效应,并且不存在方向上的差异性。这说明,对熟练的维—汉双语者而言,母语维语和第二语言汉语与语义都建立了很强的联系,并且两种语言间的词汇通达的不对称性消失,支持修正的层级模型。闻素霞和热比古丽·白克力(2009)以维吾尔族大学生为被试考察了他们的第二语言汉语的语义概念表征特征,发现他们的第二语言的语义与第一语言共同存储在一个概念系统中,支持共同存储理论。热比古丽·白克力(2010)采用启动范式考察了维—汉—英三语者三种语言(维语—L1,汉语—L2,英语—L3)之间的联系模式,发现当启动词与目标词为翻译关系时,L2—L1、L3—L1、L3—L2方向上都得到显著的启动效应;当两者之间语义相关时,只有L2—L1方向产生启动效应,L3—L1、L3—L2方向均没有获得启动效应。但当启动词与目标词在词汇特征上具有相似性关系时,L2—L1中没有获得启动效应,而L3—L1、L3—L2中获得了显著的启动效应。研究者提出,维—汉—英三语者的语言联系模式:熟练的第二语言(汉语)词汇直接通达语义;非熟练的第三语言(英语)既能够借助于母语词汇通达语义,又能够借助于熟练的汉语词汇通达语义(见图14-14)。随后,热比古丽·白克力、雷志明和闻素霞(2011)又使用跨语言启动条件下的真假词

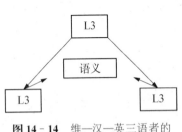

图14-14 维—汉—英三语者的语言联系模式

汇判断任务,以维—汉—英语三语的大学生为被试,发现跨语言启动条件下,维语对英语有显著启动效应,但英语没有显著启动维语。这说明,维语比英语更容易启动,且这两种语言的语义共同存储。周晓林、玛依拉·亚克甫、李恋敬和吕建国(2008)发现,语言经验导致主导语言改变。经常使用的语言类型会影响被试的语言学习及其第二语言的语义通达过程。

对母语为藏语的三语者的研究

藏文是藏族使用的藏语文字,藏语属汉藏语系藏缅语族藏语支(如图14-15)。藏文作为藏族人民的书面交际工具,历史之悠久在国内仅次于汉文。藏文是参照梵文字母体系而创制的辅音字母式的音素拼音文字。与英文一样,藏文也具有形—音对应的特点。藏文字形结构均以一个字母为核心,其余字母均以此为基础前后附加和上下叠写,组合成一个完整的字表结构。藏文的书写习惯为从左向右。

图14-15 藏文范例(图片来源:网络)

对藏—汉—英三语者来说,他们掌握藏语、汉语、英语三种语言,但三种语言的熟练程度不同:藏语为母语,是L1;汉语为熟练语言,在学习和日常生活中有很高的使用频率,但仍然属于L2;英语是他们上初中以后才开始学习的,学习媒介语是汉语,对他们而言,属于不熟练语言,是L3。三语者在掌握三种语言时,必定会受到语言获得顺序、语言获得途径以及情境等因素影响。三种语言的词汇、语义与句法也会相互

影响。崔占玲和张积家(2009a)采用跨语言长时重复启动范式研究藏—汉—英三语者三种语言的词汇与语义表征。结果发现,不同语言之间的联系模式不同。藏语和汉语之间为概念中介联系模式,汉语和英语之间为词汇联系模式,藏语和英语之间没有直接联系(如图 14 - 16)。此外,语言熟练程度、语言相似性和学习的媒介语等均影响语言联系模式。综合来看,藏—汉—英三语者的语言联系模式与双语者的语言联系模式既有相似之处,也有明显不同。

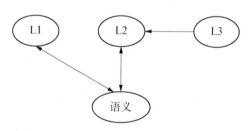

图 14 - 16　藏—汉—英三语者的复合联系模式

　　言语加工包括言语理解和言语产生。言语理解是一种自下而上的加工过程,首先激活的是该语言的词汇表征;言语产生是一种自上而下的加工过程,首先激活的是该语言的语义概念。双语者在言语理解和言语产生中的加工特点,在一定程度上反映了双语者不同语言的词汇与语义之间的联系方式。语码切换范式为探查双语者的言语加工提供了一扇窗口。通过比较任务语言的切换代价大小,可以探查双语者完成切换时两种任务语言的状态,进而推测双语者加工两种任务语言的特点。张积家和崔占玲(2008)采用语码切换范式词汇判断任务,系统考察了言语理解中藏—汉—英三语者加工三种语言之间的语码切换及其切换代价大小。结果发现,藏文词和汉字词的切换代价差异不显著。但是,被试加工英文词的切换代价显著大于藏文词和汉字词,存在着切换代价的不对称性。他们认为,藏—汉—英三语者加工藏文词与汉字词的特点基本相同,加工英文词的特点不同于藏文词与汉字词。崔占玲、张积家和韩淼(2007)考察了藏—汉—英三语者在字词识别中汉字词与英文词的加工特点,并与汉—英双语者比较,发现藏—汉—英三语者比汉—英双语者加工汉字词和英文词时的反应时更长,错误率更高,但切换代价基本相同。这说明,藏—汉—英三语者和汉—英双语者加工汉字词和英文词的特点基本相同。语言熟练程度会影响语码切换过程,决定语码切换代价的大小。随后,又采用图片命名任务,考察藏—汉—英三语者言语产生中的语码切换及其切换代价(崔占玲,张积家,顾维忱,2009)。结果发现,藏—汉—英三语者用藏语和汉语命名图片的反应时基本相当,不存在切换代价的不对称性;但用藏语和英语或汉语和英语命名时,存在切换代价的不对称性,切换至熟练语言藏语或者汉语的代价显著大于切换至不熟练语言英语。这说明,语言熟练程度也影响藏—汉—英三语者言语产生中的语码切换及其切换代价。

　　迄今为止,几乎所有的研究结果都支持少数民族双语者的语义系统共同存储。无论是维族双语者还是蒙族双语者,无论采用启动条件下的词汇判断范式、长时重复启动范式、Stroop 范式、语义联想范式还是图片命名范式,研究结果基本一致。综合来看,少数民族三语者和双语者加工两种语言的过程基本相同,影响双语者加工不同语言的主要因素是语言熟练程度。虽然不同语言的加工特点不同,加工不同语言的过程却基本相同。这说明,双语者在加工不同语言时具有普遍的、共同的机制。

14.3.2　少数民族地区三语研究的未来的方向

目前,对少数民族学生双语认知的研究主要涉及蒙古文、维吾尔文和藏文三种民族文字。在我国 55 个少数民族中,除蒙族、藏族与维吾尔族外,还有哈萨克族、锡伯族、彝族、傣族、景颇族等 9 个少数民族有自己的文字。而且,不同文字的书写形式也各不相同。维吾尔文和哈萨克文从右往左书写,蒙古文和锡伯文则是从上往下书写。那么,其他少数民族学生的三种语言之间如何联系? 在加工过程中又有怎样的特点? 因此,少数民族学生语言认知加工的异同比较是未来努力的方向之一。

文字特点会影响字词加工,不同语言的大脑加工机制不同。双语者两种语言的加工过程不是两种语言加工过程的简单叠加,而是相互作用的结果。其中,第二语言熟练程度是影响双语者语言加工的主要因素,第二语言加工方式也受母语加工方式影响。那么,少数民族双语者在加工汉字词时会有怎样的特点? 是否与汉语母语者相同? 少数民族文字的加工特点及少数民族学生加工汉语的研究也需要逐步引起研究者的关注。

目前,少数民族学生在学习本民族语言和汉语的同时,也学习第三语言,一般是英语。少数民族学生的英语学习面临着不同于汉族学生的众多困难。如何帮助少数民族学生更有效地学习第三语言,是民族教育工作者和外语教育者共同关心的问题。少数民族学生的英语学习与加工过程具有特定特点。只有了解少数民族学生的获得与加工英语的特点,揭示少数民族学生的英语认知机制,才能选择更适合少数民族学生英语教学的策略与方法,帮助少数民族学生更有效地学习英语。例如,崔占玲和张积家(2009b)认为,他们关于藏—汉—英三语者三种语言的联系模式的研究结果对藏族和其他少数民族学生的外语学习有重要参考价值。对三语者而言,学习的媒介语不仅影响语言表征,也影响语言之间的联系。既然如此,在对少数民族学生进行英语教学时,应该尝试将他们的母语(如果他们的母语也有文字的话)作为教学媒介语,以母语为媒介来学习英语。这样,学生的母语编码方式就会促进英语学习,母语与英语既能更好地共享语义表征,又能建立语言间的直接联系,英语学习就可能达到更好的效果。

14.4　方言—普通话双言者语言心理研究

汉语是世界上方言最复杂的语言之一。在汉语共同体内部,有北方、吴、湘、赣、客、闽、粤七大方言。方言和方言之间在字形、语音、词汇和语法上差异甚大,有的方言之间更是言语不通。为了能够交际,人们便创造了一种汉语共同语——普通话,同时操方言和普通话的人在我国非常众多。这种纷繁复杂的语言现象不仅为语言学家提供了丰富资料,还日益成为心理学研究的重点内容。

14.4.1　双言者的语言表征

由于在普通话和方言之间"共性"与"个性"并存,那么,与双语者比,方言—普通话双言者的两种语言将如何表征和联系?双语者的语言表征模型能否适用于双言者?

粤语,又称广东话,是一种属于汉藏语系汉语族的声调语言。粤语根源于古代中原雅言,含完整的九声六调,比较完美地保留了古汉语的特征,同时也是保留中古汉语最完整的语言。粤语是除普通话外唯一在外国大学有独立研究的中国语言。普通话和粤语都以汉字来表形、音、义,粤语却有自身的特点,如粤语较多地保留古词语和古词义,有较多的外国语借词,存在少数民族的同源词,在构词形式和词汇意义上也有独特之处。普通话以双音节词为主,但不少普通话词在粤语中却以单音节词形式出现,这体现了两者音节多寡的不同。再如,不少相同意义的词语,粤语和普通话分别用不同词素构成,如普通话的"白天",在粤语中是"日头"。粤语的声母、韵母、声调的数目以及音节的总数都比普通话多。以上这些差异都为研究普通话和粤语提供了可能。

张积家和张凤玲(2010)比较普通话—英语双语者、普通话单语者、粤语—普通话双言者和普通话单言者对图片命名和图片分类的成绩。实验 1 表明,对不重复呈现的图片,双语者的图片命名反应时显著长于单语者。对重复呈现图片,双语者的图片命名反应时显著长于单语者。双语者和单语者对不重复呈现图片分类的反应时没有显著差异,对重复呈现图片分类的反应时也无显著差异。实验 2 将实验 1 中重复次数增加 1 倍(4 次),以检验重复效应是否影响双语者和单语者在图片命名任务中的成绩。结果表明,前三次呈现图片时,双语者的反应时显著长于单语者;在第四次、第五次呈现图片时,双语者和单语者的图片命名反应时的差异不显著。这说明,双语者所获得的重复效应比单语者更大。总之,实验 1 和实验 2 表明,双语影响图片命名但不影响图片分类。双语者在图片多次重复呈现时所获得的重复启动效应比单语者更大。实验3和实验4表明,双言者对图片命名和图片分类的反应模式和双语者一致,表明粤语—普通话双言和普通话—英语双语有类似的认知机制。普通话和粤语是作为两种语言储存在粤语—普通话双言者的头脑中的,双言者和双语者有类似的语言表征系统。

马利军、韦玮和张积家(2011)采用跨语言重复启动范式对熟练粤语—普通话双言者研究发现,在启动词为普通话词、目标词为粤语词时,存在显著的跨语言重复启动效应;在启动词为粤语词、目标词为普通话词时,没有出现跨语言重复启动效应。熟练粤语—普通话双言者的语言表征支持概念表征共享假设,熟练粤语—普通话双言者从第二语言到第一语言的联系更加紧密,支持修正的层级模型。双言者的两种语言的紧密联系还体现在跨语言干涉上。黄健、陆爱桃和张积家(2011)研究表明,粤语—普通话双言者的音位流畅性和语义流畅性均差于普通话单言者,表明非反应语言(粤语)对反应语言(普通话)产生了干扰。粤语中的读音混淆影响了粤语—普通话双言者的普通话的言语流畅性。麦穗妍和陈俊(2014)采用听觉跨语言启动的语义判断范式,考察非熟练潮—粤双言者的两种方言之间的语义通达方式,发现非熟练潮—粤双言者的两种方言的词汇分别表征,语义共享表征;第二方言词汇能够直接通达语义表征,不需要以第一方言词汇为中介,但双言的词汇表征与语义表征的联结强度仍然存在不对称性。

张积家和张凤玲(2014)以熟练粤语—普通话双言者为被试考察粤语听觉词的语言表征。材料为粤语和普通话同形异音的词和异形异音的词,要求被试作语义决定。实验1表明,对已学词的反应时比对未学词短,错误率亦低。在学习阶段呈现普通话词,在测验阶段不仅能促进对普通话词的反应,还能促进对粤语词的反应;在学习阶段呈现粤语词,在测验阶段不仅能促进对粤语词的反应,还能促进对普通话词的反应。这说明,粤语—普通话双言者在语言内和语言间均存在重复启动效应。然而,当学习阶段和测验阶段的语言相同时,粤语—粤语条件反应时短,普通话—普通话条件反应时长。普通话词和粤语词的语言内的重复启动效应相当,语言间的重复启动效应却不对称:普通话—粤语条件启动效应大,粤语—普通话条件启动效应小。这意味着,普通话词对粤语词的启动作用大,粤语词对普通话词的启动作用小。实验2表明,对粤语和普通话异形异音的词,粤语词和普通话词均存在语言内的重复启动效应。但当学习阶段和测验阶段的语言均为粤语词时,语言内的重复启动效应大;当学习阶段和测验阶段的语言均为普通话词时,语言内的重复启动效应小。出现粤语词和普通话词的语言内启动效应不对称,表现出粤语词的语言内启动优势。所以如此,是由于粤语词和普通话词异形异音,相当于两种完全不同语言的词,普通话词的L2特点更明显。被试对与普通话异形异音的粤语词更熟悉,当它们在学习阶段出现时,比普通话词的语义通达更快,语义激活更强,产生了更大的语言内启动效应。整个研究表明,粤语—普通话双言者对听觉词的语言表征类似于双语者,即普通话和粤语的语义共享表征,词汇分别表征。

上述研究表明,双言者与双语者的心理表征更多地表现出"和而不同"。它们之间的相似之处表现在词汇分别表征,语义共享表征。但是,相比起双语,两种语言的语音和字形相似的现象在双言中更为普遍,这会导致语音和字形在双言者的两种语言中的自动激活与竞争比在双语者的两种语言中要大。

14.4.2 双言对认知能力的影响

语言关联性假设认为,不同语言的词汇语义不同、语法不同,这会影响讲话者的认知。甚至在同一语言内部的语言差异都会对讲话者的认知产生影响。研究表明,双言也会对双言者的认知产生影响。

双言对语音意识的影响

语音意识是指个体对言语的音位片段的反应与控制能力,是预测阅读能力的重要指标。双语者的语音意识是否具有优势?在学术界尚存在争议。以双言者为被试的研究结论也不一致。有证据表明,双言儿童具有语音意识优势,如沪语儿童的语音意识和声调意识的成绩好于普通话单言儿童(林泳海,王玲玉,钱琴珍,邱静静,2011)。有关闽方言的研究证实,会讲闽语同时又会讲普通话的儿童,语音意识比单一语言儿童更有优势(王幼琨,2004)。但是,李荣宝等(2008)发现,方言讲话者在学习普通话时,对某些普通话语音的学习和感知存在困难,方言儿童和普通话儿童相比,普通话的语音意识的发展明显滞后。

双言对词汇语义的影响

不同语言经验影响讲话者的认知(张积家,刘丽虹,谭力海,2005)。对量词语言的使用者而言,使用量词的经验有可能改变他们的语义组织方式。国内外研究集中探讨了量词的语义功能(Schmitt & Zhang, 1998;王黎,郭佳,毕彦超,舒华,2006;张积家,刘红艳,2009)。结果表明,汉语个体量词对汉语母语者的语义加工有一定影响。汉语以普通话为标准语,量词研究也大多关注普通话个体量词。但是,汉语七大方言都有自己的量词系统和量词的语义特征。以潮汕方言为例,潮汕方言的个体量词既具有普通话个体量词的特点,又具有方言特点。研究发现,分类学关系是潮汕方言讲话者分类的首要标准,潮汕方言的个体量词关系比普通话的个体量词关系对潮汕方言讲话者的语义相似性评定影响更大。即,潮汕方言的个体量词深刻影响着潮汕方言讲话者的语义加工。除潮汕方言外,其他方言的个体量词也各有特点。例如,个体量词"尾"在普通话、客家话和闽南话中就有很大差异,这些差异亦会影响方言讲话者的语义加工。

双言对语法性的影响

语法性(grammatical gender)是指有些语言对表示无性别甚至无生命事物的词有性别区分,对表征无性别甚至无生命事物的词加上性的标志。例如,西班牙语就有一整套语法性系统对物体冠以性的标志,类似的还有德语、法语和意大利语等。拼音文字研究表明,语法性影响人们对物体的分类和认知(Martinez & Shatz, 1996),影响人们对物体名称的记忆及对物体的相似性评定(Boroditsky, Schmidt, & Phillips, 2003)。汉语中虽然不存在语法性,但中国传统文化有阴阳对立传统,以阴阳对立和变化解释自然界和人类社会中的各种现象,如天为阳,地为阴;日为阳,月为阴。这种浓郁的阴阳文化不仅反映在日常生活和语言文字里,也渗透到人们的意识中。张积家、刘丽虹和曾丹(2005)采用拟人化配声和对形容词进行性别倾向评定方法,发现小学生对无性别事物存在性别编码倾向,这种倾向在一年级时就已经基本形成。随着年级增长,将雌性倾向事物划分为女性的比率在增长,将雄性倾向事物划分为男性的比率也在增长。

与普通话词汇不同,汉语的许多方言词汇具有某种程度的语法性。例如,客家方言常在词尾加上"公"、"哥"、"嫲"和"婆"等标记。这些名词已经泛化到可以指称对人类来说区分性别无关紧要或未区分性别乃至根本无性别的事物。作为词缀的"公"、"牯"、"嫲"、"婆"、"哥",本来自实词,表义都指动物性别,与古汉语的阴、阳类似。客家方言以"公"、"牯"、"嫲"、"婆"、"哥"作为名词后缀,有语法性意义,其语法意义主要有:

(1) 都指同类事物中的粗大者。"公"、"牯"的例子如:"手指公"(大拇指)、"沙公"(粗沙粒)、"碗公"(大碗)、"石头牯"(大石头)。因为雄性动物是同类中的粗大者,故引出此义。"嫲"的例子如:"刀嫲"(大刀)、"索嫲"(粗绳子)。这可能与已生育的雌性动物形象有关,因为同幼仔比,已生育的雌性动物形体更大,故引申出此义。

(2) 用于某些身体部位或器具,"公"、"牯"表示"突出"、"外突"义,"嫲"表示"内藏不外露"、"凹下"义,如"拳头牯"(拳头)、"耳朵公"(耳朵)、"鼻公"(鼻子)、"舌嫲"(人的舌头)、"勺嫲"(瓢)、"笠嫲"(斗笠)。因为舌头不外露,故称说时加"嫲"。与舌头比,耳朵、鼻子突出,故称说时加"公"。瓢、斗笠称说时加"嫲",是因为它们都有"凹下"特征。

(3) 用于小动物,不指性别。"公"表"可爱"义,"嫲"表"厌恶"义。如"猫公"(猫)、"蚁公"(蚂蚁)、"虱嫲"(虱子)。

侯秋霞和张积家(2012, 2013)推测,既然客家方言名词具有语法性,这种语法性就会对客家方言讲话者的认知产生影响。这种影响可能包括:(1)影响对事物的性别编码。有雄性标记的事物更可能被编码为雄性,有雌性标记的事物更可能被编码为雌性。(2)影响对事物分类。当不给出分类标准时,客家方言讲话者更可能根据语法性分类。(3)影响对事物性向的认知。他们通过 4 个实验来证实上述假设。

实验 1 采用拟人化配声任务,两组(各 100 名)讲梅县客家方言的高中生参加实验。对第一组被试:挑选器官、器物、自然物、昆虫、动物、蔬菜 6 类事物。在互联网上找到相应图片,每类 10 张,共 60 张。对第二组被试,发给测试表,表中呈现客家方言名词。要求为参加拟人表演的事物配声。告知第一组被试:"假定有这样一些事物参加一个化妆晚会,每位选手都介绍自己说:'大家好,我是某某某。'你会用男声还是用女声为其配声?"被试明白要求后,计算机呈现图片,被试看图片配声。要求第二组被试为词表征的事物配声。结果表明:(1)客家方言名词的语法性影响客家方言讲话者对事物的性别编码。客家方言名词的语法性标记加强了被试对事物性别编码的倾向。当用方言名词配声时,除了对"须姑"(胡须)、"刀嫲"(菜刀)、"勺嫲"(水勺)、"猫公"(猫)的配声与语法性不一致外,对其他有性别标记的事物配声与语法性一致。有阳性标记的事物配男声比率高,有阴性标记的事物配女声比率高。即,对大多数有语法性标记的事物,性别编码同语法性标记一致。(2)客家方言讲话者对事物的性别编码存在性别差异。相对而言,女生的性别编码倾向更突出些。

实验 2 要求被试对 60 个词自由分类,亦有两组双言被试(各 100 名)参加实验。对一组被试,词以普通话形式呈现;对另一组被试,词以客家话形式呈现。结果表明,两组被试分类的语义空间维度相同,均为"动物/非动物"与"生物/非生物",说明被试分类主要由事物的语义性质决定。但是,客家方言名词的语法性对分类亦有一定影响。例如,在水族中,"虾公"(虾)、"滑哥"(鲇鱼)和"鲤嫲"(鲤鱼)同其他词的离散程度非常高;在昆虫中,语法性为阳性的词["虫哥"(虫子)、"豹虎哥"(小蜘蛛)、"细螺哥"(蜗牛)、"宪公"(蚯蚓)、"猪屎粪公"(蜣螂)]的聚类程度非常高,语法性为阴性的词["虱嫲"(虱子)]和有女性倾向的蝴蝶、火炎虫聚类程度非常高。在蔬菜中,"姜嫲"(姜)和无语法性标记的其他蔬菜有明显的分离。在器官中,有语法性标记的"鼻公"(鼻子)、"耳公"(耳朵)、"手指公"(拇指)、"脚趾公"(大脚趾)、"舌嫲"(舌头)、"须姑"(胡须)的聚类程度也非常高。"拳头牯"(拳头)与其他器官略有分离。在器物中,"勺嫲"(水勺)、"刀嫲"(菜刀)、"索嫲"(粗绳)、"笠嫲"(斗笠)和篮子聚在一起,"碗公"(碗)、"扣公"(布纽珠)和足球聚在一起。在自然物中,有语法性标记的"石头牯"(大石头)和"沙公"(粗沙粒)明显地同其他自然物分离。

实验 3 和实验 4 采用形容词描述和评定方法,考察客家方言名词的语法性对客家方言讲话者对事物性向认知的影响。实验 3 分为两个阶段。在第一阶段,给 100 名客家大学生 60 个普通话词表,要求被试用不多于 5 个形容词描述词代表的事物。

收回问卷后,计数和归类写出的词,计算形容词的列举频率(列举频率 = 列举该词的人数/总人数)。对每个事物名称,找出被试列举频率最高的 6 个形容词,构成测试词表。在第二阶段,给另外 110 名客家大学生测试词表。在词表中,省去事物名称,只表列形容词。描述每个事物的形容词排成一行,后面跟随一个 7 点量表,要求被试评定形容词组所描绘的事物的性向:如被试认为形容词组最适合于描述雄性,就选 7;如被试认为形容词组最适合于描述雌性,就选 1。如被试的平均评定超过 4,就判定事物倾向于雄性;如被试的平均评定低于 4,就判定事物倾向于雌性。形容词组的顺序随机排列。由于省去了事物名称,又采用不同被试,被试在评定时不知道词汇原来是描述什么的,只评定形容词组的性别倾向。形容词虽然不一定直接关系到事物的性向,却和事物的性向特别是文化中的性别原型有关。在评价时,又要求被试根据形容词对事物作性向评定,因此就保证了被试必须将形容词同事物的性向相联系,由此可以反映出被试对事物性向的认知。实验 4 的程序与实验 3 同,但给出的名词是客家方言名词。结果表明,客家方言讲话者对事物性向的认知主要受事物本身的特点影响。然而,客家方言名词的语法性也影响客家方言讲话者对事物性向的认知,甚至可以在一定程度上改变对事物性向的认知。在客家方言中具有阳性标记的事物,被试更多地使用描述男性的形容词;在客家方言中具有阴性标记的事物,被试更多地使用描述女性的形容词。

双言者的词汇习得年龄效应和舌尖效应

　　词汇习得年龄(age of acquisition, AOA)是指以口语或书面语形式接触到某个词并且理解其意义的年龄,是影响词汇识别的重要因素。早期习得词汇比晚期习得词汇更容易加工(陈宝国,尤文平,周会霞,2007)。对方言—普通话双言者来说,是否存在词汇习得年龄效应? 陈俊、林少惠和张积家(2011)采用潮汕话—普通话双言者为被试,通过 3 个实验,考察词汇习得年龄效应。实验 1 采用汉字命名和图片命名范式,证实在双言者的两种语言中都存在词汇习得年龄效应。实验 2 和实验 3 分别采用语义范畴判断及声母监控任务,在语义层面及语音层面检验双言者的两种语言的词汇习得年龄效应的特点。结果表明,在语义任务上发现词汇习得年龄效应,在语音任务上未发现。整个研究表明,语义在汉语词汇习得年龄效应产生中具有重要作用,支持语义假设。所以如此,与双言者的两种语言的词汇语义较为一致有关。

　　舌尖现象(the tip of tongue phenomenon, TOT)是指明明知道,当时又回忆不起来的现象。研究发现,双语者比单语者体验到更多的舌尖现象,双语者 TOT 比率高于单语者(Schwartz,1999)。双语者拥有更多 TOT 的根本原因在于双语者的语言使用频率小于单语者,导致双语者在语义与词汇之间的联结减弱。双言与双语密不可分,也不完全相同。陈俊等人(2013)以粤语—普通话双言者为被试,比较普通话熟练和不熟练被试在使用不同语言命名时的 TOT 产生率。结果发现:(1)粤语—普通话双言者的 TOT 率受普通话熟练程度影响。普通话不熟练的粤语—普通话双言者用普通话命名时 TOT 率更高。(2)语言启动能够调节粤语—普通话双言者的普通话熟练程度与 TOT 的关系。在语言启动条件下,普通话熟练的粤语—普通话双言者的 TOT 率更高。(3)粤语—普通话双言者的 TOT 产生机制符合部分激活理论的预期。范小月和王瑞明(2013)考察方言和外语学习对词汇通达能力的影响,发现单语者的表现均好于粤语—普通话双言者和粤语—普通话—英语三语者,粤语—普通话双言者和粤语—普通话—英语三语者的表现没有显著差异。这说明,与外语学习一样,方言也影响个体的词汇通达能力,方言和外语学习对词汇通达能力的影响依赖于使用频率。

双言对记忆的影响

记忆的语言依赖效应(language-dependent effects on memory)近年来成为探讨语言和认知交互作用的切入点。语言依赖效应表现为记忆对学习和测验的语言环境的依赖:用一种语言有时能比用另一种语言回忆出事件的更多细节;在一种语言环境下回忆不出的事件可以在另一种语言环境下回忆出来。这种效应多见于双语者的记忆中(Zeelenberg & Pecher,2003)。张积家和张倩秋(2006)以粤语—普通话双言者为被试,通过两个实验考察在普通话和粤语条件下的记忆语言依赖效应。实验 1 采用自传式回忆范式,考察语言环境对情境记忆提取的影响,发现在普通话环境和粤语环境下,粤语—普通话双言者的回忆体现了对语言环境的依赖:当回忆时的语言环境和事件发生时的语言环境相同时,获得了更多的同类记忆。实验 2 通过听觉方式呈现词,考察语音和语言表达方式对再认的影响,发现粤语—普通话双言者对用粤语方言表达的词反应时短,错误率低,表明语音和语言表达方式是影响粤语—普通话双言者记忆语言依赖效应的重要因素。张倩秋和张积家(2007)考察加工水平对普通话和粤语的记忆语言依赖效应的影响。实验 1 考察在有意学习中的记忆语言依赖效应,发现测验的语言环境对再认有重要影响。被试在粤语测验环境下对学过的韩国语词的再认反应时短,误报率低,辨别力强,"记得"反应占优势。实验 2 考察在无意识学习中的记忆语言依赖效应。结果表明,被试在粤语测验环境下对评定过的韩国语词的再认反应时短,误报率却高,辨别力差,但"记得"反应占优势;在普通话测验环境下,对评定过的韩国语词的再认反应时长,误报率却低,辨别力强,"知道"和"猜测"反应增加。整个研究表明,粤语—普通话双言者的记忆语言依赖效应在有意学习(深加工)和无意学习(浅加工)中都存在,但趋势不同,表明加工水平是影响普通话和粤语记忆语言依赖效应的重要变量。李利、莫雷和潘敬儿(2008)发现,在言语产生中,记忆语言依赖效应受双言者的语言熟练程度影响。熟练粤语—普通话双言者只表现出局部的语言依赖效应,非熟练粤语—普通话双言者表现出的语言依赖效应是显著的、全面的。综合来看,双言者同样会表现出记忆的语言依赖效应。两种语言的语音和表达方式、加工水平以及语言熟练程度都会影响双言者的回忆效果。

双言对时间推理的影响

在时间表达上,粤语中有一种非常独特的时间表达方式:粤语讲话者习惯把"五分钟"叫作"一个字",如"三点十五分"说成"三点三个字";当"分"不以五为单位时,粤语与普通话的时间表达一致(朱月明,2004)。粤语时间表达是否影响粤语—普通话双言者的周期性时间的表征和推理?杨晨和张积家(2011)通过4个实验考察粤语—普通话双言者与普通话单言者周期性时间推理的差异。实验1和实验2表明,无论时间以5为单位、不以5为单位还是以"字"为单位,双言者的时间推理的反应时均比单言者长。实验3和实验4表明,当时间以5为单位时,双言者和单言者的时间推理反应时更容易受奇偶次任务影响;当时间以"字"为单位时,双言者的反应时更容易受图形次任务影响。整个研究表明,语言影响时间的表征方式和推理策略:普通话单言者对周期性的时间推理主要采用数字表征和加工方式,粤语—普通话双言者交替使用数字和空间表象的表征和加工方式。"几点几个字"的时间表达使粤语—普通话双言者形成了与单言者不同的推理方式:他们习惯在头脑中将时间表征为一个表盘,运用空间表象加工完成推理。使用频率不同导致粤语—普通话双言者对加工方式的熟练程度不同,进而导致时间语义与表征、加工方式之间的弱联结,因而会出现时间推理的低速率。

除粤语外,闽南语的时间词在构词理据上也有独特性,包括使用名量或形量结构的偏正式复合构词(如"六月天"指夏天,"六月冬"指秋收)、偏义复词构词(如用"月日"来表达"月",如"一月日"表示"一个月",用"逐月日"表示"每个月")来表示时间(连涵芬,2010)。汉语方言中的时间表达方式呈现出多样化趋势,为考察语言和时间认知的关系提供了素材。

14.4.3　双言对语言态度的影响

交际者的语言态度包括对语言的感性评价和理性评价。感性评价指听到或说到某种语言时的情绪反应,一般是不自觉地对某种语言产生的好恶经验。理性评价即社会评价,它受语言集团的社会、经济、文化地位等因素影响。以往解释社会语言态度差异的研究多从跨语言角度入手,以大语种差异作为对比因素。然而,文化跨度过大意味着不同文化的语言的语法结构相去甚远,会引入过多的额外变量干扰。因此,以普通话和方言、方言与方言为材料,可以避免上述问题。那么,双言者如何看待他(她)所使用的两种语言?

从语音层面的主观感受看,说话者的口音具有重要社会心理影响。例如,张积家(1990)采用变口音匹配技术,让既会讲普通话又会讲家乡话(蓬莱话)的男女各一人分别用两种口音将文章录制在磁带上,得到 4 种不同的讲话录音:普通话(男),普通话(女),家乡话(男),家乡话(女)。两种口音的讲话在语速、声强、响度、语气和流利性方面尽量保持一致。同时准备一份教师评价表,包括教师的人格特征、讲课效果和对学生的吸引力三方面。告诉被试将要听到的录音是由不同教师讲的(不让他们知道两种口音出自同一个人),要求根据听到的录音来推断教师的特性。评价采用 7 点量表,评价表的每一个问题下面都有从 1 到 7 七种分数,从低到高代表评价由好到坏。结果表明,学生对普通话口音的教师的评价显著地高于对地方方言(蓬莱话)口音的教师的评价。讲普通话的女教师被评价为更漂亮,个子更高,个性更强,更和善、幽默、诚实,更有进取心和领导才能,更聪明,更有知识,更有才智,教学能力更强,教学态度更认真,讲课更清楚、易懂、可信,讲课更受学生欢迎,学生更愿意与她交朋友,更愿意让她担任自己的班主任或任课教师,学生认为从她那里可以学到更多知识。对男教师评价与女教师大体一致,但在漂亮、身高、幽默、个性、讲话清楚和对课的喜欢方面差异不显著,这可能与山东大汉个子高、性格豪爽、讲话洪亮的刻板印象有关。这表明,教师使用普通话授课会取得更好的教学效果,普通话应成为教师的职业语言。张积家和王惠萍(1991)研究表明,口音在教师关于学生印象形成中也起一定作用。教师对不同口音(普通话和烟台话)的学生的外表形象、人格特质和家庭背景有不同推断。具有普通话口音的学生被认为外表形象更佳、人格特质更优秀,教师更喜欢普通话口音的学生,相信他们有更大学习潜力,更愿意担当他们的任课教师和班主任。由于普通话是汉语的标准口音,比地方口音更权威,所以更受欢迎。然而,在将研究范围扩展至南方方言(粤语)时,情况就有不同。张积家、杨卓华和朱诗敏(2003)发现,广东大学生对普通话讲话者和粤语讲话者的评价并无显著差异,只是在少数项目上,对普通话讲话者和对粤语讲话者的评价有显著差异。例如,讲普通话被评价为更冷静、勤奋、谦虚,讲粤语被评价为衣着更时髦和更有吸引力。同样是汉语的区域变体,为什么有此"差别待遇"? 这是由于广东毗邻港、澳,华侨多讲粤语,改革开放后,广东经济迅猛发展,在全国处于领先地位。在广东地区,粤语是强势方言,只是由于国家推广普通话、港澳回归、广东和外地的交流加强、外地人大批进入广东等原因,普通话才取得与粤语平起平坐的地位。粤语讲话者虽不再瞧不起讲普通话的人,但也不高估普通话讲话者。综而观之,人们对方言和普通话的评价取决于方言与标准语言的相对地位。

类似情况也发生在英语。从语音学角度看,英国口音(BBC)是标准发音,美国口音(VOA)是地区性口音。Giels(1979)表明,英语被试给予 BBC 口音的讲话者比其他地域性英语口音的讲话者以更高评价。然而,张积家和肖德法(2000)却表明,对中国大学生而言,美国口音讲话者比英国口音讲话者在外貌特征、人格特点、教学能力和对学生吸引方面获得学生更肯定的评价。例如,美国口音讲话者比英国口音讲话者被评价为个子更高,更漂亮,更有风度,衣着更随便;更自信,更果断,更现实,更乐观,更慷慨,更聪明,更强壮,更勤奋,更理智,情绪更稳定,更富有幽默感,更独立、热情、友好、诚实,更合作、乐群、谦逊、利他、民主、可信;更富有创造性,知识更丰富,教学能力更强,教学态度更好,口齿更清楚,讲话更易懂;被寄予更多期望,学生更愿意与之交朋友,更愿意由他们担任外语教师。研究者认为,所以如此,与中国学生对美英两个国家和民族的不同态度所致。社会语言学研究表明,当一个国家或民族在政治上和经济上强大起来时,这个国家或民族的语言就成为强势语言,就有向其他国家或民族扩张的趋势。中国学生比较喜欢美国口音的外籍教师也出于这一原因。实验结束时,实验者询问学生:"哪个国家你更喜欢,美国还是英国?"、"如果你将来到国外留学,你打算去美国还是去英国?"回答都是"美国"。除经济原因外,改革开放后中美之间的国际交往特别是文化教育交往频率远大于中英之间的交往频率也是重要原因。大众传播媒介也起重要作用。100%的被试收听 VOA 广播比收听 BBC 广播要多。他们对美国口音更熟悉,听起来习惯,清晰。因而对带有 VOA 口音的讲话者也更喜欢。

从方言和普通话的语用情况和内隐态度差异看,大学生普遍认为,普通话比较重要,在正式场合、对社会威望较高的交际对象讲普通话;方言亲切实用,在非正式场合,对社会威望低的人使用方言(常月华,2007)。通过考察方言群体对中性词与评价词的联结差异,可以用内隐方式探查说话者的态度。郑新夷等(2010)发现,以方言形式呈现词,闽北语系的内隐态度消极,闽南语系的内隐态度积极;以普通话形式呈现词,两种语系均趋于消极。同样概念以不同语言形式呈现时会引发不同的内隐态度。谢书书、张积家和程利国(2007)采用因素分析法考察方言和普通话的语码转换动机,发现方言和普通话语码转换的动机可以归结为 4 个因素:(1)语言态度,包括显示地位,显示语言才能,显示闽南人的自豪,缓解尴尬气氛或语气,强化地域意识,改变话题,引起注意;(2)表达需要,包括无对应词,突然想不起词,使表达更恰当,不知道应该怎么说,不自觉地说出口头禅,解释说明;(3)语言靠拢,增进和老乡的感情,显示与对方的共同性,不让老乡反感;(4)语言偏离,包括不让老乡和自己套近乎,疏远对方。性别、年龄和学历都对语码转换的动机和情境产生影响。总的来看,普通话和方言的语码切换既是一种复杂的语言现象,也反映了复杂的社会心理。说话者出于不同目的,在不同情境中变换语言既可能出于表达的需要,也可能为了表明语言态度,增进或疏远与对话者之间的感情(王悦,陈俊,张积家,2012)。

迄今为止,研究者从诸多认知领域考察双言者的语言表征,考察方言和普通话并用对双言者认知的影响,从社会心理角度分析双言对双言者心理的影响,在丰富双语理论同时,也为考察语言和认知的关系提供了新视角。这些研究对未来推广普通话工作的开展和方言区的普通话教学颇具有指导意义。然而,仍然有许多问题需要进一步研究。

首先,双言表征及其提取机制仍然需要深入研究。虽然有研究表明某些方言(如闽南话和粤语)在双言者头脑中存储和提取过程与两种不同语言(汉语和英语)类似,但尚不足以得出确定的结论。双言者的语言表征系统是否因为任务不同而不同? 双言和双语的异同是仅体现在语言表征上还是在语言提取机制上也得以体现? 其次,双言心理研究领域还有待于扩展。纵观现有的双言心理研究,研究者多关注南方方言讲话者,对北方方言讲话者不够重视。再次,双言心理研究目前还缺乏认知神经科学的探讨。认知神经科学研究表明,不同民族的人使用不同语言,他们大脑中语言区的形态和功能不同。那么,讲不同方言的人,尤其是与普通话差异较大的方言,是否也会对大脑的结构和功能产生影响? 现有研究大多基于 off-line 研究和反应时实验,难以揭示认知差异背后的生理原因。近年来,随着事件相关电位(ERP)、正电子断层扫描(PET)、脑磁图(MEG)和功能磁共振成像(fMRI)等脑成像技术的广泛运用,可以从认知神经科学角度探讨双语者和双言者之间或不同双言者之间的差异。

第五编 民族动机论

15 民族需要与民族动机

每年一月、二月交替时,从东海之滨到西北边陲,从林海雪原到水网江南,成千上万的中国人利用各种交通工具完成一年一度的人口大迁徙。这就是牵动着亿万中国人心理的春节与春运。无论工作再忙、离家再远,在春节临近的日子里,每一个中国人都尽量抽出时间,踏上归途,就是为了在春节那天,赶到那个心中最柔软的地方——家,完成一年一次的洗礼——与家人团聚。春节,作为中国农历新年的第一天,一直以来都是汉族最大的节日,它预示着春天到来以及新年开始。如今,春节更像是一声集结号,呼唤着各地的游子,在春节时回到亲人的怀抱。为什么在这一天,回家和团聚成为中国人的主题?为什么在这一天,家、亲人、团聚的意义对中国人尤为凸显?回答这些问题就必须分析中国人的需要与动机。

15.1　个体需要和动机

15.1.1　需要的概念与特征

需要是有机体内部一种缺乏、不平衡的状态,是个体在生存和发展过程中,感受到的生理上和心理上对客观事物的某种需求。需要在主观上被体验为一种不满足感,并成为个体活动的积极性源泉。

马克思(1960)说过:"任何人如果不同时为了自己的某种需要和为了这种需要的器官而做事,他就什么也不能做……他们的需要即他们的本性。"这一论断从哲学高度揭示了人类活动的内在根源,强调需要是人行为的内因。人的各种活动,从吃喝到物质资料生产再到文学艺术创作,都在需要推动下进行。需要满足以后,个体内部的不平衡状态会暂时消除,新的不平衡状态会很快出现,于是就产生新的需要,个体就在不断满足需要的过程中发展。需要是个体生存和发展的重要条件,它反映有机体对内部环境或外部条件的要求。

需要作为人类活动的基本动力,有以下特征:

(1) 对象性。人的需要是有目的,有对象的。一定对象才能满足一定需要。对象性为需要确定方向,如吃的需要指向食物,性的需要指向异性,信仰的需要指向理论和宗教。

(2) 动力性。需要是人行为的动因,它同人的活动相联系。当人有了某种需要时,就会通过行为去满足这种欲求。只有当需要得到满足时,人才会在生理或心理上恢复到平衡状态。需要一旦被个体意识到,就以活动动机的形式表现出来,使人的活动朝向一定的方向,追求一定的对象。需要越迫切,由它引起的活动就越强烈。

(3) 多样性。马克思(1960)指出,"在现实世界中,个人有许多需要",如吃的需要,穿和住的需要,这些属于自然需要;还有交往、劳动和创造的需要,这属于社会需要;还有艺术的需要、音乐和舞蹈的需要,这属于精神需要。人类与动物相比,需要具有丰富性。

(4) 社会性。人的需要的内容及其满足的程度和方式受社会现实制约,为生产力和社会发展的水平决定。生产力与社会发展水平不同,需要的内容及满足程度和方式也不同。生产力发展水平是形成并满足人需要的根本前提。只有当生产力发展能为社会提供某种现实产品时,人们才会对该产品形成占有欲。需要的满足方式还受生产关系制约。人们在社会中所处地位不同,对生产资料支配多少不同,进而在社会劳动组织中起的作用也不同,领到所支配的社会财富的方式和多寡也不同,这些不同导致了人们的需要和欲望也就必然不同。

(5) 个体性。由于遗传、环境、教育的不同,每个人的需要都打上个体的烙印,具有各自的特点。年龄、身体素质、社会地位、经济条件不同的人,在物质和精神方面的需要也不同。马克思认为:"从主体方面看,只有音乐才能激起人的音乐感;对于没有音乐感的耳朵来说,最美的音乐也毫无意义","忧心忡忡的穷人甚至对最美丽的景色都没有什么感觉;贩卖矿物的商人只看到矿物的商业价值,而看不到矿物的美和特性"。

(6) 发展性。人的需要具有发展性,需要的满足没有止境。旧的需要得到满足时,人和周围现实的关系也发生变化,又产生新的需要,新的需要推动人们从事新的活动。

15.1.2 需要的分类

人的需要多种多样,按照起源,可分为自然需要和社会文化需要;按照所指向对象,可分为物质需要和精神需要。

自然需要和社会文化需要

自然需要又称为生物学需要,是指个体对那些维护生命及延续其后代必需条件的要求,包括饮食、运动、休息、睡眠、排泄、配偶、嗣后等需要。这些需要主要由有机体内部生理不平衡状态引起,对有机体维持生命、延续后代有重要意义。人和动物都有自然需要,但需要的具体内容不同,满足需要的对象和手段也不一样。动物直接从自然界中摄取物质满足需要,人类不仅可以从自然中获取,也可以通过社会产品得到满足。由于人类具有共同的进化起源,因此,尽管肤色不同,语言不同,但自然需要具有一致性。

社会文化需要是指个体在成长过程中通过经验积累获得的需要,是后天习得的,与人的社会生活与文化相联系。包括求知、交往、成就、独立、自尊、社会赞许等。它受个体所处的文化背景、社会风俗以及经验的影响,因而表现出不同的民族、文化特征。如中国汉族文化具有典型的农业文明特征,以家庭生产生活为主的小农经济模式对汉族人的社会文化需要产生重要影响,使得汉族人对家族、亲情、团圆等社会文化需要尤其看重。

物质需要和精神需要

物质需要是指个体对物质对象的欲求,如对与衣、食、住、行有关的物品的需要。这种需要是人们生存的基础。物质需要指向社会的物质产品,并以占有这些产品来获得满足。人类在物质需要方面没有多大区别,尽可能多地占有物质产品,提升生活质量,是每个人努力工作和劳动的重要驱动力。

精神需要是指个体对精神文化方面的欲求,如文学艺术、科学知识、道德观念、政治主张、宗教信仰、社会交往等。精神需要的满足要通过占有一定的文化、艺术产品以及参加一定的社会文化活动来满足。人类在精神需要方面具有显著的多样性和个体性,不同人的精神需要各不相同。在精神需要领域,不同民族、不同文化之间具有明显差别。

15.1.3 动机的概念与特征

动机是指发动、指引和维持个体活动的内在过程或内部动力。动机涉及活动的全部内在机制,包括能量激活,使活动指向目标,维持有组织的反应,直到活动完成。人的一切活动,总是受动机的调节和支配。

动机在需要基础上产生。需要是一切行为动力的源泉,需要成为行为动力必须转化为动机。需要只是个体意识到的缺乏状态,这种状态是潜在的,表现为一种愿望和意向。由需要过渡到动机,并最终引起行动,还需要外在条件诱导。这一外在条件就是诱因。诱因是指能满足个体需要的外部刺激,只有当诱因出现时,需要才被激活,从而转化为动机,驱使个体去趋向或接近目标。需要和诱因关系密切,需要是内在的、隐蔽的支配有机体行为的内部因素,诱因是与需要相联系的外界刺激物,它吸引有机体活动,并使需要有可能得到满足。动机的强度与需要和诱因的性质有关。

动机作为推动人们行动的力量,有以下特征:

(1) 动力性。动机具有发动行为的作用,能够推动个体产生某种活动,使个体由静止状态转向活动状态。个体的活动一定具有某种动机,没有动机就不会有活动。

(2) 可知性。动机是一种内在心理活动,虽然无法直接表现于外,却可以通过人的行为推测和估计。人还可以根据行为的强度和持久性来推知动机的强度,因为行为的力量与持久性来源于动机。

(3) 复杂性。行为虽然在动机推动下产生,但动机与行为之间不是一一对应的关系。同一行为可能有不同的动机,同一动机又可能引起不同的行为。动机和行为效果之间的关系也不一一对应。好的动机不一定导致好的行为结果,坏的动机也不一定达成坏的行为结果。例如,韩国爱国烈士安重根刺杀日本著名政治家伊藤博文是义举,但由于伊藤博文在日本国内属于稳健派,不主张直接吞并韩国,在他死后,由于没有了国内阻力,日本反而加速了吞并韩国的步伐。动机和行为效果之间关系如此复杂,是因为行为效果不仅仅由动机决定,还受许多主客观因素影响。同时,在人们的实际生活中,常常同时存在着很多动机,但其中最优势的动机决定活动。这种起主导作用的动机称为优势动机,它对行为起定向作用。优势动机可以使个体克服其他非优势动机的影响,克服难以想象的困难,甚至拒绝满足生理方面的需要,坚定地做个体认为更有意义的事情。

(4) 评价性。动机具有评价行为的特性。行为性质的确定,不仅要考虑行为效果,还应该考虑行为动机。只考虑行为效果,不考虑行为动机,在评价行为时往往会得出一些偏颇的结论。在司法实践中,同样是杀人,但是正当防卫杀人、过失杀人以及故意杀人之间,虽然行为结果都是杀人,由于行为动机不同,法律量刑也不相同。因此,虽然安重根刺杀了伊藤博文,客观上加速了日本吞并韩国的步伐,但不能因此而否定安重根韩国义士的评价。

15.1.4 动机的分类

人的动机也多种多样。按照动机是源于个体自身,还是源于外部环境,可以将动机分为外在动机和内在动机;按照动机与需要的关系,可以将动机分为生理性动机和社会性动机;根据动机的意识水平,可以将动机分为有意识动机和无意识动机。

外在动机和内在动机

外在动机是指由外界要求与外力作用而诱发出来的行为动机。职员为了得到奖金而努力工作,行为动力源于外部要求与外力作用。内在动机是指行为动机由个体的内在需要引起,即行为由于个体本身的自我激励。科学家为了满足求知欲刻苦钻研,演员为了塑造完美的艺术形象努力表演,这些行为动力都源于个体的兴趣和爱好,这种兴趣和爱好就是一种内在动机。在多数情况下,内在动机对人行为的指向和维持作用大于外在动机。

内在动机和外在动机的划分不是绝对的,由于动机是推动人活动的内在心理过程,因此,任何外界要求都必须转化为内在需要,才能成为活动的推动力量。因此,外在动机在一定条件下可以转化为内在动机。

生理性动机和社会性动机

生理性动机以自然需要为基础。这些动机个体生来就有,主要满足个体的自然需要,使有机体内部维持平衡状态。当个体的自然需要获得满足时,生理性动机的强度便趋于下降。常见的生理性动机有:饥饿、干渴、睡眠、性欲、疼痛、母性、排泄等。由于人是社会动物,个体的生理性动机就被打上社会的烙印,表现为人的生理性动机的满足必须符合社会规则以及社会伦理关系的要求。例如,性动机的满足必须以合法的方式来进行。男性违背女性的意愿强行发生性关系,会受到法律的制裁。

社会性动机以人的社会文化需要为基础,它是人后天经过学习获得的,又叫习得性动机。它是人类社会行为的内在动力。人在成长过程中,逐渐产生了求知、信仰、交往、成就、权力等社会需要,相应地就产生了兴趣、信念、交往动机、成就动机和权力动机。这些动机推动人们投入社会生活当中,寻求社会需要的满足。

有意识动机和无意识动机

有意识动机是个体能够意识到的动机,个体能够清醒地知道自己需要什么,行为的目的是什么。无意识动机是个体意识不到或不能清楚意识到的动机。婴儿在自我意识产生之前,行为动机处于无意识状态。在成人身上,也存在无意识动机。例如,人们意识不到知觉和思维定势的作用,但却在它们支配下产生了各种各样的行为。在人的心理防御机制中,反向作用和投射作用就是一种无意识动机。本来对他人怀有敌意,却表现出对他人的过分关心;本来自己对别人怀有敌意,但却在意识中表现为别人对自己有敌意。

15.2 民族需要和动机

人类的需要和动机多种多样,它们对人行为的激活与维持作用在人生的不同阶段各不相同。呱呱坠地的婴儿,其行为主要用于满足其自然需要(吃、喝、睡)。儿童在成长过程中,在满足生理需要的基础上,开始用更多的时间去关注世界和他人。他们积极与家人以及同伴交往,开始用大量的时间进行游戏,增加同伴活动。人际交往使儿童获得了安全感与愉悦感,进而产生了交往动机。在游戏中,儿童渴望获得家长和同伴的称赞,于是渐渐发展出成就动机,同时儿童越来越在意自己在同伴群体中的地位,渴望在游戏中支配和影响他人,于是就萌发出权力动机。当儿童长大之后,随着其生存能力提高,社会身份获得,精神世界丰富,价值观与信念养成,个体逐渐将社会文化需要的满足视为生命幸福与否的主要评价标准,兴趣、信念、交往动机、成就动机、权力动机等社会性动机在其动机体系中占据越来越重要的地位。由于社会性动机的获得带有后天习得性,社会文化需要的满足必须符合社会规则与社会伦理,因此个体的需要和动机越发受其所处民族和地域文化影响,表现出民族和地域特点。

15.2.1 个体需要与民族需要的关系

马斯洛认为,人的需要是有层次的,人类动机的发展和需要的满足之间有密切关系。人的需要由以下五个层次构成。

(1) 生理需要。它是人为了生存而必不可少的需要。如人对食物、水分、空气、睡眠和性的需要。生理需要在人类各种需要中最重要,最有力量,也最迫切得到满足。

(2) 安全需要。它表现为人们要求稳定、受保护、有秩序、能免除恐惧和焦虑的需要。生活稳定、职业安全、免于灾难都是安全需要的表现。

(3) 归属与爱的需要。它表现为一个人渴望与他人建立感情上的联系,如向往爱情、需要朋友、参加团体并被团体接纳等。

(4) 尊重需要。包括自尊和受人尊重。满足自尊需要会使人相信自己的力量和价值,受到别人尊重会使人产生荣誉感和成就感。这两方面的满足会使人变得更有能力,更有创造性。

(5) 自我实现的需要。它是人们追求实现自己的能力或潜能,并使之完善化的需要。自我实现是一种创造性需要。马斯洛把自我实现需要细分为三种类型。一是认知需要,包括求知、理解、探索和好奇。二是审美需要,表现为人们追求完美、和谐的事物。三是自我实现的需要,它表现为人们努力实现自己的能力和潜能。

马斯洛认为,上述五种需要是人们最基本的需要,这些需要是天生的,构成不同的等级和水平,成为激励和控制个体行为的力量。

马斯洛的需要层次理论从"自我实现的人"的角度去研究人的需要,揭示了人需要的发生发展过程,揭示了人类行为的本质。但他却忽视了社会文化因素对人需要满足的影响。需要能否引发动机,动机能否触发行为,不仅依赖于人的需要驱力大小,还受到诱因大小以及当时个体所处环境影响。在同一地域文化下,不同的个体由于受到同样社会文化影响,在需要结构的层次上会具有共性。无论是生理需要、安全需要还是爱与归属、尊重、自我实现需要,它们的满足不能脱离一定的社会文化环境,必须受到当时当地的生产条件、社会规则和社会伦理制约。因此,社会文化就为不同个体的需要和动机打上了相似的烙印,表现出共同的地域特点和民族特点。同样,一个民族又是由千千万万个个体组成的,经过一代又一代的繁衍,每个人各自的需要层级与动机结构通过相似的人生经历和生活方式统合成民族共同的需要和动机特点。因此,在民族需要和动机的发生与发展过程中,个体的需要层次与动机也发挥着重要作用。民族需要和民族动机就是在个体需要层次与社会生产与文化的共同作用下,展现出独特的民族特色。这种互动表现为:

(1)生活环境与社会生产水平决定个体需要满足的水平。不同的民族团体由于所处地理条件、气候条件的限制,在长期演化过程中所逐渐形成的生产方式、生活方式、社会形态有着巨大差异。受其影响,不同民族的需要结构、满足需要的方式、行为动机的类型与动机强度也呈现出不同的特点。在亚马逊河流域,生存着一群Kuikuru族印第安人,由于处于热带雨林的环境下,植被茂密丰盛,一名Kuikuru族印第安人每日只需耕作三个半小时,即能够获得基本热量与生活需求。因此,他们在其他时间里不再工作,因为没有任何技术性或社会性的因素要求他们增加耕作时间。所以,在Kuikuru印第安人的需要结构中,饮食等生理需要可以轻易得到满足,他们努力耕作以求得更多食物的行为动机就显得不那么强烈,他们每天用更多时间做与农业生产不相关的事情,以满足自己其他层面的需要。

(2)社会环境与社会生产水平推动着需要结构、满足需要方式的变化。由于人类社会的不断发展,使人类的需要从原始人的生理需要占主导地位逐渐转变为社会性需要占主导地位。随着社会的进步与发展及人类文明程度的不断提高,社会性需要的比重越来越高,致使人类的生理需要也带有了社会性需要的色彩。例如,为了解决性的生理需要,同时兼顾安全的需要,防止人类为满足性的需要而产生争斗,文明社会设计出婚姻制度,要求个体的性需要满足必须建立在合法的情形下,男人不可以违背女人意愿强行发生性关系,这就使得性需要的满足有了法律制约。因此,当个体面对性需要,又不能违反法律要求时,个体就会压抑性需要,从而使需要层次的满足顺序发生变化。同样,人们满足需要的行为方式也随着社会的变化与发展在不断进化。发展进化的行为方式又作用于人的需要和动机,为了满足人不断发展的生理与心理需要,人类社会不断提高着行为方式和社会生产水平。通信技术就是为了满足人们相互联系的需要而不断发展,从邮政信件到电报、电话,从即时手机再到实时视频。人类对联络即时性与信息丰富性的需要越来越强烈,促使通信技术向更高水平发展;通信技术提高了,又促使人类提出更高的需求。或许在不久的将来,通过虚拟投射技术,人们可以在家里跟朋友的投射影像相互交流,而真实的朋友却在千里之外。

(3) 社会生产与文化影响下的个体需要和动机构成了民族需要和动机的基础。当一个人的需要层级和动机结构发展成熟并稳定下来,他就在生活中形成了稳定的行为方式,在机体内部形成了一个完整的生理和心理的活动系统,其行为表现就是特定的习俗、生产生活方式以及动机观念。虽然这一生理和心理的活动系统会受到外界环境影响而发生变化,但这种变化不是瞬息万变的,它一旦形成,就具有一定的稳定性,对外界环境在一段时期内也具有一定适应性。因此,当千千万万个这样的个体一旦组成民族共同体时,其需要和动机系统中共性的成分就组成了民族需要和动机,成为了民族需要和动机的基础。这种民族需要和动机在一段时期内也有稳定性,其变化速度较缓慢,呈现出一种对环境适应的结果。生活在我国大兴安岭密林中的鄂伦春族人,世代以渔猎、采集为生,打猎成为满足他们食物需要的主要方式。由于长期的狩猎生活,鄂伦春男子通常都具有极强的野外生活适应能力,他们善骑射、钻山林,无惧野兽与寒冷,因此,鄂伦春族人又把狩猎生活带来的自由生活方式视为一种社会文化需要。深山逐猎是生活中不可缺少的一部分,是生活的第一需要,打猎不仅仅是为了满足食物需要,更是为了获得心灵的满足。于是,向往野外,向往狩猎,向往自由自在的生活就成为整个鄂伦春族人的民族需要。李静认为,个体需要层次结构中的各种类型需要是形成民族心理需要与动机的基础,为民族物质文化发展、民族共同体的构建、民族凝聚力的形成以及民族非物质文化的孕育提供了心理基础。

第一,生理心理需要动机是孕育民族物质文化的心理基础。

不同需要是不同生理适应的结果,生活于不同自然环境与社会环境中的个体,因其生产方式与生活方式以及认知、思维、个性的差异,致使动机行为与欲求结构有很大的不同。在同一文化背景下,相同民族集团成员之间,在上述诸方面具有很大的相似性。在不同的文化背景下,不同民族集团成员之间,在上述诸方面有很大的相异性。在不同自然和社会环境下,个体满足生理心理需要的行为方式有明显的不同,这一行为方式又表现为社会生产力,在不同社会生产力作用下,不同民族孕育出不同的物质文化。

第二,归属需要动机是形成民族共同体的心理基础。

人类是群居动物,群居使人类获得了战胜其他动物和自然的力量。从出生之日起,人类就必须在长辈的照顾下成长,长大以后人类也必须通过群体合作获取食物,求得生存。遗传、演化以及个体成长史使人们懂得,个体要想安全地、幸福地生存,必须成为群体的一员,受到群体的接纳与保护。因此,生产力、生产水平越是低下的民族,群体意识越强,对群体的依赖性越大。人类的这一群居经验,使得所有民族个体都有一种民族团体意识及属于某一民族团体的相属相爱的心理动机,表现为对本民族个体的信任意识与认同感,即使是陌生人也会产生亲切感。个体成长史也使个体产生出一种群体的生理心理适应结构。个体在与本民族团体成员的长期共同生活中,已经逐渐形成了一套适合特定民族生产、生活方式的语言、价值观、道德以及自我与他人都熟悉并能互相从容地作出恰如其分反应的行为方式。到另一个民族团体中去生活,就会因生理、心理上的不适应而产生孤独感。所以,不同民族的人都愿意同本民族成员共同生活和工作,这样更容易满足人的归属需要。在这种互相认同、互相接纳的过程中,就形成了具有共同生理心理需要的民族共同体。

第三,自尊需要是增强民族凝聚力的心理基础。

人类的社会实践表明,个体只有在社会中获得一定的自尊,才能够获得安全感。而个体的自尊又与民族的自尊有重要关系。民族自尊意味着民族团体在其他民族成员心中的形象与位置。民族自尊是社会竞争结果的体现。不同民族成员在相互交往中,经常将民族团体的自尊移情于民族个体。任何民族的成员都非常希望本民族团体能够被他人承认与尊重,这成为人们民族自尊需要动机的体现。民族的自尊需要动机是增强民族凝聚力的重要驱力。它使得民族成员有自觉维护本民族利益的意识,有为民族的兴旺发达而不懈努力的责任感,有强烈的主人翁意识和服务意识,这种需要使民族成员产生为本民族的发展而奋斗的强烈动机,因此自尊需要是增强民族凝聚力的重要心理基础。

第四,情感需求动机是孕育民族非物质文化的心理基础。

人对世界的认识总会产生一定的情感,并通过各种方式表达出来,这种表达逐渐被人群共同体接受后,形成了固定模式,进而演变为传统,为后人所继承和发展,成为人群或民族共同体某种情感需要的固定表达,从而形成一种非物质文化,包括艺术、文学、手工艺、风俗等。在非物质文化中,个体的情感需求动机得以表达,相互之间在情感上得到共鸣,并把这一非物质文化延续给下一代。由于环境和地域不同,对客观世界的认知不同,人群或共同体对同一情感有不同的表达,这些表达被继承并传承下来后,就形成文化多样性。非物质文化是人创造的,是对自身情感或动机的表达,情感需求动机也成为孕育民族非物质文化的心理基础。

15.2.2 不同民族需要和动机特点的比较

考古研究发现,目前分布于五大洲的人类,虽然肤色有黄、白、黑之分,五官、身材也各有不同,但由于相互间完全没有生殖隔离,且所有人类的 Y 染色体单倍型类群的根都能够在非洲找到,因此,现今所有人类拥有共同祖先,即十几万年前分布在东非的晚期智人。经过数次冰期的影响,人类祖先通过不断迁徙,分布于世界各地,逐步适应了当地的自然条件,进化出不同的肤色,发展出不同的文明。经过十几万年进化,虽然今天的人类和远古的人类已经有了霄壤之别,但从生理结构来看,从古至今并没有发生任何大的变化。无论是大脑,还是心肺功能,现代人同古代人基本上是一样的。因此,虽然今天世界上遍布着很多个民族,各个民族之间在语言、衣着、饮食结构、社会构成以及风俗习惯上千差万别,但各个民族在需要与动机类型以及需要层次结构上是大致类似的。例如,中国自西汉开始就有“民以食为天”的观念,意思是没有食物,人们就无法生存,人民把粮食看作是生命的根本。一个政权能够延续,首先就要满足人民吃饱饭的需要。天下大乱的前兆一定是饥民流离失所。所以,满足人们饮食的需要,在过去、今天、将来都是政权的头等大事。这反映了中国农耕文明的特点,粮食至关重要,人们对吃的重要性的认识始终贯穿于中国文明发展的历史长河。又例如,婚配是每一个民族社会生活中的重要事件,通过婚配,两个家族之间建立联系,繁衍后代,壮大宗族的势力。但在中国很多民族中间,曾经流行过表亲婚方式,姑家的女儿嫁给舅家的儿子,做到“肥水不流外人田”,“亲上加亲,喜上加喜”。汉族、土家族、布依族、傈僳族、瑶族、壮族等都有姑表亲习俗。随着后来科学的发展,各个民族渐渐认识到近亲通婚在遗传学上的弊端,法律也予以禁止。但同一种婚配方式在不同民族之间流行,这就说明各个民族的需要层级与动机类型具有相似性。再如,各个民族的人们从古至今都没有停止过对神灵的崇拜,或是单一神崇拜,或是多神崇拜,但不论形式、内容如何,都满足了人类一种渴望精神寄托、依赖宗教信仰的需要。因此,从总体上看,各个民族的需要层次和动机特点是相似的。但是,人类行为动机的发生不仅依赖于需要,还要看诱因,以及需要满足的外部环境。社会生产力水平、社会文化、社会规则与社会伦理对需要的满足及动机的产生有重要影响,这就使得民族之间虽然在需要层次结构以及动机类型上有共性,但在每种需要的满足上,在每个动机类型的具体表现上,还是具有每个民族自己的特点。

不同民族在饮食需要上有差异

由于不同民族生活的地域不同,气候不同,生长的动植物不尽相同。因此,受自然环境的影响,不同民族在饮食需要满足上各有特点。例如,凡是适宜种植水稻的地区,那里的民族食谱中,用米制作的各种糕类食物、米类食物占据民族食谱的重要位置。每年到了一定节气或是节日,人们会制作各种米质糕点来满足饮食需求。如朝鲜族聚居区盛产大米,主食以米饭为主,米糕的品种繁多,有打糕、切糕、发糕等。傣族聚居地区也盛产大米,主食以米饭为主,最喜欢吃糯米,而且能用糯米加工成各类食品,如把糯米装入香竹中烤制成竹筒饭,用芦叶把糯米包成粽子,用油把米浆做成的卷粉炸成糯米油果、糯米卷等。羌族聚居的地方,不产稻米,主要生产玉米、小麦、青稞、荞麦、马铃薯等,羌族人的饮食结构中就很难见到稻米成分,多以"玉米蒸蒸"(玉米粗渣粒,先煮后焖而成)和馍馍为主。因此,虽然各个民族的需要层次里,饮食需要都是最基本的需要,最先需要得到满足,但满足方式还要依赖于当地的自然环境,受当地物质资料影响。

不同民族在婚恋需要上有差异

由于受文明发展程度影响,每个民族在满足婚恋需要方面的差异十分明显,特别是在新中国成立前。这种差异主要体现在以下几个方面:

(1)男女婚配的形式。不同民族男女婚配的形式有一夫一妻制、一夫多妻制、一妻多夫制和走婚制。其中,一夫一妻制多存在于文明较为发达、开化程度较深的民族中,如汉族、朝鲜族等。但是,这些民族同时也是封建家长制较为完善的民族,男性占统治地位。因此,在实行一夫一妻制的同时,还存在有一夫多妻制。性成为一种社会资源,拥有权力和财富越多的人,也相应占有越多的性资源。但是,对广大劳动人民而言,一夫一妻制仍然是婚配形式的主流。当然,一夫一妻制与社会经济发展水平也并不完全对应,一些民族受传统文化影响,虽然开化程度不高,也实行一夫一妻制的婚配形式。例如,傈僳族世代居住在大山深处,很少与其他民族通婚,缔结婚约的人就是本氏族内的人,但不是同一家族的人。傈僳族的普遍婚配形式就是一夫一妻制,且遵循男娶女嫁、幼儿与父母同住的习俗。一夫多妻制与一妻多夫制,是古代群婚习俗的遗迹,在新中国成立前的西藏地区较为普遍。当时,藏族贵族家庭多采用一夫多妻制,通过婚姻,贵族家庭扩大自己的势力范围,巩固自己的财产地位,这种家庭的妻子一般来说都分别来自不同的土司和部落。在民间,一些平民阶层也实行一夫多妻制,这种家庭一般是丈夫娶妻后,又与妻子的妹妹同居,形成事实上的夫妻关系。在这种家庭中,姊妹共夫,她们的地位是平等的,无妻妾之分,无贵贱之分。但在汉族等封建家长制完善的民族中,妻妾之间的地位不平等。之所以如此,是因为汉族要通过妻妾地位的不平等,安排子女的继承顺序,传嫡不传庶,立长不立幼,保证家族遗产分配的有序性。一妻多夫制多存在于自然环境恶劣、经济不发达或是存在有母性氏族文化遗留的民族中。走婚制起源于母系氏族社会时期,是以感情为基础、夜合晨离的婚姻习俗。走婚制度是女性文化的标志。川、滇、藏交界的"大香格里拉"是著名的女性文化带,有着强大的女性文化传统。尽管川藏线的开通,淹没了大部分走婚文化,然而横断山脉里仍然存留着孤岛,走婚制至今还部分地保留在丽江泸沽湖的摩梭人、红河哈尼族的叶车人以及大香格里拉鲜水河峡谷的扎坝人中。以泸沽湖的摩梭人为例，摩梭人的走婚制是世界上最奇特、最有自由色彩的婚姻形态。摩梭女孩成年时会举行隆重的穿裙礼，从此之后，可以由她挑选如意郎君，其他人(包括父母)均不能干涉。一旦选中，女孩会暗示情郎夜来闺房探访。摩梭人没有明确的婚姻关系，双方不娶不嫁，不建立家庭，全靠感情维系关系。每天晚上，所有的成年男人便到自己意中人的家中幽会，到第二天早上又回到自己家中，孩子由女方家庭抚养。一旦感情破裂，男不走访或由女方在闺房门口放双男鞋即可离散，无怨恨，无忌妒，随缘而行，外人更不可有异议。依照现代观点看来，走婚的人对婚姻一定很草率，其实不然。当地人走婚其实很纯洁，因为它剔除了现代婚姻中的"原罪"——物质和利益；走婚即满足了性和繁衍的需要，又把男性劳动力留在女方家中，家族成员之间不分家，一起劳作，共同建设大家庭。在走婚地区的民族中，有着各种血缘关系的大家庭都很稳定，没有姻亲的单系(母系)家庭确保了支系的代代繁衍。

(2) 婚配是否自由。在汉族、朝鲜族等封建家长制盛行的民族中，传统上盛行"父母之命，媒妁之言"。子女是无权自己决定其配偶的。"男不亲求，女不亲许"，完全必须由父母包办。汉族早在西周就有"六礼"的规定，即"纳彩、问名、纳吉、纳徵、请期、亲迎"，这一规定沿用了几乎整个封建社会，并至今仍然在部分地区有影响。《唐律》规定，唐代婚姻关系的缔结，要立"婚书"或订立"婚约"，类似近代的"订婚书"。但这种婚书和契约的规定，由于"为婚之法，必有行媒"，皆由父母、尊长或媒人包办，并不依当事人的意志(张晋藩，1991)。但在一些少数民族中，青年男女有自由追求爱情的权利，虽然这些民族在确定婚约时依然需要经过家长的一致同意，但至少在确定恋爱对象阶段，青年男女有自由选择的权利。在自由选择过程中，这些民族的青年男女发展出一些特别有趣的风俗习惯。例如，在我国新疆境内的哈萨克族，曾经流行着一种男女赛马的恋爱习俗。在节日集会时，男女往往一起进行赛马比赛。去时男追女，同时向姑娘说些调侃求爱的话语。回来时，女追男，边追边用鞭子抽打，如是自己中意的男子就轻轻佯装抽打，若不中意，就用力抽打。海南苗族也存在一种"咬手"习俗，用于男女青年之间表达爱情。每逢节假日，特别是三月初三，青年男女齐聚在一起，唱歌跳舞煮饭嬉戏，待到太阳落山才各自散去。如果小伙子相中心爱的姑娘，晚上便来到姑娘自住的房子外唱开门歌，如果姑娘不唱闭门歌，便会开门走出来，一起到草地上或竹林里点燃篝火对歌跳舞，互表爱慕之情。姑娘在听了小伙子求爱后，便拉起小伙子的手咬一口，如果咬得很轻，而且很有礼貌，小伙子便明白姑娘是表示拒绝或暗示自己有了意中人；如果姑娘咬得很重，甚至咬出血印，则表示姑娘对他十分倾心，愿意接受小伙子的爱。"咬手"定情后，他们便各自拿出最心爱的信物，互相赠送，作为定情物，以示终生相伴。

不同民族在兴趣需要上有差异

人类所以不等同于一般动物，一个关键差异就是人在满足自然需要后，还要满足自身丰富的精神需求。从原始人开始，人在满足基本生理需要情况下，开始用更多时间去观察世界、研究世界，由此发展出求知欲，并产生了兴趣，开始用自己的方式去记录世界。考古学家在法国肖韦岩洞中发现的壁画，距今已经有三万六千年历史，为人类最早的史前艺术。兴趣能开阔人的眼界，丰富人的生活，促进个性发展，兴趣也能促进人进行创造性的学习和劳动，兴趣达到高潮时，就会使人入迷。在兴趣激发下，人类社会发展出音乐、美术、文学、科学等一系列文化活动，这些文化活动加深了人类对自然的认识，增强了人类适应自然的能力，同时也丰富了人类的文化生活，满足了人类的精神需要。由于每个民族的社会生产力发展水平不一致，因此，在兴趣需要满足方面，各个民族之间存在很大差异。

以音乐需要为例，许多民族在音乐文化方面具有很深的造诣，这与这些民族人民喜欢音乐、需要音乐息息相关。以朝鲜族为例，朝鲜族是一个能歌善舞的民族，丰富多彩的歌舞，可以称之为全民族的活动。因而，朝鲜族聚居的长白山区素有"歌舞之乡"的美称。朝鲜族的歌舞艺术，具有悠久的历史传统和广泛的群众基础。唱歌跳舞不仅是年轻人的爱好，上至白发苍苍的老人，下至天真可爱的儿童也常常加入歌舞行列。歌舞是朝鲜族表达感情的重要方式。也是本民族性格爽朗、活泼、富于幽默感的象征。优美的民族歌舞，如《春耕谣》、《桔梗谣》、《长鼓舞》、《顶水舞》等，深为当地各族群众所喜爱。每到节日聚会，朝鲜族群众载歌载舞，用唱歌跳舞来表达心中的喜悦心情。相比之下，汉族对音乐的需要就没有朝鲜族那么强烈。为什么在汉族的社会生活中，音乐所占据的分量如此之轻？是值得思考的问题。从历史发展看，诗、书、礼、易、春秋、乐，"四书六经"变成了"五经"，《乐经》遗失了，这对汉族文化产生了深远的影响，因为礼乐相辅是形式的集成，失去了乐而只讲究礼，形式便只有等级的秩序。究竟是文明的主动选择，还是意外的遗失，历史学者一直没有给出明确的答案。一直到宋代，汉民族仍然是词曲盛行，儒家文明在最强的时候，表现出了包容的开放性，文人士大夫的词作，市井传唱，虞美人、鹧鸪天、江城子等曲牌，填词无数，但到了今天，文字都流传下来了，曲牌却失传了。这说明，在音乐的延续上，汉族人存在一个文化断层。究竟断在哪里？有文化学者给出了推测，宋熙宁八年（公元1076年），宋神宗下令废除诗赋、贴经、墨义取士，科举考试范围彻底缩小为儒家经典。自此，在汉族文化知识分子的精神世界里，熟读儒家经典，进身入仕成为精神文化生活的根本，音乐则成为奇技淫巧为读书人所轻视。而且，在统治汉族思想的主流文化——儒释道中，音乐同样找不到地位。在儒家思想中，音乐应该是中庸之道，论语云"乐而不淫，哀而不伤"，否定了音乐的个性表现，将音乐纳入规范体系。道家则强调静虚，主张排除繁杂的干扰,才能认识世界,音乐就是诸多干扰之一。佛教对于五音五色全部排斥。这样的文化背景下,音乐人不能得到主流士大夫群体的尊重认可,进而归为杂艺,地位比耕读世家差之千里。由于音乐人不受重视,民众对音乐的需求也不强烈,因此,音乐在汉族文化需要满足中的地位就一落千丈。因此才有今天汉族民族音乐不及其他民族音乐的现实。

不同民族在宗教信仰需要上有差异

宗教信仰产生是人类发展进步的必要阶梯。由于古代人类科学文化能力有限,在面对强大的自然力时,在面对巨大的社会动荡,如战争、瘟疫时,在面对生死无常这一生命规律时,人必然会产生命运不被掌握的危机感,相应地就对超自然的存在物产生了崇拜和皈依,这是人类在危机中的心灵慰藉,是危机意识的产物,也是社会文化发展的必然结果。每一个民族都需要发展宗教以满足人类心灵慰藉的需要。每一个民族的宗教发展大都从原始宗教信仰开始,通过一步步完善,与其他民族的信仰冲击融合,最终形成了自己的完整宗教体系。

由于受到社会发展水平的制约,每一个民族的宗教发展也不平衡,从原始宗教到神学宗教,多种宗教形式并存,形成了具有各自特点的宗教文化圈。例如,在西南、中南、东南广大南方地区生活的少数民族,至今仍较为普遍地保持着以万物有灵为中心的原始宗教信仰。在原始宗教信仰中,保持着自然崇拜的民族有基诺族、傈僳族、哈尼族等;保持着动物崇拜的民族有布依族、独龙族、德昂族等;保持着祖先崇拜的民族有土家族、侗族、苗族等;保持着神灵崇拜即多深信仰的民族有怒族、彝族、怒族等;保持着英雄崇拜的有京族、布依族等。这些少数民族形成了我国南方少数原始宗教文化圈。与南方少数民族原始宗教文化圈遥相呼应,在我国东北地区存在一个东北少数民族萨满教文化圈。萨满教信仰也是一种原始宗教,起源于万物有灵的信仰思想,因其巫师称"萨满"而得名。保持这种信仰的民族主要是东北地区的鄂温克族、鄂伦春族、满族、锡伯族等。在历史上,蒙古族也曾经信仰萨满教。藏族地区的原始信仰苯教,也是一种类似的萨满教宗教信仰。相对于原始宗教,主流宗教对我国民族的影响更大,更加深远。目前存在于我国的主流宗教是佛教、道教、伊斯兰教和基督教。其中,道教是主流宗教中唯一起源于中国本土的宗教,它扎根于汉族文化,具有鲜明的汉族特色,道教思想主要是老子的学说,主张无为、天人合一、道法自然。佛教则起源于古印度,于汉明帝时传入中国,在漫长的发展过程中,逐渐形成了汉传佛教、藏传佛教、南传上座部佛教三大系统。汉传佛教主要影响汉族、白族等民族,并与这些民族的传统文化相融合。藏传佛教主要在藏族地区形成和发展并影响着藏族、蒙古族等民族。南传上座部佛教主要在傣族、阿昌族等南方少数民族中传播。伊斯兰教于公元 7 世纪传入中国,逐渐成为回族、维吾尔族、哈萨克族、东乡族等少数民族信仰的宗教。基督教、天主教于近代传入中国，逐渐影响边疆地区少数民族，如景颇族、朝鲜族、伍族等。宗教信仰是一个民族重要的精神需要，民族之间虽然宗教不同，但是每种宗教都左右着这个民族的思想和意识，影响着整个民族的发展。

不同民族在交往动机需要上有差异

交往是人特有的需要，是人不可或缺的生活方式。无论奔跑速度还是臂力大小，无论咬合强度还是攀爬能力，人类与很多动物都无法媲美，但人之所以成为万物之灵，除了具有发达的智力外，就是人与人之间结成了团体。通过团体协作，人类可以战胜猛犸象，可以战胜剑齿虎。团体协作给予了人类战胜任何其他动物的能力。在团体协作中，人类发展出了交往动机需要。人类通过交往与其他成员建立起紧凑的社会关系，结成伙伴，形成团体，应对自然的挑战。同时，通过协作，人类结成了社会组织。协作成为人类社会发展的原始驱力。交往需要是人类特有的需要，是人类不可或缺的生活方式。但是，受社会生产方式以及社会生产力水平的影响，各个民族在交往动机需要满足方面存在一定差异，这种差异以农耕文明下的民族与游牧文明下的民族最为明显。

汉文明是典型的农耕文明，在农业生产方式下，每个人都被束缚在土地上，日出而作，日落而息，生产生活方式十分规律。如果没有战争徭役的影响，一个人一辈子都不会离开家太远。因此在汉族社会中，个体无法脱离家族而独自生活，独自面对农业生产。每一个人都被约束在一个家族中，宗法观念、宗族制度十分详实与严格，这就使得汉族人从一出生开始，就崇尚祖先，讲究传宗接代，重视血脉传承。每一个人都必须在宗族中找到自己的位置。只有被家族承认，一个人的交往动机需要才能获得满足。也只有得到家族的赞许，一个人才能在家族中找到自己的位置。因此，虽然汉族封建宗法制度的很多内容泯灭人性，但一代又一代的汉族人循规蹈矩，重复着与他人类似的故事，目的就是为了赢得家族的赞许，获得家族的承认。反观游牧文明，特别是蒙古族。情况大不一样。草原虽然辽远而广阔，但是其生态承受能力非常有限。每一个家族中的男性成年以后，必须带着牲口放牧到更远的地方，才能生存下去。因此，在游牧民族中，家族发展到一定程度，必然要分裂，成年男子带着家眷迁徙到更远的地方。因此，在蒙古族部落，家族宗法观念不是特别严苛，个体的交往动机无须通过整个大家族的承认来实现，血统观念也极其单薄。在这样的文化环境下，造就了蒙古族人自由洒脱，豪爽无忌的性格特征，与汉族人呈现出完全不一样的特点。

不同民族在成就动机上有差异

成就动机是想要很好地完成困难工作，创造出优异业绩的动机，这种动机使人希望从事对他有重要意义的活动，并在活动中取得成功。成就动机会使人在困难和挫折面前表现出极大的韧性和毅力，不达目的誓不罢休。成就动机在幼年时就开始形成,而且在很大程度上由所接触的文化和父母对成就的重视程度决定。由于各个民族的文化发展水平不同,因此各个民族的成就动机就呈现出不同的特点。

在汉族文化中,耕读世家一直是家族追求的目标。耕田可以事稼禾,丰五谷,养家糊口,以立性命。读书可以知诗书,达礼义,修身养性,以立高德。所以,耕读传家"既学做人,又学谋生"。宋明理学兴起后,读书出仕规范成为了一种道德制度,即所谓的"经世致用",而且,自宋代以后,已经没有了世袭为官的法律保证,即使皇帝所封王侯,其子嗣也是降级荫承,通常三五代之后就没有封号。所以,无论士族庶族,耕读世家的目标非常统一,半耕半读,均以读书出仕为最终目标和最高目的。因此就有了"万般皆下品,唯有读书高"之说。对中国传统知识分子而言,修身齐家治国平天下,学成文武艺,货与帝王家,考功名成为读书的唯一目的。因此,进身出仕成为成就动机的主要表现形式。而其他民族,受生产力和文化发展水平以及宗教传统影响,成就动机的表现形式则与汉族大不相同。藏族由于受到藏传佛教影响,寺院和宗教在人民生活中占据重要位置,让孩子当喇嘛是一件非常光荣的事情,每个家庭都十分热衷于将家中的长子或是最聪明的孩子送到寺庙中当喇嘛,学习宗教课程。如果儿童经过不懈努力,在成年后最终获得"格西"学位,那么他将获得很高的地位和威望。因为这一学位是极少数僧侣经过长期清苦修学而获得的一种宗教学衔。"格西"中又有不同级别的具体称谓,其中拉然巴格西,是藏传佛教格西中级别最高的学衔,也是藏传佛教显宗中最高的学位。每位申请拉然巴格西学位的考僧,必须在拉萨大昭寺举行的祈愿大法会期间,通过三大寺(甘丹寺、哲蚌寺和色拉寺)高僧提出的佛学疑难问题答辩,得到认可才能获取这一宗教学衔。因此,当喇嘛,考格西就成为不少藏族青年成就动机的表现形式。

15.3　民族特异的心理需要和动机

需要的满足和动机的实现受到自然环境和社会文化的影响。由于生产力水平不同,社会文明发展水平不同,以及受到宗教文化的影响,每个民族在心理需要和动机层面都有一些独特表现。每一特异心理需要和动机背后,都积淀了民族千百年来的心理和文化传承。

15.3.1　汉民族特异的心理需要和动机

汉族作为中华民族的主体民族,是上古时期黄帝和炎帝部落的后裔。经过了五千年的文明传递,汉族在政治、军事、哲学、文学、史学、艺术、科学等诸多方面,都创造了许多辉煌的成就。汉族对各种宗教信仰采取兼容并蓄态度,天命崇拜和祖先崇拜是汉族宗教的主要传统观念。几千年来，提倡以"仁"为中心，重视伦理教育，由孔子、孟子思想体系形成的儒家学说对汉族产生了深刻影响。在历史上，汉族是典型的农耕文明，经济以农业为主，兼营家庭副业，是一种典型的男耕女织的自然经济。汉族还是一个历史从未中断过，延续数千年文明的民族，在数千年文明史中，汉族形成了一些特异的心理需要和动机。

乡土观念

乡土观念是指人们对自己出生成长的故土家园、家族亲情的深厚感情，包括对家乡文化、习俗、生活方式等方面的归属感和认同感。汉族自古就有强烈、深厚的乡恋传统：古人视乡土为"根"，十分重视自己的祖籍、祖居、祖业、祖坟，功成名就时讲究"衣锦还乡"以"光宗耀祖"，告老致仕时讲究"落叶归根"。在外服役、羁旅时思乡、恋乡的文学作品，自《诗经》时代始，绵延不绝。所以如此，有四个方面原因（洪文莺，2012）。

（1）原始社会氏族制度的残留。氏族是指原始社会中因血缘关系而结成的亲族集团。最初的氏族产生于母系氏族社会。每一氏族都有特定的地区作为生活领域，成员们拥有共同的语言、信仰、习俗和经济生活，氏族所占有的土地成为生活中最重要的自然资源，所以不同氏族之间经常因为土地资源引起争夺。汉族自夏商周三代都是以各自氏族部落为核心而建立的国家，社会中不同等级的氏族分别聚族而居，分封、迁徙也以氏族为单位。原始社会中的氏族制度在母系、父系时期长期存在、在夏商周三代奴隶社会的浓厚残留，使得人们对自身所在的氏族产生强烈的归属感。生产力水平低下，氏族制度所形成的凝聚力，使人们团结协作、依赖集体生存。而组成氏族的重要因素之一——相对固定的领土，不仅是提供氏族成员生活资料的重要来源，在精神上也成为他们生存的"根"、"本"。这种古代先民的观念意识，又通过"情感遗传"，成为"集体无意识"的一部分，留传给后人，对原始社会及之后奴隶社会、封建社会的人们意识产生无形而深刻的影响。

（2）封建社会宗法家族制度的长期推行。冯友兰认为，中国的家族制度是世界上最复杂的、组织得很好的制度之一。中国的社会制度便是家族制度。传统中国把社会关系归纳成五种，即君臣、父子、昆弟、夫妇、朋友。在这五种社会关系中，三种是家庭关系，另两种虽不是家庭，却也可以看作是家庭关系的延伸（杨柏峻，1980）。这种宗法家族制源于三代的奴隶社会时期，发展到战国后期的封建社会时已很成熟，加之被后来统治者延绵不绝地推行了两千多年，对人们的乡土观念产生了一定的定型作用。

（3）农业经济及其赋税制度的需要。不同于古希腊的海洋文明，中国是个大陆国家，从文明起源的仰韶文化时期就形成了以农业为主的原始经济。除了中国地理环境、历史传统适合农业发展外,重农抑商的经济观念几乎延续了整个奴隶社会和封建社会。伴随农业的赋税制度,统治者都希望将农民固定在土地上进行"编户",限制他们自由迁徙,在维护社会统治稳定、推行教化、征收兵源的同时,也保障赋税的正常收入。农业经济中土地的不可移动性、四时耕种劳作的定时性,都要求农民稳定安居,再加上编户政策上的迁移限制,使得人们围绕着土地,通常是一家几代人聚居在一起,祖祖辈辈地在同一地域进行劳作与生活,这成为古代乡土观念形成的经济和政策原因。

（4）传统文化对乡土观念的塑造。作为中国传统文化源头的儒家学说潜移默化地对人们的思维观念进行有力塑造。儒家提倡"三纲五常"的礼教,重视维护父子君臣间的伦理秩序。在家族中,为了强调父亲作为族长的权威,孔子提出:"父在观其志,父没观其行,三年无改于父之道,可谓孝矣。"儿子在父亲死后三年都不改变他为人处世的思想和方法,才称得上孝(杨柏峻,1980)。这种沿袭旧制的观念,吻合了农业经济对前人经验的重视与继承,引导人们沿着父辈的生活轨迹和劳作区域生活下去。

因此,汉族乡土观念产生的根本原因是以农立国这一经济基础。乡土观念萌芽于氏族制度时期,发展于奴隶社会的宗法制时期,最终形成于封建社会家族制度的长期推行,而传统文化则是农业经济、政治制度之外无形的心理塑造。

祖先崇拜

祖先崇拜通常是指一种信仰,即相信去世的亲人的灵魂对活着的人有影响。这种影响多数是指好的积极方面,如保佑、庇护等;但也存在一些消极方面,如果家族中发生了不好的事情,人们也会认为是祖先对后人施加惩罚。祖先崇拜不仅仅停留在人们观念中,也有仪式的举行来实践祖先崇拜(孙玉春,2015)。

在汉族中,祖先崇拜伴随汉族文明延续至今,经久不衰。汉族的祖先崇拜具有以下特点:(1)有系列的神圣之物,如神龛、灵位、墓地、祠堂、宗庙等。(2)有系统的祭拜仪式包括家祭、祖先生辰、忌日、七月鬼节、扫墓祭拜等。(3)有较为完善的信仰体系:汉族人相信祖先灵魂不灭,祖先有灵,庇佑家人;相信"不孝有三,无后为大"的香火观念;将光宗耀祖作为人生奋斗的动力之一;等等。(4)有发达的信徒组织:祖先崇拜建立在高度发达、以血缘为纽带的宗族组织基础上。即使在当代,宗族组织仍然以强劲的态势存在于中国社会,尤其是在广大农村地区,为祖先崇拜提供了广泛的群众基础。(5)有宗教情感:在中国个人或宗族遭遇天灾人祸、生活陷入极度困难或悲痛,或遇有重大事情时会祈求祖先保佑(朱雄君,2007)。

之所以存在祖先崇拜,主要有以下原因:

（1）鬼魂崇拜。鬼魂观念是祖先崇拜的基础。对祖先的崇拜主要是对其鬼魂的崇拜。在远古时代，人类就开始萌生了灵魂观念。恩格斯曾指出："在远古时代，人们还完全不知道自己身体的构造，并且受梦中景象的影响，于是就产生了一种观念：他们的思维和感觉不是他们身体的活动，而是一种独特的寓于这个身体之中而在人死亡时就离开身体的灵魂的活动。从这个时候起，人们不得不思考这种灵魂对外部世界的关系，既然灵魂在人死时离开肉体而继续活着，那么就没有任何理由去设想它本身还会死亡，这样就产生了灵魂不死的观念。"人死之后，灵魂不死，就是鬼魂。它在古人的想象中有超能力，可以施人以惠，亦可以加人以祸，于是人们敬畏它，因此产生了鬼魂崇拜。

(2) 生殖崇拜。在世界文明史上，有一种真实的、普遍存在过的特殊文化现象——生殖崇拜，即对生殖器及生殖行为的崇拜。在许多古老建筑中，透露出有关生殖崇拜的信息，如古希腊和罗马丰饶之神潘神，一根石柱上面一颗脑袋，前有男性生殖器的图形。维纳斯最早的形象也是一根石柱，柱上安着漂亮女性的头，柱前刻着女性的阴部。人类有着探索本源的本能需求，"我从哪里来"的问题促使人们探求人类生命的起源、延续及其原因。在科学不发达的古代，人们自然、直观地肯定生殖器及生殖行为在这方面所起的作用，就产生了生殖崇拜，由此也引起了人们对祖先的崇拜。因为是祖先的生殖行为使生命得以创造，是生命的本源。

(3) 宗族社会。中国是一个宗族社会。宗族的建立直接导致祖先崇拜。由于宗族以血缘为基础，因此必须追本溯源，归宗认祖，以此确定辈份的尊卑、关系的疏远。是否具有本族血统，是否源于同一祖先是衡量能否成为本族成员的根本尺度，由此祖先的崇高地位显现出来。而且宗族的维持与兴盛离不开祖先崇拜。宗族的团结、兴盛，需要宗族成员同心同德、团结一致，这就需要一种权威力量，或者向心力。在宗族中，祖先就是这种权威，"祖训不可违"、"祖业不可丢"、"祖宗之法不可变"就是这种权威的体现。打着祖先旗帜，开展一系列崇祖活动，就能促进宗族内部团结，产生强大的凝聚力。

(4) 儒家思想。儒家思想中有浓厚的崇祖思想。在儒家的核心思想"忠、孝、礼、义、廉、耻"中，"孝"排第二位。孔子极力推崇复周礼，祭祀祖先是其重要内容之一。"四书五经"中也有许多关于祭祖、崇祖的内容。在中国历史上，儒家学者不仅参加各封建王朝的宗庙和祭祖制度的制订，还致力于使崇祖成为普遍风气，为祭祖民间化作出了努力。宋代以来，理学家大力鼓吹"尊祖重本"、"收宗敬族"，提倡建立尊祖敬宗的宗法和宗族制度，极大地推动了中国祖先崇拜的发展。

面子心理

胡先缙(1989)将面子解析成"脸"和"面"两个相互联系的方面。把"脸"定义为"社会对个人道德品格的信心"，把"面子"定义为"因成就而拥有的声望，是社会对人看得见的成就的承认"。如果一个人违背道德标准,社会就会责备他,他会感到孤立和焦虑,更重要的是感觉丢脸。面子是指一个人地位、声誉的提升,是与尊严联系在一起的,如果丢了脸,也就不能维护自己的面子。

虽然对面子的关注和需求在各个国家社会中普遍存在,但好面子是汉族文化中的一种突出现象,这很大程度上与汉族的传统文化和社会形态相关(赵雪,2014)。

首先,在儒家思想中,孔子强调不知礼,无以立。即,每个人在社会中都有自己的身份及地位,其行事作风必然要受到社会礼俗的指引和约束,一旦行为举止越过了礼俗界限,或者违背了礼俗的规定而有失身份,就会丢脸丢面子。受礼文化影响,社会中每个人,无论从心理上还是行为上都受到礼数道德的教化与约束,"礼"通俗地讲也就是面子。

其次,汉族传统社会是一个人情社会。面子是人情社会的典型标志。人们通过人情和各种社会的交换手段来获取、维护和提高自己的面子,同时也通过权力来确认和巩固自己的面子。人情是指人与人进行社会交易时,可以用来馈赠给对方的一种资源。在人情社会中,人们时刻关注自己在其他人心中的地位,随时寻求和捍卫自己的优越感,以此来维护自己的尊严与面子。因此,在熟人社会里,人们往往用人情和面子来组织人际关系,平衡人际矛盾,谁的面子大,谁的话语权就大。

再次,汉族社会的宗法性强调个人必须服从社会、群体的利益,不提倡甚至否定个体的独立意识,强调群体高于个人,将个人融化于群体之中,具有社会群体倾向。生活在群体中,必然要顾忌自己的面子、别人的面子。而且,血缘型制度体系传承给人们一种家族崇拜、祖先崇拜的观念意识,从而形成"先祖者,类之本也"为血缘纽带的伦理型社会形态。个人的荣辱关系着家族的荣辱兴衰,没有人是独自生活在社会中的,无论从血缘还是姻亲上,都会与他人产生一定关联,个人没有面子就会给家族丢面子。个人获得荣誉就会给家族长面子。例如,在古代,高中状元后,会衣锦还乡,更要祭拜祖先,这就是会给整个家族带来面子和荣誉的喜事。

15.3.2 少数民族特异的心理需要和动机

相对于汉族而言,少数民族虽然人口少,但是他们在当地自然环境影响下,发展出了独特的社会习俗与文化,受其独特文化影响,他们有一些独特的心理需要和动机。

家支观念

彝族是跨省跨国居住的民族。由于散居地域广阔,整个民族在历史进程中的社会发展非常不平衡。过去,当散居在云南、贵州、广西和境外的彝族大多早已相继进入封建社会时,四川和云南部分地区(即大小凉山)的彝族,直到新中国成立前仍处在一个封闭性的等级家支制社会里。维系这个等级家支制社会的两大支柱是"家支"和"等级"制度。

"家支"是彝族社会以父系血缘为纽带的社会集团组织。它是保留有原始氏族组织的躯壳,内部严禁通婚并以父子联名的系谱为一根链条贯穿起来的父系血缘集团组织。这种父系血缘集团组织是"出自一个共同的祖先,具有一个氏族名称。并以血缘关系相结合的血缘亲族的总和"(马克思,1965)。彝族家支有自己的组织和头领,有自己一套制度和习惯法。千百年来,大小凉山彝族社会没有形成统一的地方性民族政权组织,家支组织一直是维系这个封闭社会的核心支柱,成为这个社会的统治工具。家支组织对内主要起联系内部成员,解决内部矛盾纠纷,协调内部关系,组织内部成员开展互助济难等有益于本家支的各项活动等作用;对外起维护本家支的安全和利益,抵御外害,协调外部关系等作用。

历代王朝的统治和彝族内部的等级统治也都通过家支组织来实施。彝族等级家支制的社会组织实际上是"政家合一"的组织。所以,家支组织也就具有"政权组织"性质。家支组织联系形式就是"家支链"即父子连名制的谱系。这个谱系对彝人来说非常重要,它可以"明辈份别婚姻",是家支的历史,又是联系家支成员的纽带,是确认家支成员的依据和人身安全的保障。"家支观念"对大小凉山的彝人来说根深蒂固(朱建新,1999)。在家支制度影响下,大小凉山彝族人的家支观念有以下特点:

(1)强调以孝为重,注重家庭和睦。在彝族家族内部,把维系家族血缘和群体感情的孝的观念确定为最具普遍性的伦理模式。孝道作为彝族家支伦理的主要内容,对维系家支的延续和团结起了重大作用(米正国,2004)。

(2)宣扬重义轻利,强调集体意识。彝族主张谋道重于谋食,谋道就是为了维护家支,忠于家支。彝族在交朋友时重义气,讲信用,知恩必报,一语相投,倾身相交。

(3)内含严厉的行为规范,在无形中承担了社会教化作用,使彝族百姓在对待外族社会时多了一层自发与外控结合的抵抗力。

但是,由于家支观念毕竟起源于彝族古老的氏族生活,其内含严格的血缘基础、对集体权威的无条件服从和思想意识的相对封闭和保守,也不可避免有一些消极特点。例如,历史上的彝族地区,当一个家支成员受到外来进攻时,同一家支的全体成员要团结一致与对方开展械斗,共同出资赎回被掠者与赔偿命价,所谓"打冤家"。冤家械斗起源于彝族古老的血族复仇习俗。彝族民间谚语称:"不维护一户,全家支保不住";"个人惹事,家支负责"。它反映了血族复仇已成为彝族社会的一种道德传统,因此家支观念对集体分担的过于强化容易导致彝区百姓纠纷和矛盾的激化。在传统家支观念作用下,家支成员可以不惜一切代价、非理性地参与纠纷,成为彝族地区社会稳定的隐患。而且,家支观念极其重视个人与集体的关系,提倡个人为氏族群体无条件履行道德义务。凉山彝族传统的道德文化相当部分内容是为血缘家支服务的,它把个体规定在血缘家支网络内,过于强调家支集体利益,而对个人价值和个人发展重视不够。它阻碍了彝人的自主意识发展,使彝人对家支过于盲从、过分依赖,缺乏开拓意识,阻碍了个性的全面发展和个人价值的充分体现(马尔子,1999)。

舅权思想

舅权是指男子在母系氏族制度下的权制和地位,特别是男子对姐妹外甥和外甥女的权利。马克思(1965)指出:"世系按女系计算,继承权按女系实行,由舅传甥,除去高级酋长外,一般说来,舅父在家族中享有最高的权利。"产生于母系氏族社会的舅权曾经是社会权力结构中的重要组成部分,在氏族中舅舅对外甥享有绝对权力,包括社会规则、生产技能、生活知识等各个方面,舅权对氏族中男性公民的塑造具有不可替代的作用。在母系氏族社会向父系氏族社会转化过程中,舅权起到了桥梁作用。当以男性为中心的社会结构最终建立起来的时候,舅权变得日益弱化了,但并没有马上消亡,而是与父权一起在维持社会的平衡当中发挥着作用(刘志松,2006)。

川滇交界的永宁泸沽湖畔,生活着摩梭人。摩梭人是由我国北方南迁至川、滇的古羌族后裔。摩梭人堪称母系氏族的缩影。它既是母系氏族的血缘组织,又是生产生活单位,是母系不断分裂的遗迹。摩梭人正处在母系制社会向父系制社会转变的历史时期。在以对偶婚为特征的母系制社会向以一夫一妻制为特征的父系制社会过渡的阶段,舅权的衔接性质就显得十分突出。由于母系家庭长期存在,母系血缘观念长期影响,在摩梭人思想意识里,自然而然形成一套道德观念和传统观念。舅舅在母系家庭中享有男性的崇高荣誉和地位。母亲及其姐妹兄弟有抚养和教育晚辈的责任,晚辈有赡养舅舅、姨妈的义务。母亲及其兄弟姐妹同他们的孩子等母系成员是最亲的人,对生父,除了少数感情比较深厚外,大多数关系冷淡,既无联系的必要,更不承担供养义务。在摩梭人家庭里,父亲角色由舅舅充当。舅舅作为男性长辈抚养下一代,即抚养他姐妹的孩子们。舅舅要外出赶马、伐木等为家里多挣钱,要做家里的重活,如建房子、耕地。在一些重要的礼仪场合,如春节、发丧等,均由舅舅主持。家里的收入由女当家人管理,但经济方面大事由舅舅决定。舅权的最大外部特征是母舅对外甥实施抚育和教养权。舅舅是孩子的老师,如果说母亲更侧重教育女儿,舅舅更加关注甥男。他是儿童最亲近的男子。男人要掌握的有关生产的技术,如农业、放牧、赶马、木工等,均由舅舅传给甥男。孩子们也十分尊重舅舅,当地流传有谚语:"天上雷公大,地上母舅大。"在摩梭古经里,有这样的箴言:"甥男俊伟伟,全靠舅舅牵;女儿美俏俏,全靠妈妈爱;母舅养育恩,胜过三春晖。"这些格言、箴言教育后代要尊奉和敬爱母舅,教育后代要维护母系大家庭的团结和睦,相亲相爱(康云海,1999)。

舅权制不是一个孤立的文化现象,更不是一种历史的偶然,它一开始就具备三重意义：(1)舅舅作为母系社会的男性代表,他与他的姐妹以及他姐妹的孩子构成了人类社会母系制的家庭雏形;(2)舅舅又具备分裂为典型的父权制家庭的独立因子,因为他本人就是男人;(3)舅舅还可以充当暂时调停作用,新和旧的因素集结于舅权(彭兆荣,1997)。

舅权制并非一种永恒状态。事实上,舅权一直处于演变过程中,当母系制社会向父系制社会转变时,舅权也一步一步被削弱。以汉族为例,在当代,在广大汉族地区,舅权制已经相当微弱了。

16　民族宗教心理

　　民族宗教心理是民族宗教信仰者在其信仰活动中所获得的与宗教有关的各种心理体验。民族宗教心理是民族心理在宗教生活中的特殊形式。民族宗教心理亦是特定民族社会存在的反映。宗教心理通过一定的民族宗教文化和宗教行为得以表现,使民族宗教心理被人们感知和掌握,为不同民族间的心理沟通提供了客观条件。民族宗教心理同民族认同感、民族自尊心、民族自信心联系,成为推动民族凝聚力增强的重要因素。民族宗教心理表现出较高的稳定性和延续性,在特定民族共同体中,宗教心理在形成后相对稳定,不会轻易发生变化。但是,随着社会环境发展变化,民族宗教心理也并非一成不变,而是会相应地发生变异。

16.1 宗教信仰在民族心理生活中的地位与作用

作为一种社会化的客观存在,宗教具有一些基本要素。这些要素分为两类:一是内在因素,二是外在因素。内在因素包括宗教观念与宗教情感,外在因素包括宗教行为或活动与宗教的组织和制度。一个完整成型的宗教,是上述内外四种因素的综合(吕大吉,1998)。这四个要素在宗教体系中有四个层次。基础层次是宗教观念。有了宗教观念,才有可能产生宗教体验。因此,宗教体验是第二层次。宗教崇拜行为是宗教观念和宗教体验的表现,属于第三层次。宗教的组织与制度是宗教观念信条化、宗教信徒组织化、宗教行为仪式化、宗教生活规范化和制度化的结果,它处于宗教体系的最外层,对宗教信仰者及其宗教观念、宗教体验和宗教行为起着凝聚固结的作用(吕大吉,1998)。

16.1.1 宗教信仰对民族意识的提升作用

宗教作为一种独特的社会文化,有独特的社会心理功能,对民族个体影响巨大。宗教不受时间、地点的限制,它赋予个人和群体以生活的意义。宗教的社会化功能表现在它既具有社会控制作用,也具有教化功能。纵观我国的众多民族,宗教信仰对民族意识起着重要的提升作用(李静,2009)。宗教对民族意识的提升作用在世界许多民族中都有不同的表现,在某些民族的民族意识发展中甚至起着一种核心的提升作用。伊斯兰教、藏传佛教在我国许多民族地区传播,使得信仰这些宗教的民族的生活都发生极大的变化,包括民族生活方式、生活习俗以及宗教行为的形成与养成,同时,对信仰民族的民族意识起到了很大的提升作用。

宗教促进民族发展与演进的一致性或趋同性

宗教作为信仰民族的精神支柱,成为促进民族内部团结统一,反抗外族侵略的思想武器。对民族特征(包括民族心理、思维模式、社会习俗)的形成起重要作用。例如,藏传佛教影响与促进了藏民族的演进与发展。藏民族在藏传佛教的影响下,以特有的发展形式来演进。藏族人以藏传佛教的主旨、教义作为对自己的约束与要求。由于藏传佛教有许多膜拜与信仰形式,人们在这种共同信仰要求下在社会经济生活的更多方面达成了共识。

宗教促进民族政治经济体制的形成

宗教对民族社会政治经济体制的形成起重要作用。在历史上,佛作为代表先进生产力的新型封建主阶级的意识形态和思想武器传入处于原始社会末期的民族地区,促进了那里的社会变革。以宗教形式建立民族政治经济体制,促进了民族的政治经济发展。在历史上,蒙古族、藏族、傣族等民族的政教合一体制都在佛教的参与下完成。佛教也成为连接民族之间关系的桥梁与纽带,信仰藏传佛教的民族由于宗教信仰的共通性有了交流与联系的基础。

宗教加强民族文化的形成与民族的特色化发展

宗教对民族文化的形成和发展起重要作用。随着宗教的传入,先进地区的文化、生产技术亦随之传入,促进了当地文化、经济的发展与进步。宗教为适应新的土壤,与该民族原有的文化、宗教信仰相结合,形成了新的民族文化。在历史上,对藏族、回族等民族而言,佛教寺庙、清真寺等宗教场所是进行文化教育的唯一场所,僧侣、阿訇等是当地的知识分子,在语言文字形成和发展、法律制定、民间文学发展等方面,僧侣、阿訇和传教士都作出了很大的贡献。

宗教成为构成民族风俗的重要内容

宗教因素渗透到民族生活的方方面面。以回族与藏族为例,由于信仰伊斯兰教或藏传佛教,社会生活逐渐形成了鲜明的宗教特色,构成了这些民族民俗生活的重要内容。对藏族信仰群体而言,藏传佛教已经深入民族生活的各个方面。除了深入影响民族心理发展外,宗教对他们的外在生活同样发生重大的影响,使其生活带有强烈的宗教色彩。如果你到民族地区,从房屋建筑、民风民俗就能知道这个民族是否信仰藏传佛教或伊斯兰教。

16.1.2 宗教信仰对民族认知的影响

认知是对客观现实的反映,它也建立在先前经验的基础上。地处不同的自然生态环境、具有不同社会生活经验、生活在不同文化中的人,其认知必定受其生活环境和生活经验的制约,从而表现出独特的特点。

认知包括感觉、知觉、记忆、表象、思维、社会认知等认识活动。个体各自有其认知结构,认知结构成为图式(schema),其含义相当于个体已有的知识经验。当个体面临问题情景时,即以其已有认知结构与之核对,并将所遇到的新经验纳入已有的认知架构中,此种历程称为同化(叶浩生,2000)。同化的功能在于运用已有认知结构去接触和运用新信息。新信息一旦被吸收到既定的认知结构中,从内容到形式都要适应当时的认知发展状态。适应是另一认知程序。适应是人们调整原有认知结构以适应新信息和新情况。适应导致认知的结构性充足和智力的阶段性提高。人生活在纷繁多变的大千世界里,每时每刻都有无数刺激作用于感官。人脑借助语言形成思维功能,使人不仅能够对刺激作出恰如其分的反应,还能够根据自己的愿望,创造性地改变世界。

面对纷繁复杂的客观环境,人类的认知能力受到制约。许多因素都能够影响一个民族的认知结构的形成和发展。宗教信仰也影响民族认知的形成与取向。黄任远(2003)认为,道德因素是宗教中最生动的部分。它即使没有正式表现在戒律上,至少也表现在舆论上,按照这种传统,某些行为被看作是善的、正确的,或者是恶的、错误的。

櫻井德太郎(1990)认为:"日本的宗教,无论既有宗教还是新兴宗教,都有明显的巫的性质,这是因为自古以来巫俗就存在于日本列岛之上,并且起很大作用。在日本列岛居民的生活之中,巫俗居于宗教信仰的核心地位。"他还指出:"日本巫俗之中既有日本独特的因素,又有与其他民族进行交流和融合之后产生的侧面,我们必须把二者结合起来进行考察。换言之,必须考虑到日本固有巫俗与外来巫俗的并存或混杂的情况。"

在民族地区,宗教已经深入到日常生活中,贯穿于人的处世态度中。例如,宗教信仰对民族颜色喜好发挥重要作用。蒙古族对黄色有特别的喜好,这显然是受藏传佛教的影响。蒙古族信仰藏传佛教的格鲁派(黄教),格鲁派的僧帽为黄色,上层喇嘛都着黄衣,信众把黄色视为神圣的象征。黄色能够引起蒙古信众特殊的、神圣的体验。维吾尔族人喜欢绿色,也与信奉伊斯兰教有关。大部分清真寺的大门都是绿色的。绿色成为信奉伊斯兰教的民众崇尚的色彩,他们能够对绿色产生特殊的心理体验。

藏族信仰藏传佛教,他们对事物的认知均不同程度地受佛教影响。他们崇拜山神、水神,对相关事物的认知总带有宗教色彩:"神湖"中的水是天神赐给人们的甘露,喝了可以解除各种病痛、可以使人增加力气、精神焕发;如果在里面沐浴,不仅可以洗掉肌肤的污垢,还可以清除心灵的烦恼(索代,1999)。这种对事物的特殊认知又进一步影响他们在认知这些事物时的认知结构建构,形成了藏民族在认识山、水等事物时不同于其他民族的特点。

苗族是一个嗜银的民族,信仰万物有灵,图腾崇拜、施巫与驱邪的宗教行为也在银饰上得到反映。银角是对他们的图腾物——牛的崇拜。万物有灵论的物化,使得苗族的银饰出现一些带角、带刺形状的造型。苗族相信一切锋利之物都有驱邪功能,刀枪剑戟、斧钺钩叉之类都可以佩戴在身上(田方,2004)。

16.1.3 宗教生活对民族想象的影响

我国少数民族的想象力极其丰富且富有创造性。各少数民族的想象类型也多种多样,主要体现在民族宗教生活的图腾、神话传说、民间文学、民族服饰等方面。宗教信仰与宗教生活刺激了民族想象力的发展。宗教是建立神圣世界的活动,是一个庞大的想象与幻想体系。它向往的境界极高,思考范围极大、极远、极广,这就强烈地刺激了民族的想象力、幻想力。宗教的想象与幻想又不受现实世界制约,可以让思想自由地驰骋,任其在无限的时空中飞翔,这种想象、幻想是无拘无束、无边无际并且出神入化、神异奇特的。

图腾是民族宗教生活、愿望与民族想象力有机结合的产物。图腾(totem)意为亲属、标志、"一个氏族的标志或图徽"等。图腾观念认为,各氏族分别源于某种特定的动植物,图腾是以氏族血缘共同体为单位,对某一种特定动植物或其他生物进行有目的的崇拜,并作为图腾实体。近百年来,许多学者致力于图腾起源研究,提出了众多的理论。弗洛伊德用"俄狄浦斯情节"来解析图腾。弗雷泽先后提出了几种不同的图腾起源说。例如,灵魂外在说认为,图腾是化身为人的外在灵魂的储藏所;妊娠说认为,受孕是动植物精灵进入子宫的结果,从而使儿童分享了动植物的属性。马林诺夫斯基认为,图腾所以涉及动物、植物是因为食物的需要,是动植物在人类生活中激起的羡慕、恐惧、食欲等的复杂情感在原始人思想中的表现。列维-斯特劳斯认为,图腾是人们通过自然物种的图腾将自身与自然密切联系,人类生活次序划分的模型源自于纷繁多样的自然次序。图腾崇拜是各民族在远古时代普遍具有的原始宗教观念。综观世界各民族的图腾崇拜,多数为动物,植物次之。图腾的实体是根据各民族所处的自然生态环境及生活状况,依赖于民族的丰富想象力创造出来的。从鄂温克族的图腾崇拜中,可以看出宗教生活对民族想象的影响。

在鄂温克人的图腾崇拜中,熊图腾十分突出。这与鄂温克人生存的自然环境、熊的形体特征及鄂温克族的思想意识有深刻联系。熊的形体特征加强了鄂温克人的血缘、亲属关系的想象。熊在身体构造和行为上有许多与人相似的地方。如熊用后肢直立行走,吃东西时用前掌抓食物送入口中,看东西时常用前掌遮光张望。这种与人近似的行为使鄂温克人产生了熊图腾崇拜。熊图腾崇拜又与鄂温克人畏惧、依赖心理有关。在古代,在森林中生息的熊体壮而力大无比,鄂温克人的生命时时面临着熊的威胁。在鄂温克人看来,奇大无比的森林猛兽与他们有亲缘关系,只要不违背宗教礼仪,他们一定会得到来自熊的帮助与保护。所以,在鄂温克人中,流传着熊与人之间有血缘、亲属关系的许多神话。熊原来是人类的祖先,因为触犯了上天的意愿,上天就把他们从两条腿走路的人变成四条腿走路的兽。熊原来是人类的一部分,非常聪明,并有着超出一般人的记忆与力量,是相当优秀的人种。有一天,森林中的一只母熊看见年轻、英俊的猎手古尔丹,被他超众的容貌、魁伟的身躯吸引,便对他一见钟情。从此,母熊每天都要来到古尔丹住处,给他做可口的饭菜,并为他收拾东西。到了晚上还要给他铺好狍皮被褥。古尔丹被母熊的所作所为感动了,与她成了家,开始了共同生活。过了几年,他们有了两个孩子。不过,后来由于猎手跟母熊的生活感到无聊,离开了母熊和两个孩子。那两个孩子后来成为森林中的两个英雄(汪立珍,2002)。

鄂温克人的这则神话生动形象地讲述了人与熊结为亲属的经过,把母熊人格化,并把母熊刻画成了善良温柔、顽强执着、善解人意的女性形象,高度神化的母熊与猎人成亲,生育后代,使猎手孤独的人生洋溢着家庭生活气氛。在这则神话中,人与熊的结合是自然、和谐的,又充满了神奇色彩及浓厚的生活气息。人与熊成亲是人类在远古时代特定的物质条件和生存空间所产生的想象,也反映了他们对自然界及自然界中万事万物的原初感应。由此可见,图腾崇拜是民族生活、民族愿望的凝聚与反映,是民族生活、愿望与民族想象力有机结合的产物。

16.1.4 宗教信仰对民族群体人格的影响

信仰决定人们的道德观、价值观及审美观,使人们形成了独特的社会态度体系。社会态度指导人们的行为方式,影响人们的人格特征。具有相同信仰的社会集团成员,往往在人格的某些方面表现出相同的特点。在某些信仰同一宗教的民族中,这种影响表现尤为突出。

宗教与瑶族人格特征的形成有密切关系。瑶族长期生活于深山老林中,环境险恶,再加上历代统治者的压迫和剥削,生活异常艰辛、贫困。瑶族信仰鬼神,鬼神观念渗透到瑶族生产生活的各个方面,信仰鬼神成为人们的最高价值,并成为赖以生存的动力。宗教研究发现,当人们感到自己应生活于某种存在的终极境界时,就会寻求生活的真谛,而后强迫自己按照意识到的生活模式去生活。宗教的这种作用在瑶族中有明显的表现。瑶族的许多原始宗教被用来对成员进行伦理教育。瑶族同胞认为,神创造了宇宙万物,并创造了各种伦理规范。违反伦理规范的人,要受到神的惩罚,生前有灾,死后变为禽、兽、鬼,不能与神灵在一起。在这种宗教观念教育下,瑶族形成了团结互助、尊老爱幼、勤劳勇敢的品质。但是,由于认为世间万物皆因鬼神使然,因而在面对险恶环境、艰难人生、贫困生活时,又表现出无助、无为、顺其自然的消极人格和宿命论的世界观(张世富,1996)。

佛教把希望寄托在来世,基督教把希望寄托在天国和彼岸,许多宗教面对深邃的苍穹与连绵苍茫的大地,关注的重点都不在今生而在来世,不在此岸而在彼岸,因而宗教都有一种超越感、崇高感,即不受眼前功利物欲的干扰,摆脱世俗情感的羁绊,去追求一种具有永恒意味的价值的事物。许多宗教认为,尘间的一切幸福皆不可靠,世事变幻莫测,雕梁画栋的建筑建立在十分脆弱的基础上,荣华富贵也转瞬即逝,人生无常,苦海无边,因而他们便举眼向天,致力于把人心引向天国,引向涅槃的永生长乐的境界(蔡毅,伊相如,2000)。13 世纪以来,宗教一直统治着藏族社会。在西藏,藏传佛教的影响无处不在,小孩一出世就进入到宗教的氛围中。

藏族同胞虔信藏传佛教,相信超自然的力量,相信因果报应。他们认为,命运是前世注定的,现实的人只有行善好施,烧香拜佛,来世才能享福,否则就要下地狱。在藏传佛教观念的指导下,藏族人逐渐形成了一种顺从、忍耐、吃苦、善良、勤俭、与世无争的人格特点。藏传佛教的核心是四谛学说。佛陀的最初愿望是从本质上解决现实存在的生苦、老苦、病苦、死苦。解决这些"苦"的办法是,要人们知苦(一切都是苦的)、断集(痛苦有因)、证灭(苦能灭寂)、修道(灭寂有道),逃离现实社会,得"常、乐、我、净"四德之佛身。一切现象都是因缘所生,刹那生灭,没有质的规定性和独立性。佛教的苦、空教理,从观念上、精神上对藏族人民是一种麻醉。佛教强调生死轮回、因果报应。因果报应的训导与强化,使藏族人民形成了一整套道德的评价观念及事事反省自己的行为方式。藏传佛教主张慈悲行善,忍辱无争。藏传佛教的善是为了成佛。藏族人的伦理观念,正是在藏传佛教教义的束缚下逐渐形成的。此伦理观念既形成了藏族的知耻、公正、信仰、怜悯、诚实的人格,同时也形成了其忍让的人格(李静,2009)。

藏传佛教认为,佛法无量,人应当乐善好施。佛陀有无量法力,佛民必须敬仰佛陀。不仅要有心灵的敬仰,还要表现在物质的无私奉献上。佛陀要求虔诚,虔诚的标准包括多多奉献,奉献越多,来世幸福就越多。这种长期的敬佛教育,形成了藏族人特有的人格特点。自己省吃俭用,拼命劳动,忍受生活的煎熬,将积蓄全都无偿地奉献给大小佛寺及活佛。

藏族的节日,也渗透着宗教色彩。藏历年既是过节,也是虔心礼佛的日子。三大寺的喇嘛集中于拉萨,举行规模盛大的"莫朗钦波"法会。在大昭寺念经 21 天。藏民主动倾其所有,向寺院放布施,认为这是积累功德的最佳时刻。正月十五,人们又要去寺院朝佛、转经、磕头。不仅节日如此,在拉萨大昭寺门前,从早到晚,烧香、点酥油灯、献哈达、磕长头的人终日不绝。几百年的藏传佛教统治,使藏族人在社会生活、家庭生活、人格特征、行为举止、道德观念等方面都带有藏传佛教的色彩。一般藏族人对大家的事总是抢着干,他们认为这是在行善、积德。如果一个院子里住着好几户人家,无须安排值日表,大家会自觉地将院子打扫干净。公共汽车上尊老爱幼,主动让座,完全出自自愿。在工作单位,同事之间总能够互相谦让,主动吃苦,默默工作,从不图领导表扬。因此,人与人之间的关系融洽,很少有嫉妒他人和在背后说他人坏话的事发生。他们认为,生活好坏是前世报应,没有必要嫉妒,一般有吃有喝就行了。男女、夫妻之间基本平等。寡妇可以改嫁,既不会受到欺侮,也不会受到歧视。如果有人借钱,还不还都可以,从来不主动去要。朋友之间坦诚相待,有困难竭力相助,不惜代价,受人恩惠,加倍报答。向佛陀祈祷时,从不为自己祈祷,让佛保佑自己,而总是为世间六生祈祷平安。

藏族人的集体观念比较强,少有个人英雄主义。这从他们的歌舞集会中可窥其一斑。节日集会时,大家喜欢在一起歌舞,通宵达旦,不知疲倦。平时容易受感染与暗示,只要是一些人喜欢做的事,很快就会波及整个地区。在藏民族聚居的牧区或农区,邻居之间总能和睦相处,少有矛盾和纠纷。邻居之间若发生过矛盾,但当对方突然遭遇不幸时,另一方会毫不迟疑,不惜牺牲一切去帮助,因为他们看不起幸灾乐祸的人(孙玉兰,1990)。

罗洛·梅认为,宗教能够帮助人格发展健全,也能够使人产生精神病态,助长人的依赖心并使人的发展呈现出天真幼稚的人格。宗教若被曲解,很可能变成奴役人心的工具,使人无法正常融入社会。罗洛·梅发现,有宗教信仰的病人,一般表现出两种人格倾向,一是对人生有积极看法,二是对上帝依赖心较重。他认为,宗教都教人做好,但做好往往被指为小孩子应该乖,应该听话服从。可是,服从往往不仅是道德意识发展的绊脚石,亦剥夺了个人内在的毅力,只服从外在要求。过一段时间后,个人往往对道德与责任的选择开始衰落。个人一旦失去了道德行为的自主性,真正的幸福亦将不复存在(世瑾,1989)。

16.1.5　宗教对妇女社会化的影响

社会化是在个人和他人之间存在的一种连续的、经历许多阶段和变化的相互作用的过程。在特定社会与文化环境中,个体形成了适应该社会与文化的人格,掌握了该社会公认的行为方式,叫作社会化。社会化是一个过程,经过个体与社会环境的相互作用实现的逐步内化的过程。每个人从来到世界的第一天起,就生活在一个具有某种关系的社会环境里,在不同社会历史条件下,社会化的内容不同,因为不同社会有不同的社会规范与行为标准,对人的要求也不同。个人对社会要求的认识与掌握可以是自觉、积极与主动的,也可以是不自觉、消极与被动的。因此,个人的社会化有时是有意识地进行的,有时是潜移默化地进行的。

在我国56个民族中,绝大多数的少数民族信仰宗教。有不同信仰的民族对待女性的态度不同。藏传佛教、基督教、伊斯兰教的妇女观,会对民族女性的社会化产生影响。例如,佛教是富有平等观念的宗教,倡导男女平等。在世界几大宗教中,佛陀率先建立了女众僧团,接纳女众出家修行,让女众享有宗教信仰的权利。佛教经典《起世因本经》认为,人的本来面目是全身充满光明,以喜为生,并且能纵横太空,能自性生殖,没有性别差异。后来随着时间推移,人类被贪欲摄服,开始贪图美味,本体光明渐渐消失,皮肤变粗,性别产生。因此,男女两性的产生,是道德蜕化的产物。两性在人类繁衍中起同样作用,具有同等地位。大乘佛法更是主张众生同一本体,无二无别,一切众生皆有佛性,一切众生将来都会成佛,不轻视任何众生。性别差异是次要的,心的觉悟才是最主要的。佛教的根本精神是慈悲。在大乘佛教传播的区域,悲愿最大、最深的就是观世音菩萨。观世音菩萨多以柔和慈忍的女身形象出现,说明了女性在佛教中的地位,也是佛教对女性的莫大鼓舞。

基督教认为,女性和男性一样,是按上帝的形象被造的,上帝赋予女性和男性同样的尊严,男人和女人结合才完美无缺。《圣经》开篇明确提出女性与男性的平等地位以及上帝赋予他们在管理世界中所担负的共同责任。在上帝的创造事工中,男女处于平等的地位,女性同样有上帝尊贵的形象,与男性一样,有作为人的价值与尊严。创造之主也赋予女性同样职责来照顾、管理这个与生命息息相关的世界。女性在家庭生活中起举足轻重的作用。《箴言》中说:"才德的妇人谁能得着呢? 她的价值远胜于珍珠。"女性在她们所处的民族社会中,同样巾帼不让须眉。在民族危难关头,女性常以睿智和胆识挺身而出,成为智慧、正义和勇气的化身。

伊斯兰教强调男女平立并举,主张男女在真主面前平等。例如,《古兰经》中有关妇女的经文大约有 200 节,涉及妇女的个人生活、家庭生活以及社会生活。这些经文说明,人类是平等的,男女之间没有任何区别,男人和女人在思维、精神、感情、道德和信仰方面都是平等的。《古兰经》中还有许多经文号召男女行善做好事,走上正道,以便感受到真主的仁慈。在通往真主的道路中,恶魔是人类的公敌,在与恶魔的斗争中不分男女,因为恶魔曾经同时将人祖阿丹和哈娃引诱出乐园。总之,伊斯兰教决不允许任何人歧视妇女,特别强调丈夫不能无缘无故地殴打妻子,要善待妻子。在《古兰经》中,约有 19 节经文嘱托做丈夫的要善待妻子。《古兰经》认为,妇女可以在维护道德准则的情况下参加各种社会活动。妇女还可以参加政治活动,在伊斯兰教初期,许多妇女为弘扬伊斯兰教作出不懈努力。

16.2 影响民族宗教心理形成与发展的因素

宗教不仅是一种世界观和意识形态,它首先是一种文化现象。宗教是以异化方式反映现实生活而被实体化了的一种社会体系和文化生活方式。牟钟鉴(1988)指出:宗教"并非一种孤独的思想游魂在空中飘来飘去,它总要附着在某种文化实体上,通过一定的文化系列在社会生活中发生实际的作用,例如通过宗教道德、宗教哲学、宗教文学、宗教艺术、宗教习俗、宗教典籍、宗教活动,影响人们的思想情趣,成为社会精神生活的一个组成部分"。

民族心理的存在和发展历来与民族文化有着千丝万缕的联系。民族文化反映民族心理的内容,民族心理通过民族文化得以表征。宗教心理与民族文化之间同样存在着广泛的联系。宗教心理的存在和发展为一定宗教文化的形成和发展提供根据、激情和丰富的素材。民族文化的存在又为宗教心理的进化与发展产生重大影响。不同民族文化形式对宗教心理的影响,其速度、时间、广度和深度是不同的。宗教心理学主张从信仰者的主观体验入手,挖掘宗教的本质,研究人的主观感受和心理活动。不同人们内心的宗教体验是有差异的。

民族宗教心理构成了一个民族区别于其他民族的独特心理。民族宗教心理作为民族内部成员共同具有的心理特征，表现出很高的共性，这种共性通过民族成员的个体宗教心理得以表现。民族宗教心理的形成与发展同样受到诸多因素影响。

16.2.1　民族宗教认知

宗教心理是人类特有的认知现象，同时也是认知的结果。人与动物之间的本质区别，就在于人类对自然现象和社会现象的认知能力。动物没有改造自然的能力，也不能从自然分离出来，动物在自然中所表现出来的求生能力，只是一种适者生存条件下的本能反应，它们没有与自然斗争的自我意识，因此动物没有宗教，也就没有宗教心理。

虽然说宗教心理是人类特有的认知结果，但宗教的产生却是特定历史的产物，宗教心理也并非自人类产生之后就存在。根据最新的考古资料，人类历史上发现的宗教遗迹最早只能追溯北京猿人时期，真正意义的原始宗教则要到中石器时代和新石器时代的氏族社会时期才在人们观念中形成超自然观念的宗教思想萌芽。这一过程建立在原始人类具备了充分的认知能力和自我意识，能够对自然界中各种无法理解、掌握的自然力量进行认知，能够通过宗教形式来解释生活经验中所接触到的客观现象，这是人类认知能力发展中的一大飞跃。

德国哲学家施莱尔马赫（F. D. E. Schleiermatcher, 1768—1834）主张从人的内心感受去寻求宗教的根源及其本质，认为宗教的本质并非思想、行动，而是直观和情感。"宗教保持在对宇宙的存在和行动的直接经验上，保持在个别的直观和情感上；这样的每个直观和情感都是独自存在着，并不与别的东西相关或依赖。"宗教"想要直观宇宙，想要虔诚地倾听宇宙自身的显现和行动，渴望在孩子般的被动中让自身被宇宙的直接影响抓住和充满"，它是"对无限者的感悟"（弗洛伊德，2011）。

在人类社会早期，人与自然界之间的关系主要表现为人对自然的依赖以及自然对人的压迫。在这一时期，由于人类认识自然、改造自然的能力低下，突如其来的自然灾变常对人类的生存造成严重威胁，人类必须依附于自然界的恩赐。但是，事实却往往并不如人所愿。各种自然灾害、恶劣天气、未知世界等，逐渐在人们意识中产生影响，使人们产生了人类必须依赖和畏惧自然力量的意识。在原始人看来，对自然界的这种异己力量往往无法认识和理解，逐渐形成了一种恐惧感。于是，在认知结果中就产生了在现实世界之外还存在另一个人类既看不见也摸不着的神秘世界，存在一种超自然、能够主宰人类命运的力量。人类在面对这些力量时，只能顺从，不能违反，同时还要祈求这些力量保佑。基于这种对自然力量的认知，人们产生了信仰和崇拜，在认知结果中把自然界、自然力量人格化为神灵并加以崇拜，产生了对自然的畏惧、崇拜心理，这样就形成了以自然崇拜为核心的最早的宗教。

宗教心理产生对原始人来说是一种历史的进步,它反映人类对客观世界以及主观世界的认知结果。尽管这种认知结果是一种虚幻、歪曲的反映,但毕竟是人类认知、思考客观世界的阶段性成果和新的开始。"自然界起初是作为一种完全异己的、有无限威力的和不可制服的力量与人们对立的,人们同它的关系完全像动物同它的关系一样,人们就像牲畜一样服从它的权力,因而,这是对自然界的一种纯粹动物式的意识(自然宗教)。"(马克思和恩格斯,1960)

自然宗教普遍存在于世界各民族的早期发展阶段。各民族生活的自然环境不同,谋求生存、生产和生活的方式不同,崇拜的对象也不同(朱西周,2004)。这是由于环境因素对民族认知结构及其特性的巨大影响。居住地的自然生态环境在某种程度上影响和制约着民族认知及其结构,影响着民族认识客观事物时对对象特征的取舍及取舍方式。例如,由于受自然环境的影响,以采集为生的民族常以土地、水源和植物作为崇拜对象,以渔猎畜牧为生的民族大多以山林、河湖和动物作为崇拜对象,而太阳、月亮东升西落所引起的昼夜变化和四季交替以及风雨雷电等自然现象对大多数处于原始阶段的民族共同体来说,均需要面对,因而也就成为许多民族共同崇拜的对象(朱西周,2004)。

宗教认知既包括对宗教、世界的特殊认知,也包括信教者对宗教信仰的体认。前者将宗教视为一种认知方式,本质呈现依赖于宗教研究者的揭示;后者是特殊群体或个体对某一宗教的内在体认。这两个方面存在着必然联系,特别是一神教宗教,宗教对世界的认知方式将在一定程度上影响信仰者的宗教认知。作为对特定主体宗教认知的研究,需要确定主体宗教认知获致的主要过程与呈现形式。主体宗教认知表现为两个过程:(1)宗教信息的摄入与贮存过程。即通过特定社会的宗教教育与学习机制习得宗教规范和宗教知识的过程,并表现为对所习得规范与知识的记忆;(2)主体在第一个过程基础上在特定情景中的特殊感觉、思维、想象,如对特殊图案的意识,对特殊建筑物与物品的态度,还表现为对非可见的存在,即神的存在感受性与临在性体验。从两个过程的关系看,第一个过程——宗教物内化过程,这一过程在相同社会的社会成员那里遵循同样的内化模式;第二个过程是个体对内化物的升华过程,是一种在特殊情景中独特的体验经历。第一个过程是第二个过程的基础,但第二个过程又是自由的,具有超理性的特征。

16.2.2 民族宗教需要

宗教具有心理功能。弗洛伊德在《幻觉的未来》一书中,指出信仰神的三个意义:首先是克服对自然界的恐惧的感觉;其次是消除对残酷命运和终极解脱的内在忧虑和恐惧;第三,对现实世界的社会文化制度所造成的压迫、困乏的补偿。宗教对于人的心理功能还体现在其他方面,如宗教可以满足个人自我实现的需要。可以以保安族妇女宗教心理的产生和发展来说明民族宗教需要对民族宗教心理产生和发展的影响。

在对保安族女性信仰伊斯兰教调查中,64%的人认为信仰原因是自己"出生就应该是穆斯林",还有36%的人认为原因是"家里人都信仰"。无论是哪一种回答都涉及一个保安族妇女宗教认同。认同是指个人以群体中的一分子身份来界定自己。认同的本质是自我的延伸,即将自我视为一个群体的一部分。威廉·米勒(W. B. Miller)指出,每一个人的大部分认同,都来自所属团体。保安族妇女一出生就因为其父母及家庭被划入保安族和穆斯林团体中。多数学者认为,个体的宗教认同,只有少数人是在经过一番研究和慎思之后,通过有意识地追求获得的,大多数人的宗教认同是通过家庭的宗教化获得的。在伊斯兰文化浓郁的保安族社会中,"出生就应该是穆斯林",意味着保安族家庭一个婴儿一出生,就获得了穆斯林身份,规定了他今后的信仰就是伊斯兰教,也意味着一种归属,他属于穆斯林这一群体。"家里人都信仰"说明,由于他是一个穆斯林家庭的成员而被赋予了穆斯林身份,他也在这一穆斯林家庭中找到了归属。对大多数人的宗教认同而言,宗教群体认同和宗教信仰不是一种学习和选择,而是一种社会定位。宗教认同类似于社会标识,反映出该宗教群体与其他社会群体的差异。保安族女性宗教认同的外在表现如她们日常生活中的洁净、要佩戴盖头、每天要做宗教功课等,内在表现如她们对真主的依赖或思考等。

弗洛伊德指出,他者是建构自我的基础,也是使人成为主体及认同的基础。弗洛伊德将家庭视为个体认同中既定的范畴,将认同看作是心理过程,是个人以另一个人或团体的价值、规范与面貌去模仿、内化并形成自己的行为模式的过程。认同是个体与他人有情感联系的原初形式。家庭是保安族妇女宗教认同获得的重要场所。家庭是每个人自出生到少年时代的社会。保安族父母在抚育子女的同时成为对子女言传身教的第一位老师。在保安族地区,每位保安族儿童出生当天或三天内,父母要做的第一件事就是请阿訇到家里给婴儿取经名。孩子稍大一些,家长会以言传身教的方式对孩子进行一些宗教知识教育,如讲解伊斯兰教的基本信仰,五大基本宗教功课,教他们如何进行大小净,如何做礼拜,讲授《古兰经》的一些经文知识,使得他们获得最初的宗教认同。

保安族妇女的宗教认同具有从群体认同到个体自我认同的发展过程。英国心理学家贝特·汉莱密认为,认同可以由三个层次展开,即从群体认同经过社会认同到自我认同。从这个意义上说,宗教认同首先是在群体认同的层次上发生的。对大多数人来说,宗教认同与其说是一种获得,不如说是一种归属,即依从于他所在群体的主要宗教信仰系统。宗教是社会认同的一部分。当人们对某种宗教认同后,他们会惊奇地发现,他们也获得了与这种认同相联系的信仰体系。个人宗教认同并不仅仅是一种认同标识,个人宗教认同对自我认同有内在动力,它直接影响到个人的自我参与。

埃里克森(E. H. Erikson, 1902—1994)认为,认同并不是一个可由观察者作出客观估价的存在状态,认同感是一种社会心理稳定感,它明显的伴随物是身体的无拘束感,一种知道自己正向何处去的感觉,以及对预期将获得哪些重要人物承认的内在信心。个人认同包含一个主体不断地延续自我的感觉,此延续过程就是认同不断改变的过程。一个成熟的心理认同的渐进发展以人所属的团体为条件,团体的传统价值对个人成长意义非常重要。当个人与一个团体认同时,他会接受此团体的价值与规范以影响自己的行为与态度。保安族女性在她们宗教认同轨迹中包含三个层次:她们因为出身穆斯林家庭而归属于穆斯林群体;在成长过程中通过家庭教育和其他教育,她们的宗教观念越来越和所属群体吻合;与群体的一致性促进了对自己的肯定和对自己身份的认同。

保安族妇女的宗教认同也有个体差异。对不同保安族女性,宗教认同水平可能只是单纯的伊斯兰教信仰者穆斯林的"名分",也可能是在具体宗教仪式行为和自我宗教信仰上的投入。

16.2.3 民族宗教情感

宗教情感是人与自然力交互关系在人脑中的反映。宗教情感是指与宗教信仰相联系的人们对超自然力量及其象征物所产生的体验,是在宗教环境中培植、在宗教礼仪中熏陶出来的一种特殊心理状态。宗教情感,无非是宗教信仰者特有的同宗教信仰、宗教观念相关的心理状态和心理过程。宗教情感是在自然压力、社会压力和心理压力综合作用下产生的,它的产生和发展有很深的社会根源和认识根源。

宗教情感是宗教中不可缺少的组成部分,并渗透在宗教的各个方面。在西方宗教学界,不少学者甚至把宗教情感看成是宗教的核心和基础。德国神学家施莱尔马赫在宗教学界享誉甚高,有"西方近代神学之父"美名,他把宗教感情视为宗教的一个本质因素。他认为,作为宗教信仰者所特有的同宗教信仰、宗教理论相关的心理状态和心理过程,宗教情感主要表现为宗教信仰者对"神圣者"所持存的强烈、无限的敬畏感、依赖感、安宁感和神秘感。

宗教心理学家奥托(R. Otto, 1869—1937)批评了长期以来存在于宗教学界把"神圣者"化解为"至善",化解为一种绝对得到的属性的习惯做法。他指出:无论在拉丁语、希腊语中,还是在闪米特语中,"神圣者"的原始意义和基本意义,都是指"神秘的"或"既敬畏又向往的"情感。他的《论神圣》一书,意在剥离"神圣者"一词的习惯用法中的"道德的因素"和"理性的外表",以昭示其作为情感载体的本来面目。奥托

1917年在《论神圣观念》一书中说,任何宗教都是人和神的相会,以这种与神相会的、直接的、神秘的体验基础而产生对神的恐惧、战栗、欣喜和虔敬等感情的交织,构成了宗教的核心。在《神圣的意志》一书中,他把宗教经验或情感说成是对超自然产生的一种既敬畏又有所求、既害怕又有吸引力的心理现象。

宗教情感是宗教意识的表现形式,是宗教意识在情绪、情感上的反映。它的表现形式主要有敬畏感、神秘感、依赖感、罪恶感、羞耻感、安宁感和满足感等。宗教情感多指信仰者对神圣事物的某种内心感受和体验。可以以敬畏感为例说明宗教情感对宗教心理的影响。

敬畏感是宗教情感中一个最基本要素。各个宗教和许多现代宗教思想家都把"敬畏感"看作宗教感情的本质内容和根本特征。敬畏感是一种既"畏"又"敬"的感情。首先,"畏"的对象不是那些外在的有形的东西;"敬"即"诚敬",即对神圣者的无限虔诚的崇拜心情或情感。在宗教情感中,这两个层面总是交织在一起:离开"敬",宗教的"畏"便不复存在;离开了"畏","敬"也就无所谓宗教的"敬"了。

宗教信仰者把其信仰和崇奉的神灵奉为超人间、超自然的神圣,认为人的生命、地位、尊严、祸福都源自神灵的恩赐,只有神灵才能解救自己于苦难之中,只有神灵才能使自己洗净罪过进入天堂,得到永恒的幸福。因此,神灵是人创造的最高价值,它主宰着人世的一切,掌握着人类的命运。如若不听从神灵的旨意,会给自己和与己相关的人带来灾难和不幸。一方面,神灵能够给人以力量和帮助,另一方面,如果不小心触怒神灵,会造成严重后果:因而人对神灵具有一种敬畏而惧怕,希望与恐惧并存的心理。

这种敬畏感伴随着宗教徒一生的宗教生活。在对保安族几位阿訇的访谈中,他们都提及在做宗教礼拜时,心里感觉特别害怕,生怕在带领大家做礼拜时会做错什么、说错什么。阿訇尚且如此,何况一般的宗教信徒。在所观察到的宗教仪式中,气氛特别庄严、肃穆,无论男女宗教信徒,言谈举止更是战战兢兢、小心翼翼。因为信徒们惧怕自己的冒昧举动会触犯真主,遭到惩罚;同时,又渴望以自己的虔诚赢得真主的欢心和恩赐。宗教徒的这种敬畏情感不仅对无形的真主,更表现在具有宗教象征意义的人和事物上。比如,对阿訇等宗教人士的景仰和对其宗教权威的认可,对清真寺、拱北、《古兰经》等事物的小心翼翼的态度上。

对宗教心理与情感的关系,最为深刻的表述莫不认为人的情感才是宗教的逻辑起点,即人的情感及其与之相伴随的心理是宗教形成的本源。社会学家西美尔(Georg Simmel, 1858—1918)认为,社会关系是宗教的逻辑起点,各种社会关系也包含一种情感过程,体现在人的需要的多个方面,如对国家、对君主、对父母、对子女的忠诚与爱的感情等。

16.2.4　民族社会变迁

宗教和宗教心理在当今民族社会中仍然发挥着重大影响。随着时代的变迁,各民族的信教群众在保持对宗教信仰的同时,宗教心理也发生着或多或少的变化。

宗教组织对宗教信仰者及其宗教观念、宗教体验和宗教行为虽然起着凝聚、固结作用,但宗教组织是宗教四要素中的最外层部分。在社会变迁的背景下,民族成员的社会流动性日益频繁,规模逐渐增大,不同民族间的文化碰撞与融合加剧,对宗教的最外层要素的原有形态产生深刻影响。这种影响最终波及民族成员的宗教心理,导致其宗教心理变化。

宗教情感与宗教意识的淡化

宗教信仰者对神圣物的信仰,既可以在信仰者心中表现为一定的观念形态和概念形式,也可以在情绪上引起种种反应,激发起信仰者的宗教感情(吕大吉,1998)。宗教情感总是通过多种外在形式表现出来,比如对神灵的敬畏感、对神圣物的依赖感。宗教情感的浓厚与淡漠,反映了信徒的宗教意识强弱。总的来看,当前我国各民族的社会流动性不断增强,文化水平不断提升,这均引起民族成员宗教情感不同程度弱化。宗教情感和宗教意识作为宗教的内核,它们的强弱与信徒们宗教行为的虔诚度和宗教组织的完善程度成正相关。部分宗教信仰组织的衰落和宗教行为的简化就是其宗教情感和宗教意识淡化的外在表现。除此之外,社会变迁引起的宗教情感和的淡化还体现出其他外显形式。

例如,人们对大宗的宗教消费开始持怀疑态度。氛围浓厚的宗教意识和庆祝活动能够激发民众的宗教热情,增进他们的宗教感情,增强他们对本民族传统宗教的认同意识。但隆重的宗教庆祝仪式与互动需要耗费大量的人力、物力和财力。宗教热情越是高涨,宗教信仰越是虔诚,宗教节庆活动越隆重,人们对宗教的财物耗费越不计较。人们对宗教消费,特别是大宗宗教消费的态度,是人们宗教情感和宗教意识强弱的外在反映。在传统上,在民族社区,比较重要的宗教仪式每年都很隆重,尽管这些宗教活动每年耗费社区民族成员的大量财富,但人们对此并没有产生过多的质疑,而将其视为理所当然。然而,在一些民族,如汉族、藏族、蒙古族中,宗教节庆仪式逐渐简化,祭祀物减少,表面上看是因为社会变迁的结果,如社区青壮年劳动力外出务工等,他们不能参加节庆活动和祭祀仪式,使得宗教组织衰落,节庆仪式的隆重程度下降;但这一现象背后的更深层次原因则是人们宗教情感和宗教意识的淡化。

又如,人们对神灵的认同感和依赖感下降。在传统社会,对生活中一些无法解释的现象,人们总认为是某种特定的神灵在发挥作用。如对生病,人们会认为是自己或是家人在什么地方冲撞了某位神灵,或是因为妖魔鬼怪作祟。所以在生病后,人们首先要做的就是请宗教神职人员诵经发作,降妖除怪,驱赶病魔。之后,若病情不见好转,才会去请医生治疗。当然,这与当时人们所处的社会环境有关,如知识水平有限、社会发展程度低、医疗条件差、抱有愚昧落后的观念等。但是,在现代,大多数文化程度较高、社会条件较好的民族,行为习惯和生活观念都有了相当成分的现代性。很多人已把科学技术作为理所当然甚至不可缺少的事情,神职人员则被视为可有可无。一些人干脆把宗教与迷信联系起来,并不认同宗教的一些做法。一些文化水平较高、社会发展较快地区的民族,在面对此类问题时态度转变更大,尤其是生活在城市的年轻一代民族成员,科学意识提升较快,对神灵的依赖感下降更快。

宗教行为与活动渐趋简化

宗教行为是构成宗教的基本要素之一,是宗教意识的行为表现,是宗教信仰者用来沟通人与神之间关系的一种规范化的行为表达方式。宗教信仰者内在的宗教体验和宗教观念通过外在的身体动作和语言形式表现出来就是宗教行为(吕大吉,1998)。这些行为归结起来,主要有献祭、祈祷、节庆活动等。社会变迁导致了宗教行为简化,主要表现在:

宗教仪式的隆重程度随着社会变迁呈现出下降趋势。各种宗教都有节庆和相应仪式。宗教节庆不仅综合了大量繁多的宗教活动,还包括了世俗的娱乐方式。宗教节庆往往超越了信教者和非信教者的界限。所以,这是一种将宗教性、世俗性、娱乐性和群众性融为一体的集体宗教活动。宗教节庆活动把崇拜、纪念、娱乐融为一体,对激发宗教感情、强化宗教意识和扩大宗教影响,都有特殊的意义(王晓朝,2004)。

在甘肃宕昌新坪藏族社区,最主要的宗教节日是"火把节"、"开山节"和"七月会"。"七月会"仪式最隆重。按照惯例,庆祝仪式要持续两天,农历七月十一日早上"迎神",十二日下午"送神"。法会共持续两天一夜。在节日期间,由神职人员——"苯苯"诵经敲鼓,跳舞作法,杀牲献祭,祭祀神灵;社区男女老幼都穿上本民族的节日盛装,参与祭祀活动。在"苯苯"作法时,成年藏族男女要迎合"苯苯"的示意,载歌载舞,随声附和。在作法休息间隙,人们要拿出自家准备的酿酒和食物,先给"神灵"献祭,然后大家一起互相品尝,欢度节日。

隆重的节庆需要社区全体居民的积极参与。伴随着社会变迁而产生的人口流动增强导致很多人无法及时返回参与节庆仪式。宕昌藏族人中每年有很大一部分外出务工。据2005年统计,当年新坪外出务工的成年男女占社区居民总人口的23.2%,他们是社区中最年富力强的群体。他们在每年正月春节结束后出门,腊月才回到家乡,少部分甚至若干年才回乡一次,这使得他们在时间上没有参与节庆仪式的可能。这就导致很多仪式中的热闹环节因缺乏年轻人参与而显得冷清,有些仪式环节不得不取消。同时,外出打工的民族成员在接受了外界文化影响后,逐渐忽略民族传统文化,如不穿本民族服饰、遗忘了仪式展演内容等。外来人口增多,仪式过程的民族特色进一步被削弱。因而,宗教节庆的隆重程度和民族性都不比从前。

其次,对神灵的献祭物减少。崇拜和祭祀仪式渐趋简化也是宗教行为简化的重要表现。献祭是向崇拜对象祭献贡物,宗教信仰者通过这种形式来表达自己的敬畏和意愿。贡物具有宗教象征意义,宗教信仰者把这种象征物作为同"神灵"沟通的媒介,这是宗教徒的虔诚意识和祈求意识的物化表现(王晓朝,2004)。宗教祭祀中的物化形式繁多。血祭和食祭是宕昌藏族苯教信仰和其他崇拜主要的物祭形式。献祭物多少和祭祀仪式与节庆隆重程度以及人们宗教意识浓厚程度直接相关。人们的宗教意识越浓厚,宗教节庆越隆重,献祭物越丰富,祭祀仪式也越严格。节庆活动的隆重程度下降后,献祭物减少和祭祀仪式简化就成了必然现象。例如,在农历三月初三的"开山节"中,传统的对"凤凰山神"的主要祭祀物包括血祭所需的 1 头牦牛和 3 只公鸡,还有作为食祭所需的特制形状的圆形大饼 12 个,还包括香、蜡、纸等。祭祀活动每年一次。目前,对"凤凰山神"的祭祀简化到连基本节庆仪式都被省略,献祭物仅为 3 只公鸡和 12 个大饼,原本不可或缺的血祭物牦牛,被用面做的象征物代替。这种宗教节庆祭祀仪式活动简化自 20 世纪 90 年代就已出现,近年来的人口流动加剧了这一趋势。

社会变迁带来民族宗教心理的增强

社会变迁在导致民族宗教情感和宗教意识不同程度弱化的同时,在另一些地区也促进了民族宗教心理的增强,强化了民族成员对宗教的依赖和认同。

我国的社会发展速度正在不断加速,中国的现代化事业已经进入快车道。中国实现现代化的过程就是中国社会完成转型的过程。改革既给中国社会带来了生机,也使人们面对陌生的生存环境,面临比以往更大的机遇、挑战和风险。市场经济体制的建立、竞争机制的引入,在人们生活质量大幅提高的同时,也使人们感受到比以往任何时期更为严峻的生存压力。现代化不仅带来了人的物质生活方式的变化,也带来了人的精神生活方式的变化。追求适合自身需要的精神生活,探索人生的价值和意义,关注终极实在和超越自我,是人类普遍的精神指向。

社会变迁导致民族宗教心理增强的原因,可以从三个层次加以理解:

从宏观层面看,社会变迁在为人们生活带来更多便利的同时,也造成了生活中不确定性增加,增加了民族成员对宗教的需求。例如,随着当前农村社会转型加速,农村家庭小型化趋势日益加强,越来越多的农村青壮年劳动力选择外出打工谋生,人口流动性增强,农村多以老人及留守妇女和儿童居多。保安族的传统性别分工模式是"男主外,女主内"。一般认为,男性在家庭中承担"养家糊口"的角色,家庭社会地位取决于男性的事业成就,女性在这方面只起辅助作用。妻子的社会地位依附于丈夫,因而找一个好丈夫,对女人来说意义非常重要。妻子依赖丈夫天经地义;相反,如果让妻子出门挣钱养家就会遭致非议。对家务劳动,男人一般也不参与,否则会遭人耻笑。据一些保安族老人介绍,20世纪50年代之前,一些保安族男子到柴达木盆地贩羊皮子、贩羊毛,好几个月才回家。即使在家,保安族男人也不干家务,男的吃上早饭,就出门下棋去了,或者枪一背,马一骑,打猎去了。女人吃苦多,家务活、农活完全由妇女做。现在,保安族社会在性别分工上,似乎没有发生什么较大的变化。在家庭中,男人要出去工作挣钱,在政府部门、教育行业任职,或出去打工从事建筑、技术、买卖、采集等工作。男人从事需要力气、智慧和技术的工作,而且会为家庭带来货币形式的报酬。由于农业生产力低下,仅靠种田很难维持家庭生计,在保安族大部分家庭中都有人外出打工赚钱。东乡族的情况与此类似。在东乡族地区,平均每个家庭的外出打工者数量为1.5人。这表明,在东乡族家庭中,青壮年几乎都外出打工。2007年6月,在对兰州一个主要穆斯林聚居区调查中发现,这里汇集了众多外来人口和流动人口,大量流动人口是来自甘肃东乡族自治县的东乡人和临夏广河人,均为穆斯林。来自东乡的东乡族生活在同样宗教文化氛围的穆斯林边缘地带,艰苦而顽强地为了生计辛勤劳作。这些来兰州的东乡族打工者主要从事废旧家具家电收购、房屋拆迁、牛羊肉屠宰、工程建设等行业。在调查中,采访过几个参与青藏铁路的修建的东乡族包工头,他们介绍说,青藏铁路在修建时,东乡人在最艰难工程中发挥了重要作用。东乡人除了大规模在兰州打工外,还有许多奔赴全国各地,有做工程的,有做餐饮的。由于农村家庭日趋小型化,部分家庭凝聚力降低,农村留守群体面对的一个重要现实情况就是物质相对匮乏,精神生活不丰富,因而更容易转向对宗教生活的依赖,借助宗教寻求精神慰藉的倾向。

美国心理学家詹姆斯(W. James, 1842—1910)在《宗教经验之种种》中,反对把宗教感情视为单一、抽象的心灵实体。他说:"在心理学与宗教哲学中,我们发现许多作者尝试将之界定为某种实体。有可能会把它与依赖感做联结,有人把它当作惧怕的延伸,还有人把它与性生活联结,或是将之等同于无限感等。这些不同的理解方式应该会带来是否只存在一种特定情怀的疑问。当我们把'宗教情怀'视为由不同宗教对象所交替引发的诸多情怀的集合名称时,我们会发现,也许并不存在一个心理上的特定本质。这其中存在着宗教恐惧、宗教的爱、宗教的敬畏感、宗教的喜悦等。"因此,宗教情感正是它们投射到特殊对象上的心理产物。正是由于民族成员在情感上的需要,而宗教的特质恰好满足了这种情感,因而,民族宗教心理强化也就成为一种自然而然的现象。

16.3 巫术与民族心理

所有的原始民族都相信万物有灵,都相信灵魂不灭,相信冥冥之中有超自然的力量主宰着自己的生活与生命。灵魂观念源于原始民族的生存环境和稚弱的心理功能。在远古时期,原始人类在荒蛮大地上生存,与野兽杂处,与自然相依。大自然的许多奇特景象,如日出日落、月盈月亏、电闪雷鸣、四季更迭等,使原始人迷惑不解,因而就想象出一种神秘力量在主宰着这一切;同时,人自身的种种心理现象,如清醒、睡觉、做梦、幻想以及死亡等都令原始人感到迷茫与困惑,因此就给一些无法解释的各种现象赋予生命,形成了万物有灵的观念。

万物有灵的观念出现后,各种自然物、自然力被赋予了生命、意志和权威,呈现出勃勃生机。与各民族先民低下的生产力水平和驾驭自然的欲望相联系,各种民间崇拜和祭祀文化逐渐产生。由于人类对大自然的依赖关系,各民族首先把直接关系到生存的自然物和自然力加以神化,向其表示敬意,求其免灾降福。天上的日、月、星、空等受到了普遍崇拜。在地上万物中,土地、山川、河岳以及能冲击的动物植物也较早地成为自然崇拜的对象。

各原始民族由于对某种对象的崇拜引发了情感求同,尤其是人类在自然面前的弱势与被动更激发了这种求同、求助、求生、求强的欲望与心理,因而就滋生出不同的解决手段与方法。这些表面看似不同的无数手段在原理上却有相同性,它们都是各民族民俗心理的投射。从精神分析与心理治疗的视野出发,二者之间存在较大的逻辑基础,构成一定的意义场域。

16.3.1　巫术及其文化心理基础

巫术,英文为 magic,中文称作“作法”或“法术”。巫术是人类企图借助超自然的神秘力量对环境或外界施加影响或给予控制的行为。从外部形态看,巫术是一套以使用为目的的文化操作。早在 18 世纪,伏尔泰(Voltaire, 1694—1678)就从科学的角度对巫术进行研究。他在《风俗论》中指出:“巫术就是能做成自然所做不到的秘密,就是不可能之事。在任何时代都有人相信巫术。”爱德华·泰勒(E. B. Tylor)认为,巫术是“建立在联想之上而以人的智慧为基础的一种能力,但是在相当大的程度上,同样也是以人类的愚钝为基础的一种能力。这是我们理解魔法的关键。”泰勒对巫术的理解触及巫术的本质,对以后的研究产生了重大影响。

弗雷泽(J. G. Frazer, 1854—1941)也以研究巫术及宗教著名,最著名的贡献就是宗教与科学相联系的理论。他在这方面的著作甚多,尤以《金枝》(The Golden Bough)最为有名。弗雷泽认为,巫术来源于原始人的一种基本观念。它是观念联动原理的应用或误用以及这些原理一种自然过程理论的转移。巫术的两大原理是:同类相声(like produces like)和相互接触过的事物在远距离内继续相互作用。弗雷泽称这两条原理为原始巫术自然法则。虽然这些法则未经言语阐明,甚至野蛮人也不这样抽象地考虑它们。但野蛮人潜在地相信它们很能独立于人类意志而调节自然过程。野蛮人发现这些自然法后便加以利用,从而也相信自己能"随意地操控某些自然力"。

弗雷泽认为,巫术可分为两种基本形式。一种为模拟形式,称之为"交感巫术"(sympathic magic)。例如,在缅甸一个人求爱遭到拒绝,他就会请一个巫师画出他爱人的像。把这张像扔到水里,再做一些咒符,他相信这个姑娘就会发疯。另一种称为"接触巫术"(contagious magic),即一度接触过的人或物在以后就会相互影响。接触巫术的最普遍现象就是一个人和他自己身体的组成部分,如头、牙齿、指甲之间的永久关系。例如,南非巴苏陀人细心珍藏拔出来的牙齿,因为害怕它们落入他人手中,在牙齿上施加巫术,从而伤害到牙齿的主人。在一些社会中,与这类巫术相似的就是珍藏特殊任务触摸过的东西。

基于相似律的法术叫作"顺势巫术"或"模拟巫术";基于接触律或触染律的巫术叫作"接触巫术"。根据各类巫术产生的思维原则,弗雷泽将巫术进行了分类,如下图所示:

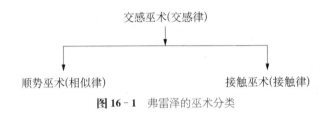

图 16 - 1 弗雷泽的巫术分类

弗雷泽认为,巫术,作为一种靠咒语和仪式来取得结果的信仰,只能作为补充要素出现。它一般出现于人类要行动而知识又没有效用的条件下。不论原始人如何不懈地思考或观察这些现象,他们仍然不能操纵天气。长期经验使他们明白,他们不能用手去创造阳光、风雨、冷热,于是,就只能用巫术来对付这些自然现象。

原始人只掌握人类疾病和健康状况的基本知识,在情绪上,他们都强烈地恐惧与憎恶疾病。一个关于他人的歹念会导致自己生病的神秘理论通过人类心理和社会关系而强烈地暗示这一点。在许多方面,巫术和法术的理论给出的解释能够起作用,因为它们能够将命运的无情判决转换成人类的恶意操控。无论是原始社会或文明社会的病人,总觉得还能做点什么。他们渴望奇迹,而关于恶意巫师造成的后果可以由道术更高和更友善的巫医所抵消的信念,甚至相信正在采取有效措施的想法,可能帮助有机体抗御疾病。因而,巫术,包括法术,具有使用和社会的双重特性。在心理学上,所有形式的巫术都暗含了一种乐观的态度,即通过仪式和咒语,通过调整机会和诉诸运气,可以得到一些结果。仪式和咒语的形式与这种积极和实用的功能密切相符。语言和行动都是针对假定的所欲目的。

因此,可以进一步修订弗雷泽的理论:构成巫术的心理基础的不是观念联动,不是同类相似,也不是持续接触,而是对可欲目的和结果的假定和确认。巫术作为领袖的精神对应,有助于通过纪律和秩序的引入来整合行动着的群体。在农业社会,巫师(magician)能够成为领袖,主要不是因为他们激发了迷信者的敬意,而是他们给劳作者的担保:只要遵从他们的禁令或法令,巫术就能够在他们努力的实际结果之外,再给他们一份超自然的收益。战争巫术以毕生的信念激励战士,使他们的勇气更为有效,并使他们以更饱满的热情追随其领袖。

弗雷泽认为,巫术是人对自然力的直接强制,宗教则是信徒对神明的祈求。两者的区别首先是对象不同:宗教与人类生存的终极问题相关,巫术则通常围绕专门、具体和细节问题。宗教关注死亡和永生,它以一种综合抽象的行为崇拜自然力,把人的自我调节转交给上苍的统治。在原始社会,上苍以图腾物种的体系出现,也就是最深刻地影响人类生存的动物、植物和自然力。有时它也表现为造物主,原始的众生之父或一神教中的主神。

在教义结构上,宗教常将自己表述为一个信仰系统,定义人在宇宙中的位置、人的来源和目的。在实用意义上,寻常个体需要宗教来克服对死亡、灾难和命运的破坏性恐惧。宗教通过信仰用神或人与神的重聚来解决这些问题。在社会方面,由于宗教一直是人类文明的核心和道德价值的源泉,所以就与或低或高层次的每一种组织形式密切相关。在家庭内部,信仰与祖先崇拜相关。氏族信仰与崇拜或人或兽的祖先图腾相关。在村庄、城镇和领地内,可以看到地域性崇拜。宗教也经常成为各类政治国家的关注焦点。因此,科学、巫术和宗教的区别表现在对象、精神过程的类型、社会组织以及它们的实际功能上。各自都有自己的明晰的区分形式。科学体现为技术,基于观察并包含在理论概念和知识体系中。巫术表现为仪式、行为和咒语的结合,它不是通过观察和经验向人展现,而是基于神话般的奇迹。

16.3.2 巫术对民族审美心理的影响

巫术对人类审美心理的生成作用显而易见。巫术在本质上也是一种与万物有关的原始信仰,它的特点和作用是将"万物有灵论"运用于普遍的行为操作,以达到控制自然的目的。当巫师出现后,这个半人半神的独特角色,就在巫术文化中建造了一个巫术行为的操作体系。由于巫师指导和操作原始信仰中的各种仪式、行为,所以,很多原始文化艺术的具体创造是由巫师表演、制作、描绘的。巫术信仰是与原始理性审美心理互渗的又一形态和对象。因而,巫术对人类审美心理的影响是绝对的。从某种意义上说,巫术是音乐、舞蹈以至诗歌的源头(张佐邦,2008)。弗雷泽将巫术、宗教与科学看作人类文明发展的三个阶段,巫术是这个过程的起点。弗雷泽的划分标准有待商榷,但从原始人类的思维特征看,这一划分有一定道理。

审美作为一种人把握世界的基本方式,具有"无功利的功利"性。康德(I. Kant, 1724—1804)说:"那规定鉴赏判断的快感是没有任何利害关系的。"、"一个关于美的判断,只要夹杂着极少的利害感在里面,就会有偏爱而不是纯粹的欣赏判断了。"审美是一种移情,没有也不可能有实际的功利目的。审美体现为人之为人的自由的精神需要,经由精神的愉悦与净化,达到思想的启悟,体现为灵魂的终极关怀(王振复,于建玲,2003)。巫术对民族审美心理的影响主要体现在以下方面。

首先,巫术文化的原始目的与功利意识是民族审美意识得以萌生的历史与心理前导。人类在原始巫术文化中所体现的原始目的意识,包含着一种原始生存意志,意志的实现或是被否定,必然在原始心灵的情感与意识层次引起冲动。原始巫术有可能为人初步提供关于生命、关于快与不快的精神体验,还为原始审美意识的启蒙与觉醒,打开了历史的心灵之门。

其次,巫术文化形态中的人盲目的自信力,是原始审美意识得以萌生的文化前提。原始巫术文化的诞生、展开与延续,是人类自古以来悲剧性命运的确证。可是,原始巫术颠倒甚至夸大地体现了原始先民的自信力。巫术的功用即实用目的,诚然是虚妄而不可实现的,但它所张扬的那种精神,比如关于人的某种自信力,却使其有可能与原始审美意识进行某种程度的"对话"。原始巫术所体现出来的尽管是虚妄的巨大精神力量,却由于体现了先民巨大的原朴自信,可以与理想的文化素质、理想的原始审美意识媲美。

第三,原始巫术文化形态对原始知识、原始理性抱着宽容的文化态度,这是原始审美意识得以萌发的文化土壤。从史前原始巫术文化历史氛围中解放出来的,是与原始主体意识相联系的原始知识与理性,它使原始审美意识发生成为可能。

第四,从原始审美人格看,原始巫师尤其是"大巫",为社会树立了体现一定原始审美意识的审美人格范型。原始巫师的人格内容很复杂,既通神又通人,是观念上的神、人之间的中介。巫师既是巫术的操作者与解释者,又是具有相当知识与理性的人。在公众面前,巫师尤其是大巫,是人格完美的典型。当原始巫师开始自觉地凝视、反思自己的人格形象时,由于人凝视与反思自己必须以自我意识觉醒为前提,因此,在这原始巫术文化所培养、造就的原始人格构型中,就不单单是准科学人格与准道德人格问题,与此相生相伴的,还有关于人格的准审美问题。这是原始审美意识对应于原始人格塑造,因原始巫术文化的催激而历史地萌发的一个确证。

献祭与祈祷是巫术中重要的仪式过程。献祭的对象主要包括图腾、神灵、祖先、英雄等。献祭仪式的主持者是本民族的巫师或祭司。不同内容的献祭仪式所供的祭品及供祭形式有差异,如羌族在祭山神的"领牲"仪式上将酒灌入一羊耳,羊颤抖表明神已领受,接着信民山呼,再杀羊分肉而散。白族每年种荞子时祭山神(开山门),人们献上鸡蛋、粉丝、饭等,祈求山神保佑荞子生长良好,不受野兽糟蹋。然后行破土仪式。景颇族的木脑纵歌是以祭木代鬼为中心的宗教祭典。节日中要按顺序分段祭祀数十个鬼神,规模之浩大,祭仪之隆重,程序之琐细,令人叹为观止。过去较大的木脑纵歌一般要剽牛百余头,杀猪、鸡数百只,耗粮数千斤,酒更是不计其数。在宗教观念和宗教情感支配下,尽管祭鬼负担如此沉重,人们仍然乐此不疲(张佐邦,2008)。

祭祀仪式中的种种场景,无论是祭祀所需的挂图、旗幡、乐器,还是参与其中的民族成员,抑或是人们营造出来的载歌载舞的场景、烟雾缭绕的境界,都能使献祭者在感官刺激中调动起情感,获得一种迷狂,一种快感和美感,暗暗地浸润着人类的审美心理(张佐邦,2008)。巫术除其本身功能外,在仪式中,原始人处于萌芽状态的审美需要也得到满足(乌格里诺维奇,1987)。这种审美心理的萌芽离不开伴生于宗教巫术活动中的诗、歌、舞和绘画所创造的原始艺术形象(张佐邦,2008)。形象或美除了其内含或潜藏的真善性质、功利内容外,必须具有愉悦性(或感人性)和形式性(或合律性)。一旦原始宗教活动产生了这种愉悦性和形式性的形象机制时,巫术便被选择为艺术,巫师或术士也就升级为艺人乃至艺术家(萧兵,1988)。

巫术通过特定表现形式使民族观念中的某些精神性、灵魂性的存在与一般事物表现出明显差异,从而造就了灵魂世界与世俗世界的明确界限,其目的莫过于凸现与提升它们的神圣性,增强它们的神圣能量与功能。巫术信仰体系中的巫术仪式、器物、人员和表现形式本身因为巫术与原始观念信仰的这种神圣性本质也变得特殊且神圣。基于这层原因,巫术所具有的审美价值与美学感染力,或者说对民族审美心理的影响也因此被强化。

16.3.3 民族巫术与心理治疗

所有的宗教都满足了人的心理需要,这些需要包括对生与死的解释等普遍性问题。正如马林诺夫斯基所说:"任何民族,无论是多么原始,都不能没有宗教和巫术。"原始宗教仪式活动中最吸引人的地方就是巫术,即用某种特殊方式(如咒语等)迫使超自然力量施善或作恶。

在许多文化中,有一些用于保证好收成、捕获猎物或防治疾病的巫术形式。防病治病的巫术与心理治疗的意义场存在高度相关。尽管巫术与心理治疗这两种文化的技术在词语表达上不同,但场域建构中的关键词如"位置"、"资本"、"习性"的结构却存在惊人的相似之处。各原始民族由于对自然、自身的许多迷惑与不解,又由于对超自然力量的敬畏、恐惧,对来自生理、心理尤其是精神疾病方面的治疗均借助于宗教巫术,依赖于宗教形式,依赖于超自然力量,因而宗教的心理治疗对原始民族具有更加迫切的重要意义。

人类学家在研究了世界各民族的巫术后,发现虽然不同民族所信仰的宗教神灵系统不同,实施法术的程序和方式不同,但在原理上却存在共性。从现代心理治疗的角度分析,多元文化中的心理治疗可归纳为以下类型。

超自然倾向的心理治疗法

相信超自然力量是诸多少数民族传统文化的内容,在民族宗教信仰中有较多体现。对藏族同胞而言,朝佛是一种神圣而特殊的仪式,可以在精神上达到人与佛的沟通,在心灵上得到来佛的慰藉。朝佛者有一种特殊的仪式,就是走到佛像前时,俯身低头,把前额贴在佛像上或是佛龛挡板上。这种仪式一方面体现出对佛的顶礼膜拜,强化自己的虔诚信念;另一方面在于体验某种姻缘通过前额接触传入自己身体,转化为一种精神力量。这种人与佛的直接"沟通",对终日忙碌劳作的普通信众而言,无疑是一种巨大的心理安慰与精神享受。在这种人与佛的直接"沟通"中,心灵得到净化,获得宁静,甚至达到超凡脱俗的境地。

这一类方法的特征是相信超自然力量的存在。人们设想,某种邪恶精灵的操纵,灵魂的失落,巫士的诅咒,或者违反禁忌是招致麻烦的原因。履行宗教仪式、牺牲、祈祷或是驱除妖魔被用来消除症状。在心理层面,心理紧张的结束,参与群体,经验到治愈病症的希望,都对病人的治疗起作用。大多数用于医治的仪式和各种信仰治疗都属于这一类。

在治疗时间中,医治者或病人,或二者同时进入出神入魔的状态。在萨满教中,医治者进入出神状态,这时,他被某种超自然的力量"操纵"着,病人这时则通过精神的中介即萨满,向超自然的力量讨教,得到解除痛苦的教导。有时,引导进入出神状态的是病人,在这种情况下,他发现了自己病症的原因,联想到解决办法。医治者和病人也可能都被操纵。像扎尔(Zar,波斯教的崇拜物)崇拜那样,当医治者和病人都处于精神游离状态时,他们之间开始对话,确定"操纵着的精灵"扎尔在其赠授恩惠时需要什么,以此减轻病人的痛苦。除精神游离状态外,还要运用占卜、古希腊的神殿催化等方法寻找病因,以便通过神的教诲或梦幻得到超自然神灵的启示。

自然倾向的心理治疗法

在这一类实践中,人类的生存和行为被认为是自然的一部分,病症的本质用支配自然的法则失调或不符来解释。治疗目的是帮助病人知道怎样与自然和谐共存,融洽相处,并且遵从自然法则,以便更好地适应环境。预言家、占星术士、相面者是这种医疗实践中的医治者,他们的治疗所以有效,是因为病人相信他们,信赖这一领域的"专家"。他们提出的对病症的解释既是抽象概念,也是实际情况的反映,病人很信服,因为他们知道了发病的原因,并且得到了对付它的办法。这一领域的成功"治疗家"不但善于解释病人的问题,而且通过相互作用过程,用心理洞悉方式对具体情况作出说明,从而取得积极的心理治疗的效果。

生理倾向的心理治疗法

这一类治疗实践主要根据医疗生理的观念,即神经系统的脆弱和耗损或者生理状况失调是精神病的原因。所以,要用各种药物去增强和平衡生理系统。当然,许多药物也同时对病人有心理影响。催眠术能说明这类生理倾向的心理治疗法。催眠术设想,机体缺少某种特殊的催眠液体是精神疾病的成因。治疗要求医治者通过接触病人,把他具有的必不可少的催眠力量传导和补给给病人。联想是使这种治疗有效的生理机制。另一个例子是人们称作莫里塔疗法的休息疗法。其根据是设想病人精神耗损需要休息,所以要建议他们休息一段时间。在通常情况下,病人经过两三周时间,就会对生活和现实有另外的体验和领会。除实际休息外,允许一度退出例行公事,通过这种退出,有机会进行自我检验,同样也可以成为某种精神改善的因素。对情绪紊乱病人的针刺疗法也属于这一类疗法。虽然从解剖学角度而言,相信存在某些神经—器官之间的联系,刺激这些部位会改善某些器官的功能;但针刺治疗同时也有使病人产生联想的作用,唤起原有的情感体验,逐渐调整处于紊乱的情绪。

社会心理倾向的心理治疗法

多数现代心理治疗法都属于这一类。这一类治疗法认为,社会心理因素是情绪问题的主要病原因素。因而诸如行为疗法中的更新学习和改正错误,分析疗法中的消除冲突,这些心理过程被视为治疗的实质。在反省疗法中,治疗目的是都要达到心灵安宁,而在禅宗看来,自身领悟和人生态度改善是治疗的目的。在生产力十分落后的年代,由于对超自然力的迷信和恐惧,人们在心理、精神上的疾患经常发生。萨满通过跳神祭神,降服患者身上的邪神,使之在精神上、心理上获得平衡和结果。另外,萨满掌握一些草药治病的方法,确实也能治好一些常见的疾病(黄任远,2003)

尽管民间和现代的心理疗法之间存在着很大的差异,但在所有各种治疗实践中有一些普遍要素。如激发希望、对治疗者的信赖、病人及其家庭的积极参与、提供一个权威性的形象以及治疗者富于同情心的人格品质。从操作上看,无论作何解释,对病因的分析和鉴别对怀疑和不能确定自己病症的人总会有所帮助。同样,不管提出什么治疗法,对需要指导和支持以对付病症的病人也都有帮助。尽管治疗要素相同,但在相关的各种形式的心理治疗中,操作风格和目的又各不相同,因而,在心理治疗实践中存在文化差异。

第六编　民族人格论

17 民族人格结构和民族人格特征

人格(personality)是一个人的行为反应和精神面貌的主导成分,反映一个人的气质、性格和自我调控。不同个体的人格及其结构怎样? 人格有什么基本特质? 人格如何形成和发展? 这些都是人格心理学探讨的课题。对民族人格结构和民族人格特征的探究同样是民族心理学的主题之一。

17.1 人格的共同性与差异性

17.1.1 人格与人格结构

人格一词,源于拉丁文 persona,原指演员佩戴的面具,面具表现不同角色的特点,即一个人在面对不同情况时表现出的不同特质。人格是个体在社会适应过程中,对己、对人、对事物作出反应时所显示出来的有异于别人的独特心理品质(许燕,2009)。人格具有稳定性,存在一些基本单位,构成了人格结构。不同心理学派对人格结构提出了不同的理论。

弗洛伊德提出的人格结构包括地形学模型和结构模型。在地形学模型中,他把人格划分为潜意识(unconscious)、前意识(preconscious)和意识(conscious)。潜意识是深藏于内心、不可接近的部分;前意识是人们能够回忆起来的经验;潜意识像是地表下不为人知的部分,只有意识是人对客观现实的反映。结构模型是对地形学模型的改进。他把人格结构划分为本我(id)、自我(ego)与超我(superego)。本我遵循快乐原则,代表人与生俱来的原始冲动;自我遵循现实原则,是本我与现实世界交互作用的结果;超我是分化出来并被道德化的自我。荣格(C. G. Jung, 1875—1961)提出了由意识(conscious)、个体潜意识(individual unconscious)和集体潜意识(collective unconscious)组成的人格结构。意识是可以被个体直接感知的、以自我为主导的成分,个体潜意识是与意识相联接却被意识压抑而隐藏的经验,集体潜意识是人类在种族进化中遗留下来的心灵印象,是对外在世界作出适当反应所需要的潜能,集体潜意识是族群普遍存在的。霍妮(K. Horney, 1885—1952)提出了由现实自我(reality self)、真实自我(actual self)和理想自我(ideal self)组成的人格结构。总的来看,精神分析学派把人格结构划分为由内到外、由隐性到显性、由自利本能到被道德化的层次。

人本主义学派以马斯洛(A. H. Maslow, 1908—1970)、罗杰斯(C. R. Rogers, 1902—1987)和罗洛·梅(Rollo May, 1909—1994)为代表。罗杰斯将人格划分为自我和理想自我。与弗洛伊德不同,罗杰斯的自我是指人的主观世界,即个体对周围环境和事物的知觉。理想自我是个体希望自己能够具备的样子。罗洛·梅认为,人格由自我中心、自我肯定、参与、觉知、自我意识、焦虑构成。他认为,人的存在以自我为中心,但也要通过与外界接触,产生觉知和自我意识,从而体验外界力量、个人愿望和自我观察能力等,继而对自我不断地督促、鼓励以维持自我中心的勇气。但是,个体在面对威胁时仍然会产生焦虑。人本主义对人格结构的理解更加平行化,各个部分之间的关系是平衡的,构成完整的人格,而非精神分析学派的层级结构。

当代人格结构研究的切入点多以人格特质理论为出发点。奥尔波特(G. W. Allport, 1897—1967)认为,特质(trait)是人格结构的基本单元。特质是一种潜在的反映倾向,具有可推测性、概括性、稳定性、独特性和关联性,而且不是处于休眠状态,无需外界激活。特质分为个人特质(individual trait)和共同特质(common trait)。个人特质分为首要倾向、中心倾向和次要倾向;共同特质是群体或种族内多数人共有的特质,受社会和文化影响,是民族人格研究的主要对象。卡特尔(L. Cattell, 1905—1998)继承奥尔波特的理论,并对特质从不同维度进行更细致的分类。除把特质分为个别特质(unique trait)和共同特质外,还把特质分为表面特质(surface trait)和根源特质(source trait)。每一表面特质受多个根源特质影响和构成,根源特质是行为的内在根源。他还据此设计 16 种人格因素问卷（sixteen personality factors questionnaire，16PF），该理论对当今的人格结构研究仍有深远影响。卡特尔还按照内在和外在维度把特质分为体质特质(constitutional trait)和环境特质(environmental trait)；根据成分不同把特质划分为能力特质(ability trait)、气质特质(temperament trait)和动力特质(dynamic trait)。艾森克(H. J. Eysenck，1916—1997)建立了人格层次模型和人格维度模型。前者把人格分为类型层次、特质层次、习惯反应层次和行为层次，由抽象到具体；后者把人格分为三个维度，即外向—内向维度、神经质—稳定性维度和精神质—超我机能维度。艾森克在此基础上提出大三人格模型，即由外倾性(extraversion)、神经质(neuroticism)、精神质(psychoticism)构成的人格结构。特质理论研究为五因素人格结构模型奠定了基础。

行为主义和认知学派认为，人格结构只是虚无的概念。例如，斯金纳(B. F. Skinner，1904—1990)认为，刺激引起的反应就是行为的结构性单位。多拉德(J. Dollard，1900—1980)和米勒(N. Miller，1909—2002)认为，人格结构大部分是由习惯或刺激—反应的联结物构成，个体习得这些联结就形成了人格结构。

17.1.2 民族人格的含义和结构

民族人格的含义

民族人格又称为群体人格(group personality)或众数人格(modal personality)，它是一个民族或国家在共同文化背景和特定社会历史条件下形成的对社会与他人的稳定的、共同的态度和习惯化了的行为方式(李静，2009)。还有学者认为，群体人格是文化群体成员共有的欲求与情感的动态组织，使人们能够对此群体的社会价值作适应性的反应(孙秋云，2004)。一般认为，卡丁纳在《社会的心理疆界》中提出的"基本人格结构"是民族人格的雏形。基本人格结构是指一个社会成员因共同的早期养育和训练而具有的共同人格结构，是同一文化中的人所具有的共同人格特征。民族人格还有民族性、国民性等说法。它是民族或国民共有与反复出现的精神特质、性格特点、情感内蕴、价值观念、思维方式和行为方式等的总和，是一种稳定的心理—行为结构。这种观点把民族人格视为集团个性或集团人格的一种。

民族人格的结构

民族人格不等同于民族性格。民族性格是一个民族群体对待族内成员和族外的人或事物的态度，反映在一个民族集体乃至民族成员的行为中。民族性格是民族人格的重要组成部分，但民族人格还包括民族气质，即一个民族的更为内隐的脾气和秉性。民族人格还包括民族的自我调控系统，即民族自我认知、民族自我体验和民族自我控制。比如，中国古代的"和亲"，即是一个民族基于对自己战争实力的自我认知所选择的趋利避害的行为。

在心理学史上,对民族人格结构的探讨主要有集体潜意识和共同特质的概念。荣格在对宗教及神话传说研究基础上提出了"集体潜意识"的概念,认为"集体潜意识"是由种族相传而来的,同一种族的个体,有一些不为个体自觉的意识,主要是人类在种族进化中遗留下来的心灵印象,其主要内容是"原型"(archetype),又称为"原型意象"(archetype image)。原型是每个人与生俱来的原始心象与观念,它包含在集体潜意识之内,亦指对某一刺激作出反应的先天遗传倾向。这些原始的象征对于任何种族、在任何时间均具有意义,而且以不同形式存在于寓言、神话、宗教及艺术中。荣格提出的有代表性的原型有人格面具(persona)、阿尼玛(Anima)、阿尼姆斯(Animus)和阴影(shadow)等。人格面具又称为从众求同原型(conformity archetype),它是以公众道德为标准、以集体生活价值为基础的表面人格,具有符号性和趋同性。人格面具保证人能够与他人,甚至与他并不喜欢的人和睦相处。它为各种社会交际提供了多重可能性,是社会生活和公共生活的基础。阿尼玛是每一个男人心中都有的女人形象,是男人心灵中的女性成分。阿尼玛身上有男性认为女性所有的优点。每一个男人的阿尼玛都不尽相同。男人会对心中阿尼玛的特点感到喜爱,在遇到像自己的阿尼玛女性时,会体验到强烈的吸引力。阿尼姆斯是每个女人心中都有的男人形象,是女人心灵中的男性成分。阿尼姆斯身上有女性认为男性所有的优点。每一个女人的阿尼姆斯亦不尽相同。女人会对心中阿尼姆斯的特点感到喜爱,在遇到像自己的阿尼姆斯男性时,亦会体验到极强烈的吸引力。阴影是每个人的人格中都有的隐藏在潜意识中的黑暗面。阴影若不用面具加以掩盖,人就难以逃脱社会的批评和指责。阴影有时会成长为独立的人格,因而造成精神分裂症。父母在个体人格发展中起重要作用,男性的阴影的发展方向由从父亲那里受到的影响决定,女性的阴影的发展方向由从母亲那里受到的影响决定。

集体潜意识对民族人格结构中内隐和潜藏部分的研究具有较大的启发性。不同的民族因为有不同的生活环境,因而具有不同的先天遗传和潜意识的反应方式。例如,贵州威宁彝族的变人戏就是民族人格面具的表现。变人戏是彝族流行的戏剧表演,表演者要带上面具,面具制作简单,锯杜鹃、漆树等硬杂木一段,约40厘米长,一剖为二,按艺人想象用斧子削劈成有鼻子的脸面毛坯,再凿出嘴、眼,一件变人戏面具就初具雏型。造型雕刻完成后,先用黑涂料涂成黑色,再用白涂料在面部画上一道道白线以表示"撮泰"老人的年岁和他们各自的性格特征。色彩单一,只有黑白。彝族人通过戏剧表演的面具,刻画了本民族潜意识里想要展现给外族人的形象,是一种民族的自我描绘。彝族的简单而略带沧桑感的面具造型就是想要展现民族历史悠久、生活简单质朴而充实的特点。许多戏剧面具造型都是对民族潜意识的反映。又如,从徽戏演化而来的京剧用红脸表示忠义、耿直、有血性，用黑脸表示严肃认真，用扮白脸表示奸诈多疑、凶诈，用绿色脸代表勇猛暴躁。图腾也是民族潜意识的继承与表现。中华民族以龙为图腾，龙这一虚拟生物集合了各种动物的优势和体征，象征着尊贵和成功。

除了戏剧面具和图腾等民族潜意识的表现，在民族人格里更有许多外显的、独特的民族共同特质。如蒙古族骁勇善战，表现出豪爽、英勇的特点；藏族热情好客，有酥油茶等民族食物，会给来客献上哈达以表示欢迎和尊敬；东乡族爱干净、讲卫生，经常清洁以保持脸部和躯体洁净。沐浴时有"大净"和"小净"之分。"小净"每天都洗，保持口腔、鼻孔、耳朵、脸和手脚的干净。"大净"一周一次，但也不固定，只要感到身上不洁净，就要"洗大净"。

每一民族均有民族人格的约定俗成、条件反射的潜意识层面和外显的，甚至有成文规定的共同特质层面。虽然集体潜意识和共同特质由不同学派提出，但这两个方面共同构成了民族人格结构的基本面，反映了历史文化和长久生活环境在民族人格上的烙印，也表现了民族人格中独具特色的民族精神和气节。

17.1.3 对民族人格与文化关系的探索

文化与人格关系密切。个体在文化中生活，文化是个体存在的条件。首先，文化塑造人格，文化影响人格特征的形成和发展，个体的人格特征必然带有鲜明的群体文化特色。来自不同民族的个体，面对不同的文化习俗、宗教信仰、自然环境和社会环境，长期的历史适应过程塑造出独特的、带有民族特色的人格特征。例如，由于东西方文化存在明显的不同，东西方人的人格结构和行为模式也必然存在差异。其次，文化影响对不同人格特征的理解。人格存在于文化背景之中。因此，同样的人格特征，由于文化背景的差异而具有不同的意义。例如，"喜欢标新立异"的人格特征放在西方个人主义文化背景下和放在东方集体主义文化背景下，会得到截然不同的解读。

20世纪初，文化与人格研究在多个学科领域展开了。哲学、心理学、人类学从各自的学科角度，对不同文化下的人格特征进行探索，尝试解答两者之间的复杂关系。

哲学家对文化与人格关系的探索——民族精神

民族精神是一个民族内存文化的本质特征。作为民族性的表现，民族精神凸显了一个民族共有的心理素质和精神品质，渗透在一个民族的整个机体中，贯穿在一个民族的全部历史中，是民族凝聚力的源泉，也是一个民族生存、发展和进步的原动力和支撑力。西方哲学家最早提出"民族精神"的术语来意指不同民族的人格。例如，孟德斯鸠（Montesquieu, 1689—1755）说："人类受多种事物的支配，就是：气候、宗教、法律、施政准则、先例、风俗习惯。结果就在这里形成了一种一般的精神。"、"一般的精神"便是"民族精神"。赫尔德(J. G. Herder，1744—1803)认为，每一个民族的文化都有发展的权利，在人类大花园中所有花卉都能够和谐地生长，各种文化都能相互激励。他宣称："每一种文明都有自己独特的精神——它的民族精神。这种精神创造一切，理解一切。"黑格尔(G. W. F. Hegel，1770—1831)认为，世界精神发展的每一阶段都和任何其他阶段不同，都有它的一定的特殊原则。在历史中，这种原则便是"精神"的特性——特别的"民族精神"。民族精神便是在这种特性的限度内表现出来的。宗教、政体、伦理、立法、风俗甚至科学、艺术和机械的技术都具有民族精神的标记。

心理学家对文化与人格关系的探索

冯特于1920年出版《民族心理学》，开创用群体心理解释文化的先例。冯特强调一切高级心理过程研究都应属于民族心理学研究。因此，对人格特征研究也必须置于民族文化背景之下，脱离开文化背景无法真正考察人的思维和人格特征。

弗洛伊德在精神分析研究中亦涉及文化与人格的研究。1913年，他出版了《图腾与禁忌》，以心理分析方法解释文化现象。精神分析理论强调早期经验在人格形成中的作用，即在一定文化背景下，儿童教养模式对人格塑造起着重要作用。每一种民族文化下的儿童教养方式必定存在某种共性，因而形成某个民族相似的、模式化的人格特征。

荣格进一步将心理分析方法应用于人类文化研究，出版了《澳大利亚的图腾崇拜》、《月亮神话和月亮宗教》、《临终的身和发身仪式》、《万物有灵论、巫术和神王》、《中央澳大利亚的妇女和她们的生活》、《狮身人面像之谜》、《心理分析和人类学》等著作。

艾利斯(A. Ellis，1913—2007)是临床心理学家。他提出，文化、个体所扮演的社会角色和所处情境对个体的人格特质有巨大影响。McCrae(2000)提出人格与文化的新Allport模型，认为文化在限制或增强人格在行为上的表现时起了重要作用，个体的气质和人格亦限制了文化影响个体的程度及个体对文化的选择性内化。该模型包括文化与人格的动态互动过程：(1)个体的生物因素(气质和生理状态)影响心理倾向(感觉、思维和行动)，心理倾向受到社会文化因素(情境、角色和文化)制约。(2)个体对社会文化的内化受到知觉偏好影响，生物因素能够决定个体对社会文化的内化程度。所以，个体的心理倾向是生物因素和社会文化因素的函数。(3)个体通过观察自身的行为及他人反应形成自我概念，调节生物因素和社会文化因素对心理倾向的影响。新Allport模型强调文化因素对人格在行为上的表现起限制或增强作用，生物因素亦限制了文化影响的程度以及个体对文化内化的选择性和程度(图17-1)。

McCrae认为，不仅文化影响人格，人格亦影响文化。但人格特质并不能直接影响文化，人格特质要经由个体的"独特的适应"影响行为，进而影响文化。"独特的适

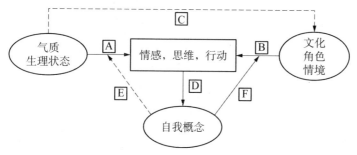

图 17-1 文化与人格的新 Allport 模型

应"是指人们为了更好地适应社会生活而掌握的所有心理结构,包括知识、技能、态度、目标、社会角色、关系、图式、自我概念等。

弗洛姆(E. Fromm, 1900—1980)是人本主义哲学家和精神分析心理学家。在20世纪中叶,弗洛姆对马克思和恩格斯的理论作了补充,提出社会性格是解释经济基础如何决定意识形态的重要中介之一。社会经济基础是造就社会性格的决定因素,具有一定社会性格的人会形成一些共同观念,这些观念经过理论化形成了意识形态。意识形态又容易被具有一定社会性格的人所接受,并强化这种社会性格。因此,经济基础决定社会性格,意识形态又根植于社会性格之中,反过来对经济基础起作用,推动社会变迁。这一理论同样适用于文化与人格的理解。任何民族的经济形式最初都是为了适应其所生存的地理环境、生态类型而形成的,这种地理构造、生态环境不仅决定一个民族的经济形式,也塑造了不同的文化类型和人格类型。因此,要考察一个民族的文化与人格,首先要考察分析这个民族的乡土,每一个民族都会保留它的乡土痕迹。这种特定地域的地理构造风貌,诸如大自然的景色、声音、形态、动静、味道、氛围等,为生存于该地域的人群造成一种经验积累,自然而然地形成了一定地域特定人群特有的心理定势,成为该民族的人格特征。正如黑格尔所说:"你要了解阿拉伯人,就要了解他们的天空,他们的星辰,他们酷热的沙漠以及他们的骆驼和马。"

心理人类学对文化与人格关系的探索

"文化与人格"在20世纪40年代被正式用于学术名称。1961年,许烺光在《心理人类学——对文化与人格的探索》中提出用"心理人类学"(Psychological Anthropology)替代"文化与人格"。1973年,美国芝加哥召开第九届国际人类学与民族学大会,首次使用"心理人类学"名称。心理人类学成为一门涵盖多学科内容的新型学科。

博厄斯是"美国人类学之父"。他也是美国语言学的先驱。博厄斯开创了人类学的四大分支：体质人类学、语言学、考古学以及文化人类学。他提出"个人在其文化中生活，文化还是个人生存下去的条件"，倡导对文化背景中的个人行为进行研究。

博厄斯的学生萨皮尔、本尼迪克特、米德引入心理学方法和精神分析理论，从理论和方法上发展深化了博厄斯的理论，形成了博厄斯学派的文化与人格理论，开启国民性研究的时代。文化与人格的研究对象从同质的部族社会转向异质的复合社会。博厄斯学派的研究者对美国、同盟国、敌对国的国民性格进行研究。其中，以分析日本民族(大和民族)的人格特征的《菊花与刀》最为著名，在当时成为争论的焦点。

博厄斯学派主要有以下观点和贡献：(1)不同的文化塑造不同的人格。文化具有整合的功能，能够将个体的心理和行为模式调整到合乎本民族文化的标准，即个体的人格特征在文化的限制下形成和发展，最终会形成符合本民族文化特点的人格倾向。(2)强调童年期的养育方式和社会环境在人格中的决定性作用，认为养育制度塑造人格，个体人格综合成群体人格，群体人格又形成文化，文化又影响养育制度。(3)对国民人格特征进行了研究，出版了各国国民性格的研究专著。

本尼迪克特与米德尤其强调文化对于人格的决定性作用，主要体现在：(1)在不同社会文化中的人类对某种人格特征的态度不同。在某些社会文化中，侵犯、竞争和统治被认为很正常，甚至是可赞赏的人格品质，但这样的人格品质放到另一种社会文化中是不能容忍的，是不正常的行为方式。(2)男女两性的人格特征和行为方式存在差异，这种差异来自文化的影响。文化决定了男女两性分别需要扮演怎样的角色，导致两性形成了不同的人格特征。(3)从历史角度分析文化与人格的关系，环境因素和社会因素对人格及其类型均有重要影响。他们尝试通过对原始部落文化的考察，在原始部落文化中划分出人格类型，归纳出与文化相对应的主导性人格类型。例如，本尼迪克特在《文化模式》中提出两种原始文化中的两种主导性人格类型：祖尼文化推崇感性、理性和谐之道，反对走极端，强调对过激情绪的抑制，部落成员的主导性人格类型为"日神型"，人格特征为恬静、折衷；夸扣特尔文化崇扬酒神意志，对情感发泄不加抑制，为激烈竞争而激动，追逐胜利后的狂喜，该部落成员的主导性人格类型为"酒神型"。

林顿是文化人格学派的主要代表人物。卡丁纳是社会文化学派的主要代表人物。林顿和卡丁纳不仅研究文化影响人格，而且提出文化与人格的互动论。他们通过对国民性、人格与文化变迁的研究，提出文化不仅塑造人格，人格也是文化的创造者。为了使文化与人格研究更具有操作性，林顿和卡丁纳使用制度(institution)来定义文化研究。"制度"是指一个社会的成员所共有的思想或行为，它是一种相对固定的模式，并得到了人们的普遍接受，对它违背或偏离就会导致个人或团体内部的失调。该理论包括以下内容：

（1）提出了"基本人格类型说"。认为人格是个人心理过程和心理状态的有组织集合。在相同的文化环境中，由于共同文化的孕育，每一个体在人格方面具有共同元素。这些共同元素组合成为一个完整的结构，形成了文化中不同成员之间相似的人格类型或人格结构，即该民族的"基本人格"或"众趋人格"，也是区别于其他文化的人格特征。

（2）提出文化影响人格。认为在不同制度下形成了不同的人格特征。卡丁纳将制度分为两大类，一是初级制度，包括家庭组织、群体结构、基本规范、哺乳及断乳方式、排泄训练、性的禁忌、谋生技能等；一是次级制度，包括宗教信仰、民间传说、神话、艺术、禁忌系统等。初级制度塑造成员的基本人格结构或类型，形成后的基本人格类型成为初级制度和次级制度间的中介，次级制度即是该基本人格的反映或投射物。

（3）主张人格是文化的创造者，人格通过投射作用产生次级制度。人格是通过对挫折的反应而构建的心理和行为模式。人格不同，遇到挫折时的投射也不同，投射创造出的次级制度也不同。文化的次级制度是挫折经验的潜意识的派生物，是人类愿望的曲折体现。

17.1.4　民族人格的研究方法

对个体人格的定量研究，多采用测验方法，包括自我报告测验、Q分类法、他人评定、生物学测量等。在定性研究中多采用行为观察、访谈、投射测验和行为表达等方法。

对民族人格的研究，人类学多采用定性研究，主要方法是田野工作。即经过专门训练的人类学者亲自进入某一社区，通过直接观察、访谈、住居体验等方式，获取第一手资料。田野研究具有实践性，获得资料更真实具体可靠，但也拥有定性研究不可避免的缺点，如需要耗费较大的人力物力，取证时间长且样本量少。田野研究在民族心理学研究中逐渐成为辅助的方法。

民族人格结构研究与心理学结合的定量研究兴起于当代。其中，词汇学途径是当今研究人格结构的主要途径。西方人的人格五因素模型和中国人的人格七因素模型均是通过词汇学途径建立起来的。遵循词汇学途径建立人格结构模型包含三个步骤：

（1）系统收集词典中的人格特质形容词；

（2）对形容词进行分类、化简；

（3）通过被试对形容词描述人格程度的评定和因素分析技术，得到数目有限的人格维度。

这样建立起来的人格结构模型具有无遗漏、描述性和文化特异性的特点。即，通过词汇学途径系统收集人格特点并归纳,不会遗漏某一维度的人格特质;采用词汇多为日常生活用语,具有较强的描述性且容易被理解接受,便于施测;不同文化的人在人格结构上有差异,导致在不同文化中的人格形容词数量及程度不同,因此采用词汇学途径研究人格结构能够较好地表现文化特异性。

早期采用词汇学途径建立的人格结构模型在进行统计分析时多采用因素分析技术。这种统计分析方法具有较强的直接规定性,人格维度限制性较强,拟合过程相对困难,而且存在着强制一致性。这些缺陷在当代多采用自由分类法来弥补。

采用自由分类法研究民族人格的主要步骤是:遴选出人格特质词;由被试根据自己的标准自由分类,在分类中强调无对错之分;分类结束后对结果作多维标度处理,以确定词汇的组织维度和聚类情况,得出较为统一的民族人格结构。自由分类法应用广泛。

17.2 中西方的人格结构比较

17.2.1 中西方人格结构的相似性

尽管中西方的人格有不同维度,中西方学者在研究人格结构时,均根据外显程度把人格划分成四个层次(王登峰,崔红,2007)。第一层次是外显行为,对这一层次的人格个体和他人都可以观察到;第二层次是当事人自己能够观察,其他人难以观察,伴随行为的个体内心体验和情感;第三层次个体难以完全觉察,其他人更无法观察体会,是个体对待自己、他人、事业、名誉和利益的稳定的动机,体现个体行为和内心体验背后的稳定的目的性和导向性;第四层次是个体和其他人都无法觉察,是作为不同人格特点基础的生理、生化反应和神经系统活动变化的不同模式,即个体的生理、生化反应模式和神经系统活动的变化。

根据进化心理学的观点,中西方的人格结构具有某种程度的一致性。因为人类在生存和发展过程中具有遗传相似性以适应共同或相似的生存压力。跨文化心理学家用 etic 表示人格的一致性成分。"etic"是"共同、共同性"或者"一般性"的意思。

中西方的人格结构在内容上也具有一致性和包容性。西方人的人格结构包括外向性、愉悦性、公正严谨性、情绪稳定性和开放性五个维度。中国人的人格结构包括外向性、行事风格、才干、情绪性、善良、处事态度和人际关系七个维度。在大五人格维度研究中,西方的外向性(E)、神经质(N)、愉悦性(A)和公正严谨性(C)的内容可以完全包容进中国人的人格结构中。虽然无法找出一一对应的具体维度,却分散融合,这与中西方文化差异及中西方人的分类学思维差异有关。

王登峰(2004)通过对西方人格的神经质(N)维度的项目作探索性因素分析,发现该人格维度的内容可以由五个因素(急躁冲动、抑郁自卑、社交焦虑、愧疚敌意、忧心忡忡)解释。这五个子因素不仅与中国人七因素人格结构中的情绪性维度相关,与其他六个维度也相关。合并因素分析结果表明,神经质(N)维度的五个子因素分别与七因素人格模型的外向性、善良、才干和人际关系四个维度共同组成三个因素,分别反映个体与人相处、做人和做事方面积极情绪或消极情绪的特点。可见,神经质在中国人人格结构中不是一个独立的人格维度,但它涉及的内容分属于不同的人格维度,在中国人人格结构中都有所体现。论其原因,与中国传统文化强调控制情绪,使中国人形成忽视情绪乃至压抑情绪的特点,心绪平和一直是儒家修养强调的重点有关。这一方面导致中国人无法在人格结构中形成独立的神经质维度,另一方面是中国人的分类方法与西方的差异造成。中国人倾向于从伦理和社会意义角度解释情绪反应,使同样的情绪反应在不同社会场景中被归纳为不同的意义,这也导致中国人的神经质维度被分散到其他各人格维度中。

西方的公正严谨性人格维度包含自律守诺、严谨细致、机智果敢、坚韧踏实、追求成功和工作投入六个子因素。这六个子因素与中国七因素人格模型的才干、行事风格和人际关系有很高的正相关。这六个子因素分别与中国人七因素人格模型中的六个维度(共 16 个子因素)共同组成四个因素,分别反映自信机智、诚信严谨、自制守诺和决断果敢的特点。在中国人人格结构中,公正严谨性并非是独立的人格维度,它的内容涉及中国人人格的所有方面。即,在中国人人格结构中并非没有公正严谨性的内容,只是它们被分散到几乎所有人格维度中。

对西方愉悦性维度研究表明,愉悦性的一部分与中国人人格维度中人际关系有明显正相关,另一部分与中国人格维度中的善良、行事风格、才干和情绪性等四个维度内容较为一致。

在外向性维度上,中西方人格结构中均有这一维度,但它们的内涵截然不同。西方的外向性包含活跃乐群、乐观活泼、恬淡沉着、刺激寻求、主导支配和精力旺盛六个子因素,分别反映西方人的人际交往特点、个体内在特点和个体的事物指向性特点。中国人的外向性维度只包含个人特点(乐观)和人际交往(活跃、合群)特点。由此,西方外向性维度与中国外向性维度的不同主要体现在西方人格外向性维度中多出事物指向性的特点,这无法拟合在中国人的外向性维度中。事物指向性是指刺激寻求、精力旺盛和恬淡沉着等,反映做事风格及与此有关的修养,还有对名利的追求或淡漠,这些特质分散地体现在中国人格结构中的善良、行事风格、才干、人际关系及处事态度五个维度中。

开放性人格维度也有部分能够融入中国人人格结构中。在开放性人格因素中,"享受幻想"、"求新与思辨"反映中国人人格结构中公正严谨性的低水平:"不严谨"、

"粗心大意"。尽管开放性维度中这两个因素在西方表现为积极,在中国人中表现为消极,但属于同一维度。相似地,"理性与思辨"类似于中国人格处事态度的"不合群"。"理智和宽和"在中国人格维度中被认为是积极的,类似于"包容人"。

可见,中西方人格结构的相似性体现在两者有可以直接对应或间接对应的维度。中国人人格结构中反映人们表现在外行为特点的"外向活跃—内向沉静"与"豪迈直爽—计较多疑"维度,与西方人人格结构中的"外向性"与"情绪稳定性"有直接对应关系。间接对应的维度有:"勤俭恒毅—懒散放纵"对应"公正性","温顺随和—暴躁倔强"对应"愉悦性"(王登峰,崔红,2000)。

17.2.2　中西方人格结构的差异性

进化心理学认为,某一文化中人们所独有的人格成分是该文化中人们独特的遗传因素和适应其独有生存压力的结果。西方人格与中国人格也有不一致之处,即有与 etic(一致性)成分对应的 emic(独特性)成分。人格结构研究主要遵循词汇学途径,词汇学途径体现了中西方人格的差异。中西方人格结构的词汇学差异体现在形容词不同和形容词组合不同上,前者可以采用互译的方法来避免,后者是人格结构词汇学差异的主要原因。

根据行为归类假设,人们对各种行为进行描述和评价,从而把行为归类到某个范畴,然后再对行为范畴归类,再得到不同的人格维度。行为描述和评价的过程及行为归类的过程均渗透着文化因素的影响。西方根据行为归类假设得出的五因素人格结构反映人格特征五个独立方面,重叠部分较少,中国人格结构的七因素模型更为复杂,看似有重叠部分。例如,外向性和善良均表现在人际交往中的积极、正直等品质。究其原因,是西方人在评定时重描述轻评价,在西方词汇中,描述性形容词和评价性形容词的数量相近(Allport,1936);中国人更倾向于在归类某种行为时加入主观评价而不是单纯描述,在汉语词汇中,评价性形容词显著多于描述性形容词(王登峰,方林等,1995)。因此,由词汇学途径得出的中国人格结构不似西方五因素人格结构一样各维度独立分明,但仍然符合行为归类假设。此行为归类方式的差异为中西方人格差异之一。

具体到人格的某一维度,西方五因素人格和中国七因素人格的归类维度不同,但除开放性维度外仍然能够交叉融合。开放性维度的宽容与尝试、情感与审美因素独立地存在于西方人格中,却不在中国人格中出现。这是因为宽容与尝试表达的是对具体的、外部的新观念的态度,情感与审美表达的是对抽象事物的态度,中国人格一直对新观念持严谨、审慎态度,对没有联系和评价基础的抽象事物难以体现个体差异,因此在中国人格维度中,开放性维度的这两个因素并没有明确地体现。这也是西方五因素人格与中国七因素人格在开放性维度上无法融合之处。此为中西方人格差异之二。

中西方人格的差异与不同认知方式有关。大量研究显示,中西方的个体在认知风格上存在差异。Nisbett, Peng, Cho 和 Norenzayan(2001)认为,西方人通过关注独立于背景的目标信息形成了场独立型和分析型的知觉及注意模式;东亚人通过关注目标和背景的联系形成场依存型和整体型的知觉及注意模式。分析型模式关注目标的单一方面或单一维度,是一种将目标从背景中分离出来的趋势;整体型模式关注背景和关系,是一种将目标和背景整合起来加工的趋势(刘书青等,2013;Varnum et al., 2010)。Nisbett 等人(2003,2005)发现,西方人更关注物体的具体特征,东亚人的感知是整体性的,擅于寻找事物之间的关联和相似之处。即,东亚人更倾向于作整体加工,西方人更倾向于作局部加工。例如,在 Navon 的字母判断任务中,东亚人识别整体字母(由子字母组成的大字母)反应更快,西方人识别子字母反应更快(McKone et al., 2010)。Kitayamat 等人(2009)对美国、英国、德国和日本的被试进行注意、归因等5项与个人主义/集体主义有关的测试,发现美国人展现了聚焦性的注意加工,日本被试表现出更明显的整体性的注意加工。

西方人更倾向于使用有具体目标和规则的类别来组织认识;东亚人更倾向于通过环境中各种事件之间的关系来组织认识。Ji, Zhang 和 Nisbett(2004)发现,东亚人更倾向基于关系分类,欧美人更倾向于基于规则分类。比如,对"教师—医生—作业"分类时,东亚人倾向于将教师和作业分为一组,美国人多选择将教师和医生分为一组。Chiu(1972)发现,让中、美儿童对"男人—女人—儿童"分组时,中国儿童倾向于将"女人"和"儿童"分为一组,美国儿童倾向于将"男人"和"女人"分为一组。

中西方人在归因模式上亦存在差异。研究发现,与欧洲人相比,东亚人更可能将行为归因于情境,欧洲人更倾向于作出性格或气质归因。改变谋杀者的人格特质后,美国人会降低对其出现谋杀行为的判断,而中国人多在改变环境后降低对其出现谋杀行为的判断(Morris & Peng, 1994)。还有研究发现,未受过物理教育的华裔倾向于将事件的发生归因于环境,美国人则多进行内部归因(Peng & Knowles, 2003)。

东亚人倾向于使用关系思维、整体思维来考虑问题,表现出朴素的辩证观点。他们能够更全面地看到问题的正反面,能够接受冲突的世界观、价值观,他们更可能对一个问题抱有模糊态度而不作出相应改变;西方人倾向于使用分析思维、逻辑思维来考虑问题,在观点冲突时倾向于支持一方,并倾向于为此作出改变。Yates 等人(2010)发现,日本人在非决断价值量表上得分显著高于中、美被试,且在相应行为中表现出更多的非决断性。研究发现,与欧洲人及南亚人比,东亚人在非决断测量上得分更高(Nisbett et al., 2001)。东亚人在进行因果关系判断时重视情境因素。在分组物体和事件时,东亚人多利用相互关系,而西方人多用分类学(乔艳阳,张积家,2015)。

中西方的人格差异还体现在对人性的不同看法上。西方人认为"人性本恶",体现在英语对"文化"(culture)的词源理解上。西方人认为 culture 的词源词根是"栽培、培养"之意,即人性本恶,需要通过后天教化来改造。在认同人性本恶后,西方人对自利行为更能够理解,因此在人格中防御型较低。中国人认为"人性本善","文化"一词有"文饰化裁"的意思,是人类的外衣,以掩饰人类的自罪(黎鸣,2003)。中国人认为自利行为需要掩饰,不为文化所认同,中国人以此标准来要求自己,更崇尚人性的真、善、美,同时也以此标准要求其他人。在这种文化中,防御心理更强。因此,西方人更加直接坦率,认为"言为心声",中国人的言语表达和内心想法的一致性较低。此对人性看法的不同,是中西方人格差异之三。

中西方的人格差异导致行为和心理控制源不同。中国人格注重对事物和行为的评价,注重内心体验,却又在文化中约定俗成地人为设置了许多外在行为的规范和模式,中国人的人格存在矛盾之处。中国人多表现"情境化行为",即先满足情境的、外在的需求,在此基础上,再考虑个人的内心感受;只有在与关系亲密的人接触时,才更多地表现出较多的"个人化行为"。因此,中国人特别讲求"做人",认为人是"做出来"的,具有更多的人格面具成分。西方人虽然也有情境化行为和个人化行为的区别,但行为与内心较为一致。从某种程度上看,中国人对两者的矛盾构成中国人独特的人格结构。

心理控制源的内控者在与他人共同承担责任时更多地责备自己而非他人,外控者反之(Basgal & Snyder,1988)。西方人无论与共同承担责任者是什么关系,行为倾向均一致。但是,在中国人的亲密关系(如夫妻关系)中,内控者和外控者均出现了责任反转,即内控者更多地把责任归咎于他人而非自己,外控者反之。两个责任人之间的关系反映了个体承受环境压力的程度,中国人的责任反转可见环境压力对中国人的影响较大。

总的来说,中国人的人格结构和西方人的人格结构相比,既存在可以直接对应或间接对应的维度,也存在独有的维度。即中西人格之间具有相似性,也存在较大差异。差异首先体现在因素出现顺序上,中国人最看重的是个人的"德"与"才"以及相应态度,其次是人际关系特点,再次是外向性和情绪稳定性,最后是个体的性情特点。从人格结构的具体内容和倾向看,中国人的人格维度都具有明显的偏重个人内在品质和总体评价的倾向,西方人的人格维度更偏重其外在表现。从思维方式看,中国人并不注重具体行为表现,而是关注在具体行为背后的个人特点,即个体总体的倾向性,因此更多地是从经验和已有观念出发。

亚洲国家的民族虽然多为黄种人,但不同国家和民族的人格结构也存在差异。

平治朗等人(1991,1998)比较日本人的人格结构和西方五因素人格模型之间的差别。他把日本社会制度基本特征中的自然的人生观、集团意识和人际关系融入西方五因素人格结构模型,对五因素模型中原有的愉悦性(A)、公正严谨性(C)和开放性(O)进行修改,最终把五因素分别命名为分离性—亲和性、自然性—统制性、内向性—外向性、情绪性—非情绪性及现实性—游戏性。

17.2.3 中国各民族人格结构比较

人格结构差异除了体现在各国的不同民族之间,还体现在中华民族的不同民族之间。中国地大物博,幅员辽阔,是一个多民族国家。不同地域、不同民族之间的人格也不尽相同。

许思安等人(2006)对汉族、壮族、蒙古族和纳西族进行人格结构分析。壮族和蒙古族的民族聚居地多分布在岭南山地和北方内陆高原,纳西族地处祖国西南地区。这三个少数民族的选取,在地域和数量上均有较强的代表性。

对不同民族与七因素人格结构拟合程度研究中发现,只有汉族与七因素人格结构模型较为吻合,其余民族均存在不同程度的差异。经过因素分析,发现采用四因子划分壮族和蒙古族的人格维度更为合适,纳西族的人格维度采用三个因子划分更为妥当。

四个民族所涵盖的共同因子多包含在七因素人格维度的外向性维度中,包括"内向的、沉默的"、"乐观的"、"活泼的"、"外向的"等因子。壮族、蒙古族和纳西族还共有一些独立于汉族的因子,如"暴躁的"、"粗狂的"、"胆小的"、"斤斤计较的"等,这些因子和七因素人格结构中的人际关系维度有关。这些少数民族特有的共同特质因子命名为"负性因子"。

壮族的第三个因子被命名为"成熟干练",包括"有气派的"、"成熟的"、"勇敢的"、"有恒心的"等特质。第四个因子被命名为"善良精明",包括"诚恳的"、"善解人意的"、"温和的"、"爽快的"等特质。

蒙古族的第三个因子为"宽和诚信",与七因素人格模型中的"善良"维度基本一致,但更突出了"和"表现的"宽厚、知足"的品性。有"老实的"、"随和的"、"善解人意的"等品质。蒙古族的第四因子是"干练自信",糅合了七因素人格模型中行事风格维度中的"沉稳"、"自制",侧重于描述"敬业的"、"努力的"、"有魅力的"、"自制力强的"等人格特点。

纳西族的第三个因子指"稳重的"、"处事周到的"、"温文儒雅的"、"诚实的"、"有勇气的"等品质,由于其在七因素人格维度中均有涉及,故被命名为"正性因子"。

可见,各民族的人格结构中在长期历史交流与文化融合中既有重叠的部分,也有不同的成分,尤其体现在相似的成分之间仍侧重点不同上,如壮族的"成熟干练"因子和蒙古族的"干练自信"因子,以及壮族的"善良精明"因子和蒙古族的"宽和诚信"因子。这充分体现了中华文化"和而不同"的人格风采。

许思安等人(2006)采用自由分类法对汉族、壮族、蒙古族和纳西族的人格结构进一步分析。汉族多把人格特质词划分为"外倾的人格特征"、"内倾的人格特征"、"积极的气质特征"、"消极的气质特征"、"积极的性格特征"、"消极的性格特征"、"中和的人格特征"七类。汉族人格特质词的语义空间包含三个维度:"积极/消极"、"外倾/内倾"、"性格/气质"。壮族把人格特质词语划分为"积极的性格特征"、"消极的性格特征"、"积极的气质特征"、"消极的气质特征"、"中和的人格特征"五类。壮族人格特质的语义空间只包含两个维度:"积极/消极"和"性格/气质"。蒙古族人格特质词的语义空间也包含两个维度:"积极/消极"和"内倾/外倾"。人格特质词被划分为"积极的外倾人格特征"、"消极的外倾人格特征"、"积极的内倾人格特征"、"消极的内倾人格特征"、"中和的人格特征"五类。纳西族人格特质词的语义空间只包含"内倾/外倾"维度,人格特质词汇被分为"外倾的人格特征"、"内倾的人格特征"、"中和的人格特征"。

四个民族的人格都具有"消极/积极"维度,壮族没有"内倾/外倾"维度,蒙古族和纳西族没有"气质/性格"维度,所有民族都有"中和"维度。这与张智勇和王登峰提出的人格因素模型吻合。"内倾/外倾"维度也与艾森克提出的人格结构模型的外倾性有较大相似。汉族的人格维度划分层次最多,分类较细,说明汉族细腻的知觉和丰富的文化内涵。壮族把内倾性等同于消极特质,把外倾性等同于积极特质,导致"内倾/外倾"维度缺失。蒙古族和纳西族把气质和性格等同,把两者之下的词汇归类到其他维度中。实质上,不少学者认为气质和性格均是人格的下位概念,两者是并列关系而非重叠关系。性格是具有道德评价含义的心理品质,更强调价值观和社会性;气质是表现在心理活动的强度、速度、灵活性与指向性等方面的稳定的心理特征,更强调人生理层面和情绪层面的成分。

香港、澳门和台湾具有殖民统治历史,社会制度与大陆不同。杨国枢等人(1971)让台湾大学生用正性、负性和中性的150个形容词描述父亲、母亲等6个熟悉人物,发现在不同目标人物下最常出现的因素有"善良诚朴—阴险浮夸"、"精明干练—愚蠢懦弱"、"热情活泼—严肃呆板"。与西方五因素人格模型比,"善良诚朴—阴险浮夸"和愉悦性(A)和公正严谨性(C)相似;"精明干练—愚蠢懦弱"和外向性(E)相似;另外还有非主要因素"镇静稳重—冲动任性"和"智慧温雅—浅薄粗俗",与情绪稳定性(N)和开放性(O)相似。研究表明,台湾人的人格结构可以近似地表达出除开放性(O)之外的四个因素。这与王登峰等人的研究也吻合,开放性(O)被分别表现在中国人格七因素模型中。对香港和大陆的人格结构测试和分析表明两地区的结构基本一致(张妙清,2001),分别被命名为可靠性、领导性、传统性和独立性的四个因素。各因素之间关系并不明显,也没有和西方五因素人格结构模型中的开放性(O)对应的因素。

17.2.4 民族性别的人格结构比较

人格结构的相似性与差异性除了体现在中西方之间和不同民族之间外,还体现在性别之间。不同民族亦有不同的性别人格。

性别的人格差异受生物因素影响。研究表明,母亲在受孕期间的孕激素影响胎儿以后的性别行为,而个体释放的性激素更是对青春期有重要影响,使其表现出第二性征,表现出不同的身高、体力、动机和情绪。精神分析学派认为,两性的人格结构差异由生理因素造成,男女生殖器不同,使两性有不同的性别意识,俄狄浦斯情结(Oedipus complex)正是由于对性别角色的认识和对异性角色的羡妒而产生的。

性别的人格差异也受社会环境因素影响。行为主义提出社会学习观,认为父母、师长和大众传媒都成为孩子学习的榜样,女孩倾向于学习女性行为,男孩倾向于学习男性行为,因此逐渐形成不同的性别观点和性别人格。认知学派提出性别图式理论,认为文化和性别角色的社会化为人类提供了性别图式,性别图式是一种有组织的心理结构,使人能够描述两性不同的能力、角色和行为。性别图式使个体对自身及异性受期待的特征分类,从而表现出期待的特征。特质理论认为,男性和女性有不同特质,男性具有较强的攻击和支配特质,女性具有较强的情绪性。两性的成就动机也不同,男性倾向于内部动机,如获得工作成就;女性倾向于外部动机,如获得奖赏和他人认可。女性的成就动机总体上低于男性。人本主义强调自我实现的重要性,男性获得创造性、自主性,女性获得共情、开放等品质,成为各自所能成为的最好的人。

不同民族具有不同的性别人格。对 13 种不同文化研究表明,在抚育行为方面,女孩比男孩付出更多;在自我中心和支配行为上,男孩多于女孩,即男孩更倾向于为了满足自己的需要而努力地控制他人(Whiting & Edwands, 1988)。许多民族还或多或少地存在性别刻板印象,认为男性比女性有优势,一些民族甚至塑造了"男主外,女主内"之类的性别角色规范。比如,在我国西北少数民族中,藏族信仰藏传佛教,回族、维吾尔族信仰伊斯兰教。宗教教义的束缚以及严重的性别角色刻板印象,造成人们在教育上忽视女性。据调查,在回族地区,允许 6 至 8 岁女童唱歌跳舞的家长占80%,到 12 岁时允许唱歌跳舞的家长只占 25%,到 15 岁左右只有 10%左右。至今,在撒拉族中仍然有"头发外面露不得,说话声音大不得,走路头抬不得,丫头念书使不得"的习俗。长期以来,边远地区的少数民族具有女子早婚的风俗,一些女生为了成婚,过早地离开学校。统计发现,土家族妇女(特别是母亲)文盲率比较高,一般在86%以上,14%左右的母亲即使有文化,水平也很低,她们对子女读书漠不关心,认为那是"男人的事"(李静,2004)。就我国少数民族女性而言,性别角色刻板印象影响极大,一些少数民族,尤其是西部偏远落后地区的少数民族女孩在家庭中属于从属地位。

研究发现,一些民族的性别人格和普遍的民族性别人格有较大差异。比如,新几内亚族群阿拉佩什族的男性和女性都表现出较强的女性特征,如抚育后代等行为。同属于新几内亚族群的孟都古莫族的男性和女性都表现出较强的男性特征,如攻击性等(Margaret Mead, 1935)。科麦隆的巴门达族群的女性承担大部分繁重的农业体力劳动,那里的女性也被认为更强壮(Ann Oakley, 1972)。在我国,摩梭人的性别人格也有鲜明的母系特色。摩梭人的家庭以"母系制家庭"为主。女性是一家之主,孩子即使知父亦不亲父。家庭经济大权由女性掌握,女性享有家庭权利与财产继承权以及子女监护权。女性具有权利的独立性,男性具有依附性。这与主流文化中"男尊女卑"的传统角色正好相反。

早期性别人格研究的维度比较单一,认为男性应该拥有纯粹的男性化人格,不应拥有女性化人格,女性则相反。Rossi(1964)首次提出了"双性化"概念,即个体同时具有传统的男性和女性应该有的人格特质,并认为双性化是最合适的性别角色模式。1974年,Bem设计编制了Bem性别角色量表(BSRI)。该量表将人的性别角色分为四种类型:双性化人格、男性化人格、女性化人格和未分化人格。Bem性别角色量表包括男性分量表、女性分量表和中性干扰量表。男性分量表和女性分量表得分相关很低,支持男性化特质和女性化特质是两个正交的维度而非一个维度两极的假设。

性别人格研究多采用量表测量两性在不同人格维度上的得分,再进行比较。西方研究表明,男性化得分与经验的开放性以及外向性正相关,与情绪性存在强的负相关;女性化得分与愉悦性和公正性存在强的正相关(Lippa & Connle, 1990)。Maruäic和Bratko(1998)发现,男性化得分与外向性、公正性正相关,与情绪性、愉悦性负相关;女性化得分显示出与愉悦性存在强的正相关,与其他人格维度只存在弱的正相关。

中国的性别人格研究多以大学生为被试,研究结果也与西方略有差异。中国双性化者的人格特征中人际能力有很强的本土特点,创造性突出,无明显的独立性,双性化者的男性化程度与其人格相关较大,女性化程度与人格相关度较小(张莉,2003)。以修订的Bem量表和王登峰等人编制的中国人人格量表为工具,卢勤和苏彦捷(2004)发现,大学生的性别角色分布以双性化和未分化为主,典型性别类型比例有所下降,说明性别人格并非单维度的极端化。在当代中国人中,传统的性别观念已经淡化。该研究还表明,男性化与外向性、才干、处事态度有较高正相关;女性化与善良、人际关系有较高的正相关。这与西方研究中女性化与愉悦性相关较高而与外向性无显著相关的结果不一致,原因是中西方人格模型中外向性维度包含内容不同。在西方五因素人格模型中,外向性的含义较广,中国人人格量表中的外向性维度包含的活跃、合群两个子因素与表达性特征的内容接近,这也许是女性化对外向性维度有预测力的原因。

西方研究发现,男性化与情绪化负相关,女性化与情绪化正相关。在我国研究中,男性化、女性化与情绪的相关都非常低,男性化、女性化对情绪都无明显预测力。这可能与西方人具有较强的独立性和自我价值观,强调情绪的表现和宣泄,而中国人讲求内敛,强调克制情绪有关。

许思安(2006)测量和比较了汉族、壮族、蒙古族和纳西族的性别人格,发现在外向性上,汉族和蒙古族的女性均比男性外向,壮族和纳西族是男性外向。各民族女性的外向程度得分由高到低依次是蒙古族、壮族、汉族、纳西族。男性的开放性程度得分由高到低依次是蒙古族,其次是纳西族、壮族和汉族。

17.3 影响民族人格形成和发展的因素

17.3.1 民族人格的特性

民族人格具有独特性。一个民族生活在独特的地理环境和社会环境中,有独特的历史渊源和民族血统,信仰独特的宗教,因此铸就了独特的民族人格。

民族人格具有表征性。民族人格会通过一些外显的形式(服饰、建筑和仪式等)表现出来。在服饰方面,藏族地区由于早晚天气变化明显、温差大,多数藏族人一年四季身穿皮袍。劳作时可以脱下右袖或袒露上身,把皮袍系在腰间。天热时毛皮朝外穿,天冷时毛皮朝里穿。袍子很长很宽,便于躺下休息时作被铺。蒙古族、哈萨克族等牧民,多穿长筒靴,既可以防寒,又可以防止骑马奔驰时磨坏小腿肚。靴子里面很宽松,骑者一旦从马上摔下来靴子被马镫夹住,脚却很容易从靴子中脱出,不容易被奔马拖伤。这样的服饰设计体现了游牧民族勤劳勇敢的性格特点。在建筑方面,侗族人没有文字,便以鼓楼为建寨中心,各种仪式和文化活动均以鼓楼为中心进行,鼓楼文化折射出侗族人民平和、含蓄、崇尚神明的特点。在风俗方面,回族人民信仰伊斯兰教,有开斋节、古尔邦节和圣纪节三大传统节日,这些都体现了回族人民开拓进取、和衷共济的人格特征。

民族人格具有稳定性。民族人格在形成后便内化为一个民族特有的习惯和风俗,不容易改变。例如,蒙古族骁勇善战,与长期的游牧生活分不开。在元朝,即使蒙古族已经入主中原,进入到比较安稳的环境中,在政治决策上也仍较为激进,倾向于对外战争,不断地拓展疆土。可见,一个民族的人格在形成后就具有稳定性,即使环境变换,在短时间内也不容易发生改变。

民族人格具有继承性。稳定的民族人格会通过代代相传的教化、风俗影响新一代的人格。例如,我国四川凉山地区的彝族是家族集团式社会。在新中国成立前,长期的家支械斗使他们形成了好斗、顽强和自尊心强的人格特点。即使在提倡和平发展的今天,武力械斗减少了,凉山地区的彝族同胞也仍然保持着易怒、勇猛的人格特点。

民族人格具有功能性,体现在面对环境变化时,民族人格对民族有凝聚作用。例如,游牧民族在面对侵犯时,一贯的骁勇善战特点会使他们变得同仇敌忾,同舟共济,共御外敌。

民族人格又是可变的。由于环境不断变化,民族人格也不是一成不变的。最典型的民族人格变化体现在"时代精神"上。新中国成立前,处于弱势地位的中国人具有软弱的性格特点;新中国成立后,特别是改革开放以后,随着政治条件和社会条件发生了改变,中华民族逐渐形成了以自强、自立、自信为核心的民族人格。

17.3.2 影响民族人格形成和发展的因素

地域因素

民族多以地域来划分。不同的地域导致适应环境的行为不同,久而久之形成了不同的文化和民族。不同地域的不同民族具有不同的民族人格。法国思想家布丹(J. Bodin, 1530—1596)说过:"某个民族的心理特点决定于这个民族赖以发展的自然条件的总和。"不同地域有不同的气候环境、地形特点和空间拥挤程度,这些条件均制约该地域群体人格的形成和发展。

气温是不同气候条件中有代表性的因素之一。气温提高某些人格特征出现的频率。如热天会使人烦躁不安,对他人易采取负面反应,发生反社会行为。世界上炎热的地方,也是攻击行为较多的地方(Griffitt, 1970)。孟德斯鸠指出,异常炎热的气候有损人的力量和勇气,居住在炎热天气下的民族秉性怯懦;寒冷气候赋予人们的精神和肉体以某种力量,这种力量和勇气使他们能够从事持续的、艰难的、伟大的和勇敢的行动,使他们保持自由的状态。几乎一切自由的小民族都靠近两极,海岛民族比大陆民族更重视自由。例如,北极地区的土著爱斯基摩人(Eskimo),自称因纽特人(Inuit),是蒙古人种的北极类型,分布在从西伯利亚、阿拉斯加到格陵兰的北极圈内外,居住在格陵兰、美国、加拿大和俄罗斯等地的极北地区。爱斯基摩族以家庭为单元,社会结构松散,男女平等,以渔猎为生,夏天在船上打渔,冬天在冰上打猎。除了家庭约束,爱斯基摩民族没有持久而集中的政治与宗教权威,生活在这种自由环境下的爱斯基摩族人具有崇尚自由、独立自主、敢于冒险的人格特征。相反,墨西哥和秘鲁等地的专制帝国都靠近赤道。Berry(1966)对非洲特姆尼人(Temne)研究发现,由于生活在灌木丛林地带,以种田为生,特姆尼人以村落为基本生存单位,社会结构紧固,有较分化的社会阶层,有较为完整的部落规则,对儿童教育较为严格。因此,特姆尼人有着较为依赖、服从、保守的人格特点。

2017年,《自然:人类行为》(Nature:Human Behavior)上发表了Wei等人的文章《环境温度与人格相关》。这项研究由国内外多所高校的研究人员共同完成,研究者着重探讨了环境温度对人格的影响。研究发现,温和的环境温度与人格中的社会化(socialization)和个人成长(personal growth)密切相关。这是因为舒适的温度是人类作为恒温动物的最基本的生存需要。研究者收集了1971—2010年间每年的平均气温,将22℃定义为温和气温。成长于这一时期的来自59个城市的5587名中国大学生参加了"大五"人格测量。结果发现,城市平均气温越接近22℃,α因素(宜人性、尽责性、情绪稳定性)和β因素(外向性、开放性)都显著升高。α因素代表社会化与稳定性,β因素代表个人成长和可塑性。对美国1 660 638名跨越不同年龄、不同种族群体的出生在1980—2010年间的美国人测查,也发现了类似的结果。

湿度也是气候的重要指标。研究表明,湿度为40%～60%时,人的精神状态好,思维最敏捷,工作效率高。湿度适宜的地方是许多民族的聚居地。许多文明也发源于这些地方。比如,我国的黄河流域,年平均湿度52%,是中华民族的摇篮。但当空气湿度低于30%时,上呼吸道粘膜的水分会大量散失,使呼吸道的防御功能丧失。干燥与风沙相互作用,气候越干燥,越不容易形成好的植被,越容易风化,造成沙土或戈壁。埃及是人类文明的最早发源地,但文明发达程度逐渐不如后起之秀罗马、希腊等民族。因为与地中海北岸及欧洲国家比,埃及北部的开罗年降水量只有33 mm,南部的阿斯旺几乎终年无雨,欧洲大部分地区年降水量在500～1000 mm之间,大陆西部边缘与南欧一些地区超过1000 mm。埃及气候变化始于新石器时代,气候转向干燥也正是埃及逐渐形成专制国家,靠宗教维持统治的开端。在距今一万两千至一万年前,埃及气温仍较温和,水草繁茂,这也是当时的埃及民族得以发展壮大并成为人类文明发源地之一的原因。可见,湿度作为重要的气候条件对民族人格和发展的影响。埃及的例子表明,湿度较低地域的民族容易形成专制性格,由于气候条件恶劣,自然耕种资源紧张,容易信仰宗教、崇尚清苦生活以保持生存动力。湿度过高容易塑造另一种民族人格。比如,苗族主要分布在贵州、湖南、云南、陕西西乡镇巴、重庆、广西等地。苗族聚居的苗岭山脉和武陵山脉气候湿度高,山环水绕,具有较多的坝田。潮湿的气候适合微生物和爬虫类动物的繁衍,苗族人长期居住在潮湿环境中,有制蛊的风俗。即将多种带有剧毒的毒虫如蛇蝎、蜥蜴等放进同一器物内,使其互相啮食、残杀,最后剩下的唯一存活的毒虫便是蛊。因此,苗族的人格特征是恩怨分明。而且，由于长期与湿毒的自然环境作斗争，苗族还有着刚毅顽强、吃苦耐劳的人格特点。

不同地域的地形结构也影响民族人格。侗族和苗族都生活在云南地区，气候接近，却有截然不同的民族人格。苗族生活在山上，有刚毅顽强的人格特征，但在与世隔绝、信息封闭的状态下，容易丧失进取心。山地有较为丰富的生物资源，苗族人以耕作坝田为主，加上盆地封闭，不容易与外界沟通，滋生了安于现状、容易满足又较为保守封闭的人格特点(阮金纯，2009)。侗族是较早居住在云南的土著民族，一直生活在河坝附近，有着平和、安静、含蓄的人格特征。生活方式以捕鱼为生，较为开放的河坝地形使侗族与外界交流更为便捷，因此侗族自古以来便更多地与有着先进文化的汉族交流，造就了侗族人平易近人的人格特点。又如，在甘肃境内有回、藏、东乡、保安、裕固、土、蒙古、撒拉、哈萨克、满族等民族。河西走廊的宽阔平原绿洲，特别是民族杂居的影响，使得居民的性格更加原始、厚道、豁达，但也表现出进取性、开拓性不足。河东是山岭纵横，沟壑遍地，经常发生饥荒，造成压抑、竞争、好强、辛劳的性格，也表现出较多的忍耐和迷信。甘肃境内汉族的群体气质与性格也明显受少数民族影响，带有少数民族的豪爽、粗犷、好客、坦诚，又保持汉族的勤劳、善良、忠厚、尚礼，这种二重组合的心理结构是复杂而又明晰的(张海钟，2011)。即使是同一民族，在不同地理环境中生活，也会逐渐表现出不同的人格特质。比如，贵州山区与粤西山区的汉族就存在显著的人格差异。贵州地处云贵高原，海拔高，有典型的喀斯特地貌，土地贫瘠。恶劣的居住环境在某种程度上制约与影响着当地人的认知，形成了特有的认识方式。贵州山区的居住地分散且接受外来信息少，发展滞后，接触面狭窄，与同伴交往机会少。这些都影响着贵州山区汉族的人格发展，使得当地居民社会化程度较低。粤西山区的地形以丘陵为主，土地肥沃，农作物产量高，农民无需为温饱奔波，交通便利，人们交往多，遵从规范和团结协作的意识性强，人格特征也相对稳定(郑容双，2012)。

历史文化因素

冯特在创立民族心理学之初就提出文化是影响民族人格的重要因素。他将人类文化按人类心理特质分为原始人类、图腾时代、英雄崇拜、人性发展四个阶段。冯特把人类心理特质发展的第一个阶段定义为原始人类，可见他认为人类文化和人类历史的起源和发展密不可分，是共同构成民族人格发展的重要因素。弗洛伊德在《图腾与禁忌》中也用心理学方法解释文化。米德(1935)通过调查新几内亚三个距离不远、文化差别很大的民族发现，三个民族由于文化不同，两性的气质与行为也不同。

不同种群发展历史使不同民族表现出不同文化，从而有不同的人格。例如，中华民族更多地是以"君子"为理想人格来塑造民族人格的。这是基于希望民族有较强社会责任感和伦理道德感提出的"智、仁、勇"的要求。西方民族的理想人格是以马斯洛提出的"自我实现者"为代表的。可见，中西方由于历史发展条件不同，社会价值观的表现和期待塑造的理想人格也不同。虽然两者提出的背景和目的相似,两者都意识到人格是由不同成分、不同部分构成的,但两者更多的是表现出差异性。中华民族历史悠久,形成了较为稳定的社会阶层和社会秩序,因此孔子的理想人格更强调"仁"和伦理道德,在西方,迅速发展的社会由于工业革命等历史原因带来的各个层面的利益冲击,使得西方的理想人格更强调个体发展,宣扬通过社会公正来表达对个体的充分肯定,更强调人权和个人本位,因此两者的内容和立足点都不同。同样是出于历史文化的原因,两者的评价标准也不同。西方更功利主义,强调重利轻义。"在利益面前没有永远的敌人"是西方处理问题时的准则。相反,中华民族强调重义轻利,在"君子喻于义,小人喻于利"等名言古训上都有体现(刘晓丹,2011)。

文化在不同民族中具体表现为不同的歌舞、服饰、节日和习俗等形式。这几个方面在苗族等许多少数民族上都有体现(东旻,2005)。古代苗族没有文字流传,口头传承成为民族文化延续的最重要方式。因此,苗族社会就留下了包括诗歌和传说故事在内的丰富的民间文学与史学积淀。苗族诗歌可分为古歌、理词、巫歌、苦歌、反歌、情歌和儿歌等类别。在苗族传说故事中,有大量涉及迁徙与英雄人物的内容。古代苗族奉蚩尤为领袖。芦笙舞曲是苗族文化的重要表征,源于用于祭祀活动的舞蹈,是苗族先民长期迁徙活动的特定艺术形式再现。苗族还是一个将历史写在服饰上的民族。他们的绣花披肩象征着先民的铠甲,有特殊的象征含义:两箭交叉图案是刀枪不入的象征,方形表示北方故乡的农田,方形里的红条为鱼,方形里面的花朵表示田里的螺蛳、天上的星星;披肩上部的曲线表示山上的树林,披肩下方的两条红色纹饰象征着黄河、长江。他们把对历史的记忆、对故乡的思念都凝聚在这些世代流传的图案和符号中。苗族还有"四月八"、"六月六"、"赶秋"等传统节日,这些节日同样有丰富的历史内涵。苗族的习俗也颇讲究。比如,在婚嫁喜庆中,新娘在送亲者陪同下去新郎家成亲时,无论夫家住在何处,均须绕东面进屋等。这些在历史长河中形成的独具特色的民族文化,使苗族具有较强的地缘感情和群体意识(阮金纯,2009),更有着重群体、重和谐、重感情的人格精神,表现在典型的平均主义,甚至收成上缴,按需分配。此外,由于骁勇善战的民族英雄传说的鼓励,苗族人民更是勤劳勇敢,兢兢业业。

历史文化还与父母教养方式、学校、社会等环境相互作用,交互影响着民族人格的形成(马前锋,2007)。例如,在波士顿的同一间教室里,可能同时坐着一个中产阶级的非裔美国人和一个拉丁裔的美国移民或一个富有的德裔美国人,他们的经历和思维乃至人格特质都截然不同,但不影响他们同坐在一个教室里接受相同的教育,并且在保留他们原本鲜明的种族文化和特点基础上逐渐塑造一些相似的人格。由于复杂的历史移民原因,这种情况在美国并不少见。不同种族、不同民族和不同群体有不同的种族历史和民族文化,但在相似的教育环境中逐渐靠拢。可见,文化对民族人格的影响具有多样性,它通过与环境相互作用渗透在人格塑造的各个方面。

宗教信仰因素

宗教信仰和历史文化密切联系又有所区别。有时候,宗教信仰是文化的一部分;有时候,宗教信仰与历史文化又截然相反。因为文化通常对大多数人从属的宗教有利。宗教信仰与历史文化决定了一个人的人生观,对人格形成也有举足轻重的影响。有相同信仰的社会成员,在人格构成上表现出许多共同点,有着相同信仰的同一民族,人格构成的共同特点更为突出。

荣格最早提出以宗教为切入点来研究人格。他试图对宗教的象征意义、神秘学和神话给出心理学解释,由此提出了原型等观点。从荣格时代起,更多的西方人关注东方宗教,如佛教与基督教和犹太教相比,更强调人格在认知上的核心元素,它关注的焦点是个体意识的发展而非个体的社会化进程或人际关系。而基督教取向的人本主义学者罗杰斯等人的人格理论是把精神性放在核心位置,这与强调外界的刺激与反应的行为学派截然不同。马斯洛提出的自我实现中的高峰体验,即感受到一种发至心灵深处的颤栗、欣快、满足、超然的情绪体验,并由此获得人性的释放和心灵的自由。这与佛教僧侣表现的简单、平和、沉稳的气场有异曲同工之妙。宗教对人格的影响还有神经生物学证据支持。佛教中的冥想现在被用于训练个体来遏制某些神经活动,有些人在这一过程中甚至真的可以表现出左脑前额叶的高活动性和情绪性的减少(Davidson,2004;Goleman,2004)。

在我国,瑶族信仰鬼神,鬼神成为了瑶族人所能认识到的最高价值,甚至鬼神信仰成为了瑶族人赖以生活的动力和支柱。他们认为,神创造了天地万物并指定了伦理规范。这是瑶族人进行伦理教育的依据和基础。违反伦常的人会受到鬼神的惩罚,生前有灾,死后也不得安宁。这样的神秘宗教虽然没有科学依据,但却潜移默化地塑造了瑶族人的伦理纲常,使瑶族人团结互助、尊老爱幼、勤劳勇敢。但神鬼之说也使瑶族人在面对困境时归咎于神灵的安排,有着无为的消极人格和宿命论的世界观。

西南一些少数民族信仰道教,道家的理想人格则是"神人",神人虚一而静,物我同一,相信本心的存在,在消极的黑暗社会中更强调无为而治,通过消极的逃避方式面对逆境,与瑶族的神鬼信仰一致。因此,在信仰道教的民族人格中,情绪较为平和,遵循内心的感受,但也有消极宿命、逃避现实的一面。

藏族信仰藏传佛教。佛教强调因果报应,生死轮回。命运前世注定,有较强的宿命论色彩。现实中的人只有乐善好施,烧香拜佛,来世才能享福,否则就要下地狱。在这种宗教信仰熏陶下,藏族同胞形成了顺从、忍耐、勤劳、节俭的品格。藏族节日也有浓厚的宗教色彩,藏历年既是过节,也是虔心礼佛的日子。因为藏族人相信能够决定人前世今生的佛法力量无边,对佛祖除了要有心灵上的敬仰外,还要有物质上的奉献。藏族人甘于省吃俭用、辛勤劳作、忍受生活煎熬而把积蓄奉献给寺院和活佛，也与他们的根深蒂固的佛教信仰分不开。佛教强调众生平等，这使得藏族人具有较强的集体观念。他们还有着较强的情绪性，容易受感染和受暗示，有许多共同的生活习惯和集体爱好。汪念念(2013)等人对藏族中学生研究表明，藏族中学生具有神经质特征的人数低于常模，说明藏族中学生情绪普遍比较稳定。这与李军(2007)发现的少数民族学生情绪比汉族学生稳定的结果一致。这与藏族的宗教信仰有关。藏传佛教作为一种体系完善的宗教形式，对藏族的世界观、价值观具有深刻影响，藏族对佛教的虔诚和对教义的遵守，逐渐演变为对民族风俗的崇尚和对禁忌规范的遵守，久而久之便形成了忠厚老实和少欲知足的民族传统美德，将善良、孝敬、慈悲、知足、宽容、谨慎而和谐的为人处世生活观作为人际关系的基础，形成了淡泊人事、淡化权利意识、与世无争、比较传统、固执己见、平和顺从的人格特征。

汉族以儒家为信仰。儒家的理想人格是君子人格。君子人格有社会性、践行性，还有中和与统合的人格因子。社会性因子是儒家理性人格中占主导地位的因子，它使具有儒家思想的人相信人是社会的人，人性主要指人的社会性，即人的道德性和类的规定性。即孟子所说的"仁义礼智"。践行性是指儒家思想强调践行和内省来培养品德，使内在的修养表现为外在的得体行为。中和人格因子是和谐思想的体现。统合性是指充分发挥自我原型的作用，使之自我完善、自我实现。因此，社会性、践行性、中和及统合构成了儒家的君子人格，体现了儒家思想对自我修养及待人接物的要求(许思安，张积家，2010)。

综而观之，儒、道、佛是中华民族的主要信仰。在中华民族的长期历史发展中，儒、道、佛影响着不同民族，使它们发展出不同的民族人格。但是，儒、道、佛也逐渐表现出统一的趋向。儒、道、佛均认为人的行为必寻顺乎自然，均主张只有内在仁德、自身修养高的人才能治理天下，即"内圣外王"，均认为人性有善的一面。儒道佛融合的结果使整个中华民族形成了一个攻守兼备、完善而又封闭的人格体系。即，在社会中完成个体与社会的融合，实现自我的人生价值，以儒家的"仁义礼乐"为标准；同时，达则兼济天下，穷则独善其身，在逆境时适当采用道家无为而治、顺其自然的人生观和佛家苦行避世的态度(曾红，2004)。人们常说：儒家治世，道家治身，佛家治心。这也是中国当今主流社会较为提倡的人格体系。

宗教信仰除了对民族团结具有维系性，使民族人格表现出统一性外，对民族人格也具有消极的作用。不少宗教起源于科学尚未发达的年代，常以超自然的力量来解释生活中的现象，使信教的民族往往具有着宿命论的消极人格。

父母教养因素

父母教养方式是影响人格形成和发展的重要因素。不同个体的父母有不同的教养方式,或严厉或温和,或偏爱或干涉,这将导致了不同人格。不同民族的父母有不同的教养方式,导致了不同的民族人格。

高迪(Gaudill)对比日本父母和美国父母的教养方式及两个民族的人格时发现,日本父母更注重儿童的训练方式,让孩子顺从大人、安静休息,对睡眠、洗澡等作息时间有严格安排,日本母亲也更喜欢抱着孩子拍哄入睡;美国母亲较少采用看管方式,她们更喜欢摆动孩子的身体姿势,多诱导孩子表达自己,鼓励孩子多活动、说话。因此,日本民族的成人之间也有较强的相互依赖感;美国人则有更好的独立思维和行动能力,更独立自主。我国不同民族也有不同的父母教养方式。中国南方妇女由于一年四季都要下田或上山劳动,通常会把婴儿捆在背上;北方妇女由于农闲时节充裕,通常会把婴儿抱在怀中,或者置于身边。这两种不同的携儿方式,不仅决定了母子身体接触的类型和频繁程度,还会影响母子相互作用的方式、儿童的感觉运动甚至独立性的发展(郑雪,1994)。汉族和壮族的父母教养方式多以严厉、温暖/理解少为主,较多地干涉孩子,还存在一定程度的拒绝和过度保护。蒙古族的父母教养方式更为宽容,给孩子投入更多的情感、理解和温暖(伍业光,唐全胜,2000)。王娟等人(2012)考察摩梭人的父母教养方式,并与汉族人比较。结果发现,摩梭父亲对子女的温暖与理解、惩罚与严厉、过分干涉显著高于汉族父亲,过度保护显著低于汉族父亲,摩梭母亲对子女的过分干涉与过度保护、拒绝与否认、惩罚与严厉显著高于汉族母亲;摩梭父母对不同性别子女的教养方式存在差异,摩梭父亲对男生的惩罚与严厉、拒绝与否认、过分干涉和偏爱均显著高于对女生,摩梭母亲对男生的拒绝与否认、严厉与惩罚、偏爱均显著高于对女生。不同地区的摩梭父母的教养方式也存在差异。云南摩梭父亲的温暖与理解及偏爱显著高于四川摩梭父亲,云南摩梭母亲的偏爱显著高于四川摩梭母亲。整个研究表明,摩梭的家屋文化、亲属关系、现代文明的冲击和经济状况的改变影响着摩梭父母的教养方式。

许思安(2006)研究发现,父母教养方式在不同方面对民族人格有不同影响。首先,不同民族的父母教养方式对某一人格结构的影响程度不同。比如,汉族、蒙古族、壮族和纳西族的人格结构中均有外向性维度,但外向性维度的形成与不同教养方式相关。汉族父亲的"情感温暖和理解"、壮族父亲的"惩罚和严厉"、纳西族父亲的"过分干涉、拒绝否认"和蒙古族母亲的"偏爱、情感温暖和理解"分别构成不同民族人格中与外向性关系最密切的影响因素。其次,不同的父母教养方式对民族人格结构的影响程度不同。比如,汉族父亲采用"情感温暖和理解"的教养方式,孩子将外向活跃;若是母亲采取这一教养方式,孩子将温顺随和。总体来说,汉族母亲的教养方式比父亲对孩子人格因子的影响更大,这与汉族文化中母亲被赋予的性别角色和家庭角色有关,母亲被认为是与孩子教养关系更密切的一方。同时,同样的父母教养方式,在不同民族中对人格结构同一维度的影响程度不同。研究表明,蒙古族父亲对孩子投入的"情感温暖和理解"比其他三个民族都多,汉族母亲比蒙古族、壮族和纳西族的母亲更倾向于"拒绝和否定"孩子。这几个民族的外向性差异与父母教养方式不无关系,这也是蒙古族孩子外向性最高而汉族孩子最内敛的原因。另外,同一种教养方式对同一民族的不同人格维度的影响程度不同。比如,汉族母亲的"情感温暖和理解"对汉族的精明干练、淡泊诚信、温顺随和等人格维度均有不同程度影响。最后,民族之间一些相似的共同人格维度,也和父母教养方式有关。比较一致的是,母亲给予的理解和情感温暖越多,对子女越少持拒绝和否定态度,父亲对子女干涉越少,子女将拥有越活泼、乐观、开朗的人格。

为什么父母教养方式对个体乃至民族人格形成有如此重要的影响? 首先,父母的心理特征为人格的形成和塑造提供了最直接的心理资源。这些父母的心理特征包括父母的教育水平、信念和价值观等因素。父母作为儿童的第一任老师,作为儿童接触社会的启蒙者,养育风格在亲子关系、价值观念形成乃至日后的学习动机等方面都有至关重要的影响,这也得到国内外大量实证研究证实。Symonds 发现,被父母接受的孩子一般都表现出亲社会行为,如情绪稳定、兴趣广泛、富有同情心等;被父母拒绝的孩子大都情绪不稳、冷漠、倔强而逆反。受父母支配的孩子比较被动顺从、缺乏自信、依赖性强;让父母服从自己的孩子有很强的进攻性。王欣(2000)研究表明,父母温暖的情感、理解与儿童的焦虑水平有显著负相关;父母的拒绝否认,父母的过度保护,过分干涉、父母的严厉惩罚与儿童的焦虑水平有显著正相关。其次,父母的教养方式和儿童的人格发展不断地相互作用:一方面,父母较为稳定的教养方式和心理特征不断催化儿童人格的形成和发展;另一方面,儿童也在发展过程中不断反作用于父母的教养方式。藏族男中学生的情绪稳定性低于藏族女中学生,这可能受传统观念(重男轻女、望子成龙、出人头地等观念)影响较深。父母对男孩寄予较高期望,为此对男孩要求严格或近乎苛刻,造成藏族男中学生情绪稳定性较低(汪念念,2013)。藏族学生在感受到父母期望后会有较强的学习动机,积极学习汉语,甚至要求到汉族地区学习,在达到父母期望后改变父母的看法。因此,在汉族地区的藏族学生中,男女生的情绪稳定性无较大差异。

政治经济因素

社会经济地位和人的生理状况乃至心理状况都有直接联系。因此,经济因素也影响和塑造人格。马克思指出,人的某些心理特征可以追溯到资本主义社会的经济结构中。比如,社会的异化、非共享的人格特质,正是资本主义社会个人主义和消费至上的结果。他的观点启发了弗洛姆进行相关研究,从而实现了经济学与人格心理学的结合。

民族文化受民族经济发展制约。不同民族经济发展模式使民族文化不同,而经济模式也反作用于民族人格。青藏高原的藏族地区以畜牧业为主要经济产业,青藏高原地势高,空气稀薄,雨季短暂,太阳辐射强烈,使高原上的水分及热量随着高度变化,使藏族的经济呈立体特征。加上交通不便,信息沟通慢,使得藏族人民按需消费,较少享受奢侈品,对新事物较为排斥,逐渐形成了藏族人保守、安于现状的性格。藏族人由于多数从事农业及畜牧业,较少从事服务业,也使得藏族人的服务意识薄弱,对社会的顺从性和服从性低,商品意识也较薄弱,有较强的族群中心意识和排外心理。

经济发展也与群体人格特质有显著相关。精神质、神经质得分越高,当地人均年收入就越低,但年均收入同比增长率会越大。人格特质越外向,当地人均年纯收入越高,但年均收入同比增长率越低(郑荣双,2012)。改革开放后,市场经济体制建立,经济出现飞跃式发展,中华民族表现出更为明显的外向性、情绪性、领导性等人格特质。这说明,改革开放、经济发展对群体人格特质有一定影响。在微观环境上,郑荣双(2012)对贵州山区的汉族、水族、瑶族、苗族、布依族和粤西山区的汉族等人群进行调查,以当地人均年收入和年均收入同比增长率为经济发展指标,探讨不同人格特质与经济指标的相关。结果表明,在神经质、精神质维度上得分较高者的年纯收入相对较低,外倾性得分较高者年纯收入相对较高。即高速度发展的经济模式更青睐高社会性、富有同情心、活跃、有合作精神的人,因此更多地塑造了适应社会、情绪稳定的外倾性人格;反之,经济发展落后的地区的人情绪更不稳定,因此在神经质和精神质上得分也较高。Linnell,Caparos,de Focker 和 Davidoff(2013)对比生活在草原上的辛巴族和移居城市的辛巴族的注意及工作记忆的特点,发现移居城市辛巴族人的工作记忆能力更好,但在空间注意任务中表现出更多的去中心化加工特点,而草原辛巴族人仍然能够更多地关注目标。这说明,城市环境改变了个体的注意模式。

经济基础决定上层建筑,政治因素也影响民族人格。资本主义社会的民族人格结构和社会主义社会的人格结构截然不同。西方资本主义社会采用市场经济模式,崇尚经济自由,存在一定的经济周期和规律,会定期爆发经济危机,因此,西方人格结构用五因素人格模型描述更贴切,其中的神经质维度,在中国七因素人格模型中并不独立存在,开放性维度在中国人格维度中也难以契合。中国采用社会主义市场经济制度,在充分发挥市场经济优势同时,也采用政府宏观调控手段,使经济有序发展,中国人的人格结构中社会性更强,情绪性也更内敛。

政治经济因素随着社会发展也与时俱进。因此,在民族人格发展中,应当适当利用政治经济因素,促进民族人格的健康发展。如:加强少数民族群众的互动,完善民族地区就业政策;加强与科技人才的互动,完善民族地区科技人才政策;加强与族群整体的互动,完善民族地区文化产业政策等(张冬梅,2009)。

18 汉族人的人格特征

　　人格(personality)是构成一个人思想、情感及行为的特有的统合模式。根据一般印象,汉族人文质彬彬,不似少数民族那样热情奔放;汉族人含蓄内敛,不像西方人那样喜形于色。莫言笔下的上官鲁式朴素隐忍,《狼图腾》中蒙古族老人揶揄汉人崇文不尚武,美国作家赛珍珠塑造的农妇阿兰勤劳而坚韧,法国作家杜拉斯的中国情人保守懦弱且不敢违抗父权,日本作家村上春树描绘的中国店主平和友善但从不敞开内心世界。或好或坏,或褒或贬,独特的文化造就了汉族人稳定而统一的人格特征,这些特征将汉族人与少数民族个体区别开来,甚至在一定程度上代表了中华民族的性格。我国哲学家对人格有独到的认识,从感知天地到参悟人性,汉族人的思想瑰宝在人格形成中打下了深刻的烙印。伴随着时代的发展和多元文化的交汇,在近现代社会中,汉族人的人格有了更鲜明的特征。文学作品皆从一些侧面来描绘汉族人的人格特征。从心理学的视角看,汉族人究竟具有怎样的人格结构和人格特征? 当今认识到的汉族人格在历史上有怎样的原型? 不同地域的汉族人在人格上有怎样的差异? 是哪些原因造就了汉族人独特的人格特征?

18.1　中国人的人格结构与特征

在诸多人格心理学流派中,特质论关注人格结构中连续的维度,即特质(trait)。特质是持久的品质和特征,它让人的行为具有跨情境的一致性。特质论者认为,特质是描述性的维度,是对个体可观察到的行为模式的总结(Grieg & Zimbardo, 2011)。如果以人群为研究对象,而且在该人群中发现了符合该人群特征的人格维度,这些维度通过不同的测量工具能稳定地呈现,这些维度构成的人格结构就可以说是该人群的人格结构(Cervone, 2005)。在将民族作为人格研究对象时,由特质构成的人格结构论是常用的理论,对汉族的研究也不例外。

汉族是中国人口最主要的部分。2000 年人口普查表明,汉族占全国人口的 91.95%。虽然如此,汉族毕竟是“中国人”的子群体。因此,中国人人格研究是汉族人格研究的基础。另一方面,以“中国人”为对象的人格研究被证明与将“汉族”单独区分出来研究得到的结果一致(许思安,2006)。因此,中国人的人格在很大程度上能够代表汉族的人格。

18.1.1　中国人的五因素人格结构——基于“大五”人格理论的研究

“大五”人格

五因素理论(Five Factors Model, FFM)是由 Tupes 等人提出,由 Goldberg, McCrae, Costa 等人不断完善,并且被证明是具有跨文化一致性的人格理论,该理论认为人格是由 N 因素(Neuroticism,情绪稳定性)、E 因素(Extraversion,外向/内向性)、O 因素(Openness,开放性)、A 因素(Agreeableness,融合性/宜人性)以及 C 因素(Consientiousness,认真/责任性)构成的。由于这些因素在反复验证下呈现出极高的稳定性,也被称作"大五"(Big Five)人格结构。

奥尔波特认为,应以文化中的经验作为人格研究的依据,这种经验蕴含在语言中,一个人的特点在相应语言中一定可以找到专门词汇来形容它。John 等人(1988)在此基础上提出词汇学假设,认为人格有对应的形容词,对词汇分析可以得到一组人格特质,这些特质是人格的构成。卡特尔从形容人格的词汇中抽取出 16 个因素(16 Personality Factors, 16PF),认为人格由 16 个因素构成(Berger, 2000)。Tupes 和 Christal(1961)分析 16PF 中的项目,发现 5 个稳定因素。Norman(1963)在此基础上,在 Cattle 词表中选取了有代表性的 20 对双极形容词,通过评定也获得了 5 个因素,又从词典中选取了 1600 个人格形容词,从中再次获得 5 个因素(Norman,1967)。Goldberg(1989)在 Norman 的词表中选取了 457 个形容词,归入 131 个同义词词组,通过被试自评与他评,从中提取出的依然是 5 个因素。五因素理论得到了公认。

虽然五因素是稳定的,但不同学者的命名和界定还是有一定差别。Goldberg(1992)将通过对双极形容词评定获得的 5 个因素命名为:外向性(Surgency)、宜人性(Agreeableness)、公正严谨性(Consientiousness)、情绪稳定性(Emotional Stability)以及智力(Intellect),编制了由 50 对形容词组成的大五人格双极评定量表(5-items Bipolar Rating Scale, 50 - BRS),每一因素有 10 对形容词。McCrae 和 Costa(1992)编制了 NEO - PI - R(NEO - PI - Rvised)量表,包括 5 个大因素,每一大因素下有 6 个子因素,结构及中英文名称见图 18 - 1。编制者还提出了简版的 NEO - FFI (NOE-

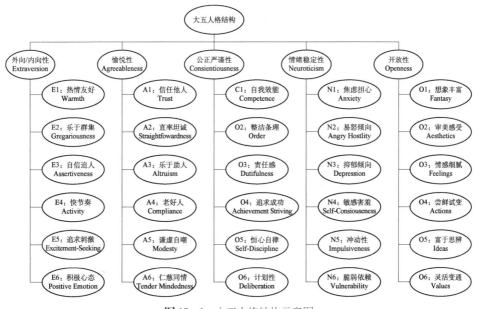

图 18 - 1 大五人格结构示意图

Five Factor Inventory)量表,与 NEO - PI - R 量表的大五因素结构一致,包含 60 个题目。

用大五结构探索中国人的人格结构

作为在西方最通用的人格理论,五因素结构在数十个国家得到了验证(McCrae, 2002a; Schmitt et al., 2007)。大五人格理论在中国的研究分为两类。一类研究支持大五结构。Trull 和 Geary(1997)将中国人与美国人的大五人格结构比较,由 198 名本科生组成的中国人样本对 50 - BRS 的评定结果经因素分析得到与量表理论结构相符的五因素结构,五个因素与美国被试的因素结构一致性系数高达 0.96~0.99。同一时期使用 NEO - PI - R 量表得到的结果与此类似(Leunget al., 1997)。除在常态人格测量中体现出稳定性,Yang 等人(1999)使用 NEO - PI - R 对中国心理疾病患者研究显示,中国人的异常人格也体现出与大五人格相一致的结构,五因素与美国被试的一致性系数达到 0.90 以上。另一类研究不支持大五结构。同样使用 NEO - PI - R,王登峰等人(2005,2008)对 2671 名中国被试(大学生为 683 人)的研究得到了不同的结果。无论取 4 个、5 个或 6 个因素,量表原有五因素与层面的关系都发生了很大变化,除了 C 因素能够保持完成,其余因素的结构均被拆散。可见,大五人格是否符合中国人是有争议的。

McCrae(2002)认为,大五人格是普遍性的人格结构,可用于跨文化研究。同时指出:(1)大五因素是"普遍的"结构,不意味着某些文化中的人群就不再有另外的人格因素;(2)即便大五结构的所有因素都得到验证,也不代表它们在每种文化下都同等重要。如在某些文化中,个体只对生活作有限的选择,"开放性"的重要性很小。王登峰和崔红(2005)认为,大五人格反映西方的人格,不符合中国人的人格结构,研究中国人的人格应以中国文化为根据。另一些人认为,外来测量工具由于文化差异,难以测到中国人独特的人格特征,大五人格可以在中国人身上体现,却不足以代表中国人的全部人格,大五人格是中国人与西方人共有的人格成分,应加强对中国人独特人格成分的探究,二者结合才能够更完整地呈现出中国人格结构的全貌(宋维真等, 1993; Cheung et al., 1996; Cheung et al., 2001;张建新等,2006)。

表 18 - 1 中国等 9 个国家和地区被试 NEO - PI - R 各维度标准 T 分数及标准差

国家/地区	因素					
	N	E	O	A	C	SD[a]
中国	53.1	44.5	48.3	47.8	50.3	10.5
美国	50.0	50.0	50.0	50.0	50.0	10.0
俄罗斯	53.6	45.2	49.1	46.7	46.5	9.9

国家/地区	因 素					
	N	E	O	A	C	SD[a]
法国	55.4	47.3	54.1	52.1	47.4	10.9
西班牙	57.1	48.3	48.0	49.4	48.3	11.2
德国	52.8	47.3	56.7	49.1	46.7	10.6
日本	55.3	41.7	51.7	47.7	42.6	9.7
中国台湾	51.5	42.0	50.2	54.5	48.1	9.2
中国香港	53.3	37.6	49.2	54.6	49.2	9.7

Berry(1989)提出人格跨文化研究的两种策略：强制一致性(imposed-etic)和衍生一致性(derived-etic)。前者是指忽略文化差异,用一种人格结构强加到其他文化中,对测量结果进行比较;后者则在特定文化背景下建立起适宜的人格结构,再对产生于不同文化的人格结构进行比较。用大五人格量表直接对中国人测量属于前一种策略,王登峰等人的观点属于后一种策略,张妙清等人倾向于将二者相结合。除了在中国,大五人格在其他一些文化中也受到了质疑,在日本、菲律宾和意大利的研究中,NEO 量表的测量结构中没有得到预期的五因素。由此看来,仅仅以大五人格或其他外来人格理论来探究中国人的人格结构显然不够,还需要从中国人的切身经验与日常言行入手,才能够探测到中国独特的人格结构与特征。

18.1.2 中国人的四因素人格结构——基于 CPAI/CPAI‑2 量表的研究

CPAI 量表编制和四因素人格结构的提出

宋维真等人(1993)和 Cheung 等人(1996)指出,西方的人格量表存在两点不足:一是将本土被试得分与根据外国被试获得的常模比较,造成测量误差;二是基于外国文化编制的工具无法捕捉到中国人的独特的人格成分。正如 Cheung(2002)所言,在西方人格量表中,有诸如"我喜欢爱丽丝漫游仙境"之类的项目,这在其他文化中可能失去意义。虽然可以将外来量表针对本国实际进行修订和标准化,又面临一些新的问题,如建立本地常模所需的工作量大,修改量表可能破坏原有的含义等,因此,单从共同性或独特性入手都不够,应将两种策略结合,编制适用于中国文化的人格测量工具,即"中国人个性量表"(CPAI, Chinese Personality Assessment Inventory)。请各行业被试每人给出 10 个关于人格及行为的形容词,请文学专家从现当代中国文学作品中提取描述人格的形容词,共获得了 150 个人格特质词,合并整理为 26 个人格特征分量表,大部分为中外共有的人格特征,也有中国人独有的,如人情、面子、阿 Q 精神等,所有的维度对应于 560 个题项。经过项目分析,保留了 22 个量表和 330 个题项。经过标准化确定的各量表名称、英文代号、及包含项目如下：

1. S-S(Self vs. Social orientation)自我—社会取向，包括 15 项。

2. G-M (Graciousness-Meanness)宽容—刻薄，包括 15 项。

3. I-E (Introversion-Extroversion)内向—外向，包括 15 项。

4. HAR-(Harmony)和谐性，包括 15 项。

5. LEA (Leadership)领导性，包括 15 项。

6. FAC (Face)面子，包括 15 项。

7. REN (RenQin (Relationship) orientation)人情，包括 15 项。

8. FAM (Family orientation)亲情，包括 15 项。

9. O-P (Optimistism-Pessimistism)乐观—悲观，包括 15 项。

10. FLG (Flexibility)灵活性，包括 15 项。

11. L-A (Logical vs. Affective orientation)理智—情感，包括 15 项。

12. MOD (Modernization)现代化，包括 15 项。

13. EMO (Emotionality)情绪性，包括 15 项。

14. T-E (Thrift-Extravagance) 节俭—奢侈，包括 15 项。

15. RES (Responsibility)责任感，包括 25 项。

16. ADV (Adventurousness)冒险性，包括 15 项。

17. MET (Meticulousness)严谨性，包括 25 项。

18. DEF (Defensiveness)防御性，包括 15 项。

19. V-S (Veraciousness-Slickness)老实—圆滑，包括 15 项。

20. PRA (Practical mindedness)务实性，包括 15 项。

21. E-I (External vs. Internal Locus of Control)外—内控点，包括 15 项。

22. I-S (Inferiority-Self-acceptance)自信—自卑，包括 15 项。

对上述维度的因素分析表明，中国人的人格包含 4 个大因素，名称及包含人格维度如下：

（1）可靠性(Dependability)：包括情绪性、责任感、务实性、自信—自卑、宽容—刻薄、乐观—悲观、老实—圆滑、外—内控点、面子、亲情、严谨性。

（2）中国人传统性格(Chinese Tradition)：包括和谐性、人情、灵活性、现代化、节俭—奢侈。

（3）领导性(Social Potency)：包括内向—外向、领导性、冒险性。

（4）独立性(Individualism)：自我—社会取向、理智—情感、防御性。

虽然内地和香港的政治经济状况有很大的不同，但该结构在两个地区被试身上都体现出一致性，说明其能够稳定地反映出中国文化背景下的人格结构(Cheung et al. , 1996)。

CPAI‐2量表编制和四因素人格结构的修订

CPAI量表自提出后获得了广泛应用,在中国人的生活满意度、孝顺父母程度以及心理健康水平等方面都体现出良好预测性(Gan & Cheung, 1996; Zhang & Bond, 1998;张建新等,2003),并且在以英语为日常用语的的新加坡华人身上也得到了验证(Cheung et al. , 2003),进一步支持了四因素结构对解释中国人人格结构的适用性。在将CPAI与NEO‐FI‐R用于联合因素分析研究中,CPAI中所有人格特征与大五结构中的O因素均无法融合,这可能是因为开放性因素在中国人的人格中不作为独立维度存在,或者在编制CPAI过程中忽略了有关人格特征(Cheung et al. , 2001)。为此,张妙清等人为CPAI量表增加了体现开放性的新量表,通过文献、访谈、小组讨论等方法获得18个开放性特征和将近300个题项,经项目分析确定了6个开放性量表:新颖性、多样化、多元思考、唯美感、容人度以及人际触觉(Cheung, 2006),前四个与西方O因素的意义相似,后两个是开放性在社会行为中的体现,是西方理论未涉及的(Cheung et al. , 2008)。另外一些因素和量表也进行了修订和重命名,见表18‐2。

表18‐2　CPAI‐2中重新命名的大因素和量表

CPAI	CPAI‐2
冒险性 Adventurousness, ADV	开拓性 Enterprise, ENT
内向—外向 Introversion vs. Extraversion, I-E	外向—内向 Extraversion vs. Introversion, E-I; R
外—内控点 External vs. Internal Locus of Control, E-I	内—外控点 Internal vs. External Locus of Control, I-E; R
灵活性 Flexibility, FLE	纪律性 Discipline, DIS
现代化 Modernization, MOD	传统—现代化 Traditionalism vs. Modernity, T-M; R
领导性 Social Potency[a]	领导能量/豪爽 Social Potency/Expansiveness[a]
独立性 Individualism[a]	容纳性 Accommodation[a]
中国人传统性格 Chinese Tradition[a]	人际取向 Interpersonal Relatedness[a]

注:R代表将原先CPAI量表进行了反转处理,[a]代表大因素的命名。

经过因素分析,新增的开放性量表没有组成独立的因素,与大五人格中O因素意义相近的4个开放性特征进入了领导能量因素,与原有外向型和领导性等特征一道,构成了意味慷慨、豪爽的人格因素。容人度进入了容纳性维度,体现出集体主义文化背景下,个体需要容忍与自己不同的人。人际触觉进入了人际取向因素,体现了儒家倡导的"内圣外王","外王"需要通过主动地关爱他人实现,离不开敏锐的人际触觉(Cheung et al., 2008)。修订后的CPAI-2是当前通用的中国人人格测量量表之一,各因素和维度的中英文名称和结构如下:

因子 I: 领导能量(Social Potency)。包括新颖性、多样化、多元思考、领导性、理智—情感、唯美感/艺术感、外向—内向、开拓性。

因子 II: 可靠性(Dependability)。包括责任感、情绪性、自卑—自信、务实性、乐观—悲观、严谨性、面子、内—外控点、亲情。

因子 III: 容纳性(Accommodation)。包括阿Q精神、宽容—刻薄、容人度、自我—社会取向、老实—圆滑。

因子 IV: 人际取向(Interpersonal Relatedness)。包括传统—现代化、人情、人际触觉、纪律性、和谐性、节俭—奢侈。

18.1.3 中国人的六因素人格结构——基于CPAI/CPAI-2量表与大五人格的联合研究

四因素结构得到了广泛的验证,代表中国人人格中的独特成分。Cheung等人(2001)又将其与代表人类人格共同部分的大五人格结合起来,一起用于测量中国人人格。将CPAI中正常人格部分的22个维度包括的352个项目与NEO-PI-R中5个因素包含的240个项目交给279名被试完成。采取5个因素和6个因素进行联合因素分析,6因素结果保留大五人格结构和CPAI的独特因素,比5因素更有说服力,6因素有:

因素1

-CPAI:自信—自卑、内外控点、情绪性、领导性、冒险性。

-N因素:焦虑担心、抑郁倾向、脆弱依赖、敏感害羞。

因素2

-CPAI:责任感、严谨性、务实性。

-C因素:恒心自律、计划性、整洁条理、追求成就、责任感、自我效能。

-N因素:冲动性。

因素3

-CPAI:宽容—刻薄、老实—圆滑、亲情。

-A因素:老好人、直率坦诚、信任他人、乐于助人。

-N因素:易怒倾向。

因素4

-CPAI:内向—外向、自我—社会取向。

- E因素：乐于群集、热情友好、快节奏、自信、自信迫人。

因素5

- CPAI：乐观—悲观、人情、防御性、和谐性、理智—情感、灵活性。

因素6

- O因素：情感细腻、审美感受、想象丰富。

- A因素：仁慈同情。

因素1、因素2、因素3、因素4、因素6均分别与大五人格结构中的N因素、C因素、A因素、E因素、O因素等五个特质契合。N、C、A基本上保持原样，且多与CPAI的可靠性因素兼容，E因素与CPAI中涉及外向和社交的特质兼容，大五人格结构可以在中国人身上得以体现。

第5个因素主要来自CPAI量表中的人际取向因素，代表中国人人格的独特成分，包括人情、面子、和谐以及灵活性。这些特征反映了中国人在人际交往中的重要倾向，是在中国文化下，在人际交往中体现出的性格特征的核心，是西方测量工具考察不到的。

在第6个因素上，体现O因素的特质，与CPAI各个维度无法兼容，反映了编制CPAI中的一个盲点。量表中的特征都选自中国人的日常生活，与开放性有关的特征可能在集体主义文化中未凸显出来，抑或被编制者认为是智能方面的特征而非人格方面的从而被忽略。

Cheung等人(2008)基于对开放性因素考虑修订CPAI，将增加了开放性特征的CPAI-2量表再次与大五人格测量工具进行联合因素分析，采用McCrae与Costa编制的简版大五人格量表NEO-FFI(NEO-Five Factor Inventory)，结果再次呈现出六因素结构，内容如下：

因素1

- NEO-FFI中的N因素。

- CPAI-2中的面子、情绪性、自卑。

因素2

- NEO-FFI中的O因素。

- CPAI-2中的新颖性、多样化、多元思考、理智—情感、唯美感。

因素3

- NEO-FFI中的E因素。

- CPAI-2中的外向性、领导性、人际触觉。

因素4

- NEO-FFI中的O因素。

－CPAI－2 中的新颖性、多样化、多元思考、理智—情感、唯美感。

因素5

－NEO－FFI 中的 A 因素。

－CPAI－2 中的老实、宽容、容人度、防御性(负载荷)、个人取向(负载荷)。

因素6

－CPAI－2 中的人情、纪律性、和谐、传统型。

在新增的开放性中,与智力和兴趣有关的新颖性、多样化、多元思考、唯美感在内容上与大五人格的 O 因素意义相近,在因素分析中也与 O 因素完好兼容,构成了新的六因素结构。不过,O 因素不能覆盖中国人所有的开放性人格特征,进入 A 因素的容人度和人际触觉体现的开放性是西方人格理论未涵盖的。人际关系因素依然独立存在,与大五人格不兼容,进一步证明了大五人格无法测出中国人独特的人格成分。

总体来说,六因素结构是一种"共同性＋独特性"模型。张建新与周明洁(2006)认为:开放性体现了西方人人格的独特性,代表现代化的西方文明;人际取向是中国人人格的独特性,代表传统的中国文明。周明洁和张建新(2007)发现,现代化程度越高的地区,民众的开放性水平越高,人际取向特征越低。

18.1.4 中国人的七因素人格结构——基于 QZPAS 及 QZPS 量表的研究
中国人七因素人格结构的提出——中国人人格词汇学研究

王登峰和崔红(2001)对 CPAI 量表及相关人格结构论提出了质疑。(1)量表结构确有一定的主观性,不一定涵盖中国人人格的全貌。无论是被试报告还是文学作品描述都很难做到公正、客观、全面;专家经验尽管重要,也难涵盖人格结构的所有内容。(2)CPAI 项目有相当一部分取自修订后的西方量表,难以涵盖中国人的生活内涵与经验。

还有一些量表是由中国学者根据西方人的理论框架,按照中国人的实际情况编写项目组成的。如"自我和谐量表"的编制依据的是 Rogers(1961)的构想,即在心理治疗过程中个体的自我与经验之间的协调程度和改善程度可以从七个方面评定。尽管在编写项目时充分考虑到了中国人和中国文化的特点,但由于依据的理论框架局限,量表不一定反映中国人的真实情况。王登峰和崔红(2000)提出编制适合中国人的人格测量量表应遵循的原则:(1)应该采用适合中国人人格结构的理论;(2)量表项目编制应该符合中国人日常生活的实际。从语言中挑选出用于描述人格的形容词并加以整理,可以得到人格结构。王登峰等人(1995)对分别来自《现代汉语词典》中用于描述人类行为差异的形容词和 352 名大学生用于描述目标人物采用的形容词进行整

理,词汇被分成如下类别:

(1) 描写稳定人格特征的术语,中性且不带评价色彩。这类词汇又按下列特征分类。

① 个人指向的术语,描述个体的自我特点,与其他人或事物无关。

② 他人指向的术语,描述个人在人际交往中的特点,涉及其他个人和团体。

③ 事物指向的术语,描述个体在涉及外部事物时的特点。

(2) 带有明显社会评价色彩,不是稳定的人格特征。

(3) 描述人们表情和情绪状态。

(4) 描述人行为活动和肢体语言。

最终收集到7794个人格形容词,从中发现中西方在人格形容词上的差别。首先,描述稳定人格特点的约占20%,对人格特点有评价色彩的约占32%,二者比例为1:1.60;在英语词汇中,二者所占比例分别为25%和29%,二者比例为1:1.16。在中文词汇中评价性术语要多得多,说明对中国人来说,对一个人评价的重要性要大于客观地描述他。在大学生描述熟悉人的术语中,这一比例达到1:4.6,说明中国人在描述熟悉人时,"描述"变成了"评价"。另外,中文人格形容词的数量远少于英文,可能是由于中国人偏重于对他人进行综合性与评价性描述,而西方人倾向于对他人的行为特点进行具体、细致的描述。

杨国枢和王登峰(1999)将上述词库中用于形容稳定人格特征的部分与杨国枢提出的形容词合并化简,通过因素分析得到了7个因素,是中国人七因素人格结构的雏形。在合并后的词表中抽取出410个形容词,通过733名被试评定获得了7个大因素,15个子因素,命名和结构如表18-3。将该结构包含的273个词汇编制成问卷由更大的样本(1511人)完成评定,7个大因素15个子因素的结构再次得到了验证(崔红,王登峰,2003)。在此结构上,崔红和王登峰(2004)编制了中国人人格形容词评定量表(QZPAS, Chinese Personality Adjective Rating Scale),共有形容词123个,是测量中国人七因素人格结构的主要工具之一。

表18-3 描写稳定人格特质的中文形容词的因素结构

大因素	子因素	命名
大因素1		精明干练—愚钝懦弱
	子因素1	精明果断—退缩平庸
	子因素2	机敏得体—羞怯保守
	子因素3	优雅多才—肤浅愚钝
大因素2		严谨自制—放纵任性
	子因素1	坚韧自制—浮躁任性
	子因素2	严谨自重—放纵狡猾

大因素	子因素	命名
	子因素 3	沉稳严肃—活泼轻松
大因素 3		淡泊诚信—功利虚荣
	子因素 1	淡泊客观—贪心虚荣
	子因素 2	诚信公正—功利虚假
大因素 4		温顺随和—暴躁倔强
	子因素 1	温和宽厚—好斗计较
	子因素 2	含蓄严谨—直率急躁
大因素 5		外向活泼—内向沉静
	子因素 1	活跃随和—安静拘束
	子因素 2	开朗热情—拘谨多虑
	子因素 3	主动亲和—被动孤僻
大因素 6		善良友好—薄情冷淡
大因素 7		热情豪爽—退缩自私

中国人七因素人格结构的进一步确定——中国人人格量表 QZPS 的编制

王登峰等人(2001,2002,2004)以因素分析结果为基础编制中国人人格量表 QZPS(Qingnian Zhongguo Personality Scale/Chinese Personality Assessment Scale),首先编写形容词 1600 多个。所有项目按照所属因素被分为 4 个分量表,第 1 个因素被编为量表 I,第 2 个因素为量表 II,第 3、第 4 个因素为量表 III,第 5、6、7 个因素编为量表 IV,分别由 671、545、520 和 544 名被试评定。

以子因素为单位对初始题目进行因素分析,题目由因素分析结果作为标准来筛选,共通性大于 0.25 的项目予以保留,1635 个题目被缩减为 718 个,然后考虑到实用,保留每个因素上最好的 30 个项目(不足 30 个的全部保留)。再将重复记分项目合并,最终简化得到 409 个项目。这是 QZPS 量表的初始版本。409 个项目的因素分析再次支持中国人人格的七因素结构。新得到的 7 个大因素因对整体变异的解释程度与 QZPAS 有不同,因此顺序改变,将之前不包含子因素的第 6 和第 7 因素也进行二阶段分析使之细分为子因素,QZPS 与 QZPAS 中的大子因素对应见表 18 - 4。

表 18 - 4　QZPS 与 QZPAS 各因素的对应关系

QZPS 中的人格因素	QZPAS 量表中的人格因素	命名
F1/WX	F5 外向活泼—内向沉静	外向性
F11/WX1	F53 主动亲和—被动孤僻	合群
F12/WX2	F51 活跃随和—安静拘束	活泼

QZPS 中的人格因素	QZPAS 量表中的人格因素	命名
F13/WX3	F52 开朗热情—拘谨多虑	乐观
F2/SL	F6 善良友好—薄情冷淡	善良
F21/SL1	无	诚信
F22/SL2	无	利他
F23/SL3	无	重感情
F3/QX	F7 热情豪爽—退缩自私	情绪性
F31/QX1	无	耐性
F32/QX2	无	直爽
F4/CG	F1 精明干练—愚钝懦弱	才干
F41/CG1	F11 精明果断—退缩平庸	决断
F42/CG2	F12 机敏得体—羞怯保守	机敏
F43/CG3	F13 优雅多才—肤浅愚钝	坚韧性
F5/RG	F4 温顺随和—暴躁倔强	人际关系
F51/RG1	F41 温和宽厚—好斗计较	热情
F52/RG2	F42 含蓄严谨—直率急躁	宽和
F6/XF	F2 严谨自制—放纵任性	行事风格
·F61/XF1	F23 沉稳严肃—活泼轻松	沉稳
F62/XF2	F21 坚韧自制—浮躁任性	自制
F63/XF3	F22 严谨自重—放纵狡猾	严谨
F7/CT	F3 淡泊诚信—功利虚荣	处世态度
F71/CT1	F32 诚信公正—功利虚假	自信
F72/CT2	F31 淡泊客观—贪心虚荣	淡泊

将大因素和子因素进行更简单命名,构成中国人人格的七因素结构,如图 18 - 2 所示。

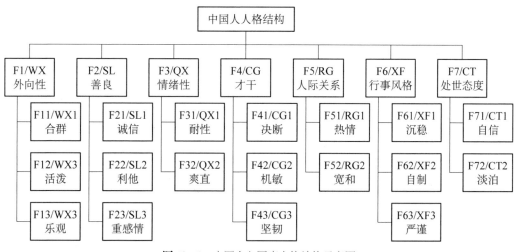

图 18 - 2 中国人七因素人格结构示意图

各因素描述如下：

(1) 外向性

F11 合群：人际交往中的亲和力。高分反映出亲切、温和、易于沟通、受人欢迎；低分反映不易亲近和不受人欢迎。

F12 活泼：人际交往中的主动性。高分反映在人际交往中主动、积极、活跃、自然、擅长组织；低分反映不善言辞，社交场合表现出拘谨、沉默。

F13 乐观：反映积极乐观的特点。高分代表积极、乐天、精力充沛；低分反映消极、低落。

(2) 善良

F21 诚信：反映守信用的特点。高分反映坦率、言行一致、表里如一；低分反映虚假、欺骗。

F22 利他：反映人际交往中的动机特点。高分反映对人宽容、友好，顾及他人；低分反映迁怒、自私、不顾及他人。

F23 重感情：反映对情感联系或利益关系的看重程度。高分反映看重感情、情感丰富、正直；低分反映注重目的、利益导向。

(3) 情绪性

F31 耐性：反映情绪控制能力和情绪表达的特点。高分反映情绪稳重、平和，能很好控制自己的情绪；低分反映急躁、冒失、冲动、不能控制情绪。

F32 爽直：反映情绪表达的掩饰性特点。高分反映心直口快、不加掩饰；低分反映委婉、含蓄。

(4) 才干

F41 决断：反映决断能力。高分反映遇事敢作敢为、敢于决断、思路敏捷；低分反映犹豫不决，难做出取舍。

F42 机敏：反映自信、敏锐的特点。高分反映工作投入，肯钻研、积极乐观；低分反映回避困难、遇事退缩。

F43 坚韧性：反映毅力特点。高分反映做事目标明确、坚持原则、有始有终；低分反映做事难以坚持、容易松懈。

(5) 人际关系

F51 热情：反映主动与人为善的特点。高分反映对人积极主动、行事成熟坚定；低分反映自我中心、待人冷漠。

F52 宽和：反映对他人的基本态度。高分反映温和、友好、宽厚；低分反映心胸狭窄、爱计较。

(6) 行事风格

F61 沉稳：反映做事小心、谨慎的特点。高分反映小心谨慎、谋定而行；低分反映粗心、冲动。

F62 自制：反映安分、遵守规矩的特点。高分反映克制、安分、随和；低分反映做事不按规矩、别出心裁、与众不同。

F63 严谨：反映工作态度和自我克制。高分反映做事认真、踏实、有条理；低分反映做事马虎、容易出错、不切实际。

(7) 处世态度

F71 自信：反映对理想、事业的追求。高分反映对生活、未来充满信心，对工作积极进取；低分反映无所追求、懒散。

F72 淡泊：反映对成功的态度。高分反映无所期求、安于现状；低分反映永不满足，不断追求卓越。

18.1.5 几种人格结构论比较

七因素结构与四因素结构比较——QZPS 与 CPAI 的联合研究

王登峰等人(2005)认为，QZPS 与 CPAI 同样是针对中国文化背景编制的，采用相似的研究路径，但在三个方面有差别：(1)QZPS 编制前就确定中国人的人格维度和结构，CPAI 是先提出人格特质然后从中探索结构；(2)CPAI 始终以分量表为基础来确定项目与因素的关系，QZPS 依据项目层面上的因素分析；(3)CPAI 有一部分内容来自西方人格测量量表，QZPS 完全依据中国人的人格特质重新编写。如果 CPAI 项目中的因素结构与 QZPS 的结构相符，将进一步确定中国人的人格结构。王登峰等人通过 2502 名被试对两个量表的评定，对二者关系进行了三方面探究。

(1) 两量表的相关。CPAI 中 22 个维度和 QZPS 中 18 个子因素绝大多数存在正相关，在 CPAI 中，理智—情感、外—内控点、灵活性和现代性与 QZPS 相关较低，是其独特内容，QZPS 的独特内容是自制、沉稳(属行事风格)、坚韧(属才干)、自信、淡泊(属处世态度)以及爽直(属情绪性)等 6 个子因素。QZPS 的 7 个大因素与 CPAI 的 4 个大因素相关表明 CPAI 的 4 个大因素都与 QZPS 的某些因素相关，QZPS 中"行事风格"与 CPAI 中各个因素均无相关。两个量表在内容上存在很大程度契合，QZPS 能全面地对 CPAI 内容予以解释，反过来则不能。

(2) 将被试在两个量表所有项目上的评分转换成标准分数联合起来作探索性因素分析，得到了 6 个因素。4 个因素由两个量表的子因素或分量表共同构成，再次说明两个量表在内容上有相当大的重合。两者各有一个因素不能在另一量表中体现，分别是：①CPAI 维度单独构成的因素，包括责任感、乐观—悲观、外—内控点、情绪化、自卑—自信、人情、面子、冒险性等 8 个分量表的内容，反映"自主自信乐观—他控自卑敏感"的特点,类似于大五结构中的 N 因素;②QZPS 因素单独构成的因素,包括情绪性因素下的耐性与直爽,以及人际关系因素下的宽和,反映人际交往中"忍耐宽和—直率爽直"的特点。

(3) CPAI 量表没有通过对所有项目进行整体分析来确定项目与因素的关系。研究者又对 CPAI 的 330 个项目在转换标准分数后进行因素分析,分别提取 5 个和 6 个因素。采取五因素结构时,每一因素都能对 QZPS 量表的各个维度有一定程度解释,第 4 个因素与 QZPS 相关最低。采取六因素结构时,全部都与 QZPS 7 个因素模型的内容对应,比五因素结构更合理。在此基础上,将 CPAI 六因素结构中 141 个项目与 QZPS 合并进行因素分析,得到 7 个因素,这 7 个因素分别与 QZPS 的 7 个因素对应,子因素也基本对应。据此,王登峰等人认为,七因素结构比 CPAI 代表的五因素结构更符合中国人的人格特征。

七因素结构与大五人格结构比较——QZPS 与 NEO‐PI‐R 的联合研究

王登峰等人(2005)采用 NEO‐PI‐R 量表与 QZPS 量表一起进行研究,结果如下:

(1) 两个量表的相关。NEO‐PI‐R 量表 5 个大因素和 30 个层面与 QZPS 量表的 7 个大因素与 18 个子因素的相关检验表明,大五结构中的 C 因素与 QZPS 的 7 个因素的相关系数都达到 0.3 以上,N 因素与 6 个因素相关系数达到 0.3 以上。与 A 因素、E 因素、O 因素相关系数达到 0.3 以上的 QZPS 因素分别为 4 个、3 个和 2 个。在 QZPS 因素中,除开放性因素与 NEO‐PI‐R 中 4 个因素相关系数达 0.3 以上,其他因素对应的 NEO‐PI‐R 因素都为 3 个。研究者认为,C 因素和 N 因素比较符合中国人的性格特征,其他 3 个因素只是部分符合。两个量表的内容契合程度很高,但在各因素上不存在一一对应关系。

(2) 对 NEO‐PI‐R 在子因素层面进行因素分析,分别抽取 4 个、5 个和 6 个因素进行探究,原有大五因素结构均被打乱。

(3) 对 NEO‐PI‐R 在项目层面进行因素分析,大五因素同样无法被验证。

(4) 两个量表合并后进行项目水平上的因素分析,取 7 个因素,分别与 QZPS 量表的 7 个因素一一对应,对各因素进一步分析后得到 18 个子因素也与 QZPS 完全对应。相关检验显示,两两对应的大因素之间也存在正相关,进一步确认了 QZPS 的构想效度。

(5) 两个量表合并后进行层面和子因素水平的因素分析,分别取 5 个和 7 个因素。取 5 个因素时,各因素都由不同层面和子因素混合而成,两量表原先的结构都未体现。取 7 个因素时,各因素与 NEO‐PI‐R 量表的结构关系不明显,却与 QZPS 的结构在大因素和子因素层面对应。

王登峰等人认为,西方大五人格测量工具不包含中国人的一些人格特征,其部分内容不能很好地解释中国人的人格。以开放性为例,不仅与 QZPS 的各个因素相关程度最低,且每次因素分析后都被拆得四分五裂,无法在中国被试的反应中保持完整。图 18-3 是崔红(2002)对西方五因素结构与本土七因素结构之间关系的描述,上方区域 I 代表中国人人格的独特成分,可以用七因素结构解释,下方区域 III 是西方人的独特成分,可以用五因素结构解释,中间重合部分是中西方人人格结构中的相同成分。中西方相同人格成分并非体现在人格因素或维度一一对应上,而是内容相似,这些内容在不同人格结构中属于不同的维度。

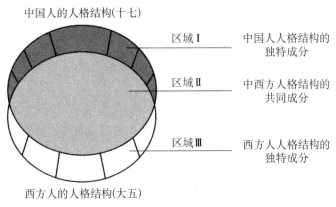

图 18-3 中西方人格结构比较示意图

18.1.6 中国人的人格特征

基于 CPAI 量表和四因素/六因素人格结构的特征

在采用 CPAI 量表对中国人人格研究中,人际取向和开放性人格具有鲜明的特征,同时,该量表测量的一部分人格特质在常模分组上也存在差异。

(1) 人际取向。在基于 CPAI 的四因素结构中,人际取向是中国人的传统性格因素,该因素包含西方人格理论不能解释的中国人的人格特征,后来更名为人际关系取向因素。在现行 CPAI-2 量表中,人际取向因素(Interpersonal Relatedness)有如下内容:

T-M 传统—现代化(Traditionalism vs. Modernity)。量度一个人的现代化程度,作为他/她对社会现代化回应的指标。量表涵盖一个人对传统文化中不同范畴的信念和价值的态度,包括家庭关系、孝道、社交仪式和贞洁,这些信念和价值都为中国社会所重视。

REN 人情[Ren Qing (Relationship Orientation)]。量度一个人在多大程度上遵从双向互动的传统法规,例如礼节、礼尚往来、维系和利用有用的人际关系等。

SOC 人际触觉(Social Sensitivity)。量度一个人对他人感受有多敏感以及有多强的同理心。

DIS 纪律性(Discipline)。量度一个人重视纪律及遵守纪律的程度。

HAR 和谐性(Harmony)。量度一个人心平气和及知足的程度,以及一个人跟别人的关系。避免冲突及维持平衡在亚洲传统及集体主义文化中被视为美德。

T-E 节俭—奢侈(Thrift vs. Extravagance)。量度一个人喜欢储蓄而非花费的倾向,以及一个人花钱时有多小心。节俭是儒家文化的基本价值之一,一个人节俭或奢侈特质可作为他/她对于快速经济发展及日渐风行的物质主义反应的指标。

张妙清等人(2001)认为,这些特征分别反映中国人在人际交往中的倾向:安分守己和举止得当、避免冲突、恪守规矩和传统。人际取向体现在中国文化中,人们在人际交往中体现出的性格特征,是中国人人格不同于西方人格的独特成分,是西方人格理论和测量工具无法测量到的。与个人主义文化将人视作独立个体不同,集体主义文化将人视为相互依存的,这种文化塑造的人格观更加重视人际间的关联与归属。其他研究支持该因素在预测中国人的社会行为中的作用,包括信任、孝顺父母、说服他人等,在生活满意程度和心理健康状况方面也可有效预测(Cheung,2002)。张建新等人(2006)提出,在中国传统文化中,人的行为模式注重道德规范,人际取向因素被塑造成显性人格特质,该因素代表中国文化中的人文伦理精神。周明洁等人(2007)发现,现代化程度低的地区的人在人际取向因素上得分低,可能与该类地区更多地保留了传统文化有关。

(2) 开放性。大五人格中的开放性因素与第一版 CPAI 中的各人格特质均不兼容,而与 CPAI-2 中新增的开放性特质也只能部分相容,体现出中国人在开放性人格上具有特殊性。

张妙清等人(2001)认为,造成开放性因素特殊可能由于两个原因:(1)在中国文化背景下,与开放性相关的特征未凸显出来;(2)CPAI 本土人格研究工具忽略了开放性人格特征。通过综述中国人人格的本土研究,发现其中都未直接涉及开放性特征,证实了第一个问题。通过针对中国被试的重点收集,研究者获得关于中国人开放性人格的内容,证实了第二个问题。与对人际取向因素的解释相似,张建新等人(2006)认为,开放性特征代表了崇尚理性求索的西方文化下的人格特点,在西方社会,开放性容易被塑造为显性人格特质。周明洁等人(2007)发现,发达程度和接触西方文化程度越高的地区,被试开放性人格特征程度越高。

(3) 分组差异。首先是性别差异。男性在新颖性、多样化、多元思考、领导性、理智、开拓性、乐观和内控等人格特征上显著高于女性,女性在情绪性、自卑、面子、老实、人际触觉以及和谐等人格特征上显著高于男性,该结果与中国文化中关于男女差别的刻板印象是一致的。在年龄上,年纪越大,在新颖性、多样化、多元思考、唯美感等特征上得分越低,在责任感和人际取向的各个特征上得分越高。这说明,年轻被试更容易接受新观点和经验,但情绪浮躁、做事不稳健;成熟、生活经验丰富和年长的被试,普遍地更加可靠和睿智,他们倾向于维持已有的人际纽带和家庭关系(Cheung, et al. , 2004)。

18.1.7 基于七因素结构提出的中国人的人格特征

基于中国人的人格七因素结构,王登峰等人(2005,2008)提出中国具备的七种人格特征,分别体现在人格结构的七个因素中。他们也对西方大五人格中的五种人格特征在中国人群体中体现出的特点进行探讨。

(1) 七因素上的特征。七因素结构中各个因素所代表的人格特质,以及高分者及低分者分别具有的特征如图 18-4 所示。王登峰等人从性别、职业、年龄、婚姻状况等四个方面对七种人格特征进行了研究。

外向性包含"活跃"、"合群"、"乐观"3 个子因素。中国人在外向性上有如下特点:男性显著比女性外向,女性显著比男性合群;行政管理和科教文卫人员随着年龄增长,男性的外向性与合群程度下降,女性上升;工人、农民不受年龄影响;行政管理人员最为外向,合群与乐观程度也高于工人农民和科教文卫人员;未婚者比已婚者更乐观。

善良包括"利他"、"诚信"、"重感情"3 个子因素。中国人在善良上有如下特点:女性显著高于男性;青年组(20~35 岁)善良程度最高,壮年(36~45 岁)和中年组(46~62 岁)无显著差异;诚信程度随着年龄递增;工人、农民与行政管理人员相似,善良程度及各子因素与年龄成倒 U 形曲线关系(壮年组程度最高),科教文卫人员呈现正 U 形曲线(壮年组程度最低);已婚行政管理和科教文人人员,重感情程度从青年到壮年阶段显著下降,进入中年后又显著上升;已婚工人农民的重感情程度随年龄增长降低;未婚的工人、农民的重感情程度在壮年阶段最高,科教文卫人员在壮年阶段最低。

行事风格包括"严谨"、"自制"、"沉稳"3 个子因素。中国人在行事风格上有如下特点:除了沉稳程度差别不明显,男性行事风格得分显著低于女性;年龄越大,行事风格分数越高;工人、农民行事风格分数较低,行政管理和科教文卫人员差别不明显,科教文卫人员的严谨程度高于行政管理人员;有无配偶对行事风格无影响。

才干包括"决断"、"坚韧"、"机敏"3 个子因素。中国人在才干上有如下特点:男性决断程度高于女性;年龄越大,才干和各子因素的程度越高;工人、农民的才干的程度及各子因素显著低于行政管理人员和科教文卫人员,后两者无差异;无配偶者的才干和机敏程度显著高于有配偶者。

　　情绪性包括"耐性"和"爽直"2个子因素。中国人在情绪性上有如下特点:女性情绪性高于男性,男性耐性好于女性;在耐性得分上,青少年组(16～25岁)和中青年组(26～35岁)显著低于壮年(36～45岁)和中年组(46～62岁),爽直得分上青少年组和中青年组显著低于中年组;工人农民、科教文卫、行政管理三类被试的情绪性水平依次递减,但是差异随着年龄增加而缩小,耐性程度则依次显著递增;工人、农民的直爽程度显著高于行政管理人员;壮年期的已婚男性在情绪性程度、爽直程度高于同龄已婚女性,耐性程度低于女性,未婚男女则在中年期出现上述差异。

　　人际关系包括"宽和"和"热情"2个子因素。中国人在人际关系上有如下特点:女性比男性更宽和,男性比女性更热情;总体上年龄越大,人际关系得分越高;行政管理人员的人际关系水平显著高于工人农民和科教文卫人员;工人农民和科教文卫人员随着年龄增加,人际关系水平也增加,后者在中年阶段增加尤为明显;无配偶者比有配偶者对人更加热情。

图18-4 七因素结构中各个因素所代表的人格特质及高分者及低分者分别具有的特征

处世态度包括"自信"和"淡泊"2个子因素。中国人在处世态度上有如下特点：科教文卫人员和工人、农民中的男女差别不大，男性行政管理人员的处世态度水平高于女性；科教文卫人员和工人、农民的处世态度水平随着年龄递减，行政管理人员的水平在壮年期降低，到中年又显著提升；青年组淡泊程度显著高于壮年组和中年组；行政管理人员的自信水平显著高于工人、农民，男性行政管理人员的淡泊程度最低，男性工人、农民最高，女性行政管理人员和工人、农民无显著差异，二者均显著高于科教文卫人员；已婚者的自信程度低于未婚者。

(2) 中国人是否具备西方人的人格特征。王登峰等人(2005,2008)对根据七因素结构和大五结构的联合研究，探讨中国人是否具备西方人的五个人格特征。

N因素：对中国被试研究表明，神经质因素被抽取出五个因素，原有的六层面结构不复存在，而且五个因素与QZPS各个因素均有显著的相关(不仅与情绪性有相关)，在联合因素分析中与QZPS的"外向性"、"善良"、"才干"、"人际关系"兼容，分别组成新的因素。西方人具有的神经质因素在中国人人格结构中并不作为单独的因素存在，但它的内容却又体现在中国人人格结构中，涉及中国人的情绪特点、道德修养、人际交往、与个人才能有关的情绪反应等，其含义从单纯的对消极情绪的体验转换为对个体在与人相处、做人、做事等方面体现出来的积极情绪或消极情绪的描述。

E因素：中国被试对外向性因素的反应经过分析得到6个新的因素：活跃乐群、乐观活泼、刺激寻求、主导支配、精力旺盛、恬淡沉着。虽然还是6个子因素，但内容发生了改变。在与QZPS量表的联合研究中，外向性中只有一部分内容(活跃乐群、乐观活泼、主导支配)与"外向性"因素一致，其他的内容涉及"善良"、"行事风格"、"才干"、"人际关系"、"处世态度"5个因素。

O因素：被抽取为6个新因素：宽容与尝试(新概念)、情感与审美(对艺术和情感的陶醉)、享受幻想(观念驰骋)、理性与思辨(理性思考)、理智和宽容(喜欢挑战)、求新与思变(接纳新异刺激)。原有的结构完全改变，一部分内容(享受幻想、理性与思辨、理智与宽和、求新与思辨)在中国人人格结构中的外向性、行事风格、才干、情绪性等因素中得到了体现。其余的内容(宽容与尝试、情感与审美)无法融入中国人的人格结构中。这一方面是由于中国人倾向从评价的视角来看待开放性，即对创新得到的新事物会根据其与已知事物的联系来评价，而非从创造性和开放性特征本身来评价；另一方面中国人强调对新知识的接受而非创造。

A因素：愉悦性原有的六层面结构解体，被重构为新的6个因素：坦诚利他、周到信任、精明自信、含蓄礼让、谦虚宽容、重情随和。其中，周到信任、精明自信、谦虚宽容三个因素与中国人人格结构中的人际关系因素直接对应,另外三个因素与中国人的善良、行事风格、才干、情绪性的四个因素对应。愉悦性因素的全部内容都可以用于解释中国人的人格,但结构发生了改变。

C因素：公正严谨被重新分解为6个因素：自律守诺、严谨细致、机智果敢、坚韧踏实、追求成功、工作投入。公正严谨因素与中国人的七个人格结构均存在正相关,与才干、行事风格、人际关系尤为明显,在联合因素分析中,公正严谨因素的6个子因素与中国人人格中的6个大因素、16个子因素都兼容。

大五结构中N因素、O因素、A因素和C性因素包含的内容都在中国人人格结构中得到了体现,说明了中国人同样也具备这些人格特征。当中国被试对这些因素反应后,它们不再作为单独的维度存在,这说明,在特殊的文化背景下,中国人通常不会对这些人格特征从它们本身的角度来理解,倾向于将它们与生活中的言行联系在一起,从社会性和伦理的角度来评价,这些因素内容分散体现在中国人人格结构的不同维度中。与此不同的是开放性因素,作为唯一不能完全被用于解释中国人人格的西方人格特征,它代表了两种人格结构及两种文化背景的根本差别,体现出传统文化对创新的忽视甚至一定程度的压抑。

18.2 汉族的人格结构和特征

中国人的人格结构是否等同于汉族人的人格结构？在对中国人人格结构探究中,研究者们较少对被试群体的民族构成具体说明,更未单独把汉族和其他少数民族群体区分开来研究,只有对参与CPAI编制的被试明确提到包含95％的汉族(宋维真等,1993)。但从其他研究选取被试的地区看,将CPAI量表与NEO‐PI‐R量表联合研究并提出六因素结构的研究的被试来自北京与广州,参与QZPS量表初步编制的被试来自北京、安徽、吉林、福建等地,几乎都来自于非少数民族聚集地,因此,可在一定程度上推断中国人的人格结构能够代表汉族。

18.2.1 汉族的七因素人格结构

七因素结构在中国人群体中得到验证,作为中国人最主要组成部分的汉族,其人格结构是否也可以由该结构解释？许思安(2006)在汉族群体中对七因素人格结构进行验证。985名汉族被试参与研究,测量工具为QZPS量表简版,题项被简化为60个,结果符合七因素结构。验证性因素分析显示,汉族被试在七因素人格结构上的拟合程度如表18‐5所示。

表18-5　汉族对七因素人格结构的拟合指数

	GFI	AGFI	NNFI	CFI	RMSEA	拟合程度
原"大七"模型拟合指数	0.81	0.79	0.70	0.72	0.06	拟合较好
汉族	0.84	0.82	0.70	0.72	0.07	拟合较好

可以看出,汉族与"中国人"七因素人格结构拟合较好,从汉族被试反应中抽取的七个因素对应的形容词如下所示:

(1)因素Ⅰ:内向的、沉默的、活泼的、健谈的。

(2)因素Ⅱ:懒惰的、充满斗志的、稳重的、认真的、敬业的、自制力强的、有毅力的、有恒心的、勤劳的、努力的、孜孜不倦的、刻苦耐劳的。

(3)因素Ⅲ:强悍的、粗犷的、威猛的、深谋远虑的、胆小的、随和的、善解人意的、温和的、矛盾的。

(4)因素Ⅳ:小心眼的、爱占小便宜的、斤斤计较的、自私的、诚恳的、有思想的、有勇气的、爽快的。

(5)因素Ⅴ:难以捉摸的、墨守陈规的、淳朴的、老实的、诚实的。

(6)因素Ⅵ:成熟的、有气派的、处事周到的、谈吐合宜的、温文尔雅的、有魅力的、优雅的。

(7)因素Ⅶ:急躁的、易迁怒的、暴躁的、爱责怪人的、粗暴的、脾气好的。

7个因素分别与QZPS量表中的F5"外向活泼—内向沉静"、F2"严谨自制—放纵任性"、F4"温顺随和—暴躁倔强"、F7"热情豪爽—退缩自私"、F3"淡泊诚信—功利虚荣"、F1"精明干练—愚钝懦弱"、F6"善良友好—薄情冷淡"对应,即QZPS量表中的WX外向、XF行事风格、RG人际关系、QX情绪性、CT处世态度、CG才干、SL善良等因素。可以说,七因素结构可以用于解释汉族的人格结构。

18.2.2　汉族的三维人格结构——基于自由分类法研究

许思安(2006)又采取自由分类法探析汉族的人格结构。研究选取582名汉族被试,对QZPAS简式量表中的60个形容词分类,如果两个形容词被归入一类,则在矩阵中二者所在的行和列的交叉处输入0,没有归为一类输入1。将被试矩阵叠加后用多维标度法分析。60个汉族人格特质形容词的语义空间结构如图18-5所示。

该结构由三个维度构成:(1)积极/消极,X轴从左到右,由积极人格过渡到消极人格;(2)外倾/内倾,Y轴从上到下,由内倾的人格特征到外倾的人格特征;(3)性格/气质,Z轴从上到下由性格特征的表述过渡到气质特征的表述。60个形容词被归入

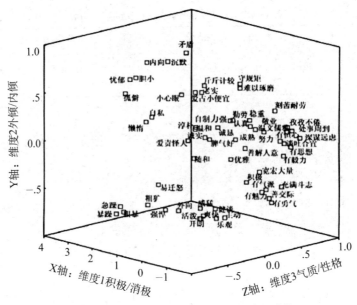

图 18-5 汉族人格特质形容词的语义空间结构

七个类别：

(1) 外倾的人格特征,包括外向、威猛、活泼、开朗、爽快、健谈、乐观、主动。

(2) 内倾的人格特征,包括忧郁、孤僻、胆小、内向、沉默、矛盾。

(3) 积极的气质特征,包括充满斗志、有气派、善交际、有勇气、积极、有思想、有毅力、有魅力。

(4) 消极的气质特征,包括急躁、暴躁、粗暴、粗犷、强悍、易迁怒。

(5) 积极的性格特征,包括勤劳、诚恳、认真、稳重、敬业、努力、有恒心、孜孜不倦、处事周到、深谋远虑、谈吐合宜、刻苦耐劳。

(6) 消极的性格特征,包括懒惰、自私、爱占小便宜、斤斤计较、小心眼、爱责怪人、保守、难以琢磨、老实。

(7) 中和的人格特征,包括淳朴、温和、诚实、随和、自制力强、脾气好、优雅、善解人意、宽宏大量、温文儒雅、成熟。

该结构与七因素结构多有相符。七因素结构中每一因素都有两极,代表积极和消极含义,"外向活跃—内向沉静"与"内倾/外倾"意义相似。"性格/气质"虽然在七因素结构中未作为单独因素提及,但因素内容体现出人格与性格的区别,如:"精明干练—愚蠢懦弱"和"温顺随和—暴躁倔强"体现气质特征,代表人先天具备的心理活动特征;"热情豪爽—退缩自私"和"善良友好—薄情冷淡"体现性格特征,代表个体有社会道德含义的人格特征。这一维度划分说明汉族将人的社会属性和自然属性分开,更注重从社会属性来考察人。此研究一个独特发现是提出"中和人格"概念,该特质体现淳朴、温和、善解人意、宽宏大量等人格特征,体现出汉族传统哲学中对中庸与和谐的重视。

18.2.3　汉族不同于少数民族的人格特征

除了与西方人的人格不同外,汉族独特的人格特征还体现在与各少数民族的比较中。在如下几个人格特征上,汉族体现出独特性:

(1) 内敛。许思安(2006)用中国七因素人格结构在汉族、蒙古族、壮族、纳西族四个民族群体中进行了验证。因素分析表明,QZPAS量表中形容词只能够在汉族反应中抽取出七个因素,并且与中国人七因素人格结构一一对应,其他少数民族的人格结构存在差别。所有的民族只有一个共同因素,该因素涵盖了"内向的"、"沉默的"、"孤僻的"、"忧郁的"、"积极的"、"主动的"、"乐观的"、"善交际的"、"活泼的"、"健谈的"、"开朗的"、"外向的"等形容词,符合中国人七因素人格结构中的"外向性"因素,说明这是四个民族共有的人格特征。在四个民族比较中,汉族的"外向性"程度最低(由高到低分别是蒙古族、纳西族、壮族、汉族),由此可见,与少数民族相比,汉族的一个重要人格特征是内向。汉族男性的外向程度在四个民族的男性中最低,汉族女性比纳西族女性外向一些。研究者认为,这体现了汉族文化中理想人格的特点,从《尚书》、《易经》、《中庸》、《黄帝内经》等体现汉族传统思想的著作中,都体现出对"儒雅"、"洁简"、"朴实"、"不违"、"不过"、"中和"、"和善"、"温顺"的人格特征的推崇,因此,可以解释汉族比其他少数民族更加内敛的人格特征。

(2) 重视人的社会性。汉族和壮族均具有"性格/气质"的人格维度,气质代表人格发展的先天基础,性格代表后天形成的道德行为特征,在评价人格特征时将二者分开,体现了汉族重视评价的思维方式。具体表现在:①体现汉族独特的看待人的视角,重视人的社会性和道德性,与西方倾向于从自然属性考察人的视角有很大的区别;②体现汉族传统哲学中将人格的先天性和后天性区分开的特点。北宋张载提出人性分为"天地之性"和"气质之性",南宋朱熹认为人性分为"天理之性"和"气质之性",近代康有为也将人格分为"德性"和"气质之性",都提出了与先天本能决定的、无好坏之分的气质所不同的人格组成部分,虽然命名各不相同,但都体现出社会性与道德性的含义。对社会性的重视,是汉族不同于其他少数民族的又一人格特征。

18.2.4　汉族人格特征的地域差异

汉族分布在我国的各个区域,在每一区域的自然环境和文化背景影响下,形成了独特的人格特征。20 世纪 30 年代,鲁迅提到:"北方人的优点是厚重,南方人的优点是机灵。但厚重之弊也愚,机灵之弊也狡。"类似的特征在日常生活中并不罕见,来自不同地区的汉族在具备汉族共同人格特征的同时,也体现出与众不同的个性。

以地理区域为视角的探索

张妙清等人(2004)考察了来自中国内地六个区域(华北、东北、华东、中南、西南、西北)和香港地区被试在CPAI-2各人格特征上的差异。结果显示,在新颖性、多样化、领导性、唯美感、实干性、面子、内外控、宽容、容忍度、自我取向、传统—现代、人情、人际触觉等人格特征上出现显著的地域差异,但差异没有显示出与各地区经济发展或区域性格有关的规律。另一方面,虽然在回归前香港被英国殖民统治了一个世纪,在文化和社会经济方面与内地有显著的区别,但只有在人情上普遍低于内地的整体水平,从侧面说明中国人的人格具有共同性。

以现代化程度为视角的探索

周明洁等人(2007)考察来自现代化程度不同地域的被试在CPAI-2各人格特征上的差异。根据国家统计局和中国统计学会对全国城市综合实力指数所作的聚类分析结果,将被试所在的城市分为三类,如表18-6所示。结果显示,现代化程度越高的城市,传统型、纪律性、和谐的得分越低,圆滑性、新颖性、多样性、唯美感的得分越高。领导性、自我取向虽然出现了显著差异,但并没有随着城市的现代化程度呈现出一致性的变化。这说明,现代化程度高的地区容易受西方文化影响,现代化程度低的地区更多地保留了传统文化,并体现在人格特征上。整体上,现代化水平越高的地区,民众的开放性程度越高,人际取向的程度越低。

表18-6 CPAI-2样本所在地的现代化水平归类

城市类别	样本数	具 体 城 市
第一类 现代化水平较高	582	北京、天津、沈阳、长春、哈尔滨、上海、常州、杭州、宁波、福州、厦门、济南、青岛、武汉、长沙、深圳、广州、昆明、西安
第二类 现代化水平中等	454	唐山、秦皇岛、邯郸、邢台、沧州、太原、包头、锦州、徐州、扬州、镇江、温州、绍兴、马鞍山、泉州、南昌、九江、淄博、烟台、洛阳、湘潭、东莞、海口、重庆、贵阳、宝鸡、兰州、银川
第三类 现代化水平较低	534	承德、赤峰、蚌埠、龙岩、泰安、淮北、漳州、濮阳、荆门、遵义、商丘、信阳、周口、南充、广安、运城、临汾、宿迁、亳州、乐山

以地方文化为视角的探索

胡志军等(2010)选取了湖南长沙市某高校家庭居住地为湖南省的高校学生和甘肃省兰州市某高校家庭居住地为甘肃的高校学生各400名,采用《气质类型量表》研究。结果显示,湖南高校学生的胆汁质、多血质和多血—粘液—抑郁质的人数明显多于甘肃高校学生,甘肃高校学生的粘液质的人数显著多于湖南高校学生。研究者提出,这可能是由于两省不同区域文化对人的心理塑造作用造成的差异。湖南是湖湘文化发源地,湖湘文化的基本内核包括:上下求索的哲理思维,忧国忧民的爱国情怀,勇挑重担,民风强悍刚烈,不甘沦落,不屈不挠,克己谨慎而保守。湖湘文化的基本精神塑造了湖南高校学生的气质类型多胆汁质、多血质和多血—粘液—抑郁质的特点。甘肃全境基本上属于陇右文化及陇右文化和西域文化的杂糅,由于甘肃的自然条件恶劣,且属于游牧文化和农业文化的结合,因此形成的文化内核包括粗犷豪放、淳朴敦厚、勤劳坚韧、宽容大度等,这样的文化塑造了当地人的粘液质人格特征。姜永志和张海钟(2010)采用 Howard 和 Medina 编制的大五人格问卷,对在甘肃和内蒙古两地居住达十年以上的居民进行了调查,得到两地居民在适应性、社交性、开放性、利他性和道德感五个人格因素上的差异。结果发现,甘肃居民的适应性显著高于内蒙古居民,内蒙古居民的社交性和开放性特征显著高于甘肃居民。

18.3　汉族的人格理论与人格原型

自先秦时期众多学派的百家争鸣,到汉代儒学中兴,再到宋代理学出现,我国古代的思想家们在各个时期对"人格"都有一定的认识。"人格"是西方的术语,我国古代思想家多使用"人性"、"人心"、"天性"、"品德"等术语(刘同辉,2004),提出了丰富的人格理论和特有的人格原型。当代学者采用实证方法进一步探讨和揭示了汉族的人格原型。

18.3.1　古代汉族的人格理论

古代汉族的人格理论主要有类型说、结构说和因素说三种不同形态。

类型说

类型说描述一类人和另一类人之间的人格差异。汉族的人格类型说有以下几种:

(1) 三类型说。由孔子提出,孔子根据人的气禀(类似于现代心理学中外倾性)将人分为三类:狂者、中行者、狷者。三种人格类型如图 18 - 6 所示。狂者相当于外

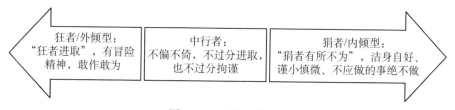

狂者/外倾型:
"狂者进取",有冒险精神,敢作敢为

中行者:
不偏不倚,不过分进取,也不过分拘谨

狷者/内倾型:
"狷者有所不为",洁身自好、谨小慎微、不应做的事绝不做

图 18 - 6　人格三类型说

倾型的人格,富有进取精神,狷者相当于内倾型的人格,不做不应做之事,中行者是介于二者之间的人格(刘同辉,2006)。孔子赞赏既不冒进也不保守的中行者。

（2）五类型说。有两种不同的版本：

①《黄帝内经》按照阴阳的强弱将人划分为五种类型,分别是太阴之人、少阴之人、太阳之人、少阳之人、阴阳平和之人。三国时刘邵继承了《黄帝内经》的思想,提出了五行主导不同类别人的人格特征,提出五种人格类型：金型之人、木型之人、水型之人、火型之人、土型之人(刘同辉,2006)。五行除主导人格特征外,还主导人的身体特征与儒学五常——仁义礼智信。内容如表18-7所示。

表18-7　人格五类型说

	人格类型	人格特征
《黄帝内经》阴阳五行说	太阴之人	悲观失望、内省孤独、不合时尚、保守谨慎
	少阴之人	冷淡沉静、节制稳健、戒备细心、深藏不露、善辨是非、嫉妒心强、自制力强、耐受性高
	太阳之人	勇敢刚毅、坚持己见、激昂进取、傲慢暴躁
	少阳之人	外露、乐观、机智、随和
	阴阳平和之人	态度从容、平静自如、尊严谦谨、适应性强、稳定而不乱
刘邵《人物志》	木型之人	木骨,骨植而柔为弘毅,温直而扰毅,仁之质
	金型之人	金筋,筋劲而精为勇敢,刚塞而弘毅,义之决
	火型之人	火气,气清而朗为文理,简畅而明砭,礼之本
	土型之人	土肌,体端而实为贞固,宽栗而柔立,信之基
	水型之人	水血,色平而畅为通微,愿恭而理敬,智之源

② 荀子是根据内在修养和外在行事水平将人分为五类：

圣人。圣人是理想人格的典范,内在修养上达到"至强"、"至辨"、"至明",无美不备,外在举止上足以教化民众,治理天下,即儒家推崇的"内圣外王"的人格。

君子。生活中极少有人能达到圣人标准,现实人格的典范是君子,君子内心尊崇仁德、卑视权威、爱好文礼、依理而行、以公去私,行为上能做到用平生所学施展抱负、教化百姓。

士大夫。士大夫的人格在君子之下,在现实社会中是事务管理型人格,虽然在修养和行为上不能尽善尽美,但坚持原则,遵守规范,只做对的事。

庶人。指一般百姓或平庸之人,在现实社会中是生产型人格,智能、德行水平不高,庸庸碌碌,行为上是忠厚处事、勤恳劳作、追求温饱,没有精神层面的需求。

小人。在现实社会中是失范逐利型的人格,这一类人一方面外向归因、缺乏内省、好大喜功，另一方面没有底线，患得患失。行为上巧言令色、唯利是图、纵情无度、违背礼仪、沽名钓誉、欺世盗名。

（3）九类型说。《尚书·皋陶谟》提出人有"九德"：宽而立，柔而栗，愿而恭，乱而敬，扰而毅，直而温，简而廉，刚而塞，强而义（王世舜，1982）。刘同辉（2006）对九种人格解释如下：

"宽而立"型：宽容大量又能严肃敬谨；

"柔而栗"型：性格温柔又能坚持主见；

"愿而恭"型：举止谦逊又能庄重自尊；

"乱而敬"型：具有才干又能谨慎认真；

"扰而毅"型：柔顺虚心又能刚毅果断；

"直而温"型：刚正不阿又能温煦和蔼；

"简而廉"型：大处着眼又能小处着手；

"刚而塞"型：禀性刚正又能扎实务实；

"强而义"型：坚强勇敢又能诚实善良。

结构说

与类型说对一类人的人格进行界定不同，结构说注重将人格解释为由不同成分组合而成的结构，所有人都具有相同的结构，人格差异体现在不同个体在同一结构下各个组成部分上的具体区别。汉族的人格结构说主要有：

（1）二维结构说。汉族传统思想重视从社会属性考察人，在界定"人格"时倾向于将人格的先天性与后天性区分开来看待，与现代心理学将人格划分为气质与性格的思想不谋而合。对人格结构的二维划分最早见于《尚书·太甲上》，文中记录商朝宰相伊尹劝导刚继承王位的太甲要勤政时，说"兹乃不义，习与性成"（王世舜，1982），强调人格的成分为"习"与"性"两个部分，"性"是先天具备的本性，"习"是后天形成的习惯。《论语·阳货》中记载孔子提出的"性相近也，习相远也"，认为不同人在先天具备的本性上不会有太大的差别，但后天塑造的习性却千差万别。宋明理学的观点与之类似，先是张载提出"天地之性"与"气质之性"，前者是指人被自然界赋予的性情，具有至善至仁的特点，是人之所以为人的道德实体，后者代表人的生物本性，由本能欲望构成。南宋朱熹继承了张载的观点，提出"天理之性"与"气质之性"的区分。但张载、朱熹提出的二维结构说与现代心理学划分的性格和气质还是有区别的，虽然在生物属性和社会属性的界定上有共同之处，但张、朱二人认为"天地之性"（"天理之性"）来自天地对人的赐予，不仅先天具备，而且在任何人身上都无差别，都是善的体现，"气质之性"形成于后天形成，有善恶之分，这与现代心理学认为气质先天形成，无好坏之分，而性格后天形成，有好坏之分是相反的。各派学说的二维人格结构理论如

表18-8所示。

表18-8　二维人格结构说

结构维度	尚书	孔子	张载	朱熹
人格的自然性成分	性	性	天地之性	天理之性
人格的社会性成分	习	习	气质之性	气质之性

(2) 多维结构说。荀子根据人比自然界各类事物具备的更崇高属性来划分人格结构。世界上最基本的物质是水和火,水和火的本质是"气",即一切事物的起始状态;比水和火更上层的是草与木,草与木不仅有"气",还有"生",即有生命;禽兽比草木更上层,因为禽兽有"气"、"生"和"知",即有认知能力;作为最高等生物,人比禽兽还多具备了"义",即辨别是非的能力,所以人格是一个由"气"、"生"、"知"、"义"四个层次的结构由低至高组合而成的结构。

因素说

认为人格由不同因素组合而成,与结构说不同,组成人格的因素以并列的形式组合,不是层次结构。各个因素的水平决定了一个人的人格特征。人格因素说主要有:

(1) 单因素说。《中庸》指出:"唯天下至诚,为能尽其性。"即要充分发挥一个人的本性,他必须具备"诚"(韩维志,2006)。诚信是决定一个人人格水平的唯一因素,诚则人格高尚,不诚则人格低下。

(2) 三因素说。孔子将人格界定为由智、仁、勇三因素组成的结构,即德行、智能、气禀。《论语·子罕》中记载孔子提出的"智者不惑,仁者不忧,勇者不惧",这是养成完美人格必须具备的三个因素。

(3) 四因素说。孟子提出完美人格由四个因素构成:"仁"、"义"、"礼"、"智"。《孟子·公孙丑章句》中有:"恻隐之心,仁之端也;羞恶之心,义之端也;辞让之心,礼之端也;是非之心,智之端也。人之有是四端也,犹其有四体也。"即一个完美的人应具备同情弱小、懂得羞耻、谦逊礼让、明辨是非的人格。

(4) 五因素说。孟子的"仁义礼智"被西汉董仲舒扩充为"仁义礼智信"。董仲舒对"信"的定义是"竭愚写情,不饰其过",是人格诚信特征的体现。"信"与孟子提出的"仁义礼智"并称"五常",是古代儒家完美人格的必备因素。

18.3.2　古代汉族人格理论的特点

中国古代汉族思想家对人格的界定体现出如下特点:

（1）推崇理想人格。与现代人格理论注重描述现实生活中的人的人格不同,古代汉族思想家更多地是描述所推崇的完美的人应该具备的人格。例如,阴阳五行说认为阴阳平和之人的人格最为完美,孔子认为中行者最值得交往。《尚书》中提倡的"九德",儒家推崇的"五常"皆是近乎完美的人格特征。

（2）重视对人格进行评价。与现代人格理论注重对人格特征进行客观描述不同,古代汉族人格学说对人格特征的界定更重视评价,如孟子在提出"仁义礼智"四个人格因素的同时说:"无恻隐之心,非人也;无羞耻之心,非人也;无礼让之心,非人也;无是非之心,非人也。"即,如果一个人不具备这些人格因素,这个人不配作为"人"。

（3）重视人格的社会性。与现代人格理论把人作为个体看待不同,古代汉族人格学说倾向于把人作为社会的组成部分看待,重视人格的社会性。如《尚书》和孔子将"习"与"性"分开,宋代张载与朱熹将"天地之性"与"气质之性"分开,均体现出将人格与人的生物本能和社会本质区别看待的思想。"九德"和"五常"界定的人格特征,大多描述社会活动中体现出来的行为特征,而非纯粹的心理特征。

汉族的人格原型对当今的人格塑造具有重要的影响。在王登峰等人(1995)搜集的中国人人格形容词中,评价性术语所占比例远高于西方。汉族人在理解某一人格特征时,倾向于将该特征放在社会生活中对其赋予意义。

18.3.3　对汉族人格原型的实证研究

古代汉族的现实人格

曾红(2002)考察《红楼梦》和《水浒传》中出现的人格形容词,探究古代汉族人的现实人格。首先从小说中选取750个词汇,近义词合并后保留114个,又从书中挑选出50名代表性人物,被试选择最熟悉一名,就各个形容词对该人物的符合程度做5点评分。经过因素分析,研究者从形容词评定中提取出六因素人格结构,各因素命名及内容如下。

（1）自私虚伪—正直忠义。负极为"自私虚伪",正极为"正直忠义",这是汉族人人格结构中很重要的因素。该维度上存在"自私虚伪"的内容,说明古代汉族人的现实人格与理想人格存在差距。

（2）仁慈宽厚。该因素体现了对仁慈的要求。

（3）聪慧脱俗。有两个层面意思,一是"聪明智慧",包括聪慧、自知之明和对世事及人际关系的妥当处理,二是"脱俗审美",表现为人格的恬淡清高,空灵娟逸。

（4）淡泊知足。表现为中国人"知足常乐"、"难得糊涂"、"退一步海阔天空"等人格特征,体现出道家提倡的与世无争和清心寡欲。

（5）内向—外向。是双极因素,体现人际交往方面的特征。

(6) 温顺软弱。体现为"温柔"、"顺从"、"羞怯"、"懦弱"、"恭谦"等人格特征,体现出儒家要求的对君王的服从和忠诚。

"君子"的人格结构

"君子"是儒家学派推崇的理想人格。张积家(2000)认为,君子具备如下人格特征:(1)在需求结构上,君子比常人有更高层次的价值追求;(2)君子的人际关系和谐;(3)君子严格要求自己;(4)君子在认知、情感和意志方面追求完美;(5)君子注重行为举止。许思安和张积家(2010)采用因素分析法探究了君子人格的结构。他们从《论语》、《中庸》、《孟子》、《大学》四部经典中选取165个描述"君子"的句子,再由专家将语句概括为词,最后选取专家评定一致性水平达到70%~80%的词汇114个。所有的词汇由被试判断其对"君子"的重要程度,经过探索性因素分析抽取了4个因素(图18-7):

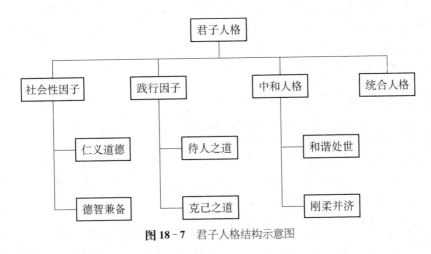

图 18-7 君子人格结构示意图

F1:社会性因子。体现了对君子社会行为的道德要求,包括"仁义道德"和"德智兼备"两个子因子。仁义道德,体现了仁与义的统合,包括豁达、负责、宽容、正直、有恒心、有原则、自律、有气度、自信、有志气、积极、有抱负、真诚、有信誉、善良、有公德、孝顺、识大体、内省、乐观、有礼貌、高尚、厚道、有条理、廉洁、知错就改、勤勉27个词。德智兼备,体现了仁与知的统合,包括成人之美、温文尔雅、仁民爱物、不耻下问、见义勇为、身体力行、谦让、与人为善、从善如流、德才兼备、遵纪守法、慎独、有文采、博学14个词。

F2:践行因子。反映了君子对待他人和自身的不同要求,体现了仁与礼的统合,包括"待人之道"和"克己之道"两个子因子。待人之道,包括助人为乐、洁身自好、表里如一、胸怀坦荡、有同情心、好学深思、言行一致、以身作则、实事求是、恭敬待人、明辨是非、意志坚定、推己度人、重义轻利、成仁取义、情绪适度16个词。克己之道,包括先思后行、处世有道、处事有度、闻一知十、正己化人、坚持真理、心系天下、脚踏实地、爱亲尊贤 9 个词。

F3：中和人格。它是君子人格的关键特征，体现了仁与性的统合，包括"和谐处世"和"刚柔并济"两个子因子。和谐处世，包括因材施教、灵活、果断、平易近人、言简意赅、注重细节、心思细密、顺其自然、聪明、简朴、亲密、整洁、合群 13 个词。刚柔并济，包括温柔、顺从、纯真、严肃、威武、开朗、强壮、轩昂、敏捷 9 个词。

F4：统合人格。反映了君子的理智、情绪和意志的统合。包括明智、认真、公正、勇敢、平和、忠诚、执着、刚毅、无畏、谨慎、自尊、民主 12 个词。

4 个因素共解释总方差的 55. 20％。4 个因素分别解释总方差的 39. 82％、7. 39％、5. 22％和 2. 78％。在 4 个因素中，社会性因子最重要。社会性因子的重要性体现出儒家对人的社会性的重视，人性主要是人的社会性，人之所以为人就在于人在社会活动中所体现出来的道德品质，道德品质是评价一个人的人格高低的标准。这也显示出儒家有重德轻才的倾向。践行因子体现出儒家理想人格的培养手段和方式，即内省和践行，"待人之道"体现出君子对人际关系和谐的重视，"克己之道"体现出君子对自己的严格要求。中和因素体现出儒家对中庸与和谐的重视，喜怒哀乐存于内心时能做到不偏不倚，就可以称为"中"，表达这些情绪能做到合乎节度，就可以称为"和"，人如果能够达到中和就能形成完美人格，"中和"是我国古代理想人格的又一表述。而最后一个统合人格因素，体现出儒家思想提倡内心具有高尚道德情操的人在生活中也要去实行道德，做到认知、情感、意志的统合。

18.4　汉族人格特征形成的原因

汉族独特的文化背景造就了其独特的人格特征。不同的研究者从不同角度探讨了文化是如何影响汉族人格特征的形成与发展的。

18.4.1　行为归因假设

王登峰和崔红(2004)认为，中国人与西方人的人格结构差异主要来自文化差异。人格结构是在对行为进行归因基础上形成的，在不同的文化背景下，人们对相同行为的归类和赋予意义可能完全不同。行为作为人们对压力的应对，在类别上没有显著差异，但在出现的情境、频率和强度上存在差别，由此产生的意义会存在差异，人格结构反映的是个体对行为的意义的分析、归类和评价的结果。研究者据此提出了"行为归因假设"：

(1) 行为出现的频率受到文化的直接影响，对行为的描述和评价过程也受文化影响,从而形成了不同的行为范畴,最终形成了不同的人格结构。

(2) 哪些行为范畴组合成一个稳定的人格结构维度也受到文化因素的直接影响,即人格结构的跨文化差异不仅表现为人格维度数目的不同,维度的内涵也有所差别。

假设(1)反映了行为、行为范畴和人格结构的关系,以及它们与文化的关系,人格研究的词汇学假设是从人格特质形容词界定的行为和行为范畴中抽取出人格结构,需要对行为进行描述、评价和归类,这个过程必然会有文化差异。假设(2)反映了人格维度的构成,不同文化的人格结构在维度的数目和内涵上都存在差别,因为构成该维度的行为范畴就具有文化差异。文化与人格结构的关系如图18-8所示。

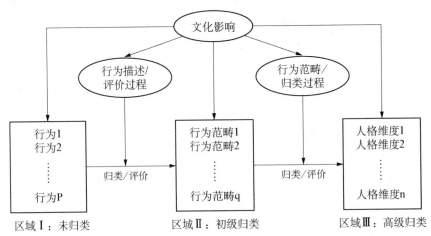

图18-8 文化与人格结构的关系示意图

18.4.2 "体验型"文化

王登峰和崔红(2004)对文化的影响进行了深层次探讨。中国文化是"体验型"文化,中国人倾向于通过内心体验来认识世界,自我像镜子一样反映世界万物,却不能反映自己。因此,中国人认识世界和认识自我的方式是一样的,都是重视通过认识对象与自身经验或其他事物的联系来展开主观评判,而非客观地感知,甚至用评价来代替描述。这种体验型文化对中国人人格结构的影响体现在中国人人格特征形容词中评价性术语远远多于描述性术语,并且比例远高于西方人格特征形容词中的评价性术语。

18.4.3 "文化"的意义

在更深层次上,汉语的"文化"有"文饰化裁"之意,体现出表面修饰、美化的意思。

在"人性本善"的文化背景下,文化的作用就是对行为的矫饰,掩盖行为的真实面目,使之符合"善"的要求。中国人内敛、不张扬的行为特点实际上是为了减少自己暴露自身"恶"的机会。对表现出来的与"恶"有关的言行,中国人会通过"文饰"来加以掩盖。即便未表现出"恶",也要通过对言行进行文饰来为其增光,使之更加"善"。这种机制对中国人在控制自身言行和理解他人言行方面产生如下影响:

(1) 在表达自身的愿望和要求时,通常通过"转换"、"曲折"、"间接"的方式来掩盖个人的目的,直接、坦率地表达观点被视为幼稚和不成熟的表现。在很多情况下,受社会规范和他人期望的制约,中国人表达的想法可能并非是内心真实的愿望。

(2) 在理解他人的言行时,不仅光看表现,还要探究他人内心的真实想法。中国人重视对行为的文饰,因此行为往往不能反映内心,中国文化渲染的"知人"难,便难在这里。

18.4.4　民族生态文化

许思安(2006)认为,以生态环境和父母教养方式为代表的民族生态文化对民族中个体人格的形成、发展和塑造有重要作用。

以农耕文化为主的生态文化背景在汉族人格形成中具有重要的影响。在人与自然关系方面,自古以来靠农耕生产的汉族对人和自然的关系有清晰的认识,即人既能从自然中获利,也会遭受来自自然的灾难。人是万物之灵,而"天"是万物之源,人的活动必须与自然规律相适应。基于这种思考,汉族逐渐形成了注重人与自然和谐统一的"天地人合一"的思想,这种和谐关系的核心是人。

在人与人的关系方面,生态文化背景对汉族人际关系的影响体现在家族关系和社会紧密程度上。汉族从生产力低下、年老者无法从事高强度农业生产使自己获得粮食的远古时代开始,逐渐形成了由子女后代来侍奉和供养长辈的习俗,也就是"孝"。"孝"既是汉族在诸多美德中最为提倡的一种,也是家族传承的纽带。重"孝"的汉族对肩负传承家族血脉重任的男性子孙的教育非常重视,对女性后代只是在料理家务方面展开教养,长久以来便形成"男主外,女主内"的风俗。在现代社会中,由于计划生育政策的实行,传统的宗族关系及其社会制约性以及服从家庭的压力对独生子女的影响大大减弱,使当代汉族年轻一代的自主性加强,社会化倾向上从强调服从向现代的自主性倾向转化。汉族由于大多聚居在主要河流的中下游,多是较发达的大中城市,社会结构具有复杂性和多层次性,人与人之间缺少直接的、面对面的沟通,更多地是通过信息媒介等途径来交流,导致汉族的社会紧密程度相对低。汉族分布在全国各地,在不同地区逐渐形成了不同地方文化及方言,但由于汉字和普通话的通用,促进了分布在不同地区的汉族相互认同。

研究者用父母教养方式评价量表(EMBU)和 QZPASS 量表探究汉族父母教养方式与中国人七因素人格结构下各个人格特征的关系,结果如下:

(1) 父亲给孩子投入的情感、温暖和理解越多,孩子越外向活泼;

(2) 父亲对孩子较少施加惩罚,母亲能投入更多的情感、温暖和理解,孩子越严谨自制;

(3) 母亲投入更多情感、温暖和理解,孩子越温顺随和;

(4) 母亲较少施加严厉的惩罚,较少偏爱,投入更多情感、温暖和理解,孩子越淡泊诚信;

(5) 母亲投入更多的情感、温暖和理解,父亲较少严厉惩罚,孩子越精明干练;

(6) 父亲惩罚和管教的措施做得越好,孩子越友好善良;

(7) 母亲减少对孩子的拒绝和否认,则孩子越热情豪爽。

与其他少数民族比,汉族父母教养方式中父母的理解和温暖较少、严厉较多,且与蒙古族的父母比,汉族父母多用严厉和惩罚手段过多地干涉孩子,而且有更多的拒绝和过分保护。汉族男性比女性更多地受到来自父母的拒绝与否认,说明汉族更重视对男性的培养和训练。

18.4.5 传统哲学思想

除了上述几项原因在客观上造就了汉族的人格特征外,中国古代思想家试图将国民塑造成理想人格的主观努力也不容忽视,其中,儒家学说的影响尤为显著。

曾红(2002)通过对中国古代理想人格、现实人格以及当今中国人人格的比较,发现理想人格的结构在现实中没有改变,在数千年的文化变迁中,始终以"仁"和"善"作为核心特征。这是理想人格的影响力与中国人对人格培养的重视所致,虽然经典不能够直接地影响百姓,但圣贤提出的理想人格,却能够经由诗歌、戏曲、民间故事、谚语等大众化的模式,从高高在上的理论向下浸透到整个汉族人的生活中,逐渐内化为民众自身的人格特征。

张积家(2000)认为,培养完美人格是古代汉族思想家和教育家追求的最崇高境界。古代推崇的理想人格包括"君子"人格和"中和"人格。"君子"是理想人格的形象化表述,《易经》描述君子"自强不息"、"居上位而不骄,居下位而不忧",《论语》提到君子"义以为上"、"成人之美"、"敏于事而慎于行"、"文质彬彬"等特征。"中和"是理想人格的理论化、哲学化的表述,"中"是不偏不倚,无过不及,"和"是人与自然、人与人之间关系的和谐,《易经》、《中庸》、《论语》等经典都表达了对"中和"人格的赞许。实证研究证明,"中和"人格特征存在于当今汉族的人格结构中,"君子"人格塑造了当今汉族典型的人格特征——内敛(许思安,2006)。

19 世界主流民族和中国少数民族的人格特征

每一个民族都有自身的人格。同一个人打交道,了解他的人格特征必不可少;与此相仿,同一个民族打交道,了解该民族的人格或民族精神也是重要前提。

19.1 世界主流民族的人格特征

19.1.1 英吉利民族的人格特征

英吉利民族的形成

英国位于欧洲北海岸的北大西洋中,全称为大不列颠及北爱尔兰联合王国(The United Kingdom of Great Britain and Northern Ireland),是由英格兰、苏格兰、威尔士和北爱尔兰组成的联合王国,习惯上称英国,人口超过 6400 万,以英格兰人为主体民族。英国是欧洲人口最稠密的国家之一。对英国人的称呼,许多人想当然地认为,应把该国的人统称为"English"。其实,不列颠诸岛由不同民族组成,只有英格兰人才称作"English",其他民族分别称自己为苏格兰人,威尔士人或爱尔兰人。若把他们统称为英格兰人,会令他们不快,因为他们各自有自己的文化。

公元5世纪中叶,盎格鲁人、萨克森人和裘特人渡海进入不列颠,沿泰晤士河和汉伯尔河向内地推进,赶走当地居民,建立七个小王国,史称"七王国时代"。公元829年,在反对丹麦人的斗争中,七王国统一,建立了统一的英吉利王国。1066年,诺曼第公爵威廉率军在英格兰登陆,入主伦敦,开始了诺曼王朝(1066—1135)。诺曼王朝结束后,1154年,安茹伯爵亨利入主英国,开始安茹王朝(1154—1399)。1265年首次召开国会,建立君主制。13世纪初,与法国爆发百年战争。兰加斯特王朝(1399—1461)发生玫瑰战争,到约克王朝(1461—1485)末期结束,建立了都铎王朝(1485—1603)。亨利八世和伊丽莎白一世是著名的专制君主。斯图亚特王朝(1603—1649)是英吉利王国最后一个封建王朝,被英国资产阶级革命推翻。1688年光荣革命确立了英国君主立宪政体。英国是世界上第一个工业化国家,首先完成了工业革命,国力壮大。18世纪至20世纪初期,英国统治的领土跨越全球,号称"日不落"帝国,是当时世界上最强大的国家。英国在两次世界大战中都取得了胜利,但国力受损。到20世纪下半叶,超级大国的领导地位被美国取代,但英国仍是一个在世界范围内有影响力的强国。

中世纪的欧洲社会有两大特征:一是名义上大一统的基督教教会体系,二是事实上支离破碎的封建体系。人们"只知有教,不知有国",政治上以封建领主为中心,不知民族为何物。英吉利、法兰西、德意志之类的概念仅作为地方名词出现,而非作为政治实体国家的代名词。国家的显著特征是"有边陲无边界"。这种情况在百年战争前的英国表现得尤其明显。诺曼王朝和安茹王朝均由法国封建主贵族创立,英王室在法国拥有大片领地。亨利六世时期,甚至出现英法共戴一王的局面。直到百年战争前,英法两国之间都没有明确的边界。这一切终因1337年至1453年的百年战争改观。这场为了争夺大陆领地爆发的战争,对英国而言,结局是悲惨的,到1453年战争结束时,英国除在法保留加莱一港外,丧失了所有在法领地,不得不告别大陆。但也正是这一个多世纪的战争,催生了形成英国民族国家的边界要素,使英国与法国有了明确的界限,民族情绪形成就建立在这些分界线上。战争失败使英国不得已退回到不列颠岛,从此按照民族和地域原则致力于本国的发展,为民族国家建立划定了方向。

百年战争哺育了英国人强烈的民族意识。海斯(C. Hayes)指出:"民族国家就是操同一语言的民族的一个政治组织,它是不受外国政府干涉的,它的中央集权程度,足以控制它疆域内的一切地方政府。"安德鲁·海伍德(A. Heywood)说:"民族国家是一种政治组织和政治理想。……存在两种不同的民族国家观。对自由主义者和大多数社会者来说,民族国家主要的由公民效忠和忠诚塑造而来。对保守主义者和整体式的民族主义者而言,民族国家建立在族群团结或有机一致基础上。"民族国家具有民族一体性,具有民族认同感。百年战争使英格兰人意识到他们的特性——统一性和共同的传统和历史,从而萌发了强烈的民族意识。这种民族意识遍及社会各阶层,尤其是被法国王室剥夺了地产的贵族和骑士越来越意识到不能再与法国人为伍,不能再做他们的附庸。在战争中,英吉利人提出"上帝是英吉利人"的口号。尤为引人注目的是民族意识在语言上的表现。由于英国王室和贵族在百年战争前又是法国诸侯,英国上流社会人士讲法语,并以和法国联姻为荣,没有明确的是英国人还是法国人的意识。百年战争爆发后,情况发生了很大转变,英国民众普遍感觉法语是"敌人的语言",社会各阶层关注并支持民族语言——英语的发展。约翰·威克里夫(1330—1384)把《圣经》译成英语,主张用英语做礼拜。1399 年,亨利四世登基时用英语发表即位演说。1400 年,亨利六世创办英语语法学校。文学创作亦开始使用英语。到 15 世纪中叶百年战争结束时,在英国宫廷和上流社会,英语成为正式用语。百年战争也恶化了国王的财政状况,迫使国王向议会寻求支持,促进了议会的发展。议会借机约束王权,确定了议会决定征税的职权。英国议会发展到爱德华三世时期(1327—1377)形成上下两院:上院(House of Lords)由教俗封建主组成,有权审理重要司法案件,纠正下级法庭错误,有权进谏国王;下院(House of Commons)由骑士和市民代表组成。

有评论说,在人类几千年文明史上,出现过许多大国、强国,但就对世界历史的影响看,却没有一个能与大英帝国匹敌。大英帝国的兴起、强盛的历史,恰好与资本主义从欧洲向全球扩张最终形成世界体系的历史相联系。英吉利民族所以能够从众多的民族中脱颖而出,不列颠所以能够从一个岛国不间断地向外扩张,最后建成了疆土与势力范围遍及全球的庞大帝国,有某种历史必然性。除了先进的生产方式和制度文明外,英吉利民族的特性是十分重要的因素。

英吉利民族的人格特征

(1) 强烈的民族优越感。英吉利民族具有"自命不凡的人格特征"。19 世纪是大不列颠的世纪,面对英国的空前强大与繁荣,英吉利民族充满自得与自信。19 世纪的英国人,以肩负文明的使命而自诩,具有强烈的自信与乐观精神。英国人真诚地相信,英国的影响以及势力范围向全球扩张,既是上帝对英吉利人的庇护,也是英国人对世界文明的贡献。

英国人对大英帝国抱有坚定的信念与使命感,既有现实的原因,也有历史的原因。在现实利益上,绝大多数英国人意识到,大英帝国与英吉利民族的强大、富裕及世界影响力密不可分。如果不列颠丧失了它的帝国,它就将丧失作为一个伟大国家的地位:它将在物质上陷于穷困,在军事上受到削弱,英国人民还将大量丧失在世界上留下自己印记的能力。从历史上看,英国人从来就具有十分强烈的盎格鲁-撒克逊人的自信与种族优越感,这种优越感源远流长,一直可以追溯到英吉利民族国家形成之际。英国人的民族意识和民族性是西欧国家各民族中最鲜明的。英国人深感他们的伟大,他们已赢得许多次巨大胜利,以至于他们认为他们不会输。在战争中,他们是全世界最信心十足的国家。即使在 15 世纪中期英格兰不走运时,英国人的优越性和信心仍不可动摇。人们发现,英格兰人极爱他们自己和属于他们的一切。他们认为,除他们以外就没有别人,除英格兰以外就没有别的世界。有一段流传甚广据说出自帕麦斯顿首相之口的幽默对话,生动地表达了英国人特有的优越感。法国人说:"假如我不是法国人,我一定希望做个英国人。"英国人却说:"假如我不是英国人,我一定希望成为一个英国人。"随着大英帝国在 19 世纪迈向鼎盛与辉煌,英国人的优越感进一步强化。1836 年,在环球航行中的达尔文写道:看到欣欣向荣的悉尼港,"我的第一感觉是庆幸自己生来就是个英国人"。到 1898 年,劳里尔爵士宣称:"除了在文学和艺术领域,法国和我们相等甚至高出我们以外,在造就一个伟大民族的所有方面,在进行殖民的力量,在贸易和商业,在文明的更高手段上,英格兰不仅优于现代世界所有国家,而且也超越古代历史上的所有国家。"19 世纪的英国特别盛行"文明等级"观念。1817 年,詹姆士·密尔(J. Mill)在《英属印度史》中提出"文明的等级"的概念;1861 年,约翰·密尔(J. S. Mill)夸赞"自助的和奋斗的盎格鲁-撒克逊人",认为"英国人和美国人奋斗的、进取的性格……本质上是人类普遍进步的最好希望的基础"。"文明等级"的观念使维多利亚时代的英国人相信,存在一个人类文明与进步的阶梯,所有民族在上面都有固定位置,英国人处于这一阶梯的顶端,是文明的领导者,美国人最接近于英国人的位置,其后是德意志人,因为他们拥有积极进取的精神和正确的宗教。在盎格鲁-撒克逊人之后,是法国人,然后是其他的拉丁民族。

(2) 大胆冒险与孜孜进取的精神。英吉利民族格外崇尚大胆冒险与孜孜进取的精神,这种精神与基督教新教的教义结合,为英国海外殖民地的形成、发展与壮大,提供最强大、最持久的动力。在西欧国家海外扩张中,英国人起步较晚。1607 年第一个移民点建立是英国人进入北美的标志性事件。但 100 多年后,其他国家的殖民地多半放弃或根本未建立起来,唯独英国人的 13 个殖民地迅速发展并繁荣起来。在同时期在北美殖民国家中,只有法国人的成就可以和英国人媲美,但在七年战争中法国惨败,拿破仑后来将路易斯安那出售,法国人完全退出了北美大陆。研究者认为,英法两国的殖民方式有明显不同,英国人建立的是真正的移民殖民地,法国人却主要是少数商人与印第安人进行毛皮贸易。法国人从未真正定居下来,更谈不上垦殖了。

移民定居需要在土地上垦殖开发,移民点建立需要付出艰辛的劳动,如果没有早期移民的坚忍不拔和吃苦耐劳,英国殖民地就不可能生存下来。英国人在殖民时代表现出的顽强进取精神,是北美殖民地得以发展繁荣的重要原因。

英吉利民族有一种与生俱来的跨越海洋向外部世界扩展的追求。殖民地建立为冒险和进取精神提供了用武之地。近代英国史充满着英国人在海外奋斗获取财富的传奇经历,这些不同时代英国人的成功有极强的示范效用,激励着英国人奔赴海外定居、经商、传教、探险、淘金、服役、任职。英吉利民族具有去往未知世界的勇气与心胸,也不缺乏获取和掠夺财富的渴望与贪婪。在很长的历史时期内,对财富和冒险生涯的渴望使移居海外成了英国人的习惯,到殖民地经商或到东印度公司任职成了生财之道。"如果一个来自富裕家庭的年轻人想赚钱,他可以经营海外贸易,或成为一个律师。如果他想冒险,则有东印度公司。"从事各种海外贸易或投机活动在英国成为一种时尚,被看作是迅速致富的最佳方式。

(3) 孤傲自负的性格。大部分英国人具有与他人格格不入的孤傲特质。孤傲是英国人最明显的性格特征。孤傲的性格包括两个方面。首先是孤独、冷淡、缄默。英吉利民族酷爱独居和个人自由,他们不希望自己的住宅受到监控和公共领域的侵犯。在英国,人们都恪守这样一句名言:"My home is my castle。The wind can come in, but the Kings and Queens and human beings can never come in without my permission。"(我的家是我的城堡。风可以进,但国王和王后未经我的允许不可以进。)当英国人搬到新家时,会在房屋周围树起篱笆,以便和邻居隔开。

大部分英国人都具有感情不外露的冷淡和缄默的性格。他们不愿意和别人多说话,从来不谈论自己,一般不会向别人展示自己的内心,其他国家的人很难了解英国人的内心世界。在早晨上班乘坐的地铁中,人们彼此不说话,只在看自己的报纸,车内鸦雀无声,偶尔能听到下车的人因为不小心踩到别人脚时说 sorry 的声音。下车后,人们各走各路,彼此不会交谈。他们很少告诉别人自己的事情,即使在一起工作多年的同事,有时也不知道对方的家庭住址、家庭成员、兴趣爱好等。乘公共汽车时,总是找个空位;乘火车时,总想找个没人的隔间。假如他们不得不与陌生人同坐隔间,可能好久彼此都不攀谈,即使交谈,可能只谈天气,难得问"你多大了"、"叫什么名字"等有关个人的问题。

孤傲的第二个方面是骄傲。许多到过英国的人,走在伦敦的大街小巷,看着来来往往的人群,古朴陈旧的教堂,朦朦胧胧的天空,总觉得有些冷清,觉得英国人冷漠,孤芳自赏,排外心理强烈。英国地处欧洲,可英国人却不把自己看作欧洲人,在他们眼里,欧洲人是局外人。他们无论身居何处,都喜欢独往独来,各行其事,不愿别人指手画脚。

英国人为什么具有孤傲的性格特征？原因有二。第一,英国是岛国,英吉利海峡割断了它和外部世界的联系。第二,英国人对本民族的历史感到非常骄傲和自豪。其中,詹姆斯钦定本圣经(King James Authorized Version of the Bible)和莎士比亚戏剧对西方及世界文化产生了巨大影响。英国议会是欧洲最古老的议会,英国是世界上第一个完成工业革命的国家。特殊的地理位置和与众不同的文明史使得英国人形成了孤傲的性格特点。

历史学家指出,早在 1870 年以前,就能够看到英国人对帝国的深深自豪。英国人对不列颠能够影响世界并使之更加美好非常自信。1829 年,《评论季刊》写道:"不管几个英国殖民地未来的命运是什么,帝国至少向世界上最遥远的地方传播了英国的法律、语言与道德品质。"1848 年外交大臣帕麦斯顿说:"我们的责任——我们的天职——不是去征服或奴役,而是使人类获得自由。在道德、社会以及政治文明上我们英国人站在世界最前列,我这样说没有丝毫虚荣的自夸,也没有冒犯任何人。我们的使命就是指引方向,率领其他民族前进。"对 19 世纪的英国人而言,拥有并统治世界上最大的殖民帝国,不仅合情合理,更是英吉利民族担负的责任,是上帝赋予的使命。这样的信念在英国人心中根深蒂固、经久不衰,成为一种信仰,一种能够让英国人在道德上得到极大满足的信仰。到维多利亚中期,一想起帝国,每一个英国人心中就充满骄傲。就这样,19 世纪的英吉利民族形成了因处在世界帝国中心而产生的民族认同感。

(4) 保守矜持的态度。与冒险进取精神不同,在英吉利民族的性格中,保守矜持的态度也为世人熟知。保守矜持的态度包括两个方面: 接受熟悉的事物,怀疑任何奇怪或者国外的事物。大部分英国人都有守旧而不愿接受新事物的保守思想,认为他们的做事方式是最好的,是最合理的。有人说,英国人需要 20～40 年时间才能接受美国的新生事物。如果你客居英国,会感到一种宁静、井然又有些冷漠的气氛。那一座座古老、外壁有些变色的基督教堂,坐落在泰晤士河边的古堡式伦敦塔,镶嵌着直径二点八米旧式大钟的英国议会大厦,无不显示着这个国家固守着一种传统风格。那些守护在白金汉宫的英国皇家卫兵,头上依旧戴着高高的黑帽子,脚上依旧蹬着沉重的旧式皮靴。他们有的目不斜视,持枪站立,有的像机器人一样来回迈着正步,骑在马上的卫兵则把佩剑搭在肩上,一动不动,像中世纪骑士的活标本。

英国人直到现在也没有采用世界通用的米制(metric system),仍然使用英里(mile)。1971 年,才将货币单位改为十进制。温度测量用摄氏就如同用华氏一般。现代烹调理论、电或天然气很久之前已经被接受,但仍有一些人喜欢用传统的烤的方法。很多厨师依旧在星期天用相同方式生产烤肉和布丁。当美国人发明了中央空调时,英国人以对身体有害为由拒绝接受这种新生事物,继续使用开放式的壁炉,尽管它带来很多工作并增加了空气污染。大多数英国人认为，一个没有壁炉的房间不具有让人温暖、舒适的特点。很多人选择用外观设计像烧煤的壁炉式的电暖气，当电源接通时，里面的假煤块就会发出红光。

英国是世界上为数较少的保持君主制的国家之一。英国人尊重传统，固守传统。他们重视继承历史上遗留下来的习俗、观念，不急于创新突破。他们保留一些古建筑，并注重保护它们。他们也保留一些历史上遗留下来国家机构和政治制度。这就使英国的政治制度具有很强的延续性和继承性。他们的等级观念非常强，以自己具有贵族身份自豪，珍惜这种贵族身份。英国人的保守主义，可以说明大众对君主制的态度，几乎所有英国人对君主制有着感情与尊敬。他们对国王有特殊感情，认为国王是民族的象征，可以起到团结大众的作用。国王不应该废除。在非常重要的公共场合，你会听到神圣歌曲"上帝保佑女王"。当这首圣歌演奏时，依然有很多英国人起立。在重要宴会中，当喝着白酒或烈酒，第一个祝酒通常是给女王的。还有很多习俗表示对女王的尊敬。在美国，人们可以拿总统开玩笑或者批评总统；但在英国，人们不允许拿国王和女王开玩笑。

（5）爱好自由，重视隐私。英国人经历了悠久的历史传统的积淀，热爱自由，追求自由，渴望不受干预的生活，不仅追求人身自由，而且追求思想自由、言论自由。对自由的渴望决定了他们对专制的强烈反感，如果政府或国王干预到他们奉为圭臬的自由传统，他们就会抗议、游行示威，甚至不惜革命。由于追求个人自由，所以英国人非常尊重个人隐私，对隐私保护非常严格。如果你问英国人"你去哪里?"或"你吃过饭了吗?"之类的问题，他会认为你非常粗鲁。因为那属于隐私。"我要去哪里"，"我吃过饭没有"，这些都是私人的事，你只要管好你自己就可以了。还有一些问题在你跟他关系非常好之前绝对不要问：(1)不要问有关钱的问题，如不要问你朋友的收入或薪水或他们的财产；(2)不要问女士的年龄；(3)不要问私人问题或评论私人问题，例如，"你为什么不结婚"或者"我认为你应该要一个孩子"之类的。好奇别人的事情是不礼貌的，尽管他是你朋友。不能阅读他人的信件或纸条。无论什么情况，决不能拆阅别人(包括配偶和孩子)的信件，除非被要求这样做。偷看别人正在写的东西也非常不礼貌。如果你在房间里等人，不要四处走动查看东西，从桌子上拿起杂志或报纸是可以的，但不要碰其他东西，千万不要听别人不想让你听见的谈话。

（6）文明礼貌，谦逊尊重。英国人具有讲究文明和礼貌的习惯。在交往中，总为别人着想，不会要求别人做不愿意做的事。如果他们不得不要求别人做什么事，会非常客气，诸如："I know the trouble I am causing you, but would you mind . . . ?"(我知道给你填麻烦了，但你是否介意……)之类的。在生活中，如果要麻烦别人，通常要说"excuse me"；如果无意识地干扰了别人，要说"sorry"；要求别人重复，一般不说

"what"，而是说"pardon"或"sorry"。"please"和"thank you"是经常挂在嘴边的用语。在公共场所，人们不会大声喊叫，认为那是不文明的行为。英国人不爱说话，不喜欢宣扬自己，总希望一个人呆着，即便在公众场所，也是静静呆在一个角落，倾听口若悬河的演讲家的演讲。

在人际交往中，英国人往往非常谦逊。这与他们沉默寡言有关。虽然在内心世界里，英国人也许和其他人同样自负。他们认为，妄自尊大是缺乏教养的。例如，某人网球打得很好，但当别人问他是不是优秀网球手时，他极少回答"是的"，因为这样答话，人们会认为他傲气十足，目空一切。他很可能这样说："还不坏"，"我想还可以吧"。取得任何一个成绩，他们说起来都好像是由于交了好运气的缘故。这种自贬是英国人通常的性格。自贬同沉默寡言掺杂在一起，常会产生一种冷漠神态，这让外国人看来，觉得他们是在装腔作势，难以理解。

尊重是英国人的另一特点。尊重是基于社会情况、财富和权力的，这在很大程度上源于英国历史悠久的森严的等级制度。所有男人都准备好恭顺那些在某一时刻在财富、地位和权力优于他的人。

（7）崇尚幽默，服从规则。大部分英国人都有自我嘲笑的幽默。他们喜欢嘲笑自己的错误、缺点、尴尬境地等。幽默的出发点是自我贬低，幽默的观念是自嘲能力。如果某人与众不合，不能随分入俗，或在文学、哲学领域离经叛道，在个人品德方面需要检点，人们往往批评他"缺乏幽默感"。在英国，幽默备受珍视。幽默感是对生活所持的态度，而不仅仅是对可以嘲笑之事予以戏谑的能力。这种态度从来不是严酷无情、轻蔑无礼和满怀恶意的。英国人从不嘲弄身体残废或神经错乱的人，从不讥讽不幸的惨案或光荣的失败。因为沉默寡言、谦逊和幽默感是英国人性格的一部分，所以他们也期望别人具有这些品质。他们不相信那些夸张的允诺和深情的表示，尤其是当它们以天花乱坠的语言道出时。他们更不相信形形色色的自吹自擂。对花言巧语的自夸，他们概不相信。对那些喜欢自我吹嘘、言过其实的人，他们会流露出一种十分令人难堪的冷淡和怀疑的神色。一旦有人装腔作势，自诩高贵，目中无人，便会激起他们的幽默感，这时，自诩高贵的人往往会被弄得不知所措。

英国人服从规则，具有运动员精神。现代体育运动几乎全是英国人发明的，如拳击、橄榄球、足球、曲棍球、网球和板球等。这些运动都先在英国开展起来，英国人为这些运动项目制定了规则。规则是运动的必要之物。运动员精神是遵照规则进行运动的技能，也是对竞赛对手的宽宏大量及个人失利时平心静气的表现。现代国际运动的高压使得这种观念很难保持了，但这种观念在英国还很受重视。这种精神也普遍地运用到生活中。体育运动术语被大量用在日常会话中。以拳击为例，人们常把一针见血的批评说成是"击中要害"，把不公正的批评说成是"用不正当手段伤人"，生活中最起码的准则是"人家倒地了,切勿再打"。在相互关系中,英国小学生也经常表现出这种运动员精神,并且非常自觉。当然,英国人也经常谈到"费厄泼赖"(fareplay),喻意是公平待人,光明磊落。

(8)冷静理智,自我控制。英国人感情不外露,很少激动,他们瞧不起容易激动的人,高兴时不会喜形于色,悲伤时也不会愁容满面。自我控制、不兴奋、不发脾气在英国十分受重视。好争吵、暴力、好斗、滋事都是禁忌。英国人很绅士。比较发现,英国人和美国人的性格大相径庭。有人将美国人的性格概括成:热情、开朗、冒险、创新、奔放活泼、直白的幽默;将英国人的性格概括为冷漠、含蓄、内敛、保守、理性、严谨、绅士的幽默。英国人亦非常守时,与朋友约会,除非特殊情况,从不迟到,对人也通情达理,文质彬彬。

影响英吉利民族人格特征形成的因素

(1)独特的地理环境。孟德斯鸠主张地理决定论,认为地理环境可以影响一个民族的性格特质。中国有一句俗语,叫"一方水土养一方人"。独特的自然景观和自然环境会在潜移默化中影响一个地方人民的生活方式、思想观念、为人处世的方式,进而影响人们的文化性格。英国的独特首先源于其地理环境,独特的地理环境对英吉利民族的人格特征的形成产生重要影响。

英国位于欧洲西部大西洋中不列颠诸岛上,南面与法国隔英吉利海峡、多佛海峡相望,东面是北海,与其他任何大陆都不相连。英国内部任一个地方离海都不超过60英里。这种独特地理环境形成的海洋文化的独立精神、探险精神、合作意识等,有利于其民族意识的形成直至民族国家成立。这种地理环境有两个好处,一是鉴于交通限制,外来入侵和控制英国都不容易,但英国却很容易与大陆进行交流并接受其影响;二是英格兰内部民众要聚集起来做什么事都方便。在独特的地理环境下,外敌难以入侵,使英吉利民族容易保持其独立性。如早在罗马统治时期,由于英格兰是岛国,距离罗马较远,教廷难以控制不列颠教会。教会与英格兰君主联系相对密切,逐渐萌发了英格兰教会相对独立于罗马教廷的理论。1066年诺曼征服后,威廉一世严格控制教会,抗拒罗马教廷对英格兰高级教职的任命权。教皇格里高利七世于1075年推行教皇改革,将"神权至上"理论发挥成为"教权至上",强调教皇的绝对权威,并要求威廉一世对其效忠。但格里高利的改革思想在英国不仅受到冷遇,甚至遭到强烈反对。"教权至上"的主张在英国非但没有贯彻,反而形成英国王权始终保持着和教皇相抗衡的能力的传统。这一传统,使得1534年英国进行国教改革完全脱离天主教会。

独特的地理环境也有利于英吉利民族意识的形成。英国由于长时期独立于大陆之外并与罗马教廷分庭抗礼,再加上经济发展和市民意识成长,民族意识很容易滋长。这在英法百年战争时表现得尤为突出。地理环境使各地民众比较方便聚集起来商量事情、要求权力，并在同仇敌忾中认为不能再与法国人为伍，于是逐渐形成了统一思想，本来是下层民众方言的英语被提到官方位置，本来的官方语言法语被作为敌人的语言摒弃，英民族国家形成中的一个重要因素是统一的语言逐渐成熟。时至今日，虽然英国曾加入了欧盟，但仍然保持相对独立性，英国是欧盟内部唯一还在使用自己的货币（英镑）的国家。目前，英国又通过公民投票脱离了欧盟。有学者认为，英国那种岛屿自然环境，湿润温和的温带海洋性气候，对英国人的性格产生了重要的影响，给人们留下温文尔雅、保守矜持、严守时间等印象。

（2）悠久的历史文化传统。英国政治制度建立经历了漫长的历程，保留了许多历史文化传统。英国人的政治制度是妥协的结果。现代英国的许多政治制度从中世纪开始萌芽、发展，直到现代成型。英国政治制度的运行体现着中庸思想，不温不愠，恰到好处，避免了极端化给国家带来的动荡和混乱，许多政治制度的建立都是各个阶层力量竞争和妥协的产物。英国的政治变革采取了渐进性的转型和改良道路。他们秉持保守主义和经验主义的历史传统，放弃激烈的革命式或运动式的变革之路，以求维护国家的安定。在他们眼里，历史传统有最大的价值，它们都是历史上流传下来的好东西，不到万不得已不得放弃。英国的政治制度与英吉利民族的性格互为因果，具有恪守传统、因循守旧、超然物我、淡定从容的民族性格的民族创立了改良、妥协、进化的制度，这种制度又进一步铸造了英吉利民族的保守矜持的性格。

总之，英国人的民族性格给人的印象是：恪守传统，因循守旧，沉默寡言而精于行动，崇尚自由又注重等级观念，绅士风度。当然，从英国人的民族性格中，可以发现英国人内心矛盾的心态和文化性格。一方面，他们热爱自由，遵守宪章，崇尚自由和平等，公平与宽容，自由主义和保守主义的思想深入内心；另一方面，他们也尊重王权和秩序，认为贵族等级合情合理，并且为了成为贵族而孜孜不倦。但是在英国这个温文尔雅、绅士风度盛行的国度中，足球流氓行为却随处可见，英国王室的丑闻也层出不穷，这些都表现出英国人的矛盾心态。

（3）教育的影响。英美两国的教育理念不同。美国人孜孜不倦地追求平等和自由，体现在教育上就是教育体制的多元性、开放性、国际性、灵活性，使美国教育既能满足不同人群、不同层次人们的需要，确保教育公平和机会均等，又能满足并充分发挥不同受教育对象的个性特点，使教育充满活力和生机。英国教育的特点是学风严谨，教育体系完善。它拥有一套严格的质量监控体制，各大院校的教学质量评估与科研水平评估结果向全世界公布，英国的高等教育定期会受到检查。英国大学的科研水平长期保持很高水平，与这个质量监控体制分不开，许多开创性研究发明起始于英国。英国教育的质量也体现在对学生严格考核上，有的专业可以用"残酷"来形容，被淘汰而拿不到学位的大有人在,英国老师通常不会因为学生只差一点而放学生一马,他们的职业道德和敬业态度有力地保证了教育的质量。

19.1.2 美利坚民族的人格特征

美利坚民族的形成

美利坚民族是从 17 世纪开始由英吉利、西欧大陆、北欧和亚洲的移民,非洲掳来的黑人,以及土著印第安人、爱斯基摩人等为主体形成的。1776 年的独立战争,使美国人民摆脱了英国统治,又经过 19 世纪初开始的"西进运动",一直到南北战争结束,一个联邦国家最后形成了。在世界民族中,美利坚民族的形成是一个特殊模式。由于最初以英吉利移民居多,故美利坚民族以英语为民族共同语。

美利坚民族是由几十个乃至上百个不同民族成分构成。它是否也有自己的民族性格?美利坚民族是多民族、多种族和多元文化掺杂的共同体,但与中华民族不同。中华民族是以人口占绝大多数的汉族为主体,同时拥有众多在经济、文化、语言、风俗、习惯方面有明显特点的少数民族。美国人虽然是一个"民族博览馆",先民来自全世界,但经过杂处,经过潜移默化,已自然融合成为一个民族。列宁将美国描绘为"碾碎民族差别的大磨坊"。梁启超称之为众多不同民族的"化合"。美国人说他们的国家是"民族熔炉",外来移民同化成为一个特色鲜明的民族。费孝通说美国毋宁称之为"民族拼盘"。美国学者认为,比"熔炉"更准确的比喻是"沙拉盘",每一成分都贡献出自己的特色,都增进整体的味道。

美利坚民族的人格特征

(1)独立自主,自强自立。美国人不喜欢依赖别人,也不喜欢别人依赖他们。美国的父母认为,让子女从小就独立自主,自强自立,对他们将来的社会生活大有益处。因此,美国人从小便养成独立奋斗、不依赖父母的习惯。在这种教育方式下长大的孩子,一生都以独立、自立作为人生的宗旨。他们求学时,要靠成绩去获取奖学金,靠半工半读挣取学费;他们成年后,便离开父母,自立门户,生儿育女也完全靠自己。家庭成员有分工,妈妈负责做饭、洗衣和打扫房间,爸爸负责修理用具、修剪草坪、擦洗汽车,女孩负责摆桌、洗碗,男孩负责收拾娱乐室及管理小动物。在生活中,美国人讲究"自己动手"(do it yourself)。他们有社会身份,但不认为干家务会降低身份;他们有经济实力雇保姆,但觉得自己会做,没有必要请人。独立、自立和自己动手与美国人的拓荒精神关系密切。在移民初期,在人烟荒芜的西部,人与自然共存,从饮食起居到医疗教育,一切都依赖自己。经过几十年的熏陶,自立精神便深深地铸进美国人的文化基因中。此外,"do-it-yourself"不仅体现了自立精神,还让人从成果中看到自己的能力和价值。自立和"自己动手"的文化习俗还有其他原因。美国人重视隐私,关注家里的宁静。如果有陌生人在屋内走动,会影响隐私和宁静。因此,他们不愿牺牲隐私和宁静去换取一份清闲。

(2) 富于进取,崇尚创业。16、17 世纪,英国和欧洲大陆的新教徒、贫苦农民与手工业者不断移居北美大陆。他们抛家舍业,去追求新生活,表现出富于进取的精神。美国建立后,随着领土扩大,富于进取的民族性格进一步形成,19 世纪的“西进运动”,对这种民族性格的铸炼起了决定性作用。

19 世纪初,美国从法国殖民者那里购得密西西比河以西的土地——路易斯安那。东部美国人以及继续从欧、亚各地移居美国的人,不断地涌向西部拓荒。美国史把这一事件称为“西进运动”。人们赶着马车或牛车,行进于中西部的荒漠、草原、沼泽及山峦叠嶂之地,战胜风雪严寒、干旱和疾病,边西进,边开发,边建设家园。依靠简单的工具和手工劳动,建设了一个个小规模的农场、牧场,一座座房舍和小城镇。铁路建筑也由东部不断向西部延展。除在中西部拓荒外,人们还涌向加利福尼亚淘金。富于进取的民族性格的铸成,为日后美国进行大规模的农业生产和工业大发展打下坚实的基础,时至今日仍然对美国社会产生重大影响。

富于进取的民族性格还派生出一些优点。美国人对物质文明建设有一种永不满足的心理。富兰克林·罗斯福(F. D. Roosevelt, 1882—1945)总统有句名言——“把蛋糕做大一点”,意思是要创造更多的财富。富于进取使美国社会形成一些有积极意义的信条:不是寻求安稳而是寻求机会,允许失败但不允许不创新,崇尚创业,鄙视守成。美国人的事业心强。大资本家和富豪生活固然奢侈,但也有许多人乐于兴资去创办教育、慈善。因此,美国人成为一个充满活力的民族。正如费孝通所说:“攀登成了美国人特有的性格。上升,上升,不肯停留在一个地方或是一个位置上。”

寻求改变也是美利坚民族明显的心理特点。它也与美国人的拓疆经历和进取精神密不可分。在美国人心中,不断地寻求改变是一种义务,所以在美式英语中产生了一些用以形容美国人善于变化、进取上进的句子,如“go getters”(能干而有进取心的人)、“think out of the box”(打破陈规)、“push the envelop”(取得突破),等等。在人们惊讶于美国在众多领域获得诺贝尔奖时,也可以感悟到不断改变带给美国人的进取的、永不言败的精神。

(3) 勤奋工作,机会均等。美国是资本主义社会,竞争法则起着支配作用。美国社会中缺乏平均主义的土壤。由于每个人的能力不同,报酬必然有差别,失业亦如影随形。但另一方面,美国还存在“勤奋工作,机会均等”的准则。勤奋工作是前提,在此前提下,人们生存发展享受的机会均等。这一信条的可贵之处就是对劳动的肯定与激励。

“勤奋工作,机会均等”,此信条来源自早年移民开拓的传统。它既是一种社会心理、价值观念,又是民族心理的表现与反映,对美国社会的经济关系、人际关系乃至家庭关系都起着明确的制约作用,成为生活的原动力。在它的制约下,美国形成了尊重知识与才能、不问出身和地位、取人之所长的社会风气。虽然在美国社会中仍然有种族歧视和不公平现象存在,但由于"勤奋工作,机会均等"的价值观念起作用,有色人种的天资才智又不弱于白种人,勤劳、发愤,不断地为争取平等权利斗争,黑人与亚洲移民的社会地位较之上两个世纪有了明显改善。黑人出任大使、市长、法官、议员乃至总统,在体育界成就出众。二战以后,亚洲移民也靠勤奋打开局面,在美国的科技界、文化界、教育界的作用日益显著,职位高,收入丰。从美国与国际社会的关系看,世界各地的人才大量流入美国,二战时形成了高潮,其中又以亚洲移民所占的比重增长最快。"勤奋工作,机会均等"对人才流美有很大的吸引力,移民运用这个信条立足下来,得到发展,对美国社会亦作出重大贡献。

"勤奋工作,机会均等"的观念对家庭关系的影响也很明显。早期移民多为欧洲穷人或宗教上受压迫的新教徒,老一辈留在欧洲,中青年只身一人或小家庭漂洋过海,移居美国,如不勤奋,生存都不可能。后来,在开拓过程中,父母与子女之间也按"勤奋工作,机会均等"的价值观念相处。子女成年后绝大多数离家独立生活。不是靠祖辈余荫、父母恩赐,而是通过勤奋工作立足于社会。费孝通说:在美国,父母对子女之爱也有条件,"父母不会单因为你是他们的孩子就会爱你","做美国的孩子除了胜过自己的同伴"就"不会获得父母的喜欢"。与中国父母对子女的诸事包办、子女又依赖父母的情况比,美国家庭人伦关系是截然不同的模式。与此有联系的是,美国人亦不相信命运的力量。他们认为,相信命运的人是落后的、不开化的和幼稚的。宿命论是迷信、懒惰、不愿采取主动的表现。

(4) 平民精神,不尚等级。美利坚民族是在近代形成的,其先民多来自欧洲。美国社会没有经过封建主义制度,直接从资本主义起家。因此,美国人的家世、门第、尊卑贵贱等观念淡薄,更无欧洲封建君主制贵族社会等级森严那一套。独立后,政体设计选择总统制,不需要国王之类的至高无上的人物。美国人不崇拜达官显贵,崇拜明星、作家、教授、记者。在美国社会,占上风的观念是"平民精神,不尚等级"。这是早期贫苦移民的独立奋斗精神的演化,又与"勤奋工作,机会均等"的信条密切联系。

平民精神,也称为平民意识,它与资产阶级民主制度密切关联。《独立宣言》确认"天赋人权"、"人人生而平等"、"主权在民",指出人们正是为了保障各种权利才建立政府,一旦得不到这种保障,就有权去改变、废除它,建立新政府。这些原则,美国人不论朝野、官民都甚通晓、重视,逐渐养成了"不尚等级"的平民意识。美国是法治国家,民主机制发达,运行健全,美利坚民族在"在法律面前人人平等"的政治素养较高,力主"民有、民治、民享"的信念和"自由、平等、博爱"的精神。选举也在民族内部起着平衡和调节人们政治社会关系的作用。美国自南北战争以来政治安定,和平民精神、不尚等级的民族性格有关。在美国,因为注重法治,又有平民意识、不尚等级的观念,官员与平民之间就无不可逾越的界限。总统及高级官员与平民的关系也无两样。公民可以批评包括总统在内的官员。在公务员中,上、下级关系较自然。总统内阁中的高级幕僚,在与总统政见相左时,宁可辞官,拂袖而去,很少委屈苟同。总统按宪法规定要对公民负责,一旦有较大的差错,就要受到舆论谴责、国会弹劾,或被迫辞职。在美国,没有树立总统个人权威或把总统神化的政治土壤。总统一职,按宪法规定在四年任期届满后只能连任一次。美国独立后的第一任总统、被人誉为国父的华盛顿,首开先河,连任一次后即告隐退,倡导和发扬了平民精神。美国总统下台后,也和普通公民一般生活。这些都是"平民精神,不尚等级"的民族心理所起的社会作用。

(5) 讲求实际,崇尚成功。美国的早期历史造就了他们在逆境中不气馁,看准目标,孜孜以求的性格。他们认为,死要面子意味着一事无成,耽于幻想意味着一无所有。他们钦佩精明强干的人。美国人在金钱上非常务实,付出劳动便要取得报酬,求助他人便当给予回报。他们帮人做事谈报酬时从不客气。价钱讲在明处,很少当面不好意思讲,背后抱怨不合算。美国人认为,人与人之间要分得一清二楚,承担责任要摆在前边,所尽义务全由自愿。

美国人重视成功。美国人的性格是在激烈竞争环境中形成的。生活在充满角逐的社会中,只有强者方能出头,只有打败所有对手,才是成功者。美国人不看重一个人的家庭背景,看重才华和能力。哪怕是小孩子,也要竭力在学校中出类拔萃,才能讨得父母欢心。

(6) 标新立异,追求个性。恩格斯说,美国人是一个"重视实践而轻视理论的民族"。有人认为,美利坚民族把英吉利民族的"求实"、德意志民族的"认真"集于一身,又加上出奇制胜。好奇心莫过于美国人,他们在国内国际上都有追求"世界之最"的气魄。在美国,一种产品多年不变式样是非常少见的。美国人好搬迁也是世界之最。据估计,一年中有近四分之一的家庭由一处向另一处移动。这种频繁迁居,反映了他们不习惯于平淡无奇的生活,渴望看到新地方、寻找新机会、获得新成功的性格。美国人的标新立异和移民的进取、开拓传统有关。资本主义的竞争本身就需要标新立异。面对这种竞争,对新事物缺乏敏锐头脑,无一点承担风险或冒险家精神是不行的。在美国人的标新立异中,稀奇古怪者有之,但属于少数,大多数情况是具有创造力和活力。美国人遇事有一种不同凡响、独辟蹊径的可贵性格。

同标新立异有联系的,是美国人对个性的追求。美国人没有人生在世要如何做人的观念,认为自己为人处世无需由别人承认,也不追求与别人一致,我就是我,一个美国人一个样。美国人对人的最高评价是"坦率",不管你的想法如何,肯说出来就好。美国人不习惯与别人比较,主张每个人各做各的事,你富是你的事,与我无关。美国人给人的印象是个人主义,独立不群,反对将自己划入任何一个群体,即使加入一个群体,也认为自己很特别。

(7) 热情友好,开朗大方。接触过美国人的人都会感觉到美国人待人热情、开朗大方、容易接近。美国人喜欢交谈,不喜欢沉默,不善于隐瞒观点。当你初次结交一位美国人,他会侃侃而谈,甚至滔滔不绝,使你毫无拘束之感;当你走在街上,对陌生人无意多看几眼,他也许会向你微笑着点头致意,或招呼一声"哈罗";如果车子在路上抛了锚,会有热心人过来帮你修理;如果大街上迷路了,会有人热心地为你指点。接触过美国人的人都有这种感觉,在西方人中,要数美国人最奔放、随和、坦率,这是美国人的可爱之处。

美国人总希望能够同别人无拘无束地接触,总希望能够结识更多朋友。但他们不喜欢服从别人,也不喜欢别人过分客气地恭维自己。因此,美国人交朋友的特点是交情泛泛,同大家的关系都十分融洽,但缺乏可以推心置腹的知交。有一位美国人评价说:"美国人能够与人一见如故,迅速博得对方好感。但是一周之后,他们会把你忘得干干净净。他们喜欢新东西,如同对待自己的旧车一样,他们也废弃自己的朋友。在结识人方面,没有人比我们更迅速,但在建立一种真正的友谊方面,却没有人比我们感到更为困难。"

(8) 不拘礼节,旷达不羁。美国人以不拘礼节著称于世。这从美国人的穿着和与人见面时打招呼方式即可体现出来。美国人穿着随便,认为舒适最重要,没必要搞华而不实的名堂。人们常发现,"白领工人"不穿外套、不系领带地坐在办公室里工作。在大学校园,教授身穿牛仔裤、足蹬耐克鞋给学生上课。在称呼上,不管是下属见到上司,还是学生见到师长,一般只需笑一笑,或说声"嗨"或"哈罗"即可,不必加上各种头衔。

从气质和性格看,美国人少有英吉利民族那种矜持的绅士气,更多的是有粗犷意味、不拘一格的"牛仔气"。"牛仔"与"西进运动"相联系。美国人也不像东方民族那样抑制感情,更多的是感情奔放,旷达不羁,坦坦荡荡,待人接物不亢不卑,朴实无华,严肃与诙谐兼而有之。美国总统面对来自公民的辛辣批评,往往一笑置之。

(9) 幽默趣味,自恃自负。美国人喜欢轻松,追求快乐,互相接触,不论生熟,都要说笑话。逢到冲突的事,常常几句笑话,一笑了之。说笑话需要机智、敏捷、反应快、思维灵巧,口才要好。所以,幽默感往往是一个官员是否有魅力的标准之一。人在说笑话时,心理保持最松弛的状态。但是,美国笑话与中国笑话不同。美国笑话重俏皮机智,中国笑话重意味深长。比如小丑,美国剧中小丑大多纯为逗乐,中国戏中小丑含着深意。美国现代文学中的"黑色幽默"把笑的内涵引入深处。黑色幽默的要素为"自嘲",乃是人在困境中无以摆脱,苦中作乐,用嘲弄自己的办法嘲弄社会。美国的幽默有时叫人难以置信。纽约发生一起抢劫案,两个歹徒各戴一个面具,一个是总统里根,一个是国务卿舒尔茨,作案时也没忘记逗笑。

美利坚民族的消极人格特征是自恃自负。美国是一个富强国家。20世纪下半叶以来,美国随着综合国力增强,成为世界上唯一的超级大国,美国人的自尊心、自信心也随之爆满。美元成为"世界货币",英语成为"世界语言",美国人自诩自己的国家为"自由之邦"、"民主堡垒",21世纪是"美国世纪",并力图树立美国的"新世纪领导者"形象,相信美国"负有世界责任"。例如,2009年1月20日,美国第43任总统乔治·布什(G. W. Bush, 1946——)总统在离职演说中讲过这样的话:"If America does not lead the cause of freedom, that cause will not be led(如果美国不引领自由事业,那么,自由事业就不会得到引领)。"2014年5月28日,美国总统奥巴马(B. H. Obama, 1961——)对西点军校的学生说,美国必须领导世界,如果美国不行,别国也不行。自恃自负,既是美利坚民族近于倨傲的心理,又是它的一个沉重包袱。

美利坚民族对世界文明作出重要贡献,在国际政治舞台上,起着举足轻重的作用。自称"自由之邦","对世界负有责任",有些事美国做对了,作出了正确选择,如20世纪两次参加反对侵略的世界大战。在战争中,美利坚民族在人力、物力、财力上都作出过巨大的牺牲。美利坚民族所以这样做,与崇尚自由的历史传统分不开。但有些事情却作出错误的抉择,造成世界的不安定,表现出民族沙文主义和霸权主义,频繁地干涉他国内政,大大损害了美利坚民族的自由形象。世人有把美国比喻为"世界宪兵"、"警察局长",不是没有根据的。

美利坚民族人格特征的形成原因

(1)地理环境因素。美国人的人格特征在一定程度上说是美国地理环境的产物,与特殊的地形、气候以及民族构成有着密切的联系。从地形上看,美国幅员辽阔,总面积与中国相差无几。北美大陆处于太平洋与大西洋之间,远离亚、非、欧及大洋洲,地理位置安全。广大地域上有曲折的海岸线、逶迤的山脉、广袤的平原、起伏的丘陵、荒凉的沙漠、平坦的高原和低洼的沼泽地,各种地貌均有分布。如此的生存空间无疑会在民族精神上打下印记。人具有极强的适应性。在一定地方定居后,便会努力地去适应并改变这种自然环境,在这一过程中不同地形的人就形成了独特社会生产方式和人格特点。受蓝色海洋文明影响,沿海地区的人性格开放自由;以草原为生的游牧民族逐水草而居,性格也豪放自由。美国有近2.3万公里的海岸线,沿海地形开阔,人们希望乘风破浪自由航行,敢于冒险,视野开阔,导致性格开放自由而又富有进取精神。生活在东部阿巴拉契亚山脉冲积平原以及中部冲击平原上的人由于拥有优越的自然条件,善于经商和贸易,性情开朗自由,心胸宽广,精明大度。总之,复杂多样的自然环境孕育了美国人千姿百态的人格特征。

从气候上看,美国的气候复杂多样。气候差异性导致在不同地区生活的人有不同人格特征。孟德斯鸠说:"在寒冷的国家,人们对快乐的感觉性是很低的;在温暖的国家,人们对快乐的感觉性就好一些;在炎热的国家,人们对快乐的感觉性极为敏感。"热带人室外活动多,因而性格暴躁;寒冷地区的人室内活动多,性格坚强,忍耐性好,有开拓精神。亚里士多德(Aristotle,公元前384—前322年)在《政治学》中提到:"欧洲寒冷国家的居民很勇敢,但他们比其他国家的人们获得更长的自由。"暖湿地的人虽然安逸却聪明而自由。因此,不同气候对美国人不同性格形成有一定影响,造成了性格的差异性。

(2)历史传统因素。美国人的人格形成有深刻的历史根源。美国未经历封建社会。北美大陆在殖民者入侵前,是印第安人占主体的原始社会。美国建国时间不长,几乎是在"一张白纸"上开始撰写历史,独立战争、西进运动、解放黑奴、两次参与世界大战,是构成民族历史传统的主要因素。美国文化底子薄,但也无旧传统的"包袱"。由于美国没有受封建专制思想的束缚和影响,美国人的性格具有开放性、自由性的特点。北美人民具有自由的性格传统。印第安人是美洲的主人,他们向来就具有自由独立的性格,相信万物有灵,认为世界是万物共同的家园,所有动植物和人一样享有平等权利。他们对陌生人慷慨大方,并自觉和这些人融为一体。他们待人彬彬有礼,从不打扰别人,高度尊重个人自由。殖民者主要是英国人,他们大多是清教徒。他们到达北美的重要目的就是要摆脱封建专制压迫,追求自由言论、自由生活。早期移民从故土来到未开化的蛮荒之地,恶劣环境也要求他们具有坚强、独立、自主的性格。西进运动更是要求他们能有坚定的信念,相信人定胜天,才能不断地征服自然,改造自然,使生存环境得到改善。这就形成了美国人不相信命运的力量,认为凡事都应靠自己,命运掌握在自己手中。随着西进运动不断推进,人们来到西部广袤土地上,人烟稀少,人们之间相距遥远,要交流、沟通,就需要主动地与人接触,主动去跟他人沟通,造就了开朗大方、易于接近、善于交谈的特点。

(3)社会经济因素。美国直接进入工农业高度发达的资本主义社会,工农业不少部门在全世界居于领先地位或前列。第二次世界大战后,美国一直在经济、科技、技术、文化、军事诸领域引领世界潮流。

(4)人口、民族、社会因素。美国是一个移民国家,世界各地移民将各自的历史、文化、生活方式以及宗教、价值观念带到这里,形成一个多元化的美国。多元文化相互碰撞交流的过程正是言论自由、张扬个性的过程。因而北美人对生命、自由及自身利益有较为深刻的理解。进取精神也与美国的社会阶梯有密切联系。费孝通说,美国的社会阶梯很别致,没有最高阶层和最低阶层,就好像一座金字塔,没有顶也没有底。这样的社会阶梯激发人民改变命运的热情,因为每个人的命运都与进取程度息息相关。

(5) 宗教因素。清教徒的信念对美国主流文化影响巨大。"天助自助者"是美国人信仰的声音。在美国人的生活轨迹里,奋进与拼搏无处不在。人们相信,一个努力去创造生活的人,一定会衣食无忧,这是上帝给予的恩赐。

19.1.3　法兰西民族的人格特征

法兰西民族的历史演变

法国全称是法兰西共和国(République française)。其本土位于西欧,海外领土包括南美和南太平洋等地,南临地中海,西濒大西洋,西北隔英吉利海峡与英国相望。法国是西欧面积最大的国家,也是欧洲最主要的经济与政治实体之一。法国主体民族是法兰西民族,属于欧罗巴人种,讲法语,法语属于印欧语系罗曼语族,多数人信天主教,少数人信基督教新教。

法兰西民族的先民主要是古代克尔特人。公元前 4 世纪,克尔特人来到法国地域,排挤或同化了利古尔人,成为当地主要居民,罗马人把他们称作高卢人。公元前 1 世纪,罗马人征服高卢人。公元 5 世纪,西罗马帝国崩溃,高卢人与罗马移民共同形成高卢罗马人。随后,属于日耳曼部落群的勃艮第人、西哥特人、法兰克人纷纷涌入法国境内。公元 843 年,法兰克人建立的帝国分裂,莱茵河以东的日耳曼语区划归东法兰克王国,以西的罗曼语区成为西法兰克王国,西法兰克王国是法国的开端,居民被称为法兰西人。此时的法兰西人与现代法兰西民族有很大不同。法兰西北部受法兰克人影响大,南部受罗马文明影响深,南北之间在文化、语言、经济上存在明显差别。从 12 世纪开始,法国加强王权,消灭封建割据,促进了南北法兰西人的结合。1337 年爆发英法百年战争,激发了法兰西人的民族感情,民族统一的要求加强。1453 年,百年战争结束,法国经济得到了恢复和发展,有利于王权巩固和政治稳定。15 世纪末,法国基本完成了政治统一,南北的经济文化联系不断加强,北法兰西语在南方得到传播,成为法兰西文学语言的基础。1789 年,法国大革命开始。当年 10 月,安茹和布列塔尼两郡结盟,全国各地都庆祝这一联合,并宣布全体法兰西人统一。法兰西民族的语言进一步统一,法兰西民族的共同心理素质进一步形成。1791 年,奥地利、普鲁士等国对法国进行武装干涉,激起法兰西人强烈的民族意识和高度的爱国热情。在同入侵者斗争中,法兰西士兵高喊"民族万岁",成为真正的民族战士。法兰西民族最终形成。

法兰西民族的人格特征

(1) 崇尚理性。现代西方哲学认识论有两大派别:理性主义和经验主义。如果说英国和美国是经验主义哲学占主导地位,法国则是理性主义哲学占主导地位。法国人崇尚理性主义。他们在行动时,事先要有一个周密计划或系统理论为依据,以便决定是否行动和怎样行动。法国人认为,行动不过是意见的结果,意见高于、先于行动。由于过于偏爱思想,法国人在行动上不免会受牵制,显得优柔寡断或反复无常。例如,法国从大革命到第五共和国建立,历经了168年,这一过程可谓是浩浩荡荡、反复无常,试尽了各种政体,立了无数部宪法,从革命到复辟,从君主立宪到议会共和到帝制翻来覆去,各种力量在历史舞台上演了一幕幕惊心动魄的话剧。所以如此,与法兰西民族的民族性格关系很大。

法国人注重思想,崇信理论,坚决要求思维的明晰性和准确性。如果法国人遇到一件解释含混的事情,会像生病一样感到难受。作为唯理主义的始祖,笛卡尔(R. Descartes, 1596—1650)立志将数学的精确与清晰引入哲学。英国的经验主义认为,各种学说、理论只有当它被经验所证实,才能成为可靠的知识。不能由人的亲身经历所获得的观念与知识是靠不住的。唯理主义恰恰相反,反对将经验作为知识的来源和检验标准,认为经验多生于感觉,往往因人、因时、因境而异,是混沌、含糊、不确定的,因而是不真实的。笛卡尔说:"我认为应像拒绝绝对错误的东西一样,对于不确定的事物也应加以排斥。"

唯理主义认为,实在本身具有逻辑结构,这种逻辑结构可以通过先验的思维(即理性)得到认识。理性可以超越感觉,把握具有确定性和普遍性的真理。因此,唯有理性才能给予确定的、普遍的、真实可靠的知识。理性是一种逻辑推理能力,凭借这种能力,普遍的和确定的真理可以被人把握。这些真理是全部派生出的事实的内在原因或根据。所以,逻辑推理(演绎推理)的过程,就是发现真理的过程。逻辑演绎是理性主义认知世界的必要方法,是思想必须遵循的法则。这种方法的结果,是形成一个完备的理论。即,理论是逻辑演绎的必然结果。因此,逻辑性、系统性是理性主义的应有之义。理性的力量通过逻辑演绎体现出来。遵循演绎方法,人从几个自明的公理出发,经过严密推理,就能获得确定、普遍的知识。

笛卡尔式的逻辑推理历来被法国人引以自豪。在法国人的著作中,都强烈地表现出理性精神。思想家对事物深加剖析,从中阐发出原理和法则。通过精确定义和科学分类,运用演绎推理方法,以复杂的组合形成法兰西民族体大思精的思想系统。正如卡勒尔(E. Kahler)所指出的:"理性主义和用理性驾驭自然的愿望是法国哲学的主调,而且我们看到它们影响了法国生活的各个方面。笛卡尔的认识论法则以仿佛无穷尽的变化形态,不断重复出现。"

(2) 激情浪漫。法兰西民族素以"政治民族"著称。他们热情奔放,激情浪漫,富有幻想,充满活力,也不乏将激情浪漫付诸实施的热情。这种热情在大革命时会像火一样热烈,集中体现在法兰西民族热衷于彻底革命和剧烈变革。由于法兰西民族崇尚唯理主义,唯理主义又往往追求一种美好的理想和秩序,因此,在法国,以某种理想为依归的政治思想极为发达,产生了一大批著名的思想家,如卢梭(J-J. Rousseau, 1712—1778)、孟德斯鸠、傅里叶(J. B. J. Fourier, 1768—1830)、伏尔泰(Voltaire, 1694—1778)、圣西门(C. de Saint-Simon, 1760—1825)、萨特(J-P. Sartre, 1905—1980)等。他们热衷于从一种先验的哲理原则出发,执着于纯粹理性,善于从头脑中推出一种理想,这种执着和倔强,使法国人民对现实进行彻底否定,对各种政治思想进行不断尝试,于是就给政治带来混乱局面。在法国,人人都爱谈政治,个个都是政治家,然而,正是激情使得他们不能成为真正的政治家,因为他们缺少政治家需要的冷静和理智。因为追求完美却往往使整个民族走向迷失。因为这种激情往往一发不可收拾,理智驾驭不了,这就走向另一极端,即诉诸于一个权威或英雄来控制这种混乱。所以,法国人又有一种崇尚权威和英雄的民族性格。法兰西民族的这种浪漫而富有激情的性格在政治上往往体现为一种"尚左主义",做事宁左勿右,眼睛向下看齐,非常推崇下里巴人似的群众文化,偏爱疾风暴雨式的群众运动。

十分奇特的是,在法兰西民族身上,理性主义与浪漫主义这两种对立的性格竟然能有机地结合在一起,使他们具有理性主义与浪漫主义的双重民族性格。这种民族性格使法兰西民族在哲学、数学、科学和文化、艺术方面取得举世瞩目的杰出成就。理性主义对应于哲学、数学和科学上的先进。近代以来,法国涌现出一大批世界级的哲学家、数学家和科学家,如笛卡尔、狄德罗(D. Diderot, 1713—1784)、伏尔泰、爱尔维修(C. A. Helvétius, 1715—1771)、帕斯卡(B. Pascal, 1623—1662)、安培(A-M. Ampère, 1775—1836)、法拉第(M. Faraday, 1791—1867)、巴斯德(L. Pasteur, 1822—1895)、玛丽·居里(M. S. -Curie, 1867—1934)、列维-斯特劳斯(C. Lévi-Strauss, 1908—2009)、福柯(M. Foucault, 1926—1984)、加缪(A. Camus, 1913—1960)、德里达(Derrida, 1930—2004)。浪漫主义造就了法兰西民族在文学艺术上的闻名于世。近代以来,法国产生的文学家和艺术家灿若群星,文学家有莫里哀(Molière, 1622—1673)、雨果(V-M. Hugo, 1802—1885)、司汤达(Stendhal, 1783—1842)、巴尔扎克(H. de Balzac, 1799—1850)、大仲马(A. Dumas, 1802—1870)、小仲马(A. Dumas, fils, 1824—1895)、福楼拜(G. Flaubert, 1821—1880)、凡尔纳(J. G. Verne, 1828—1905)、都德(A. Daudet, 1840—1897)、莫泊桑(G. Maupassant, 1850—1893)、左拉(É. Zola, 1840—1902)、罗曼·罗兰(Romain Rolland, 1866—1944),音乐家德彪西(C. Debussy, 1862—1918)、肖邦(F. F. Chopin, 1810—1849),画家如安格尔(J. A. D. Ingres, 1780—1867)、莫奈(C. Monet, 1840—1926)等,雕塑家罗丹(A. Rodin, 1840—1917)。在政治上,这两种性格就变成权威主义和反权威

主义,但由于它们彼此矛盾,在现实中往往发生冲突,最终是权威主义战胜了反权威主义。权威主义就是中央集权,但理性的法国人又不满足于权力过分集中,所以,1963年总统改为由全民直接普选使法国政坛出现"左右共治"局面,就是这种权威主义与反权威主义在制度上的安排。

(3) 追求平等。法兰西民族对平等有执着追求。相对于自由而言,法兰西民族更热爱平等。托克维尔(A. de Tocqueville, 1805—1859)说过,法国人民可以没有自由,但不能没有平等。卢梭亦坚决反对人类的一切不平等状态。人类平等价值无量,为获得它可以不惜一切代价,哪怕牺牲自由都行。所以,法国革命者特别关注平等。有人比较法国革命与英国革命、美国革命,认为英国革命完全忽略平等只讲自由,美国革命和法国革命虽然自由平等皆讲,但美国革命更侧重于自由,法国革命更侧重于平等。法国革命最注意下层人民利益的保障与维护。历史学家斯塔夫里阿诺斯(L. S. Stavrianos, 1913—2004)评价说:"法国革命不仅标志着资产阶级的胜利,而且标志着以往一向蛰伏着的民众的充分觉醒。……这些人以往长期呆在舞台两侧,这时大踏步地走到舞台前方,此后就一直留在那里。换句话说,正是在法国,世界首次强烈地、清楚地感到了至今仍在我们脚下隆隆作响的地震。"这个"地震",指的就是政治民主化大潮。

法国人追求平等的人格也有理论化的形式。1789年颁布的《人权与公民权宣言》(简称《人权宣言》)就宣布:社会的目的就是共同幸福,无视、遗忘或蔑视人权是公众不幸和政府腐败的唯一原因。《人权宣言》把平等置于人的基本权利的首位,认为平等、自由、言论、安全与财产是人的自然的和不可动摇的权利。它庄严宣告:"在权利方面,人们生来是而且始终是自由平等的"(第一条);"任何政治结合的目的都在于保存人的自然的和不可动摇的权利。这些权利就是自由、财产、安全和反抗压迫"(第二条);"自由就是指有权从事一切无害于他人的行为"(第四条);"在法律面前,所有的公民都是平等的"(第六条);"任何人在其未被宣告为犯罪以前应被推定为无罪"(第九条);"意见的发表只要不扰乱法律所规定的公共秩序,任何人都不得因其意见,甚至信教的意见而遭受干涉"(第十条);"自由传达思想和意见是人类最宝贵的权利之一"(第十一条);"财产是神圣不可侵犯的权利"(第十一条)。

《人权与公民权宣言》是法国第一部共和宪法,是法国大革命时期的纲领性文件。它是法兰西民族对世界文明最杰出的贡献之一。它突出了人民主权的重要性,它的精神在后来宪法中也得到体现。例如,1946年法国《新人权宣言》就强调:"凡人不论性别、年龄、肤色、国籍、出身、宗教、思想,在政治、经济、社会各方面一律平等。"1948年联合国大会通过了《世界人权宣言》,它开明宗义地指出:对人类家庭所有成员的固有尊严及其平等的和不移的权利的承认,乃是世界自由、正义与和平的基础。它宣布:"人人生而自由,在尊严和权利上一律平等"(第一条);"人人有资格享有本宣言所载的一切权利和自由,不分种族、肤色、性别、语言、宗教、政治或其他见解、国籍或社会出身、财产、出身或其他身份等任何区别"(第二条)。正因为意识到人的平等权利,法兰西民族有关心国家、关心政治、热爱历史的优良传统,在法国一旦发生革命,法兰西人民就会投入无限热情,积极参加革命,斗争的胜利也使得法兰西民族的政治热情不断提升。

(4) 勇于创新。在西方文化的变化和发展中,法国常发挥先锋和标兵作用。文艺复兴后,凭借着军事、政治、经济和文化的强国地位,法国深刻影响着其他民族和其他地区。18 世纪资产阶级启蒙运动也在法国首先兴起,对普通民众普及"理性"和"科学"概念,在人类历史上首先提出"自由"和"平等"的诉求,鼓励人们去追求人间现世的幸福,为争取人的正当权利而斗争。这种先进思想不仅孕育了划时代的法国大革命,也在欧洲乃至世界上普及了资产阶级价值观。19 世纪以后,巴黎成为了欧美文化中心,新的文化思潮和流派在那里频频诞生,然后波及和影响到其他国家。作为西方文化中心,巴黎一直到 20 世纪中期仍然保留优势地位。第二次世界大战以后,虽然美国成为世界头号强国,但法国在文学、戏剧、美术、音乐、建筑、服装等领域内仍不断推出新理念,大胆进行新实践。巴黎作为世界时尚中心的地位仍不可动摇,好莱坞电影也只在法国才遇到在理念和制作上与之匹敌的对手。然而,勇于创新并不等于哗众取宠。法兰西民族有深厚的理性主义传统,喜欢理论和纯粹的思考;他们喜好表达,注重逻辑和分析的严密,这种分析更多的是为了满足心灵的需求,较少功利目的。这种个性表现在文学艺术中,就是在浪漫外表里包含着理智,浪漫情感通过理智来约束。当任何标新立异的思潮冲击理性原则时,法兰西文化中根深蒂固的理性原则仍会通过表面非理性化的原则顽强地显示出来。

(5) 富有人道主义精神。法兰西民族的人道主义精神同样举世闻名。自由、平等、博爱思想随着法兰西大革命深入人心。这种人道主义精神一方面表现为对底层民众的深切同情,另一方面表现为站在更高处关切和思考人类命运。正因为有这样深沉博大的人道主义,法国人富有以人为本的理念,法国文化获得了全世界人民的喜爱和崇敬。法兰西文化的光荣传统是捍卫人的尊严,维护人的价值,这些都使法兰西文化丰富而充满魅力。

(6) 个性张扬。法国具有张扬个性的社会氛围,法兰西民族是一个个性张扬的民族。这一特点同理性主义结合,非常有利于创新。法国人不趋同、爱求异,什么都追求特色,在法国,仅奶酪就有 400 多个品种。如果一个法国人上街,发现自己的衣服和别人一个样,这是非常倒霉的事情。这种特点同样体现在语言上。法语比英语难学,语法很复杂,但表达很精确,所以国际法要以法语为蓝本。法语的特点是一句话一个词就是一种独立的意思,绝对不重复也无歧义。法国的教育模式也是将人培养成与众不同。学校的教学目的就是希望学生不要是一个重复别人、复制别人作品的工具,而是成为一名与众不同的不断进行革新的创造者。

(7) 骄傲自信。法国人的骄傲自信举世闻名。前总统戴高乐(Charles de Gauller, 1890—1970)曾语出惊人,他说:"多少世纪以来,法兰西民族已经习惯于做欧洲的巨人","法国如果不伟大,就不成为法国"。学者维托克也指出:"除犹太民族外,没有其他民族像法国人那样如此坚定地相信自己是上帝的选民。"法国人不喜欢说英语。这并不是因为法国人的英语水平不高,很多法国人都能听懂英语,也会说英语,但仍然喜欢用法语回答游人的问题。法国人自豪地称这为"法兰西例外"。"法兰西例外"表达的是法兰西人对本民族文化的一种态度,这种态度就是"骄傲"与"自豪"。

法国人的骄傲并非没有来由。他们为民族的历史和文化骄傲,为路易十四时法国的显赫和拿破仑时期统领欧洲的过往骄傲。最令法国人骄傲的是发轫于法国的启蒙运动和大革命,为法国也为世界奠定了"自由"和"平等"的价值基础。在法国国家图书馆里,保存着伏尔泰的心脏,盒子上面写着伏尔泰生前说的话:"我的心脏在这里,但到处是我的精神。"雨果说:"伏尔泰的名字代表的不是一个人,而是一个时代。"法国人意识到他们创造了一种能够让别人效仿、跟进、崇拜和仰视的文化,由此产生了自豪感。伴随着法兰西民族的这种骄傲和自信,法国作为一个大国在欧洲、在世界崛起。

然而,骄傲和自信过了头,会变成浅薄。浅薄产生盲目,会使人对形势和自身作出误判。在历史上,一旦人们被法兰西的伟大和军事胜利冲昏头脑,整个民族都交由一个人掌握时,天才就会变成弱智,骄傲就会变成狂热,帝国轰然倒塌,法兰西的伟大便会灰飞烟灭。称雄欧洲、被黑格尔称为"马背上的世界精神"的拿破仑,最终被囚禁到大西洋上一个名叫圣赫勒拿的小岛;两次世界大战法国都被德国打得一败涂地,只是由于美国参战最终才反败为胜。现代法兰西精神的核心是理性,其中就包含了对历史和事实的尊重。第二次世界大战以后,出现了全新的世界体系。在这个新体系中,不仅法国,甚至整个欧洲也不再是世界的一言九鼎的成员。在这样时刻,法国人收敛起自己的骄傲,谨慎又积极地行事。一方面借助马歇尔计划重整河山,恢复经济;另一方面与宿敌德国和解,铺垫欧洲联合的基石,在欧洲联合中寻找恢复大国地位的途径。20世纪60年代,从战争创伤中恢复过来的法国又高昂起头颅,对超级大国美国说"不"了! 退出北约,发展自己的核武装力量,与苏联友好,与中国建交,一系列举动使得法国成为当时国际舞台上一道醒目的风景线。

法兰西民族人格特征形成的原因

(1) 民族的和地域的原因。法国一直是一个民族交融之国。法兰西文明可以上溯到史前社会。法国位于欧洲大陆最西端,很早以来就是通往大西洋通道的枢纽,是各种文明积淀、交融的理想场所。在法兰西文明中,既有法兰西民族的创造,也有外来文化的赐予,它是一种持续不断的人种与文化的循环递进过程。

在古代,法兰西文化深受拉丁文化影响。拉丁文化使高卢文化具有一种新颖特性。拉丁文化是法国文化生活与学校教育的基础,构成法兰西精神文化的组成因子。拉丁文化代表一种实利主义或功利主义思想,注重反映普通现实、普遍思想及其扩展方式,具有富有建构力的逻辑性。与之相反,古希腊文化寻求的目标之一是奇异性。中世纪的法国深深地浸润了希腊—拉丁思想,并对它进行改造。近代外国文化对法国文化的滋润作用同样显而易见。这种源流部分来自其他拉丁文化地区,如意大利和西班牙,部分来自日尔曼文化、萨克森文化、斯拉夫文化等。它们带来了风格各异的文化倾向,扩大了法兰西文化中混乱与矛盾的因素,但它们又是繁荣法兰西文化的酵母,直至其最终被消化与吸收。

外来文化对法国文化的又一影响是异域情调,它丰富法国人的情感,陶冶他们的情操。在文学作品中,人们常能看到富有诗情画意、充满浪漫色彩的异国画卷跃然纸上,有的不乏哲学世界的遨游、内心奥秘的探索。这种异国情趣可以是历史的或地理的,有时甚至仅限于某一地区、某一时期与世隔绝、鲜为人知的画面。人们喜爱这种情调,是因为它具有与自然环境及外部世界相联系的神奇色彩,这固然与人对新鲜事物的渴求有关,但更多的是受好奇心驱使。这种向往自然、热爱生活的执着追求和炽热情感是法国人的天性之一,它构成法国人丰富复杂的文化心态的重要侧面。

法兰西文化具有多样性。这种多样性决定法兰西民族人格的丰富性和矛盾性。法国是一个大国,城市与乡村、巴黎与外省的对立历来具有典型意义。巴黎作为政治和文化中心,无时无刻不对外省施加影响。外省既有离心倾向,又难以对抗这种权威。在法国,从北部到南方,诸省由于受外部因素感染与熏陶各不相同,或容易吸收意大利、西班牙文化,或容易接受德国、荷兰影响,中部与边陲保持自身文化特性的程度又迥然相异,外省之间在文化气质上也千差万别。在复杂的地理环境与社会背景中,外省与封建贵族代表感性的、具体的文明倾向,此倾向在与自然相联系中发展起来。城市与资产阶级体现理性、抽象的文明倾向,它与社会生产力发展和新的生活方式相伴随,标新立异是其重要标志。这两种倾向依据历史条件对各自有利程度的不同互有起伏,始终寻求排挤对方并取而代之,但彼此终难以在思想与精神上压倒和窒息对手。有鉴于此,法国历代政权在文化上皆追求完成双重使命:在内部实现统一,反对个人的、外省的离心倾向;在外部谋求自主,反对外来势力与教皇的干预。

法兰西文化的多样性还体现在鲜明的社会性上。公众的欲望始终是无法予以满足的发动机。公众的构成及对文化的需求同样具有双重性:一方面,它包括思想着和活动着的普通民众;另一方面,它由以妇女和社交界为代表的上流社会组成。在近代法国,城市文明发展与社交活动兴起并行不悖,无论是在宫廷里还是在沙龙中,妇女都十分活跃。前一种力量对文化的渴求是获得教育,后一种力量对文化的需求是享受愉悦。法国近代文学艺术正是在肩负着这两种使命的基础上得到繁荣和发展。关切对话与交流使法国人的思想获得一种有别于其他西方民族的特性,即他们喜欢以嘲讽或争斗的方式出现,喜欢评头品足,明确地表示赞成或反对,让思想变成可以直接接受的。由此引申出的注重修辞与悖论以及强调与夸张,也使法国的浪漫主义带有强烈的逻辑色彩,从而与古典浪漫主义大相径庭。正是这种多样化或多元化,使法国在思想、哲学、文学、艺术等社会科学领域里群星璀璨,流派纷呈,一代又一代的哲学泰斗、文坛巨匠和艺术大师既继承传统,又推陈出新,善于博采众长,融汇贯通,使法兰西文化充满生机与活力。另一方面,法兰西精神文化又具有延续性。与其他欧洲国家不同,自古至今,法国的精神文明传统从未出现过断裂。在法兰西文明史上,只有文化的不断复兴,不存在寻觅失去传统的阶段。新的因环境变化而发生的变化自然会得到反映,但基本传统却一以贯之。这种继承不是一成不变的因袭,它们代表一系列有规律的、相类似的发展或沿革,在一定意义上,可以将它们称之为思想、意识的危机。这些危机有些是暂时性或偶然性的,它们往往表现得很强烈、很明显,另一些则是暗流,却持续不断,它们往往触及人们思想的最深处。面对新的现实与矛盾,必然会出现反叛、否定,然后是适应,然后又是决裂。这种时代潮流此起彼伏,经久不绝,推动着法兰西文明朝着一个又一个高峰前进。

因此,法兰西民族的精神生活表现为两个侧面:外省文化与巴黎文化。它们在法国文化生活中大体上平行地发挥影响力,但在不同时期一种倾向居于主导地位。就总的发展趋势而言,在起始阶段,对法国施予影响的主要是外省文化。这种思想的重要特征是大胆好奇,很少受正统礼仪与观念束缚,更关注表现与实现自我。这种思想后来逐渐为巴黎所吸收、改造并被导向成熟,在获得确定形式和扩展能力后,逐步渗入巴黎知识阶层和其他社会阶层。然后,又波及外省,被作为一种多少显得人为的、变形的时髦方式受到模仿与崇拜。随后,新的循环重新开始,并且在更高层次上展开。法兰西文明史就是这样一个不断新陈代谢的系统。

(2) 政治、经济原因。法兰西民族人格特征的形成有其深刻的政治经济原因。首先,法国的旧势力非常顽固而资产阶级相对弱小。大革命前,法国是典型的封建君主专制国家,没有像英国那样出现封建贵族资产阶级化,反而出现资产阶级封建贵族化。法国产业革命比英国晚,法国工业资产阶级只是到19世纪后半期才在政治上强大和成熟起来。19世纪初的法国仍是一个农民在人口中占绝大多数、小企业在工业中占优势的国家。只是到了第三共和国,工业资产阶级才确立了它的全面统治地位。

其次,人民群众组成的民主革命力量十分强大。他们深受卢梭的民主思想和早期社会主义思潮影响,不向封建专制势力妥协,多次以武装起义方式推翻反动政权,使大资产阶级与旧势力的妥协不能长久。人民群众的介入给资产阶级革命和共和制度打上民主的烙印。因此,在法国,新旧势力往往无法达成妥协,法国的政治制度就变换频繁。在西方国家中,英国的政治制度保留了许多中世纪痕迹,美国则是在没有封建传统的社会中建立起全新的资产阶级政治体制,法国的政治制度以彻底决裂为特征。200多年来,法国政体经历了君主制、帝制和共和制的多次交替。英国自1689年以来一直实行君主立宪制,美国自1787年联邦宪法建立总统制共和政体后,政体一直未动过。法国自1789年大革命以来,多次改变政体。法国的政体改变也不像英国和美国那样以和平方式进行,而是通过革命、战争、政变等暴力方式进行。近代以来,法国实行过多部宪法。历史学家戈德肖(C. J. Godechot)指出:"法国无疑是经历宪法数最多的国家:在180年间总共实行过15部宪法,即平均每12年一部。"这种情况在世界史上绝无仅有。法国也被称为"宪法实验场"。英、美宪法虽然也是革命的产物,但发展、完善是通过和平变革方式进行。法国的宪法演变都是暴力变革的结果。大革命以来,法国各派政治力量斗争异常激烈。进步与反动,共和与帝制,革命与反革命,内战与外战相互交织,政权极不稳定。在这种条件下,宪法不可能和平地产生和演变。法国的政府制度也不稳定。法国从复辟王朝时起引入英国的议会制度。但党派林立使法国未能形成两党轮流执政的格局。在议会中没有一个政党能单独占据多数席位,因此经常由多个政党联合组阁。多党联盟在议会竞选中为了取胜还能团结一致,竞选后,执政党联盟在分配内阁职位和实行政策上往往出现分歧,竞选失败的多党联盟会互相埋怨和指责。法国法律又禁止政府成员兼任议员,所以法国政府不容易直接控制议会多数。这些都造成政局不稳,内阁更迭频繁。

在法国,小地产众多,这种状况与其他国家形成了鲜明对照。在20世纪初,法国小地产主数量达到800多万个,而英国的产业主数量却不断减少,一半以上土地掌握在2000多个大地主手中。农业结构落后导致法国工业无产阶级形成较晚。到19世纪末,大部分工人还是"民工",产业工人组织仅限于少数工业化程度高的地区。法国农民的小地产主理想也传给法国无产阶级,使法国人的小产业主观念根深蒂固。追求独立与平等是小产业主的典型观念。在法国,对平等的追求并不意味着主张废除私有制。法国中小产业的历史可以追溯到中世纪。大革命确认了产业主的自由,使财产权有了具体形式,自由平等思想也就有了实际含义。与阶级观念极强的英国工人不同,法国工人不愿意把自己视为固定的社会阶级,他们始终幻想脱离工人的处境,有钱后便开办企业。尽管只有少数工人最终成为小产业主,这却始终是众多劳动者追求的理想。经济和社会发展摧毁了小产业主的梦想,但他们倡导的自由和独立精神却深刻影响了整个法兰西民族的禀性。实际上,大多数法国人都希望成为自由经营的产业主。这种心态在出租车司机身上都有集中的表现。与别的国家不同,法国的出租车在颜色上和车型上无统一规定。司机们把自己看作独立生产者,他们按照个人的意愿把它布置成私家车,甚至把爱犬也带在车上,还经常当着顾客发牢骚和评论时事,就像在自己家里一样。如今,多数法国人渴求拥有一座独立小楼和花园。许多公务员、教师甚至工人除了在城里住一套公寓外,还千方百计在乡下置办一处"第二住宅"。它可能只是一座被遗弃的破房子,却是他们引以为自豪的"独立王国"。在法国,遗产继承享有的优惠多于美国。这表明,法律也不得不"照顾"人们对财产权的迷恋。"独立小产业主"的观念对法国的政治生活具有重要影响。小产业主们敌视中央集权的国家。大革命后,社会经济的极度分散化与国家中央集权强化成为法国社会的特点。对小产业的崇拜也成为保守势力的基础。

(3)法国具有激进主义的文化传统。激进主义文化传统是从法国大革命后形成的,它贯穿于两百多年来法国的历次政治运动中,并渗透到社会生活、政治体制和人们心态中。激进主义理念为左翼党派和知识分子推崇,扎根于广大民众之中。激进主义传统既是法兰西政治文化的表现,也是培育法兰西民族爱好自由、平等、充满变革激情的土壤。1789、1830、1848、1871 年的革命构成法国的革命传统。直到 20 世纪,革命依然是许多法国人的理想。法国人认为是自己发明了革命。大革命远未在法国奠定一个稳定秩序的开端,而是激起和助长了一种以自由、平等名义进行的无休止的破与立的欲望。大革命创造出一种对起义的幻想,使法国人两百年来不断地试图通过造反来实现愿望。与英国人不同,法国人缺少改革文化。在法国,一方面是崇尚战争的社会要求,另一方面是热衷保持现状的政府。在这两个极端之间,很难找到改革的空间。戴高乐说过,在法国,要通过革命才能达到改革的目的。

革命传统对法国的社会生活有很大影响。法国劳动者以善于反抗、不服从管理著称,这导致法国的经济竞争力不如美、德、日等国。但也有人认为,法国人对现代社会的生产方式和全球化比其他民族更具有反抗精神,这些品质属于人类宝贵的精神财富。1871 年巴黎公社后,法国就没发生过新的革命,但法国人却始终保留了不服从权威、不屈从现实的反抗精神,他们总喜欢表示自己的不满,并随时准备采取行动走上街头造反,甚至不惜采用暴力和发生流血。外国观察家对法国人的这种"示威癖"表示大惑不解。

大革命不仅争取自由,还争取平等。法国从未经历过大规模的自由主义运动,却是一个推崇平等理念的国家。早在 18 世纪,法国就出现了以梅叶(J. Meslier,1664—1729)、摩莱里(Morelly,1700—1780)和马布利(G. B. de Ma-bly,1709—1785)为代表的空想社会主义理论。他们从自然法理论和唯理论哲学出发,提出实现社会平等和财产公有的主张。巴贝夫(G. Babeuf, 1760—1797)更是将社会经济平等作为斗争的目标,明确提出"消灭私有制"、"建立平等社会"的主张。巴贝夫主义是代表下层民众利益的空想社会主义思想,主张通过起义和建立革命专政实现平等的理想。19世纪三四十年代,巴贝夫主义传统在卡贝(E. Cabet, 1788—1856)、德萨米(T. Dézamy, 1803—1850)、布朗基(L. A. Blanqui, 1805—1881)等空想社会主义者中得到继承和发扬。正是由于这种平均主义的社会基础,法国人对社会主义和共产主义运动情有独钟,并表现出极大激情。同旧制度实行彻底决裂,创造一个自由、平等的新社会,这种革命理想成为大革命政治文化的核心。1789年7月14日,象征着专制主义的巴士底狱被捣毁后,群众在废墟上树立起"人民在这里跳舞"的木牌。这一天被定为全国联盟节,如今成为法国的国庆日。路易十六被送上断头台后,法国历代君主在各地的雕像或铜像统统被人们打翻在地。革命者甚至主张把凡尔赛宫、特利亚农宫、枫丹白露宫、卢浮宫等王家宫殿也夷为平地。一些贵族的城堡被愤怒的农民捣毁。随着王权瓦解,非基督教化运动席卷全国。1790年4月,制宪议会宣布废除天主教国教地位,通过了教士法。1793年6月以后,国民公会以共和历法取代了基督教历法,并禁止任何基督教节日活动。有些教堂被改为先贤祠,用来纪念革命伟人。

(4) "替天行道"的知识分子的影响。知识分子在促使法兰西民族性格形成方面起到不可忽视的作用。知识分子在促成法国激进主义传统方面也发挥重要作用。作为笛卡尔和萨特的祖国,法国以自己是知识分子的故乡感到自豪。法国人认为,知识分子是法国特有的。18世纪启蒙思想家们便是法国大革命的先驱。在许多国家,学者、教授分散在各地,法国不同,宫廷把最著名的文人、艺术家、哲学家吸引到巴黎,产生"知识分子现象"。百科全书派对宗教和伦理进行无情批判,伏尔泰、卢梭等人为反对专制主义作了不屈不挠的斗争,启蒙思想家为法国知识分子树立了光辉榜样。此后,法国知识分子形成了介入社会政治生活和关注世界前途的传统。在19世纪的法国,知识分子在历次革命中都发挥了重要作用。

"知识分子"(Intellectual)一词产生于19世纪末。1898年1月13日,作家佐拉(E. Zola, 1840—1902)在《震旦报》上发表《我控诉,给共和国总统的公开信》。他写道:"以饱受苦难并有权享有幸福的人类的名义促进启蒙,这是我唯一的激情。我愤怒的抗议是心灵的呼喊。"这篇檄文标志着知识分子阶层的诞生。知识分子对理想社会有执著追求,在法国社会中发挥先知先觉和中流砥柱的作用。他们肩负特殊的使命:倡导正义,追求真理,抵制反民主势力,向人们揭示共同生活的意义和目标,代表着人类的良知。

19.1.4 德意志民族的人格特征

德意志民族的形成

德意志民族是德国的主体民族,多属于欧罗巴人种北欧类型,部分属于阿尔卑斯类型。民族语言为德语,属于印欧语系日耳曼语族,人民多信奉基督教新教,部分信奉天主教。

德意志民族是古代日耳曼人的后裔,在不同历史时期混入了不同的异族成分。在公元初期,日耳曼部落便与当地原居民发生混合。对德意志民族的形成和发展影响最大的是法兰克人。他们最先接受了罗马文化,于5世纪末建立了法兰克王国,使原先处于分散状态下的各日耳曼部落第一次被置于统一王权之下。843年,东法兰克王国分出后,于919年选出萨克森公爵亨利一世为国王,建立起第一个德意志王朝。"德意志"一词,古德文写作 Teutsch,系由 Teuton(条顿)一词演变而来。这一族称的出现,说明东法兰克人已有了共同的民族意识。但是,由于德国长期处于封建割据状态,国内小邦多达300个,诸侯专权,经济分散,地方观念强,民族意识发展受到阻碍。直到19世纪后半叶,德意志才实现民族统一。然而,时至今日,在德意志民族内部仍然保存着明显的地方差异,根据方言、文化和风俗习惯,可以区分出巴伐利亚人、梅克伦堡人、萨克森人和黑森人等。

德意志民族自10世纪初叶起便进入封建社会。16世纪,德国爆发宗教改革运动和农民战争,对罗马教廷和地方封建势力产生冲击,开始向资本主义社会发展。1866年,普鲁士战胜奥地利,遂在德意志各邦中跃居霸主地位;1871年,德国取得普法战争胜利,统一了各邦,建立起中央集权制的德意志帝国。此后不久,德意志帝国走上军国主义道路,要求重新瓜分殖民地,并于1914年发动了第一次世界大战。1918年战败,帝国崩溃。1933年希特勒上台,1938年吞并奥地利和捷克斯洛伐克,1939年进攻波兰,发动第二次世界大战。1945年投降。战后被苏、美、英、法4国分区占领。苏联占领区于1949年10月成立德意志民主共和国。美、英、法3国占领区于1949年5月成立德意志联邦共和国。1990年,德国重新统一。

德意志民族的人格特征

在一个人身上,往往会有多重矛盾性的倾向并存。在民族人格中,也存在这种现象。歌德就感到两个对立、矛盾的灵魂在心里猛烈冲突着。这类冲突竟然以剧烈形式反映在德意志民族的集体性格中。德意志是一个人格多元化的民族,是充满人格冲突的民族。具体表现在:

(1)既讲求理性,又崇尚激情。有学者认为,德意志民族精神的核心是:讲理性,守纪律,严谨认真,一丝不苟;崇尚激情,自强不息,精益求精,永不满足。恩格斯说过:"我们德国人具有一种……彻底的深思精神或深思的彻底精神……"德国哲学是西方文化的一道奇异风景线。德意志民族被世人称之为"哲学的民族"。构建德意志民族精神的有三大哲学家,分别是康德、黑格尔和尼采(F. W. Nietzsche, 1844—1900)。黑格尔和尼采代表德国精神的两个端点。康德是德国古典哲学的创始人,"三大批判"[《纯粹理性批判》(1781)、《实践理性批判》(1788)和《判断力批判》(1790)]构成伟大的哲学体系。《纯粹理性批判》要回答:德国人能够知道什么? 回答是:德国人只能知道自然科学让德国人认识到的东西,哲学除了能够帮助德国人澄清使知识成为可能的条件,就没有更多的用处。黑格尔是德国古典唯心主义的集大成者,其哲学出发点是唯心主义的思维与存在同一论、精神运动的辩证法以及发展过程的正反合三段式。他认为,思维和存在统一于绝对精神,绝对精神是一独立主体,是万事万物的本原。尼采是西方现代哲学的开创者,是极端的反理性主义者。为了与理性抗衡,创建了强力意志说。强力意志不是世俗权势,它是一种本能的、自发的、非理性力量。尼采比较了强力意志和理性的不同特性。理性的特点是冷静,精确,逻辑;强力意志表现在激情、欲望、争斗。康德用哲学原则梳理大自然,黑格尔用逻辑解释世界,他们在德国人头脑中注入了理性,让德国人铭记秩序高于一切,原则高于一切,造就了德国人的纯粹理性一端。尼采的超人哲学所提倡的强力意志给德国人血液里注入了兴奋剂,造就了德国人的狂热意志一端。这种奇妙结合既让世人目睹了德国的科技和经济在20世纪初的崛起,也让全世界经历了德国人制造的空前绝后的苦难。

第二次世界大战结束后,德国被一分为二,东德建立社会主义制度,受苏联钳制,西德实行资本主义制度,被美国约束,德国似乎被阉割了。但民族精神又让德国重新站起来。纯粹理性让德国人坦然接受战败事实并承认罪过,又让德国人科学严谨地进行科学研究和设备设计与制造,把纯粹理性的特质表现到德国制造的产品里,使德国设备以卓越品质闻名于世。狂热意志让德国人无怨无悔、不知疲倦地投入国家重建中。德意志民族精神的这种独特性带给世人不少惊奇。1970年,在一个萧瑟的冬日,联邦德国总理勃兰特(W. Brandt, 1913—1992)来到华沙犹太人纪念碑前,做出一个令所有人震惊不已的动作:他跪倒在地。一位记者写道:"不必这样做的他,替所有必须跪而没有跪的人跪下了。"勇于承担历史责任的德国又回到欧洲怀抱。20多年前,柏林墙轰然倒下,东德与西德重归统一。纯粹理性和狂热意志的美妙结合让德意志民族再次屹立于世界民族之林。

纯粹理性和狂热意志的结合有时亦表现为性情固执。在德国,常发生汽车对撞事故。这决不是因为他们没有看见迎面开来的汽车,而是双方司机都认为自己驾驶正确互不相让造成的,说明他们顽固认真到了玩命的程度。

(2) 既具有前无古人的伟大创造性,又具有空前绝后的野蛮破坏性。德意志民族的双重性格还表现在创造性和破坏性上。对德意志民族而言,创造性和破坏性都足够彻底,都拥有巨大的能量,都震撼过整个世界。如果说,康德、歌德(J. W. von Goethe, 1749—1832)和贝多芬(L. van Beethoven, 1770—1827)代表创造的、善的德国,希特勒(A. Hitler, 1889—1945)就是破坏的、恶的德国的象征。1990 年 10 月 4 日,两德统一后的第二天,科尔(H. Kohl, 1930—2017)总理在柏林新议会第一次会议上发誓说,统一的德国将要在世界上担当起更大的角色,但永远不会忘记本世纪德国人所犯下的罪行,特别是大屠杀。科尔誓言无非是两个内容:发扬光大创造性的德国精神,克服、压制它的破坏性。

德国人的理想是向死而生。德意志气质最引人注目的特征是战斗精神和勇气。日耳曼式的悲剧是英雄的、史诗性的。德意志民族的意志无坚不摧。在经典哲学上,西欧的自由主义到了德国骤然转变为实证主义;在生活哲学上,法国的奢靡享受到了德国截然转化为清贫刻苦;在文学和艺术上,德国的沉郁雄浑也与其他国家不同。德意志人骨子里埋藏着与生俱来的理性精神。尼采评价说:"正如每个人都爱好自己的象徵一样,德意志人爱好浮云和一切模糊、发展变化、朦胧、不引人注意和隐蔽着的事物,对他们来说似乎凡是不稳定、不成熟、自行转移和成长着的东西都是深邃的,德意志人自己也不存在,他在形成之中,他在发展他自己。"因此,德意志人骨子里有一种不安定因素,一种积极向上、永不满足的探索精神。德意志人太"活跃",这种多动渴求的因子扎根于德意志人的灵魂中。古日尔曼人的民族大迁徙就凸显了进取精神,寒冷的气候、贫瘠的土地使日尔曼人成为最强壮的民族,他们始终野心勃勃,从公元前 6 世纪开始便不断向南迁徙,他们似乎很享受颠沛流离的生活,带着明确的目标与信念,到没有去过的地方。11 到 13 世纪,带着对东方富庶土地的向往,德意志人参与了持续近两百年的十字军东征。德意志人还在宗教改革中表现出巨大智慧和勇气。18 世纪末到 19 世纪,德意志人在文化思想界展翅高飞,成为世界文明的高地。

德意志民族是思想家和诗人的民族。18 世纪后半期到 19 世纪前期,德国四分五裂,陷入黑暗、贫穷和衰败中,好强、上进的德意志人不甘心这种落后局面,思想界出现一个前所未有的辉煌期,代表一种自由、平等和进步的潮流。德国在哲学、文学、音乐、艺术领域产生了许多巨匠伟人。在文学方面,18 世纪 70 年代,一批热血青年发动狂飙突进运动,它是第一次带有全德性质的民族文学运动,代表人物有歌德和席勒(J. C. F. von Schiller, 1759—1805),他们热情主张德意志民族国家的统一以及自由和平等。在哲学方面,康德创立了批判哲学,费希特(J. G. Fichte, 1762—1814)建立了富有辩证思维的主观唯心主义知识体系,谢林(F. W. J. von Schelling, 1775—1854)创立了客观唯心主义知识体系,黑格尔建立起了思辨哲学,把由康德开创的德意志古典哲学发展到顶峰。在音乐方面,出现了"北斗七星"——舒伯特(F. S. P.

Schubert, 1797—1928)、海顿(F. J. Haydn, 1732—1809)、莫扎特(W. A. Mozart, 1756—1791)、格鲁克(C. W. von Gluck, 1714—1787)、韩德尔(G. F. Handel, 1685—1759)、巴哈(J. S. Bach, 1685—1750)、贝多芬,尤其是贝多芬,把德意志古典音乐推向世界顶峰。德国还是马克思和恩格斯的故乡,凸现了德意志人顽强的探索精神、卓越的智慧与杰出的创造力。

有学者认为,德国人的创造性得力于"软心肠"和"硬心肠"的高度结合。英国哲学家怀特海(A. N. Whitehead, 1861—1947)说过:"世界各地在各个时代都有一些务实的人,他们热衷于硬事实,世界各地在各个时代都有一些具有哲学气质的人,他们热衷于编织普遍原理。"他还说:"没有全部的真理;所有真理都是一半的真理。想把它们当作全部的真理就是在扮演魔鬼";"观念之史便是错误之史";"一个种族要保持它的精力,就必须怀抱有既成现实和可能事实的真正对比,就必须在这一精力的推动下敢于跨越以往稳健保险的成规。没有冒险,文明就会全然衰败"。当对硬事实和软观念(普遍法则)的刻意追求为同一个人或同一个民族兼而有之时,西方近代科学便诞生了。三百多年来,德国所以贡献了那么多伟大的思想家、科学家和作曲家,还有一大批卓越的工程师,奥秘之一就在于在德意志民族的性格中既有热衷于硬事实的一面,又有热衷于编织普遍原则的倾向,两者又都具有德国人一往无前的彻底精神,并上升为对"某种绝对的东西"的不懈追求。比如,物理学家克劳修斯(R. J. E. Clausius, 1822—1888)的研究便是软硬兼而有之,他从热现象的最基本、最普通事实出发,最后上升为两条普遍的自然哲学原理:①宇宙的能量是常量;②宇宙的熵趋于最大。这种做法充分体现了德国精神。靠着这种精神,德国人在数学、物理、化学、哲学和音乐领域如鱼得水。普朗克(M. K. E. L. Planck, 1858—1947)认为,寻求绝对的东西是科学研究最美好的使命。康德哲学所以深邃浩大,也是因为他刻意追寻天上和地上"某种绝对东西"。他说:"有两种东西,我们愈时常、愈反复加以思索,它们就会给人心灌注一种时时在翻新、有增无已的赞叹和敬畏:头上的星空和内心的道德法则。"巴赫、莫扎特、贝多芬等人则使用旋律语言追求绝对的和谐和绝对的美。海森堡(W. K. Heisenberg, 1901—1976)在《物理学及其他》中说,正是对"绝对"的追寻,刺激了德意志民族的创造力,使她取得了伟大的成就。因为"绝对"这一概念对德意志民族有一种"奇特的魅力"。德国人所以对科学和艺术作出过具有世界影响的大贡献,产生过像黑格尔、马克思、普朗克和爱因斯坦(A. Einstein, 1879—1955)以及贝多芬、舒伯特这些巨人,正是由于他们对"绝对"的热爱,即由于他们对世界终极原理的刻意追寻。总之,德意志民族是一个善于哲学思考的民族。黑格尔说过,尽管外部世界发生了各种各样的骚动,德国人的脑袋仍然可以安静地戴着睡帽,坐在那里,让思维在内部自由地活动。

正如一个硬币的两个面一样,在近代史上,德意志民族在充分发挥伟大创造力的同时,也在发挥着巨大破坏力。德意志民族是一个文化的巨人,同时也是一个政治的侏儒。在德意志民族的社会生活中,文化和政治各有各的空间,"这个国家的历史就像一辆双层公共汽车,文化生活和政治生活有着各自的发展道路,上面一层乘客极目远眺,饱览旖旎风光,但不能影响汽车方向,因为坐在下层掌握方向盘的司机根本无暇顾及他们"。德国知识分子被排斥在上流社会之外,他们与政治无缘。当各国掀起文艺复兴运动,拿破仑的铁蹄踏遍欧洲,各国纷纷建立民主体制之时,德意志人仍然固守着君主专制。文化上的建树、经济上的发展和政治上的保守显得极不和谐。政治上的保守,实质上是权力压倒了自由,成为对德意志民族精神的压抑。但是,有着强大荣誉感和优越感的德国政治家无法容忍德国与他国在政治上相比所处的劣势及被动地位,认为德意志人要从各方面支配世界,在与他人取得平等地位甚至跃居他人之上中,古老悠久的尚武精神派上了用场,不甘于平庸无为的德国政治家要用做坏事来震惊世界。因此,对德意志民族,人们免不了会发出这样的慨叹:这是一个多么奇特的民族啊,创造了那么多,又毁灭过那么多!

(3) 既具有服从性,又具有好战性。德意志民族一个非常引人注目的人格特征是纪律和服从。《第三帝国的兴亡》的作者史学家威廉·夏伊勒(W. L. Shirer, 1904—1993)表达了这样的矛盾:"成千上万的德国人在战场上视死如归,却在尘世的权威面前屏息以待。"

在世人眼中,德国人墨守成规、一成不变,这就是德国人标榜的服从性。德国人一向崇拜服从权威,这起源于古代条顿人作战时养成的习惯。条顿骑士有三个誓言:"安贫,守贞,服从",这三种精神在日耳曼人中有最广泛和最深刻的影响,并根深蒂固地成为德意志人精神气质的基本要素。强大的自我克制,积极的恪守规矩,毫不动摇的服从纪律,德国人将精神上的自由和行动上的严谨守纪毫无矛盾地统一起来,构成德意志气质中最独特和最深刻的一面,也构成千年以来的"德意志力量"。"铁血宰相"俾斯麦(O. E. L. von Bismarck, 1815—1898)不无得意地称赞这种美德、荣誉、忠诚、顺从和勇敢贯穿于从军官到年轻新兵的整个队伍中。路德维希(E. Ludwig, 1881—1948)在《德国人》中写道:"由于好战的传统和严格的训练,服从性已在人们思想中根深蒂固。"、"服从"已经成为德国人的主要性格。第二次世界大战之前,英法对德国采取绥靖政策,不仅未能阻止战争,反而加速了二战爆发,根本原因就是他们不了解德国人的性格。路德维希指出:"德国人习惯于服从,他们甚至对征服者冷酷无情,具有神经质的性格,他们往往屈服于对手的威胁,而对对手所采取的和解态度,却认为这是软弱和胆怯的表现。那种认为如果采取温和的和平方式可以防止第二次世界大战的传奇说法,只能出于从来没有研究过德国人性格的人之口。"

同世界上其他民族比,德意志民族的服从心理特征(即倾向于受舆论摆布和统治的从众心理)非常显著。二战期间,德国人普遍对希特勒的盲目狂热和支持正是这一心理的反映。希特勒成了德国人心中的"神",他的命令在当时的德国比法律更有权威性,比人类最基本的价值观更有信服力。德国人放任纳粹践踏欧洲,进攻波兰,攻击法国,建立纳粹集中营,屠杀手无寸铁的民众,包括犹太人、战俘;他们明明知道这违反人类最基本的原则,却放任自己那么做,这不能不说有很大的服从因素。因此,第三帝国所犯下的罪行,不仅仅是希特勒个人的罪行,在某种程度上也是德意志民族的集体罪过。这一罪过是德意志民族无法推卸的,因为他们当中的绝大多数人都没有起来反抗。1949 年,爱因斯坦在给德国科学家奥托·哈恩的信中说:"德国人的罪恶真是记载在所谓文明国家历史上的最为深恶痛绝的罪恶。德国知识分子——作为一个集体来看——他们的行为并不见得比暴徒好多少。"当然,少数人是例外,例如物理学家普朗克,他们始终坚持反纳粹立场,博得了全世界人民的尊敬。

　　德国人又具有好战性。德国人的好战性可以追溯到古代条顿武士的残暴精神。在远古时代,条顿人生活在德国北部的干旱地区,原始大森林、寒冷的气候、贫瘠的土地让条顿人成为最强壮的民族,并且野心勃勃,一心想征服比自己富裕的地区,因此,"好战"成为条顿人野蛮性格之一。路德维希对德国人的这种性格也作了深刻剖析,他说:"这个国家自古以来一直幻想主宰世界,现在这种幻想更加强了。……他们这些人(新工业资本家、老一辈将军、容容地主)一个个都是野心勃勃,渴望权力远远胜于追求金钱,甚至在今天,促使他们拼命的不是追求更多的财富和生活享受。一个好战的民族从来不会在假日或周末闲情逸致地享受一番,相反,他们希望剥夺别人这种享受。德国人认为,轻而易举获得的东西都是没有价值的;他们认为通过千辛万苦、征战攻取而获得的才是有价值的。"随着时间流逝,德国人这种好战性格不仅未消失,反而愈加强烈。海涅(H. Heine, 1797—1856)在评价德国人性格时说过一段话:"基督教可以削弱,但不能扼杀条顿武士的残暴精神。总有一天,这种用以约束条顿武士的基督教义会不起作用。出于原始状态的残暴武力精神将再度兴起,北欧日耳曼人诗歌一再颂扬的残酷无情的个性将受人崇拜,基督教义的信条彻底崩溃的日子将到来……而有一天,当你听到世界有史以来从未有过的轰然一声响时,你就会知道,德国的雷神终于达到了它的目的。这隆隆的雷神震得空中的飞鹰坠地而亡,非洲偏僻沙漠上的虱子将会夹起尾巴,畏缩地溜进皇家的密林中去……摆脱了束缚的德国要比整个神圣罗马帝国加上克罗地亚和哥萨克更令人震惊。"海捏在 1833 年就预言了德国人的这种好战性格必将会引爆世界大战。

　　德国人性格中的服从性、内心深处的不安全感、巨大的恐惧心理和好战性至少是第二次世界大战爆发的众多原因之一,而一个国家能够两次发动世界大战归根结底是由其内在民族性格决定的。希特勒身上集中了德国人全部的性格弱点,他的出现顺应了德国人的需要,因而由他发动第二次世界大战就不足为怪。在一个民族的性格中,既有弱点又有长处,只有发挥它的长处,抑制它的缺点,世界才会安宁。

(4) 既盲目自信,又具有深刻的自卑感、恐惧感与不安全感。德国人很自信,认为德意志民族是世界上的优秀民族。例如,尼采就是德意志人优越论的鼓吹者。他认为,德意志民族是肩负统治其他种族历史使命的"高贵"民族。日耳曼文化的特征是通过与基督教论战形成的。但是,在中世纪同基督教进行的斗争中,日耳曼文化却被埋没了。他提出"重新评价一切价值",以德意志文化取代基督教文化,进而发展成一种世界文化。希特勒更是赤裸裸地宣扬日耳曼种族优越论,他在《我的奋斗》中写道:亚利安人,即当代的日耳曼人,是上苍赋予"主宰权力"的种族,是地球上最优秀的人种。只要他们继续无情地维持其主人态度,在不久的将来,必然成为"世界的盟主","必为万国所拥护"。德国人对自己产品质量的信心高达90%。在德国,人们没有投诉,没有愤怒,没有怨言,表面上看似冷冰冰和傲气十足,不同外人打成一片,见到外人不会笑,不打招呼,不对别人好奇。

另一方面,德国人内心深处又有着强烈的不安全感。德国人的不安全感表现为他们心胸狭窄,妒忌心和报复心重非常严重,尤其表现在对待犹太人方面,因为犹太人往往与金钱利益相联系。德国犹太人多数是金融家、银行家或高利贷者,这引起雅利安人的嫉妒心理和内心不安全感,他们想通过兽性的屠杀来毁灭德国犹太种族。路德维希针对德国人"不安全感"一针见血地指出:"德国人内心深处的不安全感,这是使德国人无法享受生活、享受和谐的永远无法解决的问题,使德国人的行为有时表现为兽性,有时表现为奴性。"这种不安全感在希特勒身上的体现就是以此作为发动第二次世界大战的借口,即利用"民族主义"挑战世界,主动进攻,达到主宰世界的目的。

德国人内心深处亦具有强烈的自卑感和恐惧感。这种自卑感和恐惧感是由于对现实的不安全感引起,反过来又进一步加剧了这种不安全感。路德维希说:"他们一直担心被人看不起……这种恐惧和自卑感驱使他们不断行动……所有这一切并不是为了物质的目的;德国人并不为了生活富裕和轻松去征服别的国家,而主要是为了显示他们比别人优秀,强迫别人接受他们令人讨厌的生活方式。"由于内心自卑,德意志民族比其他民族更渴望向世界证明自己的优秀,而证明方式就是向外发动一次次的战争。第二次世界大战以后,这种自卑感成为德意志民族重新崛起的强大动力。恐惧感表现为对文化的恐惧,对社会的不满和对种族的反感。费斯特在《希特勒:一本传记》中写道:这种恐惧在19世纪最后几十年里,特别是在第一次世界大战之后的岁月里影响了德国资产阶级,这种"巨大的恐惧",加上为了证明自身的"优秀"引发了第二次世界大战。

德意志民族除了具有上述相互矛盾的人格特征外,还具有以下特征:

(5) 讲求秩序,重视计划。德意志民族是一个讲究秩序的民族。在德国,大到空间、地、建筑物,小到家庭主妇外出购物都被事先安排得井井有条。维持秩序的标志牌和禁令牌随处可见,事无巨细都有明文规定,要求人们严格遵守。例如,商店营业时间有严格规定,不得超时营业。德国的交通法规严格,路上有各种各样的路标。一个外国人,只要识得交通标志牌,不用张口说一句德语即可以游遍德国各个城市。德国的公共交通以守时著称,不光是飞机,火车也以安全正点闻名于世,就连公共汽车也必须按点行驶。居民只需在家里查准时刻表,按时到站上车,不需提前到站候车。汽车即便提前到达,也会正点发车。德国汽车司机是遵时守刻的模范,乘客也必须按规定购票乘车,如果违反,将受到严厉的罚款惩处。德国人对法规执行起来说一不二,原则性最强,讲不得半点情面。

德国人做事注重计划。他们总是随身携带记事本,凡事记录在本上。在德国办事务必提前预约,方可成行。做事之前必先制订计划,就是家庭主妇外出购物也都先列张购物单。一对夫妇如打算出国旅游,他们可能早在一年前就开始制订旅游计划了。由此可见德国人办事的计划性及严谨认真的态度。

(6) 严肃拘谨,诚恳坦直。德国人的严谨世界公认。"我们必须严肃认真对待一切事物,切切不可容忍半点轻率与漫不经心的态度"。在工业革命时代,英国是制造业的先锋。在现代,引领制造业的先锋易主为德国。产品只要写上"德国制造"就相当于打上了"优质名牌"的标签。这些荣誉得来应归功于德国人的严谨特性。只有做事严谨才可能做出优质产品。德国的工业设计享誉全球,其严谨,简约而又不乏时尚感的风格,给生活带来了便利和乐趣。

德国人在工作中相当敬业,忠于职守。在工作上没有任何私心杂念,就算是家人都是统一看待。德国人办事认真仔细,责任心极强,有锲而不舍的精神。譬如,光学仪器厂的职工为了磨光镜片,可以干到死而不悔的程度。厂长也能根据职工的技术付给高工资。这是德国能够培养出优秀技术人员和熟练工人的原因所在。德国产品颇能反映出这种德国人的气质。他们在生产时,绝对没有大概或差不多的马虎做法,一定要使产品性能达到极限。在德国产品中,最出色的是汽车、精密仪器、照相机和刀具等。在工作中,一旦出现敷衍塞责、马虎失职的情况,那只有请你另谋高就。德国人具有强烈的"实事求是"意识,注重实际,不尚浮夸。德国人的住室亦朴实无华,整齐大方。各种生活用品都牢固结实,注重实用,宁肯失之笨重,决不虚有其表。对一座建筑、一件家具、一套设备似乎都讲究百年大计,不会出现"豆腐渣工程",讲究内在质量,就如同德国人办事一样,注重脚踏实地,绝不夸夸其谈。德国有句俗话:"公务是公务,烧酒归烧酒。"私下烟酒不分的朋友,办公事却公私分明,不徇私情。上班时公事公办,严谨公正,下班后朋友之间不仅可以对酒当歌,甚至还可以开开善意的玩笑,前后相比,判若两人。德国人工作起来一丝不苟,就像一部机器,严格而冷峻。

与德国人初交,往往觉得他们沉默寡言,不苟言笑,呆板而沉重。但接触时间长了,会觉得他们待人接物虽严肃拘谨,态度却诚恳坦直。如果你在街上向德国人问路,他会热情地、不厌其烦地为你指点迷津。如果他也不知道,他会替你去问别人,或不辞劳苦地陪你走上一段,直至你明白为止。在公共社交场合,德国人显得非常拘泥形式,不擅长幽默。他们一板一眼,正襟危坐,做事谨慎小心,一切按规矩和制度行事。但在私人交际圈中,德国人也会无拘无束地与朋友聚会,他们可以丢开自己经理、官员的身份,用小名称呼朋友,与朋友坦率地谈论生活中的烦恼。德国人十分喜爱欢乐场面,也利用一切机会举行娱乐活动,但此时还是给人一种沉重的感觉,缺少真正的放松。

(7) 勤劳整洁,遵约守时。德国人有勤劳整洁的生活习惯。一般人家黎明即起,洒扫庭院,起居室整理得井然有序,一尘不染。德国家庭主妇爱洁成癖,早晨送走丈夫和孩子后,便换上工作服,开始清洁宅院。她们会跪在地上,将每一个旮旯角落都擦洗一新,即使请清洁工和花匠帮忙,主妇们也往往跟班劳动,一直干到窗明几净、一尘不染,方才心满意足。创造一个温馨、舒适、美观、清洁的家,是每一德国主妇的最大愿望。德意志民族是一个勤劳的民族。走在德国的乡村、城镇,美丽的花园小别墅随处可见。德国人对住房要求极高,拥有一套单独宅院的住房是普通德国人毕生奋斗的理想。人们平日辛勤工作,积攒钱盖房,为自己和子孙后代营造一处宽敞、体面、舒适的住房被视为人生完美充实的标志。德国人勤奋工作、埋头苦干的精神不仅体现在雇员身上,高级官员和大企业家也不例外。严格的学校教育和家庭教育也决定了德国人与散漫作风格格不入。一位美国教师对德国长期观察后,在调查报告中对美德儿童作了比较:在一个雨过天晴、阳光明媚的日子,一位美国小姑娘会被明媚阳光所吸引,在外面玩上一会儿再读书;一位德国小姑娘会在做完作业之后,再出去玩。先工作,后娱乐,这就是德国教育。人们只有在辛勤劳动后,才有权利享受生活。

德国人的遵纪守法也是世所公认。在德国,人们做任何事情都习惯于照章行事。驾车遇红灯,减速停车天经地义,然而,在一些未设红灯的路口,德国人也会习惯地停下车来,待观察左右有无人、车后再通过。德国人无论大事小事都一定会遵纪守法。德意志民族苛守秩序的性格主要源于德国历史上长期的极权和独裁制度重压下形成的"服从"意识。

有一个笑话:在半夜12时开车,看见红灯还停车的,全世界只有德国人。这一方面说明德国人在遵纪守法方面有很强的自觉性,也说明德国是一个执法严格的国家。在德国，人们视遵纪守法为最高伦理原则，人们普遍存在求稳怕乱、安于现状、自满自足的心理。这一心理的形成有历史渊源。纵观德国的发展史，历次改革或革命都自上而下地进行。从俾斯麦以"铁血政策"统一德意志到独裁者发动两次世界大战，极权和独裁导致下层百姓普遍存在一种"顺从精神"或"臣仆意识"。要求民众要盲目服从，驯服地跟随统治者，就像德国历史剧中描写的"官吏们既已作出决定，皇上也已首肯，服从就是我们的天职。贯彻帝王圣旨，想必无上荣耀"。战后德国走上议会民主道路，德国人的民主意识得到加强。人们主动参与政治生活，自由发表个人见解，那种顺从的臣仆意识虽然已被摆脱，但长期历史沿袭下的一些心理仍存于德国人的性格与意识中。在企业里，下级绝对服从上级，一切按规章办事，缺少灵活性和主动性；职工以服从为天职，领导者以是否服从命令、遵纪守法作为衡量职工好坏的标准。这也是导致德国人拘泥、呆板性格的原因之一。总体上看，德意志民族是一个团结守纪律的民族，他们在公共场合礼让老弱妇孺，不打闹喧哗，讲究公共卫生，对别人也不喜欢在背后说长道短。德国人很注意维护国家声誉，尽管在大选时，各政党之间相互攻击、揭短，但对外很少发表对本国的不满之词。

德国人非常遵守时间。德语中有一句话说："准时就是帝王的礼貌。"准时不仅意味着不能迟到，早到也不行。德国人邀请客人，往往提前一周发邀请信或打电话通知被邀请者。如果打电话，被邀请者可以马上口头作出答复；如果是书面邀请，也可以通过电话口头答复。但不管接受与否，回复应尽量早些，以便主人作准备，迟迟不回复会使主人不知所措。如果不能赴约，应客气地说明理由。既不赴约，又不说明理由是很不礼貌的。接受邀请后，如中途有变不能如约前往，应早日通知主人。由于临时原因，迟到10分钟以上的，也应该提前打电话通知，因为在德国私人宴请场合，等候迟到客人的时间一般不超过15分钟。客人迟到，要向主人和其他客人表示歉意。在电影院中迟到，人们习以为常，但对音乐会迟到，是令人讨厌的。这时，迟到者最好等到一幕或一个乐章结束后再入座。

德意志民族人格特征的形成原因

德国人所以具有上述人格特征，是由德国的特殊的地理位置和历史传统决定的。

从德意志历史的开端到德国建立，都充满悲剧色彩。从地缘政治上看，德国地处欧洲中央，东、西两面不仅没有天然屏障，而且面临两大劲敌——俄罗斯和法国。几个世纪以来，德国一直同它们因领土问题而展开激烈争夺。但在大多数时间里，德意志都处于下风，边界也一直变化不定。在三十年战争（1618—1648年）期间，德意志损失了1/3人口，300百多座城市，2000多个村庄，战争的浩劫更加剧了德国四分五裂，形成了大大小小300多个独立邦国，4万个世俗领地，4万个教会领地。在这种分裂混乱中肆意的是邦国主义，看不到丝毫的民族希望。在持续混乱中，19世纪初拿破仑(Napoléon Bonaparte, 1769—1821)以武力横扫欧洲,德国惨糟蹂躏,失去一半以上的国土,人口由1000万骤减到493万,还需要支付法国巨额战争赔款,陷入全面崩溃境地。在俾斯麦统一前,德国处于四分五裂状态,在很长时间内一直是邻近大国侵略的对象。这容易引起德国人的不安全感,这种不安全感一直伴随着德国人,如影随形,即使是统一后亦不例外。

在这种情况下,德意志人没有丧失其意志与追求。正是拿破仑这种以革命者与掠夺者身份从正反两方面启动了德意志民族意识和民族主义运动。在民族兴亡关头,各邦开始探索救国救民的道路,推行改革,一大批有较高文化素质的爱国志士直奔普鲁士,普鲁士成为争取民族自由、变革旧制的中心,拿破仑陷入德意志人全民抗战的汪洋大海中。最终德意志人与欧洲各国联手打败拿破仑,从异族统治中解放出来。19世纪60年代后,在俾斯麦(O. von Bismarck, 1815—1898)带领下,通过三次王朝战争完成了德意志统一,实现了德意志人几百年来的梦想。正如俾斯麦所说,把德国扶上马,它一定会策马奔腾,统一唤起了德意志人的民族意识,激发他们的活力和创造力,到19世纪末,德国创造了第一个令人惊异的经济奇迹,超过英、法,仅次于美国。德国在短短30年里走完了英国人用了100年才走完的工业化道路,跻身于世界工业强国之列,表现出了巨大的创造力和可贵的开拓精神。

客观上讲,德意志的专制保守主义最后发展成为军国主义,乃至后来的法西斯主义,并不是因为德意志人的好斗与进取,而是由于:(1)德国地处中欧,没有赖于御敌的天然边界,有一种不安全感,这样的民族容易走极端;(2)德国迟迟未统一,以极端民族主义克服分裂主义;(3)德国是个后来者,又有着强烈的荣誉感和优越感,因而就表现得更为急切,难以克服,以至于"最终德意志民族进取精神被不同的政治力量交相利用,为他们的政治目标服务,已经被改造或歪曲,原有精神已被掩盖"。德国在20世纪初利用雄厚的经济实力,走上了通过战争争霸世界的道路,但自吞苦果,成为第一次世界大战的战败国,丧失了大国地位,经济遭到毁灭性的破坏。但不屈的德国人民在艰难条件下,迅速恢复斗志,创造了第二次经济奇迹。一战后的德国机器制造的发明活动名列前茅;物理学在战后极差条件下,不仅保持了一战前的地位,还有所进步。20世纪20年代和30年代德国诺贝尔奖获得者16人,超过同期的英国和美国,仍保持着世界科学发展中心的地位;20年代德国工业生产已占全欧1/3,经济实力再次超过英、法,成为世界强国,特别是在化学、电子技术、精密机械和光学工业方面成为世界霸主。二战后,德国许多大城市都变成瓦砾和废墟,德国分裂为联邦德国和民主德国,处在东西方对抗的最前沿。当所有人都觉得德国人完了的时候,德国人民的奋斗精神又一次拯救了自己。具有高度纪律性、勤奋、团结的德国人再次显示出其巨大创造力。1950年联邦德国经济已恢复到战前水平;20世纪50年代,德国经济增长迅速,增长最快的年份其增长率高达 10% 以上,名列欧洲各国之首;1955 年,超过英、法成为世界第二大工业国。用了二三十年时间,德国以惊人的发展速度,创造了第三次经济奇迹。割不断的民族亲和力和凝聚力冲破了重重阻碍,1990 年德国实现了民族统一。德国不断地从近乎崩溃中站起来,并创造出三次经济奇迹,固然是多方面因素综合作用的结果,但德国人民在任何环境与条件下都未丧失的积极进取、锲而不舍、勇于创新的精神无疑起到了关键性作用。

在近代史上,很少有像德意志民族那样扑朔迷离,令人又爱又恨:一方面,他们如野蛮人般给人类制造了两次巨大灾难,遭到世人的咒骂;另一方面,其自身也历经曲折和劫难,却在百年间以雷霆万钧之势闯入历史舞台,经历战争的惨痛后,而今如不死鸟般在灰烬中复活,奇迹般地再度崛起。德意志民族的历史充满了戏剧性与悲剧性,德意志民族的人格充满了复杂性。

19.1.5 俄罗斯民族的人格特征

谈起俄罗斯民族的人格,见解和评价总千差万别。无论是俄罗斯人还是外国人,有一点意见一致:俄罗斯民族的人格是个谜,说不清,道不明。哲学家别尔嘉耶夫说:俄罗斯"可能使人神魂颠倒,也可能使人大失所望。它最能激起对其热烈的爱,也最能激起对其强烈的恨。"俄罗斯人非常喜爱诵咏丘切夫的诗:"智慧无法把俄罗斯理解,一般的尺度岂能将它衡量,俄罗斯自有它独特的性格,对俄罗斯你唯有信仰。"西方人喜欢引用丘吉尔(W. L. S. Churchill, 1874—1965)谈论俄罗斯的一句话:"要解开这个谜实在是太伤脑筋。"总的来看,俄罗斯是一个十分特殊的民族。在世界民族之林中,没有一个民族的人格像俄罗斯民族那样独特、复杂。

俄罗斯民族及其形成

俄罗斯民族的祖先是东斯拉夫人的一支,属欧罗巴人种。斯拉夫人起源于欧洲南部的多瑙河流域。东斯拉夫人最早是游牧民族,社会发展起点低且极缓慢,6 世纪前还处在氏族公社阶段。最早的俄罗斯国家由古罗斯人 9 世纪末至 10 世纪初建立。罗斯人是芬兰人对居住在北欧斯堪的纳维亚半岛上日耳曼人的称呼,意为北方人或诺曼人,东斯拉夫人称他们为瓦兰人。这些诺曼人是从北欧斯堪的纳维亚半岛经河流水道航行而来的瑞典商人和海盗,史学家把他们称为"瓦兰-罗斯人"。这些瓦兰-罗斯人以武装商队为基本组织,行动机动灵活,战斗力极强,常被斯拉夫人请去解决之间的冲突,或对付外敌侵扰。这些人在贸易时,也顺便干些抢劫和杀人越货的勾当。居住在诺夫哥罗德附近一带的一支东斯拉夫人请他们去掌权,于是出现了瓦兰-罗斯人的留里克王朝,在他们统治下的斯拉夫人就被称为俄罗斯人。

公元 13 世纪,蒙古人征服了古罗斯地区,并统治该地区达 240 年之久。在与蒙古征服者斗争和建立以莫斯科为中心的中央集权国家过程中,古罗斯人分化为三个民族:俄罗斯人、乌克兰人和白俄罗斯人。到14世纪末15世纪初,俄罗斯成为一个有统一语言的民族。随着沙皇俄国的对外扩张和领土扩展,俄罗斯人于公元16—17世纪占据伏尔加河下游、乌拉尔、北高加索和西伯利亚的广大地区,18—19世纪又扩展到波罗的海沿岸、外高加索、中亚、哈萨克斯坦和远东地区。到19世纪中叶,俄罗斯人形成若干支系,主要有南方支系和北方支系,二者在语音、服饰、礼仪和建筑风格上有一定程度差异。一个支系是哥萨克人,他们原是逃避封建农奴制压迫从俄国中央地区逃到边疆的农民和城镇工商民,后被沙皇政府雇佣当兵,在沙皇向西伯利亚、中亚、高加索扩张过程中充当急先锋,起了重要作用。

俄罗斯民族的人格特征

1995年至1996年,一项对俄罗斯大学生进行的社会调查显示,二十种最典型的俄罗斯性格是:(1)好客;(2)漠然、无责任心;(3)有悟性和创造性;(4)无分寸感;(5)崇尚精神文化;(6)善良;(7)友善;(8)有集体主义精神;(9)淳朴、容易相信人;(10)有幽默感;(11)懒惰;(12)慷慨、宽容;(13)有爱国主义精神;(14)善于忍耐;(15)爱酗酒;(16)好冒险;(17)富有同情心;(18)贪婪妒忌;(19)自尊;(20)对当权者不信任。哲学家洛斯基认为,最主要的俄罗斯民族性格可以归纳为集体主义、崇尚精神文化、极端主义和爱国主义。还有学者通过分析俄罗斯的经历总结出其十大性格特征:(1)巨大的创作潜能;(2)英勇、崇尚胜利;(3)领导世界的野心;(4)小事含糊,大事认真;(5)草率、急于求成;(6)极端的思维方式;(7)矛盾性;(8)幽默感;(9)强烈的自尊心;(10)摆脱压抑感。综合学者们的观点,俄罗斯民族的人格特征主要包括:

(1)崇尚集体主义,压抑个人主义。集体主义是俄罗斯民族性格的突出特征。普京(1952—)指出:"在俄罗斯社会占主导地位的是集体的,而不是个人主义的生活方式,这种习惯的消退是非常缓慢的。"集体主义要求个人的思想、意志和行为服从于集体、社会的要求。这一准则有利于组织生产和抗御外敌,也容易孳生集权主义。俄谚中说:"一人聪明就好,两个人的智慧更强";"大家在一起,死也不足惧"。集体主义表现在社会生活中,就是不重视个人自由和个人价值,视不服从协作为异端。持不同政见者是俄罗斯社会的独特现象。一些人因为对政权不满被迫流亡国外,还有一些人因发表"不合时宜"的言论被政权宣布为"疯子"或"精神病患者"。物理学家萨哈罗夫(1921—1989)因反对苏联出兵阿富汗和抗议苏联侵犯人权,被当局驱逐出莫斯科。虽然在20世纪末"个人亦有不可低估的社会价值"的思想逐渐进入俄国意识形态,但时至今日,"人权"和"个人价值"在人们思想观念中仍十分淡漠。

崇尚集体主义在国际交往中的表现是极端民族主义。极端民族主义在俄罗斯不仅是一个历史问题,更是一个现实问题。沙皇俄国就主宰过欧洲的命运,苏联在冷战期间也独霸世界一方。20世纪末,民族主义再次登上历史舞台。普京当政,民族主义更成为团结俄罗斯社会各派力量的黏合剂,爱国主义、民族复兴、大国强国口号深受民众欢迎。普京依靠军事和能源优势,利用民族问题肢解了格鲁吉亚和乌克兰。俄罗斯民族的极端民族主义主要表现在:

① 扩张立国的传统与尚武精神。俄罗斯立国以来的频繁战争对俄罗斯民族性格的形成产生深刻影响。别尔嘉耶夫说:"唯有战争激发了民族感和自发地迫使人们去培养民族意识。"俄罗斯由成立于1147年的莫斯科大公国发展起来,直到1522年瓦西里三世将梁赞并入莫斯科公国,俄罗斯作为一个中央集权式国家才正式形成。当时俄罗斯国土面积只有280万平方公里。俄罗斯成立后,历代统治者都将领土扩张作为国策,通过战争、杀戮、威胁、利诱、欺骗、收买等手段进行全方位扩张,有数不清的国家、民族和土著居民在这一过程中被消灭。俄国的每一次战争胜利几乎都伴随着疆域扩大,给俄罗斯是"强势民族"的心理提供了事实依据,这种理念随后又以民族心态、社会心理、价值标准和政治倾向等方式表现出来,在俄罗斯民族中世代传承。

② 具有种族民族主义色彩。调查显示,对一个非俄罗斯族人当选总统的设想,大多数民众表现了不能容忍的态度。据俄罗斯科学院远东分院历史、考古和民族学研究所调查,29%的俄罗斯远东人在与中国人交往时有民族优越感,在20岁以下的年轻人中达到50%,2/3的远东人对中国人有排斥感。43%的俄罗斯族人认为,俄罗斯族人应该比其他民族拥有更多权利。俄罗斯光头党甚至提出"白人至上"和"外国人滚出俄罗斯"的口号。俄罗斯人的排外心理对犹太人更加突出。1881年后,俄国推行针对犹太人的语言和宗教同化政策:关闭犹太人的学校和出版刊物,把犹太人儿童送到东正教会学校学习东正教。沙皇尼古拉二世(1868—1918)对犹太人的偏见尤其深刻,他说:十个闹事者中有九个是犹太人。斯大林禁止犹太人在国家机关工作,限制高等学校招收犹太生,科研机构也采取限制犹太人的措施。苏联解体以后,官方反犹主义虽基本停止,但社会上的反犹情绪依然存在,反犹暴力事件也不时发生。

③ 对外政策表现为实用主义。历史证明,俄罗斯可以随时放弃理想主义的意识形态原则,也可以随时撕毁签订的国际条约、协定。实用主义是俄罗斯外交永恒不变的准则,突出表现是自私和精明,为了俄罗斯利益不惜牺牲他国甚至盟国的利益,同魔鬼握手。19世纪初,为了抵抗拿破仑进攻,俄国先与英、奥、普组成反法同盟。在军事上接连失利时,亚历山大一世(1777—1825)转而与拿破仑和谈,相互承认各自在欧洲一系列国家取得的权益,并加入反英同盟,按照"拿破仑在西、亚历山大在东"的原则瓜分欧洲。基辛格(H. A. Kissinger, 1923—)说:"斯大林的确是个难猜之谜;但在处理国际关系上他是个极端的现实主义者——耐心、精明、不妥协……"在第二次世界大战期间,斯大林(1879—1953)先与德国签订《苏德互不侵犯条约》,与希特勒

制定共同瓜分欧洲的计划,并向德国出口石油、锰、铜、镍铝、木材、谷物、橡胶等重要物资,大发战争财。为了避免东西两线作战,又与日本签订《日苏中立条约》,苏联在事实上承认伪满洲国,日本承认外蒙古独立,以牺牲中国利益换取日本在苏德战争爆发时不对苏宣战的承诺。1945 年 8 月,苏联出兵中国东北,参加对日作战,条件是恢复俄罗斯在日俄战争中丧失的一切权益,要求国民党政府承认外蒙古独立。第二次世界大战结束后,苏联如愿以偿,占领了库页岛南部以及包括千岛群岛在内的附近一切岛屿,从日本手中夺取对中东铁路、大连、旅顺港的控制权,外蒙古也在苏联一手操纵的"全民公决"中正式脱离中国。因此,尽管苏联在二战中为粉碎法西斯集团作出了巨大贡献,但苏联与德国和日本签订的"互不侵犯条约"和"中立条约"加速了欧洲战场的进程,为日本发动太平洋战争创造了条件,为日后苏德战争的爆发埋下了隐患。

(2) 注重精神需求,轻视物质功利。俄罗斯民族对财富很淡漠。轻视聚财和节俭是俄罗斯文化一贯奉行的美德。为了某种精神追求放弃和牺牲物质利益的人会受到敬仰。俄罗斯人生活拮据,但在看芭蕾舞或听音乐会时却衣着讲究,有些人还会给喜欢的演员献上价格不菲的鲜花。老兵们都精心保存着在战场上获得的勋章和奖章,在每年 5 月 9 日的红场阅兵式上,胸前一排排勋章和奖章是最耀眼的风景。格奥尔吉耶娃说过:一枚以东正教圣徒的名字命名的勋章就足以让无数俄罗斯士兵义无返顾地驰骋疆场,为俄罗斯帝国建功立业。俄罗斯有颁发奖章和勋章的悠久历史。1698 年彼得一世首次在俄罗斯创立勋章奖励制。苏联时期将这一传统发扬光大。党和政府颁发的勋章和奖章数量之多,在世界上没有哪个国家能与之匹敌。

马克思认为,西方资本主义经济有特殊的文化和宗教基础。他说:《资本论》反映的是西方实际情况,并非总能适用于俄国。东正教不可能促成资本主义精神诞生。俄罗斯民族重精神轻物质的文化传统与东正教教义有密切联系。在俄国,人们鄙视追求世俗功利,耻于言利,轻商抑商。在东正教传统中,"经商"历来不被看作正途。俄罗斯 1993—1994 年推行"证券私有化"时,相当大一部分人把证券拿去换酒喝。俄罗斯民族也具有仇视资本主义聚敛财富的心态。19 世纪上半叶,在农村,富农被称作"吸血鬼"。"富农"在俄语中是贬义词,指吝啬、守财奴、善于钻营的人。俄国农民的愿望就是没收地主的土地,转归村社所有。苏联农业集体化运动开始后,苏维埃政府没收富农财产,宣布消灭富农阶级。富农中有的被当作反革命遭逮捕,关押到集中营甚至枪决,有的被驱逐流放到国家的边远地区。

对待物质生活,俄罗斯民族具有平均主义的思维方式。在俄罗斯知识分子的观念里,平均分配、平等主义观念一直占据主导地位。俄罗斯人对鼓励个人成功的理念有本能反感,平均主义思维方式在俄罗斯联邦实行证券私有化中得到淋漓尽致的反映。叶利钦为了"使改革不可逆转",不自觉地采取了具有浓厚平均主义色彩的办法——获得 1 万卢布的私有化证券。俄罗斯在发展资本主义时,只考虑社会公平,未兼顾经济效益。普京也在《真理报》上发表讲话说:"一个把老百姓的居住权、健康权和受教育权拿来作为筹码,拉动经济的政府,一定是个没有良心的政府,真正执政为民的政权,一定要把这三种东西当作阳光、空气和水,给予人民。……一个国家的执政文明,就表现在对弱势群体的关怀上,而不是表现在富人有多富,也不表现在经济增长的数据。"

(3) 极端主义和夸张倾向。俄罗斯民族非常情绪化,非常爱走极端。俄罗斯人干什么事都喜欢走极端:建筑物是庞大的,农民对沙皇的信奉和忠诚达到极至,贵族与僧侣的民族自尊及对外国人的敌视也极端。在 18—19 世纪,俄国显贵醉心于修筑宫殿庄园,学说法语,追求欧洲时髦达到令人吃惊的程度。托尔斯泰写道:"要爱就爱得发狂,要怒就决非儿戏一场,要骂便骂到火冒三丈,要打则冒失卤莽不思量! 要吵就无所顾忌,要罚则总有凭据,要求就全心全意,要吃就大摆筵席。"别尔嘉耶夫也说:"俄罗斯民族只能在极化性和矛盾性上与欧洲民族相比,它是更加直爽和更富有灵感的民族,它不懂得方法而好走极端。"正如一句俄语谚语所表达的:要么全有,要么一无所有。利哈乔夫说过:"俄罗斯民族是从一端迅速而突然转向另一端的民族,因此这是一个历史不可预测的民族。"在与俄罗斯人打交道时,人们总会感受到他们的大起大落的情绪,人们无法理解:俄罗斯人怎么会突然大喊大叫;怎么说好的事会说变就变;在与东方人共事时,为何总有一种优越感,而面对西方人时,却变得彬彬有礼。

俄罗斯民族是一个天性自由、"不能也不愿意在自己的土地上建立秩序"的民族。由于东方文化的强行介入,使它建立了一个高度集权的封建专制国家。由于这个制度的残酷剥削与压迫和集体主义精神,俄罗斯人普遍表现出温顺、驯服的特征。但是,俄罗斯人又缺乏理性,常感情用事,极容易走极端。"决斗"便是这种性格特征的产物。俄式的决斗集决斗经验与智慧于一身,体现出对决斗品格的尊重。它宣称:决斗在任何时候、任何情况下均不得作为满足私利的手段,仅是维护荣誉的方法。这种方法至高无上。一方愤然将白手套扔在对方脚下(提出决斗),另一方必须接受挑战,否则便是懦夫。19 世纪以来,相当一批俄罗斯作家都由于一时激动,走上了极端的道路——决斗。普希金(1799—1837)死于决斗,莱蒙托夫(1814—1841)、赫尔岑(1812—1870)、屠格涅夫(1818—1883)、托尔斯泰(1828—1910)等都曾参与决斗或走到了决斗的边缘。叶利钦时代的激进改革更是俄罗斯人走极端的写照。70 年前俄罗斯人对社会主义投入了无限热情,70 年后又对其全盘否定。"摧毁一切、彻底决裂、脱胎换骨"的激进主义改革使俄罗斯国家再度陷入危机,人民生活水平急剧下降。

心理学家卡西扬诺娃认为,俄罗斯人总处于一种从安静消沉到激动亢奋的循环中。安静消沉时，他们处事冷漠，执拗坚韧，甚至行动迟缓；情绪激奋慢慢积攒着，等劲憋足了，任何小事都可能打开闸门，狂风暴雨般的情绪洪流会排山倒海，势不可挡。俄罗斯人的懒惰、忍耐性、保守性出于他们的安静消沉，他们的无节制、粗野不羁、残忍暴虐出于他们无法控制的情绪。还有学者认为，俄罗斯民族性格中最根本的特征是非理性主义、极端主义和情绪化，其他性格均从这几个最基本特征中派生出来。譬如，非理性主义导致行为不可预测性；极端主义使俄罗斯人不善中庸之道，不善妥协；情绪化把俄罗斯人引向宿命论、神秘主义和乌托邦，说话办事受情绪左右而不权衡利害；情绪化伴随多愁善感，表现为善良和富有同情心。有学者认为，俄罗斯人没有耐心的力量，使俄罗斯不能经历酝酿过程，不能享受缓慢和自然的文化带来的益处。

俄罗斯人的酒神崇拜非常有特色。希腊的酒神崇拜有鲜明的狂欢性，是希腊人强有力生命的自然释放。俄罗斯人也有狂欢文化，这种狂欢文化中有更多的非理性因素。俄罗斯人的狂欢文化不仅表现在节日和庆典中，还表现在日常生活的饮酒文化中。俄罗斯人酷爱饮酒，他们不仅是为了享受酒的美味，而且是为了追求酒后心灵的无拘无束的自由感，以求进入酒神状态，获取酒神狂欢的激情。并且，俄罗斯人的狂欢行为远远超越了庆典的约束，他们经常在朋友间举办的宴饮、聚会上边饮酒边载歌载舞，尽情地表现酒神带来的灵感和迷醉，以及蕴藏在生命中的潜在热情和冲动。当然，对苦难深重的底层俄罗斯人而言，饮酒后民族狂欢性格的充分抒展，也是灵魂的暂时解脱。人们会发现，与俄罗斯人喝酒不必劝酒，他会先把自己灌醉，酒可以让他享受一下。但喝完酒后，一多半俄罗斯人会变得伤感，和人谈起伤心之事，甚至声泪俱下。在喝酒过程中，俄罗斯人的极端与夸张的天性得到了典型体现。

俄罗斯民族的极端主义和夸张倾向在政治、经济生活中表现得尤其明显，非左即右。例如，哥萨克与国家制度和国家政权水火不容，是典型的无政府主义者。同时，逃离政权和归顺政权在哥萨克身上得到了完美结合。彼得大帝的欧化改革是用野蛮手段制服俄国的野蛮。叶卡捷琳娜二世在学习西方自由、平等思想的同时，把俄国变成一个更等级森严的社会。亚历山大一世在执政初期信誓旦旦要给俄国一部宪法，后期却在国内推行军警专制。高举民主旗帜的叶利钦用武力解散了全民选举的人民代表大会和最高苏维埃。苏联解体后，每到大选年份，人们最关心的不是总统候选人的政纲，而是现任总统的继承人是谁。在经济上，从1861年到1991年，俄罗斯在130年间完成了资本主义—社会主义—资本主义的大轮回。在对内对外政策上，俄国人的风格是简单粗暴。在一个世纪时间里，俄国人数次颠覆了对沙皇尼古拉二世的看法。从享有无限权力、万民景仰的君主，到沦为红军的阶下囚；从全家被秘密枪决，到被册封为东正教圣徒。卡廷森林事件也说明了俄罗斯民族的极端性格。1939年9月，25万名波兰军人和其他抵抗人士成了苏联红军的俘虏。1940年3月，苏联内务部在斯摩棱斯克近郊的卡廷森林及附近地区枪决了其中 2 万多名战俘,并就地掩埋。波兰战俘的万人坑被德军发现后,苏联官方断然否认,反控德国是杀人凶手。1990年 4 月,又公开承认对卡廷大屠杀负有全部责任。

在治理国家方面,俄罗斯民族的处事方式是非白即黑。很多学者把俄罗斯民族的左右摇摆的性格比喻成一个巨大的文化钟摆,总是匆匆忙忙地从一端到另一端,无暇在中间停留片刻。叶利钦(1931—2007)说:"俄罗斯历来抵制实验者。"在俄国历史上,渐进式改革几乎没有成功先例。亚历山大一世改革后爆发了第一次贵族革命,解放农奴的沙皇亚历山大二世、致力于改革农村村社的斯托雷平,均被刺杀身亡。尼古拉二世颁布法律限制君主权力,选举国家杜马并赋予其立法权,但在二月革命中被迫退位,十月革命后又被枪决。与此相对照,俄罗斯历史上的成功改革大都付出了血的代价。斯大林的"大清洗"夺去数以万计的生命。俄罗斯独立后,叶利钦被最高苏维埃解除总统职务后,在强力部门支持下围攻议会大厦。1993 年 10 月 4 日政府军队炮打白宫,反对派被击溃。俄罗斯双重政权的局面最终以流血的方式宣告结束。

俄罗斯民族对待西方的态度也是冰火两重天。苏联解体后,自由派改革家把国家复兴的希望寄托在美国等西方国家身上,社会上弥漫着快速融入西方文明大家庭、与西方国家建立平等伙伴关系的浪漫主义情绪。私有化的目标模式选择了美国式的自由市场经济。在政治领域,俄罗斯对美国的自由、民主顶礼膜拜。1992 年初夏,叶利钦访问美国,在演说中说:他代表世界上最年轻的民主国家来到了民主传统悠久的"圣地"。当改革陷入困境时,俄罗斯人又把经济下滑、生活水平下降、国际地位一落千丈归咎于西方,迅速从对西方的憧憬和膜拜变成对西方的指责和唾弃。1990年,32％的被调查者把美国看作俄罗斯的榜样;1992 年,只有 11％的被调查者把美国当成是模仿的榜样。

(4) 两面性的矛盾性格。别尔嘉耶夫论述了在俄罗斯民族性格中一系列二律背反矛盾对立:专制主义、国家至上和无政府主义、自由放纵;残忍、倾向暴力和善良、人道、柔顺;信守宗教仪式和追求真理;个人主义、强烈的个人意识和集体主义;民族主义、自吹自擂和普济主义、全人类性;虔诚地信仰上帝和虚无主义、无所畏惧的无神论;相信世界末日与末日审判和表面的虚假虔诚;追求圣洁和容忍肮脏;谦逊恭顺和放肆无理;奴隶主义和造反行动。杜兰在《世界文明史》也对这一充满性格矛盾的民族作了精彩概括:"俄罗斯文明显示出一种奇妙的混合特性,既有违抗不得的纪律,又充满着冷酷无情的压迫,虔诚中夹带着暴力,祈祷神祇而又亵渎它们,充满着音乐但也非常粗俗,忠诚而又残忍,一副奴隶似的卑微却时而表现出不屈不挠的英勇。这一民族无从发展出和平的美德,因为面对着漫长的冬天和待不到黎明的冬夜,他们必须要战斗,而这是一场苦斗,他们要战胜横扫冰封大地的凛烈极风。"俄罗斯文化中的圣愚形象也是典型的二元对立,圣愚是智慧和愚蠢、纯洁和污秽、传统和无根、温顺和强横、憧憬和嘲讽的矛盾统一体。

俄罗斯民族性格的两面性、矛盾性表现在许多方面。俄罗斯经常会体现出左右摇摆的不稳定性:既有国家观念,又渴望有随心所欲的自由;灵魂浸透了个人主义、强烈的个人意识,又充满无个性的集体主义;有时非常懒惰,有时又非常勤奋;有时非常霸道,有时又非常恭顺;有时非常蛮横,有时又非常虔诚。在国家面临生死存亡的危急时刻,会迸发出非凡的爱国主义激情、勇敢、耐力、坚忍不拔和牺牲精神;但在日常生活中,一些人甚至不愿意为国家、单位多干一点活,按时休息、下班,到时候休假是雷打不动的规矩。在处理国家间的关系时既慷慨,又小气。中华人民共和国建立后,中苏之间建立了"同志加兄弟"关系。在"蜜月"期间,3000多名专家来华帮助建设,在不到10年时间里援建了150多个项目,帮助中国建立了比较完整的基础工业和国防工业体系。但在意识形态领域出现分歧后,很快撤走了所有专家,撕毁了所有项目合同,使中国蒙受了巨大损失。一个国家能够在几年前无私地帮助你,几年后却又撕破脸皮对待你,这种左右摇摆、忽冷忽热的性格叫人难以理解。

(5)权力崇拜。国家权力高度集中是俄罗斯政治制度的突出特征。沙皇伊凡四世在16世纪的特辖制改革开启了加强君主权力的进程。18世纪彼得一世的改革最终确立了绝对君主专制制度。在20世纪的绝大多数时间里,俄罗斯都在极权主义的斯大林模式中度过。苏联解体后,俄罗斯通过全民公决确立了超级总统制,总统权力凌驾于立法、司法和执行权力之上。长期的专制使俄罗斯民族养成了浓厚的权力崇拜心理。

在历史上,俄罗斯民族具有只反贵族、不反沙皇的传统。沙皇在臣民心中有奇迹般的权威和力量,受到顶礼膜拜。君主与臣民是一种宗法家长式关系,沙皇拥有恩宠或惩罚臣民的无限权力,臣民有服从沙皇意愿的义务,否则整个宗族就有毁灭的危险。在俄国人心中,沙皇是上帝的使者,是善良和仁慈的化身。"沙皇虽狠,却公正"的思想已经成为臣民的信条。在俄罗斯历史上,农民起义均不反沙皇,只反贵族。

十月革命改变了政权,却未改变俄罗斯人对权力的崇拜。斯大林成了俄罗斯人的"父亲",领袖画像犹如圣像般受到人们的崇敬。卫国战争胜利后,对斯大林的崇拜达到巅峰,"亲爱的领袖和导师"、"敬爱的慈父"、"有史以来全人类最伟大的领袖"、"我们星球上最伟大的人物"等标语随处可见,对斯大林的歌颂写进苏联国歌中。牧师杜普科说出了俄罗斯人的心声:斯大林就是我们的上帝。在俄罗斯,只要存在对秩序的需求,就会产生对斯大林主义的强烈需求。2005年5月,俄罗斯社会舆论基金会以"斯大林在俄罗斯人民心中的形象"为题进行调查,58%的受访者对斯大林给予肯定的评价。2006年2月,47%的受访者正面评价斯大林在俄罗斯历史上的作用。在普京钦定的历史参考书《俄罗斯现代史》中,斯大林被称为苏联最成功的领导人。甚至在苏联时期遭到镇压的持不同政见者,在苏联解体后也出人意料地为斯大林辩护。季诺维也夫说,斯大林是人类历史上最伟大的人物之一;索尔仁尼琴认为,斯大林是"最伟大的人"。斯大林对俄罗斯民族的这一心理了解得非常透彻。他说:"千百年来在沙皇统治下的俄罗斯人——是皇权主义者。俄罗斯人民,尤其是俄罗斯男人已经习惯了以某个人为首。"斯大林还曾经亲口对他母亲说:"我就像沙皇。"

普京现象很充分地反映俄罗斯人的权力崇拜心理。1999 年 8 月,"普京是谁?"是俄罗斯各大媒体最热门话题。4 个月过后,普京的民意支持率就达 49%,2000 年 1 月升到 55%。2000 年 3 月,普京成功当选俄罗斯总统。普京从一个默默无闻的克格勃上校到成功当选俄罗斯总统,与车臣反恐战争的顺利推进有关,普京是俄罗斯人期待已久的铁腕领导人。普京在俄罗斯国内一直支持率居高不下,与他以俄罗斯国家利益为重的外交政策有关。针对美国等西方国家对俄罗斯民主的指责,普京提出"主权民主"的思想。2014 年 3 月,普京利用全民公投,把乌克兰的克里米亚和塞瓦斯托波尔市并入俄罗斯。普京在国际舞台上的强硬立场和侵略做法,受到国际社会的谴责和制裁,却让俄罗斯人扬眉吐气,体验到久违的大国公民的"优越感"。

(6) 爱国主义。俄罗斯民族的爱国主义历来与皇权崇拜有密切联系。俄国士兵在作战时所喊的口号是"为信仰、为沙皇、为祖国"。显然,自然的祖国与政治的国家总是密不可分。不仅如此,俄罗斯在宗教上历来是既敌对于东方的多神教,又敌对于西方的天主教。在异教包围中,俄国人形成了一种独一无二的宗教使命感。这种宗教使命感与爱国主义结合在一起,形成一种特殊的文化,使俄国的爱国主义不仅表现为对祖先的崇敬和对祖国的热爱,还表现为俄国的历史使命感、俄国与人类的特殊关系以及俄国对人类的义务和责任。于是便不难理解,为什么俄国人认为,十月革命后他们肩负着传播马列主义、带领人类奔向共产主义的使命;为什么苏联人总有一种强国自豪感,认为自己是"人类的灯塔",要给予其他社会主义国家"兄弟般的援助"。

(7) 富于文学艺术创造力。俄罗斯民族在 1000 多年的历史中创造出极高的文学艺术成就。俄罗斯在文学、音乐和绘画等领域为世界贡献了无数杰出作品,成为全人类的精神瑰宝。说起俄罗斯文学,人们会想到普希金、托尔斯泰、屠格涅夫、陀斯妥耶夫斯基(1821—1881)、果戈里、莱蒙托夫(1814—1841)、契诃夫(1860—1904)等。历史上,获得诺贝尔文学奖的俄罗斯作家就有 5 位:蒲宁(1870—1953)、帕斯捷尔纳克(1890—1960)、肖洛霍夫(1905—1984)、索尔仁尼琴(1908—2008)和布罗茨基(1940—1996)。俄罗斯人在音乐领域的杰出成就是与格林卡(1804—1857)、柴可夫斯基(1840—1893)、肖斯塔科维奇(1906—1975)等名字联系在一起的。

20 世纪的俄罗斯宗教哲学家别尔嘉耶夫在其名著《俄罗斯思想》中曾经深刻剖

析了俄罗斯人的精神内核:"俄罗斯人的天性是完全极端化的。一方面,是恭顺,是对权利的放弃;另一方面,是由怜悯之心激起的、追求正义的暴动。一方面,是同情,是怜悯;另一方面,是潜在的残忍。一方面,是对自由的爱;另一方面,是对奴役的接受。"其实,在对外部世界的态度上,俄罗斯也经常是二律背反的结合体:一方面是"弥赛亚思想",试图充当"第三罗马"去拯救世界;另一方面是强烈的"孤岛意识",认为俄罗斯时刻被敌人围困,希望采取孤立主义与世界相隔离。

沙皇亚历山大三世(1845—1894)有一句名言:"俄罗斯没有朋友,我们在世界中只有两个可靠的盟友——我们的军队和舰队。其他人极有可能武装起来反对我们,它们害怕我们的庞大。"乌克兰危机之后,俄罗斯社会中"不安全感"和"孤岛意识"重新复活,普京在2015年与民众的"连线"中再次引用了亚历山大三世的这句名言。其实,在苏联解体之后的四分之一世纪里,俄罗斯对于全球化的态度始终是若即若离的。尽管2000年普京赢得总统选举之后,曾在格列夫为他制定的经济发展方案中确定了进一步融入世界主流,包括尽快加入WTO的基本思路,但正如任教于法国巴黎政治学院的俄罗斯裔经济学家谢尔盖·古里耶夫2015年12月著文指出的,"在实践中,普京的精英们支持全球化的言论总是伴随着保护主义政策和抗拒整合的倾向……即使是在加入WTO之后,俄罗斯政府也采取了大量的措施以削弱自由贸易和外国直接投资"。

俄罗斯民族人格特征的形成原因

(1) 地理环境的影响。"一方水土养一方人。"俄罗斯人的人格特征孕育于俄罗斯这方水土。自然地理条件在俄罗斯民族的人格形成中是不可忽视的因素。俄罗斯是世界上领土最大的国家。辽阔的原野,无边的森林,四通八达的河流,造就了俄罗斯人的粗旷、豁达和心胸开阔的性格。他们热爱自由,喜欢宽阔的美。俄罗斯的大部分疆域处于高纬度地区,黎明和黄昏的时间特别长,广袤的原野,漫长的黄昏,滋养了俄罗斯人独有的忧郁。严冬里的酷烈气候要求俄罗斯人具有强健的体魄、与严酷自然斗争的勇气以及忍耐精神。俄罗斯人以独特的豪勇和逞强任性对付大自然的严酷恶劣、变幻无常。俄罗斯地广人稀、土地肥沃、资源丰富,只消粗旷经营,用不着精耕细作,因此,总喜欢凭侥幸、碰运气,不喜欢推敲斟酌、运筹算计。俄罗斯冬季漫长,春天来得晚,大自然的生灵经过严冬近半年的压抑和能量蓄积后,可在两三天内勃发出无限生机,加之夏季十分短,俄罗斯人于是习惯了在很短时间里使用爆发力,快速而拼命地劳作。然后,秋天早来临,紧接着又是冬天,于是便长久地松弛、休息、无所事事。在这样环境里,自然会滋生出懒惰。历史学家克留切夫斯基(1841—1911)说,欧洲没有任何一个民族善于像俄国人那样紧张而强化地劳动,也没有任何一个民族像俄国人那样不善于循序渐进、持之以恒地干活。"大自然培养了俄罗斯人能在极短的时间里玩命地工作、拼命地劳动,但也使他们不习惯持之以恒地、有条不紊地劳动,一时的爆发有余,而长期的耐力不足。"

俄罗斯横跨欧亚大陆,作为欧洲和亚洲分界线的乌拉尔山脉把它一分为二,使它处在东方和西方之间。俄罗斯认为自己既是欧洲国家,又是亚洲国家。由于地理原因,俄罗斯始终与东西方有密切的接触。这种特殊地缘因素引发一个问题:俄罗斯属于东方还是属于西方?俄罗斯强调自己的西方特征,然而欧洲却从未把它当成欧洲的真正一员。面对西方,俄罗斯是东方;面对东方,俄罗斯又是西方。俄罗斯就像一个巨大的文化钟摆,一直摇摆在东西方之间,有时亲近东方,有时又摆向西方,一手牵着东方,另一手拉着西方,造成东西方的因素在俄罗斯人的性格中争斗。地理环境对俄罗斯民族人格特征的影响是长久稳定的,如同一位俄罗斯名人所说:"有一个事实,它凌驾在我们的历史运动之上……它同时是我们政治伟大之重要的因素和我们精神软弱之真正的原因,这一事实,就是地理的事实。"

(2) 历史的因素。历史因素对俄罗斯民族人格的影响更具有关键性。在历史因素中,最重要的史实莫过于俄罗斯接受东正教。东正教是基督教的一支。俄罗斯是一个宗教民族,宗教在社会生活中占有相当重要的地位。东正教作为俄罗斯的本位价值观在俄罗斯人的观念占主导地位,引导着俄罗斯人确立价值目的,选择价值取向,满足其情感需要。自从东正教被定为国教以后,俄罗斯便开始了漫长的东正教化过程。东正教的思想渗透到俄罗斯的政治、经济、文化乃至家庭、个人生活中。例如,俄罗斯人性格中的集体主义,来源之一就是东正教的聚合性。东正教要求人人相互帮助和团结一致,教徒具有极强的群体意识,认为得救是集体的事情。聚合性首先指具有共同信仰的俄罗斯人生活的同一性:在教堂里,所有人一起举行宗教仪式,但每个人保留独立的自我,对上帝进行个人的祈祷,以自己的行为面对上帝,最后达到同一。因此,东正教是统一性与自由的结合,这种结合建立在爱上帝和爱上帝者之间互爱的基础上。俄罗斯人崇尚精神文化、富于同情心,具有深厚的人道主义传统,也源于东正教。东正教传承了基督教有神论的人道主义传统,主张博爱、宽恕和忍耐。俄罗斯农民对弱者大多富于同情心,温顺善良,慷慨好施,乐于助人。然而,由于东正教强调通过祷告时的沉思默想达到与上帝的沟通,注重个体性和不可重复性的信仰体验,具有神秘性和非理性,所以俄罗斯人又经常陷入病态的献身狂热之中,或表现为英勇豪迈,或表现为凶狠残酷。东正教宣扬苦行主义的自我牺牲和人人得救的群体意识,因而俄罗斯人富有自我牺牲精神和集体主义精神,表现为国家至上,为了国家可以牺牲个人利益乃至生命。东正教还主张普济众生和"救世"精神,宣扬"第三罗马"理论和"弥赛亚"观。"第三罗马"理论将古罗马称为"第一罗马",将君士坦丁堡称为"第二罗马",将莫斯科称为"第三罗马"。神父菲洛费依对瓦西里三世说:"现在这里是新的第三罗马——由您统治的神圣使徒的教堂,使宇宙之内,普天之下,永远照耀着阳光。……全部基督教将统一于您。两个罗马已经垮掉,第三罗马屹立着,而第四罗马永远不会有。"这体现了东正教是基督的唯一真正信仰者的宗教优越感、救世主意识和神权政治观,认为只有俄罗斯的信仰才是唯一正确的,真正的基督教只存在于俄罗斯,俄罗斯民族注定要完成拯救世界的重任,有义务在世上实现"千年王国"。"弥赛亚"是圣经旧约中记载的救世主,弥赛亚主义就是历史英雄主义。俄罗斯人具有超民族主义精神、特殊历史使命感和救世主义理念与此有关,这种思想为俄罗斯向外扩张奠定了思想基础。

1240 年,蒙古人征服了俄罗斯的大部分国土,并以伏尔加河为中心,建立了金帐汗国,从此开始了长达 240 年的蒙古统治时期。蒙古人虽然未给俄罗斯带来数学和哲学,却使俄罗斯人熟悉了中国的治国策略和征敛方法,因为高度统一的中央集权制是蒙古人统治的典型特征,这一特征承袭了中国的政权模式。这一模式又为以后俄罗斯国家的政权体制打下深深的烙印。从 14 世纪末到 16 世纪,俄罗斯大公的征税制度和军队组织就是按照蒙古人的模式发展起来的。蒙古人的征服和统治使刚接受了西方文明的俄罗斯人急转向东,严重阻碍了同欧洲的联系,使得俄罗斯与西方文明之间距离扩大了。后来,当莫斯科公国的势力强大到足以与鞑靼人抗衡时,为了从鞑靼人的统治下获得独立和解放,也为了维护在其他公国中的霸主地位,莫斯科大公承袭了集权和专制体制。就这样,鞑靼人把东方专制主义引入了俄罗斯。在从基辅罗斯到莫斯科公国的几个世纪里,俄罗斯与西欧几乎没有联系,没有或很少经历确定西方文明的历史现象,如天主教、文艺复兴、宗教改革、启蒙运动等。被认为是西方文明八大特征中的七项——宗教、语言、政教分离、法治、社会多元化、代议制机构、个人主义——几乎都与俄罗斯无缘。唯一例外是希腊—罗马的古典遗产,但它是经拜占庭传入俄罗斯的,与西欧又有相当大不同。由于俄罗斯长期处于农业社会宗法制度和东方专制主义控制下,历史上又缺少文艺复兴、启蒙运动冲击,在俄罗斯民族性格中便形成了"集体主义精神"、"权力崇拜"和"爱国主义"。然而,虽然蒙古人统治俄罗斯长达 240 年之久,却未使俄罗斯彻底东方化。因为俄罗斯人仍然保留着本民族语言——俄语,仍然保留着东正教信仰。

17 世纪末,彼得大帝(1672—1725)发现俄罗斯不同于欧洲,落后于欧洲,决心使俄国现代化、西方化。彼得大帝实行一系列改革:迁都彼得堡、割须换袍、引进西方礼仪、开办学校、创办报纸、派人到西方留学、聘请外国教师和科学家到俄国讲学、创建海军、改组陆军、引进征兵制、引进西方技术、建立国防工业等。在进行西化改革的同时,又通过完善专制体制、消除社会政治多元化等手段强化俄罗斯的东方特性。他废除有可能干预皇权的大贵族杜马,成立由他亲自指定人选的参政院;农奴的自由进一步受到限制;东正教教会受皇权的直接控制。这些变革既在俄国开创了现代化与西方化的联系,又强化了专制体制。后来的统治者都在不同程度上遵循了彼得模式。于是,在俄国历史上,中央集权成了社会和经济改革的前提条件。

彼得的改革带来一些变化,但社会仍旧是一种混合体:除小部分精英外,亚洲和拜占庭的思维方式、体制、信仰在俄国社会中仍居主导地位。虽然彼得大帝极力想让俄国走上欧洲的轨道,改革也使俄国成为欧洲强国,欧洲文化对俄国产生了很大影响,但对俄罗斯民族的心理和行为产生深刻影响的仍是东方文化,即拜占庭和鞑靼文化。有学者认为:"俄国人按其精神结构来说仍属于东方民族。"由于西化改革,俄国的国防增强了,科技文化进步了,首都的建筑欧化了,俄国人的胡须剪了,袍子短了,可俄罗斯人终究还是俄罗斯人,如同别尔加耶夫所说:"俄罗斯民族既不是纯粹的欧洲民族,也不是纯粹的亚洲民族。……俄罗斯连接着两个世界。两种因素——东方的因素和西方的因素——始终在俄国人的心灵中斗争着。"东西方两股历史潮流相互撞击,欧亚文明的相互融合,是造成俄罗斯民族性格矛盾性、复杂性、两面性、两极性的原因。

俄罗斯民族的集体主义也和村社传统有关。俄罗斯有 1000 多年悠久的村社土地占有传统和近 70 年的农业集体化历史。农村公社实行土地共有私耕制,农民对土地只有使用权。政府利用公社加强对农民的控制,强化了农民心中土地归公社所有的意识。1917—1920 年土地改革和战时共产主义时期,土地再次收归苏维埃国家所有。农业集体化运动开始后,集体农庄取代村社,村社传统得以延续。俄罗斯农民的土地私有观念非常淡薄。土地平均分配和定期重分,村社分配租税,给予贫困农户税收优惠和救济,这些制度使俄国农民的平均主义思想根深蒂固。对俄罗斯农民来说,村社就是世界。普京说:"大多数俄罗斯人不是把改善自己处境的愿望同自己的努力和创业精神联系在一起,而是首先想到国家和社会的扶持和帮助。"

(3) 社会结构的影响。俄罗斯的社会结构存在矛盾。俄国史大半是封建社会史。从 9 世纪建立基辅罗斯到 20 世纪 80 年代,约 1200 年,前 1000 年左右是封建社会,中间 50 多年(1861—1917 年)是资本主义社会,最后 70 多年是社会主义社会,苏联解体后又进入短暂的资本主义社会。在封建社会里,农民遭受的压迫剥削十分残酷,无人身自由,是地主的私有财产,社会两极分化严重。在西欧进入工业时代时,俄国还保持农奴制度。与此对照,俄罗斯自彼得改革后出现了贵族阶层。彼得要求贵族阶层完全欧化,贵族必须说法语,穿欧式服装。在压迫农奴基础上,俄罗斯出现了一个受到良好教育、非常富裕的贵族阶层。这样,在俄罗斯的社会构成中,上下层之间不平衡,差异巨大。长期的封建专制统治和农奴制度在俄罗斯人的民族性格上打下了深刻烙印。俄罗斯人具有反对封建专制压迫和争取民主自由的光荣斗争的传统,但也有逆来顺受的一面。俄罗斯人的历史多灾多难。他们多次遭到外族侵略。草原民族的骚扰,蒙古入侵与统治,拿破仑大军的攻入,十月革命后的帝国主义武装干涉,第二次世界大战中德军长驱直入,这些都是俄罗斯人长记不忘的。无论什么样的强敌,都未使他们屈服。俄罗斯人骁勇善战,具有战斗传统。19世纪法国历史学家博里厄说过,俄罗斯士兵是"全欧洲最坚韧的",他们的"忍苦耐劳的能力是西方国家从来没有见过的",他们"越过南部的大草原,奔驰至气尽力竭,数以万计的人要在途中倒毙时,还是没有反抗,没有怨言和悲叹……而俄国人在本质上却是全世界最不好战的。"抵御外敌的斗争和胜利,培育了俄罗斯人的爱国主义感情、民族自尊心和民族凝聚力。然而,俄罗斯人在政府迫使下也侵略过别人,进行过一系列扩张战争,侵占了别国的大片领土,这样的战争同样也给俄罗斯人带来死亡、伤残与眼泪,同时也助长了俄罗斯民族的沙文主义和大俄罗斯主义。这些对俄罗斯民族性格的形成,都起到了很大的作用。

英国作家威尔斯(H. G. Wells, 1866—1946)在1920年访俄后描述说:"以斯拉夫人为主体的俄罗斯人打造了今天的俄罗斯,她因为资源的富足和丰饶而产生粗野、懒散、低效、骄傲,也因为人种的聪慧而拥有在航天等高科技方面骄人的成就。民族性格的好坏优劣总有其两面性,也总有其存在的必然原因。"俄罗斯民族的性格历来饱受争议:这是一个经常遭遇外族入侵、苦难深重的民族,又是一个屡次发动战争、侵占周边国家领土的国家。扩张立国的传统造就了俄罗斯的民族主义;古老村社是民族集体主义和平均主义思想的摇篮;笃信东正教使他们轻视物质享受,追求精神价值,为世界贡献了不朽的文学艺术瑰宝;具有非左即右、非黑即白的极端性格使人难以预测;俄罗斯民族对权力的崇拜延续到21世纪。了解俄罗斯民族的人格特征,有助于更好地了解俄罗斯民族和俄罗斯国家,避免与俄罗斯交往中的盲目性。

19.1.6 大和民族的人格特征

大和民族的历史形成

日本即日本国,意为"日出之国",古代称为扶桑国、倭国等。日本国是位于亚洲大陆东岸外的太平洋岛国。西、北隔东海、日本海、鄂霍次克海与中国、朝鲜、韩国和俄罗斯相望,东濒太平洋,领土由北海道、本州、四国、九州4个大岛和3900多个小岛组成。主体民族是大和民族,又称和族、和人。"大和"一词源自公元3世纪日本政权的所在地大和地区。大和民族占日本人口总数的99%,其余为阿伊努族与琉球族,有时成为"日本"代称,如"大和魂"即指"日本精神"。

大和民族主要由居住于东北亚大陆的日本海沿岸居民和太平洋海岛居民融合演变而成,属于蒙古人种东亚类型,文化长期受到东亚大陆影响,但由于特殊地理位置和气候又自成一派。大和民族究竟形成于何时,先人来自何方,在史诗和传说中已不可寻。可以确定的是,在公元前某个时间,开始了向日本的持续且不断增长的移民迁徙。移民主要是蒙古人种,主要由来自西伯利亚及中国东北的通古斯人、南洋群岛的马来人、中南半岛的印支人、在弥生代时期中国淮河下游及长江下游地区的部分移民,以及古代汉人和古代朝鲜人混合形成。从 20 世纪 80 年代起,日本一些学者就从民俗学、生理学和基因学角度出发,主张大和民族的发源地在中国云南省,与彝族、哈尼族、傣族有共同祖先。公元 5 世纪,大和民族统一了日本。

中日两国,不但同种,而且同宗。传说秦始皇统一中国后,为了求长生不老药,派徐福率领 3000 名童男、童女,乘由 50 艘船组成的庞大船队,东渡日本寻找长生不老药。由于未找到长生不老药,回去必死,徐福一行就留下来。此时的日本仍处在石器时代,大多数日本人蓄长发,用绳结扎在头顶,用一条白布系在额头上。他们大多是黥面纹身的渔民。女人穿的衣服不过是一块在颈部挖了个洞的布,像墨西哥人的披风。人们性格平和,不会嫉妒,实行一夫多妻制,喜欢喝酒,用手抓取食物,无肉吃,通常吃鱼、蔬菜和大米,长寿,可以活到 80 到 90 岁,有的甚至活到 100 岁。他们在种稻和捕鱼外,还特别擅长巫术、预言、占星和用泥土占卜。公元 645 年,日本向中国唐朝学习,进行大化改新。12 世纪后期,进入幕府时代。1868 年,日本向欧美学习,进行明治维新,跻身资本主义列强,对外逐步走上侵略扩张道路,曾经侵略中国、朝鲜等亚洲国家。现代日本的国家理念为立宪主义、国民主权、基本人权的尊重、和平主义,实行以天皇作为日本国家与国民的象征君主立宪政体。日本属于发达国家,是全球最富裕、经济最发达和生活水平最高的国家之一。

绝大多数大和族人使用日语和日文。日文分为汉字和假名,汉字有两种读法,一种是音读,一种是训读。假名又分为平假名和片假名。不论是平假名还是片假名,字型都仿自汉字。日本古代没有文字,和中国有文化交流后,利用汉字草书字形创造了平假名,利用汉字的偏旁部首创造了片假名。"平"(ひら)是容易、简单的意思,"片"(かた)则是片面、不完全之意。日语的发音是由"あいうえお"五个元音为主串成的音节,比汉语元音少了许多。

大和民族的人格特征

大和民族是一个具有矛盾性格的民族。第二次世界大战期间,美国文化人类学家本尼迪克特的名著《菊与刀》从文化人类学的视角,以大量事实对日本人的人格特征作出了令人信服的解析和评判:"日本人生性极其好斗而又非常温和,黩武而又爱美;倨傲自尊而又彬彬有礼;顽梗不化而又柔弱善变;驯服而又不愿受人摆布;忠贞而又易于叛变;勇敢而又懦弱;保守而又十分欢迎新的生活方式。"在本尼迪克特看来,日本是一个具有双重性格的民族,它具有柔美如菊的一面,可醉心于菊花栽培;又具有黩武好斗的一面,崇尚刀剑和武士的无上荣誉。周作人留学日本且不遗余力地翻译和推介日本文学,并长时间致力于日本问题研究。他指出:"近几年我心中老是解答,日本人最爱美,这在文学艺术以及衣食住行的形式上都可以看出,不知道为什么在对中国的行动显得那么不怕丑,日本人又是很巧的,工艺美术都可以作证,行动上却又那么笨,日本人喜洁净,到处澡堂为别国所无,但行动上又那么脏,有时候卑劣得叫人恶心。这真是天下的大奇事,差不多可以说是奇迹。"那么,大和民族究竟有哪些人格特征呢?

(1) 既优雅,又残忍。大和民族是优雅与残忍的结合体,这是大和民族人格特征中最显而易见的一点。菊本是日本皇室的家徽,它呈现出来的是优雅与柔美,正如贤惠的日本女子一样温雅哀婉;刀是武家文化的象征,是"武士道"精神的灵魂,诉诸的是暴力。本尼迪克特将大和民族的这种人格特征形象化地比喻为"菊与刀",菊的恬淡优雅和刀的凶暴残忍,一如日本的樱花和武士。

大和民族的优雅,记录在文学、影视艺术中,渗透在日常生活里。日本文学中描写了很多清纯、恬静又很青涩的的女子,她们追寻着纯净又甜美的情感。日本家庭主妇更是优雅的典范,她们动作优雅,有礼貌、重礼节,在家里是贤内助,把家里的一切打理得井井有条,同时又很能吃苦,十分隐忍。日本武士也有优雅一面。日本武士看待死亡非常淡然,他们希望像樱花一样悲壮地死去。日本人认为,樱花就是日本的象征:樱花开放时恣情灿烂,绚丽无比,但由于花期短暂,凋零时又那么迅速,令人感伤,这犹如日本人的性格,在短暂生命中纵情地闪耀着生命光辉,然后在忧伤中悄然地离去。他们认为,樱花最美丽的时候不是在它盛开的时候,而是在它凋谢的时候。虽然樱花在盛开时非常美丽迷人,但在它凋零时,一夜之间满山的樱花全部凋谢,没有一朵花留恋枝头,这就是日本人为什么追求一种"悲壮的美感"的原因。樱花的整体开放与凋谢正是日本武士集团精神的象征。日本人认为,武士也应像樱花一般,只要实现了自己的理想,生命随时可以舍弃,当要舍弃生命时就应优雅如樱花,对生命绝不会有丝毫留恋,给自己的生命一个果断而华丽的结局。从这个意义上来说,这样的死也算是很优雅的,优雅得干净利落。日本武士的优雅还表现在他们崇尚正直、坚毅、简朴、胆识、礼节、诚实、忠诚等美德。正是拥有这些美德,让他们身上愈加散发着优雅的气质。

日本人又很残忍。在侵华战争中,日本人表现得异常凶狠残忍,是冷血的屠夫。日本人不仅对外残忍,对自己内部人也残忍。日本人对自己的残忍,可以从武士道的"切腹"中感受到。切腹是日本武士道精神的典型行为。武士道源于日本,是以为主君不怕死、不要命的觉悟为根本,强调"毫不留念地死,毫不顾忌地死,毫不犹豫地死",为君主毫无保留地舍命献身的精神。"切腹"仪式很有讲究,在《武士道》中有详细描述：切腹前要把刀子擦得很干净，切腹时要从左边开始切，力道要适中，切得太深了，就会向后倒，所以切腹时要双膝跪好，身体向前俯伏，眼睛要睁开。即使刀尖停滞了或气力松弛了，还要鼓起勇气把刀拉回来。这种死亡方式在日本人看来不仅无上光荣，而且是完美的升华，所以就出现了把切腹当作一件荣誉的事，甚至滥用切腹。切腹过程如此讲究，让人觉得这是一个很庄重的仪式，又充满了血腥，让人难以理解他们对生命的释然抑或是不在乎。日本人的这种思想以及残忍嗜血的习性由来已久，并且渗透到骨子里。大和民族是优雅与残忍的结合体。即使是在今天，日本人还是一样的在各个领域中展现出这些特性。大和民族这种矛盾的人格，总是一边让人温暖，一边让人不寒而栗，时刻展现出双重性，具有鲜明的民族特色。

大和民族优雅与残忍的人格特征与地理环境有关。日本是个岛国，地震、台风肆虐，人类脆弱的生命，在肆无忌惮、不可抗拒的大自然面前，显得不堪一击，稍纵即逝。所以，日本人骨子里有种忧伤，是对那即将逝去的生命的感怀。在死亡面前，日本人选择了如下做法：①纵欲。生命如此短暂，人生的种种欲望又何必掩饰，性之所至，无所不可，从这一角度，才能真正理解在日本为什么色情业会如此发达，也可以理解在第二次世界大战期间日本士兵对被侵略国家妇女的强奸暴行及慰安妇制度。②嗜杀。在日本人看来，生命是那么短暂，死亡却无法抗拒。死亡是一种忧伤的美。正由于对生命的漠视，所以日本人在战场上是异常的凶残。③柔美。纵然能够在灯红酒绿之下快活，在女人裙下风流，但表面欢快仍难遮掩内心的空寂。如何在短暂中寻求永恒，是日本人苦苦追求的真谛。所以他们沉醉于"道"，企望从心灵中去追寻生命的永恒。大到高深的武士道，小到茶道、插花，日本人都刻意去追求一种唯美。他们似乎也只有在这种寂静之中方能体会到永恒的所在。这一切，塑造了日本人表里不一的民族性格：外在的恭恭敬敬、彬彬有礼，带有女性的柔美之情，内心却充满情欲与杀戾之气。

(2) 既自傲，又自卑。自卑感与优越感并存，是大和民族众多矛盾性格组合的一种。自卑感与优越感是一枚硬币的两个面，自卑感会造成人内心中的一种紧张状态，人不可能长期忍受紧张，为达到心理平衡，会用优越感来自我调节。本尼迪克特认为，日本人的自卑感源于日本的耻感文化和日本文化的"自卑感"。自卑感使日本人疏言自我，甚至可以达到"无我"地步。但是，日本人又有极强的优越感，而且正是因为有自卑感存在，才使得日本人在另外一面寻求优越感。

日本人非常自卑，非常自谦。日本人的"谦"源自于中国礼教，受《论语》影响最大。他们的"卑"颇带些小人味道。为了实现"谦"后面隐藏的险恶目的，他们不惜分地"谦"，而"谦"过分了就成了"卑"。最典型的例子莫过于日本人在偷袭珍珠港之前在美国人面前的外交表现：日本驻美国大使还在非常"谦卑"地向美国总统罗斯福递交寻求和平的国书,可此时他们的飞机已开始轰炸了。所以,罗斯福怒不可遏,竟然给日本大使上了句国语:Get out!

日本人的"谦卑"主要由语法中"敬体"体现。老人对小孩子如何说话,小孩子对老人如何说话;男人对女人如何说话,女人对男人如何说话;政府官员中上级对下级如何说话,下级对上级又如何说话:这些都涉及"敬体",这是个相当麻烦的语法。日本人从小到大,年积月累地学下来,自然不特别觉得难,但对学日语的外国人来说,却非常头疼。

大和民族在先天的自然环境和资源条件方面很难有优势,但他们始终具有强烈的危机意识和不甘落后、争做一流大国的理想和目标。日本人具有强烈的忧患意识。在日本小学教科书上,写上类似于"我们的国家资源稀少、国土面积有限"的国情知识,引导日本儿童养成珍惜资源的理念。大和民族生存在一个四周环海、面积不大、多山的狭长岛国里,可耕地只占全国面积的15%,矿产资源贫乏,且饱受地震、台风、海啸威胁。这种不利于民族生存发展的自然环境,造就了大和民族的团队精神、创造性和极强烈的忧患意识。这是大和民族生存和发展的必然选择。然而,日本在明治维新后的经济与社会发展以及第二次世界大战以后日本经济的强劲发展,又使得部分日本人认为日本比其他国家"高贵"许多,大和民族生来就比其他劣等民族优越,应由他们来统治亚洲和世界。这种思想是日本当年走上军国主义道路的根源。

由于自卑感的存在,日本人经常寻求优越感。早在日本向隋唐称臣同时,就建立起对朝鲜半岛的大国地位,模仿中华帝国的册封体系,令朝鲜半岛各国向其称臣纳贡。这种优越意识在日本神道教中表现得更明显:神道教高于佛教与儒教,有无可比拟的优越性。在明治维新后,日本在民族主义大旗下,经过奋发图强,大量移植西方文明,很快跻身世界五强。从此,日本人更是认为自己是人类中的"优秀民族",日本是"神土国家",极力宣扬所谓的"大和魂"。在战争中,日本人的这种性格特征表现得更突出和明显。因为日本是一个岛国,缺乏资源,日本人对此极度焦虑,并且急于向外扩张。当他们和地大物博的中国比时,他们骨子里很自卑,因此他们依靠强大的国力为依托,对中国发动战争。而一旦他们发现很容易进入貌似强大的中国并迅速占领一部分中国领土时,优越感便表露无遗。这时,他们发现"大和民族"是那样强大,中国人是如此不堪一击,他们越发以为中国人不如"大和民族"。就当前世界局势看,日本外交总是仰美国鼻息,但对亚洲国家,日本总是趾高气扬。因为在美国面前,日本是自卑的;在亚洲,日本有无与伦比的经济优势,因此,就有极大的心理优势。

大和民族具有狭隘的民族主义思想。他们做事认真,同时也狂妄自大,是真正的矛盾统一体。客观来说,日本人注重集体协作精神不失为一种优秀品格,但这种集体意识一旦超越了人性,就会导致民族主义膨胀。第二次世界大战前,日本把对外侵略、君临亚洲、称霸世界的观点宣称为大和民族的使命,鼓吹大和民族是优秀民族,把大和民族的利益放到全人类的共同利益之上,主张征服和奴役其他民族。近代日本军国主义扩张,特别是罪恶的侵华战争,与当时日本人整个民族的集体意识的膨胀不无关系。日本的极端民族主义在今天又以新民族主义的形式再现于日本的社会思潮中,不断鼓吹大和民族是世界上最优秀的民族,理所当然地对其他民族处于领导地位。不断突破和平宪法、海外派兵和用金钱收买,企图获得联合国安理会常任理事国席位等。尤其是韩日两国的独(竹)岛之争和近年来钓鱼岛问题、东海石油问题,均表明日本政界在与周边国家关系问题上,带有军国主义的新民族主义更浓厚,动作更咄咄逼人,不能不引起周边国家的高度警惕。

近代以来,日本民族热衷于扩张和侵略。侵略和扩张成为大和民族劣根性的核心。武士道精神最富有侵略性。日本侵略的特点是历史悠久,残暴性强,且死不悔改。现在的日本,仍然残存军国主义传统。明治维新涉及社会政治经济生活的方方面面,而居于主导的是国家军事化和新天皇制建立。日本的现代工业乃至国民身份都在战车推动下建立起来。明治维新以后,日本就走上对外扩张的道路,为此制定了一个征服中国,独霸亚洲,称雄世界的侵略扩张政策——大陆政策,开始实施南进北上的战略。向南侵占中国台湾,以至于菲律宾、印度尼西亚、印度,以及中南半岛与缅甸,向北侵占朝鲜,内蒙以及包括东北三省、华北等在内的大半个中国。日本的对外侵略扩张给亚洲近邻尤其是中国带来巨大灾难:1894 年发动甲午战争,迫使清政府签署《马关条约》,割占台湾岛、澎湖列岛;参与八国联军侵华战争;在中国国土上为争夺更多在华利益进行日俄战争;从 1931 年开始持续长达 14 年侵略战争,占领大半个中国,到处奸淫、烧杀、掠夺,实行烧光、杀光、抢光的野蛮政策,骇人听闻的"南京大屠杀",灭绝人性的细菌战……举不胜举! 1945 年,裕仁天皇卑躬屈膝地向盟军投降。但经历了短暂蛰伏的日本军国主义又要抬头,企图修改和平宪法。而且,公然派兵到海外,武力干涉别国内政,扩张、侵略的本质又显现出来。

(3) 既开放,又封闭。大和民族具有开放自我、积极吸纳外来优秀文化的人格。大和人擅长学习和借鉴,通过"拿来主义"学习和借鉴其他民族的成功经验,吸收各民族之长。日本文字的诞生大量地借鉴了中国汉字的音、形、义。公元 7 世纪,大和民族全力模仿和学习中国文化,包括建立了中国式的中央集权制的国家制度和相应的户籍制,使日本逐步地进入了封建社会。儒家思想也对日本产生巨大影响,甚至成为武士阶层的道德规范。武士道的要义中,最关键的便是儒家提倡的"义"。在日本武士心中,唯一的学问于处世,即修身,崇尚王阳明的"知行合一"思想。佛教在日本也十分流行,普通的日本人,无论信佛与否,死后都会取一个佛家法号。1853 年美国舰队轰开当时落后的、闭关锁国的日本,日本人并不把它当作一种耻辱,反而拜美国为师,吸收西洋文化,自觉学习欧美工业文明文化,终于在 1868 年发生明治维新的划时代变革。20 世纪 50—70 年代,日本系统地、大规模地引进欧美各国 3 万多项先进技术,然后博采众家之长,对其进行融合,生产出世界一流的产品,在技术和经济竞争力上取得优势,创造了"日本第一"的奇迹。

在学习与借鉴基础上,日本人也同时在进行综合与创新。日本在饮食方面引进西方料理,并根据日本人的口味、营养与吸收进行加工;日本在住房方面既有"洋间"又有"和间",既用"榻榻米"又用"弹簧床"的家庭十分普遍;日本在思想体系方面在自身文化总体框架不会受到破坏或冲击的条件下,吸收他民族文化为己所用。

总之,日本民族性格的开放性,能使大和民族重新站立起来。大和民族无时无刻都在寻找成功的机遇,敢打敢拼,百折不挠,他们的学习和借鉴总是与本民族的实际结合起来,为己所用。无论世界哪个角落,一旦有新思想、新技术出现,它总是不惜代价,甚至不择手段搜罗回来,使自己不断强大,立于不败之地。例如,日本文明在引进中国文化同时,在社会结构、宗教、语言等方面却又保持了自己的特点。由于孤悬海外的独特地理位置,日本一方面能够或者通过朝鲜半岛或者直接从中国引入来自亚洲大陆的优秀文化,又能在接受外来文化时,有充分的余地对其进行改造、加工,使之适应自身的特殊环境。日本武士道精神更多地吸收了儒家的忠义思想,却将"仁"的思想摒弃于传统道德之外。武士道发展到后来,已经完全抛弃了隐忍自律的戒条,将其信徒训练成只知血气之勇和盲目服从,好勇斗狠的杀人机器和亡命徒。日本古代有相当长一段时间,武士为了试验佩刀的锋利,会在夜深人静时埋伏在路口道旁,乘人不备跳出来砍杀无辜的行人。丰臣秀吉的养子丰臣秀次便因为有这个嗜好而被称为"杀生关白"。日本历史上有名的"四十七浪人"复仇的故事,正说明了武士道精神沦落的程度:为了所谓的"义理"和"忠"以及个人恩怨,不惜不分是非,不择一切手段地完成自己的复仇事业,这种盲目的"愚忠",正是导致日本一步步走向军国主义深渊的罪魁祸首。日本人对佛教的态度也如此。例如,在石川达三的报告文学《活着的士兵》里,日军的随军和尚,为战死者超度后,照样一手捏着念珠,一手挥动铁锹砍杀中国士兵。这体现出日本人对外来文化的实用主义态度。

与此同时,大和民族又有其高傲自大、唯我独尊、排斥封闭的一面。在日本人观念中,认为异民族和本民族有本质区别,异民族不可信,有强烈的民族本位感;在对待外国产品态度上,日本人认为外国产品较本国产品低一等;在经济政策上,日本人修筑了一道复杂的贸易保护条例和管理体制的壁垒。这些体现出日本民族性格的封闭性。

(4) 既勤奋,又享乐。日本作为东方孤岛的地理位置、岛国资源的有限和匮乏、人多地少的生存环境及自然灾害的频发使日本民族意识到付出最大勤劳来发展自己的国家。作为一个多山、多森林、降水充沛的岛国，自从弥生时代起，日本人发展起大规模的水稻种植业。需要许多人的团结协作、分工配合的水稻农业，在很大程度上培养了日本先民的勤劳吃苦、精耕细作、隐忍坚定和集体合作的精神。很多人都赞叹日本人整齐划一的组织纪律性，将这个民族比喻为"工蜂"和"蚂蚁"，而林语堂更是一针见血地将日本人称为"机器民族"。在日本传统文化中，更多的是崇尚共性而非个性，提倡为集体牺牲个人。所以，在太平洋战争中的岛屿作战中，狂热的日军士兵，尽管食不果腹，衣衫褴褛，武器简陋，依旧可以面对火力强大的美军义无反顾地嚎叫着发动自杀式的"万岁冲锋"；年轻的日本神风特攻队飞行员在一次次"菊水特攻"中，可以面无惧色地驾驶飞机冲向敌人的战舰，"玉碎成仁"。

在崇尚吃苦耐劳精神同时，日本人很耽于肉体享乐。本尼迪克特如此评价日本人："日本人并不谴责满足私欲。他们不是清教徒。他们认为肉体的享乐是件好事，是值得培养的。他们追求享乐，尊重享乐。"尽管受到中国儒家思想影响，但日本人从古代起就是一个十分开放的国家，时至今日，日本色情产业依旧十分发达。但是，日本人并非是容易沉溺于纵情享乐的民族。由于一直以来的资源贫乏，生存环境严酷，还有武士道精神影响，日本人在追求享受同时又非常善于压抑欲望。本尼迪克特在《菊与刀》中举过一个例子：一次军事演习中，一位军官带队出发时下令，不经他同意不能喝水壶里的水。结果连续高强度的急行军后，五名士兵死亡，打开死亡士兵的水壶一看，里面的水一滴也不少。但随着社会发展，日本人，尤其是日本的年轻人，勤奋精神越来越淡薄，及时行乐、追求奢侈之风日趋增强。

（5）高度的集体观念。有这样一个段子：三个国家的军队接受到向前进的指示，他们都走到悬崖边上。日本军人不加理会，继续向前走，结果一个一个地掉到山谷里；美国军人纷纷停了下来；中国军人原地踏步。可以看到，日本人对命令是绝对服从，愿意为集体作任何事情，甚至牺牲生命。这也是大和民族一直引以为傲的精神和价值。

日本是一个岛国，国土狭小，资源匮乏，这样的国情造就了大和人视国为家的集体主义观念。日本先民往往需要逐群而居才能生存下去，被集体抛弃就意味着死亡。他们非常注重团结协作，把协作精神置于创造力之上，形成了一种家族似的社会结构。他们在儿童教育中渗透了集体主义精神。日本小学中盛行一种集体游戏，即一个班的同学排成一长排，每个同学把自己的左脚和旁边同学的右脚捆扎在一起。这样，几十个同学就连成一体，任何一个同学要迈出一步，都必须和左右两侧的同学协同进行，全班同学要想前进一步，更必须统一步伐，如果要跑完一段距离，那就需要高度一致了。为此，每个班级进行苦练，班级间开展竞赛，校与校之间开展竞赛。日本电视台每周播放全国各地小学的比赛实况和优胜记录排行榜。这种游戏在潜移默化地告诉孩子：个人突出只会带来团队的不协调和彼此的冲突，最终导致失败。只有个人融入集体，与集体一致，才能取得胜利。

"集体本位主义"是大和民族精神的核心。这种集体本位主义是日本近代崛起、现代迅速复兴的重要原因之一，其根源在于大和民族文化及心理上的同质性。古代日本由倭人、诸少数民族和大陆移民三部分人构成，经过长期的相互沟通和融合，在政治、社会、文化等的同化过程中，变成单一民族。这种单一民族共享统一文化，具有同质的民族心理。日本人喜欢聚合，甚至表现在盒饭上——他们会花很多功夫精心地把米饭、鱼肉、各式各样的菜品在一个小方盒子里摆拼出各种形状造型。可以收起来的折扇、折叠伞，都是日本人的发明。大和民族的确是一个喜爱聚合而讨厌分散的民族。

日本人具有强烈的团队精神。有一个谚语："一个日本人是一只虫，三个日本人是一条龙。"这表明了大和民族的团队合作精神。团队合作精神凝聚则是大和民族精神：在不利于民族生存、发展的外部自然环境中，把个人融入团体，凭借团体的智慧和力量来赢得个人的生存与发展。他们团结、协作、同甘共苦、休戚与共，而且甘愿为团队、民族、国家不计个人得失，勇于奉献和勇于牺牲，这就形成了从古至今的大和民族的民族精神。

日本人具有强烈的集团主义的社会价值取向。日本人不仅在很多生活细节方面表现出过于强烈的从众心理，而且比其他民族更有一种近似先天的合群性，习惯于将个人依附在某一集团并对该集团怀有至诚的归属情感。日本人将樱花尊为国花，认为樱花是神的化身。神依裹在花瓣中，随着花瓣绽开，又乘着花朵凋谢，漂浮到四面八方，传递着幸福的"暗示"，飘到田间预示来年稻米丰收，落到屋檐保佑家人能和美兴旺。虽然大多数樱花花期较短，仅有 4~10 天寿命，且单就一朵花而论，樱花也显得单薄。但在日本人看来，樱花美在盛开时的那种执著追求和热烈，美在绽放后飘落时的那种孤高纯洁和壮烈。虽然单朵单株的樱花树并无奇特之处，但当千百株樱花树簇拥聚集在一起竞相绽放时，就能感受到其形成的气势及其规模和力量。这未尝不是日本民族精神和民族性格的写照。但是，集团主义的行为方式同时也导致日本人缺乏个性、对权威唯唯诺诺、盲目顺从的性格缺陷。

日本人的集团意识起源于其稻作文化。因为稻作不同于广种薄收、靠天吃饭的旱田耕作，兴修水利、插秧收割等都需要集体的劳动与合作，由此形成了农村共同体，产生了集团意识。日本社会传统的家族制度也是产生日本人集团性的另一重要原因。无论是哪种家族制度，家长的权威是需要家族成员绝对服从的。因此，在日本人集团内部有很多原则：权威的支配和对权威的无条件追随。在日本人强烈的集团意识中，又体现出日本人强烈的依赖心理。日本人存在依赖他人的心理。因为有依赖心理，在集团内部担心被人看不起而失去依赖，所以有"耻"的感觉。正因为存在这样的依赖心理,日本人在集团内部就表现出认识和行动的强烈一致性。这种依赖心理也是日本人集团内部凝聚力强的重要因素。日本人更像蜜蜂,就单个个体而言未必优秀,但一旦结成群体、集团后,协调默契的配合却给他们带来巨大力量。

在日本人的集团意识中,内外有别又是其重要特征。在集团内部、对熟人,日本人讲究"和",讲究礼仪周全,替他人着想,对集团内成员表现得克制、谦和、彬彬有礼;但对集团外部的人和事,或在没有熟人场合,行为却变得大胆无礼和无所顾忌。从而不难理解在1937年中国的南京,为什么日本军队能够集体行动对中国军民大肆屠杀,因为在日本人意识内,集团行为就是正确的,长官命令必须绝对无条件服从。他们潜意识地认为集体犯罪不是犯罪。

在大和民族的观念里,集体是一切,个人观念是可耻的。在第二次世界大战期间,日本的"神风敢死队"驾驶着飞机冲向美国军舰,日本的平民接到天皇"美国人要袭击他们,不能被他们抓住"的指示而纷纷跳崖自尽。为了一场战役胜利,大批日本士兵搭上性命。这种盲目地执著让日本付出沉重代价,不只是士兵,连普通老百姓也搭上了性命。

(6) 精神和意志的无限超越性。日本人重视精神,蔑视物质。日本人信奉精神至上原则,追求精神超越,对精神的追求超过了对物质的追求。他们根深蒂固的观念是:身体条件、物质条件限制不算什么,只要有坚强的精神意志,什么都能够做到。这就使日本人的行为方式超越了自然法则,以精神意志的主观性和随意性去行事。在战争中,日本人的这种性格表现得极为突出。在第二次世界大战中,日本叫嚷着日本必胜,宣扬精神必将战胜物质。正如本尼迪克特所讲,日本对美国的宣战来自于他们对精神的无限信赖。《每日新闻》的宣传是:"我们如果害怕数字就不会开战。"日本政治家、大本营及军人都反复强调,同美国人的战争并不是军备的较量,而是日本崇尚精神与美国人崇尚物质两种观念的较量。日本人认为,精神就是一切,精神永恒。物质当然也必不可少的,但却是次要的,是短暂易逝的,最终"物质力量注定失败"。在20世纪30年代,陆军大臣荒木在《告日本国民书》中写道:日本的"天定使命"就是要在"全世界宣扬武士道精神,力量不足不是问题,我们日本人难道还怕那些纯物质的东西吗?"日本人认为,军舰、大炮等物质的东西只不过是永恒的"日本精神"的表面象征,这就像武士的佩刀是武士道德品质的象征一样。

说到精神,就不得不说天皇。因为天皇和日本分不开。没有天皇的日本就不能被称为日本。天皇是日本的象征,是日本国民的象征,是日本宗教生活的中心,是宗教的信仰对象。从某种程度上说,天皇就是日本人的精神支柱。即使日本战败,天皇也不能因此而受到谴责。事实果真是如此:日本天皇没有被审判。这其中也有美国人的利益所在,但正是因为日本天皇在日本国民心中的重要地位才使得美国人对此有所顾忌,美国人要考虑到自己在战后对日本统治的便利。日本战败,由内阁和军部领导人承担责任,天皇却没有任何罪责;虽然日本战败了,但所有日本国民仍然继续对天皇虔诚崇拜。

(7) 强烈的序列意识和等级观念。日本是一个等级观念很强的国家。日本人重视"纵式"关系,趋向于把人、社会集团、国家等一切事物想象成一个序列。他们对自己在集团和国家的等级序列中的地位比较敏感。因此,在社会生活的方方面面,都体现了对等级秩序的自觉自愿的服从和认同。在日本人心里,人与人之间从来就不平等,因而重视人与人之间的差别,对权威有极大的敬畏与服从。在日本,谨慎、客气、懂得收敛自己,是对一个人的正面积极的评价,而任性、不能辨明自己身份的人往往要受到集团成员的排斥。在日本社会,任何一个集团,或大或小,内部都有一定的身份阶层秩序。在日语中,敬语使用频繁,种类复杂。一个完美的人、拥有自尊的人就是明白自己的身份和地位、义务和责任并能够严谨地履行其职责的人。大和民族在性格上倾向于媚上傲下,对强者盲目崇拜和服从,对弱者缺乏同情心,甚至鄙视弱者。羞耻感将日本人牢牢地束缚在道德律令中,在日本人看来,知耻为德行之本,只有对耻辱敏感才会实践善行的一切准则。

日本人将这种强烈的等级观念也投射到与其他国家和民族的关系上。日本人具有"八肱一宇"的天下观,认为世界是由八条大绳子紧密连在一起,最终归结到一个中心点,这就是日本;"世界正等待着伟大的天皇之军来抚育、教化和征服万国,地球将被日本统一"。用这种架构所延伸出的天下观,便是以天皇为轴心进行的"八肱一宇"规划过程:越早归服于日本的,权力越大;权力也与文明形成正比,属于轴心的日本,文化程度最高。

这种"八肱一宇"的天下观是日本人根深蒂固的等级制观念的逻辑延伸。在日本人看来,一个完美的社会就是一个各得其所、各安其分的社会,无论是国际秩序还是国内秩序,莫不如此。国际上按种族优劣排列,国内按人的优劣排列,最优秀和最完美的种族和个人就是最高统治者,要由他们来负责秩序的安排和管理。他们把世界上的国家排列成一个序列,这种序列在不同时期会有改变。在明治维新后,日本认为在亚洲自己是第一号强国,所以,它傲视一切亚洲国家,欺凌一切亚洲国家,因为在他们眼里,只有强者才可以被尊重,弱者就应被践踏。然而,只要各国拥有绝对主权,世界上的无政府状态就不会结束;一个处于无政府状态的世界由于缺少秩序而不完美,日本必须为在世界范围内建立等级秩序而战斗。这一秩序的领导只能是日本,因为只有日本是唯一的真心建立起自上而下的等级制的国家,也最了解"各得其所"的必要性。日本自近代以来的一系列富国强兵改革正是以将这一等级秩序观念从国内投射到国际为源动力。时至今日,日本外交仍然受这种序列意识等级观念影响。日本人总是跟在美国人身后指手画脚,完全是一副美国小弟的模样。日本始终认为自己是亚洲的老大,总是担心这样的秩序被打破,这也是当今日本恐惧中国崛起的一个重要心理因素。

日本人对天皇具有盲目的愚忠心理。日本文化的核心是"忠","忠"也是武士道精神最突出的特征和精髓。大和民族首脑人物——天皇,是神的化身,是神的后裔,是日本人的灵魂,对日本人有绝对权威,日本人民对天皇绝对忠诚。他们认为,大和民族是世上最伟大的民族,他们迟早会统治世界。由于这种观念在头脑中根深蒂固,导致他们在第二次世界大战期间对世界人民尤其是中国人民犯下种种不可饶恕的罪行。归根到底,是由于整个大和民族对天皇的盲目崇拜。

(8) 不竭的创新动力。大和民族不仅擅长学习和借鉴,还有旺盛的创新精神。基于生存危机的忧患意识,依靠自主创新增强产业竞争力是日本人的共识。进入 21世纪以来,日本每年新增专利近 20 万件,新增专利数连续十多年高居全球前列,以政府为主导,学术机构和企业为主体的日本自主创新体系硕果累累,近十几年来更是获得了十几项诺贝尔自然科学奖。日本非常重视科技创新,政府为自主创新体系构建了正确的战略导向和法律保障,并于 1995 年颁布了《科学技术基本法》,明确提出将"科学技术创造立国"作为基本国策,改变以往偏重引进和消化国外技术、开发应用技术的做法,转而注重基础理论和基础技术的研究开发,用具有创造性的科学技术持续推动经济发展。战后日本经济高速发展的一个重要原因就是不断创新形成独特的企业经营管理体制。管理体制实现了人员专家化、方法科学化、技术自动化、机构高效率化,将企业主与雇佣者的利益统一起来,调动了员工的主动性、积极性和创造性,"劳资"双方共存共荣,调和了劳资矛盾。大和民族的这些优秀的民族品质值得世界其他民族学习和借鉴。

(9) 做事认真,但容易疲倦、无持久性。日本人做事极其认真,这种认真,一与对樱花的发现有关,一与日本人的洁癖有关。日本人把樱花开放分为五个阶段:零碎开、三成开、五成开、佳时开和满堂开。把第四阶段的"佳时开"称作"见顷",认为是"最好看的时辰"。樱花盛开时,只见花不见叶,格外抢眼、灿烂,但却好景不长,樱花来去匆匆,一周左右,便"嫁与春风不用媒"了。从樱花身上,日本人有了一个重要发现:最美总在一瞬间,灿烂不会是永远。这种最美、灿烂,表现在专注、专一上,就如还未生出叶子、只有盛开的樱花那样。这个发现指引着人们,要干好一件事,把一件事干得漂亮、利落,让人满意、动情,就要心无两用,神情专一。这种心无两用、神情专一的做派,就是"认真"。

日本人的洁癖也非常有名。在日本,洁癖不只作为一种生活习性起作用,它已渗透到日本人的精神世界里,深刻影响着大和民族的审美感觉、道德意识和文化心理。

日本人非常迷恋洗澡。在日本,温泉浴场、"钱汤"(澡堂)和投币式沐浴箱随处可见。日本人的洁癖,造就了榻榻米这种独特的起居方式。进门脱鞋的规矩和礼仪,就是它制定的,谁也不得违背。榻榻米是由一块块草垫铺设而成,每一块草垫四周缀有花边,一年四季常设。榻榻米由新鲜干草织成,结实、透气而有弹性,光脚踩在上头,十分舒服,那股好闻的清香,弥漫于房间。榻榻米是一种清洁要求极高的起居方式,日本人每天在上面花费很多精力和时间。

在日本人的审美意识中,"洁净"占据头等重要位置。日本的美术,不管哪个时代,无论何种绘画样式,不管人物、花鸟还是山水,都有一个共同点:画面绝对干净。日本美食有一句座右铭"美味来自洁净",道出日本料理的精髓。洁净不只指餐具和食物卫生,更指艺术性的摆设,两者高度协调。相比于英语和汉语,日语堪称"语言美"的模范。日本汉学家在翻译中国文学作品时,常为粗话、脏话大伤脑筋,因为日语里找不到相应词汇,只好直接移入,再加很多注释。与粗话、脏话少相应的是,日语的礼貌用语高度发达,表示尊敬的语体就有好多套,分别应对不同对象和场合,规范十分严格。外国人常抱怨日语表达太暧昧,甚至将它称为"恶魔的语言",但在更多时候,这种"暧昧"是过度清晰造成的,因为追求清晰过了头,反而显出模糊来。以洁净隐喻品格高尚,本来很平常,中文就有"洁身自好"的成语,但日本人更走极端,以至可以与"名誉"直接对位,甚至本末倒置。在日本,你骂人家是"马鹿"(傻瓜),人家不一定生气,若骂人家"污"(肮脏),人家一定同你拼命,因为"污"除了表示肮脏、杂乱外,还有卑鄙、卑劣、丑陋、令人恶心的意思,在日语贬斥人的词汇里,是最高级了。

名誉对日本人非常重要,任何对它的冒犯都不能容忍。在古代,武士为小的冒犯就拔刀决斗、送掉性命是家常便饭。《武士道》记载:一个商人出于好意提醒武士背上有只跳蚤在跳,竟被劈成两半,理由很简单:跳蚤是寄生于畜牲身上的虫子,把武士与畜牲等同看待,不能容忍。在民族生存竞争的非常时期,这种洁癖在"国家荣誉"驱使下,就会释放可怕的能量:"神风特工队"的天真少年会呼着"天皇万岁",驾着飞机微笑地撞向敌舰,纯朴老实的日本士兵会举起屠刀加入砍头比赛的行列,头脑严谨的科学家可以心安理得地把布满细菌的苍蝇、跳蚤和老鼠散布到别的国家去。这种"洁癖"使日本人缺乏豁达的心胸,容易为鸡毛蒜皮的小事斤斤计较,睚眦必报,但对名誉的极度敏感也培养人的忍性,它使人卧薪尝胆,发愤图强,变成自我超越的强大动力。日本人最喜欢的一个汉字就是"忍",过去性格刚烈的武士经常将它挂在家里作座右铭,现在日理万机的社长总裁喜欢将它挂在办公室作点缀。道理很简单:"反抗"如果没有这种"忍"垫底,就会降低它的分量和品格,有碍名誉的实现。日本人的性格、行为方式一直表现出"忍从"与"反抗"的二重性。

洁癖在心理上是一种完全欲、极致欲和强迫欲。日本人做事认真、一丝不苟的精神,与此有深刻联系。江户时代的町人学者富永仲基这样比较印度、中国和日本三国的国民性:"若论国民性,印度人是'幻',中国人是'文',日本人则可以'质'或者'绞'来代表。所谓'绞'就是过于正直和认死理的意思,换言之,就是日本人的头脑相当简单、正直,那种花里胡哨的东西,日本人是理解不了的。"这番话无疑有美化日本人的意思,但用"绞"来形容日本人,倒很贴切。"绞"实际上是洁癖的表现,日本艺人做活精雕细琢,追求完美,有着一干到底的狂热劲头。日本人在工作和日常生活中表现出来的认真与投入,日本社会中那么繁琐精细的规范与礼仪能够得到有效地落实,都证明了这一点。

洁癖是极端排他的。在日常生活中,日本人忌讳使用他人的东西,哪怕一家人也如此。"他人不洁"的感觉从小在日本人心中扎根。由于同样原因,日本人很讨厌身体接触,尽管在很多的时候与场合,彼此不得不靠得很近。因此,日本人既喜欢群处,又尽量与他人保持距离,由此,养成一种在拥挤的空间里互相隔离的奇特能力。洁癖作为一种日本人普遍存在的心理,在文化选择上,其表现是一种要么主张全盘西化,要么主张保持国粹的"试图将日本文化纯粹化的倾向"。在现实生活中,往往表现为不可救药的排外。许多日本人即使被派驻到海外,也只是身在国外,心仍在日本,他们像蜗牛一样龟缩在自家的"文化密封舱"里,不愿与当地人来往,唯恐冲淡了身上的"日本气"。他们过着进门脱鞋的日子,坐着"丰田"或"尼桑"上下班,喝着"菊正宗"和"麒麟",吃着日本荞麦面和寿司,嘴里说着叽里咕噜的日语,过着一种全封闭的、日本式的生活,俨然如国中之国。更有甚者,有的日本人到国外旅游时,大包小包地带上本国的生活用品,从纯净水、手纸到枕头,一应俱全。他们吃不惯外面的饭,喝不惯外面的水,睡不惯外面的床,洗不惯外面的澡,动不动就闹肚子、呕吐、失眠。

日本人对"认真"有独到见解。认真就是"除非做不到",就是追求完美无缺、崇尚极致,从生活、工作到享受,最后到死亡无不如此。比如,日本将许多源于中国并在中国早已失传的文化和习俗都保留下来,加以完善和发展。他们把喝茶上升为茶道,将插花提炼成为花道,把摔跤进化成为柔道,还有"不成功便成仁"的武士道。"道"不同于"术",不是简单的工艺和技术重复,而是一种完美和崇高的境界以及毕生追求,是心灵的艺术和自我提高与进步的途径。日本人将中国人的"书法"称为"书道",把舞剑发展成为了剑道。日本人做什么事情都非常认真,没有多少利润的寿司店老板和拉面店老板仍会每天钻研寿司的做法和改进拉面汤料。在日本人眼中,干事,就要用志不分;成事,就要专一不变。这种用志不分、专一不变的精神的确如灿烂的樱花一样,深深烙印在人们脑海中。正是有了这种做事认真、投入精神,日本人才能在工作时兢兢业业,在休息时彻底放松,在游玩时全身心投入。也正是因为有了这种精神,日本才在第二次世界大战后短短几十年中从封闭的、自然资源十分有限的东方小国,一跃成为世界经济强国。

在日本这样一个多火山、地震、台风等自然灾害，气候无常的贫瘠岛国，严酷的生存环境造就了日本人缺乏常性的特点。频繁发生、突然降临的火山喷发和台风海啸，削弱了日本人长期计划的能力，所以在日本缺少金字塔、万里长城这样需要动辄动用成千上万劳力、耗费千百年才能完成的宏伟工程。传统日本人对日常生活用具和建筑物都缺乏耐久的观念。小泉八云在《日本与日本人》中写道："草履破了又换了；身上的衣服，用几块布松松的一缝便可穿着。简单的一拆便可浣洗；旅邸中的新客人，每次可以用到新筷子；窗户上和墙壁上的壁纸，只顾目前之用，一年至少换两次；席子每年秋天换一次新的。"自然环境多变，生活无常，诱导日本人形成性急、悲观、短视、偏激的民族性格。日本人的急躁，甚至到了连喝酒都无法等待的地步。全世界的酒都是越陈越好，唯独日本的清酒，崇尚越新鲜越好。日本人喜爱樱花，就在于樱花绚烂开放后迅速凋谢的美丽，十分符合日本人的审美观。

总的说来，自然环境、生存方式以及独具特色的传统文化造就了日本民族的心理和性格。日本人的确是一个非常踏实务实的民族，但这个民族也存在短视，浅薄，不能正视自己的缺点的不足。正是这种独特的性格造成了日本人种种匪夷所思的行为表现与言论观点。

（10）实用主义的价值观。日本人是善于吸收外来文化的民族。历史上每一次大规模吸收外来文化的过程，都是形成本民族文化模式的过程：古代日本虔诚地吸收唐风文化，然后转化为本民族的和风文化；明治维新后励精图治，积极吸收欧洲文化，使本国成为唯一在东方发展了近代资本主义的国家。日本文化是通过吸收、选择外来文化，并融合本民族文化传统才得以形成的混合文化。吸收、选择、融合，三者缺一不可。在这一过程中，贯穿了日本人强烈的务实精神。

日本人的务实精神有历史渊源。在传统社会里，日本人重家族、轻血缘的态度打破了家族血缘关系的封闭性，使人们可以依据品德和才能标准选择家业继承人。异姓的养子、婿养子在改变姓氏后，就可以进入家庭、继承家业，是否具有血缘关系并不重要。反之，如果没有继承和管理家业的能力和良好的资质，即使亲生儿子也可能被剥夺家业继承权。这种所谓"暖帘重于家业"的态度正是日本人实用主义价值观的具体体现。

实用主义价值观也产生明显的负面效应：日本统治者始终未学会运用普遍的道德原理去培养有道德素质的人民，他们关心的始终是怎样驯服被统治者。即使是深刻影响日本社会各个方面的神道教，除了一些用于祭祀的东拼西凑的巫术外，并无任何规范性的教义或道德信条。抱着实用主义态度看待世界的日本人，不承认在这个世界上除了身份等级、统治者命令这类世俗价值之外，还有一个独立存在的普遍真理或宗教信仰。

普遍性原理缺失的结果是：日本人养成了一种罕见的察言观色能力。一旦情况有变，日本人马上会如变色龙般调整自己。无论处在什么样情况下，日本人都能迅速察觉到利之所在，一旦判明利之所在后，他们便付诸行动。无论情况如何，也无论目的如何，日本人都会唯利是从，对他们来讲，利即正义。这种实用主义价值观可以逻辑地解释：为什么"为了现实的利益可以迅速放弃原有主张"，这种在其他民族看来是缺少诚信的行为，被日本人视为"务实"；为什么日本人在相互交往中急于了解的不是对方所遵循的原则，而是对方的实力和利益底线；为什么日本人更多地依靠"表面的现象"，如对方国籍等来判断对方的价值和决定自己的态度。日本人是一个绝对臣服于实力的民族，对内他们臣服于来自上级的命令，在外他们臣服于强大的民族或各种团体。在他们的眼中，只有实力才可以让他们臣服。

(11) 武士道精神。日本传统文化中有崇尚凶猛、神秘的一面，这在武士道中得到充分体现。日本有句谚语"花数樱花，人数武士"，表明了武士在日本社会受到普遍尊崇。

武士精神对日本国民性的影响至深至远。11 世纪前后以杀伐为职业的武士阶层崛起于日本社会，成为以后近千年中最为活跃的社会阶层。江户时代，武士文化吸收朱子学的名分观念，倡导与发展了"得主尽忠、交友守信"，"尽忠孝，常住死"的伦理观，形成为武士道。武士道从伦理关系上加固了武士阶层，同时具有了独特明确的思想特征，它使得武士在嗜杀尚武的同时又讲求忠孝信义，举止儒雅，从而在血泊与文墨、刀剑与纸笔之间达到心理平衡。而儒雅之风并未使武士怯懦苟且，反使之强化了嗜杀之性，变得更加酷虐冷血，甚至为试刀、练剑而经常无故砍杀路人。作为四民之首的武士阶层享有许多特权，他们的思想与行为模式成为全民族的楷模而受到敬畏崇仰，由此日本国民性打下了深刻的刚勇尚武的烙印。

武士道的精髓是忠诚，其次是勇敢，这是尚武传统与禅宗结合的产物。"武士道就意味着死"，武士的自尊意识极强烈，视名誉重于生命，为了荣誉可以不顾一切，以至于切腹自杀。17 世纪大道士友山在《武道初心集》中说："对于武士来说，最为要紧的思想，即从元旦清晨起到除夕的最后一刻，日日夜夜都必须考虑到的，就是死的观念。"武士道精神是日本传统武家文化(尚武精神)与儒学的忠孝名分观念、禅宗的"死生一如"思想结合的产物，是武家统治下的社会环境陶冶的结果。禅宗思想在形成武士道过程中起了巨大作用。其顿悟观认为，人通过自我修炼可以大彻大悟，而只有否定了作为执迷根源的自我，进入无我境界，完全断绝了生死羁绊，无视生死差别，视死亡如梦幻才能"见佛成性"。这与武士临战时"忘我"、"忘亲"、"忘家"的思想相通。这样，禅宗便广泛运用于军政领域，对武士、政客进行身体、意志、技能训练，使人意志坚定、冷酷残忍、专心一意、机敏练达,不受物欲、情欲困扰。武士通过这样训练,人生理想便会追求如樱花一般境界,在短暂人生中轰轰烈烈抛洒热血于疆场,以报效主君。他们理想的生活是"血泪生活"——即勇敢与忠诚。这种生活追求如同樱花一般适时灿烂开放,寂寥洒脱,然后很快悲壮凋零,悄然无声。武士道在人格上容易导致极端的两重性:优雅又残忍;自狂又自卑;信佛又嗜杀;注重礼仪又野蛮残暴;追求科学又坚持迷信;欺压弱者又顺从强者。所以,理解武士道,才能理解了日本民族的双重性格。

(12)神国意识和"八纮一宇"的天下观。神道教是日本固有的宗教,至今已有两千多年历史。从明治时期起,日本政府将神道教提升为国家宗教,以崇拜天皇为中心,以"尽忠报国"为主要教义。神道教教义认为,日本的国土、民族都是天照大神创造的,天皇被视为不可侵犯的神,皇室成员被称为"云上人",只有这个家族的人才能继承皇位。日本从来没有接受过"世俗化皇帝"观念。因此,在中国经常发生的改朝换代在日本一次也没发生过。神道教宣称,日本为神造之国,即为"神国",其他国家是神创造日本时溅出的泡沫凝聚而成。这种"神国"观念使日本人产生一种荒诞的"集体意识",认为他们在世界上有绝对优越地位,负有统治世界的神圣使命。日本人有作为"神的子民"的优越感和岛国国民所特有的封闭性,有排斥他者的"集体意识"。在这种"集体意识"支配下,日本人会对陌生人做一些他们彼此之间从来不做的事情,他们会在外国干一些在日本国内从来不干的事情。

(13)"和"的文化观念。"和"是日本文化的核心观念之一。"和"包括谐和、调和、混合、中和等。"和"就是将相异、对立的东西放在一起,配合适中,达到和谐与统一。古时日本人就将自己的国家称为"大和国",公元7世纪,将自己的民族称为"大和民族"。日本第一部宪法《十七条宪法》的第一条就是"以和为贵,以不忤为宗"。明治维新以后,政府制定的思想教育大纲《国体之本义》强调日本社会的基本精神是"以和求存于全体之中,以保持一体的大和"。日本凡与民族情趣有关的词往往冠之以"和",如和歌、和语、和文、和书、和纸、和字、和本、和学、和习、和琴、和船、和风、和服、和汉、和室、和食、和制、和裁、和装、和样、和名、和牛、和人,就连倭寇也借上和光,被名曰为"和寇"。"和"的观念深入日本人的心灵,成为日本民族精神的核心,成为日本人的世界观与人生观。"和"体现在日本民族确立和历史变革上是"和平",在政治经济领域里表现出来是"调和",在土著文化与外来文化结合上显现是"融合",在家庭和人与人之间关系上表现是"协调",在思维方式和心理状态上表现是"温和"。集体主义、学习与借鉴精神、在模仿基础上创造无不与对"和"的追求有关。

19.2 我国少数民族的人格特征

我国是一个多民族国家,每一民族都具有特定的历史文化、民族传统、地域生态环境、宗教信仰、风俗习惯等。这些文化因素对民族成员的人格形成与发展产生了重要的影响,形成了独具特色的民族人格特征。对少数民族的人格特征进行分析,是我国多元文化发展的要求,也是心理学、人类学发展的需要,主要体现在以下方面:

(1) 民族人格作为一个民族的群体人格,是在各种复杂社会历史条件下形成的,可以看作群体内大多数成员共同拥有的各种心理和行为特征的总和。对少数民族的人格特征进行考察和梳理,了解少数民族的人格特征,透过少数民族的人格特征来解释民族的共有行为模式和心理模式,可以为在少数民族地区展开心理健康教育、危机干预提供依据。

(2) "文化精神"和"民族精神"是文化延续的"生命基因"。少数民族的人格特征是中国人人格特征研究中不可或缺的一部分。对少数民族人格特征的探索,有助于加深对中国人整体行为模式和人格特征的理解。

(3) 全球化时代的到来,使多民族的文化相互影响,相互融合。这种文化上的变迁和融合,如何影响少数民族的人格特征? 在多元文化背景下,考察少数民族的人格特征,分析少数民族人格特征的发展变化,既符合文化与人格理论研究的需要,也是现代民族研究的需求。

19.2.1 壮族的人格特征

壮族是古代百越族的一支,在古代称西瓯、南越、骆越、濮、獠、俚人、溪峒蛮、乌浒等。在宋代,壮族称撞、僮、仲;在明清时期,壮族称僮人、良人、土人;中华人民共和国成立后,壮族称"僮族",1965 年改为"壮族"。壮族主要聚居在我国南方,东起广东省连山壮族瑶族自治县,西至云南省文山壮族苗族自治州,北达贵州省黔东南苗族侗族自治州从江县,南抵北部湾。在 2010 年,中国境内壮族人口为 1000 多万左右,占人口总数的 1.30%,为我国第一大少数民族。壮族的宗教信仰为摩教、自然崇拜和祖先崇拜,主要宗教经典是《布洛陀经诗》。壮语属于汉藏语系壮侗语族,使用人口约1400 万。聚居壮族主要以壮语为母语,但越来越多的壮族人能够熟练使用汉语,成为壮—汉双语者。

壮族的人格特征

研究者采用问卷调查法(如艾森克人格量表、中国人人格形容词评定量表)对壮族大学生、中学生进行测量,分析壮族的人格特征(伍业光,唐全胜,2000;李致忠,冯忠娜,2002;许思安,郑雪,2007;陆雪萍,林东,陈璇,2009;陆雪萍,2010)。也有研究者通过田野调查和文化现象分析,探讨壮族的人格特征及其历史文化渊源(韦金学,1988;罗传清,2007;陆斐,王敦,2010)。综合以上研究,壮族的人格特征主要有:

(1) 乐群外向。在性格上表现为开朗主动、热情豪爽、情感易于外露;在人际交往上表现为乐于助人,团结互助。

(2) 温顺随和。在情绪反应上表现为情绪稳定、沉稳平和;在处世态度上表现为与自然和谐相处,顺其自然。

(3) 诚实正直。在行为方式上表现为较少掩饰自己的态度、情绪;在人际交往上表现为对人真诚直接,信守承诺。

(4) 开放灵活。壮族人对外来文化和异族文化采取开放态度,善于与不同的民族相处,善于接受不同民族文化中的优秀精华。

影响壮族人格特征的因素

(1) 舒适平和的自然地理环境。壮族人聚居地区属于亚热带气候,阳光充足,降水充沛,气候温暖湿润,没有极端天气和自然灾害,动植物资源丰富。这种自然条件为壮族人提供了舒适平和的生活环境,培养了温和平顺的人格特征,在情绪上没有极端的应对方式。壮族人聚居于西南地区,在地理位置上远离中国传统的权力中心。地理空间上的距离,造成了壮族人在心理上不热衷于功名、远离权势利益争夺的心理倾向。例如,在历史上,壮族人不像汉族青年一样热衷于科举考试。这种与权力中心的地理距离和由此形成的对权势的心理距离,培养了壮族人平和温顺、顺其自然的人格特征。

(2) "万物有灵"和"图腾崇拜"的宗教文化。壮族的宗教文化有悠久的历史。在新石器时期,壮族已经有了灵魂观念,然后,从自然崇拜开始,经历了动植物崇拜、祖先崇拜和多神崇拜,整个过程都具有鲜明的"万物有灵"和"图腾崇拜"的色彩。壮族的宗教文化认为,万物有灵。在壮族神话故事中,草木禽兽、日月星辰都有灵性。这种将自然界的生物人格化的传统观念,代代相传,在壮族人生活的各个方面均有体现。例如,壮族人上山砍树时,先要祭拜树神,祈求树神的保佑,既保护壮人在砍伐中不被伤害,也保护树苗的健康生长。图腾崇拜在壮族宗教文化中占据重要位置。图腾既是壮族的氏族象征,又是壮族的保护神。从神话传说和山歌谚谣看,壮族信奉"物象",崇拜动植物为图腾,如青蛙、乌鸦、蛇、鸡等,最多的是蛙图腾。蛙形是蛙氏族之图腾,壮族人在与青蛙建立了"亲属关系"之后,会将青蛙图案纹在身上,装饰住宅墙壁等。壮族人认为,只有在居所建筑物和身体上标记出青蛙图腾,青蛙才会将自己当作亲属、子孙或同类,才会给壮族人保护。蛙神保佑壮族的农作物丰收,子孙繁衍壮大。这种"万物有灵"和"动植物崇拜"的宗教文化,培养了壮族人尊崇自然、敬畏自然,与自然和谐相处的行为方式和心理倾向。

(3) 独具特色的宴客习俗和歌咏文化。宴客习俗在壮族民俗中具有特殊的地位,是壮族进行感情沟通和信息交流的主要途径。壮族人在人生的重要情境和人生礼仪上,都以集体宴客的形式展开,可以区分为犒劳型宴客、喜庆型宴客、款待型宴客、"年酒"型宴客。宴客习俗培养了壮族人重视人际交往的性格特点。壮族民俗中有歌咏文化的特色。壮族人"以歌代言,出口成章",用壮歌表达壮族人的思想、愿望、道德、宗教信仰和风俗习惯等。壮族歌咏即是壮族历史文化的记录,也是壮族心理情感的抒发,培养了壮族人乐群外向的人格特征。

(4) 汉壮文化交流下的语言融合。壮族与汉族自古就是紧密融合的关系。首先,在语言使用中,壮族人借汉、懂汉、写汉。虽然,壮族有自己的语言和文字。但是,壮语受汉语影响,在壮语中存在大量的汉借词。汉借词是壮语从汉语中借用、吸收过来的词语,发汉音。例如,壮语会吸收汉语中表达新概念的词汇如"半导体"、"批发"、"创举"等。在早期,壮族人"借汉"取决于周边的汉语方言。如桂东南的壮族,在壮语里夹带着粤语词;在桂西北的壮族,在壮语里夹带西南官话。随着普通话的普及,壮语"借汉"基本上就是借普通话了,并且汉语所占的成分越来越多。例如,在用壮语播报新闻时,因为使用专用名称的频率高,不懂壮语的汉族人也可以听懂一半以上。壮族人在壮语和汉语的使用上,也采用实用主义的原则,灵活应用。壮族方言分支众多,口音不同,使来自不同区域的壮族人在交流上有所障碍。所以,壮族人多采用汉语进行沟通,将汉语作为壮区的通行语。总而言之,在汉壮文化交流下,汉语和壮语相互融合,相互影响。在这样的语言环境下,壮族人对两种语言的使用,态度开放、灵活借鉴,不局限于使用单一的语言。这种长期的语言使用经验的累积,培养了壮族人兼容并蓄,乐于接受新鲜事物和新进文化的开放心态。

19.2.2 回族的人格特征

回族是由波斯、阿拉伯、中亚各族人融合形成的民族。回族有小集中、大分散的居住特点,是中国分布最广的少数民族。在内地,回族主要与汉族杂居;在边疆,回族主要与当地少数民族杂居。2000 年,中国境内的回族人口为 900 多万,是中国第二大少数民族。回族人普遍信仰伊斯兰教,聚居地建有清真寺,由阿訇主持宗教活动,经典是《古兰经》。回族人的母语是阿拉伯语和波斯语,但自明末清初至今以汉语作为通用语。

回族以伊斯兰教信仰为纽带,兼收波斯、土耳其等外域民族,又融合汉、白、彝、蒙古、藏等多民族文化,形成了一个以伊斯兰文化为主要特征的多文化高度融合的民族。正是由于回族民族文化的高融合性,导致了回族人格特征的复杂性。不同学科的研究者,在各自学科的视角下,对回族人的人格特征进行了探索。

回族的人格特征与汉族趋同

心理学工作者采用问卷法,测量回族大学生和青少年的人格特征,发现回族大学生、青少年在人格特征上表现与汉族学生并无显著的差异(胡淑琴,冯月春,刘淑兰,1990;王国宁,王志英,姚丽,2012)。回族和汉族学生在世界观、价值观、行为方式、心理状态、情绪反应上趋同,与以下原因有关:

(1)回族和汉族接受共同的学校教育。共同的教育场所,共同的教育材料,使文化得到了直接的传播和融合,使回汉两族形成了相似的世界观和价值观。在传统的穆斯林教育中,清真寺是教育的主要场所,《古兰经》是主要的学习资料。但从明朝起,回民学生所受教育汉族化,回族学生学习课程与汉族学生相同。清朝开始,宁夏地方官吏奉行"中阿并重"、"经书两通"的教育方针,设立回汉两族学生共同学习的学校,如海城汉回初等小学堂。到民国时期,政府开办的学校中回族学生的比例不断增加。进入现代社会后,随着九年义务教育的普及,清真寺的教育功能弱化,被学校教育所取代。回族青少年接受的教育和汉族完全一致,完全是在学校完成的。学校教育是培养个体的行为方式、价值观念、道德标准等的重要环境,接受共同的学校教育导致了回汉学生相似的人格特征。

(2)回族和汉族的文化融合。首先,从回族先民进入中国以来,回族就不断吸收汉族文化,形成了对中华文化的认同。到了明、清时期,回族人开始使用双名,将回名与汉名并用,汉语取代了阿拉伯语成为回族人的通用语。其次,回族在居住方式上具有"大杂居,小聚居"的特点,这种居住方式,使得回汉两族人民在日常经济、文化生活中频繁接触,在饮食、服饰方面相互借鉴,促进了文化的融合。

(3)人格测试的对象为大学生和青少年。从年龄上看,被试的年龄为24岁以下,均是出生于现代化背景下。随着经济的发展,人口的流动,回汉婚姻的不断增多,回汉两族的经济、文化交流的进一步密切,回汉两族学生的生活学习环境一致,接受的教育信息一致,面临的现代化社会压力一致,导致了人格特征上的趋同。

回族的人格特征

人类学家和民族学研究者通过分析回族文化(马慧娟,白群,2000;雍少宏,2004;马梅英,2012),认为回族的人格特征主要有:

(1)开拓进取,刚强坚韧,勇敢无畏。首先,回族的先民来自中亚和西亚地区。回族先民经历了空间上的大跨度迁移,从无到有建立起居住地。这种历史经验培养了回族先民开拓进取、刚强坚韧的民族性格。在唐朝时期,中亚和西亚的阿拉伯人和波斯人以个人身份进入了中国,称为第一批回族先民。一部分回族先民通过丝绸之路进入中国的政治中心地区长安、开封、洛阳等地,另一部分通过海上通路进入了广州、泉州、杭州、扬州等地。到公元1219年，成吉思汗西征，攻占西亚和中亚地区，造成了大批回族先民随蒙古军队迁入中国。这时期，回族先民编入蒙古军队中"探马赤军"。其次，回族善于经商，有赞赏到远方经商冒险的民族传统。受经商获利这一商业行为本质特征影响，回族人必须进入中国各个地区，利用由空间距离和交通状况造成的地区间商品的价格落差进行经商活动，从而获利。因此，无论是戈壁沙漠，繁华城市，偏远山区，都有回族商人的足迹。回族人进入异乡经商，没有土地资料，面对冒险和不稳定的生活环境。由经商活动带来的一系列环境变化、生存压力都培养了回族人开拓、进取的人格特征。

（2）灵活变通。在行为方式上，回族人具有较强的适应环境能力；在对待异族文化上，回族人具有兼容并蓄、开放性的态度。回族以伊斯兰教信仰为纽带，兼收了波斯、土耳其等外域民族，又融合汉、白、彝、蒙古、藏等多民族文化。作为一个非土著的、由不同民族部落融合形成的民族，回族先民从一开始就与所在地民族进行主动、广泛的经济和文化交流，因而培养了回族人开放型的人格特征。

回族先民远道而来，要在文化差异巨大的环境生存下来，回族人必须具备不断适应外部环境，兼容并蓄各种文化的能力。在唐朝，阿拉伯和波斯商人开始进入长安、开封、洛阳等地定居。虽然此时的回族先民是外邦人，被称为"蕃客"，但回族先民已经开始主动学习中华文化。如"李波斯强学文章"讲述的是波斯人李珣在诗词方面学习刻苦、用功，词作被收入《花间集》。到元、明时期，回族先民称为"回回"，进一步吸收中国文化。如，回回开始使用双名，将回名与汉名并用。到了清朝，为了更好地适应环境、交流思想和生产技术，汉语取代阿拉伯语成为回族的通用语。

（3）爱憎分明，惩恶扬善。回族文化的核心是伊斯兰文化。在伊斯兰教义和《古兰经》影响下，回族特别重视道德教育，培养回族人爱憎分明的道德感。首先，在《古兰经》中，"劝善戒恶"的概念反复出现。例如，用鄙夷、愤懑、厌恶的态度，来描写恶者、愚人、自私者、矜持者、不义者等，用敬仰、热爱、喜欢的态度来歌颂善行、善者、义者、无私者的高尚行为。这种在道德教育上爱憎分明的情感特色，是回族道德文化的基本情感色彩。其次，回族的道德教育"以利扬善，以害罚恶"，将道德教育与现世物质回报相联系。在伊斯兰教义中，重视现世的物质利益和现实生活中的幸福，将道德教育与现世生活相联系，把善恶观念与个人利息相捆绑，进一步促进对善恶的区分，促进回民追求善的行为，舍弃恶的行为，建立浓烈的爱与憎、好与恶的情感。

（4）严格自律，持身严谨。回族在伊斯兰教文化影响下，形成了饮食、服饰、婚姻、卫生等方面独特的禁忌风俗。禁忌习俗渗入回族人日常生活的各个方面，对回族人的行为方式作出了具体细致的区分和规定，并且赋予了宗教意义，导致回族人形成了自律严谨的人格特征。在禁忌习俗中，最重要的原则是禁猪习俗，把猪视为不洁，具有强烈的宗教禁忌色彩。在回族文化和各族文化不断融合的过程中,始终未改变回族的禁猪习俗。禁猪习俗,不仅仅体现在回族人不食用猪肉,还体现在生活中与猪有关的任何行为方式上。例如,回族人不使用装过猪肉的锅、碗、盆、筷等;不进入买卖猪肉的食铺;甚至部分回族不使用猪毛刷子、不穿着猪皮制作的鞋子和服饰。回族禁忌习俗对回族人的行为方式有很强的约束性,导致回族人形成自律严谨的性格。

19.2.3 维吾尔族的人格特征

维吾尔族是古代回纥人、塔里木盆地土著和蒙兀儿人融合的后代。2010 年,中国境内的维吾尔族人口为 1000 万余人,聚居于新疆维吾尔自治区,是中国第四大少数民族。维吾尔族先民回鹘人信奉萨满教、摩尼教。公元 10 世纪,喀喇汗王朝统治者接受伊斯兰教,伊斯兰教逐渐成为占据统治地位的宗教。维吾尔语属于阿尔泰语系突厥语族西匈语支。

维吾尔族的人格特征

研究者主要采用问卷法(如卡特尔 16 项人格因素问卷、艾森克人格量表)对维吾尔族的人格进行测量和分析(李硕豪,马海燕,2013;张婷,1991;买合甫来提·坎吉,闻素霞,2007;马兰军,由文华,毛雁,2007;夏叶玲等,2007;夏叶玲等,2008;杨超,吕淑云,2013)。综合以上研究结果,维吾尔族的人格特征主要有:

(1) 乐群外向。体现在群体交往中开朗热情、不拘小节、坦白直率、天真的行为方式。

(2) 自律严谨,顺从遵守。

(3) 在情绪反应上易紧张焦虑。

(4) 形象思维能力强于抽象思维能力。

(5) 南、北疆的维吾尔族在人格特征上存在差异。来自北疆的维族学生,更轻松兴奋、热情活泼、外向健谈、冒险敢为、少有顾忌、不受拘束,但容易冲动、无聊多事;来自南疆的学生,认真严肃、审慎冷静,有更高的创造力,但缺乏自信、行动拘谨、内省寡言。

影响维吾尔族人格特征的因素

(1) 乐群外向的人格特征与维吾尔族的人际交往模式有关。首先,维吾尔族的"维吾尔"意为"团结""联合""协助",强调群体式的人际交往模式,重视人与人之间的互惠合作。其次,除了喜欢集体式的人际交往模式外,维吾尔族能歌善舞,多以聚会或娱乐形式举办集体活动。这种以集体形式出现的、情感外露的娱乐活动成为维吾尔族生活中重要的交流方式。第三,维吾尔族文化是草原文化和农业文化的交融。在历史上,维吾尔族是一个"逐水草而居"的游牧民族。受到游牧文化和草原文化的影响,维吾尔族的人格特征也融合了粗犷、豪放和外向的性格特点。

(2) 自律严谨、顺从遵守的人格特征与伊斯兰文化的重要地位有关。首先,维吾尔族信仰伊斯兰教的历史已有上千年,几乎全族信教,伊斯兰教教义已经渗入维吾尔族的日常生活中。伊斯兰教规不仅是宗教信仰追求,更是维吾尔族人日常生活的指导性教义。维吾尔族信仰真主安拉,念诵清真言、履行拜功、封斋、朝觐已经成为维吾尔族日常生活的一部分,难以区分宗教和日常生活。对伊斯兰教规的严格遵守,已经演化为维吾尔族人的日常生活、民族风俗和对禁忌规范的自觉遵守。这种将宗教仪式或教义和日常生活习俗融为一体,在各个方面需要符合宗教教义的行为方式,培养维吾尔族人自律严谨、顺从遵守的性格特点。其次,伊斯兰教义对维吾尔族的行为方式和心理状态进行了严格明确的限制。以日常饮食习惯为例,维吾尔族的饮食禁忌精确详细,符合伊斯兰教的宗教心理。例如,维吾尔族在饮食习惯上有许多禁忌:(1)食物禁忌:禁食猪、狗、熊、猴、驴、老鼠等动物类,虎、豹、狼、狮、猫、蛇、蝎等猛兽类和鹰、鹞、鹫、鸢等凶禽类,非正常宰杀的动物,非诵真主之名而宰杀的以及非穆斯林所宰杀的一切可食用动物,所有血液(包括禁食动物的血液和被许可吃的动物的血);(2)饮料禁忌:禁饮酒、血液、其肉不可食动物的奶,人奶(哺乳期除外);(3)吸物禁忌:包括毒品(鸦片、海洛因和可卡因等)、烟草。维吾尔族重视饮食方式,在这方面有一系列的禁忌习俗,例如,维吾尔族人非常忌讳不铺餐布而进餐,非常忌讳挑食,维吾尔族习惯在饭后做祈祷。这种在饮食习惯上的明确限制,一定程度上有助于维吾尔族养成自律、少欲的心理特征。

(3) 维吾尔族在情绪反应上易紧张焦虑的人格特征与文化冲击、语言差异有关。首先,维吾尔文化带有浓厚的伊斯兰色彩,与现代理念产生冲撞。伊斯兰教是一种代表生活全貌的宗教,宗教必须包含整个生活,每一个人的思想和行动最终必须与万物之源、真主之道有联接(萨义德·侯赛因·纳速尔,2008)。在宗教教义指导下,维吾尔族的婚丧嫁娶、人生礼仪、饮食习惯等均严格地参照伊斯兰教规办理,维吾尔族人的世界观、价值观、道德观念、文学艺术均受到伊斯兰教义影响。维吾尔族文化已经与伊斯兰教文化高度融合,这种与传统伊斯兰教义的高度融合使得维吾尔族面对现代理念时,受到更大的冲击和不适应,产生紧张焦虑的情绪。其次,现代维吾尔语属于阿尔泰语系突厥语族,在语音和语法上与汉语有较大区别。在语音方面,维吾尔语中没有"zh、ch、sh",因此,维吾尔族人在听力上和发音上无法很好掌握"zh、ch、sh"的辨析。这种语音差异,导致维吾尔族在学习和使用汉语时,不能准确发出和理解某些汉语词的语音,造成口语交流障碍。在语法结构上,维吾尔语将谓语置于句子末尾,这与汉语句子的主谓宾结构大不相同。因此,维吾尔族经常用"我饭吃了"来表达"我吃饭了"。这种语法结构差异,不仅在日常沟通上,还在以汉语为主要语言形式的书面知识学习上,带给维吾尔族学生较大障碍,导致维吾尔族学生在进入以普通话为主的学校环境或社会环境中,产生畏惧、紧张忧虑的心理情绪。第三,现代化浪潮打开新疆地区的文化、经济、教育交流。一方面,中央政府重视和扶持民族文化教育,开放的环境和政策,给维吾尔族带来了众多机遇,民族文化进入现代化发展轨道。另一方面,开放的环境和政策也意味着维吾尔族要面对更多竞争和挑战。例如,虽然维吾尔族学生能够进入大学,但由于语言障碍和学业基础薄弱,维吾尔族大学生在学业上面临巨大压力。

(4) 维吾尔族的形象思维能力强于抽象思维能力与维吾尔族人能歌善舞,擅长使用感性、直观的文化表达有关。维吾尔族的舞蹈分为自娱性舞蹈、风俗性舞蹈和表演性舞蹈,维吾尔族用舞蹈记录和表达他们的宗教信仰和日常生活。对维吾尔族而言,感性经验累积多于理性思维。值得注意的是,现有研究大多采用汉语量表测量维吾尔族的人格特征,忽略了维吾尔语和汉语之间的差异。在目前文化环境中,科学知识学习和测试主要采用汉语形式,维吾尔族人需要跨语言进行抽象思维思考,这也可能是造成维吾尔族抽象思维能力较弱的重要原因。

(5) 来自南、北疆的维吾尔族人在人格特征上存在差异,与南、北疆在地理环境、交通条件、生产实践方式、经济发展水平等方面的差异有关。

从地理环境看,南疆北面被天山和沙漠阻隔,西面被喜马拉雅山脉阻隔,东、南面与青藏高原毗邻,在地理空间上形成了一个相对封闭独立的环境。地理空间造成了南疆地区在货运、信息交流、交通条件等方面的困难。北疆,指天山以北的新疆地区,包括乌鲁木齐、阿勒泰地区、塔城地区、昌吉地区、伊犁、博尔塔拉等,是丝绸之路主干线贯穿之地,交通线路发达、环境开放、信息交流频繁。

从气候条件和生产方式看,南疆为暖温带大陆性干旱气候,年均气温 7～14℃,全年降水量 25～100 毫米,全年无霜期 180～220 天。南疆大面积的沙漠和戈壁,干旱、沙尘和盐碱给地区农业发展造成严酷的自然限制,导致南疆地区农业成为弱质产业。北疆为温带大陆性干旱半干旱气候,年均气温－4～9℃,全年降水量 150～200毫米以上,全年无霜期 140～185 天,四季分明。北疆地区主要为高山和草原,在农业机械和技术的引进及推广上具有地缘优势。综合因素造成北疆地区在耕地面积、亩产平均水平、农业机械化水平等方面均超过南疆。在生产方式上,南疆地区倚重于农业生产;在北疆地区,以乌鲁木齐为中心,已经形成了完备的现代化工业体系,被誉为"天山北坡经济带"。

从文化教育看,在清朝晚期,北疆地区已经开放新学,在乌鲁木齐、伊犁等地区创办现代教育,如"俄文学馆";南疆地区仍旧维持传统的经学教育。进入民国时期,北疆地区进一步推进近代学校教育,创立了省立师范学校、省立中学;南疆地区也开始推行学校教育,但受到宗教势力阻碍,学校教育并未得到扩展,近代教育效果欠佳。新中国成立后,新疆教育,尤其是少数民族教育事业得到大力推进,但由于南北疆教育发展的环境和经济条件不平衡,在教育财政投入、师资力量、教育发展保障性等方面存在差异,导致北疆地区的教育发展水平整体态势优于南疆地区。

因此,就总体而言,南北疆在自然地理条件、经济发展水平、教育发展程度上均存在明显区分,导致南北疆的维吾尔族人形成了不同的人格特征。南疆严苛的自然条件,有限的经济资源和教育资源,使得南疆学生形成了努力追求教育资源,认真、审慎的处事态度,但也存在缺乏自信、不够开放的性格特征。北疆的经济发展水平较高,环境开放,教育资源充沛,使得北疆学生的处世态度更轻松开放,但存在进取心不够、容易冲动的性格特征。

19.2.4 彝族的人格特征

彝族,曾称"倮倮",聚居于中国西南地区,主要分布于云南、四川和贵州,少数分布于广西,包括四川凉山彝族自治州、云南楚雄彝族自治州、红河哈尼族彝族自治州、贵州毕节市和六盘水市。2010 年,中国境内的彝族人口数 900 多万人。彝族内部以方言和服饰的差异,区分为不同支系,如尼苏、纳苏、罗武、米撒泼、撒尼等。彝族宗教具有浓厚的原始宗教色彩,崇奉多神,主要是万物有灵的自然崇拜和祖先崇拜。在自然崇拜中,最主要是对精灵和鬼魂的信仰。彝族人说彝语,彝语属于汉藏语系藏缅语族缅彝语支,有六种方言。彝语的书面文字是爨文,有 819 个规范彝字。

彝族的人格特征

研究者采用问卷法(如艾森克人格量表、学生性格量表)对彝族老年人、大学生、中学生进行人格特征测量(冯海英,黄鑫,2010;刘诚芳,蔡华,2000;仝裕中,夭德昌,1989;袁晓艳,郑涌,2010)。也有研究者通过将人格理论应用于民族文化现象,来探讨彝族的人格特征(沈再新,2012)。综合以上研究,彝族的人格特征主要体现在以下方面:

(1) 乐群外向。彝族人乐观、热情、和蔼可亲;喜欢结交新朋友、开朗主动、豪迈直接。在集体活动中,彝族人乐于助人,团结互助。比起个人利益,彝族人更重视集体利益,遵守集体规则。但这种重视群体发展和集体利益的人格,也导致彝族人的独立意志较弱。

(2) 刚猛冲动。彝族人的情绪容易唤起,容易兴奋,难平复,导致彝族人容易陷入紧张焦虑的心理状态。从情绪状态看,彝族人忧虑情绪较多。在情绪高度唤醒状态下,彝族人会出现刚猛冲动的行为方式。

(3) 正直诚实。这种人格特征,在行为方式上体现为真诚守信,重义轻利,尽职尽责;在价值观上表现为对惩恶扬善行为的追求和对正义观念的维护。

影响彝族人格特征的因素

（1）险恶封闭的自然地理环境。彝族聚居地区的地形大多为高山峡谷,山高谷深,交通运输条件差,在历史上较长时期处于封闭状态,"你有千军万马,我有大山老林"描述了彝族聚居区自然环境中的险恶和封闭。彝族居住地区的自然地理环境既不适合放牧,也不适合耕种。可用来农耕的土地多位于陡坡,属于"望天地",无法进行灌溉,农作物收成好坏取决于气候变化。彝族先人要在这种恶劣的自然环境生存下来,必须培养起互助合作,共有共享的精神,才能够维系彝族种系的生存繁衍发展。自然地理环境培养了彝族人乐于助人,注重集体利益,重视群体发展的民族文化。

（2）恶劣的自然环境使彝族无法改变自然对生产生活方式的制约,彝族人的食物和安全保障来自于大自然的恩赐。彝族人将自己的生活维系在大自然的偶发意志上,相信通过祈求和崇拜仪式,可以获得大自然的认可,从而减少彝族人在恶劣自然环境中的恐惧和不安,保障彝族人的生产生活和繁衍。除了建立紧密的群体联系外,彝族先民无力改变自然,只能依赖自然、敬畏自然。这种长期经验的积累,导致彝族人的独立意志较弱。

（3）彝族原始色彩浓厚的宗教文化。彝族的宗教文化主要有自然崇拜、图腾崇拜和祖先崇拜。自然崇拜是指彝族人相信万物有灵,在自然界中的任何物质都可以带有精灵,自然界存在的事物都可以人格化。例如,彝族人相信祖先遗物带有精灵,认为天有天神,地有地神,日有日神。这种自然崇拜和万物有灵的意识决定了彝族人在意识深处对大自然的敬畏之心和敬畏自然、依赖自然的行为方式。

彝族的图腾崇拜主要是虎图腾崇拜,并随着历史发展演化,创造出灿烂的虎文化。彝族人将人类始祖伏羲作为虎祖,神台供奉虎像,对虎祖顶礼膜拜。彝语称虎为"罗",占据彝族半数人口的支系"罗罗濮"在彝语中为"虎族",自认为是"虎的民族"。彝族人在日常生活习俗中处处体现出鲜明的虎文化。彝族人以虎对山、水、石命名,如"纳拉山"在彝语中意思是"黑虎族所居的山脉"。又如,彝族的十二生肖纪年,以虎取代鼠位于第一位。彝族人以虎为图腾,希望从虎图腾中获得虎的力量,即百兽之王的威慑之力。虎图腾和虎文化代表彝族人性格中对正义品格、惩恶扬善品格的赞赏,对荣誉感的极端追求;但也揭示了彝族人刚猛、暴躁、情绪易激动的人格特征。

（4）彝族文化习俗以宗族集体主义为主要特色。节日文化既是彝族日常生活中的重要情境,也是彝族传统文化的组成部分,是彝族风俗习惯、民间艺术和礼仪信仰相互融合的文化现象。就时间上说,彝族节日与汉族大致相同,但因为风俗习惯不同而具有特色。最富有民族特色的彝族节日是六月火把节。火把节是彝族最盛大的传统节日,除了通过"撒火把"仪式,祈祷消灾除病、六畜兴旺、五谷丰登,火把节还是彝族青年男女结成婚姻的重要节日。火把节里,彝族男女昼夜打歌唱调,追逐耍玩,互赠信物,定下终身,结成姻缘。

宗族集体主义是彝族价值观最核心的部分,彝族人有约定俗成的互助村规。在彝族社会中,家支救援、互助合作、共有共享是每个彝族人必须遵守的原则,并且表现在日常生活的具体习俗规定中。例如,在彝族村落,任何一家办婚事,每户都要出一斤酒、一升荞麦或其他粮食制品;任何一家办丧事,每户都要一坛酒,招待来吊丧的另一村落人的食宿,到火葬之日,全村停工一日致哀。这种家支救援、互助合作、共有共享的集体精神养成了彝族人重视集体利益,遵守集体规则,团结互助的行为方式。

19.2.5　蒙古族的人格特征

蒙古族是中国的主要少数民族之一,2010 年人口为 650 万,主要居住在内蒙古自治区和新疆、辽宁、吉林、黑龙江、甘肃、青海、河北等省、自治区的各蒙古族自治州、县。蒙古族是游牧民族,蒙古语属于阿尔泰语系蒙古语族。蒙古族早期信仰萨满教,明末清初,藏传佛教格鲁派逐渐取代了萨满教,成为蒙古族的全民信仰。

蒙古族的人格特征

研究者采用问卷调查法(如卡特尔 16 项人格因素问卷、艾森克人格量表、中国大学生人格量表)对蒙古族大学生、高中生进行人格特征测量(秦凤华,王凯,2002;高宝梅,2003;李军,2008;童成乾,朱敏兰,2008;陶格斯,2008;降彩虹,2009;李军,2012;张静,闫妍,席雪松,包琳,2012;李向阳,格根图雅,2014)。也有研究者通过理论分析探讨蒙古族人格特征形成的历史文化渊源(乌冉,2011)。综合以上研究,蒙古族具有以下人格特征:

(1) 热情外向。在性格上表现为豁达、豪迈、活泼、愉快、开朗、健谈,在行为方式上表现为乐于助人、乐于交朋友、人际关系简单直接。蒙古族的外向人格特征受生活地域、生产生活方式影响。例如,来自牧区的蒙古族大学生的乐群性高于来自农村的蒙古族大学生。李向阳和格根图雅(2014)发现,蒙古族的外向水平影响心理健康水平。蒙古族男大学生人格外向、喜欢交际、渴望刺激和冒险,心理健康水平亦高。

(2) 封闭与保守。在处世态度上表现为中立折衷;在日常工作中表现为自律,违纪违规行为比较少见。例如,在蒙古族大学生中,穿着张扬的学生很少见,男女生服饰多显露出朴实、深沉和稳重的风格。在人际交往中,蒙古族的乐群性高,喜欢交朋友,愿意与人沟通,但这种人际交流常发生在一个群体之中。例如,蒙古族大学生较少与其他系部的同学交往,他们的交际活动通常限定在本系的同学圈内。

(3) 情绪兴奋性强。具体表现为情绪容易兴奋,难以平复,情绪体验深刻。由于容易进入情绪高唤醒的紧张状态,紧张和焦虑往往导致他们容易忽略细节,不善于控制个人的情绪,直接表达个人的想法和情感、进攻性高的行为方式。

(4)以形象思维为主导思维方式。蒙古族擅长使用形象思维方式解决问题。例如,蒙古族使用直接形象的歌声和舞蹈表达思想和情感。比较而言,抽象思维能力和推理能力水平较低,在采用含蓄、婉转的语言和文字方面处于劣势,在应对复杂抽象的问题情境时,不能顺利地作出准确的选择和判断。

影响蒙古族人格特征形成的因素

(1)自然地理环境。蒙古高原空间辽阔,自然环境相对封闭且内部回旋余地大。蒙古高原以阴山山脉为界与汉民族中原文化相隔;以绵延的大兴安岭为界,与东北女真满洲文化区别;西南部以阿尔泰山为界与羌藏山岳文化隔开;北部与西伯利亚草原相连,西部与广大中亚草原相通。首先,严酷封闭的内陆草原,气候寒冷、自然条件恶劣。生活在这样严酷环境的人,必须具备易兴奋、强激活的情绪反应方式,以应对自然环境,也决定了蒙古族的吃苦耐劳精神和对生命活力的追求。其次,辽阔的大草原,广阔的生存空间,培养了蒙古族人广阔的胸襟和乐观直率的性格特点。

(2)"游牧文化"和"狩猎文化"。蒙古族长期从事牧业和狩猎。首先,狩猎活动是一种对进攻性要求极高的活动。在"狩猎文化"影响下,蒙古族形成情绪反应强烈、进攻性强的人格特征。其次,游牧民族终日与动物打交道,对生命概念的理解具有动物性。或换言之,游牧民族对生命概念的理解来自于游牧文化中人与动物的生死搏杀、弱肉强食的关系。这种对生命的理解决定了蒙古族追求力量刚猛和征服感的价值观与审美观,赞赏横冲直撞的行动和进攻性的运动。最后,在"游牧文化"影响下形成的亚文化,如传统的体育竞赛,带有明显攻击性色彩,如摔跤、赛马、射箭等。蒙古族崇拜在进攻性体育活动中获胜的人,崇拜能够在进攻性活动中征服对手的人。这些都强调了人格特征中向外进攻的特征。

(3)能歌善舞的文化习俗。蒙古族用音乐和舞蹈记录他们的狩猎、游牧生活。蒙古族的舞蹈节奏欢快,动作刚劲有力,以抖肩、揉臂、马步最具特色;蒙古族的音乐有长调民歌、好来宝等。蒙古族用这种直接、生动、感性的方式抒发情感,表现游牧生活,导致蒙古族在思维方式上以形象思维为主导,不擅长抽象思维。蒙古族生活在游牧文化中。游牧文化"逐追水草而居",无相对安定的环境,自由的感性经验奔涌,但缺少安稳环境,使得感性经验无法升华为理性思维,严密的理性思维无法得到成熟和发展。

19.2.6 藏族的人格特征

藏族是居住在中国境内使用藏语的民族。2013 年,中国境内藏族人口为 640 万余人,主要聚居在西藏自治区和青海、甘肃、四川、云南等地。藏族人大多信仰藏传佛教,宗教寺院遍布藏区。藏族有自己的语言和文字。藏语属汉藏语系藏缅语族藏语支,分为藏、康、安多三种方言。藏文是 7 世纪初根据古梵文和西域文字制定的拼音文字。

藏族的人格特征

研究者采用问卷调查法(如卡特尔 16 项人格因素问卷、艾森克人格量表)测量藏族人的人格特征(阿怀红,刘桂兰,韩国玲,刘川,2006;康育文等,2012;刘桂兰,韩国玲,阿怀红,2005;龙卿志,李琛,2009;冉苒,方翰青,2010;冉苒,杨玉霞,2012;宋兴川,2000;汪念念,2012;喻志敏,张业祥,邱育平,2011)。综合以上研究,藏族的人格特征主要有:

(1) 乐群外向,直率豪爽。表现在行为方式上,外向、热情、豪放、友善待人。这种特点在藏族男大学生身上表现得尤为明显,体现为随和乐观、喜欢交际、乐于与他人合作学习。对藏族中学生而言,这种人格特征还与年级、汉族朋友数量有关。高中学生比初中学生外向,汉族朋友数量多的中学生比汉族朋友数量少的中学生外向。

(2) 谦逊,顺从,现实,合乎成规。在行为方式上,藏族为维护团体利益会放弃个人意愿,以取得团体认同。这种顺从、遵守传统规则的特点在藏族女大学生身上表现得尤为明显。

(3) 掩饰性较高。四分之一的藏族中学生掩饰性强,自我隐蔽性高。研究发现,藏区内外、汉族朋友数量、汉语口语流利程度是影响藏族中学生掩饰性的主要因素。藏区内学生比藏区外学生的掩饰性高。相对于藏区内学生,藏区外学生的自我隐蔽性更高。汉族朋友少的藏族中学生比汉族朋友多的学生掩饰性高,汉语口语差的比汉语口语强的藏族中学生的掩饰性高。汉语口语差的藏族中学生,平时与汉族接触少,汉族朋友也少,隐蔽性更强,比起汉语口语流利的中学生,他们更愿意与藏族人交朋友,因此掩饰性比汉族朋友多的藏族中学生高。

(4) 擅长形象思维。在学习中,藏族学生对音乐、体育等学科表现出极大兴趣,对重逻辑分析的学科表现出兴趣不足。

(5) 情绪反应的倾向未确定。部分研究发现,藏族的情绪反应稳定。藏族人的情绪反应受海拔影响,居住在海拔 3700~3800 米的藏族中学生比居住在海拔 2700~2800 米、4300~4500 米地方的藏族中学生情绪稳定。部分研究发现,藏族人的情绪易兴奋,容易冲动,以至于行为变幻莫测,容易紧张和受困扰。这种情绪上的容易冲动,导致藏族在处理事情和问题时,容易忽略细节和感情用事。例如,超过四分之一的藏族中学生表现出焦虑、担心,情绪起伏较大,容易出现强烈情绪变化和不理智行为。研究结果不一致可能与生活环境有关,生活在藏区的藏族情绪稳定性高,生活在内地的藏族情绪稳定性低。

影响藏族人格特征的因素

(1) 藏族的自然地理环境和游牧文化。藏族世代生活于青藏高原,海拔 4000 多米,是世界的"第三极"。海拔高造成青藏高原独具特色的气候条件,如空气干燥、缺氧、太阳辐射强,降雨较少,气温较低且起伏变化剧烈。一方面,这种高寒、严酷的自然条件,使藏族对自然怀有一种敬畏之心,形成爱护自然,尊崇自然,保护生态环境的心态,培养出藏族谦逊、顺从的人格特征;另一方面,青藏高原海拔高、热量不足、无绝对无霜期等气候特点,导致谷物难以成熟,只能放牧。藏族以家庭为单位,随着草场转移流动放牧,培养了藏族人团结合作、外向乐群的人格特征。此外,青藏高原辽阔的空间,要求生活于其中的藏族人保持勇敢乐观的精神和热情粗犷的人格特征。

(2) 藏传佛教和藏文化。藏族人普遍信仰藏传佛教。藏传佛教是大乘佛教吸收藏族土著信仰本教的某些仪式和内容形成的体系完善的宗教形式。在藏传佛教影响下,宗教意识渗透到藏族生活的各个方面,藏民对佛家教义严格遵守,形成了独具特色的藏文化。首先,藏传佛教主张因果报应、六道轮回,万物有灵。在这种教义影响下,藏族形成了忠厚老实、少欲知足、淡泊人世、平和顺从的人格特点。其次,藏文化崇尚自然与人合一的思想,反对相互厮杀和暴力行为,主张人与自然、人与人之间的和平相处,培养了藏族谦逊、顺从的人格特点。再者,藏族受佛教思想影响,不愿暴露内心世界,导致藏族具有掩饰性高的人格特点。

(3) 藏文化与现代文化的融合和冲撞。随着西藏社会经济、文化的发展,越来越多的藏族人到外地求学、工作、经商。藏族人进入一个多元化文化环境中,由于在地理环境、人文习俗上的差异,他们面临较大文化适应的压力。藏族人既要保持自己藏文化特色,又要融入主流文化中去。这时,如何处理两者关系,藏族人需要进行巨大的心理调整,造成了易紧张、焦虑、担忧的情绪。汪念念(2012)发现,藏族中学生汉语口语说得越流利,与汉族交流交往越轻松,越能够适应多元文化的环境;口语不流利的中学生在与汉族交往过程中会遇到障碍,这种自我认知与社会认知能力的差异造就了他们易紧张、焦虑、担忧的情绪。

19.2.7 朝鲜族的人格特征

朝鲜族是东亚的主要民族之一。2010 年,中国境内的朝鲜族人口约有 183 万。中国现代的朝鲜族大多是 19 世纪后迁入中国的朝鲜族人的后裔,聚居于吉林、黑龙江、辽宁以及内蒙古自治区四省区。朝鲜族没有全民族性的统一的宗教,通用语言为朝鲜语。

朝鲜族的人格特征

研究者采用问卷法(如卡特尔 16 项人格因素问卷、艾森克人格量表、MBTI 量表)对朝鲜族大学生、高中生测量朝鲜族的人格特征(邹一杰等,2014;马钟范,1999;张成镐,严秀英,2010;张艳清,2011;邵岩,2014)。也有研究者通过理论和文化现象分析探讨朝鲜族的人格特征(高萍,2012;朴婷姬,1998)。综合以上研究,发现朝鲜族在人格特征方面与汉族差异并不明显,但仍然显示出某些具有朝鲜文化特色的人格特点,主要有:

(1) 恃强性高。具体表现为,认为自己具有一些别人没有的优良品质,觉得自己的想法更好,更符合时代发展。在与别人探讨问题时,会当场明确表达立场,或指正别人的言行和想法,有喜断善恶的倾向。在集体活动中,朝鲜族有喜欢当领头人的倾向。在日常生活中,如果亲友之间发生争执,朝鲜族喜欢对双方进行劝解和指导。

(2) 敏感性高。具体表现在,朝鲜族大学生对新生事物反应快,容易引领时代潮流。

(3) 思考型人格。具体表现为倾向于根据客观性、逻辑性原则制定决策,作出决定,喜欢逻辑分析,尊重逻辑关系。在思维方式上,朝鲜族重视结果,不重视过程。

(4) 感知型人格。具体表现为,在日常生活中,朝鲜族会不断地搜集信息,为自己寻找一些选择。如果认为有必要改变原来计划,会废除最初计划,计划总是随着工作进行而变化。

影响朝鲜族人格特征的因素

(1) 朝鲜族是迁移越境民族。生活在中国的朝鲜族,是朝鲜李朝腐败统治和日本帝国主义统治下破产的农民和反日爱国志士,有为民族独立而战的反日意识和反抗精神。这种长期不屈不挠的斗争,培养了朝鲜族坚韧不拔、刚强、自我牺牲的性格,也使朝鲜族形成了思考型人格。但是,朝鲜族在历史上经受的挫折和苦难,也让朝鲜族在人格特征上呈现出恃强性高、感知性强的人格特征。

(2) 朝鲜族能歌善舞,对艺术敏感。首先,在不同的仪式氛围下,朝鲜族人传唱不同风格的民谣。例如,在漫长的生产劳动过程中,人们创作传唱与劳动有关的歌谣,如种植水稻时唱《插秧歌谣》,下海捕鱼时唱《出帆歌》等。除劳动仪式外,朝鲜族还可以用民谣来表达生活中的情感,如"抒情谣"《阿里郎》;用民谣的抑扬顿挫来叙事;用民谣来记录朝鲜民族的信仰和生活习俗。其次,朝鲜族的民谣,曲风明快,语言简洁幽默,充满健康活力。如《阴山道》、《桔梗谣》。朝鲜族的音乐,不仅仅满足了朝鲜族的审美需要,也发挥道德教化的功能,将朝鲜族崇尚的乐观向上的精神融入人格特征中。

19.2.8　纳西族的人格特征

纳西族是中国西南的少数民族,主要聚居在云南西北部丽江纳西族自治县及其周边的中甸、宁蒗、维西、永胜、德钦等县。2000年，纳西族人口30万余人。纳西族的宗教信仰主要是东巴教，主要经典是《东巴经》。纳西族有自己的语言和文字。语言是纳西语，属于汉藏语系藏缅语族彝语支。文字是东巴文，是世界上唯一的仍然使用的象形文字。

纳西族的人格特征

研究者采用中国人人格形容词评定量表(QZPAS)、中国学生性格问卷和田野调查对纳西族的人格特质进行测量和分析(和智勇,张锋,1994;和红灿,李继群,2006;武雪婷,金一波,2008;许思安,郑雪,和秀梅,2007),发现纳西族的人格特质主要有：

(1)外向活泼,在人际交往中表现活跃、积极、主动。

(2)严谨自制。

(3)温顺随和,情绪反应的稳定性高,对待人生和事物表现出平和、知足的心态。

(4)对待人生和事业诚实、守信;与人交往时乐于助人,利他行为较多;在工作学习中勇于承认自己的缺点和错误。

(5)人格特征具有明显的性别差异。在生活情趣上,男性表现出对物质生活的追求,女性表现出对知识、学历的追求。在认知风格上,女性比男性更客观、全面、较少受主观想象和情绪影响。在意志品质上,女性比男性有更强的目的性,对自己行为的控制力更高,男性表现出更高的勇敢性和冒险精神。

影响纳西族人格特征的因素

(1)纳西族的生产方式以山地耕牧型经济为主,兼具游牧文化和农耕文化。纳西族主要聚居在云南西北部,处于滇、藏、川交界的横断山区,平均海拔2700米以上,气候具有寒、温、亚热带三类特征,降雨量充沛。纳西族的自然环境条件,具有宜农、宜牧、宜林的优势,形成了以山地耕牧型经济为主体的生产方式,兼具农耕文化和游牧文化特征。从游牧文化来看,纳西族最早的生产方式是畜牧业,饲养以马、骡为主的牲畜。由此,发展出一套饲养马、骡的经验习俗和游牧文化。虽然纳西族地处西南,但受粗犷豪放的游牧文化影响,纳西族的人格特征展现出外向乐群的特点。从农耕文化看,自元朝以后,纳西族受汉族影响,发展了农业耕种。在农耕对象上,纳西族主要种植小麦、大麦、稻谷等;在农耕工具上,纳西族采用铁质的锄、镰、刀、斧等,木质的犁、耙、水车、风箱等,竹制的筐、蓑、箕等,形成纳西族的农耕文化。在农耕文化中精耕细作的生产方式,培养了纳西族严谨自制的人格特点。

(2)纳西族普遍信仰东巴教。东巴教是一种古老宗教,起源于原始巫教,以万物有灵和多神崇拜为基本内容。东巴教"万物有灵"的自然生态观独具特色。纳西族遵循东巴教教义,将自然与人摆到平等地位。《东巴经》的《休曲术埃》记录:人与蜀为同父异母兄弟。蜀是自然神的化身,掌管山林、水源和动物。由于人滥杀动物、破坏自然,受到蜀居无定所、食无来源的处罚。最后人向蜀保证尊重和爱护自然,两兄弟才得到和解。这个神话故事蕴含了纳西族对自然既不膜拜,也不将其作为征服对象的平等态度。这种人与自然和谐相处的宗教信仰,融入纳西族的人格结构,形成了纳西族人平和、顺势、随和的人格特征。纳西族聚居地具有自然条件优势,没有极端天气和自然灾害,自然风光宁静平和。这种宁静安详的自然环境,使得生活在此的纳西族人心境平和、没有极端的情绪反应。

(3) 纳西文化中对道德品质的要求。纳西族在日常生活中对"笃"高度赞赏,在宗教上受到道德约束,纳西族人追求道德尊严、舆论好评和良心无愧,具有诚实守信的人格特征。纳西文化对人的品格的最高评价为"笃"。"笃"要求纳西族人在个人行为上,做到诚实守信、重义轻利;在人际交往上,做到以诚相待、不损害他人利益。东巴教中对伦理道德有明确约束,集中体现在纳西族的丧葬礼仪中。丧葬礼仪是纳西族人生礼仪中最隆重的一种,贯穿其中的核心思想是送魂观念。在仪式中,东巴展开包括地狱、人间、天堂三界的神路图。死者生前不符合伦理道德的行为,在此时进行拷问,接受地狱的酷刑。

(4) 纳西文化中的性别角色传统。纳西族女性在内主持家务,除养育儿女、家庭劳务外,负责经济财务、吃穿住行用度、人际往来等;在外生产劳动,担负着栽插撒播、砍柴割草、饲养家禽牲畜等农活。例如,纳西族妇女的服饰"七星披肩"是女性披星带月、日夜操劳的象征。父母从小培养女孩吃苦耐劳、乐于奉献的人格品质。纳西族男性主要从事文化艺术的审美和创造,有更多时间来学习琴棋书画,有更多的自由和闲暇。这种传统文化和家庭教育的差异造成纳西族两性在人格特征上的差异,培养了纳西族女性更多的责任感、坚持性、客观性、独立解决问题的能力等。

20　民族性别角色文化

　　人们常从现实生活的角度关注性别。例如，男性和女性的种种约定俗成的规定，自己想成为什么样的男人或女人。人们由于社会地位和身份不同，承担不同的社会角色。性别角色是社会角色的一种，是建立在生理因素基础上，表明社会对男性和女性不同社会期望。不同民族文化背景会影响人们对性别角色的定位，从而形成了不同民族的色彩纷呈的性别角色文化。

20.1 性别角色的概念

20.1.1 性别、社会性别和性别角色

性别(sex)是一个生物学术语,是指按照基因和性器官不同将有机体分为雄性和雌性,或者特指性的行为(魏国英,2002)。性别常被用来表达男性和女性之间的生理差异,强调生物学意义的差别。性别是区分不同文化背景下不同类别的重要标准之一,几乎所有文化在区分人类种类时都强调性别这一维度。因此,性别是人类的一种自然属性。

社会性别(gender)是指在某一历史时期内跟两性有关的一系列政治、经济、文化、历史、心理、行为等特征,指代一种社会地位及性别身份,代表社会或文化的范畴。社会性别是一种社会标签,是一个带有心理学和文化学意义的概念,用这个标签可以说明文化是如何赋予每一种性别以独特的特征,同时也可以说明个体是如何使自己具备与自身性别相吻合的特质的。

性别和社会性别的差异在于:前者以生物学为基础,是与生俱来的生理性别;后者是男女两性在行为和性格上的差异,是心理学意义的差异,大多数是由于社会化历程及旁人的期望导致。正如影响人类发展的遗传因素和社会因素一样,性别和社会性别的差异反映了性别在社会关系中的双重属性,即性别是由生物属性和社会属性共同决定的(苏红,2004)。

社会科学家认为,角色意味着个人在具体情境中所呈现的社会期许的、鼓励的行为模式。男性或女性的性别角色就像是男性和女性扮演适合他们男子气或女子气部分的脚本(Brannon,2005)。Constantinople(1973)认为,性别角色特征"多多少少是根植于解剖学、生理学和早期经历之中,并在外貌、态度及行为上将两性分别开来的那些相对稳定的特质"。Spence(1985)认为,性别角色特征是"社会认定为适合于男性和女性的性格、态度、价值观念和行为"。Gilbert(1985)认为,性别角色是指"存在于特定历史或文化情境中的对两性分工的规范性期望和社会互动中与性别相关的规则"。张积家与张巧明(2000)将性别角色定义为"个体在自身解剖学、生理学特征的基础上,在一定社会文化的两性规范影响下形成的性格、态度、价值取向和行为上的特征"。

一般来说,性别角色具有以下特征:(1)生物学意义的贡献较小,不是由任何生理解剖学或生物学意义上的男女决定的;(2)文化是决定因素,性别角色形成于一定社会文化中,文化对角色的塑造和内容规定起了决定性作用;(3)性别角色具有动态发展性;(4)性别角色具有可转换性,男和女是二元对立的结构概念,分别承载着所处

的社会文化所规定的相关角色内容,这些内容是可以通过文化的变迁而发生改变和互换的。

20.1.2 性别角色发展的理论

性别角色发展在理论上属于多维建构,在不同领域发展出不同的性别角色发展理论。

生物进化理论

生物进化理论强调基因及生物学因素对性别角色的影响。男和女有生理的性别差异,不仅是生理结构差异,在生殖上分别扮演不同的角色。Lynn(1974)认为,基因在性别差异上起重要作用,主要表现在:(1)基因在其他任何环境因素尚未发生任何影响时,就已经开始展现其影响力;(2)基因的影响力普遍存在于各文化团体中;(3)基因的影响可以在类人猿中获得证实;(4)基因与男、女所分泌的荷尔蒙有关。

生物进化论者认为,每一物种的成员与生俱来均有一些"生物决定"的特质与行为,这些特质与行为来自于进化及生物适应的结果。Freedan(1993)提出,性别角色认同与发展是两性之间行为差异的遗传结果。例如,女性养育子女,男性倾向于探索与攻击,是为了能够让物种生存,以确保个体基因的永存。生物社会学模型(Biosocial Model)认为,基因及荷尔蒙的生理因素是确立性别差异的基础,但也需要社会文化环境来完成及维持这一过程。

无论是早期的生物论、进化论,还是近期的生物社会论都强调早期生理发展的关键性作用。同时,生物社会论也揭示了因早期生理发展所引发对婴儿的性别标示与性别分化教育,对儿童的性别角色发展有很大影响。但是,生物论、进化论忽略后天因素的影响力,而生物社会论也未能够说明性别分化的社会化过程。

精神分析理论

弗洛伊德认为,性别角色的发展与获得是在潜意识中"恋母情结"及"恋父情结"产生的防卫性认同的结果。男性与女性的认同过程不同。男孩对父亲认同是恋母情结的结果。男孩对母亲具有强大占有欲,但害怕父亲的权力,进而产生了阉割恐惧,因此,男孩开始认同父亲以解决并消除恋母情结,并获得性别角色,发展男性化。在认同过程中,男孩将以父亲为代表的社会戒律变成自己人格的一部分,逐渐具备了良心和超我,继承了设想作为父亲所应具备的权利。女孩对母亲认同是恋父情结的结果。女孩想拥有父亲,但害怕受到母亲的惩罚和讨厌,转而去喜欢及认同母亲,并发展女性化。女孩在童年阶段把母亲形象纳入自我概念,并把自己放置在男性社会的从属地位。Gardner(1978)指出,这种同性父母认同的结果是:儿童不仅采纳了认同对象的行为,也接受了认同对象的价值、态度、意见及标签;在以后的生活中,儿童将选择他在此时所接纳的性别角色。

精神分析理论是以观察精神病患者为主、以潜意识中性驱力为动力而创立的学说,在性别角色研究上很难获得实证研究的支持。新弗洛伊德学派提出了修正意见。Horney(1923)认为,在人格发展中,社会因素比本能、生物因素更重要。阴茎嫉妒是女孩渴望男人拥有的尊重和地位的象征,而不是表面上机体对阴茎的渴望。Chodorow(1978)认为,男女不平等源于孩子和母亲关系的早期经验。婴儿对自己的性别并没有初始的认知,母亲却清楚知道孩子的性别,并区别对待男孩和女孩。当孩子开始发展自我感觉时,女孩认同母亲获得了女子气,男孩却用更多时间拒绝母亲的女子气发展了男子气。

总之,精神分析理论重视恋亲情结的解决与对同性父母的认同、学习在性别角色形成中的作用,却忽略了社会文化、环境因素的影响,也未涉及儿童自我认知过程,致使对性别角色的解释偏向于"天生论",对性别角色发展的解释有所不足。

社会学习理论

社会学习理论并不否认遗传在两性角色形成中的作用,但更强调观察、强化、模仿等社会化学习过程是性别角色获得的主要因素。Mischel(1970)及 Bandura(1977)认为,儿童的性别认同、性别角色偏好及性别角色发展是经由强化、观察和模仿而产生的。

(1) 强化。在婴儿期,男女在生理和心理上均依赖母亲。母亲是婴儿获得注意和爱抚的中心人物,是婴儿行为的第一个有效强化者。在婴儿心理发展中,母亲强化婴儿的某些行为,惩罚另一些行为,这就是两性角色的学习过程。例如,女孩玩洋娃娃,母亲会表现出赞许态度,从事攻击性活动,母亲表现出反对态度;母亲对男孩的态度相反。在随后的时间里,与母亲有类似地位的人也成为儿童性别行为的有效强化者。

(2) 观察、模仿。儿童也可以通过观察同性楷模(如父母、兄弟姐妹、教师或同伴)习得适当的性别行为。权威形象的力量是促使儿童模仿的原因之一。在两性角色学习中,儿童更倾向于模仿与自己同性别的成人,很少模仿异性成人。Bandura(1977)认为,儿童特别注意同性楷模的原因有二:一是儿童模仿与自己同性的父母或兄弟姐妹时,较常得到增强;二是儿童能够知觉到同性楷模与自己的相似性,更注意同性楷模的行为。

对社会学习理论的最主要的批评是:不论谁是社会化的执行者,儿童总是消极被动地接受文化传递的信息。批评者认为,儿童虽然以观察学习、模仿作为社会化的动力,却并非完全被动地接受外在信息,他们会通过选择性认知来决定是否模仿。

认知发展理论

认知发展是指个体从出生后在适应环境的活动中,对事物的认识以及面对情境时的思维方式与能力表现,随着年龄增长而逐渐改变的历程。Kohlberg(1966)认为,性别角色发展的重要原因不是母亲和孩子之间的关系,而是由于儿童自身认知的发展。儿童的基本性别角色认同是在发展初期产生的男女自身认同的结果。这种男女分类虽然作为男孩或女孩打了社会性标记,但基本上是认知的现实判断的产物。

Kohlberg认为,儿童的性别角色发展经过以下三个阶段:

(1) 基本性别认同(basic gender identity):大约在3岁左右,儿童能够进行性别的自我分类并正确标示她(他)的性别。

(2) 性别稳定性(gender stability):在此时期,儿童能够认识到男孩长大后成为男人,女孩长大后会成为女人,性别是固定特质。

(3) 性别恒常性(gender consistency):在6~7岁左右,儿童能够明白个人的性别不会随着时间改变而改变,也不会因为衣着、动作的变化而变化。当儿童发展到这一阶段时,就会主动表现出符合性别的行为。

可见,儿童是先有性别认同,而后才获得性别角色。但是,Kohlberg的性别角色认知发展理论与生活中儿童的实际发展年龄有所差异,存在无法解释之处。Kohlberg的理论能够预测3~7岁儿童性别角色的发展。但是,一些研究显示,儿童选择适合性别的玩具或活动早在两岁时就出现了(Faulkender,1980;Huston,1983)。

性别图式理论

一些学者用"性别图式理论"来解释性别角色发展(Bem,1981;Martin & Halverson,1981)。这一理论包含了社会学习理论和认知发展理论的特征,同时也强调文化的重要性。Bem(1981)指出,性别图式是一种后天获得的认知图式,它是在儿童学习他(她)所处的社会文化所定义的那种男性(女性)的过程中形成的。这种社会文化所定义的男性和女性就在儿童大脑中形成一个图式。儿童在早期即发展了男孩或女孩的图式,这些图式来自两个因素:(1)儿童具有天生的倾向对来自环境中的信息进行组织和分类;(2)社会文化提供了区分性别的线索,如服饰、名字、职业等,使性别区分得到确认。当儿童采用属于男孩或女孩的图式后,这些图式就逐渐影响到儿童的性别角色(Maccoby,1988;Martin & Halverson,1981)。性别图式理论认为,性别图式对性别角色形成的作用有三:

(1) 性别图式影响儿童评价输入信息是否适宜自己的性别而调整自我行为。例如,男孩踢足球,女孩玩芭比娃娃。

(2) 性别图式促使儿童更加注意某些信息。例如,女孩可能更加注意广告中芭比娃娃的最新动态,男孩可能更注意足球赛况。

(3) 性别图式理论可能引导儿童作出某些推论。例如,牙医应该是男孩,在家里照顾孩子应该是女孩。

尽管有很多研究支持性别图式理论,但这一理论也遭受到一些批评。批评者认为,性别图式理论未能将情境考虑进去,同时,性别认同是多维度的,很难只用单一方法来了解它。

性别脚本理论

性别脚本理论通过增加次序内容扩充了性别图式理论,它假设孩子所获得的与性别相关的社会知识以先后顺序形式组织。图式是知识的表现,脚本将重要事件以先后顺序描述出来。脚本考虑到了社会关系的理解,并且可以认为是为了某个目标组织起来的适宜时空情境的有序行为(Nelson, 1981)。3 岁以上孩子能够说出怎样准备外出、怎样吃饭以及很多这样的做事次序。对性别角色获得来说,性别脚本就是及时组织起来的有序事件。但性别脚本理论还包括性别刻板印象,刻板印象定义了每个性别以怎样的顺序展现事件(Levy & Fivush, 1993)。

研究者使用与性别图式理论相似的测验调查信息加工和记忆中脚本的存在。Boston 和 Levy(1991)给不同年龄的孩子几个代表性别脚本的彩图,如用工具造房子和做晚饭。然后,请他们以有序方式排列这些事情将怎样发生。结果显示,大一点儿的孩子做得更准确,所有孩子尤其是男孩子在排列与自己性别相关事件上更准确。Levy 和 Boston(1994)向孩子呈现两个同性性别和两个异性性别脚本,请他们回忆脚本内容。结果显示,孩子们在回忆同性性别脚本上更加准确。

以上理论都触及性别角色发展的各个重要方面。生物学理论说明性染色体及荷尔蒙的遗传功能;心理分析理论强调性别的核心本质;社会学习理论描述不同环境中关键事件,如奖励、惩罚、典范等如何塑造性别角色行为;认知发展理论及性别图式理论强调主体的认知及传统家庭及文化影响的重要性,并以认知图式来进行过滤、编码、加工;性别脚本理论假设孩子所获得的与性别相关的社会知识是以先后顺序形式组织。以上六种理论都有局限:生物理论不能清楚地说明社会因素如何影响性别角色发展;心理分析理论难以对阉割恐惧或阳具嫉妒导致同性父母的认同而获得性别角色的理论提供实证证据;社会学习理论忽略儿童认知发展的阶段性;认知发展理论不能解释从出生到 3 岁的性别角色发展;性别脚本理论通过增加顺序内容扩大了图式概念,但这一理论在性别角色发展上研究太少。Levy 与 Barth(1998)指出,社会认知、行为、个体等因素对性别角色发展的影响是明显的,但没有唯一的性别发展理论能够解释儿童的性别角色发展。一些学者认为,应该将这些理论整合,或许可以将性别角色发展解释得更准确。Huston(1983)与 Spence(1993)认为,生理因素、社会学习过程、认知都对儿童的性别角色发展扮演重要角色。Shaffer(1996)尝试用整合观点来解释性别角色发展。从性别角色发展的研究趋势看,理论整合对准确地解释性别角色发展将十分有效。

20.2 传统文化中的"男尊女卑"性别角色文化

20.2.1 "男尊女卑"性别角色文化的形成

在母系氏族公社时期,妇女在生产和生活中起主导作用,以女子为中心的母系大家庭处于核心地位。整个氏族公社在几个老祖母领导下,过着没有剥削、没有压迫的自由平等生活。当时实行的"对偶婚"规定男子必须随从女方,白天在本氏族劳动,晚上去女方氏族寻求对偶和婚配。因此,公社的集体财产由女子继承,世系也按女方计算,即所谓"男子出嫁,子女从母,母女传承"。到了母系氏族公社晚期,随着社会生产力发展,农业与畜牧业的作用日益重要,并成为人们生活的重要来源,强而重的体力劳动逐渐转移到男子身上,于是体力较强的男子便在经济生活中逐步居于主导地位,以男子为核心的大家族家长制便应运而生,男性家长与丈夫居于统治地位的父系氏族公社也逐步形成。男女地位转变,导致婚姻形式变化,原来以女子为主导的不固定的"对偶婚"转变成以男子为主体的、比较固定的一夫一妻制。已婚女子必须到丈夫家居住,必须受丈夫的绝对支配。在此基础上,财产转变为父子继承,世系转变为按父系计算。这就是"女子出嫁,子女从父,父子传承"。当时的墓葬制度就真实地反映了这种情况。例如,在甘肃武威皇娘娘台遗址一座三人合葬墓中,男子仰卧居中,女子则屈肢位于两侧,皆面向男子。考古学家断定,这些尸体是一次性葬入的,这就很有可能说明妻子是被迫殉葬的,这些墓葬不仅证明了男子的统治权威,也证明女子已经完全成为男子的私有财产和附属品。正如恩格斯指出的:"母权制的被推翻,乃是女性的具有世界历史意义的失败。丈夫在家中掌握了权柄,而妻子则被贬低,被奴役,变成丈夫淫欲的奴隶,变成生孩子的简单工具了。"所以,由母权制到父权制的过渡,不仅是人类所经历过的最激进的革命之一,也是女性受压迫的开端。

在父权制确立后,人类历史就完全成为了男子统治与活动的舞台。黄帝、炎帝联合打败蚩尤,成为中华民族的祖先。尧、舜、禹的禅让,成为中国古代大同与民主的楷模。奴隶制的夏、商、周三代,涌现出禹、汤、文、武、伊尹、周公等圣君贤相,都进一步象征了男子的绝对权威。在这一时期,由于奴隶制确立和以血缘关系为中心的宗法制形成和发展,全国的大小宗主、国君、卿大夫、士以及大大小小的公职全由男子垄断,妇女被完全排除于政治之外。广大妇女不仅没有财产继承权和支配权,而且在一次次杀殉奴隶的惨剧中,成千上万的女奴和女妾,成为无辜的牺牲品。

从意识形态上讲,为宗法制制约并为之服务的伦理思想,也轻视妇女。例如,《周易·家人》中说:"女正位于内,男正位于外,男女正,天地之大义也。"在《礼记·内则》中有:"男不言内,女不言外。"《诗经·小雅》:"无非无仪,唯酒食是议。"这些规定都强调妇女的活动范围,说明女子只负责准备酒食、照看孩子、服侍丈夫,绝不能参与家事与国政。《尚书·牧誓》中有"牝鸡之晨,维家之索",《诗经》中有"妇有长舌,维厉之阶"、"乱非降自天,生于妇人"等,都是对妇女参加政治活动的严厉谴责和警告。

在中国几千年文化传统中,男人被认为是强大的,是女人的依靠和肩膀,这样就形成了以男人为中心、以"男强女弱,男尊女卑,男主女从"为特点的男权文化。男性被英雄化,偶像化:男人有坚强的臂膀、伟岸的身躯,是世界的主宰,傲立于女人之上,而女人处于从属地位。到春秋战国时期,随着社会生产力进一步发展,上层建筑与意识形态发生了巨大变化,神权和君权遭到许多进步思想家的抵制和批判,但男尊女卑的传统并未受到任何挑战。所以,在大动荡、大变革的历史旋涡中,奴隶制遭到否决,以神权为中心的天命观受到批判和制约,但男尊女卑的习俗仍然根深蒂固,并未发生动摇。

在这一历史时期,重生男轻生女的思想仍在继续发展。在西周时期,《诗经·小雅·斯干》中记载,"乃生男子,载寝之床,载衣之裳,载弄之璋。……家室君王","乃生女子,载寝之地,载衣之裼,载弄之瓦,无非无仪,唯酒食是议"。意思是生了男孩,让其睡在特设的床上,穿上好衣裳,将来长大就是一家的君王;生了女孩,只能让其睡在地上,穿着不好的衣裳,玩着陶制的纺锤,长大只能是准备酒食,侍奉丈夫。在战国时期,韩非说:"且父母之于子也,产男则相贺,产女则杀之,此俱出父母之怀任,然男子受贺,女子杀之者,虑其后便之长利也。"这种情况,不管出于什么原因与何种考虑,都说明春秋战国时期重男轻女的生育观念和习俗有增无减、愈演愈烈。而且,妇女不仅不能参与政治活动,也无受教育权利。在私人办学中,妇女被排除在外。孔子的三千弟子中,没有一个女学生,其他诸子门徒,也统统没有女子活动的踪迹和记载。

在意识形态与伦理道德方面,不管是儒家、道家和法家,都深陷于男尊女卑的泥潭。儒家始祖孔子,虽然自称向往西周,迷信文、武、周公,但当周武王说他有十位帮他治理国家的能臣,其中之一就是他的妻子邑姜时,孔子却说:既然有一个人是妇女,所以只能算作九人。再如道家代表人物庄周,虽然认为世界上的一切都是相对的,甚至是假的、不存在的,却认为"男先而女从,夫先而妇从,夫尊卑先后"是天地之行,是人类至理。至于法家,比儒家走得更远。韩非说:"臣事君,子事父,妻事夫,此天下之常道也,明主贤臣不易也。"、"一家两贵,事乃无功,夫妻持政,子无适从。"故曰"夫唱妇随,礼之正也"。这一切都证明了诸子百家在男尊女卑的习惯与传统上不仅死守商周以来陈旧的历史格局,还对女性的整体价值作了系统的贬抑与理论升华,为秦汉以后男尊女卑的发展提供了理论依据。

20.2.2 中国封建社会中的"男尊女卑"

秦汉以后,随封建专制主义中央集权的巩固和发展,男尊女卑传统也进一步发展和巩固。在长达两千多年的封建社会里,妇女不但受着封建统治阶级的压迫与剥削,还受到封建礼教的重重限制与束缚。

封建宗法制度的制约

封建宗法制度是以男子为中心的嫡长子继承制度。在这种制度下,女子不占有生产资料,没有继承权,因而在经济上必须依附于男子。从西周的井田制到西晋的占田制以及北朝、隋唐时期的均田制,土地与财产的占有和分配都以男子为主,妇女被排除在外。秦汉以后,历代的法律都否认女子有继承父母与丈夫财产的权利。丈夫的财产必须由儿子或嗣子继承,只有儿子未成年时母亲可以代行管理,但无所有权。《大清律例》规定:妻改嫁不得带走丈夫的财产,即或是原来的嫁妆也由大家做主,如果妇女藏有私产,就构成"七出"中的盗窃罪。在家族中,女子无财产继承权,这可以说是妇女地位低下的关键。女子既然失去经济权利,便产生了在政治、法律、文化、教育、伦理、道德、婚姻、家庭、风俗、习惯上一系列男女不平等现象。这种现象从父权制开始经奴隶社会直到封建社会结束时为止,可以说是不断普及和螺旋式上升的。

封建礼教的束缚

西汉以后,以孔孟为代表的儒学是官方的统治思想,封建礼教成为夫权、族权进一步压迫和束缚妇女的理论依据。其典型代表就是董仲舒提出的"三纲五常"的思想。董仲舒说:"天为君而复露之,地为臣而持载之,阳为夫而生之,阴为妇而助之,春为父而生之,夏为子而养之……王道之三纲,可求于天。"、"天出至明,众之类也,其伏无不照也。地出至晦,星日为明不敢暗,君臣、父子、夫妇之道取之于此,大礼之终也。"在董仲舒看来,自然界有天地阴阳之分,天与阳为尊、为主、为本,地与阴为卑、为从、为末。君臣、父子、夫妇的尊卑、主从与先后,是天意决定的,是确定不移的。人类社会的"三纲"取决于天地阴阳这种关系,因而绝对合理,永世不变。东汉班固对此作了进一步阐述。他在《白虎通·三纲六纪》中说:"三纲者,何谓也?谓君臣、父子、夫妇也……故曰:君为臣纲,父为子纲,夫为妻纲。"于是,从董仲舒到班固,把妻子置于君臣、父子、夫妇六种人伦中地位最低的一伦,把妇女置于男子的绝对统治之下。不仅如此,在"夫为妻纲"思想指导下,董仲舒与班固、班昭兄妹还对《礼记》、《仪礼·丧服》中的"三从四德"作了进一步阐释。"妇人伏于人也……在家从父,适人从夫,夫死从子,无所敢自遂也。"、"妇者也,服于家事,事人者也。"、"妇人无爵何?阴卑无外事,是以有三从之义,未嫁从父,即嫁从夫,夫死从子,故夫尊于朝,妻荣于室,随夫之行。"班昭在《女诫》中对"四德"进行诠释:"清闲贞静,守节整齐,行己有耻,动静有法,是谓妇德,择辞而说,不道恶语,时然后言,不厌于人,是谓妇言,盥洗尘秽,服饰鲜洁,沐浴以时,身不垢辱,是谓妇容。专心纺织,不好戏笑,洁齐酒食,以奉宾客,是谓妇功。"妇女的一言一行,也被严格地规范起来,不能越雷池一步。

总之,从西汉的董仲舒到东汉的班固、班昭,基本上完成了儒家伦理道德的政治化与系统化。从此之后,"三纲五常"、"三从四德"便被奉为圣典,成为历代王朝封建礼教的代名词,在社会上广为传播。

到唐代,长孙皇后编撰《女则》30卷,陈邈之妻郑氏著《女孝经》18章,宋若华著《女论语》12章,都是对"三纲五常"、"三从四德"的进一步发挥,对妇女影响很大。尤其是宋若华的《女论语》对妇女的言行规定得更为具体,要求更苛刻。如其《立身章》规定妇女要"行莫回头,语莫掀唇……喜莫大笑,怒莫高声","出必掩面,窥必藏形"。《事身章》说:"夫有言语,侧耳详听……夫若发怒,不可生嗔;退步相让,忍气吞声。"

北宋以后,由于理学发展,封建伦理道德更被抬高到登峰造极地步。程颐的"饿死事极小,失节事极大"、朱熹的"存天理,灭人欲"都极力宣扬男人天生尊贵,女人天生卑贱,教育女人要以"三纲五常"、"三从四德"为准则,服服贴贴地接受男人的统治。因此,从北宋至明清,随着理学地位的提高,封建道德更加强化,妇女地位更加低下。正如蔡元培在其《中国伦理学史》中指出的:"自宋以来,凡事舍情而言理,如伊川者,且目寡妇之再醮为失节,而谓饿死事小,失节事大,于是妇女益陷于穷而无告之地位矣!"

明清时期,随着皇权加强与各种社会矛盾加剧,统治阶级对封建伦理道德更加重视。一方面是《内则》、《女范捷录》、《女四书》等新的官方女教读物的流行,一方面是皇帝、儒臣官僚对"贞女"、"节妇"的进一步的规范与表彰,这样,男尊女卑的习俗和传统,被推到中国历史的新高度,广大妇女被抛入更加黑暗的深渊。

贞节观念的迫害

贞节观念是一种传统文化现象,也是一定社会生产和家庭生活方式发展的必然产物。在封建社会,统治阶级为了维护家族子嗣兴旺,妻子必须对丈夫保持绝对忠贞。因此,贞节观念实质上是历代统治阶级维护父权制家庭的工具,也是封建礼教压迫和约束妇女的重要方式。

秦汉以后,历代王朝均提倡女子守节,并不断地表彰贞女和节妇。秦始皇东临会稽,刻石云:"有子而嫁,倍死不贞,禁止淫溢,男女洁诚……妻为逃嫁,子不得母。"还为四川的寡妇筑了怀清台,称其为"贞妇"。汉代以政府名义,鼓励女子守节,刘向提出了"避嫌别远……终不更二",班昭提出"夫有再娶之义,妇无二适之文",被奉为妇女节守的典范。西汉宣帝神爵四年(公元前58年),以皇帝名义,诏赐贞妇顺女帛,这是有史以来第一次褒奖女子贞节的官方记载,也是从一而终的贞节观念趋于严格的开端。到唐代,虽然在某些方面贞节观念有所松动,而且从两汉至隋唐,上至皇亲国戚,下至庶民百姓,也确实有许多寡妇改嫁的事例,但在意识形态与伦理道德上,统治阶级并未放松对妇女从一而终的贞节要求。《晋书》为十五名节妇立传,《隋书》记载隋文帝开皇十六年(596)要求"九品以上妻,五品以上妾,夫亡不得改嫁"的诏书,此制至唐代相沿不废。唐前期公主改嫁之风到玄宗以后就被禁止。所以,唐代仍然是"一女事一夫,安可再移天"的时代,广大妇女并未摆脱"妇女一失夫,终身守孤子"的局面。

在两宋时期,寡妇改嫁的事例并不少于唐代,仅南宋洪道撰写的《夷坚志》中所载妇女改嫁的事例就有六十一起之多。但是,由于理学出现与封建礼教加强,贞节观念仍然趋向严格。理学奠基人张载认为,"今妇女夫死而不可再嫁"是"天地之大义";司马光说,"妇之从夫,终身不改",是"人道之大伦";程颐主张,"饿死事极小,失节事极大"。理学家的论述使两宋时期的贞节观念上升到一个新的高度。

明初,朱元璋公开诏令:"民间寡妇,三十以前夫亡守制,五十以后不改节者,旌表门闾,免除本家差役。"因此,明代的贞女节妇竟不下万余人,在《明史·列女传》中立传者就多达276人,达到了中国封建社会的最高峰。

清朝虽然是少数民族入主中原,但在汉族封建礼教影响下,对贞节的要求更严格具体。《大清会典》规定:"三十岁以前守寡,至五十岁不改节者称节妇,殉家室之难或拒奸致死者称烈妇、烈女,未婚夫死,闻讯自尽或哭往夫家守节者称贞女。"于是,经历代儒家鼓吹的"从一而终"的贞节观念,到明清之际,不仅成了人们普遍的社会道德心理,也转化为广大妇女内心的主要道德信念和行为标准。成千上万的妇女,在贞节观念影响下,拼命保贞,以贞节为第一生命,终生死守一个丈夫,所谓"嫁鸡随鸡,嫁狗随狗",嫁给了坏人,也要随其终生,忍受终生痛苦,甚至以死殉节,有"夫亡投井自缢绝食者",有"三世共节"、"四世五节妇者",还有未嫁夫死而守寡到八十岁者,其生活之悲惨可想而知。所以,从一而终的贞节观念在中国古代社会发生与发展的历史,就是广大妇女备受折磨和压迫的历史。

哲学和宗教上的歧视

阴阳是中国古代哲学的基本范畴,阴阳变化是《周易》、《道德经》等古代哲学著作的核心思想。《周易》说,"一阴一阳之谓道",认为阴阳是万物的属性,一切事物和现象都有阴阳的性质和规律。万物的生成和变化都是阴阳二气运动、交感的结果。于是,阴阳就成为贯穿天道、地道与人道的总规律。不仅如此,《周易》还以天为阳,地为阴,男为阳,女为阴。"乾,天也,故称呼父;坤,地也,故称呼母。"、"乾道成男,坤道成女"，"天尊地卑，乾坤定矣，卑高以陈，贵残位矣"。这种天阳地阴、男阳女阴就成了男尊女卑的自然根据，也成为封建伦理道德的天然标准。

在西汉以后，在儒学被今文经学家神化过程中，社会秩序和人事的一切现象都被认为是效法于天，被纳入阴阳五行八卦的宇宙间，从物的阴阳到人的"三纲"，从天道贵阳贱阴到人间的男尊女卑，便一条一条地配套成龙。所以，自西周以来，以阴阳观念为基础的中国古代哲学，不仅为封建的"三纲五常"提供了理论依据，也为男尊女卑的习惯传统穿上了阴阳之道的合法外衣。

除了古代哲学宣扬男尊女卑外，古代宗教也不例外。在中国，土生的道教与外来的佛教在社会上均颇有影响。道家称女人为鼎器(吃饭的器具)，佛教认为女人生来就不干净，劝人不要接近女色，不要娶妻生子。佛教宣扬男为"七宝金身"，女为"五漏之体"，认为"男女之别，竟差五百劫之分"。这些神秘说教，对男尊女卑传统无疑起了推波助澜作用。周作人说："儒教轻蔑女子，还只是根据经验，佛教则根据生理而加以宗教的解释，更为无理，与道教之以女子为鼎器相比其流弊不相上下。"、"孔子说'唯女子与小人为难养也'不过是根据他的观察而论事实，只要事实改变，这便成了虚论，不若佛教道教不净观之为害尤甚。"在对待女性上，佛道二教虽然还没有像基督教、印度教、伊斯兰教那样把妇女说成是"原罪"和"邪恶"那么露骨，但在中国古代男尊女卑的习俗形成中，产生了恶劣影响。

女祸思想的影响

在奴隶社会与封建社会，女子不能参与国政与家事，干政者都被视为"女祸"。《尚书·牧誓》说，"牝鸡之晨，惟家之索"，反对妇女在家庭与社会上应有的发言权。《诗经·大雅》中有"妇有长舌，维厉之阶"，"乱非降自天，生于妇人"，把妇女干政说成是国破家亡的根源。夏、商、周三代的亡国与更替，是由于阶级矛盾的尖锐与夏桀、商纣和周幽王的残暴与昏庸。可一些史书却把此归罪于妹喜、妲己和褒姒。《尚书》、《吕氏春秋》、《荀子》以及刘向的《列女传》、王充的《论衡》对此均有记载。在《论衡》中，多处提到"褒姒持权以丧周"，发出"好女难蓄"的感叹。刘向则通过三代覆亡的事实，极力宣扬"哲妇倾城，女色亡国"的思想，从而使三女子落得遗臭万年之恶名，开启了中国"女祸"的先河。

秦汉以后，遭到贬抑的还有汉代的赵飞燕，南陈的张丽华，唐代的武则天、杨玉环以及明清之际的陈园园等。这些女子都被视为误国殃民的"女祸"，成为男子亡国的替罪羊。正如周作人所说："中国民间或民间文学上相传的美妇人是谁？我们退一步，从历史和小说上来找着，有了几个，却是都不幸，也即是坏人，倾了人家的国也送了自己的命。如妲己被武王所斩，西施为落斗所沉，虞姬自杀，貂蝉挨了关老爷一大刀。张丽华、杨太真、花蕊夫人都死于非命，乌有的潘金莲、阎婆惜、潘巧云也是如此，只是林黛玉夭死,算是顶有福的了。"纵观中国上下几千年的历史,改朝换代几多回,国破家亡无其数,国破家亡的责任应该由谁来负? 是当权的男人,还是无权的女人? 像妲己、褒姒、张丽华、杨玉环等这样一些皇妃与贵妇人,本是清白无辜的女子,后被强行入宫,作为国王、皇帝们的玩物和工具,虽然备受宠爱,实质上是深受其害,成为封建礼教的牺牲品。可是一些封建史家和文人,却闭眼不看事实,硬是把这些任人摆布的女子,说成是败国亡家的"女祸"。当权的皇帝荒淫好色,胡作非为而丢了社稷,而责任却要不当权的女子来负,这岂非咄咄怪事! 鲁迅先生指出:"历史上亡国败家的原因,每每归咎女子,糊糊涂涂的代担全体的罪恶,已经三千多年了,男子既然不负责任,又不能自己反省……所以女子身旁,几乎布满了危险。"无权而且任人摆布的女子,糊糊涂涂的代担了亡国败家的全体罪恶,而真正有罪的男子又不进行自责和反省,这就是鲁迅先生所指出的"女祸"思想产生的实质和根源。当然女人与男人一样,作为社会的人也有好有坏,女人干政也有好有坏,都应作具体分析,绝不能全盘否定。

在长达两千多年的封建社会里,妇女作为一个整体并不具有独立人格,她们受宗法制度的制约、封建礼教的束缚、贞节观念的迫害以及古代哲学宗教的歧视,在政治、经济、文化、教育、婚姻等方面同男子处于不平等的地位,几乎被剥夺了一切权利,完全成为男子的工具和附属品。一些上层妇女,虽然养尊处优,生活上备受优待,然而从社会地位上讲,也逃不脱男尊女卑的网罗,仍然过的是"在家从父,出嫁从夫,夫死从子"的生活。康有为在其《大同书》中深刻地描述了妇女的这种悲惨处境:"对妇女忍心害理,抑之、制之、愚之、闭之、囚之、系之、使不得自主,不得任公事,不得为仕官,不得为国民,不得预议会,甚且不得事学问,不得发言论,不得达名字,不得通交接,不得出室门,甚且到束其腰,蒙盖其面,刖削其足,雕刻其身,遍屈无辜,遍刑无罪,斯尤无道之至甚者矣。"

辛亥革命虽然推翻了几千年来的封建专制制度,但中国仍是一个受帝国主义列强控制的半殖民地半封建国家。中国人民除继续遭受封建主义压迫外,还遭受帝国主义和官僚主义的压迫。这种制度下的广大妇女,头顶帝国主义、封建主义、官僚资本主义三座大山,身受代表中国全部封建宗法思想和制度的四大绳索束缚,仍然生活在水深火热之中。新中国成立后,妇女在政治、经济、文化以及家庭婚姻等各方面获得了与男子平等的权利,结束了妇女所受的卑贱、屈辱、愚昧的痛苦生活,妇女彻底地摆脱了受压迫、受歧视的地位。随着改革开放以来社会经济的不断发展,妇女的地位进一步提高,作用进一步发挥。

20.2.3 新中国成立以来"男尊女卑"观念的残留影响

新中国成立后,两性关系发生了质的变化。男性和女性在政治、经济、文化和教育等方面享有同等权利,这些权利得到法律保障。然而,长期以来的男权文化传统已经渗透到各个地区、各个民族的潜意识之中,"男尊女卑"、"男强女弱"、"男主女次"等性别观念不可能在短时间内消亡。

(1) 从生育观念看,人们生育的主观愿望往往受到社会政治、经济、文化影响。传统的生育观念是重视生育、追求多育、重男轻女、早婚早育、重生育轻教育。这与传统父权制社会发展模式有关:男性是社会的核心,有决定权,女性负责操持家务和养育孩子。这从根本上导致男尊女卑的社会地位形成。随着计划生育实施,生育观念发生了很大变化,"晚婚晚育,少生优生","生男生女都一样"逐渐成为主流趋势。在独生子女政策执行中,普遍实行"一孩半"政策,即夫妻双方或一方是农村居民,且只生育过一个女孩的,可以生第二胎,但如果第一胎生育的是男孩,则不可以生育第二胎。根据全国第六次人口普查的数据,2014 年末,中国大陆总人口达 136782 万人,男性人口 70079 万人,女性人口 66703 万人,男性人口比女性多 3376 万人,总人口性别比为 105.06,出生人口性别比为 115.88,即每出生 100 个女孩,相应出生 115.88 个男孩。这些信息体现了自古以来根深蒂固的"男尊女卑"残留思想。

(2) 劳动力市场上普遍存在着性别歧视。根据《2011 年中国劳动统计年鉴》显示,2010 年,城镇男性就业人员占总就业人员比重为 62.8%,女性为 37.2%,相差 25.6%。从 2002 年到 2007 年,全球女性的失业率为 5.8%,男性失业率为 5.3%,差距一直维持在 0.5%左右。然而,在全球金融危机大背景下,2012 年男女失业率的差距扩大到 0.7%。可见,女性在劳动力市场上的就业水平普遍低于男性。大学生在就业市场上是一个主要群体,女大学生就业性别歧视是一个非常突出的现象,比如,应聘机会不平等、录用标准不平等、就业待遇不平等、升职加薪机会不平等,这些现象受到越来越多的关注。女大学生的就业空间相对狭小,不少用人单位明目张胆地在招聘启事中声明不招女生,或者采取阳奉阴违的办法,表面上一视同仁,不论男女,求职简历来者不拒,但在面试通知时却是有男无女。用人单位还有意无意地对女大学生进行职业的分流、隔离或封锁,使得很多女大学生只能集中在办公室内勤、小公司秘书、餐饮美容、市场销售等传统型的与专业不对口的职业上。女大学生在找工作的难度要大于男同学,有些用人单位对男性的偏向十分明显:在男女生同等条件下,甚至男生处于轻微劣势情况下倾向于录用男生,或者提高录用女生的标准,给女大学生增加了比男同学要高得多的求职、就业成本。在相同工作中,女大学生无法得到与自己工作能力相符的工资报酬(即"同工不同酬")。用人单位对男生拟付的月工资水平高于女生。与男同学比,女大学生就业质量要低得多。相对于男大学生,企业认为女大学生的职业生涯短,工作连续性差,不论是生理还是心理条件都不如男大学生,女性获取高层次职位的机会远少于男性。由此可见,发展机会中的性别歧视在就业是极为严重的。

（3）现代大学生的人格发展仍然受到男尊女卑思想的影响。在2013年的一项对大学生的调查中,55％的男大学生和59％女大学生均认为男性较女性地位高,可见,男尊女卑的传统思想对现代大学生的性别观仍有重大影响。但是,"男尊"的优越感在男生心中显然存在,"女卑"的情结在女生心中有所改观;女大学生的平等意识明显增强,对"男人以社会为主,女人以家庭为主"的传统社会分工模式明确表示不满。在传统的性别概念面前,女大学生群体已经形成了一定的性别平等意识,并能自主地对传统性别模式进行一定的否定和抗争。但是,中国上千年的传统文化中对女性的奴役仍然影响着现代生活,消除这种负面影响是一个漫长的过程。性别和谐是社会性别关系的理想境界,是基于一种"不同而和"与"和而不同"双重理论基础上的注重性别个性的权利尊严和自由发展的生存理念和生活方式。

在现实生活中,存在性别歧视的现象与传统的性别角色和性别分工是分不开的。性别角色是个体在社会化过程中通过模仿学习获得的一系列与自己性别相应的行为规范,反映了社会文化对于男性和女性行为的适当期待。传统性别规范通常是男子应该刚强、勇敢、自主独立,要有抱负、富有进取心、进攻性;女子应温柔、贤惠、顺从,要有依赖性、富有魅力。随着私有制和阶级的产生,性别分工产生了不平等,这种不平等的分工逐渐得到了强化并固定下来,以至于有些人认为,男子多做家庭以外的大事,女子侧重家庭内部养育子女,当好贤内助的分工是理所当然的,是无需争辩的。这种传统的性别分工和性别规范并非由男女两性先天的生理、心理差异造成的,主要是后天的传统性别角色社会化使然。

人自出生之日起,就由于性别不同而受到不同的性别角色期待。在传统社会中,人们对男婴的期待和渴望更加强烈。在古代社会,生了男孩的家庭往往要举行隆重的诞生仪式,如果是女孩则没有这个仪式。现如今,在某些偏远落后的农村,仍然有"生了儿子全家欢,生了女儿脸难看"的现象,甚至有的遗弃、溺杀女婴。在给孩子命名时,也表现出不同的角色期待。在现实生活中,男性名字大都呈现出阳刚之气,如"刚、强、勇、杰"等,女性名字则体现出阴柔之气,如"梅、兰、菊"等。性别不同,教养方式也不同。对男孩的性别角色训练更加严厉,同时也给予更多自由,社会期待他要像个男子汉,克制自己的情感,要求"男儿有泪不轻弹"。对待女孩则有更多保护,更注重女孩的听话和逗人喜爱,不要求她们有所成就或有竞争性。在游戏内容及方式上,男孩多为刀枪棍棒,进行攻击性、竞争性、激烈、有刺激性的游戏。女孩的玩具多为娃娃、皮筋、毽子、炊具模型等,进行跳皮筋、踢毽子、跳舞、唱歌等相对恬静、较少冲突的游戏。

社会变迁影响教材的文化改革。20世纪的中国革命对社会性别角色观产生了深刻全面的影响,在一定程度上对性别歧视有所抑制,但隐形的性别偏见依然如故。有人对我国全日制六年制小学课本插图作了统计分析,发现女性成人出现了71人次,男性出现了142人次,是女性的2倍。女性中性别角色占比重最大的是妈妈、奶奶,以家庭主妇的形象出现;占第二位的是小学教师;其次是护士、农民、演员、售货员、医生、服务员等。女英雄出现达2人次(赵一曼和刘胡兰),国家领导人1次(邓颖超),没有科学家、发明家和文学家的形象出现。男性性别角色形象比重最大的是军人;占第二位的是国家领导人、工人及爸爸或爷爷;然后是农民,最后是科学家和发明家、英雄形象、文学家、国家干部等。而且,在性别角色形象上体现典型的"男主外、女主内"的传统角色分工。在插图中的儿童形象也有这种倾向。男孩占主导地位,女孩处次要地位。如男孩在讲,女孩在听,画面上出现的小英雄、小天才全是男孩等。在小学语文教材中就有如此严重的传统性别角色分工倾向,说明传统的观念在人们头脑中根深蒂固。

在爱情婚姻上,女孩从小被教育对待爱情要含蓄,要等待你的白马王子向你求爱,不能主动向男方表达爱慕之心。传统的美满婚姻是郎才女貌。即使在今天,男大学生的择偶标准也是温柔、贤淑、漂亮,善于操持家务,支持他干事业,能力不要强于自己,学历不要高于自己。在家庭中,妇女的传统角色是贤妻良母。女性的精力主要投入到丈夫、孩子身上,唯独没有她自己。统计表明,女职工下班后每天从事家务劳动时间大体在3.5~4小时,比男职工每天多1~2个小时。随着社会发展,人们观念的逐步改变,男性做家务的人数逐渐增多,做家务的种类和数量也在增加。但是,大多数男子并非心甘情愿,而是感到委屈,这说明传统角色分工仍盘踞于人们的头脑之中。

大众传播媒介也是导致性别角色社会化的强大因素。电影、电视剧中出现得更多的是贤妻良母型的女子,目光短浅、挑拨是非的长舌妇,献身爱情、沉迷于爱情的美丽多情女。在文学作品中,男女形象依然带有极其浓重的传统倾向。在影响力极大的广告中,女性或是被表现为富有诱惑力的对象,以招徕顾客,不管女性与产品之间有无联系;或是被描绘成做家务的专职人员,如何找到了新型的洗衣粉,为丈夫洗净了脏污的衬衣而欣喜若狂。广告将女性刻板的角色合法化了。长期的传统性别角色社会化形成了男女两性的巨大的社会差异和心理差异,而这又成为男强女弱、女不如男,必须遵循传统角色分工的口实。

20.3 西方文化中的"女权主义"性别角色文化

女性在人类社会发展中的作用不容忽视。马克思高度评价妇女的历史作用,认为"没有妇女的酵素,就不可能有伟大的社会变革,社会的进步可以用女性的社会地位来精确地衡量"。然而,在相当长历史时期内,女性一直被视为男性的附庸,被排斥在社会的重大领域之外。随着社会的进步和发展,在西方发达国家中,开始出现了女权主义思潮。

20.3.1 女权主义的形成——第一波妇女运动

女权主义是一种妇女在法律、政治、经济、文化、教育等各个领域里争取同男子享有平等权利的政治思想和运动,是近代资产阶级启蒙思想运动和妇女解放运动的产物,提倡妇女在人类生活所有领域与男子具有同等的权利。

西方女权主义以 18 世纪末 19 世纪初的启蒙时代思想为起源,反封建的资产阶级启蒙运动是女权主义兴起的直接原因。1792 年,英国乌丝东奎芙特(Mary Wollstonecraft)的著作《为妇女权利辩护》(Vindication of the Rights of Women)被认为是第一波妇女运动中第一个真正系统的女性主义论述,是 19 世纪之前少数几部可以称得上是女权主义的著作之一。她强调,男女两性在智力和能力上没有差异,主张性别平等,包括男女都应该享受公民权和政治权。1848 年,《塞尼卡福尔斯宣言》(the Seneca Falls Declaration)将当时的妇女权利运动推向了顶点,宣言明确反对学者和神职人员传播歧视女性的教义。到 19 世纪中后期,女权主义开始成为一种极具影响力的政治运动,成为社会革命的重要构成和衡量社会解放的标尺。

1915 年,英国妇女协会成立。在第一次世界大战期间,妇女协会在各个国家涌现出来,第一波妇女运动进入高潮。妇女运动首先争取投票权,追求与男性平等的政治权和法律权,希望铲除在法律上的男女不平等,通过法律改革来纠正对女性的歧视。各国妇女在争取选举权斗争中取得了很多成果:1894 年新西兰妇女取得了选举权;1914 年芬兰和挪威的妇女取得了选举权,1918 年 30 岁以上的妇女获得了选举权,到 1928 年获得与男子平等的选举权;美国各州妇女获得选举权的时间不同,最终在 1920 年获得了完全的选举权。受教育权利和就业权利也一度成为第一波妇女运动的焦点。妇女运动开始倡导妇女受教育的重要性,强调妇女的经济独立,主张妇女在就业市场中应该与男人自由平等地竞争,争取同工同酬。20 世纪 20 年代以后,妇女权利运动在女性赢得选举之权后逐渐失去动力,因为女性相信选举权的获得会使她们在政治、经济、社会上的平等的获得成为一个自然过程。20 世纪 20 年代至 40 年代之间,第一次女权主义浪潮由高潮转入低谷,直到女权主义运动再次兴起。

20.3.2 女权主义的兴起——第二波妇女运动

第二波妇女运动兴起于 20 世纪 60—70 年代的美国。第一次妇女运动兴起的直接原因是反封建,倡导妇女的平等选举权、受教育权利及进入职业领域的平等,第二次妇女运动兴起的主要根源是反对以父权制为基础的社会制度。在 20 世纪中期,女权主义者通过获得选举权而达到女性和男性平等的理想破灭后,女权主义者意识到导致性别不平等的根源并非女性在政治、经济、法律等领域的不平等,而是以父权制为基础的社会制度,它使男性拥有绝对话语权,从而导致了性别、阶级、种族等差异的产生。因此,第二次妇女运动主要是通过制度改革的方式获得话语权,进而消除差异。

在女权运动第二次浪潮中,产生了众多的女权主义流派。每一个流派都可以被看作了解女性经历的一面不同的镜子,每一个流派都有助于对某些特殊现象的理解。这些流派的不同主张充分地反映了女权主义理论多元的价值批判和意义系统,也反映了多视角的研究方向和多元的文化创造。这些流派包括:自由解放的女权主义、激进的女权主义、文化的女权主义、社会主义的女权主义和生态环境保护的女权主义等。

自由解放女权主义

自由解放的女权主义认为,在现有社会制度中存在大量的性别不平等。这种不平等随处可见,苏珊·奥金(Susan Okin)指出,即使在最标榜自由平等的美国,也存在大量的性别不平等现象。例如,在经济上,存在大量的男女工酬不平等,美国女性的平均薪水仅相当于美国男性的 71%。在政治上,美国参议院议员仅有 2% 是女性,高级法院中只有 1/9 是女法官。自由解放的女权主义的宗旨是为女性争取平等机会,建立性别平等的社会公正,为女性的生存和自由发展创造条件。她们进一步指出,如果要达到这种目标,首先需要做的是走出生物性属的约束,并进一步超越现有的社会性别差异,通过社会公正获得女性的全新解放。同时,自由解放的女权主义还倡导对家庭和社会上的针对女性的暴力行为进行抗争。

激进女权主义

激进的女权主义者认为,男性和女性的差异、阶级的不平等都由社会不公正导致。正是父权制或男性沙文主义压迫广大女性,父权制社会系统是一个被权力支配、阶级组织、竞争关系等特性规定的社会系统。这个系统使得男性统治成为合法,她们期望通过对这些政治上、经济上、机构上的组织和社会关系进行颠覆,对压迫女性的权利关系进行揭露、斗争来达到超越社会导致的性属对立的目的,并最终实现性别的对话和公正。例如,安德鲁·德沃金(A. Dworkin)指出,"淫秽出版物侵犯了女性的公民权",并主张通过立法设置一项关于出版淫秽物品的罪名。

文化女权主义

文化女权主义者持一种相对温和的态度,认为在人的社会化过程中,男性和女性已经形成不同的价值体系。根据在社会中每一个体的独特个性进行平等的人文关怀最重要。她们更加强调性属之间的平等,而不是对政治权利、社会地位进行类似于男性的追求。文化女权主义者希望社会把这种基于性别利益的竞争的组织关系,转变为基于一个共同目标的合作的组织关系。有研究者指出,相对于其他的女权主义派别,文化女权主义是一种相对成熟的事业。

社会主义女权主义

社会主义女权主义注重三方面的内容。(1)以阶级斗争理论为基础,从人类社会发展历史中寻求女性和男性产生差异和压迫的本质原因。例如,在生产资料私有化过程中,在获取土地过程中女性成为了失败者。(2)高度重视女性在推动社会变革、创造人类历史过程中的重大作用。例如,马克思指出"人类社会的进步程度可以用女性的社会地位来有效的衡量"。(3)强调女性发展和社会进步的一致性,女性要想真正地实现自由和解放,根本条件是消灭生产资料私有制。例如,马克思主义理论家设想到达共产主义社会以后,为使广大的女性进入公共领域,可以由国家来抚养孩子,国家直接来提供托儿中心、食物、医疗设施等。

生态环境保护女权主义

生态环境保护的女权主义是受生态学理论影响形成的一种女权主义理论派别。生态环境保护女权主义要解决的主要是在经济全球化过程中产生的相关问题,宣扬自然界和文化界之间的互动关系,批判动物的世界和人类的世界的分离、男性和女性之间的分裂,强调女性同自然界的联系。她们指出,在西方的传统自然、文化、哲学理念中,常把贬低自然和女性当作是正当的和合理的,消除这种对自然和女性的传统的错误观念、消除忽视自然和女性权利的言行,废止自然主义的性别歧视是主要任务。

可见,20世纪70年代以后产生的各种女权主义流派的理论观点不尽相同,但核心主张一致:均主张消除性别差异,注重对人社会属性的考察,争取女性在习俗、文化和历史上获得更多更大的话语权。在第二波妇女运动中,妇女在就业以及具体的劳动分工、家庭、身体、性、生育等各类公共领域和私人领域问题都被广泛关注。这一时期的女权主义可以概括为三个特点:(1)更加注重消除性别差异,走向性属的融合;(2)更加注重女权主义研究的跨学科性;(3)更加强调性属的社会建构本性。

20.3.3 当代的女权主义

在经过20世纪后期的蓬勃发展后,女权主义的发展迎来了新的历史契机,即政治、经济、文化全球化的世界图景和后现代主义的产生。全球化是指随着现代科技的发展,人类个体之间的联系得到不断加强,人类生活在全球规模基础上发展,全球意识崛起。在全球化背景下,西方文化凭借着西方国家在政治、经济、军事上的影响力逐渐展现出文化霸权态势。这种文化霸权的推行实质是一种树立权威的过程,它激起了边缘文化的反抗,也与女权主义的核心理念——消除差异相违背。在反抗过程中,后现代主义思潮兴起,主张通过强调文化的多元性,通过解构和重建方式来消除这种文化霸权,这与女权主义的诉求不谋而合,并为女权主义获取命名权提供了可行的方法——解构与重建。后现代主义和女权主义的这种内在关联性使得二者迅速结合。因此,当代女权主义理论和实践,是在一个崭新语境中和历史平台上展开的。后现代女权主义成为颠覆和重构的新思想。新出现的后现代女权主义、赛博的女权主义派别等,以及后父权制的概念和理论,都是这种努力的成果。

后现代女权主义

后现代女权主义的斗争方法主要来自后现代主义理论,即首先用女性的话语解构男性中心的文化,然后通过对女性文化的重建来掌握女性的话语权,在女性话语实践中成为话语的主体,彻底改变二元对立的分离主义男性话语方法。在这种二元对立哲学思想指导下,对男性的理解总是和那些积极的、有力量的、乐观的或者勇敢的方面相联系,而女性却总是同那些消极的、无力的、附属的或者悲观方面相联系。

后现代女权主义看到,在女性解放运动中存在一种巨大的陷阱,即女性很容易受到男性中心主义误导,而不自觉地陷入争夺权力和权威的比赛中。这种被男性政治运作所玷污的比赛状态很容易使女性陷入被动。因此,后现代女权主义主张,要实现女性从边缘到中心的回归,从缺席到在场的转变,首要问题是"使后现代主义对宏大历史叙事理论体系和本质主义的解构与女权主义的重建过程进行完美的结合"。因此,后现代女权主义理论应当包容所有不同的社会、时代、地域、民族与性倾向的群体的特异性文化特色。

后现代女权主义作为一种特别的女权主义,认为女性与男性毫无差别,强调每一女性个体都是独特的。安东妮特·弗克指出,这个运动有双重方向,其一是性别平等,其二是女性身份认同。这种身份认同应该理解为对女性独特性的认同,而非是对男性和女性同一性的认同。传统女权主义派别是在既有社会框架中寻求权利的女权主义,她们很容易被男性中心话语权所俘获,这种女权主义并不是一种具有革命性或颠覆性意义的女权主义。后现代女权主义应该关注话语主体,注重话语分析;女权主义不一定仅通过改变家庭和劳动关系中的社会结构来动摇父权制的根基,并将其作为女权主义的唯一目标,相反,完全可以通过颠覆男性主流话语结构和命名权,来实现动摇父权制的根基的目的。

赛博的女权主义(cyberfeminism)

这是后现代数字化信息革命的过程中形成的女权主义派别。这一理论派别主张利用信息技术、人工智能、远程控制等方法来分析种族、性别和命名,来打破传统文化限制。赛博(cyber)是一个可自我调试的普遍理论和控制系统,是一种控制系统的科学,从这种系统理论中,得到了"赛博格"(cyberg),即通过化学药品、仿生修复和神经系统一致而得到加强的人类主体。赛博女权主义者指出,人与动物、人与机器、有形和无形对立的命名是父权制社会的产物,因为"文化话语"和女性没有参与并且学会控制这些技术。赛博格是一种拆分又重组的存在,是一种后现代的聚合性,是女权主义者现在必须学会破译的自我。萨迪·普兰特试图利用赛博病毒来颠覆父权制叙事。她宣称父权制社会中的机器是女性的,因为他们是由男性们操作的,他们没有任何主观能动性,也没有任何自主性和自觉意识。男性将技术作为其发展至高控制权的途径,然而,赛博病毒能够打乱父权制宏大的叙事方式。

后父权制的理论

关注批判和解构男性中心主义,主张在政治、经济、文化全球化背景下,建立男性和女性平等合作的文化共同体,争取通过性别、种族、阶级的联合来聚合人类所有的正义力量。女性要获得彻底解放,就必须打碎现有的父权制社会,一种理想的社会模式就是消除父权制的、男女平等合作的社会,即后父权制社会。男女平等合作的后父权制社会强调超越性别差异、推进文化多元化、倡导人与自然的统一,是一种平等的、无暴力的、文化多样性的、合作的、无等级的理想社会。后父权制理论包含三个核心主张。(1)颠覆父权制给予男性对女性统治的各种制度及其价值观念。传统的两性关系和父权制家庭是父权社会存在的基础,这种父权制从根本上把女性排除在政治、经济权力系统之外,女性只有依附于男性才能生存与发展,成为从属于男性的被动的第二性别。因此,后父权制社会的首要目的必须是颠覆父权制的各种制度及价值观。(2)消除冲突、权力和压迫,尊重事物的多样性、差异性,重视和平和建设,崇尚性别合作协调的社会制度模式。后父权制在认识论上采取多元论立场,充分肯定事物的多样性、差异性的重要性。它强调既不存在任何普遍的、独立于主体、历史和社会情境的客观真理;也不存在稳定可靠的、不涉及个人利益和情感的、超越历史的、中立的知识主体。(3)更关心广泛的平等,这种平等包括每一社会之内的平等和社会之间的平等。主张必须改变现代社会基于权力的关系和等级结构,以便走向以相互尊重为基础的伦理观;必须整合虚假的二元对立,改变人类在现实理解中,由两极化理解方式而产生的把自己与他人、人类与自然分开的状况;坚持过程和目的具有同样的重要性,坚持在一定的关系和环境中考虑人的权利、义务和原则,克服赤裸裸的个人主义。

总之,与20世纪60、70年代的女权主义比,无论是后现代的女权主义、还是后父权制理论都产生了两方面的变化:(1)政治倾向开始变得更加温和,更能体现包容性;(2)确立了通过解构与重建的后现代方法来获取话语权和命名权的有效途径。

20.4 当代"男女平等"性别角色文化

长期以来,很多女性反对社会文化中两性的不平等关系,很多男性也为男女平等呐喊。两性平等一直是许多有志之士追求的理想目标。

20.4.1 西方社会的男女平等

最早的西方女权主义者对男女平等的要求一般停留在法律制度领域,他们要求给予妇女以投票权,要求法律体现人权宣言的基本点——在法律面前人人平等。在20世纪60年代,美国女权主义的主流开始认为,法律制度应该无视性别,绝不该有男女之别。社会应该给每一个人(包括男人和女人)公平的竞争机会,不能从法律上给任何一种性别以优惠和阻碍。女人要与男人平等,也应当承担与男人同等的责任。女人要与男人一样服兵役,女人在除了法律以外包括身体和政治上也应该享受和男人一样的平等。这些女权主义者构想在解放妇女同时也解放男人,因为男女平等不仅要消除男人的特权地位,还使他们从必须承担的养家糊口和保家卫国的全部责任现状中解放出来。这里所说的男女平等即抹杀性别差异。根据自由主义传统,个人权利不应该受到国家法律制约,社会按照公平公正原则分配给个人的社会职能和权利应该以个人能力为标准,而不是以性别为准绳;存在于男女之间的差异相对来说没有多少社会意义。他们极力反对保守、反动的男性霸权主义文化将男女之间的差异夸张和扩大。

这种无视性别差异的男女平等,人为地否定性别差异,要求社会、法律、习俗同等地对待男人和女人,走向了极端。(1)否认男女之间的性别差异,其实质就是无视性别与社会性别对每个人生活的巨大影响。(2)无视性别差异的男女平等存在一个理论上的致命弱点:若男女没有性别差异,要实行男女平等,就需要一个男女两性共同遵守的社会性别准则。这无疑是在将原来男女二元对立的社会性别规范转变成整齐划一的一元标准,与某些男权主义保守学者一样,完全不能容忍差异存在。(3)无视性别的男女平等实际上是将女人男性化。这种男女平等是在把女人向男人的标准同化,而且暗含一个假设:男性是人类的标准,男人的性别标准是唯一合理、对所有人都适用的性别准则,但这准则建立在男性经验的基础上,从而可能偏向男性利益,并不一定达到真正的男女平等。(4)以社会对男性的要求来同等要求女性,在实际中往往不是实现男女平等,而是造成对妇女的不平等。最后,西方女权主义者越来越清楚地认识到社会性别差异存在,当这些差异在男女平等的名义下被忽略时,男女之间实际存在的不平等便会被掩盖。

在无视性别差异的男女平等理论兴起之时,越来越多的女权主义者认识到男女差异尤其是生理上的差异确实存在,他们对实现男女平等必须无视性别差异的假设提出质疑。重视性别差异的女权主义理论主要有两大类:一是基于男女生理上的差异,认为应该给予妇女法律上的保护;二是要实现男女平等就要正面发挥女性的长处,这是激进女权主义者的观点。

女性由于生理上的特殊性(如月经期、更年期、具有生育能力等),法律应该优待妇女。女权主义者主张在劳动力市场上应该优先雇用妇女,给没有劳动技能的在家庭外面工作的妇女提供生活费,对孕产妇更要特殊照顾,雇主不能拒绝她们合理的请假要求,更不能无故解雇她们,而这种照顾不适用于因其他原因无能力工作的员工。持这种观点的女权主义者还声称,这种优惠和保护是对妇女过去所受到的不平等待遇的一种补偿,这种补偿只是暂时措施,当社会能让男性和女性站在同一起跑线上竞争时,就要取消这一优惠项目。

这种观点引起了大量争议,原因是对妇女的特殊照顾并不只是带来好处,还要付出一定代价,包括为保护妇女而设计的措施反而变成她们获得与男人同等待遇的障碍。如出于对妇女的保护,许多法律和法规限制妇女的工作时间,禁止妇女晚间工作,禁止妇女从事开矿等危险行业,这些劳动保护法也许改善了妇女的健康与安全,保证了妇女有更多时间花在家庭生活上,但它也将妇女从某些行业中排挤出去,结果妇女只能集中在某些特定行业中工作,造成这些行业中妇女劳动力过剩,妇女工资也由此降低。

重视性别差异进一步强化了性别刻板印象。一般认为,女性是弱者,需要人们照顾,需要给予法律上的特殊待遇,实践中还常使用"保护"或"补偿"来体现其合理性,这些词同时意味着能力的丧失。女人丧失能力的根源是由社会造成的,是与生俱来的缺陷。在这种情况下,重视性别差异所依赖的前提是女人至少在某些方面比男人低劣。

此外,重视性别差异的男女平等忽视了妇女之间的差异。她们将妇女看作同一群体,并将其划归为等量齐观的一类,试图寻找出一个典型的女人和女性本质。然而,妇女之间存在较大差异,如她们在种族、阶级、宗教、年龄、婚姻状况和身体能力等方面都存在差异,因而这一措施在实施过程中不免有失偏颇:有的妇女可能真正需要某种保护,对另一些妇女来说,接受这种保护则可能是一种不利。

基于文化、语言和历史传统,丹麦、冰岛、挪威、瑞典和芬兰等北欧五国政府对男女平等问题达成共识,认为只有当女性和男性的能力、知识、经验和价值观得到同样承认,并被允许来影响和促进社会各领域的发展,社会才能向更加民主的方向前进。五国政府一致认为,国家为两性平等所设的目标是:女人和男人具有同等的权利、责任和可能性来进行工作以获得经济上的独立,来照顾子女和家庭,来参与政治、工会、社会的各项活动。男女平等政策不仅对公民个人有利,对政府、社会也有利。北欧五国的女性权利较早得到了保障,19世纪中期女性就已获得平等的继承权,从20世纪初开始就拥有政治参与权利。在劳动力市场,女性占49%,但在较高层次上,女性所占比例通常不足,在私营企业管理层尤为明显,女性只占很小的比例。就行业类型而言,秘书、清洁工、店员、卫生护理等工作多为女性担任,而司机、工程师、建筑、木工、机械和修理工多由男性担任。近年来,男性和女性的就业率日趋接近,女性和男性的收入差距与年龄成正比,35~64岁的男女收入差距最大。冰岛35~49岁的妇女和男子收入差距最大,妇女仅有男子收入的50%。在上述五国中,有四个国家的议会中女性比例为33%至39%,冰岛为24%;挪威是五国中唯一有女总理的国家。

20.4.2 中国社会的男女平等

中国社会的男女平等意识出现得比西方社会晚,平等之路也不同于西方社会。

中国社会的男女平等口号不是由妇女首先提出的,最早要求给女性平等权的是男性。19世纪晚期,中国男性思想家接过西方女权主义的口号,呼吁解放妇女,废除法律中对女性的歧视的内容,要求妇女拥有同男子平等的受教育权、参政权,呼吁妇女走出封建家庭,走入广阔的社会。在辛亥革命和五四运动的冲击和男性精英倡导下,一批思想先进的女性开始觉醒,参与到男女平等的浪潮中。这一时期提倡男女平等的主要目的是以此作为反对封建家长制的有力思想武器,同时也希望通过妇女解放,促使女性关注反封建的政治事业。由男性提出的男女平等不可避免是男性视角下的平等,并未吸引到大多数女性。

新中国成立后,社会主义革命实践了马克思主义关于妇女解放的构想:在生产中解放妇女。这场妇女解放运动在最大程度上解放了妇女,帮助妇女走出了家庭,通过法律给予妇女就业权、受教育权、参政权等一系列平等的权利,使男女平等有了话语和意识形态的合法性。

然而,中国妇女从未经历过女权主义大潮的洗礼和冲击,缺乏女性自省的思想历程,她们享有西方女性梦寐以求却难以求得的社会权力,却缺少女性主体自主自立的觉悟和勇气。同时,妇女解放和男女平等需要建立在社会特定发展程度的基础上,而中国仍是一个贫穷落后的国家,却施行了西方发达国家都难以企及的男女平等。首先,妇女解放体现在女人可以和男人一样参加社会劳动,但这不是出于妇女的觉醒,而是出于民族主义政治的需要。李小江说,新中国成立后进行的这场运动没有把妇女交还给自己,而是交给了国家,是国家通过妇女解放完成了对妇女的全面控制。这场运动也在实践着西方无视性别差异的男女平等的要求,集中体现为"男人能干的事,女人也能干"。男女平等不仅是权利平等,也是义务平等。这种解放给妇女带来了进入公共领域的合法机会,也加重了妇女的负担。虽然法律规定女人和男人一样具有平等权,但这些法律的不足之处是过于粗疏和理想主义,对根深蒂固的延续数千年的父权制缺乏深入的反省批评,对传统的男女性别模式并没有从根本上予以改造。

改革开放以来,随着国家政策的转变以及西方大量新事物的涌入,这种清教徒式的生活才逐步得以改观。由于压抑得太久,人们的性别意识开始复苏,女人味开始被强调。此时的社会性别制度形成有赖于两种因素:一是大众传媒,二是知识男性。大众传媒不再强调"男女都一样"的话语,反而大肆宣扬传统的性别规范和符号,女人被描述为"弱女子"、"小女人",女人要在男人面前自觉地找回自己的从属地位。这种将妇女降为二等公民的男性中心的言论充斥在大大小小的报刊和电视等媒体,独立自主的女性被称为"女强人"而遭到嘲弄和贬斥。男性知识分子对这种主流的社会性别意识形成同样也要负一部分责任。许多人感叹社会的"阴盛阳衰",通过各种文艺和艺术手段发泄男性的失落和怨气。中国知识分子自古就有"学而优则仕"的要求,但在改革开放前,他们却被排除在权力中心之外,这种矛盾和男性对家庭成员的控制力降低交织在一起,使得男性知识分子体验到一种无能为力的处境和心境。许多知识男性将自己在政治经济上的无能之感归咎于男女平等政策,指责妇女广泛就业导致把男人赶进厨房,使他们成了"小男人"。"让女人回家"的呼声从 20 世纪 80 年代初至今仍不绝耳,之后的国家政策也发生一些变化。总之,这一时期的立法更多强调的是妇女的生物学特点,认为妇女是弱势群体,是更需要保护的群体,不应该与男性同等对待。

21 世纪以来,中国社会对男女平等进行了进一步拓展,主要体现为:(1)将男女平等作为社会和谐的重要特征之一;(2)强调完善落实男女平等基本国策的社会保障体制机制;(3)首次提出男女平等参与发展、平等享有发展成果;(4)提出男女平等价值观的概念,不断深化男女平等的内涵。

20.4.3 对男女平等的反思与展望

男女平等的概念首先是由男性在欧洲历史的一个特别时期提出的,西方女权主义者借用了这一概念。平等的核心是相同,因为某些方面相似,所以应该享有同等待遇。在强调相同之处时,可能会掩盖差异。

男女平等经过漫长的历史演进,内涵已经涉及政治、经济、法律、社会、文化、伦理等诸多方面,反映了男女平等历史演进的过程。男女平等的政治内涵包括制度的男女平等和参与的男女平等。制度的男女平等是指通过制定有关政策保障与支持男女平等地享有行使管理国家政治、经济、文化和社会生活的政治权利。参与的男女平等是指妇女具有同男性同等行使管理国家政治、经济、文化和社会生活的权利。男女平等的经济内涵是指在就业和分享经济资源等方面的平等。其中,妇女就业是妇女在经济上取得独立的重要条件,也是争取男女平等的重要前提。男女平等的社会内涵是指在社会角色和社会地位上男女平等的社会认同程度,指男性和女性在社会身份和地位被社会所期待的行为模式上的平等。男女平等的法律内涵是指法律确认并保护全体公民在享有权利和承担义务上处于平等地位,其中包括在立法、执法、学法、知法、守法等各个环节上的男女平等。男女平等的文化内涵是指在受教育程度、媒体传播等方面男女具有平等权利。男女平等的伦理内涵是指在伦理人格平等前提下,男女在伦理关系中平等地承担一定的伦理责任和伦理义务,体现在履行家庭美德、职业道德和社会公德等方面。通过多视角透视男女平等范畴的内涵,有利于全面把握男女平等的理论内涵,有利于全面落实男女平等的基本国策,确立妇女运动的阶段性奋斗目标和长期的奋斗目标。

近年来,女性研究越来越向多学科方向发展,在认识社会性别差异方面也越来越具有综合观,反映了其跨学科特点。英国学者朱丽叶·米切尔(1997)认为,导致妇女受压迫的机制可以归纳为四大社会制度:生产、生育、性和儿童的社会性。这四种制度结构同时作用于妇女时,这些制度结构之间相互联系、不断再生产着压迫妇女生活的制度。只有同时改变这四种制度结构才能使妇女得到解放,如果只改变其中一项,会被另一个结构的加强抵消,结果将只是改变受压迫的方式。还有学者认为,妇女没有进入关键生产领域,不仅是由于她们身体较男性弱所致,还由于她们在生育中的作用。一方面,由于妇女生育后需要脱离工作休息一段时间,引起女性在生产领域脱节;另一方面,生儿育女、操持家务也成为女性的天职。因此,生育成为男女不平等的重要因素之一。鉴于此,部分学者认为要实现男女平等,必须借助现代科学技术手段,将生育和女性分离,使女性有足够的自由选择生育还是不生育。

多学科分析视角展示了形成两性不平等的因素是多样的,包括社会阶级、文化教育、职业婚姻、角色年龄、族群国家等,这些因素是相互关联而起作用的。罗森伯(1986)认为,对妇女问题研究形成了"女性群体"概念,跨文化研究打破了女性文化的一体性。总之,多重因素影响着性别差异,要实现真正的男女平等,也同样需要多重因素的相互作用。

20.5 丰富多彩的中国西南少数民族独特的性别角色文化

中国是一个统一的多民族国家,经过识别和确认的民族共有 56 个,其中,西南地区的少数民族就达 30 多个。随着社会发展,改变了西南少数民族地区相对封闭的生活环境,外来汉族社会主流文化也对少数民族文化产生了不小冲击,男女平等的社会性别观念也改变着传统少数民族的性别角色观念。现在就介绍几种独具特色的少数民族性别角色文化。

20.5.1 傣族:"重女不重男"的母系群体

傣族是我国云南南部跨境而居的少数民族,人口有 107 万。傣族是一个跨境民族,与缅甸的掸(傣)族、老挝的主体民族佬族、泰国的主体民族泰族、印度的阿萨姆邦的阿洪傣都有渊源关系。全世界傣(泰、掸)族的总人口在 6000 万以上。大部分傣族自称为"傣"、"泰",他称为"掸"、"阿萨"。在我国,傣族主要聚居在西双版纳自治州、德宏傣族景颇族自治州以及孟连、金平等县。在缅甸、老挝及泰国北部都有傣族分布。傣族是一个以水稻种植为主的农业民族,有自己的语言、文字及生活方式。傣族全民信仰南传上座部佛教,具有独特的文化风俗和人文环境。傣族在家庭形态上具有母系制特点。但是,由于各地的社会发展水平不同,在家庭婚姻形态上也有异。例如,在西双版纳,在新中国成立前还保留有较多的对偶婚的残余,表现为家庭关系和婚姻关系不很稳定,结婚、离婚均比较自由。但由于家族和村社形式存在,傣族青年的婚姻直接关系到他们对家族和村社所应享受的权利和所承担的义务,因此需要家族长和村社头人的同意。当男女双方恋爱成熟后,男方即请自己的舅父、姨母前去女方家提亲。此时,女方父母一般不发言,而是由家族长和本村社的头人答话,询问"上门"的年限和如何宴请亲友等事宜,男女双方经过族长或村社头人的认可,即可以结婚。在婚后,男方必须如约到女家劳动数年才能够把妻子接回。当另立家庭时,由村社分给"份地"。假若双方意见不合,在征得头人的同意后,互递一对蜡条就算办了离婚手续;如果男方离家数月没有音信,女方也可以另找配偶;当一方死去,不管年纪多大,也要办离婚手续,即以蜡条一对放在死者的棺材上,将棺材送至楼口,即表示与死者离异了。

婚姻既是人类生物本能的表现,又是社会关系的体现。它既体现了两性结合的自然形式,又反映了人们的社会关系,反映了人们的交往和联系的形式。傣族青年婚恋自由,一般到了少年期,便被允许利用各种集会场合交友。据镇越县志记载:"摆夷尚早婚,大抵十四五岁之子女,即可婚嫁,合配不论行辈,不避血统,主婚不由父母,求婚不假媒妁,彼此有情,只需互敬酒一盅。男子则用肉一块,酒一壶到女家,只见父母,即为定婚,亦无开八字红庚之举……"结婚时举行拴线仪式,拴线意味着将一对新人的心拴在了一起。如果一方死亡,要办理离婚手续,一般是生者用一根棉线绑在死者的棺材上,葬礼时由一老人将线割断,表示生者与死者断绝夫妻关系。傣族人的婚姻以爱情为基础。如果出现双方不和,任何一方都可以提出离婚。离婚在社会上也不受歧视。离婚以后，双方还可以成为好朋友。傣族大多为核心家庭，由一对已婚夫妻及未婚子女组成。夫妻是家庭的中心。傣族人有离婚、再婚的自由，早恋、早婚的人也较多。恋爱时间一般较短，感情也就不够稳固，离婚也相对容易。

傣族家庭的形式也体现了母系制特点。傣族平民大多实行婚后的"从妻居"。即在结婚以后，丈夫来到妻子父母家上门入赘。据考察，西双版纳地区的从妻居分为几种情况。(1)终身从妻居，又有两种情况。一是自结婚的第一天起，丈夫就住在妻子家里，和岳父母全家共同生产，一起生活。男子作为女婿，是岳家的继承人，可以继承房屋、耕畜、农具等财产，负责赡养岳父母，作为村社成员，有权使用村社分给的土地，并有承担封建负担和地方、村社规定的各项义务。二是和岳父母全家一起生产、生活三五年后，夫妻及其子女从岳家分出来，由该村社分给一份土地和宅基地，另立门户，建立新家庭，三年内免出负担，三年后成为村社的正式成员。(2)长期从妻居，是指在结婚后，丈夫在妻方居住四五年以上至十几年，乃至更长。在此期间，也有两种情况：丈夫或作为家庭成员，长期和岳家一起生活，共同生产；或在岳家居住一段时间后，夫妻及其子女从岳家分出来，在妻方村社内另立家庭，独立生产和生活。(3)妻方夫方往返居住，即在结婚后，丈夫先在妻方居住两三年，而后夫妻一起又到丈夫家居住两三年。傣语称这种双方往返居住为"三比册，三比骂"，即"三年去，三年来"，如此往返，直到继承了一方的财产或建立了独立家庭以后，才定居下来。(4)短期从妻居。即丈夫在妻方居住一年半载或三两个月以后，夫妻一起回丈夫村社，或与父母在一个家庭中生产和生活，或另立一户，单独生产和生活。(5)象征性的从妻居，是在结婚以后，丈夫在妻方居住一个短暂时间(几天、十几天，甚至短到新婚之夜)，然后夫妻一起到丈夫一方的村社里定居。在以上几种从妻居中，终身从妻居、十几年以上长期从妻居和象征性的从妻居所占的比例都很小，大部分是从妻居四五年或往返居住，短期从妻居也占一定比例。各种不同时间的从妻居，是西双版纳地区傣族普遍实行的婚俗，不从妻居而实行讨妻的极为罕见。虽然现在这种情况有了相当大改变，但"从妻居"在农村仍然占有相当比例。据董印红(2005)对西双版纳地区两个村落——曼井保村、曼倒村的调查，曼井保村(距城区5公里)从妻居的比例20～30岁为29.2%，31～40岁的为62.3%，41～50岁的占65%，51岁以上的占69.8%；曼倒村(距城区40公里)从妻居的比例20～30岁的为63.3%，31～40岁的为72.4%，41～50岁的占66.7%，51岁以上的占73.1%。居住在耿马孟定区和德宏瑞丽县的傣族也普遍盛行从妻居，但与西双版纳不同。在孟定区称为傣德的傣族中，至今终身从妻居仍占很大比例。据1984年对该区曼榜寨83对夫妻的调查，丈夫终身从妻居者有42人，占总数的51%。

张元庆(1981)认为，从丈夫终身从妻居，经过长期从妻居、妻方夫方往返居住、短期从妻居和象征性从妻居后实现在男方定居立家,直到根本不从妻居而实行讨妻,这是在居住地点方面反映母权制不断失败、父权制逐步胜利的过程。从西双版纳地区从妻居情况看,经过不同时间的妻方居住以后,已经绝大部分最终要在男方村社定居安家了。即,经过长期复杂的激烈斗争之后,在居住地点方面,虽然仍处于由妻方居住向夫方居住过渡中,男子仍要在一定时期内屈从于女子,但最终胜利毫无疑问属于他们。在孟定地区,妻方居住和夫方居住尚处于相持阶段,即母权制残余比西双版纳地区保留得更多些,或者说妻方的势力更大些。

在从妻居期间,夫妻双方的社会地位和生活地位也是女尊男卑。傣族因为没有姓,所以男子在从妻居期间不需要改姓换名,但他们所处的社会地位和生活地位比较低下。在结婚时,男子要到女方举行结婚仪式,祭献女方的寨神和家神,求得承认和保护。在婚礼席上,男方代表当众郑重表示,新郎"年幼无知,不懂事礼",请求女方家长、家族长和寨老严加管教。在结婚以后,在妻方村社里,丈夫作为一个外来人要严格要求自己,遵守村社规矩,履行村社义务,如途中遇见年长者要主动让路、说话,待人要礼貌、谦恭,称对方时一定用尊称,称自己时要用谦称或卑称。人们还要在他的名字后边加上他原来村社的名字,表示他是外来人,以区别于本村社的成员。在岳父母家中,他被看作是招来的"长工",重活由他干,负担的劳役由他挑,不仅要尊重岳父母,还要听从妻兄等人的说教,不能有不满和违抗的情绪,吃饭不能陪客,平时要等岳父母、妻兄姐开吃以后自己再端碗,坐座位要坐下座,睡觉要睡下方(即竹楼靠近楼梯的一端),甚至说话也要细声细气,不能发牢骚、耍脾气,在室内走路、动作都要轻,等等。如果在哪一方面做不到或有不满、违抗的表现,就会遭到训斥乃至招致离婚,被迫卷起行李回自己父母的村社去。只是随着时间推移,在劳动、人品、礼节等方面都取得社会和岳家全家的信任以后,村社才把他当成正式成员,予以享受与本村社成员同等的权利和待遇,岳父母也才把他当作继承人,把家庭财产和家长的权力都交给他。如果和妻子在村社内另建家庭,村社方才照例分给他一份土地和宅基地,并帮助他盖房安家,岳家也分一部分财产给他们。傣族的从妻居制,就其本质而论,是母权制向父权制过渡的表现。

傣族的母系制特点也反映在抢婚婚俗中。抢婚是由母系社会向父系社会过渡时期,在从妻方居住过渡为夫方居住中双方斗争的一种形式。这种斗争形式,在世界和我国许多民族中都存在过,它表现出向个体婚制过渡的迹象。不同地区的傣族存在反映不同历史发展阶段的抢婚遗风。它们作为一种仪式,戏剧性地存在于各地婚礼过程中,为研究从母系社会向父系社会过渡中的抢婚提供了有力证据。最生动、最富有戏剧性的"抢婚"流行在滇西地区的盈江、梁河、潞西、陇川等县。大体过程是:相爱着的一对青年男女,在准备结婚前,两人约好时间、地点(一般都在天黑以后和姑娘经常经过的地方）。小伙子邀约十数名身强力壮的伙伴，个个持枪荷棒，提前埋伏在约好的地点周围。时间到后，姑娘装作挑水、洗衣或舂米走来。于是小伙子们一声暗号，蜂拥而上，挟持着姑娘就跑。姑娘照例呼喊"救命"，目的是为了告知父母兄弟和邻里乡亲。家人、邻里闻声后，吵吵嚷嚷，个个拿起武器，摇旗呐喊地去追赶。但抢婚之风由来已久，人人皆知，真心追赶者实为罕见，却也像真的追捕盗贼一般热闹。在"追赶"过程中，往往有两种情况：当"抢劫者"发现"追赶者"误向自己逃跑的方向追来时，便鸣枪示意，暗示"追赶者"向相反方向追去；另一种情况是，当"抢劫者"真的快要被追上时，便将事先准备好的赔礼钱撒在地下，趁对方捡拾钱币的机会安然逃去。"抢劫者"摆脱追赶后，便以胜利者的姿态边唱边跳地向自己村寨走去，将进村时，又是鸣放鞭炮，又是敲锣打鼓，高兴而自豪地庆贺自己的胜利。将姑娘"抢"回家后，并不立即举行婚礼，而是把她暂时安置在小伙子姊妹的房间里，请两个姑娘陪伴和看守。第二天或第三天，男方家长再托人去女方家说媒，讲身价。说媒时，媒人到女方家里，必须要三进三出才能说成。第一次，姑娘父母认为自己姑娘被"抢"，感到脸上无光，就装作不承认有此事的样子，说自己的女儿不会做出那等事来，使媒人吃个"闭门羹"。第二次，姑娘父母虽然承认事实，但推说要征求家族、亲属意见。第三次仍装作一副生气的样子，搬出几十斤重的一块大石头，说要这么重的身价钱。男方表示无力支付，于是众人一边劝说，一边将石块敲小，姑娘父母也无可奈何地一再降低要价，直到双方同意。托人说媒成功以后，男方请来两位中年妇女，为"抢"来的姑娘剪掉发辫，包上包头，改穿大襟上衣为对襟上衣，脱下裤子，换上裙子。通过服饰改换，虽然还没有正式举行结婚仪式，但姑娘就变成少妇了。然后，姑娘又回到娘家去。双方经过筹备，择定吉期，新郎再去迎娶。届时，姑娘照例哭嫁，表示不愿意离开亲生父母和伙伴，最后才由自己的表兄弟、姊妹背送到男方，正式举行结婚仪式。

由于社会经济发展水平不同，西双版纳地区的抢婚和德宏地区有很大不同。西双版纳傣族结婚也在晚上进行。届时，新郎穿戴整齐，腰挎砍刀，由众多伙伴陪同前往女方举行结婚仪式。到达女方村社时，不但没有人前来迎接，且寨门早已关闭，并由新娘的伙伴们严密把守，不许新郎进入。新郎及其伙伴们隔着寨门与把守者进行说理交涉，经过一番舌战，新郎代表必须送给女方代表一定数量的礼钱，才允许进入寨内。他们进入女家大门、房门、寝室门时，每道门都紧闭着，并由新娘的伙伴们把守，进入任何一道门都要经过同样的交涉，男方送给女方一定数量的礼钱。但是，新郎及其伙伴们进入房内后，并不见新娘踪影，只见众多穿戴漂亮的姑娘和少妇们挤满房间。她们筑成人墙，戒备森严，个个都用警惕的眼睛注视着闯进来的不速之客，好像在时刻提防着对方要抢走她们的宝贝似的。小伙子们拨开一排排妇女，冲破道道防线，满室搜寻，仍不见新娘，不知她被藏到哪里去了，只得打着火把，拿着手电，楼上、楼下每个角落到处搜寻，仍是不见，又吵吵嚷嚷地全村逐门挨户地去搜。最后经过交涉，男方再送给女方一些礼钱，新娘方出现在婚礼桌前，并依例开始举行拴线礼成婚。进寨门、家门、房门、寝室门和夫妻同房共枕，傣族叫做"破五门"，只有破了"五门"才算正式结为夫妻。守门、破门、藏新娘、找新娘的全过程和双方的行动表情，体现了西双版纳地区抢婚和反抢婚斗争的特点。这种抢婚特点和德宏地区使用暴力公开抢婚比较，在历史发展时间上可能更早些，它只是表现出某些抢婚的可能性和征兆，还没有发展到使用暴力公开抢婚的阶段。这种形式的抢婚，是与西双版纳地区至今仍然普遍存在的夫从妻居制度相一致，和德宏等地普遍实行妻从夫居下的抢婚不同。两个地区不同形式的抢婚，体现了抢婚发展的不同历史阶段。使用暴力抢婚，已经是由妻方居住过渡到夫方居住的一夫一妻制时期的事了。而作为母系社会基本特征之一的从妻方居住，为什么也在一夫一妻制的父系封建社会中普遍存在呢？这是由西双版纳等地傣族封建社会经济的基本特征所决定的。在西双版纳地区，虽然早在唐朝以前就出现了地方政权，12世纪以后更进一步建立并加强完善了封建政权的严密统治，但直到20世纪50年代初，广大农村的每一个村寨，仍然是一个个孤立的、自给自足的农村公社。每个村社都有一套完整的政治、经济、文化和宗教的组织和设施，村社之间很少发生联系。所有土地山林，虽然属于最高封建领主所有，但每个村社都有绝对的占有权和支配权，由村社议事会分给每个家庭使用，并定期调整或打乱重分。个体家庭对土地只有使用权，不能私有、买卖或转让，离开本村社必须交回。因此，村社社员的家庭财产都较简单，主要只有耕牛、农具、房屋和有限的生活用品，村社内部阶级分化不很明显。以西双版纳为代表的封建领主社会，明显地具有马克思论述的"亚细亚"形态的基本特征，它保留了人类由原始社会向阶级社会过渡时期中土地制度、社会组织、意识形态以及家庭婚姻等方面丰富而生动的材料，是研究人类社会发展的宝藏。傣族社会中普遍存在的夫从妻居制度就是这种社会经济的生动反映，即，具有"亚细亚"形态特点的村社制度是傣族夫从妻居制度长期存在的社会基础。但是，随着个体经济发展，尤其是新中国成立后，政治制度和经济关系的改变，个体经济有了较快发展，源于母系社会的夫从妻居制也发生了变化。各种时间不等的从妻居，已经主要根据双方劳动力多寡和本人是否有人赡养，由当事人共同商量决定了，男女双方在家庭和社会中的地位也已经是平等的了。在社会主义社会里，根据双方家庭情况而构成的夫从妻居家庭和妻从夫居家庭一样，是符合社会主义婚姻家庭原则的，它已经不再是原始落后的，而是社会主义的新型家庭了。

20.5.2 摩梭人："重女不轻男"的母系群体

摩梭人是我国西南地区的一个母系群体,生活在滇川交界的泸沽湖地区,人口有4万余人,主要分布在云南省宁蒗县和四川省盐源县、盐边县和木里县。摩梭人自称纳日(Nari),"摩梭"是其他民族对分布于现今藏彝走廊中滇川藏交界区域的"纳系族群"的他称。20世纪60年代早期,民族学家就开始在泸沽湖地区开展田野调查,给世人揭示了一个独特的摩梭社会。

摩梭人至今仍然保存有完好的母系制家庭结构。母屋火塘文化在摩梭文化中占据重要位置,体现了摩梭文化的独特性。在摩梭语中,"依都"(衣杜)是摩梭社会的基本单位,与汉语中的"母系家庭"、"家屋"(house)或"家户"(household)对应,指同一母系亲族成员居住的四合院式房屋,包括祖母屋、经堂、楞房及畜厩4个独立部分,以及住在里面的人和禽畜。祖母屋是家屋的中心,是整个家庭饮食、款客、议事、祭祀、敬神的核心部分。母屋内上方为锅庄和火塘,火塘下方是两根有文化意义的木柱子:右柱俗称女柱,左柱俗称男柱,这对男女柱凝聚着极为丰富的性别、家庭、氏族及宗教意义。女柱、男柱及它们顶上的横梁和顶柱,皆须取自于同一棵树,而且必须是生长在向阳坡上,茂盛茁壮、百年树龄的参天古树。女柱象征家族的根,是母系文化的本源;两柱也表示男女互补互助、同源同根,缺一不可。这便是摩梭人独特的性别结构与观念,不是女权或母权,而是男女互补互助的平等和谐。

在传统摩梭家庭中,男不娶,女不嫁,一个人终生生活在母亲家屋中。摩梭人一般不分家,几代人共同居住,形成了以母系血缘为纽带的大家庭,成员一般包括外婆及其兄弟姐妹、母亲及其兄弟姐妹、自己(女性)及兄弟姐妹、子女及姐妹们的子女。传统摩梭家屋只有祖母(外婆)、母亲、舅舅等母系成员,没有父系成员。在摩梭家庭中,女人的身份不是妻子或媳妇,而是母亲或姐妹;男人的身份不是丈夫或父亲,而是舅舅或兄弟。摩梭人把家庭成员之间和睦相处作为最重要的价值观,并认为"母亲"是保持和睦的关键。

摩梭家屋以母系血缘为本,血统按照母系来计算,财产按照母系来继承。传统摩梭家庭成员之间一般保持同一母系血缘关系,没有父亲、妻子、丈夫、女婿、媳妇角色,也没有父子、父女、夫妻、婆媳、翁婿等父系亲属关系,从而有效地减少了家庭内部的矛盾,有利于家庭内部的和睦共处,这也是母系大家庭的最重要特征。一方面,母系大家庭人口多且关系亲密,为建立和谐有效的经济合作提供了条件;另一方面,稳定的大家庭为老、幼、病、残等弱势群体从物质和精神上提供了保障,形成了"老有所养,幼有所教,病残者享受特殊优待"的社会保障机制。母系家庭的财产,包括生产资料和生活资料,属于全体家庭成员所有,家庭成员只能以母系血统成员的身份来继承财产。母死以后由其子女、姨侄和姨侄女来继承,舅死以后由其外甥和外甥女来继承。

在摩梭家庭中,妇女不仅是家庭血缘纽结的核心,而且是生产和生活的组织者与管理者,在家庭和社会上都享有崇高地位。正如恩格斯所指出的:"在个体婚制之前,确实存在过这样的状态,即不但一个男子与几个女子发生性的关系,而且一个女子也与几个男子发生性的关系,都不违反习俗……因此,世系最初只能依女系即从母亲到母亲来确定;女性的这种独特的意义,在父亲的身份已经确定或至少已被承认的个体婚制时代,还保存了很久;最后,母亲作为自己子女的唯一确实可靠的亲长的这种最初的地位,便为她们,从而也为所有妇女保证了一种自那时以来她们再也没有占据过的崇高的社会地位。"

在每个摩梭家庭内,都由一个年长或能干的妇女担任当家人,被誉为"母系家庭的灵魂",摩梭语称为"达布"。当家人的职责是负责全家的一切内外事务,如管理日常生产生活、计划开支、接待客人、主持分食、主持某些祭祀活动等。摩梭妇女不仅在家庭中享有较高威信,在社会上也享有崇高地位,如代表家庭同其他人缔结借贷、抵押、租赁和买卖关系,参与评议某些纠纷等。当家人的产生主要取决于管理家庭的能力、办事是否公正、是否以整体家族利益为出发点等具体表现,维护家庭和睦是核心。摩梭人对家庭和睦的理解,出于一种信任血亲的文化信仰和一种群体构成的原则。他们认为,要实现并维持家庭和睦,最自然、最合适的方法就是和那些与母亲有相同血缘的人组成家户。因此,摩梭人的继嗣通过母亲血统来进行,家户由与母亲有共同血缘的一群人组成,两性的性伙伴都来自家户之外。可见,摩梭人的亲属制度只符合自然秩序(血亲秩序),不符合法律秩序(姻亲秩序)。

传统摩梭社会的经济基础是自给自足的自然经济。摩梭妇女在家庭中处于较高地位,遵循"男主外,女主内"的性别分工模式。商品经济大潮涌来,改变了摩梭人相对封闭的生活环境,也改变了摩梭女性在家庭中的地位,改变了摩梭家庭中传统的性别分工模式。摩梭妇女从不从事商业到善于经商,在某种意义上标志着摩梭社会及妇女群体的观念发生了巨变,从小农经济观念向现代观念迈进。在商品经济浪潮中,"男主外,女主内"的性别分工模式有了新的含义:男人们负责家庭的经济活动的对外联系和交往,女人们除了料理家务外,旅游接待成为日常工作的重要内容。男人们在家庭的重要决策中发挥越来越重要的作用,家庭管理的实权开始由女性为主向男性为主转移,出现了许多女性"当家不做主"的现象,这对以女性为主的母系文化是一个不容忽视的瓦解力。

20.5.3 白族:两性和谐的性别文化

何志魁(2010)认为,云南各民族的性别文化是以滇西北的摩梭人为代表的母系制,到大理地区以白族人为代表的"重男不轻女"的文化格局,再到滇中和东部地区渐渐形成以汉族人为主体的"重男轻女"的倾向。

白族是中国南方历史悠久民族,列中国第 15 大民族,主要居住在云南省大理白族自治州,在怒江、澜沧江及其他地区也有分布。据 2010 年全国第六次人口普查的数据,全国有白族 193 万人。白族自称"白子"、"白尼"、"白伙",意为"白人"。新中国成立后,统称为白族。白族与古羌人也有一定渊源。白语属于汉藏语系藏缅语族彝语支,使用汉字的音和义,再加一些新造字记录白语,称为"白文"。白族历史悠久,文化丰富多彩。白族崇尚白色,以白色衣服为尊贵。妇女头饰异彩纷呈,都喜戴玉或银手镯、坠耳环。扎染布常用于制作白族妇女传统的装饰品,她们使用的头巾、手帕和挂包大都用扎染布做成。白族人的女神信仰历史久远,同时,大理地区的农耕方式属于坝区生产,便于妇女从事农业劳动。历史的和现实的原因融汇在一起,使得白族人的母性文化得到长期保持。母系文化传统调和着父系亲属制度,二者共同作用,形成了白族人独特的性别文化传统。

白族自古以来就存在许多母性文化的证据,它以一夫一妻制的中小型家庭为主体,人伦关系单一。儿子成婚后即行分居,父母一般从幼子居住。同宗同姓不通婚,但例行姑舅表婚,无儿无女的也可以抱养同族弟兄的子女(过继)或养子。在当代,受妇女文化水平提高、生育政策和现代化发展影响,家庭规模变得更小,"小家庭"结构比汉族家庭更为平等和民主,妇女的地位相对较高。

白族的婚姻有三种形式。(1)嫁女儿到男家,这种形式占大多数。(2)入赘,即招姑爷上门。这种情况主要是女方父母没有儿子,即使有也是痴憨病残,所以才招姑爷上门。上门的姑爷必须改换为女方姓氏,再由女方长辈重新取名,才能取得财产继承权。入赘的男子不仅在社会上享有同不入赘的男子一样的地位,而且还受到邻里乡亲、女方家成员、亲友的尊重,并享有继承女方家财产的权利和赡养女方父母、照管年幼弟妹直到他们成长成人的责任,人们把这种赘俗叫"上门"。有的白族人家还有意地把儿子"嫁"出去,讨姑爷进门,故民间还有"打发儿子招姑爷"的俗话。白族青年人的恋爱活动比较自由。如果恋爱关系确定,男子愿意到女方家上门,在征得双方父母同意后,在定婚时,女方家把男子及男方家长辈亲友数人邀请到家,由女方家在宴请宾客时,长辈当着众亲友的面为他改姓取名。从此他就随妻姓,不再使用原来的姓氏名字,并按女方家在家的排行确定男子的排行。自此之后,男子结婚后成为女方家庭的一员,同辈人互称兄弟,禁忌把入赘男子称为"姐夫"、"妹夫"或"姑爷"。(3)卷帐回门,即男女双方结婚后七日,妻子带着丈夫携帐子、被褥回女方家居住。因为女方家虽有兄弟,但年龄太小,父母年迈,只好卷帐回门来赡养老人和照顾年幼的弟妹。等弟弟长大结婚后,男方才带着妻子回到男方家生活。这三种婚姻形式由来已久,至今沿用。但不管属于哪一种婚姻形式,婚期和婚礼过程基本一致。只不过招姑爷上门是女娶男,而不是男娶女,双方的角色互换而已。按照白族习俗,如果丈夫去世,妻子可以终身守节,也可以另嫁,但另嫁时不得带走前夫的家产。在个别地区,还有转房的习俗,兄死后,嫂子可以嫁给小叔子,称为"叔就嫂",但这种现象已不多见。

白族文化的母性特征主要体现在以下方面:(1)白族人将"天"称为"海母康"、"海母乘"和"海母撒",保存以"天"为"母"的传统观念。白语遵循"以母为大"的原则,民间有"万事不离母"的说法。在比较大小或陈述主从时,有许多以"母"为大、为主的词组,如称一坝田中最大的一丘为"几媆吉",意为"田母一丘"。(2)白族民间文学以"母性"故事居多,如《观音蒙天》、《望夫云》、《柏节夫人》、《妙双姑娘》等。在白族神话中,女子不是一副柔弱悲戚的形象,而是开天辟地的女神、反抗残暴势力的美好生活的建创者以及聪明机智的形象(陆家瑞,2003)。(3)白族的生殖器崇拜以女阴崇拜为主。例如,在剑川石宝山"阿央白"石窟莲座上有一高 0.42 米的锥状物,中间刻一凹槽,酷似女性生殖器之外阴,白语称此物为"阿央白",意为"女婴有水长草的地方"或"女婴直裂之缝",为女性生殖器隐讳之代称。此物位居显位,与佛、菩萨、天王同列,不作任何遮盖地供奉在只有至尊之佛、观音菩萨专享的莲台之上,受到庄严的礼拜(何志魁,2009)。(4)白族人的很多风俗习惯都有尊重妇女的特点:白族的葬丧习俗格外尊重母丧,有"父丧易办,母丧难"的说法,父死可以量力办丧事,母死必须跪着办丧事;大年初七为女人节,妇女不做饭,不背水,不做其他任何劳动,只是尽情地玩耍。白族民间团体"莲池会"宣扬母性伦理规范。莲池会是白族的民间妇女信仰团体,以观音母信仰为主,信仰活动有重要的道德伦理约束功能,成员主要由白族中老年女性构成,又被称为"妈妈会"或"斋奶会"。在白族村社文化活动中,莲池会始终以"文化在场者"的形式体现女性地位。(5)白族文化素有重母观念,女神信仰历史悠久。神系中有不少女神,如金天圣母、阿利帝母阿南、白洁圣妃等。这些女神与男神平起平坐,共同接受膜拜。佛教密宗的女性观和道教崇阴尚母思想也对白族的母性文化起到一定强化作用。白族的祭天活动多由中老年妇女组织,男子一般不参加。在白族家庭中,父亲是一家之长,母亲也起重要作用。正是出于对女性的重视,才使得"性别"成为白族人区分亲属关系的重要维度(王娟等,2012)。

20.5.4 彝族:父权衰落,两性权利渐趋平等

彝族是中国人口较多的少数民族之一,2010 年全国第六次人口普查约 776 万人。彝族主要分布在四川、云南、贵州和广西壮族自治区。20 世纪 40 年代末,分布在云南、贵州和广西壮族自治区,以及四川泸州、宜宾地区的彝族已经基本上进入了封建社会,聚居在凉山地区的彝族社会发育程度则落后于这些地区,还基本保留着较为完整的奴隶制社会形态。新中国成立后,随着凉山民主改革完成,旧的社会制度为

新的社会制度取代,旧有的婚姻制度也受到挑战。改革开放后,凉山地区也进入中国整体经济发展的轨道,迎来了历史发展的最好时机。随着社会、经济、文化的交流,各民族相互尊重、相互了解,凉山彝族旧有婚姻的障碍被打破,族际婚姻家庭规模逐渐扩大成为必然趋势。

凉山彝族旧时盛行的是与父权小家庭相适应的一夫一妻制,具有同族内婚、等级内婚、家支外婚、姨表不婚、姑舅表先婚及转房制等婚姻形态的特点,也存在包办婚姻、丈夫去世后转房、抢婚等习俗。儿子结婚后即分家,无累世而居的习惯。这些制度对凉山彝人影响深远。"家支外婚"和"姨表不婚"是凉山彝族婚姻的两个基本原则,一直延用至今。家支外婚是指同氏族(即父系家支)严禁通婚和发生婚外性关系。按父系家谱,凡属同一家支的人,无论隔多少代,都被视为"一家人",均在禁婚之列,只能够与其他氏族通婚。姨表亲在凉山彝族亲戚关系序列中居首要地位,若通婚则有悖于家支外婚制度。因此,姨表亲严禁通婚和发生婚外性关系。对上述两项制度的违反者,凉山彝族习惯法是对违者双方均处死,当代则以"除名"(即开除家支籍)来处罚。家支外婚和姨表不婚制度,从起源上看是自然选择原则发生作用的结果,它从父系和母系两方面排除了近亲结婚和近亲繁衍后代的可能性,有利于彝族体力和智力的健康发展,这是其能够经久不衰的根源所在,也是凉山彝族人民继承和完善历史文化遗产的一大成果。

彝族自进入父权制阶段以来,男权统治社会,把妇女当作男子的附庸。在彝族社会中,男权占主导地位,女性处于从属地位,无论在宗教、社会决策还是私人领域都遵守这一规则。具体表现在:(1)婚配权,女子婚配权完全掌握在家支内的父兄们手里,连母亲也少有发言权。女性不能主宰自己的命运,没有婚姻自由。(2)婚后姓名,妇女婚嫁后,母家姓氏只有在举行宗教活动时才能使用,其余时候均用夫姓。(3)生育决策权,婚后妇女是否生育孩子或什么时候生育,基本上由公婆或丈夫全权决定。(4)财产继承权,彝族一直到新中国成立前都实行严格的父系继承制,财产由亲子继承,女儿无财产继承权,妇女不能继承夫家财产。(5)父子连名制,儿子名前冠以父名以显示身份。传统毕摩教也强化女性与生育有关的家庭角色,弱化其在公共领域中的社会角色。女性也没有参政议政权,没有处理社会事务的机会。女性社会角色被限定在充当家庭主妇和纯粹的生育工具上。在彝族传统习惯法(指对彝族具有法律约束力的风俗习惯)中,同样存在着男尊女卑的性别歧视。

贬低妇女,抹杀妇女的尊严和价值,以妇女为肮脏的禁忌对象,典型地反映在彝族的格言和生活习俗上。彝族格言如:"七个妇女不如一个翁鼻男子";"耕地母牛行,母牛不能犁坎上,说话妇女狠,妇女不能作结论";"乌鸦只顾叫,妇女只顾说";"丈夫是弓身,妻子是弓弦";"母羊多羊羔也多";等等。在彝族传统习俗中,有许多关于妇女的禁忌,以妇女为不洁。例如,祭祀时妇女不得参加,妇女不能上屋顶,不能跨过火塘,不能接触男子的发髻和猎具,不能触摸毕摩的法具等。彝族传统统计家支人口时,一般只计男子,不计女性成员。妇女在道德生活上受男权压抑,背负着沉重的法理和道义责任。在男女两性生活中,男性被允许放纵情欲,可以三妻六妾,女性往往是被谴责的对象。

20世纪50年代以后,随着彝族地区民主改革的胜利和婚姻改革的逐步推行,彝族妇女的社会地位和社会角色发生了深刻变化。广大彝族妇女政治上翻身作主,婚姻上有了一定自主权,一大批彝族妇女开始走出家庭,广泛参与社会生产劳动和社会管理,彝族妇女的社会角色由纯粹的家庭主妇和生育工具转化为社会生产者和管理者,妇女在家庭中的地位开始上升,一部分妇女在家庭生活中开始扮演主角。但由于社会历史局限,女性社会角色较单一,女权意识还比较朦胧,从而决定了当时的彝族妇女解放较少独立性,仍然依附在根深蒂固的男权社会。当时彝族女性的自我认识、价值尺度和奋斗目标也比较模糊,只停留在男女平等、妇女能顶半边天的口号上,只从政治意义上来理解妇女的社会地位,还没有意识到女性与男性的性别差异和角色差异,更没有思考过如何发挥女性自身的创造力和实现女性自身价值。20世纪80年代以后,彝族地区实行改革开放政策,商品经济发展起来,文化教育水平进一步提高,民族的价值观念发生嬗变,几千年来根深蒂固的男权观念开始动摇,这种社会文化土壤无疑为彝族女性提供了施展聪明才智、扮演各种社会角色的历史舞台。一大批农村妇女走出山门,从事商业活动,冲破彝族传统的"重农轻商,以商为耻"的观念,创造了财富,实现了女性自身的社会价值。一批职业女性和知识女性开始崛起,使得彝族妇女的文化结构和职业结构趋于多元化,女性的整体素质进一步提高。在女性职业构成中,有工人、个体户、党政干部、企业管理人员、科技工作者、文艺工作者,活跃在社会主义现代化建设的各行各业中。

在彝族父权家长制废墟上,逐渐形成了家庭民主趋势,两性在政治经济上逐渐趋向平等,具体表现为:(1)凉山彝族妇女的政治经济地位空前提高。法律规定中华人民共和国妇女在政治、经济、文化和家庭生活等各方面享有同男子平等的权利,法律保护妇女的权利和利益。这对凉山彝族妇女的社会地位发生质变产生了深刻影响。部分彝族女孩开始走进学校,接受义务教育,成为有文化、有知识的现代女性,产生独立、自主、平等、开放、竞争的意识,懂得用法律来保护自身的权利和利益;还有一些女性成为城乡政、企、事业单位的工作人员或妇女干部,在政治、经济、文化、社会生活等各个方面完全实现了与男性的平等;随着"普法"工作深入进行,即使没有文化的农村彝族妇女也对一些基本法律有所了解,对法律的严肃性有所体会,逐步学会用法律来保护自己。这使得男子鉴于法律的威严,不敢将其"父权家长制"残余观念不分场合地任意付诸于行动,以侵害妇女的权利和利益。改革开放后,广大彝族妇女同全国人民一道,积极投身改革事业和市场经济建设。她们活跃于生产第一线,积极参加农牧区的经济体制改革,发展市场经济。(2)妇女在家庭中的地位逐步趋向与男性平等。在一些家庭中,如婚丧嫁娶及经济、社会关系上其他重要活动,在一定程度上取决于主要家庭成员民主协商的结果;还有一些家庭,家庭经济由父母及子女共同协商支配。更有甚者,一些能干的妻子或成年儿女取代了习惯上作为家长的丈夫或父亲掌握经济支配权。这些情况表明,作为家庭主要成员的妻子和成年儿女,已不同程度和较为普遍地参与了家庭重大事情的运筹协商,尤其参与家庭经济的支配,成为家庭的主人。同时,包办婚姻的强制性和暴力性大为削弱,有些家长在行使对子女的婚配权时,很大程度上尊重当事人的意愿,循循善诱地发挥其家长职能。(3)在家支议事活动中,个别妇女脱颖而出。在家支的政治、经济、社会关系及宗教等领域的议事活动中,依据"少数服从多数,愚者服从智者"的原则制定制度或作出决策,议事具有民主性趋势。在平常社会活动中,选择主持人具有不重性别而重才能的趋势,"苏易"和"德古"(那些深谙彝族习惯法又熟知当代国家法律并能对二者变通运用的智能性人物,因其善于处理各种事端,受到公众的拥戴而自然成为家支的领导人物)也可由特别有才能的妇女担任。凉山彝族妇女作为家支活动的旁观者已经成为历史。可见,伴随着父权家长制衰落,婚姻家庭的民主趋势不断加强,妇女在社会上、家庭中的地位不断被肯定,两性关系逐渐趋向平等,凉山彝族一夫一妻制家庭得到了前所未有的改进。

第七编

民族交往与民族心理健康论

21 民族交往心理

    民族交往是社会交往的特殊形式,是民族之间互动关系的总称。民族交往心理包括民族交往的需要、动机、认知、情感、交往意识及在此基础上形成的民族交往方式。民族交往伴随民族共同体产生、发展与变迁的整个进程。我国多民族、多元文化交汇的特征既对我国的经济发展产生重要影响,也为民族交往提供了广阔舞台。这种多元文化模式对民族交往提出更高要求。无论是在历史上还是在现实生活中,民族地区的重大事件几乎都不同程度地与民族交往发生关联,影响社会稳定,决定民族文化格局的发展变迁。因此,研究民族交往,揭示民族交往背后的心理因素,对分析民族交往和民族关系的趋向,促进民族间和谐交往以及建立社会主义民族关系都有很强的理论意义和现实意义。

21.1 民族交往的特点

相比其他交往形式,民族交往有自身的特殊性。

21.1.1 民族交往的群体性

民族交往的重要特点是群体性,表现为特定民族共同体的集体行为。民族是历史上因地理环境隔离形成的群体。民族成员彼此有血缘关系,有相同的语言、文字、生产方式、宗教信仰,以及统一的社会制度或文化形态。每一民族成员都需要生活在一定的群体中。

个体与群体交往,其实质是一种个人与个人的交往,只是这种交往具备了群体性特征。按照不同的标准,可以将生活中遇到的群体分为不同种类,诸如民族群体、政治群体、工作群体、学习群体、生活群体、娱乐群体等。个体与群体交往,是个人交往的中心,也是社会化的必经之路,群体凝聚力由此产生,也满足了个人的安全、归属、社交、尊重和成就的需要。

群体与群体的交往,是群体之间带有公务性、利益性的交往。群体与群体之间交往反映了国家的政治制度、方针、政策,是社会关系的表现形式,对个体与个体、个体与群体的交往具有重要影响。民族团体以其稳定的结构,影响、制约其成员,使其成员不仅具有相似的身体形态、心理活动,而且具有相似的心理特征和行为方式。这一切又作用于民族团体,使民族团体形成稳定的社会实体。

从民族的发展变化看,一个民族要发展,就必须学习外来的先进文化和生产、生活方式,必须在与其他民族成员不断交往中,打破原有社会的稳定态。否则,民族心理素质以及生产、生活水平就永远停留在旧的稳定态中。博厄斯指出:"人类历史证明,文化的进步依靠一个社团学习其邻居的经验的机会……最简单的部落文化是由于很长时间的孤立和由此无法得益于他的众邻居的文化成就。"因此,作为一种群体交往,民族具有自发的交往需要,从而形成一种民族群体性的交往活动。民族交往还可以是由民族领袖倡导的一种群体性交往。

21.1.2　民族交往的文化性

每一民族的文化都是群体共享的。每一群体的个人获得的文化也是习得的。不同文化影响不同交往情境中人们所持有的不同观念。不同人在与他民族交往时带有明显的民族文化印记,彰显不同的民族性。民族交往带有鲜明的文化性。民族交往也会带来文化的涵化和变迁。

每一民族都生活在特定的自然环境中,有特定的经济形态、语言与生活方式,在历史发展中形成了民族特有的心理,构成了与他民族不同的民族文化。民族文化一旦形成,文化心理就成为稳定的因素,积淀于一个民族的精神与行为中,成为强大的凝聚力量。即使生活的时空环境有所改变,文化的物质表层有所变化,心理文化依然同源,在文化总体上显现出明显的民族性。如华人无论生活在世界各地都长期保留着中华文化的传统,迁徙频繁的犹太人在世界各地都保留着犹太民族的文化传统。

民族交往与民族文化密切相关。文化是人类的创造物,文化又塑造了人自身。由于各种原因,人类创造的文化具有不同类型、不同规模,这些不同类型、不同模式的文化又塑造出有不同文化特征的群体——民族。人们创造文化的环境、方式与途径不同,又赋予文化以各不相同的特点。这些特点体现在文化的物质和精神的各个层面上,从而形成了各自相对稳定的物质生产方式、生活方式、行为规范、社会组织、生活习惯、语言和思维方式以及价值观念等(林耀华,1997)。如果把文化看作一个立体系统,它的最外层是物的部分——物质层面(衣食住行等,是有形的);中层是心物结合部分——心物层面(如法律、制度、组织、宗教、习俗等);深层是心理部分——心理层面(包括价值观、思维方式、民族性格等)(安宇,2001)。文化的最根本性标志在于文化的心理层面的区别,文化的心理层面是文化类型的核心。

民族文化是在特定民族群体的生活环境中形成的。文化的影响无所不在,无时不在。由于传统的作用,也由于人类社会关系的多样性和复杂性,即使是一些简单事物,哪怕如同动物一样的需要,也都会蒙上一层文化模式的外衣(时蓉华,1999)。一个民族之所以成为民族,最根本的莫过于形成了本民族独特的文化。这些文化一经形成就具有相对稳定性,以有形或无形的方式影响着民族共同体的方方面面,体现在民族共同体的实际生活中,体现在民族成员的认知、思维和行为上,体现在民族的物质产物和精神产物上。这些各具特色的文化以各种方式在民族中传承,形成了民族传统。于是,这些文化传统就成为区分民族的重要标志之一。

强调文化的心理层面是文化的核心,亦即强调一种文化之所以区别于另一种文化,关键在于文化的心理层面的区别。例如,东西方一些国家在物质、制度上相似或相同,但价值观念、思维方式、审美情趣、道德情操、民族性格绝不会完全相同。日本同西方资本主义国家,在物质、制度的许多方面相似或相同,但文化心理不同,所以,日本文化就明显地区别于西方文化。在这一意义上,文化的最根本区别是文化的心理层次的区别(安宇,2001)。民族之间在交往时都以自己的方式与交往客体相互作用,这些不同方式均带有深刻的民族烙印。所以,民族文化性是民族交往的特点之一。

21.2　民族交往的类型

自从人类社会有了民族的分野后,民族之间就不可避免地发生往来。民族交往伴随民族共同体的变迁与发展,是民族关系的重要内容,民族关系也通过民族交往实现与体现。民族交往是最富有历史蕴含的交往活动。人类文化的延续和传播及文明的突破均通过民族交往来实现(金炳镐,2007)。在历史上,有一些民族在特定的历史环境中,企图拒绝同别的民族交往,实行闭关自守,最终仍挡不住民族交往的历史潮流。清王朝最终被列强用鸦片和坚船利炮轰开大门,被卷入世界历史发展的洪流。日本的山川、气候并未在1867年有一个突变,但日本政治家却扔掉了闭关政策,日本人与现代文明接触了(罗伯特·路威,1984)。

从历史发展过程看,由于不同民族发展阶段的差异,大致可以将民族交往分为古代民族之间的交往——如奴隶社会诸民族间的交往、封建社会诸民族间的交往、封建社会诸民族和奴隶社会诸民族间的交往,古代民族与现代民族之间的交往——如古代民族与资本主义民族之间的交往、古代民族与社会主义民族之间的交往,现代民族之间的交往——如资本主义民族之间的交往、社会主义民族之间的交往以及社会主义民族与资本主义民族之间的交往。中国古代民族交往的方式通常表现为互市、和亲、会盟、战争、朝贡及多种多样的文化交流等。这些交往行为与民族交往的主客体之间关系存在密切联系,对当代民族交往具有重要启示,但当代的民族交往因时代、环境、交通、信息等呈现出不同的形态(王瑜卿,2013)。

无论是历史上的民族交往还是现代的民族交往,从交往的发生方式看,都有两种基本形式:(1)以民族集团整体面目发生的民族集团之间的交往;(2)不同民族集团成员以个人身份出现的发生在民族集团之间的交往。在现实生活中,这两种交往相互交织在一起,构成民族间交往的网络(赵健君,1991)。在民族间的交往网络中,交往活动类型主要是政治、经济、文化的交往及日常生活交流等。随着科技的进步,社会发展,特别是交通和通讯日渐发达,民族之间的交往范围逐步扩大,交往频率不断升高,交往的类型和内容日益广泛,不同类型之间的界限日渐模糊。

21.2.1 民族政治交往

民族政治交往即民族在政治领域中结成的相互竞争与合作的关系,它与社会的公共权力相联系,围绕公共权力展开。作为民族政治发展的重要组成部分,民族政治交往是民族发展的重要方面,也是民族发展的重要前提和促进因素(金炳镐,2007)。人的本质是社会关系的总和。社会关系构成民族社会生活的总体环境,也决定了民族政治交往不是孤立的存在,它同其他民族交往的类型与内容相互联系、相互影响和相互制约。首先,民族政治交往受民族社会其他社会关系影响,如民族社会的经济关系、宗教关系、法律关系、地缘关系等,都会给民族政治交往带来深刻的影响。其次,民族政治交往所处的社会环境,诸如国家的政治环境、政党的政治关系、民族的政治关系等,也对民族政治交往造成深刻的影响。国际政治大环境也会对民族政治交往产生或多或少、或正或反的重要影响。

我国的多民族特点决定各民族之间的政治交往发生在从国家到基层的各个层面。从全国范围看,汉族在全国范围内广泛分布,在少数民族聚居地也都有不同程度分布。汉族的社会发展水平相对而言普遍高于少数民族。汉族在国家政治体系和政治生活中发挥更大的作用。为了保证少数民族对国家政治体系和政治生活参与,我国通过宪法、法律等各种制度化规范,在人民代表选举、领导干部选拔和配备上,均给予少数民族诸多照顾,保证他们的政治参与,维护其在政治交往中的正当权益。在地方上,各少数民族不论族体大小,都有自己的聚居地。从历史上看,我国各少数民族与汉族之间早就形成一种大杂居小聚居、各民族交错杂居的居住格局。为进一步保证各少数民族在政治上的平等权利,我国采取适合国情的民族区域自治政策,建立和完善了民族区域自治制度。在各少数民族聚居地实行区域自治,设立自治机关,行使自治权。任命少数民族干部,由少数民族在本地区内自主管理本民族内部事务,使少数民族在聚居地产生当家做主的自豪感(宁骚,1995)。对新疆、宁夏等地调研发现,当地少数民族群众比较关注干部的思想政治水平、业务能力、现代观念、管理水平、廉洁奉公等方面素质,并从这些方面对干部提出要求。干部的一言一行对公众都有极大的示范作用。

调查显示,新疆的少数民族群众认为,干部任用制度能将真正优秀干部选拔出来的占60.88%,肯定许多单位目前实行的干部竞聘岗位制度的占74.34%。这说明,大多数新疆少数民族群众在肯定干部任用制度基础上表达了改革干部任用制度的愿望,干部竞聘岗位得到更多人支持。能把干实事的优秀干部选出来,充分发挥他们的作用,多为老百姓办实事、办好事,是大多数新疆少数民族群众的心愿。对宁夏的调查表明,受访者对当地民族干部的比例表示满意。多民族地区的民族干部比例直接反映国家对少数民族的尊重。少数民族成员对民族干部比例的满意程度反映国家少数民族干部政策得到了很好的贯彻,少数民族的参政意愿得到了尊重和满足。这些政策与措施保证了不同民族在政治交往中能够平等地表达政治诉求与发展意愿,保证了政治交往的顺利进行。

从交往对象看,无论是在少数民族与汉族之间还是在各少数民族之间,都存在政治交往,少数民族之间的政治交往主要存在于少数民族聚居区,即民族自治地区。这种情况同样由我国各民族大杂居小聚居的居住格局导致,因为任何一个民族自治地方都不止居住着一个民族,因此就导致各民族在政治上的复杂、密切的交往关系。

不可否认,在贯彻落实民族政策和民族区域自治政策过程中,仍然存在一些问题。如有一些政策未能得到全面贯彻落实;在培养使用少数民族干部方面,数量和质量不能完全适应民族自治地方现代化建设的需要。这些问题,若不能及时解决,不仅影响民族区域自治制度优越性的发挥,也影响民族关系及社会稳定。这些问题应当面对并妥善地加以解决。在充实和完善民族政策、大力贯彻执行民族政策的同时,还要对那些对民族政策及执行情况不拥护、不理解的人进行细致耐心的宣传教育,以得到他们的理解与支持,征求他们的意见和建议,不能在民族政治交往中盲目地将他们划为对立面。

民族政治交往是民族交往的最高形态。政治是经济的集中反映。政治交往保证经济交往的实现,它比经济交往具有更多的自觉性。民族政治交往谋求根本性或整体性的利益,它比其他交往在更为广泛的领域内进行,乃至形成整个民族、国家、世界范围内的行动(王瑜卿,2013)。

21.2.2 民族经济交往

民族经济交往是民族经济的重要形式。经济交往是民族生存的第一需要,是最重要的交往。民族经济交往主要涉及经济上的联系、分工、商品交换或交流,包括经济上的协作、相互依赖、互利互惠和剥削、掠夺(金炳镐,2007)。我国各民族之间经济交往由来已久。在历史上,汉族生产的粮食、茶叶、食盐、铜铁金银器、丝绸、布帛、陶瓷等商品源源不断地流向边疆少数民族地区;少数民族独特的谋生方式及其产品,也不断地为汉族人吸收,如各种大牲畜、畜牧产品、渔猎产品。又如,汉族地区没有的瓜果蔬菜、服饰、音乐、舞蹈、绘画、建筑艺术等,丰富和发展了汉族人民的文化生活,产生了巨大而深远的影响(陈克进,2009)。

互市是我国历史上民族经济交往的重要表现形式之一。互市是指中国历史上中原王朝与周边各民族间的贸易往来、中央王朝与各属国或各民族之间贸易的统称。在汉初,汉朝同南越和匈奴通商。到宋、明时期,茶马互市在民族关系中起到过重大作用。互市更好地满足了各族人民的生活需要,加强了民族间的经济交流,有利于各民族相互了解、相互融合,促进了边疆地区与中原地区的文化交流与经济发展,有利于民族间的安定团结。除互市外,朝贡体系同样包含着经济交往因素。在中国古代,每一次官方使节的往返都伴随着礼物的"交易"。表面上是使节往来,实质上是变相的经济交换。

在当代,无论是丝绸之路经济带的开发与建设,还是国家对西部少数民族地区经济建设的支持与开发,无不促进了我国各民族之间的经济交往,促进了相关地区的经济与社会发展。我国少数民族聚居的西北、西南、东北等地,虽然经济发展速度较慢,但这些地区的自然资源十分丰富,合理开发和利用当地资源,不仅可以促进当地经济发展、提高人民生活水平,也为我国经济建设的大环境服务。上述地区的丰富旅游资源吸引着国内外大量游客,大力发展旅游业已成为上述民族地区广大群众的共识,并被付诸实践。这一现实为促进相关地区的经济发展提供了重要动力。旅游业发展也使不同民族的人们增进了相互了解,加深了对彼此文化、心理的了解与认同。

在不同民族成员的日常生活中,经济交往是诸多交往中最主要的形式之一。例如,共同生活在西北地区的回族和汉族之间,经济交往构成交往的主要形式。挂有清真字样的各种摊点、小店、酒楼等在西北随处可见,尤其是穆斯林群众的饮食,更为汉族人青睐。从日常生活中最常见的馒头、面条,各种清真特色小吃,再到婚丧嫁娶的酒楼消费,汉族人对"清真餐"情有独钟。频繁的经济交往使回汉民族形成了易于交往的模式。

甘南藏族自治州是我国10个藏族自治州之一。当地生活着汉族、藏族、回族、撒拉族、东乡族、蒙古族、满族、土族等24个民族,人口最多的3个民族分别是藏族、汉族、回族。这种人口结构特征决定了当地民族交往、互动最多的也是这三个民族。不同民族在所处地理环境、历史渊源和文化传统方面存在差异,从而导致不同民族的行业、职业分工不同,逐渐形成了汉族务农、藏族从事畜牧业、回族经营工商业的社会经济格局。在这种分工、合作的格局中,回族的工商业将汉族和藏族的农牧业生产联结起来,各民族在经济交往中形成互补关系,从而形成了互惠互利关系,并增加了彼此之间的交流,构建起平等和谐的民族关系(王瑜卿,2013)。

交往关系和形式是人类社会的基本要素。不仅一个民族与其他民族的关系,而且一个民族的内部结构都取决于它的生产及内部和外部的交往发展程度(马克思,1972)。不同民族在经济上的互补性不仅促进了民族经济交往的发生和发展,也为民族交往提供了重要途径,同时提供了从内视和外观不同民族文化的视角,为民族间的文化交流、适应和融合提供了窗口。

21.2.3 民族文化交往

民族文化是一个民族的精神凝聚和象征,是民族得以存在的重要标志之一(腾驰,2014)。民族文化交往是自从民族产生、民族交往出现以来就一直存在的事实。民族文化和民族之间特殊、紧密的联系导致民族文化交往受不同文化观念和文化交往观念影响。民族的文化背景不同,导致民族成员在特定交往情境中所持有的交往动机、认知、感情、意识及所采取的具体交往行为存在着差异,带有明显的民族文化印记。

人类社会是由众多不同特质的文化体系在空间上的并存和在时间上继起构成的画卷。文化的相互交会、相互冲突、相互融合的实践活动形态是构成世界历史和世界文化最具生命力的基础(杨玲,2010)。从民族的发展看,民族产生后,就有了民族文化。不同民族具有的特殊文化就在与其他民族交往中交流,并且随着社会的发展而不断发展变化。这种民族文化的交往是在推动民族文化不断发展的历史中得以巩固和发展的。马克思主义认为,文化交往是世界历史发展的必然产物。民族文化交往同样如此,其发生、发展有必要性和必然性。

民族文化交往的必然性在于社会生产力的发展。马克思(1972)指出:"各民族之间的相互关系取决于每一个民族的生产力、分工和内部交往的发展程度。"民族社会发展的程度、生产力发展的程度为不同民族的交往提供了物质基础。在不同民族发生联系和交往之前,首先必须克服的是地域和物质的局限。无论是古代还是现代,不同民族的交往都建立在一定物质条件的基础之上。

不同民族文化的差异导致民族文化交往的必要性。不同文化代表着良好生活含义和前景的不同体系。每一种文化都实现了有限范围的人类能力和情感,它需要其他文化才能更好地理解自身,扩大其理性和道义的眼界,使创造力得以延伸。这并不意味着一个人不能在自己文化圈内过着良好的生活,它意味着如果人们享有其他文化,生活会变得更丰富多彩。对大多数人而言,在现代世界,文化上的封闭生活不可能(Parekh,2000)。民族文化的差异使得文化的传播和流动成为可能。

任何文化只要不受地理等自然条件限制,就会自动吸收外来文化中对自身发展有益的成分,同时也会将自己的文化传递给其他族群(杨玲,2010)。人类历史证明,一个社会集团,其文化进步往往取决于它是否有机会吸取邻近社会集团的经验。一个社会集团获得的发现可以传给其他社会集团,彼此交流愈多样化,相互学习机会就愈多。"文化最原始的部落也就是那些长期与世隔绝的部落,因而,他们不能从邻近部落所取得的文化成就中获得好处。"(斯塔夫里阿斯,1999)民族文化之间的交往在文化差异的互补过程中得到表征。一般而言,生活在某一文化体系内的群体不会有意识或直接地向外部传播自己的文化,也不会刻意地追求或模仿外部文化,文化交往的过程对接触双方来说多是间接的,甚至是无意识的,是在实现对自己的民族或国家最具实用目的的基础上逐步完成的(杨玲,2010)。

民族文化具有丰富的内涵和外延。在民族文化交往中,内容十分丰富,如政治文化、经济文化、服饰文化、居住文化、饮食文化、休闲娱乐文化、宗教文化、节日文化,等等。无论文化的内容如何,它总是人的文化,体现为人的实践活动的一部分。民族文化交往是彰显民族文化特征的主渠道,也是文化涵化的重要途径,同时也是促进民族和谐的前提。民族文化交往是一个双向的过程,它是不同民族文化背景的群体在一起共同构成一个共享的意义体系,在这个体系中,由于交往的重复性导致的认知具有一定的习惯性或从众性,因而价值观、思维方式、行为方式等构成该体系稳定的结构(王瑜卿,2013)。

21.2.4 民族社会交往

民族社会交往是民族之间的社会互动和信息传播。从交往的形式看,日常生活中的邻里选择、语言学习与使用、交友、婚姻、生活方式选择等,均可以作为衡量民族社会交往的变量。在上述诸多变量中,不同民族对婚姻的选择,即族际通婚的发生更能反映出民族间社会交往关系的程度。因为族际通婚是族群关系融洽的结果,分属于不同民族的家庭在结成通婚关系后,双方家庭乃至家族的往来,又能增进民族之间的相互了解,进一步促进族群关系融洽发展。

民族交往不仅是物质与精神的交往活动,而且是婚姻家庭、人口方面的交往与活动。民族作为客观实体,它的发展不仅是物质资料、精神产品生产的发展,也是民族自身生产的发展。民族社会交往影响民族人口、民族婚姻家庭形式、生育观念和行为的变化(金炳镐,2007)。我国各民族之间的通婚情况反映了民族社会交往情况。在我国 56 个民族之间,族际通婚的现象相当普遍,有些民族的族际婚姻数量甚至超过族内婚姻数量(王瑜卿,2013)。根据 2010 年第六次全国人口普查,全国家庭共有 401 934 196 户,混合家庭户数达 11 019 580 户,约占全国家庭总户数的 2.74%。考察各民族之间的通婚情况,发现有如下特点(李晓霞,2004):

(1)与汉族通婚在多数民族的族际婚姻中占重要地位。汉族人口数量巨大,分布于全国各地,与各少数民族交错杂居,汉语在少数民族中广泛传播,汉文化对族际婚姻无限制性规定,故长久以来,汉族与其他民族广泛通婚,汉族人口数量如此庞大也源于此。从族际通婚率看,汉族是联结中国各民族的一个最重要的纽带,是凝聚中华民族的核心。

(2)聚居地域联系是规模化族际通婚得以形成的关键。主要分布在东北三省和内蒙古自治区的蒙古、满、达斡尔、鄂温克、鄂伦春、赫哲、锡伯 7 个民族,除了与汉族通婚外,族际婚主要发生在这几个民族之间。主要聚居区与西藏、四川、青海、甘肃等地藏区相毗邻的羌、门巴、珞巴、土、裕固等民族,与藏族通婚相对较多。主要分布在贵州的苗、布依、侗、水、仡佬、土家6个民族之间,主要分布在广西壮族自治区的壮、瑶、仫佬、毛南、京等5个民族之间,通婚率都相对较高。

(3)宗教信仰对族际婚姻范围扩大起阻碍作用,这在主要聚居于西北地区的普遍信仰伊斯兰教民族中表现得尤为明显,如维吾尔、哈萨克、柯尔克孜、东乡、回等民族。这些民族中多以族内婚为主,族际婚姻联系较弱,且族际婚姻对象也主要是有同一信仰的民族。

随着社会经济的发展,各民族人口的流动性逐渐增强,传统交往模式也在发生不同程度的变化。族际通婚也在发生不断变化。人类学研究通婚圈主要采取是静态结构视角,把通婚圈看作是有结构性、稳定性、地域性的交往空间。社会学主要采用动态视角研究,更多关注通婚圈的变迁。社会学研究者普遍预设"社会结构、社会制度的变迁带来了婚姻家庭结构的变迁,作为反映通婚距离的通婚圈也必然发生变迁"(唐利平,2005)。在甘肃、青海等地的田野调查也印证了这一假设。如在甘肃宕昌新坪社区,青壮年外出务工是该社区主要的社会交往方式和社会流动形式,这种流动尽管只是个人行为,对整个社区原有社会结构也产生诸多影响,对原有通婚圈也有冲击。社会交往方式转变,社会流动在空间范围上扩大和流动频率提高,会扩大人们建立社会关系网络的范围。这是通婚圈扩大的前提和基础。少数民族社区的人口流动,包括人口流出和流入,对传统通婚圈带来的影响也如此。在以传统农业为主要生计方式的大多数少数民族社区,社会交往以血缘和地缘关系为基础,活动空间较多地受地域限制,社会流动有限,通婚圈狭小,族内婚一直占主导地位。在新坪社区,若按算数平均值方式计算,该社区通婚半径的直线距离大约为 5 公里,行走距离大约为12.5 公里,通婚圈面积约 80 平方公里。即,该社区的藏族一般在方圆 80 平方公里的地理区域内通婚。这个 80 平方公里的通婚圈是社区传统社会的通婚范围的核心,在这个核心外,也存在零散通婚现象。

社会网络是通婚圈得以建立和扩张的基础。通婚圈大小与社会网络大小成正比。通婚圈也是社会网络的有机构成,因为通婚圈是亲友网络建立的基础。在传统社会,市场体系不发达,社会交往多发生在亲友网络中,亲友网络与通婚圈基本重合。当社交方式发生变化、社会网络得以扩展时,通婚圈也随之扩展。在传统社会中,民族地区的族内婚、村内婚居主导地位,婚嫁信息主要在亲友网络中传播,这与人们的传统交往方式、社会网络大小相适应。影响通婚圈大小的因素是多方面的,除社会网络外,还有地理交通、民族认同、民族交往方式等。各民族群众在城乡之间、不同社区之间的流动对传统通婚圈的影响是通过民族认同意识变化、人口流动的地理距离增加、社会网络扩大、交往方式转变、信息获取途径扩大来实现的。

社会流动空间扩大使得人们对通婚对象选择空间相应增大,有利于通婚圈的扩大,也有利于族际婚发生。族际婚发生与民族认同有关,包括对本民族认同和对其他民族认同。农民工在城乡之间流动扩大了社区与外界社会交往频率和广泛程度,增加了民族间的对比度,这有利于民族认同意识增强。民族交往范围扩大,认同意识增强,有利于民族自信心的重建和民族自卑感的克服,从而为不同民族间通婚创造了心理基础。同时,各民族群众在城乡之间、不同社区之间流动,扩大了社会交往范围,广泛参与了外界社会生活,认识了许多新事物,体验了新生活,受到了他民族文化熏染。在与其他民族成员交往中,增强了相互间的了解,为相互间的通婚建立了社会联系,这种民族人口流动使得族际通婚的比例大大提高。

在民族社会交往中,社会逐渐演变成为一个有机的整体性系统。在这个系统内,各民族成员之间形成一种相互联系又相互制约的整体性关系。这个系统的生长、变迁随着社会发展而不断演进,民族社会交往的制度及其建设构成社会有机系统的稳定性结构(王瑜卿,2013)。

21.3　民族交往的心理要素

民族交往伴随着民族共同体变迁与发展的整个进程,是构成民族关系的重要内容。民族关系也通过民族交往实现。影响民族交往的原因很复杂,但无论是政治、经济、文化、历史还是社会方面的原因,都需要通过影响交往主体和客体的心理活动才能发挥作用。

民族交往心理是一个内容丰富的体系。从理论上看,有必要分解、厘清其构成要素;从实践上看,更需要有一个可参照的、可分解的民族交往心理指标体系来指导实践。通过解析民族交往心理的构成要素,可以发现由多种元素构成的民族交往心理结构。民族交往的需要和动机、民族交往认知、民族交往情感、民族交往意识以及民族交往方式贯穿于民族交往全过程,对民族交往产生深刻的影响。

21.3.1　民族交往的需要与动机

交往的需要与动机是民族交往的内驱力。人是因为生存与发展的需要产生了交往活动,交往需要构成了交往心理的基本因素。

人区别于动物的最主要特征在于人有社会性。人离开社会不能独立存在。人在满足生理需要后,就要满足社会需要。马斯洛在对人的潜能与价值研究后创立了需要层次理论。这一理论将交往需要列在生理需要与安全需要的基础上。当低级的生理需要得到满足后,人在社会交往过程中满足高层次需要,即完成人的社会属性、赢得尊重和实现自我。社会交往是人的高级需要得以实现的途径。具体到民族间交往,民族成员在满足衣食住行和保证安全等需求同时,也"意识到必须和周围的人们来往,也就是开始意识到人总是生活在社会中的"(马克思,1972)。人们总是对与自己具有相同价值观念和世界观的人产生认同感和归属感,这样才形成民族共同体,这种认同感和归属感是民族共同心理素质的重要内容。特定文化的民族成员在与其他文化的民族成员交往中,总希望自己民族的文化和风俗得到其他民族尊重和承认,希望本民族的文化发扬光大,民族群体价值得到实现。因此,民族交往需要是民族形成的重要途径,也是民族意识和民族群体自我实现的重要途径。

功能主义认为,民族间的交往是群体利益的结果。这里,结合新疆的民族交往加以分析。新疆是一个多民族、多宗教地区。调查发现,维吾尔族、哈萨克族、蒙古族等少数民族几乎都能熟练使用本民族语言,尤其是维吾尔族和哈萨克族,生活在本民族聚居区内,以民族语言作为日常用语,对汉语不很熟练。在问到"是否愿意学习汉语"时,25.5%的被访者表示非常愿意,70%的人表示愿意,只有个别人表示无所谓。他们认为,不管是日常生活,还是工作、做生意,都要使用汉语,不会的话很不方便。但也有部分人表示,只要可以听懂、能说简单的汉语就可以满足需要,用不着很熟练(姚维,马岳勇,2005)。这表明,一方面,由于社会生活及个人发展的需要,他们主动或被动地学习汉语,与汉族交往,并且有了较深入的交往意识;另一方面,他们与其他民族或汉族交往,并不是出于一种建立双方理解关系的需要,而表现为较浅层次的经济、生活需求。从根本上说,民族间的这种交往动机虽在一定程度上促进了民族间交往与交流,但并不是一种深层次的、可持续发展的需要(李静,2010)。

调查显示,寻求朋友间帮助是维汉民族结交朋友的主要动机。当遇到困难时,65.1%的维吾尔族被访者和65.4%的汉族被访者愿意向他民族朋友寻求援助的。另一项调查显示,72.5%的维吾尔族被访者和77.5%的汉族被访者表示得到或经常得到民族朋友帮助,只有19.9%的维吾尔族被访者和7.7%的汉族被访者表示未得到过这种帮助(姚维,马岳勇,2005)。

交往需要是现实团体或个人从事交往活动的出发点和归宿点。人的需求是不断增长的。一个民族的内部结构取决于它的生产以及内部和外部交往的发展程度。当阿拉伯帝国完成统一后,生产力发展较快,在世界上地位也较高。他们在医学、数学、立法、建筑等方面成就很大。他们在世界范围内交往,都受到欢迎。纵观中国的历史发展,民族的生存、发展几乎都是伴随着不同交往需要而演进的。

马斯洛认为,人类的基本需要超越了不同文化的国家,超越了各种社会形态。对基本需要分类,只是企图说明在不同文化中明显多样性后面的统一性,即企图说明人有共同需要(时蓉华,2005)。可见,不同文化的民族成员都有交往需要,并在此基础上产生民族自尊和自我实现的需要。这种交往需要是各民族成员间多方位和多层次交往的心理基础。当民族共同体面临生存危机时,对温饱与安全的需要占据主要地位,此时的民族交往主要围绕这些基本生存需要展开。当生理需要与安全需要得到满足后,民族共同体的归属与爱的需要就上升为主导需要,他们开始寻求领地、资源、政治等需要的满足。当民族共同体的经济文化发达、政治力量强大后,就会产生扩张、征服以及自我发展的需要。战争、贸易、朝贡、和亲、互派使节、质子、掳掠及文化交流等成为主要交往方式,交往方式伴随着不同的政治、经济、军事等方面的利益。当民族交往主体过分偏向于某一种需要或拘泥于某一层次需要时,民族交往的结果就会受到影响。基于此,必须对民族的交往需要进行调节与控制。

民族共同体是在民族需要不断满足与不断调整中发展的。在现代化进程中,民族发展同样也是在满足自身需要与交往方式的不断调整中动态发展的。东乡族是甘肃特有的少数民族,其聚居的东乡族自治县自然环境恶劣,资源匮乏,居民生活贫困。如果仅依靠东乡族自身的力量和当地资源,经济发展毕竟有限,在短期内提高居民生活水平,对地处大山深处的民族来说很困难。这种发展的需求及所面临的客观条件,使得该民族自然而然地产生向外寻求发展路径的动机,这种动机最终激发该民族把解决问题的对象放之域外。据调查,2007 年东乡族平均每个家庭外出打工者的数量为 1.5 人。通过外出务工,从事贸易、餐饮等方式,东乡族与其他地区、其他民族发生交往,获得外界生活资料;再将与外界交往中获得的资源,变成发展民族经济的资源加以利用。如在东乡族自治县龙泉乡(纯东乡族乡),当地集贸市场堆放着很多从兰州等地收购的旧家具、旧家电和旧木料等,东乡族通过对这些资源的再利用,在一定程度上满足了当地群众的需要。

对东乡族的田野调查表明,由于人多地少、自然条件恶劣,人们产生了向外获得资源与发展的需求,满足需求是民族交往的最原始的动力。需求的互补性是指双方在交往过程中获得互相满足的心理状态。双方的需要及对对方的期望成为互补关系时,才会产生强烈的吸引力,这是交往关系得以形成的根本原因。

21.3.2　民族交往认知

民族交往认知是指一民族对本民族和他民族的认识,亦即对民族交往主体与客体的环境、历史、政治、经济、军事以及文化的了解和认识。只有正确地、客观地认识本民族,认识交往客体及交往环境,才能在民族发展中处于有利地位。在世界史上,每一辉煌民族的繁荣与昌盛以及出现和谐与共的民族关系,都与这些民族对自身与他民族的正确认识分不开。只有审时度势、正确认识本民族与他民族的政治、经济、环境和文化等状况,才能在民族交往中既能够促进本民族的发展,又不会损害他民族的利益。

在顺应全球化发展的过程中,对交往主客体的正确认识,对民族、国家的发展同样有重要意义。在对外交往中,每一国家都会对其他民族的政治、经济、文化,包括其他民族的民族观和处理民族关系的思路、政策和做法等有所认识。这是文化交流的一部分。民族交往既是主体的实践活动,也是一种对象性的认知活动。这种活动的特点是:两个互为主客体的民族或国家通过相互作用,感悟到世界整体的普遍性,并发现自身作为整体一部分而存在,进而抽象出一种反映历史必然性的发展观念。

因此,每一民族除了要对自身有清醒认识外,还要关注其他国家和民族的政治制度、经济状况、宗教习俗、民族理论与民族政策,理解其文化传统与政治理念,这样才会以积极心态来面对跨文化对话。基于交往主客体相互认知基础上的民族交往才会更加理性并富有成效。

21.3.3 民族交往情感

民族情感伴随着民族交往始终。情绪与情感是民族共同心理的重要方面,也是民族交往心理的重要组成部分。民族情感是民族成员与需要满足密切相关的态度体验。这种情感表现出高度一致性。民族交往情感是民族成员在主客体交往中的情感体验,它是民族交往需要与民族交往认知的结果。民族交往情感由道德感、理智感和美感组成。

首先是道德感。道德感是根据一定社会的道德标准,对人的思想、行为作出评价时产生的情感体验。休谟(D. Hume, 1711—1776)提出"共感"的概念,认为共感产生了对一切人交往的道德感。"共感"以感情交往为核心,通过共感作用引导出比社会公益的关心等更为重要的道德情感。当交往主体或客体的言行符合道德规范时,会产生自豪、欣慰、敬佩、羡慕、尊重等情感;当主体或客体的言行不符合道德规范时,会产生自责、内疚、厌恶、憎恨等情感。

道德从来都具有民族性。不同民族具有基于长期发展积淀的特性,如英国人的绅士风度、德国人的精确高效、美国人的开放、日本人的善于模仿、中国人的勤劳中庸等。民族特性差异反映在道德上,道德的主色调也异彩纷呈。因此,道德建设需要因"族"而异,中国的道德建设必须注重弘扬中华各民族的优良道德传统。

就中华道德感的当代建构来看,中国会在更广泛更深刻层面上参与全球化浪潮,中外文明的交流和碰撞会更突出,这势必会给当代中国人的道德生活带来许多新情况和新问题。中华优良道德传统也应与时俱进,积极汲取世界各国优秀的道德文化成果,特别是当代发达国家的先进道德观念。事实上,中华文化发展从来都离不开中外文化交流的大环境。在古代中国,汉、唐两代号称盛世,就是由于汉、唐时期先后开通了陆上和海上的丝绸之路,在与外来文化交流中择善而从,充实、发展了自身的文化。在当代社会,经济全球化、信息一体化、科学技术国际化已成为事实,任何民族封闭式的自我发展已成为历史。历史经验和现实情况都要求我们在注重发挥中华道德优秀传统的同时,更要有海纳百川的胸怀。同时,要特别强化民族自尊、自主、自强的道德意识。

二是理智感。理智感是人认识事物和探求真理的需要是否满足而产生的情感体验,是人们在认识、评价事物时产生的的情绪体验。如发现问题时的惊奇感,分析问题时的怀疑感,解决问题后的愉悦感,对认识成果的坚信感。理智感常与智力的愉悦感相联系。在中外历史上,民族利益与国家利益发生冲突的时间很多,在解决问题时以国家利益战胜民族利益,这种民族情感就是理智感。理智感与求知欲、认识兴趣及追求真理的渴望联系。在新事物、新问题、新情况和新环境面前,人总会想方设法了解到更多情况,充分认识新事物、新情况,清晰意识到新问题的性质。在分析问题时,如果发现以往的结论与自己的认识不一致,会怀疑;解决一个问题后,又会感到无比喜悦。

民族交往的理智感是在民族交往实践中产生和发展起来的,已经形成的理智感又反过来推动认识进一步深入,使交往更理性,成为认识世界、推动世界发展和改造世界的动力。当民族交往与深刻的理智感相联系时,民族交往行为会更合乎理性与逻辑。

三是美感。美感是根据一定审美标准评价事物时产生的情感体验。美感的产生受思想内容及文化群体的审美标准制约。不同民族、不同文化的人,审美标准也不相同,会产生美感差异(李静,2010)。休谟认为,"共感"是人性中第一个"很强有力的原则",它"对我们的美的鉴别力有一种巨大的作用"。

同一民族的成员,受共同语言、共同地域、共同经济生活及表现于共同文化上的共同心理素质影响,在审美中会表现出某些共同特点,构成鲜明的民族特色。美感的民族性,是由于每一民族都长期生活在共同地域,过着统一的政治经济生活,形成了统一的生活习惯,接受共同的语言和文化传统,具有历史的积淀。人类的社会实践活动必然受经济、政治、文化、习俗等因素制约,随着时代变迁,经济、政治、文化、习俗也发生相应的变化,这种变化反映到审美实践中,就表现为美感的时代性。民族差异同样会在审美活动中表现出来。美感具有民族文化差异,不同文化中的人对美的认识和体验有不同标准。如果交往主体以同一交往方式与不同文化的民族交往,在不同交往客体的民族情感体验上会有对美的差异性反映,在交往主体心理上也会产生不同的对美的体验。

21.3.4　民族交往意识

民族意识是民族交往的核心因素。民族意识作为一种特殊的群体意识,它是指某一民族在自身的形成与发展中,在争取生存的实践中逐渐凝聚的、具有共同性的观念(李静,2006)。民族意识是民族存在的反映。它随着民族产生而产生,反映民族生存、交往和发展及其特点,民族交往意识是民族交往的核心因素。

民族意识由民族属性意识、民族交往意识和民族发展意识构成。民族意识有以下功能:一方面,民族意识也称为民族自我意识(狭义的民族意识),即民族"自识性",是指人们对自己归属于某个民族共同体的意识。自我意识是从感性的存在反思而来,对民族而言,就是民族成员对本民族的存在以及本民族与他民族关系的认识。由于一个民族拥有共同的生活环境,共同的历史、传统,形成了民族的归属意识、民族认同意识,使民族内部具有向心力、内聚力和互助性。民族意识能够凝聚民族成员,维护民族生存、稳定,促进民族发展。另一方面,民族意识是指在与不同民族的交往中,人们对本民族生存、发展、权利、荣辱、得失、安危、利害的认识、关切和维护。在同样条件下,会产生民族分界意识,而民族分界意识一旦占据上风,就会产生狭隘性、保守性、排他性和利己性,并由此造成阻滞或破坏民族正常发展和正常交往。在民族意识的这种功能之间,民族分界意识产生的各种狭隘、保守的作用或问题,应该由民族交往意识、民族发展意识来补充或解决。

民族交往意识是一种对民族和民族之间相互交流和往来状态的意识。在与其他民族交往中,由于各民族的实际情况不同,交往意识也有所不同。在民族交往中,树立民族平等意识尤为重要。民族平等意识是指在民族交往中,希望交往的民族能够平等地对待对方。民族平等意识的确立与民族自尊意识有重要关联。民族自尊意识最明显的标志是不受他民族欺辱与控制的心理。从宏观方面看,民族自尊意识是一个民族希望在与他民族交往中、在世界事务中各民族应该互相友爱、尊重。民族之间在交往中应彼此尊重,相互协调,共同进步。在近代,孙中山提出"五族共和"、民族平等共处的主张。民族平等最初由资产阶级提出,在反对封建主义和民族压迫斗争中起过进步作用。但只有在社会主义条件下,它才被赋予了真实内容和科学涵义,成为我国民族观的核心和处理民族问题的根本原则。民主平等主要包括四个方面内容:(1)民族不分大小,一律平等;(2)各民族在一切权利上完全平等;(3)帮助一切民族实现民族平等权利,对弱小民族的利益和平等权利给予特殊照顾;(4)各民族都必须履行相应的义务。

民族意识的增强是民族自尊、自信和自强的反映,对民族的发展繁荣有一定积极作用,可以积极引导各民族在中华民族整体利益基础上发扬各自的积极性、主动性和创造性,推动整个中华民族各方面发展,有助于民族矛盾和民族纠纷的合理解决。但也应注意到,民族意识增强使各民族对自己民族的利益十分关注,在一定程度上有可能表现为民族主义抬头,狭隘民族观出现。对这种可能性,应该及时加以引导,防止民族主义极端化对社会稳定造成危害。

生活在甘肃、青海、宁夏地区的回、汉民族交错杂居,民族文化在两个民族心灵中形成了一种无意识的、区别于其他民族的民族文化心理,表现在信仰、风俗、认知结构和行为等方面。对回族来说,伊斯兰文化是其文化内核,它支配着回族的精神世界,对回族现实生活的方方面面都作出了规定。伊斯兰文化的和谐理念就包括了人与人之间的和谐,认为人无论是哪个民族和种族,都是阿丹的子孙,本是同根生,理应相亲相爱,和谐共处(喇敏智,2005)。人作为社会的人,只有借助社会的方式,才能促成人与人之间的交往、沟通,化解人与人之间的矛盾和冲突,使分散的人联合起来,构成人与人的和谐的社会基础。这一观念在《古兰经》和《圣训》中都得到了很好体现。回族与其他民族的冲突,只有在因宗教信仰受到侮辱、迫害、驱逐的情况下才发生。在正常情况下,回族与其他民族团结友好,和睦相处。清代回族学者马智在其著作《清真指南》中指出:"能慈骨肉者谓之独善,能慈同教者谓之兼善,能慈外教者谓之公善,能慈禽兽、昆虫、草木者谓之普善。"(喇敏智,2006)他要求人们不断地超越自我,博爱四方。对汉族来说,儒家思想具有深厚的人文主义精神和博爱观念,如"老吾老以及人之老,幼吾幼以及人之幼"、"修身养性齐家治国平天下"、"己所不欲,勿施于人"。儒家倡导人与人之间的互相尊重、友爱,注重礼仪、和谐交往,这样才能安居乐业、政通人和。由此可见,虽然在这一地区伊斯兰教文化和汉族传统文化是两个迥异的社会文化系统,但在人与人交往方面的理念上却不谋而合,即不同信仰和文化的民族和个人应和谐交往。因此,甘青宁等回汉杂居的地区,在伊斯兰文化重商习俗提供的良好民族交往平台下,回汉民族之间的交往频繁而又和谐,并在此基础上形成了某种文化的趋同性。

调查发现,新疆少数民族群众对本民族及本民族文化有强烈认同,反映他们具有较强的民族意识和较深的民族情感。新疆各民族以自己开拓进取、勤劳勇敢的精神,共同创造了独具特色的物质文明和精神文明。56个民族共同生活在同一国家里,使得中华文化绚烂多彩。一个多元文化的社会充满了活力和吸引力。在历史上,新疆各族人民在促进中华民族多元一体文化繁荣发展上,在吸收外来文化和对外传播中华民族文化方面有特殊的贡献。这种意识和情感可以激发他们继承和发扬本民族文化传统,为创造更加灿烂、繁荣的中华民族文化作出自己的贡献,而中华民族的繁荣、发展正是各个民族共同努力的结果。在新疆,各民族都有充分发扬本民族优秀文化传统的自由,并取得很大进步。少数民族传统文化是新疆独特的资源,一直令世界瞩目,这对于发展新疆的旅游、特色经济是一笔巨大的财富。

21.3.5 民族交往行为

民族交往行为是民族交往的实践环节。民族交往行为就是处于交往中的民族为了交往而采取的实际行动方式。民族交往行为属于民族交往的实践层面。

民族交往行为要通过交往方式体现出来。纵观中国历史上的民族交往行为方式,主要表现为战争、和亲、质子、会盟、互市和朝贡以及文化交流、使节往来等形式。这些不同的交往形式在历史上对民族关系产生了重大影响。这些交往形式的实施都与民族交往主体与客体双方的政治、经济、军事、文化、宗教等状况有密切关系。在现代,各民族之间共通的交往形式主要有以下几个方面。

以团结协作为基调的交往模式

政治交往是民族间交往的重要表现形式,在具体事务上主要是对政治的关注,对党和国家的方针政策的态度,对政治事务的了解与参与,对党和政府政策、措施的实施满意度等。民族成员的政治交往状况直接反映民族成员的政治形态,又受到民族成员政治素质和不同民族特定的民族政治文化影响。对政治交往的调查可以反映出党和政府的政策和政绩情况,反映民族成员的政治意愿。它所反映出来的政治心态与该地区的经济发展、社会稳定、生活水平和生活质量提高、民族团结与稳定都有莫大关系。据调查,不同民族在政治交往中表现出来的特征主要有:

(1) 对党和政府的方针政策持肯定态度,并积极拥护、支持。

公众的政治心态是指在一定范围内带有普遍倾向性的社会政治认同、政治态度、政治情感、政治意向和政治观念的综合。政治心态是对社会政治环境的反映。良好的政治心态不仅是和谐政治环境的表象,又反过来促进政治环境更加稳定和和谐(姚维、马岳勇,2005)。宁夏城市回汉民族对现行政策的满意情况见图21-1。

调查显示,宁夏城市回汉民族在政治交往中保持良好政治心态。回族被访者中有89.8%的人对我国现行民族政策表示满意或基本满意,持不满意态度的仅占5.1%;汉族被访者中有80.7%的人对我国现行民族政策表示满意或基本满意,持不满意态度的仅占8.1%。这表明,当地城市回汉民族成员对党和政府的方针政策持肯定态度,也说明包括民族宗教政策在内的党和政府的民族政策是成功的,有广泛的群众基础,深得回汉民族群众的拥护和支持。

对新疆地区的调查也显示,群众对相关民族政策及民族政策执行情况持充分肯定的态度。如在回答"对党的民族政策和《中华人民共和国区域自治法》所持的态度是什么"时,950名新疆被访者中选择"坚决拥护"、"政策好,但执行得不好"、"存在问

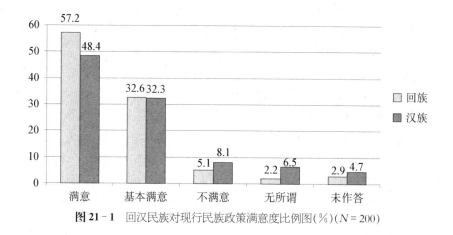

图 21-1　回汉民族对现行民族政策满意度比例图(%)(N=200)

题,需要修改"、"不拥护"的分别占 41.4%、43.7%、12.5% 和 1.7%。新疆少数民族群众对我国民族政策持有较高的肯定性,认为"政策好"的占 85.1%,说明绝大多数民族群众是民族政策的受益者,也说明我国民族在政治上一律平等,在各少数民族聚居区实行民族区域自治制度的民族政策是成功的,体现了我国民族政策的优越性。

调查显示,新疆少数民族群众对所在地(单位)干部满意的占 77.6%,认为新疆维吾尔自治区对少数民族干部的培养、使用好的占 78.2%。可见,大多数新疆少数民族群众对干部以及对少数民族干部的使用是满意的。各级领导干部是贯彻、执行党和政府方针政策的中坚力量,也是影响公众政治心态的重要因素。对干部及干部使用情况的肯定,反映了党的干部政策(包括少数民族干部政策)是成功的,干部在群众中是有威信的。

对甘青等地的调查中同样显示出被访者对所处地区民族干部的比例表示满意。多数民族地区的干部比例直接反映国家对少数民族的尊重。社区成员对民族干部比例的满意度反映了国家的少数民族干部政策得到了很好的贯彻,少数民族的参政议政意愿得到了尊重和满足。

(2) 以特色经济交往为主的民族交往模式

在漫长的中国封建社会,自给自足的小农经济始终占据主导地位。作为华夏民族儒家经济学说的核心,农本思想在千百年来影响着人们的思想,正所谓"农为天下之本务,而工贾皆其末也"。但从唐朝以来,信仰伊斯兰教的波斯、阿拉伯等国的商人逐渐与汉民族、汉文化互相融合、借鉴,回族在经历了蕃商胡贾、"色目人"之后,最终以一个独立的民族站立在历史舞台上。

回族几乎是一个全民信仰伊斯兰教的民族。伊斯兰教作为一种生活方式、一整套信念和崇拜方式,一种文化和文明,一种经济制度和经营方式,一种特殊社会和治家方式,对人们的继承、婚姻、服装和礼仪、饮食和个人卫生都作出了规定(詹森,1983)。作为一种经济制度和经营方式的伊斯兰教积极倡导商业发展,这给传统的中国封建世俗社会注入了一股"新风"。在《古兰经》中,有大量关于商业活动的训导,在计有114章的经文中就有24章叙述商业经济及相关问题,而以商业用于的传道说教的章、节就更多(马建春,2002)。《圣训》中讲:"商人又如世界上的信徒,是真主在大地上的可依赖的奴仆";"忠实可靠的商人,在复活日,将与烈士们一块儿"。伊斯兰教圣训推崇商业,提升商人在今世、后世的品位。在实际生活中,也表现于他们的思维方式和行为方式上。回族人与宁夏结缘,使宁夏在距今近800年的历史长河中,处处打下了回族人的烙印。在历史上,中国西北边疆民族地区少有人专事商业,而以擅长经商著称的回族人以此为契机,在内地与边疆民族贸易中起到桥梁作用。在西北茶马贸易中,回族人一直是重要角色。时至今日,在调查中依然能够感受到这种浓郁的商业民族活力和坚毅。在这片回汉民族杂居的土地上,到处可见头戴号帽和白帽子的回族男女,他们活跃在大街小巷,从事商业活动,小到卖玉米、土豆的小摊点,中到富有特色的卖烤羊肉、酿皮、面食的小店,大到清真酒楼。这种经济上的交往构成了回汉民族间交往的主要形式。

(3) 同贺共庆的节日交往

节日是人类社会各个族群普遍传承的一宗重大的显性文化事项。它紧密地伴随着各民族的生产与生活实际,在一代又一代的传承中延续着、变异着、发展着,为人类发展历史增添了缤纷的色彩(陈炜、黄达远,2007)。每一民族的节日都是彰显自身特色、具有一定文化和实用功能的文化符号,节日为人们聚集在一起相互交往、交流、联络感情提供了机会,节日也将每个民族的文化在时空上大大浓缩,民族文化展示比平时更加集中和典型。在一地区,不同民族间的节庆交往是民族间情感交流、对异文化认知的重要途径,也是民族和谐交往的重要表征。

(4) 通婚圈的扩展与婚姻交往

通婚圈是人们从文化、地理、经济等不同角度选择通婚的范围。从文化角度选择,可以形成通婚的文化圈;从地理角度选择,可以形成通婚的地理圈(马宗保,2005)。而婚姻在任何文化中,不是单纯的两性结合或男女同居。它总是一种法律的契约,规定着男女共同居住、经济负担、财产合作、夫妇间及双方亲属间的互助。婚姻亦总是一公开的仪式,它是一件关涉当事男女之外一群人的社会实践。婚姻的接触及婚姻的结束,亦都受到一定传统规则支配(马林诺斯基,2002)。因此,对每个有一定文化背景的人来说,两性结合是文化认同的结合。从这一角度看,婚姻家庭是一个社会或社区内部黏合力最强的一种社会互动与交往。正因为如此,每个族群又通过其文化符号来确立自己的婚姻边界,通过配偶选择来保持和表达自己的族群认同(杨文炯,2007)。婚姻是建立家庭的前提,家庭是缔结婚姻的结果,生育是婚姻家庭的基本功能。从某种意义上说,婚姻、家庭研究是许多文化社会现象的起点(马广海,2003)。通婚是人们社会交往的一种重要形式。

通婚圈是伴随着两性婚姻关系的缔结而形成的一个社会圈子。通婚圈形成的社会基础源于婚姻是超个人和超家庭的事情。婚姻的本质是文化的、社会性的制度,婚姻的缔结不受生理本能驱使,而是"文化引诱的结果",直接受到各种社会习俗、道德、规范和制度的影响和制约(唐利平,2005)。一个民族社会的通婚圈总是负载着丰富的文化内涵和社会寓意。

民族交往过程是一个复杂的过程,反映着民族关系的变化过程。民族间的相互关系,往往同国家的政治、经济、文化分不开。国家处于文明昌盛之时,可以促进民族间的亲善往来,团结合作;民族关系融洽、和睦相处,又可以促进国家的兴旺发达。因此,正确总结民族间的关系,是历史经验的一个重要方面。

民族交往心理体现了民族关系的心理基础与心理指标体系,从内在方面折射着民族关系的变化。从世界民族发展来看,没有一个民族不是借助外来民族文化丰富自己民族的文化,进而促进传统文化的不断前进,而民族交往和整个人类演进同步。考察和研究民族交往历史、解读民族交往心理构成的基本要素对研究民族交往、民族关系具有重要现实意义。作为构成民族交往心理的交往需要和动机、交往认知、交往情感、交往意识以及交往行为的"五要素"贯穿在民族交往过程的始终。随着交往深入,民族关系由于交往而发生变化,民族交往心理的"五要素"也会发生一定变化,民族间交往也随着这种变化调整,民族关系也因之而变化,这是一个互动的过程。只要民族间的交往发生着,民族关系继续着,民族交往心理的诸要素就会伴随并不断地调整民族交往方式,协调民族关系。

21.4　促进民族和谐交往的途径

从文化视角分析,民族关系是对共同文化的认同,以及对彼此文化的包容与采纳。对作为特定群体成员之间交往关系和形式的分析是探析和评估不同群体之间关系的有效途径。研究民族交往心理,最根本的就是研究民族关系的心理因素及其心理基础,为更好地了解各民族的交往心理、正确对待与处理民族关系、促进不同民族之间的和谐交往提供心理学依据。

我国是一个统一的多民族国家,有56个民族,少数民族有1亿多人口,分布在全国各地。全国有5个自治区、30个自治州、124个自治县。民族自治地方占国土面积的64%。西部和边疆绝大部分都是少数民族聚居区。这一基本国情决定民族关系是我国最重要、最特殊的关系之一。民族交往是否和谐是衡量民族关系好坏的重要标准。良好的族际交往对促进民族关系和谐发展来说意义重大。我国各民族的民族关系、民族交往关系有共性，这种共性为在整体上思考族际交往、民族关系的发展提供了非常好的基础。虽然民族不同、地缘不同、宗教不同，民族交往心理也表现出差异，但其中依然能够反映出各民族表现在民族关系及民族心理方面的共性。因此，能够在此基础上分析如何促进民族之间的和谐交往。

21.4.1　寻求"和谐"是良好民族关系与族际和谐交往的心理基石

实现社会和谐是人类孜孜以求的社会理想。和谐的族际交往是和谐社会的重要内容。族际交往是否和谐，事关和谐社会的构建与发展。众所周知，民族属于历史范畴。它不是在人类社会一开始就有，而是在人类社会发展到一定阶段才产生的。当人类历史发展到一定阶段时，民族也会消亡。民族关系是民族与民族之间在政治、经济、文化等方面的交往联系状况和相互关系。民族关系涉及民族交往程度、民族利益、民族心理、民族感情等方面。

和谐民族关系的主要内容是平等、团结、互助、和谐。和谐民族关系是构建社会主义社会必须巩固和发展的重大关系，体现了中华民族多元一体的格局，体现了中华民族的根本利益。平等是社会主义民族关系的基石，团结是社会主义民族关系的主线，互助是社会主义民族关系的保障，和谐是社会主义民族关系的本质。构建社会主义和谐社会，必须认真贯彻党的民族政策，正确认知和处理各民族尤其是汉族和少数民族的关系，始终不渝地坚持民族平等，加强民族团结，推动民族互助，促进民族和谐，使各族人民和睦相处、和衷共济、和谐发展。

社会主义和谐社会具有深厚的中国传统文化底蕴。追求、崇尚和谐是中华文化的基本精神，是中国哲学的根本范畴，也是中国古代重要的社会、政治理念。社会主义制度为实现全国各族人民和谐交往和民族大团结奠定了政治基础，汉族离不开少数民族、少数民族离不开汉族、各民族之间互相离不开的思想观念深入人心。中国各民族的和谐、有序发展以及团结、互助格局，过去、现在、将来都是我国能够经受住各种困难和风险的考验、不断胜利前进的重要保证。当然，也应看到，随着国内与国际形势的变化，民族问题更为复杂化。从内部环境看，随着我国经济结构发生的深刻变化，民族、地域发展的不平衡性客观存在，各种利益关系也趋于复杂，各种思想文化相互激荡，这一切必然对我国民族关系产生深刻影响。从外部环境看，随着冷战结束后国际形势变化，民族因素和宗教因素在国际政治中的影响加大，各种民族主义思潮和活动活跃，引发了一些国家和地区的冲突和内乱。民族分裂势力、宗教极端势力、暴力恐怖势力在我国周边一些地区仍很活跃,成为我国边境和边疆地区不安全、不安定因素,也对我国的族际交往产生或多或少的影响。在这种错综复杂的形势下,促进民族之间的和谐交往、构建和谐民族关系是保障社会安定、维护民族团结的首要任务,"和谐"是良好民族关系与族际和谐交往的心理基石。

21.4.2 理性面对民族文化心理认同和文化选择

文化是维系社会发展的精神纽带。文化作为一个民族共有的精神家园,熔铸在民族的生命力、创造力和凝聚力之中。文化作为发展、维护社会稳定最重要的变量之一,是构建充满活力,协调全体人民各尽所能、各得其所的利益关系的精神基础。协调民族心理认同的高度一致与文化的自由存留之间的冲突,是多民族国家处理民族关系不容忽视的重要内容。现代社会正处于转型时期,在社会结构发生深刻变化、利益关系不断调整、利益格局复杂化、价值观多元化情况下,文化可以创造生产力、提高竞争力、增强吸引力、形成凝聚力,对一个民族、国家和地区的发展越来越重要。构建积极向上、协同进步的文化体系,营造和谐的文化氛围,是建设文明法治、稳定有序、宽容和谐社会的有效途径。

文化的一个重要功能就是文化认同。在了解文化认同之前,首先应对"文化自觉"有一定了解。文化自觉的理念最早由费孝通提出。他认为,文化自觉是生活在一定文化中的人对其文化有"自知之明",明白它的来历、形成过程、所具特色和发展趋向,加强对文化转型的自主能力,进而取得决定适应新环境、新时代文化选择的自主地位。文化认同是指个体对所属文化及文化群体内化产生归属感,从而获得、保持与创新自身文化的社会心理过程,亦指人群内部于理智上形成共识、情感上产生共鸣、意志上达成共同追求,从而将自己与他者区别开来的方式。文化认同有很多层次,足以对国家产生重大影响的,主要有时代认同、民族认同、阶级认同、宗教认同等。

文化是人的文化,是社会的文化。研究人、社会必须研究文化。人作为不同于动物的存在物,其最大的本质就是文化的存在。怀特说:"对人类的真正研究将被证明不是关于人的研究,而是关于文化的研究。"(傅铿,1990)在人的社会化过程中,文化植入人的自我结构的过程也是个体不断发现自身,并确认其余世界的联系,建构自己生活意义的过程。无论是语言习得、社会习俗习得,还是价值规范习得,都被内化成"他的"东西。认同发生在不同的文化接触、碰撞和相互比较的场域中,是个体(群体)面对另一种异于自身的东西时所产生的一种保持自我统一性的反映。一个中国人可以与一个美国人友好相处,互相谈论对方的文化,这时候,双方都有自己的文化认同,他们都没有进入对方的存在内核;如果这个中国人放弃自己的文化认同,认同对方的文化,则无论如何他内心中都会有焦虑,并且会隐隐感觉到即使他和那个美国人有文化上的认同,在精神上他也还是不能和那个美国人对等。这说明,"文化"不仅仅是抽象的符号,它已经内化为人的存在的一部分,化为他的生活方式、行为模式、价值观念、思维方式、情感表达方式等,其心理和精神上的意义已经变成他的"自我"。

文化认同的心理机制包括文化比较、文化类属、文化辨识和文化定位四个基本过程。文化认同在主体上可以分为国家文化认同、民族文化认同、社会文化认同、群体文化认同。国家文化认同的主体是一定国家的国民(公民),其客体是该国家的文化,核心内容是反映国家利益的意识形态,以及相应的经济、政治和文化。民族文化认同的主体是一定民族的成员,其客体是该民族的文化,核心内容是反映民族利益的民族心理、民族精神及其风俗习惯。社会文化认同的主体是一定社会的成员,其客体是该社会,核心内容是反映社会性质和社会利益的价值取向和社会规范。群体文化认同的主体是一定群体的成员,其客体是该群体的文化,核心内容是反映群体利益的价值追求和行为模式。虽然这些文化认同类别在实际生活中往往是交叉的,但毕竟是有差别的。

文化认同在社会层面上,又分为物质文化认同、制度文化认同、行为文化认同和精神文化认同。物质文化认同的对象是一定的物质生产方式和物质生活方式,制度文化认同的对象是一定的制度安排和制度模式,行为文化认同的对象是一定的行为方式和心理倾向,精神文化认同的对象是一定的思维模式、价值取向、基本理念、情感倾向。在这些文化认同层面上,精神文化认同占据最高层面,对其他层面具有统率意义。在建构和谐社会中,物质文化认同起物质基础性作用,制度文化认同起制度保障性作用,行为文化认同起秩序保护作用,精神文化认同起精神凝聚作用。没有精神文化认同,诸如没有共同的理想和价值观,基本价值观念激烈冲突,道德操守普遍缺失,极端个人主义、拜金主义和享乐主义泛滥成灾,和谐社会建构就会丧失应有的精神根基,社会就会变成一盘散沙,甚至走上分裂和崩溃。同时,尽管一定的物质生产方式和生活方式受到特定物质条件制约,一定的制度安排和制度模式受到特定经济基础制约,一定的行为方式和心理倾向受到特定的经济、政治状况制约,但在社会发展的历史进程中,它们都无一例外地受人们特定的思维模式、价值取向、基本理念的巨大影响。更重要的是,文化认同本质上是一个在特定的思维模式、价值取向和基本理念影响下产生特定心理的选择过程。

构建和谐的民族交往关系必须强化对祖国、对中华民族、对中华文化、对中国特色社会主义的"四个认同",这是马克思主义国家观、民族观、宗教观、历史观和文化观的具体体现,是民族团结教育要达到的根本目的。构建和谐的民族关系必须遵循团结互助合作的原则。民族团结是社会和谐、族际和谐交往的基础。社会是人组成的,人是分属于不同民族的,如果搞不好民族团结,就不可能有族际间的和谐交往,就不可能有国家的安宁和社会的和谐。

21.4.3 尊重"和而不同"的民族文化心理格局

促进民族间的和谐交往,构建和谐民族关系,必须努力促进各民族文化繁荣发展。文化是一个民族赖以生存发展的内在动力,是一个民族的重要特征。少数民族文化是中华民族不可分割的重要组成部分。

文化理解的主体间性意指通过文化主体的客体化和客体的主体化来消除主客体之间的对立,实现主体的平等性。它要求避免用主客二分立场或从两极对立中去认识文化主体间的交往来避免突出自身的主体地位,忽略他文化的价值。文化的主体间性是对文化主体性的超越,作为超越个体主体的类主体意识的影响力是强大的,它以远大的自觉意识越来越引起人们关注,对解决现代化过程中所出现的问题具有十分积极的意义。但是,对它的强大生命力没有得到足够重视。学术界对这种交往主体和类主体的冷遇说明了研究和政策与现实的分离。

从社会学和文化学角度看,对话是一种交往和互动、沟通和合作的文化,是与民主、平等、理解和宽容联系在一起并以之为前提的文化。在我国传统文化中,也有对话的深邃思想。"和而不同"就是典型的言说方式。"和而不同"是指倡导不同文化间的对话,"和"就是求同存异。"和而不同"主张在尊重差异前提下追求和谐统一。"和"的主要精神是要协调不同,达到新的和谐统一,使不同事物都能得到新的发展,形成不同的新事物。这种追求新的和谐和发展的精神,为多元文化共处提供了不尽的思想源泉(乐黛云,2001)。

坚持以多元文化观为文化认同的价值取向,目的是为了帮助人们理解自己的民族文化和享有应有的文化尊重,并在认同本民族文化基础上,平等地包容、理解、尊重和珍惜其他民族文化,并从中吸取精华部分,以便获得参与未来多元文化社会所必须的价值观念、情感态度、知识与技能,有和平共处及维护文化平等和社会公平的意识和观念。

文化认同是多元文化间和谐的基础。文化认同必须关注基于多元民族文化的认同,从多元文化、文化与个体发展角度重新思考并建立起新的认同观。然而,在多元民族文化情境下的认同未必会产生人们的自觉行为。因此,应特别强调人们对文化情境的自觉感知,特别是对不同文化之间异同的感知。对研究者而言,脱离具体的文化情境,文化认同研究不仅不能提供具有普遍指导意义的结果,也不能够解决具体文化情境下的问题。

和谐作为一种思想,是中华民族传统文化精神的精髓。其内容博大精深,渊源流长。和谐精神可以归纳为八个字:和而不同,求同存异。和谐不是单纯的完全同意,而是指事物多样性的有机统一。由于历史文化不同,各民族存在不同的传统文化,存在不同的宗教信仰和风俗习惯。如何对待这些不同的宗教信仰和风俗习惯,中国历史提供了很好的借鉴,那就是"和而不同"。在文明接触和文化选择时,应该明确文明或文化都能普遍适应人类生存需要和满足精神需求。今天所看到的表面上不同文化或文明间发生的摩擦和冲突应该理解为存在着差异的文明间发生了新的文化选择和整合。如若将这些冲突的解释归结于不同文化或文明之间发生了整合作用的失能,我们就知晓了尊重和理解一种文化的存在意义。

我们应尊重各民族长期以来形成的民族文化格局。构建和谐的民族关系,倡导"和而不同"的民族文化选择,必须保护和弘扬少数民族优秀传统文化:一是必须推进优秀民族文化的继承和创新;二是努力弘扬和培育民族精神;三是不断满足少数民族群众的精神文化需求。

21.4.4 宗教心理是民族交往中不容忽视的内容

宗教是一种悠久的社会文化现象,宗教信仰更是一种庞大而深邃的社会意识现象。在现实生活中,宗教意识是一种超越现实、超越人间的神灵信仰形式,反映人对自然、社会以及自身的认识。宗教产生于对超自然力的崇拜进而解脱的心理机制中,宗教情绪伴随着净化、升腾和自我复位的情感体验。最初的宗教想象伴随着强烈的情感,情感是宗教的强大动力。纵观人类历史,从远古文明萌发时期到当代社会,无不笼罩着各种宗教的神圣光环。虽然自远古时期起无神论者与有神论者的争论就伴随着人类宗教生活的发展而发展,但各民族历史上的宗教对人类精神和物质生活的影响却始终占重要地位。宗教信仰显然与自然压迫、社会压迫以及政治、文化传统、民族习俗有关,但自然压迫、社会压迫等仅是产生宗教信仰的外因,宗教信仰的内因深藏于人心深处。宗教的外表虽然是超世俗的,其力量的根源却在人间。宗教的基础就是在现实生活中有不同需要、不同目的以及充满个性和情感的活生生的人。人类由于具有发达的大脑、丰富的心理世界,在面对现实生活时总会遇到各种挫折和痛苦,他们需要某种安慰和解脱。马克思在谈论宗教时,曾精辟地写道,宗教里的苦难既是现实的苦难的表现,又是对这种现实的苦难的抗议;宗教是被压迫生灵的叹息,是无情世界的感情。

宗教与民族是两个不同的概念,分属于两个不同的范畴。宗教属于上层建筑,是一种社会意识形态。它们既有联系又有区别。宗教与民族的联系就是宗教的民族性,每一种宗教的产生,总是同某些民族的社会历史条件联系在一起。恩格斯指出:"伊斯兰教这种宗教是适合于东方人的,特别是适合于阿拉伯人的,也就是说,一方面适合于从事贸易和手工业的市民,另一反面也适合于贝都因游牧民族。"(恩格斯,

1965)伊斯兰教的创立是与阿拉伯地区的地理环境、经济生活有紧密联系的。由于宗教对一些民族的社会生活各方面影响深广,同民族问题交织在一起,宗教问题在一定条件下就变成民族问题的一部分。

中国是一个多民族、多宗教国家。宗教在民族形成过程中发挥过巨大作用,是构成民族文化的重要内容。在漫长的历史进程中,民族问题经常通过宗教形式表现出来,成为影响民族关系的重要因素。中华民族具有多元一体的文化结构,执掌中央政权的统治者如何处理内地和边疆的民族宗教问题,关乎国家的统一、社会的稳定、领土的完整,是治国方略的重要组成部分。正确引导宗教与当代民族关系相适应,应切实关心宗教与社会主义相适应的问题(李静,2010)。胡锦涛指出:"做好新形势下的宗教工作,关键是要全面理解和认真贯彻党的宗教工作基本方针。要全面正确地贯彻党的宗教信仰自由政策,坚持政治上团结合作、信仰上相互尊重,努力使广大信教群众在拥护中国共产党领导和社会主义制度、热爱祖国、维护祖国统一、促进社会和谐等重大问题上取得共识……要积极引导宗教与社会主义相适应,使信教群众在全面建设小康社会宏伟目标下最大限度地团结起来。"

在我国这样一个多民族多宗教国家,宗教和民族的关系错综复杂。各民族人民的信教情况各不相同,有的民族全民信仰某一宗教,有的若干民族信仰同一宗教,有的一个民族分别信仰若干宗教。宗教对这些民族的风俗习惯、思想感情、道德、艺术乃至政治的影响极为广泛而深刻。因此,宗教在协调民族关系上有举足轻重的作用。在当代,党和政府制定了正确的宗教政策,通过宗教组织和宗教人士的积极作用,起到了调剂民族关系、搞好民族团结的作用。在宗教问题上处理得当,对国家安定和民族团结有不可忽视的重要意义。

21.4.5 维护民族因相依性形成的心理场域

加强民族团结,要维护民族因地域、文化、习俗等的相邻、交叉、相融形成的民族生存与发展的心理场域。要加强民族团结教育,广泛开展民族团结进步活动,大力弘扬以爱国主义为核心的中华民族精神,使汉族离不开少数民族、少数民族离不开汉族、各少数民族之间也相互离不开的思想深入人心。要坚决防范和打击境内外敌对势力利用民族问题进行的各种分裂、渗透、破坏活动,维护民族团结、社会安宁。构建和谐的民族关系必须遵循"三个离不开"原则。"三个离不开"是由我国民族分布条件决定,受历史因素影响。我国各民族形成了以汉族为主体的"大杂居、小聚居"特点,决定了在政治、经济、文化等方面少数民族和汉族、各少数民族都密切联系在一起,相互依存。由此各民族在生活空间与发展意识上形成一个心理场域。这种无形的心理场域会在民族交往中发挥重要作用。

由于我国各民族的人口、经济、自然资源状况,决定了汉族和少数民族必须把各自的优势、长处结合起来,取长补短,才能加快我国经济的整体发展速度,实现各民族的共同繁荣;只有坚持使各民族相互学习,相互交流,相互依存,实现和谐相处,才能构建和谐的民族关系。构建和谐民族关系,必须坚持"反对民族分裂,维护祖国统一"的原则。维护各族人民大团结,这是全国各族人民的共同愿望和根本利益所在,是建设社会主义和谐社会的必然要求,也是加快少数民族地区发展的根本前提和重要保障。民族分裂主义反对中国共产党领导的社会主义制度,分裂国家,破坏各族人民的大团结。民族分裂主义无论发生在哪里,都是我国稳定和发展的严重祸害。反对民族分裂,维护祖国统一,就是维护国家最高利益和各族人民的根本利益,就是为了让各族人民安居乐业,让各族人民群众过上幸福生活。在民族地区,特别要加强各少数民族与汉民族的关系,要顺应民族在历史发展中形成的相互依赖、共同发展的心理场域,建立和谐稳定的良好民族关系,为民族地区的稳定、各民族的共同发展提供保障,这既是保障不同民族之间良好族际交往的前提,也是族际交往所要达到的目的。

21.4.6　顺应民族发展意识与发展心理

　　我国正处在社会主义初级阶段。中国特色社会主义已进入新时代。十九大报告提出,我国社会主要矛盾已经转化为人民日益增长的美好生活需要和不平衡不充分的发展之间的矛盾。我国面临的所有社会问题,都是在这一基本矛盾作用下产生的或与此相关的,民族问题也不例外。郝时远认为,我国民族问题虽然表现复杂多样,从根本上来说是少数民族和民族地区迫切要求加快经济文化发展与自我发展能力不足的矛盾。因此,切实加快少数民族和民族地区经济社会的发展,是巩固和发展各民族平等、团结、互助、和谐的社会主义民族关系的首要任务,这种发展的成效能够为民族之间的和谐交往提供坚实的物质基础和社会保障。

　　每一民族都有发展的意识与需求。这就需要在处理族际交往时,正确面对各民族的各种需求。从目前情况看,各民族的民族意识随着社会经济发展而不同程度地出现复苏与上升趋势。在现代民族发展中,由于民族间交往的需要,除民族自我意识的复苏与觉醒之外,随之发展的就是民族的交往意识、发展意识。随着社会发展,民族意识在维系民族、表征民族、促进民族发展中起的作用越来越重要。民族意识在民族发展的成熟及繁荣时期,所起的作用越发显著。因此,在民族地区,构建和谐族际交往关系的重要内容就是正确面对各民族的发展意识,协调各民族的发展需求,促进民族的共同繁荣与发展。

22　民族心理压力

　　心理压力是健康心理学的核心概念之一。随着社会的发展,人们的工作和生活节奏越来越快,面对的压力也越来越大。临床心理学表明,很多疾病都与心理压力有关。台湾的调查显示,平均每四个人之中就有一个感受到压力,而感受到压力的人当中呈现生理疾病(如胃溃疡、高血压)或心理疾病(如身心症、疏离感)的比率高达4/5,即每5个人中就有4个因为压力的困扰而产生疾病。人的心理状态成为社会得以发展的动力源泉和影响社会生活的基本社会资源和现实力量(金一波,王大伟,2006)。如何应对心理压力,成为一个亟需解决的现实问题。

　　对少数民族而言,在与陌生文化的接触中,需要不断地作出自我调整,逐步适应新的生活方式。在文化适应的过程中,可能需要面临较大的文化冲突与适应。对个体而言,少数民族对压力的应对关系到少数民族群众的心理健康与和谐;对群体而言,心理压力关系到民族地区的社会稳定。因此,在快速的社会变迁中,少数民族如何有效地应对心理压力,已经成为影响少数民族个体心理健康以及民族地区社会和谐的重要问题。

22.1　心理压力的概念

22.1.1　压力

压力(stress)一词,源自古法语中的"destresse",意指"置于狭窄和压迫之中"。在中世纪,"destresse"被引入英语,意指"使痛苦"、"使悲伤"。在数百年的使用中,"di"有时被省略掉,于是变成了"stress"。压力原是物理学概念。现代压力概念源于1925年美国生理学家坎农(W. B. Cannon, 1871—1945),他把压力引入社会研究领域。20世纪70年代,加拿大生理学家汉斯·塞利(H. Selye)将压力概念引进医学和心理学。stress作为一个心理学专业术语,在我国心理学词典和教科书中有"应激"、"压力"和"心理压力"等多种翻译。许多学者从不同角度探讨压力,对压力的实质至今未形成统一认识,总体上可分为生理、环境和心理三大研究取向(郭永玉,2005)。

压力定义的三种取向

(1) 生理取向。认为压力是人体对环境要求或伤害侵入的一种生理反应。1932年,坎农提出战斗或逃避模型,认为外部威胁引发了战斗或逃避反应。例如,活动频率增加或唤醒水平提高,这些生理变化使个体要么逃离压力事件或情境,要么与其对抗。因此,压力是对外界压力事件或情境的生理反应。

在坎农之后,塞利(H. Seley, 1956)对压力做了更详尽的研究。他使用威胁性刺激(诸如冷气、热气、有毒但不伤生命的食物等)使白鼠长期处于高压之下,并观察记录白鼠的生理反应。在实验基础上,塞利将压力定义为"人或动物有机体对环境的一种生物化学反应现象",并阐述了压力过程的三个阶段:首先,警觉阶段,表现为活动增加,当个体接触到一个充满压力的环境时立即进入这一阶段;随后,抵抗阶段,包括应对和尝试扭转警觉阶段产生的影响;最后,衰竭阶段,当个体反复处于充满压力的环境中又不能作出进一步抵抗时,就会进入这一阶段。塞利发现,如果个体在抵抗阶段生理功能大致恢复正常,能够适应艰苦生活环境,压力反应对个体来说能够增强其适应能力。然而,如果个体在抵抗阶段对新压力的抵抗力降低,若再承受持久的高压,会导致身心耗竭,甚至可能会导致死亡,这就是衰竭阶段。

坎农和塞利均认为,个体对外界压力事件或情境的反应是自动的,并在直接的刺激—反应框架下描述压力。在他们的理论中,心理因素的作用非常小。他们均认为压力的生理反应是一致的,即非特异性的,无论压力事件或情境的性质如何,生理反应都相同。

(2) 环境取向。尝试脱离坎农和塞利对压力的定义,强调压力就是那些使人感到紧张的事件或环境刺激,即压力源。Hofmes 和 Rahe(1967)认为,压力源于外部,如人们经历的主要生活事件、大量的日常烦扰等。这些生活事件,无论是正性的,还是负性的,都会导致有机体丧失内部平衡,促使机体作出新的自我调整。如果个体在短时间内经历过多或过于严重的生活事件,会导致人们处于压力状态下。环境取向的观点将压力与能够引起个体紧张反应的外部压力源等同起来,关心在生活中什么样的环境刺激会引起人们不良的身心反应。

(3)心理取向。强调压力发生过程中的心理与行为过程,认为压力是个体与环境相互作用的结果,是紧张或唤醒的一种心理状态。前两种取向的压力定义或是关注个体内部的生理变化,或是关注作用于个体的外部压力源,都忽视了人的主观能动性,忽视了压力发生中心理因素的作用。鉴于此,拉扎勒斯(R. S. Lazarus, 1922—2002)提出压力的认知交互理论。该理论认为,心理压力是当个人将环境事件评估为耗费或超出其个人资源,威胁其个人幸福时,个人与环境的一种特定的关系。这种观点既强调个体对客观环境的主观评价,还强调个体与环境之间的相互作用。个体在压力过程中并不一直是被动的。拉扎勒斯(R. S. Lazaras, 1922—2002)将个体描述为一个评价外部世界的心理意义的人,而不是简单地对外部世界作出被动反应。

拉扎勒斯定义了两种形式的评价:初级评价和次级评价(见图 22－1)。初级评价是个体首先评价事件本身,有四种可能:不相关;良性的和积极的;有害的和威胁的;有害的和充满挑战的。次级评价指个体对他们不同的应对策略的正反两方面的评价,是对个体自身的评价。初级评价和次级评价决定了个体是否作出一个压力反应,结果有:直接反应;寻找信息;什么也不做;根据放松或防御机制产生一个应对压力的方法。

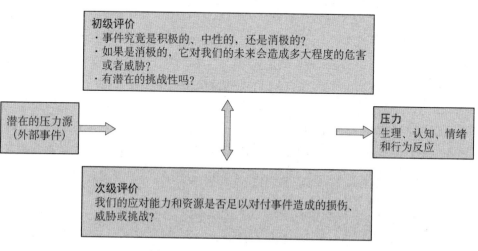

图 22－1 压力的认知交互理论模型

从以上对压力定义的讨论中可以看出：压力是一个复杂的过程，压力产生与个体与环境之间的相互作用息息相关，客观存在的压力源不一定能够引起个体的压力感受，只有在环境需求超过了个体处理需求的能力时，压力才会产生。因此，压力是一种对需要与应对资源进行认知评价的结果。心理压力是指压力现象的心理方面，在心理压力发生过程中，心理因素（尤其是对环境的认知）起着至关重要的作用。如果一个人不认为内外环境的要求对其构成威胁，那么即使压力源客观存在，也不会引起他产生心理压力（梁宝勇，2006）。

因此，心理压力就是指个体在认识到内外部环境的要求对其构成了威胁或超出其应对能力时所产生的一种主观心理感受。

心理压力的含义

心理压力是压力源、压力感和压力反应形成的综合性心理状态。心理压力有以下含义：

（1）心理压力是一种心理状态。心理压力既不是一种独立的心理过程，也不是个性心理，而是一种心理状态。心理状态是指心理活动在一段时间内出现的相对稳定的持续状态，是介于心理过程和个性心理之间的中间状态，是心理活动和行为表现的一种心理背景。心理压力是个体对压力事件反映所形成的一种综合性的心理状态。

（2）心理压力是对压力事件的反映。心理压力与压力事件密切联系。客观现实中确实存在着对个体具有威胁性的刺激情境，个体必然要对其作出反应。个体有心理压力必有压力事件存在。没有压力事件，心理压力就无以形成。

（3）心理压力表现为认知、生理、情绪和行为的有机结合。

首先，心理压力建立在认知基础上。一般心理过程并不一定形成心理压力，只有当个体意识到外界事物对自己构成威胁，才可能形成心理压力。当个体未能认识到威胁性刺激情境对自己造成或即将造成威胁时，也不会产生心理压力。但是，如果刺激情境不会对个体造成威胁，个体却错误地认知为具有威胁性，也会产生心理压力。

第二，心理压力不仅可以引起心理不适感，还能引起机体暂时或长期的生理变化，进而影响机体健康。压力反应主要涉及两个相互作用的系统：交感—肾上腺髓质系统和下丘脑—垂体—肾上腺皮质轴（HPA）。当事件被个体评价为具有威胁或危害时，会引发交感神经系统的反应。交感系统兴奋会导致血压升高、心跳加速、汗液分泌增多、外周血管收缩和其他一系列变化。除引起交感神经激活外，压力还会引发HPA系统变化，导致皮质类固醇的水平逐渐增高，可能影响个体对碳水化合物存储的控制，导致炎症发生，影响机体的免疫功能。

第三，心理压力常伴有一定持续的情绪反应，既包括正面的兴奋，也包括负面的生气和焦虑。通常,个体在有心理压力时,容易出现消极情绪。例如,当生活中发生重大变动(如失去挚友或亲人)会忧郁。崩沮是一种情绪性耗竭的症状,如原本热心帮助他人的个体突然觉得无法再付出关心,甚至不想见人。

最后,心理压力必然引发行为反应。当个体有心理压力时,不会无动于衷,而是会表现为有意行为。面对不同程度的压力,个体通常会表现出不同形式的特殊行为。轻度压力会使个体产生更多的生理性行为(如进食、攻击等),它使个体更警觉,精力集中而表现更好。因此,轻度压力导致正向行为适应。中度压力会使人注意力减弱,耐心降低,烦躁感上升,效率下降等。中度压力同时也可能会产生重复、刻板的动作,对环境反应力减弱;高度压力会产生压抑行为,甚至导致个体完全不能行动,有时也可能造成攻击行为。

22.1.2 压力源

在压力理论中,压力源(stressor)被定义为能够引起机体稳态失调并唤起适应反应的环境事件与情境。一个人在一定的社会环境中生活,总会有各种各样的刺激对人施以影响。刺激被人感知到,一定会引起主观评价,同时产生一系列生理心理变化。如果刺激需要付出较大努力才能适应,或者这种反应超出人所能承受的范围,就会引起人的心理、生理的失衡而体验到压力感。这种使人感到紧张的内外部刺激就是压力源。

压力源的分类

一般而言,几乎任何生活中的改变都可能成为压力源。压力源的分类异常复杂。根据压力事件的性质,可以分为积极生活事件和消极生活事件;根据压力源的作用程度,可以分为重要的生活事件和日常烦扰;根据作用时间,可以分为急性压力源和慢性压力源;根据作用来源,可以分为外部压力源和内部压力源。Braunstein 和 Toister (1981)根据压力来源将人类常见压力源分为:(1)躯体性压力源,指作用于人的肉体,直接产生刺激作用的刺激物,包括各种生物、化学刺激物,如高温、低温、高频率的噪音和疾病等,这些刺激物不仅会引起生理的压力反应,还会间接地引起心理的压力反应;(2)社会性压力源,指那些会造成人生活方式的变化并要求对其适应和应对的社会生活情境和事件,如个人的工作和生活的变化、日常生活琐事以及重大社会变故等;(3)心理性压力源,主要源于动机或心理冲突、挫折情境和人际关系失调,如人际冲突、个体的强烈需求、能力不足与过高期望的矛盾等;(4)文化性压力源,指由于各种群体的文化特征,包括语言、风俗、宗教信仰等因素造成的压力源,如文化冲突和文化适应等。常见的压力源有:

(1)重要的生活事件。生活的突变是压力的主要来源。虽然个体对某一事件能否产生压力感在很大程度上取决于认知评价,但有一些生活事件与压力的关系更加密切。而不同压力源可以在同一个人身上引发出不同强度的压力反应。因此,为了准确地评估不同个体的压力源结构,美国精神病学专家 Holmes 和 Rahe(1967)编制了"社会再适应评定量表"(Social Read justment Rating Scale, SRRS)。该量表列出了 43 种生活事件,每种生活事件标以不同的生活变化单位(如配偶死亡为 100 分、离婚为 73 分等),用以检测生活事件对个体的心理刺激强度。得分在 150～199 之间属轻度生活危机组,200～299 之间属中度生活危机组,300 以上则为重度生活危机组。这一量表的编制,开创了生活事件的量化研究,为不同文化、群体的社会心理压力源研究奠定了重要基础。

学生压力量表是 Holmes 和 Rahe 的社会再适应量表的修订版(如表 22 - 1)。针对每个事件都给出一个分值,用以表征一个人面对这种生活上的改变时所需的再适应的总量。分数等于或高于 300 的人存在健康风险;分数在 150 到 300 之间的人在两年内有 50％的概率发生严重健康问题;分数低于 150 的人有三分之一的机会健康恶化。在本学期内分三次计算一下生活变化单位(LCUs)的总值,然后将这些分数同健康状况的任何变化求一下相关。

表 22 - 1　学生压力量表

生活改变事项	压力感	生活改变事项	压力感
1. 亲密家庭成员的死亡	100	16. 学校工作负担的加重	37
2. 亲密朋友的死亡	73	17. 出众的个人成就	36
3. 父母离异	65	18. 在大学的第一学期/季度	35
4. 服刑	63	19. 生活条件的变化	31
5. 个人严重的受伤或疾病	63	20. 和教师的激烈争吵	30
6. 结婚	58	21. 低于期望的分数	29
7. 被解雇	50	22. 睡眠习惯的改变	29
8. 重要课程不及格	47	23. 社会活动的改变	29
9. 家庭成员健康上的变故	45	24. 饮食习惯的改变	28
10. 怀孕	45	25. 长期的汽车麻烦	26
11. 性问题	44	26. 家庭聚会次数的改变	26
12. 和亲密朋友严重的争吵	40	27. 缺课过多	25
13. 改换专业	39	28. 更换学校	24
14. 和父母的冲突	39	29. 一门或更多的课程跟不上	23
15. 你的女友或男友	38	30. 轻微的交通违章	20

(2) 生活困扰。日常生活中的小困扰,如塞车、丢失钱包、考试迟到等,是任何人都可能会遇到、无法预见、难以避免的琐事。这些琐事经过日积月累后,会导致生活

压力产生。虽然每件琐事的严重程度不足以构成威胁,但积累的压力会对个体的身心造成不良影响。

（3）灾变事件。灾变事件包括水灾、台风、地震、飞机失事、工厂爆炸等。个人对灾变的反应通常会经历五个阶段：①震惊、麻木,不知道发生了什么事；②主动行动阶段,尝试对灾情进行反应,但对自己做什么不太清楚；③人们开始感觉到要合作,也渐渐觉得精力不足；④对灾情越来越了解,开始感到情绪化；⑤复原,重新适应灾变所带来的改变。

（4）心理困扰。上述各类压力源多属于外在压力来源。此外,个体内心的困扰,如心理冲突、挫折,也是形成压力的重要来源。例如,完美主义者对自我要求甚高,凡事认真负责,力求完美,容易构成自我压力与紧张,加剧其内在的冲突与挫折,容易患有紧张性头痛。

压力源转化为压力的条件

有了压力源以后,不一定会产生压力。压力既不是个体的产物,也不是环境的产物,而是一定环境与个体对环境的评价相互结合的产物,是个体与环境相互作用的结果。个体心理压力的产生,除了存在压力源外,还必须满足两个条件：

（1）个体感觉到自己的需要和目标受到威胁；

（2）个体无力对压力源进行常规应对。

这两个条件决定了压力源是否会对一个人构成压力。个体感觉到压力的大小,与以下五个方面有关：

（1）与个体如何认知这个压力源以及其对自己应对压力能力的评估有关；

（2）与评估的方式、过程及其结果有关；

（3）与个体对压力源的易感性有关,易感的个体容易产生压力反应,也容易产生心理问题；

（4）与每个人的人格特征、应对能力、对应对资源的调动等因素有关；

（5）心理冲突的程度,也是压力形成的重要原因。

21.1.3 压力的测量和评估

对压力的测量有两种条件：实验室条件和自然条件。压力的测量方法为生理测量法和自我报告法。

实验室条件和自然条件下的压力测量

实验室条件下的压力研究通常使用急性压力范式来考察压力反应性和压力反应。这一范式要求被试在实验室中完成一个充满压力的任务,如智力测试、数学任务、公众表演或者观看一部恐怖电影,或者经历不愉快的事件,如噪音、白光或用浓烟刺激眼睛。急性压力范式便于研究者控制压力源的强度,利于考察急性压力和慢性压力之间的区别、个性在压力反应中的作用等问题。

自然条件下的压力研究是在更加自然的环境中研究压力,包括测量具体事件(如公共场合的表现、考试前后、面试或运动)过程中的压力反应。自然研究可以揭示人们在日常生活中对压力进行反应的机制。

实验室条件和自然条件各有其利弊。实验室条件可以控制压力源的很多方面,如强度等,可以更加细致地考察压力源与压力反应之间的关系。实验室条件还可以操纵很多中间变量,如社会支持,通过提供或缺失社会支持,考察社会支持对压力的影响。但是,实验室是人工环境,这种条件下产生的压力并不能反映自然环境下的状况。自然条件下的压力研究可以观察到真实的压力和人们实际上应对压力的方式。但是,自然条件有很多不可控制的变量,可能会对结果产生影响。

生理测量法和自我报告法

为了从生理学角度来评价压力反应,研究者使用心理生物测试仪来测量心率、呼吸频率、血压和皮肤点反应,收集血、尿、唾液样本来考察皮质醇等分泌的变化。生理测量法最常用于实验室,有研究者设计了一些仪器,方便被试将其携带在身上,对被试在平常活动中的各项压力指标进行实时监测。

自我报告法通常使用各种量表,采用被试自评形式,评价自我知觉到的压力。例如,社会再适应量表(SRRS)会询问被调查者"配偶死亡"、"调到不同生产线"和"居住环境的变化"等生活事件,从而通过生活事件来推测个体承受压力的程度;压力知觉量表(PSS,Cohen,1983)是评价自我知觉压力最常用的量表。例如,"在过去的一个月中你有多少次由于意外发生的事件而感到沮丧","在过去一个月中你有多少次感到紧张或有压力"。自我报告法可用来描述环境因素对压力的影响,压力被看作是结果变量,也可以将压力看作输入变量,用来探讨压力对个体健康状况的影响。

压力的生理测量法和自我报告法互为补充,前者更强调压力的生理方面反应,后者更强调心理方面反应。生理取向的压力研究倾向于使用生理测量法,环境取向的压力研究对自我报告法更加感兴趣。生理方法更加客观,较少受到被试和研究者期望影响。自我报告法能够提供个体对压力的体验,不仅仅局限于身体反应。但是,自我报告法可能会受到被试回忆、社会愿望影响。由于自我报告法建立在问卷编制者选择的生活事件基础上,因此,研究者的期望也可能会对问卷的有效性造成影响。例如,在冲突问卷中,"制造麻烦的邻居"对部分人来说是冲突,但对一个担忧孩子上学的人来说可能不是冲突。

22.2 少数民族的心理压力

1982 年,Magmisson 提出压力与不同文化下的行为规范、习俗和价值观念等因素密切相关(植凤英,2009)。由于各民族的文化和意识形态差异,不同民族的心理压力可能存在差异。鉴于我国少数民族文化与汉文化的差异,针对少数民族的压力研究可以揭示少数民族心理压力的来源及程度,并依据少数民族心理压力的实际情况,帮助少数民族成员选择适合的压力应对方式,以促进其身心和社会的和谐发展。

22.2.1 心理压力的跨文化研究

Magmisson 的压力具有明显的跨文化差异的观点激发了众多研究者开展针对压力的跨文化研究。压力的跨文化研究把文化看作是与心理或行为不同的外部因素,主要关注不同文化背景下,个体或群体在压力上的差异(李炳全,2006)。Herrick 和 Brown(1998)比较了美国本土居民和亚洲后裔的心理压力状况发现,文化背景差异影响二者对生活事件的理解,两类群体对压力的承受程度也存在差异。王欣(1999)比较了中国大学生和美国大学生的生活压力,发现中国大学生在大学生生活压力量表的压力源和压力反应上得分均显著低于美国大学生,中国大学生将生活事件引发的压力知觉为低等或中等程度,美国大学生更多地将生活事件引发的压力知觉为高等程度。研究者倾向于将上述心理压力的跨文化差异归结为个体主义(individualism)和集体主义(collectivism)两种文化取向导致的个体或群体压力差异。在个体主义取向文化中,自我是社会单位的核心,此种文化取向强调个体自由、自我实现以及个体与他人的不同;集体主义取向的文化把焦点集中于群体或社会,强调人际之间的和睦相处和相互依赖,个体对群体的义务和责任,以及为集体利益而放弃个体利益等。某种文化并不是绝对地属于个体主义或集体主义,绝对的个体主义和集体主义被看作是对立的两极,两极之间存在线形的变化过程,不同文化处在两极之间的某一点之上(杨宝琰,万明钢,2008)。在集体主义和个体主义文化中,同一个事件能否成为压力源可能存在不同标准。在个体主义社会中,个体尚未准备好独自承担责任和义务时,自由和独立是压力的重要来源;相反,在集体主义社会中,许多压力来自个体为了维护群体的相互依赖和迎合他人的要求。

另有研究探讨了在美国生活的黑人、欧洲人、拉丁美洲人和亚洲人的心理压力的民族差异。结果发现,在美国生活的亚洲人和拉丁美洲人在社会压力和心理困扰上得分显著高于欧洲人,而资源上得分显著地低于欧洲人,在美国生活的拉丁美洲人更容易发生自杀行为。这说明,在美国生活的亚洲人和拉丁美洲人比欧洲人经历了更多的社会压力。研究还发现,美国少数民族青少年更容易受到心理压力的伤害(Choi, Meininger & Roberts, 2006)。还有研究以文化传统相近的中、日、韩三国大学生为对象,比较三类群体的压力,发现中国大学生的压力负荷最大,且压力源是多方面的;日本学生的压力多与学业成绩和个人问题相关,与所处的社会、经济环境关系不大,体现了典型的日本人特性;韩国学生的压力相对简单而温和,压力主要源于物理环境和社会环境(Kim et al. , 1997)。

在不同文化取向中,个体对压力源的认知评价也存在差异。Bjorck, Cuthbertson和Thurman(2001)检验欧裔、韩裔和菲律宾裔的美国大学生对压力评价的差异。研究要求学生评价在过去一周时间内经历的高压力情境在威胁、挑战和损失上的程度。研究预期是:与欧裔学生比,韩裔学生更倾向于把压力源评价为巨大损失。但是,与期望相反,韩裔学生和菲律宾裔的学生更加倾向于把压力源评价为更具挑战性的。研究者认为,这是由于亚裔学生愿意把自己积极的一面展现给权威者(如研究者等)。

22.2.2 我国少数民族心理压力的民族差异

国外的少数民族压力研究多着眼于对各民族压力的跨文化研究(Kudadjie-Gyamfi, Consedine & Magai, 2006; Kim, Knight & Flynn, 2007)。研究发现,少数民族的心理压力有的与民族身份相关,有的与民族身份无关(Choi, Meininger & Roberts, 2006)。Contrada 等人(2000)总结了与民族身份相关的压力源: (1)民族歧视,是指由于个体民族身份而带来的不公平对待;(2)刻板印象威胁,是指对个体所属群体的消极的刻板印象;(3)与自我群体相一致的压力,是指其所属群体希望其行为与群体相一致所带来的压力。除了与民族身份有关的心理压力外,少数民族所承受的与民族身份无关的心理压力也可能与汉族存在差别。由于少数民族的生活环境、文化传统、风俗习惯等都与汉族存在较大差异,少数民族个体经历的生活事件与汉族个体也十分不同,因此,少数民族的心理压力存在自身的特点。

22.2.3 少数民族心理压力的影响因素

植凤英(2009)考察了我国西南少数民族的心理压力,提出影响少数民族心理压力的因素:

(1) 环境因素。包括少数民族生活的自然生态环境、地区经济状况和社会环境。对居住地自然环境的适应是民族生存的基础。少数民族多为农耕民族和游牧民族,人口多居住于农村,农业和畜牧业是主要生计方式。自然生态环境决定少数民族的生计方式和经济形态,也影响地区的经济发展状况。由于少数民族群体的生活对自然生态环境有更强依赖,其生活和经济更容易受到自然灾害影响,一旦遭遇旱灾、火灾、冰雹等影响收成的自然灾害,少数民族将会面对更大的心理压力,在各种自然灾害和重大变故面前显得更加无奈和焦虑。

除自然环境外,各少数民族地区均有强大的社会舆论,以褒贬、奖励和谴责形式肯定或否定人们的言行。这既是民族地区良好道德风尚形成和维持的主要机制,同时也在无形中给人们造成一定的心理压力。

(2)教育因素。少数民族文化素质偏低是其生活贫困的重要原因,也是导致其产生心理压力的原因之一。植凤英(2009)发现,我国西南民族地区现行的教育仍以统一的教学内容、统一的教学方式为特征,完全忽视了民族教育的民族性。具体表现为:一是学校教育与家庭教育脱节。例如,苗族儿童在家中使用苗语交流,即使父母会汉语,他们与子女的交流也使用苗语。由于有些教师不是苗族,学校教育并未实行双语教学,造成学校教育使用的语言和家庭使用的语言的脱节。二是学校教育内容与民族地区的现实需求脱节。由于学校的教学内容与日后工作需要存在差距,人们很难看到教育对个体成长的潜移默化的作用,很多少数民族青少年很早便放弃了接受学校教育。三是学校教学没有考虑各民族的心理特征。调查发现,不同民族在语言表达的语序、认知方式、兴趣取向上均存在一定差别。如一些傣族学生对学习英语感到困难,但由于傣语与泰语相似,傣族学生对泰语学习很感兴趣。

少数民族生活贫困,为了生计而担忧是其心理压力的突出特征。从一定意义上说,少数民族的生活贫困就是教育贫困。因此,教育是影响少数民族心理压力形成的深层原因。

(3)文化因素。文化是生活在一定地域内的人们的思想、信念及生活与行为方式的总称,它对生活于其中的人们的心理与行为有着重要的影响。上观子木(1994)认为,个体的许多心理压力都由文化带来。各民族具有各自独特的文化系统,影响少数民族心理压力形成的文化因素主要有传统习俗、意识观念、族群及族内之间的文化差异。

①传统习俗。习俗是指人们在群体生活中逐渐形成并共同遵守的习惯和风俗,是人类生活中最早产生的社会行为规范(宋蜀华,陈克进,2001)。一方面,传统习俗对人们生活的影响是无形的,严格性不同的习俗对个体的影响程度也不一样。例如,回族学生不吃猪肉的生活习俗和受宗教信仰的约束十分严格,这一严格约束限制了他们的婚姻缔结,可能造成一定的心理压力。另一方面,传统习俗既有积极作用,也有消极作用,既能够给人带来满足,也能够给人带来痛苦。一些传统习俗在约束人们的行为举止的同时,也以有形或无形的力量对人们的生活和心理造成一定影响。不同民族在习俗上存在差异,可能会给个体造成一定的心理困扰,如苗族人在饮食上喜酸辣,爱喝酸汤,广东人喜清淡口味,因此到深圳打工的苗族青年对饮食非常不习惯。

以苗族的尚饰银习俗为例,苗族的银饰不仅具有装饰功能,而且发展成为民族象征和个体象征的符号,还是苗家财富的展现。盛装的苗族姑娘从头到脚,从胸前到背后,都佩戴着不同式样的银饰,重量在几公斤,有的甚至多达15公斤,银饰到服装的材料和做工的价格在千元以上。因此,对普通的苗族家庭来说,为女儿准备一套齐全的银饰是生活中的一件大事,这无疑是一种压力。

② 意识观念。根深蒂固的意识观念是影响人们的思想及行为、制约民族地区发展的深层因素,也是导致少数民族群众心理压力产生的重要原因。各民族的宗教信仰对人们意识观念的形成有潜移默化的影响,进而影响个体或群体心理压力的形成。例如,苗族和侗族都信仰原始宗教,对祖先和自然物的崇拜普遍存在。贵州多数民族地区都相信有"龙脉"存在,如果"龙脉"被伤到了,当地百姓就要遭殃。在修乡村公路时,有村民谣传修公路会伤到当地"龙脉",导致公路的修建遭到了村民们的群起反对。

③ 文化差异。随着社会急剧转型,民族地区逐渐从封闭走向开放,各民族之间接触日益频繁,族群间的文化不可避免地会发生摩擦和碰撞,使得在文化上处于弱势的少数民族成员的心理受到文化冲击影响,导致心理压力产生。除习俗和意识观念外,造成少数民族心理压力的文化差异还有语言、价值观以及族群之间和族内之间存在的文化差异等。

语言差异是最常见的文化差异。例如,短期在外打工的苗族青年,由于汉语能力弱,说话口音常受到同事取笑。语言差异不仅影响交流,还影响到个体的工作就业及人际交往。即使随着文化的不断交流,外出打工的少数民族个体慢慢被汉化,在语言和习俗方面与汉族的差别越来越小,但各民族的价值观念还是存在一定差异。对少数民族打工青年访谈发现,即使在外工作多年,还是觉得"跟自己本族的老乡在一起最自在、最谈得来,与单位同事相处也还行,就是难以深交,也不知道是为什么,反正觉得自己的想法和他们的就是不太一样"。

文化差异还表现在民族内部的代际之间。米德曾将人类从古至今的文化分为三种类型:一是后喻文化,是指未来重复过去,代代相传,复制前一代的文化;二是并喻文化,是指社会成员的模式之间是同代人的行为,年青一代更注重从同代人那里获取经验,代与代之间出现裂痕;三是前喻文化,是指年长者不得不从年青一代那里学习他们未有过的经验。植凤英(2009)发现,三种文化类型并存于西南民族地区,并喻文化和前喻文化客观存在。少数民族对传统文化的遵从和敬仰比较普遍。而生长于改革开放后的年轻一代,他们社会化的背景与他们的父辈、祖辈明显不同,他们从小生活于多元文化融合的时代背景,更容易接受新事物,也往往更具有多元文化的适应能力,这些均使长辈权威受到一定挑战。因此,西南民族地区代际之间的差距就不可避免,而代际之间差异会给个体带来一定困扰。

由上述分析可见,文化对少数民族心理压力形成的影响是方方面面的,传统习俗、意识观念及族群之间和族内之间存在的文化差异相互影响、相互制约,共同影响少数民族群众心理压力的形成。

④ 历史因素。少数民族心理压力的形成也未能摆脱历史因素的影响。首先,历史发展因素导致不同民族不同地区的经济、文化发展极不平衡,这正是少数民族心理压力产生的主要原因。其次,历史因素也导致各个族群与其他族群之间存在不同文化距离,由此导致文化适应压力产生。随着社会发展,因历史因素造成的偏见与歧视在逐渐淡化,生长于改革开放后的年轻一代已较少提及民族隔阂、偏见、歧视,媒体对民族文化的宣传与弘扬,也使一些年轻人对自己本民族产生了更强的认同感和自豪感。

总之,一个民族的历史发展现状影响人们生活的方方面面,由此影响到少数民族心理压力的形成。新中国成立后,从制度上消除了民族压迫与民族歧视,加上国家对民族地区发展的日益重视,由历史因素造成的对少数民族群体的偏见与歧视也在逐渐弱化。但是,因历史因素造成的民族地区之间经济、文化发展的不平衡还将长期存在,这仍是少数民族心理压力的重要成因。

22. 2. 4 我国少数民族心理压力现状

我国有 56 个民族,每一民族在生存环境、教育程度、文化和历史因素等方面都存在各自的特征。各个少数民族的心理压力均存在各自特点,心理压力具有显著的民族差异。

田晓红(2003)从理论上对少数民族大学生在生理、社会和心理三方面的压力来源进行分析。她指出,少数民族大学生的躯体压力包括升学、生活环境变化、个人习惯改变、社交活动改变和饮食习惯改变等;社会压力包括过分关注的压力、文化差异、经济比较、未来就业压力、同学竞争压力和人际关系压力等;心理压力包括自我期望过高、孤独的压力和人格贬低压力等。常永才(2004)比较汉族大学生和少数民族大学的压力性生活事件,发现与汉族学生比,少数民族学生在经济困难、受人误解或偏见和就业忧虑等方面的感受较为突出。

植凤英(2009)采用自制的少数民族心理压力问卷调查苗、回、彝、白、傣、侗、羌、布依族 8 个民族的心理压力状况。该问卷主要测量 8 个少数民族在文化适应、日常生活、工作就业、健康与变故、负担管教和婚恋问题等方面的心理压力。研究发现,8个民族心理压力的总平均得分为 2. 08,低于理论中值 2. 5,说明这 8 个少数民族的心理压力仍属于轻度压力。这些民族在日常生活方面的压力均值超过理论中值 2. 5,

说明他们在这方面的心理压力问题不容忽视,日常生活烦扰是这些少数民族最重的压力源。更为重要的是,心理压力存在显著的民族差异。在 8 个民族中,苗族、回族和彝族的压力水平相对较高,白族和傣族的压力水平较低。不同民族在不同压力类型上的表现也存在差异,苗族在文化适应上压力水平最高,日常生活压力水平仅次于回族;回族在日常生活压力水平最高,文化适应压力仅次于苗族居第二;侗族在工作就业、负担管教、婚恋问题上压力最高;傣族在文化适应、日常生活、工作就业、负担管教上的压力水平均最低;白族在各类型压力上的水平均较低,仅略高于傣族;羌族各类型压力水平较低,但在健康与变故压力水平最高;布依族的健康与变故水平最低。

不同民族心理压力水平的差异与多种因素有关:

(1)各民族所处的自然生态环境、生计方式、地区的经济发展状况是影响少数民族群体心理压力的重要因素。整体心理压力感较重的苗族、回族、彝族在自然条件和社会经济状况上存在一定相似性。苗族被试主要来自于贵州省黔东南州,多居住于边远山区,可以找到较大面积的可耕地极少,至今不少苗族地区仍处于"刀耕火种"的粗放农业阶段,地区经济发展相当缓慢;回族被试主要来自于威宁彝族回族苗族自治县,地处贵州边界,属国家级贫困县,经济发展相对滞后;彝族被试则主要来自于四川凉山,道路崎岖,交通极不便,至今一些村寨只有拖拉机可以通行,汽车无法进入,严重阻碍了彝族地区的经济发展。彝族以农牧自然经济为主要经济形态,历史上彝族不善于交换,羞于买卖,以物易物是彝族社会商品交换的基本形式,故而商品经济发展相对迟缓。总的看,经济落后与生活贫困是造成苗族、回族和彝族心理压力感较重的深层原因。

整体心理压力感较轻的傣族被试和白族被试来自经济相对较好的地区。傣族被试大部分来自于云南西双版纳,优越的自然环境为傣族经济生产和发展提供了重要基础,傣族地区地广人稀,人均耕地面积较宽,一般一年种一季即可自给有余。白族被试主要来自于云南大理,地处云南省中部偏西,风光秀丽,水利、矿产、森林和旅游资源得天独厚,历史上农业、手工业就比较发达。改革开放有力地推动了西双版纳地区和大理地区的经济发展,促进了多种新产业迅速崛起,使农村经济由自然经济走向商品经济,许多村寨走上了富裕之路。

(2)各民族的历史发展状况是影响各民族文化适应压力的重要因素。文化适应压力感最强的是苗族,最轻的是傣族,这可能是由于两个民族的历史发展状况存在较大差异。苗族是一个久经磨难的民族,植根于苗族深层文化中的是民族之间的冲突和摩擦(袁定基,张原,2004)。在封建时代,统治者把苗族人视为反民、刁民,认为苗族人天生善打斗,喜滋事造乱(吴曦云,2007)。因此,苗族人民在饱受政治压迫的同时,心理上也承受着其他民族的偏见与歧视。新中国成立后实施的新型民族政策,为消除对苗族的偏见和歧视提供了客观条件。但由于文化、习俗及长期以来的民族隔阂,对苗族的偏见和歧视依然存在,这可能正是苗族文化适应压力感相对较强的一个重要原因。比较而言,傣族是其聚居区地的统治民族,其政治、经济和文化地位都高于当地其他民族,这就促使傣族人民形成了自信与自强的心理和较强的民族自豪感和民族优越感。傣族还是一个融合力强的民族,善于从外来文化中吸收精华,丰富自身的文化(刘岩,2000)。因此,傣族群体较少面对民族偏见或民族歧视,其对外来文化的冲击具有较好的顺应能力,其产生的文化适应压力较小。

(3) 各民族的文化特征也影响各民族对压力源的感知。苗族、回族和彝族较高的心理压力还与其民族文化特征有关。博厄斯认为,文化对普通人有牢固如铁的约束,人的智慧行为反应不是与生俱来的心理能量,而是文化传统作用的结果(孟娟,2003)。杨建新(2002)指出,在民族的发展和繁荣阶段,民族文化、民族意识开始起较大作用,而在民族的趋同和融合阶段,其基础不再是地域和社会,而主要是文化,文化在维系民族发展中起主要的甚至是决定性的作用。彝族和苗族居住于封闭的大山之中,自身文化传统保留得比较完整,对本民族传统文化、价值理念与现代化的冲突有较深体验。宗教信仰作为深层次的民族文化对少数民族压力源的感知也有不容忽视的影响。例如,回族信仰伊斯兰教,其宗教信仰及生活习俗与其他民族有较大差异,而大多数少数民族信仰自然宗教、佛教、道教等。回族在民族交往与融合中可能会遇到更多的困扰。因而,回族在日常生活上压力水平最高,其文化适应压力也较高,仅低于苗族,排第二位。

总之,每一个民族的社会、历史、文化发展特点会影响其心理压力的产生。心理压力存在显著的民族差异。在看待和理解少数民族心理压力时,需要结合少数民族的生活环境、风俗习惯以及民族的历史发展等方面,全面而深刻地揭示少数民族心理压力产生的根源。

22.3 少数民族心理压力的应对

22.3.1 应对

应对的定义

在社会生活中,每个人都面对各种各样的压力情境。然而,即使是面对相同水平的压力,不同人受到的影响也存在很大的差异,这种差异主要取决于个体用什么样方式来应对压力。应对(coping)一词由"cope"变化而来,原意是指个体有能力或成功地对付环境的挑战或处理问题。20 世纪 60 年代,弗洛伊德将应对引入心理学。他将应对看作是一种无意识的心理防御机制,当个体面临压力性事件时会无意识地运用否认、压抑、投射或升华等防御机制来应对。

随着认知革命兴起,拉扎勒斯将应对重新定义:个体为了处理被自己评价超出自己能力资源范围的、特定的内外环境要求,而作出的不断变化的认知和行为努力。应对模式是"压力源—认知评价—压力反应—应对",是个体有目的的努力,这种努力包括不断地改变个体的认知结构和行为,旨在缓解或消除由压力源引发的压力反应。坎布斯(Campas, 2001)把应对定义为:个体在面对压力事件和情境时采取的一种有意识的调节行为,包括改变对压力事件的评估,调节与压力事件有关的躯体和情感反应。

虽然不同学者对应对有不同看法,但综合已有的应对定义可见,应对是动态变化的过程,同时也是个体特质的体现,是个体在面对压力情境或事件时,运用其内外部资源所作出的各种认知或行为努力,这种努力可以是有意识的,也可以是潜意识的;既有动态的,也有静态的;既有健康的,也有不健康的;既有现实的,也有非现实的;既有有效的,也有无效的(黄希庭,2006)。从心理学角度看,应对作为压力与健康的中介因素,对健康起到重要作用。积极应对有助于缓解精神紧张,帮助个体解决问题,起到保护心理健康的作用。

应对过程

应对是一种包含多种策略、复杂的、多维的态度和行为过程。拉扎勒斯认为,应对可分为认知评估和应对反应。这两个过程是压力与其所导致的身心结果之间的重要中介。

(1)认知评估。应对过程首先是个体对压力情境的认识和评价,这一过程会形成对压力的态度,不同态度足以引起压力情境对个体所产生的影响的程度和时间的差异。个体对压力的态度是知难而进,把压力看作一种挑战去解决,还是感到难事临头,把压力看作一种负担。认知评估有三种形式。一是初级评估,个体通过认知去判断威胁程度,回答的是"我是不是有了麻烦"。一般包含三种判断:无关的、良性的和压力的。压力的又可分为威胁、危害、挑战三类。二是次级评估,是个体评估自己对压力采取应对行为与情境要求之间的匹配程度,回答的是"这种情形下我该做什么",包括直接应对、寻求资源后再采取行动、接受适应状况、放弃行动四种可能。三是再评估,是以新信念为基础的对先前评估的评估,包括对新信息的再评估的现实式评估和使用自我防御方法进行的自我防卫式评估。

(2)应对行为。把应对看作一个过程,自然会涉及一系列应对策略或应对行为。应对行为是在认知评估基础上,个体对压力情境作出具体行为。针对不同压力事件,人们采取的具体行为方式不同:或是积极地去解决问题,或是消极地去逃避。

在应对过程中,处理压力的行为体现了个体的智慧或能力。应对资源是提高应对行为的外部条件或内在素质,是应对的基本材料,包括生理的、心理的和社会的三个方面:一是生理资源,如身体健康状况;二是心理资源,如解决问题的能力、自我效能等;三是社会资源,如经济地位,来自配偶、亲人、朋友的社会支持等方面。

应对方式的结构及测量

应对方式(ways of coping)是个体在面对压力情境或事件时采取的认知和行为方式的总称(梁宝勇等,1999)。面对同样的压力源,不同个体采用不同的应对方式可以产生截然不同的压力反应。

(1)应对方式的结构和分类。应对方式有多种分类方式。Folkman 和 Luzarus(1985)按照功能将应对方式分为问题指向的应对和情绪指向的应对。问题指向的应对是指以寻找信息、探索可能的解决方法和采取有效行动来改变外在刺激减轻压力;情绪指向的应对是指通过表露自己情绪、寻找安慰和从他人得到支持以缓解压力。Zimbardo(1985)按照应对目的将应对方式分为解决压力源的直接活动和麻痹自我感觉的活动。薇兹(Weisz)把应对分为原发控制应对(primary control coping)和继发控制应对(second control coping)。前者是直接指向产生影响的客观事件或情境(如解决问题)或直接控制个人情绪(如调节情绪表达)的应对努力,后者包括适应环境的努力,主要包括接受或认知重构。Ebata 和 Moos 把应对分为趋向应对和回避应对。趋向应对是指积极对待压力,采取办法解决或消除内心不安;回避应对是消极对待压力,没有任何行动去解决问题,逃避压力和自己的情绪思想(孙圣涛,2004)。

采用二分法,可以把应对方式分为:认知的和行为的;有意的和无意的;指向自我的和指向外部的;主动的和被动的;积极的和消极的;主导性的和从属性的;等等。按照三分法可以把应对方式分为:积极的认知应对、积极的行为应对和回避应对;情绪取向应对、任务取向应对和回避取向应对。

研究者更多地根据因素分析结果对应对方式分类。马塞尼小组将应对方式分为预防应对和斗争应对。预防应对包括四种策略:①通过生活的调整躲避压力源;②调整要求水平;③改变产生压力的行为方式;④扩展应对资源。斗争应对包括:①压力监督;②集中资源;③攻击压力源;④容忍压力源;⑤降低唤起等五种策略。这一分类较为全面,得到了多数研究者认可,在具体研究过程中应用较为普遍。

(2)应对方式的测量。准确地评定个体的应对方式可以识别其在压力条件下的行为属于何种应对方式,帮助其学习有效的应对技巧,为心理健康教育和治疗性干预指明方向。然而,应对是一个复杂的动态过程,包含各式各样的策略和多个维度,应对方式测量是一项困难的工作(梁宝勇,1999)。

目前,使用最为广泛的测量评定方法是自我报告法。自我报告法可以采取开放式的、非结构式的评定方法,即让被试描述其在具体压力情境中的应对行为,也可以采用问卷法,即让被试回答事先编制的应对方式评定量表,还可以采用半结构式的、介于上述两条路线之间的方法。

问卷法是评定应对方式最主要测量方法。最具代表性的问卷量表有弗克曼和拉扎勒斯(1980)提出的应对方式量表(Ways of coping, WOC)以及 Carver 等 1989 年编制的 COPE 量表。弗克曼和拉扎勒斯的应对方式量表把应对看作一个过程,认为个体采用的应对策略更多的是依赖于情境的需求。该量表把应对方式分为正面应对、接受责任、远离、寻求社会支持、正向再评价、自我控制、逃避和计划问题解决等 8 种类型。COPE 量表假设个体在不同压力情境中存在倾向性的、相对稳定的应对方式,即应对方式具有人格倾向性。该量表包括 14 个分量表,分别考察直接行动、计划、抑制无关活动、克制忍耐、寻求工具性社会支持、寻求情感性社会支持、乐观性解释、接受、求助宗教、情绪专注与疏泄、否认、行为解脱、心理解脱及烟酒解脱等方式。国内有不少学者修订和编制应对方式问卷。肖计划(1995)编制的应对方式问卷是目前国内应用较多的应对测量工具。该问卷共有六个因子:解决问题、自责、逃避、求助、幻想和合理化。

大量自陈问卷的产生极大地促进了应对方式研究。但由于问卷本身存在缺陷,问卷法也受到许多批评。梁宝勇(2002)总结道,当前应对方式测量过于依赖自我报告法,更准确地说,是过分依赖和不适当地采用别人编制的量表,忽略采取开放式、非结构式的评定方法。为了对应对方式进行准确测量,必须结合使用多种测量方法,从定性和定量角度来对应对方式进行测量。还有一种常用的应对方式测量方法是行为观测法,即通过观察一个人在压力情境下的所作所为来推测他的应对方式。该方法首先需要选择可信的、与应对有关的、易于编码的行为。例如,观察海底实验室工作人员的压力应对方式时,选择个体与外界通话次数作为应对行为的指标。然而,由于选择合适行为指标比较困难,以及行为观察的成本较高,行为观测法的使用受到限制(封丹裙,石林,2004)。

22.3.2 应对方式应用的影响因素

面对压力个体会采取什么样的应对方式,个体应对方式选择受到很多主客观因素影响。下面着重介绍人口学变量、人格、社会支持和文化对应对方式选择的影响。

人口学变量

已有研究表明,年龄、性别、文化程度、社会经济地位、婚姻状况等人口学变量均与个体对压力的应对方式存在着一定的关联。

年龄是影响应对方式的重要因素。Vailant(1997)对 95 名大学生进行长达 30 年的追踪研究,发现随着年龄增长,个体会趋向于使用成熟的应对方式(如升华、幽默等),而使用不成熟的应对方式(如否认、歪曲等)的频率减少。

性别一直是压力研究的一个重要变量。张建卫、刘玉新和金盛华(2003)发现,女大学生在寻求社会支持、情绪宣泄、接受、心理解脱、求助宗教上得分均高于男生。然而,由于性别角色、社会及传统文化影响,女性在进入青春期后,应对方式趋向于消极被动(肖计划,1995)。

人格

大量研究发现,人格是影响应对的决定性因素。个体的人格特征、内外倾、乐观、自我效能感等均影响其对压力应对。陈红、黄希庭和郭成(2002)发现,与B型人格的中学生比,A型人格的中学生使用情绪指向的应对方式频率更高。

有研究发现,外向的个体倾向于使用具有普遍适应意义的应对方式,内向性、神经质、精神质以及A型性格的个体倾向于使用一些适应不良的应对方式(梁宝勇,郭倩玉,2000)。但也有研究认为,外向性格的人比较开朗,喜欢与他人交往,但通常不具备坚韧和顺从的性格,其应对方式多为回避型(Bouchard, 2003)。

乐观是一种积极的人格特征。乐观者往往对未来充满信心,能够以一种阳光的、积极向上的心态面对生活,能够坚持不懈地追求目标(Segerstrom, 2007)。研究表明,在应对压力时,乐观的人更倾向于使用趋向的应对策略,而不采用回避指向的应对策略(Lisa & shelley, 1992)。这是因为乐观者对未来抱有积极态度,促使他们不断努力、竭尽全力,而不是退缩或放弃(Lise & Segerstrom, 2006)。

自我效能感是人们对自己实现特定领域行为目标所需能力的信念。研究发现,自我效能感以成败经验、归因方式等为中介影响个体对应对方式的选择。自我效能感高的个体倾向于使用积极的应对方式处理突发事件;自我效能感低的个体会过多地看到自身的不足,并将潜在的困难放大,使其看上去比实际更加严重。

社会支持

社会支持是个体应对压力的主要资源,它能够缓解心理压力,减少不良情绪体验。

压力的资源保存理论认为,拥有更多社会资源的个体能够更好地抵御压力侵蚀。大量研究表明,在同样压力情境下,那些从伴侣、朋友或家庭成员处获得更多支持的人,比很少获得类似支持的人的心理承受力更强,身心更健康;社会支持良好的个体更多地采用问题指向的应对方式,社会支持不良的个体更多地采用情绪指向的应对方式(宫宇轩,1994;辛自强,池丽萍,2001)。国内一项研究发现,大学生的社会支持感受与压力感呈显著负相关。不论压力高低,与社会支持不良的大学生比,社会支持良好的大学生的消极情绪体验(如抑郁、焦虑等)更少;高压力低社会支持大学生的消极情绪最多(李伟,陶沙,2003)。

根据压力资源理论的观点,社会支持是最重要的外部资源,54％的研究中都涉及"寻求社会支持"的应对策略。人格特征是应对压力的内部资源,良好的人格特征(如乐观、自我效能感等)有利于个体的应对行为。

文化

生活在不同文化中的人的心理与行为特征深深地根植于当地的文化传统中(侯玉波,朱滢,2002)。一个社会的文化为生活在其中的人提供了解决各类生活问题的既存答案。在成长过程中,个体逐渐学会了从本文化特有的视角来看世界,文化向个体提供了应对这个世界的手段。Ismail(2003)指出,每一文化系统都会产生独特的压力来源,相应地,会导致不同的应对策略。

近年来,文化在应对中的作用越来越受重视,学者们开始从不同文化视角探讨应对方式。Taylor 等人(2004)比较亚裔美国人和欧洲裔美国人在应对压力时寻求社会支持的情况,发现与欧裔美国人比,亚裔美国人更少采用寻求社会支持来应对压力。这可能是由于亚洲国家的集体主义取向使得人们更加追求群体和谐,放弃与同伴共同处理压力。Farley 等人(2005)发现,应对方式存在族群差异。在面对压力时,非西班牙裔白人更倾向于使用物质滥用应对,墨西哥裔美国人更倾向于采用积极参照、否定和宗教性的应对方式。

宗教在压力应对中扮演重要角色。与科学心理学针对非精神化的应对方式进行的主流研究不同,将意义和精神看作主要应对资源的应对研究被称之为压力应对的精神化研究路线(李虹,2006)。宗教应对是精神性应对方式的一种。Pargament(1997)把宗教视为一种应对过程,并提出宗教应对的概念。宗教应对是指用宗教的行为和思想应对压力。当个体面对压力事件时,宗教应对策略帮助个体利用宗教来理解和处理压力来源,并帮助人们获得忍耐及寻找目的及意义的力量。宗教不仅影响人们评价事件的方式,还影响对压力事件的生理和心理反应(Folkman & MoskPwitz, 2004)。以佛教思想对应对方式的影响为例,佛教相信"业果轮回,因果报应",认为做好事会有回报,做坏事会有报应。这种思想在一定情境下能帮助个体化解其不能控制的事件。假如个体受到别人伤害,按照一般的反应,个体会发起反抗,使心理处于紧张状态。如果反抗无效,个体会因挫折而导致更大的心理冲突。如果以因果报应的佛教思想应对,个体会接受所遇困境,心理冲突就得到解决(景怀斌,2002)。

20 世纪 90 年代末期,Pargament 总结了宗教应对的五种功能:(1)寻求面对苦难和困惑的意义;(2)提供获得掌握和控制意识的途径;(3)通过一种超出个体力量来寻求安慰及减少忧虑;(4)促进社会团结与认同;(5)帮助人们放弃旧的价值目标,寻求新的意义来源。

宗教应对可以分为宗教行为应对和宗教思想应对。宗教行为应对是指采取具体的宗教活动来应对压力,例如乞求神灵庇护、参与宗教活动等;宗教思想应对是指采用宗教思想来重新认识和处理面临的困苦和挫折,例如"凡事要顺其自然","恶有恶报,善有善报"等(植凤英,张进辅,2007)。宗教应对还可以分为积极的宗教应对和消极的宗教应对。积极的宗教应对是一种精神信仰、一种在生活中可以发现意义的信念、一种可与他人发生精神联系的意识。消极的宗教应对是一种对世界的不吉利的看法,一种在寻求意义时与宗教的抗争。

宗教应对具有选择性: (1)宗教责任感较强和宗教卷入较多的个体容易采用宗教应对。(2)在一些特别严重、具有威胁性和伤害性的情境中,尤其是在个体无法控制的压力情境中,个体更倾向于采用宗教应对;(3)在一定宗教集会或宗教文化背景下,个体会更倾向于采用宗教应对(Pargament, 1997)。

虽然宗教应对属于精神性应对方式,但精神性应对并不仅指宗教应对,应对方式的精神性可能是宗教的一部分,也可能与宗教无关。例如,努力寻求生活意义是一种精神性应对方式,但这种应对方式可能与宗教有关,也可能与宗教无关。

22.3.3　我国部分少数民族心理压力的应对方式

植凤英(2009)在开放式访谈基础上,编制了适用于少数民族群体的应对方式量表,并通过探索性因素分析和验证性因素分析确定了应对方式的维度和信效度。最终的少数民族压力应对方式问卷包括两个基本维度: 积极应对和消极应对。积极应对包括问题解决、积极解释和寻求支持;消极应对包括否认逃避、克制压抑和情绪发泄。而后,使用该问卷调查了多个西南少数民族的应对方式。

回族的应对方式

回族是我国少数民族中人口较多、分布最广的少数民族。以贵州省威宁彝族回族苗族自治县的回族被试为调查对象,结果显示,回族压力应对方式的特点是,较常采用问题解决的应对方式,但同时也较常采用否认、逃避、克制压抑和情绪发泄等消极的应对方式。这可能与回族独特的历史发展和宗教信仰有关。明洪武年间,回族迁入威宁定居。清代中晚期,统治者公开提出"尽灭回族"的口号。威宁回族人民受到歧视和迫害,多次被血腥镇压。为繁衍生息,遂逐步迁徙至离城较远的地方居住。新中国成立后,回族人民方获得民族平等的权利,成为社会主义时代的新型民族。回族艰辛的历史发展培养了他们坚韧不拔、忍辱负重、自强不息的民族性格。威宁回族信仰伊斯兰教,"两世人生观"是伊斯兰教义的核心内容。这种思想一方面认为人死后善良的灵魂进入天堂,恶者的灵魂进入地狱,这使得回族人民在现实困境中具有坚强的意志品质,不畏艰难;另一方面,让人们相信现实的一切都是命中安排好的,不能改变的,同时强调忍耐和宽恕。这使得人们在遇到困难时,要顺从并坦然接受真主的安排(徐万邦,祁庆富,1996)。总之,长期的历史发展及独特的宗教信仰,形成了回族人民刚柔并济的人格特点(马金宝,2000)。刚柔并济的人格特点促使回族民众在面对困难时,既能采取积极的问题解决的应对方式,同时在遇到无法克服的困难时,又会采取消极应对方式。

傣族的应对方式

调查表明,傣族较常采用积极解释的压力应对方式。傣族应对方式的特点可能与其生活环境和宗教信仰有关。傣族是云南独有的少数民族,世代傍水而居,过着水土肥美、悠然自得的富足生活。傣族人对水有十分的依恋和崇敬,傣族人的性格也如水一般,温和、柔顺,被称为是"水的民族"。在生活中,傣族人很少与人发生冲突,不仅本民族的内部十分和谐,而且与其他民族的相处也十分融洽。傣族主要信仰两种宗教,本土的原始宗教和外来的小乘佛教。经过长期发展,小乘佛教已成为傣族的主导宗教信仰。小乘佛教渗透于傣族的各种风俗习惯之中,成为傣族人的一种习俗。佛教思想宣扬"生死轮回,因果报应"的宿命论,使傣族民众形成了一种顺从、乐观知足、与世无争、循规蹈矩的人格特点。优良的生态环境和宗教信仰的熏陶,使傣族人形成了自信、温和、顺其自然的民族人格。在面对人生困苦时,傣族人常会采取顺其自然的人生态度,这使得其在一定程度上安于现状,遏制了积极向上、开拓进取精神的形成。这或许正是傣族群众在应对压力时能够采用积极解释的应对方式,却较少采用问题解决这一直接应对方式的原因。

彝族的应对方式

彝族压力应对方式的特点是,较常采用积极解释和情绪发泄的应对方式。彝族民族的压力应对方式与其在生活环境和历史文化作用下形成的民族性格相一致。彝族长期居住在山高林密、峰峦叠嶂的山区,养成吃苦耐劳、热爱劳动的习惯。彝族人民以坚韧的劳动和吃苦的精神在恶劣自然环境中建立了家园(钱丽云,2002)。长期居于阴冷的山区或半山区,造就了彝族人对火的热爱,彝族被称为是"火的民族"。火的民族是一个热爱自由、热情奔放的民族。彝族人热情奔放的民族性格是彝族群众较常采用积极解释及情绪发泄应对方式的原因所在。

已有研究发现,各民族群众在应对方式上的差异与各民族在文化体系上形成的人格特质密切相关。在认真挖掘和整理少数民族应对方式的研究中,注重结合民族文化对应对方式的影响。为了化解少数民族的心理压力和建设和谐社会,要在少数民族文化中取其精华,弃其糟粕,帮助少数民族民众形成更加健康、有效的压力应对方式。

23　民族心理健康

　　健康是人类的终极性诉求之一。人类不仅希望有一个健康的身体,还希望有一个健康的心理。在社会转型与现代化过程中,人类的心理健康出现了诸多问题。民族心理健康因而也成为民族心理研究者重点关注的问题。

23.1　心理健康的概念

　　健康是人类生存和发展的基本条件,人生最大的财富和资本便是健康。那么,健康的标准是什么? 怎样才能称之为健康呢? 传统的观点认为,无病就是健康,通常是指生理上没有疾病。但是,随着现代科学的发展,健康的含义变得越来越丰富,远非"生理健康"一词所能概括。1977 年,美国曼彻斯特大学教授恩格尔(G. L. Engel)提出"生理—心理—社会医学模式"理论。世界精神病协会认为,从疾病发展史来看,人类已经从"传染病时代"、"躯体疾病时代"进入到"精神疾病时代"。

1948年,世界卫生组织(WHO)在宪章中提出了对健康的定义,即"健康不仅仅是指没有疾病,而且是在身体上、心理上和社会适应方面的完好状态"。因此,只有当一个人在是在生理、心理和社会适应三个方面同时都处于完好状态时,才可以说是健康的。相对而言,疾病是指个体在身体、心理或社会适应方面出现的各种障碍或异常。

从世界卫生组织给出的健康定义可以看出,心理健康是健康的不可缺少的部分。然而,心理健康的含义多种多样。自20世纪初,心理卫生运动兴起以来,有关心理健康或心理卫生的定义是一个持续争论的问题。

23.1.1　什么是心理健康

心理健康的定义

关于心理健康的含义,不同学者提出了各自的观点:

1929年,在美国召开的第三次全美儿童健康及保护会议中,与会学者提出:"心理健康是指个人在其适应过程中,能发挥其最高的知能而获得满足、感觉愉快的心理状态,同时在其社会中,能谨慎其行为,并有敢于面对现实人生的能力。"(周燕,1995)

1946年,第三届国际心理卫生大会指出,所谓心理健康,是指在身体、智能及情感上与他人的心理健康不相矛盾的范围内,将个人心境发展成最佳状态。

松田岩男认为:"所谓心理健康,是指人对内部环境具有安定感,对外部环境能以社会认可的形式适应这样一种心理状态。"(李寿欣,张秀敏,2001)

英格里士(English)认为:"心理健康是指一种持续的心理状况,主体在这种状况下能作良好的适应,具有生命的活力,能充分发展其身心的潜能。这是一种积极的、丰富的状况,不仅仅是没有疾病。"(林增学,2000)

麦灵格(Menninger,1937)认为:"心理健康是人们与环境相互之间具有最高效率即快乐的适应情况。"

冯忠良(2002)认为:"心理健康是人类个体对其生存的社会环境的一种高级适应状态。"

虽然众多学者们给心理健康下的定义存在差异,但仍可以在众多定义中找到共同点:(1)承认心理健康是一种心理状态;(2)视心理健康为一种内外协调统一的良好状态;(3)把适应(尤其是社会适应)良好看作心理健康的重要表现或重要特征;(4)强调心理健康是一种积极向上发展的心理状态。基于这些共同点,对已有心理健康的定义进行整合,并重新作出界定:心理健康(mental health)是指个体在与各种环境的相互作用中,在内外条件许可范围内,能不断调整自身的心理结构,自觉保持心理上、社会上的正常或良好适应的一种持续而积极的心理功能状态。

心理健康的标准

由于心理健康概念的外延较为模糊,对心理健康标准的界定也不统一。

马斯洛和密特曼(Mittelman)提出的心理健康标准包括十个方面:(1)有充分的安全感;(2)对自己有充分的了解,并能对自己的能力作出适当的评价;(3)生活理想和目标切合实际;(4)与周围环境保持良好的接触;(5)能保持自身人格的完整与和谐;(6)具有从经验中学习的能力;(7)保持良好人际关系;(8)适度的情绪发展与控制;(9)在集体要求的前提下,较好地发挥自己的个性;(10)在社会规范前提下,恰当地满足个人的基本需要。

20世纪90年代,世界卫生组织提出了人的身心健康的八大标准:"五快"和"三良"。"五快"是指食得快、使得快、睡得快、说得快、走得快;"三良"是指良好的个性、良好的处世能力、良好的人际关系。

佐斌(1994)把中国传统文化中隐含的心理健康标准概括为六个方面:(1)具有良好的人际关系;(2)适当约束自己的言行;(3)保持情绪的平衡与稳定;(4)正确认识周围环境;(5)持有积极的生活态度;(6)完善的自我发展目标。

目前,被研究者较为看重的心理健康标准是:

(1)智力正常。正常的智力是个体工作和生活最基本的心理条件。从心理健康的要求而言,个体智商应在90以上。因为只有具备正常的智力,个体才具备较强的注意力、记忆力、想象力和思维能力,才能正确地看待周围的事物,在认识环境、认识世界和认识自我时持有客观的态度,才能适应现实和未来的生活。

(2)保持良好的情绪。良好情绪指的是一种适度的、平衡的情绪,即表现出与客观情境和年龄相符合的情绪;了解自己,悦纳自己;能够采取积极方法摆脱消极情绪,自我控制情绪,保持稳定、平衡、快乐的主流情绪。

(3)了解并悦纳自己。健康的心理,应是自我评价客观,能够接纳自我,不苛求自我,既不妄自尊大而做力不能及的事情,也不妄自菲薄而甘愿放弃可能发展的机会,自信乐观,理想与现实达到完美统一。

(4)拥有良好人际关系。在与他人交往时,能够主动关心他人,帮助他人;表现出真诚、尊重、理解和接纳;具有正确的交往态度和有效的人际沟通技巧;保持人格的独立和完整。

(5)能够适应社会环境。对环境的适应和改造能力受一个人的生活态度决定。心理健康的人,能够在环境改变时正确面对现实,对环境作出客观正确的判断,不怨天尤人;能够与社会保持良好的接触,使自己的思想、行为与社会协调一致。

（6）人格统一完整。人格完整是指构成人格要素的气质、能力、性格和理想、信念、人生观等方面均衡发展，不存在明显的缺陷，有积极进取的人生观，并以此为中心，有效地支配自己的心理行为。

（7）行为适当。表现为对不同刺激的适度反应，不会过于激烈或过于冷漠。

（8）心理活动符合年龄特征。不同年龄阶段人有不同的心理和行为，心理健康者应该具有与同龄人相符合的心理行为特征，如果严重偏离，就是不健康的表现。

心理健康的测量与评估

从众多的心理健康标准可以看出，尚不存在一套令所有人信服的、判断心理健康状况的标准。因此，要对一个人的心理健康状况作出准确判断不是一件易事。目前使用的各种测量检测到的都只是一种相对标准，测验结果不可能像生理指标那么客观和准确。判断一个人心理健康与否的标准主要有：

（1）统计学标准。这种标准大多采用问卷调查法，在确定心理健康的常模后，利用统计方法比较个体得分与常模的关系。如果个体得分与常模相近则为正常，偏离常模愈远，异常就愈严重。这种测量方式省时省力，可以同时进行大样本的测量，应用最为广泛。

目前，国内外广泛使用的心理健康测试是症状自评量表（Self-reporting Inventory），又名90项症状清单（SCL-90）。该量表由德若伽提斯（L. R. Derogatis）于1975年编制，适用对象为初中生至成人（16岁以上），有成年和青少年的常模。量表包括躯体化、强迫症、人际关系敏感、抑郁、敌对、焦虑、恐怖、精神病性、偏执9个维度。每一个项目均采取1～5级的评分：1分为没有，即自觉并无该项问题（症状）；2分为很轻，即自觉有该问题，但发生得并不频繁、严重；3分为中等，即自觉有该项症状，严重程度为轻到中度；4分为偏重，即自觉常有该项症状，程度为中到严重；5分为严重，即自觉该症状的频度和强度都十分严重。

从表面上看，个体的测试得分高低是不准确的，还要看其在同一群体中所处的水平，才能确定其症状表现的真实程度。个体各分量表分数的分级原则为：①平均值上或下各一个标准差以内的为"中等水平的症状表现"；②平均值上或下两个标准差以内的为"较高或较低水平的症状表现"；③平均值上或下超过两个标准差的为"高或低的症状表现"。如果在某些分量表上个体得分较高，但常模中该分量表的平均分也较高，计算后发现个体得分没有超过常模一个标准差，那么就表明个体在该方面的症状表现只是中等水平。国内关于心理健康的量表多数是根据国外量表修订的，或是根据临床经验编制的。例如，周步城修订的MHT量表，评定被试者在学习焦虑倾向、对人焦虑倾向、孤独倾向、自责倾向、过敏倾向、身体症状、恐怖倾向、冲动倾向等8个指标上的状态。每个分项以标ZR分8分为临界点，总量表临界值是64分。即，如果某人在某项指标上得分超过 8 分,说明他在该项指标上存在问题。如果总得分超过 64 分,表示他在所有项目上都存在问题。该量表不仅用来进行心理健康状况诊断,也可以用做精神病学研究;既可以用于他评,也可以用于自评。目前,大多数心理健康的相关研究都会采用 SCL - 90 作为研究工具。已有研究发现,在测量心理健康水平方面,该量表具有较好的信度和效度。

(2)社会学标准。以一个人能否适应社会生活,能否符合社会道德规范要求为标准来划分心理正常与异常。一个人只有符合社会生活的基本要求,行为被社会接受,才能在社会中与大多数人交往,与周围人保持一种正常关系。

(3)医学标准。医学标准是在长期临床实践基础上,对各种心理障碍的典型症状作出概括和归纳后,以是否存在异常症状作为参考依据来划分心理健康与否的判断标准。在医学上,有对各种身心疾病生理症状的描述。经由精神病医生凭借临床经验观察,或依靠医疗仪器检测,如果个体的症状符合医学对心理疾病症状的表述,就被认为是心理异常。

(4)心理学标准。心理学标准是指从个体心理发展的阶段性出发判断一个人的心理状况。人的发展过程具有规律性,同一发展阶段的人具有该阶段的特殊性。但是,这种特殊性同时也是该年龄阶段的人所具有的共性。如果一个人的行为举止不能和同龄人相符,就说明他的心理发展出现问题,即心理异常。

常见的心理障碍

心理障碍是指由一般心理问题累积、迁延、演变的表现和结果,属于心理病理学的范畴,是心理状态的变异和心理能量的衰退或丧失以及心理能力下降的表现。具体表现可能有感觉异常、幻觉、思维奔逸、思维散漫、近事遗忘、错构、情感倒错、偷窃癖、强迫动作、自伤、自杀、失眠、梦游等。常见的心理障碍有:

(1)精神病性障碍。属于严重心理障碍。大多数精神病性障碍患者在患病期间,对自己的异常心理表现完全丧失自我辨认能力,不承认自己有病,也不会主动求治。这类心理障碍主要包括精神分裂症和偏执性精神病等。

精神分裂症主要的症状有:①思想情感和行为不同程度地与现实脱离,沉醉于自己的病态体验中;②对外界事物情感反应淡漠,甚至出现情感倒错或歪曲;③意向减退,行为懒散;④早期常有关系妄想、被害妄想或幻觉,并且这些症状常使患者作出怪异行为;⑤一旦发病,便逐步发展、加剧,自发缓解的极少见。

偏执性精神病又名妄想性精神病,是以妄想为中心的一组精神病。除妄想外,人格常保持完整,并有一定的工作及社会适应能力。一般发病年龄较晚。常见类型有:①偏执狂。这种类型的患者通常具有不可动摇的、固定的系统性妄想,呈现不易缓解的持久性,但无幻觉,对妄想对象可能行暴力伤害,有一定的社会危害性;难以治疗,必要时长期收容疗养。②类偏狂：以妄想为主，一般可有幻觉(以幻听、幻触为多见)，但妄想结构不如偏执狂紧密，系统化程度较弱。人格也较完整，可以保持一定的工作和生活能力。

(2) 心境障碍。也称情感性精神障碍，是指由各种原因引起的，以显著而持久的情感或心境改变为主要特征的心理障碍。在情绪与行为障碍中的心境障碍主要指抑郁症，其中，自杀是一个十分值得关注的重要问题。在临床上，主要表现为情感高涨或低落，伴有相应的认知和行为改变，可以有幻觉、妄想等精神病性症状。

(3) 神经症性障碍。神经症又称为神经官能症，是一组精神障碍的总称，包括神经衰弱、强迫症、焦虑症、恐怖症等。神经官能症的症状复杂多样，有的头痛、失眠、记忆力减退；有的有心悸、胸闷并伴有恐怖感等。特点是症状的出现和变化均与精神因素有关。例如，某些胃肠神经官能症患者，在情绪紧张时容易出现腹泻。

(4) 反应性精神障碍。又称应激相关障碍，主要由突发生活事件、剧烈精神创伤或者持续困难处境引起，表现为巨大刺激后的心理失常。主要特点有：①这种精神创伤持续时间较久；②一旦精神因素消除，症状也随之消失；③病前人格多属情绪不稳定型；④临床表现有明显的紧张、恐惧、焦虑、抑郁等情绪障碍，有与经历事件相关的不太荒诞离奇的妄想和幻听、幻视等，言语增多或沉默；⑤不论起病缓急，病程长短，预后一般良好，甚至不治自愈，少数人残留神经症症状。

(5) 人格障碍。人格障碍是指明显偏离正常人格，并与他人和社会相悖的一种持久和牢固的适应不良的情绪和行为反应方式。人格障碍患者对环境适应不良，因而影响个体的社会功能，甚至与社会发生冲突，给自己或社会造成不良影响。人格障碍常始于幼年，青年期定型，并持续至成年期或者终生。常见人格障碍有偏执型人格、强迫型人格、边缘型人格、依赖型人格等。

(6) 心理生理障碍。又称心理因素相关的生理障碍，是指由某些心理原因导致的生理问题，包括进食障碍(神经性厌食、神经性贪食、神经性呕吐)和睡眠障碍(失眠症、嗜睡症和发作性睡眠障碍)等。

23.1.2 心理健康对人的影响

心理健康对生理健康的影响

心理健康与身体健康密切相关、互相影响。身体健康是心理健康的基础，心理健康是身体健康的保障。只有心理和生理都得到完善的发展，才是真正的健康。

心理对身体健康的重要影响表现在心理因素在疾病发生、发展、治疗和预防过程中起重要作用。近现代医学将这种受到心理因素的躯体器质性疾病和躯体功能性障碍称为心身疾病。常见心身疾病有冠心病、溃疡性肠胃病、甲状腺机能亢进、类风湿性关节炎、神经性皮炎、原发性高血压及疼痛综合征等。

由于现代社会竞争加剧、工作节奏加快、生活压力加大,当代人的心身疾病发病率明显增多。人们比较注意"病从口入",常忽视"病从心生"。如果一个人的心理经常处于悲观状态,身体抗病能力就降低,许多疾病就有可能发生。

心理健康对人际关系的影响

人际关系和心理健康也相互影响。人际关系对心理健康的影响表现在:和谐、融洽的人际关系给人带来愉快、欢乐和幸福,有益于心理的健康发展;紧张、冲突的人际关系给人带来烦恼、郁闷和痛苦,阻碍心理的健康发展。同样,心理健康也影响人际关系。心理健康的人在集体中更受欢迎,心理障碍的人在集体中更容易受到孤立和排斥。这是由于受集体欢迎的个性品质与心理健康标准是一致的,在集体中受排斥的个性品质与心理健康标准相悖。具有心理障碍的人,无论是与上司、同事,还是与父母、兄弟姐妹、朋友的关系,都远不如心理健康的人。

心理健康对生活质量的影响

心理健康是保证生活质量的前提。一个人只有处于全面健康状态,才能更好地适应社会生活。医学证明,感冒、肝炎甚至癌症等疾病都与心理因素有关。疾病必然会降低个体的生活质量。因此,保持良好的心理状态可以降低疾病发病率,为高质量生活提高保障。

心理健康的人能够承受挫折。因此,在逆境中,心理健康的人更能够充分发挥自己心理潜在能量,在其他条件相当的情况下,工作、学习的成绩必然优于心理不健康者。虽然有些人有强壮的身体,但由于自卑、缺乏毅力等不健康心理因素影响,最终碌碌无为,虚度一生;另外一些人虽身有残疾,但拥有乐观的态度、惊人的毅力,最终赢得事业上的巨大成功。

23.1.3 心理健康的影响因素

人的心理活动是极为复杂的动态过程,影响心理健康的因素也复杂多样。心理健康状况是先天性因素和后天性因素、个体因素和社会因素共同作用的结果。与遗传基因相关的先天性因素在一定程度上决定了人的心理健康状况,年龄和性别等不可变的生理因素也与人的心理健康相关。但特定的社会、政治和经济背景会左右人的心理健康,与其他社会成员的交往和互动也会影响人的心理状态。这些影响因素共同作用于个体。在不同环境中,影响个体心理健康的因素也存在差异。

个体生物因素

(1) 遗传因素。人的心理发展与遗传基因密切相关,尤其是人的气质、神经结构的活动特点、能力和性格等都受遗传影响。调查和临床观察发现,许多精神疾病具有家族遗传史,如精神分裂症、躁狂抑郁症、癫痫发作、精神发育不全、脑神经萎缩、性情乖僻等。遗传的易感性也影响人的心理健康。上海市对精神病患者的家属普查发现,精神病人的亲属患精神病的可能性比正常人的亲属高出6倍。

(2) 躯体健康状况。行为医学研究发现,心理疾病和生理疾病具有基础性关联。抑郁症在许多躯体疾病患者中发生比例更高。20%～45%的癌症患者、26%～34%的心血管病患者、15%～30%的心肌梗死患者、24%～40%的糖尿病出现抑郁障碍(徐俊冕,2006)。损害神经组织结构的病菌、病毒,脑外伤或化学中毒,以及某些严重的躯体疾病、机能障碍等,也是造成心理障碍与精神失常的原因。

(3) 年龄与性别特征。一般而言,心理健康状况会随着年龄增加而恶化。这是由于随着年龄升高而恶化的生理健康会影响心理健康(Katona & Livingston, 2000)。Newman, Bland和Om(1998)表明,重度抑郁症患者在人群中的比例为3.6%,在65岁以上群体中比例是11.2%。但也有研究发现,老年群体患抑郁症概率降低,这是因为在面对挫折和压力时,老年人具有更多的应对技巧和应对策略,同样的压力对其心理健康的影响要比对年轻人轻(Blazer, 2005; Kessler et al., 2010)。因此,心理健康与年龄的关系尚未有确定结论。

研究证实,抑郁焦虑类心理障碍发生率的男女比例为1∶1.5到1∶2之间(Patel et al., 1999; Pearson, 1995)。女性面对的源自传统家庭和社会角色的冲突带来的压力远大于男性,这会对女性的心理健康产生负面影响(Seedat et al., 2009)。世界卫生组织2001年报告,家庭暴力和性侵犯也会给女性的心理健康带来负面影响。心理健康的性别差异在年龄段的分布存在差异:在成年群体中,心理健康的性别差别最明显;在老年人和儿童群体中,性别间的心理健康差异不十分显著。

社会心理因素

(1) 经济状况与生活环境因素。个体的经济状况和生活环境会对心理健康产生重要影响,主要体现在贫穷和生活条件恶劣影响和损害身心健康。贫穷影响心理健康不仅发生在低收入国家,发达国家的低收入群体也如此。芬兰低收入阶层抑郁症患病率为高收入阶层的1.9倍,这一比例在德国为1.9,在荷兰为1.6,在美国为1.6,在津巴布韦为1.8(Lindeman et al., 2000)。美国的调查发现,贫困家庭孩子患心理障碍的比例是社会平均值的2倍(Costello et al., 1996)。

虽然不能断定贫困与心理健康之间存在因果关系,但有数据表明二者之间相互作用、相互影响(Patel, Leon & Walt, 2001)。贫困不仅是物质贫乏,还意味着受教育机会、就业机会、社会参与机会和社会资源缺乏,容易导致个体产生无助感和孤独感,导致心理和行为问题发生。世界卫生组织2001年报告,由经济剥夺、低教育水平和失业引发的心理和行为障碍还会引起不良的经济影响,如健康支出增加、失业和生产率降低,从而加剧贫困的程度。

另外,生活习惯不当,如抽烟、饮酒和饮食过量等,不良工作环境、劳动时间过长、工作不能胜任以及工作单调等,都会使人产生焦虑、烦躁、愤怒、失望等不良的心理状态,影响和损害人的心理健康(Kessler, Foster & Saunders, 1995)。健康的行为习惯对心理健康有积极影响。美国的调查表明,经常进行体育锻炼的群体抑郁症发病率为8%,不经常进行体育锻炼的群体抑郁症发病率高达13%(Goodwin, 2003)。

(2)社会资本与社会交往。社会资本是指在社会交往过程中形成的个体或团体之间的关联——社会网络、互惠性规范和由此产生的信任,是人在社会结构中所处位置带来的资源。社会交往对个体心理健康有重要影响(Putnam, 2001)。通过社会交往,人们会获取更多的社会资本,获取更多的健康知识、更便利的健康服务,更好地遵守社会规范而规避不健康行为(Baum, 1999; Kawachi, Kennedy & Glass, 1999)。不良的社会交往和匮乏的社会资本影响心理健康。城乡社会发展不平衡、种族歧视会对人们的社会交往和社会资本造成不利影响,进而影响心理健康。农村地处偏远,交通不便、通讯不畅,缺少受教育机会,也难接触到心理障碍治疗和干预服务。研究表明,农村妇女患抑郁症概率是社会平均值的2倍(Hauenstein, Boyd & Submission, 1994)。一项针对湖南省自杀率的调查发现,农村自杀率比城市高很多,分别为每10万人中88人和24人有过自杀念头或实施过自杀行为(徐俊冕,2006)。

(3)重大生活事件。生活中经历的重大事件对心理健康的影响也不容忽视。生活中遇到的种种变化,尤其是一些突然变化的某些事件(如车祸、丧失亲人、事业失败)往往是导致或触发心理疾病的直接原因(Brown, Birley & Wing, 1972; Leff et al., 1987)。在经历重大生活事件时,个体会产生巨大心理压力,需要付出精力去调整和适应。如果在一段时间内发生的不幸事件太多或事件较严重,个体的身心健康就很容易受到影响。Lindström 和 Rosvall(2012)调查瑞典28198名18岁到80岁被试,发现与已婚或同居的人比,未婚、离异、丧偶的人的心理健康状况差很多,这种影响的力度强于经济状况和社会资本的影响。

(4)教育因素。包含家庭教育和学校教育。对个人心理发展而言,早期教育和家庭环境是影响心理健康的重要因素。如果个体早期的成长环境单调、贫乏,心理发展会受到阻碍,会抑制其潜能发展;如果受到良好照顾,接受丰富刺激,个体的潜能可能得到更多发展。儿童与父母的关系,父母的教养态度、方式等也会对个体未来的心理健康产生影响。如果个体在成长早期能够与父母建立和保持良好关系,受到父母的支持和鼓励,个体容易获得安全感和信任感,并对成年后的人格发展、人际交往和社会适应等方面起到积极的促进作用。

(5)快速的社会转型和变革。城市化进程为人类带来了很多不利的社会事件,如过度拥挤、环境污染、巨大的收入差距、高犯罪率和社会支持减少等。这些因素都可能诱发心理疾病(Desjarlais et al., 1996)。快速的技术变革也是诱发心理障碍的重要因素。科技变革,特别是信息革命,虽然为人类提供了很多方便,也滋生出很多不利于身心理健康的影响因素。例如,媒体传播的便利性使得暴力和色情信息泛滥,暴力游戏在青少年群体中盛行,这些都是诱发心理疾病的重要因素(Dill, 1998)。

23.2　少数民族的心理健康

由于特殊的生活环境和文化教育背景,少数民族的心理健康状况可能存在不同于汉民族的表现形态。因此,重视和加强对少数民族心理健康的研究十分重要。

23.2.1　我国少数民族心理健康的研究现状

罗鸣春、黄希庭和苏丹(2010)分析 30 年来针对中国少数民族心理健康的相关研究。采用文献计量法检索了中国知网期刊数据库 1978—2008 年间主题为"少数民族心理健康"的期刊文献,获得文献 285 篇。从表 23 - 1 可见,1978—1983 年间,少数民族心理健康研究为空白;1998 年后,相关研究逐渐增多。然而,同一时间段内主题为"心理健康"的文献有 47080 篇,主题为"少数民族"的文献有 285 篇。比起心理健康和少数民族研究的繁荣兴盛,少数民族心理健康研究还是十分薄弱的。

表 23 - 1　1978—2008 年中国少数民族心理健康发文量检索结果

年份 主题	1978—1983	1983—1988	1988—1993	1993—1998	1998—2003	2003—2008	合计
少数民族心理健康(篇)	0	3	9	17	52	204	285
心理健康(篇)	59	412	1152	3773	11118	30566	47080
百分比(%)	0	0.73	0.78	0.45	0.47	0.67	0.61
少数民族(篇)	2162	4610	6109	7868	8727	17288	46764
百分比(%)	0	0.06	0.15	0.22	0.60	1.18	0.61

已有研究考察了全国范围内 30 个少数民族心理健康状况,涉及白、藏、朝鲜、回、基诺、蒙古、维吾尔、苗、侗、布依、土家、摩梭人、羌、傣、壮、彝、瑶等少数民族。对象主要为少数民族学生(大学生、中小学生和专科生等)、教师、普通民众等。工具主要依托症状自评量表 SCL - 90、艾森克人格问卷、卡特尔 16 种人格因素测试、心理健康诊断测验(MHT)等;也有研究根据需要和少数民族特点自行编制了测评问卷,测量内

容范围比较广泛。

少数民族的心理健康与汉族既存在共同点也存在差异。常永才(2001)对在北京高校就读的少数民族大学生和汉族大学生在心理适应、应付方式和求助倾向方面的情况进行测试和比较,发现少数民族大学生群体在心理适应总体水平与汉族大学生的表现基本一致,但在某些心理问题的严重程度与汉族大学生存在差异:少数民族大学生在强迫症、人际敏感和精神病方面比汉族学生严重,尤其是在偏执上两群体差异最大。在影响因素方面,影响少数民族大学生和汉族大学生的心理健康的因素类型基本相同,诸如学业成绩、就业和经济困难等,但各因素对两个群体心理健康的影响程度存在差异。这可能是由于特殊的生活环境和文化教育背景所致。一方面,少数民族,尤其是落后地区的少数民族,居住的地理位置偏远,自然环境特殊甚至恶劣,经济贫困,民众的教育水平和现代科学意识十分薄弱。另一方面,少数民族大多有独特的语言文字、宗教信仰和风俗习惯,尤其是独特的生活环境和历史发展,使他们不仅具有较为独特的心理特征和心理问题,而且形成了相应的心理健康观念、技术和制度。

23.2.2　文化差异与少数民族的心理健康

研究发现,文化对少数民族心理健康有重要影响。各个民族由于地理环境、生产与生活方式、社会经济以及历史发展等差异,呈现出不同的民族文化,形成了该民族特有的文化模式。民族心理是一个民族的文化模式在民族精神面貌上的反映。民族文化反映民族心理,民族心理通过民族文化表现。民族心理和民族文化的共生关系以及不同民族之间心理和文化的差异,决定了文化在少数民族心理健康中的重要性。

文化导致不同民族的心理健康观存在差异。心理健康观是对心理健康的认识。研究发现,不同民族文化形成不同的心理健康观,心理健康观的差异会直接影响人们的健康行为。以西方基督教文化地区和东方儒家文化地区为例,西方基督教地区(西欧、北美和澳洲)的文化特质是科学主义和个人主义。在工业革命时期,科学主义兴起使得医学关心技术进步远胜过关心人和社会的和谐发展,心理健康长期不受重视,医生变成人体修理匠;个人主义更将心理健康的主要标准局限于情绪快乐,忽视心理健康的道德方面和个体的精神需要,尤其是对人生意义的追求。东方(中国、日本、韩国和越南等地)文化偏重群体的社会道德,倡导君子式的圣贤人格。尽管早期儒家思想承认适宜的物欲和情感的合理性,但在宋代,统治者用儒家文化来教化民众,片面强调群体德性的"天理",蔑视个体正当的物欲,儒家文化逐渐政治化。在儒家文化影响下,中国传统心理健康观念过分强调道德境界的完善与心理健康的结合,个体的主体性得不到充分承认,甚至把日常情绪的冲突视为"小人"之举,忽视日常情绪的调适,心理健康未受到足够重视(马丹丹,李辉,2006)。

汉文化与少数民族文化已经发展成为"你中有我,我中有你"的紧密关系。然而,汉文化与少数民族文化之间仍存在差异,这是不争的事实。少数民族文化与汉文化的差异是否会导致少数民族的心理健康存在有别于汉族群体的特点?通过对我国民族文化群体间的比较,发现文化对心理健康的影响主要表现在:

(1) 文化影响该文化背景下社会成员的性格形成、心理机制、精神病理、特有心理问题、临床表现等。以回族为例,回族是一个全民信仰伊斯兰教的民族。在回族的传统观念中,教存族方可存,无教便无族。如果没有对伊斯兰教的信仰,回族就不复存在。伊斯兰教教义认为,人要扬善抑恶,和衷共济。既然对物质的解放感到绝望,就去追求精神的解放,追求思想的安慰,以摆脱完全的绝望处境。信仰伊斯兰教影响了回族人民的性格和心理特点形成,这些精神力量使他们形成强烈的维护民族宗教的观念,并自觉维护本民族利益。与人相处时,回族人讲究与人为善,注意调解人与人之间的关系,且吃苦耐劳,负重拼搏。这些精神信仰也使回族人产生特有的心理问题和临床表现。任天波(2003)比较宁夏回族大学生和汉族大学生的心理健康状况,发现回族大学生存在一定心理问题,回族大学生的 SCL - 90 评分均高于全国常模,主要表现为强迫、忧郁、人际关系敏感、偏执和敌对等。这可能与回族信仰中强烈的民族意识有关。强烈的民族意识和民族自尊,使回族学生有很强的文化防守心理,希望自己的信仰和风俗习惯得到他族社会成员的尊重,不能容忍他人对自己信仰的曲解和玷污。

(2) 文化导致人们对待心理问题的态度和对心理健康水平的认知存在偏差。常永才(2001)发现,维族学生的 SCL - 90 得分明显高于朝鲜族学生,但自述的自我感受却好于朝鲜族学生。这可能是由于文化不同导致人们对心理健康水平认知的偏差。不同文化的患者趋向于选择性地表达或以文化许可的方式来描述症状。研究发现,亚裔患者更喜欢报告躯体症状,如眩晕,而不报告情绪症状(Lin & Cheung,1999)。

(3) 文化影响人们的求助行为与心理治疗方式。例如,文化影响人们如何应对自己的症状,他们家庭和群体的支持如何,他们到什么地方寻求帮助,如何获取服务,以及支付治疗的情况。冉茂盛(1999)调查盐源县左所区沿海乡的摩梭人,发现摩梭人的身心保健方式与宗教信仰关联十分密切。患有身心疾病后,53.2%以上的被调查者表示会寻求喇嘛帮助。患精神疾病时,首先寻求喇嘛帮助的被调查者占 20.7%,显著高于患躯体疾病时寻求喇嘛帮助的比例(9.9%)。可见,一个民族的心理健康观念和心理保健制度是由文化决定的。

综上所述,少数民族群体在其特有生活环境和宗教信仰等多种因素作用下,形成具有民族特色的心理特征和心理问题,对心理健康的认知和心理治疗方式也与其民族文化密切相关。文化造就了民族心理并决定了民族心理健康状态的根基。因此,无论是民族心理健康的研究,还是民族心理健康维护的实践,都应把文化作为重要因素。

23.2.3 文化适应与少数民族的心理健康

文化差异不仅使得不同民族群体发展出各自的心理健康模式,而且直接影响民族群体的心理健康。文化差异对心理健康的影响主要表现在:当不同文化群体接触时,由于彼此的文化差异,某一文化中的成员可能不适应其他文化,而在认知、情绪和行为等方面产生冲突的体验,从而经历文化适应的过程。文化适应对个体的心理健康有重要影响。

文化适应的概念

(1) 文化适应的定义。文化适应(culture acculturation)是指两个或两个以上的文化体系之间发生持续接触导致一方或双方原有文化模式变化的现象(冯瑞,2002),或指两个先前独立存在的文化传统进入持续接触,相互适应、借用,造成一方或双方原有的文化模式发生大规模的变迁(刘毅,1993)。文化适应研究关注文化层面,如文化融合、文化变迁、文化消亡和文化保护。在该研究领域,文化适应既是文化对环境的适应,也是文化之间及文化各个部分之间的相互适应。

Berry(2005)认为,文化适应包括群体层面和个体层面。群体层面的文化适应包括社会结构、经济基础、政治组织以及文化习俗的改变,个体层面的文化适应包括认同、价值观、态度和行为能力的改变,即个体所经历的心理变化以及对新环境的最终适应。

Graves(1967)提出心理文化适应(psychological acculturation)的概念。心理文化适应是指在与其他文化接触以及参与本文化群体或民族群体所处的文化适应中,个体所经历的态度、信仰和行为的改变(Amer,2005)。Szapocznik 等(1980)提出,心理文化适应包括两个维度:行为和价值观。行为包括语言使用和其他文化活动参与;价值观反映关系模式、人与自然的关系、对人性的信念和对时间的态度。可见,心理文化适应是进入异文化的个体对新文化环境的适应过程和结果,更多地关注文化变迁中个体的心理和行为的变化以及应对与调适。

(2) 文化适应的阶段。文化适应既是结果,也是过程。在文化适应中,个体经历不同的阶段。对文化适应阶段的划分,存在不同观点。

阿德勒(A. Adler, 1870—1937)认为,文化适应包括五个阶段:

① 接触:刚进入异文化时,异文化的各种新奇方面使得个体产生兴趣。

②　不统一：个体开始觉察文化差异的阶段,体验到文化压力,感到困惑、无助、抑郁。

③　否定：个体否定文化差异,可能产生攻击意愿,开始对异文化产生疑问和否定性行为。

④　自律：个体开始承认文化差异,心理防御开始解除,较为自如地应付新环境。

⑤　独立：个体对文化差异有进一步认识,体验丰富的感情生活,采取实现自我价值的行为,担负社会职责,日常生活逐渐顺利。

Lysgaard(1955)提出文化适应过程的 U 型曲线,认为个体刚进入新文化环境时,容易感到适应,文化适应中期却是一个充满危机、极不适应的阶段;最后,个体又慢慢获得适应感,开始与新群体整合。

Oberg(1960)提出,处于文化接触中的个体存在四个情感适应阶段：①蜜月期,个体享受新文化带来的新奇;②危机期,个体体验到文化冲击带来的挫折和焦虑;③恢复期,个体开始试图解决新环境中的危机;④个体重新适应新环境(Ward et al.，1998)。

上述文化适应阶段虽各有差异,也有相似之处。总的来说,文化适应是一个从新奇到文化冲突阶段,又从不适应冲突到调适,最后达到适应的过程。在文化适应中,个体需要经历各种困难和困惑,对新文化的不适应,甚至产生心理压力或形成心理障碍。而且,并非所有人都一定能够达到最终的适应状态,有的人由于适应不良,饱受心理压力和心理障碍的痛苦,一直徘徊在适应不良的边缘。文化适应中的心理健康问题受到越来越多研究者的关注。

(3) 文化适应与心理健康。早期的文化冲击(cultural shock)研究是文化适应中心理健康问题的基础。文化冲击是指个体不适应新的文化环境,在认知、情绪等方面产生冲突后的心理体验。Taft 把文化冲击归纳为六个方面：①努力获取心理适应而产生的压力;②和朋友、地位、职业和财产有关的缺失感和剥夺感;③被新文化成员拒绝或拒绝新文化成员;④对角色、角色期望、价值观、情感和自我认同的困惑;⑤意识到文化差异后出现的惊讶、焦虑、厌恶和愤慨等情绪;⑥无法适应新环境而产生的无助感(参见 Mumford,1998)。

Ward 和 Kennedy(1996)认为,文化适应有两个维度：①心理适应(psychological adaptation);②社会文化适应(sociocultural adaptation)。心理适应以情感反应为基础,以在跨文化接触中心理健康和生活满意度为衡量标准,即在跨文化接触中,个体有无产生抑郁、焦虑、孤独、失望、想家等负面情绪。社会文化适应基于行为,是适应当地社会文化环境的能力,即是否能与当地文化群体进行有效接触。在文化适应中,心理适应更容易出现问题,心理适应问题在相互接触后通常会增加,然后又随着时间减少;社会文化适应通常是随时间呈现线性改善。

文化适应中的心理健康问题有不同程度,可以是从极少的不适到极端程度的不适以至于使人丧失继续生活的能力。文化适应不良可能导致个体身心健康水平下降,产生焦虑、抑郁、边缘感、疏离感和认同混乱等。鉴于文化适应与心理健康的密切关系,Rogler,Cortes和Malady(1991)总结了文化适应对心理健康的影响:

① 在文化适应初期,移民会失去了原有的人际支持网络,在迁入社会里也未重新建立新的人际网络,而且与新环境的文化隔离也会使移民经历压力,同时,工具性技能的缺乏(如语言知识)也使得周围环境变得陌生和不可控制。这些因素都会影响移民的自尊,最终引起心理问题的产生,表现出症状行为。

② 随着文化适应程度不断增加,个体渐渐地偏离了原来文化群体,逐渐内化了主流社会的文化准则,但这些主流社会的准则可能包括了对移民自身文化的刻板印象和歧视态度。因此,这种内化的结果就是在移民的自我结构中表现出弱化的自我贬低(self-deprecation)和民族自恨(ethnic self-hatred)。

③ 文化适应程度与心理健康呈曲线关系。如果原文化中的支持因素和自我强化因素的保持与主体社会工具性文化因素的学习达到最好的结合状态,个体就表现出良好的心理健康状况。如果个体离开了这个最完美的平衡点,趋向于两个文化适应的极端,心理健康问题就可能发生(张劲梅,2008)。

文化适应的影响因素

在与不同文化群体成员接触中,个体会经历一系列生活变化,如风俗习惯、生活方式等变化,这些都会影响在异文化环境中的适应状况。张劲梅(2008)基于对文化适应研究的文献分析,把影响跨文化适应的因素分为外部因素和内部因素:

(1) 外部因素

① 时间。在文化适应初期,生活变化最大,适应资源最少,适应水平最差。一项针对美国阿拉伯移民的研究发现,移民在美国居住的时间越长,对生活满意度越高(Faragallah,Sehumm & Webb,1997)。

② 社会支持。社会支持来自家庭、同胞以及当地人。社会支持可以提供信息,帮助个体应对新环境,同时也提供感情支持,增加其心理安全感和归属感、减少心理压力、焦虑、无助感和疏离感等消极情绪。但社会支持也可能阻碍个体对当地文化的学习和融入。对在美国学习的非洲学生研究发现,那些与同胞联系密切、与同胞一起消磨很多时间的人适应水平较差(Ward & Kennedy,1993)。

(2) 内部因素

① 认知方式。对生活变化的认识和评价方式会对文化适应造成影响(Haslberger,2005)。例如,个体的期望。期望是指在进行跨文化接触前,个体对跨文化接触的想象。现实的、与实际体验匹配的期望能够促进适应过程。正确的期望

可以使人有足够心理准备去处理潜在的生活变化,对压力环境进行正确评价,建立起信心,减轻焦虑(陈慧,车宏生,朱敏,2003)。

②　人格。控制点和外向性等人格特质影响文化适应。有研究发现,内控的人的文化适应更好。Zea, Jaralma 和 Bianchi(1995)发现,内控的高加索裔、西班牙裔和非裔大学生适应得更好。有研究发现,与当地人在 Eysenck 人格问卷的外向性分数接近的移民体验到的心理适应水平较高。这说明,在很多情况下,不是人格预测文化适应,而是旅居者的人格与当地文化群体是否匹配,是否适合。

③　知识和技能。对新文化的知识和技能的掌握通常可以提高适应水平。语言掌握是一个十分重要的因素。语言能力与心理幸福感和适应相关。熟练掌握主流文化语言的个体在与主流群体的交往和社会活动参与上表现出更多的自信,只掌握本族语的个体在主流文化适应过程中困难重重,从而产生自卑和退缩。

④　人口学因素。人口学因素也与文化适应有一定关系。性别和年龄与文化适应的关系尚未得到一致结论。有研究发现,在加拿大土耳其移民中,女性的文化适应情况差于男性(Ataca & Berry, 2002),在西班牙移民中,女性的文化适应状况好于男性(Zlobina et al. , 2006)。有研究报告,年轻人的文化适应好于老年人,也有研究认为,老年人的适应问题较少(陈慧等,2003)。教育、职业和收入与文化适应的关系得到了一致结论,即受教育水平和收入与文化适应成正比(Shen et al. , 2001)。

⑤　歧视感和偏见。歧视感和偏见对文化适应影响极大。如果移民认为新群体成员对其有歧视和偏见,他们参与社会活动的动机就会减弱,从而影响其文化适应(Padilla & Perez, 2003)。对美国的俄罗斯青少年移民研究发现,有歧视感的青少年会更认同自己的国家,而拒绝认同美国文化(Birman, Triekett & Buchanan, 2005)。

23.2.4　我国少数民族的文化适应与心理健康

大多数文化适应研究关注在传统移民迁入国(如美国和加拿大)的移民的文化适应状况。在内部具有多民族文化的国家中,文化适应也越来越受到关注。Berry(2005)指出,世界上一半的人口都处于多元文化社会中,尤其是在亚洲,那里的人们每天都会经历文化的冲突和文化心理的改变。在我国,随着经济发展,许多少数民族民众来到外地求学和工作,他们在汉文化占主导地位的地区的适应引起了社会各界关注。国内有关少数民族文化适应的研究在民族学、人类学和社会学等领域已经蓬勃开展,在心理学领域还较为鲜见。我国少数民族文化与汉文化存在哪些差异,这些文化差异是否会影响少数民族文化适应过程中的心理健康?

少数民族文化与汉文化的差异

少数民族文化与汉文化之间的差异不是绝对的,而是相对的。这种相对文化差异的观点不认为少数民族文化和汉文化之间存在完全不同之处,而是相对于汉文化,少数民族文化具有独特性、单纯性和更显著的民族特点。以下从物质、心物和心理层面分析少数民族文化和汉文化的相对差异。

(1) 物质层面差异。从物质层面的文化看,少数民族文化与汉文化的差异主要表现在两个方面:饮食与服饰。

由于居住地的自然环境不同,少数民族在生活方式、历史进程、宗教信仰、风俗习惯等方面与汉族存在差异,因而其饮食的来源、制作、器具、礼俗等也与汉族不同,形成各自的饮食文化模式。与汉族饮食差别最为显著的少数民族是回族。回族大多信仰伊斯兰教,《古兰经》的饮食规定有几条原则:污秽不洁、有碍身体健康的食物不得食;未履行宗教仪式而下刀或自死、弃死的动物不能食(杜倩萍,1999)。这种规定使得回族形成了与汉族极为不同的饮食习惯。又如,纳西族的主要食品是炒面,有喝酥油茶的习惯。藏族饮食以糌粑、酥油茶以及奶制品为主(刘志扬,2004)。

各民族的服饰具有鲜明特点,这与地理环境和民族习俗等有一定联系。例如,凉山地区的彝族特色服饰为"擦尔瓦",那是一种由羊毛织成的披风式的服饰,目的是为了抵御高海拔的寒冷气候;傣族服饰与其炎热气候有关,尤其是女性,上身是窄胸衣,下穿筒裙,以图凉快。纳西妇女的服饰"披星戴月",代表了纳西女性的勤劳品质。张劲梅(2008)发现,有的少数民族学生看不惯汉族同学的衣着,这是由于服饰差异引起的个体对服饰的偏好和审美观的差异。

(2) 心物层面的差异。从心物层面看,少数民族文化和汉文化的相对差异主要体现在语言、风俗习惯和宗教上。

少数民族语言是识别民族的重要依据。20世纪50年代开始的民族语言识别和普查发现,内地少数民族正在使用的语言约有80多种(黄行,2002)。除回族和满族使用汉语外,其他53个少数民族都有自己的语言。这些语言隶属于5大语系,还有一部分语言未定语系。各语系的语言在语音、词汇和语法等方面有不同特点,同一语系内部的各族语言也各有特点。就文字而言,我国少数民族中只有一部分有自己的文字。各种少数民族文字归纳起来大致有四类:(1)象形文字,如纳西族的东巴文、水族的部分水书;(2)汉字的变体,如方块壮字、白文等;(3)音节文字,如规范的彝文,一字只读一音,一音只有一字;(4)拼音文字,如傣文、藏文等(马寅,1984)。虽然汉语使用已经普及,但根据80年代后期少数民族语言使用情况的调查和90年代少数民族人口增长的情况推算,我国使用少数民族语言的人口共有6800多万人,占少数民族总人口的60%左右。这表明,少数民族使用的语言与汉民族使用的语言仍然存在差异。

风俗习惯是指一个民族在长期历史发展中逐渐形成的共同的喜好、习尚和禁忌,具有稳定性、民族性、敏感性、群众性和地域性。民族风俗习惯是民族的典型特质,也是构成民族文化的重要组成部分。民族风俗习惯可以分为物质民俗和精神民俗。物质民俗包括居住条件、服饰、饮食、生产方式等,精神民俗包括节日、婚俗、丧葬等(王红曼,2001)。相对于汉族,少数民族普遍存在本民族信仰的宗教,或者存在某些原始宗教信仰。例如,傣族信仰上座部佛教,藏族信仰藏传佛教,傈僳族和怒族等信仰基督教,白族信仰本主教,凉山彝族信仰毕摩巫教(宋蜀华,2005)。汉族不存在对某种宗教的普遍信仰。

(3) 心理层面的差异。就心理层面而言,文化差异主要表现在态度、价值观和民族性格上。各少数民族表现出极为典型的心理特征。例如,回族具有强烈的民族认同感,傣族重和睦、轻纷争,温文尔雅、悠然自得(熊锡元,1994)。张世富和阳少敏(2003)对云南四个少数民族青少年的品格研究发现,克木人、基诺族、哈尼族和拉祜族四个民族青少年的典型品德和个性存在各自的特点。

通过分析少数民族文化与汉文化的相对差异,可以发现,少数民族的文化更典型、更具有民族特色,也相对保守,汉文化是强大、复杂、多面的,同时也具有变化性,能够不断吸收不同质的文化。正是这种变化性使得少数民族成员在经历了强势的汉文化影响时,会困惑迷茫,不知所措。例如,虽然有很多少数民族大学生从小接受汉文化教育,也使用汉语和汉字,但他们在生长过程中居住环境、家庭、同伴和民族身份还是深深地刻有民族文化烙印。当他们开始大学生活时,与家庭和原民族的生活环境相距较远,相隔时间也较长,主要与汉族同学接触,汉语是主要交流工具。这时,少数民族的文化特点会得到凸显,与汉文化的差距会显得更巨大。因此,少数民族大学生需要经历文化适应过程。

少数民族文化适应过程中的心理健康

国外研究发现,文化适应和族际关系是移民心理问题的主要来源(Berry,2001)。文化适应有困难,或者说文化适应本身就是一种压力源。因此,文化适应研究成为少数民族心理健康研究的焦点(Shin, Han & Kim, 2007; Joiner & Walker,2002)。我国少数民族也经历着强烈的文化冲击,文化适应的影响也尤为显著。

在民族地区,社会变迁的主流是积极向上的,它给少数民族群众带来了希望和发展机遇,这是积极的正面影响。但是,在激烈的社会变迁中,新与旧、传统与现代、各种社会矛盾与冲突也出现在少数民族地区人们生活的各个层面,再加上社会管理体制不够完善,出现了各种各样的社会问题,这是民族地区社会发展中不可回避的社会事实与社会环境,给少数民族群众造成了一定的心理困扰与压力(植凤英,2009)。近年来,随着经济发展,许多少数民族的人们纷纷到大城市求学和工作,他们在适应主流社会过程中不可避免地遭遇到诸多困难和挑战。王新意(2011)针对在内地生活和学习的藏族大学生的文化适应状况调查发现,虽然在总体上藏族大学生群体的文化适应状况良好,但在某些方面也确实存在适应不良,最明显的是对内地学校的学习作息时间和生活习惯的不适应。例如,藏族学生在大多数习惯在下午两点半以前选择睡午觉,在三点左右才陆续走进教室学习,而这时课程已基本结束。再如,汉族学生为了节省空间,习惯将洗净的衣物挂在宿舍床铺上面的空间中,而藏族人将袜子和内衣挂在头顶视为宗教禁忌。另外,由于语言、宗教和风俗习惯不同,藏族大学生刚到学校时,与老乡、同班同宿舍的本族同学交往密切,与他族同学交往很少。

由此可见,不论是留居少数民族地区还是外出求学和工作的少数民族群众,由于内部文化变迁和主流文化的冲击,不可避免地要遭遇到文化适应问题。文化适应与心理健康之间存在联系。积极的文化适应模式和较低程度的文化适应压力有助于个体的心理健康。那么,文化适应是否已经对少数民族群众构成了严重的心理困扰和心理压力?目前尚没有针对我国少数民族群体文化适应和心理健康的研究。在已有研究中,少数民族大学生经历的文化适应压力多是轻度到中度的压力,一般来说轻度压力更可能成为一种动力,较少可能造成心理障碍。但是,文化适应压力带有文化特殊性,它对心理健康的影响还需要深入地探索。

23.3 现代化进程中的民族心理健康

自 20 世纪 80 年代以来,随着改革开放的深入开展,社会主义现代化进程快速推进,越来越多的少数民族群众离开民族地区,走入城市。一方面,随着现代化过程中经济和文化的快速发展,少数民族群体的生活质量得到提高,增进了与其他民族群体的交流与合作。另一方面,他们也不得不面对现代化带来的负面效应。现代化是一个改革与创新过程,面对社会变迁,人们的心理常处于激烈的动荡和冲突矛盾之中,心理失衡、心理障碍和心理疾病易发、高发。那么,在现代化过程中,少数民族群体的心理健康是否发生了变化?怎样优化人们的观念、认识和心理结构?怎样改善少数民族的心理适应,缓解心理冲突?这些是摆在民族心理健康研究面前亟待解决的课题。

23.3.1 现代化和心理健康
心理健康在社会现代化中的重要作用
现代化是一个社会学概念,指的是在社会变迁过程中,具体是指在社会从传统转变为现代的过程中,社会生活方式或社会关系体系发生的一系列变革。Popenoe 认为,现代化是指在一个传统前工业社会向工业化和城市化社会转化过程中发生的主要的内部社会变革。随着对现代化认识日益深入,学者们认为现代化过程不仅包括外在的社会变革,还包含人的现代化。外在的现代化通常是指发生在生活环境中的各种社会变化,如工业化、城市化、教育普及化、政治民主化、文化大众化等,即人们对现代化的传统认识。内在的现代化即人的现代化,通常是指个人对其所处的生活环境的改变所持的一种反应,包括个体在心理、态度、思想、价值观以及行为方式的改变。

人的现代化要求个体面对社会的各种变化作出适应的改变,这种要求对人构成了种种压力。如果个体对变化的环境适应不良,就容易导致心理失衡,出现许多不良反应,如消极悲观的情绪反应,对个人生活及社会生活的不满足感等,也可能由此产生行为偏差和心理失常,使心理障碍发生率不断上升。因此,心理健康在人的现代化进程中有十分重要的地位。

健康的心理不仅是自我发展的需要,也是现代化和社会全面发展的需要。社会是人的社会,社会的现代化依赖于人的现代化,人的现代化又促进社会现代化。一个国家现代化的实现,关键是要不断改善人的心理健康水平,提高人的适应能力。只有当国民在心理和行为上都获得了与现代化发展相适应的素质,国家才可真正发展成为现代化国家。

我国现代化进程中的心理健康问题

中国社会主义现代化建设是一场深刻的社会变革。社会主义现代化不仅带来了经济的高速发展、市场的繁荣和社会的进步,也造成了社会环境的剧烈变化,给人们的心理带来了一定程度影响。从总体上看,中国人的思想得以解放,视野变得开阔,行为主动进取,敢于创新。但是,社会变革也对人们的心理产生了巨大冲击和震荡,使人的心理活动更加复杂。如果人的心理得不到有效调整,心理冲突和失衡就会不断加剧,成为社会变革的障碍。

社会的现代化使得威胁人心理健康的因素越来越多,现代化带给人们的挑战主要有:

(1) 价值观的冲突。改革开放以来,西方文化价值观得到了广泛传播,使我国传统文化价值观受到前所未有的冲击。例如,西方文化中重视分析思维、竞争、效率,尊重个体,重利轻义的价值观冲击着传统文化中重整体、和谐、安分踏实,以集体利益为重,重义轻利的价值观取向。这种价值观的冲突会造成社会规范的冲突,破坏社会规范的约束力,使得社会成员处于多种价值观念的冲突和应激状态下,给社会成员带来不同程度的心理困扰。

(2) 人际关系冲突。随着我国现代化的推进,大量人口涌入城市。虽然城市化扩展了人们的生活空间和社会交往范围,但城市化也使得人与人之间的竞争加剧,人际关系的冲突急剧增加。生活节奏加快产生了时间紧迫感与巨大压力感,使得人们没有多余时间与人直接交往,人际关系淡漠加深了孤独感与失落感,这使人产生了困惑、焦虑、抑郁、恐惧等不良情绪,甚至绝望自杀。

(3) 生活事件的增多与个体心理承受能力的冲突。虽然随着改革开放,人们的物质和文化生活水平得到了很大提高,但人们对这种改变表现为不适应的比例非常高。改革开放以来,社会变革带来的社会心理失调表现为做事没有恒心、思想不能集中,不安分、缺乏理智、盲动、浮躁。据天津社会科学院1988—1989年对全国1421名城市居民调查发现,认为"与别人相比,自己生活低得不合理"的人占40%,认为自己目前生活质量低于自己应达到的生活质量水平的占75%(关颖,潘允康,1990)。由此可见,人们对物质生活的不满使得其心理不能承受分配的不公平。贫富差距拉大,利益格局调整,造成了人们的心理失衡。

社会现代化增加了个人对生活目标的选择机会,人们的社会角色不断增多,给人们带来了更多机会以充分展示自己的潜力,同时也给人们带来了难以兼顾的矛盾冲突,挫折和失败增多。这就加剧了人们的内心冲突,产生了无所适从的焦虑感,表现出迷茫、恐慌、失落、紧张等情绪体验。

凡此种种,面对社会现代化的适应不良,国民的迷惘、不安、焦虑和烦躁在不断增加,由此导致精神疾病和心理障碍的发生率也增加。20世纪90年代初,我国一次大规模精神疾病流行学调查发现,精神病患病率已达12.69‰,比50年代的1.30‰～2.80‰增加近10倍(江光荣,1995)。心理健康是良好心理素质的基本要求,在现代化发展中,中国社会的心理健康问题也正逐渐显现其严峻性。因此,现代化进程中人的心理健康是无法回避的理论和实践问题。

23.3.2 现代化进程中的民族心理健康现状

在现代化的时代背景下,社会生活的剧烈变迁是存在于各民族中的普遍现象,各民族文化也从落后与传统向先进与文明转变。一个民族走向现代化的同时,也会给人的心理造成一定冲击与震动(刘毅,1993)。

随着社会现代化进展,少数民族的物质生活和文化生活都得到改善,但这种改变也给少数民族造成一定的心理困扰(植凤英,2009)。访谈发现,"社会风气不好,害怕家人学坏"成为发生频率较高的心理困扰,这暗示着现代化进程中价值观变化给少数民族群众带来担忧。还有一些家长提到非常担心电视和网络上的不良影视会扰乱本民族的传统价值理念,担心孩子会学坏。这说明,现代化带来的电视和网络的普及也给少数民族群众带来一定困扰。在少数富裕地区,物质生活富裕产生的一些负面问题(如赌博等)也给少数民族群众的家庭生活和心理健康造成不良影响。

植凤英(2009)对西南地区少数民族调查发现,许多少数民族的生活环境和心理状况在改革开放前后发生了巨大变化。以心理方面具有较多问题且相对较重的侗族为例,传统侗族社会是古老而封闭型的农耕社会,以知足安贫、认命、贵义轻利、少欲寡私、重群体轻个人为核心价值。侗族社会利用传统习惯法来维护社会秩序,发达的歌舞构筑起传统侗族丰富多彩的精神文化生活(廖君湘,2006)。改革开放后,侗族人民的生活得到了极大改善,侗族社会变迁是积极向上的,但在变迁中也产生一些负面效应,给侗族群众的心理带来负面影响,突出表现在:

(1) 就业方式的改变带来的心理困扰。随着改革开放的不断深入,传统农耕方式已经不能满足人们对现代化生活的渴求,越来越多的侗族群众开始走上外出打工之路,外出打工既是侗族人获得现代性的重要手段,与此同时产生的就业竞争、留守老人、留守儿童、夫妻两地分居等问题也相继出现,给侗族人的心理健康带来了不良影响。

(2) 传统娱乐活动日趋简化和淡化,不健康的闲暇活动(如赌博)开始出现。随着网络进入侗乡人民的生活,由于缺乏引导和理性认识,网络上的不良内容也给侗族群众尤其是青少年造成一定的消极影响。

当然,现代化带来的负面效应并不仅仅存在于侗族。即便是在调查中心理健康状况较为良好的傣族,经济发展后的负面问题也日益凸现。在对西双版纳曼乍村傣族的实地调查中发现,富裕后带来的赌博、年轻人不爱学习、无所事事、进取心弱等现象已经出现。云南德宏地区傣族大学生的吸毒现象令人担忧(植凤英,2009)。

23.3.3 增进现代化进程中民族心理健康的对策

面对少数民族在现代化过程中出现的种种心理困扰,应该通过多种途径开展预防和调适。由于影响个体适应环境的因素是多方面的,既有社会文化价值取向、经济等社会因素,也有个体气质、性格、人生观和价值观等个体因素。因此,少数民族心理健康的调适应从社会和个体两个方面去努力,改造环境和改变个人是帮助个人获得心理健康的基本途径。

社会方面的对策

社会环境对人的心理健康至关重要。要改善心理状况,预防心理疾病,促进心理健康,必须创造良好的社会心理环境,形成健康向上的社会文化氛围。

(1) 大力加强精神文明建设。一些人对现代化的理解只局限于物质文明,忽视了现代化对精神文明建设提出的要求。精神文明是指与社会物质文明相适应的人的思想、道德与行为文明的标准。精神文明建设包括思想建设和文化建设,以正确舆论引导人,以良好环境陶冶人,使人们形成与物质文明发展相适应的心理素质,更好地适应社会的现代化变迁。

(2) 继承和发扬民族的优良传统。现代化不是抛弃固有的一切,无条件地接受一切新事物。在民族发展过程中长期积淀形成的优良传统,如勤劳俭朴、坚韧不拔、百折不挠等民族精神,在现代社会仍具有强大生命力。要在现代社会生活中保持内心平衡、适应变化的环境,必须在保留民族传统文化中的精华的同时,吸取新文化特质。

（3）重视加强心理健康教育。心理健康教育包括心理卫生知识的普及,个性心理品质的教育,心理调适能力的培养等。心理健康教育与政治思想教育、道德品质教育同样重要,应引起全社会关注。只有心理健康的人才是适应良好的人,才能面对并接受生活中的变化,才能运用合理方式解决生活中的问题。

（4）积极开展心理咨询服务。心理咨询的目的在于预防和矫治各种心理障碍,维护和增进心理健康,促进人格的健全发展,提高社会成员对生活的适应。西方发达国家心理咨询机构在帮助指导人们减轻内心矛盾和冲突,排解心理忧难,开发身心潜能,有效适应环境方面有许多成功的经验。在我国,心理咨询起步较晚,目前仍处于发展初期,尤其是落后地区的少数民族,地理位置偏远,经济普遍贫困,财政困难,设置心理咨询服务机构存在一定困难。另外,少数民族大多有其独特的宗教信仰和风俗习惯,为少数民族开展的心理咨询服务应尊重少数民族的宗教信仰和风俗习惯,也可以从他们的宗教信仰和风俗习惯汲取有利于心理咨询的内容,来帮助少数民族群众对心理问题进行调试。

个人方面的对策

人都无法选择自己的生活条件和环境,只能依靠支配和控制自己的行为来适应社会。

（1）提高挫折的承受能力。现代社会竞争激烈,对竞争的偏激反应常是导致心理疾病的主要原因。因此,个体要正确面对各种竞争带来的挫折,及时疏导消极情绪,排除精神压力。对挫折的承受能力主要体现在对挫折有正确认识,能以理智的方式应对挫折。

（2）建立协调的人际关系。现代社会是人际交往频繁的社会,人际关系冲突是心理适应中最常见的问题。和谐的人际关系有利于心理保健,能满足人的归属感、安全感、自尊和自信的需要。辅导少数民族个体学习人际交往技能,保障与其他民族个体的有效沟通,有助于形成强大的社会支持系统,更好地适应社会的变迁。人的心理适应主要是人际关系的适应。

总之,现代化的成功是基于人的现代化。少数民族作为推动现代化进程的重要力量,其心理健康对社会主义现代化具有重要作用。然而,解决现代化进程中的民族心理健康问题不是一蹴而就的事,需要国家和人民的共同努力,理性地应对挑战。党和政府需要采取有力措施,教育和引导国民心理的健康发展。少数民族在改造客观世界的同时,应不断改造自身,提高心理素质,改善心理适应,促进社会现代化的发展。

参考文献

阿黛.(2009).摩梭密码.重庆：重庆出版集团.重庆出版社.

阿怀红,刘桂兰,韩国玲,刘川.(2006).西宁地区4所大学学生人格特征调查分析.青海医药杂志,(7),6—7.

阿奎.(2006).浅析"舅权".上海青年管理干部学院学报,(4),44—46.

阿诺德·汤因比.(2010).历史研究.上海：上海人民出版社.

阿瑟·斯密斯.(2010).中国人的性格.北京：人民日报出版社.

爱德华·萨皮尔.(1997).语言论.北京：商务印书馆.

艾怀森.(1999).高黎贡山地区的傈僳族狩猎文化与生物多样性保护.云南地理环境研究,(1),75—80.

艾米尔·路德维希.(2010).德国人.北京：中国社会科学出版社.

安宁,于语和,刘志松.(2006).民族习惯法中的"阿舅形象"考察———以我国某些少数民族的习惯为个案.甘肃政法学院学报,(5),12—18.

奥斯瓦尔德·斯宾格勒.(2006).西方的没落.上海：上海三联书店.

巴莫姊妹彝学小组.(2006).四川大凉山.北京：中国旅游出版社.

巴斯.(2007).进化心理学.上海：华东师范大学出版社.

白庚胜.(1998).东巴神话象征论.昆明：云南人民出版社.

白庚胜.(2001).色彩与纳西族习俗.北京：社会科学文献出版社.

白庚胜.(2003).摩梭为"母系社会活化石"说质疑———摩梭文化系列考察之一.云南民族大学学报(哲学社会科学版),(6),73—76.

白庚胜,杨福泉.(1993).国际东巴文化研究集粹.昆明：云南人民出版社.

白蓉.(2014).扎根理论在民族心理研究中的应用探讨.贵州师范大学学报(社会科学版),(1),114—118.

白学军.(1997).智力心理学的进展.杭州：浙江人民出版社.

白乙拉.(1993).论民族偏见对民族认知的影响.心理学探新,(7),12—15.

白乙拉,李慧惠.(2006).熟练—非熟练蒙族双语者英语表征的实验研究.内蒙古师范大学学报(哲学社会科学版),(5),99—101.

白自东.(1993).论中国古代社会男尊女卑地位的形成与发展.西藏民族学院学报(社会科学版),(2)：72—78.

贝利.(1986).现代社会研究方法.上海：上海人民出版社.

本杰明·李·沃尔夫.(2001).论语言、思维和现实———沃尔夫文集.长沙：湖南教育出版社.

柏杨.(2008).丑陋的中国人.北京：人民文学出版社.

博厄斯.(1989).原始人的心智.北京：国际文化出版公司.

布龙菲尔德.(2010).语言论.北京：商务印书馆.

蔡仓·尕藏才旦.(2014).藏族生死观与丧葬习俗.拉萨：西藏人民出版社.

蔡丹,李其维.(2009).简评认知神经科学取向的智力观.心理学探新,(6),23—27.

蔡富莲.(2007).论凉山彝族社会生活中的舅父.西南民族大学学报(人文社会科学版),(2),38—40.

蔡慧玲.(2002).中国妇女发展研究的新视角——社会性别分析.硕士学位论文,广西师范大学.

蔡笑岳.(1989).智力的激励与开发.成都：四川人民出版社.

蔡笑岳.(2007).西南少数民族青少年智力发展与教育.重庆：西南师范大学出版社.

蔡笑岳,丁念友.(1997).西南民族杂居地和聚居地藏、彝、傣、苗族8～15岁儿童智力发展的比较研究.民族研究,(4),61—68.

蔡笑岳,姜利琼.(1995).西南地区五种民族中小学生的智力观念的跨文化研究.心理科学,(6),346—350.

蔡笑岳,罗列,何伯锋.(2012).我国西南少数民族心理研究的基本状况.心理科学进展,(8),1145—1151.

蔡笑岳,向祖强.(2001).西南少数民族青少年智力发展与教育.重庆：西南师范大学出版社.

蔡笑岳,邢强.(2012).智力心理学.广州：暨南大学出版社.

蔡笑岳,庄晓宁.(1997).对不同学科大学生智力内隐概念的研究.心理科学,(1),78—81.

蔡毅,伊相如.(2000).幻想的太阳.昆明：云南人民出版社.

蔡禹僧.(2007).群氓崇拜与大众民主神话———关于勒庞的《乌合之众》.书屋,(11),24—28.

常雁.(2001).英汉民族的思维差异及语言表达模式.北方论丛,(5),111—113.

常永才.(2001).内地少数民族大学生心理卫生状况SCL-90测量与分析.中央民族大学学报,(5),72—79.

常永才.(2004).影响少数民族大学生心理适应的生活事件:对北京高校的调查研究.民族教育研究,(2),26—32.

常永才.(2007).文化多样性、心理适应与学生指导.成都:四川出版集团.四川辞书出版社.

常月华.(2007).大学生普通话—方言双言使用现状的分析与思考.海南师范大学学报(社会科学版),(3),146—149.

曹道巴特尔.(2005).蒙汉历史接触与蒙古族语言文化变迁.博士学位论文,中央民族大学.

曹德泓,艾鸿涛.(1992).中国发展智力学导论.社会科学,(10),68—71.

曹珺红.(2005).有关中日同形汉字词汇对比研究中的几个基本问题.西安外国语学院学报,(3),43—46.

车文辉.(2003).地理环境与文化生成——云南少数民族生育文化形成与变迁的地理学解释.人口研究,(6),82—86.

陈爱华.(2006).从我国男女平等的现状看男女平等的复合内涵.东南大学学报(哲学社会科学版),(8),17—23.

陈宝国,王立新,彭聃龄(2003).汉字识别中形音义激活时间进程的研究(Ⅱ).心理学报,(5),576—581.

陈宝国,彭聃龄.(1998).词的具体性对词汇识别的影响.心理学报,(4),387—393.

陈宝国,彭聃龄.(2001).汉字识别中形音义激活时间进程的研究(Ⅰ).心理学报,(1),1—6.

陈宝国,尤文平,周会霞.(2007).汉语词汇习得的年龄效应:语义假设的证据.心理学报,(1),9—17.

陈斌.(2004).旅游发展对摩梭人家庭性别角色的影响.民族艺术研究,(1),67—71.

陈昌槐.(1991).水族文字与《水书》.中央民族学院学报,(3),64—69.

陈传锋,董小玉.(2003).汉字的结构对称特点及其识别加工机制.语言教学与研究,(4),58—63.

陈代刚,俞清.(1988).柳州市壮、汉民族智力差异的比较研究.广西大学学报,(4),91—98.

陈恩泉.(1996).简论双语和双方言.语文研究,(2),33—39.

陈恩泉.(2000).双语双方言研究的学科思考.学术研究,(9),116—124.

陈恩泉.(2004).双语双方言问题论略.汉语学报,(2),42—47.

陈富国.(1990).多维标度法的理论与方法.心理科学,(4),36—40.

陈红,黄希庭,郭成.(2002).中学生人格特征与应对方式的相关研究.心理科学,(5),520—522.

陈慧,林丽菲.(2005).海南少数民族地区大学英语学习特点.广西大学梧州分校学报,(4),58—61.

陈慧,车宏生,朱敏.(2003).跨文化适应影响因素述评.心理科学进展,(6),704—780.

陈会昌.(2000).人格心理学.北京:中国轻工业出版社.

陈洁.(2001).汉语修辞与汉民族思维方式.修辞学习,(2),6/45.

陈洁.(2009).印刷媒介数字化与文化传递模式的变迁.浙江大学学报(人文社会科学版),(6),164—171.

陈俊,张积家.(2005).从言语行为理论谈管教信息的机制及效能.华南师范大学学报(社会科学版),(3),113—119.

陈俊,张积家.(2005).小学低年级学生对陌生形声字的语音提取.心理科学,(4),901—905.

陈俊,林少惠,张积家.(2011).潮汕话—普通话双言者的词汇习得年龄效应.心理学报,(2),111—122.

陈俊,苏玲,张积家,邢诗琪.(2013).双言舌尖现象的产生机制:来自粤语—普通话双言者的证据.心理科学,(1),26—32.

陈康.(1998).彝、纳西、拉祜、基诺、傈僳、哈尼、白、怒族文化志.上海:上海人民出版社.

陈克进.(2009).民族学教研一得录.北京:中央民族大学出版社.

陈理.(2011).加强公民意识和国家意识是今后教育工作的重心.中国民族报,9月23日.

陈立,汪安圣.(1965).色、形爱好的差异.心理学报,(3),265—269.

陈烈,秦振新.(1999).最后的母系家园.昆明:云南民族出版社.

陈茂荣.(2011).论"民族认同"与"国家认同".学术界,(4),56—67.

陈明.(2013).从认知角度谈鲜卑吾尔语的次序特点.喀什师范学院学报,(5),68—73.

陈萍.(1999).尚白的民族 绚丽的服饰.中国民族博览,(4),47—48.

陈青,芦平生.(1999).新疆城乡居民体育生活认知与条件.西北师范大学学报,(3),135—143.

陈庆荣,王梦娟,刘慧凝.(2011).语言认知中眼动和ERP结合的理论、技术路径及其应用.心理科学进展,(2),264—273.

陈少华.(2004).人格心理学.广州:暨南大学出版社.

陈炜,黄达远.(2007).传统节日文化中的宗教文化因素及其在旅游开发中的作用.青海社会科学,(3),158—161.

陈卫亚,王军.(2013).从社会学相关理论谈我国少数民族语言传承之必要性及政策调整.民族教育研究,(4),16—21.

陈曦,张积家.(2004).汉字词形、音、义信息在色词判干扰中的自动激活.心理科学,(5),1112—1115.

陈晓晨,张积家.(2016).跨民族友谊增强社会适应性.中国社会科学报,5月10日.

陈晓兰.(2008).海南黎族文化的变迁及其原因.新东方,(7),52—55.

陈新葵,张积家.(2008).义符熟悉性对高频形声字词汇通达的影响.心理学报,(2),148—159.

陈新仁.(2008).全球化语境下的外语教育与民族认同.北京:高等教育出版社.

陈栩茜,张积家.(2011).时间隐喻在汉语时间量词语义加工中的作用.心理学报,(8),863—877.

陈宴清,王南湜,李淑梅.(1996).现代唯物主义导论.天津:南开大学出版社.

陈玉屏.(2003).民族宗教研究.成都:四川民族出版社.

陈元晖.(1982).论冯特.上海:上海人民出版社.

陈朝阳,陈树林.(2001).少数民族初中生压力源调查.心理科学,(4),439—441.

陈正昌,程炳林,陈新丰.(2005).多变量分析方法统计软件应用.北京:中国税务出版社.

陈中永,郑雪.(1995).中国多民族认知活动方式的跨文化研究.内蒙古师范大学学报,(4),25—33.

陈姝娟,周爱保.(2006).认知方式、视错觉及其关系的跨文化研究.心理学探新,(4),42—44.

陈中永.(1995).中国多民族认知活动方式的跨文化研究.沈阳:辽宁民族出版社.

成姗那.(2010).近代南疆维吾尔族社会生活研究.博士学位论文,陕西师范大学.

程涛,张茂林.(2004).认知方式理论的整合与发展.济南大学学报,(2),78—82.

次仁多吉.(2014).藏族民俗文化漫笔.拉萨:西藏人民出版社.

崔红.(2002).中国人人格的词汇学研究与形容词评定量表(QZPAS)的建立.博士学位论文,北京大学.

崔红,王登峰.(2004).西方"大五"人格结构模型的建立和适用性分析.心理科学,(3),545—548.

崔红,王登峰.(2005).西方"愉悦性"人格维度与中国人人格的关系.西南师范大学学报(人文社会科学版),(3),31—36.

崔红,王登峰.(2006).中西方"外向性"人格维度的内涵分析——中西方人格量表在中国人群中的测量.心理学报,(3),414—421.

崔淼,黄雪娜.(2011).青少年的民族认同、国家认同与其自尊关系的研究——以宁夏回族为例.现代教育科学:普教研究,(1),62—64.

崔英锦.(1996).略论朝鲜族文化心理特点.黑龙江民族丛刊,(4),41—42/52.

崔巍,张瑞.(2010).从亲属称谓语看汉、维民族文化差异.新疆大学学报(哲学人文社会科学版),(4),142—144.

崔占玲,刘烨,张积家.(2012).基诺族中学生亲属词的概念结构及其成因.心理科学,(4),916—920.

崔占玲,王德强.(2012).少数民族双语者的语言表征和语言联系.心理科学进展,(8),1222—1228.

崔占玲,张积家.(2009a).藏—汉—英三语词汇与语义表征研究.心理科学,(3),559—562.

崔占玲,张积家.(2009b).藏—汉—英三语者语言联系模式探讨.心理学报,(3),208—219.

崔占玲,张积家.(2010).汉—英双语者言语理解中语码切换的机制——来自亚词汇水平的证据.心理学报,(2),173—184.

崔占玲,张积家,韩淼.(2007).汉—英和藏—汉—英双语者中、英文语码切换及代价研究.应用心理学,(2),160—167.

崔占玲,张积家,顾维忱.(2009c).藏—汉—英三语者言语产生中的词汇选择机制.现代外语,(1),52—58.

达尔文.(1997).物种起源.北京:商务印书馆.

达尔文.(1997).人类的由来(上、下册).北京:商务印书馆.

戴桂斌.(1988).略论民族心理.青海社会科学,(1),86—90.

戴可景.(1995).北欧五国两性比较统计——关于男女平等的事实和数据.社会学研究,(6),102—107.

戴庆渲.(1990).民族心理及其结构层次刍议.学术论坛,(2),54—57.

戴庆厦.(1979).我国藏缅语族松紧元音来源初探.民族语文,(1),31—39.

戴庆厦.(1989).民族心理与少数民族语言文字应用.中央民族大学学报(哲学社会科学版),(5),121—126.

戴庆厦,孙艳.(2003).四音格词在汉藏语研究中的价值.汉语学习,(6),1—5.

戴庆厦.(2009).中国少数民族语言研究.北京:中央民族大学出版社.

戴云阳,陆迪民.(2009).从德国人的性格看二战的爆发.文史研究,(1),97—99.

戴昭铭.(1996).文化语言学导论.北京:语文出版社.

戴宗杰.(2013).汉藏语动词重叠式的形式—意义匹配格局.中央民族大学学报(哲学社会科学版),(2),118—123.

丹尼尔·戈尔曼.(1997).情感智力.上海:上海科技出版社.

丹珍.(2001).从《格萨尔王传》看神巫文化与藏民族人格心理的关系.民族文学研究,(1),78—83.

党玉晓,张积家,章玉祉,梁敏仪,梁涛.(2008).聋童对基本颜色和基本颜色词的分类.中国特殊教育,(7),14—18.

德里克·弗里曼.(1990).米德与萨摩亚人的青春期.北京:光明日报出版社.

邓廷良.(2009).羌笛悠悠:羌文化的保护与传承.成都:四川人民出版社.

邓远洪.(2009).从概念隐喻的视角研究"左—右"的意义.硕士学位论文,西华大学.

邓佑玲.(2000).双语教育与文化认同.中央民族大学学报(哲学社会科学版),(1),113—119.

邓章应.(2005).水书造字机制探索.黔南民族师范学院学报,(2),68—73.

丁道群.(2002).文化心理学的兴起.心理学探新,(1),8—11.

丁芳,李其维,熊哲宏.(2002).一种新的智力观——塞西的智力生物生态学模型述评.心理科学,(5),541—543.

丁凤来.(2006).神秘的女儿国.北京:中国社会出版社.

丁力.(2000).社会伦理与亲属语素加合式组合.参见:邢福义.文化语言学.武汉:湖北教育出版社.

丁石庆.(2010).游牧民族语言的文化维度与认知范畴.伊犁师范学院学报(社会科学版),(3),3—6.

东旻.(2005).苗族的历史文化传承.史学史研究,(3),78—80.

董芳.(2008).水书水字类属码的研究.中文信息学报,(5),109—120.

董芳,周石勾,王崇刚.(2006)."水书"文字编码方法研究.黔南民族师范学院学报,(6),1—4.

董革非.(2014).时空隐喻的英汉对比研究.东北农业大学学报(社会科学版),(3),60—66.

董奇,周勇,陈红兵.(1996).自我监控与智力.杭州:浙江人民出版社.

董雪梅.(2010).少数民族大学生民族认同与社会参与行为倾向和心理健康的关系.硕士学位论文,西南大学.

董艳.(2006).民族文化传承对智力发展的影响.民族教育研究,(17),5—11.

董印红.(2005).傣族女性家庭观念的比较研究.思茅师范高等专科学校学报,(4),41—45.

董印红.(2006).西双版纳傣族女性观念及其变迁研究.博士学位论文,中央民族大学.

董印红.(2011).东巴文与水书象形字的比较研究.中国科教创新导刊,(13),59.

董作宾.(2001).纳西族象形文字字典序.参见:李霖灿.纳西族象形文字音字典.昆明:云南民族出版社.

杜瑞霞,李杰,七十三,侯友.(2014).平衡蒙汉双语者词汇与物理位置空间信息的语义表征.心理科学,(3),528—535.

杜倩萍.(1999).回族饮食观的形成和发展.民族研究,(2),64—72.

杜宇亭.(1982).从基诺族的调查探索血缘家庭遗迹.世界历史,(5),43—47.

段艳.(2013)."世纪末"与勒庞思想的形成——由《乌合之众:大众心理研究》说开去.社会科学论坛,(4),56—65.

多拉.(2011).藏语语义理解中功能性虚词研究.西藏大学学报(社会科学版),(4),106—112.

恩格斯.(1884/1972).家庭、私有制和国家的起源.马克思恩格斯选集(4).北京:人民出版社.

范长喜.(2004).甲骨文纳西东巴文会意字比较研究初探.硕士学位论文,西南师范大学.

范常喜.(2006).从汉字看东巴文中的超前发展现象.中央民族大学学报(哲学社会科学版),(5),74—79.

范小月,王瑞明.(2013).方言和外语学习对词汇通达能力的影响.心理与行为研究,(3),318—324.

范正勇.(2007).对人类学研究方法——田野调查的几点思考.青海民族研究,(3),16—18.

方国瑜.(1982)."古"之本义为"苦"说——汉字甲骨文、金文、篆文与纳西象形文字比较研究一例.北京师范大学学报,
    (5),18—35.

方国瑜.(1984).彝族史稿.成都:四川民族出版社.

方国瑜.(1995).纳西象形文字谱.昆明:云南人民出版社.

方国瑜.(2001).麽些民族考.参见:方国瑜.方国瑜文集.昆明:云南教育出版社.

方霁.(2000).从认知的角度看英汉时制系统及其表达差异.世界汉语教学,(3),57—63.

方克立.(1999).走向二十一世纪的中国文化.太原:山西教育出版社.

方燕红,张积家.(2009).汉字词和图画命名与分类的比较.心理学报,(2),114—126.

费多益.(2011).智力的本土性及文化约定.自然辩证法通讯,(2),87—93.

费孝通.(1980).关于民族识别问题.中国社会科学,(1),147—162.

费孝通.(1985).美国与美国人.北京:三联书店.

费孝通.(1985).乡土中国.北京:三联书店.

费孝通.(1989).中华民族的多元一体格局.北京大学学报,(4),1—19.

费孝通.(2001).经济全球化和中国"三级两跳"中的文化思考.中国文化研究,(1),1—8.

冯碧瑛.(2010).论汉民族思维的整体模糊性对语言的影响.湖北第二师范学院学报,(7),37—39.

冯骥才.(2007).四说美国人.基础教育月刊,(5),34—35.

冯瑞.(2002).从文化视角探讨蒙古族民族过程的特点.民族研究,(6),73—77.

冯友兰.(1948).新事论.北京:商务印书馆.

冯友兰.(1983).中国哲学史新编.北京:人民出版社.

冯忠良.(2002).教育心理学.北京:人民教育出版社.

封丹珺,石林.(2004).应对方式的测量与评价新进展.中国心理卫生杂志,(3),180—182.

弗里德曼,西尔斯,卡尔史密斯.(1984)社会心理学.哈尔滨:黑龙江人民出版社.

弗雷泽.(1987).金枝.北京:中国民间文艺出版社.

弗洛伊德.(1986).图腾与禁忌.北京:中国民间文艺出版社.

弗洛伊德.(1997).摩西与一神教.北京:三联出版社.

弗洛伊德.(2011).自我与本我.上海:上海译文出版社.

付添爵,刘海武.(2013).空间隐喻视角下的"前"、"后"认知.华东交通大学学报,(1),114—120.

傅金芝,韩忠太,杨新旗.(1991).基诺族性格特征的初步研究.思想战线,(3),24—30.

傅金芝,周文,李鹏,冯涛.(1999).云南大学生认知风格的比较研究.云南师范大学学报,(4),77—80.

傅懋勣.(1982).纳西族图画文字和象形文字的区别.民族语文,(1),1—4.

傅铿.(1990).文化:人类的镜子.上海:上海人民出版社.

傅玉萍,赵丁玲.(2010).海南民族地区大学生英语学习现状实证调查.琼州学院学报,(4),106—108.

傅悦,傅金芝.(2004).多元统计方法在心理学研究中的应用.学术探索,(3),77—81.

甘露.(2005).纳西东巴文假借字研究述评.中央民族大学学报,(4),104—108.

高宝梅.(2003).蒙古族大学生人格特征形成与发展的影响因素研究.硕士学位论文,内蒙古师范大学.

高兵,杨玉芳.(2015).民族心理学研究现状与前景.中国社会科学,7月13日.

高承海,安洁,万明钢.(2011).多民族大学生的民族认同、文化适应与心理健康的关系.当代教育与文化,(5),106—113.

高承海,万明钢.(2013).民族本质论对民族认同和刻板印象的影响.心理学报,(2),231—242.

高定国,扎西加,赵栋材.(2014).计算机识别藏语虚词的方法研究.中文信息学报,(1),113—117.

高洪雷.(2012).另一半中国史.北京:文化艺术出版社.

高觉敷.(2009).中国心理学史.北京:人民教育出版社.

高莉琴,阿不都许库尔·艾山.(1986).关于维吾尔语的语素.语言与翻译,(1),34—38.

高萍.(2012).朝鲜族民谣的文化性格与教育功能概述.吉林省教育学院学报旬刊,(5),101—102.

高桥敷.(2008).丑陋的日本人.苏州:古吴轩出版社.

高山,白俊杰,李红.(2000).智力内隐理论研究探析.江南大学学报(人文社会科学版),(4),17—19.

高洗.(1985).社会思维方式与民族智力开发.贵州社会科学,(2),77—79.

高颖婷.(2010).从民族思维模式看汉语句法结构.语文学刊,(4),49—67.

高永久,朱军.(2010).论多民族国家中的民族认同与国家认同.民族研究,(2),26—35.

高志英.(2007).流动的文化和文化的流动:唐代以来傈僳族的迁徙及其文化变迁研究.学术探索,(3),117—121.

高震covered.(2012).双语者心理词汇表征结构.齐齐哈尔师范高等专科学校学报,(1),33—34.

高中华,李超平.(2009).文化智力研究述评及展望.心理科学进展,(1),180—188.

戈阿干.(1997).亦字亦画的纳西象形文.中国民族博览,(1),20—22.

葛本仪.(2002).语言学概论.台湾:五南图书出版股份有限公司.

葛明贵,柳友荣.(2009).心理学经典测验.合肥:安徽人民出版社.

葛鲁嘉,周宁.(1996).从文化与人格到文化与自我——心理人类学研究重心的转移.求是学刊,(1),27—31.

格根图雅.(2006).两种育儿方式对蒙古族及鄂温克、鄂伦春、达斡尔族儿童智力和个性发展影响的比较研究.硕士学位论文,内蒙古师范大学.

耿静.(2006).羌乡情.成都:四川出版集团.巴蜀书社.

公民手册编写组.(1988).公民手册.北京:华艺出版社.

宫宇轩.(1994).社会支持与健康的关系研究概述.心理学动态,(2),34—39.

龚浩然.(1981).试论Л·С·维果茨基的文化历史发展观.心理学探新,(3),46—54.

古斯塔夫·勒庞.(2000).乌合之众——大众心理研究.北京:中央编译出版社.

谷忠玉.(2003).男尊女卑观在中国古代社会的强化路径.妇女研究论丛,(4),48—51.

顾海根,岑国桢,李伯黍.(1987).汉族与少数民族儿童道德发展比较研究.心理科学,(5),3—8.

顾海根,岑国桢,李伯黍.(1991).行为责任判断的跨文化比较研究.心理发展与教育,(2),1—6.

顾学津.(1984).民族心理素质在民族识别中的作用.中南民族学院学报,(1),102—104.

顾艳艳,张志杰.(2012).汉语背景下横纵轴上的心理时间线.心理学报,(8),1015—1024.

顾肇基.(1993).民族意识的若干问题探索.民族研究,(4),1—6.

关辛秋.(1995).中国少数民族双语教育实验调查与思考.民族教育研究,(4),5—20.

关颖,潘允康.(1990).社会改革与心理压力.天津社会科学,(5),54—58.

邹一杰,张馨芳,林东慧,王丹.(2014).朝鲜族大学生网络成瘾行为与人格特质的相关研究.现代交际,(8),13.

郭大烈.(1982).纳西族心理素质初探.云南省历史研究所.研究集刊.(1).

郭大烈.(1999).纳西族文化大观.昆明:云南民族出版社.

郭大烈.(2008).纳西学论集.北京:民族出版社.

郭德俊.(2005).动机心理学:理论与实践.北京:人民教育出版社.

郭锦桴.(2012).汉藏语声调的特色.汉字文化,(4),7—16.

郭秀艳.(2004).内隐学习和外显学习关系评述.心理科学进展,(12),185—192.

郭永玉.(2005).人格心理学:人性及其差异的研究.北京:中国社会科学出版社.

国家教育委员会.(1988).中学思想政治课改革实验教学大纲介绍.北京:光明日报出版社.

古丽格娜·艾塔洪.(2012).对维吾尔语阅读障碍儿童的干预研究.硕士学位论文,新疆师范大学.

哈里斯.(1988).文化人类学.北京:东方出版社.

海德格尔.(2004).在通向语言的途中.北京:商务印书馆.

韩布新.(1998).汉字识别中部件的频率效应.心理科学,(3),193—195.

韩国玲,杜欣柏,刘桂兰,阿怀红,孙福英,张玉美,等.(2008).青海省贫困大学生心理状况及人格特征调查.中国公共卫生,(8),927—928.

韩娟.(2012).维—汉单、双语阅读障碍儿童继时性加工和同时性加工.硕士学位论文,新疆师范大学.

韩劢,张积家.(2003).汉语亲属词概念结构的实验研究.广州大学学报(社会科学版),(9),55—62.

韩明.(2011).文化认知理论观照下的民族差异与汉语教育.西北师大学报(社会科学版),(3),58—61.

韩尚.(2011).纯粹理性与狂热意志的奇异混合——浅谈独特的德意志民族精神.青年作家,(3),91—92。

韩伟.(2010).象形与象形字研究述论.苏州大学学报(哲学社会科学版),(1),72—75.

韩维志.(2006).大学中庸——国文珍品文库.吉林:吉林文史出版社.

韩世辉,张逸凡.(2012).自我概念心理表征的文化神经科学研究.心理科学进展,(5),633—640.

韩世辉.(2012).社会认知、文化与大脑——文化神经科学研究.中国科学院院刊,(S1),66—77.

韩亚楠.(2008).日本人的心理意识及成因分析.菏泽学院学报,(4),93—95.

韩玉昌,杨文兵,隋雪.(2003).图画与中、英文词识别加工的眼动研究.心理科学,(3),403—406.

韩震.(2010).论国家认同、民族认同及文化认同——一种基于历史哲学的分析与思考.北京师范大学学报,(1),106—113.

韩忠太.(1984).试论加强民族心理研究的必要性.心理科学,(4),52—54.

韩忠太.(1996)."共同心理素质"不能作为民族识别的标准.民族研究,(6),1—9.

韩忠太.(1999).论民族共同心理素质与民族心理的区别.云南社会科学,(5),55—61.

韩忠太.(2003).学科互动:心理学与文化人类学.云南社会科学,(3),60—65.

韩忠太.(2001).论民族偏见.云南社会科学,(4),63—68.

韩忠太.(2001).试论当前我国民族关系的特点.曲靖师范学院学报,(2),35—38.

韩忠太.(2008).心理人类学的三大来源.云南民族大学学报(哲学社会科学版),(4),5—10.

韩忠太.(2009).论心理人类学的研究方法.云南民族大学学报(哲学社会科学版),(2),25—30.

韩忠太.(2013).中国心理人类学研究的现状、问题与展望.云南民族大学学报(哲学社会科学版),(5),52—56.

韩忠太,傅金兰.(1992).论民族心理学的研究方法.贵州民族研究,(2),134—140.

韩忠太,傅金芝.(1992).民族心理调查研究:基诺族.贵州:贵州教育出版社.

韩忠太,彭多毅.(1995).汉文化对基诺族青少年心理的影响.云南社会科学,(6),73—78.

韩忠太,张秀芬.(2002).学科互动:心理学与文化人类学.云南社会科学,(3),60—65.

郝时远.(2004).中文"民族"一词源流考辨.民族研究,(6),60—69.

和发源.(1995).纳西族的婚姻家庭与亲属称谓.云南民族学院学报,(2),38—44.

和红灿,李继群.(2006).从东巴教仪式看纳西民族性格.今日民族,(9),20—23.

和即仁,姜竹仪.(1985).纳西语简志.北京:民族出版社.

和家修.(2006).抢婚逃婚殉婚情.昆明:云南出版集团公司.云南人民出版社.

和品正.(1990).崖画与古文字的关系.云南社会科学,(5),62—68.

和秀英.(2000).纳西族文化史.云南:云南民族出版社.

和秀梅,张积家.(2009).3～6岁纳西族儿童颜色命名能力的发展.华南师范大学学报(社会科学版),(1),145—148.

和秀梅,张积家.(2013).充分发挥民族院校优势积极开展民族心理研究.民族教育研究,(6),50—56.

和秀梅,张夏妮,张积家,肖二平,王娟.(2015).文化图式影响亲属词语义加工中的空间隐喻——来自汉族人和摩梭人的证据.心理学报,(5),584—599.

和秀梅,张积家.(2016).从东巴文与图片、汉字的分类比较看东巴文的性质——来自行为和眼动研究的证据.华南师范大学学报(社会科学版),(1),85—95.

和志武.(1981).试论纳西象形文字的特点——兼论原始图画字、象形文字和表意文字的区别.云南社会科学,(3),67—78.

和智勇,张锋.(1994).丽江纳西族初中学生性格发展的基本特征及其性别比较.云南师范大学学报(哲学社会科学版),(3),69—77.

和钟华.(2000).生存和文化的选择———摩梭母系制及其现代变迁.昆明:云南教育出版社.

何莲珍.(1996).论塞尔的言语行为理论.浙江大学学报,(4),111—116.

何群.(2001).论民族认同性与多民族国家民族政策的成功调整.内蒙古大学学报,(1),77—81.

何叔涛.(1984).论社会主义时期的民族自我意识.民族研究,(2),33—37.

何星亮.(2003).新疆民族传统社会与文化.北京:商务印书馆.

何雨芯.(2013).维吾尔语位移事件的语言表达初探.新疆教育学院学报,(3),93—97.

何友晖,陈淑娟,赵志裕.(1991).关系取向:为中国社会心理学方法论求答案.参见:杨国枢,黄光国.中国人的心理与行为(一九八九).台北:桂冠图书公司.

何志魁.(2009).互补与和谐:白族母性文化的道德教育功能研究.桂林:广西师范大学出版社.

贺国安.(1989).刘克甫谈共同心理素质与民族自我意识问题.民族研究,(2),8—11.

贺金瑞,燕继荣.(2008).论从民族认同到国家认同.中央民族大学学报(哲学社会科学版),(3),5—12.

霍华德·加德纳.(2000).再建多元智慧.台北:远流出版事业有限公司.

洪波.(2012).汉藏系语言类别词的比较研究.民族语文,(3),3—15.

洪文莺.(2012).中国古代乡土观念的成因.文学界(理论版),(6),193—194.

侯公林,章自量,吴晓山,沈淡泳.(1997).场独立性—依存性认知方式性别差异的实验研究.心理科学,(4),367—368.

侯秋霞,张积家.(2012).客家方言名词语法性对事物性别编码与分类的影响.心理研究,(3),20—28.

侯秋霞,张积家.(2013).客家方言名词的语法性对事物性向认知的影响.华南师范大学学报(社会科学版),(1),55—63.

侯伟康,秦启庚.(1996).汉字特征内隐学习的初步实验研究.心理科学,(6),351—354.

侯友,白学军,沈德立,七十三,李杰.(2012).蒙语词汇识别中语音自动激活的ERP研究.心理与行为研究,(3),177—182.

侯玉波,朱滢.(2002).文化对中国人思维方式的影响.心理学报,(1),106—111.

胡翠娜.(2006).洪堡特关于语言民族特性的研究.陕西师范大学学报(哲学社会科学版),(3),323—325.

胡弘弘.(2005).论公民意识的内涵.江汉大学学报(人文科学版),(1),70—74.

胡平,张积家.(2016).学科比较视角下民族心理学的研究理路与发展趋势.华南师范大学学报(社会科学版),(1),51—58.

胡淑琴,冯月春,刘淑兰,刚美林,韩瑞喜.(1990).宁夏回族自治区青少年性格特征分析.宁夏医学杂志,(1),10—12.

胡伟希.(1999).20世纪中国哲学的学术伦理:"日神类型"与"酒神类型".学术月刊,(3),36—43.

胡文华.(2010).纳西东巴文形声字研究及其文字学意义.博士学位论文,华东师范大学.

胡先缙,黄光国.(1989).中国人的面子观.台北:巨流图书公司.

胡兴旺.(2003).论跨文化智力研究对民族学校教育的启示.绵阳师范学院学报,(1),81—84.

胡兴旺,蔡笑岳,吴睿明,李红,张志杰.(2005).白马藏族初中学生文化适应和智力水平的关系.心理学报,(4),497—501.

胡志军,张海钟,张万里.(2010).湘陇高校学生气质类型省域跨文化研究.社会心理科学,(10),82—86.

黄白.(2002).智力结构理论新研究述要.河池师专学报(自然科学版),(2),43—46.

黄彩文,于曼华.(2009).少数民族大学生的文化适应与民族认同——以云南民族大学为例.楚雄师范学院学报,(7),47—57.

黄光国.(1985).人情与面子:中国人的权力游戏.参见:李亦园,杨国枢,文崇一.现代化与中国化论集.台北:桂冠图书公司.

黄海刚.(2004).文化图示理论与少数民族教育的实效性.民族教育研究,(5),9—12.

黄洪富.(2012).中国古代人格理论综述.社会心理科学,(3),259—261.

黄慧君.(2005)."意合"与"形合"——比较汉英民族思维方式.重庆工学院学报,(1),105—107.

黄健,陆爱桃,张积家.(2011).跨语言干涉对粤语—普通话双言者言语流畅性的影响.心理研究,(4),32—37.

黄立清.(2003).社会认知图式理论评介.中共济南市市委党校、济南市行政学院、济南市社会主义学院学报,(3),119.

黄奇玉.(2005)."A Look on American Character".中国科技信息,(17),233—234.

黄千,陈笑蓉,倪利华.(2003).水书字音编码研究.贵州大学学报(自然科学版),(4),59—64.

黄任远.(2003).赫哲那乃阿伊伊努原始宗教研究.哈尔滨:黑龙江人民出版社.

黄喜珊,郑娟,张积家,盐见邦雄,张琳.(2011).日本大学生的基本颜色词分类——兼与中国大学生比较.应用心理学,(4),365—370.

黄喜珊,张积家,张琳,盐见邦雄,郑娟.(2013).日本大学生的颜色词联想研究——兼与中国大学生比较.心理学探新,(2),146—150.

黄行.(2002).我国的语言和语言群体.民族研究,(1),59—64.
黄亚平.(2007).论二次约定.语言研究,(1),95—97.
黄亚平.(2010).象形字的几个问题.中国海洋大学学报(社会科学版),(5),77—82.
黄希庭.(2006).压力、应对与幸福进取者.西南师范大学学报(人文社会科学版),(3),1—6.
黄希庭,张蜀林.(1992).562个人格特质形容词的好恶度、意义度和熟悉度的测定.心理科学,(5),17—22.
黄夏年.(1995).梁启超集.北京:中国社会科学出版社.
季国清.(1998).语言的本质在"遥远的目光"中澄明.外语学刊,(3),45—50.
季慎英,拜开西,欧阳志.(1993).新疆7—16岁哈族儿童智力素质发展现状与对策研究.新疆教育学院学报,(9),10—21.
季慎英,欧阳志,阿娜尔,买买提.(1995).新疆七族儿童智力发展水平研究.民族教育研究,(1),12—19.
贾德梅,徐光静,李洪生.(2010).少数民族大学生认知风格发展研究.人力资源管理(学术版),(3),22—23.
贾磊,罗俊龙,肖宵,张庆林.(2010).刻板印象的认知神经机制.心理科学进展,(12),1909—1918.
贾晓波,高平.(2000).231名藏族中学生心理健康状况的调查研究.民族教育研究,(1),80—83.
贾彦德.(1999).汉语语义学.北京:北京大学出版社.
坚赞才旦.(2001).真曲河谷亲属称谓制探微.西藏研究,(4),10—18.
江光荣.(1995).社会变革与人的适应.华中师范大学学报(哲学社会科学版),(6),19—23.
姜宏,赵爱国.(2013).语言时间研究的文化认知视角.中国俄语教学,(3),9—13.
姜梅.(2011).新疆维吾尔族语言功能区磁共振功能成像的研究.博士学位论文,新疆医科大学.
姜淞秀,李杰,刘兴宇,七十三,杨伊生.(2015).不同熟练度双语者非语言任务转换的差异——来自ERP证据.心理学报,(6),746—756.
姜淞秀,王凤梅,李杰,刘兴宇,冀赛男.(2013).不同语义关系下蒙英双语者跨语言启动非对称特点.内蒙古师范大学学报(自然汉文版),(6),730—734.
姜永志,七十三.(2016).中国民族心理研究的本土化:方向与问题.华南师范大学学报(社会科学版),(1),59—65.
姜永志,张海钟.(2010).自我和谐与人格特质的区域跨文化心理学研究.重庆理工大学学报(社会科学版),(11),128—132.
姜永志,张海钟,张鹏英.(2012).中国老乡心理效应理论探索与实证研究.心理科学进展,(8),1237—1242.
蒋京川.(2006).智力是什么?——智力观的回顾与前瞻.国外社会科学,(2),59—63.
蒋柯.(2015).民族心理学与实验方法之辩.中国社会科学报,9月14日.
蒋强,孙时进,李成彦.(2014).2003—2012年民族心理文献计量学研究——基于国内主要心理学和民族学期刊.西南民族大学学报,(4),190—198.
蒋颖.(2007).汉藏语名量词起源的类型学分析.中央民族大学学报(哲学社会科学版),(2),94—100.
降彩虹.(2009).汉族与蒙古族青少年攻击性结构与人格倾向的比较研究.精神医学杂志,(6),423—425.
金炳镐.(1988).民族分界意识和民族认同意识.黑龙江民族丛刊,(3),48.
金炳镐.(1991).论民族意识.黑龙江民族丛刊,(3),25—30.
金炳镐.(2007).民族关系理论通论.北京:中央民族大学出版社.
金炳镐.(2007).民族理论通论.北京:中央民族大学出版社.
金炳镐.(2008).中国民族理论百年发展1990—1999.沈阳:辽宁民族出版社.
金炳镐.(2014).民族理论前沿研究.北京:中央民族大学出版社.
金克木.(1987).比较文化论集.北京:三联书店.
金良,散旦玛,玉英.(2012).传统蒙古文编码及其应用现状分析.语文学刊,(4),16—26.
金一波,王大伟.(2006).心理健康是和谐社会的精神基石.山东师范大学学报(人文社会科学版),(3),53—56.
金玉华,李寿欣.(2006).沉思—冲动型认知方式的研究与进展.山东理工大学学报(社会科学版),(1),80—83.
靳会新.(2014).俄罗斯民族性格形成中的宗教信仰因素.俄罗斯学刊,(1),76—83.
荆其诚.(1990).现代心理学的发展趋势.北京:人民出版社.
景怀斌.(2002).传统中国文化处理心理健康的三种思路.心理学报,(3),327—332.
卡依沙尔·艾合买提,开塞·阿布力米提.(2012).汉维动物词汇文化内涵研究.新疆职业大学学报,(6),42—47.
凯·米尔顿.(2007).环境决定论与文化理论.北京:民族出版社.
凯西·卡麦兹.(2009).建构扎根理论.重庆:重庆大学出版社.
康德.(1987).实用人类学.北京:中国人民大学出版社.
康德.(1987).判断力批判(上卷).北京:商务印书馆.
康育文,康湘文,谢胜军,孙易蔓,赵庆革,杨文亮.(2012).内地藏族大学生人格特征分析.中国学校卫生,(10),1176—1179.
康文姣.(2008).论摩梭人的舅权.红河学院学报,(6),13—16.
康云海.(1999).泸沽湖生态旅游研究.昆明:云南科技出版社.
克拉克.威斯勒尔.(1923/2004).人与文化.北京:商务印书馆.
克利福德·格尔茨.(1999).文化的解释.南京:译林出版社.
克洛德·列维-斯特劳斯.(2006).结构人类学.北京:中国人民大学出版社.
克洛德·列维-斯特劳斯.(2006).种族与历史·种族与文化.北京:中国人民大学出版社.
克洛德·列维-斯特劳斯.(2006).野性思维.北京:中国人民大学出版社.
科塔克.(2012).文化人类学.北京:中国人民大学出版社.
孔祥群.(2007).象形文字与汉民族的认知策略.2007—06—21取自http://blog.sina.com.cn/kxq2838280.

揭水平.(2009).多维标度法的聚类分析：问题与解法.统计与决策,(11),148—149.

喇敏智.(2005).构建社会主义和谐社会符合穆斯林的宗教信仰和根本利益.回族研究,(3),36—40.

喇敏智.(2006).回族对伟大祖国的贡献.兰州：甘肃民族出版社.

喇维新.(2003).西北回族大学生民族认同、心理健康与高教管理策略研究.硕士学位论文,西北师范大学.

拉夫·林顿.(1982).文化人类学.复文图书出版社.

蓝纯.(1999).从认知角度看汉语的空间隐喻.外语教学与研究,(4),7—15.

蓝德曼.(1988).哲学人类学.北京：工人出版社.

蓝建宇.(1988).论壮族思想意识、心理结构及其中之卑弱成分.广西民族研究,(4),7—16.

兰玲.(2009).社会性别平等主流化是男女平等的根本途径.西安社会科学,(6),50—51.

李葆嘉.(2008).中国转型语法学：基于欧美模板与汉语类型的沉思.南京：南京师范大学出版社.

李葆嘉,邱雪玫.(2008).现代语言学理论形成的群体模式考察.外语教学与研究,(3),323—338.

李璧,杨国珍,黄小蓉,罗昭逊,杨泽红,李荣.(2003).贵州省936名少数民族儿童与汉族儿童智力及个性对比分析.贵州医药,(4),382—383.

李炳全.(2006).文化心理学与跨文化心理学的比较与整合.心理科学进展,(2),315—320.

李长虹,蔡笑岳.(2009).影响智力测验公正性的情境因素分析.广州大学学报(社会科学版),(5),65—68.

李春桂,郭初建.(2007).浅谈汉民族思维在汉语中的体现.科技资讯,(15),226—227.

李达珠,李耕冬.(1999).最后的母系部落.成都：四川民族出版社.

李德高,李俊敏,袁登伟.(2010).大学生汉、英语条件下不同概念联系意识比较.外语教学与研究,(2),131—137.

李恭忠.(2011)."江湖"：中国文化的另一个视窗——兼论"差序格局"的社会结构内涵.学术月刊,(11),30—37.

李衡眉.(1992).中国古代婚姻史论集.长春：吉林文史出版社.

李虹.(2006).自我超越生命意义对压力和健康关系的调节作用.心理学报,(3),422—427.

李虹.(2004).论中日汉字在语言文字体系中的相互影响.中南民族大学学报(人文社会科学版),(2),158—161.

李惠娟,张积家,张瑞芯.(2014).上下意象图式对羌族亲属词认知的影响.心理学报,(4),481—491.

李慧媛.(2007).美国女权主义研究.硕士研究生学位论文,华东师范大学.

李建东,董粤章,李旭.(2007).颜色词的认知诠释.天津大学学报(社会科学版),(5),474—477.

李杰,侯友,王凤梅,姜淞秀.(2013).非熟练蒙英双语者概念表征的非对称性特点.心理科学,(2),350—355.

李劼.(2008).劳动分工、社会分层与两性角色差异.中央民族大学学报(哲学社会科学版),(4),36—43.

李锦平.(1997).苗族认知模式与苗汉双语教育.贵州民族研究,(1),106—111.

李静.(2003).加强民族心理学研究.光明日报(理论版),11月9日.

李静.(2004).性别角色刻板印象与女性发展的民族学研究.贵州民族研究,(2),22—27.

李静.(2004).民族认知结构研究的心理学取向.民族研究,(6),10—19.

李静.(2005).民族心理学研究.北京：民族出版社.

李静.(2006).民族心理学教程.北京：民族出版社.

李静.(2009).民族心理学.北京：民族出版社.

李静.(2010).民族交往心理的跨文化研究.北京：中国社会科学出版社.

李静.(2015).田野实验法适宜民族心理研究.中国社会科学报,7月21日.

李静,杨须爱.(2006).弗洛伊德民族心理学思想述论.广西民族研究,(3),28—33.

李静,杨须爱.(2006).交往与流动话语中的村落认同.北京：中国社会科学文献出版社.

李静,温梦煜.(2016).从社会分类视角看族群认同.华南师范大学学报(社会科学版),(1),61—71.

李静生.(1983).纳西东巴文与甲骨文的比较研究.云南社会科学,(6),108—117.

李静生.(1991).论纳西东巴文的性质.参见：郭大烈,杨世光.东巴文化论,昆明：云南人民出版社.

李静生.(2003).纳西东巴文的创制及其他.参见：赵世红,习煜华.东巴文化研究所论文选集.昆明：云南民族出版社,172—194.

李军.(2007).蒙古族和汉族大学生人格特征的比较研究.赤峰学院学报(自然科学版),(6),90—91.

李军.(2012).蒙、汉大学生心理症状对人格特征、应对方式的回归分析.内蒙古师范大学学报(教育科学版),(3),47—50.

李利,莫雷,潘敬儿.(2008).不同熟练水平粤语—普通话双语者言语产生中的语言依赖效应.现代外语,(1),76—82.

李例芬.(1991)."黑"、"白"词汇及其文化背景.参见：郭大烈,杨世光.东巴文化论.昆明：云南人民出版社.

李霖灿.(1984).麽些研究论文集.台北：台湾故宫博物院.

李霖灿.(2001).纳西族象形标音文字字典.昆明：云南民族出版社.

李鹏程.(2003).论中华文化的一体多样性及其现实意义.浙江学刊,(5),29—36.

李其维.(2008)."认知革命"与"第二代认知科学"刍议.心理学报,(12),1306—1327.

李荣宝,张家秀,李艳铃,陈素梅.(2008).音辨析训练对方言儿童语音意识和阅读能力发展的作用.心理科学,(2),369—371.

李尚凯.(1991).论民族心理之研究.新疆师范大学学报(哲学社会科学版),(1),27—33.

李绍明.(1983).论川滇边境纳日人的族属问题.社会科学研究,(1),96—101.

李修建.(2011).论马林诺夫斯基的文化观及艺术理论.江南大学学报(人文社会科学版),(4),112—120/130.

李寿欣,宋广文.(1994).关于高中生认知方式的测验研究.心理学报,(4),378—384.

李硕豪,马海燕.(2013).宗教信仰对维吾尔族大学生主观幸福感的影响——以兰州大学三名维吾尔族大学生为例.学理论,(30),227—228.

李天雪.(2003).论宗教对民族心理的渗透作用.西北第二民族学院学报,(4),55—61.

李伟,杜生一.(2002).对经济文化类型理论的再认识.兰州大学学报,(5),4—54.

李伟,陶沙.(2003).大学生的压力感与抑郁、焦虑的关系:社会支持的作用.中国临床心理学杂志,(2),108—110.

李文馥.(1995).幼儿颜色爱好特点研究.心理发展与教育,(1),9—14.

李文玲,张厚粲.(1993).图画与中、英文字词识别加工的比较.心理学报,(1),24—30.

李霞,扈玉雪,孟维杰.(2011).20年中国跨文化心理学研究梳理与反思——以《心理学报》《心理科学》(1988—2010)刊文为范例.心理研究,(4),26—31.

李向阳,格根图雅.(2014).蒙古族大学生人格特征与健康人格培养.内蒙古财经大学学报,(4),109—113.

李小红,王彤.(2013).西南少数民族地区大学生情绪智力与应对效能相关研究.广东石油化工学院学报,(2),33—37.

李小江.(1995).男女平等:在中国社会实践中的失与得.社会学研究,(1),92—97.

李小敏,黎雄峰.(2011).海南回族教育存在的问题及发展模式探讨.琼州学院学报,(3),63—68.

李晓霞(2004).中国各民族间族际婚姻的现状分析.人口研究,(5),68—75.

李星星.(2006).川滇边"纳日"人族称问题的由来与现状.参见:杨尚孔,白郎.四川纳西族与纳文化研究.北京:中国文联出版社.

李亦园,杨国枢.(1990).中国人的性格.北京:中国人民大学出版社.

李燕萍.(2013).维吾尔语复合合璧词的语素来源及语义认知机制.语言与翻译,(2),16—32.

李宇,李红,袁琳.(2005).论智力的文化观.西南师范大学学报(人文社会科学版),(1),35—38.

李运富,张素凤.(2006).汉字性质综论.北京师范大学学报(社会科学版),(1),68—76.

李泽厚.(2004).论语今读.北京:生活·读书·新知三联书店.

李智环.(2010).试析傈僳族传统生态文化及其现代价值.教育文化论坛,(5),42—46.

李致忠,冯忠娜.(2002).广西隆安县壮族初中生个性特征及相关因素分析.中国学校卫生,(3),250—251.

李忠,石文典.(2008).当代民族认同研究述评.西北民族大学学报(哲学社会科学版),(3),24—28.

黎红.(2001).青少年的民族自尊、自信和自强精神教育刍议.广西教育学院学报,(4),109—111.

黎鸣.(2003).中国人为什么这么"愚蠢"——21世纪中国人应当怎样变得聪明起来.北京:华龄出版社.

栗志刚.(2010).民族认同的精神文化内涵.世界民族,(2),1—5.

力提甫·托乎提.(2012).语言机制的先天性与民族语言研究.民族语文,(6),3—12.

连涵芬.(2010).闽南方言时间词语研究.黎明职业大学学报,(1),75—78.

连淑能.(1993).英语的"抽象"与汉语的"具体".外语学刊,(3),24—31.

梁宝勇.(2002).应对研究的成果、问题与解决办法.心理学报,(6),643—650.

梁宝勇,等.(2006).精神压力、应对与健康——应激与应对的临床心理学研究.北京:教育科学出版社.

梁宝勇,郭倩玉.(2000).关于应付的一些思考与实证研究Ⅲ.应付方式与人格.中国临床心理学杂志,(1),7—9.

梁宝勇,郭倩玉,郭良才,杜桂芝,刘畅.(1999).关于应付的一些思考与实证研究Ⅱ.应付方式的评定、分类与估价.中国临床心理学杂志,(4),200—203.

梁海淇,黄家章.(1988).南宁市壮、汉民族智力现状的调查研究.广西大学学报,(4),86—90.

梁进龙,高承海,万明钢.(2010).回族、汉族高中生的民族认同和国家认同对自尊的影响.当代教育与文化,(6),63—67.

梁觉,周帆.(2008).跨文化研究的方法.参见:陈晓萍,徐淑英,樊景丽.组织与管理研究的实证方法.北京:北京大学出版社.

梁觉,周帆.(2010).跨文化研究方法的回顾与展望.心理学报,(1),41—47.

梁丽萍.(2004).中国人的宗教心理.北京:社会科学文献出版社.

梁启超.(1927).梁任公近著(下卷).北京:商务印书馆.

梁启超.(1988).先秦政治思想史·附录(先秦政治思想)(1922).饮冰室合集·专集五十.北京:中华书局.

梁启超.(2006).中国历史研究法.上海:上海古籍出版社.

梁漱鸣.(2006).东西方文化及其哲学.上海:上海人民出版社.

梁志燊,李辉,吴云霞.(1996).幼儿园识字教育的几个基本问题.学前教育,(Z2),6—8.

廖林燕.(2011).论彝族政治权利的历史变迁.云南师范大学学报(哲学社会科学版),(3),99—104.

廖君湘.(2006).侗族传统社会群际关系的层面、特征和影响因素.湖南科技大学学报(社会科学版),(1),101—106.

雷永生.(1999).关于民族意识的心理学思考.青海民族学院学报(社会科学版),(3),87—91.

列维-布留尔.(1986).原始思维.北京:商务印书馆.

列维-斯特劳斯.(2000).忧郁的热带.北京:生活·读书·新知三联书店.

林崇德,白学军.(2004).关于智力研究的新进展.北京师范大学学报(社会科学版),(1),25—32.

林建则.(2009).勒庞思想在中国的传播及其影响.开放时代,(11),79—92.

林荔凡.(2009).从语境角度解析上/下空间隐喻的认知思维.赤峰学院学报(汉文哲学社会科学版),(6),49—51.

林耀华.(1985).中国经济文化类型.北京:中国社会科学出版社.

林耀华.(1991).中国少数民族的社会文化类型及其社会主义现代化过程.《民族学研究》第十辑.北京:民族出版社.

林耀华.(1997).民族学通论.北京:中央民族大学出版社.

林泳海,王玲玉,钱琴珍,邱静静.(2011).方言经验对早期沪语儿童汉语语音意识的影响.心理科学,(2),414—417.

林语堂,傅斯年,鲁迅.(2006).闲说中国人.哈尔滨:北方文艺出版社.

林增学.(2000).心理健康结构维度的研究概述及理论构想.社会科学家,(6),64—68.

林仲贤,张增慧,陈美珍.(1995).北京地区和香港地区4~5岁幼儿颜色命名能力发展比较.心理发展与教育,(1),15—18.

林仲贤,张增慧,傅金芝.(1996).3~6岁白、哈尼族与汉族儿童的颜色命名能力的发展.心理科学,(5),257—260.

林仲贤,张增慧,韩布新,傅金芝.(2001).3～6岁不同民族儿童颜色命名发展的比较.心理学报,(4),333—337.

凌云.(2003).美国人的性格.福建农业,(5),36.

凌纯声,林耀华,等.20世纪中国人类学民族学研究方法与方法论.北京:民族出版社.

绫部恒雄.(1988).文化人类学的十五种理论.北京:国际文化出版公司.

刘百里.(2011).内隐智力:智力研究的新视角.广州大学学报(社会科学版),(8),26—31.

刘宝俊.(1996).民族语言与文化生态.中南民族学院学报(哲学社会科学版),(1),82—86.

刘畅.(2014).日本的民族特性与文化传承.开封教育学院学报,(1),265—266.

刘诚芳,蔡华.(2000).彝族双语教育两类模式的大学生人格特征的比较研究.西南民族学院学报(哲学社会科学版),(1),118—121.

刘皓明,张积家,刘丽虹.(2005).颜色词与颜色认知的关系.心理科学进展,(1),10—16.

刘红艳.(2007).汉语个体量词认知功能和认知机制的研究.硕士学位论文,华南师范大学.

刘佳.(2011).张载人性论思想研究.硕士学位论文,安徽大学.

刘佳磊.(2013).勒庞群体心理思想浅析——读《乌合之众——大众心理研究》.学理论,(35),70—71.

刘建平,巢传宣.(2005).双语存在模型的研究.心理科学,(4),1007—1009.

刘丽虹,张积家.(2005)."语法性"现象及其对认知的影响.华南师范大学学报(社会科学版),(5),122—127.

刘丽虹,张积家.(2009).空间—时间隐喻的心理机制研究.心理学探新,(3),32—36.

刘丽虹,张积家.(2009).时间的空间隐喻对汉语母语者时间认知的影响.外语教学与研究,(4),266—271.

刘丽虹,张积家.(2009).语言如何影响人们的思维?自然辩证法通讯,(5),22—27.

刘丽虹,张积家,王惠萍.(2005).习惯的空间术语对空间认知的影响.心理学报,(4),469—475.

刘玲.(2002).俄罗斯——民族性格与文化特征.天府新论,(6),91—95.

刘凌.(2014).《水书常用字典》评述——兼谈民族文字字典理想的编纂模式.辞书研究,(1),58—65.

刘明东.(2003).文化图式的可译性及其实现手段.中国翻译,(2),28—31.

刘宁,周琦.(2009).英国人性格浅谈.黑龙江科技信息,(5),321.

刘琴.(2012).维吾尔族汉语发展性阅读障碍儿童的语言加工技能研究.硕士学位论文,新疆师范大学.

刘瑞琦,达红旗,达瓦.(2011).藏族大学生认知风格研究——以对西藏大学农牧学院180名藏族大学生的测验为例.西藏研究,(2),104—111.

刘少英,葛列众,朱瑶.(2004).4～6岁幼儿颜色偏好实验研究.心理科学,(3),669—670.

刘仕国,陆延荣.(2000).论民族意识与公民意识的和谐统一.实事求是,(4),24—27.

刘世理,樊葳葳.(2003).民族文化心理的认知与超越.华中科技大学学报(社会科学版),(6),94—98.

刘书青,汪海玲,彭凯平,郑先隽,刘在佳,徐胜眉.(2013).注意的跨文化研究及意义.心理科学进展,(1),37—47.

刘同辉.(2004).中西人格心理思想之比较研究.硕士学位论文,华东师范大学.

刘同辉.(2006).中体而西用,返本以开新——中西人格心理学思想之比较研究.博士学位论文,华东师范大学.

刘文理,刘翔平.(2006).阅读发展相关的认知技能:汉语和英语的比较.心理科学进展,(5),665—674.

刘晓丹.(2011).孔子的理想人格与西方理想人格的比较.中国电力教育,(1),137—138.

刘翔平,刘文理,张立娜,徐先金,张微,张秀秀,等.(2006).儿童识字能力与汉字规则意识关系研究.中国特殊教育,(1),56—82.

刘秀明,潘艳兰.(2010).从语义角度浅析维吾尔语转移句的认知模式.喀什师范学院学报,(2),61—64.

刘学义.(2011).少数民族大学生文化智力的测量及其与文化适应的关系研究.硕士学位论文,广州大学.

刘岩.(2012).傣族文化论.昆明:云南民族出版社.

刘毅.(1993).论社会文化的变迁对民族心理的影响.社会纵横,(6),73—77.

刘悦.(2008).早期文字符号体态特征及其演进.重庆社会科学,(4),88—90.

刘悦.(2008).早期文字造字方法比较研究.现代语文(语言研究版),(9),132—134.

刘援朝.(1998).元江白族亲属称谓系统.云南民族学院学报(哲学社会科学版),(1),56—59.

刘再复,林岗.(1999).传统与中国人.合肥:安徽文艺出版社.

刘志松.(2006).民间规则中的舅权——以我国少数民族为中心.时代法学,(2),73—79.

刘志扬.(2006).饮食、文化传承与流变——一个藏族农村社区的人类学田野调查.经济社会,(2),108—119.

刘正奎,张梅玲,施建农.(2004).智力与信息加工速度研究中的检测时范式.心理科学,(6),1404—1406.

龙卿志,李琛.(2009).藏族大学生人格发展现状及与全国常模的比较研究.高等函授学报(哲学社会科学版),(9),17—18.

娄博.(2006).唐兰之甲骨文研究.硕士学位论文,河北师范大学.

吕大吉.(1998).宗教学通论新编.北京:中国社会科学出版社.

吕佩臣.(2013).基于文化图式理论的民族院校英语听力教学.内蒙古师范大学学报(教育科学版),(3),108—111.

吕思勉.(1996).中国民族史.北京:东方出版社.

吕遂峰.(2002).略论培育和弘扬民族精神在小康社会建设中的作用.山西农业大学学报(社会科学版),(4),355—357.

吕玉元.(2010).从樱花看日本人的性格.佳木斯教育学院学报,(5),9—10.

卢勤,苏彦捷.(2003).对Bem性别角色量表的考察与修订.中国心理卫生杂志,(8),529—531.

卢勤,苏彦捷.(2004).性别角色与基本人格维度的相关研究.北京大学学报(自然科学版),(4),642—651.

鲁忠义,高志华,段晓丽,刘学华.(2007).语言理解的体验观.心理科学进展,(2),275—281.

鲁忠义,陈笕桥,邵一杰.(2009).语篇理解中动允性信息的提取.心理学报,(9),793—801.

露丝·本尼迪克特.(1988).文化模式.北京:三联出版社.

露丝·本尼迪克特.(2011).菊与刀.北京:中国画报出版社.

陆斐,王敦.(2010).壮族歌咏文化的诗性思维与民族心理.百色学院学报,(1),31—35.

陆家瑞.(2003)."阿央白"——白族"母性文化"符码.民族艺术研究,(2),39—45.

陆雪萍.(2010).广西壮族自治区高中生个性特征及其相关因素调查分析.中国全科医学,(17),1884—1886.

卢敏猛.(2010).独特的地理环境与英国民族国家的形成.黑龙江史志,(15),198—199.

罗安源,张铁山,杨波.(2009).民族语言与语言学引论.北京:中央民族大学出版社.

罗伯特·路威.(1984).文明与野蛮.北京:生活·读书·新知三联书店.

罗伯特·F·墨菲.(1991).文化与社会人类学引论.北京:商务印书馆.

罗常培.(2004).语言与文化.北京:北京出版社.

罗春祥.(2006).论地理环境对我国民族文化的影响.北京教育(成功就业版),(12),56—58.

罗传清.(2007).壮乡宴客习俗分析——以南丹县壮族村寨为例.河池学院学报,(3),95—98.

罗红光.(2014).人类学.北京:中国社会科学出版社.

罗鸣春,黄希庭,苏丹.(2010).中国少数民族心理健康研究30年文献计量分析.西南大学学报(社会科学版),(3),17—20.

罗青林.(1992).客家研究导论.上海:上海文艺出版社.

罗维.(1920/1987).初民社会.北京:商务印书馆.

洛克.(1999).中国西南古纳西王国.昆明:云南美术出版社.

骆文淑,赵守盈.(2005).多维尺度法及其在心理学领域中的应用.中国考试,(4),27—30.

买合甫来提·坎吉,闻素霞.(2007).新疆地区维吾尔族大学生卡特尔16种人格因素测查分析.中国健康心理学杂志,(8),749—752.

买合甫来提·坎吉,刘翔平,张微.(2011).维吾尔语发展性阅读障碍儿童的高频词典通达.心理科学,(5),1124—1129.

玛格丽特·米德.(1987).文化与承诺.石家庄:河北人民出版社.

马存芳.(2002).藏、回、汉族女大学生自我意识的跨文化研究.青海民族研究,(4),108—112.

马丹丹,李辉.(2006).少数民族心理健康研究的文化取向.国际中华应用心理学杂志,(1),82—84.

马尔塞拉.(1991).跨文化心理学.长春:吉林文史出版社.

马亇子.(1999).凉山彝族家支生活的变迁.凉山民族研究,1999年年刊.

马广海.(2003).文化人类学.济南:山东大学出版社.

马慧娟,白群.(2000).回族群体心理与我国经济民事法律的相互作用.思想战线,(1),127—130.

马建春.(2002).回族传统重商的文化思考.民族学论集.兰州:甘肃民族出版社.

马坚译.(1981).古兰经.北京:中国社会科学出版社.

马建钊.(2000).试论海南苗族与汉族的历史关系.广西民族研究,(4),80—84.

马建钊.(2001).海南回族的历史来源与社会变迁——对三亚市栏镇两回族村的历史学与人类学考察.回族研究,(4),27—33.

马金宝.(2000).由族称看回族的民族性格特征.中央民族大学学报(哲学社会科学版),(3),45—50.

马克思.(1965).摩尔根《古代社会》一书摘要.北京:人民出版社.

马克思.(1972).德意志意识形态.北京:人民出版社.

马克思.(1972).关于费尔巴哈的提纲.马克思恩格斯选集(1).北京:人民出版社.

马克思.(1978).摩尔根《古代社会》一书摘要.北京:人民出版社.

马克思,恩格斯.(1960).马克思恩格斯全集(第3卷).北京:人民出版社.

马克思,恩格斯.(1960).马克思恩格斯全集(第42卷).北京:人民出版社.

马克思,恩格斯.(1972).费尔巴哈.马克思恩格斯选集(1).北京:人民出版社.

马克思·韦伯.(2010).经济与社会.上海:上海世纪出版集团.

马兰军,由文华,毛雁.(2007).新疆维、汉族大学生体育健身活动与心理健康状况的比较研究.青海民族研究,(4),151—154.

马利军,韦玮,张积家.(2011).熟练普—粤双言者的长时重复启动效应.心理研究,(4),24—29.

马林诺夫斯基.(1986).两性社会学.北京:中国民间文艺出版社.

马林诺夫斯基.(2002).文化论.北京:华夏出版社.

马林诺夫斯基.(2002).西太平洋的航海者.北京:华夏出版社.

马林英.(2001).性别、民族的研究与反思:分析自我体验及行动.西南民族学院学报(哲学社会科学版),(9),25—30.

马前锋,孔克勤.(2007).文化与人格:心理人类学的解释.心理科学,(6),1517—1520.

马胜利.(2005).法兰西民族的激进主义传统.欧洲研究,(4),112—125.

马斯洛.(1987).动机与人格.北京:华夏出版社.

马学良.(1996).汉藏语系研究的理论和方法问题.民族语文,(4),5—9.

马学良.(2003).汉藏语概论.北京:民族出版社.

马学良,戴庆厦.(1980).语言民族学.学术油印本.

马燕,巴□萍.(2013).青藏高原多民族聚居地区民族交往的形态及特点——以祁连地区为例.青海民族大学学报(社会科学版),(3),117—122.

马寅.(1984).中国少数民族常识.北京:中国青年出版社.

马宗保.(2005).乡村回族婚姻中的聘礼与通婚圈.民族研究,(2),11—20.

马钟范.(1999).略论朝鲜族大学生的人格特点.延边大学学报(社会科学版),(1),135—137.

玛格丽特·米德.(1988).萨摩亚人的成年.杭州:浙江人民出版社.

玛格丽特·米德.(1988).三个原始部落的性别与气质.杭州:浙江人民出版社.

玛格丽特·米德.(1989).性别与气质.北京:光明日报出版社.

摩尔根.(1877/2007).古代社会.北京:商务印书馆.

蒙景树.(2005)."水书"及其造字方法研究.黔南民族师范学院学报,(1),23—26.

蒙耀远.(2011).构建水书学学科的思考.贵州民族学院学报(哲学社会科学版),(5),34—37.

孟娟.(2003).苗族节日文化的心理学透视.贵州民族学院学报,(2),87—89.

孟华.(2004).汉字:汉语和华夏文明的内在形式——符号学新视野丛书.北京:中国社会科学出版社.

米正国.(2004).凉山彝族传统道德文化与现代化管探.成都:四川人民出版社.

米歇尔·巴哈第.(2003).双语失语症的评估.广州:暨南大学出版社.

莫雷,李利,王瑞明.(2005).熟练中—英双语者跨语言长时重复启动研究.心理科学,(6),1288—1293.

牟钟鉴.(1988).中国宗教与文化.成都:巴蜀书社.

母代斌,郭伟,侯笑梅.(2002).乌鲁木齐市部分维汉族高中生心理健康状况比较.中国学校卫生,(4),344—345.

牡丹.(2006).呼和浩特地区4~9岁蒙汉儿童心理发展的比较研究.内蒙古师范大学学报,(11),47—50.

木丽春.(2005).东巴文化揭秘.昆明:云南人民出版社.

木仕华.(1999).纳西东巴文化研究国际化综论.中央民族大学学报,(2),65—70.

木仕华.(2000).99'中国丽江国际东巴文化学术研讨会综述.云南民族学院学报,(1),70—73.

木仕华.(2001).纳西东巴文与藏文的关系.民族语文,(5),63—69.

尼·切博克萨罗夫,伊·切博克萨罗娃.(1989).民族、种族、文化.北京:东方出版社.

倪传斌.(2012).双语者创造力的影响因素和作用机制研究综述.外语教学与研究,(3),411—423.

倪胜利.(2010).西南民族智力资源可持续发展的教育文化战略.民族教育研究,(5),10—14.

宁骚.(1995).民族与国家.北京:北京大学出版社.

农建萍,陈鹏.(2010).象形文字的活化石——水书.山西档案,(3),55—57.

欧潮泉.(1993).论藏族的民族意识与文化兼容.西藏研究,(4),109—122.

欧军.(1995).古代蒙古族的时间观念.内蒙古教育学院学报,(3),25—26.

潘建屯,段俊霞.(2014).简论中国男女平等运动的发展历程.四川省社会主义学院学报,(1),54—57.

彭耽龄.(2004).普通心理学(第三版).北京:北京师范大学出版社.

彭凤.(2008).维吾尔族味觉词概念结构及文化探析.东方论坛,(1),71—74.

彭凤,靳焱,韩涛.(2013).从汉维词汇多角度分析汉维思维方式的差异.新疆师范大学学报(哲学社会科学版),(6),88—94.

彭小红,谢花萍.(2011).3~6岁说汉语儿童颜色命名能力实验研究.牡丹江大学学报,(9),101—103.

彭兆荣.(1989).论"舅权"在西南少数民族婚姻中的制约作用.贵州民族研究,(2),92—98.

彭兆荣.(1997).西南舅权论.昆明:云南教育出版社.

朴婷姬.(1998).试论朝鲜民族性格的理智特征.延边大学学报(社会科学版),(1),152—154.

戚雨村.(1992).语言·文化·对比.外语研究,(2),1—8.

齐经轩.(1991).民族意识的结构、功能和本质.黑龙江民族丛刊,(2),31—33.

齐文礼.(1996).谈谈民族意识的导向问题.新疆社会经济,(4),57—60.

钱冠连.(2003).语言全息论.北京:商务印书馆.

钱冠连.(2005).语言:人类最后的家园.北京:商务印书馆.

钱建伟,张海虹.(2009).人对气候的适应性探究.能源与环境,(26),131.

钱丽云.(2002).试析彝族谚语蕴含的文化内涵.彝族文化,(3),118—122.

钱穆.(2002).论语新解.北京:生活·读书·新知三联书店.

钱穆.(2012).中华文化十二讲.北京:九州出版社.

钱琴珍.(2006).儿童对汉语知识内隐记忆和外显记忆的实验研究.博士学位论文,华东师范大学.

钱珊.(2013).少数民族与汉族大学生英语学习动机强度与情感智力相关性比较研究.长春理工大学学报,(3),155—156.

乔纳森·波特,玛格丽特·韦斯雷尔.(2006).话语和社会心理学.北京:中国人民大学出版社.

乔艳阳,张积家.(2015).文化塑造整体—局部认知方式:理论、机制及启示.民族教育研究,(6),96—103.

乔艳阳,张积家.(2016).文化启动:跨文化心理研究的重要范式.中国社会科学报,9月13日.

乔治·莱考夫.(2017).女人、火与危险事物:范畴显示的心智.北京:世界图书出版公司.

切斯特·何尔康比.(2007).中国人的德性.西安:陕西师范大学出版社.

秦殿才.(1988).改革开放与民族心理结构的调整.内蒙古社会科学,(1),39—41.

秦凤华,王凯.(2002).汉族、蒙古族高中生人格特征对学业成就影响的比较研究.内蒙古师范大学学报(教育科学版),(3),73—75.

秦素琼,吕志革,邹平.(2007).中国少数民族心理研究的25年回顾与反思.广西师范大学学报,(4),95—98.

秦向荣.(2005).中国11至20岁青少年的民族认同及其发展.博士学位论文,华中师范大学.

秦向荣,高晓波,佐斌.(2009).青少年民族认同的发展特点及影响因素.社会心理科学,(2),59—63.

裘锡圭.(1978).汉字形成初步探索.中国语文,(3),5—8.

裘锡圭.(1988).文字学概要.北京:商务印书馆.

确精扎布,那顺乌日图.(1994).关于蒙古文编码(上).内蒙古大学学报(哲学社会科学版),(4),28—37.

确精扎布,那顺乌日图.(1995).关于蒙古文编码(下).内蒙古大学学报(哲学社会科学版),(1),18—25.

茹学萍.(2010).汉语阅读中词汇通达的认知加工机制.中国特殊教育,(3),68—72.

荣丽贞.(1987).蒙古族祭祀习俗与民族心理浅述.内蒙古社会科学,(6),35—37.

瞿霭堂.(1999).汉藏语言声调起源研究中的几个理论问题.民族语文,(2),1—9.

瞿霭堂,劲松.(2000).汉藏语言研究的理论和方法.语言研究,(2),1—21.

瞿明安.(2009).文化人类学(上、下).昆明:云南出版集团公司.

曲比阿果.(2005).凉山彝族传统文化与现代化的双向调适.西南民族大学学报(人文社科版),(9),35—36.

曲辰.(2006).中国哲学与中华文化.银川:宁夏人民出版社.

全裕中,天德昌,杨从敏.(1989).彝族青少年性格特征调查.中国学校卫生,(3),51—52.

冉光荣.(1985).羌族史.成都:四川民族出版社.

冉茂盛.(1999).四川省摩梭族(蒙古族)对喇嘛治病与求医行为的跨文化认识.中国心理卫生杂志,(1),46—47.

冉苒,方翰青.(2010).内地藏汉初中生人格特质比较研究.江苏技术师范学院学报,(1),56—60.

冉苒,杨玉霞.(2012).内地藏族初中生人格特质的特点.中国健康心理学杂志,(2),252—254.

饶文谊,梁光华.(2009).关于水族水书起源时代的学术思考.原生态民族文化学刊,(4),90—94.

任继愈.(1990).彝族文化研究的重要资料《彝文丛刻》(增订版).文献,(2),212—218.

任天波.(2003).宁夏高校大学生心理健康教育研究.硕士学位论文,福建师范大学.

任育新.(2008).中国大学英语学习者文化身份的调查与分析.外国语言文学,(1),46—52.

热比古丽·白克力.(2010).维吾尔族三语者的第二及第三语言的知识表征的实验研究.硕士学位论文,新疆师范大学.

热比古丽·白克力,雷志明,闻素霞.(2011).维吾尔族三语者的非熟练第三语言的概念表征特征.心理学探新,(2),150—153.

荣丽贞.(1987).蒙古族祭祀习俗与民族心理浅述.内蒙古社会科学,(6),35—37.

塞缪尔·亨廷顿.(2002).文明的冲突与世界秩序的重建.北京:新华出版社.

沙莲香.(1998).社会学家的沉思:中国社会文化心理.北京:中国社会出版社.

沙莲香.(2000)."己"的结构位置——对"己"的一种解释.社会学研究,(3),47—56.

沙莲香.(2012).中国民族性(三):民族性三十年变迁.北京:中国人民大学出版社.

沙莲香.(2012).中国民族性:一百五十年中外"中国人像".北京:中国人民大学出版社.

沙毓英.(1996).从摩梭人的词汇看人类概念的发展.心理学报,(3),328—333.

沙毓英,秦振华.(1995).基诺族初中学生的性格特点和发展及其与当地汉生的比较.心理学报,(1),54—60.

沙吾提·帕万.(2007).试论亲属称谓之"文化差异"——英、汉、维亲属称谓对比.中央民族大学学报(哲学社会科学版),(2),53—58.

萨义德·侯赛因·纳速尔.(2008).伊斯兰教.上海:上海古籍出版社.

上观子木.(1994).心理疾患的社会文化根源.北京社会科学,(2),132—139.

桑宝才.(2015).维果茨基社会文化理论述评.武汉船舶职业技术学院学报,(6),121—124.

邵二辉,张进辅.(2008).中国少数民族心理研究综述.中南民族大学学报(人文社会科学版),(5),58—61.

邵岩.(2014).朝鲜族青少年社会适应性行为与人格的相关研究.现代交际月刊,(8),7.

邵志芳,高旭辰.(2009).社会认知.上海:上海人民出版社.

塞尔·毛斯.(2003).社会学与人类学.上海:上海译文出版社.

余贤君,张必隐.(1997).形声字心理词典中义符和音符线索的作用.心理科学,(2),142—145.

申鸿雁.(2010).从羌族文化的变迁与传播到羌族文化的传承与发展.民族艺术研究,(5),96—100.

沈家煊.(1993).句法象似性问题.外语教学与研究,(2),2—8.

沈再新.(2012).散杂居背景下彝族与苗族的人格结构比较分析——基于贵州省大方县八堡彝族苗族乡的调查.西南民族大学学报(人文社会科学版),(5),18—22.

盛瑞鑫,热比古丽·白克力,郭桃梅.(2007).熟练维一汉双语者汉语语义的通达机制.心理学探新,(1),53—56.

时蓉华.(2005).现代社会心理学.上海:华东师范大学出版社.

时蓉华,刘毅.(1993).中国民族心理学概论.兰州:甘肃民族出版社.

石安石.(1998).语义研究.北京:语文出版社.

石国义.(1998).水族传统文化心理思辩.贵州民族研究,(1),64—66.

石硕.(2009).藏彝走廊:文明起源与民族源流.成都:四川出版集团,四川人民出版社.

什维策尔.(1987).现代社会语言学.北京:北京大学出版社.

施传刚.(2008).永宁摩梭.昆明:云南大学出版社.

施效人.(1965).文字的产生及其发展的一般规律(上).语文建设,(1),13—14.

施效人.(1965).文字的产生及其发展的一般规律(下).语文建设,(2),12—14.

史宝金.(2003).论汉语亲属称谓的特征及其社会历史文化背景.复旦学报(社会科学版),(2),132—140.

史慧颖,张庆林,范丰慧.(2007).西南地区少数民族大学生民族认同心理研究.民族教育研究,(2),32—36.

史燕君.(2001).纳西东巴文形声字形成过程初论.湖北师范学院学报,(1),32—35.

世瑾.(1989).宗教心理学.北京:知识出版社.

索代.(1999).藏族文化史纲.兰州:甘肃文化出版社.

斯迪克江·伊布拉音.(2013).维吾尔语中人体词的隐喻认知研究.新疆大学学报(哲学人文社会科学版),(4),145—148.

宋宝强.(2008).范畴化:不同民族的认知.喀什师范学院学报,(1),50—51

宋光淑.(2004).纳西东巴文献研究.云南师范大学学报,(1),14—19.

宋华,张厚粲,舒华.(1995).在中文阅读中字音、字形的作用及其发展转换.心理学报,(2),139—143.

宋金兰.(1994).汉语和藏缅语住所词的同源关系.民族语文,(1),41—49.

宋经同.(2009).彝族传统家支观念对凉山新农村建设的影响研究.安徽农业科学,(36),18177—18179.

宋蜀华.(2005).中国西南少数民族的宗教与巫术.中央民族大学学报(哲学社会科学版),(5),28—31.

宋蜀华,陈克进.(2001).中国民族学概论.北京:中央民族大学出版社.

宋蜀华,白振声.(1998).民族学理论和方法.北京:中央民族大学出版社.

宋兴川.(2000).青海藏汉大学生人格特征的跨文化比较.青海民族大学学报(社会科学版),(1),85—90.

宋维真,张建新,张建平,张妙清,梁觉.(1993).编制中国人个性测量表(CPAI)的意义与程序.心理学报,(4),400—407.

宋宜琪,张积家.(2014).空间隐喻和形状变化对物体内隐时间概念加工的影响.心理学报,(2),216—226.

宋宜琪,张积家.(2016).时间隐喻认知具有民族差异性.中国社会科学报,6月15日.

苏世同.(1991).论苗文化与苗族主体心理的建构.吉首大学学报(社会科学版),(4),15—19.

苏红.(2004).多重视角下的社会性别观.上海:上海大学出版社.

苏铃义,全克林.(2012).从语序看中西文化中思维的模式差异.连云港职业技术学院学报,(4),50—53.

苏影.(2010).论象形字的取象与构形.哈尔滨学院学报,(1),90—93.

束定芳.(2001).论隐喻的认知功能.外语研究,(2),28—31.

束定芳.(2000).隐喻学研究.上海:上海外语教育出版社.

孙兵,刘鸣.(2003).双语词汇表征研究进展.华南师范大学学报(社会科学版),(2),122—127.

孙殿凤,刘金兰,李建.(2003).家长育儿方式对学龄前儿童行为问题的影响.滨州医学院学报,(1),77—78.

孙尔鸿,马利军,张积家,杜凯.(2014).中—英双语者的惯用语理解:语义分解性的作用.心理学探新,(4),339—345.

孙宏开.(1992).论藏缅语语法结构类型的历史演变.民族语文,(5),1—9.

孙宏开.(1998).藏语在藏缅语族语言研究中的历史地位.中国藏学,(2),128—135.

孙宏开.(1999).原始汉藏语辅音系统中的一些问题——关于原始汉藏语音节结构构拟的理论思考之一.民族语文,(6),1—8.

孙宏开.(2001).原始汉藏语辅音系统中的一些问题——关于原始汉藏语音节结构构拟的理论思考之二.民族语文,(1):1—11.

孙宏开,江荻.(1999).汉藏语言系属分类之争及其源流.当代语言学,(2),17—32.

孙宏开,郑玉玲.(1990).计算机多语种语料库的设计和实现.民族语文,(6),30—37.

孙岿.(2000).维吾尔族亲属称谓的类型.西北民族研究,(2),103—107.

孙桂香.(2009).新疆维吾尔族大学生民族认同心理研究.博士学位论文,西南大学.

孙进.(2010).文化适应问题研究:西方的理论与模型.北京师范大学学报(社会科学版),(5),45—52.

孙九霞.(2004).现代化背景下的民族认同与民族关系——以海南三亚凤凰镇回族为例.民族研究,(3),61—67/108.

孙钦浩.(2011).革命时代的群体心理——读古斯塔夫·勒庞的《乌合之众》.理论观察,(2),36—37.

孙秋云.文化人类学教程.北京:民族出版社.

孙圣涛.(2004).应付的研究概况.心理科学,(4),934—936.

孙玉春.(2015).汉族祖先崇拜的人类学研究.民族论坛,(8),69—72.

孙玉兰.(2004).少数民族大学生的智力素质特点.民族教育研究,(2),33—37.

孙玉兰,徐玉良.(1990).民族心理学.北京:知识出版社.

孙晓霞,李葆嘉.(2014).心智语义场理论的形成过程及其学术背景.外语学刊,(2),35—44.

泰吉德戈.(1987).英国人的性格.世界文化,(5),37—39.

谭荣波.(1996).少数民族初二学生心理素质的调查与分析.柳州师专学报,(4),52—54.

谭元亨.(1998).客家圣典.深圳:海天出版社.

汤因比.(1986).历史研究.上海:上海人民出版社.

唐胡浩.(2006).民族认同研究回顾.新疆大学学报(哲学/人文社会科学版),(5),95—99.

唐兰.(2005).中国文字学.北京:中国古籍出版社.

唐利平(2005).人类学和社会学视野下的通婚圈研究.开放时代,(2),153—158.

唐宁玉,洪媛媛.(2006).文化智力:跨文化适应能力的新指标.中国人力资源开发,(12),11—14/22.

陶格斯.(2008).蒙汉族学生认知方式与人格特质的相关性及其发展研究.硕士学位论文,内蒙古师范大学.

陶明远.(1994).藏族儿童认知发展的特点与教学.民族教育研究,(3),55—62.

腾驰.(2014).城镇化进程中的民族文化交往.云南民族大学学报(哲学社会科学版),(5),73—76.

滕毅.(2005).法兰西民族精神与法国法特征.法商研究,(5),124—128.

田光辉.(1989).试析孔子的智力观.贵州社会科学,(10),16—20.

田晓红.(2003).少数民族大学生压力分析.湖北函授大学学报,(2),44—46.

童乃兰,朱敏兰.(2008).蒙古族大学生人格特征分析.青海民族大学学报(社会科学版),(3),47—51.

童恩正.(1998).人类与文化.重庆:重庆出版社.

托马斯·库恩.(2012).科学革命的结构.北京:北京大学出版社.

王伯熙.(1984).文字的分类和汉字的性质.中国语文,(2),108—116.

王锃,鲁忠义.(2013).道德概念的垂直空间隐喻及其对认知的影响.心理学报,(5),538—545.

王春雷.(2000).11~17岁汉族与哈尼族学生认知方式的发展及其与性格特质相互关系的跨文化研究.硕士学位论文,云南师范大学.

王春雷,张锋.(2001).学生认知方式与性格特质相互关系的跨文化研究.心理科学,(6),757—758.

王登峰,崔红.(2000).文化、语言、人格结构.北京大学学报(哲学社会科学版),(4),38—46.

王登峰,崔红.(2001).编制中国人人格量表(QZPS)的理论构想.北京大学学报(哲学社会科学版),(6),127—136.

王登峰, 崔红. (2003). 中国人人格量表(QZPS)的编制过程与初步结果. 心理学报, (6), 127—136.

王登峰, 崔红. (2003). 中西方人格结构的理论和实证比较. 北京大学学报(哲学社会科学版), (5), 109—120.

王登峰, 崔红. (2004). 中国人人格量表(QZPS)的信度与效度. 心理学报, (3), 215—218.

王登峰, 崔红. (2005). 中国人有没有独立的"神经质"人格维度?. 西南师范大学学报(人文社会科学版), (3), 25—30.

王登峰, 崔红. (2005). 西方"公正严谨性"人格维度与中国人人格的关系. 浙江大学学报(人文社会科学版), (4), 22—28.

王登峰, 崔红. (2006). 人格结构的行为归类假设与中国人人格的文化意义. 浙江大学学报(人文社会科学版), (1), 26—34.

王登峰, 崔红. (2006). 中国人的"开放性"——西方"开放性"人格维度与中国人的人格. 西南大学学报(人文社会科学版), (6), 1—10.

王登峰, 崔红. (2007). 人格结构的中西方差异与中国人的人格特点. 心理科学进展, (2), 196—202.

王登峰, 崔红. (2008). 中西方人格结构差异的理论与实证分析——以中国人人格量表(QZPS)和西方五因素人格量表(NEOPI-R)为例. 心理学报, (3), 327—338.

王登峰, 崔红. (2008). 中国人的人格特点(IV): 人际关系. 心理学探新, (4), 41—45.

王登峰, 方林, 左衍涛. (1995). 中国人人格的词汇研究. 心理学报, (4), 400—406.

王恩铭. (1996). 当代美国社会与文化. 北京: 上海外语教育出版社.

王封礼. (2007). 时髦的男人和守旧的女人——对当代中国西南少数民族族群认同的社会性别思考. 重庆社会科学, (12), 121—124.

王付欣, 易连云. (2011). 论民族认同的概念及其层次. 青海民族研究, (1), 36—39.

王光荣, 杨晓萍. (2009). 文化的阐释: 维果茨基学派心理学解读. 宁夏大学学报(人文社会科学版), (4), 172—174.

王国宁, 王志英, 姚丽, 张琳. (2012). 宁夏回汉大学生人格特征与总体幸福感关系的研究. 宁夏医科大学学报, (9), 896—898.

王海明, 李明. (2005). 纳人亲属称谓的几个问题——20世纪90年代以前和以后研究的对比. 西北民族大学学报(哲学社会科学版), (2), 149—156.

王鹤. (2012). 跨文化交际视角下探析美国人的性格特征. 文化纵横, (3), 75.

王红曼. (2001). 对我国少数民族风俗习惯的分类. 满族研究, (4), 74—78.

王洪刚. (2005). 体验性、创造性与关联性: 习语理解和加工的认知基础. 外语学刊, (6), 51—55.

王洪兴, 潘运, 胡寒春. (2007). 12种少数民族大学生成就动机与成功恐惧的研究. 心理学探新, (3), 66—70.

王洪礼, 潘运, 周玉林. (2007). 贵州汉族与少数民族中学生成就动机与成功恐惧比较研究. 心理发展与教育, (4), 32—37.

王沪宁. (1990). 当代中国村落家族文化. 上海: 上海人民出版社.

王洪艳, 徐翔, 李刚. (2001). 黑河市鄂伦春族学龄儿童智商测验分析. 医学研究通讯, (11), 53—54.

王缉思. (1995). 文明与国际政治——中国学者评亨廷顿的文明冲突论. 上海: 上海人民出版社.

王嘉毅, 常宝宁. (2009). 新疆南疆地区维吾尔族青少年国家认同与民族认同比较研究. 当代教育与文化, (3), 1—6.

王鉴, 万明钢. (2004). 多元文化与民族认同. 广西民族研究, (2), 21—28.

王娟, 张积家. (2012). 颜色词与颜色认知的关系——基于民族心理学的研究视角. 心理科学进展, (8), 1159—1168.

王娟, 张积家. (2014). 启动语言对汉—英双语者场景一致性判断的影响. 心理学报, (3), 331—340.

王娟, 张积家, 邓碧琳, 肖二平. (2012). 摩梭人的父母教养方式——兼与汉族人的父母教养方式比较. 教育导刊, (7): 38—41.

王娟, 张积家, 林娜. (2010). 纳日人颜色词的概念结构——兼与纳西人颜色词概念结构比较. 中央民族大学学报(哲学社会科学版), (2), 87—93.

王娟, 张积家, 刘鸣, 印丛. (2011). 启动语言对熟练汉—英双语者场景知觉的影响. 外语教学与研究, (6), 850—863.

王娟, 张积家, 刘翔, 肖二平, 和秀梅, 卢大克. (2012). 彝族人、白族人的亲属词概念结构——兼与摩梭人的亲属词概念结构比较. 华南师范大学学报(社会科学版), (1), 45—54.

王娟, 张积家, 谢书书, 袁爱玲. (2011). 结合东巴文学习汉字对幼儿汉字字形记忆的影响. 心理学报, (5), 519—533.

王娟, 张积家, 谢书书, 袁爱玲. (2013). 内隐学习中东巴文促进幼儿汉字字形记忆的研究. 心理科学, (1), 145—149.

王娟, 张积家, 和秀梅, 闵翠萋. (2013). 傈僳族、普米族高中生基本颜色词的概念结构——兼与摩梭高中生基本颜色概念结构比较. 大理学院学报(社会科学版), (7), 13—19.

王俊红, 王欣. (2004). 中学生父母养育方式与心理健康状况的研究. 健康心理学杂志, (2), 135—136.

王克喜. (2007). 中国逻辑史比较研究之反思. 南京社会科学, (12), 30—34.

王黎, 郭佳, 毕彦超, 舒华. (2006). 汉语名词短语产生中的量词一致性效应. 心理与行为研究, (4), 34—38.

王莉. (2014). 论俄汉语对本民族多维度思维方式的生成和影响. 语文学刊, (9), 1—5.

王美艳, 张大也. (2006). 法兰西民族性格与装饰动机. 艺术百家, (7), 142.

王明珂. (2008). 羌在汉藏之间——川西羌族的历史人类学研究. 上海: 中华书局.

王沛, 赵国军, 喇维新. (2006). 回族大学生的民族认同与心理健康的关系. 西北师范大学报(社会科学版), (5), 38—41.

王平文. (1995). 论汉语言与汉民族思维方式. 福建论坛(人文社会科学版), (1), 49—53.

王琦琪, 唐宁玉, 孟慧. (2008). 文化智力量表在我国大学生中的结构效度. 中国心理卫生杂志, (9), 654—657

王庆. (2007). 关于藏族认知风格的调查研究——以西藏地区三个村寨的调查为例. 西南大学学报(社会科学版), (4), 16—19.

王瑞明, 莫雷, 李利, 王穗苹, 吴俊. (2005). 言语理解中的知觉符号表征与命题符号表征. 心理学报, (2), 143—150.

王瑞明, 张清平, 邹艳荣. (2010). 知识背景对信息表征形式的影响. 华南师范大学学报(社会科学版), (2), 68—73.

王涛. (2006). 维果茨基的社会建构主义及文化观. 广西社会科学, (12), 159—162.

王雯露.(2008).酒神精神与日神精神——浅析《悲剧的诞生》.山花,(15),123—124.

王世舜.(1982).尚书译著.成都:四川人民出版社.

王希恩.(1995).民族认同与民族意识.民族研究,(6),17—21.

王希恩.(1995).民族认同发生论.内蒙古社会科学,(5),31—36.

王希恩.(1998).社会主义市场经济和中国的民族意识.民族研究,(3),1—9.

王晓朝.(2004).宗教学基础十五讲.北京:北京大学出版社.

王晓朝.(2009).现代社会与宗教发展的趋势.上海大学学报(社会科学版),(5),63—72.

王晓晨,李其维,李清.(2009).大卫·帕金斯的"真智力"理论述评.心理科学,(2),381—383.

王欣.(1999).中美两国大学生学生生活应激量表测试结果的比较研究.中国临床心理志,(7),176—177.

王欣,苏晓巍,王岩,刘欣,宋耀先,任力.(2000).父母教养方式与子女焦虑水平的相关研究.中国心理卫生杂志,(5),344—345.

王昕亮.(2004).1997—2002:我国少数民族心理研究的文献计量研究.博士学位论文,西北师范大学.

王新意.(2011).多元化视角下藏族大学生的文化适应.硕士学位论文,陕西师范大学.

王秀梅.(2008).语言研究方法的革命:从描写到解释——以威廉·洪堡特的语言哲学观为基础.外语学刊,(2),32—35.

王述文,陈程.(2011).文化视角下的英汉时间隐喻比较研究.浙江工商大学学报,(4),36—43.

王雪燕.(2006).《尔雅·释亲》的文化考释.前沿,(5),231—233.

王瑜卿.(2013).民族交往的多维审视.北京:中央民族大学出版社.

王亚鹏.(2002).少数民族认同研究的现状.心理科学进展,(1),102—107.

王亚鹏.(2002).藏族大学生的民族认同、文化适应与心理疏离感.硕士学位论文,西北师范大学.

王亚鹏,万明钢.(2003).藏族大学生的民族认同及其影响因素研究.民族教育研究,(4),65—70.

王亚鹏,万明钢.(2004).民族认同研究及其对我国民族教育的启示.比较教育研究,(8),17—21.

王琰.(2011).从百年战争看英国民族国家的形成.文史研究,(9),110.

王映学,米加德.(2007).智力与智力测验的历史流变.西南农业大学学报(社会科学版),(5),137—141.

王琼.(2005).民族主义的话语形式与民族认同的重构.世界民族,(1),1—8.

王艳,张积家.(2016).少数民族大学生的心理健康研究状况分析.民族高等教育研究,(5),49—54.

王寅.(2005).语言的体验性——从体验哲学和认知语言学看语言体验观.外语教学与研究,(1),37—43.

王寅.(2002).认知语言学.上海:上海外语教育出版社.

王幼琨.(2004).方言对儿童语音意识形成和发展的影响.硕士学位论文,福建师范大学.

王悦.(2012).方言与普通话并用:双言心理研究述评.心理科学进展,(8),1243—1250.

王元鹿.(1986).纳西东巴文字黑色字素论.华东师范大学学报(哲学社会科学版),(1),59—63.

王元鹿.(1987).纳西东巴文与汉字形声字比较研究.中央民族学院学报(哲学社会科学版),(5),54—57.

王元鹿.(1988).汉古文字与纳西东巴文字比较研究.上海:华东师范大学出版社.

王元鹿.(2001).比较文字学.南宁:广西教育出版社.

王元鹿.(2012).早期文字研究散论.淄博师专学报,(1),68—71.

王远新.(1999).论我国少数民族语言态度的几个问题.满族研究,(1),87—99.

王远新.(2009).青海同仁土族的语言认同和民族认同.中央民族大学学报(哲学社会科学版),(5),106—112.

王悦,罗婷,张积家.(2016).双言经验影响双言者的认知.中国社会科学报,4月11日.

王悦,罗婷,张积家.(2016).民族认同影响双언者的语言态度.中国社会科学报,7月19日.

王云玲.(2011).新疆维吾尔族多语者语言功能区的fMRI研究.博士学位论文,新疆医科大学.

王云玲,贾琳,汤伟军,王红,王皓,贾文霄.(2011).维吾尔族维-英双语者功能磁共振成像研究.中国医学计算机成像杂志,(6),498—501.

王志刚,倪传斌,王际平,姜孟.(2004).外国留学生汉语学习目的研究.世界汉语教学,(3),67—78.

王焰.(2011).体验哲学观下空间隐喻的体验性.牡丹江大学学报,(9),36—40.

王正科,孙乐勇,简洁,孟祥芝.(2007).英语发展性阅读障碍的训练程序.心理科学进展,(5),802—809.

汪碧颖,欧阳俊林.(2009).跨文化外语教学中的文化图式建构.安徽理工大学学报(社会科学版),(11),99—102.

汪成慧.(2010).从俄汉民族思维模式之差异谈语言教学.乐山师范学院学报,(4),85—87.

汪凤炎,郑红.(2008).中国文化心理学.广州:暨南大学出版社.

汪立珍.(2002).鄂温克族宗教信仰与文化.中央民族大学出版社.

汪念念.(2012).藏族青少年人格特质与心理健康状况.硕士学位论文,西藏大学.

汪念念,罗桑平措,马慧芳.(2013).藏族中学生人格特征及其影响因素研究.民族教育研究,(2),28—31.

汪宁生.(1981).原始记事与文字发明.考古学报,(1),42—46.

汪宁生.(1996).文化人类学调查——正确认识社会的方法.北京:文物出版社.

汪新筱,严秀英,张积家,董力虹.(2017).平辈亲属词语义加工中长幼概念的空间隐喻和重量隐喻——来自中国朝鲜族和汉族的证据.心理学报,(2),174—185.

汪雪琴.(2006).从汉英句子结构看东西方思维方式的差异.江西社会科学,(3),174—177.

韦金学.(1988).试论壮族的容异心理.广西民族大学学报(哲学社会科学版),(4),82—84/70.

韦民,米广弘.(2012).民族交往交流交融的历史与现实.中国民族报,7月20日.

韦世方.(2007).水书常用字典.贵阳:贵州民族出版社.

韦章炳.(2007).中国水书探析.北京:中国文史出版社.

韦章炳.(2007).水书与水族历史研究.北京:中国戏剧出版社.

韦宗林.(2006).水族古文字与甲骨文的联系.贵州民族学院学报(哲学社会科学版),(1),11—14.

魏博辉.(2013).论语言对于思维方式的影响力——兼论语言对于哲学思维方式的导向作用.河南大学学报(社会科学版),(4),14—20.

魏国英.(2002).女性学概论.北京:北京大学出版社.

魏美薇.(2014).在理性与本能之间——勒庞群体心理思想探究.学理论,(22),69—70/77.

魏晓言,陈宝国.(2011).语言对知觉的影响——来自颜色范畴知觉研究的证据.心理科学进展,(1),35—41.

魏勇刚,陈世斌.2009.云南纳西族儿童民族文化认知途径研究.重庆师范大学学报(哲学社会科学版),(1),118—123.

威廉·冯·洪堡特.(1997).论人类语言结构的差异及其对人类精神发展的影响.北京:商务印书馆.

威廉·詹姆斯.(2008).宗教经验之种种.桂林:广西师范大学出版社.

维果茨基.(1997).思维与言语.杭州:浙江教育出版社.

维特·巴诺(1979).心理人类学.台北:黎明文化事业出版公司.

维特根斯坦.(2001).哲学研究.上海:上海人民出版社.

文崇一.(1988).报恩与复仇:交换行为的分析.参见:杨国枢.中国人的心理.台北:桂冠出版公司.

闻素霞,热比古丽·白克力.(2009a).熟练维—汉双语者第二语言的概念表征的特征.心理学探新,(4),65—67.

翁义明.(2013).英汉语言中的契约民族文化与人情民族文化——谈语言和思维的民族性.贵州民族研究,(5),236—239.

乌丙安.(1985).中国民俗学.沈阳:辽宁大学出版社.

乌格里诺维奇.(1987).艺术与宗教.北京:读书·生活·新知三联书店.

乌冉.(2011).近现代蒙古族与俄罗斯民族文化人格变迁比较.内蒙古民族大学学报(社会科学版),(1),1—9.

吴波.(2006).洪堡特"精神力量"的特性及其与民族和语言的关系.南阳师范学院学报(社会科学版),(1),84—88.

吴慧迪,王惠萍,刘瑛,王丹.(2012).汉族儿童颜色命名能力发展的实验研究.鲁东大学学报(哲学社会科学版),(3),82—85.

吴江霖.(1993).民族社会心理学.广州:中山大学出版社.

吴景文,皇甫恩.(1994).启动效应与知觉表征系统.心理科学进展,(12),47—50.

吴茂华.(2004).被压倒的理性——读《乌合之众——大众心理研究》《法西斯群众心学》.书屋,(9),57—60.

吴念阳,刘慧敏,徐凝婷.(2009).褒贬义形容词的垂直方位表征.心理科学,(3),607—610.

吴礼权.(2008).比喻造词与中国人的思维特点.复旦学报(社会科学版),(2),97—104.

吴团英.(1982).民族心理素质是民族最具普遍性的特征.求是学刊,(2),38—43.

吴团英.(1988).试论民族共同心理素质及其发展变化的特点.内蒙古社会科学,(1),47—49.

吴万森,钱福永.(1991).鄂伦春族8~14岁儿童智力发展探究.黑龙江民族丛刊,(3),114—118.

吴应辉.(1996).十年来我国民族识别研究述评.民族理论研究,(2),22—24.

吴永波,董国珍,傅金芝.(2002).怒族、景颇族、傈僳族学生的认知方式发展与创造力关系的研究.云南师范大学学报,(2),63—67.

吴治清.(1993).关于民族意识若干争论问题之管见.中央民族学院学报,(5),3—12.

伍业光,唐全胜.(2000).壮族大学生人格与父母养育方式初探.中国行为医学科学,(2),149—150.

伍业光,唐全胜(2000).父母养育方式对壮族大学生人格影响初探.中国学校卫生,(4),294—295.

武雪婷,金一波.(2008).不同地理环境与文化背景下人的心理差异研究.中共宁波市委党校学报,(3),87—90.

宛蓉.(2012).贵州大学生情商现状调查.贵州民族学院学报,(4),58—62.

万玲华.(2005).中日同源的政治学术语.天津市经理学院学报,(2),65—66.

万明刚.(1996).文化视野中的人类行为.兰州:甘肃文化出版社.

万明刚.(1996).人类智力概念的跨文化研究.心理科学,(3),175—179.

万明刚.(2006).多元文化视野价值观与民族认同研究.北京:民族出版社.

万明刚,高承海,吕超,侯玲.(2012).近年来国内民族认同研究述评.心理学科学进展,(8),50—56.

万明刚,李奈,邢强.(1997).汉、藏、东乡族中学生智力观的跨文化比较研究.心理发展与教育,(2),1—6.

万明钢,李艳红,崔伟.(2006).美国民族心理学研究的发展历史.民族教育研究,(6),55—61.

万明钢,童长江.(1989).论跨文化心理学研究的几个理论问题.心理科学,(6),45—47.

万明钢,王鉴.(1997).藏族双语人双语态度的调查研究.心理学报,(3),294—300.

万明钢,王亚鹏.(2004).藏族大学生的民族认同.心理学报,(1),83—88.

万明钢,王亚鹏,李继平.(2002).藏族大学生民族与文化认同调查研究.西北师范大学学报(社会科学版),(5),14—18.

万明钢,赵国军,杨俊龙.(2007).我国少数民族心理研究的文献计量分析 2000—2005.心理科学进展,(1),185—191.

西格蒙德·弗洛伊德.(2001).论宗教.北京:国际文化出版公司.

夏小燕.(2007).性别角色发展的理论述评.黑龙江教育学院学报,(2),70—73.

夏叶玲,孙英,陈晓梅,庄淑云,张俊霞.(2007).新疆维汉大学生父母养育方式对人格及心理的影响.中国健康心理学杂志,(8),746—749.

夏叶玲,庄淑云,孙英,王俊英,陈晓梅,张俊霞,等.(2008).维汉大学生父母养育方式、人格及心理状况比较.中国临床心理学杂志,(1),66—67.

鲜红林.(2006).维汉双语者心理词典的双语 Stroop 实验研究.硕士学位论文,新疆师范大学.

项成芳.(2003).现代智力研究两种视角——PASS 模型与三元理论.宁波大学学报(教育科学版),(2),15—18.

向祖强.(2004).元认知训练对民族地区初一学生智力发展与学业成绩影响的实验研究.教育研究与实验,(3),69—72.

萧兵.(1988).楚辞文化.北京:中国社会科学出版社.

萧国政,徐大明.(2000).从社交常用语的使用看新加坡华族的语言选择及其趋势.语言文字应用,(3),40—45.

萧景阳.(1991).黎族现代民族意识略论.广东民族学院学报,(1),11—19.

肖二平,张积家.(2010).亲属结构理论及对摩梭人亲属关系研究的启示.华南师范大学学报(社会科学版),(2),74—82.

肖二平,张积家,王娟,林娜.(2010).摩梭人亲属词的概念结构——兼与汉族和纳西族亲属词的概念结构比较.心理学报,(10),955—969.

肖二平.(2011).摩梭人亲属关系的跨文化心理学研究.博士学位论文,华南师范大学.

肖二平,张积家.(2012).从亲属词分类看民族语言对民族心理的影响.心理科学进展,(8),1189—1200.

肖二平,张积家,王娟.(2015).摩梭走访制下的阿注关系:是亲属还是朋友?心理学报,(12),1486—1498.

肖计划.(1995).587名青少年学生应付行为研究.中国心理卫生杂志,(3),100—102.

谢多勇.(2013).岭南神巫文化对珠江流域民族人格心理的影响——以《布洛陀经诗》为视角.学理论,(32),218—220.

谢建平.(2001).文化翻译与文化"传真".中国翻译,(22),19—22.

谢书书,张积家,程立国.(2007).闽南语和普通话的语码转换之心理学分析.社会心理研究,(1),1—11.

谢书书.(2008).纳西东巴文字的性质及其认知机制.博士学位论文,华南师范大学.

谢书书,张积家.(2008).纳西东巴文字性质研究进展和新视角.华南师范大学学报(社会科学版),(3),107—114

谢书书,张积家.(2009).习惯的空间术语对纳西族和汉族大学生空间参考框架的影响.心理科学,(2),331—333.

谢书书,张积家.(2012).知觉表征和语义表征在语言认知中的作用——以东巴文黑色素字为例.华南师范大学学报(社会科学版),(6),127—134.

谢书书,张积家,和秀梅,林娜,肖二平.(2008).文化差异影响彝、白、纳西和汉族大学生对黑白的认知.心理学报,(8),890—901.

辛自强,池丽萍.(2001).快乐感与社会支持的关系.心理学报,(5),442—447.

辛自强,刘国芳.(2012).文化进化的实验与非实验研究方法.北京师范大学学报(社会科学版),(3),5—13.

邢公畹.(1996).汉藏语系研究和中国考古学.民族语文,(4),18—28.

邢福义.(2000).文化语言学.武汉:湖北教育出版社.

熊坤新,严庆.(2005).民族问题中的民族意识和民族主义情绪.广西民族研究,(3),24—29.

熊锡元.(1983).略论民族共同心理素质.民族研究,(4),1—7.

熊锡元.(1986).试论回回民族共同心理素质.思想战线,(2),28—34.

熊锡元.(1987).民族特征论集.南宁:广西人民出版社.

熊锡元.(1988).试论美利坚民族共同心理素质.思想战线,(6),56—63.

熊锡元.(1989)."民族意识"初析.中央民族学院学报,(3),29—30.

熊锡元.(1990).傣族共同心理素质探微——民族心理研究之五.思想战线,(4),54—60.

熊锡元.(1991).略论民族文化的全民性与整体性——对"两种民族文化"论的再认识.民族研究,(3),6—11.

熊锡元.(1992).民族意识与祖国意识.民族研究,(1),14—16.

熊锡元.(1994).民族心理与民族意识.昆明:云南大学出版社.

休谟.(1980).人性论.北京:商务印书馆.

徐斌.(2006).现代社会对泸沽湖摩梭文化的冲击.中央民族大学学报(哲学社会科学版),(4),45—49.

徐光兴.(2000).跨文化适应的留学生活——中国留学生的心理健康与援助.上海:上海辞书出版社.

徐慧.(2011).国内基于空间隐喻的方位词研究综述.河北北方学院学报(社会科学版),27,42—44.

徐慧.(2012).现代汉语上下方位关系的空间隐喻研究.西南科技大学学报(哲学社会科学版),(6),88—91.

徐建平,张厚粲,杜艳婷.(2012).斯一欧非言语智力测验评介.心理科学,(4),984—987.

徐杰舜.(1990).也谈民族共同文化心理素质.民族研究,(3),3—8.

徐俊冕.(2006).抑郁症诊断与治疗进展.世界临床药物,(3),158—162.

徐黎丽.(1995).试论我国民族心理研究.兰州大学学报,(4),147—152.

徐黎丽.(2002).关于民族心理学研究的几个问题.民族研究,(6),95—103.

徐黎丽.(2005).论民族意识对民族关系的影响.广西民族研究,(2),28—32.

徐黎丽.(2005).论民族心理对民族关系的影响.青海社会科学,(4),131—134/130.

徐黎丽,钟鸣.(2013).论民族的三个基本属性.西北民族研究,(4),79—91.

徐平.(2006).文化的适应和变迁——四川羌村调查.上海:上海人民出版社.

徐睿.(2007).宗教与性别社会化——毕摩教在凉山彝族女性生命转折点中的作用.云南社会科学,(3),85—88.

徐世璇.(1999).汉藏语言的派生构词方式分析.民族语文,(4),23—31.

徐万邦,祁庆富.(1996).中国少数民族文化通论.北京:中央民族大学出版社.

徐晓旭.(2004).古希腊人的"民族"概念.世界民族,(2),35—40.

徐行言.(2004).中西方文化比较.北京:北京大学出版社.

徐亦亭.(2003).永宁纳西族摩梭人的婚姻家庭和发展趋势.云南民族大学学报(哲学社会科学版),20,144—146.

徐中舒.(1989).甲骨文字典.成都:四川辞书出版社.

许多会.(2006).维汉称谓语差异与文化分析初探.和田师范专科学校学报,(2),117—119.

许广智.(2009).西藏传统文化与可持续发展.北京:中国藏学出版社.

许烺光.(2000).文化人类学新论.台北:天南书局.

许烺光.(2002).中国人与美国人.台北:天南书局.

许平.(2011).骄傲与自省:法兰西民族的忧患意识.探索与争鸣,(1),15—16.

许瑞娟.(2013).摩梭母系文化词群研究.博士学位论文,云南大学.

许姗姗,苗文平,王娟,焦杰.(2014).外显学习中象形文字促进幼儿汉字字形记忆的研究.黔南民族师范学院学报,(3),50—55.

许慎.(1963).说文解字.北京:中华书局.

许思安.(2006).汉族、壮族、蒙族、纳西族人格结构的比较研究.博士学位论文,华南师范大学.

许思安,张积家.(2010).儒家君子人格结构探析.教育研究,(8),90—96.

许思安,郑雪.(2007).汉族与壮族青年人格结构的比较.中国组织工程研究与临床康复,(30),5954—5957/5961.

许思安,郑雪.(2012).少数民族的认知方式.心理科学进展,(8),1207—1211.

许思安,郑雪,高宝梅.(2005).论"发展的小生境"与人格的关系.华南师范大学学报(社会科学版),(6),146—147.

许思安,郑雪,和秀梅.(2007).纳西族外向性人格特点与父母教养方式的关系.中国心理卫生杂志,(7),447—447.

许思安,郑雪,张积家.(2006).采用自由分类的方法探析汉族的人格结构.心理学探新,(3),88—92.

许晓迪.(2010).现代汉语社会地位的空间隐喻实验研究.硕士学位论文,上海师范大学.

许燕.(2009).人格心理学.北京:北京师范大学出版社.

薛灿灿,叶浩生.(2011).具身社会认知:认知心理学的生态学转向.心理科学,(5),1230—1235.

薛莉芳.(2003).从民族思维特征看英汉两种语言表达方式的差异.长沙大学学报,(1),55—56.

薛梅,崔慧颖.(2013).俄语语法所表征的俄罗斯民族心智特征.神州旬刊,(1),157.

薛平.(1999).论"姑舅表婚制"的历史存在.西南师范大学学报(哲学社会科学版),(1),127—131.

闫国利,白学军.(2007).汉语阅读的眼动研究.心理与行为研究,(5),229—234.

阎书昌.(2015).中国近代心理学史.上海:上海教育出版社.

阎云翔.(2006).差序格局与中国文化的等级观.社会学研究,(4),201—213.

严汝娴,宋兆麟.(1983).永宁纳西族的母系制.昆明:云南人民出版社.

严汝娴,刘小幸.(2012).摩梭母系研究.云南出版公司.云南人民出版社.

严秀英,陈·巴特尔,白秀梅.(2016).21世纪民族教育前沿问题研究.延吉:延边大学出版社.

杨宝珠,万明钢.(2008).跨文化心理学中的压力与应对研究.心理科学,(4),925—928.

杨伯峻.(1960).孟子译注.北京:中华书局.

杨伯峻.(1980).论语译注.北京:中华书局.

杨昌儒.(1997).民族学纲要.贵阳:贵州民族出版社.

杨超,吕淑云.(2013).新疆维吾尔族与汉族抑郁症患者临床特征和疗效对比.神经疾病与精神卫生,(13),288—289.

杨晨,张积家.(2011).粤语—普通话双言者和普通话单言者周期性时间推理比较.心理科学,(4),782—787.

杨东,金钊,黎樱,张进辅,张庆林.(2009).汉族社区少数民族的文化疏离感研究.社会学研究,(3),187—207.

杨福泉.(1999).东巴经中的黑白观念探讨.参见:郭大烈,杨世光.东巴文化论.昆明:云南人民出版社.

杨福泉.(2006).纳木依与"纳"族群之关系考略.民族研究,(3),52—59.

杨国枢.(1981).中国人的性格与行为:形成及蜕变.中华心理学刊,(1),39—55

杨国枢.(1988).中国人孝道的概念分析.参见:杨国枢.中国人的心理.台北:桂冠出版公司.

杨国枢.(1992).中国人的社会取向.参见:台湾中央研究院民族学研究所.中国人的心理与行为科际学术研讨会论文集.台北:台湾中央研究院民族研究所.

杨国枢.(2004).中国人的心理与行为:本土化研究.北京:中国人民大学出版社.

杨国枢.(2013).中国人的价值观——社会科学观点.北京:中国人民大学出版社.

杨国枢,黄光国,杨中芳.(2008).华人本土心理学.重庆:重庆大学出版社.

杨国枢,李本华.(1971).557个中文人格特质描述性形容词的好恶度、意义度、熟悉度的研究.台湾大学心理系研究报告.

杨国枢,林以正.(2002).家庭内外人己关系的心理差序格局:自我关涉性记忆效应的验证.参见:华人本土心理学研究追求卓越计划九十一年度计划执行报告书.台北:台湾大学心理学系.

杨海文.(1996).文化类型与文化模式简论.中州学刊,(2),133—138.

杨撼岳,陈笑蓉,郑高山.(2011).水族水字笔形编码方法研究.计算机工程,(14),285—287.

杨红升.(2007).文化差异的认知影响.心理科学,(4),1002—1005.

杨虎德.(2011).民族意识与国家意识不是此消彼长的关系.中国民族报,12月9日.

杨焕典.(2004).纳西语研究.北京:当代中国出版社.

杨慧.(2005)."男女平等"的不同认识及其成因剖析——从社会性别理论视角.安徽大学学报(哲学社会科学版),(5),140—143.

杨慧慧,郑君君.(2007).性别角色与人格维度的相关研究综述.宁波大学学报(教育科学版),(1),28—32.

杨剑波.(2004).从汉英语言差异透视中西思维方式.太原师范学院学报(社会科学版),(2),147—148.

杨建新.(2002).关于民族发展与民族关系的几个问题.西北民族研究,(1),115—119.

杨建新.(2014).边疆民族论集.兰州:兰州大学出版社.

杨杰宏.(2004).纳西族黑白色彩崇尚.云南师范大学学报,(6),11—14.

杨劲生,原献文.(1995).黎、汉族学生心理的跨文化研究.天津师范大学报,(6),37—43.

杨文炯.(2007).互动、调试与重构.北京:民族出版社.

杨玲.(2005).摩梭母系制婚姻家庭的和谐内涵解析.西南民族大学学报(人文社科版),(8),37—40.

杨玲.(2010).文化交往论.博士学位论文,华中科技大学.

杨启昌.(1994).东巴教及象形文字产生的年代问题.云南社会科学,(1),70—73.

杨茜,高立群.(2010).新疆维吾尔族学生民族认同与汉语学习关系的实证研究.新疆社会科学,(2),63—69.

杨群,张积家.(2014).鄂伦春语基本颜色词的分类——兼论语言、文化与智力对颜色认知的影响.满语研究,(1),61—67.

杨圣敏.(2001).西域古代伊斯兰教综述.北京:民族大学出版社.

杨庭硕.(1997).被调查对象的认知特点不同低估.参见:周星,王铭铭.社会文化人类学讲演集(上).天津:天津人民出版社。

杨文博.(2011).文化启动的研究综述.文学界(理论版),(3),277—278.

杨晓辉.(2003).东巴象形文字计算机处理系统:简体中文版(v3.3)[软件].昆明:云南人民出版社.

杨晓强.(2011).法语的民族性与英语的全球化.法国研究,(4),87—93.

杨鑫辉.(1994).中国心理学思想史.南昌:江西教育出版社.

杨鑫辉.(2000).心理学通史.济南:山东教育出版社.

杨顺清.(1993).侗族共同心理素质试探.广西民族研究,(3),104—107.

杨伊生,李向阳.(2008).蒙古族青少年认知风格发展特征研究.内蒙古师范大学学报,(5),64—67.

杨永林.(2003).色彩语码研究一百年.外语教学与研究,(1),40—46.

杨蕴萍,张薇.(1993).不同种族人群智力的跨文化研究.国外医学精神病分册,(4),210—213.

杨玉.(2013).云南少数民族大学生民族认同与语言态度研究.博士学位论文,上海外国语大学.

杨志强.(1992)."民族意识"问题探析.民族论坛,(3),2—6.

杨治良,郭力平.(2001).认知风格的研究进展.心理科学,(3),326—329.

杨中芳.(2005).中国人真是"集体主义"的吗?中国社会心理学评论(第一辑).北京:中国社会科学文献出版社,55—93.

杨中芳.(1991).试论中国人的"自己":理论与研究方向.参见:杨中芳,高尚仁.中国人·中国心——人格与社会篇.台北:远流出版公司.

杨中芳.(1991).试论中国人的道德发展:一个自我发展的观点.参见:杨国枢,黄光国.中国人的心理与行为(一九八九).台北:桂冠图书公司.

杨中芳.(1992).中国人是具有"权威性格"的吗?——对有关中国人性格研究的反省.参见:台湾中央研究院民族学研究所.中国人的心理与行为科际学术研讨会论文集.台北:台湾中央研究院民族学研究所.

杨中芳.(1992).中国人真是具有"集体主义"倾向吗?——试论中国人的价值体系.参见:汉学研究中心.中国人的价值观国际研讨会论文集.台北:汉学研究中心.

姚丽丽.(2006).德意志民族精神.法制与社会,(9),210—211.

姚维,马岳勇.(2005).新疆少数民族社会心态与民族地区发展研究.乌鲁木齐:新疆人民出版社.

姚小平.(1995).洪堡特:人文研究和语言研究.北京:外语教学与研究出版社.

姚小平.(2001).17—19世纪的德国语言学与中国语言学.北京:外语教学与研究出版社.

姚小平.(2003).作为人文主义语言思想家的洪堡特.外国语,(1),34—42.

姚小平.(2005).洪堡特与人类语言学.外语教学与研究,(2),116—118.

叶晗.(2001).试论汉民族语言的人文价值.浙江师范大学学报(社会科学版),(3),87—90.

叶浩生.(2000).心理学理论精粹.福州:福建教育出版社.

叶浩生.(2003).第二次认知革命与社会建构论的产生.心理科学进展,(1),101—107.

叶浩生.(2004).多元文化论与跨文化心理学的发展.心理科学进展,(1),144—155.

叶浩生.(2008).社会建构论及其心理学的方法论意蕴.社会科学,(12),111—117.

叶浩生.(2010).具身认知:认知心理学的新取向.心理科学进展,(5),705—710.

叶浩生.(2011).有关具身认知思潮的理论心理学思考.心理学报,(5),589—598.

叶浩生.(2011).社会建构论与质化研究.自然辩证法研究,(7),75—79.

叶浩生.(2011).有关具身认知思潮的理论心理学思考.心理学报,(5),589—598.

伊力合木·克力木.(1989).维吾尔族的经商心理及其历史根源.社会学研究,(4),35—36.

易强.(2011).蒙古帝国.上海:世纪出版集团.上海人民出版社.

易中天.(1996).闲话中国人.北京:华龄出版社.

银军.(1992).试探侗族民族心理素质.贵州民族研究,(1),58—64.

尹可丽.(2005).傣族的心理与行为研究.昆明:云南民族出版社.

尹可丽.(2006).族群社会心理:民族心理学的研究对象.贵州民族研究,(4),85—89.

尹可丽,包广华,钱丽梅,马霁珊.(2016).景颇族初中生的民族社会化觉察及其特征.心理学报,(1),36—47.

尹可丽,李鹏,包广华,王玉兰,张积家.(2016).民族社会化经历对藏族青少年积极心理健康的影响——民族认同与自尊的中介作用.华南师范大学学报(社会科学版),(1),78—84.

尹可丽,杨玉雪,张积家,田江瑶.(2017).双向偏见引发冲突情境下自我归类对民族社会化觉察的影响——来自景颇族、傣族和汉族初中生的证据.心理学报,(2),253—261.

尹可丽,张敏,张积家.(2016).民族团结教育活动对少数民族学生中华民族认同及族际交往的影响.民族教育研究,(3),57—10,15.

尹夏燕.(2014).认知视角下英汉维度形容词空间隐喻的跨文化特征.湖州师范学院学报,(3),83—86.

殷融,曲方炳,叶浩生.(2012).具身概念表征的研究及理论述评.心理科学进展,(9),1372—1381.

殷融,苏得权,叶浩生.(2013).具身认知视角下的概念隐喻理论.心理科学进展,(2),220—234.

樱井德太郎.(1990).日本的萨满教.萨满教文化研究,(2),139/158.

尤中.(1994).云南民族史.昆明:云南大学出版社.

余守斌.(2013).中国人性格地图.北京:新世界出版社.

喻遂生.(1990).甲骨文、纳西东巴文的合文和形声字的起源.中央民族学院学报,(1),85—89.

喻遂生.(1991)."纳西东巴文与甲骨文比较研究"质疑.参见:郭大烈,杨世光.东巴文化论.昆明:云南人民出版社.

喻遂生.(1992).东巴形声字的类别和性质.中央民族学院学报,(4),62—66.

喻志敏,张业祥,邱育平.(2011).南昌市藏汉两族初中生心理健康状况比较研究.江西医药,(2),167—169.

虞泓,刘爱伦.(2006).内隐学习在第二语言语音学习中的作用.心理科学,(3),631—634.

玉山.(2008).汉、蒙、达斡尔、鄂温克等四个民族 12～16 岁青少年智力发展问题比较研究.内蒙古社会科学,(6),124—127.

俞珏.(2005).思维模式对汉语和英语的影响.安徽农业大学学报(社会科学版),(4),131—134.

袁定基,张原.(2004).苗族传统文化的保存、传承和利用.西南民族大学学报(人文社科版),(4),17—23.

袁家骅.(1981).汉藏语声调的起源和演变.语文研究,(2),2—7.

袁娥.(2011).民族认同与国家认同研究述评.民族研究,(5),91—103.

袁晓艳,郑涌.(2010).攀枝花市彝族中学生文化心理适应的调查分析.西南大学学报(社会科学版),(1),145—149.

阮金纯.(2009).云南民族文化的人格精神.西南民族大学学报(人文社科版),(8),27—31.

原琦.(2010).维果茨基高级心理机能理论探析.天津大学学报(社会科学版),(3),254—258.

乐黛云.(2010).多元文化发展中的两种危险和文化可能作出的贡献.文艺报,8 月 28 日.

乐国安,纪海英.(2007).文化与心理学关系的三种研究模式及其发展趋势.西南大学学报(社会科学版),(3),1—5.

岳嫣嫣.(2009).二十世纪以来汉语亲属词研究方法述评.南方论刊,(8),49—50.

曾红.(1994).儒、道、佛理想人格的融合及其对国人的影响.江西师范大学学报,(4),68—73.

曾红.(2002).传统人格的结构转换和现代延伸.博士学位论文,南京师范大学.

翟宜疆.(2009).水文象形字研究.兰州学刊,(10),164.

翟学伟.(2009).再论"差序格局"的贡献、局限与理论遗产.中国社会科学,(3),152—158.

詹承绪,王承权,李近春,刘龙初.(2006).永宁纳西族的阿注婚姻和母系家庭.上海:上海人民出版社.

张宝运.(2010).民族认同与国家认同之比较.贵州民族研究,(3),1—6.

张本英.(2005).英吉利民族与英帝国.安徽大学学报(哲学社会科学版),(1),21—26.

张晨霞.(2009).美国人的性格特点及其成因.黑河学刊,(4),46—48.

张成镐,严秀英.(2010).朝鲜族家庭父母教养方式对子女人格形成的影响.延边大学医学学报,(4),278—280.

张春兴.(1995).现代心理学.上海:上海人民出版社.

张岱年,程宜山.(2006).中国文化论争.北京:中国人民大学出版社.

张岱年,方克立.(2006).中国文化概论.北京:北京师范大学出版社.

张丹,孔克勤,王新法.(2009).罗夏墨迹测验的客观性探索——一项来自于眼动实验的研究.心理科学,(4),820—823.

张升午.(1993).维果茨基及其社会一文化历史学派.外国教育,(2),25—27.

张冬梅.(2009).基于民族文化的民族经济发展研究.中央民族大学学报(哲学社会科学版),(6),22—26.

张芳芳.(2009).浅析日本人的民族性格.中国校外教育(理论),(3),60/89.

张付海,杨晓峰,方燕红,张积家.(2016).生活环境和宗教文化对蒙古族基本颜色词概念结构的影响.华南师范大学学报(社会科学版),(1),112—118.

张海钟.(2012).中国区域跨文化心理学:理论探索与实证研究.北京:人民出版社.

张海钟,姜永志.(2009)试论文化心理学与区域心理学的差异及契合性.邯郸学院学报,(1),105—108.

张海钟,姜永志.(2010).中国人老乡观念跨区域文化的心理学解析.教育文化论坛,(3),8—12.

张海钟,姜永志.(2010).区域刻板印象的心理学实证研究——以甘肃和内蒙古原著居民为研究对象.西华大学学报(哲学社会科学版),(3),107—111.

张海钟,姜永志.(2010).中国人老乡观念的心理表征及其心理机制.辽宁师范大学学报(社会科学版),(5),42—45.

张海钟,冯媛媛.(2010).文化类型论与中国区域文化心理类型解析.阴山学刊,(1),18—22.

张海钟,姜永志,赵文进,安桂花,张小龙,胡志军,等.(2012).中国区域跨文化心理学理论探索与实证研究.心理科学进展,(8),1229—1236.

张厚粲,郑日昌.(1982).关于认知方式的测验研究——对我国大、中、小学生场依存性特征的调查分析.心理科学,(2),12—16.

张晖,张积家.(2011).双语水平与双语经验对大学生创造力态度的影响.现代教育论丛,(4),26—30.

张洪,王登峰,杨烨.(2006).亲密关系的外显与内隐测量及其相互关系.心理学报,(6),910—915.

张国文.(2006).维吾尔人宗教生活的人类学考察——以扎衮鲁克村为个案.博士学位论文,中央民族大学.

张继文.(2010).空间方位与思维认知:《古今和歌集》的空间隐喻考察.外语研究,(3),16—19.

张积家.(1990).教师口音的社会心理影响.心理科学,(6),50—53.

张积家.(1991).梁启超个性心理学思想试探.烟台师范学院学报(哲学社会科学版),(3),68—75.

张积家.(2000).我国古代心理教育思想论要.教育研究,(4),70—75.

张积家.(2001).评现代心理学中的智力概念和智力研究.教育研究,(5),27—32.

张积家.(2005).普通心理学.广州:广东高等教育出版社.

张积家.(2009).高等教育心理学.北京:高等教育出版社.

张积家.(2010).语言认知新论——一种相对论的探讨.广州:广东高等教育出版社.

张积家.(2012).加强民族心理学研究,促进中国心理科学繁荣.心理科学进展,(8),1139—1144.

张积家.(2015).普通心理学.北京:中国人民大学出版社.

张积家.(2015).语言关联性理论:语言影响认知.中国社会科学报,11 月 3 日.

张积家.(2016).论民族心理学研究中的十种关系.华南师范大学学报(社会科学版),(1),44—50.

张积家.(2016).纳西族一摩梭人语言文化心理研究.北京:中国人民大学出版社.

张积家.(2017).抓住历史机遇,繁荣民族心理学.中国社会科学报,2月21日.

张积家.(2017).应重视民族语言对民族认知的影响.中国民族教育,(1),13.

张积家.(2017).理科好不好,也应看思维.中国民族教育,(3),18.

张积家,陈俊.(2001).语言表达方式对科学概念语义提取时间的影响.心理科学,(1),306—309.

张积家,陈俊.(2001).大学生亲属词概念结构的研究.社会心理研究,(4),25—30.

张积家,陈俊.(2002).语言表达方式对自然概念语义提取的影响.心理科学,(1),40—43.

张积家,陈俊.(2002).大学生的成就动机和成功恐惧研究.应用心理学,(2),18—22.

张积家,陈俊.(2004).汉语亲属词概念结构再探.语言科学,(3),77—86.

张积家,陈俊.(2005).汉语称呼语概念结构的研究.语言文字应用,(2),41—49.

张积家,陈俊,莫雷.(2006).年龄和知识学习对国家分类的影响.心理学探新,(2),38—43.

张积家,陈月琴,谢晓兰.(2005).3～6岁儿童对11种基本颜色命名和分类研究.应用心理学,(3),227—232.

张积家,陈新葵.(2005).汉字义符在汉语动作动词词义认知中的作用.心理学报,(4),434—441.

张积家,陈栩茜.(2004).马克思的需要心理学思想.华南师范大学学报(社会科学版),(2),95—101/138.

张积家,崔占玲.(2008).藏—汉—英双语者字词识别中的语码切换及其代价.心理学报,(2),136—147.

张积家,党玉晓,章玉祉,王惠萍,罗观怀.(2008).盲童心中的颜色概念及其组织.心理学报,(4),389—401.

张积家,段新焕.(2007).汉语常用颜色词的概念结构.心理学探新,(2),41—49.

张积家,方燕红,陈新葵.(2006).义符在中文名词和动词分类中的作用.心理学报,(2),159—169.

张积家,方燕红,谢书书.(2012).颜色词与颜色认知的关系——相互作用理论及其证据.心理科学进展,(7),949—962.

张积家,何本炫,陈栩茜.(2011)."上下意象图式"对汉语成语情色彩加工的影响.心理学探新,(2),144—149.

张积家,和秀梅.(2004).纳西族亲属词的概念结构.心理学报,(6),654—662.

张积家,和秀梅,陈曦.(2007).纳西象形文字识别中的形、音、义激活.心理学报,(5),807—818.

张积家,李菲.(2007).汉族儿童亲属词概念结构发展研究.应用心理学,(1),55—60.

张积家,梁文韬,黄庆清.(2006).大学生颜色词联想研究.语言文字应用,(2),52—60.

张积家,林娜.(2009).汉语亲属词典型性评定的影响因素.语言文字应用,(2),93—103.

张积家,林娜,章玉祉.(2014).结合东巴文学习汉字促进智障儿童的汉字学习.中国特殊教育,(6),14—19.

张积家,林新英.(2005).大学生颜色词分类的研究.心理科学,(1),19—22.

张积家,刘国华,王惠萍.(1994).论公民意识的结构及其形成.烟台师范学院学报(哲学社会科学版),(4),19—25/31.

张积家,刘红艳.(2009).言语产生和理解中汉语个体量词的通达.心理学报,(7),580—593.

张积家,刘丽虹,谭力海.(2005).语言关联性假设的研究进展——新的证据与看法.语言科学,(3),42—56.

张积家,刘丽虹,陈曦,和秀梅.(2008).纳西语颜色认知关系研究.民族语文,(2),49—55.

张积家,刘丽虹,曾丹.(2005).小学生对无性别事物的性别编码.心理学报,(3),341—350.

张积家,刘丽虹.(2007).习惯空间术语对空间认知的影响再探.心理科学,(2),359—361.

张积家,刘丽虹.(2007).双语脑研究的进展及启示.现代外语,(3),308—315.

张积家,刘翔,王悦.(2014).汉英双语者语义饱和效应研究.外语教学与研究,(3),423—434.

张积家,王惠萍.(1991).学生口音给教师产生的印象.教育研究与实验,(1),65—67.

张积家,王惠萍.(1996).汉字词的正字法深度与阅读时间的研究.心理学报,(4),337—344.

张积家,王惠萍,张萌,张厚粲.(2002).笔画复杂性和重复性对笔画和汉字认知的影响.心理学报,(5),449—453.

张积家,王娟,刘鸣.(2011).英文词、汉字词、早期文字和图画的认知加工比较.心理学报,(4),347—363.

张积家,王娟,肖二平,和秀梅.(2013).文化和情境影响亲属词的概念结构.心理学报,(8),825—839.

张积家,王悦.(2012).熟练汉—英双语者的语码切换机制——来自短语水平的证据.心理学报,(2),166—178.

张积家,彭聃龄,张厚粲.(1991).分类过程中汉字的语义提取(Ⅱ).心理学报,(2),139—144.

张积家,宋宜琪.(2012).盲人的时间水平方向隐喻的通道特异性.心理学报,(1),40—50.

张积家,谢书书,和秀梅.(2008).语言和文化对空间认知的影响——汉族和纳西族大学生空间词相似性分类的比较研究.心理学报,(7),774—787.

张积家,杨晨,崔占玲.(2010).傣族亲属词的概念结构.华南师范大学学报(社会科学版),(6),41—48.

张积家,杨卓华,朱诗敏.(2003).广东大学生对普通话和粤语的印象.心理学探新,(1),51—54.

张积家,张凤玲.(2010).双语和双言对图片命名和分类的不对称影响.心理学报,(4),452—466.

张积家,张凤玲.(2014).熟练粤语—普通话双言者听觉词的语言表征.心理与行为研究,(4),433—440.

张积家,张启睿,王丹.(2017).颜色词与颜色认知关系研究.北京:民族出版社.

张积家,张倩秋.(2006).普通话和粤语记忆中的语言依赖效应.心理学报,(5),633—644.

张积家,张巧明.(2006).大学生性别角色观的研究.青年研究,(11),23—28.

张积家,张厚粲,彭聃龄.(1990).分类过程中汉字的语义提取(Ⅰ).心理学报,(4),397—405.

张积家,章玉祉,党玉晓,王志超,梁敏仪.(2007).智障儿童基本颜色命名和分类研究.中国特殊教育,(6),20—27.

张江华.(2002).汉文献中的壮傣民族亲属称谓.广西民族研究,(4),62—66.

张建卫,刘玉新,金盛华.(2003).大学生压力与应对方式特点的实证研究.北京理工大学学报(社会科学版),(1),7—11.

张建新,周明洁.(2006).中国人人格结构探索——人格特质六因素假说.心理科学进展,(4),574—585.

张剑锋.(2012).跨文化交际中文化图示的构建.大家,(2),115.

张金生.(2004).我国色彩语码认知研究的一次突破——评杨永林教授的两本书.外语教学与研究,(5),395—397.

张进辅.(2006).关于西南民族心理研究的构想.西南师范大学学报,(3),74—78.

张劲梅.(2008).西南少数民族大学生的文化适应研究.博士学位论文,西南大学.

张晋藩.(1991).中国法制史.北京:法律出版社.

张晶,赵怡佳,张积家.(2016).面孔识别中的本族效应.中国社会科学报,6月21日.

张静,闫妍,席雪松,包琳.(2012).蒙汉族大学生人格特质与父母养育方式关系.中国公共卫生,(12),1576—1579.

张利.(2008).四川泸沽湖摩梭旅游经济发展与婚姻家庭的承继与变迁.贵州民族研究,(2),148—155.

张莉.(2003).大学生双性化人格特征及影响因素的研究.硕士学位论文,云南师范大学.

张立文.(1996).中国文化精髓——和合学源流的考察.中国哲学史,(1),43—57.

张力,周天罡,张剑,刘祖祥,范津,朱滢(2005).寻找中国人的自我:一项 fMRI 研究.中国科学·生命科学,(5),472—478.

张丽华,李啸.(2003).跨越大洋看美国.北京:中国书籍出版社.

张亮采.(1996).中国风俗史.北京:东方出版社.

张萌,张积家.(2006).维果茨基的心理语言学思想述评.华南师范大学学报(社会科学版),(1),122—128.

张朴,李豫浔.(2007).从民族内婚到族际通婚的突破——关于凉山彝族族际通婚的探讨.贵州民族研究,(6):94—98.

张启睿,和秀梅,张积家.(2007).彝族、白族和纳西族大学生对基本颜色词的分类.心理学报,(1),18—26.

张启睿,谢书书,张积家.(2011).云南少数民族的语言和文化对颜色认知的影响.华南师范大学学报(社会科学版),(4),126—132.

张倩秋,张积家.(2007).加工水平对普通话与粤语记忆语言依赖效应的影响.心理学报,(5),795—806.

张清芳,杨玉芳.(2003).影响图画命名时间的因素.心理学报,(4),447—454.

张庆林,史慧颖,范丰慧,张劲梅.(2007).西南地区少数民族大学生民族认同内隐维度的调查.西南大学学报(人文社会科学版),(1),67—70.

张世富.(1996).民族心理学.济南:山东教育出版社.

张世富.(1982).云南省西双版纳傣族自治州克木人和基诺族的青少年品德形成的调查研究.心理学报,(4),77—83.

张世富.(1984).云南省西双版纳傣族自治州拉祜族和哈尼族的青少年品德形成的调查研究——跨文化心理学的探讨.心理学报,(4),447—454.

张世富.(1991).冯特的《民族心理学》.昆明师专学报(哲学杜会科学版),(3),34—45.

张世富.(1996).民族心理学.济南:山东教育出版社.

张世富.(2002).云南西双版纳四个民族青少年品德形成研究(1980—2001).西北师大学报(社会科学版),(1),90—94.

张世富.(2003).云南 4 个民族 20 年跨文化心理研究——议青少年品格的发展.心理学报,(5),690—700.

张世富.(2005).民族心理学的研究任务、内容与方法.安阳师范学院学报,(1),57—61.

张世英.(1985).关于 A·H·列昂节夫活动理论的历史形成、基本思想和对它的评价.心理学报,(1),23—30.

张寿欣,张秀敏(2001).中西方关于心理健康标准问题的探讨及对我们的启示.心理学探新,(3),47—50.

张婷.(1991).维、汉大学生人格特征调查及分析.心理科学,(3),56—58.

张武田,冯玲.(1992).关于汉字识别加工单元的研究.心理学报,(4),379—385.

张锡禄.(1984).试论白族婚姻制度的演变——纪念恩格斯《家庭、私有制和国家的起源》出版一百周年.大理学院学报,(3),29—37.

张夏妮.(2012).亲属词的空间隐喻研究.硕士学位论文,华南师范大学.

张学礼.(1991).民族意识及其演变的一般规律.新疆社会经济,(3),53—57.

张学敏.(2008).蒙古族双语者心理词典表征结构的实证研究.硕士学位论文,内蒙古师范大学.

张亚旭,周晓林,舒华,邢红兵.(2003).汉字识别中声旁与整字语音激活的相对优势.北京大学学报(自然科学版),(1),126—133.

张艳红,佐斌.(2012).民族认同的概念、测量及研究述评.心理科学,(2),467—471.

张艳清.(2011).延边地区朝鲜族初中生人格特质与父母教养方式的相关研究.硕士学位论文,延边大学.

张永健.(1994).婚姻丧葬礼俗与中国传统农民家庭制度.社会学研究,(1),99—106.

张友谊.(2001).全球化视野下的文化冲突与融合.西南师范大学学报(人文社会科学版),(1),23—31.

张元庆.(1986).傣族的从妻居和抢婚.中央民族大学学报,(1),61—64.

张运红,郭春彦.(2008).知觉和语义表征关系的 ERP 研究.科学通报,(24),3086—3095.

张泽乾.(1992).法兰西精神文化与文化精神.武汉大学学报,(5),114—120.

张泽洪.(2006).中国西南的傈僳族及其宗教信仰.宗教研究,(3),118—125.

张增慧,林仲贤.(1990).3～6 岁城郊儿童颜色命名能力发展的初步调查.心理科学进展,(2),64—66.

张增慧,林仲贤.(1990).3～6 岁壮族儿童颜色命名及颜色爱好的实验研究.心理科学,(2),48—49.

张增慧,林仲贤,茅于燕.(1984).1.5 岁～3 岁幼儿的同色配对、颜色爱好及颜色命名的初步研究.心理科学,(1),7—13.

张增慧,林仲贤,孙秀如.(1988).2～6 岁维吾尔族幼儿同色配对、颜色命名及颜色爱好的实验研究.心理科学,(1),41—44.

张佐邦.(2008).巫术对人类审美心理的影响——以中国西南少数民族为例.云南师范大学学报,(2),66—73.

张志刚.(2005).宗教研究指要.北京:北京大学出版社.

张志烈,伍厚恺.(2009).中西文化概论.北京:高等教育出版社.

章黎明.(2002).瑞典男女平等调查官制度.中国妇运,(8),47—48.

章新,何平,肖考,李小俞.(2010).忍者精神对日本国民性的影响.广西职业技术学院学报,(4),73—75.

赵伯义.(2002).说文解字——象形发微.河北师范大学学报(哲学社会科学版),(3),58—61.

赵家明,朱俊浩.(2011).隐喻认知的民族性思考.海外英语,(1),274—276.

赵健君.(1991).论民族交往.西北民族学院学报(哲学社会科学版),(2),14—18.

赵蔚杨.(1987).永宁纳西族母系制和阿注婚起源问题商榷.云南社会科学,(2),39—45.

赵秋梧.(2007).民族意识与文化自觉.理论月刊,(2),89—91.

赵秋野,黄天德.(2013).从 свой－чужой 的语言意识内容和结构看俄罗斯人的语言哲学观.外语学刊,(4),78—82.

赵世红.(2003).东巴文化研究所论文选集.昆明:云南出版社.

赵守盈,吕红云.(2010).多维尺度分析技术的特点及几个基础问题.中国考试,(4),13—19.

赵铁,关德荫.(1988).凭祥市壮、汉民族智力差异的比较研究.广西大学学报,(4),95—98.

赵万祥.(2011).论冯特心理学体系"两个世界"的划分.青岛大学师范学院学报,(2),51—56.

赵雪.(2014).浅析中国人的面子心理.延边党校学报,(2),41—43.

赵炎秋.(2008).男女平等的实现与后父权制社会的来临.长江学术,(3),80—87.

赵寅松.(2003).白族文化研究.北京:民族出版社.

赵志裕,康萤仪.(2011).文化社会心理学.北京:中国人民大学出版社.

赵作荣.(2006).新疆维族青少年心理健康素质的调查研究.硕士学位论文,天津师范大学.

郑春生.(2004).繁荣与危机:戴高乐政治生命终结.求索,(3),246—248.

郑德坤.(1987).中华民族文化史论.香港:三联书店香港分店.

郑堆,周炜,李德成.(2015).藏传佛教研究(第一辑:上、下卷).北京:中国藏学出版社.

郑荣双,蒋春华,陈凤琼,陈发钊,李松,吴泽勤,等.(2012).民族、地域差异与经济发展的关系研究——基于人格特质的视角.云南民族大学学报(哲学社会科学版),(2),95—99.

郑晓云.(2011).当代边疆地区的民族认同与国家认同——从云南谈起.中南民族大学学报(人文社会科学版),(4),1—6.

郑宪信.(2007).日本语言文化中的"和".安阳师范学院学报,(3),118—120.

郑新夷,胡鹭凌,郑小龙,陈凯惠,蔡琳.(2010).汉语不同方言群体对中性词汇内隐态度的差异.心理与行为研究,(8),230—234.

郑雪.(1984).黎汉儿童知觉—运动协调发展的跨文化研究.心理科学,(1),23—30.

郑雪.(1988).海南岛黎汉中小学生智能发展差异性及其根源的跨文化研究.心理学报,(2),180—185.

郑雪.(1994).跨文化智力心理学研究.广州:广州出版社.

郑雪.(1995).当代智力心理学研究的主要模式.心理发展与教育,(3),37—47.

郑雪.(1995).中国人认知方式发展的趋势与现代化的关系.社会学研究,(1),59—64.

郑雪.(1996).汉、黎、回、蒙古与鄂温克族成人认知方式比较.民族研究,(2),26—32.

郑雪.(1998).不同文化背景中大学生成就动机取向特点的研究.心理科学,(5),470—471.

郑雪.(2004).人格心理学.广州:广东高等教育出版社.

郑雪,陈中永.(1995).认知操作与认知方式与生态文化的关系.心理学报,(2),152—158.

郑雪,陈中永.(1996).具体认知和抽象认知与社会文化因素的关系.心理科学,(3),170—174.

郑也夫.(1994).男女平等的社会学思考.社会学研究,(2),108—113.

植凤英,张进辅.(1997).论民族心理学研究中质与量的整合.民族研究,(6),33—40.

植凤英,张进辅.(2007).我国民族心理学研究的困境及出路.广西民族研究,(4),11—15.

植凤英.(2009).西南少数民族心理压力与应对:结构、特征及形成研究.博士学位论文,西南大学.

植凤英.(2015).多元文化背景下民族地区青少年心理和谐及教育对策研究.北京:人民日报出版社.

中共中央马克思恩格斯列宁斯大林著作编译局.(1965).马克思恩格斯全集(第22卷).北京:人民出版社.

中共中央马克思恩格斯列宁斯大林著作编译局.(1979).斯大林选集(上卷).北京:人民出版社.

中国社会科学杂志社.(2000).社会转型.北京:社会科学文献出版社.

种媛.(2014).跨学科视角下民族心理研究的分歧与整合.西北师大学报(社会科学版),(6),34—61.

周爱保,张奋,马小凤,李建升,夏瑞雪.(2015).阿訇参照效应的文化差异:基于提取诱发遗忘范式的探讨.心理学报,(6),757—764.

周冠生.(1997).傣族等级社会与等级亲属称谓.贵族民族研究,(2),148—151.

周华山.(2010).无父无夫的国度?——重女不轻男的母系摩梭(第二版).北京:光明日报出版社.

周明洁,张建新.(2007).中国社会现代化进程和城市现代化水平与中国人群体人格变化模式.心理科学进展,(2),203—210.

周庆生.(1994).傣族亲属称谓变体.民族语文,(4),22—34.

周庆生.(1997).亲属称谓等级称与封建领主等级制.语言教学与研究,(3),91—96.

周庆生.(2009).中国语言人类学百年文选.北京:知识产权出版社.

周榕.(2001).隐喻认知基础的心理现实性——时间的空间隐喻表征的实验证据.外语教学与研究,(2),88—93.

周文伟.(2008).论文化图示、跨文化交际与文化主体意识.湖南商学院学报,(1),125—128.

周文秀,孙冲,周波,李崇,张锦荣,杨艳,等.(1985).峨边彝族自治县农村彝族与汉族家庭结构对比.川北医学院学报,(5),467—470.

周锡银.(2003).羌族.北京:民族出版社.

周晓林,玛依拉·亚克甫,李恋敬,吕建国.(2008).语言经验可以改变双语者的主导语言.心理科学,(2),266—272.

周兴茂.(2000).论苗族的共同心理素质.湖北民族学院学报(哲学社会科学版),(3),29—32.

周燕.(1995).关于我国学生心理健康研究的几点思考.教育研究与实验,(1),42—45.

周有光.(1994).纳西文字的"六书"——纪念语言学家傅懋勣先生.民族语文,(6),12—19.

周有光.(1997).世界文字发展.上海:上海教育出版社.

周有光.(1998).比较文字学初探.北京：语文出版社.

周有光.(2005).汉字性质与文字类型.群言,(11),41—43.

邹琼.(2005).青少年学生民族自尊的心理维度及其发展.硕士学位论文,华中师范大学.

朱海冰,张侨.(2010).民族旅游地居民对旅游发展的认知、态度及参与行为研究——以海南黎苗族为例.天水师范学院学报,(6),110—113.

朱建新.(1999).彝语家支一词探源,兼论彝族家支及其观念的起源.西南民族学院学报,(8),2—6.

朱君.(2010).汉族、纳西族和摩梭人对蓝、绿色的认知差异研究.硕士学位论文,华南师范大学.

朱莉琪,皇浦刚.(2002).生态智力——介绍一种新的智力观点.心理科学,(1),118—119.

朱丽娜.(2010).维吾尔族汉语功能区的磁共振研究.硕士学位论文,新疆医科大学.

朱西周.(2004).论宗教产生和发展的根源.长春师范学院学报,(5),32—35.

朱雄君.(2007).汉族祖先崇拜探源——解析一种中国民间宗教的形成.企业家天地(理论版),(5),175—176.

朱滢,张力.自我记忆效应的实验研究.中国科学,2001,(6),537—543.

朱月明.(2004).普通话与广东话口语词汇、语法差异比较、分析.长春师范学院学报,(4),79—81.

朱智红.(2007).试析傣族的婚恋生育家庭观.边疆经济与文化,(8),85—86.

卓娜.(2007).俄罗斯民族性格的两面性.内蒙古电大学刊,(9),56—57.

左斌.(1994).中国传统文化中的心理健康观.教育研究与实验,(1),33—37.

左梦兰.(1987).文化与儿童认知发展.心理科学,(2),14—19.

左梦兰,魏锒.(1988).7～11岁汉族、傣族、景颇族儿童概念形成的比较研究.心理学报,(3),260—267.

左彭湘,李增春,谷强,焦盼盼,张菊.(2014).新疆汉族与维吾尔族阅读障碍儿童阅读特征的比较研究.中国儿童保健杂志,(1),18—20.

庄孔韶.(2006).人类学概论.北京：中国人民大学出版社.

A·J·马克塞拉,R·G·撒普,T·J·西勃罗夫斯基.(1991).跨文化心理学.长春：吉林文史出版社.

G.E. Vailani.(1997).怎样适应生活——保持心理健康.上海：华东师范大学出版社.

G·H·詹森.(1983).战斗的伊斯兰.商务印书馆.

J·G·赫尔德.(1997).论语言的起源.北京：商务印书馆.

J.M. Berger. (2000).人格心理学.北京：中国轻工出版社.

J.R. Searle. (2001). *Expression and meaning*：*Studies in the theory of speech acts*.北京：外语教学与研究出版社.

L·A·怀特.(1998).文化科学——人和文明的研究.沈阳：辽宁人民出版社.

L. Brannon. (2005). *Gender*：*Psychology perspective*.北京：北京大学出版社.

R.J. Gerrig, P.G. Zimnardo. (2011). *Psychology and life* (Eighteenth Edition).北京：人民邮电出版社.

S.A. Basow. (1998).两性关系.台北：扬智文化事业股份有限公司.

S.E. Taylor, L.A. Peplau, D.O. Seara. (2004). *Social psychology*.北京：北京大学出版社.

Vicki S. Helgeson. (2005). *Psychology of gender*.北京：世界图书出版公司.

W.A. Haviland. (2006).文化人类学.上海：上海社会科学出版社.

Abas, M.A., & Broadhead, J.C. (1997). Depression and anxiety among women in an urban setting in Zimbabwe. *Psychological medicine*, 27(1),59‐71.

Allport, G.W., & Obert, H.S. (1936). Trait names：A psycho-lexical study. *Psychological Monographs*, 41(1),1‐36.

Alverson, H. (1994). *Semantics and experience*：*Universal metaphors of time in English*，*Mandarin*，*Hindi*，*and Sesotho*. Baltimore：The Johns Hopkins University Press.

Amer, M.M. (2005). *Arab American mental health in the post September 11 Era*：*Acculturation*，*stress*，*and coping*. Ph.D. dissertation, The University of Toledo.

Ang, S., Dyne, V.L., Koh, C., Ng. K.Y., Templer. K.J., Tay. C., & Chandrase Kar, N.A. (2007). Culture intelligence：Its measurement and effects on cultural judgment and decision making, cultural adaption, and task performance. *Management and Organization Review*, 3(3),335‐371.

Armstrong, S.J. (1998). *Cognitive style and dyadic interaction*. Unpublished doctoral dissertation, University of Leeds, England.

Ataca, B., & Berry, J.W. (2002). Psychological, sociocultural, and marital adaptation of Tukish immigrant couples in Canada. *International Journal of Psychology*, 37(1),13‐26.

Austin, J.L. (1975). *How to dothings with words*. Oxford University Press.

Barsalou, L.W. (1982). Context-independent and context-dependent information in concepts. *Memory and cognition*, 10,82‐93.

Barsalou, L.W. (1999). Language comprehension：Archival memory or preparation for situated action? *Discourse Processes*, 28,61‐80.

Barsalou, L.W. (1999). Perceptual symbol systems. *Behavioral and Brain Sciences*, 22,577‐660.

Barsalou, L.W. (2008). Cognitive and neural contributions to understanding the conceptual system. *Current Directions in Psychological Science*, 17,91‐95.

Barsalou, L.W. (2008). Grounding symbolic operations in the brain's modal systems. In G.R. Semin, & E.R. Smith (Eds.). *Embodied grounding*：*Social*，*cognitive*，*affective*，*and neuroscientific approaches* (pp.9‐42). New York, US；Cambridge University Press.

Barsalou, L.W. (2009). Simulation, situated conceptualization, and prediction. *Philosophical Transactions of the Royal*

Society B: Biological Sciences, 364,1281 - 1289.

Basgal, J. A., & Snyder, C. R. (1988) Excuses in waiting: External locus of control and reactions to success-failure feedback. *Journal of Personality and Social psychology*, 54(4),656 - 662.

Baum, R. (1999). Social capital: Is it good for your health? Issues for a public health agenda. *Journal of Epidemiology and Community Health*, 53(4),195 - 196.

Baumrind, D. (1967). Child care practices anteceding three patterns of preschool behavior. *Genetic Psychology Monographs*, 75,43 - 48.

Baumrind, D. (1991). The influence of parenting style on adolescent conmpetence and substance use. *Journal of Early Adolescence*, 11,56 - 95.

Bedir, H. (1992). *Cultural significance in foreign language learning and teaching with special emphasis on reading comprehension through cultural schema*. Unpublished MA thesis, Adana: Cukurova University.

Bem, S. L. (1974). The measurement of psychological androgyny. *Journal of Consulting and Clinical Psychology*, 42 (2),155 - 162.

Berry, J. W. (1967). Independence and conformity in subsistence-level societies. *Journal of Personality and Social Psychology*, 7,415 - 418.

Berry, J. W. (1989). Imposed etics-emics-derived etics: The operationalization of a compelling idea. *International Journal of Psychology*, 24(6),721 - 735.

Berry, J. W. (2001). A psychology of immigration. *Journal of Social Issues*, 57(3),615 - 631.

Berry, J. W. (2005). Acculturation: Living successfully in two cultures. *International Journal of Intercultural Relations*, 29(6),697 - 712.

Berry, J. W., Poortmga, Y. H., Segall, M. H., & Dasen, P. R. (2002). *Cross-cultural psychology: Research and applications*. Cambridge: Cambridge University Press.

Bergen, B. K., Lindsay, S., Matlock, T., & Narayanan, S. (2007). Spatial and linguistic aspects of visual imagery in sentence comprehension. *Cognitive Science: A Multidisciplinary Journal*, 31,733 - 764.

Berlin, B., & Kay, P. (1969). *Basic Color Terms: Their Universality and Evolution*. Berkeley: University of California Press.

Bettinger, R. L., & Eerkens, J. (1999). Point typologies, cultural transmission, and the spread of bow-and-arrow technology in the prehistoric Great Basin. *American Antiquity*, 64,231 - 242.

Biegler R., & Morris, R. G. M. (1993). Landmark stability is a prerequisite for spatial but not discrimination learning. *Nature*, 361,631 - 633.

Biegler R., & Morris R. G. M. (1996). Landmark stability: Studies exploring whether the perceived stability of the environment influences spatial representation. *The Journal of Experimental Biology*, 199,187 - 193.

Bijl, R. V., Ravelli, A., & Van Zessen, G. (1998). Prevalence of psychiatric disorder in the general population: results of the Netherlands Mental Health Survey and Incidence Study (NEMESIS). *Social Psychiatry and Psychiatric Epidemiology*, 33(12),587 - 595.

Birman, D., Triekett, E., & Buchanan, R. M. (2005). A tale of two cities: Replication of a study on the acculturation and adaptation of immigrant adolescents from the former Soviet Union in a different community context. *American Journal of Community Psychology*, 35(1 - 2),83 - 101.

Bjorck, T. P., Cuthbertson, W., & Thurman, T. W. (2001) Ethnicity, coping, and distress among Korean Americans, Filipino Americans, and Caucasian Americans. *Journal of Social Psychology*, 141(4),421 - 442.

Blazer, D. G. (2005). The origins of late-life depression. *Psychological Medicine*, 35(9),1241 - 1252.

Bloomfield, L. (1933). *Language*. New York: Holt, Rinehart & Winston.

Borrayo, E. A., & Jenkins, S. R. (2003). Feeling Frugal: Socioeconomic status, acculturation, and cultural health beliefs among women of Mexican descent. *Cultural Diversity and Ethnic Minority Psychology*, 9(2),197 - 206.

Boroditsky, L. (2000). Metaphoric structuring: Understanding time through spatial metaphors. *Cognition*, 75,1 - 28.

Boroditsky, L. (2001). Does language shape thought Mandarinand English speakers' conceptions of time. *Cognitive Psychology*, 43,1 - 22.

Boroditsky, L., Fuhrman, O., & McCormick, K. (2011). Do English and Mandarin speakers think about time differently? *Cognition*, 118,123 - 129.

Boroditsky, L., Schmidt, L., & Phillips, W. (2003). Sex, syntax, and semantics. In D. Gentner & S. Goldin-Meadow (Eds.). *Language in mind: Advance in the study of language and cognition* (pp. 61 - 79). Cambridge, MA: MIT press.

Brown, R. W., & Lenneberg, E. H. (1954). A study in language and cognition. *Journal of Abnormal and Social Psychology*, 49,454 - 462.

Brown, G. W., Birley, J. L., & Wing, J. K. (1972). Influence of family life on the course of schizophrenic disorders: A replication. *British Journal of Psychiatry*, 121,241 - 258.

Brunel, F. F., Tietje, B. C., & Greenwald, A. (2004). Is the implicit asociation test a valid and valuable measure of implicit consumer social cognition? *Journal of Consumer Psychology*, 14,385 - 404.

Bouchard, G. (2003). Cognitive appraisals, neuroticism, and openness as correlates of copingstrategies: An integrative model of adaptation to marital difficulties. *Canadian Journal of Behavior Science*, 35(1),1 - 12.

Boulenger, V., Roy, A. C., Paulignan, Y., & Deprez, V. (2006). Cross-talk between language processes and overt motor behavior in the first 200 msec of processing. *Journal of Cognitive Neuroscience*, *18*, 1607 – 1615.

Boynton, R. M., & Olson, C. X. (1990). Salience of chromatic color terms confirmed by three measures. *Vision Research*, *30*(9), 1311 – 1317.

Braunstain, J. J., & Toister, R. P. (1981). *Medical applications of the behavioral sciences*. London: Year Book Medical Pub. INC.

Bub, D. N., Masson, M. E. J., & Cree, G. S. (2008). Evocation of functional and volumetric gestural knowledge by objects and words. *Cognition*, *106*(1), 27 – 58.

Bussey, K., & Bandura, A. Social-cognitive theory of gender development and differentiation. *Psychological Review*, *106*, 693 – 711.

Capara, G. V., Barbalanelli, C., Bermúdez, J., Maslach, C., & Ruch, W. (2000). Multivariate Methods for the comparison of factor structures in cross-cultural research: An illustration with the Big Five Questionnaire. *Journal of Cross-Cultural Psychology*, *31*(4), 437 – 464.

Carroll, J. B. (1956). *Language, thought, and reality: Selected writings of Benjamin Lee Wholf*. Cambridge, MA: MIT Press.

Carroll, J. B. (1977). Linguistic relativity and language learning. In J. Allen & S. Corder (Eds.). *Readings for Applied Linguistics*. London: OUP.

Carroll, J. B. (1993). *Human cognitive abilities: A survey of factor-analytic studies*. Cambridge: Cambridge University Press.

Carmickael, L. (1931). A new commercial stereoscope. *American Journal of Psychology*, *43*(4), 644 – 645.

Casale, M. B., & Ashby, F. G. (2008). A role for the perceptual representation memory system in category learning. *Perception and Psychophysics*, *70*, 983 – 999.

Casasanto, D., & Boroditsky, L. (2008). Time in the mind: Using space to think about time. *Cognition*, *106*(2), 579 – 593.

Casasanto, D. (2009). Embodiment of abstract concepts: Good and bad in right-and left-handers. *Journal of Experimental Psychology: General*, *138*, 351 – 367.

Castro-Caldas, A., Miranda, P. C., Carmo, I., Reis, A. I. D., Leote, F., Ribeiro, C., & Ducla-Soares, E. (1999). Influence of learning to read and write on the morphology of the corpus callous. *European Journal of Neurology*, *6*(1), 23 – 28.

Catell, R. B. (1963). Theory of fluid and crystallized intelligence: A critical experiment. *Journal of Educational Psychology*, *54*(1), 1 – 22.

Catherwood, D., Crassini, B., & Freiberg, K. (1989). Infant response to stimuli of similar hue and dissimilar shape: Tracing the origins of the categorization of objects by hue. *Child Development*, *60*, 752 – 762.

Cave, C. B. (1997). Very long-lasting priming in picture naming. *Psychological Science*, *8*, 322 – 325.

Ceci, S. J., & Bruck, M. (1996). The bio-ecological theory of intelligence: A developmental-context perspective. In D. K. Detterman (Eds.). *Current topics in human: Theories of intelligence*. Norwood, NJ: Ablex.

Cervone, D. (2005). Personality architecture: Within-person structures and processes. *Annual Review of Psychology*, *56*(1), 423 – 52.

Cheung, F. M. (2002). Universal and indigenous dimensions of Chinese personality. In K. S. Kurasaki, S. Okazaki, S. Sue (Eds.). *Asian American Mental Healthy-Assessment Theories and Methods* (Chapter 10). New York, Boston, Dordrecht, London, Moscow: Kluwer Academic/ Plenum Publisher.

Chan, T. T., & Bergen, B. (2005). Writing direction influences spatial cognition. In B. Bara, L. Barsalou, & M. Bucciarelli (Eds.). *Proceedings of the 27th Annual Conference of the Cognitive Science Society*. Mahwah, NJ: Lawrence Erlbaum.

Chapell, M. S., & Overton, W. F. (1998). Development of logical reasoning in the context of parental style and test anxiety. *Merrill-Palmer Quarterly*, *44*(2), 141 – 156.

Chen, M. C., & Piedmont, R. L. (1997). Development and validation of NEO – PI – R for a Taiwanese sample. symposium on Five-Factor Personality Structure in Asia at the 2nd Conference of the Asian Association of Social Psychology. Kyoto, Japan.

Cheung, F. M. (2006). A combined emic-etic approach to cross-cultural personality test development: The case of the CPAI. *Progress in Psychological Science around the World*, *Proceedings of the 28th International Congress of Psychology*, *Volume 2*, *Social and Applied Issues* (pp. 91 – 103). UK: Psychology Press.

Cheung, F. M., Cheung, S. F., Leung, K., Ward, C., & Leong, F. (2003). The English version of the Chinese personality assessment inventory. *Journal of Cross-Cultural Psychology*, *34*(4), 433 – 452.

Cheung, F. M., Leung, K., Zhang, J. X., Sun, H. F., Gan, Y. Q., Song, W. Z., & Xie, D. (2001). Indigenous Chinese personality constructs: Is the five-factor model complete? *Journal of Cross-Cultural Psychology*, *32*(4), 407 – 433.

Cheung, F. M., Cheung, S. F., & Zhang, J. X. (2004). What is "Chinese" personality? Subgroup differences in the Chinese Personality Assessment Inventory (CPAI-2). *Acta Psychologica Sinica*, *36*(4), 491 – 499.

Cheung, F. M., Cheung, S. F., Zhang, J. X., Leung K., Leong, F., & Yeh, K. H. (2008). Relevance of openness of as a personality dimension in Chinese culture. *Journal of Cross-Cultural Psychology*, *39*(1),81 - 108.

Cheung, F. M. , Leung, K. , Fan, R. M. , Song, W. Z. , Zhang, J. X. , & Zhang, J. P. (1996). Development of the Chinese personality assessment inventory. *Journal of Cross-Cultural Psychology*, *27*(2),181 - 199.

Chiu, L. H. (1972). A cross-cultural comparison of cognitive styles in Chinese and American children. *International Journal of Psychology*, *7*,235 - 242.

Chiu, L. H. A. (1972). Cross-cultural comparison of cognitive styles in Chinese and American children. *International Journal of Psychology*, (4),235 - 242.

Cho J. R. , & Chen H. C. (2005). Semantic and phonological processing in reading Korean Hangula and Hanja words. *Journal of psycholinguistic Research*, *34*,401 - 414.

Choi, H. , Meininger, J. C. , & Roberts, R. E. (2006). Ethnic differences in adolescent's, mental distress, social stress, and resources. *Adolescence*, *41*(142),263 - 253.

Chomsky, N. (1968). *Language and mind*. New York: Harcourt, Brace & World.

Choward, M. (1986). *Contemporary Cultural Anthropology* (5th ed.). Boston: Little Brown.

Christian G. , & Gottfried S. (2003). Brain structures differ between musicians and non-musicians. *The Journal of Neruoscience*, *23*,9240 - 9245.

Chua, H. C. , Boland, J. E. , & Nisbett, R. E. (2005). Cultural variation in eye movements during scene perception. *Proceedings of the National Academy of Sciences of the United States of America*, *102*,12629 - 12633.

Church, A. T. , Katigbak, M. S. , & Reyes, J. A. (1996). Toward a taxonomy of traits adjectives in Filipino: Comparing personality lexicons across cultures. *European Journal of Psychology*, *10*(1),3 - 24.

Clark, A. (1998). Embodied situated and distributed cogntion. In Bechtel W, Graham G. *A companion to cognitive sciences*. Malden, M A: Blackwell Publishers Inc.

Cloninger, S. C. (1996). *Personality: Description, dynamica, and development*. NewYork: WHFreeman & Company.

Collins, A. M. , & Loftus, E. F. A. (1975). A spreading-activation theory of semantic processing. *Psychological Review*, *82*(6),407 - 428.

Compas, B. E. (2001). Coping with stress during childhood and adolescence: Problems, progress, and potential in theory and research. *Psychological Bulletin*, *127*(1),87 - 127.

Constantinople, A. (1973). Masculnity-femininity: An exception to a famous dictum? *Psychological Bulletin*, *80*,389 - 407.

Contrada, R. J. , Ashmore, R. D. , Gary, M. L. , Coups, E. , Egeth, J. D. , Sewell, A. ,... Chasse, V. (2000). Ethnicity-related sources of stress and their effects on well-being. *Current Directions in Psychological Science*, *9*(4), 136 - 139.

Costa, P. T. Jr. , & McCrae, R. R. (1992). *Revised NEO Personality Inventory (NEO - PI - R) and NEO Five-Factor Inventory (NEO-FFI) professional manual*. Odessa, FL: Psychological Assessment Resources.

Costello, E. J. , Angold, A. , Burns, B. J. , Stangl, D. K. , Tweed, D. L. , Erkanli, A. , & Worthman, C. M. (1996). The great smoky mountains study of youth: Goals, design, methods, and the prevalence of DSM-III-R disorders. *Archives of General Psychiatry*, *53*(12),1129 - 1136.

Daniel, R. G. (1992). *Discovering anthropology*. Mountain View, CA: Mayfield Publishing Company.

Das, J. P. (1994). Eastern views of intelligence. In: R. J. Sternberg (Ed.), *Encyclopedia of human intelligence*. New York: Macmillan.

Davidoff, J. (2006). Color terms and color concepts. *Journal of Experimental Child Psychology*, *94*(4),334 - 338.

Davidoff, J. , & Roberson, D. (2004). Preserved thematic and impaired taxonomic categorization: A case study. *Language and Cognitive Processes*, *19*(1),137 - 174.

Davies, I. R. L. , & Corbett, G. G. (1997). A cross-cultural study of colour-grouping: Evidence for weak linguistic relativity. *British Journal of Psychology*, *88*(3),493 - 517.

Davies, I. R. L, & Corbett, G. G. (1998). A cross-cultural study of color-grouping: Tests of the perceptual-physiology account of color universals. *Ethos*, *26*(3),338 - 360.

Davies, I. R. L. , Corbett, G. G. , Laws, G. , McGurk, H. , Moss, A. E. St. G. , & Smith, M. W. (1991). Linguistic basicness and colour information processing. *International Journal of Psychology*, *26*(3),311 - 327.

Davies, I. R. L. , MacDermid, C. , Cobett, G. G. , McGurk, H. , Jerrett, D. , Jerrett, T. , & Sowden, P. (1992). Color terms in Setswana: A linguistic and perceptual approach. *Linguistics*, *30*(6),1065 - 1103.

De Renzi, E. , Figlioni, P. , Scotti, G. , & Spinnler, H. (1972). Impairment of color sorting behavior after hemispheric damage: An experimental study with the Holmgren Skein Test. *Cortex*, *8*(2),147 - 163.

Dehaene, S. , Bossini, S. , & Giraux, P. (1993). The mental representation of parity and number magnitude. *Journal of Experimental Psychology: General*, *122*,371 - 396.

Desjarlais, R. , Eisenberg, L. , Good, B. , & Kleinman, A. (1996). *World mental health: Problems and priorities in low-income countries*. Oxford: Oxford University Press.

Dill, K. E. , & Dill, J. C. (1998). Video game violence: A review of the empirical literature. *Aggression and Violent Behavior*, *3*(4),407 - 428.

Ding, G. S. , Peng, D. L. , & Taft, M. (2004). The nature of the mental representation of radicals in Chinese: A priming study. *Journal of Experimental Psychology: Learning, Memory, and Cognition*, *30*(2),530 - 539.

Donitsa-Schmidt, S. , Inbar, O. , & Shohamy, E. (2004). The effects of teaching spoken Arabic on students' attitudes and motivation in Israel. *The Modern Language Journal*, *88*(2),217 - 228.

Drivonikou, G. V. , Kay, P. , Regier, T. , Ivry, R. B. , Gilbert, A. L. , Franklin, A. , & Davies, I. R. L. (2007). Further evidence that Whorfian effects are stronger in the right visual field than the left. *Proceedings of the National Academy of Sciences*, *104*(3),1097 - 1102.

DuBois, C. (1945). *Some personality determinant s in Alorese culture*. University of Minnesota Press.

Durso, F. T. , & Johnson, M. (1979). Facilitation in naming and categorizing repeated pictures and words. *Journal of Experimental Psychology*: *Human Learning and Memory*, *5*,449 - 459.

Early, P. C. , & Ang, S. (2003). *Culture intelligence*: *Individual interactions across cultures*. Stanford: Stanford Universeity Press.

Earley, P. C. , & Mosakowski, E. (2004). Toward culture intelligence: Turning cultural differences into a workplace advantage. *Academy of Management Executive*, *18*(3),151 - 157.

Essenck, H. J. (1979). *The structure and measurement of intelligence*. Berlin: Spring-Verlag.

Estes, Z. , Verges, M. , & Barsalou, L. W. (2008). Head up, foot down: Object words orient attention to the objects' typical location. *Psychological Science* (*Wiley-Blackwell*), *19*,93 - 97.

Evans, K. , Rotello, C. M. , Li, X. , & Rayner, K. (2009). Scene perception and memory revealed by eye movements and ROC analyses: Does a cultural difference truly exist? *Quarterly Journal of Experimental Psychology*, *62*,276 - 285.

Evans, J. L. , & Segall, M. H. (1969). Learning to classify by color and function: A study of concept discovery by Ganda children. *Journal of Social Psychology*, *77*,35 - 55.

Exner, J. E. (1991). *The Rorschach*: *A comprehensive system*(2): *Interpretation* (2*nd* *ed.*). New York: Wiley.

Fagot, J. , Goldstein, J. , Davidoff, J. , & Pickering, A. (2006). Cross-species differences in color categorization. *Psychonomic Bulletin and Review*, *13*(2),275 - 280.

Faragallah, M. H. , Sehumm, W. R. , & Webb, F. J. (1997). Acculturation of Arab-American immigrants: An exploratory study. *Journal of comparative family studies*, *28*(3),182 - 203.

Feldman, L. B. , & Siok, W. (1999). Semantic radicals contribute to the visual identification of Chinese characters. *Journal of Memory and Language*, *40*,559 - 576.

Ferguson, C. A. (1959). Diglossia. *Word*, *15*,325 - 340.

Fininkbeiner, M. , Forster, K. , Nicol, J. , & Nakamura, K. (2004). The role of polysemy in masked semantic and translation priming. *Journal of Memory and Language*, *51*,1 - 22.

Fischer, M. H. , Castel, A. D. , Dodd, M. D. , & Pratt, J. (2003). Perceiving numbers causes spatial shifts of attention. *Nature Neuroscience*, *6*,555 - 556.

Folkman, S. , & Lazarus, R. S. (1985). If it changes it must be a process: A study of emotion and coping during three stages of a college examination. *Journal of Personality and Social Psychology*, *48*(2),150 - 170.

Folkman, S. , & Moskpwitz, J. T. (2004). Coping: Pitfalls and Promise. *Annual Review of Psyehology*, (*55*),745 - 774.

Francis, W. S. , Augustini, B. K. , & Saenz, S. P. (2003). Repetition priming in picture naming and translation depends on shared processes and their difficulty: Evidence from Spanish-English bilinguals. *Journal of Experimental Psychology*: *Learning*, *Memory & Cognition*, *29*,1283 - 1297.

Franklin, A. , Clifford, A. , Williamson, E. , & Davies, I. R. L. (2005). Color term knowledge does not affect categorical perception of color in toddlers. *Journal of Experimental Child Psychology*, *90*(2),114 - 141.

Franklin, A. , & Davies, I. R. L. (2004). New evidence for infant colour categories. *British Journal of Developmental Psychology*, *22*(3),349 - 377.

Franklin, A. , Drivonikou, G. V. , Clifford, A. , Kay, P. , Regier, T. , & Davies, I. R. L. (2008). Lateralization of categorical perception of color changes with color term acquisition. *Proceedings of the National Academy of Sciences*, *105*(47),18221 - 18225.

Franklin, A. , Wright, O. , & Davies, I. R. L. (2009). What can we learn from toddlers about categorical perception of color? Comments on Goldstein, Davidoff, and Roberson. *Journal of Experimental Child Psychology*, *102* (2),239 - 245.

Frenck-Mester, C. , & Pynte, J. (1997). Syntactic ambuity resolution while reading in second and native language. *Quartly Journal of Experimental Psychology*, *50A*,119 - 148.

Friesen, C. K. , & Kingstone, A. (1998). The eyes have it! Reflexive orienting is triggered by nonpredictive gaze. *Psychonomic Bulletin & Review*, *5*,490 - 495.

Frost, R. (1998). Towards a strong phonological theory of visual word recognition: True issues and false trials. *Psychological Bulletin*, *123*,71 - 99.

Fuhrman, O. , & Boroditsky, L. (2007). Mental time-lines follow writing direction: Comparing English and Hebrew speaker. In D. S. McNamara & J. G. Trafton (Eds.). *Proceedings of the 29th Annual Conference of the Cognitive Science Society*. Austin, TX: Cognitive Science Society.

Gan, Y. Q. , & Cheung, F. M. (1996). *Personality traits as predictors of mental health in Chinese*: *Cultural and gender issues*. Paper presented in the 13th international Congress of the International Association of Cross-Cultural Psychology. Montreal, Canada.

Gardner, H. (1993). *Multiple intelligence*: *The theory in practice*. New York: Basic book.

Gámez, E. , Díaz, J. M. , & Marrero, H. (2011). The uncertain universality of the Macbeth effect with a Spanish sample. *The Spanish Journal of Psychology*, *14*,156‒162.

Gentnerm, D. , Imai M. , & Boroditsky L. (2002). As time goes by: Evidence for two systems in processing space Ⅱ metaphors. *Language and Cognitive Process*, *17*,537‒565.

Goh, J. O. , Chee, M. W. , Tan, J. C. , Venkatraman, V. , Hebrank, A. C. , Leshikar, E. D. ,... Park, D. C. (2007). Age and culture modulate object processing and object-scene binding in the ventral visual area. *Cognitive, Affective, & Behavioral Neuroscience*, *7*(1),44‒52.

Gibbs, R. W. (2006). Metaphor interpretation as embodied simulateion. *Mind & Language*, *21*,434‒458.

Gids, H. (1979). Socialinguistical and social psychology: An introdrution essay. In: H. Giles, & R. N. S. Clair(Eds.). *Language and Social Psychology*. Oxford: Basil Blackwell.

Giessner, S. R. , & Schubert, T. W. (2007). High in the hierarchy: How vertical location and judgments of leaders' power are interrelated. *Organizational Behavior and Human Decision Processes*, *104*,30‒44.

Gilbert, I. A. (1985). Measures of psychological mascunity and femininity: A comment on Gaddy, Glass and Amkoff. *Journal of Consulting Psychology*, *32*,163‒166.

Gilbert, A. L. , Regier, T. , Kay, P. , & Ivry, R. B. (2005). Whorf hypothesis is supported in the right visual field but not the left. *Proceedings of the National Academy of Sciences*, *103*(2),489‒494.

Gilbert, A. L. , Regier, T. , Kay, P. , & Ivry, R. B. (2008). Support for lateralization of the Whorfian effect beyond the realm of color discrimination. *Brain and Language*, *105*(2),91‒98.

Glaser, W. R. (1992). Picture naming. *Cognition*, *42*,101‒105.

Glaser, B. , & Strauss, A. (1967). *The discovery of grounded theory*. Chicago: Aldine.

Glenberg, A. M. , & Kaschak, M. P. (2002). Grounding language in action. *Psychonomic Bulletin & Review*, *9*,558‒565.

Glucksberg S. , Keysar B. , & McGlone M. S. (1992). Metaphor understanding and accessing conceptual schema: Reply to Gibbs. *Psychological Review*, (*3*),578‒581.

Goldberg, R. F. , Perfetti, C. A. , & Schneider, W. (2006). Perceptual knowledge retrieval activates sensory brain regions. *The Journal of Neuroscience: The Official Journal of the Society for Neuroscience*, *26*,4917‒4921.

Goldstone, R. L. (1994). Influences of categorization on perceptual discrimination. *Journal of Experimental Psychology: General*, *123*(2),178‒200.

Goldberg, L. R. (1989). *Standards makers of the big five factor structure*. Papers presented on the workshop on Personality Language. Groningen, the Netherlands.

Goldberg, L. R. (1992). The development of markers for the Big-Five factor structure. *Psychological Assessment*, *4*(1),26‒42.

Goldstein, J. , Davidoff, J. , & Roberson, D. (2009). Knowing color terms enhances recognition: Further evidence from English and Himba. *Journal of Experimental Child Psychology*, *102*(2),219‒238.

González, J. , Barros-Loscertales, A. , Pulvermüller, F. , Meseguer, V. , Sanjuán, A. , Belloch, V. , & Ávila, C. (2006). Reading cinnamon activates olfactory brain regions. *Neuroimage*, *32*,906‒912.

Goodwin, R. D. (2003). Association between physical activity and mental disorders among adults in the United States. *Preventive Medicine*, *36*(6),698‒703.

Graves, T. R. , & Levasseur, P. (2005). The semantics of space: Experiential and linguistic aspects of selected English spatial terms. *Journal of Psycholinguistic Research*, *34*,133‒152.

Gray, J. R. , & Thompson, P. M. (2004). Neurobiology of intelligence: Science and ethics. *Nature Reviews*, *5*(6),471‒480

Grigorenko, E. L. , & Sternberg, R. J. (1995). Thinking style. *International handbook of personality and intelligence*. New York: Plenum Press.

Grosjean, F. (1992). Another view of bilingualism. *Cognitive processing in bilingual*. Amsterdam: Elsevier Science Publishers.

Guilford, J. P. , & Hopefner, R. (1971). *The analysis of intelligence*. New York: Mcgraw-Hill.

Gumperz, J. J. & Levinson, S. C. (1996). *Rethinking linguistic relativity*. Cambridge: Cambridge University Press.

Haier, R. J. , Siegel, B. , Tang, C. , & Buchsbaum, M. S. (1992). Intelligence and changes in regional cerebral glucose metabolic rate following learning. *Intelligence*, *16*,415‒426.

Hall, E. T. (1973). *The silent language*. New York: Anchor.

Hamilton, M. E. , & Geraci, L. (2006). The picture superiority effect in conceptual implicit memory: A conceptual distinctiveness hypothesis. *The American Journal of Psychology*, *119*,1‒20.

Hamilton, W. D. (1964). The genetical evolution of social behavior. *Journal of Theoretical Biology*, *7*,1‒52.

Harkness, S. , & Super, C. M. (1995). *Parents' cultural belief systems: Their origins, expressions, and consequences*. New York: Guilford Press.

Haslberger, A. (2005). Facets and dimensions of cross-cultural adaptation: Refining the tools. *Personnel Review*, *34*(1),85‒109.

Hauenstein, E. J. , Boyd, M. E. , & Submission, H. C. R. (1994). Depressive symptoms in young women of the Piedmont. *Women & Health*, *21*(2‒3),105‒123.

Hauk, O. , Johnsrude I. , & Pulvermüller, F. (2004). Somatotopic representation of action words in human motor and premotor cortex. *Neuron*, *41*,301 - 307.

Hawkes T. (1977). *Structuralism and semiotics*. California: University of California Press.

Heider, E. R. (1972). Universals in color naming and memory. *Journal of Experimental Psychology*, *93*,10 - 20.

Heider, E. R. , & Olivier, D. (1972). The structure of the color space in naming and memory for two languages. *Cognitive Psychology*, *3*(2),337 - 354.

Hermer, V. L. , Spelke, E. S. , & Katsnelson, A. (1999). Sources of flexibility in human cognition: Dual-task studies of space and language. *Cognitive Psychology*, *39*,3 - 36.

Hermer-Vazquez L. , Moffet, A. , & Munkholm P. (2001). Language, space and the development of cognitive flexibility in humans: The case of two spatial memory tasks. *Cognition*, *79*,263 - 299.

Herrick, C. A. , & Brown, H. N. (1988). Under utilization of mental health services by Asian Americans residing in the United States. *Issues Mental Health Nursis*, *19*(3),225 - 240.

Hill, P. L. , & Lapsley, D. K. (2009). The ups and downs of the moral personality: Why it's not so black and white. *Journal of Research in Personality*, *43*,520 - 523.

Ho, C. S. H, & Bryant, P. (1997). Learning to read Chinese beyond the logographic phase. *Reading Research Quarterly*, *32*,276 - 289.

Ho, C. S. H. , Chan, D. W. O. , Lee, S. H. , Tsang, S. M. , & Luan, V. H. (2004). Cognitive profiling and preliminary subtyping in Chinese developmental dyslexia. *Cognition*, *91*(1),43 - 75.

Holmes, A. , Franklin, A. , Clifford, A. , & Davies, I. R. L. (2009). Neurophysiological evidence for categorical perception of color. *Brain and Cognition*, *69*(2),426 - 434.

Hommel, B. , Pratt, J. , Colzato, L. , & Godijn, R. (2001). Symbolic control of visual attention. *Psychological Science*, *12*,360 - 365.

Hong, Y. Y. , Morris, M. , Chiu, C. , & Benet-Martínez, V. (2000). Multicultural minds: A dynamic constructivist approach to culture and cognition. *American Psychologist*, *55*,709 - 720.

Hsiao, J. H. (2011). Visual field differences in visual word recognition can emerge purely from perceptual learning: Evidence from modeling Chinese character pronunciation. *Brain & Language*, *119*,89 - 98.

Hsu, F. L. K. (1963). Culture patterns and adolescent behavior. In: R. E. Grinder (ed.). *Reprinted in Studies in Adolescence*. New York: MacMillan Co.

Hsu, F. L. K. (1983). *Rugged individualism reconsidered: Essays in psychological anthropology*. Knoxville, TN: University of Tennessee Press.

Hui, C. H. , & Triandis, H. C. (1989). Effects of culture and response format on extreme response style. *Journal of Cross-Cultural Psychology*, *20*,296 - 309.

Hunt, E. , & Angoli, F. (1991). The Whorl hypothesis: A cognitive psychology perspective. *Psychological Review*, *98*, 377 - 389.

Ismail, H. H. (2003). *Cultural and gender differences in perceptions of stressors and coping skills: A cross-cultural investigation of African, Japanese, and Western Students in Chinese Universities*. Ph. D. dissertation, Shanghai: East China Normal University.

Jahoda, G. (1983). *White man: A study of the attitudes of Africans to Europeans in Ghana before independence*. Greenwood Press.

Jared, D. , & Seidenberg, M. S. (1991). Does word identification proceed from spelling to sound to meaning. *Journal of Experiment Psychology: General*, *120*,358 - 394.

Jameson, K. A. , & Alvara, N. (2003). Differences in color naming and color salience in Vietnamese and English. *Color Research & Application*, *28*(2),113 - 138.

Jausovec, N. , & Jausovec, K. (2000). Corerelations between ERP parameters and intelligence: A reconsideration. *Biological Psychology*, *55*(2),137 - 155.

Jensen, A. R. (1998). *The g factor: The science of mental ability*. London: Praeger/Greenwood.

Ji, L. J. , Zhang, Z. , & Nisbett, R. E. (2004). Is it culture or is it language? Examination of language effects in cross-cultural research on categorization. *Journal of Personality & Social Psychology*, *87*,57 - 65.

John, O. P. , Angleitner, A. , & Fritz, O. (1988). The lexical approach to personality: A historical review of trait taxonomic research. *European Journal of Personality*, *2*(3),171 - 203.

Johnson, M. (1987). *The body in the mind: The bodily basis of meaning, imagination and reason*. Chicago: University of Chicago Press.

Joiner, T. E. , & Walker, R. L. (2002). Construct validity of a measure of acculturative stress in African Americans. *Psychological Assessment*, *14*(4),462 - 466.

Jostmann, N. B. , Lakens, D. , & Schubert, T. W. (2009). Weight as an embodiment of importance. *Psychological Science*, *20*,1169 - 1174.

Kagitcibasi, C. (2002). Psychology and human competence development. *Applied Psychology*, *51*(1),5 - 22.

Karlsen, S. , & Nazroo, J. Y. (2002). Relation between racial discrimination, social class, and health among ethnic minority groups. *American Journal of Public Health*, *92*(4),624 - 631.

Kashima, Y. (2000). Conceptions of culture and person for psychology. *Journal of Cross-Cultural Psychology*, *2000*,

31,14 - 42.

Katigbak, M. S. , Church, A. T. , & Akamine, T. X. Cross-cultural generalziation of personality dimension: Relating indigenous and imported dimensions in tow cultures. *Journal of Personality and Social Psychology*, 70(1),99 - 114.

Katona, C. , & Livingston, G. (2000). Impact of screening old people with physical illness for depression? *The Lancet*, 356,91 - 92.

Kawachi, I. , Kennedy, B. P. , & Glass, R. (1999). Social capital and self-rated health: A contextual analysis. *American Journal of Public Health*, 89(8),1187 - 1193.

Kay, P. , Berlin, B. , Maffi, L. , & Merrifield, W. (1997). Color naming across languages. In L. Maffi & C. L. Hardin (Eds.). *Color categories in thought and language*. Cambridge: Cambridge University Press.

Kay, P. , Berlin, B. , & Merrifield, W. (1991). Biocultural implications of systems of color naming. *Journal of Linguistic Anthropology*, 1(1),12 - 25.

Kay, P. , & Kempton, W. (1984). What is the Sapir-Whorf hypothesis? *American Anthropologist*, 86(1),65 - 79.

Kay, P. , & Maffi, L. (1999). Color appearance and the emergence and evolution of basic color lexicons. *American Anthropologist*, 101(4),743 - 760.

Kay, P. , & McDaniel, C. K. (1978). The linguistic significance of the meanings of basic color terms. *Language*, 54(3), 610 - 646.

Kay, P. , & Regier, T. (2003). Resolving the question of color naming universals. *Proceeding of the National Academy of Science*, 100(15),9085 - 9089.

Kay, P. , & Regier, T. (2006). Language, thought and color: Recent developments. *Trends in Cognitive Sciences*, 10(2),51 - 54.

Kay, P. , & Regier, T. (2007). Color naming universals: The case of Berinmo. *Cognition*, 102(2),289 - 298.

Keith, K. D. (2010). *Cross-cultural psychology: Contemporary themes and perspectives*. Wiley-Blackwell.

Kessler, R. C. , Birnbaum, H. , Bromet, E. , Hwang, I. , Samposon, N. , & Shahly, V. (2010). Age differences in major depression: Results from the National Comorbidity Survey Replication (NCS - R). *Psychological Medicine*, 40 (2),225 - 237.

Kessler, R. C. , Foster, C. L. , Saunders, W. B. , & Stang, P. E. (1995). Social consequences of psychiatric disorders, I: Educational attainment. *American Journal of Psychiatry*, 152(7),1026 - 1032.

Kessler, R. C. , McGonagle, K. A. , Zhao, S. , Nelson, C. B. , Hughes, M. , Eshleman, S. , ... Kendler, K. S. (1994). Lifetime and 12-month prevalence of DSM-III-R psychiatric disorders in the United States: Results from the National Comorbidity Survey. *Archives of General Psychiatry*, 51(1),8 - 19.

Kelter, S. , Kaup, B. , & Claus, B. (2004). Representing a described sequence of events: A dynamic view of narrative comprehension. *Journal of Experimental Psychology: Learning, Memory, and Cognition*, 30(2),451 - 464.

Kim, J. H. , Knight, B. , & Longmire, V. F. (2007). Stress and coping processes among African American and White Dementia Caregivers: Effects on mental and physical health. *Health Psychology*, 26(5),564 - 576.

Kim, K. , Won, H. , Liu, X. Liu, P. , & Kitanishi, K. (1997). Students' stress in China, Japan and Korea: A transcultural study. *International Journal of social Psychiatry*, 43(2),87 - 94.

Kim K. H. , Relkin, N. R. , & Lee, K-M. (1997). Distinct cortical areas associated with native and second languages. *Nature*, 388,171 - 174.

Kimchi, R. (1992). Primacy of wholistic processing and global/loc l paradigm: A critical review. *Psychological Bulletin*, 112,24 - 38.

Kingstone, A. , Smilek, D. , Ristic, J. , Friesen, C. K. , & Eastwood, J. D. (2003). Attention, researchers! It is time to take a look at the real world. *Current Directions in Psychological Science*, 12,176 - 184.

Kitayama, S. , Duffy, S. , Kawamura, T. , & Larsen, J. T. (2003). Perceiving an object and its context in different cultures: A cultural look at newlook. *Psychological Science*, 14,201 - 206.

Kitayama, S. , & Uskul, A. K. (2011). Culture, mind, and the brain: Current evidence and future directions. *Annual Review of Psychology*, (1),419 - 449.

Klepousniotou, E. (2002). The processing of lexical ambiguity, Homonymy and polysemy in the mental lexicon. *Brain and Language*, 81(1),205 - 223.

Kranjec, A. , & McDonough, L. (2011). The implicit and explicit embodiment of time. *Journal of Pragmatics*, 43,735 - 748.

Kochunov, P. , Fox, P. , Lancaster, J. , Tan, L. H. , Amunts, K. , Zilles, K. , ... Gao, J. H. (2003). Localized morphological brain differences between English-speaking Caucasians and Chinese speaking Asians: New evidence of anatomical plasticity. *Neuroreport*, 14(7),961 - 964.

Kolers, P. A. (1963). Interlingual word associations. *Journal of Verbal Learning and Verbal Behavior*, 2,291 - 300.

Kroeber, A. L. (1909). Classificatory systems of relationship. *Journal of the Royal Anthropological Institute of Great Britain and Ireland*, 39,77 - 84.

Kroll, J. F. , & de Groot A. M. B. (1997). Lexical and conceptual memory in the bilingual, mapping form to meaning in two languages. *Tutorials in bilingualism — psycholingualistics perspectives*. New Jersey: Lawrence Erbaum Associate.

Kroll, J. F. , & Stewart, E. (1994). Category interference in translation and picture naming, Evidence for asymmetric connections between bilingual memory representations. *Journal of Memory and Language*, 33,149 - 174.

Kudadjie-Gyamfi, E. , Consedine, N. S. , & Magai, C. (2006). On the importance of being ethnic: Coping with the threat of prostate cancer in relation to prostate cancer screening. *Cultural Diversity and Ethnic Minority Psychology*, *12*(3),509 – 526.

Lakoff, G. , & Johnson, M. (1980). *Metaphors we live by*. Chicago: University of Chicago Press.

Lakoff, G. , & Johnson, M. (1999). *Philosophy in the Flesh: The embodied mind and its challenge to western thought*. New York: Basic Books.

Lakoff, G. , & Turner, M. (1989). *More than cool reason — a field guide to poetic metaphor*. Chicago: University of Chicago Press.

Langton, S. R. H. , Watt, R. J. , & Bruce, V. (2000). Do the eyes have it? Cues to the direction of social attention. *Trends in Cognitive Sciences*, *4*,50 – 59.

Laxén, J. , & Lavaur, J.-M. (2010). The role of semantics in translation recognition: Effects of number of translations, dominance of translations and semantic relatedness of multiple translations. *Bilingualism: Language and Cognition*, *13*,157 – 183.

Lee, S. W. S. , & Schwarz, N. (2010). Dirty hands and dirty mouths: Embodiment of the moral-purity metaphor is specific to the motor modality involved in moral transgression. *Psychological Science*, *21*,1423 – 1425.

Leech, G. (1974). *Semantics: The study of meaning*, London: Penguin.

Leff, J. , Wig, N. N. , Ghosh, A. , Bedi, H. , Menon, D. K. , Kuipers, L. ,... Sartorius, N. (1987). Expressed emotion and schizophrenia in north India. III. Influence of relatives' expressed emotion on the course of schizophrenia in Chandigarh. *The British Journal of Psychiatry*, *151*(2),166 – 173.

Leichtman, M. D. , Pillemer, D. B. , Wang, Q. , Koreishi, A. , & Han, J. J. (2000). When baby maisy came to school. Mothers'interview styles and preschoolers' event memories. *Cognitive Development*, *15*(1),99 – 114.

Leung, K. , Lau, S. , & Lam, W. L. (1998). Parenting style and academic achievement: A cross-cultural study. *Merrill-Palmer Quarterly*, *44*,157 – 172.

Leung, K. , Cheung, F. M. , Zhang, J. X. , et al. (1997). The five factor model of personality in China. In K. Leung, Y. Kashima, U. Kim, & S. Yamaguchi (Eds.). *Progress in Asian social psychology*. *1*(1),231 – 244.

Leung, K. , & van de Vijver, F. J. R. (2008). Strategies for strengthening the causal inferences in cross cultural research: The consilience approach. *International Journal of Cross-Cultural Management*, *8*,145 – 169.

Levine, J. B. (1988). Play in the context of family. Journal of Family Psychology, 2(2),164 – 187.

Levinson S. C. (1996). Frames of reference and Molyneux's question: Cross linguistic evidence. In P Bloom, M Peterson (Eds.). *Language and Space*. Cambridge, MA: MIT Press.

Levinson S. C. (2002). Returning the tables: Language affects spatial reasoning. *Cognition*, *84*,155 – 188.

Levey, S. , & Cruz, D. (2003). The First words produced by children in bilingual English/Mandarin Chinese environments. *Communication Disorders Quarterly*, *24*,129 – 136.

Li, P. , Jin, Z. , & Tan, L. H. (2004). Neural representations of nouns and verbs in Chinese: An fMRI study. *NeuroImage*, *21*,1533 – 1541.

Liljenquist, K. , Zhong, C. B. , & Galinsky, A. D. (2010). The smell of virtue: Clean scents promote reciprocity and charity. *Psychological Science*, *21*,381 – 383.

Lin, K. M. , & Cheung, F. (1999). Mental Health Issues for Asian Americans. *Psychiatric Services*, *50*(6),774 – 780.

Lindeman, S. , Hamalainen, J. , & Isometsa, E. (2000). The 12-month prevalence and risk factors for major depressive episode in Finland: representative sample of 5993 adults. *Acta Psychiatrica Scandinavica*, *102*(3),178 – 184.

Lindström, M. , & Rosvall, M. (2012). Marital status, social capital, economic stress, and mental health: A population-based study. *The Social Science Journal*, *49*(3),339 – 342.

Linnell, K. , Caparos, S. , de Fockert. J. W. , & Davidoff, J. (2013). Urbanization decreases attentional engagement. *Journal of experimental psychology. Human perception and performance*, *39*(5),1232 – 1247.

Linton, R. (1945). *The cultural background of personality*. Appleton-Century-Crofts.

Linton, R. (1936). *The study of man*. Appleton-Century-Crofts.

Lippa, R. , & Connely, S. (1990). Gender diagnosticity: A new Bayesian approach to gender-related individual differences. *Journal of Personality and Social Psychology*, *59*(5),1051 – 1065.

Lisa, G. A. , & Shelley, E. T. (1992). Modeling cognitive adaptation: A longitudinal investigation of the impact of individual differenees and coping on college adjustment and performance. *Journal of Personality and Social Psychology*, *63*,989 – 1003.

Lise, S. N. , & Segerstrom, S. C. (2006). Dispositional optimism and coping: A meta-analytic review. *Personality and Social Psychology Review*, *10*(3),235 – 251.

Liu, Q. , Li, H. , Campos, J. L. , Wang, Q. , Zhang, Y. , Qiu, J. ,... Sun, H. J. (2009). The N2pc component in ERP and the lateralization effect of language on color perception. *Neuroscience Letters*, *454*(1),58 – 61.

Lysgaard, S. (1955). Adjustment in a foreign society: Norwegian Fulbright grantees visiting the United States. *International Social Science Bulletin*, (7),45 – 51.

Lounsbury, F. G. (1964). The structural analysis of kinship semantics. In H. G. Lunt (Ed.). *Processing of the Ⅸ th International Congress of Linguists*, Mouton: The Hague.

Loewenstein J. , & Gentner D. (1998). Relational language facilitates analogy in children. *Proceedings of the Cognitive*

Science Society, *20*,615 - 620.

Loewenstein J. , & Gentner D. (2005). Relational language and the development of relational mapping. *Cognitive Psychology*, *50*,315 - 353.

Lucy, J. A. (1992). *Grammatical categories and cognition: A case study of linguistic relativity hypothesis*. Cambridge: Cambridge University Press.

Lucy, J. A. (1992). *Language diversity and thought: A reformulation of the linguistic relativity hypothesis*. Cambridge: Cambridge University Press.

Lucy, J. A. (1997). The linguistics of color. In C. L. Hardin & L. Maffi (Eds.). *Color categories in thought and language*. Cambridge: Cambridge University Press.

Lucy, J. A. (1996). The scope of linguistic relativity: An analysis and review of empirical research. In J. J. Gumperz & S. C. Levinson(Eds.). *Rethinking linguistic relativity*. Cambridge: Cambridge University Press.

Luhtanen, R. , & Crocker, J. (1992). A collective self-esteem scale: Self-evaluation of one's social identity. *Personality and Social Psychology Bulletin*, *18*(3),302 - 318.

Luo, L. , Luk G. , & Bialystok E. (2010). Effect of language proficiency and executive control on verbal fluency performance in bilinguals. *Cognition*, *114*,29 - 41.

Lynch, E. B. , Coley, J. D. , & Medin, D. L. (2000). Tall is typical: Central tendency, ideal dimensions, and graded category structure among tree experts and novices. *Memory and Cognition*, *28*,41 - 50.

Mahon, B. Z. , & Caramazza, A. (2005). The orchestration of the sensory-motor systems: Clues from Neuropsychology. *Cognitive Neuropsychology*, *22*,480 - 494.

Mahon B. Z. , & Caramazza, A. (2008). A critical look at the embodied cognition hypothesis and a new proposal for grounding conceptual content. *Journal of Physiology Paris*, *102*,59 - 70.

Manrai, L. A. , & Manrai, A. K. (1995). Effects of cultural context, gender, and acculturation on perceptions of work versus social/leisure time usage. *Journal of Business Research*, *32*,115 - 128.

Markus, H. R. , & Kitayama, S. (1998). The cultural psychology of personality. *Journal of Cross Cultural Psychology*, *29*(1): 63 - 87.

Martinez, L. M, & Shatz, M. (1996). Linguistic influences on categorization in preschool children: A cross linguistic study. *Journal of Child Language*, *23*,529 - 545.

Marulic, I. , & Bratko, D. (1998). Relations of masculinity and femininity with personality dimensions of the Five-Factor Model. *Sex Roles*, *38*(1P2),29 - 44.

Masuda, T. , & Nisbett. R. E. (2001). Attending holistically versus analytically: Comparing the context sensitivity of Japanese and Americans. *Journal of Personality and Social Psychology*, *81*,922 - 934.

Matsuno, T. , Awai, N. , & Atsuzawa, T. (2004). Color classification by chimpanzees (Pan troglodytes) in a matching-to-ample task. *Behavioral Brain Research*, *148*(1 - 2),157 - 165.

Mayer, J. D. , & Gehr, G. (1996). Emotional intelligence and the identification of emotion. *Intelligence*, *22*,89 - 114.

McCrae, R. R. (2000). Trait psychology and the revival of personality and culture studies. *American Behavioral Scientist*, *44*,10 - 31.

McCrae, R. R. (2002). Cross-cultural research on the Five-Factor Model of personality. In W. J. Lonner, D. L. Dinnel, S. A. Hayes, D. N. Sattler (Eds.), *Online Readings of Psychology and Culture*. 2002 - 8 - 1: Unit 4, Submit 4, Article 1.

McCrae, R. R. (2002). NEO - PI - R data from 36 cultures. In R. R. McCrae & J. Allik (Eds.), *The Five-Factor Model of Personality Across Cultures*.

McCrae, R. R. (2004). Human nature and culture: a trait perspective. *Journal of Research in Personality*, *38*: 3 - 14.

McCrae, R. R. , & Costa, P. T. (2003). *Personality in adulthood: A Five-Factor Theory perspective*. New York: Guilford.

McBride-Chang, C. , Bialystok, E. , Chong, K. K. Y. , & Li, Y. P. (2004). Levels of phonological awareness in three cultures. *Journal of Experimental Child Psychology*, *89*,93 - 111.

McKone, E. , Davies, A. A. , Fernando, D. , Aalders, R. , Leung, H. , Wickramariyaratne, T. , & Platow, M. J. (2010). Asia has the global advantage: Race and visual attention. *Vision Research*, *50*(16),1540 - 1549.

Mead, M. (1942). *Growing up in New Guinea*. Penguin Books Middlesex, England.

Meade, R. D. (1971). Future time perspectives of college students in America and in India. *Journal of Social Psychology*, *83*,175 - 182.

MeChelli A. , Crinion, J. T, Noppeney, U. , O'Doherty, J. , Ashburner, J. , Frackowiak, R. S. , & Price, C. J. (2004). Structural plasticity in the bilingual brain. *Nature*, *431*,757.

Medin, D. L, Lynch, E. B. , Coley, J. D. , & Arans, E. (1997). Categorization and reasoning among tree experts: Do all roads lead to Rome? *Cognitive Psychology*, *32*,49 - 96.

Medin, D. L, & Shoben, E. J. (1988). Context and structure in conceptual combination. *Cognitive Psychology*, *20*,158 - 190.

Medin, D. L. , Wattenmaker, D. , & Hampson, S. E. (1987). Family resemblance, conceptual cohesiveness, and category construction. *Cognitive Psychology*, *19*,242 - 279.

Meier, B. P. , & Robinson, M. D. (2004). Why the sunny side is up: Associations between affect and vertical position.

Psychological Science, *15*, 243 – 247.

Meier, B. P., Hauser, D. J., Robinson, M. D., Friesen, C. K., & Schjeldahl, K. (2007). What's "up" with God? Vertical space as a representation of the divine. *Journal of Personality and Social Psychology*, *93*, 599 – 710.

Meier, B. P., Sellbom, M., & Wygant, D. B. (2007). Failing to take the moral high ground: Psychopathy and the vertical representation of morality. *Personality and Individual Differences*, *43*, 757 – 767.

Menninger, K. (1937). *The Human Mind*. New York: Alfred A. Knoff.

Mesoudi, A. (2007). Using the methods of social psychology to study cultural evolution. *Journal of Social*, *Evolutionary and Cultural Psychology*, (*1*), 35 – 58.

Meyers, L., & Staff, M. (2006). Asian-American Mental Health. *Monitor on Psychology*, *37*, 44.

Michael, B. C., & Ashby, F. G. (2008). A role for the perceptual representation memory system in category learning. *Perception and Psychophysics*, *70*, 983 – 999.

Michon, J. A., Pouthas V., & Jackson J. L. (1988). Guyan and the Idea of Time. Amsterdam: North Holland.

Miller, K. F., & Stigler, J. (1987). Counting in Chinese: Cultural variation in a basic cognitive skill. *Cognitive Devolopment*, *2*, 279 – 305.

Morris, M. W., & Peng, K. P. (1994). Culture and cause: American and Chinese attributions for social and physical events. *Journal of Personality and Social Psychology*, (*6*), 949 – 971.

Mullen, M. K. (*1994*). Earliest recollections of childhood: A demographic analysis. *Cognition*, *52*(1), 55 – 79.

Mulligan, N. W. (2002). The effects of generation on conceptual impicit memory. *Journal of Memory and Language*, *47*, 327 – 342.

Mumford, D. B. (1998). The measurement of culture shock. *Social Psychiatry and Psychiatric Epidemiology*, *33*, 149 – 155.

Murdock, G. P. (1949). *Social structure*. New York: Macmillan.

Murdock, G. P. (1960). *Social structure in Southeast Asia*. Chicago: Quadrangle Books.

Nakamura K. (2005). Subliminal convergence of Kanji and Kana words: Further evidence for functional parcellation of the posterior temporal cortex in visual word perception. *Journal of Cognitive Neuroscience*, *17*, 954 – 968.

Nachshon, I. (1981). Cross-cultural differences in directionality. *International Journal of Psychology*, *16*, 199 – 211.

Navon, D. (1977). Forest before tree: the precedence of global features in visual perception. *Cognitive Psychology*, *9*, 343 – 383.

Nayak, S., Shiflett, S., Eshun, S., & Levine, F. (2000). Culture and gender effects in pain beliefs and the prediction of pain tolerance. *Cross Cultural Research: The Journal of Comparative Social Science*, *34*(2), 135 – 151.

Negri, G. A. L., Rumiati, R. I., Zadini, A., Ukmar, M., Mahon, B., & Caramazza, A. (2007). What is the role of motor simulation in action and object recognition? Evidence from apraxia. *Cognitive Neuropsychology*, *24*(8), 795 – 816.

Negy, C., Shreve, T. L., Jensen, B. J., & Uddin, N. (2003). Ethnic identity, self-esteem, and ethnocentrism: A study of social identity versus multicultural theory of development. *Cultural Diversity and Ethnic Minority Psychology*, *9*(4), 333.

Neisser, U. (1996). Intelligence: Known and unknown. *American Psychologist*, *52*(2), 77 – 101.

Nelson, D. L. (1979). Remembering pictures and words: Appearance, significance, and name. In Cermak, L. S., & Craik, FI. M. (Eds.). *Levels of processing in human memory*. Hillsdale, NJ: Erlbaum.

Newman, S. C., Bland, R. C., & Om, H. T. (1998). The prevalence of mental disorders in the elderly in Edmonton: A community survey using GMS-AGECAT. *Canadian Journal of Psychiatry*, *43*(9), 910 – 914.

Ng, K-Y., & Earley, P. C. (2009). Culture + intelligence: Old constructures, new frontiers. *Group & Organization Management*, *3*(1), 4 – 19.

Nisbett, R. E. (2003). *The geography of thought: How Asians and Westerners think differently and why*. New York: The Free Press.

Nisbett, R. E., & Masuda, T. (2003). Culture and point of view. *Proceedings of the National Academy of Sciences of the United States of America*, *100*(19), 11163 – 11170.

Nisbett, R. E., & Miyamoto, Y. (2005). The influence of culture: Holistic versus analytic perception. *Trends in Cognitive Sciences*, *9*, 467 – 473.

Nisbett, R. E., Peng, K., Choi, I., & Norenzayan, A. (2001). Cultural and systems of thought: Holistic versus analytic cognition. *Psychological Review*, *108*, 291 – 310.

Nisbett, R. E., & Miyamoto, Y. (2005). The influence of culture: Holistic versus analytic perception. *Trends in Cognitive Sciences*, *9*(10), 467 – 473.

Norman, W. T. (1963). Toward an adequate taxonomy of personality attributes: Replicated factor structure in peer nomination personality ratings. *Journal of Abnormal and Social Psychology*, *66*(6), 574 – 583.

Norman, W. T. (1967). 800 personality trait descriptors: Normative operating characteristics for a university population. *Research Report*, *08310 – 1 – T*. Univ. Mich., An Abor, MI.

Notebaert, W., Moor, W. D., Gevers, W., & Harptsuiker, R. J. (2007). New visuospatial associations by training verbospatial mappings in the first language. *Psychonomic Bulletin and Review*, *14*(6), 1183 – 1188.

Oberg, K. (1960). Cultural shock: Adjustment to new cultural environments. *Practical Anthropology*, *7*(3), 177 – 182.

Ouellet, M., Santiago, J., Israeli, Z., & Gabay, S. (2009). Multimodal influences of orthographic directionality on the "Time is Space" conceptual metaphor. In N. Taatgen, H. van Rijn (Eds.). *Proceedings of 31th Annual Conference of the Cognitive Science Society*. Amsterdam, Netherlands: Cognitive Science Society, Inc.

Oishi, S. (2002). The experiencing and remembering of well-being: A cross-cultural analysis. *Personality and Social Psychology Bulletin*, 28, 1398 - 1406.

Oyserman, D., Coon, H. M., & Kemmelmeier, M. (2002). Rethinking individualism and collectivism: evaluation of theoretical assumptions and meta-analyses. *Psychological Bulletin*, 128(1), 2 - 72.

O'Gorman, E. (1996). An investigation of the mental lexicon of second language learners. *Teanga: The Irish Yerbook of Applied Linguistics*, 16, 15 - 31.

O'Hanlon, C. G., & Roberson, D. (2006). Learning in context: Linguistic and attentional constraints on children's color term learning. *Journal of Experimental Child Psychology*, 94(4), 275 - 300.

Özgen, E., & Davies, I. R. L. (2002). Acquisition of categorical color perception: A perceptual learning approach to the linguistic relativity hypothesis. *Journal of Experimental Psychology: General*, 131(4), 477 - 493.

Padilla, A. M., & Perez, W. (2003). Acculturation, social identity, and social cognition: A new perspective. *Hispanic Journal of Behavioral Sciences*, 25(1), 35 - 55.

Paivio, A. (1991). Dual coding theory: Retrospect and current status. *Canadian Journal of Psychology*, 45, 255 - 287.

Parekh, B. (2000). *Rethinking multiculturalism: Cultural diversity and political theory*. Cambridge, Mass: Harvard University Press.

Pargament, K. I. (1997). *The Psychology of Religion and Coping: Theory, research, practice*. New York: Guilford Press.

Patel, V., Araya, R., de Lima, M., Ludermir, A., & Todd, C. (1999). Women, poverty and common mental disorders in four restructuring societies. *Social Science & Medicine*, 49(11), 1461 - 1471.

Patel, V., Leon, D., & Walt, G. (2001). Poverty, inequality, and mental health in developing countries. *Poverty, inequality and health: an international perspective*. Oxford: Oxford University Press Inc.

Pearson, V. (1995). Goods on which one loses: Women and mental health in China. *Social Science & Medicine*, 41(8), 1159 - 1173.

Pecher, D., & Boot, I. (2011). Numbers in space: Differences between concrete and abstract situations. *Frontiers in Cognition*, 2, 121.

Pecher, D., Boot, I., & van Dantzig, S. (2011). Abstract concepts: Sensory-motor grounding, metaphors, and beyond. In B. Ross (Ed.). *The psychology of learning and motivation* (54) (pp. 217 - 248). Burlington: Academic Press.

Pederson E. D., Danziger, E., Wilkins, D., Levinson, S. C., Kita, S., & Senft, G. (1998). Semantic typology and spatial conceptualization. *Language*, 74, 557 - 589.

Penfild, W. (1965). Conditioning the uncommitted cortex for language learning. *Brain*, 88, 787 - 798.

Peng, K. P, & Knowles, E. D. (2003). Culture, education, and the attribution of physical causality. *Personality and Social Psychology Bulletin*, (10), 1272 - 1284.

Perfetti, C. A., Liu, Y., Fiez, J., Nelson, J., Bolger, D. J., & Tan, L. H. (2007). Reading in two writing systems: Accommodation and assimilation of the brain's reading network. *Bilingualism: Language and Cognition*, 10, 131 - 146.

Perfetti C. A., Liu Y., & Tan L. H. (2002). How the mind can meet the brain in reading: A comparative writing systems approach. In H. S. R. Kao, C. K. Leong, D. G. Gao, (Eds.) *Cognitive neuroscienee studies of the Chinese language*. Hong Kong: Hong Kong University Press.

Perfetti, C. A., & Tan, L. H. (1998). The time course of graphic, phonologica, land semantic activation in visual Chinese character identification. *Journal of Experimental Psychology: Learning Memory, and Cognition*, 24, 101 - 118.

Perkins, D. N. (1995). *Outsmarting IQ: The emerging science learnable intelligence*. New York: Free Press.

Peterson, B. (2004). *Culture intelligence: A guide to working with people from other cultures*. Yarmouth, ME: Intercultural Press.

Peterson, K. M., Reis, A., & Ingvar, M. (2001). Cognitive processing in literate and illiterate subjects: A review of some recent behavioral and functional neruoimaging data. *Scandinavian Journal of Psychology*, 42(3), 251 - 267.

Petersson, K. M., Reis, A., Askelof, S., Castro-Caldas, A., & Ingvar, M. (2000). language processing modulated by literacy: A network analysis of verbal repetition in literate and illiterate subjects. *Journal of Cognitive Neuroscience*, 12, 364 - 382.

Phinney, J. S. (1992). The multigroup ethnic identity measure: A new scale for use with diverse groups. *Journal of Adolescent Research*, 7(2), 156 - 176.

Phinney, J. S. (1996). When we talk about American ethnic groups, what do we mean? *American Psychologist*, 51(9), 918.

Phinney, J. S., Lochner, B. T., & Murphy, R. (1990). *Ethnic identity development and psychological adjustment in adolescence*. Sage Publications, Inc.

Phinney, J. S., Cantu, C. L., & Kurtz, D. A. (1997). Ethnic and American identity as predictors of self-esteem among

African American, Latino, and White adolescents. *Journal of Youth and adolescence*, 26(2),165 – 185.

Pilling, M., & Davies, I. R. L. (2004). Linguistic relativism and color cognition. *British Journal of Psychology*, 95 (Pt4): 429 – 455.

Pitchford, N. J., & Mullen, K. T. (2005). The role of perception, language, and preference in the developmental acquisition of basic color terms. *Journal of Experimental Child Psychology*, 90(4),275 – 302.

Pollio, H. R., Fagan, L. B., & van Gennep, A. (1960). *The rites of passage*. London: Routledge and Kegan Paul.

Pollio, H. R., Fagan, L. B., Graves, T. R., & Levasseur, P. (2005). The semantics of space: experiential and linguistic aspects of selected English spatial terms . *Journal of Psycholinguistic Research*, 34,133 – 152 .

Posner, M. I., Snyder, C. R. R., & Davidson, B. J. (1980). Attention and the detection of signals. *Journal of Experimental Psychology: General*, 109,160 – 174.

Potter, M. C., & Foulconer, B. A. (1975). Time to understand pictures and words. *Nature*, 253,437 – 438.

Prior, A., & MacWhinney, B. (2010). A bilingual advantage in task switching. *Bilingualism: Language and Cognition*, 13,253 – 262.

Proctor, R. W., Marble, J. G., & Vu, K. P. L. (2000). Mixing incompatibly mapped location-relevant trials with location-irrelevant trials: Effects of stimulus mode on the reverse Simon effect. *Psychological Research*, 64,11 – 24.

Proctor R. W., & Vu, K. P. L. (2002). Mixing location-irrelevant and location-relevant trials: Influence of stimulus mode on spatial compatibility effects. *Memory and Cognition*, 30(2),281 – 293.

Pulvermüller, F. (2005). Opinion: Brain mechanisms linking language and action. *Nature Reviews Neuroscience*, 6,576 – 582.

Putnam, R. (2001). Social capital: Measurement and consequences. *Canadian Journal of Policy Research*, 2(1),41 – 51.

Pynte, J. (1991). The locus of semantic satiation in category membership decision and acceptability judgement. *Journal of Psycholinguistic Research*, 20,315 – 335.

Radcliffe-Brown, A. R. (1941). The study of kinship systems. *Journal of the Royal Anthropological Institute*, LXXI .

Rayner, K., Castelhano, M. S., & Yang, J. M. (2009). Eyemovements when looking at unusual/weird scenes: Are there cultural differences? *Journal of Experimental Psychology: Learning, Memory, and Cognition*, 35,254 – 259.

Rayner, K., Li, X., Williams, C. C., Cave, K. R., & Well, A. D. (2007). Eye movements during information processing tasks: Individual differences and cultural effects. *Vision Research*, 47,2714 – 2726.

Raposo, A., Moss, H. E., Stamatakis, E. A., & Tyler, L. K. (2006). Repetition suppression and semantic enhancement: an investigation of the neural correlates of priming. *Neuropsychologia*, 44,2284 – 2295.

Rapport, R. L., Tan, C. T., & Whitaker H. A. (1983). Language function and dysfunction among Chinese-and English-speaking polyglots: Cortical stimulation, wada testing and clinical studies. *Brain and Language*, 18,342 – 366.

Regier, T., & Kay, P. (2009). Language, thought, and color: Whorf was half right. *Trends in Cognitive Sciences*, 13 (10),439 – 446.

Regier, T., Kay, P., & Cook, R. (2005). Focal colors are universal after all. *Proceedings of the National Academy of Science*, 102(23),8386 – 8391.

Regier, T., Kay, P., Gilbert, A., & Ivry, R. (2010). Language and thought: Which side are you on, anyway? In B. Malt & P. Wolff (Eds.). *Words and the Mind: Perspectives on the Language-Thought Interface*. New York: Oxford University Press.

Rezaei, A. R., & Katz, L. (2004). Evaluation of the reliability and validity of the cognitive styles analysis. *Personality and Individual Differences*, 36(6),1317 – 1327.

Riding, R. J. (1997). On the nature of cognitive style. *Education Psychology*, 17,29 – 49.

Riding, R. J., & Rayner, S. G. (1998). *Cognitive styles and learning strategies*. London: David Fulton.

Roberson, D., & Davidoff, J. (2000). The categorical perception of colors and facial expressions: The effect of verbal interference. *Memory & Cognition*, 28(6),977 – 986.

Roberson, D, Davidoff, J., Davies, R. L. I., & Shapiro, L. R. (2005). Color categories: Evidence for the cultural relativity hypothesis. *Cognitive Psychology*, 50(4),378 – 411.

Roberson, D., Davies, I., & Davidoff, J. (2000). Color categories are not universal: Replications and new evidence from a Stone-age culture. *Journal of Experimental Psychology: General*, 129(3),369 – 398.

Roberson, D., Davies, I. R. L., Corbett, G. G., & Vandervyver, M. (2005). Free-sorting of colors across cultures: Are there universal grounds for grouping? *Journal of Cognition and Culture*, 5(3),87 – 124.

Roberson, D., Pak, H., & Hanley, R. (2008). Categorical perception of colour in the left and right visual field is verbally mediated: Evidence from Korean. *Cognition*, 107(2),752 – 762.

Robert, A. J., & Christopher, B. Age of acquisition effects in the semantic processing of pictures. *Memory & Cognition*, 2005,33,905 – 912.

Roberts, R. E., Phinney, J. S., Masse, L. C., Chen, Y. R., Roberts, C. R., & Romero, A. (1999). The structure of ethnic identity of young adolescents from diverse ethnocultural groups. The Journal of Early Adolescence, 19(3),301 – 322.

Rodd, J. M., Gaskell, M. G., & Marslen-Wilson, W. D. (2002) Making sense of semantic ambiguity: Semantic competition in lexical access. Journal of Memory and Language, 46(2), 245.

Rogler, L. H. , Cortes, D. E. , & Malady, R. G. (1991). Acculturation and mental health status among Hispanics: convergence and new directions for research. *American Psychologist*, *46*(6),585 - 597.

Ross, B. M. , & Millson, C. (1970). Repeated memory of oral prose in Ghanaand New York. *International Journal of Psychology*, *5*,173 - 181.

Ross, N. (2002). Cognitive aspects of intergenerational change: Mental models, cultural change and environmental behavior among the Lacandon Maya of Southern Mexico. *Human Organization*, *61*(2),125 - 137.

Rushon, J. P. (2000). *Race, evolution, and behaveior: A life history perspective*. Port Huron, MI: Charles Darwin Research Institute.

Rushon, J. P. , & Jessen, A. R. (2005). Thirty years of research on race differences in cognitive ability. *Psychology, Public Policy, and Law*, *11*(2),235 - 294.

Santiago, J. , Lupiáñez, J. , Pérez, E. , & Funes, M. J. (2007). Time (also) flies from left to right. *Psychonomic Bulletin & Review*, *14*,512 - 516.

Sapir, E. (1949). *Culture, language, and personality: Selected essays*. University of California Press.

Sara, H. , & Marcia, H. (2005). Entering the developmentalniche: Mixed methods in an intervention program for inner-city children. *Discovering successful pathways in children's development: Mixed methods in the study of childhood and family life*. Chicago: University of Chicago Press.

Schacter, D. L. (1990). Perceptual representation systems and implicit memory: Toward a resolution of multiple memory systems debate. *Annals of the New York Academy of Science*, *608*,543 - 571.

Schacter, D. L. , & Buckner, R. L. (1998). Priming and the brain. *Neuron*, *20*,185 - 195.

Schaller, M. , Park, J. H. , & Mueller, A. (2003). Fear of the dark: Interactive effects of beliefs about danger and ambient darkness on ethnic stereotypes. *Personality and Social Psychology Bulletin*, *5*,637 - 649.

Schacter, D. L. , Wig, G. S. , & Stevens, W. D. (2007). Reductions in cortical activity during priming. *Current Opinion in Neurobiology*, *17*,171 - 176.

Schmitt, B. H. , & Zhang, S. (1998). Language structure and categorization: A study of classifiers in consumer cognition, judgment, and choice. *Journal of Consumer Research*, *25*,108 - 122.

Schmitt, D. P. , Allik, J. , McCrae, R. R. , & Benet-Martínez, V. (2007). The geographic distribution of Big Five personality traits-patterns and profiles of human self-description across 56 nations. *Journal of Cross-Cultural Psychology*, *38*(2),173 - 212.

Schirillo, J. A. , & Wake, F. U. (2001). Tutorial on the importance of color in language and culture. *Color Research & Application*, *26*,79 - 92.

Schubert, T. W. (2005). Your highness: Vertical positions as perceptual symbols of power. *Journal of Personality and Social Psychology*, *89*,1 - 21.

Schubert, T. W. , Waldzus, S. , & Giessner, S. R. (2009). Control over the association of power and size. *Social cognition*, *27*,1 - 19.

Schwartz, B. L. (1999). Sparkling at the end of the tongue: The etiology of the tip-of-the-tongue phenomenology. *Psychonomic Bulletin and Review*, *6*,379 - 393.

Schwarz, W. , & Keus, I. M. (2004) Moving the eyes along the mental number line comparing SNARC effects with saccadic and manual responses. *Perception & Psychophysics*, *66*,651 - 664.

Scribner, S. (1979). Modes of thinking and ways of speaking: Culture and logic reconsidered. In: I. O. Freedle (Ed.). *New directions in discourse processing*. Norwood, NJ: Ablex.

Seedat, S. , Scott, K. M. , Angermeyer, M. C. , et al. (2009). Cross-national associations between gender and mental disorders in the WHO World Mental Health Surveys. *Archives of General Psychiatry*, *66*(7),785 - 795.

Segerstrom, S. C. (2007). Optimism and resources: Effects on each other and on health over 10 years. *Journal of Research in Personality*, *41*(4),772 - 786.

Seidenberg, M. S. (1985). The time course of phonological code activation in two writing systems. *Cognition*, *19*,1 - 30.

Shen, B-J. , & Takeuchi, D. T. (2001). A structural model of acculturation and mental health status among Chinese Americans. *American Journal of Community Psychology*, *29*(3),387 - 418.

Sherman, G. D. , & Clore, G. L. (2009). The color of sin: White and black are perceptual symbols of moral purity and pollution. *Psychological Science*, *20*,1019 - 1025.

Smith, L. (1984). Semantic satiation affects category membership decision time but not lexical priming. *Memory and Cognition*, *12*,483 - 488.

Spence, J. T. (1985). Gender identity and its implications for the concepts of masculinity and femininity. In B. A. Maher & W. B. Maher (Eds.). *Progress in experimental personality research*, Orlando, FL: Academic Press.

Shin, H. S. , Han, H. R. , & Kim M. T. (2007). Predictors of Psychological well-being amongst Korean immigrants to the United States: A structured interview survey. *International Journal of Nursing Studies*, *44*(3),415 - 426.

Shu, H. , Chen, X. , Anderson, R. C. , Wu, N. , & Xuan, Y. (2003). Properties of school Chinese: Implications for learning to read. *Child Developments*, *74*,27 - 47.

Siok, W. T. , Perfetti, C. A. , Jin, Z. , & Tan, L. H. (2004). Biological abnormality of impaired reading is constrained by culture. *Nature*, *431*,71 - 76.

Siok, W. T. , Kay, O. , Wang, W. S. Y. , Chan, A. H. D. , Chen, L. , & Luke, K. K. (2009). Language regions of brain are operative in color perception. *Proceedings of the National Academy of Sciences* , *106* ,8140 - 8145.

Soja, N. N. (1994). Young children's concept of color and its relation to the acquisition of color words. *Child Development* , *65* ,918 - 937.

Spearman, C. (1904). "General intelligence", objectively determined and measured. *American Journal of Psychology* , *15* ,201 - 293.

Spell, R. (1994). The cultural construction of intelligence. In: W. J. Lonner & R. M. Malpass (Ed.). *Psychology and culture* . Boston: Allyn & Bacon.

Stanfield, R. A. , & Zwaan, R. A. (2001). The effect of implied orientation derived from verbal context on picture recognition. *Psychological Science* , *12* ,153 - 156.

Sternberg, R. J. (1984). Toward triarchic theory of human intelligence. Behavioral & Brain Science, 7, 269 - 315.

Sternberg, R. J. (1985). Implicit theories of intelligence creativity and wisdom. *Journal of Personality and Social Psychology* , *49* (3) ,607 - 627.

Sternberg, R. J. (2000). *Handbook of intelligence* . New York: Cambridge University Press.

Sternberg, R. J. (2004). Culture and intelligence. *American Psychologist* , *59* (5) ,325 - 338.

Sternberg, R. J. , Convay, B. E. , & Ketron, J. I. (1981). People's conceptions of intelligence. *Journal of Personality and Social Psychology* , *41* (1) ,37 - 55.

Sperpell, R. (1993). *The significance of schooling: Life-journeys in an African society* . Cambridge: Cambridge University Press.

Spinks, J. A. , Liu, Y. , Perfetti, C. A. , & Tan, L. H. (2000). Reading Chinese characters for meaning: The role of phonological information. *Cognition* , *2000* ,76, 1 - 11.

Strauss, A. (1987). *Qualitative analysis for social scientists* . Cambridge: Cambridge University Press.

Strauss, A. , & Corbin, J. (1990). *Basic of qualitative research: techniques and procedures for developing grounded theory* . London: Sage.

Super, C. M. , & Harkness, S. (1986). The developmental niche: A conceptualization at the interface of child and culure. *Internatinal Journal of Behavioral Development* , *95* ,45 - 69.

Super, C. M. , & Harkness, S. (1994). *Temperament and the developmental niche* . Prevention and early intervention: Individual differences as risk factors for the mental health of children: A festschrift for Stella Chess and Alexander Thomas. Philadelphia, PA, US: Brunner/Mazel, Inc.

Super, C. M. , & Harkness, S. (1999). *The environment as culture in developmental research* . Measuring environment across the life span: Emerging methods and concepts. Washington, DC: American Psychological Association.

Szapocznik, J. , & Kurtines, W. M. (1980). Acculturation, biculturalism, and adjustment among Cuban Americans. In A. M. Padilla (Ed.). *Acculturation: Theory, models and some new findings* . Boulder, Co: Westview.

Taft, M. , & van Graan, G. (1998). Lack of phonological mediation in a semantic categorization task. *Journal of Memory and Language* , *38* ,203 - 224.

Takano, Y. , & Osaka, E. (1999). An unsupported common view: comparing Japan and the US on individualism/ collectivism. *Asian Journal of Social Psychology* , *2* (3) ,311 - 341.

Tan, L. H. , Chan, A. H. D. , Khong, P. K. , Lawrance, K. C. , & Luke, K. K. (2008). Language affects patterns of brain activation associated with perceptual decision. *Proceedings of the National Academy of Sciences* , *105* (10) ,4004 - 4009.

Tan, L. H. , & Perfetti, C. A. (1997). Visual Chinese character recognition: Does phonological in formationmediate access to meaning? *Journal of Memory and Language* , *37* ,41 - 57.

Tan L. H. , Spinks, J. A. , Eden, G. F. , Perfetti, C. A. , & Siok, W. T. (2005). Reading depends on writing in Chinese. *Proceedings of the National Academy of the United States of America* , *102* ,8781 - 8785.

Tang, Y. Y. , Zhang, W. T. , Chen, K. W. , Feng, S. G. , Ji, Y. , Shen, J. X. , … Liu, Y. J. (2006). Arithmetic processing in the brain shaped by cultures. *Proceedings of the National Academy of Sciences* , *103* (28) ,10775 - 10780.

Tardif, T. (1996). Nouns are not always learned before verbs: Evidence from Mandarin speakers'early vocabularies. *Developmental Psychology* , *32* ,492 - 504.

Taylor, S. E. , Sherman, D. K. , Kim, H. S. , Jarcho, J. , Takagi, K. , & Dunagan, M. S. (2004). Culture and social support: Who seeks it and why? *Journal of Personality and Social Psychology* , *87* (3) ,354 - 362.

Tian, X. , & Huber, D. (2010). Testing an associative account of semantic satiation. *Cogntive Psychology* , *60* ,267 - 290.

Ting-Toomey, S. , Yee-Jung, K. K. , Shapiro, R. B. , Garcia, W. , Wright, T. J. , & Oetzel, J. G. (2000). Ethnic/ cultural identity salience and conflict styles in four US ethnic groups. *International Journal of Intercultural Relations* , *24* (1) ,47 - 81.

Turner, J. C. , & Reynolds, K. J. (2011). Self-categorization theory. *Handbook of theories in social psychology* , *2* ,399 - 417.

Thierry, G. , Athanasopoulos, P. , Wigget, A. , Bering, B. , & Kuipers, J. R. (2009). Unconscious effects of language-specific terminology on preattentive color perception. *Proceedings of the National Academy of Sciences* , *106* (11) ,4567 - 4570.

Thompson, E., & Varela, F.J. (2001). Radical embodiment: Neural dynamics and consciousness. *Trends in Cognitive Sciences*, *5*,418 - 425.

Thomas, S.C., & Allport, T.A. (2000). Language switching costs in bilingual visual word recognition. *Journal of Memory and Language*, *43*,44 - 66.

Thomas, D.C. (2006). Domain and development of cultural intelligence: The importance of mindfulness. *Group & Organization Management*, *31*(1),78 - 99.

Thompson, E., & Varela, F.J. (2001). Radical embodiment, neural dynamics and consciousness. *Trends in Cognitive Sciences*, *5*,418 - 425.

Tipples, J. (2002). Eye gaze is not unique: Automatic orienting in response to uninformative arrows. *Psychonomic Bulletin & Review*, *9*,314 - 318.

Toby, J., Lloyd-Jones., & Nettlemill, M. (2007). Sources of error in picture naming under time pressure. *Memory & Cognition*, *35*,816 - 836.

Torralbo, A., Santiago, J., & Lupiáñez, J. (2006). Flexible conceptual projection of time onto spatial frames of reference. *Cognitive Science*, *30*,745 - 757.

Trull, T.J., & Geary, D.C. (1997). Comparison of the Big-Five factor structure across samples of Chinese and American adults. *Journal of Personality Assessment*, *69*(2),324 - 561.

Tupes, E.C., & Christal, R.E. (1961). Recurrent personality factors based on trait ratting. *Journal of Personality*, *60* (2): 225 - 251.

Tyler, A., & V. Evans. (2003). *The semantics of English prepositions: Spatial scenes, embodied meaning and cognition*. Cambridge: Cambridge University Press.

Ullman M.T. (2001). A neurocognitive perspective on language: the declarative/procedural model. *Nature Reviews Neuroscience*, (2),717 - 726.

Umaña-Taylor, A.J., & Fine, M.A. (2003). Predicting commitment to wed among Hispanic and Anglo partners. *Journal of Marriage and Family*, *65*(1),117 - 129.

Umaña-Taylor, A.J., Bhanot, R., & Shin, N. (2006). Ethnic identity formation during adolescence: The critical role of families. *Journal of Family Issues*, *27*(3),390 - 414.

Valaki, C.E., Maestú, F., Simo, P., & Papanicolaou, A. (2004). Cortical organization for receptive language functions in Chinese, English, and Spanish: A cross-linguistic MEG study. *Neuropsychologia*, *42*,967 - 979.

Valk, A., & Karu, K. (2001). Ethnic attitudes in relation to ethnic pride and ethnic differentiation. *The Journal of Social Psychology*, *141*(5),583 - 601.

Van Gennep, A. (1960). *The rites of passage*. London: Routledge and Kegan Paul.

Varnum, M, Grossmann, I., Kitayama, S., & Nisbett, R.E. (2010). The origin of cultural differences in cognition: The social orientation hypothesis. *Current directions in psychological science: A Journal of the American Psychological Society*, *19*,9 - 13.

Verghese, T., & D'Netto, B. (2011). Cultural intelligence and openness: Essential elements of effective global leadership. *International Review of Business Research Papers*, *7*(1),191 - 200.

Voga, M., & Grainger, J. (2007). Cognate status and cross-script translation priming. *Memory and Cognition*, *35*,938 - 952.

Vu, K.P.L., Ngo, T.K., & Minakata, K. (2010). Shared spatial representations for physical locations and location words in bilinguals'primary language. *Memory and Cognition*, *38*(6),713 - 722.

Vygotsky, L.S. (1978). *Mind in society*. Cambridge, MA: Harvard University Press.

Vygotsky, L.S. (1986). *Thought and language*. Cambridge, MA: MIT Press.

Vygotsky, L.S., & Luria, A.R. (1993). *Studies on the history of behavior*. Hillsdale, NJ: Lawrance Erlbaum Associates, Inc.

Wang, D.F., Cui, H., & Zhou, F. (2005). Measuring the personality of Chinese: QZPS versus NEO PI-R. *Asian Journal of Social Psychology*, (8),97 - 122.

Ward, C., & Kennedy, A. (1993). Psychological and sociocultural adjustment during cross-cultural transitions: A comparison of secondary students at home and abroad. *International Journal of Psychology*, *28*(2),129 - 147.

Ward, C., & Kennedy, A. (1996). Crossing cultures: The relationship between psychological and sociocultural dimensions of cross-cultural adjustment. In Pandey, Shinha, Bhawuk (Ed.). *Asian contributions to cross-cultural Psychology*. New Delhi: Sage.

Ward, C., Okura, Y., Kennedy, A., & Kojima, T. (1998). The U-curve on trial: A longitudinal study of psychological and sociocultural adjustment during cross-cultural transition. *International Journal of Intercultural Relations*. *22*(3),277 - 291.

Weinriench, U. (1953). *Language in contact, Findings and Problems*. New York: Linguistic circle of New York.

Werker, J.E., & Tee, R.C. (1984). Cross-language speech perception: Evidence for perceptual reorganization during the first year of life. *Infant Behavior and Development*, *7*(1),49 - 63.

Willems, R.M., Hagoort, P., & Casasanto, D. (2010). Body-specific representations of action verbs: Neural evidence from right-and left-handers. *Psychological Science*, *21*,67 - 74.

Wilson, M. (2002). Six views of embodied cognition. *Psychonomic Bulletin and Review*, *9*,625 - 636.

Winawer, J. , Witthoft, N. , Frank, M. C. , Wu, L. , Wade, A. R. , & Boroditsky, L. (2007). Russian blues reveal effects of language on color discrimination. *Proceedings of the National Academy of Science*, 104(19),7780 - 7785.

Wittchen, H. U. , Nelson, C. B. , & Lachner, G. (1998). Prevalence of mental disorders and psychosocial impairments in adolescents and young adults. *Psychological medicine*, 28(1),109 - 126.

Wittgenstein, L. (2001). *Philosophical Investigations: the German text with a revised English translation* (3rd ed.). MA: Blackwell Publishing Ltd.

Wittrock, W. (1986). *Handbook of research on teaching*. Machmillam publish company.

Woloschuk, W. , & Tarrant, M. (2002). Does a rural educational experience influence students' likelihood of rural practice? Impact of student background and gender. *Medical Education*, 36(3),241 - 247.

Yang, J. , McCrae, R. R. , Costa, P. T. Jr. , Dai, X. Y. , Yao, S. Q. , Cai, T. S. , & Gao, B. L. (1999). Cross-cultural personality assessment in psychiatric populations: The NEO - PI - R in the People's Republic of China. *Psychological Assessment*, 11(3),359 - 368.

Yang, S. , & Sternberg, R. J. (1997). Taiwanese Chinese people's conception of intelligence. *Intelligence*, 25(1),21 - 36.

Yates, J. F. , Ji, L. J. , Oka, T. , Lee, J. W. , Shinotsuka, H. , & Sieck, W. R. (2010). Indecisiveness and culture: Incidence, values, and thoroughness. *Journal of Cross-Cultural Psychology*, 41(3),428 - 444.

Zanolie, K. , van Dantzig, S. , Boot, I. , Wijnen, J. , Schubert, T. W. , Giessner, S. R. & Pecher, D. (2012). Mighty metaphors: Behavioral and ERP evidence that power shifts attention on a vertical dimension. *Brain and Cognition*, 78,50 - 58.

Zhang, J. J. , Lin, N. , & Li, D. G. (2012). Mosuos'awareness of taxonomic relations in word associations, lexicon decisions and semantic categorizations. *Scandinavian Journal of Psychology*, (3),191 - 199.

Zhang, J. X. , & Bond, M. H. (1998). Personality and filial piety among college students in two Chinese society: The added value of indigenous constructs. *Journal of Cross-Cultural Psychology*, 29(3),401 - 417.

Zäch, P. , & Brugger, P. (2008). Subjective time in near and far representational space. *Cognitive and Behavior Neurology*, 21,8 - 13.

Zea, M. C. , Jaralma, S. L. , & Bianchi, F. T. (1995). Social support and psychosocial competence: Explaining the adaptation to college of ethnically diverse students. *American Journal of Community Psychology*, 23(4): 509 - 531.

Zeelenberg, R. , & Pecher, D. (2003). Evidence for long-term cross-language repetition priming in conceptual implicit memory task. *Journal of Memory and Language*, 49,80 - 94.

Zhong, C. B. , Strejcek, B. , & Sivanathan, N. (2010). A clean self can render harsh moral judgment. *Journal of Experimental Social Psychology*, 46,859 - 862.

Zhou, K. , Mo, L. , Kay, P. , Kwok, V. P. , Ip, T. N. & Tan, L. H. (2010). Newly trained lexical categories produce lateralized categorical perception of color. *Proceedings of the National Academy of Science*, 107(22),9974 - 9978.

Zimbardo, P. G. (1985). Understanding and managing stress. In Zimbardo P. G. *Psychology and life*. London: Scott, Froesman and Company.

Zlobina, A. , Basabe, N. , Paez, D. , & Furnham, A. (2006). Sociocultural adjustment of immigrants: Universal and group-specific Predictors. *International Journal of Intercultural Relations*, 30(2),195 - 211.

Zwaan, R. A. (2004). The immersed experience: Toward an embodied theory of language comprehension. *The Psychology of Learning and Motivation*, 44,35 - 62.

Zwaan, R. A. , Stanfield, R. A. , & Yaxley, R. H. (2002). Language comprehenders mentally represent the shapes of objects. *Psychological Science*, 13,168 - 171.

Zwaan, R. A. , & Taylor, L. J. (2006). Seeing, acting, understanding: Motor resonance in language comprehension. *Journal of Experimental Psychology: General*, 135,1 - 11.

Zwaan, R. A. , & Yaxley R. H. (2003a). Spatial iconicity affects semantic relatedness judgments. *Psychonomic Bulletin & Review*, 10,954 - 958.

Zwaan, R. A. , & Yaxley, R. H. (2003b). Hemispheric differences in semantic-relatedness judgments. *Cognition*, 87, B79 - B86.

后　记

　　民族心理学是心理学的重要分支。冯特在创立心理学时,同时建立了个体心理学与民族心理学两个分支。但是,由于历史的局限,冯特在建立民族心理学的同时,也为它的发展设置了某些限制,如认为民族心理学主要研究人的高级心理过程,主要采用文化学与人类学的质的研究方法等。在后来的时间里,个体心理学分支已经有了长足的发展,成为一棵枝繁叶茂的参天大树,民族心理学的分支却显得十分屦弱。这一点,从研究队伍、研究组织、研究成果的数量及水平诸方面,都可以看得很清楚。在很长一段历史时期内,民族心理学并未得到人们充分的重视。然而,近年来,这种状况开始有了较大改变。关于这一点,在本书的第二章内已经有介绍,这里就不再赘述。

　　我本人长期从事认知心理学与心理语言学研究。所以涉足民族心理学,主要是出于对民族文化的热爱,当然也有一些客观原因。进入 21 世纪以来,为了研究语言对认知的影响,我们团队进行了一系列民族语言影响民族认知的研究。这些研究在学界产生了较好的反响。在深入少数民族地区做研究的同时,也进一步被色彩纷呈的民族文化所吸引,于是便从民族语言认知研究领域出发开始涉足少数民族心理的研究。2012 年 8 月,受时任中国心理学会理事长杨玉芳研究员委托,我在《心理科学进展》上主持了"民族心理学"专栏。2012 年 12 月,我调入中国人民大学心理学系后,更是以民族心理学为主要的学术方向。这一努力产生了四个成果:2014 年 3 月,中国人类学民族学研究会心理人类学专业委员会在兰州大学正式成立;2014 年 6 月,中国心理学会民族心理学专业委员会在内蒙古师范大学正式成立;2015 年 6 月,教育部民族教育发展中心在中国人民大学建立"民族心理与教育重点研究基地";2016 年 7 月,国家民委在中国人民大学建立"民族语言文化心理重点研究基地"。民族心理学终于有了正式的科研组织与科研机构,民族心理学研究者也结束了过去孤军奋战的状态,开始有了自己的研究阵地与交流平台。近年来,为了推进国内民族心理研究的开展,这些组织与机构举办了多次学术研讨会,《中国社会科学报》与《华南师范大学学报(社会科学版)》也分别推出了由我与王建平主持的"民族心理学"专栏。

本书也是这些努力的成果之一。

本书是集体智慧的结晶。本书的内容不仅试图反映民族心理学的体系,也试图总结我国民族心理学多年的研究成果。当然,限于编写者的水平所限,许多研究成果未能够得到很好的反映。参加本书编写的人员如下:中国人民大学张积家博士(第1章、第2章);南京师范大学宋宜琪博士(第3章、第22章、第23章);广州外语外贸大学刘丽虹博士(第4章、第6章);郑州大学王悦博士(第5章、第14章);江苏师范大学王娟博士(第7章、第8章);杭州师范大学肖二平博士(第9章、第20章);华南师范大学许思安博士(第10章、第11章);集美大学谢书书博士(第12章、第13章);中国人民公安大学张启睿博士(第15章);兰州大学刘继杰博士(第16章、第21章);华南理工大学张萌博士(第17章、第18章、第19章)。本书在写作过中参阅了众多研究者的著作与论文,在此向这些文献的作者一并表示衷心的感谢。

我国是一个统一的多民族国家。人民的幸福、民族的振兴、国家的富强是56个民族的共同愿景。在这一过程中,党中央提出了"一个民族也不能少"、"一个民族也不能掉队"的重要理念。民族心理学研究在实现这一宏伟目标过程中具有不可替代的作用。民族心理学在"一带一路"建设中也大有用武之地。丰富的民族文化资源和正确的民族政策决定了中国民族心理学研究应该对世界民族心理学的理论发展与实践应用作出较大的贡献。

诗云:"嘤其鸣矣,求其友声。"在本书即将付梓之时,十分感恩中国心理学界与中国民族学界的许多前辈与同仁,他们在十分困难的情况下深入民族地区,做出了许多传世之作,使得我国的民族心理研究虽然屡弱,却命脉犹存,使得后学者能够有一个很好的出发点。我也希望有众多的青年学者能够投身于民族心理研究,因为只有民族的,才是世界的。时至今日,民族心理学仍然是一块未得到充分开垦的处女地,许多问题都值得研究。民族心理学应该为中华民族的伟大复兴作出较大的贡献。我期待着民族心理学的春天早日来临。

本书在编写过程中得到中国人民大学科学研究基金(中央高校基本科研业务费专项资金资助)项目"语言影响人格:来自双语者和双言者的行为与电生理证据"(项目批准号:17XNL002)资助,在此致以谢忱。

张积家
2019 年 1 月 10 日

中国心理学会　组织编写

"十三五"国家重点出版规划　国家出版基金项目

当代中国心理科学文库

总主编：杨玉芳

1. 郭永玉：人格研究

2. 傅小兰：情绪心理学

3. 乐国安、李安、杨群：法律心理学

4. 王瑞明、杨静、李利：第二语言学习

5. 李纾：决策心理：齐当别之道

6. 王晓田、陆静怡：进化的智慧与决策的理性

7. 蒋存梅：音乐心理学

8. 葛列众：工程心理学

9. 白学军：阅读心理学
10. 周宗奎：网络心理学
11. 吴庆麟：教育心理学
12. 苏彦捷：生物心理学
13. 张积家：民族心理学
14. 张清芳：语言产生：心理语言学的视角
15. 苗丹民：军事心理学
16. 张力为：运动与锻炼心理学研究手册
17. 董奇、陶沙：发展认知神经科学
18. 左西年：人脑功能连接组学与心脑关联
19. 张亚林、赵旭东：心理治疗
20. 许燕：社会心理问题的研究
21. 余嘉元：心理软计算
22. 樊富珉：咨询心理学：理论基础与实践
23. 郭本禹：理论心理学
24. 罗非：心理学与健康
25. 韩布新：老年心理学：毕生发展视角
26. 施建农：创造力心理学
27. 王重鸣：管理心理学
28. 吴国宏：智力心理学
29. 张文新：应用发展科学
30. 罗跃嘉：社会认知的脑机制研究进展

图书在版编目(CIP)数据

民族心理学/张积家等著. —上海:华东师范大学出版社,
2019

(当代中国心理科学文库)

ISBN 978 - 7 - 5675 - 8734 - 2

Ⅰ.①民… Ⅱ.①张… Ⅲ.①民族心理学 Ⅳ.①C955

中国版本图书馆 CIP 数据核字(2019)第 040749 号

当代中国心理科学文库

民族心理学

编 著	张积家等
策划编辑	彭呈军
特约编辑	罗雯瑶
责任校对	邱红穗
装帧设计	陈军荣 倪志强

出版发行	华东师范大学出版社
社 址	上海市中山北路 3663 号 邮编 200062
网 址	www.ecnupress.com.cn
电 话	021 - 60821666 行政传真 021 - 62572105
客服电话	021 - 62865537 门市(邮购)电话 021 - 62869887
地 址	上海市中山北路 3663 号华东师范大学校内先锋路口
网 店	http://hdsdcbs.tmall.com

印 刷 者	常熟市文化印刷有限公司
开 本	787×1092 16 开
印 张	57.5
字 数	1155 千字
版 次	2019 年 3 月第 1 版
印 次	2019 年 3 月第 1 次
书 号	ISBN 978 - 7 - 5675 - 8734 - 2/B · 1163
定 价	186.00 元(上、下册)

出 版 人 王 焰

(如发现本版图书有印订质量问题,请寄回本社客服中心调换或电话 021 - 62865537 联系)